COLLECTION ANTHOLOGIES

Anthologie de la littérature québécoise, tome II,
sous la direction de Gilles Marcotte
est le dixième titre de cette collection
dirigée par Jean Royer.

Anthologie
de la littérature québécoise

TOME II

sous la direction de Gilles Marcotte

VOLUME 3

Vaisseau d'or
et croix du chemin
1895-1935

par Gilles Marcotte et François Hébert

VOLUME 4

L'âge de l'interrogation
1937-1952

par René Dionne et Gabrielle Poulin

l'HEXAGONE

Éditions de l'HEXAGONE
Une division du groupe Ville-Marie Littérature
1010, rue de la Gauchetière Est, Montréal, Québec H2L 2N5

Maquette de la couverture: Gaétan Venne

En couverture: Jean-Paul Mousseau, *Équinoxe*, huile sur toile, 1956.
Photo: James A. Chambers. Coll. Musée des beaux-arts de l'Ontario.

Mise en pages:
Atelier MHR

DISTRIBUTEURS EXCLUSIFS:

• Pour le Québec, le Canada et les États-Unis:
LES MESSAGERIES ADP*
955, rue Amherst, Montréal H2L 3K4
Tél.: (514) 523-1182
Télécopieur: (514) 939-0406
* Filiale de Sogides ltée

• Pour la Belgique et le Luxembourg:
PRESSES DE BELGIQUE S.A.
Boulevard de l'Europe, 117, B-1301 Wavre
Tél.: (10) 41-59-66
(10) 41-78-50
Télécopieur: (10) 41-20-24

• Pour la Suisse:
TRANSAT S.A.
Route des Jeunes, 4 Ter, C.P. 125, 1211 Genève 26
Tél.: (41-22) 342-77-40
Télécopieur: (41-22) 343-46-46

• Pour la France et les autres pays:
INTER FORUM
Immeuble ORSUD, 3-5, avenue Galliéni, 94251 Gentilly Cédex
Tél.: (1) 47.40.66.07
Télécopieur: (1) 47.40.63.66
Commandes: Tél.: (16) 38.32.71.00
Télécopieur: (16) 38.32.71.28
Télex: 780372

Dépôt légal — 1er trimestre 1994
Bibliothèque Nationale du Québec
Biibliothèque Nationale du Canada

3

VAISSEAU D'OR ET CROIX DU CHEMIN

par Gilles Marcotte et François Hébert

INTRODUCTION

L'entrée dans le siècle

Vaisseau d'or et croix du chemin: le titre de ce volume renvoie à des antinomies bien connues, exotisme et terrorisme, universalisme et régionalisme, « liberté des souffles » (Dantin) et « littérature en service national » (Roy), qui animeront tous les débats littéraires de la première partie du XXᵉ siècle au Canada français. La littérature s'interroge, se fait question; elle s'impatiente du peu qu'elle est et, en même temps, ce peu lui sert de repoussoir. En 1907, Jules Fournier nie l'existence d'une littérature canadienne: « ... Une douzaine de bons ouvrages de troisième ordre, dit-il, ne font pas plus une littérature qu'une hirondelle ne fait le printemps. » Mais, par cette négation même, Fournier montre bien qu'il partage les attentes, les impatiences du mouvement qui est né à Montréal à la fin du siècle précédent, et qui précisément pose la littérature comme une entreprise de rupture, de renouveau. Pour lui, comme pour tous les jeunes écrivains de sa génération, la littérature canadienne-française, la *véritable*, est à venir. Parlant de la jeunesse de 1895, Jean Charbonneau écrit: « Le monde assiste à une évolution telle qu'on n'en vît jamais dans l'histoire de la poésie française. De nombreuses écoles naissent et meurent. De quel côté tourner les yeux et comment choisir? En retard assurément sur les parnassiens et les symbolistes qui ont déjà fourni leur plus grand effort vers la fin du XIXᵉ siècle, et qui se ressentent d'une décrépitude prochaine, notre jeunesse enthousiaste est hantée par le désir du renversement des anciennes valeurs. » Ce texte aurait pu être écrit par un écrivain de France; il reflète la mentalité *fin de siècle* qui y régnait. Pour nous, pour la littérature canadienne-française, il dit quelque chose de plus: que l'ambition littéraire, c'est-à-dire le désir d'une écriture livrée à ses propres sollicitations, à ses propres tentations, et dont l'œuvre de Nelligan est l'image par excellence, apparaît dans nos lettres comme du nouveau. À l'École patriotique de Québec — qui ne mérite le nom d'école que par la convergence de quelques amitiés — succède l'École littéraire de Montréal, qui ne se satisfera plus de contribuer, comme le disait Crémazie, « à la conservation, sur la jeune terre d'Amérique, de la vieille nationalité française ». Le ver de la littérature est dans le fruit national.

Le tournant ne pouvait être pris qu'à Montréal, car la littérature est affaire de ville, d'urbanité; et la ville, désormais, c'est Montréal qui, avec son demi-million d'habitants, devient la métropole de ce qu'on a appelé le « vaste empire économique canadien ». Ce sont les Anglais, assurément, qui mènent le bal du développement économique et industriel, mais la vie de tous est transformée, et les perspectives d'avenir. On ne peut s'empêcher de voir une sorte de correspondance entre le renouveau littéraire et l'expansion prodigieuse que prend au Québec, après 1896, l'industrie de la pâte et du papier. (Ainsi Balzac, dans *Les Illusions perdues*, place côte à côte, comme la double figure d'un même mouvement, le papetier-imprimeur David Séchard et l'écrivain Lucien de Rubempré.) La prospérité règne donc, et sur le plan politique les grandes manœuvres paraissent à peu près terminées: « ... Nous n'avons plus rien à réclamer, écrit en 1899 Edmond de Nevers, tout ce que nous demandions nous l'avons obtenu. » Illusion, sans doute. D'autres luttes se préparent, et qui ne seront pas moins âpres que celles du XIXᵉ siècle. La première partie du XXᵉ retentit des grands éclats du débat nationaliste, de Bourassa à Groulx, d'Asselin à Lavergne, débat alimenté notamment par la question des écoles françaises de l'Ouest et de l'Ontario, et par la crise de la conscription de 1917. D'autre part, la grande crise économique de 1929 et l'épopée de la colonisation auront de nombreux échos dans la littérature romanesque. Mais, pendant quelques années, on peut croire que les bases de la vie collective sont assurées et qu'il est possible de passer à des choses plus sérieuses, c'est-à-dire à la littérature — ou, comme le dit Dantin à propos de Nelligan, à l'« amour exclusif de l'art et de l'idée pure ». « Dès lors, ajoute Dantin, gagner sa vie lui parut la dernière occupation d'un être humain. » La vie semblait gagnée; il s'agissait maintenant de la perdre, de la jeter aux quatre vents, et la littérature est l'instrument tout désigné pour une telle besogne. Notre goût traditionnel pour les dépenses somptuaires allait-il enfin pouvoir se donner cours dans les lettres?

Mais l'abbé Camille Roy veille au grain, qui, dès 1904, dans son grand texte sur « La nationalisation de notre littérature », reproche à « ce pauvre et si sympathique Émile Nelligan » de « faire des poésies où le sentiment est purement livresque, et soutenu de réminiscences toutes françaises ». Les propositions du critique sont nuancées, équilibrées, truffées de mais et de cependant, ménageant la chèvre et le chou, mais en fin de compte il apparaît bien que le chou national doit l'emporter sur la chèvre aventureuse, le « service national », sur la tentation de brouter à sa guise. Le débat est lancé. Ses thèmes ne sont pas fondamentalement différents de ceux qui avaient cours au XIXᵉ siècle, mais on les expose avec une conscience plus vive de la diversité de leurs implications littéraires. C'est qu'on a, enfin, quelques œuvres, quelques exemples concrets à se mettre sous la dent. À l'intérieur même de l'École littéraire de Montréal, où l'on avait vitupéré « un régionalisme sans grand intérêt » et revendiqué la liberté de l'inspiration, un mouvement contraire s'affirme en 1909 avec la parution du premier *Terroir*, qui se donne pour « devoir » d'exprimer « l'âme canadienne » — programme qui sera repris par le deuxième *Terroir*, celui de 1918. En 1917, dans le deuxième numéro de *L'Action française*, l'abbé Groulx proclame: « ... Notre littérature de demain, catholique et française, se fera aussi bravement régionaliste. » Riposte, l'année suivante, du *Nigog*, organe des exotistes Roquebrune, Dugas, Chauvin, où l'on vénère Nelligan et invite les écrivains canadiens à lire « tous les écrivains et les poètes qui sont l'honneur de la puissante littérature (i.e. française) contemporaine ». En 1919, dans ses

Cahiers de Turc, Victor Barbeau entre en lice, opposant à l'exclusive régionaliste « notre détermination de rester libres quant à nos sujets et quant à nos moyens ». Aux alentours de 1930, la polémique fait toujours rage, et de livre en livre les critiques (qui sont parfois aussi poètes ou romanciers) se répondent: Harry Bernard, Claude-Henri Grignon, Albert Pelletier, Louis Dantin, Camille Roy, Maurice Hébert, Jean-Charles Harvey, Alfred Des-Rochers, pour ne citer que les plus importants. Pour quoi faire, une littérature canadienne-française? Pour servir la collectivité, ou pour exprimer des individualités? Comment assurer son originalité? Doit-elle se soustraire, autant que faire se peut, aux influences françaises de l'heure? Ou, au contraire, doit-elle se faire moderne — à la française? Quel rôle, quelle place peut-elle ou doit-elle donner aux canadianismes? Quelles libertés peut-elle prendre par rapport à la morale officielle?

Ce ne sont pas là des questions abstraites, et d'où naîtraient des thèses parfaitement achevées, univoques, qui permettraient de classer les critiques et les écrivains en deux camps bien distincts, celui des terroiristes et celui des exotistes. À Claude-Henri Grignon qui clame: « Notre culture sera paysanne ou ne sera pas », on peut bien répondre qu'il se trompe, qu'il propage une idéologie minée par l'évolution sociale (la population rurale du Québec ne compte plus, en 1921, que pour 36 pour cent de la population totale), mais rien n'empêche qu'*Un homme et son péché* soit une œuvre aussi vraie que *La Scouine* de Laberge, issue d'une idéologie de contestation. Voici, d'autre part, le romancier urbain, le penseur libéral des *Demi-civilisés*: on a la surprise, en relisant le roman de Harvey, de découvrir que les pages les moins vieillies sont celles qui racontent le retour de Max Hubert à ses origines paysannes. Alfred DesRochers qualifie lui-même les poèmes d'*À l'ombre de l'Orford* de « régionalistes » et, du même souffle, dans ses *Paragraphes*, esquisse une théorie de la forme qui contredit les thèses régionalistes alors en vogue. Louis Dantin, tout en prônant « la liberté des souffles », s'agrippe à une esthétique démodée qui lui interdit d'accepter le vers libre. Marcel Dugas, qui ne jure que par les modernes, n'en écrira pas moins un ouvrage ému — le seul de ses ouvrages critiques qu'il ait consacré entièrement à un écrivain — sur Louis Fréchette. Et Jean-Aubert Loranger, enfin, se trahit-il lui-même quand, après avoir rêvé d'un « départ définitif », il se mettra « à la recherche du régionalisme » en écrivant les contes du *Village?* Le village, figure privilégiée du régionalisme, fait rêver aussi bien l'économiste Édouard Montpetit que Blanche Lamontagne-Beauregard, l'exotiste Roquebrune et Adjutor Rivard, le botaniste Marie-Victorin et une de nos premières romancières et poètes de la révolte, Jovette Bernier. Parmi les véritables écrivains, ceux qui méritent d'être relus, si cursivement que ce soit, il n'est guère d'exotiste qui n'avoue le poids nécessaire du régional; et il n'est pas de régionaliste qui n'entende l'appel du large, du départ — soit pour l'étranger, soit pour les lointains (il n'en manque pas!) de son propre pays.

Cette tension entre le Vaisseau d'or et la Croix du chemin, qui s'était déjà manifestée au XIXᵉ siècle et qui se poursuivra, sous d'autres noms, après 1935, ne révèle pas qu'une différence entre les sources d'inspiration, les réalités à décrire; elle traduit un conflit dont les protagonistes sont le

3

non-livre et le livre — c'est-à-dire ce qui précède le livre et ce qu'il accomplit. Au tournant du siècle, les diatribes contre le livre pullulent. Citons Thomas Chapais, qui disait dans son discours de 1905 sur « L'apostolat des bons livres »: « À jet continu, l'imprimerie vomit tous les jours sur le monde des milliers d'œuvres pernicieuses, qui, comme autant de projectiles meurtriers, vont semer la mort dans les intelligences et dans les cœurs. [...] Sous cette influence désastreuse, sous cette poussée persistante et néfaste, la mentalité canadienne, faite de respect, de régularité, d'attachement aux traditions, cette mentalité d'ordre supérieur que nous tenions de nos nobles aïeux, elle est en train de se déformer, de se transformer, de se dénaturer déplorablement. » Simple mise en garde contre les « mauvais livres », au nom d'une morale étroite? Méfions-nous des leçons de morale, elles cachent toujours autre chose, comme on peut le voir dans certaines dictatures contemporaines, où les campagnes d'« assainissement » ont une signification proprement politique. On ne sépare pas les « bons » livres des « mauvais », pas plus qu'on ne sépare le bon grain de l'ivraie: c'est bien *le* livre qui inquiète Thomas Chapais, le livre multiple, foisonnant, traversant les frontières, le livre qui a trouvé sa forme industrielle au XIXe siècle et en transporte fatalement les valeurs, libéralisme, libre échange, individualisme, libre examen. Le censeur avait raison de se montrer effrayé — d'autant que lui-même, écrivant des livres, entrait dans le mouvement, quoi qu'il en eût: la civilisation du livre, qui paraissait devoir s'imposer au Canada français, allait en effet « dénaturer » la mentalité pré-littéraire qui avait assuré jusque-là la cohésion de notre collectivité. Nous nous lancions à la poursuite d'un XIXe siècle qui nous avait échappé; mais non sans regret, non sans nostalgie, sans quelque espoir de retrouver, dans le livre même, ce qui l'avait précédé.

Dans ses contes, Adjutor Rivard parle d'un coureur des bois, communiquant avec la nature et l'exprimant plus profondément que ne le pourrait faire aucun écrivain: « Le vieux Gagnon dit Grandmont n'avait pourtant ni lettres, ni culture savante. Où trouvait-il ces idées et cette langue? Il n'avait pris de leçons que de la montagne et des grands bois... Poètes, ô poètes, que n'allez-vous à cette école! » Tel est le vrai, le pur poète, non contaminé par l'école et le livre. Celui-là ne rêverait pas d'envoyer ses poèmes à Paris, comme Nelligan. Il ne s'agenouillerait pas aux pieds de la comtesse de Noailles, comme Paul Morin. Il serait original, non pas à la manière de ces écrivains français qui ne savent plus qu'inventer pour faire nouveau, mais par la seule force de son accord immédiat avec une nature vierge. Il hante, comme un fantôme, ceux qui, avec Harry Bernard, rêvent d'une littérature « neuve, virile, vraie ». Mais l'écrivain peut-il être autre chose, comme le dit Alfred DesRochers de lui-même, qu'un *habitant* raté »? Adjutor Rivard nous présente un autre personnage, « habitant » celui-là, qui est « né poète » et veut le devenir: « En dépit des sarcasmes, il rime; il rimera jusqu'à la mort. » Les sarcasmes sont justifiés, non seulement, comme l'indique Rivard, parce que les vers de Petit-Paul sont mauvais, mais parce qu'il y a une discordance radicale entre sa condition d'« habitant » et sa condition d'écrivain. « Habitant », il représente une mentalité traditionnelle pour laquelle la notion moderne de littérature ne peut avoir aucun sens; poète, rimeur, écrivain, il ne saurait être reçu que selon les normes de l'École littéraire de Montréal, il devrait changer d'univers, même s'il ne traitait que de sujets agricoles. Ainsi Edmond Grignon, racontant comme à la veillée « une histoire savoureuse, bien assaisonnée, salée ou sucrée », ou Rodolphe Girard lançant la grosse farce de *Marie Calumet,* ou Jean Narrache mimant le langage du peuple citadin, ne sont pas moins des littéraires, des hommes du livre, que le plus raffiné des exotistes. On pourrait en dire autant des auteurs du XIXe siècle, sans doute, mais au XXe il devient de plus en plus difficile de ne pas savoir qu'on fait de la littérature, et que la littérature est une entreprise de transformation. La conscience des enjeux de l'écriture est, dans une large mesure, fonction du nombre de livres qui se publient: entre les trois recueils de poèmes et les deux romans de 1890, et les neuf recueils et les quatorze romans de 1925, il y a tout un monde. Cela ne fait encore qu'une petite famille littéraire, et c'est entre frères et sœurs qu'on se chamaille. Elle est devenue assez importante, cependant, pour passer de l'artisanat à la petite industrie; pour que des clivages y apparaissent, des tendances diverses; pour, enfin, *entrer dans le siècle* — fût-ce, parfois, avec des frusques empruntées d'« habitant ».

Avant de choisir les textes qui composent cette anthologie, nous avions pensé qu'il serait possible, et utile, de les grouper selon certaines orientations, certaines tendances thématiques. Nous y avons renoncé, parce qu'aucune des catégories habituelles, ou de celles que nous imaginions, ne nous paraissait préserver suffisamment la singularité des œuvres. À l'arbitraire des catégories nous avons décidé de substituer un arbitraire plus grand: un classement par ordre chronologique, d'après la date de naissance des écrivains. Cet ordre n'implique évidemment pas une progression continue, d'ordre littéraire ou idéologique. Il ménage, en revanche, des surprises, des rapprochements inattendus, qui favoriseront peut-être de nouvelles lectures. Lire un conte d'Edmond Grignon après la prose sévère de Thomas Chapais, passer de la versification laborieuse de Blanche Lamontagne-Beauregard aux savants exercices de Paul Morin, découvrir Rodolphe Girard coincé entre les Français Marie Le Franc et Louis Hémon, peut aider à percevoir des originalités, là où l'histoire perçoit surtout des mouvements d'ensemble. Nous proposons au lecteur, en somme, une expérience de lecture directe; à lui de faire ses propres recoupements thématiques.

Il va sans dire que la liberté du lecteur est limitée par nos choix, d'auteurs et de textes. Là-dessus on pourra gloser, discuter à l'infini. Pourquoi Constantin-Weyer, et non pas Georges Bugnet? Marcel Dugas, et non Henri d'Arles? Armand Lavergne, et non Wilfrid Laurier? Une anthologie plus complète nous aurait obligés à ne donner que des textes courts, alors qu'à notre avis une certaine surface textuelle est indispensable à la prise de contact avec un écrivain. Nous avons dû écarter plusieurs noms respectables. Que dire de plus, pour justifier nos choix, sinon que nous avons beaucoup lu, consulté, révisé? Nous avons pris des libertés par rapport aux palmarès habituels, sans avoir la prétention de transformer en profondeur l'image qu'on se faisait de la période.

Cette période, nous la faisons commencer, comme tous les historiens de notre littérature, à la fondation de l'École littéraire de Montréal, au tournant du siècle. Elle se termine aux environs de 1935. En 1937 paraissent deux œuvres capitales, le *Menaud, maître-draveur* de Félix-Antoine Savard et les *Regards et jeux dans l'espace* de Saint-Denys Garneau; la première, recueillant tout l'héritage du régionalisme et le portant au point de fusion de l'épopée, la seconde entièrement livrée aux interrogations de la période contemporaine. Ces œuvres annoncent du nouveau, mais elles ne constituent assurément pas des cloisons infranchissables. Une période littéraire n'est étanche que dans l'esprit des abstracteurs de quintessence. D'ailleurs plusieurs écrivains sont représentés, ici, par des textes écrits après 1935; il nous a paru qu'ils devaient trouver place dans ce volume, parce qu'ils ont participé de manière intense à la vie littéraire de l'entre-deux-guerres.

Gilles Marcotte

Notes: Les notices ont été rédigées par François Hébert.
On trouvera les références des textes à la fin de ce tome.
Les titres suivis d'un astérisque sont de nous.
Toutes les notes infrapaginales appartiennent aux textes reproduits.
Les éditions et versions choisies ont été reproduites telles quelles afin de leur conserver leur physionomie première, révélatrice, elle aussi, de l'auteur et de son époque. Seules les fautes d'orthographe et les coquilles qui étaient évidentes ont été corrigées.

THOMAS CHAPAIS (1858-1946)

L'œuvre de sir Thomas Chapais a exercé une influence considérable sur toute une génération de Canadiens français; son rayonnement cessera seulement avec la diffusion de l'œuvre d'un autre historien, Groulx, qui prolonge celle de Chapais tout en la niant et qui marquera les générations suivantes. L'idéologie de Chapais est catholique, fédéraliste et conservatrice. Grand admirateur des Pères de la Confédération et adversaire de sir Wilfrid Laurier, Chapais fut journaliste au *Courrier du Canada* (1884-1897) et à *La Presse* (1897-1911), sous le pseudonyme d'Ignotus; ses principaux textes ont été recueillis dans *Discours et Conférences* (quatre volumes: 1897, 1913, 1915 et 1941). Mais il fut surtout historien: son enseignement à l'Université Laval *(Cours d'histoire du Canada,* en huit volumes publiés de 1919 à 1914, récemment réédité chez Fides) porta principalement sur les questions parlementaires et constitutionnelles. Il est également l'auteur de deux biographies: *Jean Talon* (1904) et *Le Marquis de Montcalm* (1911).

L'apostolat des bons livres

Les conditions nouvelles de la vie familiale et de la vie sociale offrent des périls et des sujets d'angoisse qui n'existaient pas au même degré autrefois. Un souffle d'indépendance, d'émancipation, de licence, a passé sur toutes les têtes et sur toutes les classes. L'impatience du frein, le mépris de la règle, l'avidité de la jouissance ont fait sentir ici comme ailleurs leur dissolvante influence. Les notions du juste et de l'injuste, du convenable et de ce qui ne l'est pas, du permis et de l'illicite, sont lamentablement obscurcies. Et voilà pourquoi, dans des milieux où l'on devrait espérer tout autre chose, l'on est trop souvent surpris d'entendre formuler, avec la sérénité de l'inconscience, des axiomes de sagesse mondaine absolument immoraux. Les jugements sont faussés, les cœurs sont gâtés, les caractères sont sans rectitude. Une sorte de brume tiède et étouffante semble envahir notre atmosphère intellectuelle et morale. Ah! oui, nous avons besoin de bons livres: de livres lumineux pour chasser les ténèbres; de livres où le vrai rayonne avec des clartés victorieuses; de livres où les principes religieux et sociaux s'imposent avec l'autorité de l'évidence; de livres où resplendisse la beauté du devoir fortement accompli, de la justice et de l'ordre affirmés, de la raison dominant la fantaisie, et de la vertu terrassant la passion; de livres, en un mot, qui soient l'antidote efficace et permanent de ceux dont les pages sont saturées d'un poison meurtrier pour les esprits et pour les cœurs.

Mesdames et Messieurs, y songeons-nous suffisamment à ce danger perpétuel d'empoisonnement intellectuel et moral dont toutes les sociétés, — la nôtre ne fait pas exception, hélas! — sont menacées de nos jours? Malheureusement non. Nous assistons en spectateurs trop inconscients, ou trop complaisants, au désastreux envahissement de notre pays par les mauvais livres. Et cependant le péril grandit tous les jours et sans cesse multiplie ses ravages.

On a prétendu que, seulement en France, il se publie tous les ans environ un million de volumes. — Il s'agit ici, bien entendu, du nombre des exemplaires. — Sur cette effroyable masse de livres, dont le chiffre confond l'imagination, combien sont inoffensifs, combien sont simplement anodins, combien sont d'une inspiration louable, combien sont absolument irréprochables, combien sont vraiment excellents? Pour tout homme d'expérience et de bonne foi, qui a quelque lecture et quelque notion du mouvement de la librairie française, la réponse est navrante. Dans ce flot tumultueux et incessamment renouvelé de livres et de brochures qui vient déferler jusque sur nos rivages, les ouvrages mauvais sont la règle, les ouvrages entièrement bons sont l'exception. Et que l'on ne crie pas à l'exagération et à l'outrance. En notre âme et conscience, nous affirmons comme absolument et rigoureusement certaine la proposition que nous venons d'énoncer.

Sans doute tous ces livres mauvais ne le sont pas de la même manière ni au même degré. Il y a les livres de critique et de discussion doctrinale, dans lesquels le doute est enseigné sans détours, ou insinué perfidement; qui attaquent la foi chrétienne avec le sarcasme et la négation brutales, ou avec les dehors respectueux d'une controverse courtoise et sympathique; qui tendent à énerver la croyance par des distinctions subtiles, des hypothèses insidieuses, une érudition factice, des altérations ondoyantes de l'enseignement traditionnel. Il y a les livres historiques mensongers, où la vérité est insolemment et audacieusement travestie, et les livres historiques fallacieux, où le faux, côtoyant le vrai, finit par le dénaturer et par plonger l'intelligence dans une confusion lamentable. Il y a les ouvrages de critique littéraire où l'on ne tient compte que de la forme, où la théorie funeste de l'art pour l'art est enseignée, et au moyen desquels, en semblant faire bon marché de la portée morale, on habitue le lecteur sans défiance à faire abstraction du fond, pour considérer et apprécier surtout l'exécution dans les œuvres de l'esprit.

Il y a les livres d'imagination qui glorifient la passion, qui justifient les faiblesses du cœur, qui poétisent et idéalisent les dérogations au devoir familial, au devoir social et au devoir religieux. Il y en a d'autres qui, sans dogmatiser, racontent et peignent librement les divagations, les écarts, les scandaleux excès où se laissent choir les héros et les héroïnes, esclaves des illusions de leur cœur et des entraînements de leurs sens.

N'oublions pas ici les romans soi-disant psychologiques, qui, sous prétexte de peindre des états d'âme, nous étalent méthodiquement toutes les misères, toutes les souillures intimes, toutes les putréfactions morales que peuvent recéler les abîmes de la conscience, sans se préoccuper des miasmes délétères et contagieux qui se dégagent de leurs savantes et minutieuses analyses.

Il existe un autre genre de livres dont on ne saurait admettre la parfaite innocuité. Ce sont les romans à thèse, dont l'intention est bonne, dont l'idée-mère est louable, mais dont l'exécution est dangereuse. Il s'agit de combattre telle idée, telle erreur sociale, telle injustice légale. Mais pour atteindre ce but, on promène le lecteur ou la lectrice à travers toute une série de scènes scabreuses, de situations risquées, de drames passionnels, qui laissent dans l'âme une impression déprimante et troublante. D'autant plus que souvent le côté doctrinal de ces œuvres n'est pas suffisamment solide et convaincant, et ne fait pas resplendir la vérité morale, sociale et religieuse, de clartés assez triomphantes pour éclipser le flamboiement de la passion brûlante que l'on a allumée sous nos yeux. De tels livres, — dont *les Morts qui parlent* du vicomte de Vogué, et *le Divorce* de Paul Bourget, pourraient être considérés comme des types, — on peut en louer l'intention sincère, mais, quoi qu'on en dise, il faut en circonscrire et en limiter la lecture. Qu'en France on les considère, si l'on veut, comme excellents pour la plupart des lecteurs. Ici, ne l'oublions pas, nous ne sommes pas en France, nous vivons dans une toute autre ambiance, notre jeunesse ne grandit pas dans la même atmosphère, nous n'avons ni les mêmes mœurs, ni les mêmes idées, ni les mêmes coutumes, ni les mêmes problèmes que nos cousins français.

J'abuserais de votre patience, Mesdames et Messieurs, si j'entreprenais de décrire toutes les variétés de mauvais livres dont nous sommes menacés. À jet continu, l'imprimerie vomit tous les jours sur le monde des milliers d'œuvres pernicieuses, qui, comme autant de projectiles meurtriers, vont semer la mort dans les intelligences et dans les cœurs. Si tel livre n'est pas impie, il est immoral. S'il n'est pas immoral dans sa thèse, il l'est dans son exécution, dans ses descriptions, dans ses peintures. S'il n'est ni impie, ni immoral, il est souvent faux dans ses idées, dans ses appréciations; il est frondeur, il est sceptique, il bat en brèche les traditions, les principes, les institutions les plus respectables.

On criera peut-être au rigorisme, à la défiance et à la crainte excessive. Hélas! je voudrais que ce tableau ne fût pas vrai; mais il ne l'est que trop, il est l'expression exacte de la réalité. Je le demande à tous ceux qui savent réfléchir. Un livre qui souille l'imagination, est-ce un bon livre? Un livre qui trouble le cœur, est-ce un bon livre? Un livre qui jette la confusion dans l'esprit, est-ce un bon livre? Un livre même, qui, sans être immoral ni irréligieux, regorge d'idées fausses, de notions illusoires et chimériques sur les choses de la vie, est-ce un bon livre? Non, non, ces livres dont je viens de faire une énumération rapide et incomplète, tous ces livres sont de mauvais livres, des livres trompeurs, des livres dissolvants, des livres corrupteurs, véhicules de microbes plus redoutables que ceux de ces maladies au vol sinistre dont l'ombre seule fait trembler les peuples.

Et ces livres, Mesdames et Messieurs, ils font courir à la société canadienne un péril immense et imminent. Ouvrez les yeux, jetez autour de vous un regard attentif. Vous les trouverez partout, dans la bibliothèque du professionnel, sur l'étagère de la femme du monde, dans la mansarde de l'étudiant, sous l'oreiller de la jeune fille, et jusque sur la table de plus d'une famille chrétienne.

Romans licencieux, poésies sensualistes, comédies fortement décolletées, œuvres de critique sophistique ou d'histoire fantaisiste, tout cela nous arrive, tout cela nous envahit, tout cela nous pénètre, tout cela circule, tout cela se lit, tout cela s'absorbe, tout cela laisse sa trace lamentable dans les esprits et dans les cœurs. Je le dis avec une douleur profonde, il existe dans notre société canadienne un éclectisme, un laisser-aller effroyables au point de vue des lectures. Il faudrait pleurer des larmes de sang sur les ravages causés parmi nous par la littérature frivole et dépravée. J'ai déjà mentionné les tristes avortements de carrière, les désolants naufrages dont elle est responsable.

Mais que ne faudrait-il pas dire de ses funestes effets au point de vue social et national. D'où viennent tant d'idées fausses, de conceptions erronées, de sophismes étonnants, que l'on entend exposer tous les jours sur les sujets les plus graves, dans notre milieu si catholique? D'où viennent ce facile abandon des principes chrétiens, cette désertion graduelle de nos meilleures traditions et de nos plus sages coutumes, cette tendance aux innovations fâcheuses dans les habitudes sociales, ce relâchement de l'esprit de famille, cet affaiblissement de l'autorité paternelle et de l'autorité religieuse, que tous les observateurs sagaces remarquent avec une patriotique tristesse? D'où viennent ce détachement du passé, cet esprit nouveau et pernicieux, ces manières nouvelles et moins distinguées, ces mœurs nouvelles et moins dignes? En grande partie des lectures frivoles, douteuses, ou franchement mauvaises, dont notre société est saturée. Sous cette influence désastreuse, sous cette poussée persistante et néfaste, la mentalité canadienne, faite de respect, de régularité, d'attachement aux traditions, cette mentalité d'ordre supérieur que nous tenions de nos nobles aïeux, elle est en train de se déformer, de se transformer, de se dénaturer déplorablement.

Mesdames et Messieurs, ce n'est pas un sermon que j'ai la prétention de faire en ce moment. À Dieu ne plaise que je veuille empiéter sur le domaine de ceux qui ont mission de guider nos âmes. Non, je parle comme un homme du monde qui regarde et qui écoute, qui entend et qui voit, qui observe et qui constate. Je parle comme un Canadien qui aime passionnément son pays et sa race, et qui voudrait conjurer un effroyable péril dont ils sont menacés. Et ce sont les justes alarmes d'un patriotisme effrayé de l'avenir qui m'ont arraché l'avertissement ému que j'ai osé vous faire entendre.

Les insurrections de 1837 et de 1838*

Que faut-il penser des insurrections de 1837 et de 1838? L'historien consciencieux ne saurait hésiter à répondre. Toutes les deux, et la deuxième encore plus que la première, parce qu'elle était plus téméraire, furent incontestablement regrettables et ne peuvent être justifiées. Loin de nous le dessein d'outrager la mémoire des patriotes dévoués et sincères qui versèrent leur sang pour une cause dont la justice leur paraissait indiscutable. Nous nous inclinons avec émotion devant leur vaillance, leur générosité et leur mort tragique. Mais nous ne pouvons nous empêcher de croire qu'ils commirent une faute politique et doctrinale. Le mouvement insurrectionnel de 1837 n'était pas dans les conditions voulues pour qu'il pût être reconnu légitime. L'agitation poursuivie depuis deux ou trois ans avait pris, durant sa dernière période, un caractère nettement agressif, comme M. Étienne Parent l'avait si clairement démontré. On avait systématiquement pratiqué la violation des lois, et l'on avait essayé d'organiser une espèce de gouvernement irrégulier pour défier l'autorité du gouvernement établi. Notre situation justifiait-elle cette attitude? Nous ne le croyons pas. Notre religion, notre langue, nos institutions avaient traversé victorieusement les époques périlleuses. Nous possédions la liberté culturelle et la liberté civique. Nos impôts étaient légers, et nos charges publiques peu considérables. Depuis un quart de siècle nous jouissions d'une paix profonde. Et quand on jetait un coup d'œil sur l'état des différentes nations, à ce moment, il était impossible de ne pas constater que le petit peuple dont le domaine s'étendait sur les deux rives du Saint-Laurent était l'un des plus heureux du monde. Nos réels griefs, d'ordre purement parlementaire et administratif, pouvaient-ils contrebalancer tout cela? Pas un homme doué d'un discernement sain et d'un jugement éclairé ne pouvait répondre dans l'affirmative. Le mouvement insurrectionnel dépassait donc la mesure de notre droit. Il n'était pas en équation avec nos sujets de plainte. Et dès lors il constituait un désordre condamnable. Il accusait de plus un déplorable manque de clairvoyance et de prudence. Les chefs de l'agitation outrancière auraient dû prévoir qu'elle conduisait tout droit à la guerre civile et que celle-ci devait infailliblement aboutir à notre écrasement. Où étaient nos forces, nos ressources, nos moyens matériels pour lutter avec l'Angleterre? L'aide des États-Unis, nous l'avons vu, était une chimère. Nous étions entourés de provinces anglaises, qui, en dépit de certains mécontentements, ne pouvaient manquer de se rallier contre nous, du moment que la suprématie britannique était attaquée. Nous étions sans armes, sans arsenaux, sans organisation, sans argent. Et quand bien même nous aurions, malgré toutes ces causes d'infériorité, remporté au début quelques succès, le gouvernement anglais, en dirigeant sur le Bas-Canada un nombre suffisant de ses régiments d'infanterie, de cavalerie et d'artillerie, ne pouvait manquer de nous écraser finalement. La défaite, les flots de sang répandus, la dévastation de nos campagnes, la ruine, le deuil et l'humiliation nationale, telles devaient être les désastreuses conséquences de ce conflit inégal. Était-ce faire acte de véritable patriotisme que de nous y précipiter?

Condamnable dans son principe et déplorable dans ses inévitables résultats, le mouvement insurrectionnel de 1837 prit en outre le plus fâcheux caractère par suite du regrettable esprit qui animait plusieurs de ses fauteurs. On assista à une explosion de sentiment démagogique. Les journaux et les discours débordèrent de cette creuse et pernicieuse phraséologie révolutionnaire née durant le cataclysme de 1789, et remise en honneur au souffle des trois journées de 1830. On proclama la souveraineté du peuple, on dénonça la violation du contrat social, on multiplia les tirades déclamatoires contre les tyrans, on promulgua le droit de révolte, on fit l'apologie du régicide, on répudia l'autorité de l'Église. Les meneurs du mouvement ne craignirent pas de recourir aux pires moyens dans leur propagande révolutionnaire. Nous avons signalé déjà, comme un des plus insidieux et des plus criminels, la réimpression et la diffusion clandestines du scandaleux pamphlet de Lamennais, *Les Paroles d'un croyant*, condamné expressément par une encyclique du souverain pontife Grégoire XVI, ie 25 juin 1834. La propagation de ces invectives passionnées contre l'Église catholique, contre sa sainte hiérarchie, était de nature à faire un mal immense dans notre population. Et ceux qui en étaient responsables se rendaient coupables d'un véritable attentat contre l'âme de notre peuple.

Le même esprit s'accusa par les manifestations scandaleuses dans les églises, par les insultes au clergé dans les journaux, par les actes de violence et les menaces de mort contre les prêtres. Il s'affirma audacieusement par la tentative de piller les caisses des fabriques, de détourner les fonds destinés au soutien du culte religieux pour fomenter la guerre civile.

Non, de quelque côté que l'historien canadien-français et catholique envisage la question, il ne saurait amnistier les mouvements insurrectionnels de 1837 et de 1838.

La naissance d'une nation*

Durant les mois de janvier et février 1867 le secrétaire des colonies, les officiers en loi de la couronne et les délégués canadiens eurent à travailler ardument pour mettre les résolutions sous forme de loi, pour les agencer, pour les coordonner, pour en disposer les parties dans leur ordre logique. D'après M. Pope, le secrétaire, le biographe de sir John Macdonald, on en fit sept rédactions successives. Enfin, en février 1867, le secrétaire des colonies présentait au parlement britannique le bill qui devait s'appeler « l'Acte de l'Amérique britannique septentrionale ». Et le 29 mars, après avoir été adopté par les deux Chambres impériales, ce bill s'inscrivait sous ce titre dans les statuts de la Grande-Bretagne.

Leur œuvre importante accomplie, les délégués s'en revinrent au Canada, pour préparer l'inauguration du nouveau régime. Et le 1er juillet 1867, une proclamation royale annonçait au monde la naissance d'une nation nouvelle: la nation canadienne.

Soixante-sept ans se sont écoulés depuis cette date. Et si les Pères de la Confédération pouvaient revenir parmi nous, ils s'étonneraient peut-être du développement de ce Dominion dont ils ont rassemblé et lié ensemble les membres épars. L'organisme politique créé par eux en 1867 a fonctionné, en somme, sans causer trop de déceptions à ceux qui leur ont succédé tour à tour dans la tâche ardue de gouverner le Canada.

Dans l'ordre matériel, la Confédération canadienne, l'État fédéral et les provinces autonomes, ont pris un vif essor. Comparons ces deux documents graphiques, la carte du Canada de 1867 et celle du Canada de 1934, et nous verrons que les constituants de Québec et de Londres ont remodelé la géographie d'un demi continent. D'un groupe de provinces faibles dans leur isolement, ils ont fait une fédération de provinces imposantes dans leur association. D'un pays dont les frontières ne dépassaient pas les limites de nos Méditerranées canadiennes, ils en ont fait un qui couvre tout le nord de l'Amérique, et dont les rivages, dentelés d'estuaires et de golfes profonds, sont baignés par les flots de trois océans, *a mare usque ad mare*. Et ainsi s'est réalisée la vision grandiose dont Georges-Étienne Cartier faisait entrevoir les perspectives, lorsqu'il s'écriait, le 25 mai 1867: « Tandis que les provinces du golfe Saint-Laurent marqueront, du côté de la mer, l'extrémité de la Confédération, les territoires de la Baie d'Hudson, de la Rivière-Rouge et de la Colombie britannique se rapprocheront de nous. Oui, je l'espère, avant peu, nous saluerons leur entrée dans la confédération. Alors, notre Canada s'étendra, comme aux jours où il fut découvert de tous les côtés par nos pères, par la race française, de l'Atlantique au Pacifique. Nous lui rendrons ses limites naturelles, que des événements racontés par l'histoire avaient graduellement rétrécies. D'un océan à l'autre, une vie nouvelle ranimera toute cette partie du Nord de l'Amérique. »

Plaçons-nous, maintenant, à un autre point de vue, et nous verrons que les résultats de l'œuvre accomplie en 1867 ne paraissent pas moins remarquables. La civilisation canadienne, suivant la trace de nos découvreurs, de nos apôtres, de nos constructeurs, a pénétré les immenses régions de l'Ouest et du Nord, et ouvert des voies nouvelles à la diffusion de l'Évangile. De toutes parts ont surgi les diocèses, les édifices religieux, les institutions de charité et d'éducation, qui, malgré la multitude des difficultés et des obstacles, ont fait fleurir la vie chrétienne dans ces vastes et lointaines régions.

Envisageons encore un autre aspect. Sous l'égide de notre confédération, malgré d'indéniables divergences d'intérêts, malgré des heurts et des conflits, dont quelques-uns ont été et demeurent graves, il s'est établi lentement et insensiblement un sentiment de solidarité entre les provinces autrefois politiquement séparées. Pour obtenir tel ou tel résultat, pour atteindre tel ou tel objectif, les énergies se sont combinées, les efforts se sont coordonnés et une certaine forme d'esprit national a pris naissance.

Sans doute, l'œuvre des constituants de 1864 et de 1867 n'a pas été frappée au sceau de la perfection. Les prévisions de ces hommes d'État n'ont pas toujours été justifiées par les faits; leur clairvoyance n'a pas toujours été impeccable, leurs intentions ont parfois été trahies par leurs formules. Mais il nous semble qu'on ne saurait leur dénier le mérite d'avoir voulu sauvegarder tous les droits légitimes lorsqu'ils s'efforçaient d'ouvrir à un Canada agrandi un plus vaste avenir. Et, surtout dans cette partie de la confédération qui est spécialement le domaine de la nationalité canadienne-française, on ne saurait leur refuser un hommage de gratitude pour avoir fait surgir, du chaos des intérêts divergents, et de la mêlée des combinaisons constitutionnelles, cette petite patrie, cette province de Québec qui nous est si chère, et à laquelle ils ont insufflé une intense vitalité! Oui, pour ce qui s'appelait autrefois le Bas-Canada, leur œuvre essentielle c'est bien d'avoir institué l'État provincial, cette législature qui est absolument nôtre, où nous sommes les curateurs de nos plus intimes intérêts, et dont l'institution nous a fait atteindre enfin cet objectif vers lequel s'acheminait depuis un siècle, à travers tant de périls et de hasards, la nationalité franco-canadienne.

Nous n'oublions pas que d'excellents esprits font entendre une note plus pessimiste. À leurs yeux, l'œuvre de 1867 est une faillite, et cela surtout parce que les minorités canadiennes-françaises, dans les autres provinces, ne jouissent pas de tous les droits dont jouissent les minorités dans celle de Québec. Assurément un tel état de choses est irritant et déplorable. Mais il faut bien se rendre compte qu'il n'est pas dû à l'existence de la confédération. Que nous voulions et que nous puissions demain dénouer le lien fédéral, et redevenir purement et simplement le Bas-Canada, sans union avec aucune autre province; le sort de nos minorités dans l'Ontario, dans les Maritimes, dans l'Ouest, en deviendrait-il meilleur? Il suffit d'un instant de réflexion pour que l'on se voit acculé à la négative. Non, leur situation ne serait pas meilleure. Elles resteraient sans aucune sauvegarde, à la merci des majorités. Et, en réfléchissant davantage, on devrait même se convaincre que cette situation serait pire. Car, sous le régime de la confédération, il y a un parlement fédéral; il y a dans ce parlement des partis politiques; il y a un ministère et une opposition. Et ce qui se passe dans telle ou telle province peut avoir, et fréquemment a sa répercussion dans le domaine de la politique fédérale. Alors s'entament des pourparlers, alors se conduisent silencieusement des tractations, alors se font sentir secrètement ou parfois ouvertement des pressions, qui, renforcés peut-être par un certain sentiment d'équité, peuvent aboutir à des redressements heureux. Supprimez la confédération et vous supprimerez ces influences. Et nos minorités extra-québecoises seront plus isolées et plus désarmées qu'aujourd'hui.

Toutes ces considérations, entendons-le bien, ne s'appliquent qu'à l'ordre politique. Il y en a d'autres, nous ne l'ignorons pas, qui relèvent d'un autre ordre d'idées. Mais elles ne sauraient entrer dans le cadre de cet ouvrage. Ce que nous avons voulu mettre en lumière, c'est que le mérite capital de l'œuvre accomplie en 1867 a été la création d'un État fédéral au lieu d'un État unitaire, et la reconnaissance de l'autonomie provinciale, grâce à laquelle la province de Québec s'est trouvée investie d'une vaste juridiction sur des matières d'importance vitale pour le développement de notre vie économique, sociale et nationale. Et c'est en nous plaçant à ce point de vue que nous croyons avoir le droit de proclamer la constitution de 1867 comme le couronnement d'un siècle de luttes pour la conquête du *self-government* par le Canada français.

Nous voici maintenant rendus au terme de ces études d'histoire politique, si sévères et si graves, commencées il y a déjà tant d'années. Aux premières pages du premier volume de cet ouvrage, nous esquissions deux tableaux. Dans l'un, nous essayions de peindre la situation tragique et presque désespérante de nos pères, en 1763, au lendemain de la défaite et de la douloureuse rupture de tous nos liens avec la vieille patrie française. Dans l'autre nous retracions le spectacle de l'inauguration, en 1867, d'une législature française, créée par un acte du parlement d'Angleterre, pour administrer librement une province française, formée de tout le territoire qui constituait jadis la partie principale de l'ancienne Nouvelle-France. En présence d'un tel phénomène de survivance, nous nous disions que celui qui aime à remonter des effets aux causes devait se demander par quelles voies s'était opéré ce relèvement prodigieux, de quelle manière s'était accomplie cette évolution victorieuse. Et nous ajoutions: « Ce problème, nous allons l'étudier... La tâche sera longue et ardue. Nous rencontrerons au passage des idées préconçues à écarter, des préjugés à dissiper, des erreurs à rectifier, des légendes à détruire. Nous nous efforcerons de faire œuvre d'historien sincère, soucieux avant tout de vérité et de justice. » Dans l'exécution de cette tâche nous nous sommes efforcé de tenir parole. Nous avons essayé de retracer les étapes de la route difficile suivie par la nationalité canadienne-française pour parvenir à la liberté et à l'autonomie politiques. Rappelons seulement quelques dates: 1763 et la mise en question de nos droits religieux et civils; 1774, et notre émancipation religieuse avec un commencement de gouvernement constitutionnel; 1776 et la lutte contre l'invasion et l'infiltration américaines; 1791 et notre accession à la vie parlementaire; 1810 et sa double crise religieuse et politique; 1812, et la nouvelle guerre américaine; 1837, et le sanglant recul de nos franchises; 1840, et notre ostracisme politique; 1849, et la conquête du gouvernement responsable; 1864, et l'enfantement d'un nouveau régime; enfin 1867, et l'avènement de notre autonomie quasi-souveraine.

Notre tâche est accomplie. Nous devons confesser que nous ne la voyons pas s'achever sans ce sentiment de mélancolie, inhérent, semble-t-il, à toutes les œuvres finissantes, et qui s'accentue quand le terme de l'œuvre coïncide avec le déclin de l'ouvrier.

En déposant la plume, on nous permettra de formuler le vœu que ces études, malgré toutes leurs défectuosités, puissent rendre quelques services à ceux qui, parmi nous, s'intéressent aux vicissitudes et aux évolutions de notre vie nationale.

EDMOND GRIGNON (1861-1939)

On l'appelait « Vieux Doc ». Au temps du curé Labelle et de la colonisation, le docteur Edmond Grignon excellait à peindre le Nord, le village et ses habitants, leur faconde et leur parler dru (celui que son neveu Claude-Henri appellera le « joual »), comme en témoigne cet extrait d'*En guettant les ours* (1930), qu'il publie à l'âge de 69 ans et qu'il sous-titre « Mémoires joyeux d'un médecin des Laurentides ». On peut situer Grignon dans la lignée non d'Adjutor Rivard mais de Rodolphe Girard: ses histoires truculentes rappellent bien plus les innocentes aventures de Marie Calumet que les contes dont Rivard s'estimait quasiment coupable. Signalons enfin qu'il fut l'oncle de Germaine Guèvremont, auteur du *Survenant* (1946).

Le blasphémateur

À mes vieux amis Donat et Joseph Godon.

Un soir d'hiver, j'entrai, après souper, dans la vieille auberge située en face de chez moi, pour aller faire un brin de causette avec le propriétaire, le père Amable Godon, que j'estimais beaucoup. C'était un homme trapu, portant une longue barbe grisonnante et qui frisait la soixantaine.

Je l'aimais surtout pour sa franchise, son honnêteté, sa bonne humeur et sa patience incomparable.

Le roi du Nord, le curé Labelle, partageait mes sentiments à son égard. Dans ses excursions nombreuses pour les fins de colonisation il s'arrêtait toujours à cette auberge; et loin de lui demander quelque chose pour ses dépenses, le père Amable, qui savait le curé pauvre, lui donnait souvent des provisions pour continuer sa route. Dans mon *Histoire de Ste-Agathe*, j'ai déjà fait mention de cette amitié que le grand apôtre portait au vieux cabaretier. C'est à lui qu'il dit un jour, voyant que ce brave homme, découragé, partait avec sa famille à destination des États-Unis: « Quoi qu'il arrive, Godon, ne vends jamais ta terre. Avant longtemps, une ville sera construite sur ces lieux et tu vivras dans l'abondance. » Prophétie qui s'est réalisée parfaitement.

Mais quand j'entrai ce soir-là dans l'humble auberge, le doux vieillard ne répondit pas au bonsoir que je lui souhaitais et me parut très agité. Que se passait-il? Deux hommes bien « plantés », mais ivres comme des polonais, étaient au bar et demandaient à boire en blasphémant.

Le père Amable vint à moi et me dit: « Docteur, je suis furieux. Ces deux ivrognes-là sont arrivés saouls, et comme je leur refuse de la boisson, ils menacent de tout briser et sacrent comme des démons.

— Mais appelez donc la police, lui suggérai-je.

— La police? Vous savez bien, docteur, qu'il n'y a pas de police ici!

— Faites venir le bailli Moineau.

— Le bailli! Oui, un beau petit, celui-là. Il a passé l'après-midi à boire avec ces deux gars-là, à l'autre auberge; il est aussi saoul qu'eux. Mais ça va finir, je vais me faire justice moi-même!

Et s'avançant vers l'un des deux ivrognes, il lui intima: « C'est assez sacrer, Paquette. Je ne veux plus t'entendre; si tu fermes pas ta boîte, c'est moi qui vas te la fermer. »

Paquette, surpris, s'arrêta net et regarda mon vieil ami d'un air hébété. Qu'allait-il faire? Allait-il le frapper? Je savais le père Amable brave et robuste, mais que pouvait-il contre deux?

L'autre ivrogne, Dérouin, se mit à crier comme un déchaîné: « Comment! Paquette sacrera pas? Oui, y va sacrer! »

Et assenant sur le comptoir un coup de poing formidable qui fit s'entrechoquer verres et bouteilles, il rugit: « Sacre, Paquette, sacre! »

Paquette ne bougea pas.

Dérouin reprit: « Je voudrais ben voir l'homme qui va empêcher Paquette de sacrer. » Et donnant un autre coup de poing aussi fort que le premier, il répéta: « Sacre, sacre, Paquette! »

Pas un mot!

— Pourquoi que tu sacres pas, Paquette?

Et l'ivrogne répondit d'un air bête: « J'sus pas capable; j'm'en rappelle pus! »

Le père Amable, étonné de l'effet produit par sa menace, se mit à rire: « Ah! là, tu me fais plaisir, mon Paquette. Je savais bien que vous étiez deux bons garçons. Venez prendre un coup avec moi; c'est moi qui paie. » Et tirant de derrière le comptoir une carafe à gros ventre, il versa trois verres d'un liquide rouge foncé, une espèce de vin de gadelles, que l'aubergiste réservait pour les clients qui avaient trop bu, et que les vieux biberons du village avaient baptisé, en l'honneur du patron de l'établissement, du nom assez poétique de « *ruban de Saint-Amable* ».

— Torrieu! que c'est bon! dit Paquette, en s'essuyant la bouche du revers de sa manche.

— C'est pas méchant, « batêche! » répondit Dérouin, mais c'est pas fort.

— À présent, mes amis, leur conseilla l'aubergiste, allez-vous en comme deux bons maris retrouver vos femmes. Elles doivent vous attendre pour souper.

Paquette regarda la vieille horloge suspendue au-dessus des bouteilles et balbutia: « Neuf heures! pour souper c'est un peu tard, mais on pourra toujours arriver à temps pour le chapelet. Viens-t'en, Dérouin! »

Et ils sortirent, bras dessus, bras dessous, en criant: « Bonsoir!... Bonsoir!... père Amable! »

— « Bonsoir! bonsoir! mes garçons! »

*
* *

Donat, le fils d'Amable, l'aubergiste précité de mon village, fut marchand pendant cinquante ans, lancé un peu dans tous les commerces: l'épicerie, les ferronneries, les nouveautés, la peinture, et surtout la chaussure. Si j'avais eu à choisir, je crois que c'est le commerce de la chaussure que j'aurais préféré.

Voyez-vous, c'est si aimable d'avoir à essayer des bottines garnies d'une trentaine de boutons et montant très haut sur les mollets des jolies femmes.

Mais Donat n'était pas un homme comme ça. Autrement, il n'aurait pas été juge de paix pendant trente ans, conseiller, maire de son village pendant neuf ans et marguillier presque à perpétuité.

À cause de sa jovialité, de son talent de conteur et de ses fines reparties, son magasin était devenu le rendez-vous de tous les gais lurons, hommes de profession ou gens de négoce cherchant un peu de repos ou de distraction. Si vous vouliez avoir des nouvelles fraîches, c'est là qu'il fallait aller; si vous aimiez parler de chasse, de pêche, de sport, c'était l'endroit voulu; si vous désiriez discuter politique et choses municipales, vous ne pouviez trouver de meilleure place.

Mais surtout, si vous aimiez à déguster une histoire savoureuse, bien assaisonnée, salée ou sucrée, il n'y avait pas de restaurant plus à la mode.

Un jour que nous causions des hommes et des bêtes à la manière de Jules Renard, Donat me dit, les yeux tournés vers la fenêtre: « Tiens, docteur, voici le père Moïse Jolicœur qui s'amène; fais-lui donc raconter l'histoire du blasphémateur. Mais fais venir ça de loin, car ce n'est pas toujours facile de le faire jaser. »

Un gros vieux, trapu, aux épaules larges, à la barbe blanchie, entra, en frappant le plancher de ses pieds, sa voix de basse grommelant: « Hum! hum! Bonjour la compagnie! »

Je m'empressai au-devant de lui, et lui serrant les mains avec chaleur: « Bonjour, monsieur Jolicœur, comment vous portez-vous? »

— Hum! hum! répondit le vieillard, comme s'il eût voulu se « dégourmer », je me porte comme un jeune homme!

— Oui, fis-je, un jeune homme de soixante ans, n'est-ce pas?

— Soixante et dix tout à l'heure, M. le docteur, hum! hum!

— Ça ne paraît pas. Et pourtant vous avez bien travaillé dans votre vie?

— Oui, monsieur, j'ai ben travaillé, à faire de la terre neuve, à couper du bois dans les chantiers, à faire la « drave » dans l'eau glacée jusqu'à la ceinture, hum! hum! Mais vous savez, docteur, l'ouvrage, la misère, ça fait pas mourir; j'suis sain comme une balle. » Et il fit un saut dans la place comme s'il eût voulu danser une gigue.

— J'vous assure, continua-t-il, que c'est pas moé qui enrichis les docteurs. J'ai jamais pris une pilule de ma vie! Hum! hum!

— C'est beau, monsieur Jolicœur, et je vous en félicite. Mais dites-moi donc, car ça m'intéresse comme médecin, de tous les durs travaux que vous avez faits, c'est le flottage des billots — la « drave » comme vous dites — qui doit être le pire, à cause des rhumatismes que cela amène? Avez-vous fait la drave longtemps?

— Pendant trente-deux ans. J'ai passé trente-deux hivers en chantier, en haut de Bytown, et tous les printemps j'descendais avec la drave.

— Pardonnez à ma curiosité, M. Jolicœur, mais on me dit que dans ces chantiers il y a de bien braves hommes, mais qu'il en est aussi qui blasphèment d'une façon épouvantable. Est-ce vrai?

— Oui, M. le docteur, c'est vrai, ben trop vrai!

— En avez-vous entendu vous-même?

— Oui, monsieur... Tiens! dit-il en se frappant les deux mains ensemble, j'vas vous raconter une affaire effrayante que j'oublierai jamais de ma vie.

Et le vieillard commença son récit:

— Hum! hum! Y a d'ça environ quarante ans; on faisait la drave su l'Ottawa. On était ben ane centaine d'hommes. Ça allait pas mal, mais en arrivant aux rapides des Joachims, pus moyen d'avancer: ane jam barrait les rapides, haute comme le clocher de l'église. La jam grossissait toujours, à mesure que les billots arrivaient; les foremen de la compagnie étaient découragés, tous les hommes étaient arrêtés, rien marchait. Du bord de l'eau on voyait la clef: un gros pin blanc debout au beau milieu du rapide. Fallait la faire partir...

Qui y irait? C'était ben sûr courir à la mort. L'eau était ben haute et bouillonnait à travers les logs.

Les deux foremen criaient: « Qui c'est qui va faire partir la clef? Dix piastres pour celui-là!... Quinze piastres!... Vingt-cinq piastres!... personne veut y aller? Vous êtes tous des peureux, des lâches! »

C'était insultant pour nous autres; on s'est mis à crier: « Allez-y donc, vous autres, si vous êtes si braves; c'est autant à vous qu'à nous autres de risquer votre vie. Allez-y... » Pis on fonçait su eux autres.

Bijou Bougie s'avança en blasphémant, pis y dit aux foremen: « Nous autres, des lâches! C'est vous deux qui êtes des peureux! des chiennes. » Y saisit ane pôle grosse comme le bras: y la casse en deux su son genou, pis jette les deux bouts à la face de ses chefs. J'peux vous dire que Bijou Bougie c'était pas un bijou à se mettre dans le cou. C'était un homme de six pieds, ben planté, la figure noire, équarrie à la grand'hache. C'était un boulé, un batailleur; et quand y s'mettait en colère et qu'y sacrait, c'est comme si on avait entendu gronder un lion: tout le monde tremblait.

Lâchant un autre blasphème, y sauta avec sa pôle ferrée et son canthook dans la première chaloupe de drave, pis cria aux draveurs: « Poussez! poussez! tas de calvins! » Y rama du côté de la jam qui faisait un barrage à l'eau. On le r'garda travailler pendant ane grosse heure comme un déchaîné. Tout le temps, on entendait, à travers le fracas de la chute, les saints noms du Christ, de la Viarge, du Calvaire et du Ciboire, hurlés avec rage comme si ça venait de l'enfer.

... Hum! hum! » Et le vieillard continua d'une voix étranglée par l'émotion: « Tout d'un coup, on entendit un bruit épouvantable, pire qu'un coup d'tonnerre ou d'canon.

C'était la jam qui partait!

Vite comme l'éclair, Bougie saute dans sa chaloupe, mais les billots le r'joignent et pis culbutent le bateau. On voit pus d'Bougie. Mais le v'la qui r'sout et s'cramponne à une grosse pièce de bois. D'un clin d'œil y est à cheval dessus. L'courant l'rapproche un peu du bord, mais pas assez. Tous les draveurs courent su la grève avec leu pôles, avec des câbles, mais Bougie peut pas s'agripper ni aux cordes, ni aux parches. Y est trop loin, ça sert à rien. C'est alors qu'on entend Bougie pousser les blasphèmes les plus épouvantables: pas un saint, pas une sainte, ni le bon Yeu, ni les anges sont épargnés.

D'autres morceaux de bois viennent frapper le billot de Bougie qui retombe à l'eau et enfile dessour les billots, y resort encore plus loin, et y s'cramponne à un gros pin. La tête sortie de l'eau, y sacre pus contre le bon Yeu et les saints; y s'met à appeler le démon à son secours.

« Satan!... qu'y criait, Lucifer!... Sauvez-moé,... moé qui vous ai servi... toute ma vie... Sauvez-moé!... et je vous appartiendrai... pour toujours! »...

Pendant quelques minutes on n'entendit pus rien; on voyait encore sa tête et ses mains, mais il paraissait rendu au bout de ses forces.

C'est alors, messieurs, qu'on a entendu des paroles assez effrayantes que les cheveux nous sont venus drets su la tête...

Et le vieillard, tout ému, suspendit son récit.

Je risquai: « Ne pourriez-vous pas nous dire, M. Jolicœur, ce que le blasphémateur a hurlé de si horrible?

— Oui, messieurs, j'vas vous le répéter...

Baissant la voix et regardant autour de lui, afin de s'assurer si d'autres personnes ne l'écoutaient pas, il ajouta, scandant ses paroles: « Quand... Bijou Bougie... vit que l'guable... ne venait pas... à son secours...., il le traita... *d'enfant de chienne!*... et engloutit, pour toujours!!! »

. . . .

LOUIS DANTIN (1865-1945)

Étrange personnage que cet ami de Nelligan! Eugène Seers (en littérature: Louis Dantin ou Serge Usène) étudie au séminaire de Montréal, puis à Paris, parcourt l'Europe, est ordonné prêtre chez les pères du Très-Saint-Sacrement, s'installe à Rome, y perd la foi, rentre au Québec où il fréquente l'École littéraire de Montréal, publie des poèmes dans le *Messager du Très-Saint-Sacrement*, doit quitter la congrégation et s'exile à Boston où il mourra, aveugle. Des États-Unis, il suit attentivement l'actualité littéraire québécoise, correspond avec plusieurs écrivains (Dion-Lévesque), critiques (Louvigny de Montigny), journalistes (Olivar Asselin), et collabore à l'hebdomadaire de Jean-Charles Harvey, *Le Jour*, Dantin, qui s'intéressait également à la littérature américaine, déplorait que ses compatriotes, Dion-Lévesque excepté, ne s'en soucient pas davantage: « Il faut que toute idée neuve et hardie entre chez nous en contrebande, jusqu'au jour où disparaîtront ces douanes mentales qui nous séparent du genre humain. » Les excentriques *Poèmes d'outre-tombe* (édités en 1962; la « Chanson intellectuelle » a été écrite en 1931) méritent moins d'être relus que sa préface à *Émile Nelligan et son œuvre* (1903; Dantin fut le premier à rassembler les poèmes de Nelligan), dont nous reproduisons la première partie, et ses textes des *Gloses critiques* (1931 et 1935), comme celui que nous avons choisi, « L'art et la morale », et que l'on pourrait opposer au « sermon » de Chapais sur les « bons livres ».

Émile Nelligan

Émile Nelligan est mort. Peu importe que les yeux de notre ami ne soient pas éteints, que le cœur batte encore les pulsations de la vie physique, l'âme qui nous charmait par sa mystique étrangeté, le cerveau où germait sans culture une flore de poésie puissante et rare, le cœur naïf et bon sous des dehors blasés, tout ce que Nelligan était pour nous, en somme, et tout ce que nous aimions en lui, tout cela n'est plus. La Névrose, cette divinité farouche qui donne la mort avec le génie, a tout consumé, tout emporté. Enfant gâté de ses dons, le pauvre poète est devenu sa victime. Elle l'a broyé sans merci comme Hégésippe Moreau, comme Maupassant, comme Baudelaire, comme tant d'autres auxquels Nelligan rêvait de ressembler, comme elle broiera tôt ou tard tous les rêveurs qui s'agenouillent à ses autels.

Que messieurs les poètes se rassurent pourtant; je ne les condamne pas tous indistinctement à cette fin tragique. Pour beaucoup, je le sais, la poésie n'est qu'un délassement délicat, auquel on veut bien permettre de charmer la vie, mais non de l'absorber, un frisson fugitif qui n'effleure que l'épiderme de l'âme; un excitant qu'on savoure à certaines heures, mais sans aller jusqu'à l'ivresse. Cette poésie à fleur de peau est sans danger: elle gîte chez maints messieurs rubiconds et ventrus, qui fourniront une longue carrière. Mais pour d'autres — et ce sont peut-être les vrais, les seuls poètes —, la muse n'est pas seulement une amie, c'est une amante terriblement exigeante et jalouse; il lui faut toutes les pensées, tout l'effort, tout le sang de l'âme; c'est l'être entier qu'elle étreint et possède. Et comme elle est de nature trop éthérée pour nos tempéraments mortels, ses embrassements donnent la phtisie et la fièvre. Ce n'est plus la poésie dont on s'amuse, c'est la poésie dont on vit... et dont on meurt.

Émile Nelligan a payé sont tribut à cette charmeresse adorable et tyrannique. Le papillon s'est brûlé à la flamme de son rêve. Par delà la vision cherchée et entrevue, l'esprit a rencontré la grande ténèbre. Dans sa route vers l'*ultima Thule*, la nef idéale a subi le vertige du gouffre. Nelligan avait-il le pressentiment de ce naufrage quand il nous décrivait ce

> ... Vaisseau d'or dont les flancs diaphanes,
> Révélant des trésors que les marins profanes
> Dégoût, Haine et Névrose, ont entre eux disputé
> Que reste-t-il de lui dans la tempête brève?
> Qu'est devenu mon cœur, navire déserté?
> Hélas il a sombré dans l'abîme du rêve...

Il est certain qu'il l'eut, ce pressentiment; et plus d'une fois, sous l'assaut de quelque songe obsédant, de quelque idée dominatrice, se sentant envahir d'une fatigue étrange, il nous a dit sans euphémisme: « Je mourrai fou. » « Comme Baudelaire, » ajoutait-il en se redressant, et il mettait à nourrir cette sombre attente, à partager d'avance le sort de tant de névroses sublimes, une sorte de coquetterie et de fierté. Il semblait croire qu'un rayon eût manqué sans cela à son auréole de poète. Et qui sait, après tout, s'il avait tort absolument: Qui sait si l'hommage suprême à la Beauté n'est pas le silence ébloui de l'âme dans la nuit de la parole et de la pensée? Qui sait si la lyre ne doit pas se briser après avoir tenté sur ses cordes impuissantes les symphonies de l'au-delà? Ce n'est pas d'hier que la lune, l'astre tutélaire des poètes, passe pour exercer sur le cerveau des influences bizarres. Folie, poésie: ces deux lunatismes n'en feraient-ils qu'un? C'est peut-être une idée folle que j'émets là, mais c'en est une, à coup sûr, que notre ami n'eût pas désavouée.

Je viens offrir à ce cher défunt mon hommage posthume; et ce n'est pas seulement de ma part un acte d'amitié, c'est un devoir de sagesse patriotique. Notre Canada est assez pauvre en gloires littéraires pour que nous recueillions précieusement les moindres miettes de génie tombées de notre table. Et pourtant, plus que d'autres, nous sommes ingrats envers nos gloires. Grâce à cette illusion d'optique qui fait voir merveilleux tout ce qui est lointain, les talents les plus discutables trouvent chez nous des admirateurs et des disciples, pourvu que leurs écritures soient estampillées de Charpentier ou de Lemerre. Mais nous répugnons à l'idée qu'un bon garçon que nous coudoyons tous les jours, avec qui nous prenons la goutte au petit Windsor, dont nous connaissons les faiblesses, les travers, voir les douces manies, porte en lui l'étoffe d'un Rodenbach ou d'un Rollinat. La camaraderie tue chez nous l'admiration. C'est le contraire en France, où les auteurs de tout calibre trouvent dans leurs intimes de salon ou de brasserie des *lanceurs* attitrés de leurs œuvres, où la moindre plaquette provoque dans vingt journaux les notices, les entrefilets louangeurs de critiques amis. Je crois que, sans aller à aucun excès, nous pourrions en ce pays nous prôner un peu plus les uns les autres. Ce serait pour nos débutants de lettres un encouragement précieux. Il faut bien l'avouer, toute célébrité humaine vit de réclame presque autant que de mérite. Alceste peut en gémir, mais

> Le monde par ses soins ne se changera pas.

Si donc nous voulons avoir nos grands hommes, aidons à les faire. C'est un lieu commun que la gloire est une vapeur, une fumée; encore faut-il quelqu'un pour souffler les bulles et allumer les fagots.

Je voudrais rendre à Nelligan cet humble service, absolument désintéressé puisqu'il s'adresse à un mort, et qui est, avant tout, une justice tardive. Car ce mort, très assurément mérite de revivre. Cette vocation littéraire, l'éclosion spontanée de ce talent, la valeur de cette œuvre, tout inachevée qu'elle demeure, tiennent pour moi du prodige. J'ose dire qu'on chercherait en vain dans notre Parnasse présent et passé une âme douée au point de vue poétique comme l'était celle de cet enfant de dix-neuf ans. Sans doute, tous ces beaux dons ont fleuri à peine, mais ils furent riches de couleur et de sève dans leur épanouissement hâtif. En admettant que l'homme et l'œuvre ne soient qu'une ébauche, il faut affirmer que c'est une ébauche de génie.

Je voudrais étudier les éléments divers dont se formait ce talent primesautier et inégal, rechercher ses sources d'inspiration, démêler dans cette œuvre la part de la création originale et celle de l'imitation, caractériser la langue, le tour et le rythme de cette poésie souvent déconcertante.

Mais d'abord, j'évoque en esprit l'intéressante figure du poète lui-même, et je revois ce type extraordinaire et curieux que fut Émile Nelligan.

Une vraie physionomie d'esthète; une tête d'Apollon rêveur et tourmenté, où la pâleur accentuait le trait net, taillé comme au ciseau dans un marbre. Des yeux très noirs, très intelligents, où rutilait l'enthousiasme, et des cheveux, oh! des cheveux à faire rêver, dressant superbement leur broussaille d'ébène, capricieuse et massive, avec des airs de crinière et d'auréole. Et pour le dire en passant, c'était déjà une singularité que cette chevelure, à notre époque où la génération des poètes chauves remplace partout la race éteinte des poètes chevelus. Nelligan, lui, se rattachait nettement, par ce côté du moins, aux romanciers de vieille roche, et sur le seul visa de sa tête, on l'eût admis d'emblée, en 1830, parmi les claqueurs d'*Hernani*.

Dans l'attitude, une fierté, d'où la pose n'était pas absente, cambrait droit le torse élégant, solennisait le mouvement et le geste, donnait au front des rehaussements inspirés et à l'œil des éclairs apocalyptiques; — à moins que, se retrouvant simplement lui-même, le jeune dieu ne redevint le bon enfant, un peu timide, un peu négligé dans sa tenue, un peu gauche et embarrassé de ses quatre membres.

Le caractère de Nelligan cadrait bien avec cet extérieur à la fois sympathique et fantasque. Né d'un père irlandais, d'une mère canadienne-française, il sentait bouillir en lui le mélange de ces deux sangs généreux. C'était l'intelligence, la vivacité, la fougue endiablée d'un Gaulois, s'exaspérant du mysticisme rêveur et de la sombre mélancolie d'un barde celtique. Jugez quelle âme de feu et de poudre devait sortir de là! quelle âme aussi d'élan, d'effort intérieur, de lutte, d'illusion et de souffrance!... Supposez maintenant une telle âme s'isolant, se murant en elle-même, un tel volcan fermant toutes ses issues: n'était-il pas fatal que tout sautât dans une explosion terrible? Mais en attendant, cela formait un cas psychologique curieux et d'un intérêt inquiétant. J'ai suivi de près ce travail d'absorption intérieure, surexcitant et paralysant à la fois toutes les facultés actives, cet envahissement noir du rêve consumant jusqu'à la moelle de l'âme, et je puis dire qu'il n'est pas de spectacle plus douloureux. Dans les derniers temps, Nelligan s'enfermait des journées entières, seul avec sa pensée en délire, et, à défaut d'excitations du dehors, s'ingéniant à torturer en lui-même les fibres du cœur les plus aiguës, ou bien à faire chanter aux êtres ambiants, aux murs, aux meubles, aux bibelots qui l'entouraient, la chanson toujours triste de ses souvenirs. La nuit, il avait des visions, soit radieuses, soit horribles: jeunes filles qui étaient à la fois des séraphins, des muses et des amantes; ou bien spectres enragés, chats fantômes, démons sinistres qui lui soufflaient le désespoir. Chacun de ces songes prenait corps, le lendemain, dans des vers crayonnés d'une main fébrile, et où déjà, parmi des traits étincelants, la Déraison montrait sa griffe hideuse.

> Or, j'ai la vision d'ombres sanguinolentes
> Et de chevaux fougueux piaffants,
> Et c'est comme des cris de gueux, hoquets d'enfants,
> Râles d'expirations lentes.
> D'où me viennent, dis-moi, tous ces ouragans rauques,
> Rages de fifre ou de tambour?
> On dirait des dragons en galopade au bourg
> Avec des casques flambant glauques, etc.

Mais avant d'en venir là, et de tout temps, Émile avait été un être sensitif, tout d'impression et de caprice, très attirant par sa belle naïveté et très déroutant par ses saillies. Un grand fond de tendresse s'alliait chez lui à une réserve un peu froide qui l'empêchait de se livrer entièrement, même à ses plus intimes. Deux ou trois sonnets à sa mère montrent qu'il avait gardé toute la fraîcheur du sentiment filial; et cette mère le méritait bien, car il trouvait en elle, avec d'inaltérables pardons pour ses jeunes fredaines, un sens littéraire délicat et sûr, capable de vibrer à l'unisson du sien. De même, il a souvent chanté ses jeunes sœurs en des strophes affectueuses et charmantes. À ses camarades en poésie, aux amis que lui faisait la recherche commune de l'Art, il montrait assez son attachement par de fréquentes et souvent interminables visites. C'était dans leur cénacle qu'il faisait lecture de ses nouvelles inspirations; il fallait voir avec quel feu obstiné il se défendait contre l'assaut critique que ne manquait pas d'exciter chacune de ses pièces! Jamais pourtant il ne leur tint rancune de leur sévérité, et souvent il ratura en secret le mot qu'il avait soutenu devant eux avec la dernière énergie. Il se vengeait en leur dédiant sous des titres sonores les diverses parties de ce livre qui fut son rêve, et qui hélas! ne fut que cela...

Comme désintéressement, comme dédain profond de tout ce qui est matériel et pratique, comme amour exclusif de l'art et de l'idée pure, il était simplement sublime. Jamais il ne put s'astreindre, cela va sans dire, à aucun travail suivi. Le collège de Montréal, et plus tard celui des Jésuites, eurent en lui un élève d'une paresse et d'une indiscipline rares. Il dut finalement laisser à mi-chemin des études où Musset et Lamartine avaient beaucoup plus de part que le *Gradus ad Parnassum*.

Dès lors, gagner sa vie lui parut la dernière occupation d'un être humain. C'était sa conviction ferme que l'artiste a droit à la vie, et que les mortels vulgaires doivent se trouver très honorés de la lui garder. Aussi, toute démarche d'affaires, toute sollicitation intéressée, même la plus discrète, révoltait-elle sa fière nature. S'il eut un désir en ce monde, ce fut bien de voir publier ses vers. Or, plus d'un protecteur l'eût aidé de son influence et de ses ressources; il eût suffi pour cela d'une demande; jamais il ne consentit à la faire. « S'ils croient, disait-il, que je vais me traîner à leurs pieds! Mon livre fera son chemin tout seul... »

Ce n'est pas non plus à un éditeur quelconque qu'il eût livré ses manuscrits. Quand j'en suggérais un, d'aventure, parmi nos libraires montréalais: « Peuh! faisait-il dédaigneusement, sait-il imprimer les vers? J'enverrai mes cahiers à Paris... »

On voit avec quelle naïveté Nelligan croyait au règne souverain de l'art sur la vile matière. La vie, telle qu'il se la faisait, devait être une longue rêverie, une longue fusée d'enthousiasme, une mélancolie voulue et cultivée, interrompue seulement par les éclats momentanés d'une gaieté bohème.

La bohême! Ce mot était pour lui un idéal. Et pourtant, le dirais-je? Nelligan ne fut jamais un bohême parfaitement authentique. Il avait, certes, l'ambition de passer pour très *rosse*; on lui eût fait la pire injure en le trouvant bien élevé. Mais sa *rosserie* était trop étudiée, trop convenue, trop faite de lecture et d'imitation. Des cheveux esbrouffés, une redingote en désordre et des doigts tachés d'encre, voilà surtout en quoi elle consistait.

Du reste, il avait trop gardé l'empreinte de son éducation de famille, il avait l'amour et le respect de trop de choses, trop de timidité aussi et de naturelle réserve, pour vivre au naturel l'être libre, gouailleur et cynique que doit être un bohême de race. J'entends, d'ailleurs, faire de cette impuissance un éloge; car la bohême, toute amusante qu'elle soit par le dehors, n'est pas, tant s'en faut, admirable à tous points de vue. Elle étouffe, chez les Schaunards qu'elle enfante, beaucoup plus de sens esthétique qu'elle n'en développe. La chope de bière et Mimi Pinson sont, en général, une pauvre école pour l'esprit. Mais il était curieux de noter cette séduction du hardi, de l'aventureux, de l'imprévu, de l'impossible, sur une âme aussi naturellement solitaire et mystique que l'était celle de Nelligan.

L'art et la morale

Un article récent que le *Devoir* a publié attaque certains passages de mon étude critique sur les poèmes de Robert Choquette. Il le fait avec dignité, mesure et apparence de raisonnement, ce qui est agréable à constater. La question qu'il soulève n'est pas d'une nouveauté brûlante: il semble assez oiseux de ressusciter une querelle qui s'agite depuis si longtemps. Mais puisqu'on y apporte les mêmes arguments rebattus, pourquoi ne pas poser certains principes, rebattus aussi, qui mettront le débat dans son vrai jour?

La chicane qu'on me fait repose toute, il me semble, sur une équivoque fondamentale. On confond la beauté morale, résultant de l'accord de l'âme à certaines règles de conduite, avec la Beauté totale, universelle, qui pénètre toute l'échelle des êtres, toute la série des phénomènes, toutes les manifestations de la vie. De ce qu'une œuvre manque de beauté morale, on semble conclure qu'elle doit manquer de toute autre espèce de beauté: et ceci s'exprime en formules qui semblent sûres d'elles-mêmes uniquement parce qu'elles sont cassantes: « Ce qui est laid moralement est laid esthétiquement »; — « Il n'y a pas de beau vice », etc.

Or il est évident que le beau moral est une forme du beau, la plus haute peut-être, mais qu'il en existe mille autres. Dès lors, pourquoi celle-ci serait-elle le *sine qua non*, la règle unique de toute beauté? Il y a, par exemple, une beauté physique: toute la splendeur des choses visibles, celle des forêts, des fleuves, des fleurs et des astres; la séduction des lignes, des teintes et des sons; la grâce et l'harmonie des corps, surtout la forme éblouissante du corps humain. Qu'est-ce que ces beautés doivent, pour être, à la vertu, à la justice? Il y a la beauté plus intense de la vie, du mouvement des actes, dévoilant le jeu de ressorts secrets, de forces spontanées qui se heurtent partout en des réactions infinies: la merveille des générations, des croissances, les luttes incessantes des trois règnes; l'activité humaine dans ses conquêtes du savoir et de la nature. Province du beau immense, mais qui, comme l'autre, n'a rien à voir de soi avec la morale, subsiste à côté d'elle sans dépendance intime et sans contact essentiel. Dans la sphère même de l'âme, il y a tout un monde de facultés, d'instincts, d'élans, d'actions, de rêves, qui ont leur beauté inhérente et inséparable: le travail de l'esprit poursuivant des problèmes altiers ou créant l'édifice d'un tableau, d'une symphonie; les émotions qui nous transportent vers la clarté ou vers l'amour; les combats héroïques de la volonté contre les obstacles. Abstraction faite de leurs rapports avec la loi, ces atomes spirituels sont beaux en eux-mêmes, sont exprimables en termes d'art.

Voici donc, dans le Beau épandu partout, une dispersion immense, une diversité innombrable de reflets et de rayons. Qu'arrive-t-il si parfois ces rayons se croisent, s'entrechoquent et se contredisent? L'un va-t-il détruire tous les autres? ou la mort de l'un d'eux fera-t-elle périr tout le reste? Si la beauté morale rencontre sur sa route une autre beauté qui la menace, celle des sens, par exemple, cause de séduction et de chute, l'annihile-t-elle *ipso facto*? Et par contre le charme d'un corps, la splendeur d'un spectacle, l'éclat d'une action humaine vont-elles s'anéantir en touchant la laideur morale? Évidemment non. Ces deux contraires se superposent, s'emmêlent parfois inextricablement, mais ils coexistent. Tous les êtres, en fait, contiennent cet amalgame de beautés en lutte, comme aussi de beautés et de laideurs. Et ce qui est la loi de l'être est la loi de l'art. C'est en exprimant ces contrastes que l'art atteint la vérité, son élément le plus vital, celle dont Boileau a dit: « Rien n'est beau que le vrai. » Les termes opposés, la matière et l'esprit, le mal et le bien, l'ombre et la lumière, s'enchaînent dans l'œuvre d'art, concourent à son harmonie totale de la même façon qu'ils se mêlent dans la texture même du monde.

J'ai donc pu dire avec justesse, ce qui d'ailleurs est très reconnu, qu'« il y a des bandits pittoresques et de belles courtisanes », — et l'image littéraire ou plastique de ces courtisanes, de ces bandits, peut être elle-même pittoresque et belle. J'ai pu dire qu'il y a « des péchés lyriquement beaux, des chutes morales dramatiquement superbes », parce que ce qui est intime, intense, mystérieux, humain, même dans une faute, est d'un intérêt palpitant, garde par là de la beauté; parce qu'un acte peut être immoral en une seule de ses circonstances, qui le constituera « péché », et être indifférent, ou bon, ou même admirable en plusieurs autres que l'artiste pourra en abstraire; parce que telles de ces décadences enclosent toute l'idylle des illusions, toute la tragédie des luttes de l'âme, tout le conflit des forces qui se disputent nos vies; qu'elles peuvent, comme matière d'art, devenir une étude profonde, un tableau exalté, lyrique, créer la pitié, la terreur, qui sont l'essence du drame. Et elles seront ainsi esthétiquement belles, tout en étant moralement difformes.

Voici une mère qui commet un parjure pour sauver de la mort son fils injustement traqué, avec le danger imminent de périr elle-même à sa place. Ce « péché » n'est pas un corps simple, une monade sans étendue ni parties; c'est un acte complexe qui se résout en d'autres actes, auquel ont concouru des forces, des impulsions, des faits internes et externes, des motifs divers et distincts. Le mobile intime de cet acte, c'est l'amour maternel, un des sentiments les plus nobles que puisse abriter le cœur humain; son but irréprochable et pur, c'est d'écarter de l'être aimé ce qui est le mal temporel suprême; en sauvant un homme innocent, il coopère à la justice, et il épargne un crime à d'autres humains; il procède sûrement d'une âme forte et ferme, d'un cœur généreux et hardi; en assumant un tel péril, il s'élève aux sommets de l'abnégation, de l'oubli total de soi-même. Que d'entités splendides et rares! Un seul élément de cet acte, le mensonge employé, est contraire à l'ordre moral. Et cette tare rend l'acte mauvais; mais le rend-elle mauvais intégralement et de toutes pièces? Et surtout le rend-elle totalement hideux? Dans le courage, dans le sacrifice de cette mère, ne reste-t-il plus un seul trait de grandeur, de beauté humaines? S'il en reste, au contraire, plusieurs, qui empêche l'artiste, comme artiste, de distinguer, de choisir ces traits, d'en former une peinture où ils sailliront de l'image, en laissant plus ou moins obscure l'unique tache qui les contamine? N'est-ce pas son rôle d'épurer, d'idéaliser ce qu'il touche? Pourtant, comme conséquence, nous aurons une erreur morale qui s'investira de beauté. Mais supposons même que cet acte, par la circonstance qui le souille, soit rendu monstrueux du faîte à la base; il reste, à tout le moins, émouvant, pathétique, douloureux à tirer les larmes, ébranlant l'âme au choc d'une tragédie humaine; et par cette porte détournée, il rentre dans le domaine du beau. Des tortures qu'il implique, de la plainte cruelle qu'il exhale, l'art tirera un frisson esthétique; et le crime pitoyable de cette mère, même privé de tous ses reflets moraux, sera encore « dramatiquement superbe ».

Ces principes visent surtout l'art dans son objet, mais s'appliquent aussi bien à l'œuvre d'art elle-même. Une œuvre immorale n'est pas telle, sauf de rares exceptions, par sa nature et dans son fond essentiel. Elle l'est, neuf fois sur dix, d'une façon partielle, accidentelle et indirecte: par des peintures, d'ailleurs véridiques, d'où peuvent naître des impressions dangereuses; par des tendances se dégageant de certains de ses types; par des influences subtiles sur nos secrètes complicités. Tout ceci peut laisser intacte non seulement sa beauté d'ensemble, mais son honnêteté foncière. Voyez Daudet dédiant *Sapho* à son fils « quand il aura vingt ans! » En tout cas, l'absence de morale ne saurait détruire son talent, son charme technique, sans parler des genres de beauté où la morale n'a rien à voir.

Un statuaire sculpte une femme nue. C'est une œuvre achevée, idéale de lignes, ravissante d'expression, parfaite de proportion, de grâce; c'est le chef-d'œuvre du monde créé glorifié par un chef-d'œuvre. Cette statue, par tout un aspect, sera « immorale ». Elle paraîtra un flagrant défi aux préceptes de la pudeur; elle contiendra des évocations, des suggestions charnelles, éveillera chez certaines âmes des désirs morbides; elle pourra devenir la cause de rapts et d'adultères. Allons-nous soutenir pour cela que la statue est laide?

Voici un roman, un poème, qui retrace un amour humain. C'est l'analyse fine et profonde de toute la psychologie du cœur. On y suit l'amour dans ses attirances naïves, dans ses éclosions capricieuses, dans ses émotions extatiques, dans sa fraîcheur, sa délicatesse, son exaltation et ses dévouements. Il s'agit d'un amour légitime et pur, celui de deux fiancés, de deux époux. L'œuvre est magistrale et superbe, tout le monde en convient. Maintenant changez un seul mot, au lieu d'« épouse », mettez « maîtresse ». Avez-vous effacé la valeur littéraire du livre?

Et supposons qu'en raison même de sa vérité, de sa puissance, ce livre prête un attrait au fruit défendu, le rende séduisant à certaines âmes. Je le regrette comme les moralistes, mais cela l'empêche-t-il d'être ce qu'il est?

Ceci précisément amène un autre point de vue, et rappelle la part que la forme, comme distincte de l'objet, contribue à la beauté artistique. Cette part est importante, essentielle: c'est la beauté artistique elle-même, puisqu'en dehors d'elle ce qui existe, ce sont des choses, non des images. Sans elle, sur une page ou une toile, le sublime des réalités s'éteint et se dissout. Dans une description misérable, la mer se rétrécit, les Alpes s'affaissent, une grande action se futilise; Dieu lui-même apparaît chétif dans un sermon mal fait. Par contre elle revêt de grandeur, d'éclat, de vie, tout ce qu'elle touche. Elle fait qu'entre les mains du génie l'objet, en somme, importe peu; qu'une plume, un pinceau magiques peuvent communiquer la splendeur à des riens, à des entités vulgaires, bien plus, à la laideur elle-même. La réfraction idéale que l'esprit donne aux êtres en les reflétant, qui est déjà une première forme; puis l'expression, le style, le coup de brosse, le coup de pouce, opèrent ce miracle, transmuent la laideur en beauté: soit en la recouvrant de teintes fantaisistes qui la voilent et l'oblitèrent; soit en l'exagérant, en la haussant à des proportions gigantesques qui la dramatisent; soit en la transcrivant avec une minutie, une fidélité souveraines témoignant d'une exquise habileté. C'est ainsi que Milton prête à Satan l'attrait d'un révolté grandiose (et si Newman ne le pouvait souffrir, cela ne prouve, ma foi, que son orthodoxie sévère). Rembrandt a fait des portraits magnifiques de physionomies laides. L'Enfer du

Dante n'est qu'une accumulation d'horreurs; pourtant c'est une épopée incomparable. Certains dragons chinois ravissent par leur grimace transcendante, par leur surnaturelle férocité. Un champ de bataille offre un résumé dégoûtant de la sauvagerie humaine, empli du sang qui fume, des lambeaux épars des victimes, des faces convulsées des cadavres et du râle des mourants: cela peut devenir une toile de Veretchagin ou un chapitre de Tolstoï. Quasimodo est un monstre, mais *Notre-Dame-de-Paris* est un livre unique. Un orfèvre aura fantaisie de ciseler dans l'or d'un vase un crapaud, et la bête informe sera soudain une merveille d'art précis, ironique et curieux. Ainsi la laideur et le mal physiques se voient irradiés, transfigurés au prisme de l'art, y acquièrent une beauté, illusoire quant à l'objet mais très réelle quant à l'image, qui est la beauté artistique. Et souvent il en va de même de la laideur morale. Autrement, pourquoi les mauvais livres seraient-ils séduisants et dangereux? Pourquoi tant de chefs-d'œuvres de la littérature française seraient-ils à l'*Index*? Et s'il peut y avoir de beaux crapauds parce qu'ils sont bellement ouvrés, il n'est donc pas absurde qu'il puisse, dans le même sens (bien que le mot ne soit pas de moi), y avoir de « beaux vices! »

Mais réplique-t-on, les choses immorales qui sont belles ne le sont pas en tant qu'immorales. C'est de l'argutie, de la casuistique; c'est un fantôme qu'on dresse pour avoir le plaisir de le renverser. Ai-je dit que les « péchés lyriquement beaux » étaient beaux en tant que péchés? Rien n'est beau en tant que c'est laid, mais le même objet peut-être laid sous un angle et beau sous un ou plusieurs autres, et son côté laid lui-même peut être déguisé et dissimulé. Qu'importe au cas présent qu'une œuvre soit belle en raison de son immoralité ou en dépit d'elle? Le fait surnage qu'elle est immorale et belle en même temps. Cela suffit à démontrer que l'art, en somme, est distinct de la vertu, que l'éthique est une chose et l'esthétique une autre. Cela justifie pleinement toutes les assertions, toutes les expressions, de mon article sur M. Choquette.

S'il faut m'énoncer en pédant, quand j'ai parlé de « péchés lyriquement beaux », j'ai pris le mot « péché » au sens « matériel » et non au sens « formel ». J'ai entendu « l'acte physique », de soi « indifférent », et auquel, d'après la théologie, Dieu lui-même coopère. Et si mon adversaire n'est pas satisfait de ce *distinguo*, ma foi, il est bien difficile.

En ce cas, dira-t-on, il n'y a entre vous qu'une affaire de mots! Sans doute; n'est-ce pas ainsi des neuf-dixièmes des controverses? Mon critique admet en toutes lettres que « l'œuvre immorale peut retenir certaines parcelles de beauté esthétique de différentes façons »; et il se donne la peine, comme pour détruire sa propre thèse, d'énumérer toutes ces façons. Mais alors pourquoi me défend-il de dire la même chose en termes moins entortillés, plus clairs? Est-ce que je l'empêche, moi, de s'exprimer comme il l'entend?

Remarquez que ni ma première étude ni les lignes qui précèdent n'ont touché cet autre problème: les relations *externes* de l'art avec la morale, les *droits* de la morale par rapport à l'art. Ce thème tout différent possède un intérêt et une importance propres; mais mon contradicteur dit lui-même: « Ce n'est pas la question », et je lui sais un gré infini d'avoir eu la sagacité de le voir et la loyauté de le reconnaître. Je me suis placé, et je reste, sur le pur terrain esthétique. Tout ce que j'ai contesté au code du juste, c'est un pouvoir exorbitant de faire et de défaire le beau. J'ai réservé expressément la phase morale en écrivant: « Choisir son idéal, pour l'artiste, c'est une affaire de conscience », tout en niant que ce fût une affaire d'art. Ainsi, il ne s'agit pas de savoir si la morale est au-dessus de l'art, si elle a la mission de le guider, de le régenter, de le soumettre à sa censure; si l'artiste est tenu de la servir, en lui sacrifiant au besoin ses conceptions les plus brillantes; s'il faut arborer la maxime: « L'art pour le bien », ou cette autre: « Périsse l'art plutôt que la morale ». Je n'ai ni voulu ni fait cette enquête; je la laisse à débattre aux moralistes. Mais par contre, de grâce, quand il s'agit de définir et de délimiter le beau, que les moralistes nous laissent tranquilles.

Chanson intellectuelle

J'étais comme un naïf et calme reposoir
Émanant des parfums de fleurs immaculées,
Et sur ce trône ami Jésus venait s'asseoir
Au chant silencieux des extases ailées.

Mais la vie a muré le temple où je priais,
Et le seuil dévasté s'est rempli de ténèbres;
Le sanctuaire croule et les anges mauvais
Sur l'autel sans flambeaux tournent en vols funèbres.

La tempête brutale en l'abside a glacé
La Foi, l'Amour, l'Espoir aux visions sereines,
Et les hymnes anciens, pleurant, ont délaissé
Les arceaux qu'ont emplis des plaintes souterraines.

De névrose, d'alarme et d'angoisse escorté,
Le Dégoût va traînant sa bannière livide,
Et sans jamais bénir, dans ce cœur déserté,
Le Doute, prêtre noir, porte l'ostensoir vide.

ADJUTOR RIVARD (1868-1945)

Auteur d'ouvrages sur la langue, notamment des *Études sur les parlers de France au Canada* (1914), Adjutor Rivard a également composé une série de textes dont on ne saurait dire au juste s'il s'agit de récits, de contes ou d'histoires, construits à partir de descriptions de lieux ou de scènes du village ou de la campagne. D'abord publiés dans le *Bulletin* de la Société du Parler français, dont

Rivard fut le cofondateur (avec l'abbé Alfred Lortie) en 1902, ces textes « régionalistes » furent réunis en trois volumes: *Chez nos gens* (1918), *Chez nous* (1919) et *Contes et Propos divers* (1944). On a dit de ces textes qu'ils étaient d'une « pieuse fadeur »; nous croyons que leur dépouillement manifeste un style qui, paraissant ressasser des lieux communs, touche aux archétypes. La recherche de Rivard (recherche avec des choses comme ce poêle, cette grand'chambre, et ces âmes, serait-on tenté d'ajouter; recherche avec des mots, d'où l'usage particulier des italiques; et recherche sur les modalités de leur rencontre) est éminemment poétique; et peu sereine: Rivard lui-même définit la poésie « comme un mal dont on a honte ».

La maison

Il y en avait de plus grandes; il n'y en avait pas de plus hospitalières. Dès le petit jour, sa porte matinale laissait entrer, avec le parfum des trèfles, les premiers rayons du soleil. Et jusqu'au soir, elle offrait aux passants le sourire de ses fenêtres en fleurs, l'accueil de son perron facile, l'invitation de sa porte ouverte. De si loin que vous l'aperceviez, elle vous plaisait déjà, et, quand vous étiez tout proche, elle se faisait si attrayante que résister à son appel devenait impossible; nulle clôture n'en défendait l'accès: vous entriez. Dès l'abord vous étiez chez vous. « Asseyez-vous, l'ami, et prenez du repos. » Travaillait-on — et l'on travaillait toujours — on s'interrompait pour vous bienvenir. Si vous étiez altéré, le *banc des seaux* était là, avec la tasse à l'eau, reluisante et toujours *amain*. La table était-elle mise, vous étiez convié, et sur la plus belle des assiettes à fleurs le meilleur morceau vous était servi. Si vous arriviez à la tombée de la nuit et aviez encore loin à cheminer, on ouvrait pour vous la *chambre des étrangers*, la plus grande et qui avait le meilleur lit... Qui donc n'arrêtait pas chez *nos gens*, ne fût-ce que pour apprendre des vieux quel temps il devait faire le lendemain? Seuls, les hôtes mauvais passaient tout droit, et d'un pas plus pressé, devant la maison hospitalière.

*
* *

Il y en avait d'une parure plus opulente; il n'y en avait pas de meilleures à voir. Ses quatre murs, solides, fortement liés, de tout repos, inspiraient d'abord confiance. Les pierres étaient bien vieilles; mais, à chaque printemps, elles faisaient leur toilette à la chaux, et il n'y avait guère de maisons aussi blanches dans la paroisse. Et voyez-vous comme, sur cette blancheur mate et chaude, les volets verts se détachaient et réjouissaient l'œil?... Une petite vigne canadienne, accrochant ses vrilles aux balèvres du long pan, grimpait du *solage* aux *acoyaux*, courait sous le larmier, et allait vers le soleil pousser ses plus belles feuilles au pignon. Le toit aussi était agréable à regarder, avec ses bardeaux goudronnés, la lisière blanche de son cadre, ses lucarnes en accent circonflexe, son faîtage pointu, et sa cheminée de pierres plates. Au coin du *carré*, sous le *dalot*, une tonne recueillait l'eau de pluie, douce et précieuse; à la *devanture* de sable fin, un banc, deux lilas, quelques gros cailloux blanchis... Tout cela était clair, propre, bien ordonné; tout cela convenait. Je ferme les yeux, et je la revois encore, la maison de *nos gens*, blanche, dans la lumière, sur le chemin du roi.

*
* *

Il y en avait où la gaieté était plus bruyante; il n'y en avait pas de plus profondément joyeuses. On savait, là, tous les cantiques; on savait, là, toutes les chansons. Et on les chantait bellement, avec des *fions* les plus jolis du monde. La vie n'était pourtant pas moins rude à *nos gens* qu'aux autres; ils devaient, eux aussi, trimer dur pour gagner leur pain; et l'épreuve était venue, année après année, faire leurs pas plus lourds, leurs fronts plus ridés. Mais l'âme de ces anciens était forte; le malheur même n'en avait pu troubler le calme profond. Ils savaient que cette vie n'est rien, et, résignés aux tristesses d'ici-bas, pleins d'une confiance sereine, en paix avec la terre, en paix avec le ciel, ils laissaient simplement couler leurs jours vers la Grande Espérance. Matin, midi et soir, *nos gens* priaient ensemble; et, parce qu'ils avaient prié, les tâches étaient plus douces, les fardeaux moins lourds, les peines plus vite consolées. Aussi, la joie était-elle revenue, après chaque deuil, habiter cette maison, comme l'oiseau retourne à son nid.

*
* *

Qu'il faisait bon vivre chez *nos gens*!
Soudain, et comme par miracle, on s'y trouvait délivré de tous les soucis, loin de tous les tracas, à l'abri de toutes les intrigues. Rien de mal ne se pouvait concevoir sous ce toit béni. On y passait des jours de paix heureuse et secrète. On y était meilleur...

*
* *

Qu'il eût fait bon mourir chez *nos gens*!

La grand'chambre

À droite, en entrant, c'est la *grand'chambre*.
Les fenêtres closes, la porte fermée y gardent un parfum de choses anciennes. Les croisées tendues de papier vert n'y laissent pénétrer qu'un jour discret, fondu dans une ombre douce. Sur le plancher peint, des catalognes courent d'un bout à l'autre en deux lés parallèles. Au centre de la pièce, une table de vieil acajou, meuble précieux resté dans la famille, porte

des livres de messe aux reliures plein cuir, des prix reçus à la petite école, des photographies sur zinc dans leurs boîtes à charnières, un album, des souvenirs... Tout autour de la chambre, sont rangés des chaises, un fauteuil, un sofa, rembourrés sous crin noir. Dans un coin, se dresse une haute horloge, au cadran jauni, et qui ne marche point, peut-être parce qu'on ne la monte jamais, depuis le jour où l'horloger ambulant a découvert que dans son mouvement il y avait une roue de trop. Aux murs, un crucifix, des portraits de famille, et cette inscription brodée sur canevas: « Dieu nous garde ».

Telle est la *grand'chambre*.

*
* *

Elle s'ouvre rarement, et l'on y entre avec respect, comme en un sanctuaire.

On n'y entre que dans les grandes circonstances, pour recevoir une visite, pour fêter la naissance d'un fils, pour prier près d'un mort.

*
* *

Pour que s'ouvre la *grand'chambre*, il ne suffit pas qu'on ait *de la visite*. Avoir *de la visite*, c'est plutôt recevoir des parents, des amis: ce sont là gens de la famille, presque de la maison. Ils connaissent les êtres: les voilà qui détellent et mettent leur cheval *dedans*; ils entrent, ils s'installent, ils sont quasiment chez soi. On n'ouvre pas pour eux la *grand'chambre*.

Recevoir une visite est autre chose. C'est une dame de la ville qu'on a connue; c'est un prêtre, ami de la famille; c'est un personnage... Il doit venir, tout est prêt pour lui faire accueil, et la porte qui ne s'ouvre pas pour les autres s'ouvrira pour lui.

Mais la grande visite, la plus belle de toutes, et pour laquelle les gens de la maison s'endimanchent, c'est la visite de monsieur le Curé.

*
* *

Les enfants, aux aguets depuis le matin, ont vu poindre, au tournant de la route, l'équipage. C'est le marguillier en charge qui mène son curé: cheval fringant, carriole légère, harnois tout neuf avec des pompons à la bride et de l'argent sur la sellette. Ils vont de maison en maison, arrêtant chez chacun, comme il a été annoncé du haut de la chaire. Dans les *concessions*, les habitations ne sont pas proche à proche: de l'une à l'autre, ils vont d'une belle allure. La neige crisse, les grelots sonnent. Au grand soleil d'hiver qui réjouit la campagne toute blanche, monsieur le Curé, bien au chaud sous les robes malgré le froid qui pince, va visiter ses paroissiens. Le voilà qui sort de chez le voisin. Allons! marguillier, fais claquer ton fouet, tourne sans ralentir dans la *montée* de chez nous, et bellement viens arrêter devant le perron de pierres. Tout est prêt: la *grand'chambre* est ouverte.

— Entrez, monsieur le Curé, et bénissez-nous.

Dès l'abord, tous s'agenouillent; et, sur les fronts inclinés, le Curé dit les paroles qui protègent.

Puis, on entre dans la *grand'chambre*...

C'est là que le pasteur fait le compte de son troupeau, s'informe des besoins de chacun, reçoit les confidences, calme les inquiétudes, donne des conseils, compatit, encourage et console; là aussi qu'il parle des anciens, qu'il rappelle des souvenirs, qu'il réconforte les espérances...

Avant de partir, le marguillier ne manque pas de rappeler que, selon la coutume, un *berlot* suit la voiture du Curé... L'avertissement n'était pas nécessaire: on sait que la quête de l'Enfant-Jésus se fait en même temps que la visite de la paroisse, et l'on a préparé ce qu'il faut.

— Monsieur le marguillier, prenez cette citrouille, et cette tresse d'oignons, et, si vous avez de l'*arce* à les mettre, ces deux lièvres.

Et la *grand'chambre* se referme.

La *grand'chambre* s'ouvre pour les baptêmes aussi.

Un fils est né! C'est le premier, ou le dixième, ou le dix-huitième... Plus il y en a, plus on est heureux. On mettra une rallonge à la table; et, l'année suivante, c'est infaillible, la terre rapportera davantage.

Un fils est né! Tout de suite, c'est un branle-bas: on va chercher la marraine, on va chercher le parrain, on enveloppe le nouveau-né; et le baptême prend le chemin du village. Des têtes paraissent aux fenêtres: — « C'est Benjamin qui *fait baptiser* encore une fois! Il aura bientôt toute une paroisse dans sa maison! »

Un fils est né! Et voilà que l'eau sainte a coulé sur son front. Sonnez, les cloches! C'est un chrétien qui, de l'église, revient à la maison. Sonnez fort et sonnez dru! Car le parrain fut généreux. Joyeuses, mêlez dans l'air vos notes accordées! Annoncez partout la nouvelle: un Chrétien est né!

Et vous, les gens du *baptême*, le parrain, la marraine, les parents, les amis, et les parents des amis, et les amis des parents, et les voisins, et les passants, entrez voir la mère et l'enfant! La table est mise, et la *grand'chambre* est ouverte.

Claire et joyeuse, la *grand'chambre* s'ouvre pour fêter les nouveau-nés.

*
* *

Sombre et sévère, elle s'ouvre, hélas! pour pleurer les morts.

Que d'anciens reposèrent là de leur dernier repos! Pleins de vie nouvelle, ils y étaient entrés, pour la première fois, au jour de leur baptême; silencieux et rigides, ils y revinrent, pour la dernière, au soir de leur mort. Et c'est de la *grand'chambre* que, tous, ils partirent pour le cimetière. Ils *ne sont plus du temps*, et leurs portraits pendent aux murs.

Quand leur fils, le laboureur d'aujourd'hui, aura lui aussi lié toutes ses gerbes et rentré tous ses foins, il fera, comme les ancêtres, ses arrangements avec la terre, avec le ciel; et, comme eux, il achèvera de mourir. Alors, on le couchera, dans ses habits du dimanche, sous le Christ, entre deux cierges, dans la *grand'chambre* tendue de noir. Des parents, des amis viendront le visiter et prieront pour son âme. Le soir, les voisins s'assembleront pour réciter auprès du mort la grande prière du soir. Et durant trois jours et trois nuits, on le veillera...

Puis, ce sera la levée du corps, le départ dans le lugubre chariot...

Et la *grand'chambre* se refermera, pleine de souvenirs.

La criée pour les âmes

« Par ici, tout le monde! C'est la *criée pour les âmes*! »

La messe vient de finir; les fidèles sortent de l'église. Par la grand'porte ouverte, on entend résonner encore les derniers sons du vieil orgue, on aperçoit au maître autel le bedeau qui déjà éteint les cierges...

C'est aujourd'hui le Jour des Morts. La paroisse a prié Dieu pour ses défunts; et plus d'un, en quittant le Saint Lieu, jettent un regard vers les pierres blanches du cimetière: *l'année qui vient*, ce sera leur tour peut-être de coucher sous l'herbe...

Au sortir de la messe du dimanche, jamais on ne s'éloigne tout de suite. On reste sur la place de l'église quelques instants encore; des groupes se forment; on *allume*, on écoute les annonces du crieur.

Le plus souvent, celui-ci n'a guère à dire: il recommande, par exemple, une *corvée* pour *lever* une grange chez Pierre Milot, qui a passé au feu; ou, bien, il publie qu'un mouchoir rouge, avec, nouées dans le coin, deux pièces d'*argent dur*, a été trouvé dans la route des Sept-Crans par Michel Taillon, chez qui le propriétaire peut aller le réclamer; ou encore, il fait assavoir, de la part des Commissaires, que les réparations de la maison d'école de l'arrondissement No. 2 sont finies, que la maîtresse est engagée, et que les classes vont ouvrir...

Cela n'est pas long; pour si peu, c'est du perron de l'église que se fait d'ordinaire la criée.

Mais, le Jour des Morts, la besogne du crieur n'est pas si courte, et il monte à la tribune publique, au bout de la place:

— Par ici, tout le monde! C'est la *criée pour les âmes*.

*

* *

Nos paysans, après un deuil, ne donnent peut-être pas de leur chagrin toutes les marques extérieures que feraient paraître des âmes moins cachées; ils ne font pas montre de leur affliction, ils ne disent pas à tout venant leur peine. Aussi, à ceux qui ne les ont pas beaucoup pratiqués, leur douleur a-t-elle pu sembler un peu courte... Pour n'être pas étalés, les regrets sont-ils moins profonds et moins durables?

Nos paysans n'oublient pas leurs morts. S'ils ne vont pas à toute heure pleurer sur les tombes, c'est que les restes enterrés là leur paraissent en vérité peu de chose au prix des âmes en allées, et qui peut-être souffrent au purgatoire. Nos paysans donnent à leurs défunts le meilleur souvenir, la prière.

Nos paysans n'oublient pas leurs morts. Voyez comme ils les associent à leurs travaux.

— Si mon jardinage vient bien, dit la femme, je m'engage à donner aux âmes ma plus belle pomme de chou et une tresse d'oignons.

— Moi, dit l'homme, si elles m'obtiennent d'avoir une belle récolte, je donnerai trois minots de bon grain, et j'y mettrai l'*ajet*.

Le Jour des Morts au matin, chacun apporte ce qu'il a promis, et, la messe dite, le remet au crieur, pour que celui-ci le vende aux enchères au profit des bonnes âmes.

Les objets les plus disparates s'entassent sur la tribune, aux pieds du crieur; au milieu des citrouilles rebondies et des navets palots, voici une appétissante bolée de *tête en fromage*; une livre de tabac en tresse voisine avec une pièce d'*étoffe du pays*; à côté d'une bouteille de sirop d'érable, un paquet de filasse, dans une cage, une poule qui glousse; dans une poche, un cochon qui crie; et le reste...

— La *criée pour les âmes* va commencer. Chacun de nous a ses défunts, et, sans offense, on peut bien dire que plusieurs des nôtres doivent être dans le purgatoire; car il y en a qui, de leur vivant, n'étaient pas commodes. Eh! bien, c'est le temps de leur donner un petit coup d'épaule pour les pousser en Paradis. Ouvrez vos bourses, les amis! C'est pour les âmes. Et puis, j'ai à vendre des effets qui ne sont pas piqués des vers!... Regardez-moi cette citrouille-là, par exemple. J'en ai tout mon raide à la soulever. Combien pour la citrouille?... C'est pas une citrouille ordinaire... Trente sous! Trente sous sont offerts pour la citrouille!... C'est la plus belle de la paroisse. Trente sous!... Oubliez pas que c'est pour les âmes. Cette citrouille-là devrait en faire sortir au moins trois du purgatoire... Quarante sous!... Cinquante sous! Cinquante!... Mettez, mettez! C'est pour les âmes. Vous avez peut-être un parent défunt qui compte sur cette citrouille-là pour entrer au ciel... Soixante sous!... Soixante-quinze!... Quatre-vingts sous!... On aura une grand'messe, bien chantée par nos chantres, les chantres de la paroisse... Ils y mettront de la bonne volonté, ils chanteront fort tant qu'on voudra; vous les connaissez; c'est pas des enfants d'école... Quatre-vingt-dix! Encore un petit coup de cœur, les amis, pour atteindre la piastre... Quatre-vingt-dix! Quatre-vingt-dix!... Une piastre! C'est bien. Mais ça serait encore mieux, si on dépassait la piastre. Il y a bien de la mortalité dans la paroisse. Faut penser à nos morts... Une piastre et cinq!... Une piastre et dix!... Ça va. Une piastre et demie!... Une piastre et demie!... C'est tout?... Une piastre et demie, une fois!... Une piastre et demie, deux fois!... Dépêchez-vous! la citrouille va partir. Une piastre et demie, trois fois!... Elle est partie. Donne ton argent, Baptiste, et prends la citrouille... *Astheure*, je mets en vente un rouleau de *catalogne*. Il y en a cinq verges. Combien pour la *catalogne*?... C'est pour les âmes...

Et nos braves gens enchérissent. Ils ne regardent guère à la valeur des objets; c'est pour les âmes: ils y vont largement. Un jour, un chou se vendit trois piastres!... Et l'adjudicataire, après avoir payé, remit le chou aux enchères! Ce chou rapporta quatre piastres et demie.

La vente terminée, le crieur va en déposer le produit entre les mains du curé: c'est le *trésor des âmes*, avec quoi l'on fait chanter des messes pour les morts.

Des criées pareilles se feront tous les dimanches de novembre, et de temps en temps dans l'année. Le *trésor* s'augmentera aussi de plus d'une aumône particulière. Il n'est pas rare qu'un bon habitant y verse l'honoraire d'une messe, en recommandant que cette messe soit dite pour l'*âme la plus abandonnée* de la paroisse.

Nos paysans n'oublient pas leurs morts.

Ils prient pour ceux des leurs qui, du fond de l'abîme, poussent des cris vers le Seigneur.

...Seigneur, leur désir est devant vous, leur douleur est en votre présence, et leur gémissement ne vous est point caché. De leur matin jusqu'à leur soir, ils ont espéré en vous, à cause de votre ici. Seigneur, hâtez-vous à leur secours. Ayez pitié d'eux selon votre miséricorde. Exaucez-les devant votre justice. Que votre éternelle splendeur luise dans leur nuit et leurs os humiliés tressailleront d'allégresse!...

Le poêle

Le poêle de chez nous est à deux *ponts*, bas sur pattes et massif. Sur ses flancs, aux parois épaisses, des reliefs déjà frustes dessinent des arabesques où se jouent des animaux étranges. Dans son vaste foyer, une bûche d'érable entre toute ronde, et, à l'époque des *corvées*, son *fourneau* cuit sans peine le repas de vingt batteurs de blé.

L'été, quand le soleil *grâle* les visages et mûrit les grains, le poêle se repose. Toujours à son poste pourtant, dans la cuisine, au beau *mitan* de la *place*, il se rend encore utile: il sert de garde-manger.

Mais sitôt que vient l'automne, et qu'il commence à *gelauder*, le poêle se réveille. Et tout l'hiver, sa respiration s'échappe du toit, érigée en spirale dans l'air tranquille, ou fuyante et déchirée par la rafale. Tout l'hiver, il chante, ronfle, ou murmure; dans les nuits calmes, quand les *marionnettes* dansent au ciel pur, la voix du poêle se fait régulière, monotone, rassurante; mais si le *nord-est* court la campagne, tourmente les arbres nus, et hurle, le poêle gronde, furieux. Il défend le logis contre le froid qui pince; sa chaleur se répand, bienfaisante, sous les poutres noires, et jusque dans la *grand'chambre*, où l'on ne va qu'aux jours de fête et aux jours de deuil. Il fond la neige maligne que la *poudrerie* souffle sous la porte mal fermée, réchauffe les petits pieds rougis, fait fumer la bonne soupe.

C'est l'âme de la maison. S'il éteignait ses feux, s'il ne mettait plus au toit son panache de fumée, si son ronflement sonore se taisait soudain, soudain la maison serait morte. « Foyers éteints, familles éteintes. » Aussi bien que l'âtre, le poêle canadien garde les traditions ancestrales.

À ceux qui savent allumer leur pipe avec un tison, et qui aiment à fumer, en songeant, devant la porte du poêle, ce dieu du logis est d'aussi bon conseil que le feu de cheminée.

Au coin de l'âtre, on se prend parfois à rêver, à construire des châteaux en Espagne, et tout s'effondre, hélas! avec le tison qui croule, s'envole avec la bluette qui monte, s'évanouit avec l'étincelle qui meurt. À la porte du poêle, il faut penser, et c'est au bâtiment de projets plus solides qu'on travaille. Car le poêle est grave, le poêle est sage, le poêle n'invite pas aux vaines rêveries. Les chimères qu'évoque la chanson de l'âtre déplaisent à ce vétéran; il étouffe ces voix du feu, frivoles et légères, qui, dans les cheminées ouvertes, fredonnent, sifflent, crépitent, et font entre les chenets un concert de caprice et de fantaisie: il les fond toutes en un ronflement sévère. Il craint aussi, pour ceux qu'il aime, le prestige des étincelles, la fantasmagorie des flammes, le mensonge de leurs formes changeantes; il cache aux regards des hommes son lit de braise ardente. L'œuvre du feu s'accomplit en secret dans l'enfer de ses flancs; seul, l'œil rouge qui perce sa porte révèle les souffrances éclatantes et mystérieuses du bois qui pleure.

À la *brunante*, les voisins viennent *fumer*; ils arrivent tout *enneigés*, et le poêle réjouit leurs mains gourdes. Quand ils sont groupés devant sa porte, et qu'ils *allument* à la ronde, il aime, le poêle des *habitants*, qu'on s'entretienne autour de lui de la terre *fermée* par les froids d'automne, des *bâtiments*, qu'on répare, du *train* de la ferme, des travaux monotones de l'hiver, des bêtes qu'on soigne, des blés en grange, de la *sucrerie* qu'on entaillera, des hasards de la moisson future... « Il faisait presque jour, la nuit de Noël, dans la *tasserie*; c'est signe que les blés seront *clairauds*, l'été *qui vient*... L'année dernière, les *ajets* l'avaient dit, et il y en eut *à pleines clôtures*... Au printemps, on engagera Pierre-à-Grégoire; il laboure *une beauté* mieux que les autres et prend plus de *mie*... On fera de l'*abattis* au *sorouêt* de la *rochière*, de l'autre côté du grand *brûlé*... Joseph-à-François va à la ville demain prendre une *consulte*: il a envie de *déchanger* de cheval; il *a pour son dire* que celui qu'il a eu du maquignon n'est pas assez *amain*... Les *petits gars* ont pris deux lièvres au collet, hier; c'est *matin*, pour des lièvres... La *bordée* de ce soir a presque *abrié* les *balises*: va falloir se lever, demain, avec *la barre du jour*, pour *ouvrir les chemins* avant que le *grand-voyer* passe, parce que, s'il *s'adonnait* à venir par ici dès le matin, on payerait sûrement l'amende... Il n'est *pas guère avenant*, le *grand-voyer*; pour un *banc de neige*, il nous fait des *misères*. Pourtant, il y en a des *cahots*, dans sa *part de route*, à lui. Et puis, quand le bon Dieu fait neiger, je *pouvons* pas les empêcher, *les bancs de neige*!... »

Le poêle est sévère, mais il permet qu'on s'amuse. Il a vu plus d'une *danse*, accompagné de sa voix grave plus d'une chanson, entendu les meilleurs *violonneux* de la paroisse, et plusieurs, qui maintenant sont disparus, ont devant lui *battu les ailes de pigeon* comme ne savent pas le faire les *jeunesses* d'aujourd'hui. C'est dans la pièce qu'il habite que se donnent les veillées d'hiver, où les beaux conteurs disent à tour de rôle leurs histoires, et luttent à qui aura le plus d'esprit, à qui amènera le mieux un bon mot au bout d'un conte. Et la langue qu'on parle autour du poêle n'a rien du parler mièvre ou corrompu des villes; c'est la langue rude et franche, héritée des ancêtres, et dont les mots « ne sont guère que du sens. »

Le poêle se souvient aussi. Il veut qu'on parle souvent des aïeux, qui les uns après les autres ont, à l'accoutumée, *tiré leur touche* devant sa porte, et dont il a éclairé de la même lueur les visages honnêtes. Le maître d'aujourd'hui, fils des anciens, et dont le front déjà s'argente vers les tempes, leur ressemble. Comme eux, la nuit venue, et les voisins partis dans la neige, il s'agenouille, avec *la femme* et les enfants, dans la bonne chaleur qui rayonne, sous le vieux Christ pendu à la muraille; et le poêle, qui se souvient, mêle sa voix familière à la prière du soir.

Puis la marmaille gagne les lits à *baldaquins*. La lampe s'éteint... Quelque temps encore, un chuchotement se fait entendre: à la porte du poêle, dans l'obscurité, le père, sa dernière pipe aux dents, la mère, son chapelet encore aux doigts, se parlent à voix basse, lentement, des choses que l'on aime à se dire seul à seul et qu'il est aussi bon que les enfants ne sachent point: souvenirs intimes, espoirs communs, craintes partagées... Dehors le vent a cessé, tout est calme. Seul témoin des confidences de ses maîtres, le poêle murmure plus doucement. L'heure glisse, discrète, sur les deux têtes rapprochées, et l'entretien se prolonge, doux et grave, dans la nuit...

Enfin, les voix se taisent. Tout repose. Seul, le poêle murmure encore; la lueur de son œil demi-clos éclaire vaguement les choses et se joue sur la muraille; au-dessus du toit, la fumée monte, blanche et droite, au clair des étoiles. Le poêle veille sur la maison qui dort.

Un poète illettré

Pierre-Paul est né poète.

Je ne dis pas qu'il est poète; je dis qu'il est né poète, avec une sensibilité extrême, avec une imagination brûlante, avec au cœur une blessure qui saigne et ne veut pas guérir.

Mais la nature ne fait qu'ébaucher le poète. Pour que l'âme transparaisse dans un chant, il faut la forme; il faut l'harmonie, la cadence et le rythme, de la mesure, de la couleur et de la musique, des nuances et des demi-teintes, de l'éclat et de la douceur, de la souplesse et de la solidité; il faut l'heureuse combinaison des sonorités, la judicieuse distribution des mots, le jeu fécond des coupes intérieures, des mouvements qui se prolongent et des dessins qui se développent, tout l'organisme à la fois résistant et flexible du vers... Sans le long et dur apprentissage du verbe, le poète ne voit pas lever la semence qu'il a dans l'âme; il se traîne sur la route, isolé, souffrant, tourmenté par une soif que rien n'apaise. Il est parmi les autres hommes ainsi qu'un étranger: les autres regardent, il ne sait que contempler; les autres pensent, il n'aime qu'à rêver; les autres parlent, il ne voudrait que chanter. C'est un être à part, un exilé, un voyageur à la recherche d'un idéal qui toujours se dérobe.

Pierre-Paul, donc, est né poète.

Habitant, il vit de la terre; il laboure, il sème, il récolte. Il pourrait être heureux. Mais un besoin de dire des choses étranges le possède, une rage de parler en mesure le dévore; c'est une obsession, un harcèlement... Il faut qu'il rime! On lui conseille de dompter cette passion, on le gronde; rien n'y fait. « C'est plus fort que moi », dit-il.

Enfant, il apprit, à la petite école, à former des lettres et à les reconnaître ensuite: il sait lire et écrire. Là s'arrête son savoir. De l'orthographe et de la grammaire, il n'a guère retenu; et toute sa prosodie se réduit au compte approximatif des syllabes. Il a le sens de la mesure, pourtant, l'instinct du rythme, et, dans l'oreille, un souvenir obsédant de la cadence alexandrine.

Il rime donc, tant bien que mal, et tant bien que mal cultive sa terre, fait ses récoltes, vend les produits de sa ferme.

Je l'ai vu arrêter devant ma porte sa charrette, laisser là les chalands, entrer en hâte chez moi, saisir un crayon et, sur un chiffon de papier, parfois dans son livre de comptes, griffonner quelques lignes; c'étaient des vers. « Quand les rimes bourdonnent à mes oreilles comme des mouches, disait-il, je ne sais plus compter mes navets; il faut que je me débarrasse d'une couple de vers. Voilà qui est fait. Bonjour et merci! » Soulagé, Pierre-Paul retournait à son négoce.

... Pierre-Paul, Pierre-Paul! J'ai mangé vos légumes et j'ai lu vos vers. Hélas! vos vers ne valent pas vos légumes. Et vos choux, ô Pierre-Paul, vos choux sont vos meilleurs poèmes!...

Les vers de Pierre-Paul sont mauvais. La mesure n'y est pas toujours; souvent l'assonance y remplace la rime; il s'y trouve des lieux communs et des fautes de français. Mais on y rencontre aussi des idées de valeur que Pierre-Paul a tirées on ne sait d'où, des tours de choix qui lui sont venus on ne sait comment, et ici ou là un grand vers bien frappé qui le surprend lui-même sitôt qu'il l'a fait. Une fois l'orthographe rétablie, le croirait-on? tout cela ne fait pas trop mauvaise figure. Et l'on s'étonne, à lire ces poèmes étranges, frustes, parfois incohérents, mais où se révèle tout de même une âme de poète.

Pierre-Paul sait-il bien que ses vers sont mauvais? On le lui dit, et qu'il n'en fera jamais de meilleurs... Que lui importe?... Le démon de la poésie le tient. Il rime avec passion, avec acharnement. Les gens se moquent, se le montrent du doigt; lui, timide, se dérobe aux regards, et seul, honteux, comme on commet une mauvaise action, il rime. Il chante à sa façon la montagne et la plaine, les grands bois sourds et les gerbes d'or, la chaude lumière des jours d'été et la froide lueur des nuits d'hiver. En dépit des sarcasmes, il rime; il rimera jusqu'à la mort.

Ne le plaindrez-vous pas, ce poète illettré, impuissant à dire son rêve, et pour qui la poésie est comme un mal dont on a honte?

Le coureur de bois solitaire

Quand il était de passage, à l'aller ou au retour d'une randonnée en forêt, Gagnon dit Grandmont, chasseur, trappeur, coureur de bois, braconnier au besoin, avait coutume d'arrêter chez nous quelques moments, le temps de boire une tasse de thé avec une *larme* dedans. Une fois qu'il n'était arrivé qu'à la brunante et qu'il avait, le lendemain, une longue course à faire, il passa à la maison toute la nuit. Nous eûmes le temps de le faire parler.

D'humeur taciturne, il n'était pas causeur. Cependant, à ceux qui aimaient, comme lui, le bois, la montagne, la grande nature, il parlait plus librement et disait volontiers ses impressions, pourvu qu'on le questionnât.

Quel était son âge?... Il l'ignorait peut-être lui-même, et dans tous les cas ne s'en souciait guère. On savait seulement qu'il était presque octogénaire; mais à sa démarche alerte, à son pas agile et sûr, à sa chevelure abondante, toute noire, à peine argentée vers les tempes, on ne lui eût pas donné plus de cinquante ans; son regard était rapide, ses muscles durs et souples. Il avait la vigueur et l'allure d'un jeune homme.

La fois dont je parle, on était en plein hiver, à la mi-décembre. Les champs étaient couverts de neige, les montagnes toutes blanches, les lacs gelés.

Gagnon dit Grandmont était harnaché en conséquence: gros capot d'étoffe du pays, avec capuchon, ceinture fléchée, casque de fourrure, mitaines de cuir et souliers mous. Une paire de raquettes montagnaises — les seules bonnes pour gravir les pentes — un fusil en bandoulière, un coutelas au côté complétaient son fourniment. Sur une traîne sauvage, qu'il tirait après lui dans la neige, le reste de son équipement était solidement assujetti par des courroies: la double toile de sa tente, une carabine, une hache, les ustensiles nécessaires au campement, des munitions, quelques provisions de bouche indispensables, tout l'attirail et l'arroi d'un long séjour dans le bois.

— Et où allez-vous, cette fois-ci, père Gagnon?

— Pas loin. Rien qu'aux monts Sainte-Marguerite.

Il n'allait pas loin! Il allait seulement aux monts Sainte-Marguerite!

— En effet, c'est tout près! Seulement à vingt milles de toute habitation!... Mais voici venir Noël, le Jour de l'An, les Rois. Serez-vous de retour pour les Fêtes?

— C'est à cause des Fêtes que je m'en vas. Chez ma bru, où vous savez que je reste, il y a trop de monde, pendant les Fêtes, trop de remue-ménage. Ça m'agace. Il n'y a pas moyen d'être seul, de penser tranquillement. Je passerai le temps des Fêtes dans la forêt.

— Il est certain que là vous serez tranquille; personne n'ira vous déranger; vous serez seul.

— Oui, tout seul, dans la montagne, avec les arbres et les bêtes qui rôdent.

Et le vieux coureur de bois paraissait jouir d'avance de cette solitude vers laquelle il allait.

— Ne craignez-vous rien, ainsi perdu dans le grand bois?

— De quoi aurais-je peur? Il n'y a pas, là, de méchantes gens. Parfois, il y a les loups... Mais j'ai ma carabine. Un coup de feu les éloigne.

— Vous chassez donc, père Gagnon?

— Un peu. Seulement pour avoir de quoi manger. Pourquoi tuer de pauvres bêtes qui ne vous font pas de mal?

— Vous arrive-t-il parfois de voir un gibier à portée de votre carabine et de le manquer?

Cette question l'étonna...

— Pourquoi est-ce que je le manquerais? Avant de tirer, je vise. Un animal que je vise est un animal mort.

— Et que faites-vous, tout le jour, père Gagnon, pour passer le temps?

— Ce n'est pas moi qui fais passer le temps; le temps passe tout seul, et vite. Moi, je regarde, et j'écoute... Il y a beaucoup de choses à voir, quand on est seul; beaucoup de bruits à entendre, dans le silence. Je regarde, j'écoute, et le temps passe.

— Et la nuit?

— Ah! la nuit! C'est ce qu'il y a de plus beau. Tous les bruits prennent un sens. Je les connais tous, les bruits de la forêt. Je sais ce que veulent dire un tronc d'arbre qui craque, une branche qui se casse, un souffle dans les broussailles, un battement dans l'air, l'écrasement de la neige sous un pied lourd... Ainsi, je sais ce qui se passe tout autour de moi. La nuit, les ombres aussi me parlent, et je les comprends. Tout bas, je leur dis ce que je pense; tout bas, dans le vent qui passe, elles me répondent. Toute la nuit, une rumeur court la forêt, va d'une montagne à l'autre. Je l'écoute et je la comprends. Dans la nuit, je prie aussi, je dis mon chapelet; et j'entends la voix des montagnes finir les *ave*. Dans la nuit, au clair de la lune ou des étoiles, les montagnes arrondissent leurs dos tout blancs, comme des moines prosternés. Rien n'est beau comme la nuit dans la forêt.

— Et quand la tempête se met à siffler?...

— Alors éclate, venant on ne sait d'où, le chant terrible des bois en colère. Le vent hurle; les arbres s'entre-choquent; des clameurs et des huées passent dans la rafale. Debout, à la porte de ma tente, je me dresse, tout seul; je me raidis contre la tourmente; je crie à l'ouragan: « Tu ne me renverseras pas! Je suis plus fort que toi! Je suis le roi de la forêt! »...

*
* *

Le vieux Gagnon dit Grandmont n'avait pourtant ni lettres, ni culture savante. Où trouvait-il ces idées et cette langue? Il n'avait pris de leçons que de la montagne et des grands bois...

Poètes, ô poètes, que n'allez-vous à cette école!

HENRI BOURASSA (1868-1952)

Journaliste, homme politique, quasiment ecclésiastique, Henri Bourassa a été un témoin et un acteur capital du premier quart du siècle. L'année 1910 est pour lui triplement cruciale: il fonde *Le Devoir*, qu'il animera jusqu'en 1932; il prononce un célèbre discours (improvisé) à Notre-Dame, en réponse à l'archevêque de Westminster, Mgr Bourne, qui proposait l'unité de langue (l'anglais) aux catholiques canadiens; et il est reçu par le pape Pie X à Rome (il sera encore reçu, deux fois, par Pie XI, en 1922 et 1926). L'œuvre principale de ce petit-fils de Louis-Joseph Papineau, qui fut plusieurs fois, avec des éclipses, député fédéral ou provincial de divers comtés de 1896 à 1935, demeure la fondation du *Devoir* où il se fera l'ardent défenseur de l'unité canadienne, contre l'impérialisme britannique « dans le domaine des faits », contre le colonialisme français « dans le domaine des idées »: c'est en ce sens-là qu'il fut « nationaliste ».

La langue et la foi*

(Discours prononcé à la séance de clôture du XXIe Congrès eucharistique, à Montréal, le 10 septembre 1910. Texte sténographié, revu par l'auteur et publié dans Le Devoir du 15 septembre 1910.)

Éminence,[1]

Messeigneurs,[2]

Mesdames,

Messieurs,

Depuis deux jours, dans ces séances mémorables, des apôtres de l'Église universelle vous ont énoncé les vérités de la foi et prêché le culte de l'Eucharistie; les chefs de l'Église canadienne ont rendu témoignage à la religion vivante de leur peuple; des prélats étrangers ont glorifié les magnificences du congrès de Montréal; les hommes d'État canadiens ont assuré au représentant du chef de l'Église catholique qu'ici l'État s'incline devant le magistère suprême de l'Église.

Qu'on me permette de prendre ce soir une tâche plus humble, mais non moins nécessaire, — à moi qui ne suis rien, à moi qui sors de cette foule, à moi qui n'ai qu'une parcelle du cœur des miens à présenter au Pape — et d'accomplir au nom de tous ce que chacun d'entre nous fait lorsque, après être venu à la table sainte chercher un regain de grâce et de vitalité, il formule dans son âme les résolutions qu'il a prises pour devenir meilleur et plus fort.

Qu'on me pardonne donc d'énoncer quelques-unes des résolutions que nous devons prendre aujourd'hui comme peuple, après avoir communié tous ensemble à la face de Dieu et des hommes dans le culte eucharistique.

---

1. Son Éminence le cardinal Vincenzo Vannutelli, légat du pape.
2. Mgr Bruchési, archevêque de Montréal, Mgr Bourne, archevêque de Westminster, Mgr Rumeau, évêque d'Angers, et un grand nombre d'archevêques et d'évêques des deux continents.

Tout d'abord faisons vœu de confesser notre foi dans nos actes publics. Que cette foi, qui éclaire nos consciences et fait battre nos cœurs, ne soit pas seulement la base de notre religion individuelle, mais l'inspiratrice de notre vie publique.

Combattons le danger qui nous menace peut-être plus ici que dans la vieille Europe, attaquée par ailleurs dans sa foi; je veux dire le danger de la double conscience, qui fait que souvent des hommes qui adorent Dieu avec sincérité au foyer et à l'église, oublient qu'ils sont les fils de Dieu lorsqu'il faut proclamer leur foi dans la vie publique, dans les lois et dans le gouvernement de la nation.

Au culte de l'argent, au culte du confort, au culte des honneurs, opposons le culte du devoir, le culte du sacrifice, le culte du dévouement.

L'illustre archevêque de Saint-Paul nous disait hier que l'Amérique est appelée à résoudre plusieurs des problèmes des sociétés futures. C'est vrai; mais je crois également que l'Amérique peut encore apprendre quelques leçons des vieilles sociétés chrétiennes de l'Europe; et qu'il me soit permis, comme Canadien, dans les veines de qui coule le sang de six générations de Canadiens, de demander à l'Europe de nous donner encore un souffle de son apostolat et de son intellectualité.

Je crois que, dans la recherche de ce culte de l'honneur, du dévouement et du sacrifice, même nous, les Français de la Nouvelle-France, pouvons encore apprendre quelque chose à l'autel de la vieille patrie, dont l'évêque d'Orléans et l'évêque d'Angers nous ont parlé hier et ce soir en des termes qui n'indiquent pas qu'ils soient les chefs spirituels d'une nation morte.

Au culte de l'égoïsme, au culte du riche qui s'engraisse et qui dort, au culte du pauvre qui gronde et qui frémit, opposons le culte des œuvres sociales; car la foi sans les œuvres est morte, et Pie X, le pape de l'Eucharistie, a été précédé dans les voies de la Providence divine par Léon XIII, le pape des ouvriers.

Éminence, vous avez admiré le spectacle de quinze mille ouvriers canadiens adorant Dieu dans cette église et attendant de vos lèvres la parole des commandements suprêmes qui vous a été déléguée par le père que nous vénérons tous. Nos ouvriers sont encore catholiques individuellement, mais nos unions ouvrières ne le sont pas; et je croirais faillir à mon devoir et au rôle que j'ai assumé ce soir, si je ne disais pas à mes compatriotes qu'il est urgent de veiller au salut des ouvriers, non seulement dans cette grande ville de Montréal, mais dans toutes les villes de la province de Québec.

Il ne suffit pas de dire à l'ouvrier: « Sois chrétien, sobre et laborieux, bon père de famille et fidèle à ton patron; redoute les sociétés sans religion. » Nous devons encore obéir à la parole du Pape des ouvriers, lui donner des œuvres pratiques et lui prouver que la foi catholique n'est pas arriérée ni stérile; que la foi catholique peut non seulement sauvegarder les droits de la conscience, mais encore s'allier fructueusement à toutes les organisations modernes qui permettent au travail de se protéger contre la tyrannie du capital.

Il faut prouver à l'ouvrier que la foi, greffée sur les organisations ouvrières, ne les affaiblit pas mais leur donne une âme, une âme qui les fera vivre, vivre plus longtemps et produire des fruits plus nombreux et plus substantiels que les groupements qui n'ont d'autre but que d'unir les ouvriers dans la revendication de leurs appétits et la recherche d'un salaire plus élevé.

Ici encore, l'Amérique — l'Amérique de l'illustre archevêque de Saint-Paul comme l'Amérique de l'éminent archevêque de Montréal — peut aller demander des leçons à l'Europe et en particulier à ce pays où la mentalité chrétienne, même dans le domaine politique, n'est pas morte, à ce vaillant petit pays de Belgique qui, comprimé pendant cinq siècles par les nations étrangères, a su conserver le double trésor de sa foi et de sa pensée nationale. La Belgique prouve aujourd'hui au monde entier que la profession des principes catholiques dans le gouvernement, dans les lois, dans l'administration n'empêche pas un peuple d'être à la tête de la civilisation et d'offrir au monde la solution la plus pratique et la plus efficace des problèmes ouvriers et des questions sociales.

*

* *

Mais s'il est un point sur lequel notre pensée doive s'arrêter particulièrement, s'il est un principe sur lequel, catholiques de toute origine, nous devons nous unir dans une commune résolution pratique, c'est celui de l'éducation chrétienne de nos enfants.

Ne laissons pas pénétrer chez nous — la brèche est déjà faite — cette notion fausse que la religion est bonne à l'école primaire, nécessaire au collège classique qui forme les prêtres, mais qu'elle n'a rien à faire dans l'école scientifique ou dans l'école des métiers. La religion fondée par le Fils du charpentier est peut-être plus nécessaire encore à l'ouvrier qui peine et qui sue, qu'à l'aristocrate de la pensée.

Oui, conservons intact, dans cette vieille province de Québec, — le seul état de l'Amérique du Nord qui possède ce trésor, comme l'a si bien dit l'éloquent juge O'Sullivan, — conservons intact ce trésor de l'éducation chrétienne, qui ne consiste pas seulement dans l'enseignement concret et restreint des dogmes théoriques de la religion — si me permettent de m'exprimer ainsi les éminents théologiens qui m'écoutent — mais qui consiste surtout, au point de vue de la foi pratique et vécue, dans la pénétration de toutes les sciences et de toutes les notions humaines par l'idée religieuse, par la foi au Christ, à ses enseignements, à sa morale.

Oui, nous nous glorifions à bon droit d'avoir conservé ce trésor dans la province de Québec; mais de même qu'il y a un instant, je vous prêchais l'évangile de la charité sociale contre le dur égoïsme de l'individu, je vous adjure maintenant de pratiquer la charité nationale et de vaincre votre égoïsme provincial.

La province de Québec ne mériterait pas son titre de fille aînée de l'Église au Canada et en Amérique si elle se désintéressait des causes catholiques des autres provinces de la confédération.

Nous avons — et permettez, Éminence, qu'au nom de mes compatriotes je revendique pour eux cet honneur — nous avons les premiers accordé à ceux qui ne partagent pas nos croyances religieuses la plénitude de leur liberté dans l'éducation de leurs enfants. Nous avons bien fait; mais nous avons acquis par là le droit et le devoir de réclamer la plénitude des droits des minorités catholiques dans toutes les provinces protestantes de la Confédération.

Et à ceux qui vous diront que là où l'on est faible, là où l'on est peu nombreux, là où l'on n'est pas riche, on ne doit pas réclamer son dû, mais le mendier à genoux, je réponds: Catholiques du Canada, traversez les mers, abordez le sol de la protestante Angleterre, faites revivre l'ombre majestueuse d'un Wiseman, d'un Manning et d'un Vaughan, si dignement représentés par un Bourne, et allez voir si là les minorités quémandent la charité du riche et du fort.

Les catholiques anglais, fiers de leur titre de catholiques et non moins fiers de leurs droits de citoyens britanniques, réclament, au nom du droit, de la justice et de la constitution, la liberté d'enseigner à leurs enfants ce qu'ils ont appris eux-mêmes. Et l'Angleterre a commencé à se convertir au catholicisme le jour où la minorité catholique anglaise, réveillée par le mouvement d'Oxford, a cessé d'être une minorité timide et cachée pour devenir une minorité combative.

Nous aussi, nous sommes citoyens britanniques, nous aussi, nous avons versé notre sang pour conserver à l'empire son unité et sa puissance, et nous avons acquis les traités, que dis-je? nous avons acquis par l'éternel traité de la justice, scellé sur la montagne du Calvaire dans le sang du Christ, le droit d'élever des enfants catholiques sur cette terre qui n'est anglaise aujourd'hui que parce que les catholiques l'ont défendue contre les armes en révolte des anglo-protestants des colonies américaines.

*
* *

Ayant formulé quelques-unes des déterminations que, j'espère, nous avons déjà prises comme nation et que nous fortifierons demain en faisant cortège au Christ Jésus, je vous demande maintenant d'adopter avec moi une résolution d'un autre ordre.

Celle-ci n'a plus pour objet la revendication de nos droits et nos relations avec ceux qui ne partagent pas nos croyances, mais l'union véritable de tous les catholiques dans la pensée d'une commune dévotion à l'Eucharistie, à la vierge Marie et au Pape, que l'on a si bien définis ce soir comme les trois principaux chaînons de la foi catholique.

Je remercie du fond du cœur l'éminent archevêque de Westminster d'avoir bien voulu toucher du doigt le principal obstacle à cette union et d'avoir abordé le plus inquiétant peut-être des problèmes internes de l'Église catholique au Canada.

Sa Grandeur a parlé de la question de langue. Elle nous a peint l'Amérique tout entière comme vouée dans l'avenir à l'usage de la langue anglaise;

et au nom des intérêts catholiques elle nous a demandé de faire de cette langue l'idiome habituel dans lequel l'Évangile serait annoncé et prêché au peuple.

Ce problème épineux rend quelque peu difficiles, sur certains points du territoire canadien, les relations entre catholiques de langue anglaise et catholiques de langue française. Pourquoi ne pas l'aborder franchement, ce soir, aux pieds du Christ, et en chercher la solution dans les hauteurs sublimes de la foi, de l'espérance et de la charité?

À ceux d'entre vous, mes frères par la langue, qui parlez parfois durement de vos compatriotes irlandais, permettez-moi de dire que, quels que puissent être les conflits locaux, l'Église catholique tout entière doit à l'Irlande et à la race irlandaise une dette que tout catholique a le devoir d'acquitter. L'Irlande a donné pendant trois siècles, sous la persécution violente et devant les tentatives plus insidieuses des époques de paix, un exemple de persévérance dans la foi et d'esprit de corps dans la revendication de ses droits que tout peuple catholique doit lui envier au lieu de lui en faire reproche.

À ceux d'entre vous qui disent: « L'Irlandais a abandonné sa langue, c'est un renégat national; et il veut s'en venger en nous enlevant la nôtre, » je réponds: Non. Si nous avions passé par les épreuves que l'Irlandais a subies, il y a longtemps peut-être que nous aurions perdu notre langue.

Quoi qu'il en soit, la langue anglaise est devenue l'idiome de l'Irlandais comme celui de l'Écossais. Laissons à l'un et à l'autre, comme à l'Allemand et au Ruthène, comme aux catholiques de toutes les nations qui abordent sur cette terre hospitalière du Canada, le droit de prier Dieu dans la langue qui est en même temps celle de leur race, de leur pays, la langue bénie du père et de la mère. N'arrachez à personne, ô prêtres du Christ! ce qui est le plus cher à l'homme après le Dieu qu'il adore.

Soyez sans crainte, vénérable archevêque de Westminster: sur cette terre canadienne, et particulièrement sur cette terre française de Québec, nos pasteurs, comme ils l'ont toujours fait, prodigueront aux fils exilés de votre noble patrie comme à ceux de l'héroïque Irlande, tous les secours de la religion dans la langue de leurs pères, soyez-en certain.

Mais en même temps, permettez-moi — permettez-moi, Éminence — de revendiquer le même droit pour mes compatriotes, pour ceux qui parlent ma langue, non seulement dans cette province, mais partout où il y a des groupes français qui vivent à l'ombre du drapeau britannique, du glorieux étendard étoilé, et surtout sous l'aile maternelle de l'Église catholique, — de l'Église du Christ, qui est mort pour tous les hommes et qui n'a imposé à personne l'obligation de renier sa race pour Lui rester fidèle.

Je ne veux pas, par un nationalisme étroit, dire ce qui serait le contraire de ma pensée — et ne dites pas, mes compatriotes — que l'Église catholique doit être française au Canada. Non; mais dites avec moi que, chez trois millions de catholiques, descendants des premiers apôtres de la chrétienté en Amérique, la meilleure sauvegarde de la foi, c'est la conservation de l'idiome dans lequel, pendant trois cents ans, ils ont adoré le Christ.

Oui, quand le Christ était attaqué par les Iroquois, quand le Christ était renié par les Anglais, quand le Christ était combattu par tout le monde, nous l'avons confessé et nous l'avons confessé dans notre langue.

Le sort de trois millions de catholiques, j'en suis certain, ne peut être indifférent au cœur de Pie X pas plus qu'à celui de l'éminent cardinal qui le représente ici.

*

* *

Mais il y a plus encore. La Providence a voulu que le groupe principal de cette colonisation française et catholique constituât en Amérique un coin de terre à part, où l'état social, religieux et politique se rapproche le plus de ce que l'Église catholique, apostolique et romaine nous apprend être l'état le plus désirable des sociétés. Nous n'avons pas au Canada — qu'on me pardonne de rompre avec les formules de la diplomatie usitées même en des lieux comme celui-ci — nous n'avons pas au Canada l'union de l'Église et de l'État: ne nous payons pas de mots. Mais nous avons, dans la province de Québec, — je pourrais dire presque exclusivement dans la province de Québec — la concorde, la bonne entente entre les autorités civiles et religieuses. Il est résulté de cette concorde des lois qui nous permettent de donner à l'Église catholique un organisme social et civil qu'elle ne trouve dans aucune autre province du Canada ni dans aucune autre portion de l'Empire britannique.

Grâce à ces lois, nos diocèses s'organisent, nos paroisses se fondent. Oh! la petite paroisse de Québec, échelonnée depuis le golfe de Gaspé jusqu'au lac Témiscamingue, cette petite paroisse dont l'église au clocher joyeux est le centre, et qui faisait dire à l'éloquent évêque de Nancy, Mgr de Forbin-Janson: « Ô Canadiens-français! peuple au cœur d'or et aux clochers d'argent! » cette petite paroisse canadienne, où se concentre l'effort du plus humble comme du plus riche des citoyens catholiques, dont l'organisation, le mode d'impôts et le fonctionnement sont garantis par les lois de notre province, c'est l'assise sociale la plus forte de l'Église catholique en Amérique.

Nos lois reconnaissent encore, dans la province de Québec seulement, autant que l'Église peut le désirer, la constitution et le libre fonctionnement des communautés religieuses.

Quel a été le résultat de cet état social? C'est que, débarrassée des soucis matériels, n'étant pas obligée, comme dans le reste du Canada, aux États-Unis et dans la plupart des autres pays, de rechercher toutes sortes de moyens artificiels et incertains pour se constituer civilement et socialement, l'Église de Québec, en repos du côté légal et matériel, a pu donner la plénitude de son effort d'apostolat; et cet effort a dépassé bien loin le diocèse de l'archevêque de Saint-Paul.

De cette petite province de Québec, de cette minuscule colonie française, dont la langue, dit-on, est appelée à disparaître, sont sortis les trois-quarts du clergé de l'Amérique du Nord, qui sont venus puiser au séminaire de Québec ou à Saint-Sulpice la science et la vertu qui ornent aujourd'hui le clergé de la grande république américaine, et le clergé de langue anglaise aussi bien que le clergé de langue française du Canada.

Éminence, vous avez visité nos communautés religieuses, vous êtes allé chercher dans les couvents, dans les hôpitaux et dans les collèges de Montréal la preuve de la foi et des œuvres du peuple canadien-français. Il vous faudrait rester deux ans en Amérique, franchir cinq mille kilomètres de pays, depuis le Cap Breton jusqu'à la Colombie Anglaise, et visiter la moitié de la glorieuse république américaine — partout où la foi doit s'annoncer, partout où la charité catholique peut s'exercer — pour retracer les fondations de toutes sortes — collèges, couvents, hôpitaux, asiles — filles de ces institutions mères que vous avez visitées ici. Faut-il en conclure que les Canadiens-français ont été plus zélés, plus apostoliques que les autres? Non, mais la Providence a voulu qu'ils soient les apôtres de l'Amérique du Nord.

Que l'on se garde, oui, que l'on se garde avec soin d'éteindre ce foyer intense de lumière qui éclaire tout un continent depuis trois siècles; que l'on se garde de tarir cette source de charité qui va partout consoler les pauvres, soigner les malades, soulager les infirmes, recueillir les malheureux et faire aimer l'Église de Dieu, le pape et les évêques de toutes langues et de toutes races.

« Mais, dira-t-on, vous n'êtes qu'une poignée; vous êtes fatalement destinés à disparaître; pourquoi vous obstiner dans la lutte? » Nous ne sommes qu'une poignée, c'est vrai; mais ce n'est pas à l'école du Christ que j'ai appris à compter le droit et les forces morales d'après le nombre et par les richesses. Nous ne sommes qu'une poignée, c'est vrai; mais nous comptons pour ce que nous sommes, et nous avons le droit de vivre.

Douze apôtres, méprisés en leur temps par tout ce qu'il y avait de riche, d'influent et d'instruit, ont conquis le monde. Je ne dis pas: Laissez les Canadiens-français conquérir l'Amérique. Ils ne le demandent pas. Nous vous disons simplement: Laissez-nous notre place au foyer de l'Église et faire notre part de travail pour assurer son triomphe.

Après la mort du Christ, Saint Pierre voulut un jour marquer la supériorité des hébreux sur les gentils. Saint Paul, l'apôtre des nations, lui rappela qu'il devait être le père de toutes les races, de toutes les langues. Le pape le comprit; et depuis dix-neuf cents ans, il n'y a pas eu de pape hébreux, de pape romain, de pape italien, de pape français, mais le Pape, père de toute la grande famille catholique.

Montons plus haut, montons jusqu'au Calvaire, et là, sur cette petite montagne de Judée, qui n'était pas bien haute dans le monde, apprenons la leçon de la tolérance et de la vraie charité chrétienne.

Les peuples de l'antiquité, dans l'attente du salut, montèrent jusqu'au Christ pour en recevoir le mot de la rédemption éternelle. Depuis le Christ, toutes les races et toutes les nations, lavant dans son sang leurs préjugés, doivent s'unir pour constituer son Église. Que dans le Christ et dans l'amour commun de l'Eucharistie, toutes les races du Canada, ayant appris à respecter le domaine particulier de chacune, à conserver à chacune les forces d'expansion nationales qui lui sont propres, sachent enfin s'unir étroitement pour la gloire de l'Église universelle, pour le triomphe du Christ et de la papauté;

et, ajouterai-je en terminant, pour la sécurité de l'Empire britannique, car c'est dans l'unité de foi des catholiques canadiens, des Canadiens-français surtout, que l'Empire britannique trouvera, dans l'avenir comme dans le passé, la garantie la plus certaine de sa puissance au Canada.

L'avenir du *Devoir*

Après cette longue revue du passé du *Devoir*, si court et déjà si rempli, oserai-je vous parler de son avenir? Inutile d'en dire long. Notre passé est le garant de notre avenir.

Au deuxième anniversaire du *Devoir*, j'écrivais ceci:

« Le *Devoir* ne se propose pas seulement de *durer*; il est surtout fermement résolu à rester ce qu'il est. Il résistera aux séductions comme aux injures, aux méfiances sourdes comme aux assauts violents, aux tentatives d'accaparement comme aux attaques destructives. Son existence et sa durée matérielles restent subordonnées à sa pensée morale. *Sit ut est aut non sit.* »[3]

Par la pluie et par le beau temps, avec ou contre tout venant, le *Devoir* continuera à lutter pour les droits du Canada contre l'étranger et même contre les intérêts contraires de la Grande-Bretagne et des autres pays de l'Empire; pour les droits des minorités, catholiques ou protestantes, françaises ou anglaises, et pour l'égalité des deux races et des deux civilisations dans chacune des provinces du Canada; pour la création d'un véritable esprit national fait des meilleurs éléments de ces deux civilisations: pour la colonisation du sol par nos nationaux et contre l'invasion du pays par les métèques de toutes les races et de toutes les nations; pour le progrès intellectuel, moral et social du peuple canadien; pour le développement économique de toutes les ressources du pays dans l'intérêt du peuple qui l'habite; pour l'administration intègre et intelligente de l'État et de tous ses fractionnements provinciaux et municipaux; pour la subordination des intérêts particuliers et de la cupidité des partis aux intérêts supérieurs de la nation.

Dans la poursuite de notre idéal, nous continuerons à tenir un juste compte de toutes les forces sociales, des conditions et des faits intérieurs ou extérieurs, dont l'existence et la juxtaposition ne peuvent manquer d'exercer leur influence sur la nationalité canadienne et les groupes ethniques qui la composent.

Convaincus que la nation canadienne est et doit rester biethnique et bilingue, et développer harmonieusement, sans les confondre et sans subordonner les uns aux autres, les traits caractéristiques et les éléments principaux des deux races mères qui lui ont transmis leur sang, leur génie et leur tempérament, nous ne cesserons de soutenir que l'accord moral des Canadiens-français et des Anglo-Canadiens est essentiel à la formation de la nationalité canadienne.

---

3. *Devoir* du 15 janvier 1912.

Nous voulons que ces deux éléments conservent les traits caractéristiques de leur race, leurs traditions, leur langue, leur littérature et toutes leurs aspirations compatibles avec l'unité morale et politique de la nation canadienne. Nous voulons que les uns deviennent plus Canadiens que Français et les autres plus Canadiens qu'Anglais. Que chacun de ces groupes emprunte à sa patrie d'origine les idées, les progrès et les développements nécessaires à la conservation de son patrimoine particulier, intellectuel ou moral, fort bien; mais il faut aussi que chacun de ces groupes ait assez de patriotisme, d'intelligence et de générosité pour subordonner ses goûts ou ses préjugés particuliers aux exigences de l'unité nationale.

En d'autres termes, nous combattons également le *colonialisme* français, dans le domaine des idées, et le *colonialisme* anglais dans le domaine de la politique et des faits; nous voulons que l'un et l'autre fassent place à un nationalisme canadien, à la fois anglais et français, nettement distinct dans les éléments propres aux deux races et à leur génie particulier, mais harmonieusement uni dans la recherche d'un idéal commun, fait des traditions canadiennes, enraciné dans le sol canadien et n'ayant d'autre objet que la grandeur morale et matérielle de la patrie canadienne.

ÉMILE NELLIGAN (1869-1941)

Comment, après Louis Dantin qui préfaça et réalisa la première édition des poèmes de Nelligan en 1903, Gérard Bessette (*Les Images en poésie canadienne-française*, Montréal, Beauchemin, 1960), Paul Wyczynski (*Émile Nelligan*, Montréal, Fides, 1967) et tant d'autres, présenter l'auteur du *Vaisseau d'or* et de *La Romance du vin?* Né l'année de la mort de Crémazie, ce « poète maudit » ne vécut vraiment que de 1896 à 1899, en ces trois années de lecture (les poètes symbolistes et décadents), de fraternité (il est admis en 1897 au sein de l'École littéraire de Montréal) et de création, après quoi la folie, appelée par lui, le foudroya. Il n'écrivit guère plus jusqu'à sa mort, à l'hôpital Saint-Jean-de-Dieu. Cet éphémère illuminé se consuma à sa propre flamme. Mais voici des fragments de sa vraie vie, de sa biographie d'artiste, tirés de ses *Poésies complètes, 1896-1899* (Montréal, Fides, coll. du « Nénuphar », 1952), éditées avec soin par Luc Lacourcière et comprenant vingt-quatre poèmes posthumes et trente-cinq pièces retrouvées qui ne figuraient pas dans l'édition Dantin.

Clair de lune intellectuel

Ma pensée est couleur de lumières lointaines,
Du fond de quelque crypte aux vagues profondeurs.
Elle a l'éclat parfois des subtiles verdeurs
D'un golfe où le soleil abaisse ses antennes.

En un jardin sonore, au soupir des fontaines,
Elle a vécu dans les soirs doux, dans les odeurs;
Ma pensée est couleur de lumières lointaines,
Du fond de quelque crypte aux vagues profondeurs.

Elle court à jamais les blanches prétentaines,
Au pays angélique où montent ses ardeurs,
Et, loin de la matière et des brutes laideurs,
Elle rêve l'essor aux célestes Athènes.

Ma pensée est couleur de lunes d'or lointaines.

Mon âme

Mon âme a la candeur d'une chose étoilée,
    D'une neige de février...
Ah! retournons au seuil de l'Enfance en allée,
    Viens-t-en prier...

Ma chère, joins tes doigts et pleure et rêve et prie,
    Comme tu faisais autrefois
Lorsqu'en ma chambre, aux soirs, vers la Vierge fleurie
    Montait ta voix.

Ah! la fatalité d'être une âme candide
En ce monde menteur, flétri, blasé, pervers,
D'avoir une âme ainsi qu'une neige aux hivers
Que jamais ne souilla la volupté sordide!

D'avoir l'âme pareille à de la mousseline
Que manie une sœur novice de couvent,
Ou comme un luth empli des musiques du vent
Qui chante et qui frémit le soir sur la colline!

D'avoir une âme douce et mystiquement tendre,
Et cependant, toujours, de tous les maux souffrir,
Dans le regret de vivre et l'effroi de mourir,
Et d'espérer, de croire... et de toujours attendre!

Le Vaisseau d'or

Ce fut un grand Vaisseau taillé dans l'or massif:
Ses mâts touchaient l'azur, sur des mers inconnues,
La Cyprine d'amour, cheveux épars, chairs nues,
S'étalait à sa proue, au soleil excessif.

Mais il vint une nuit frapper le grand écueil
Dans l'Océan trompeur où chantait la Sirène,
Et le naufrage horrible inclina sa carène
Aux profondeurs du Gouffre, immuable cercueil.

Ce fut un Vaisseau d'Or, dont les flancs diaphanes
Révélaient des trésors que les marins profanes,
Dégoût, Haine et Névrose, entre eux ont disputés.

Que reste-t-il de lui dans la tempête brève?
Qu'est devenu mon cœur, navire déserté?
Hélas! Il a sombré dans l'abîme du Rêve!

Le jardin d'antan

Rien n'est plus doux aussi que de s'en revenir
Comme après de longs ans d'absence,
Que de s'en revenir
Par le chemin du souvenir
Fleuri de lys d'innocence,
Au jardin de l'Enfance.

Au jardin clos, scellé, dans le jardin muet
D'où s'enfuirent les gaietés franches,
Notre jardin muet
Et la danse du menuet
Qu'autrefois menaient sous branches
Nos sœurs en robes blanches.

Aux soirs d'Avrils anciens, jetant des cris joyeux
Entremêlés de ritournelles,
Avec des lieds joyeux
Elles passaient, la gloire aux yeux,
Sous le frisson des tonnelles,
Comme en les villanelles

Cependant que venaient, du fond de la villa,
Des accords de guitare ancienne,
De la vieille villa,
Et qui faisaient deviner là
Près d'une obscure persienne,
Quelque musicienne.

Mais rien n'est plus amer que de penser aussi
À tant de choses ruinées!
Ah! de penser aussi,
Lorsque nous revenons ainsi
Par des sentes de fleurs fanées,
À nos jeunes années.

Lorsque nous nous sentons névrosés et vieillis,
Froissés, maltraités et sans armes,
Moroses et vieillis,
Et que, surnageant aux oublis,
S'éternise avec ses charmes
Notre jeunesse en larmes!

Rêve d'artiste

Parfois j'ai le désir d'une sœur bonne et tendre
D'une sœur angélique au sourire discret:
Sœur qui m'enseignera doucement le secret
De prier comme il faut, d'espérer et d'attendre.

J'ai ce désir très pur d'une sœur éternelle,
D'une sœur d'amitié dans le règne de l'Art,
Qui me saura veillant à ma lampe très tard
Et qui me couvrira des cieux de sa prunelle;

Qui me prendra les mains quelquefois dans les siennes
Et me chuchotera d'immaculés conseils,
Avec le charme ailé des voix musiciennes;

Et pour qui je ferai, si j'aborde à la gloire,
Fleurir tout un jardin de lys et de soleils
Dans l'azur d'un poème offert à sa mémoire.

Chapelle de la morte

La chapelle ancienne est fermée,
Et je refoule à pas discrets
Les dalles sonnant les regrets
De toute une ère parfumée.

Et je t'évoque, ô bien-aimée!
Épris de mystiques attraits:
La chapelle assume les traits
De ton âme qu'elle a humée.

Ton corps fleurit dans l'autel seul,
Et la nef triste est le linceul
De gloire qui te vêt entière;
Et dans le vitrail, tes grands yeux
M'illuminent ce cimetière
De doux cierges mystérieux.

Soir d'hiver

Ah! comme la neige a neigé!
Ma vitre est un jardin de givre.
Ah! comme la neige a neigé!
Qu'est-ce que le spasme de vivre
À la douleur que j'ai, que j'ai!

Tous les étangs gisent gelés,
Mon âme est noire: Où vis-je? où vais-je?
Tous ses espoirs gisent gelés:
Je suis la nouvelle Norvège
D'où les blonds ciels s'en sont allés.

Pleurez, oiseaux de février,
Au sinistre frisson des choses,
Pleurez, oiseaux de février,
Pleurez mes pleurs, pleurez mes roses,
Aux branches du genévrier.

Ah! comme la neige a neigé!
Ma vitre est un jardin de givre.
Ah! comme la neige a neigé!
Qu'est-ce que le spasme de vivre
À tout l'ennui que j'ai, que j'ai!..

Le salon

La poussière s'étend sur tout le mobilier,
Les miroirs de Venise ont défleuri leur charme;
Il y rôde comme un très vieux parfum de Parme,
La funèbre douceur d'un sachet familier.

Plus jamais ne résonne à travers le silence
Le chant du piano dans des rythmes berceurs,
Mendelssohn et Mozart, mariant leurs douceurs,
Ne s'entendent qu'en rêve aux soirs de somnolence.

Mais le poète, errant sous son massif ennui,
Ouvrant chaque fenêtre aux clartés de la nuit,
Et se crispant les mains, hagard et solitaire,
Imagine soudain, hanté par des remords,
Un grand bal solennel tournant dans le mystère,
Où ses yeux ont cru voir danser les parents morts.

Chopin

Fais, au blanc frisson de tes doigts,
Gémir encore, ô ma maîtresse!
Cette marche dont la caresse
Jadis extasia les rois.

Sous les lustres aux prismes froids,
Donne à ce cœur sa morne ivresse,
Aux soirs de funèbre paresse
Coulés dans ton boudoir hongrois.

Que ton piano vibre et pleure,
Et que j'oublie avec toi l'heure
Dans un Éden, on ne sait où...

Oh! fais un peu que je comprenne
Cette âme aux sons noirs qui m'entraîne
Et m'a rendu malade et fou!

Automne

Comme la lande est riche aux heures empourprées,
Quand les cadrans du ciel ont sonné les vesprées!

Quels longs effeuillements d'angélus par les chênes!
Quels suaves appels des chapelles prochaines!

Là-bas, groupes meuglants de grands bœufs aux yeux glauques
Vont menés par des gars aux bruyants soliloques.

La poussière déferle en avalanches grises
Pleines du chaud relent des vignes et des brises.

Un silence a plu dans les solitudes proches:
Des Sylphes ont cueilli le parfum mort des cloches.

Quelle mélancolie! Octobre, octobre en voie!
Watteau! que je vous aime, Autran, ô Millevoye!

Le corbillard

Par des temps de brouillard, de vent froid et de pluie,
Quand l'azur a vêtu comme un manteau de suie,
Fête des anges noirs! dans l'après-midi, tard,
Comme il est douloureux de voir un corbillard,
Traîné par des chevaux funèbres, en automne,
S'en aller cahotant au chemin monotone,
Là-bas vers quelque gris cimetière perdu,
Qui lui-même, comme un grand mort gît étendu!
L'on salue, et l'on est pensif au son des cloches
Élégiaquement dénonçant les approches
D'un après-midi tel aux rêves du trépas.
Alors nous croyons voir, ralentissant le pas,
À travers des jardins rouillés de feuilles mortes,
Pendant que le vent tord des crêpes à nos portes,
Sortir de nos maisons, comme des cœurs en deuil,
Notre propre cadavre enclos dans le cercueil.

Confession nocturne

Prêtre, je suis hanté, c'est la nuit dans la ville,
Mon âme est le donjon des mortels péchés noirs,
Il pleut une tristesse horrible aux promenoirs
Et personne ne vient de la plèbe servile.

Tout est calme et tout dort. La solitaire Ville
S'aggrave de l'horreur vaste des vieux manoirs.
Prêtre, je suis hanté, c'est la nuit dans la ville;
Mon âme est le donjon des mortels péchés noirs.

En le parc hivernal, sous la bise incivile,
Lucifer rôde et va raillant mes désespoirs
Très fous!... Le suicide aiguise ses coupoirs!
Pour se pendre, il fait bon sous cet arbre tranquille.

. . . .

Prêtre, priez pour moi, c'est la nuit dans la ville!

Le cloître noir

Ils défilent au chant étouffé des sandales,
Le chef bas, égrenant de massifs chapelets,
Et le soir qui s'en vient, du sang de ses reflets
Mordore la splendeur funéraire des dalles.

Ils s'effacent soudain, comme en de noirs dédales,
Au fond des corridors pleins de pourpres relais
Où de grands anges peints aux vitraux verdelets
Interdisent l'entrée aux terrestres scandales.

Leur visage est funèbre, et dans leurs yeux sereins
Comme les horizons vastes des cieux marins,
Flambe l'austérité des froides habitudes.

La lumière céleste emplit leur large esprit,
Car l'Espoir triomphant creusa les solitudes
De ces silencieux spectres de Jésus-Christ.

Chapelle ruinée

Et je retourne encor frileux, au jet des bruines,
Par les délabrements du parc d'octobre. Au bout
De l'allée où se voit ce grand Jésus debout,
Se massent des soupçons de chapelle en ruines.

Je refoule, parmi viornes, vipérines,
Rêveur, le sol d'antan où gîte le hibou;
L'Érable sous le vent se tord comme un bambou.
Et je sens se briser mon cœur dans ma poitrine.

Cloches des âges morts sonnant à timbres noirs
Et les tristesses d'or, les mornes désespoirs,
Portés par un parfum que le rêve rappelle.

Ah! comme, les genoux figés au vieux portail,
Je pleure ces débris de petite chapelle...
Au mur croulant, fleuri d'un reste de vitrail!

Paysage fauve

Les arbres comme autant de vieillards rachitiques,
Flanqués vers l'horizon sur les escarpements,
Ainsi que des damnés sous le fouet des tourments,
Tordent de désespoir leurs torses fantastiques.

C'est l'Hiver; c'est la Mort; sur les neiges arctiques,
Vers le bûcher qui flambe aux lointains campements,
Les chasseurs vont frileux sous leurs lourds vêtements,
Et galopent, fouettant leurs chevaux athlétiques.

La bise hurle; il grêle; il fait nuit, tout est sombre;
Et voici que soudain se dessine dans l'ombre
Un farouche troupeau de grands loups affamés;

Ils bondissent, essaims de fauves multitudes,
Et la brutale horreur de leurs yeux enflammés,
Allume de points d'or les blanches solitudes.

Musiques funèbres

Quand, rêvant de la morte et du boudoir absent,
Je me sens tenaillé des fatigues physiques,
Assis au fauteuil noir, près de mon chat persan,
J'aime à m'inoculer de bizarres musiques,
Sous les lustres dont les étoiles vont versant
Leur sympathie au deuil des rêves léthargiques.

J'ai toujours adoré, plein de silence, à vivre
En des appartements solennellement clos,
Où mon âme sonnant des cloches de sanglots,
Et plongeant dans l'horreur, se donne toute à suivre,
Triste comme un son mort, close comme un vieux livre,
Ces musiques vibrant comme un éveil de flots.

Que m'importent l'amour, la plèbe et ses tocsins?
Car il me faut, à moi, des annales d'artiste;
Car je veux, aux accords d'étranges clavecins,
Me noyer dans la paix d'une existence triste
Et voir se dérouler mes ennuis assassins,
Dans le prélude où chante une âme symphoniste.

Je suis de ceux pour qui la vie est une bière
Où n'entrent que les chants hideux des croquemorts
Où mon fantôme las, comme sous une pierre,
Bien avant dans les nuits cause avec ses remords,
Et vainement appelle, en l'ombre familière
Qui n'a pour l'écouter que l'oreille des morts.

Allons! que sous vos doigts, en rythme lent et long
Agonisent toujours ces mornes chopinades...
Ah! que je hais la vie et son noir Carillon!
Engouffrez-vous, douleurs, dans ces calmes aubades,
Ou je me pends ce soir aux portes du salon,
Pour chanter en Enfer les rouges sérénades!

Ah! funèbre instrument, clavier fou, tu me railles!
Doucement, pianiste, afin qu'on rêve encor!
Plus lentement, plaît-il?... Dans des chocs de ferrailles,
L'on descend mon cercueil, parmi l'affreux décor
Des ossements épars au champ des funérailles,
Et mon cœur a gémi comme un long cri de cor!...

Sérénade triste

Comme des larmes d'or qui de mon cœur s'égouttent,
Feuilles de mes bonheurs, vous tombez toutes, toutes.

Vous tombez au jardin de rêve où je m'en vais,
Où je vais, les cheveux au vent des jours mauvais.

Vous tombez de l'intime arbre blanc, abattues
Çà et là, n'importe où, dans l'allée aux statues.

Couleur des jours anciens, de mes robes d'enfant
Quand les grands vents d'automne ont sonné l'olifant.

Et vous tombez toujours, mêlant vos agonies,
Vous tombez, mariant, pâles, vos harmonies.

Vous avez chu dans l'aube au sillon des chemins;
Vous pleurez de mes yeux, vous tombez de mes mains.

Comme des larmes d'or qui de mon cœur s'égouttent,
Dans mes vingt ans déserts vous tombez toutes, toutes.

Ténèbres

La tristesse a jeté sur mon cœur ses longs voiles
Et les croassements de ses corbeaux latents;
Et je rêve toujours au vaisseau des vingt ans,
Depuis qu'il a sombré dans la mer des Étoiles.

Oh! quand pourrai-je encor comme des crucifix
Étreindre entre mes doigts les chères paix anciennes,
Dont je n'entends jamais les voix musiciennes
Monter dans tout le trouble où je geins, où je vis?

Et je voudrais rêver longuement, l'âme entière,
Sous les cyprès de mort, au coin du cimetière
Où gît ma belle enfance au glacial tombeau.

Mais je ne pourrai plus; je sens des bras funèbres
M'asservir au Réel, dont le fumeux flambeau
Embrase au fond des Nuits mes bizarres Ténèbres!

La romance du vin

Tout se mêle en un vif éclat de gaîté verte.
Ô le beau soir de mai! Tous les oiseaux en chœur,
Ainsi que les espoirs naguères à mon cœur,
Modulent leur prélude à ma croisée ouverte.

Ô le beau soir de mai! le joyeux soir de mai!
Un orgue au loin éclate en froides mélopées;
Et les rayons, ainsi que de pourpres épées,
Percent le cœur du jour qui se meurt parfumé.

Je suis gai! je suis gai! Dans le cristal qui chante,
Verse, verse le vin! verse encore et toujours,
Que je puisse oublier la tristesse des jours,
Dans le dédain que j'ai de la foule méchante!

Je suis gai! je suis gai! Vive le vin et l'Art!...
J'ai le rêve de faire aussi des vers célèbres,
Des vers qui gémiront les musiques funèbres
Des vents d'automne au loin passant dans le brouillard.

C'est le règne du rire amer et de la rage
De se savoir poète et l'objet du mépris,
De se savoir un cœur et de n'être compris
Que par le clair de lune et les grands soirs d'orage!

Femmes! je bois à vous qui riez du chemin
Où l'Idéal m'appelle en ouvrant ses bras roses;
Je bois à vous surtout, hommes aux fronts moroses
Qui dédaignez ma vie et repoussez ma main!

Pendant que tout l'azur s'étoile dans la gloire,
Et qu'un hymne s'entonne au renouveau doré,
Sur le jour expirant je n'ai donc pas pleuré,
Moi qui marche à tâtons dans ma jeunesse noire!

Je suis gai! je suis gai! Vive le soir de mai!
Je suis follement gai, sans être pourtant ivre!..
Serait-ce que je suis enfin heureux de vivre;
Enfin mon cœur est-il guéri d'avoir aimé?

Les cloches ont chanté; le vent du soir odore...
Et pendant que le vin ruisselle à joyeux flots,
Je suis si gai, si gai, dans mon rire sonore,
Oh! si gai, que j'ai peur d'éclater en sanglots!

Charles Baudelaire

Maître, il est beau ton Vers, ciseleur sans pareil
Tu nous charmes toujours par ta grâce nouvelle,
Parnassien enchanteur du pays du soleil,
Notre langue frémit sous ta lyre si belle.

Les Classiques sont morts; le voici le réveil;
Grand Régénérateur, sous ta pure et vaste aile
Toute une ère est groupée. En ton vers de vermeil
Nous buvons ce poison doux qui nous ensorcelle.

Verlaine, Mallarmé sur ta trace ont suivi.
Ô Maître, tu n'es plus mais tu vas vivre encore,
Tu vivras dans un jour pleinement assouvi.

Du Passé, maintenant, ton siècle ouvre un chemin
Où renaîtront les fleurs, perles de ton déclin.
Voilà la Nuit finie à l'éveil de l'Aurore.

Moines en défilade

Ils défilent le long des corridors antiques,
Tête basse, égrenant d'énormes chapelets;
Et le soir qui s'en vient, du sang de ses reflets
Empourpre la splendeur des dalles monastiques.

L'heure a versé déjà ses flammes extatiques
Au fond de leurs grands cœurs où bouillent les secrets
De leur dégoût humain, de leurs mornes regrets,
Et du frisson dompté des chairs cénobitiques.

Ils marchent dans la nuit et rien ne les émeut,
Pas même l'effrayante, horrible ombre du feu
Qui les suit sur le mur jusqu'au seuil des chapelles,

Pas même les appels de l'infernal esprit,
Suprême Tentateur des passions rebelles
De ces silencieux Spectres de Jésus-Christ.

Je veux m'éluder

Je veux m'éluder dans les rires
Dans les tourbes de gaîté brusque
Oui, je voudrais me tromper jusque
En des ouragans de délires.

Pitié! quels monstrueux vampires
Vous suçant mon cœur qui s'offusque!
Ô je veux être fou ne fût-ce que
Pour narguer mes Détresses pires!

Lent comme un monstre cadavre
Mon cœur vaisseau s'amarre au havre
De toute hétéromorphe engeance.

Que je bénis ces gueux de rosses
Dont les hilarités féroces
Raillent la vierge Intelligence!

Prélude triste

Je vous ouvrais mon cœur comme une basilique;
Vos mains y balançaient jadis leurs encensoirs
Aux jours où je vêtais des chasubles d'espoirs
Jouant près de ma mère en ma chambre angélique.

Maintenant oh! combien je suis mélancolique
Et comme les ennuis m'ont fait des joujoux noirs!
Je m'en vais sans personne et j'erre dans les soirs
Et les jours, on m'a dit: Va. Je vais sans réplique.

J'ai la douceur, j'ai la tristesse et je suis seul
Et le monde est pour moi comme quelque linceul
Immense d'où soudain par des causes étranges

J'aurai surgi mal mort dans un vertige fou
Pour murmurer tout bas des musiques aux Anges
Pour après m'en aller puis mourir dans mon trou.

FRAGMENTS

Vision

Or, j'ai la vision d'ombres sanguinolentes
    Et de chevaux fougueux piaffants,
Et c'est comme des cris de gueux, hoquets d'enfants
    Râles d'expirations lentes.

D'où me viennent, dis-moi, tous les ouragans rauques,
    Rages de fifre ou de tambour:
On dirait des dragons en galopade au bourg,
    Avec des casques flambant glauques...

La mort de la prière

Il entend lui venir, comme un divin reproche,
Sur un thème qui pleure, angéliquement doux,
Des conseils l'invitant à prier... une cloche!
Mais Arouet est là, qui lui tient les genoux.

Le fou

    Gondolar! Gondolar!
Tu n'es plus sur le chemin très tard.

On assassina l' pauvre idiot,
On l'écrasa sous un chariot,
Et puis l' chien après l'idiot.

On leur fit un grand, grand trou là.
    Dies iræ, dies illa.
    À genoux devant ce trou-là!

Le soir

Le soir sème l'Amour, et les Rogations
S'agenouillent avec le Songe.

Je plaque

Je plaque lentement les doigts de mes névroses,
Chargés des anneaux noirs de mes dégoûts mondains
Sur le sombre clavier de la vie et des choses.

CAMILLE ROY (1870-1943)

L'année où celui qu'il appelle « ce pauvre et si sympathique Nelligan » entre en poésie, Camille Roy est ordonné prêtre. Il poursuivra ses études à l'Institut catholique de Paris et à la Sorbonne, et enseignera la philosophie mais surtout les littératures française et « canadienne » au Séminaire de Québec, puis à l'Université Laval — dont il sera le recteur de 1924 à 1927, et de 1932 à sa mort. On lui doit nombre d'études: citons seulement *La Critique littéraire au dix-neuvième siècle* (de madame de Staël à Émile Faguet, 1918), *Manuel d'histoire de la littérature canadienne de langue française* (d'abord paru en 1918, souvent réédité, remanié, complété), *À l'ombre des érables* (1924), *Romanciers de chez nous* (1935). En 1925, Roy sera couronné par l'Académie française pour l'ensemble de son œuvre. Comme nombre de ses contemporains, Mgr Camille Roy était habité par le désir d'une littérature qui exprimât fondamentalement les choses et les gens du *pays*; c'est ce qui se dégage nettement de son texte capital sur « la nationalisation de la littérature canadienne »; d'où son attirance pour « le parfum du terroir » et ses idées annonciatrices du régionalisme. Attention cependant: il en a seulement contre l'imitation servile des « écrivains malades de France », mais il n'est pas hostile à la littérature française dans son ensemble et en tant que telle; il croit, comme André Brochu quelque soixante-dix ans plus tard, que l'écrivain d'ici doit dépenser son héritage français, afin de créer son propre patrimoine. Mgr Roy sera l'un des personnages du roman de Jacques Ferron, *Le Ciel de Québec* (1969).

La nationalisation de la littérature canadienne

(Conférence faite à l'Université Laval, le 5 décembre 1904, à l'occasion de la séance publique annuelle de la Société du Parler français au Canada.)

Il y a quarante ans Crémazie se demandait si une littérature nationale était ici possible; il désespérait, pour sa part, que l'on vît jamais en notre pays se constituer une telle littérature, et entre autres mauvaises raisons dont il essayait d'étayer sa thèse, il y avait celle-ci, très grave, que nous parlons et que nous écrivons en français. N'ayant pas, pour exprimer nos idées, une langue qui soit exclusivement la nôtre, nous ne pouvons donc créer et développer chez nous une littérature qui soit vraiment distincte de la française. Poussant jusqu'au paradoxe, et jusqu'à la boutade, cette opinion personnelle, il regrettait, avec larmes, que nous, gens du Canada, nous ne parlions pas plutôt le huron ou l'iroquois: ce qui, assurément, mettrait en notre langage une saveur originale, en nos œuvres un parfum nouveau, vierge, le seul qui pourrait faire goûter des autres peuples nos discours et nos livres.

Le temps, qui brise et renverse tant de théories, n'a pas eu de peine à détruire celle-là. Notre littérature se développe, et cela suffit pour qu'il ne soit plus permis de douter de son existence. Au surplus, ce ne sont pas ces messieurs de Lorette et de Caughnawaga qui ont accompli cette merveille, et nous n'avons pas même dérobé à leurs lèvres ce parler et ce miel indiens qui devaient faire si alléchante la littérature canadienne. C'est notre langue française qui exprime, pénètre de sa vertu, et comme de son arôme subtil,

nos pensées, et c'est avec toutes les qualités précieuses qui en sont inséparables, et que nous avons héritées de nos pères, que l'on a composé les œuvres
les plus délicieuses et les plus substantielles que l'on voit dans notre bibliothèque nationale. Et loin que nous songions à changer ce langage, notre
Société du Parler français n'a pas d'autre but que de l'étudier pour le mieux
connaître, et de le mieux connaître pour le mieux conserver. Elle souhaite en
même temps, avec combien d'ardeur, que notre littérature se développe dans
la proportion où l'on connaîtra mieux notre langue, et que cette littérature,
aussi bien que cette langue, conservent l'une et l'autre leur caractère propre
et leur vigoureuse originalité.

Si donc c'est une question aujourd'hui que de savoir comment il convient
de protéger notre langue contre les influences qui la pourraient corrompre,
c'en est une autre qui s'y rattache par plus d'un lien, que de découvrir comment il ne faut pas égarer sur des sujets étrangers, ou gâter par des procédés
exotiques notre littérature canadienne. En d'autres termes, et puisque le mot
a été créé pour les besoins de la sociologie et ceux de la politique, un problème a été en ces derniers temps et souvent posé, qui est celui de la nationalisation de notre littérature. Et puisque nos revues et certains journaux qui
veulent étendre à toutes les fibres de l'âme canadienne le mouvement nationaliste, sont revenus avec quelque insistance sur ce sujet, il ne sera peut-être
pas inutile d'essayer ce soir de préciser un peu les données du problème, et
de dire d'abord ce que par nationalisation de la littérature il ne faut pas
entendre, pour comprendre mieux ensuite et définir ce qu'il en faut penser.

Traiter des sujets canadiens, et les traiter d'une façon canadienne: tel est
le mot d'ordre, ou le refrain que s'en vont répétant nos publicistes et nos
critiques. Qu'est-ce que cela veut donc dire? et le doit-on prendre en un sens
si rigoureux qu'il faille blâmer ceux qui exerceraient autrement leur activité
littéraire, et s'occuperaient, par exemple, à écrire sur des questions qui relèvent d'une autre histoire que la nôtre? et faut-il aussi condamner tous ceux
qui chercheraient à utiliser en leurs livres les ressources d'un art qui ne serait
pas le fruit spontané de notre génie national? Certes, il est sûr que, à cette
heure de l'histoire de notre littérature, notre principale occupation, à nous
Canadiens, ne doit pas être de faire des romans de mœurs où s'étale la vie
des Topinambous, ni non plus d'apprendre au monde comment, en Chine,
s'est développée et affermie la dynastie régnante que fonda, au dix-septième
siècle, Choun-Tchi. Et ce n'est peut-être pas, non plus, le péril qui menace
notre littérature nationale. Mais d'autre part, est-il nécessaire que l'écrivain
canadien s'enferme tellement dans l'étude de l'histoire, des mœurs, de la
nature de son pays, qu'il ne puisse s'appliquer à d'autres sujets, à des sujets
qui dépassent notre vie canadienne et nos frontières? Si c'est cela que l'on
veut dire, c'est sans doute un autre excès et c'est une autre erreur.

Il ne peut être absolument interdit à nos romanciers de situer leurs personnages dans un autre milieu que celui où nous nous mouvons nous-mêmes,
et de les faire vivre d'une autre vie que la nôtre; il ne peut être condamnable
à nos philosophes d'étudier les problèmes les plus généraux de la psychologie,
et de nous dire en notre langage français leurs conclusions; il ne peut être
mauvais que nos moralistes essaient de comprendre l'homme « ondoyant »

tel qu'il existe partout, et qu'ils tracent dans leurs livres la ligne fuyante de ses contradictions, et nous ne devons pas leur déclarer d'avance que, pour nous Canadiens,

> ..... c'est folie à nulle autre seconde
> De vouloir se mêler de corriger le monde;

il ne peut être défendu à nos poètes lyriques d'exprimer de leur âme tous ces sentiments, à coup sûr internationaux, et communs à toutes les âmes, que la vie et la mort, la joie et la tristesse, l'amour et la haine éveillent en nous tous: thèmes perpétuels que depuis Orphée jusqu'à M. Louis Fréchette et depuis Stésichore jusqu'à M. Pamphile LeMay, on a tour à tour repris et sans cesse accordés avec la lyre. Non, tout cela et bien d'autres choses encore qui intéressent l'humanité, ne peuvent être proscrits de notre littérature; les bannir serait maladroit aussi bien que contraire à toutes les traditions de l'esprit français. Il n'y a pas d'écrivains qui aient plus et mieux fréquenté tous les lieux communs de la pensée humaine que les grands écrivains du dix-septième siècle, à moins que ce ne soit Montesquieu, Diderot, Voltaire, Rousseau: et c'est justement ce qui explique la fortune des uns et des autres, de leurs livres et de leurs doctrines à travers le monde. Ils nous intéressent par tout ce qui, dans leurs œuvres, dépasse la vie nationale, et jaillit du fond éternel de la conscience humaine.

Il ne faudrait donc pas fermer aux écrivains canadiens un champ aussi vaste, où il y a place pour tous les talents et pour toutes les ambitions. Pour nous, comme pour ce personnage de Térence, rien de ce qui est humain ne doit être étranger. Nous portons nous-mêmes, en nos personnes, toute la substance et les accidents de la commune nature. Le mot de Joseph de Maistre est pour le moins paradoxal, qui déclare qu'il n'y a pas d'hommes dans le monde mais seulement des Français, des Russes, des Italiens et peut-être des Persans. Tous ces individus, et quelques autres, comme par exemple, les Canadiens, ne servent qu'à couvrir et envelopper ce qu'il y a de plus général en notre espèce, et vous savez, et vous pouvez expérimenter encore tous les jours qu'il ne faut pas ici gratter longtemps son voisin pour trouver, dessous, l'homme. Laissons donc nos écrivains pénétrer jusqu'en ce fond, et apporter ensuite à notre littérature philosophique, morale, sociologique quelque utile contribution. Et s'ils s'y emploient, ne nous en plaignons pas trop, puisqu'un pareil dessein nous a déjà valu quelques-unes des meilleures pages de notre littérature, et que le profond et sage penseur que fut Étienne Parent n'a mérité qu'on l'appelle le Victor Cousin du Canada que parce qu'un jour il s'est avisé de nous dire ce qu'il pensait de « l'Intelligence dans ses rapports avec la société ».[1]

Et de même que l'on ne peut exiger de nos écrivains qu'ils se cantonnent en un répertoire de sujets qui soient exclusivement canadiens, l'on ne doit pas leur reprocher de soumettre parfois leur esprit, leur goût, leurs habitudes

---

1. Titre assez mal trouvé d'une solide étude présentée sous forme de discours à l'auditoire de l'Institut Canadien de Québec, en janvier et février 1852.

de penser, leur art, et, pour ainsi parler, leur conscience littéraire aux influences qui viennent de l'étranger. Laissons-les assez volontiers demander aux écrivains de France quelques conseils sur l'art d'écrire et de composer un livre; et, pour énoncer ici un principe plus général, laissons-les s'assimiler tout ce qui dans les œuvres étrangères à notre pays, qu'il s'agisse du fond ou de la forme, peut être profitable à l'art canadien. Outre que la langue que nous écrivons est, d'ordinaire, assez pauvre, et manque de beaucoup de mots qu'il nous faudrait avoir pour bien marquer toutes les nuances de la pensée, outre que notre goût littéraire n'est pas toujours très sûr, ni peut-être encore assez affiné, rien n'est plus susceptible de transformations et de progrès que les procédés de l'art littéraire; il n'y a pas de formules définitives qui les puissent retenir et emprisonner tout à fait, et l'on n'a jamais épuisé non plus toutes les façons de comprendre et de traduire par le livre la vie morale et la vie intellectuelle de nos semblables. Et c'est pourquoi il est bon que l'écrivain s'inquiète de savoir ce que l'on pense en d'autres pays que le sien, et comment on l'écrit; et c'est pour cela aussi, sans doute, que les littératures ont toujours beaucoup voisiné, et que les modernes, en particulier, se sont toujours communiqué les unes aux autres ce qu'elles avaient une fois conçu comme une loi du bon goût, ou comme une manifestation réelle de la beauté littéraire.

Cet échange les a fait se constamment renouveler et s'enrichir. La littérature française elle-même a été peut-être, en ce sens, plus que toute autre cosmopolite: depuis Marguerite de Navarre qui composait en se souvenant de Boccace son Heptaméron, jusqu'à ces tout contemporains, qui, au théâtre ou dans le roman, sont allés chercher en Norvège ou en Russie des moyens nouveaux de plaire et de toucher. Au reste, à mesure que les relations internationales deviennent plus faciles et plus fréquentes, à mesure que toutes les races vont se rapprochant et unifiant leurs mœurs; ou, en d'autres termes, à mesure que le cosmopolitisme politique et social s'accentue et se développe, le cosmopolitisme littéraire ne pourra lui aussi que s'affirmer et s'étendre davantage.

La littérature canadienne ne peut donc, sous prétexte de mieux garder son originalité, s'isoler dans ses œuvres, se défendre à elle-même d'aller chercher auprès des littératures qui sont plus vieilles et plus riches qu'elle des leçons utiles. La protection à outrance serait, ici, une mauvaise politique; nous risquerions, à vouloir l'établir, de souffrir bientôt d'une déplorable indigence et d'une anémie dangereuse.

Cependant, il faut le reconnaître, un système de libre échange qui serait trop largement pratiqué, pourrait en cette matière compromettre l'indépendance des lettres canadiennes. Les conditions dans lesquelles se développe notre littérature ne sont pas précisément celles que les circonstances ont faites aux littératures européennes; elles se compliquent, en ce pays, de notre situation de peuple colon, issu du peuple français; et si nous avons tout à gagner en demandant à la France de nous livrer le secret de son art merveilleux, nous aurions tout à perdre si, par le fait de ces relations, nous ne devenions que des écrivains français égarés sur les bords du Saint-Laurent.

Or, c'est précisément le péril que peut courir à l'heure présente notre littérature canadienne; et c'est l'écueil où peuvent aller donner tous les essais de littérature coloniale. Parce que ces littératures doivent, à un moment donné de l'histoire, se créer de toutes pièces; parce qu'elles ne peuvent pas, comme les littératures des métropoles qui sont nées avec la civilisation du peuple dont elles expriment la vie, se développer lentement selon les lois progressives qui président au développement même des civilisations; parce qu'il ne leur est pas permis de bégayer d'abord en des formes naïves leurs premiers chants, puisque ce sont des lèvres adultes qui les font entendre; parce qu'elles veulent se former en un seul jour, et s'établir tout de suite dans une perfection relative qui leur permette de rivaliser déjà avec des littératures qui sont plus vieilles de plusieurs siècles, elles s'empressent de fréquenter assidûment ces littératures qui sont tout ensemble leurs aînées et leurs mères; elles sont tentées, pour se hausser jusqu'à leur taille et pour briller de leur éclat, de se grandir par des procédés plutôt factices, et de se couvrir d'ornements et d'oripeaux qui leur sont étrangers.

Ajoutez à cela que nous, Canadiens, nous sommes pour d'autres raisons encore attirés vers les livres français et exposés à les trop servilement imiter. Nous n'avons pas encore ici tout ce qu'il faut pour achever notre éducation littéraire; nous avons trop longtemps lutté, et trop longtemps souffert, nous avons dû trop longtemps concentrer vers des œuvres de première nécessité tous nos efforts, pour que nous soyons aujourd'hui capables d'une vie intellectuelle autonome et suffisamment organisée. Et c'est donc à la France, qui nous a donné notre langue, notre tempérament et notre esprit, que nous demandons encore chaque jour les livres et les revues qui nous manquent pour nous instruire et nous permettre de prendre contact avec la vie des autres peuples.

D'ailleurs, à cause même de cette communauté de langue et d'origine, nous ne voulons pas ignorer ce que l'on dit et ce que l'on écrit au pays de France; et parce que la littérature française qui nous vient de Paris est d'ordinaire plus parfaite en ses formes et plus attrayante et plus substantielle que celle qui nous vient de Québec ou de Montréal, nous lisons plutôt celle-là que celle-ci; et c'est pour toutes ces causes que peu à peu, et presque fatalement si nous ne prenions pas garde, la littérature française pourrait absorber la canadienne, l'empêcher de prendre suffisamment conscience de sa vie propre. À ce point de vue, notre ennemie, s'il était permis de se servir d'une expression aussi malveillante quand il s'agit de désigner la littérature d'une nation mère du peuple canadien, notre plus grande ennemie c'est la littérature française contemporaine; c'est elle qui menace d'effacer sous le flot sans cesse renouvelé de ses débordements le cachet original qui doit marquer la nôtre. Nous ne risquons pas de perdre notre originalité quand nous donnons à notre esprit, pour l'en nourrir et l'en engraisser, la « subtantifique moelle » des auteurs classiques des dix-septième et dix-huitième siècles, mais il est à craindre que nous ne devenions de pâles imitateurs quand nous fréquentons chaque jour les romans, les poésies, les drames, les études de toutes sortes que chaque jour l'on publie en pays de France. Ces fréquentations quotidiennes créent parmi nous un goût littéraire tout pareil au goût français; elles font notre mentalité de plus en plus semblable à celle de l'âme française; elles vont même jusqu'à faire passer dans notre langue les moins heureuses nouveautés de la langue que l'on écrit à Paris; et il suit de là que parfois nos habitudes littéraires ne nous sont pas assez personnelles, que nous ne faisons souvent que transposer sur les choses qui nous occupent les procédés d'écrivains étrangers, que non seulement « nous voyons tout ici avec des lunettes françaises »,[2] mais que nous laissons aussi distiller de nos plumes des pensées et une littérature toutes françaises.

Sans doute, il ne faudrait pas non plus pousser trop loin cette critique, et jusqu'à oublier que nos livres canadiens, surtout quand ils seront bien faits, ressembleront toujours étonnamment à des livres français. Nous devons nous résigner à faire beaucoup de littérature « française » au Canada. Seulement, écrire des nouvelles et des romans où l'analyse psychologique, au lieu d'entrer dans le vif de l'âme canadienne, ne laisse voir que des états de conscience tout français; faire des poésies où le sentiment est purement livresque, et soutenu de réminiscences toutes françaises, comme, par exemple, il arrivait trop souvent à ce pauvre et si sympathique Émile Nelligan; user sans raison du néologisme et de tous ces mots nouveaux, étranges, qu'inventent là-bas ceux qui n'ayant rien à dire cherchent à suppléer à l'idée par l'inattendu de l'expression; employer tous ces vocables mièvres, ou prétentieux et miroitants comme de faux bijoux, qui tirent l'œil plus qu'ils n'éveillent la pensée; étaler en sa prose toutes ces formes bizarres comme on le fait souvent ici en certaines chroniques féminines, sans compter quelques masculines; faire des livres, en un mot, où la langue est corrompue par l'argot des écrivains malades de France, où le fond n'est qu'un démarquage du livre français, où la matière, pétrie de souvenirs de lectures plus que d'idées personnelles, est imprégnée de toutes les sauces piquantes avec lesquelles on relève, là-bas, le ragoût de certains ouvrages: voilà ce qui n'est pas canadien, et voilà donc ce qu'il faut condamner.

Et tout cela ne nous avertit-il pas suffisamment déjà que pour être canadien, il faut d'abord être soi-même, et que tout le problème que nous agitons sous le grand mot de nationalisation de la littérature canadienne se ramène et se réduit à cet autre, très simple, qui est de développer parmi nous une littérature originale. Or, ce problème sera toujours résolu pour chacun de nous, dès lors que nous aurons soin de soumettre à une méditation bien personnelle la matière de nos livres, d'où qu'elle vienne et à quelque source que nous l'ayons empruntée; dès lors que nous l'aurons fécondée avec notre esprit, et que nous l'aurons fait passer, pour ainsi dire, à travers cette âme canadienne, à travers ce tempérament qui est nôtre, et qui laissera sur cette substance et sur cette matière l'impression et le mouvement de sa propre vie.

Mais, justement, faut-il pour cela ne pas déformer ou pervertir en soi-même l'esprit et le tempérament canadiens, et, tout en prenant contact avec les livres des littératures étrangères, ne demander à toutes ces œuvres que ce qui peut fortifier en le développant cet esprit et ce tempérament. Il faut encore

---

2. M. Ferdinand Paradis a bien vu et signalé ce péril dans un article « L'Émancipation de notre littérature », publié dans *La Nouvelle-France* du mois de juin 1904.

et surtout peut-être, bien comprendre l'âme canadienne, avoir conscience de ce qu'elle est, et pressentir ce qu'elle doit toujours être; il faut se rendre compte des influences ambiantes auxquelles elle est depuis longtemps soumise, et bien savoir par quelles actions et sous quelles formes elle s'est successivement manifestée à travers notre histoire. Si l'on est bien pénétré de cette connaissance de soi-même et de cette science de la vie canadienne, on ne pourra manquer de faire des livres qui soient vraiment canadiens. Il y a, en effet, entre l'esprit national, entre les mœurs, les traditions, les tendances, la foi d'un peuple, entre le milieu physique et social où se développent les âmes humaines, il y a entre tout cela et la vie littéraire et le goût artistique des relations et des dépendances trop rigoureuses pour que nous ne puissions pas ici, avec tout ce qui caractérise notre peuple, créer une littérature qui soit nôtre, et bien distincte de la littérature française contemporaine.

Combien différent, en effet, est notre esprit national de l'esprit qui anime la France d'aujourd'hui. L'âme canadienne ressemble plutôt encore et beaucoup à l'âme française qu'ont ici apportée les vaillants colons du dix-septième siècle; elle n'a pas très exactement suivi, et en des développements parallèles, les transformations de l'âme française qui était restée là-bas. Et, pour marquer cette différence du trait essentiel qui la définit, l'âme canadienne, l'âme du peuple canadien est demeurée beaucoup plus simplement et beaucoup plus complètement pénétrée des traditions de la vie chrétienne. Par toutes ces traditions conscientes ou quelquefois machinales, qui sont le fond de notre esprit, nous nous rattachons donc étroitement à la France très chrétienne, à celle qui a précédé ou qui n'a pas fait la Révolution.

Un publiciste français qui a longtemps vécu parmi nous, Charles Savary, prétendait, non sans quelque raison, que par ce christianisme si dégagé de toutes doctrines étrangères, si pur encore de tout alliage, du moins chez le peuple, nous rejoignons l'âme française que n'avaient pas encore entamée et troublée les influences de la Renaissance, et que notre littérature pourrait donc, beaucoup plus sûrement que n'a pu faire au dix-neuvième siècle le romantisme de Chateaubriand et de Victor Hugo, s'inspirer des monuments de l'histoire et de la littérature du moyen-âge. Quelque contestable que puisse être cette conclusion, à cause précisément des civilisations très différentes qui apparaissent au treizième et au vingtième siècle, il n'est pas moins certain que nous avons ici conservé pour la vieille histoire de France un culte que l'on n'a plus là-bas. Ce que nous admirons le plus dans toute l'histoire de notre ancienne mère-patrie, ce n'est pas l'impiété ou le dilettantisme se substituant à l'idée religieuse dans la vie publique et dans la vie sociale, mais c'est plutôt le plein épanouissement en terre française, et à tous les degrés de la hiérarchie politique, de la vertu du christianisme; notre idéal, dans l'histoire de France, ce n'est pas Combes détruisant pièce par pièce l'édifice séculaire de la France religieuse, mais c'est plutôt saint Louis inclinant devant Dieu la puissance civile, et cherchant à associer la fortune de son gouvernement aux destinées et à l'immortalité de l'Église du Christ. Aussi bien, notre histoire n'est-elle pas un chapitre de l'histoire de la France contemporaine, mais plutôt une page de l'histoire de la France des croisades; c'est l'épopée chevaleresque qui, avec Cartier, Champlain, Laval, a traversé l'Atlantique pour accomplir en terre canadienne son dernier geste! Et donc, pour bien raconter cette histoire, pour manifester vraiment en ses plus nobles aspirations l'âme populaire, pour rester nationale, notre littérature doit être tout d'abord franchement chrétienne.[3]

Mais si notre âme canadienne est encore toute pleine des généreuses inspirations qu'y ont tour à tour déposées les créateurs et les principaux ouvriers de notre histoire, elle n'est plus tout à fait ce qu'elle était le jour où l'on venait ici chercher un champ nouveau pour son activité. Elle s'est modifiée, elle s'est remodelée, elle s'est de façons diverses appauvrie ou enrichie au contact des hommes et des choses. Obligée de concentrer longtemps ses forces et son application sur les pénibles labeurs de la vie matérielle, empêchée par les nécessités de l'existence de se livrer avec assez de liberté au culte désintéressé de l'art et de la littérature, elle est devenue plus positive que l'âme française contemporaine. Forcée de lutter pendant de bien nombreuses années contre la nature qu'il fallait vaincre, le sol qu'il fallait ouvrir, et les ennemis qu'il fallait dompter, elle s'est aussi acquis une endurance réfléchie et une ardeur combative peu communes. Occupée depuis la conquête, depuis 1760, à se faire elle-même sa place dans la nation, elle s'est habituée à s'inquiéter beaucoup des choses du gouvernement, et elle a appris à faire fonctionner le rouage des machines constitutionnelles; notre régime parlementaire a singulièrement développé en elle cette aptitude, et l'âme canadienne est devenue plus que l'âme française capable d'orienter sans violence et sans secousse sa vie publique. Mais, d'autre part, et pour ce besoin nouveau qu'elle s'est créé, l'âme canadienne se complait sans mesure dans toutes les agitations, utiles ou vaines, de la politique, et elle laisse volontiers s'épandre de ce côté, et sans toujours assez de profit, sa force et son activité. Et nul doute que le romancier qui voudrait peindre nos mœurs politiques trouverait dans l'étude de toutes les influences multiples, nobles ou malsaines, ambitieuses et intéressées, qui saturent l'atmosphère de nos parlements, et qui enveloppent et captivent l'électeur, plus d'un sujet vraiment original: et la vertu et la naïveté des uns et le cynisme des autres ont ici des manifestations qui les distinguent assez, par de certaines nuances et par des traits fort typiques, des politiques français d'outre-mer.

Au reste que l'on prenne la peine d'observer encore les mœurs sociales qui sont tout le fond de la vie du Canadien qui habite nos campagnes: et si elles ne se ressemblent pas toutes selon qu'on les étudie sur les rives de la Chaudière, en plein pays de Beauce, au bord des Trois-Rivières, dans les montagnes de Charlevoix ou dans les plaines qui avoisinent Montréal, combien plus diffèrent-elles des mœurs qui caractérisent la vie, si primitive encore et combien plus enfermée, et routinière et moins bourgeoise, du vrai paysan français!

Au surplus, le milieu social et physique influant très efficacement sur les hommes, nous avons autrement encore transformé nos âmes et nos consciences. Nous habitons une province où nous sommes bien clairsemés, un pays qui ne contient pas le vingtième de sa population normale. Il résulte de

---

3. Voir à ce sujet *Feuilles volantes*, Ch. Savary, p. 100.

ces conditions d'existence que la concurrence est ici beaucoup moins âpre qu'elle ne l'est dans cette France où l'on se dispute chaque pouce de terrain, et où il faut faire l'assaut de toutes les situations sociales; il s'en suit aussi que la règlementation des services publics est ici beaucoup moins compliquée et que nos vies personnelles elles-mêmes, moins pressées de toute part par l'activité fiévreuse qui règne en France, sont moins qu'elles ne le seraient là-bas emportées par le tourbillon des affaires, et moins soumises à toutes les tyrannies des sociétés vieillies et très populeuses. De là, dans nos habitudes, dans nos mœurs, beaucoup plus de cette liberté, de ce laisser aller et même de cette nonchalance auxquels ne peuvent s'abandonner des nations plus besogneuses et plus inquiètes des nécessités de chaque jour. Aussi arrive-t-il que l'on s'applique davantage ici à jouir de la vie, si c'est en jouir que de ne la pas utiliser, et que, à tous les degrés de la société canadienne, et même et surtout peut-être dans nos classes dirigeantes, l'on recherche beaucoup trop les distractions, les futiles passe-temps, les insignifiantes conversations des clubs et des salons, que l'on s'attarde volontiers dans la fumée des tabagies, et que l'on travaille beaucoup moins à acquérir pour son esprit les connaissances les plus étendues et les plus précises, une culture vraiment supérieure. À plus d'un point de vue, la vie canadienne étant moins remplie que la vie française, et moins qu'elle en proie aux vives sollicitudes, nous la menons donc plus doucement, et sans trop nous préoccuper du lendemain; nos états de conscience sont, pour cela même, moins tourmentés, plus pacifiques, et beaucoup plus simplistes.

D'ailleurs, et vous le savez bien, notre climat, tout le premier, a considérablement refroidi ici le tempérament français. Et depuis plus d'un siècle que nous vivons dans le commerce habituel du peuple anglais, ce voisinage n'est pas fait assurément pour restituer à l'âme canadienne toute sa vivacité primitive. Nous sommes devenus beaucoup plus calmes, plus tranquilles que le Français de France. Si plus d'une fois se manifestent encore en notre vie personnelle et dans notre vie nationale les bruyantes explosions et les soubresauts de l'âme française, nous nous accommodons bien aussi de ces paisibles émotions, de ces joies sereines, de ces bonheurs silencieux qui s'harmonisent avec les goûts, les habitudes, les mœurs des nations septentrionales. Notre gaieté ressemble un peu à la danse très vive, mais intermittente, de nos aurores boréales. Aussi bien, la nature canadienne elle-même avec ses paysages un peu monotones, avec ses horizons si largement ouverts, ses perspectives toujours fuyantes et insaisissables, nous a faits quelque peu rêveurs et mélancoliques; nous aimons à laisser notre regard errer sur les choses lointaines, et notre imagination se perdre en des songes indécis; devenus gens du Nord, nous répandons volontiers en un vague sentimentalisme nos meilleures énergies; et tour à tour pratiques et utilitaires comme des Américains, ou théoriciens et idéalistes comme des Français, nous nous préoccupons assez peu d'être des artistes, et nous aimons pourtant les arts, les discours et les livres, et nous voulons encore mettre dans nos vies beaucoup de la poésie qui console et de l'idéal qui enchante.

Si donc nous continuons ici quelques-unes des meilleures vertus de notre race, il n'en est pas moins certain que l'âme canadienne est assez éloignée de l'âme française du vingtième siècle. Et si nous avons cru devoir tant insister sur ce point, c'est pour laisser mieux entendre qu'il serait souverainement malhabile de calquer notre littérature nationale sur la littérature française contemporaine. Ce n'est pas, pour ne donner qu'un exemple, à l'âme de notre société bourgeoise ou ouvrière que peut correspondre en toute vérité le roman psychologique tel que le conçoivent à Paris Paul Bourget ou Anatole France.

La distance qui sépare aujourd'hui l'âme canadienne de l'âme française doit donc elle-même marquer toute celle qu'il faut établir entre notre littérature et celle que l'on fait en France. Comme le disait, il y a déjà quarante ans, et avec beaucoup de netteté et de précision, notre très distingué représentant à Paris, M. Hector Fabre, « ce serait imprimer à notre littérature un mouvement factice que de la pousser brusquement dans les voies où la littérature française n'est entrée qu'après avoir parcouru tant d'étapes diverses; que de chercher à l'initier tout à coup au scepticisme humain le plus aiguisé, au dilettantisme littéraire le plus raffiné. Elle se trouverait en désaccord complet, en mésintelligence perpétuelle avec notre société dont elle doit être l'image fidèle, la représentation exacte, si elle veut intéresser, si elle veut avoir des lecteurs. »[4]

C'est donc d'après toutes les conditions et toutes les circonstances de notre vie nationale qu'il faut essayer de fixer ici le goût littéraire, et c'est cela que doit particulièrement viser la critique. Au lieu de faire comme certains écrivains belges qui imitent les parisiens, suivons plutôt l'exemple que nous a donné l'Allemagne du dix-huitième siècle quand elle entreprit de créer enfin une littérature nationale. En pleine civilisation, en pleine histoire moderne, les écrivains de ce pays ont fabriqué de toute pièce un art nouveau; avec des initiateurs comme Bodmer et des esprits judicieux comme Lessing et Klopstock, ils ont ramené l'attention des lecteurs vers les choses du pays, ils ont surtout constitué une critique qui s'est appliquée à replonger sans cesse l'esprit allemand dans les sources mêmes de la vie nationale. Ainsi devons-nous revenir nous-mêmes sans cesse à l'étude de notre histoire et de nos traditions, et fonder notre esthétique sur l'ensemble des qualités, des vertus, des aspirations qui distinguent notre race. Considérons la littérature non pas comme une chose superficielle, frivole et toute de forme, mais comme l'expression de la vie dans ce qu'elle a de plus intime, de plus sérieux et de plus profond; pénétrons-la bien de toutes les pensées, de tous les sentiments, de toutes les émotions qui manifestent le mieux la conscience canadienne; remplissons-la, jusqu'à déborder, de toutes les choses qui sont comme le tissu lui-même de l'histoire et de la vie nationales.

Faisons ici une littérature qui soit à nous et pour nous. N'écrivons pas pour satisfaire d'abord le goût des lecteurs étrangers, ni pour chercher pardessus tout leurs applaudissements, mais écrivons plutôt pour être utiles ou agréables à nos compatriotes, pour éveiller ici les esprits, orienter leur activité, et pour accroître le trésor de notre propre littérature. Ne nous regardons pas, ainsi que le faisait Crémazie, et après lui, il y a quelques années,

---

4. Cf. *Transactions of the Literary and Historical Society of Quebec*, 1866, article sur la littérature canadienne, p. 88.

Madame Th. Bentzon,[5] comme des colons littéraires qui ne peuvent travailler en définitive qu'au profit de la métropole, sans arriver jamais à se créer une autonomie réelle. Ayons foi bien davantage en notre avenir littéraire, et pour mieux accentuer dès maintenant le libre et original développement de nos lettres, faisons des livres qui soient, par leur fond même et par la substance dont ils sont remplis, bien canadiens.

Sans doute, et nous l'avons assez expliqué, nous ne devons pas interdire à nos écrivains de s'occuper de sujets étrangers aux choses du pays; mais nul doute aussi que ce qui importe, et ce que l'on recommande avec insistance c'est qu'ils choisissent des sujets où l'esprit canadien puisse s'affirmer avec plus de personnalité; c'est qu'ils évitent de s'aventurer en des matières où ils ne pourraient rivaliser avec des écrivains qui en d'autres pays sont plus cultivés et mieux qu'eux pourvus de tout ce qu'il faut pour les approfondir; c'est qu'ils s'appliquent à des questions qui ne peuvent pas ne pas émouvoir et ébranler toutes les puissances de nos âmes canadiennes, qui ne peuvent pas ne pas relever de notre littérature nationale; c'est, en d'autres termes, qu'ils traitent tout d'abord des sujets canadiens. « Soyons de chez nous », et nous aurons grande chance d'être du Canada!

Jusqu'ici, d'ailleurs, les écrivains canadiens, nos plus grands du moins, ont assez fidèlement suivi ce programme. Depuis Crémazie jusqu'à LeMay, et parmi les prosateurs, pour ne nommer ici que les disparus, depuis Garneau et Ferland jusqu'à Casgrain, depuis de Gaspé jusqu'à Marmette, depuis Gérin-Lajoie jusqu'à Buies, et depuis Chauveau jusqu'à Honoré Mercier et Chapleau, nos livres et nos plus belles œuvres, poésies, histoires, romans, discours, sont, en général, pénétrés du meilleur esprit canadien, et souvent il s'en dégage, comme de fleurs qui ont poussé en plein sol natal, ce parfum du terroir qu'en ces pages l'on se plaît tant à respirer encore.

Nos grandes œuvres sont canadiennes, notre littérature est déjà, dans une grande mesure, nationale. Mais on le peut observer, et c'est justement pourquoi il était permis de parler ce soir de nationalisation de la littérature canadienne, il n'y a pas, dans beaucoup de nos livres, romans et poèmes surtout, une suffisante image de nos âmes et de notre pays, alors même que l'on veut peindre ces âmes et décrire ce pays. Le poète et le romancier restent trop souvent à la surface des choses; ils ne savent peut-être pas assez voir avec leurs propres yeux; ils ne touchent et ne palpent pas assez eux-mêmes les êtres et la nature qui les entourent; ils ne descendent pas assez profondément dans ces âmes de nos compatriotes où il faudrait pourtant une fois promener la lanterne. De là, en leurs livres, ces dessins un peu pâles, ces teintes un peu fanées, ces reliefs peu accusés, cette psychologie superficielle, ces caractères trop flottants, ces mœurs trop peu vécues, ces chapitres trop vides.

D'où cela vient-il donc? et si ce n'est pas toujours le talent qui a manqué à nos écrivains, pourquoi ne savons-nous pas assez bien voir ce qui est à côté de nous et sous nos yeux? pourquoi ne comprenons-nous pas assez vite ni assez complètement la vie canadienne, et toutes ses nombreuses et infinies manifestations à travers nous-mêmes, à travers la nature et à travers l'histoire?

---

5. Cf. *Revue des Deux-Mondes*, 25 juillet 1898, « L'Éducation et la Société au Canada ».

Et donc, quels moyens nous conviendrait-il de prendre pour nationaliser nos esprits?

Il peut y avoir à ces questions de bien différentes réponses. Me permettrez-vous, du moins, d'en indiquer une ce soir, et qu'il faut avoir le courage de faire sans chercher à nous dérober derrière notre amour propre d'éducateur et de professeur. Si nous voulons mieux apercevoir les choses de chez nous, et réprimer en une suffisante mesure cette tendance que nous avons à soumettre trop nos idées, nos jugements et nos goûts littéraires à des influences extérieures, européennes et surtout française; si nous voulons aussi combattre l'indifférence parfois dédaigneuse qu'ici l'on professe, pour la littérature canadienne, il nous faudra, dans nos maisons d'éducation, donner aux enfants et aux jeunes gens une instruction qui soit, en vérité, plus nationale; nous devrons tâcher à mieux pénétrer notre enseignement, le primaire et le secondaire, des choses du pays, à le remplir davantage de tous les souvenirs, de toutes les espérances, de toutes les ambitions, de toutes les réalités de notre histoire.

Pour ce qui est de notre enseignement secondaire, il est dans quelques-unes de ses parties trop calqué sur l'enseignement secondaire français. Non pas, certes, qu'on lui puisse reprocher de faire une trop large place à l'étude des classiques anciens et modernes; mais il pourrait nous instruire d'une façon plus précise des multiples aspects de la vie canadienne, et, pour parler autrement, il pourrait faire une place plus large encore à l'étude de l'histoire de notre pays, de sa physionomie et de ses richesses, à l'intelligence de ses développements politiques, sociaux et littéraires. Il ne faut pas que nos écoliers apprennent l'histoire et la géographie comme s'ils étaient de petits Européens, et, dans l'Europe, de petits Français; ils les doivent plutôt étudier comme s'ils étaient de petits Américains, et, dans l'Amérique, de petits Canadiens! Pourquoi seraient-ils capables d'en remontrer à un lycéen de Paris sur je ne sais quel roi fainéant, ou sur le système orographique de la Forêt-Noire? pourquoi vous pourraient-ils édifier sur quelque Pharaon dont il ne reste pas même une momie, s'ils n'ont vraiment que des lumières trop confuses sur le caractère et sur les transformations de notre vie coloniale, sur Lafontaine et Baldwin, sur l'histoire de nos cinquante dernières années, sur la nature et le progrès de notre civilisation et de nos institutions, sur la géographie physique et les ressources économiques de notre pays? Si en France, en Allemagne, en Angleterre, l'élève qui a fait son cours classique connaît avec quelques détails l'aspect et la vie de chaque province ou de chaque département, pourquoi nos élèves n'auraient-ils pas sur les différentes provinces du Canada, et sur les différentes régions de notre province de Québec des notions aussi exactes et aussi complètes? Et qu'avons-nous donc à tant blâmer les Européens d'ignorer trop le Canada, si du moins ils ont cette sagesse que nous leur pourrions davantage emprunter, et qui est, en ces matières, de toujours commencer par bien étudier son propre pays. Le mal n'est pas que, étant Canadiens, nous sachions tant de choses sur l'Europe, sur l'Asie, sur l'Afrique et sur l'Océanie, mais que, apprenant tant de choses sur tant de peuples et tant de pays, nous ne pouvons peut-être nous suffisamment appliquer à très bien connaître et notre peuple et notre pays.

Au surplus, l'éducation littéraire de nos jeunes enfants et de nos jeunes gens pourrait-elle s'inspirer davantage des choses et de la nature canadiennes. Au lieu d'exercer les facultés de l'élève sur des objets qui l'entourent, sur des souvenirs ou des légendes du pays, on va trop souvent chercher dans des recueils de composition française[6] le thème ou le canevas de leurs narrations et de leurs discours. Ne serait-il pas vraiment préférable d'apprendre aux enfants à regarder, à voir, puis à décrire les paysages qui s'étendent sous leurs yeux, à raconter ces vieux récits où chez nous le merveilleux se mêle à la réalité et sollicite si vivement les jeunes imaginations, à faire revivre quelques scènes historiques, à célébrer quelque héros dont s'honore la patrie? Au lieu de les transporter en esprit dans un château qu'ils n'ont jamais vu, pourquoi ne pas les faire décrire la chaumière qu'ils ont habitée? au lieu des jardins où fleurit l'oranger, que ne les invite-t-on à dépeindre les campagnes où pousse l'érable? au lieu de torrents dont ils n'ont jamais entendu le fracas, que ne décrivent-ils parfois le fleuve si large et si puissant sur lequel peut-être se sont ouverts leurs premiers regards, le ruisseau qui traverse en murmurant le champ paternel, au bord duquel ils ont cueilli, tout enfant, les premières fleurs, ou entendu pour la première fois la chanson des oiseaux?

Nous croyons savoir, et il n'est que juste de le rappeler ici, que dans nos maisons d'éducation, on se préoccupe depuis quelques années d'orienter dans le sens que nous indiquons la formation de nos écoliers. Non seulement notre enseignement primaire se canadianise,[7] mais aussi, quoiqu'il reste encore beaucoup à faire, l'enseignement secondaire. Si l'on en juge par les sujets qui sont chaque année proposés à nos candidats au baccalauréat, la réforme que nous souhaitons en ce qui concerne les exercices de composition française est à peu près accomplie déjà dans les classes de rhétorique. Pourquoi ne s'inquiéterait-on pas davantage de l'étendre à toutes les classes de lettres, à celles-là du moins où l'on ne l'a pas encore suffisamment introduite? Et pourquoi, en même temps, ne mettrait-on pas au programme, dans l'une ou l'autre de ces classes, quelques leçons d'histoire de la littérature canadienne? N'y aurait-il pas là un moyen assez efficace de rappeler à nos jeunes gens que d'autres avant nous ont essayé de créer ici un art littéraire, et qu'ils devront eux-mêmes s'employer à le développer et à le perfectionner?

Je sais bien que pour réaliser tout cela, que pour donner ici un enseignement qui soit, au point de vue de l'histoire, de la géographie et des lettres, plus national, il nous faudrait avoir sous la main des manuels que nous n'avons pas, et que notre littérature pédagogique — je ne parle, pour le moment, que de celle de notre enseignement secondaire, — est fort pauvre. Holmes et Laverdière, qui ont eu leur mérite, quoiqu'ils aient travaillé d'après des méthodes défectueuses, n'ont pourtant pas eu encore d'imitateurs qui les aient dépassés. De cette indigence, de cette pénurie, de cette incapacité où nous avons été jusqu'ici de faire quelques-uns des livres classiques dont nous

---

6. Nous voulons dire préparés en France pour l'usage des petits Français.
7. Il nous plaît de signaler à ce propos l'œuvre très louable de M. Magnan, le zélé directeur de la revue *L'Enseignement primaire*.

avons besoin, je ne veux pas ce soir examiner les causes. Qu'il me soit seulement permis de dire que plus vite on pourra faire à nos professeurs de collèges et de petits séminaires, en particulier aux professeurs des classes de lettres des conditions d'existence qui leur laissent quelque loisir pour le travail personnel; que plus vite surtout on comprendra qu'une initiation à ce travail personnel est indispensable, et que des études préparatoires spéciales, loin d'être une affaire de luxe, leur sont absolument nécessaires; que plus vite on se décidera donc à les faire bénéficier, en France ou ailleurs, des avantages de l'enseignement supérieur des lettres; que plus vite, en un mot, on se préoccupera de bâtir en hommes, et plus vite aussi on augmentera, avec la valeur et le prestige de notre corps enseignant, les chances de voir se multiplier parmi nous des auteurs qui fassent au moins des manuels. Et peut-être aussi, et par surcroît, mettrons-nous fin à ce spectacle anormal d'une littérature canadienne qui se développe, c'est-à-dire qui recrute ses ouvriers actifs, surtout à côté et en dehors de nos maisons d'éducation.

Nul doute, par conséquent, que la création, en cette province, et pourquoi pas à Québec, d'un enseignement supérieur et pédagogique, contribuerait pour une large part, non seulement à améliorer notre enseignement secondaire, mais à donner aussi une impulsion nouvelle à notre littérature canadienne.

En attendant que ces vœux se réalisent nos petits séminaires et nos collèges n'oublieront pas qu'ils ont déjà la très belle mission d'apprendre aux jeunes élèves à connaître et à bien aimer leur pays. Le Canadien est, sans doute, un grand patriote; même quand il émigre, l'on peut dire de lui, comme de l'Allemand, qu'il emporte sa patrie à la semelle de ses souliers. Mais c'est au collège et dès les années de collège, qu'il faut éclairer ce patriotisme. Apprenons donc à nos élèves à comprendre la nature, l'histoire, la vie canadiennes; rappelons-leur souvent que s'il est nécessaire de travailler à accroître la fortune économique de ce pays, il importe aussi de développer aujourd'hui sa littérature et ses arts, et qu'il ne peut suffire à nos gouvernements de fonder notre puissance nationale sur la richesse matérielle et sur la prospérité du commerce. À nous qui sommes ici les héritiers du génie latin, et qui représentons en cette Amérique du Nord les civilisations les plus brillantes qui aient honoré l'humanité, il appartient d'ambitionner une autre grandeur et une autre gloire!

Les efforts que nous avons faits pour conserver ici notre langue et nos traditions seraient-ils, d'ailleurs, assez complets, si nous ne cherchions pas à développer une littérature qui contribuât pour sa part à perpétuer cette langue, et à la préserver de toute dangereuse corruption? La littérature est, en même temps que l'expression de la vie individuelle et de la vie sociale, la gardienne toujours fidèle des intérêts supérieurs de la race et de la nationalité. Et nous ne pourrions donc faire rayonner en ce pays, aussi loin et aussi vivement que le souhaite notre zèle, l'influence du parler français si nous ne traduisions pas en même temps, en des livres qui soient pleins de nous-mêmes, tous les aspects, toutes les énergies, toutes les vertus de l'âme canadienne.

C'est de cette façon, du moins, que la Société du Parler français au Canada a compris sa mission et celle de notre littérature, et c'est pour cela qu'elle a cru devoir vous rappeler ce soir quelques-uns des moyens de faire cette littérature de plus en plus originale et distincte de toutes les autres.

Pour résumer sa pensée, et pour mettre fin à ce discours, permettez-moi de redire ce soir à la muse de Québec la très délicate exhortation que lui adressait naguère un critique français, ami du Canada[8]:

« Pareille à l'hirondelle des Mille-Îsles, ne cherche pas les lointains pays. Ne nous promène pas en Espagne, en Italie, en Égypte. Au Gange, préfère le Saint-Laurent... Dis-nous les splendeurs des paysages du pays natal, fais chanter l'âme de tes compatriotes. Tu pourras en tirer les éternels accents de l'âme humaine... Mais laisse les chiffons qui sortent de nos magasins de nouveautés, les oripeaux fripés dont nos marchandes à la toilette ne veulent plus, et va, Canadienne aux jolis yeux doux, va boire à la Claire fontaine! »

CHARLES GILL (1871-1918)

Charles Gill fut rapin dans l'atelier parisien du peintre Gérôme, après avoir été mauvais élève dans plusieurs collèges montréalais. Revenu au pays en 1892, il ouvre son propre atelier, enseigne la peinture et écrit. Personnage pittoresque de la bohème du Montréal de la belle époque, Gill eut une liaison tumultueuse avec l'un de ses modèles, Juliette Boyer, avant d'épouser en 1902 Georgine Bélanger (Gaétane de Montreuil, auteur de *Cœur de rose*, 1924), dont il se séparera en 1914. Réginald Hamel a publié sa *Correspondance* (Montréal, Parti pris, 1969), qui contient notamment des lettres à sa mère, à Louis-Joseph Doucet, à Camille Roy. Portraitiste et paysagiste, Gill fut aussi chroniqueur, conteur et poète. Celui qui fut l'un des principaux animateurs de l'École littéraire de Montréal préface en 1910 le recueil des dix fascicules de la revue *Le Terroir*, signant ainsi l'acte de décès (mais elle ressuscitera) de l'École: « Nous assistons avec amertume à l'agonie de nos rêves. » Gill travailla toute sa vie à son poème *Le Cap Éternité*, publié après sa mort, en 1919, dans lequel il aura cherché à retracer la vie du Saguenay depuis sa création. Les « chants » sont composés par un survenant de passage qu'une ruse des habitants aura contraint de demeurer; l'un d'eux, après son départ, recopie le poème et en même temps qu'il remonte « le fleuve de la Mort » et revit le périple du poète, *relit* le poème. *Le Goéland*, qui est la barque du survenant, est aussi une manière de canot céleste.

8. Cf. *Études de Littérature canadienne-française* par Charles ab der Halden, p. 124.

LE CAP ÉTERNITÉ

Prologue

J'attendais le vent d'ouest, car à l'Anse Saint-Jean
Je devais m'embarquer pour relever le plan
D'un dangereux récif au large des Sept-Îles.

J'avais d'abord goûté l'éloignement des villes
Dans cette solitude, au pied des hauts glacis,
Chez les bons paysans rompant le bon pain bis,
Pendant que l'on gréait la svelte goélette
Qui, dans l'épais brouillard perdant sa silhouette,
Mouillée au fond de l'anse, à l'ancre somnolait.

Le jour après le jour lentement s'écoulait,
Monotone et pareil; le fleuve sans écume
Étalait son miroir affligé par la brume;
L'air humide et sonore apportait sur les flots
La naïve chanson de lointains matelots;
Aussi, le capitaine à chevelure grise
Réclamait à grands cris le soleil et la brise,
En levant son regard vers le ciel incertain;
Il gravissait le roc abrupt, chaque matin,
Pour observer le temps à l'heure de l'aurore,
Et murmurait, hochant la tête: Pas encore!

La brume enveloppait les larges horizons,
Les bosquets étagés, les glacis, les gazons,
Et tous les mille riens si beaux de la campagne,
Et les sentiers abrupts au flanc de la montagne,
Où, jusques au sommet, le rêveur épris d'art,
Vers le bleu, tout au loin, chemine du regard.

L'âme se peut distraire, à défaut de lecture,
Dans le livre infini de la grande nature;
Mais il est, dans la brume ainsi que dans la nuit,
Des moments où le livre est maître de l'ennui.
Bien long devint le jour et bien longue la veille.

J'avais pris au hasard, dans l'œuvre de Corneille,
Un volume ancien que j'avais emporté
Dans mes derniers colis, en quittant la cité.

— Quels héros fait parler le prince de la lyre
Sous ce couvert? pensais-je, en m'installant pour lire
Le Cid et Polyeucte!... En esprit je relis
Ces chefs-d'œuvre vainqueurs de l'envieux oubli,

Et leurs alexandrins chantent dans ma mémoire,
Lorsque j'entends parler de noblesse et de gloire!

Le toit d'un laboureur abritait mon ennui.
— Ce brave homme, me dis-je, a peut-être chez lui
Quelques prix par ses fils remportés à l'école,
Légende de tournure enfantine et frivole,
Qui charment par leur grâce et leur naïveté.

Le matin, sac au dos, mon hôte était monté
Sur une terre neuve, au flanc de la montagne.
Près des enfants filait sa robuste compagne:

— Auriez-vous, demandai-je, un livre à me prêter?
Non pas que le dédain me fasse rejeter
Celui-ci, des plus beaux écrits sur cette terre,
Mais je le sais par cœur et n'en ai donc que faire.

— Les contes imprimés sont rares dans l'endroit,
Monsieur le voyageur, et cela se conçoit!
Dit-elle, — un a-b-c, deux livres de prière,
Un ancien almanach: voilà notre misère!
D'instruire nos enfants nous aurions bien souci,
Mais, par malheur pour nous, l'école est loin d'ici.
J'ai pourtant un cahier tout rempli d'écriture
Et de dessins à l'encre; il est sans signature;
Il nous fut confié par un jeune inconnu
Je ne sais où parti, je ne sais d'où venu,
Qui nous est arrivé par une nuit d'orage.
La tempête l'avait jeté sur le rivage.
Aux clartés des éclairs je l'ai vu s'approcher
Et traînant son canot brisé sur le rocher;
Puis il vint pour la nuit nous demander asile.
Il tombait chez du monde ami de l'Évangile!
Nous avons mis la table et rallumé le feu,
Pour qu'avant de dormir il se chauffât un peu.
Le matin, il s'en fut dans la forêt voisine;
En un mince galon il tailla la racine
D'une épinette blanche et cousit son canot,
En regomma l'écorce et le remit à l'eau.
Le Norouet sur les crans brisait les vagues blanches.
Mes enfants ont caché l'aviron sous les branches.
Car il voulait partir malgré le temps affreux.

— Puisqu'il en est ainsi, petits cœurs généreux,
Leur dit-il, je demeure, en acceptant la chose
Qu'un père soucieux de votre bien propose:

À vous faire l'école ici je resterai.
Travaillons bien ensemble, et quand le Saguenay
Sera couvert de glace, enfants, vous saurez lire!
Allez vers votre père, accourez le lui dire.
Mais revenez bien vite avec mon aviron:
Du naufrage d'hier je veux venger l'affront!

— De notre vieux fournil on dut changer l'usage,
Pour qu'il servît d'école à tout le voisinage.
Dès que furent passés les travaux des moissons.
Les enfants appliqués suivirent les leçons.

Quand il s'ennuyait trop de son canot d'écorce,
Il se faisait un jeu, si grande était sa force,
De vaincre tout venant à lever des fardeaux,
Ou bien avec mon homme il domptait les chevaux.
D'autres fois, il partait au loin sur ses raquettes...

Il semblait tourmenté par des peines secrètes.

Souvent il traduisait pour nous, les soirs d'hiver.
Un conte italien qui parle de l'enfer...
Un beau conte, qui parle aussi du purgatoire,
Et des anges du ciel au milieu de leur gloire.
Il en avait encore un autre, plus ancien,
Disait-il, qui s'appelle... ah! je ne sais plus bien!
On parle là-dedans d'un roi, malheureux père,
Et d'un prince son fils tué pendant la guerre;
Un cruel ennemi veut le jeter aux chiens,
Mais pour son enfant mort le père offre ses biens:
Il court chez le vainqueur qui dîne sous la tente,
Et le prie à genoux d'une voix suppliante...
De ce pauvre vieux roi mon cœur s'est souvenu,
L'ayant bien remarqué, parce que l'inconnu,
Un soir de poudrerie, en lisant ce passage,
Trois fois dut s'arrêter au milieu de la page,
Et ne put la traduire entière sans pleurer.

D'autres soirs, dans sa chambre il allait se cloîtrer,
Et longtemps il lisait, il écrivait peut-être;
La lampe qui brûlait auprès de sa fenêtre,
Sur la neige bien tard jetait une lueur.
Quand vinrent les beaux jours, l'inconnu, moins veilleur,
Descendait pour écrire au bord de la rivière;
Je le trouvais toujours assis sur cette pierre,
Penché sur son cahier, près du grand sapin noir
Que, malgré le brouillard, d'ici vous pouvez voir.

Nous n'avons pas connu le secret de cet homme,
Ni quel est son passé ni comment il se nomme;
Un jour, à ma demande, il a répondu: — Non!...
Puisque tu prends mon âme, ô nuit, garde mon nom!

Souvent, dans son canot, vers Sainte-Marguerite
Il s'en allait pêcher le saumon et la truite.
Mais lorsque mes enfants travaillaient aux moissons,
Emportant ses papiers au lieu des hameçons,
Il remontait vers l'Ouest, et j'étais bien certaine
De ne plus le revoir avant une quinzaine.

Or, un soir, il nous dit en nous serrant la main:
— Au premier chant du coq je partirai demain.
Conservez mon cahier! prenez soin de ces pages
Que je n'ose livrer au hasard des naufrages!
Au revoir! bons amis, gardez mon souvenir.
Ces bords hospitaliers me verront revenir.
Pendant que je serai loin de vous, s'il arrive
Qu'un voyageur instruit aborde votre rive,
Prêtez-lui le cahier: qu'il le lise à loisir
Et le transcrive au long s'il en a le désir!

Il partit le matin, au courant favorable.
La plume et l'encrier l'attendent sur la table,
Près de ses chers papiers depuis bientôt un an.
Les aiguilles encor dorment sur son cadran.

Il n'était pas tout seul au milieu des tempêtes,
Car pour lui bien souvent mes filles inquiètes,
Dans les gros temps d'automne ont prié le bon Dieu.
Au lieu d'un « au revoir », avons-nous un adieu?
Reviendra-t-il jamais? Nous gardons l'espérance
De le revoir un jour, malgré sa longue absence.

Nous bénissons le temps qu'il a vécu chez nous...
Ah! le pauvre jeune homme, il était triste et doux,
Et tout plein son bon cœur il avait de la peine!

— La fileuse, à ces mots, laissa tomber sa laine,
Jeta deux gros rondins d'érable dans le feu,
Et tira de l'armoire un épais cahier bleu
Qu'elle tenait sous clef, en gardienne fidèle.

— Voici! prenez-en soin, s'il vous plaît, reprit-elle,
En me tendant le livre ardemment convoité.

Comme titre, il portait: « Le Cap Éternité »,
En caractères noirs écrits sur le bleu pâle.
L'or de la fleur de lys élégante et royale
Décorait par endroits le couvert azuré;
Ailleurs, nouvel emblème également sacré
Mariant le présent au passé vénérable,
S'étalait la beauté de la feuille d'érable.

Je l'ouvris, parcourant en hâte les feuillets
Pendant que vers ma chambre, ému, je m'éloignais.
Les lignes, çà et là, trahissaient les pensées:
Il semblait qu'en tremblant la main les eût tracées;
Indiscret confident des secrètes douleurs,
Tel feuillet tacheté révélait d'anciens pleurs;
Certains vers tourmentés portaient mainte rature,
Mais, sur plus d'une page entière, l'écriture
Semblait formée au jet de l'inspiration,
En ces moments d'ardente et vive passion
Où la plume rapide à peine suit la trame
De la pensée éclose aux profondeurs de l'âme.

Je lisais... Je lisais dans l'heure qui s'enfuit,
Tout le long de ce jour brumeux et de la nuit,
Penché sur le cahier du malheureux poète.

Et quand le commandant de notre goélette,
Pour l'heure du départ vint prendre mon avis,
Vers le sommet des monts dardant son regard gris,
Et me montrant, joyeux, l'éblouissante aurore,
À mon tour, cette fois, je lui dis: — Pas encore!

Sur la côte sauvage où le mûrier fleurit,
Je transcrivis soigneusement le manuscrit;
À ma tâche absorbé, dans l'oubli de moi-même,
Je revivais la vie intense du poème,
De son étrange auteur partageant le destin.
Le jour, j'allais m'asseoir à l'ombre du sapin
Où le pauvre inconnu s'était mis pour écrire,
Sous les mêmes rameaux qu'il entendit bruire.
Peut-être son esprit planait-il en ces lieux
Aux heures de silence où je le goûtais mieux.
Le soir, je m'installais à sa table rustique:
Copiant les dessins et l'œuvre poétique,
Je ne m'interrompais qu'à l'heure du sommeil,
Pour reprendre bientôt mon travail au réveil.
Si bien que tout fut prêt au bout d'une semaine.

— « Maintenant, démarrons! » criai-je au capitaine.

— Notre vaisseau fila, toutes voiles au vent.
Je repris quelques mots passés en transcrivant,
Quand je relus ces vers dans le repos du large,
Et je me suis permis quelques notes en marge.

Chant Ier: Le Goéland

Le soleil moribond ensanglantait les flots,
Et le jour endormait ses suprêmes échos.
La brise du Surouet roulait des houles lentes.
Dans mon canot d'écorce aux courbes élégantes,
Que Paul l'Abénaquis habile avait construit,
Je me hâtais vers Tadoussac et vers la nuit.
À grands coups cadencés, mon aviron de frêne
Poussait le « Goéland » vers la rive lointaine;
Sous mes impulsions rythmiques, il glissait,
Le beau canot léger que doucement berçait
La courbe harmonieuse et lente de la houle.

Sur la pourpre du ciel se profilait la « Boule »,
Sphère énorme dans l'onde enfonçant à demi,
Sentinelle qui veille au seuil du gouffre ami
Pour ramener la nef à l'inconnu livrée,
Et du fleuve sans fond marquer de loin l'entrée.
Ô globe! as-tu surgi du flot mystérieux?
Ou bien, aux anciens jours, es-tu tombé des cieux,
Comme un monde égaré dans l'orbe planétaire,
Et qui, pris de vertige, aurait frappé la Terre?

Dans le grand air du large et dans la paix des bois,
Dans les calmes matins et les soirs pleins d'effrois,
Dans la nuit où le cœur abandonné frissonne,
Dans le libre inconnu je fuyais Babylone...
Celle où la pauvreté du juste est un défaut;
Celle où les écus d'or sauvent de l'échafaud;
Où maint gredin puissant, respecté par la foule,
Est un vivant outrage au vieil honneur qu'il foule,
La ville où la façade à l'atroce ornement
Cache mal la ruelle où traîne l'excrément;
Celle où ce qui digère écrase ce qui pense;
Où se meurent les arts, où languit la science;
Où des empoisonneurs l'effréné péculat
Des petits innocents trame l'assassinat;
Où ton nom dans les cœurs s'oublie, ô Maisonneuve!

Celle où l'on voit de loin, sur les bords du grand fleuve,
Les temples du dollar affliger le ciel bleu,
En s'élevant plus haut que les temples de Dieu!

Les dernières clartés du jour allaient s'éteindre.
Depuis longtemps je me croyais tout près d'atteindre
La rive montagneuse et farouche du Nord,
D'où le noir Saguenay, le fleuve de la Mort,
Surgi de sa crevasse ouverte au flanc du monde,
Se joint au Saint-Laurent dont il refoule l'onde.
La rive paraissait grandir avec la nuit,
Et l'ombre s'aggravait d'un lamentable bruit:
Plaintes des eaux, soupirs, rumeurs sourdes et vagues.
La houle harmonieuse avait fait place aux vagues;
Le ciel s'était voilé d'épais nuages gris,
Et les oiseaux de mer regagnaient leurs abris.
Le « Goéland » rapide avançait vers la côte
Dont la masse effrayante et de plus en plus haute
Se dressait. L'aviron voltigeait à mon bras,
Et je luttais toujours, mais je n'arrivais pas.

Le violet des monts se changeait en brun sombre.
Vainement j'avais cru traverser avant l'ombre,
Car de ces hauts sommets le décevant rempart
Égare le calcul et trompe le regard.
Maintenant, sur les flots qui roulaient des désastres,
La nuit tombait, tragique, effrayante, sans astres;
Et sur ma vie en proie à maint fatal décret,
Sombre pareillement la grande nuit tombait.
Je tentais d'étouffer, au fracas de la lame,
La voix du souvenir qui pleurait dans mon âme;
En vain je voulais fuir un douloureux passé,
Et le sombre remords à mes côtés dressé.

Mais je me demandais si les tragiques ondes
N'allaient m'ensevelir dans leurs vagues profondes.
Je regardais la vie et la mort d'assez haut,
Ma liberté, mon aviron et mon canot
Étant mes seuls trésors en ce monde éphémère.
Aussi, me rappelant mainte douleur amère:
— « Autant sombrer ici que dans le désespoir!
Allons, vieux « Goéland »! qu'importe tout ce noir!
Le parcours est affreux, mais, du moins, il est libre!
N'embarque pas trop d'eau! défends ton équilibre!
Ton maître s'est mépris en jugeant le trajet:
Oppose ta souplesse au furieux Surouet!

Comme un oiseau craintif qui fuit devant l'orage,
Le grand canot filait vers la lointaine plage,
Sur les flots déchaînés qu'à peine il effleurait,
Quand, dans l'obscurité, gronda le mascaret...
Le canot se cabra sur la masse liquide,
Tournoya sur lui-même et bondit dans le vide,
Prit la vague de biais, releva du devant,
Mais un coup d'aviron le coucha sous le vent.

Alors, des jours heureux me vint la souvenance
Je me revis au seuil de mon adolescence;
Je revis le Sauvage inventif, assemblant
L'écorce d'où son art tirait le « Goéland »:
Comme un sculpteur épris d'un chef-d'œuvre qu'il crée,
Il flattait du regard la carène cambrée,
Calculait telle courbe à la largeur des bords
Et des proportions ménageait les rapports.
Je me remémorai sa parole prudente
Au temps déjà lointain où j'allais sous la tente
Causer des vieux chasseurs et voir de jour en jour
L'écorce prendre forme en son svelte contour;
Quand je lui demandai pour la proue ou la poupe
Un ornement futile et d'élégante coupe,
Comme ceux que j'avais au jardin admirés
Sur des petits canots de guirlandes parés.
— Le vent, avait-il dit, prendrait dans ces girouettes!
Tu remercieras Paul au milieu des tempêtes,
Quand tu traverseras où d'autres sombreront!

Cependant, j'approchais du Saguenay sans fond;
Mon aviron heurta la Pointe aux Allouettes.
Je ne distinguais rien des grandes silhouettes,
Mais un phare apparut à mon regard chercheur:
Le brasier qui flambait au foyer d'un pêcheur
Guida ma randonnée, et j'atteignis la plage
De la petite baie, au pied du vieux village.

ALBERT LABERGE (1871-1960)

Sillon déviant et vite rayé du grand champ des « romans de la terre » du début du siècle, l'œuvre de Laberge appelle, par l'impitoyable objectivité du regard qu'elle porte sur le pays et, accessoirement, sur ses rejetons, les *Trente Arpents* (1938) de Ringuet et prépare la fin du mythe de la terre. *La Scouine* (1918), roman boueux, et les nombreuses nouvelles de Laberge ont toutes été publiées à compte d'auteur et à tirage limité. Par la force des choses homme très discret, Albert Laberge fut longtemps rédacteur sportif à *La Presse*. On doit à Gérard Bessette d'avoir redécouvert cet auteur (*Anthologie d'Albert Laberge*, Montréal, Cercle du livre de France, 1962), dont nous croyons que les nouvelles valent autant que *La Scouine*, roman qui fit scandale à l'époque (un mandement de Mgr Bruchési traite cette œuvre « d'ignoble pornographie ») et très lu ces dernières années.

LA SCOUINE

Le pain sur et amer*

De son grand couteau pointu à manche de bois noir, Urgèle Deschamps, assis au haut bout de la table, traça rapidement une croix sur la miche que sa femme Mâço venait de sortir de la huche. Ayant ainsi marqué du signe de la rédemption le pain du souper, l'homme se mit à le couper par morceaux qu'il empilait devant lui. Son pouce laissait sur chaque tranche une large tache noire. C'était là un aliment massif, lourd comme du sable, au goût sur et amer. Lorsqu'il eut fini sa besogne, Deschamps ramassa soigneusement dans le creux de sa main les miettes à côté de son assiette et les avala d'un coup de langue. Pour se désaltérer, il prit une terrine de lait posée là tout près, et se mit à boire à longs traits, en faisant entendre, de la gorge, un sonore glouglou. Après avoir remis le vaisseau à sa place, il s'essuya les lèvres du revers de sa main sale et calleuse. Une chandelle, posée dans une soucoupe de faïence ébréchée, mettait un rayonnement à sa figure barbue et fruste de travailleur des champs. L'autre bout de la table était à peine éclairé, et le reste de la chambre disparaissait dans une ombre vague.

Un grand silence régnait, ce silence triste et froid qui suit les journées de dur labeur. Et Mâço allait et venait, avec son ventre énorme, et son goître semblable à un battant de cloche qui lui retombait ballant sur la poitrine.

Elle parla:

— Mon vieux, j'cré ben que j'vas être malade.

— À soir?

— J'cré qu'oui.

— Ça serait teut ben mieux d'aller cri le docteur.

— J'cré qu'oui.

— J'irai après manger.

Dans la pièce où l'ombre écrasait le faible jet de lumière, le silence se fit plus profond, plus lourd.

Soudain, un grondement souterrain ressemblant à un sourd roulement de tonnerre se fit entendre. C'était un manœuvre, le Petit Baptiste, qui venait de basculer dans la cave profonde un tombereau de pommes de terre. L'instant d'après, il entrait dans la cuisine où Deschamps attendait d'un air morne.

L'homme de peine, très petit, était d'une laideur grandiose. Une tête énorme de mégacéphale surmontait un tronc très court, paraissait devoir l'écraser de son poids. Ce chef presque complètement dépourvu de cheveux ressemblait à une aride butte de sable sur laquelle ne poussent que quelques brins d'herbe. La picotte avait outrageusement labouré ses traits et son teint était celui d'un homme souffrant de la jaunisse. Ajoutons qu'il était borgne. Sa bouche édentée ne laissait voir, lorsqu'il l'ouvrait, que quelques chicots gâtés et noirs comme des souches. Il se nommait Baptiste Bagon, dit le Coupeur. En entrant, il jeta dans un coin son vieux chapeau de paille, puis, ayant relevé les manches de sa chemise de coton, se mit à se laver les mains dans un bassin en bois. Pendant qu'il procédait à cette sommaire toilette, la porte s'ouvrit brusquement, et trois bambins, entrant à la course, allèrent s'asseoir côte à côte sur un sofa jaune disposé le long du mur. Bagon s'essuya les mains au rouleau en toile accroché à la cloison, et vint se mettre à table. Gourmandement, il examina d'un coup d'œil ce qu'il y avait à manger et sa figure exprima une profonde déception. Il avait espéré mieux et était cruellement déçu. Les enfants s'approchèrent à leur tour et le repas commença. Deschamps tenait son bol de soupe à la hauteur de sa bouche pour aller plus vite. Comme lui, les autres lappaient rapidement, et les cuillers frappèrent bientôt le fond des assiettes vides. Bagon piqua de sa fourchette un morceau de lard et deux grosses pommes de terre à la coque, à la mode de Mâço, c'est-à-dire non pelées, et cuites dans le canard. À la première bouchée, il fit une vilaine grimace et ses joues eurent des ballonnements grotesques, de brusques et successifs mouvements de droite et de gauche.

— Batêche, jura-t-il enfin, c'est chaud!

Il s'était brûlé la bouche.

Des larmes lui étaient venues à l'œil et roulaient sur sa face ravagée.

Les petits, amusés, riaient en se poussant du coude.

Au dehors, les voitures, revenant de porter des charges de grain au village, passaient au grand trot avec un bruit de ferrailles et de sabots sur la route dure comme la pierre. Elles s'entendaient de très loin dans la nuit noire et froide et tenaient tard en éveil les chiens qui jappaient au passage. La Saint-Michel, date des paiements, approchait, et les fermiers se hâtaient de vendre leurs produits. Granges et hangars se vidaient et l'on ne gardait que juste la semence pour le printemps suivant.

Le repas continuait, monotone et triste.

Et chacun mastiquait gravement le pain sur et amer, lourd comme du sable, que Deschamps avait marqué d'une croix.

— Allez donc m'cri ane tasse d'eau, dit Bagon en regardant du côté des jeunes.

Pas un ne bougea.

Alors Bagon se leva lui-même, mais il en fut pour son trouble. Le gobelet résonna sur le fond du seau. Celui-ci était vide. Bagon revint s'asseoir. Il avait soif et était tout rouge, mais, plutôt que d'aller au puits, il préférait souffrir. Comme dessert, il alluma sa courte pipe de terre, et une fumée bleue et âcre s'éleva lentement au plafond traversé de solives équarries. Repus, les enfants regardaient les figures fantastiques que leur imagination leur faisait entrevoir dans le crépi du mur. Ils voyaient là des bêtes monstrueuses, des îles, des rivières, des nuages, des montagnes, des guerriers, des manoirs de bois, mille autres choses...

De temps à autre, Bagon lançait devant lui un jet de salive. Les pieds de Mâço, en ses continuels va-et-vient, pesaient plus lourdement, traînant comme ceux des vieux mendiants à la fin de la journée.

Le silence régnait depuis longtemps.

— Habillez-vous, fit tout-à-coup Deschamps, en s'adressant à sa progéniture. Vous allez aller coucher su les Lecomte.

Ce fut une stupeur chez les trois bambins qui regardèrent avec ennui du côté de la porte. Charlot, le plus jeune, ne parvenait pas à trouver son chapeau.

Sur l'ordre de Deschamps, Bagon alla atteler un cheval à la charrette. Le père et les enfants sortirent alors et, se suivant l'un l'autre, se rendirent chez le voisin.

Lorsqu'ils revinrent chez eux le lendemain avant-midi, les jeunes virent une mare de sang à l'endroit où, d'ordinaire, on jetait les eaux sales. La mère Lecomte était en train de préparer le dîner. Elle leur apprit qu'ils avaient deux petites sœurs nouvelles. Enveloppées dans un couvrepied multicolore, fait de centaines de petits carrés d'indienne, la plupart d'une couleur et d'un dessin différents, les deux jumelles grimaçaient en geignant auprès de leur mère malade.

Après la grand-messe le dimanche suivant, Deschamps, en attendant la soupe, inscrivit sur la garde de son paroissien, à la suite d'autres notes, la date de naissance de ses deux filles. La page se lisait comme suit:

Joseph Zéphirin Raclor est éné le 12 janvier 1846 et a été batisé le 15 janvier.

Joseph Claude Télesphore est éné le 10 marre 1847 et a été batisé le 13 marre.

Joseph Henri Charles est éné le 20 mai 1848 et a été batisé le 23 mai.

Marie Caroline est éné le 29 septembre 1853 et a été batisé le 2 octobre.

Marie Rose Paulima est éné le 29 septembre 1853 et a été batisé le 2 octobre.

VISAGES DE LA VIE ET DE LA MORT

La veillée au mort

Ceci se passait à Allumettes, le village le plus ignorant, le plus fanatique et le plus ivrogne des neuf provinces du Canada.

Le vieux Baptiste Verrouche, commerçant d'animaux et maquignon, était mort. Il était mort sans avoir langui une seule journée dans son lit, sans une heure de maladie. Foudroyé par une syncope.

Il s'en allait comme il avait vécu, avec le mépris des remèdes et des médecins. Pour se préserver de tous les maux possibles, il avait une panacée infaillible: chaque jour, il prenait son flacon de gin.

— Avec trois repas par jour et un flacon de gin, un homme vit vieux, disait-il souvent.

Et il avait prouvé la véracité de son affirmation en se rendant à 82 ans. On l'enterrerait demain matin.

Ses fils, ses parents, ses voisins étaient réunis à sa demeure, une grande maison en pierre des champs bâtie au bord de la route, à deux milles du village. Ils étaient venus pour la veillée au corps. Groupés dans la salle à manger, les hommes écoutaient les vantardises d'Hector Mouton, hercule doué d'une vigueur phénoménale et très fier de ses muscles. Depuis des années, il gagnait sa vie en donnant des démonstrations de tours de force dans la région et il aimait à parler de ses exploits. Autour de Mouton se trouvaient le fils aîné, Zéphirin Verrouche, vétérinaire, mince et maigre, avec une barbe noire taillée en pointe, et qui se faisait appeler docteur; Napoléon, le second des garçons, sanguin, la figure rouge, gros, avec un ventre énorme, hôtelier au village; Grégoire, une réplique de son frère aîné, tanneur; Septime et Ernest, petits fils du défunt, le premier, un rouget, étudiant en pharmacie à Montréal, et le second, gros rougeaud comme son père, commis à la taverne.

Prosper Laramée, un voisin, parlait du vieux.

— Il en vient pas au monde tous les jours des hommes comme lui, disait-il. Il était pas fou, le père. Je l'connaissais depuis plus de trente ans et je l'ai jamais vu faire un mauvais marché. C'était un fin renard, mais honnête. Il savait acheter, mais il payait.

— Oui, c'était un bon vieux, fit Mathildé, sa bru, femme du vétérinaire, et moé, j'aurais aimé qu'on lui fasse chanter un beau service de première classe.

— Ça, c'est ben beau, mais le pére, il en voulait pas de service de première classe. Il voulait un service d'union de prières et pendant quarante-deux ans il a payé un écu par année pour l'avoir, déclara son mari.

— Chaque premier dimanche de novembre, il allait porter ses cinquante cents au curé et il a tous ses reçus dans un tiroir de sa commode, ajouta Napoléon, l'hôtelier.

Il était dix heures du soir. Assis autour de la pièce, les hommes fumaient la pipe en racontant des histoires. Rose, grosse fille rougeaude, aux cheveux noirs, aux épaisses lèvres rouges, employée à la taverne de Napoléon et qui, dans la circonstance, aidait aux femmes, entra dans la salle, portant un plateau chargé de sandwiches qu'elle passa à la ronde.

— J'vas aller chercher de la bière, fit Ernest qui se leva et se dirigea vers la cuisine.

Comme Rose passait, les gens se servaient et mordaient dans les tartines. Lorsqu'elle arriva à Septime, qu'elle connaissait moins que les autres, la fille voulut faire montre de politesse.

— Voulez-vous en prendre une? demanda-t-elle en tendant le plateau.

— Manzelle, j'prendrai bien tout ce que vous voudrez, répondit-il, souriant et en la regardant dans ses yeux noirs très vifs.

Ernest revenait maintenant avec un cabaret rempli de verres de bière débordant de mousse, qu'il offrit à son tour.

L'on mangeait, l'on buvait et l'on racontait des histoires.

— C'est dommage que le pére ne puisse pas nous voir, fit Hector Mouton en se levant.

Et apportant son verre, il se rendit dans la chambre mortuaire, juste en avant. Il contemplait le vieux, maigre, sec, ridé, qui reposait dans son cercueil avec un sourire sardonique sur sa figure glabre. Mouton acheva de vider son verre et le déposa sur le cadre de la fenêtre. Les fils, les voisins l'avaient suivi et étaient autour de la bière, regardant le mort.

— Il m'aimait ben, le vieux, déclara Mouton, et quand je lui ai demandé sa fille en mariage, il me l'a donnée sans marchander. Il était p'tit, mais il était sec, le pére, et, pour tirer au poignet, il était capable de donner un bon coup, c'est moé qui vous l'dis. Quand j'arrivais à la maison et que je le trouvais assis sur sa chaise, je lui disais: « Remuez pas! » Et je prenais son siège d'une main et je l'élevais au bout du bras. Il riait alors. Il était content. Il aimait ça, un homme fort.

Et Mouton faisait le geste de prendre une chaise et de l'élever au-dessus de sa tête. Il avait enlevé son veston afin de montrer ses biceps énormes.

Mais le vétérinaire s'emballait à son tour.

— Il connaissait ça, lui, un trotteur. Il allait chez un habitant pour acheter une taure ou un bœuf et, lorsque je le voyais le soir, il me disait: « Tiens, Damase Legris a un poulain de deux ans qui promet. Faudra que je fasse des affaires avec lui avant que les Américains le prennent ». Oui, il connaissait ça les chevaux, pis il savait les conduire, pis il savait s'arranger pour gagner. J'me rappelle. J'avais quinze ans. Le père avait été à Rawdon pour acheter un taureau et il m'avait amené avec lui. Il avait ane p'tite jument grise attelée à une barouche. Il la poussait pour voir ce qu'elle pouvait faire. « Elle pourrait aller dans les 2.40 », qu'il disait. Ben, il paraissait content. Pis v'là qu'on aperçoit un p'tit boghei devant nous. « Tiens, qu'il dit le pére, v'là Tit Toine St-Onge qui entraîne son poulain. » Et il commande sa jument grise qui rejoint Tit Toine. Tout de suite, v'là ane course qui commence. Les deux chevaux trottaient côte à côte.

— On va jusqu'au village? crie Tit Toine.

— Jusqu'à l'Hôtel du Peuple, répond le pére.

Alors Tit Toine fouette sa bête et prend un peu les devants. Le pére le suivait ane longueur en arrière. Il faisait claquer son fouet, mais il touchait pas sa jument et il me regardait en souriant. Tit Toine cinglait son poulain et il restait en avant. Le pére continuait de faire claquer son fouet, mais il tenait ses guides serrées.

— Celui qui perd paiera un flacon de gin, crie le pére.

— C'est correct, répond Tit Toine.

Et il tapait sur son cheval à grands coups de fouet. Le pére restait pas beaucoup en arrière. Tout de même, Tit Toine arriva à l'Hôtel du Peuple sept longueurs en avant de nous. On débarque et on entre. Tit Toine était tout glorieux. Le pére demande un flacon de gin.

— Ben, c'est à vot santé, m'sieu Verrouche, disait Tit Toine en prenant son verre.

— T'as un bon cheval, meilleur que j'pensais, déclare le pére. Tu pourras le vendre un bon prix à un commerçant américain.

— Mais il n'est pas à vendre, répliqua fièrement Tit Toine.

On reprend un autre verre, pis un autre, encore d'autres.

— Ça c'est vrai, t'as un bon cheval, répétait le pére, mais ma jument était fatiguée aujourd'hui. Elle venait de faire cinq milles. Sans vouloir te faire de peine, j'cré que j'te battrais ane autre fois.

— Vous badinez, m'sieu Verrouche.

Tit Toine commençait à être chaudasse et il était ben certain que son cheval pourrait battre la jument du pére tous les jours de la semaine.

— Écoute, Tit Toine, que dit le pére, on va trotter dimanche après-midi cinq milles pour cinquante piasses. Qu'est-ce que t'en dis?

C'était comme si le pére eût demandé à Tit Toine: Veux-tu cinquante piasses?

— Déposez vot'argent, qu'il dit.

Le pére fouille dans sa poche, sort un rouleau de billets. Il en compte dix de cinq piasses.

— Prends ça, dit-il à Omer Moreau qui était là derrière son comptoir à essuyer ses verres, et tu le donneras à celui qui gagnera dimanche.

Tit Toine St-Onge sort son argent à son tour et dépose l'enjeu. Il était ben content. Il vidait un flacon de gin sans payer et, dimanche, il gagnerait cinquante piasses. On finit de vider le flacon pis on se sépare.

— À dimanche prochain, à trois heures!

— Dimanche, à trois heures!

Alors, nous autes, on remonte en barouche et on s'en r'vient à la maison.

Le père disait rien mais il riait en lui-même. Le dimanche arrive. Le pére était là avec sa barouche et Tit Toine avec son boghei. Ils partent. Tit Toine prend encore les devants. Le père faisait claquer son fouet, mais sa jument était fine. Elle comprenait. Elle savait que c'était pour la frime. Elle se forçait pas, juste assez pour suivre Tit Toine. Même, il prit une avance de cinq longueurs. De temps à autre, celui-ci tournait la tête et regardait en arrière. Il pensait aux cinquante piasses qu'il allait empocher. À un arpent du village, le pére se fait claquer la langue deux ou trois fois sur les gencives. V'là la p'tite jument grise qui décolle. Pas besoin de fouet avec elle. Juste la commander en se faisant claquer la langue. En rien de temps, elle avait rejoint Tit Toine. Lui, le v'là qui s'met à bûcher sur son poulain. Il lui envoyait de grands coups de fouet sur les flancs. Le pére passe à côté.

— On se r'joindra à l'hôtel, qu'il lui jette ironique en passant.

Et il le laisse en arrière. Tit Toine fouettait à tour de bras, mais le pére le distançait.

— Ben, on t'attendait, on se d'mandait s'il t'était pas arrivé un accident, fait le pére sarcastique, lorsque Tit Toine tourne dans la cour de l'hôtel.

Tit Toine était en maudit. On entre dans le bar par la porte d'en arrière.

— Ben, j'paie un flacon de gin, annonce le pére qui avait gagné.

Omer Moreau apporte le flacon et les cent piasses d'enjeu. Il les remet au pére. Lui, il compte les billets, prend ane piasse, la donne à Tit Toine en disant: « Tiens, tu t'achèteras un bon fouet », et met le rouleau d'argent dans sa poche. Ben, ça valait cent piasses pour voir la figure de Tit Toine quand le pére lui a dit ça. Vous savez, il était sciant, le pére. Alors on a vidé le flacon, et Tit Toine est retourné chez lui ben saoul.

Par la vitre, les auditeurs regardaient le vieux dans son cercueil. Il y avait dans sa vieille et maigre figure ridée une expression sardonique.

— Ben, on va prendre un coup, annonça le vétérinaire après avoir terminé son récit.

Et Ernest sortit et revint avec un gros flacon de gin et un plateau chargé de verres. Il passa la bouteille à la ronde et chacun se servit.

— Ben, moé, j'oublierai jamais la fois qu'un Américain était v'nu au village pour acheter des chevaux, raconta Zotique Dupont, le meunier, dans le temps que le pére avait son p'tit noir, Mohican, le p'tit noir qui avait gagné les 2.30 aux courses de Richmond. Bon, m'sieu Verrouche apprend que le Yankee était ici. C'était en janvier. Il s'en vient au village, à l'hôtel. En arrivant, il s'en va tout drette à l'écurie. Oui, le pére, il aimait ben ça prendre un verre, mais c'était pas dans l'hôtel qu'il entrait tout d'abord, c'était dans l'écurie. Il voulait voir les chevaux, se rendre compte. Puis, après qu'il avait vu, il parlait. Et il jouait son jeu. Donc, juste en arrivant à l'écurie, il tombe sur Jérémie Leblanc, l'homme de cour, qui était en train de donner à ses pensionnaires leur portion d'avoine.

— Bonjour, m'sieu Verrouche, qu'il fait. Vous arrivez à temps. Vous allez voir ane belle p'tite bête. Car il connaissait ça aussi les chevaux, Jérémie. Regardez-moé ça, qu'il ajoute, et il lui montre dans ane stalle le cheval de l'Américain.

Le pére regarde: un noir avec une barre blanche en haut des sabots, juste comme des poignets de chemise blanche au bout d'ane manche d'habit noir.

— Il vient pas d'Malone, ton homme? qu'il demande, le pére Verrouche.

— J'cré ben que c'est ça, répond Jérémie.

Pendant deux minutes, le pére regarde encore l'animal de tous les côtés. Il dit rien, mais sans l'avoir vu auparavant, il le connaissait, ce cheval-là. Le noir aux quatre pieds blancs, il en avait entendu parler. À peu près le meilleur dans les 2.20 dans la région de Malone. Pis, comme Jérémie était planté là à côté de lui avec sa terrine pour distribuer l'avoine, le pére lui fait un clin d'œil. Vous savez, le pére pis Jérémie, ils se comprenaient vite. Pas besoin de ben des explications.

— Tu lui as donné sa portion? demande le pére.

— Non, mais j'vas justement la lui porter.

— Si tu mettais ane poignée de sel dans son avoine, ça lui ferait pas d'mal?

— Ça lui ferait pas de tort, que reconnaît Jérémie.

— Pis faudrait pas que tu oublies de le faire boire à sa soif, hein?

— Entendu, m'sieu Verrouche.

Pis, le pére prend ane piasse et la glisse à Jérémie. Deux bons amis. Jérémie prend la piasse, la tortille et la met dans sa blague à tabac. Ensuite, le pére entre à l'hôtel. Mon Américain était en train de jaser avec quatre ou cinq habitants auxquels il payait la traite. Il voulait les mettre de bonne humeur pour leur acheter leurs chevaux à bon marché. Il connaissait son métier. Naturellement, il invite le pére Verrouche. Lui, il refusait pas ça, un coup.

Pis le Yankee lui demande s'il a des chevaux à vendre.

— Ah, batêche! j'en ai un, répond le pére, mais j'le garde. J'le donnerais pas pour deux cents piasses. Il a gagné les 2.30 l'automne passé. C'est pas un cheval à vendre. Dans un an, il peut me rapporter plus que son prix. Faudrait de la ben grosse argent pour le laisser partir.

Alors v'là mon Américain qui paie ane autre traite, pis ane autre. Il voulait amollir le pére, acheter son cheval. Mais m'sieu Verrouche, il chantait toujours les qualités de Mohican. Il jouait son jeu. On l'aurait cru pas mal chaud, mais il avait seulement quatre verres de gin. C'était pas assez pour lui faire perdre la tête.

— J'sus pas riche, qu'il disait, mais je gagerais ben vingt-cinq piasses avec n'importe qui sur le p'tit Mohican.

Le Yankee le regardait d'un air amusé.

— Faut jamais trop se vanter, le pére, qu'il dit. Je ne dis pas que votre cheval est pas bon, mais il peut y en avoir de meilleur.

— Ben, maudit! J'voudrais voir celui qui battra Mohican! Pis, j'lui donnerais vingt-cinq piasses.

Et il sort de sa poche cinq billets de cinq qu'il brandissait dans ses vieux doigts, en faisant toutes sortes de grimaces pour paraître ben saoul. Alors, l'Américain le taquine.

— Vous savez, moé aussi, j'ai un bon cheval, mais j'voudrais pas vous voler vot'argent.

— Vous avez un cheval? fait le pére d'un air étonné. Ous qu'il est, vot cheval?

— Ici, à l'écurie.

— Ben, j'ai dit que j'trotterais pour vingt-cinq piasses et je r'viens jamais sur ma parole, déclare le pére.

— Ça me ferait de la peine de prendre vot'argent, parce que je crois que vous en avez besoin, riposte le Yankee.

Vous comprenez, ils étaient comme deux pêcheurs à la ligne qui agitent leur hameçon dans l'eau, pour amorcer le poisson.

— Ben certain que j'en ai besoin, riposte le pére, mais, gagne ou perd, j'en ai toujours pour mon argent dans ane course.

— Dans ce cas-là, comme je vais gagner vos vingt-cinq piasses, je vais payer la traite, annonce l'Américain.

Pis, après avoir bu et s'être essuyé la bouche avec son mouchoir de soie, il regarde sa montre.

— Dix heures, fait-il. Écoutez, on va trotter ça avant dîner. Seriez-vous prêt à onze heures?

— À onze heures on partira d'ici pour se rendre aux Coteaux, un mille et quart pour vingt-cinq piasses.

— Entendu, dit l'Américain.

— Maintenant, ajoute le pére, pour pas avoir de dispute après, on dépose not argent.

— Ben sûr, concède le Yankee. D'ailleurs, avec moi il n'y a jamais de dispute.

Alors, tous deux, ils comptent vingt-cinq piasses et ils donnent l'argent à Tit Noir Bélanger, l'hôtelier.

À onze heures, le pére était là avec Mohican et sa p'tite sleigh rouge. L'Américain avait dit à Jérémie d'atteler son noir aux quatre pieds blancs. Ben, les v'la qui sortent de la cour et les deux chevaux prennent le trot. Mais, tout de suite, l'Américain entend: ploc, ploc, ploc, comme de l'eau qui aurait balotté dans un baril à moitié plein. Il écoute encore: ploc, ploc, ploc. Pis, le v'la qui se met à sacrer comme j'en ai pas entendu souvent. Ça aurait pris un bon Canayen pour l'accoter. Vous imaginez, après avoir mangé son avoine salée, le cheval avait bu deux grands siaux d'eau. Il était incapable de trotter. Il était battu d'avance. Mon Yankee comprenait qu'il avait été roulé par un fin renard. Alors, il revire tout de suite et il s'en retourne à l'hôtel. J'sais ben qu'il était en sacre, mais il a pas voulu rien dire, parce qu'il voulait faire des affaires. Il voulait acheter des chevaux et il ne pouvait dire aux gens qu'ils étaient des coquins. Il a fait dételer, il n'a pas donné un mauvais dix cents à Jérémie. Mais après s'être fait remettre les cinquante piasses par Tit Noir Bélanger, le pére a glissé un écu à Jérémie. Il l'avait ben gagné. Ah, ils s'entendaient ben, ces deux-là!

Les pipes s'étaient allumées et la chambre mortuaire était remplie d'une épaisse fumée.

— Oui, le pére et Jérémie, ils s'accordaient ben ensemble, fit à son tour Siméon Rabottez, un des anciens de la paroisse. Je m'rappelle c'gars de Sorel qui était v'nu icite et qui faisait son faraud. Il était v'nu passer ane semaine su des parents et il se promenait dans un p'tit berlot rouge tout neuf. Pis il avait un bel attelage avec des grelots argentés. Il était ben greyé vrai. Avec ça, il avait un bon cheval, mais c'était un gars vaillant et qui cherchait trop à s'en faire accroire. Il s'en allait sur la route au p'tit trot. Vous étiez en arrière. Vous vouliez le dépasser. Juste quand il vous voyait à côté de son berlot, il touchait son cheval et c'était ben le guiable, mais vous n'arriviez jamais à passer en avant. Il vous r'gardait en riant, il vous narguait. Il avait ane bonne bête et il le savait. Oui, et ben, le pére entend parler de ça. Il s'en vient à l'hôtel et il va voir Jérémie. Ils jasent tous les deux. Alors, le soir comme le gars de Sorel rentrait d'ane promenade et qu'il faisait dételer dans la cour, v'la Jérémie qui commence à réciter sa leçon.

— Vous savez, j'pense que vous pourriez faire quelques piasses ben facilement, si vous vouliez.

Alors, l'autre ouvre les oreilles.

— Oui, il y a un vieux icite qui s'imagine que son cheval est le champion de la place. Il est toujours prêt à gager ce que vous voulez sur ane course. Maintenant, son cheval est pas pire, mais d'après ce que j'ai entendu dire j'cré ben que le vot' est meilleur. Pis, ajouta Jérémie en souriant, si vous gagnez qué'ques piasses, j'pense que vous m'oublierez pas.

— Où-ce qu'il est, ce vieux-là?

— Oh, il vient icite tous les jours prendre son coup. Si vous voulez le voir, je vous avertirai.

— C'est bon, c'est bon, fait le gars de Sorel.

Alors, le lendemain, le pére était là à prendre son verre de gin quand mon jeune s'amène. Pis, tout d'suite, on parle joual et l'on arrange un match pour vingt piasses, du village à la fromagerie, à peu près deux milles.

Ben, le chemin était de glace vive, un beau chemin pour ane course. À trois heures, il y avait ben quarante personnes pour les voir partir. Avec ane musique de guerlots, ils sortent de la cour. Le pére laisse l'autre passer en avant, mais il le suit de près. Ils avaient pas fait six arpents que, tout à coup, v'là un fer qui r'vole sur la route. C'était le cheval de mon gars de Sorel qui l'avait perdu. Trotter sans fer sur la glace vive, ç'aurait été folie. Ben, il était vaillant, mon gars, mais pas fou. Il se dit que c'est encore mieux de perdre vingt piasses que de risquer de casser la jambe de son cheval qui valait deux cents piasses comme ane coppe. Alors, il arrête, puis il r'tourne à l'hôtel. Le pére en fait autant. Il s'en va dans la cour. Lui pis Jérémie, ils se r'gardent un moment sans parler, juste un clin d'œil, pis Jérémie demande:

— Il s'est-il rendu loin?

— À peu près six arpents, que répond le pére.

— Ben, c'est c'que j'calculais, riposte Jérémie.

Alors, le pére lui pousse ane piasse. Jérémie tortille le billet et le serre dans sa blague.

Là-dessus, Ernest repassa à la ronde avec un flacon de gin et des verres. L'on buvait à la mémoire du vieux et chacun faisait son oraison funèbre.

Puis Hector Mouton commence à parler de ses tours de force à Sherbrooke, Valleyfield, Sorel. Il avait levé vingt hommes sur une plate-forme, et autres exploits semblables.

— Oui, oui, fait Ludger Morreaux, ancien fermier qui vivait maintenant de ses rentes au village, vous levez un bout de la plate-forme, mais vous levez pas les vingt hommes à la fois.

— Ben, j'dis que j'lève toute la plate-forme d'un coup avec les vingt personnes.

— Alors, c'est un truc que vous avez. Vingt hommes ordinaires avec la plate-forme, ça fait plus de trois mille livres. Ben, j'vas vous l'dire, j'voudrais voir l'homme qui est capable de lever une tonne de foin et la charrette avec.

— Écoutez, fait Mouton, piqué, j'lèverai pas vingt hommes parce que j'ai pas ma plate-forme, mon attelage et mes chaussures, mais j'vas lever tous ceux qui pourront se placer sur la table, de chaque côté du cercueil.

— Oui, ben, t'en mets pas ane douzaine, même en tassant, fait Prosper Laramée, le forgeron.

— Si c'est comme ça, j'vas vous montrer c'que j'peux faire. J'vas tâcher de trouver ane couple de planches, pis j'vas les mettre sur la table. Ça fera plus long.

— Des planches, t'en trouveras dans la remise, fait Zéphirin, le fils aîné.

Alors Mouton s'en va dans la cuisine où se trouvaient les femmes et demande un fanal. Virginie Arbas lui en donne un. Il l'allume et sort. Au bout de trois ou quatre minutes, il revient avec ses planches et riant aux éclats.

— Vous parlez que j'ai déniché deux oiseaux, annonce-t-il. Imaginez-vous qu'en entrant dans la remise, je tombe sur Rose et Septime qui étaient là à jouer à des jeux. Vous parlez qu'ils ont été surpris et que mon apparition les a dérangés.

— Je trouvais ça curieux qu'il fût disparu, fit Napoléon. Ce Septime, j'vous dis qu'il n'en manque pas une quand il a la chance.

Puis Mouton prend ses deux madriers, les place sur la table de chaque côté de la bière.

— Mettez-vous là autant que vous pourrez, ordonne-t-il. Pis j'vous promets que j'vas vous lever. Toé, Poléon, dit-il à son beau-frère, tu vas être le juge et tu diras si j'ai levé la table.

Alors les trois fils, Prosper Laramée, Antoine Le Rouge, Zotique Dupont, Siméon Rabottez, Philorum Massais et les autres prennent place sur les planches, de chaque côté du cercueil. Mouton enlève son veston, son gilet, son faux col. Puis, debout à côté du groupe, il compte ses personnages du doigt:

— Un, deux, sept, huit, dix, onze, douze, treize. Avec le pére dans sa bière, ça Fait quatorze. Ben, tenez-vous les uns près des autres pour que ça balance pas.

Alors il se glisse sous la table, se met à quatre pattes. L'on voyait sa large croupe massive.

— Pousse-toé un peu à gauche, fait le forgeron Laramée en lui flanquant une tape sur la fesse, comme lorsqu'il fait ranger ses vaches d'un coup de fourche le matin, pour nettoyer l'étable.

Mouton appuie les reins sous la plate-forme, se place afin de prendre sa charge en équilibre.

— Y êtes-vous? Attention, Napoléon, regarde si je le lève. Ho!

Il tend tous ses muscles dans un effort, mais il s'est mal placé. La table penche d'un côté, l'un des madriers glisse et tombe avec fracas sur le parquet, ceux qui étaient dessus s'étendent sur le plancher pendant que le cercueil croule au milieu des hommes gisant pêle-mêle.

C'est un vacarme, un tumulte.

Au bruit de la chute et en entendant le brouhaha, les femmes, avec un visage épouvanté, accourent du fond de la cuisine pendant que les hommes se relèvent péniblement.

— Cré maudit! En v'là des tours de force! Des tours de farceurs plutôt, fait Antoine Le Rouge qui se remet debout en se frottant une épaule.

On regarde le cercueil. Heureusement, la vitre n'est pas brisée. On le relève, on le remet sur la table.

— Il ne s'est pas fait mal, le pére; il rit, remarque Siméon Rabottez.

Dans sa bière, le vieux maquignon avait toujours son sourire sardonique et semblait s'amuser de l'incident qui venait de se produire.

Mais Mouton était furieux.

— Vous savez seulement pas vous tenir d'aplomb sur ane table. Ben, vous viendrez me voir. J'vas donner ane séance dans la salle du marché, pis j'vous promets que j'lèverai vingt hommes. J'vous invite tous.

— Ça fait longtemps qu'on a rien pris, constate Napoléon.

Une fois de plus, Ernest sort et revient avec un flacon et des verres.

— Profitez-en, conseille-t-il. Icite, ça coûte rien, mais quand vous viendrez à la taverne, ce sera dix cents le verre.

Le flacon vide est déposé dans un coin, à côté des quatre autres.

Juste comme les hommes s'essuyaient la bouche du revers de la main, la porte du dehors s'ouvre et un homme gros et court, en haut-de-forme, un gros cigare à la bouche, avec une grosse moustache noire, une lourde chaîne de montre dorée et une énorme breloque, fait son apparition. Il salue en entrant:

— Bonsoir, la compagnie!

— Ben, c'est Francis Pilonne! crient des voix.

— Oui, c'est moé. J'arrive. J'sus parti hier soir de Joliette après l'exposition. J'avais appris dans la journée la mort du pére Verrouche. Alors j'me suis dit que j'manquerais pas son service. Pis, après souper, j'sus v'nu icite tout drette. Je devais aller au Bout-de-l'Île demain, mais ce sera pour une autre fois. Maudit! ane fois que j'avais pas de licence pour ma roulette et que la police m'avait arrêté, il a cautionné pour moé et il m'a fait sortir. Ça, ça s'oublie pas et j'aurais pas manqué son service pour rien au monde.

On l'écoutait. Francis Pilonne était une figure connue dans la région. À toutes les réunions populaires, aux courses de trotteurs, aux concours agricoles, on le trouvait toujours avec son haut-de-forme, son gros cigare, sa grosse moustache noire, sa grosse chaîne d'or et sa roue de fortune. C'était son métier de faire tourner cette roue et d'encaisser les pièces de dix et de vingt-cinq sous. Ce soir-là, il avait une voix enrhumée et il toussait comme un cheval qui a la gourme, et des grains de salive rejaillissaient dans la figure de ses voisins.

Sur les entrefaites, Ernest s'amena avec une nouvelle bouteille de genièvre. Il ne mourrait qu'une fois, le grand-père, et il fallait faire les choses convenablement.

— C'est ane belle famille; je vois qu'ils sont plusieurs frères, fit Antoine Le Rouge en voyant apparaître le nouveau flacon.

— Oui, il y en a encore plusieurs que vous connaissez pas encore, mais vous les aurez tous vus avant demain matin.

— Vous, m'sieu Pilonne, vous êtes en retard. On va vous servir un bon coup, déclara Ernest. Et, prenant un verre à bière, il le remplit de gin jusqu'au bord et le présenta au nouveau venu.

— Maudit! J'voudrais qu'il y en ait tous les jours un enterrement pour être traité comme ça. Pis, ça va être bon pour le rhume, répondit Pilonne en prenant une large gorgée.

Puis il se remit à tousser comme un cheval qui a la gourme, arrosant de nouveau ses voisins de grains de salive.

— Pis dire que nous autres, on est là à boire, pis que l'père, lui, ça fait plus de deux jours qu'il n'a pas pris ane goutte. Ah! maudit! c'est ben triste de mourir, déclara Mouton.

Puis, soudain, se tournant vers l'homme au gros cigare:

— T'aurais pas ta roue par hasard?

— Ben certain. De Joliette je sus v'nu drette ici avec mes agrès. Elle est dans ma voiture.

— Ben, sors-la, c'te roue. On va jouer un peu, hein?

Alors le gros Pilonne sortit et revint l'instant d'après avec sa roue et ses accessoires. Il la plaça sur une chaise dans un coin. Ensuite, il étendit son mouchoir sur le cadre de la fenêtre tout près et y déposa son haut-de-forme qui était sa caisse habituelle. Fouillant ensuite dans ses poches, il en retira des poignées de monnaie qu'il jeta dans le fond du chapeau.

— Dix cents la palette, annonça-t-il.

Des mains se tendirent. Les petites planchettes portant des numéros furent vite distribuées. Puis Pilonne imprima un mouvement rotatif à sa roue qui se mit à tourner à grande vitesse puis ralentit progressivement. L'on entendait seulement le bruit de la languette de cuir heurtant au passage les clous du cadre. Chacun suivait la révolution du cylindre. Antoine Le Rouge crut avoir gagné, mais la roue avança encore d'un cran avant de s'arrêter et ce fut Ernest qui se trouva à avoir le bon numéro. Pilonne prit dans son chapeau une grosse pièce de cinquante sous et la tendit au garçon.

De nouveau, Pilonne distribua les palettes.

— Cré batêche! Le pére était chanceux. J'en prends ane pour lui, annonça Mouton pris d'une subite inspiration. Il en acheta une et la déposa sur la vitre du cercueil.

Clic, clic, clic, la roue tournait. Les regards du groupe étaient fixés sur la languette, qui était la main du hasard. Ce fut le mort qui gagna. Vrai, Mouton avait eu une heureuse idée.

Le jeu continua. Dans la nuit, près du cadavre dans sa bière, la roue tournait et l'on entendait le petit bruit sec de la languette frappant dans sa rotation les pitons de son cadre.

Pendant des heures ce fut ainsi.

Le vieux était mort depuis cinquante heures, mais dans cinquante millions de siècles il ne serait pas plus mort. Il avait pris son dernier verre de gin, il avait trotté sa dernière course, il avait conclu son dernier marché, il avait pris son dernier repas. Au matin, on l'enterrerait. Ce qui avait été Baptiste Verrouche n'était plus qu'une forme vaine, un amas de matière qui se décomposerait lentement dans le sol. Ses enfants, ses petits enfants mangeraient, boiraient, procréeraient, pour aller ensuite à leur tour pourrir dans la terre. En attendant leur heure et celle des funérailles du père, ils buvaient du gin, ils jouaient à la roue de fortune et, sous la remise, le petit-fils troussait la servante de la taverne.

La roue tournait. Et, de temps à autre, Ernest apportait un nouveau flacon puis, quand chacun avait bu, le repoussait dans un coin, à côté des autres vidés cette nuit. Et Rose distribuait des sandwiches.

La figure crispée, l'expression dure, planchette en main, les joueurs regardaient la roue, instrument du sort, qui tournait avec un bruit de crécelles, et guettaient leur numéro.

Puis l'on entendit chanter un coq. Une vache meugla longuement. Un jour gris entra par la fenêtre dans la chambre enfumée. L'on cessa de jouer. Sur le cercueil il y avait une poignée de monnaie. Cette nuit, en attendant de s'en aller en terre, le père avait gagné huit piastres et demie. De tous les joueurs, il était celui qui prenait le plus fort montant.

— Oui, le pére a toujours été chanceux, déclara Hector Mouton. J'crains pas pour lui. J'vous dis que saint Pierre a pas de chance de l'arrêter à la porte. Sûr et certain, Baptiste Verrouche va passer. Maintenant, savez-vous ce qu'il va faire, le pére, avant de s'en aller? Non? Eh ben, il va payer la traite à ses parents avant qu'ils lui disent adieu. On va acheter un beau gros flacon de gin, comme il faisait quand il avait gagné ane course ou ane gageure, pis on le boira avant de se séparer, avant de sortir du cimetière. C'est comme ça qu'il aurait aimé qu'on fasse, le pére.

— Torrieu, Hector, il y a que toé pour avoir de bonnes idées comme ça, approuva Zéphirin, le fils aîné, en caressant sa barbiche noire.

Vers les sept heures, Rose alla appeler les hommes pour le déjeuner. Mathildé, femme de Zéphirin, et Malvina, épouse de Napoléon, apportaient les provisions sur la table. C'était deux grandes bringues, l'une blonde fadasse et l'autre brune avec une légère moustache. Dans la cuisine, Philomène, compagne de Télesphore, veillait devant le fourneau. Rose allait et venait de la cuisine à la salle à manger. Angèle Bézières, vieille fille toute courte, couverte de bijoux en or: chaîne avec pendeloque, boucles d'oreilles, montre, bracelet et trois bagues, était perchée sur une chaise. Elle était si courte que ses pieds chaussés de bottines de prunelle pendaient, ne touchant pas le plancher. Assises dans la pièce, se trouvaient aussi la Antoine Le Rouge, cinquante ans, avec un goître énorme; Caroline Bercer, belle et grande brune, femme du fromager; Valentine Houle, grosse blonde ragoûtante, mère de trois enfants, dont un de deux mois qu'elle avait amené avec elle. Assise sur une berceuse basse, elle le faisait téter. Quelques minutes auparavant, elle l'avait nettoyé et avait déposé à côté de sa chaise la couche souillée. Et toutes ces femmes causaient maladies.

— Les hommes vont manger d'abord et nous déjeunerons ensuite, avait déclaré Mathildé qui, pour le moment, était en charge de la maison.

À l'appel de Rose, les fils du défunt et les visiteurs entrèrent les uns après les autres dans la salle et se placèrent à table. Ils avaient bu toute la soirée et toute la nuit et étaient à moitié ivres. Quelques-uns passèrent dans la cuisine, histoire de causer un moment avec les femmes. Claude Barsolais, vieux garçon de quarante ans qui courait après tous les jupons, aperçut la grosse Valentine donnant le sein à son bébé. Il avait absorbé une douzaine de verres de gin au moins et, à cette vue, il se sentit tout allumé.

— J'changerais ben de place avec lui pour quelques minutes, fit-il, l'œil enflammé, en regardant la jeune femme. Inconscient de son geste, il tendit le bras et, prenant le sein gonflé, le pressa dans sa main. Ane belle quétouche! s'exclama-t-il.

Un cri indigné:
— Cré effronté!
Et flac.

D'un mouvement rapide, Valentine, se penchant de côté, avait saisi la couche souillée qui gisait à côté de sa chaise et l'avait lancée en pleine figure de Claude.

La jeune femme était insultée:

— Va-t-en, salaud! Va te dessaouler! Non, mais ça prend-i' un effronté pour venir m'attaquer comme ça! Pis garde-la, la couche que j'ai pris ton portrait avec. Garde-la comme souvenir!

— Torrieu, vous êtes pas manchotte; vous visez juste! s'exclama Antoine Le Rouge.

Le nez, les joues, le menton couverts d'excréments, Claude, gauche et confus, sortit et s'en alla se laver au puits, enlevant avec son mouchoir les immondices qui lui couvraient la face.

Dans la cuisine, les femmes jacassaient ferme. Valentine avait reboutonné son corsage.

Dans la salle, les hommes mangeaient avec appétit. Le gros Pilonne avait comme voisin de table, à droite, Philorum Massais, fils aîné du fermier Noé Massais. C'était un garçon de vingt-cinq ans, très brun et court. On avait servi à chacun une généreuse grillade de porc frais avec des pommes de terre et du thé.

— J'en r'prendrais ben un peu, fit Pilonne à Rose qui circulait autour de la table.

— Pis vous, m'sieu Massais?

— Un peu, moé itou.

— De la saucisse avec votre grillade?

— Si c'est pas trop de trouble.

Et Rose apporta aux deux compères une assiette remplie de grillades et de saucisses.

— Ben, moé, j'ai ane faim, déclara Pilonne. Vous comprenez, j'ai fait cinq heures de voiture pour venir ici, pis ensuite, passer la nuit debout, ça creuse l'estomac.

— Moé itou, j'ai d'l'appétit, déclara Massais.

Le gin qu'ils avaient ingurgité avait été un bon apéritif.

Un rôti de porc froid était au milieu de la table.

— Je prendrais ben ane tranche de viande froide, fit Pilonne après avoir nettoyé son assiette.

— Moé itou, répéta Massais.

Et, tour à tour, ils se taillèrent une épaisse tranche de porc froid.

— Passez donc les cornichons, mon ami, demanda Pilonne à Antoine Le Rouge.

Pilonne se servit. Massais en fit autant.

— Tu manges, tu manges! s'exclama d'un ton admiratif Amédée Corbeau assis en face de Massais, de l'autre côté de la table. Ce Corbeau était lui-même un gros mangeur. Il était le fils d'Isidore Corbeau dont l'appétit était resté légendaire. Intéressé par ce duel de deux robustes estomacs, Médée s'était placé les deux coudes sur la table et il regardait Pilonne et Massais qui engouffraient d'énormes bouchées de viande.

— Il y a des p'tits hommes qui sont surprenants, remarqua-t-il, en s'adressant à Massais.

Ce dernier et son compagnon se bourraient, s'empiffraient à crever. C'était à qui des deux surpasserait l'autre. Soudain, Médée se leva, s'en alla à la cuisine et revint avec deux bouteilles de bière qu'il plaça devant les deux gargantuas.

— Si jamais tu deviens veuf, je te donnerai ma fille en mariage, déclara Pilonne en se versant un verre.

Il mangeait, il buvait et il toussait, arrosant ses voisins de grains de salive.

— Ane autre tranche? interrogea Pilonne en s'adressant à son jeune voisin.

— C'est pas de refus.

Et, de nouveau, ils se coupèrent un copieux morceau de rôti froid.

— Pour un p'tit homme, vous êtes extra. J'me demande où vous mettez tout ça, fit Pilonne.

— Mangez, pis inquiétez-vous pas de ça, riposta Massais.

Médée retourna chercher deux autres bouteilles de bière.

Entre le gros et le petit, c'était un concours à qui mangerait le plus. Les autres, qui avaient fini depuis longtemps, se passionnaient pour cette rivalité. Soudain, Pilonne, d'un geste sec, repoussa devant lui son couvert encombré de victuailles. Il avait fini, comme cela, brusquement. Le petit l'emportait. Lui, il vida complètement son assiette et se servit ensuite une tranche de pâté aux pommes.

— À cet'heure, on va pouvoir attendre le dîner, déclara-t-il.

Rassasiés, repus, les hommes étaient sortis de la salle à manger. Ils passèrent dans la chambre mortuaire et se groupèrent autour du cercueil. Froidement, ils contemplaient la figure du vieux qui avait toujours son sourire sardonique. À ce moment, Ernest s'amena avec un nouveau flacon. Les verres se remplirent.

— C'est triste de penser qu'on est là à manger et à boire, tandis que l'pére, lui, il peut pas prendre ane goutte ni ane bouchée, fit Pilonne.

Sur les entrefaites, le corbillard arriva du village, conduit par Michel Linton. Alors, le corps du vieux Baptiste Verrouche fut placé dans le chariot funèbre et le cortège se mit en route pour l'église. Mathildé compta quarante-deux voitures. Entre les champs, les vergers, les prairies, la procession s'en allait d'un pas lent, passant devant des maisons où le père s'était souvent arrêté pour acheter une taure ou un veau.

Antoine Le Rouge, sa femme et son fils se trouvaient en avant de Médée Corbeau qui avait comme compagnon Urgèle Doutier, son voisin.

— C'est saprement ennuyant, le cheval de Médée a tout l'temps la tête su nous autres, fit d'un ton irrité la Antoine Le Rouge à son homme.

En effet, l'animal suivait de tellement près la voiture devant lui que sa tête, qu'il balançait à chaque pas, frôlait à tout instant le siège d'arrière d'Antoine Le Rouge où étaient sa femme et son fils.

— Cet animal-là bave tout l'temps su mon manteau de soie et il va le salir, ajouta la femme.

— Ton cheval va monter dans mon boghei. R'quiens-le! Tire un peu en arrière, ordonna Antoine Le Rouge à Corbeau.

Mais Médée se mit à rire d'un rire épais.

— Ben, il te mangera pas. As pas peur, répondit-il de sa grosse voix railleuse.

Il aimait cela taquiner les gens, et Antoine Le Rouge venait justement de lui fournir un prétexte. Alors, naturellement, il laissa faire son cheval qui encensait de la tête et se frottait le nez au siège devant lui.

— Ce sapré cheval-là va tout gâter mon manteau, se lamenta la femme.

Alors Antoine Le Rouge, qui était d'un caractère prompt, se pencha soudain en arrière et lança un grand coup de fouet à la tête de la bête de Médée. Sous le cinglement, l'animal se cabra, secoua les oreilles, fit un brusque écart et s'élança en avant. En passant, une des roues de la voiture de Médée accrocha le boghei devant lui. Le choc fut si violent qu'il le fit verser dans le fossé en même temps que se brisait l'une des branches du brancard de Médée. Instantanément, le cortège s'arrêta et les gens descendirent pour porter secours aux victimes de l'accident. Antoine Le Rouge se releva sain et sauf, ayant seulement reçu un rude ébranlement; son fils avait été à moitié assommé en heurtant le sol et se remit debout tout étourdi mais la femme au manteau de soie avait un bras cassé.

À peu près à hauteur du corbillard, Médée parvint à maîtriser son cheval emporté.

Entre Antoine Le Rouge et Médée Corbeau, ce fut une belle engueulade puis une lutte. Les deux hommes se ruèrent l'un sur l'autre et se mirent à se talocher ferme, puis s'empoignèrent à bras le corps et roulèrent sur le sol. Les assistants intervinrent et séparèrent les combattants.

— Dans tous les cas, tu vas recevoir demain une lettre d'avocat, cria Antoine Le Rouge.

— Oui? Ben! ta lettre d'avocat, je me torche avec! riposta Médée.

L'on sortit du fossé le boghei fort endommagé. Antoine Le Rouge le confia à son fils pour retourner à la maison. L'on hissa dans le carosse de Siméon Rabottez la femme blessée qui était sur le point de perdre connaissance. Le mari se plaça à côté d'elle, et, laissant en arrière le cortège funèbre, l'on partit au grand trot pour se rendre chez le rebouteur.

— Il y a rien de malchanceux comme de se rendre à un service, remarqua Prosper Laramée. Il arrive toujours quelque chose de vilain.

Au son grave et triste des glas, le cercueil du vieux Baptiste Verrouche entra dans l'église suivi de son groupe de parents et de voisins qui allèrent se placer dans les bancs avoisinant la dépouille mortelle. Philorum Massais était effroyablement ivre. C'est à peine s'il pouvait se porter et il se sentait très malade. Le gin et la bière qu'il avait pris, joints au repas d'ogre qu'il avait englouti, lui causaient un malaise qui allait sans cesse augmentant. Il avait les yeux vagues et ne savait trop ce qui se passait autour de lui. Il fut le dernier à entrer dans l'église. Selon le rite, il s'avança vers le bénitier pour y tremper les doigts et se signer, mais il chancela et, pour ne pas crouler au plancher, s'accrocha à la lourde vasque en pierre, en forme de soucoupe. Les sueurs lui coulaient sur la figure. Soudain, pendant qu'il se tenait ainsi cramponné à l'appui qu'il avait rencontré, il eut un haut le cœur. Sa bouche s'ouvrit démesurément avec une grimace et, dans une espèce de râle, dans un effort qui le secouait tout entier, il commença à rejeter l'énorme repas et les boissons qu'il avait pris le matin. Des bouchées de viande et des saucisses qu'il avait avalées sans les mastiquer flottaient sur le bassin d'eau bénite. Au bruit de ses efforts, le garde-chien Polydore Surprenant et Hector Mouton accoururent et, prenant chacun par un bras le jeune homme qui avait peine à se tenir debout, le sortirent de l'église. Le vieux Polydore, qui en avait vu bien d'autres, était cependant scandalisé.

— Vomir dans le bénitier! s'exclamait-il.

Le soutenant toujours, les deux hommes le traînèrent sous la remise aux voitures et le firent asseoir par terre à côté de son boghei, afin qu'il pût se remettre au grand air.

— Maudit, que j'sus malade! répétait-il en faisant de nouveaux efforts pour se débarrasser de ce qu'il avait sur l'estomac.

— Que j'sus malade, que j'sus donc malade! se lamentait-il.

Mouton et le garde-chien le laissèrent là pour retourner à l'église. Quelques jeunes gens se tenaient debout à l'arrière de la nef, ne tenant pas à aller se placer dans les bancs. L'homme fort se joignit à eux. Au bout de quelques minutes, il leur faisait palper ses biceps et relevait la jambe de son pantalon pour leur faire admirer les muscles de ses mollets. Il était né fort, puissant, et il était orgueilleux de sa force comme une jolie femme de sa beauté. Ses bras, ses jambes, son torse, il s'imaginait qu'il n'y en avait pas de semblables et il les exhibait en toute occasion.

À l'autel, le prêtre, avec une grosse face blanche, bouffie de graisse, offrait le saint sacrifice de la messe, lançait des invocations, prononçait des oraisons pour le défunt. Mais un service d'union de prières, c'est court, c'est vite fini. On a payé un écu par an pour l'avoir, mais on en a tout juste pour ses écus. Bientôt, l'officiant, accompagné des deux enfants de chœur, l'un portant la croix, l'autre le goupillon et l'eau bénite, descendit dans la nef, s'approcha du pauvre catafalque surmonté d'une douzaine de maigres cierges, aspergea le cercueil, puis, après un dernier *requiescat in pace*, tourna et, d'un pas lent, sa large chasuble lui battant les reins, s'en alla vers la sacristie. Le service était fini.

Alors, les cloches tintèrent de nouveau. L'on descendit le cercueil de ses tréteaux et, dans un remuement de petits bancs poussés par les pieds et dans un bruit de pas, l'on sortit de l'église pour se rendre au cimetière, tout à côté. L'on entendait les cris des collégiens à la récréation, se livrant à leurs jeux dans la cour.

Pendant que, penchés autour du trou béant, les fils, les parents et les amis regardaient la caisse funèbre, le corps du vieux Verrouche fut lentement descendu dans sa dernière demeure. Puis les pelletées de sable et de gravier commencèrent à glisser sur le cercueil. Le fossoyeur et son fils accomplissaient méthodiquement leur besogne. L'un à la tête, l'autre aux pieds, ils faisaient couler dans la tombe le tas d'argile fraîche à côté de la tranchée. Serré dans un veston étriqué et coiffé d'un feutre cabossé, le vieux avait dans la bouche une chique de tabac et, de temps à autre, il lançait de côté un jet de salive jaunâtre. Le fils portait un chandail de grosse laine rouge déteinte, percé aux coudes et une casquette d'étoffe grise. Bientôt, la bière fut recouverte. Le vieux Baptiste Verrouche était effacé à jamais de la surface de la terre. Le sable et le gravier continuaient de tomber. Maintenant, la fosse était comblée. Alors les assistants commencèrent à s'éloigner. Il ne resta plus que les plus proches parents et une couple de voisins.

— Ben, on partira pas sans prendre un coup, annonça Hector Mouton et, sortant le flacon de gin qu'il avait apporté, il le déboucha et le passa à Zéphirin, le fils aîné, qui prit une bonne gorgée. Napoléon et Grégoire burent à leur tour. Le flacon payé par le gain du défunt à la roue de fortune passait de bouche en bouche. Après avoir bu, chacun essuyait le goulot avec la paume de la main et passait la bouteille à son voisin. On l'offrit aux fossoyeurs.

— Juste ane larme, fit le vieux qui cracha sa chique et porta le cruchon à ses lèvres. Son fils en fit autant. Hector Mouton avala la dernière gorgée. Ensuite, il égoutta le flacon au-dessus de la tombe, l'aspergeant de gin. Puis, pris d'une subite inspiration, il le planta dans le sol grisâtre, au-dessus de la tête du mort. Dernière borne, dernier souvenir, dernier viatique. Tout le monde s'en alla. Et, enfermé entre ses quatre planches, le vieux maquignon resta seul dans la terre, pour les siècles des siècles.

Et cela se passait à Allumettes, le village le plus ignorant, le plus fanatique et le plus ivrogne des neuf provinces du Canada.

LA FIN DU VOYAGE
(Extraits)

Au sculpteur Laliberté

L'homme assis devant le poêle, sa casquette sur la tête, se leva, ouvrit la porte et sortit sur le perron de sa demeure. Il sentit sur sa vieille figure le souffle glacé du vent, regarda le ciel sombre, sans lune et sans étoiles, les trois petits trembles près de la clôture, qui semblaient tout transis, et le gros orme centenaire dont le tronc et les rameaux noirs paraissaient encore plus noirs dans la nuit qui descendait sur la terre. Le froid le fit frissonner. Puis il rentra dans sa maison sombre et silencieuse.

— Le vent est nardet. Il va neiger c'te nuit, annonça-t-il d'une voix impersonnelle, sans inflexions, comme s'il eût parlé au mur.

Personne ne lui répondit. Et il retourna s'asseoir devant son feu, sa casquette enfoncée sur sa tête grise.

Sa compagne, tassée sur une chaise et si petite que, dans l'ombre, on l'aurait prise pour une enfant sans son dos voûté qui, sans erreur possible, révélait la vieille femme qu'elle était, ne bougea pas, ne prononça pas un mot. Toute sa vie, elle avait vécu ainsi, silencieuse, résignée, dans la soumission passive à l'homme. Dans la cuisine éclairée seulement par la faible lueur qui sortait du poêle, elle donnait par son immobilité l'impression d'être un poulet maigre, déplumé et malade, qui, recourbé sur ses pattes et les yeux clos, endure son mal dans son obscure conscience. Le vieux prit sa pipe de plâtre qu'il avait déposée sur le bord du cendrier, la bourra lentement de feuilles arrachées à une torquette qu'il pressa avec soin de son pouce, saisit avec ses doigts un petit tison, le posa sur le tabac et se mit à aspirer fortement au tuyau pour allumer. Puis il se mit à fumer régulièrement, en silence, pendant que sa femme, assise, immobile, la tête penchée en avant, les mains jointes sur les genoux, faisait songer à une ombre, à un spectre. Sur la corniche clouée au mur, au fond de la pièce, la pendule égrenait son monotone tic tac. Dans la maison l'obscurité se faisait plus dense, plus épaisse et enveloppait les deux vieux assis près du poêle. Au dehors, aucun bruit, le grand silence des campagnes par les nuits de novembre. Le temps passait. Sur toute la terre, la vie heureuse ou malheureuse des êtres s'écoulait...

Puis l'homme parla:

— On va faire la prière.

Alors, comme chaque soir, les deux époux s'agenouillèrent sur leurs vieux os, les coudes sur le siège de leur chaise et le front appuyé au dossier. La femme commença. Elle avait, en récitant le Pater et l'Ave Maria, une petite note grêle de criquet. L'homme répondait, achevant les oraisons. Lui, avait une voix grave avec des trémolos. Elle montait et descendait comme un traîneau qui franchit sur la route une série de cahots. Dans la cuisine toute remplie d'obscurité, ces invocations prenaient un accent tragique. Les mots « *pauvres pécheurs* », « *à l'heure de notre mort* » semblaient sortir des entrailles de l'humble suppliant à genoux.

— *Ainsi soit-il.*

L'homme et la femme demeurèrent encore un moment agenouillés, comme écrasés par le poids de ces paroles si simples mais qui montaient si haut. Enfin, ils se relevèrent.

Le vieux saisit une énorme bûche de merisier et l'enfonça dans le poêle. Alors la femme prit deux briques qu'elle avait mises à chauffer dans le fourneau, les enveloppa dans un lambeau d'étoffe, entra dans la chambre à côté de la cuisine, les plaça sous les couvertures au pied du lit, enleva sa jupe et ses souliers et se coucha. Ayant assuré son feu pour la nuit, l'homme s'étendit aux côtés de sa compagne. Bientôt, ils dormaient profondément. Tard dans la nuit, un train qui passait jeta, en arrivant au petit village du nord, son cri lugubre, déchirant, mais les deux vieux plongés à l'abîme du repos ne l'entendirent pas.

Lorsqu'ils se levèrent le lendemain, la terre était toute blanche. C'était comme si elle avait profité du sommeil des hommes pour faire une nouvelle toilette. La neige qui était tombée durant la nuit et qui continuait de descendre recouvrait la campagne. L'hiver commençait et il durerait longtemps. L'an dernier, le vieux et sa vieille avaient passé cinq mois sans sortir de leur maison. Jadis, ils avaient affronté et subi bien des misères, ils avaient terriblement souffert du froid, mais, maintenant qu'ils étaient âgés, ils ne pouvaient plus l'endurer. Elle, autrefois, avait été vaillante et dure à son corps, mais aujourd'hui sa force, son courage et son énergie étaient partis. Toute petite, toute menue, mince, maigre, frêle, émaciée, épuisée, usée par le travail, les enfantements et les privations, elle n'avait plus de sang. Toujours, elle était frileuse, gelée, et devait se tenir constamment près du feu. L'air glacé l'aurait fait mourir, croyait-elle. Lui aussi, depuis deux ans, il avait perdu toute résistance. Il ne pouvait sortir au froid. Tout de suite, il éprouvait un saisissement, il ne pouvait respirer, il étouffait. Alors, il restait enfermé tout l'hiver. Leur vie, à ces deux êtres, tenait toute entre les quatre murs de leur vieille maison assiégée par le froid, la neige et le vent. Trois fois par semaine, Céline Maranne, la fille de la veuve Maranne, couturière du village, passait chez eux pour faire les commissions, entrer l'eau et le bois, vider le seau d'ordures. Le vieux et sa vieille hivernaient dans leur maison comme des ours dans leur cache, sans sortir jamais.

. . . .

Pour manger, ils se servaient toujours des deux mêmes assiettes, des assiettes blanches, communes, avec une bordure bleue. L'une d'elles était fêlée presque d'un côté à l'autre. Chaque fois qu'elle était placée devant lui, le vieux se disait qu'elle allait sûrement se briser, qu'une moitié lui resterait dans la main et que l'autre tomberait sur la table lorsqu'il la tendait à sa femme pour qu'elle le serve. Ça faisait déjà longtemps qu'elle était fêlée ainsi, mais elle tenait bon, elle durait. Aux remarques de son homme, la vieille répondait: « Il y a des malades qu'on dit toujours mourants et ils continuent de vivre. Ils enterrent les gens bien-portants. Mange sans crainte dans ton assiette. Elle a la vie dure. »

D'habitude, ils se levaient à bonne heure. L'on déjeunait ensuite. Lui, il avait de l'appétit. Chaque matin, il avalait une couple de grillades de lard salé avec des pommes de terre, deux ou trois tranches de pain et une tasse de thé. Elle, depuis des années, ne mangeait presque pas. Un bout de pain grand comme trois doigts, très légèrement beurré, avec une petite tasse de thé pour son déjeuner et son souper, et le midi, quelques cuillerées de soupe dans une soucoupe. Parce qu'elle n'avait plus de dents et ne pouvait mastiquer, elle avait depuis longtemps renoncé à la viande, mais elle aurait aimé prendre une chopine de lait par jour. Elle en avait toujours raffolé. Dans son village, le lait se vendait cinq sous la pinte, trois sous la chopine, mais le vieux refusait de faire cette dépense. « Du lait? Est-ce que j'en prends, moi? disait-il. Je m'en passe. Fais comme moi. » Oui, il s'en passait, mais le midi, il avalait une large et épaisse tranche de steak ou de porc frais. Sa femme aurait tant aimé ça, une trempette de pain dans du lait. « Du lait, ajouta-t-il, c'est bon pour les bébés. Tu n'es plus un bébé. »

En se levant, le père Dignalais allait à la fenêtre, voyait le pays tout blanc de neige. De la neige, il n'y avait que cela. Elle s'entassait sur la couverture de la remise, elle encombrait la route, elle recouvrait les branches de l'orme noir à côté de la maison, elle s'étageait sur les clôtures. Froide, triste, affligeante, la neige blanche s'étendait sur toute la région. Quand on est jeune et qu'on travaille, la neige n'offre pas de terreur; mais lorsqu'on est vieux, que le froid vous pénètre comme une lame de couteau et que vous restez enfermé dans la maison, prisonnier de l'hiver, la neige, quand on la regarde à travers la fenêtre, prend un aspect funèbre et vous endeuille l'âme.

Selon une ancienne habitude qu'il avait prise, le vieux passait des journées entières en camisole devant le feu. Une chemise, c'était bon pour le dimanche, mais la semaine, quand on est chez soi, pourquoi s'embarrasser d'un pareil vêtement? Alors, il restait en gilet et passait les heures à fumer la pipe, à tisonner son feu et à se poncer au vin de salsepareille. L'après-midi, après avoir avalé sa soupe, il se couchait en rond sur le plancher, un coude comme oreiller, à côté du poêle. Absolument l'attitude d'un grand chien étendu près du feu. Il restait ainsi une heure, deux heures, ou plus, à sommeiller. Parfois, la noirceur survenait alors qu'il reposait ainsi. Dans la pièce que l'ombre et les ténèbres envahissaient, on aurait dit un cadavre gisant par terre. C'était comme si la mort l'eût terrassé et qu'il fût tombé là. Souvent, sa vieille était prise de terreur en arrêtant ses regards sur cette forme écrasée qui semblait sans vie. Comme il ne remuait aucunement, restait toujours dans la même posture, elle se demandait s'il dormait réellement ou s'il n'était pas trépassé. Ça arrive que des gens meurent subitement pendant leur sommeil. À cette idée, la peur l'envahissait.

Ils se couchaient tôt, les deux vieux et, naturellement, ils s'éveillaient à bonne heure. L'homme se levait, se chaussait à la lueur de la petite porte du poêle et fumait sa pipe en silence. Une journée nouvelle commençait et, au soir, c'en serait une de moins du nombre qu'il avait à vivre. Quand on est vieux, c'est ainsi qu'on pense en fumant sa pipe devant le feu.

Pendant que le froid et la neige faisaient rage au dehors de la pauvre maison, que la pendule faisait entendre son monotone tic tac, que les heures s'écoulaient lentement, que l'homme songeait tristement à sa prostate, la petite vieille assise, le dos voûté, près du poêle, ses mains grises, aux veines saillantes, jointes sur son maigre ventre, revivait des scènes du passé, et des souvenirs, comme de silencieuses images de cinéma, se déroulaient dans sa tête qui rappelait celle d'un poulet déplumé et malade. Elle pensait aux dents qu'elle s'était arrachées elle-même. Ah! il en avait fallu du courage; elle avait dû souffrir atrocement avant de se décider, mais enfin, elle s'était exécutée. La première, c'était à Macaza, à l'automne. Elle avait une dent cariée qui la torturait depuis des jours. C'était devenu une douleur intolérable. Impossible d'endurer cela plus longtemps; autrement, elle serait devenue folle. Et quant à demander vingt-cinq cents à son mari pour la faire extraire, elle ne pouvait s'y résoudre. Il aurait crié, hurlé, et lui aurait refusé l'argent. Alors, elle avait trouvé un moyen. Prenant un bout de fil de fer, elle le fit chauffer à blanc, se plaça devant le petit miroir où son homme se faisait la barbe, ouvrit la bouche toute grande, se mit la langue de côté et appliqua le métal ardent sur la gencive. Il se produisit comme une légère écume et la chair devint blanche. Après un côté, l'autre. Jetant ensuite la tige brûlante sur le cendrier du poêle, elle saisit de ses doigts la dent déchaussée et l'arracha. Alors, les jambes comme cassées, elle se laissa tomber sur une chaise. Tout son corps tremblait, elle n'était qu'une loque. Elle aurait cru cependant que ça lui aurait fait beaucoup plus mal. Réellement, elle n'avait presque pas senti la douleur et elle était contente d'être débarrassée de cette dent qui l'avait tant torturée, qui l'avait empêchée de dormir pendant des nuits. Une guenille qu'elle se sentait, et elle restait écrasée sur sa chaise, sans force, sans volonté, ayant fait une trop grande dépense nerveuse dans l'effort qu'elle avait dû fournir pour braver le fer rouge. Tout de même, au bout d'un temps, elle se leva, alla de nouveau devant le miroir et regarda sa bouche. Autour d'une cavité rouge foncé, des morceaux de gencives cuits, blancs, pendaient. Elle les arracha. Ensuite, elle fit une demi-tasse de saumure afin de rincer la plaie.

Par la suite, en huit années, elle s'était débarrassée de douze autres dents de la même façon. Treize dents en tout qu'elle s'était arrachées en brûlant la gencive avec un fer rouge.

Le souvenir de cet hiver qu'elle avait passé seule avec sa fille Mélie dans une hutte pire qu'une grange, à Témagami, hantait souvent sa mémoire. Le mari était parti travailler à la construction d'un bout de chemin de fer, lui laissant dix piastres pour subvenir à ses besoins. C'était la première fois depuis son mariage qu'elle avait de l'argent à elle.

— Surtout ne le gaspille pas, lui avait-il recommandé en lui remettant le billet.

La misérable habitation ne possédait pratiquement pas de mobilier. Juste un lit étroit avec une paillasse, une table, un coffre, quelques ustensiles de cuisine et un petit poêle bon pour faire chauffer une boîte de fèves ou bouillir un peu d'eau pour le thé, mais insuffisant pour les grands froids. Et avec cela, pas de bois de chauffage. Ça, le bois, c'était toujours la dernière préoccupation de Trefflé Dignalais. Elle avait bien une hache, mais les arbres autour du camp, c'étaient seulement des petits trembles et des jeunes bouleaux. De peine et de misère, elle en avait abattu une cinquantaine, mais du tremble vert, ça ne brûle pas et le bouleau, ça ne vaut guère mieux. Heureusement que les anciens occupants du camp avaient transporté là quelques dormants de chemin de fer. Elle s'en servait pour allumer le feu. Avec une partie de son argent, elle avait acheté quelques livres de lard salé, une poche de pois et un demi-gallon de pétrole pour le fanal qui remplaçait la lampe absente. Évidemment, on ne vous livrait pas la marchandise à votre porte. Fallait l'emporter soi-même, et la femme et sa fille, chaussées de méchantes bottines, avaient fait cinq ou six voyages de quatre milles pour transporter leurs pauvres achats.

La cabane était aussi froide qu'une grange. Pour ne pas geler, la mère et sa fille avaient pratiquement passé quatre mois de l'hiver couchées dans leur lit étroit, recroquevillées sous leurs minces couvertures. Le petit poêle remplissait la pièce de fumée, mais ne répandait pas de chaleur. Le pain qu'on allait chercher chez la famille voisine, à vingt arpents de distance, gelait dans le camp et il fallait le couper avec la hache. Tout cet hiver-là, on avait vécu de soupe aux pois à moitié cuite, de quelques bouchées de lard et de pain gelé. Un jour, par un froid terrible, les allumettes avaient manqué. Celles qu'on avait étaient devenues humides et refusaient de s'allumer. Alors, la mère avait dû se rendre chez le voisin pour en obtenir. Un trajet de quarante arpents par une température de trente-cinq degrés sous zéro. Oui, un hiver de misère indicible, passé à grelotter sur une pauvre paillasse dans une cabane enfumée et glacée.

Enfin, le printemps était revenu, le mari aussi. Mais, le malchanceux, il revenait les poches vides. Comme la chose se produisait fréquemment, l'entrepreneur était parti, s'était enfui, en négligeant de payer les hommes qu'il avait employés, de pauvres bougres qui avaient fourni une saison de dur labeur et qui comptaient sur l'argent de leur salaire pour acquitter les dettes contractées par leurs familles. On disait que les détectives étaient à la recherche de l'exploiteur, mais allez donc voir.

Un hiver qu'on n'oublierait pas.

Une autre tragédie de sa pauvre vie. Trefflé Dignalais était redevenu colon sur une terre à peine commencée à défricher. Il s'était construit une pauvre petite maison, mais elle était loin d'être terminée. Pour sûr qu'il y avait un toit, mais le plancher n'était pas posé. Le fermier avait jeté quelques planches sur le sol en attendant d'avoir le temps de finir la besogne. Un matin, au commencement d'octobre, la femme se sentit soudain prise des premières douleurs de l'enfantement. Aussitôt, le père dépêcha les jeunes chez le plus proche voisin et partit lui-même en toute hâte pour aller chercher le médecin. Mais c'était une course de douze milles, aller et retour, sur une route de boue. Il n'avait pas quitté la maison depuis un quart d'heure que les douleurs redoublèrent. La femme se tordit, s'écrasa sur le sol et là, loin de tout secours, donna naissance à un enfant. Pendant deux heures, elle resta étendue immobile sur les planches posées sur la terre froide, son sang s'échappant d'elle-même et n'osant cependant bouger, redoutant que ce mal-né gisant sur le sol ne prenne une pneumonie mortelle. Finalement, le médecin était arrivé, l'avait délivrée et lui avait prodigué les soins que réclamait son état. Le petit fils de la misère, avait résisté. C'était celui-là qu'on avait nommé Léonidas, celui-là qui, à vingt-quatre ans, fut tué à la guerre. N'aurait-il pas mieux valu pour lui qu'il mourût à sa naissance?

Elle évoquait ces souvenirs, la vieille, pendant que son mari, en camisole, couché en rond comme un grand chien, sur le plancher, près du poêle, dormait la tête posée sur son coude comme sur un oreiller.

Parfois, songeant à son lot, elle répétait, résignée, le dicton populaire: « Quand on est né pour un petit pain, c'est pas pour un gros. »

Ce qu'elle avait désiré toute sa vie, ce qu'elle aurait aimé à avoir, c'était une pendule qui sonne les heures. C'est si gai, c'est comme un oiseau qui chante. Même si on est triste, ça vous fait du bien. Une fois, à la ville, elle en avait entendu une qui sonnait que c'en était une vraie musique. Bien souvent elle y pensait. Un jour qu'elle avait exprimé son désir, l'homme avait répondu: « Mais t'as pas besoin d'entendre sonner pour savoir l'heure. T'as des yeux, t'as qu'à regarder le cadran. C'est simple ».

La seule chose qu'elle aurait aimé posséder, elle ne l'avait pas eue, elle ne l'aurait jamais.

*
* *

Ses idées voyageaient et des jours elle songeait à sa petite Clémentine et à Malvina qui étaient mortes du croup à sept et huit ans et qui avaient été enterrées à Macaza. Un midi, un mendiant était arrêté à la maison et avait demandé à dîner pour l'amour de Dieu. On l'avait accueilli. Il avait pris le repas avec la famille et était reparti. Mais, deux jours plus tard, les fillettes étaient tombées malades et elles étaient mortes en l'espace d'une semaine. Alors on apprit qu'avant de venir chez eux, le quêteux avait couché la veille dans une maison où les enfants étaient atteints de la diphtérie. Ensuite il était venu, s'était assis à table, avait mangé le pain de la charité et avait communiqué le germe de la maladie aux petites. Ah! c'est bien curieux la vie. La pauvre petite Clémentine si jolie, si douce, si sage, qui avait de grands yeux graves, comme si elle eût prévu son destin, comme si elle avait su qu'elle devait partir jeune. Ç'avait été une grande perte et ç'avait été difficile pour la maman de se consoler. Malvina aussi était gentille, mais la vieille pensait toujours à Clémentine. Elle les aimait bien toutes les deux, la mère, mais la petite Clémentine était si fine. Ah! elle ne l'oublierait jamais.

Il y avait le petit Paul qui était parti jeune, à onze ans. Il s'était noyé dans un puits. Son père l'avait envoyé puiser de l'eau pour les deux vaches au pâturage. Avec un crochet en bois, il descendait un seau, le retirait plein et le versait dans une cuve, à côté de la clôture. Les planches recouvrant le puits étaient devenues mouillées. L'enfant avait glissé, était tombé à l'eau et s'était noyé. Ah! c'est bien triste de se noyer dans un puits, dans un champ, loin de tout le monde. Ça faisait longtemps de ça.

Il y avait aussi Cyrille et Victor qui avaient été emportés par la variole à trois jours d'intervalle. Des enfants de trois et quatre ans, jusque-là pleins de santé.

Et Léonidas, un rude gars, attaché à sa mère, qui était mort à la guerre et qui avait laissé ses os en terre étrangère.

La pauvre Mélie qui s'était faite sœur parce qu'elle n'avait pas une jolie robe à se mettre sur le dos, il y avait bien longtemps qu'elle avait été emportée par les fièvres paludéennes à la Louisiane où elle avait été envoyée.

Quand on est vieux, qu'on arrive au bout du voyage, on a laissé en route bien des pauvres morts.

Il leur en restait maintenant cinq vivants, des enfants. Amédée, l'aîné, qui demeurait à Détroit, n'avait jamais donné de ses nouvelles, jamais écrit. Vaguement, on savait qu'il s'était marié avec une Polonaise. Quelle était sa vie? On l'ignorait. Parfois, c'est préférable de ne rien savoir.

Clara habitait Winnipeg où elle avait épousé un veuf avec cinq enfants. La dernière lettre qu'elle avait écrite remontait à quatre ans.

Philorum travaillait dans l'industrie de l'amiante dans les Cantons de l'Est. Il y avait eu des grèves. Les salaires avaient bien diminué, disait-il, et la vie était difficile. À chaque jour de l'an, il envoyait un petit mot.

Lucette, sa destinée l'avait conduite dans l'Abitibi où elle était devenue la femme d'un colon. Bien sûr qu'elle n'avait pas de temps à donner aux écritures.

Daniel, après avoir été employé pendant des années aux filatures de coton de Valleyfield, était allé s'établir à la ville. Depuis le commencement de la dépression, il était sous le secours direct. Une magnifique affaire. Comme s'il avait reçu un héritage. Vingt enfants qu'il avait, dont deux garçons mariés qui demeuraient avec lui. En restant les bras croisés, il recevait beaucoup plus qu'il aurait jamais gagné en travaillant. Il serait chômeur jusqu'à la mort et ses enfants aussi. Ce serait idiot de se désâmer pour les autres quand on est nourri, logé, éclairé et qu'on a les soins du médecin rien qu'à rester assis près de son feu. La vieille était allée le voir un jour. Une belle maisonnée qu'elle avait trouvée! Un tas de jeunes morvaillons, le tour des yeux rougis, cireux, la face toute couverte de gales d'eczéma. Des figures pas invitantes à embrasser pour une grand'mère. Puis ce monde avait tout le temps la main dans les cheveux, se grattait constamment. Des pleins de poux. Et ça jacassait, ça criait, ça se chamaillait, ça braillait et la radio se faisait entendre à cœur de jour.

Et la bru et les femmes des deux garçons étaient grosses. On s'attendait à ce que ça arrive à peu près à la même époque. Trois femmes enceintes. Comme des vaches dans l'étable au printemps qui vont bientôt vêler. Ce seraient trois autres petits chômeurs qui augmenteraient la famille et grossiraient l'allocation. Sur les murs couraient des cancrelats. Ah! elle avait toujours été pauvre la vieille et n'avait jamais habité des palais, mais il n'y avait jamais eu de vermine dans sa maison et ses enfants à elle, ils n'avaient jamais été des galeux.

Le curé était passé à cette époque pour sa visite paroissiale. Vrai, il avait dû être impressionné! Daniel en bras de chemise, une main dans sa poche de pantalon et la cigarette à la bouche, répondait aux questions que le prêtre lui posait tandis que sa femme avec son gros ventre se tenait à côté de lui. Juste à ce moment, la petite Luce, deux ans et demi, avait pris son petit pot et s'était assise dessus, faisant ses petits besoins comme ça, sans gêne aucune. Elle était là comme une poulette sur son nid et jetait un coup d'œil du côté de l'étranger. La vieille ne se faisait pas grosse parmi ces gens. Jamais de sa vie elle n'avait eu si honte. Le curé avait abrégé sa visite et était parti sans se confondre en encouragements. « On dirait qu'il s'est sauvé », déclarait Daniel, dès la porte refermée.

Non, jamais plus la vieille ne retournerait là.

*

* *

L'hiver était arrivé pour de bon. Il faisait froid et il neigeait. Par la fenêtre, on la voyait tomber, la neige. Elle descendait, épaisse et drue, et l'on ne distinguait rien d'autre que cette blancheur qui s'abattait sur la terre. « Il neige à plein temps », disait le vieux.

Puis le froid augmenta et la neige devint fine comme du sable et le vent l'emportait, la charriait. La campagne prit un aspect de désolation infinie. Calfeutrés dans leur maison, les vieux regardaient par la fenêtre le ciel gris, blême, d'où la neige tombait, livide. Alors, ils se rapprochaient du poêle pour réchauffer leurs vieux os, leur chair de misère. Ils vivaient en silence. Ils n'avaient plus rien à se dire. Ils ne prononçaient pas vingt paroles dans la journée. La nuit, quand l'obscurité enveloppait le petit village et que le froid devenait plus intense, en entendait parfois dans la maison enténébrée, comme quelque chose qui éclate, un bruit sec, comme si le froid faisait se disloquer une mortaise.

En fumant sa pipe devant son feu, le vieux Trefflé Dignalais pensait à toutes les années écoulées, à ces années entrées dans le passé. Son père, son grand-père, qu'il y avait donc longtemps qu'ils étaient disparus dans le passé! Toutes ses actions également étaient choses du passé et bientôt, lui-même, il entrerait dans le passé. Le passé, il n'y avait plus que cela qui existait pour lui. Il ne s'affligeait pas cependant. Simplement, il fumait sa pipe en attendant que son heure arrive, mais sa prostate le faisait bien souffrir.

Le soir, la maison restait toujours noire, comme inhabitée. Sûr qu'ils avaient une lampe, les deux vieux, mais ils ne l'allumaient jamais. Pour se voir? Ils savaient qu'ils n'étaient pas beaux. Une lumière, ça les eût dérangés dans leurs songeries.

Cette demeure sombre, sans clarté, c'était l'image de leur vie. Ailleurs, lorsqu'on voit des fenêtres claires, qui font des trouées lumineuses dans la nuit, l'on imagine de la joie, de la gaieté. Leur maison aux deux vieux avait un aspect funèbre.

Comme toujours, avant de se mettre au lit, ils faisaient la prière, ils récitaient ces oraisons dites et redites chaque soir pendant tant d'années. Dans la solitude de leur maison, dans le soir qui les enveloppait, avec le poids de l'âge qui courbait leurs épaules, ils se sentaient faibles, petits, misérables, perdus. Alors, ils invoquaient le Père qui est aux cieux et la Vierge secourable. Comme si elle eût chaviré, la voix du vieux avait des gargouillements, prononçait comme dans un sanglot « *pauvres pécheurs* » et « *à l'heure de notre mort* ». De cette vieille maison perdue dans la nuit, l'humble prière des deux vieux montait à travers le froid, le vent, la neige, vers l'infini, là-haut...

Le dimanche, ils voyaient passer quinze ou vingt voitures: carrioles, boîtes carrées et traînes à bâtons attelées de petits chevaux à long poil, aux os saillants, la crinière et la tête couvertes de frimas, emportant au son monotone des grelots leur charge d'hommes coiffés de bonnets de fourrure, la figure protégée par des crémones; de femmes et d'enfants emmitouflés dans leurs manteaux, recouverts de grands châles et la tête enveloppée dans des fichus de laine qui leur cachaient le visage. Ces braves campagnards venaient des rangs éloignés, du fin fond de la paroisse, se rendant à l'église pour accomplir leurs devoirs religieux. Et, après la messe, on les voyait repasser au lent trot de leurs petits chevaux et s'éloigner sur la route de neige pendant que le son monotone des grelots se perdait avec la distance et que les habitants rentraient dans leurs maisons. Après cela, l'unique rue du village retournait à son morne silence et les chemins glacés redevenaient déserts. Le dur hiver régnait sur la région. Le froid et la neige glaçaient le cœur.

*
* *

Décembre, janvier, février. Ah! que c'est long l'hiver! Des jours de froid, de neige, de tempêtes pendant lesquels l'on entendait passer la rafale qui soulevait des tourbillons de poussière blanche et glacée, jours pendant lesquels défilent, au lugubre accompagnement du vent, les souvenirs dans les têtes de ceux qui ont vécu leur vie. Pendant la nuit, les vitres des fenêtres se couvraient d'une floraison de givre, de fantastiques dessins de glace que la chaleur du poêle faisait fondre un peu pendant la journée. Rarement voyait-on passer une voiture. La Céline rapportait qu'il y avait cinquante-six pouces de neige dans la campagne. À peine apercevait-on au bord de la route le bout des piquets. Les clôtures étaient ensevelies sous toute cette neige qui recouvrait aussi les toits des maisons, des remises et les branches des arbres. Puis le vent qui semblait venir des solitudes glacées du pôle arrivait, soufflant avec une violence inouïe et faisait passer sur la région une poudrerie qui vous glaçait le cœur rien qu'à la voir venir.

À côté de la maison, le gros orme noir avec sa rude écorce bravait le froid, les éléments. On le sentait dur, résistant, indomptable. La rafale passait dans ses branches, mais il restait solide, inébranlable. La nuit, à la lueur d'une lune blafarde et de quelques rares étoiles comme perdues au fond du firmament, il voyait passer les épais tourbillons de neige qui semblaient vouloir effacer le petit village du nord. Ce n'était pas seulement un arbre, mais une sentinelle sombre et farouche, sentinelle placée là par la nature.

Mais les trois petits trembles, près de la clôture, avaient des mines transies d'enfants qui vont périr de froid. Ils étaient minables et pitoyables. Petits trembles, vous êtes gelés, entrez donc vous chauffer, eût-on été tenté de leur dire.

Monotones, les jours se succédaient lentement, mais l'on arriverait quand même à la fin de l'hiver comme l'on arriverait aussi à la fin de la vie. Il y a la fin de tout et lentement, tous les jours, cette fin approche pour tous.

Toujours, les hommes pensent à leurs misères, à leurs infirmités. Lui, Trefflé Dignalais, il pensait à sa prostate. Ça le faisait souffrir, c'était douloureux et ça ne pouvait qu'empirer. Ça, il le savait et il n'avait pas de doute sur ce qui l'attendait. Des jours, assis devant son poêle, sa tête grise coiffée de sa casquette, il songeait, après des moments pénibles, à la satisfaction qu'il éprouvait autrefois à s'arrêter une minute dans son champ, au bord d'une route, quand ça lui disait, et à se soulager facilement, copieusement, sans douleur. Ah! quelle allégresse ce serait s'il pouvait maintenant rejeter ce liquide qui l'empoisonnait, le martyrisait.

Ah! c'est bien triste de vieillir.

Ah! oui, je serai bien quand je serai dans mon trou, pensait-il

. . . .

Ça allait mal, sa prostate, puis vint un jour où ça n'alla plus du tout. Un homme est là, entre les quatre murs de sa maison, avec sa vieillesse et ses infirmités. Pendant des semaines et des semaines il a lutté avec son mal, il l'a enduré patiemment, puis la maladie prend le dessus. Elle maîtrise son adversaire, elle le terrasse. Alors le désespoir entre dans la vieille tête grise et la douleur, sourdement, torture l'infortuné. Il y pense à toutes les minutes et sa chair souffre. C'est ainsi qu'il était, le vieux Trefflé Dignalais. Ah! s'il se sentait seulement comme la semaine dernière, même comme hier, ce serait supportable, se disait-il, mais maintenant, c'était atroce. Ce n'était plus tenable. Justement, c'était la journée où Céline venait entrer l'eau et le bois, faire les commissions. Il la pria de passer chez le médecin, de lui dire de venir.

Le vieux, de faiblesse et de douleur, dut se mettre au lit. On a été debout et l'on s'étend comme si l'on était déjà mort. C'est mauvais signe. Le docteur connaissait ça, ces maladies-là. Il avait traité bien d'autres vieux et il savait où ça mène la prostate: au cimetière. Avec sa sonde, il lui procura tout de même un peu de soulagement. Alors, toute la nuit, il songea, le vieux, la tête sur son oreiller. Naïvement il se disait qu'un médecin de la ville pourrait peut-être faire mieux. Non pas le guérir, mais améliorer son état, ne fût-ce que pour quelques mois. Oui, il fallait essayer. Aussi, à bonne heure le matin, il se leva péniblement, s'habilla et, pour la première fois de l'hiver, franchit le seuil de sa maison pour se rendre à la petite gare. En sortant, il faillit étouffer. Il éprouvait un saisissement, ne pouvait prendre sa respiration et suffoquait. Ses jambes le portaient difficilement et il se demandait s'il n'allait pas écraser. Mais il voulait tant être soulagé! Alors, il ramassa tout son courage et, péniblement, dans le froid et la neige, se rendit au train. Dans le wagon, pendant tout le trajet, il endura un vrai martyre. Il avait hâte d'être rendu. Depuis longtemps, il avait une adresse qu'il avait vue dans un journal et il l'avait mise dans sa poche. En descendant du train, il prit un taxi pour se rendre chez le médecin. Arrivé là, le chauffeur dut l'aider à descendre. Le vieux n'avait pas le prix exact de la course et il tendit un billet de cinq piastres. Alors l'autre l'empocha d'un geste rapide et s'éloigna à toute vitesse pendant que le campagnard comme figé au bord du trottoir, la main tendue, attendait sa monnaie. Volé de quatre piastres! Mauvais début. Ah, qu'il était faible et malade! Enfin, il se trouva dans le bureau du médecin, un homme à tête ronde, les cheveux gris hérissés, la figure sanguine, mais terriblement fripée, fatiguée, l'air de quelqu'un qui a passé la nuit à jouer aux cartes et à prendre quelques verres de scotch. Ce devait être un homme de mérite cependant, car il avait une décoration, un ruban violet à sa boutonnière.

— Docteur, commença le vieux, je suis bien malade. Voilà deux jours... Mais l'autre, brusquement, l'interrompit.

— Écoutez, monsieur, avant de me parler, faut mettre dix piastres sur la table.

— Dix piastres?

— Dix piastres.

— Batêche! vous ne soignez pas pour des prières.

— Non. Et le boucher, je ne paie pas sa viande avec des prières, rétorqua le médecin. Vous savez, moi, ça me coûte mille piastres par mois pour vivre, et il faut que je les trouve. Il faut que l'argent entre, que les gens paient.

Ce n'était pas le temps de marchander et le vieux sortit un billet de dix piastres et, la main tremblante, le déposa sur le bureau avec un soupir.

La tête dans sa main et avec un air ennuyé, l'autre prononça:

— Bon, maintenant, je vous écoute.

Au bout de vingt minutes, le vieux sortit. Il avait été soulagé de dix piastres et d'une chopine d'urine.

Il était venu bien loin, il avait bien souffert et il n'était guère plus avancé. Sûrement qu'il aurait mieux fait de rester chez lui.

Ce qui le vexait le plus, c'était de s'être fait voler par le chauffeur de taxi. En retournant à la gare, il parlait seul, à haute voix: « Avec les quatre piastres qui me revenaient, j'aurais pu m'acheter une paire de chaussures, faire dire une messe pour les âmes du purgatoire ou payer le salaire de Céline pendant huit semaines. »

Ah! ce qu'il regrettait d'avoir fait ce voyage! Profondément, il en sentait l'inutilité. Maintenant tout ce qu'il voulait, c'était d'être chez lui, dans sa pauvre maison, de s'étendre dans sa couchette, de ne plus voir personne.

En entrant, sans un mot, la figure sombre, il se dévêtit et se mit au lit.

Il gisait sur sa couche comme une loque, en proie à sa douleur et ne sachant que faire de son pauvre corps. Depuis longtemps, il n'avait plus d'appétit, ne mangeait pas. Un jour, sa femme lui apporta une orange qu'elle avait fait venir par la Céline. De ses yeux chargés d'amertume, le malade regarda ce qu'on lui apportait et il remarqua l'assiette fêlée. Alors, d'un faible geste de la main, il repoussa le fruit. Oui, décidément, cette assiette durerait plus longtemps que lui. Et il tourna sa figure du côté du mur.

La crise durait depuis dix-sept jours. Maintenant il ne pouvait plus parler; il avait perdu connaissance. Il ne pouvait plus que souffrir. Sa figure et les faibles mouvements de son corps disaient le mal qu'il endurait.

Au cours de l'après-midi le médecin vint le voir.

— C'est le plus grand froid de l'hiver, fit-il en entrant.

Longuement, il regarda le malade en silence, comme hésitant à dire ce qu'il pensait.

— Il n'en a pas pour longtemps, déclara-t-il enfin en regardant la femme. Il n'y a plus rien à faire.

Tout de même, avant de partir, il mit une pilule de morphine dans la bouche du moribond.

Dans la maison, la vieille était comme une âme en peine. Elle était lasse, extrêmement lasse, elle aurait pu se laisser choir sur le plancher. Quelque chose de plus fort qu'elle la tenait debout. Elle attendait et l'attente était désespérée. Son mari allait mourir. Cela, elle ne pouvait l'empêcher et rien au monde ne pouvait l'empêcher. Confusément, elle se rappelait des paroles qu'elle avait entendues autrefois: À chacun son heure. La sienne à lui approchait. Près du lit, elle regardait cette figure contractée par la douleur et elle savait qu'elle ne pouvait rien faire pour soulager le malheureux. Elle déplorait son impuissance. Certes, il avait été dur et autoritaire, mais il était fait comme ça. C'était pas sa faute. Il l'avait trimballée d'un coin de misère à un autre coin de misère, mais que voulez-vous? Il n'avait pas le talent pour devenir riche. Ça, c'est pas donné à tout le monde. Sûr qu'elle n'avait jamais eu d'agrément, mais lui n'en avait pas eu davantage. Ah! qu'il est donc triste de voir souffrir le compagnon de sa vie! La pendule égrenait son monotone tic tac. Au dehors il faisait un froid noir. La poudrerie faisait rage. Le vent balayait la neige dans l'étendue blanche, la chassait devant lui, l'enlevait dans les airs. Une infinie désolation. Lentement, les heures coulaient. Puis le soir tomba. Alors, comme il faisait sombre dans la demeure, la vieille alluma la lampe. Ça faisait des mois que ça n'était pas arrivé. Dans son lit, l'homme s'agitait faiblement, en proie au martyre. Il n'avait plus sa connaissance, mais sa chair souffrait et sa figure crispée était d'un tragique intense. Ses yeux vagues et rougis, ses lèvres comme remuées par un tic nerveux, toutes les rides de sa face disaient la détresse humaine. Il était muet, mais sa bouche, son nez, son menton, son cou même se lamentaient, son masque d'homme à la torture semblait hurler de douleur. Par moments, l'on entendait la rafale emportant la neige dans la nuit glacée et les ais du grenier craquaient soudain. C'était un souffle inlassable. C'était comme une furie qui passait sur le monde. Le froid, la neige, les ténèbres, quelle redoutable et terrible trinité!

Près de ce moribond dans la nuit, pendant que le vent mugissait dans la solitude et faisait tourbillonner la neige jusque par-dessus les maisons du petit village, la vieille était prise d'une terreur folle. L'homme à l'agonie respirait faiblement. Sur le vieux couvre-pieds à carrés multicolores, l'une de ses mains faisait peur. On aurait dit qu'elle tentait de repousser une terrifiante vision. Subitement, prise d'épouvante, la vieille se jeta à genoux et, d'une petite voix grêle, une voix de criquet, se mit à réciter le *Je vous salue, Marie.* Alors qu'elle était là avec son dos courbé, la tête penchée près du lit, la tourmente déchaînée sembla ébranler la maison. Comme elle prononçait *à l'heure de notre mort,* elle entendit un bruit sec, comme quelque chose qui éclatait là-haut, comme un clou qui se brise, une mortaise qui craque. Et sur sa couche, l'homme ouvrit la bouche plus grande et, brusquement, cessa de souffrir...

QUAND CHANTAIT LA CIGALE

Vers le gouffre éternel

Une immense détresse m'étreint.

Cela a commencé cet après-midi, je crois, alors que Pierre en jouant me mettait des cailloux dans la main pendant que je me promenais [...] Je lui renvoyais le silex ainsi qu'une balle, puis il le lançait ensuite dans la rivière. Je voyais le galet décrire une trajectoire, frapper l'eau et disparaître. C'était là une chose simple, banale, insignifiante, mais ce geste m'emplissait d'une tristesse sans nom. En voyant la pierre s'enfoncer, je songeais que je ne la reverrais jamais plus, et, à cette heure, elle était l'image de cette quotidienne disparition des êtres et des choses que nous aimons qui, malgré nos désespoirs, s'en vont à tout jamais.

Ce symbole me mettait l'âme en deuil.

Le soir, assis sur la véranda, en face de la rivière, sous le grand ciel plein d'étoiles, je songe encore aux cailloux lancés dans l'eau par Pierre, aux cailloux tombés dans l'abîme éternel. Je pense aussi à tous ceux qui sont disparus, que je ne reverrai jamais. Je me dis que nous-mêmes, dans la main du destin, nous sommes comme ces galets que Pierre d'un geste de sa main envoyait au gouffre. Une voix intérieure me crie que bientôt ce sera fini de nous, éternellement. D'un ton fatidique elle me clame qu'une fois disparu, ni dans mille ans, ni dans cent mille ans, ni dans cent millions d'années, je ne reparaîtrai sur la terre. Elle me dit, cette voix, que les millions d'astres qui brillent au ciel s'éteindront sans que je revienne goûter la douceur d'un soir comme celui-ci.

Et, par la fenêtre ouverte, j'entends dans la chambre à côté le tic tac de l'horloge. Dans le soir, dans le silence solennel, il résonne avec une extraordinaire intensité. C'est comme un furieux bruit de sabots sur la route, une galopade effrénée des heures qui tombent à l'abîme, des heures qui nous mènent vers la mort, des heures qui nous emportent vers le néant...

OLIVAR ASSELIN (1874-1937)

« J'ai ouï dire que je suis né à Saint-Hilarion dans les montagnes de Charlevoix. Mon père était tanneur, ce qui explique peut-être l'air tanné que j'ai sur mes photos. Je crois me rappeler que c'est au collège de Rimouski que j'ai, jusqu'à l'âge de dix-sept ans, peu étudié. J'ai pratiqué beaucoup de métiers, heureusement tous honorables, quoique, pour un certain nombre, un peu sots (car il y a vraiment de sots métiers, de même qu'il y a, mais en bien plus grand nombre, de sottes gens).» (*Biographies canadiennes-françaises, 1927*.) Asselin vécut sa jeunesse à Fall River (Massachusetts); il y fit ses études avant de travailler dans une filature puis de collaborer au *Protecteur* et au *Protecteur canadien* (1894). En 1898, c'est la guerre hispano-américaine: il s'enrôle. Il arrive au Canada en 1900. Quinze ans plus tard, il s'engage dans l'armée canadienne et sert en Europe en tant que major du 22e régiment. Mais Asselin sera surtout journaliste: en 1904, il fonde *Le Nationaliste*; puis il participe à la création du *Devoir* (va en prison pour avoir giflé Alexandre Taschereau en public; fonde l'Œuvre de la Merci en 1925), devient rédacteur en chef du *Canada* (1930), fonde *L'Ordre* en 1934 et enfin l'hebdomadaire *La Renaissance* l'année suivante. La pensée d'Asselin doit beaucoup à celle de Bourassa: il est « nationaliste » (fédéraliste, anti-impérialiste) comme lui, mais sa plume est plus acide et il est passionnément francophile. Quelques uns de ses textes ont été rassemblés dans *Pensée française* (1937). On consultera aussi *Trois textes sur la liberté* (Montréal, HMH, coll. « Reconnaissances », 1970), dans lesquels, notamment, Asselin défend les droits des laïques, s'opposant à ce que l'Église dicte aux fidèles leur engagement politique (« L'Action catholique, les évêques et la guerre », 1915).

Pourquoi je m'enrôle

(Extrait d'un discours prononcé au Monument-National, à Montréal, le 21 janvier 1916.)

Mesdames et Messieurs, parmi les arguments qu'on a employés auprès des Canadiens français pour les induire à s'enrôler, il en est que, pour ma part, je suis le premier à trouver bien étranges.

Que je ne voie pas d'intérêt pour le Canada à envoyer officiellement des troupes en Europe, il serait superflu de le répéter. Je m'en suis déjà exprimé en termes non équivoques, et aussi bien un des objets de ce discours est-il précisément de montrer comment cette manière de voir peut se concilier avec l'enrôlement volontaire.

À quoi je fais particulièrement allusion, Mesdames et Messieurs, c'est d'abord la prétention que notre race, dans la présente guerre, ne fait pas son devoir. D'autres analyseront les chiffres pour établir que parmi les Canadiens de naissance, par opposition aux immigrés, nous avons fourni plus que notre proportion numérique. Je veux croire le calcul exact. Il est exact si, comme tout l'indique, et comme M. le ministre de la Défense le déclarait ces jours derniers, les troupes actuellement au front comptent huit mille de nos compatriotes. Il est exact si les noms canadiens-français qui, depuis quelque temps surtout, figurent chaque jour en si grand nombre au tableau des morts et des blessés, ne sont pas inventés de toutes pièces pour stimuler le recrutement; et quant à moi, tout tenté que je serais d'en douter en lisant certains journaux de Toronto, de Kingston, même de Montréal, je crois que, jusqu'à preuve du contraire, on peut tenir pour des certitudes, par exemple, que le lieutenant Quintal a été blessé deux fois au feu, que Dansereau, Macdonald, Chevalier, Roy, Barré et Leprohon ont été touchés par le plomb allemand, que le major Roy a donné sa vie pour sauver ses hommes; que DesRosiers et DeSerres ont écrit à eux seuls une des belles pages de la bravoure militaire canadienne. Mais il en serait autrement que je répondrais sans m'émouvoir aux dénigreurs de notre race: Et après? Tout chemin mène aux armes comme tout chemin mène à Rome. Les uns s'enrôlent par patriotisme, les uns par goût de l'aventure, les uns pour déposer, au milieu du fracas des batailles, le fardeau pesant de la vie. D'autres, à la honte d'un monde contre qui leur sang s'élèvera au jour des rétributions sociales, sont forcés de demander au carnage la solde qui leur permettra de garder vivante pour ses petits, dans quelque réduit infect, une maigre femelle. Chez presque tous, le mobile sera plus fort, l'impulsion plus irrésistible, si, à défaut du bâton de maréchal que Napoléon faisait entrevoir au plus humble de ses soldats la recrue peut du moins espérer l'avancement compatible avec les conditions sans précédent de cette affreuse guerre. Or, Mesdames et Messieurs, parmi les Canadiens français d'âge militaire, il y en a bien 90 pour cent qui, du fait que l'anglais est l'unique langue du commandement, ne pourront jamais espérer, quoi qu'ils fassent, obtenir dans l'armée le moindre avancement. M. le ministre de la Défense a compris qu'à des citoyens britanniques de langue française, et dont la langue est officielle en ce pays ou censée l'être, et qui cependant se voient presque partout exclus des hautes fonctions administratives au profit de gens qui ne connaissent que l'anglais, l'on ne pouvait demander d'apprendre l'anglais pour le seul plaisir d'aller se faire tuer sur les champs de bataille européens; avec un bon sens dont il faut le féliciter, il a autorisé la formation de régiments canadiens-français. Faut-il cependant faire observer que même dans les régiments canadiens-français, pour le soldat qui ne sait pas l'anglais, les plus hauts faits d'armes n'achèteront jamais que des grades inférieurs? Mesdames et Messieurs, ne perdons pas notre temps à chercher ailleurs pourquoi les Canadiens français ne s'enrôlent pas en plus grand nombre — je veux dire en plus grand nombre que des populations plus fraîchement émigrées du Vieux-Monde, par conséquent, plus attachées au Vieux-Monde. Une citation de temps à autre, une décoration par-ci par-là, seraient peut-être, direz-vous, de nature à stimuler ceux que l'ignorance de l'anglais condamne à n'être jusqu'à la fin, — souvent, jusqu'à la mort, — que les obscurs artisans de la réputation des autres. Laissons aux héros du *Daily Mail*, aux preux du Jack Canuck, le soin d'expliquer comment ces 8,000 soldats dont M. le général Meighen nous a dit en tant d'occasions la bravoure, et dont les *fighting qualities* sont, au dire de Sir Samuel Hughes, incroyables — *beyond belief*, — ont jusqu'ici figuré si peu aux ordres du jour, ramassé si peu de médailles. On nous demande notre sang. Nous ne demandons pas de comptes, mais nous nous croyons justifiables de constater que sur les 149 décorations militaires décernées ces jours derniers par le gouvernement anglais à des Canadiens sur la recommandation des officiers supérieurs de l'armée expéditionnaire, il y a exactement trois noms canadiens-français. Nous qui avons pris contact avec le haut commandement, nous le savons désireux de rendre justice à nos compatriotes. Le peuple, moins renseigné, se dira peut-être que nos concitoyens anglais, gardant devant le sang versé pour une même cause leur outrageante prétention à la supériorité, râclent le prix du sang, dans la présente guerre, avec la même âpreté qu'ils feraient d'un quelconque butin électoral. Et tant que la disproportion des chiffres n'aura pas été expliquée, ce sera ajouter l'outrage à l'injustice que d'accuser le Canada français de lâcheté ou seulement d'indifférence.

Je veux aussi parler, Mesdames et Messieurs, de l'argument — naïveté chez les uns, procédé d'intimidation chez les autres, — qui consiste à faire dépendre de notre attitude dans la présente guerre le maintien de nos droits constitutionnels. Le traitement infligé à la minorité canadienne-française en Ontario est un attentat au droit naturel indigne d'un peuple civilisé. Que l'enseignement du français à l'école soit ou ne soit pas autorisé par la loi, peu importe! Il y a des lois au-dessus de la loi — et l'une d'elles, écrite dans toute âme droite, veut que les parents, à condition de satisfaire à certaines exigences élémentaires de la société, puissent faire enseigner leur langue dans les écoles qu'ils soutiennent de leurs deniers. Qu'il s'appelle Allemand, Russe ou Anglais, quiconque méconnaît cette loi n'est pas apte à comprendre autrui, ou, le comprenant, viole délibérément sa liberté; ce n'est pas un civilisé. Toute agitation anti-française en Ontario, à l'heure actuelle, vient de deux camps. Il y a les primaires de l'école primaire, de la *High School* et de l'Université, qui s'imaginent sincèrement que ce serait enrichir le patrimoine intellectuel de l'humanité que de forcer tout le monde à parler anglais. Il paraît que l'enrôlement de quelques mille Canadiens français de plus va leur persuader non seulement de rétablir l'enseignement du français, mais d'en assurer l'efficacité en établissant des écoles normales véritablement bilingues. Mesdames et Messieurs, le croyez-vous? Moi, je ne le crois pas. Et il y a les autres, qui savent que le français, tout imparfaitement qu'il s'enseigne et qu'il se parle en Ontario, est encore, pour nos compatriotes de cette province, le meilleur véhicule de la connaissance, ou, si on le préfère, le meilleur bouillon de culture intellectuelle. Ceux-là, ils furent tolérants tant que les Canadiens français — venus en Ontario bûcherons ou terrassiers — furent leurs « fendeurs de bois », leurs « porteurs d'eau », leurs garçons de ferme. Du jour où la connaissance des deux langues, jointe à nos remarquables facultés d'assimilation et d'adaptation, a fait de nous des concurrents dans le commerce, dans l'agriculture, dans les professions libérales, ils se sont faits persécuteurs. Il paraît qu'ils redeviendront tolérants si le Canada français fournit quelques bataillons de plus. Moi, je ne le crois pas, je ne le crois pas!

Et qu'on ne s'attende pas non plus à ce que je rétracte quoi que ce soit de ce que j'ai dit touchant la pression exercée sur les consciences par les organes officiels ou officieux de l'épiscopat. Il y a quelque chose de plus important pour notre race que de penser de telle ou telle façon sur la participation du Canada à la guerre: c'est de ne pas permettre qu'au nom de la religion, qui n'a rien à voir dans ce débat, l'on tente d'ériger en dogme pour nous — et pour nous seulement — des opinions politiques que l'intérêt de l'État exige au contraire qui soient laissées au libre jugement de tous les citoyens.

Mais quand nous aurons posé tout cela, nous n'aurons encore, au point de vue de la bonté intrinsèque de notre acte, absolument rien dit. Il restera encore les institutions britanniques. Il restera la Belgique. Il restera la France.

Après ce que vous venez d'entendre, il y en a peut-être parmi vous, Mesdames et Messieurs, qui souriront intérieurement de m'entendre plaider pour les institutions britanniques. De tous les nationalistes, nul n'a qualifié plus durement que moi cet égoïsme qui est, avec d'admirables qualités, le fond même du caractère anglais, et qui, aux colonies, se traduit le plus souvent par des tracasseries scolaires et administratives. J'en puisais le droit et la force dans la manière dont j'avais, en toute circonstance, reproché à mes propres compatriotes leurs défauts et leurs vices. Mais pas plus que M. Laurier, pas plus que M. Casgrain, pas plus que M. Bourassa, je n'ai jamais cherché à diminuer le respect des Canadiens français pour les principes de liberté collective et individuelle qui sont à la base de la constitution anglaise. Les hommes publics de tous les partis, en notre pays, ont créé une tradition dans la manière d'envisager ces principes. Lorsque M. Laurier vient ici même évoquer le souvenir des Sheridan, des Fox, des Wilberforce, des Bright et des Gladstone, il rend à la nation anglaise le même hommage que le chef des conservateurs canadiens-français, M. Casgrain, mais il ne parle pas autrement que ne l'a fait pendant longtemps, et que ne le fait encore, à l'occasion, M. Bourassa. Les murs de cette salle vibrent encore des discours passionnés où le grand orateur nationaliste nous adjurait, nous autres jeunes Canadiens français, de répondre aux provocations et aux persécutions par un attachement toujours plus fort au drapeau britannique. J'ai commencé ma carrière politique au Canada vers 1900. Je me trouvais sur la route de M. Bourassa; je le suivis. Je voyais comme lui avec horreur le crime sud-africain. C'est lui qui m'enseigna à distinguer, dans le cas de l'Angleterre, entre les aventuriers qui, là comme ailleurs, se hissent au pouvoir par l'exploitation des aveugles passions populaires, et les hommes courageux qui de génération en génération se sont transmis le mot d'ordre de la résistance à toutes les tyrannies: celles de la plèbe comme celle des rois. Opposant à la démagogie d'un Chamberlain l'indomptable courage moral d'un Campbell-Bannerman et d'un Lloyd-George: « Voilà disait-il, la véritable Angleterre. C'est de celle-là que nous tenons nos libertés, c'est vers elle que nous devrons toujours nous tourner pour réclamer justice. » Le directeur du *Devoir* n'a pas changé d'opinion sur ce point. Il croit encore qu'il ne faut pas confondre les institutions britanniques avec les demi-civilisés qui en ont le dépôt sur un point quelconque du territoire britannique. Je le crois avec lui. Il sait que si nous conservons l'espoir de recouvrer nos droits scolaires en Ontario c'est par le mécanisme des institutions britanniques. Et moi aussi, je le sais. Et parce que je crois cela, et que je sais cela, je trouve qu'à moins de leur préférer les institutions allemandes, et ce n'est pas plus mon cas que celui de Mᵍʳ l'archevêque de Montréal, il est glorieux dans la guerre actuelle de se battre pour les institutions britanniques.

De la Belgique, que vous dirai-je que vous n'ayez déjà entendu? Que vous dirai-je surtout que vous n'ayez déjà dans le cœur et sur les lèvres? Il circule bien des sophismes sur les origines et les causes du conflit actuel. Je ne sais pas si je n'ai pas lu dans des journaux que dans cette guerre comme dans la fable c'est l'agneau qui a provoqué le loup. Mais par le besoin qu'il sent de se disculper, l'assassin s'accuse. Nouveau Macbeth, il fait trop souvent le geste de se laver les mains. Le sang restera. Jusqu'à la fin des temps, la Belgique sanglante, belle de toute la beauté du droit outragé, se lèvera contre son agresseur, et tout homme ayant du sang de chrétien dans les veines s'écriera comme Clovis au récit d'une autre Passion: « Si j'avais été là! » Mesdames et Messieurs, nous ne voulons pas être de ceux qui diront dans vingt ans: « Si j'avais été là! » Nous avons vu le crime, nous sommes là! Tant que le sang de la Belgique n'aura pas été lavé et l'assassin puni, notre sang à nous, notre vie, jeunes hommes de toute race et de tout pays qui avons sucé dans le lait de nos mères ou tiré de la lettre imprimée la juste notion du droit, — nous surtout du Canada français que les conditions nouvelles de notre existence rendent frères de tous les persécutés, — notre sang, notre vie, ne nous appartiendront plus.

Et maintenant, avec vous tourné vers d'autres sommets, — les plus hauts que l'âme humaine ait encore atteints dans l'empire sur soi, dans le renoncement, dans le sacrifice, — des mots plus forts, mais des mots forts et tendres à la fois, se pressent tumultueusement à mes lèvres. Dans sa claire robe d'héroïsme, faite de rayons et d'éclairs, et tellement mariée à sa chair que la chair en est diaphane, mère toujours jeune de cette Jeanne d'Arc qu'elle seule a pu porter dans ses flancs, ses beaux yeux tristes illuminés par la sereine conscience de la vérité, saignante et souriante, et terrible et douce, la France immortelle nous regarde. Je pourrais, m'arrêtant sur ces paroles, attendre de votre cœur un jugement que votre voisin a peut-être jusqu'ici repoussé. Les colères de la France ont parfois épouvanté votre vieux sang conservateur et catholique (moi, je suis un homme de 93, et avec Péguy je m'en fais gloire); son sourire a souvent scandalisé et irrité votre foi. Aujourd'hui qu'aux yeux émerveillés du monde elle conserve dans sa lutte pour l'existence, sous une sueur de sang, son éternel sourire, votre sang, votre cœur, tout votre être enfin rendu à lui-même, vous crie que vous l'aimez. Mais je me reprocherais comme une tromperie de capter par ce moyen votre assentiment. Je veux jusqu'au bout, et pour la France comme j'ai fait pour l'Angleterre, m'en rapporter uniquement à votre raison.

Mesdames et Messieurs, vous avez parfois ouï-dire, et peut-être avez-vous parfois lu dans les journaux: « La France officiellement ne fera jamais rien pour les Canadiens français, et donc nous ne devons rien à la France. » Ce raisonnement vaudrait contre nous si d'une part nous demandions à nos compatriotes autre chose qu'une contribution personnelle, n'engageant en rien leur jugement sur la politique du gouvernement canadien; si d'autre part il était vrai que la France ne peut activement aider le Canada français que par les moyens officiels. Mais il se présente immédiatement à vos esprits deux réponses.

C'est d'abord que le monde ne peut pas se passer de la France. D'autres nations, comme l'Angleterre, peuvent vanter aussi justement leur attachement à la liberté. D'autres, comme l'Italie, peuvent trouver dans un passé magnifique et dans une renaissance politique sans pareille le motif des plus hautes ambitions, des plus enthousiastes espérances. D'autres, par les réserves de vie neuve et fraîche que nous savons qu'elles nous cèlent, provoquent en nous une attention sympathique, mêlée il est vrai de quelque inquiétude; et c'est la Russie. D'autres enfin ont donné, jusque dans les œuvres de mort, des preuves, hélas! irrécusables, de leur esprit méthodique et organisateur; et celles-là, inutile de prononcer leur nom, il s'est tout de suite vomi sur vos lèvres. Mais ce qui fait de la France une nation unique dans l'histoire, — supérieure à la Grèce par le sérieux et à Rome par le sens de la justice, — c'est son culte inlassable et profond des idées. Tant que par spiritualisme il faudra entendre la subordination de la matière à l'esprit, non la poursuite d'un but spirituel par les voies les plus misérables de la matière, la France sera la plus grande puissance spirituelle des temps présents. Nous allons nous battre pour la France comme nos pères allaient se battre pour le Pape en 1869: parce que, dans un âge où l'accroissement subit de la richesse économique a partout fait crever comme autant d'ulcères la cupidité, l'égoïsme, l'envie, la haine, la France, victorieuse après l'épreuve qu'elle traverse en ce moment, — non pas la France régénérée; la France recueillie, la France grave, sans peur et sans haine, abaissant son glaive et laissant déborder de son sein fécond sur le monde « le lait des humaines tendresses », — sera plus que jamais nécessaire à l'humanité.

C'est ensuite que nous, les Français d'Amérique, nous ne resterons Français que par la France. Voilà, Mesdames et Messieurs, une idée qui n'est pas nouvelle sur mes lèvres. Depuis seize ans que je tiens une plume dans la presse française au Canada, toujours j'ai eu les yeux fixés sur cette boussole. Pendant que d'autres pour mieux couper de ses sources le Canada français, feignaient de croire tout l'esprit de la France enfermé dans de vaines formules lexicologiques, je n'ai cessé de crier qu'à moins d'un contact plus intime avec le foyer principal de la pensée française il n'y aurait pour nous pas de vie possible, pas de réaction, pas de lutte possible contre le matérialisme américain, poison de nos âmes, infection de notre esprit. La guerre dure depuis dix-huit mois, et déjà nous sentons autour de nous et en nous, par suite de la disparition graduelle du livre français, une raréfaction de vie intellectuelle.

Nous éprouvons quelque chose comme ce refroidissement graduel que les Rosny ont imaginé qui marquerait sur la terre la fin de la vie. Les plus inintelligents de nos compatriotes — disons le mot: les plus anti-français — ne sont plus fermés à l'anxiété; comme au bravache qui passe de nuit devant un cimetière, il leur faut chanter à tue-tête pour se faire accroire qu'ils n'ont pas peur. Autrement, comment expliquer leur acharnement à vouloir, par exemple, opposer les intérêts de l'Ontario français à ceux de la France? Pour nous qui n'avons jamais douté de la destinée que la défaite de la France ferait à notre race, chaque phase de la lutte nous a tour à tour remplis de joie et d'angoisse. Chaque matin, en approchant des affiches des gazettes, nous nous demandions le cœur serré si Antée cette nuit-là n'avait pas perdu pied, si l'ange — l'ange exterminateur — n'avait pas, par un coup de traîtrise, terrassé Jacob. Un jour, notre amour magnifiant de simples contretemps en échecs, de simples échecs en désastres, l'angoisse brûlant nos artères et faisant éclater nos veines, nous avons dit nous aussi: Nous marchons! Les insensés, ils veulent savoir ce que la France ferait pour le Canada. Et à chaque aurore nouvelle, ils vont voir à la fenêtre si le soleil luira sur leur tâche quotidienne. Et toute leur vie ils demandent au soleil la chaleur, la joie de leur existence. Et si on voulait les priver de sa lumière et de sa chaleur, ils se battraient pour le soleil, ils verseraient leur sang pour leur part de soleil. Sans doute, Mesdames et Messieurs, la France a pu quelquefois nous blesser par son indifférence. Mais parce que sans elle la vie française s'arrêterait en nous comme une eau qui gèle, bénissons-la quand même, défendons-la quand même! C'est la lumière, c'est la chaleur, c'est la vie!

Et donc, nous marchons pour les institutions britanniques parce que par elles-mêmes, et indépendamment des demi-civilisés qui les appliquent aujourd'hui en Ontario, elles valent la peine qu'on se batte pour elles.

Et nous marchons pour la Belgique parce que dans cette guerre elle incarne le droit violé, la liberté des petits peuples foulée aux pieds.

Et nous marchons pour la France parce que sa défaite, en même temps qu'elle marquerait une régression du monde vers la barbarie, nous condamnerait, nous ses enfants d'Amérique, à traîner désormais des vies diminuées.

Mais cela — ajoute-t-on — représente une dépense de sang et d'argent disproportionnée à nos forces: ne vaut-il pas mieux garder tout notre monde au Canada pour les luttes qui s'annoncent? Pouvons-nous seulement espérer, par nos sacrifices, ouvrir le cerveau à nos ennemis et amollir leur cœur?

J'ai dit pourquoi, après dix-huit mois de guerre en Europe et de coopération à peu près complète entre libéraux et conservateurs au Canada, un nationaliste peut, jusqu'à la fin de la présente guerre, regarder la politique des expéditions militaires comme inévitable, sinon comme un fait définitivement accompli. Des vies jetées dans la bataille, notre conscience ne comptera que les nôtres. Celles-là, le sort peut les prendre: nous les avons vouées à une cause qui ne nous laissera ni remords ni regrets. Moi qui ai autrefois désiré si ardemment l'émigration des français au Canada, je prêcherai après la guerre l'émigration des Canadiens en France. Dans ce pays où la guerre aura décimé la population mâle, des centaines de mille foyers attendront l'inconnu qui avec l'orpheline ou la veuve en rallumera la flamme expirante. Si l'inconnu est un jeune Canadien, l'échange de sève qui s'établira entre les deux branches de la grande famille française rendra à la France la vie, à nous ce qui en est venu à nous manquer presque tout à fait: le caractère. Ce jour-là nous aurons fait une belle et bonne action, mais aussi une action profitable. De même, Mesdames et Messieurs, n'ayons crainte que la mort de quelques centaines de Canadiens français pour la justice en Europe n'affaiblisse la cause de la justice en Ontario. Nous avons fait nos premières concessions et subi nos premières défaites quand nous formions presque la moitié du pays. Durant toutes ces années de 1873 à 1911 qu'on pourrait appeler l'époque des capitulations, jamais nous ne nous sommes montrés si lâches, si veules, si menteurs aux ancêtres et à nous-mêmes, qu'aux environs de 1890, alors que nous étions encore un tiers de la population. Il suffira d'un coup d'œil sur tout ce passé de honte, pour nous convaincre que nous avons été nous-mêmes nos pires ennemis. La fierté qui crée l'union nous a fait défaut; nous avons été les uns aux autres des délateurs, nous avons apporté dans la lutte des âmes d'affranchis. L'Histoire, qui se répète depuis les origines de l'humanité, ne se détournera pas de son cours. Ravis, presque étonnés d'avoir échappé au cataclysme de 1760 et aux cent ans d'orages qui suivirent, nous nous sommes abandonnés depuis à une vie toute végétative, sur une terre

... humide encore et molle du déluge.

Les agressions dont nous étions l'objet nous les regardions comme de simples incidents, des accidents peut-être, mais des accidents sans importance, quelquefois même d'heureux accidents, en ce que, habilement exploités, ils pouvaient faire arriver au pouvoir le parti ou les hommes politiques de notre choix. Verrons-nous enfin plus clair? Ouvrirons-nous les yeux sur ce fait de toute évidence, qu'étant ce que nous sommes, et placés où nous sommes, nous aurons la paix en reniant et langue et religion, et pas autrement; que l'épreuve qui vient de commencer est de celles qui durent non pas dix années, non pas vingt années, mais des centaines et des centaines d'années? La Providence ne fera pas pour nous plus qu'elle n'a fait pour son propre peuple, le peuple juif. Nous ne gagnerons pas, avec quelques discours ou quelques misérables tactiques électorales, la sécurité qui n'est venue aux Magyars, aux Flammands, aux Tchèques, qu'après des siècles de résistance aux flots mouvants et sans cesse renouvelés de la barbarie. Le creuset nous dévorera comme il a en partie dévoré l'Écosse et l'Irlande, ou il nous tiendra jusqu'au jour où, nouvelle Serbie, désormais insensibles au feu, nous en sortirons forts comme l'acier, purs comme le diamant. Les temps de paix pastorale sont passés. Finie, cette enfance idyllique que nous avons, avec l'optimisme naïf des peuples jeunes, pris pour la phase héroïque de notre existence parce que le gouvernement britannique — qui ne demandait pas mieux — s'est un peu fait prier avant d'acheter notre fidélité avec les immunités de notre Église et autres concessions qu'il ne pouvait nous refuser sans nous jeter dans les bras des Américains. L'évolution du sentiment anglo-canadien à notre égard est pour nous un enseignement. C'est à notre existence même qu'on en veut, et nous serons d'autant plus attaqués que nous serons plus dignes de vivre. Parce qu'ils ont cessé d'être uniquement des manœuvres et des terrassiers, les Canadiens français d'Ontario sont dénoncés comme un danger national. Le jour où ils auront parmi eux vingt millionnaires, ils seront astreints à un autre régime de propriété que le reste des citoyens, et cette fois encore la persécution s'exercera au nom des intérêts supérieurs des persécutés. Notre enrôlement pour la présente guerre ou pour toute autre guerre n'y changera rien; les siècles seuls pourront déposer dans l'âme de la majorité — je parle toujours de ceux qui font les lois persécutrices et qui les appliquent — ce respect de l'opinion d'autrui, cette tolérance, ce savoir-vivre, que le Canadien français le moins instruit apporte en naissant, parce qu'il est d'une vieille race, et que les vieilles races n'ont jamais les défauts des parvenus, mais qui manque presque invariablement à des conglomérats ethniques de date récente, et qui est pis encore, de formation tout artificielle. Mais que les attaques continuent ou non, et n'importe combien de temps elles continuent, nous aurons gagné la bataille du jour où nous nous serons réhabilités à nos propres yeux. Cette réhabilitation, nous la trouverons en combattant pour le droit des faibles, pour la civilisation, pour la liberté du monde, comme la petite Sœur de Charité, comme le prêtre qui se penchera peut-être sur nos fronts sanglants au moment suprême: sans obligation légale ni morale, et sans espoir de récompense. Déjà la vertu mystérieuse du sang versé s'affirme. Les nationalistes canadiens-français les plus hostiles à la politique des expéditions militaires ne sont pas insensibles à son prestige tout-puissant. Chaque semaine le *Devoir* publie avec orgueil le carnet de Paul Caron, de ce jeune néophyte à l'âme de crystal qui gardait dans la vulgarité des besognes quotidiennes le sourire d'un Louis de Gonzague, et qui dès le 4 août 1914 quitta ses bureaux pour la Légion étrangère. Celui-là, Barré, celui-là, DeSerres, celui-là, mon chef et ami, mon cher et vaillant colonel, — oui, ce petit troupier à un sou par jour, il vaut mieux que vous, parce qu'il y est allé par la voie la plus courte et la plus rude. Mais vous qui, après des mois de fatigue gaîment acceptés, et quelques-uns d'entre vous décorés de glorieuses cicatrices, nous revenez encore tout imprégnés de la poussière sacrée des Flandres; vous qui portez si noblement un uniforme dont la couleur s'est pendant tant de mois confondue avec la terre de France, nos voix, nos gestes, nos âmes vous le crient: vous valez mieux que nous! Vous surtout, lieutenant de Jonghe, qui Français d'origine, mais Canadien de naissance, de cœur et d'éducation, avez daigné, vos trois frères au feu, et l'un mort à l'ennemi il y a trois semaines, accrocher à la poitrine du 163e cette croix de Victoria, cet Ordre de Léopold et cette Médaille Militaire gagnés au prix de treize blessures, vous valez mieux que nous, vous valez mieux que nous! Et nous les ouvriers de la onzième heure, nous qui arriverons pour récolter dans votre sang et dans vos sueurs, nous à qui le temps — et fasse le Ciel après tout que cela soit! — ne laissera peut-être pas la joie de payer avec quelques gouttes de notre sang à l'Angleterre des John Bright et des Roebuck le tribut de notre fidélité, à la Belgique celui de notre admiration, à la France celui de notre amour, et qui pourtant avons offert à la cause de la liberté tout ce que nous avions; nous tous, officiers, sous-officiers et soldats du 163e et du 150e, et du 69e et du 57e, et du 167e, et du bel Hôpital Laval, nous ne sommes pas dignes de dénouer les cordons de vos godillots, petit piou-piou de la Légion étrangère, nous ne vous valons pas, héros des Flandres! Mais s'il en reste encore quelques-uns qui qualifient notre enrôlement de trahison, laissons-les dire, allons au feu d'un cœur alerte: n'en doutez pas, nous valons mieux qu'eux! Le monde est encore plein de bruit de la lutte qu'on rapporte que les Titans livrèrent aux dieux de l'Olympe aux premiers âges de la terre. Sa stupeur admirative s'est cristallisée en des métaphores qui sont aujourd'hui la monnaie courante du langage humain. Cette guerre, Mesdames et Messieurs, c'est une légende. Elle ne s'est produite que dans l'imagination des premiers aèdes. Elle a été inventée parce que rien, dans l'histoire véridique des hommes, n'était assez grand ni assez beau pour inspirer à jamais aux hommes la rédemptrice passion du surhumain. La véritable guerre des Titans, elle se livre aujourd'hui en Europe, en Asie, en Afrique, partout où le poids savamment accumulé de la force brutale menace de crouler sur le monde. Rien que d'avoir approché de ce poids nos faibles épaules, frotté à sa pesante armature d'acier la pointe de nos baïonnettes, nous nous sentirons plus grands et meilleurs, et notre race, allègre d'avoir versé dans cette aventure surhumaine un peu de son sang trop lourd, reprendra sa route plus digne de vivre, plus fière d'elle-même, le front tourné vers les étoiles, la poitrine gonflée d'espoirs invincibles.

ALBERT LOZEAU (1878-1924)

Atteint à l'âge de treize ans d'une tuberculose de la colonne vertébrale, paralysé des deux jambes l'année où son ami Nelligan écrit ses premiers poèmes, Lozeau vit presque toute sa vie dans une chambre, à la fenêtre. Nelligan, Gill viennent le voir, le renseignent sur les activités de l'École littéraire de Montréal, dont il sera membre en 1904 seulement. Dans la première édition de *L'Âme solitaire* (1907), il confie: « Je rêve et ne pense pas. J'imagine, je n'observe pas. J'exprime des sentiments que je ressentirais. [...] Je suis resté neuf ans les pieds à la même hauteur que la tête: ça m'a enseigné l'humilité. J'ai rimé pour tuer le temps, qui me tuait par revanche... » Avant de mourir, il a revu l'édition définitive de ses *Poésies complètes* (1925-1926), comprenant *L'Âme solitaire, Le Miroir des jours* (1915) et *Les Images du pays*, précédées de *Lauriers et Feuilles d'érable* (1916). Toujours en 1907, il affirme: « Je dis le mal de rimer, mais pour moi ce n'était pas un mal, c'était plutôt un bien, qui m'a, je le crois sincèrement, arraché au désespoir et à la mort. » Il est également l'auteur des *Billets du soir* (1911-1918).

Le matin

Matin de lent brouillard monotonement gris.
Les arbres bourgeonnants se dressent amaigris
Et vagues, comme s'ils étaient l'ombre d'eux-mêmes.

Le cercle rétréci des froids horizons blêmes
Étreint, comme un collier prodigieux de bras,
Les toits mouillés et nus qui se tassent en bas.
Le vent brusque renverse aux maisons embrumées
Le panache mouvant des légères fumées.
Et du gris sur du gris comme une cendre pleut...
Et pris d'un vain regret de soleil et de bleu,
Je rêve, le front triste et lourd de somnolence,
Que l'azur en l'espace élargi recommence...

Mars

Le jour est doux, l'air bleu. C'est encore l'hiver.
Le dernier mois de neige et de vent froid expire.
Déjà, dans l'atmosphère apaisée on respire
Comme un avant-coureur parfum de printemps vert.

La lumière s'attarde au livre grand ouvert
Où gît l'âme de Goethe, Hugo, Dante ou Shakespeare;
Et le rêveur, que tant de clarté vive inspire,
Se prend à te chérir d'avance, ô beau soir clair!

Janvier et février furent, comme décembre,
Des mois féconds. Le songe habita notre chambre;
Nous avons fait des vers intimes, pour nous seul.

Mais demain, élevant la voix au ciel sans voiles
Et sortant de soi-même ainsi que d'un linceul,
Notre âme va crier son amour aux étoiles!

Lumière

Je regarde, et j'emplis mes yeux de ta lumière,
Beau ciel où pas un seul nuage n'apparaît,
Et j'éprouve un plaisir indicible et secret
À sentir converger l'azur sous ma paupière!

Le bleu me glisse au cœur, frais comme une rivière
Qui, sans me déborder, toujours s'élargirait,
Et l'immense infini que rien ne contiendrait,
Vague à vague, s'étale en mon âme humble et fière!

Tout l'espace est en moi, qui vibre clairement;
Je l'ai bu du regard de moment en moment,
Et pourtant je ne suis qu'un atome en l'espace...

Le ciel bleu descendu dans mon infimité
Roule comme un profond torrent d'éternité,
Dans lequel, ébloui, je me mire et je passe!

Charme dangereux

Le charme dangereux de la mort est en toi,
Automne, on le respire en ton souffle, on le boit.
Tu fais le ciel couleur de cendre et de fumée,
Et ton ombre est si douce, ô saison bien-aimée,
Que dès qu'elle a touché, pâle encor, notre seuil,
L'âme faible s'y couche ainsi qu'en un cercueil.
Elle entend s'élever tes plaintes à nos portes
Dans le frémissement soyeux des feuilles mortes;
Elle sait que les yeux des astres sont fermés,
Que les ardents parfums des fleurs se sont calmés,
Que tout se pacifie et s'endort et se penche,
Que du soir désolé la tristesse s'épanche...
Un grand désir d'absence et de détachement.
Un vœu profond de n'être plus, infiniment,
S'emparent bientôt d'elle, et c'est ta faute, Automne,
Qui la berce d'un chant funèbre et monotone!
Ta voix magicienne enchante et fait mourir;
Les lys l'ont écoutée: ils se sont vus flétrir;
Elle est belle et pareille à de beaux yeux de femme:
Volupté du regard, hélas! malheur de l'âme!
Voix de sirène blanche en l'écume des flots,
Dont l'accent merveilleux, trompant les matelots,
Promet l'enivrement suprême et le délice
Et dont le charme traître à l'abîme les glisse...
Aussi, saison funeste et pleine de langueur,
Adorant la beauté fine de tes nuances,
Mais, comme un doux poison, craignant tes influences,
Je te garde mes yeux et te reprends mon cœur!

Musique

J'adorais la musique autrefois: j'ai changé;
Je préfère aujourd'hui le rythme du silence.
Je sens en moi grandir une âme d'étranger
Que trouble et que distrait la sonore cadence.

Comme une pierre en l'eau jetée, où le ciel luit,
Brouille la vision de l'image sereine,
Les sons harmonieux sont des cailloux de bruit
Dans le beau lac de paix dont mon âme fut pleine!

Ô vrai Musicien, ô Silence profond!
Calme charmeur de mélodie universelle,
Sur ton autel, je brûlerai le violon
Et le si grave et le si doux violoncelle!

Car tout ce qui te chasse, ô Silence, est mauvais,
Hors la parole humaine et le chant solitaire;
Et c'est toi qui, dans les temps anciens, t'élevais,
Ô Silence, premier orchestre de la terre!...

*
* *

Parlez-moi. Votre voix pleine de mots muets
M'enchante; je comprends surtout ce qu'elle cache.
Laissez au piano dormir ces menuets,
Et rêvons: il n'est rien de meilleur, que je sache...

L'âme cachée

Il n'est pas bon de trop se regarder agir
Ni de scruter le fond obscur de ses pensées;
Que d'œuvres chaque jour par l'esprit commencées
Dont l'intime secret force l'âme à rougir!

Marche naïvement comme un enfant candide,
Sans rechercher toujours la raison de tes pas;
Peut-être que, honteux, tu n'avancerais pas,
Connaissant le motif ignoré qui te guide.

Rien n'est pur tout à fait dans le cœur des humains;
Le mal originel, comme une sombre tache,
Aux plus beaux sentiments subtilement s'attache, —
Et le poignard est dans la loyauté des mains!

Ne te regarde pas au miroir de ton âme
Accomplir doucement ton paisible destin.
Devant ton acte clair et ton désir certain
Le dégoût te prendrait de te savoir infâme!

Vis sans te croire bon, sans te craindre méchant;
Ton amour est pareil à celui qu'on te donne.
Par la tienne, sachant la faiblesse, pardonne.
Ta voix d'ange déchu peut encore être un chant.

L'homme est fourbe, orgueilleux, imparfait, misérable;
Sur son fumier, le rêve éclot comme une fleur:
Respire son arôme, admire sa couleur,
Et rends grâce à jamais au rêve secourable

S'il te fait oublier quel mal ronge ton cœur!

Solitude

Solitude du cœur, silence de la chambre,
Calme du soir autour de la lampe qui luit,
Pendant que sur les toits la neige de décembre
Scintille au clair de lune épandu dans la nuit...

Monotonie exquise, intimité de l'heure
Que rythme également l'horloge au bruit léger, —
Voix si paisible et si douce que la demeure
Familière, l'entend toujours sans y songer...

Possession de soi, plénitude de l'être,
Recueillement profond et sommeil du désir...
Douceur d'avoir sa part du ciel à la fenêtre,
Et de ne pas rêver qu'ailleurs est le plaisir!

Heureuse solitude! Onde fraîche où se baigne
L'âme enfiévrée et triste et lasse infiniment,
Où le cœur qu'a meurtri l'existence, et qui saigne,
Embaume sa blessure ardente, en la fermant...

Par la fenêtre

Prisonnier dont le rêve adoucit la prison,
Je regarde le ciel, les arbres et les roses,
Et, quand l'aurore vient éblouir toute chose,
Le soleil allumer les vitres des maisons.

Je vois la lune bleue éclairer l'horizon,
Les étoiles ouvrir leurs petites fleurs closes,
Et je note le cours et les métamorphoses
Des nuages neigeux ou gris, et des saisons.

Je vois le monde où tant de force se consomme,
Haletant, s'épuiser dans la fièvre et le deuil,
Reprendre, comme hier, le fardeau qui l'assomme.

Et parmi tant de vœux, de misère et d'orgueil,
D'espérance lassée et d'amour sans accueil,
Je vois dans leurs yeux clairs battre le cœur des hommes!

Le vent

J'aime le vent autant que le rythme des vers.
Accords passionnés, musique véhémente,
Parole qui rugit ou voix qui se lamente,
J'aime le vent qui tourne autour de l'univers!

J'aime le vent tordant les beaux érables verts;
Le vent blanc que la neige empoudre et diamante,
Le vent tumultueux des longs soirs de tourmente;
J'aime le vent d'avril et le vent des hivers!

Tous les vents me sont doux dans leur calme ou leur rage.
Que le brin d'herbe a-t-il à craindre de l'orage,
Et qu'ai-je à redouter des colères du vent?...

Oh! levez-vous encore une fois dans l'histoire,
Grands vents impétueux, souffles du Dieu vivant,
Qui porterez un jour des ailés de victoire!

Les arbres dorment

Les arbres dorment au soleil.
Rien n'y bruit, rien n'y remue.
En file, le long de la rue,
Ils goûtent un profond sommeil.

L'air est chaud, et la brise absente.
Sous le ciel vaste où midi bout,
Les beaux arbres dorment debout,
Sans une feuille frémissante.

Ils se reposent de l'effort
Qu'ils ont fait par toutes leurs branches,
Et prennent de justes revanches
Contre le gel et le vent fort.

Ils dorment parfaitement calmes,
Dans le rêve oubliant leurs maux, —
Pareils aux hommes! — leurs rameaux
Ployés parfois comme des palmes.

À leurs pieds monte la rumeur
Du travail qui bourdonne et gronde:
Eux, ils ne sont plus de ce monde!
Le fracas dans leurs feuilles meurt.

Rien ne trouble leur quiétude;
Et les oiseaux respectueux
S'ils volent se poser sur eux,
Ont pitié de leur lassitude...

*
* *

Dormez, beaux arbres verts, dormez!
Avec leur plainte monotone,
Voici bientôt les vents d'automne
Et puis l'hiver, arbres aimés!

Dormez sous le soleil torride,
Vêtus de vivante splendeur;
Dormez sous l'implacable ardeur
Où l'âme de l'Été réside...

*
* *

Et quand vos feuilles tomberont,
Après tant de jours de souffrance,
Nous garderons la souvenance
De leur ombre sur notre front.

Les jours qui fuient

Les jours ont fui, pareils à des oiseaux sauvages, —
Des oiseaux blancs, des oiseaux gris, des oiseaux noirs, —
Qui s'en vont sans retour vers de lointains rivages,
Bonheurs, tristesses, deuils, rires, sanglots, espoirs...

Les jours ont fui, pareils à des oiseaux sauvages.

En silence, ils se sont envolés pour toujours,
Emportés par l'élan de leurs ailes légères,
Chargés, comme nos cœurs, de haines et d'amours,
Rythmant leur course aux sons des heures passagères...

En silence, ils se sont envolés pour toujours.

Les étoiles ont vu leur troupe disparaître
Dans le gouffre insondable et fatal de la nuit
Où, lambeau par lambeau, s'évanouit notre être...
Et le regard de l'âme avec regret les suit...

Les étoiles ont vu leur troupe disparaître.

Un par un, à la file, ils retournent à Dieu, —
Fouettés par les grands vents, transis par les orages, —
S'absorber à jamais dans le ciel toujours bleu...
Un par un, à la file, ils retournent à Dieu,

Les jours qui fuient, pareils à des oiseaux sauvages...

LIONEL GROULX (1878-1967)

Romancier (*L'Appel de la race*, 1922, publié sous le pseudonyme d'Alonié de Lestres), professeur (à l'Université de Montréal, de 1915 à 1949), homme d'action (de 1921 à 1928, il milite au sein du mouvement de l'Action française et dirige la revue du même nom, qui deviendra *L'Action nationale*) et historien (en 1947, il fonde la *Revue d'histoire de l'Amérique française*; son œuvre, très abondante, est couronnée par la publication, de 1950 à 1952, des quatre tomes de son *Histoire du Canada français depuis la découverte*, maintes fois rééditée), l'abbé Lionel Groulx a exercé une influence prépondérante sur deux générations de Canadiens français. Écrivain engagé, Groulx a défini, systématiquement et activement, la doctrine nationaliste et tracé le chemin d'un avenir possible, optant pour l'éventuel avènement d'un État québécois, francophone et indépendant, et catholique... Voici la thèse de son roman *L'Appel de la race*, dont nous présentons un extrait. Avocat, député à Ottawa, francophone mais anglicisé (ses enfants, Virginia, William, vont à l'école anglaise), Jules de Lantagnac passe quelques jours au Québec, entend « l'appel » comme Maria les voix. Le Parlement ontarien adopte en 1916 le Règlement 17, qui impose l'anglais comme langue d'enseignement dans toutes les écoles primaires subventionnées par l'État. Le débat a été porté à la Chambre des communes, et Jules de Lantagnac doit prendre parti. Le héros est déchiré entre son amour pour sa femme (Maud Fletcher, anglophone protestante) et son devoir. À la fin, c'est le second sentiment qui l'emportera. La préface de Groulx est laconique: « Je n'ai jamais fait de roman. » Groulx est également l'auteur d'un deuxième roman, *Au Cap Blomidon* (1932), et de plusieurs volumes de conférences, d'essais, de souvenirs.

L'APPEL DE LA RACE

L'heure du choix*

(L'extrait que nous proposons se situe vers la fin du roman, au chapitre VI, intitulé « Préparatifs de bataille ». Jules de Lantagnac abandonne le poste de conseiller juridique qu'il occupait dans une compagnie anglophone, où son opposition au Règlement 17 est mal vue. Il y sera remplacé par son beau-frère, l'Irlandais Duffin. Lantagnac se prépare à soutenir, au Parlement fédéral, la résolution d'Ernest Lapointe qui demande au gouvernement ontarien de respecter sa minorité française.)

Le soir même, rentré chez lui, l'avocat, d'un cœur allègre et résolu, rédigea sa démission et la fit porter sans retard. Le lendemain, il ne manifesta nulle surprise lorsque Virginia vint lui dire:

— Eh bien! tu sais?

— Quoi donc?

— Tu n'as pas lu ton *Citizen?*

— Pas encore.

— Le nom de ton successeur chez les Aitkens?...

— Qui donc?

— Devine.

— William Duffin.

— On te l'a dit?

— Je l'ai deviné dès avant-hier.

Il n'avait pas oublié l'aversion d'espèce fort particulière que lui avait inspirée Duffin, à sa dernière visite. Et l'avocat, qui avait des lettres, se souvint que, du temps d'Eschyle, la trahison s'appelait déjà: « la plus immonde des maladies ».

Cette démission faisait perdre à Lantagnac la somme de 20,000 piastres par année. Il n'en serait pas ruiné pour tout cela. Sa clientèle, il pouvait l'espérer, se referait graduellement du côté de ses compatriotes. Mais d'ici quelques années, il aurait à diminuer sensiblement son train de vie. Cette perspective qui le laissait assez calme lui-même, l'effrayait grandement quand il songeait à sa femme. Comment lui faire accepter ce qui paraîtrait une humiliation devant leur monde? Et puisque la démission allait atteindre du même coup les enfants, Lantagnac pourrait-il défendre son geste du reproche d'égoïsme? Plus encore qu'au moment de l'élection de Russell, il aperçut l'urgence d'expliquer sa conduite à Maud. Cette explication, il la différa néanmoins encore deux jours. Autant il se sentait fort devant un assaillant comme Duffin, autant il se reconnaissait faible devant les larmes d'une femme, quand cette femme était la mère de ses enfants, la fiancée de sa vingt-cinquième année. Lantagnac fut délivré subitement de toutes ses hésitations. Le matin du 5 mai, Maud lui dit en passant près de lui:

— Lius, je veux vous voir chez moi, ce soir, à sept heures et demie. Serez-vous libre?

— Certainement, dit Jules, qui ne put se défendre d'un moment de trouble.

« Lius », avait dit Maud. Elle venait de l'appeler du petit nom affectueux, abréviation du prénom anglais Julius que depuis longtemps elle paraissait avoir oubliée. Ce simple mot alla droit au cœur de Lantagnac. Maud allait donc jouer contre lui de toute la puissance du sentiment. Or il savait par expérience de quelles exubérances sentimentales peut devenir capable, à certaines heures, l'âme anglo-saxonne. Trop contenu, trop guindé par une éducation sévère et par un excès de réserve puritaine, le sentiment ne déborde jamais chez elle que pour ignorer les demi-revanches. Lantagnac appréhendait que là, dans la chambre de sa femme, dans le cadre de leur plus complète intimité, il ne fût d'une faiblesse dangereuse.

Le soir, à l'heure dite, son courage remonté le mieux possible, il frappa chez Maud. Il la trouva profondément affaissée dans un fauteuil. Un autre fauteuil était là, disposé auprès du sien. Elle leva la main pour l'indiquer à son mari. Droit en face de lui, sur le mur, Lantagnac aurait, pendant ce long tête-à-tête, une photographie ancienne, lointain souvenir de leur voyage de noces. Tout auprès s'étalait le portrait de Maud, œuvre du peintre Collins, que Jules lui avait offerte après la naissance de Wolfred et où la jeune femme survivait dans l'auréole de sa première maternité. Un peu partout, dans la chambre, il revoyait les photographies de ses enfants à leurs divers âges, images que Maud a disposées avec art, pour mettre son mari dans un milieu d'émotion. D'une voix qui vibrait d'une affection sincère elle commença:

— Mon cher Lius, vous comprendrez pourquoi je vous ai fait venir ici. Il y a si longtemps que notre intimité est morte, par ma faute peut-être, encore plus que par la vôtre; je voudrais tant que, replacée dans son cadre, elle pût revivre.

Lantagnac qui attendait au moins quelques légers reproches, se sentit quelque peu désarmé par ce début. Il répondit d'une voix aussi peinée:

— Ma chère Maud, croyez-vous que, moi aussi, je ne regrette pas ce qui est perdu, et que mon bonheur ne serait pas grand de voir tout cela ressusciter?

— Eh bien! mon ami, je veux, moi, faire tout mon possible, consentir tous les sacrifices, pour que cette résurrection s'accomplisse. Êtes-vous prêt à en faire autant?

— Mais assurément. Puis-je hésiter, Maud, à mettre notre bonheur et celui de notre foyer au-dessus de tous les sacrifices que n'interdit pas l'honneur?

— Très bien, s'écria Madame de Lantagnac, un peu rassurée. Je reconnais là votre grand cœur. Mais ce soir je veux songer à d'autres que moi-même. Je pense d'abord à nos enfants. Vous n'ignorez pas, Lius, que votre récente démission les atteint cruellement. C'est une rente de 20,000 piastres que leur vole notre fripon de beau-frère.

— Puisque vous le jugez comme moi, ce Duffin, observa Jules sèchement, si vous le voulez, Maud, son nom ne sera plus prononcé dans cette maison.

Puis se reprenant:

— Mais vous ne voulez pas me reprocher, j'en suis sûr, d'avoir sacrifié nos enfants pour un motif égoïste de vanité?

— Non, s'empressa-t-elle de rectifier, je me demande seulement si vous aviez le droit de les sacrifier.

— Je n'ai rien fait que ce que j'ai cru devoir faire, soyez-en persuadée, Maud, fit-il, refoulant une émotion qu'il sentait l'envahir malgré lui. J'ai pensé, en toute bonne foi, que l'honneur du chef de famille est un bien commun, et qu'en le défendant je défendais le bien de tous.

Maud sentit aux vibrations de la voix de Jules que son cœur battait plus fort. C'est donc d'une voix encore plus suppliante qu'elle reprit:

— Mais au moins, puis-je espérer que ce sacrifice ne sera suivi d'aucun autre?

Lantagnac baissa les paupières et dit lentement:

— Puis-je savoir, moi, jusqu'où le devoir me conduira?

Et, la main sur celle de Maud qui s'était posée sur le bras de son fauteuil, avec sa grande élévation d'esprit, très franchement, il lui exposa quelques-uns des hauts motifs qui gouverneraient ses prochaines décisions:

— Je veux que tu le saches bien, appuya-t-il, c'est l'amour de ma nationalité, sans doute, qui me pousse à agir; c'est aussi le commandement de ma foi. Bien souvent, Maud, tu m'as confessé les difficultés qu'éprouve un converti, obligé de garder ses croyances dans son milieu protestant. Tu sais, comme moi, les ravages affreux que les mêmes influences opèrent dans les milieux catholiques irlandais. Les journaux, les livres que l'on lit dans ce monde-là, les mariages mixtes qui s'y font tous les jours, travaillent plus efficacement pour l'hérésie que tous les prédicants ensemble. Quelles statistiques navrantes ne nous offrent pas les races catholiques qui s'anglicisent au Canada et aux États-Unis! Tu te souviens qu'ensemble nous avons causé souvent de ce triste sujet. Or, si mes compatriotes s'anglicisent, ne crois-tu pas que le même sort attend leur foi? Surtout que l'on ne vienne pas m'objecter que c'est reconnaître à la foi des miens bien peu de solidité, bien peu de résistance. Ceux-là oublient que l'anglo-saxonnisme est, à l'heure actuelle, la puissance la plus formidable et que la littérature anglo-saxonne est le tout-puissant véhicule de la pensée protestante et qu'elle le restera encore d'ici longtemps. Maud, tu le sais comme moi, et tu en souffres. Mais alors je me le demande: qui donc a le droit, en ce pays, par amour d'une fausse paix ou pour l'ambition d'une grande unité politique, qui donc a le droit d'exposer au péril de la mort la foi de tout un peuple?

Maud avait écouté attentivement. Sa foi restée vive depuis le jour de sa conversion luttait fortement en elle contre sa tête et son cœur. Elle sentait la puissance des raisons invoquées par son mari. Pourtant, bien déterminée à ne pas se soumettre, elle risqua une objection qu'elle croyait souveraine:

— Je crois que vous avez raison en théorie et pour les vôtres. Mais en ce moment, n'est-il pas vrai? nous discutons surtout notre cas, celui de nos enfants. Or, mon cher Jules, nous avons gardé la foi, nous, dans notre milieu; nos enfants ne paraissent-ils pas devoir la garder?

— La garderont-ils toujours et tous? répondit Lantagnac, se parlant plutôt à lui-même, les yeux fixés sur le mur, vers une énigme douloureuse. Voyez Wolfred et Nellie, continua-t-il: tous deux nous menacent déjà d'un mariage mixte. Qui nous assure alors que leurs enfants échapperont au sort commun? Souvent, je te le confie, ma chère Maud, cette crainte empoisonne mes pensées.

— Mais, mon pauvre ami, riposta un peu vivement Maud, que la force des objections à résoudre ravivait, l'auraient-ils mieux conservée leur foi, dans votre société de catholiques canadiens-français? Cette société, je vous ai entendu la juger quelquefois. Vos jugements étaient bien sévères.

— Ne le sais-je pas? Le catholicisme ne confère rien d'un brevet d'impeccabilité, mon amie. Mais aujourd'hui, nous parlons surtout d'une atmosphère, n'est-ce pas? Et alors vous me le concèderez: la vraie foi a plus de chances de subsister où elle a déjà pleine possession d'état, où elle se défend derrière le rempart de la langue, où elle s'encadre dans un ensemble de rites, de traditions qui se perpétuent admirablement, vous l'avouerez, parmi les miens, si bien que les familles les plus légères, les moins en garde, n'arrivent pas toujours à s'en débarrasser.

Maud poussa un long soupir. Elle venait d'éprouver la faiblesse de ses raisons. Mais, en même temps, elle sentait s'agiter au fond d'elle-même un flot de sentiments qui n'abdiquaient pas, qui la poussaient avec violence à se révolter.

— Ainsi donc, vous êtes toujours emmuré dans vos idées, toujours implacable pour moi?

Et sa voix s'adoucit sur les derniers mots, dans la crainte d'avoir paru un peu vive.

Lantagnac se retourna à demi de son côté; il la considéra quelques instants:

— Comme vous paraissez triste, Maud; Dieu m'est témoin pourtant qu'un seul devoir nous divise.

— Mais ce devoir, vous l'acceptez, mon ami, gémit-elle, au risque même de démolir votre foyer.

Elle se laissa tomber au fond de son fauteuil, la tête penchée vers son mari, et se mit à sangloter comme une enfant. Ces gémissements d'une femme qui était la sienne, ces sanglots dans cette chambre bouleversèrent Lantagnac. Ils éveillaient au fond de son âme l'écho d'une tristesse inexprimable. Il avait pris dans sa main la main de Maud, et, les yeux levés vers la photographie de leurs lendemains de noces, il se laissa aller vers ce souvenir lointain. Il revoyait un jeune couple se promenant, un soir de mai de l'année 1893, sur la terrasse Dufferin à Québec. Maud avait choisi elle-même, pour terme du voyage, la capitale québécoise. Ce soir de mai, une fanfare exécutait sous un kiosque de la terrasse, des airs nationaux. Jules et Maud se perdaient dans le flot des promeneurs. Ils n'existaient l'un et l'autre que pour eux seuls. Elle, s'abandonnait au bonheur de la découverte de son jeune mari si noble et si beau. À ce bonheur se mêlait pour Maud la joie de sa conversion récente; elle se sentait dans l'âme une allégresse chantante. Lui, isolé parmi les siens, par ses convictions nouvelles, s'appuyait sur le bras de sa jeune femme comme sur le grand et seul appui de sa vie. Il s'en allait, ce soir-là, plein de la double joie d'avoir conquis sa fiancée sur la foi protestante et sur la race supérieure. La musique du kiosque donnait des ailes à son rêve. Ils allaient et venaient tous deux sur la terrasse majestueuse, depuis l'escarpement sombre de la citadelle jusqu'à l'autre bout où se dressaient dans la nuit, comme des silhouettes gigantesques et comme l'émanation d'un monde épique, les clochers de la haute-ville. Au-dessus de leur tête, dans l'atmosphère d'une nuit tiède et mystique, les étoiles se rejoignaient aux lumières de la côte de Lévis, aux feux ambulants des navires dans la rade, et mêlaient si bien le ciel et la terre que les jeunes mariés ne savaient plus si leur bonheur n'avait rien que de terrestre.

Lantagnac revit cette scène de l'Éden de sa jeunesse. Et qu'elle lui revînt dans un moment pareil, dans cette chambre où paraissait agoniser son amour, lui fit monter, à lui aussi, des larmes aux yeux. Maud était toujours là, affaissée dans son fauteuil, la tête inclinée sur la poitrine, qui sanglotait désespérément. Elle lui parut dans une détresse suprême. Il se souvint d'une phrase que dans cette soirée inoubliable, ils avaient échangée tous deux sur la terrasse québécoise. Il lui avait dit:

« Vous savez, mes parents sont morts pour moi, Maud; vous êtes toute ma parenté et toute ma vie. »

Elle lui avait répondu:

« Jules, ma conversion me sépare fatalement des miens. On la tolère, mais au fond on ne me la pardonne pas. Je n'ai plus que vous, mais pour moi vous serez tout. »

Au souvenir de ces promesses échangées, la menace même involontaire qu'il laissait planer sur la tête de sa femme, le fit souffrir comme un remords. Il sentit bruire dans son cœur un sentiment nouveau, dont il avait appréhendé la naissance, au début de leurs premières altercations. Maud devenue franchement malheureuse, il se reprenait à l'aimer plus fort, non pas peut-être de l'amour tendre qui avait enchanté les premiers temps de leurs fiançailles, mais d'une affection plus inquiétante pour ses résolutions. Il l'aimait d'un amour chevaleresque où entraient une grande pitié pour la faiblesse en face de lui et surtout la volonté de la défendre contre le malheur. Il se pencha vers celle qui sanglotait. De sa voix la plus chaude il lui parla:

— Maud, Maud, ne pleurez plus. Pourquoi ce chagrin quand vous ne savez pas encore ce que je ferai? J'aurais dû vous le dire tout à l'heure: je veux faire mon devoir le 11, mais je ne sais pas encore ce qu'il me commandera. Je n'ai autorisé personne à dire que je parlerais. M'entendez-vous? Personne.

Elle parut se ranimer. Lentement elle leva vers lui ses yeux gonflés de larmes. Et, d'une voix que coupait encore l'étranglement des sanglots, elle dit:

— Vous savez bien, Jules, que j'ai tout quitté pour vous. Ne vous en souvient-il plus? Non, reprit-elle passionnément, non, je ne crois pas aux devoirs qui commandent de pareilles cruautés. Vous dites, mon ami, que vous vous devez aux vôtres, à votre race, à votre sang. Oubliez-vous que la même voix me parle et me commande?

Et ne se doutant pas de l'affreuse gravité des paroles qu'elle prononçait, tellement cet impérialisme sentimental lui était inné, elle continua:

— Il vous paraît affreux que vos enfants se séparent de ceux de leur lignée? Ne croyez-vous point que j'éprouve la même angoisse à les voir se séparer de leur mère? En moi aussi, l'instinct de race s'est éveillé; il me tient, il me commande impérieusement.

Puis, s'enflammant tout à coup, elle ajouta d'un ton subitement ferme et presque dur:

— Comme vous, j'ai aussi derrière moi tous les miens. J'ai encore dans l'oreille l'accent terrible avec lequel mon père m'a dit: « Écoute-moi bien, ma fille: j'ai donné ta main à M. de Lantagnac; mais tu te rappelles ce qu'il était alors, ce qu'il voulait rester. Sache-le, je ne permettrai pas que Maud Fletcher demeure la femme d'un agitateur français. » Et moi, je sens, et je vous en avertis loyalement, Jules, je sens que si vous alliez devenir le chef public, reconnu de cette agitation, trop de malaise, trop de motifs de désunion se glisseraient entre nous pour que la vie ici me fût tolérable.

Elle s'arrêta sur ces mots qui sortirent péniblement de sa gorge, consternée par l'effet qu'ils venaient de produire sur son mari. Lui, l'avait écoutée jusque-là, penché en avant, les mains jointes dans une attitude d'abandon. Il se redressa soudain; sa figure prit cette fermeté rigide qui annonçait le sentiment intérieur blessé, la volonté de défendre sa résolution. Maud eut peur d'avoir tout compromis. À son tour, elle prit la main de son mari, et, avec un retour de tendresse, elle lui dit en lui cherchant les yeux:

— Jules, dites-moi que votre devoir ne vous commandera pas de me faire mourir?

Elle attendit la réponse. Les traits de Jules se détendirent de nouveau. Il fut reconquis par ce nouvel assaut d'amour suppliant. Il joignit sa main restée libre à celles de Maud et, les pressant affectueusement, il répondit:

— Vous savez bien que je n'aurai pas cette cruauté.

DIRECTIVES

Notre destin français

Une politique nationale se fonde, en définitive, sur notre volonté de vie, laquelle se fonde à son tour sur la valeur de notre héritage français. En d'autres termes, nous croyons à notre droit de nous perpétuer en notre essence culturelle. Et nous estimons que, par les moyens qui lui sont propres, la politique se doit de nous y aider. Aux esprits indécis qui s'enquièrent: « Avons-nous quelque intérêt, un intérêt suprême à rester français? Notre personnalité humaine est-elle engagée en l'aventure? »; aux défaitistes qui vont plus loin et qui disent: « Français, avons-nous quelque chance de le rester? Le rêve échappe-t-il à toute chimère? », aux uns comme aux autres, nous répondons par un oui vigoureux.

C'est, on le voit, explorer tout le contenu de la mystique canadienne-française. Vocable que les grands seigneurs de l'invective nous passeront, sans doute, maintenant que le Cardinal n'hésite pas à l'employer. « Mystique, » disait-il, l'autre jour, à propos du prochain congrès de la langue française, « mystique, c'est-à-dire amour qui procède d'un idéal latent et d'une passion mystique et profonde ». Et Son Éminence ajoutait: « L'idéal de notre mystique française, c'est la valeur civilisatrice, l'histoire chargée, le rôle apostolique de notre langue qui devront le faire resplendir. La passion sourde qui nous poussera par le fond de l'âme à tous les envols et à tous les héroïsmes pour servir l'esprit français, ce sera l'instinct secret, le sang et les traditions qui courent en nos veines, les ancêtres qui vivent en chacun de nous ».

« Le sang et les traditions qui courent en nos veines! » Qu'est-ce qu'un Canadien français? Son nom le définit: un Français canadianisé. Un Français, d'origine et de culture, mais modifié, diversifié par trois cents ans d'existence, en un milieu géographique et historique original. Dans la définition de notre être ethnique ou national, l'accent se pose indiscutablement sur le qualificatif « français ». Plus que son appartenance au pays canadien, son appartenance à la culture française le situe en une famille spirituelle déterminée, lui donne le pli, le fond de son âme, met le sceau à son type humain. Retenons, d'autre part, que cette culture, il la vit et elle lui est départie dans un milieu concret. Elle est liée à des réalités charnelles et spirituelles d'une certaine espèce: terre, histoire, institutions politiques, juridiques, sociales, intellectuelles, religieuses. Il faut même ajouter que la culture de France, source et supplément indispensables de la sienne, notre peuple n'a de prise sur elle que par le moyen de ses institutions à lui; il n'en peut prendre que ce qu'elles sont en puissance d'en prendre. Et cette culture elle-même n'a de vertu véritable que dans la mesure où elle nourrit et accroît l'élan vital de ces institutions, où, pour la vie sur ce continent, elle revigore et discipline notre jeune force française. En résumé, notre milieu national et culturel ne saurait être un milieu artificiel, milieu de la plante de serre qui ne vit que d'une atmosphère et d'un soleil factices. Ce ne saurait être la France, quelque emprunt qu'il soit de nécessité d'y faire; c'est le Canada français, notre portion d'univers et son potentiel de civilisation.

Que vaut ce milieu? Pour son légitime développement, notre personnalité humaine y trouve-t-elle son compte? Est-il de ceux auxquels un peuple ne saurait renoncer, sans le risque d'une catastrophe? Je me suis déjà expliqué sur le rôle considérable du milieu national dans la formation de l'être humain. Il n'est pas seulement éducateur. D'un déterminisme nullement absolu, il n'agit pas moins sur tout l'être, l'atteignant aux profondeurs secrètes du corps et de l'âme. Terre, histoire, institutions, ne sont pas des forces enchaînées; leurs effluves actifs et subtils nous enserrent et nous pénètrent jusqu'aux moelles. Tous les philosophes ou psychologues l'admettent: le milieu national dispose d'une puissance en quelque sorte génératrice. Il crée une variété humaine, comme le sol, le climat créent des variétés biologiques. Il ébauche en nous des prédispositions psychologiques, nous prédestine à des façons de sentir, de penser et d'agir, façonne à un peuple son originalité collective. Par là il entre largement parmi les facteurs qui nous préparent à l'acquisition de nos fins terrestres, et, par là encore, n'est point sans rapport avec les plans supérieurs. Changer, détériorer ou révolutionner son milieu national, reste donc pour un peuple une expérience des plus graves, un risque suprême. Littéralement, c'est refouler le courant de ses hérédités, entreprendre de se forger une âme nouvelle. Pareille entreprise ne va pas sans bouleversement en l'être profond, sans jeter infailliblement dans la vie une longue période d'instabilité spirituelle. Sort mélancolique de l'arbre adulte, transplanté violemment dans un nouveau terroir, et condamné à y végéter dans l'attente du dessèchement fatal.

*

* *

J'entends l'objection: parler de milieu culturel, d'un milieu éducateur et générateur, n'est-ce point, pour les Canadiens français, se payer de mots? Certes, on peut épiloguer à l'infini sur nos déficiences psychologiques, nos misères intellectuelles, l'indigence du milieu national. Tout cela est incontestable. Est-ce justice toutefois que de nous juger sur nos seules déficiences? Jusqu'à ces derniers temps, et depuis soixante ans, un enseignement et une éducation déficitaires nous ont nourris de la plus fumeuse, de la plus flasque des idéologies nationales. La politique et les politiciens nous ont, en outre, horriblement dévoyés. Il y a ce fait lamentable, en notre vie, que nos heures de souveraine exaltation n'ont pas été des heures d'unanimité spirituelle, des minutes de frémissement, à l'occasion de quelque grande fête de la patrie: célébration de quelque noble anniversaire, de quelque grande résurrection historique, de quelque éclatante réussite artistique, de quelque victoire politique et nationale. Ces heures, la Providence nous les a sévèrement ménagées. En revanche nous avons connu, vécu à satiété les jours de mêlées haineuses autour des tribunes électorales, les heures de trépignements enfantins, à hurler, le poing levé les uns contre les autres, le triomphe de quelques histrions, élus d'un suffrage si spontané. Notre peuple qui ne sait rien de la patrie, qui est incapable de vibrer pour elle, pour sa terre et ses morts, sait se passionner, jusqu'à la folie hystérique, pour le mythe du parti et pour des fantoches de forum.

Mais est-ce bien là tout nous-mêmes? Péguy appelait *Époques* les temps où la mystique triomphe; ils sont héroïques, disait-il; et il appelait *Périodes*, les temps où sournoisement règne la politique; il ne s'y passe rien. En regardant d'un peu près notre passé, serait-il impossible d'y découvrir quelques « *époques* »? Deux témoignages, à notre avis, démontrent la valeur de notre milieu: l'espèce d'hommes engendrée par lui et la survivance jusqu'à ce jour de ce type humain.

Dans la première partie de notre histoire, comment n'être pas frappé par la riche nature des ancêtres, le rare dédoublement de leurs aptitudes? On dirait presque deux races, deux peuples. Chez l'un, l'amour du sol jusqu'au cramponnement opiniâtre, passionné; l'acharnement à remuer de la terre, à en tirer de la vie, à façonner un pays; la croyance qu'on peut faire grand sur un petit carré de quelques arpents, que la terre commune, que la patrie naît ainsi, par l'humble labeur de chacun, à sculpter son coin comme un joyau; au besoin, la mort héroïque, au poste, face au barbare, comme une sentinelle, un soldat d'avant-garde. En somme, un travail héroïque, mais dans le tassement social, en des horizons définis; le goût de conquérir, mais pas à pas, solidement, par l'avance des moissons et des clochers.

Et l'autre type humain, celui-ci impuissant à demeurer en place, tout en projections morales. Non plus le goût de l'héroïsme collectif, du travail en équipe, discipliné, mais de l'aventure isolée, du risque personnel; une poussée irrésistible à foncer dans l'inconnu, à faire sauter, d'étape en étape, le masque de la vieille Amérique; à chaque nouvelle articulation géographique, prendre un élan plus impétueux; aller, tant qu'il y a de l'eau qui porte, tant qu'il y a de la terre qui se dérobe, pour se tailler une aire continentale, s'esbrouffer à son aise. Et cependant rattacher cette œuvre à l'autre, l'accomplir avec le même souci d'humanité; s'avancer avec une passion de rival, pour contenir, vaincre une concurrence commerciale, mais aussi offrir une main fraternelle à l'homme que l'on découvre; et, chacune de ses avances, les marquer de comptoirs et de forts militaires, mais aussi de croix et de chapelles. En un mot, à côté de ceux qui bâtissent solide, bâtir grand, comme se doivent de bâtir, en ce dix-septième siècle, les fils de la première nation du monde; au delà de l'humble et paisible tableau de la vallée laurentienne, brosser une immense fresque historique; donner au pays pastoral, à la terre de la vie calme, un prolongement de rêve, une permanente invite à l'audace. Voilà un peu notre type humain. Y a-t-il motif à tant le dédaigner? Voilà aussi un peu notre passé: histoire de grand style. Une simple carte de l'Amérique française de jadis — si ce n'était chose introuvable — nous révélerait qu'il faut remonter assez haut dans l'histoire du monde, pour trouver un petit peuple qui ait mis sous ses pieds autant d'espace et qui se soit construit un pays à pareille échelle.

La seconde partie de notre histoire nous offrirait-elle un tableau de même venue? N'est-ce rien que notre volonté de 1760, volonté du plus petit peuple de la terre, de vivre sa vie à soi, dans le tout-puissant empire britannique? Culte de la fidélité à nous-mêmes, aux ancêtres, à la culture, à la foi, instinct profond, dont la consigne pourrait être: nous dégager pour nous réaliser. Volonté têtue, qui règle toutes nos aspirations, tous nos choix, qui, d'étape en étape, jusqu'en 1867, nous fait inscrire, dans nos chartes politiques, de façon progressive, triomphante, nos droits, nos libertés, nous pousse à saisir la direction, le gouvernement de notre destinée. Tout cela est-il si dépourvu de grandeur? Rendons-nous cette justice: un autre destin eût été plus facile. Nous n'avons choisi ni le moins dur ni le moins héroïque. Notre miraculeuse survivance nous avertit donc et de la solidité de notre être et de la vertu nourricière de notre milieu. Songe-t-on assez, en effet, comme il nous a fallu être forts, être solidement français, et comme, en dépit de ses moyens de misère, notre milieu nous a dû fournir de vigueur spirituelle, pour nous donner la puissance de vaincre un sort si adverse et tant de complicités intérieures? Il faut même en convenir: une pareille constance dans la ligne droite, sans un vrai point de rebroussement, alors que, le plus souvent, nous n'avons eu de chefs que pour nous fourvoyer, ne va point sans une vocation irrésistible, une poussée providentielle.

*
* *

Nous demanderons-nous, après cela, s'il vaut la peine de demeurer en cette ligne d'histoire et s'il serait si maladroit de rester français? Mettons que nous décidons de nous continuer. Quel serait le profit de l'aventure? La destinée suprême de tout peuple, dans l'ordre de la culture et de la civilisation, c'est d'incarner un type d'humanité, c'est de jeter une note originale dans la vaste symphonie humaine. Cette destinée, nous osons le soutenir, peut être la nôtre; et elle peut l'être avec une grandeur incomparable. En Amérique du Nord, un seul îlot humain échappe jusqu'à ce jour à l'uniformité anglo-saxonne: le nôtre. Nul autre groupe ethnique n'y peut plus échapper. De même, et à moins d'un miracle imprévisible, les catholiques américains et anglo-canadiens sont destinés à ne jamais former qu'une vaste diaspora, des unités perdues dans la multitude païenne ou dans un christianisme kaléidoscopique. En face de l'orgueilleuse uniformité, un seul groupe humain peut prétendre à dresser une individualité libre, distincte: une nation, un État de culture française. Un seul peuple peut caresser le rêve de rester un peuple catholique homogène, organisé en État: le nôtre. En conséquence la grande, la suprême originalité, l'originalité la plus originale, nous seuls, sur ce continent, avons chance de la créer. L'aventure en vaut-elle la peine? Et serait-ce là rêve d'orgueil ou d'égoïsme? Rester soi-même n'est pas s'isoler. Un peuple, peut-on même soutenir, sert d'autant mieux la civilisation que, plus dissemblable aux autres, il se met en mesure de leur apporter une collaboration plus personnelle et par conséquent plus riche.

Quel destin peut alors valoir celui-ci: être un peuple français, franchement, décidément français; mettre sur son pays, sur son industrie, sur son art, sur ses mœurs, une puissante empreinte française, et se ménager ainsi, en cette portion du globe, la fortune d'un rôle unique; constituer l'un des pylônes aériens où viendraient se relayer, pour un nouvel élan vers notre occident, les courants spirituels les plus hauts, les plus riches du monde; devenir, pour le profit de l'Amérique, l'unique champ peut-être d'expérience, le climat où, pour l'enfantement de l'ordre nouveau, la révolution temporelle ferait voir, plus tôt et plus magnifiquement qu'ailleurs, la libération de la personnalité humaine et l'épanouissement de l'esprit. Se pourrait-il plus merveilleuse réussite? Il faut que les défaitistes, les ignares, le sachent: voilà à quoi ils nous demandent de tourner le dos. Cependant « il s'agit de nous-mêmes et de notre tout », dirait Pascal.

*
* *

Les pusillanimes parlent de chimère. Ont-ils le droit de prononcer ce mot? Que nous faut-il pour réaliser cette destinée ? Réagir victorieusement contre les déformations du milieu américain et, par là, préserver l'intégrité de notre esprit; nous assimiler, de façon suffisante et vivante, notre culture; constituer, par ce moyen, un type humain, capable de vie et digne de vie, assez riche pour produire une œuvre de civilisé. Ce triple problème est-il de solution chimérique?

La réaction peut nous paraître difficile, peut-être même impossible, en notre état actuel d'anémie ou de dépression morale. Nous nous sentons à la merci de tous les vents, de toutes les modes, de tous les engouements, y compris les plus meurtriers. Observons toutefois que les peuples forts subissent aussi des engouements. La différence entre eux et nous est que, chez eux, l'engouement ne se cristallise jamais en tradition; il n'entame point le fond de l'âme. La consigne alors est nette: nous forger une âme. Qui nous en empêche, nous qui avons à notre disposition toutes les ressources de la discipline catholique? Sans méconnaître le moindrement les qualités de l'âme française ni les vertus de la culture française, il serait opportun de nous rappeler que c'est notre droit et notre devoir de lever les yeux vers un humanisme supérieur, l'humanisme chrétien. Ne soyons pas la pâte qui dit au ferment: « Je n'ai pas besoin de toi ». Dans la bataille où nous sommes engagés, il nous faut une âme tendue jusqu'à son extrême puissance, une personnalité humaine déployée en sa vigueur et perfection plénières. Devenons un peuple fort, un peuple adulte; et rien ne pourra faire fléchir nos lignes de résistance.

Assimiler notre culture, serait-ce tâche plus difficile? C'est déjà quelque chose que la langue française soit restée la langue du foyer, la langue de l'école, la langue de l'Église, la langue des tribunaux, la langue des lois et du parlement. Le principal instrument ou le premier truchement de la culture originelle est encore en notre possession: instrument imparfait, déformé, je le veux bien; mais instrument réformable. Notre culture, rien ne nous empêche plus de la vivifier aux sources mêmes de la culture-mère. Que la haute direction de notre enseignement primaire devienne enfin un organisme efficace, débarrassé de tous les parasites de la politique; que l'on s'y convainque qu'il n'y a pas de nationalisme exagéré à mettre un peuple en possession de son capital culturel, à donner à son éducation nationale une vigoureuse impulsion. Rétablissons, dans nos écoles, l'absolue primauté de la langue maternelle. Continuons d'élever le niveau de notre enseignement secondaire. Qu'en nos universités, les facultés des lettres cessent d'être les plus pauvres, les plus inorganiques. Alors, d'un bout à l'autre de notre enseignement, il ne tiendra qu'à nous de nous approprier en réalité les conditions de vie intellectuelle d'une province de France. Simple question d'outillage, de méthodes et de maîtres.

Faire une œuvre de civilisé sera ensuite besogne toute simple. Elle ne requiert après tout qu'une technique et une âme. La technique, nous venons de le voir, l'art français, la culture française, la civilisation française, la tiennent à notre disposition.

L'âme, l'acceptation virile de notre avenir suffirait à nous la forger. Accomplir son destin, c'est déjà réaliser, déployer en plénitude ses puissances humaines. S'entêter dans la rectitude de son histoire, dans la vérité de son être, c'est accomplir sa perfection. Songeons seulement à la tension spirituelle où pareil destin, pareil effort nous maintiendrait, à la race d'hommes qui en serait l'aboutissant. Qu'importe notre petit nombre! La culture, la richesse du type humain, n'ont rien à voir avec le nombre. Le petit nombre peut même devenir une condition de force ou de supériorité. Gonzague de Reynold l'a écrit avec infiniment de raison: « Les petits pays sont plus humains que les grands, parce qu'ils sont moins égocentriques ». Ils oppriment moins l'individu, la famille, l'association; ils constituent un climat plus favorable à l'éclosion des fortes personnalités. Qui soutiendra que la petite Grèce de jadis, par exemple, n'avait pas plus d'âme que la gigantesque Perse, la petite Autriche d'aujourd'hui, plus que la grande Autriche d'hier, l'Irlande mutilée de Valera plus que l'Irlande unifiée d'avant la révolution, le Portugal de Salazar plus que beaucoup de grands peuples de ce monde?

*
* *

Voilà une mystique qui relèverait la politique assez haut, croyons-nous, au-dessus de l'idéal des politiciens. En ferons-nous la loi de notre vie? Nous sommes à la croisée des chemins. Le fait est par trop évident: le Canada français s'achemine vers de rapides et souveraines décisions. Quelles seront-elles? Depuis 1867 une brisure s'est faite dans la ligne de notre continuité historique. Nous dégager pour nous réaliser, n'est plus une consigne nationale. Nous avons à choisir: être, dans l'on ne sait quel drame américain, des figurants anonymes bientôt évanouis, ou jouer une partie splendide qui sera la nôtre, une partie d'hommes et de civilisés. Pour quelques-uns, on le sait, l'humilité nous imposerait de nous replier sur nous-mêmes, c'est-à-dire sur notre petitesse; elle nous interdirait de rêver petit ou grand, fût-ce à la mesure de notre foi. Telle est pourtant notre destinée que nous n'avons le droit ni de rêver ni de vivre médiocrement. Nous renouer à un grand passé, réaliser un grand avenir, c'est notre programme de vie et notre seule chance de vie. Pour accepter ce destin, sans peur comme sans orgueil, il suffirait de nous souvenir que c'est le propre de tout peuple catholique d'avoir une grande histoire.

HISTOIRE DU CANADA FRANÇAIS DEPUIS LA DÉCOUVERTE

L'habitant*

Nous n'avons plus à l'établir: un homme, un type social, anime plus que tout autre les cadres de la famille et de la paroisse. L'habitant imprime son caractère à la civilisation de la Nouvelle-France, civilisation de type rural. Ne fait-il pas, au surplus, le gros de la population: 42,200 sur 55,000 âmes, d'après un recensement de 1754? Ce personnage, comment le définir à son point d'achèvement? Au cours de ces derniers temps, qu'a-t-il ajouté à son type humain? Les hommes d'une classe peuvent vivre et mourir; la classe demeure, modelée sans cesse par son genre de vie et par son milieu: portrait d'ancêtre toujours inachevé que chaque génération viendrait retoucher.

Psychologie de l'habitant

Un premier fait retient encore l'attention: l'insistance du personnage à repousser, pour lui, pour sa classe, la désignation « paysan ». Habitant! sorte de titre nobiliaire dont il s'entiche et avec tant de fierté qu'il n'en veut souffrir d'autre. La Potherie, qui l'a vu parmi les figurants de la foire de Québec, écrit: « On y voit sur la fin d'octobre les habitants des campagnes que l'on apelleroit Païsans en tout autre lieu que le Canada... » Beaucoup plus tard, en 1757, Bougainville fait une observation qui rappelle celle de La Potherie: « Les simples habitans du Canada seraient scandalisés d'être appelés paysans. » Habitant, expression vieille France qui désigne déjà, au dix-septième siècle, l'appartenance campagnarde. Définition réservée néanmoins, d'après Littré, à celui « qui possède un domaine, une habitation dans une colonie ». Possession d'une habitation, d'un domaine, traits distinctifs qui élèvent au-dessus du paysan de l'époque. Et, de là, sans doute, la prétention du colon canadien à s'empanacher de son titre d'« habitant ».

Un autre fait éclaire peut-être encore mieux la psychologie du personnage: la plainte grandissante des administrateurs sur ce qu'ils n'ont pas cessé d'appeler son esprit d'indépendance. Esprit de fierté ou d'orgueil assez répandu, à la même époque, dans les milieux coloniaux. Au Brésil, par exemple, et dès 1700, est-il si rare que les colons se rebiffent contre le paiement du tribut à la mère-patrie? Personne n'ignore non plus l'esprit de fronde qui de bonne heure a secoué les colonies voisines de la Nouvelle-Angleterre. Au Canada, les autorités coloniales dénoncent volontiers des tendances semblables chez l'habitant. Ont-elles saisi bien exactement l'origine de cette fierté de classe? Ont-elles aperçu l'évolution rapide qu'a subie cet homme du sol, repétri, modelé par son genre de vie et par l'air du pays? L'habitant canadien reste inexplicable, croyons-nous, à qui ne sait voir en lui un paysan véritablement transformé et surtout rehaussé. Lui et le paysan européen ne se situent pas au même échelon de la vie sociale. Rehaussement dont il reste à montrer les signes ou témoignages.

Raisons de sa fierté

Peut-être sa maison nous en pourrait-elle fournir. Voyons-la. Plus rien de la simple loge des premiers temps, faite de pièces sur pièces, rien non plus de ces « pauvres chaumières » aperçues par le voyageur Kalm, dans la région neuve du lac Champlain, et qui lui en rappelaient de semblables « dans les parties les plus misérables de la Suède », « huttes en planches juxtaposées perpendiculairement sous un toit de bois », avec fentes bouchées de terre glaise et pavées de même façon. La maison de l'habitant, telle que l'a pu voir le même voyageur, tout le long du Saint-Laurent, c'est désormais et assez généralement la maison en pierre, en pierres meulières, en moellons, en schiste ardoisier, maison de sédentaire, solidement ancrée dans le sol comme pour braver le temps, maison à toit fortement incliné, à « robustes cheminées », plus trapue, plus profonde, croit remarquer M. Morrisset, dans la région de Montréal, plus longue, plus élancée dans la région de Québec. En somme maison de paysan évolué. Autre expression qui évoque sa part d'histoire. Certes, pour faire sa place à ce paysan, n'allons pas nous représenter le Canada d'ancien régime comme une pure et simple paysannerie. Le pays était de formation sociale composite. D'autre part, si l'on fait état de l'importance numérique de l'habitant et surtout de son rôle exceptionnel, quelle classe a tenu, dans la vie de la colonie, plus de place que la sienne? Autorités et métropolitaines et coloniales ont conspiré, dirait-on, à élever cet homme en dignité, à le gonfler de fierté. Il était déjà le censitaire rattaché à son seigneur par un simple lien réel et non personnel; il était le possesseur d'une terre pratiquement libre dont il recueillait presque en entier les bénéfices. Il fallait, semblait-il, élever encore plus haut ce faiseur de terre, lui assigner une fonction pour ainsi dire nationale. Que de fois, pour l'engager à faire de la terre et toujours plus de terre, les autorités coloniales, écho des ministres et du roi, lui ont répété que, par son travail, il assurait « l'augmentation » de la colonie, le succès de la plupart des entreprises, et qu'en définitive, c'était lui qui faisait tout *aller*. « Le dernier ordre », lisons-nous dans le mémoire du chevalier de La Pause — le chevalier désigne par là les habitants — « est ce quy fait le soutien de la Colonie... ». Pour hâter la prise du sol on l'a encore vu — la législation a contraint l'habitant à ne s'établir que sur une grande propriété; pour le fixer irrévocablement en paysannerie, on en viendra même à lui interdire l'exode rural. Qu'après cela le paysan, comme ce sera le cas en Canada, oriente sa propriété vers le type de l'établissement autonome ou du domaine-plein, à la fois exploitation agraire et atelier familial, où conduit telle sorte de paysannerie si ce n'est à l'aisance, et par l'aisance, à quelque fierté de soi-même et de sa condition? La propriété n'est pas seulement, comme disent les philosophes, un prolongement de la personnalité; elle aide à façonner la personnalité.

L'aisance, l'habitant canadien l'avait déjà atteinte avant 1713. Cinquante ans plus tard, sa maison, son cheptel, son mobilier, son costume, sa nourriture attestent qu'il n'en a rien perdu. Telle affirmation du *Mémoire* du Canada (conservé à l'ancienne Bibliothèque impériale de Saint-Pétersbourg) pourra paraître suspecte qu'« on aurait trouvé dans ce dernier temps très communément des habitants laboureurs possesseurs d'une fortune de trente à quarante mille livres ». Non moins sujette à caution, cette prétention de Bigot, qu'en 1755, « c'est l'aisance des habitants de la campagne et la bonne chère que ceux de la ville veulent faire qui sont les seules causes » de la cherté des vivres dans la colonie. Bigot rejette volontiers sur les autres ses responsabilités. Mais comment écarter tant d'autres témoignages concordants: celui de Montcalm qui dit les habitants du Cap Tourmente « tres a leur aise vivant comme des petits gentilshommes de France »; celui de Franquet qui trouve les habitants de l'île de Montréal « généralement fort a leur aise »: constatation que confirmerait l'aveu et dénombrement de la seigneurie de l'île de Montréal en 1731. Rappelons encore l'ébahissement de l'ingénieur, devant le portail de l'église de Saint-Sulpice où on lui parle des « fistons des paroisses, portant « bourse aux cheveux » « chapeau brodé », « chemise à manchettes et des mitasses aux jambes », et dont chacun avait son cheval attaché à un piquet; et cet autre ébahissement du même à La Chesnaye, chez une dame Lamothe, marchande, où il a trouvé « bien à souper et mieux à coucher » dans un lit propre « de façon à la duchesse ». Ce qui amène le voyageur à cette conclusion que « par le détail de l'ameublement de cette maison l'on doit juger que l'habitant des campagnes est trop à son aise... ». Réflexe bien naturel à une époque où le mobilier n'abonde pas encore en France, surtout dans les milieux paysans. Peut-être aussi ce fait avait-il frappé Franquet que seul, au Canada, l'habitant connaissait la véritable aisance, surtout si l'on comparait son sort à celui de l'officier des troupes. Vingt-cinq ans auparavant, Beauharnois et Dupuy avaient fait la même observation: « L'habitant est icy le plus à l'aise, mais l'officier n'a que ce qu'il luy faut pour vivre... » Un recensement de 1754 pour projet d'impôt, recensement fait à la grosse et dont l'on ne peut faire état qu'avec discrétion, indiquerait dans la colonie: 1,500 « habitans aisés », 2,000 autres encore moins aisés. Un prochain chapitre nous le dira: hors des années de disette, un seul homme au Canada ne se croit pas obligé de mendier l'assistance royale, c'est le campagnard. En 1743, sur 12,232 livres distribuées du produit des congés de traite, 261 livres seulement vont « à de pauvres gens de la ville et de la campagne ». Indépendant d'esprit, l'habitant le sera donc et plus que personne, parce que plus que personne indépendant dans ses moyens de vie. De son aisance, l'habitant, par son comportement social, et nous dirions même par son style de vie, ne fournirait-il une confirmation indirecte? Au cours des années, il n'a rien perdu de ces qualités naturelles qui présupposent un certain état de fortune: le savoir-vivre, la politesse, un réel affinement de manières. « Les habitans sont communément bien instruits, pieux, pleins de probité et de politesse », avait déjà écrit l'abbé de La Tour. Les habitants, et cette fois c'est Hocquart qui parle, « n'ont point l'air grossier et rustique de nos paysans de France ». J.C.B., l'auteur du *Voyage au Canada*, qui s'est promené dans les environs de Québec, note en son carnet de voyage: « Les manières douces et polies sont communes, même dans les campagnes environnantes... » Enfin Bougainville reconnaît que les campagnards canadiens « sont d'une meilleure étoffe et ont plus d'esprit, plus d'éducation que ceux de France ».

Rassemblons ces quelques traits; revoyons ce paysan, petit propriétaire en face de son seigneur, mais grand propriétaire en regard de son pareil de France, et très souvent plus à l'aise que son seigneur; replaçons-le dans son milieu économique et social, sur son domaine libre, homme libre dans un pays neuf, maître de ses moyens de vie, sans redevances, ni taille ni impôts lourds à porter, loin des prises d'une administration d'ailleurs ni oppressive ni tracassière, bien à l'abri par conséquent des contraintes qui nivellent et uniformisent, et comment s'étonner qu'en cet homme se soit développée une individualité forte, énergique, et que les administrateurs aient pu parler d'esprit de liberté et d'indépendance?

Esprit d'indépendance

Indépendant, difficile à gouverner, il l'est sans conteste. Pas seulement dans les expéditions de guerre, où tant de fois les officiers ont porté plainte contre lui: plaintes discutables dans la tactique le plus souvent imposée aux milices, tactique de guérilla à l'indienne, bataille d'homme contre homme, sans rang, sans ordre, qui ne connaît que la discipline de l'indépendance. Mais il y a ce mot tranchant de Hocquart: « naturellement indociles ». Et cet autre de Bougainville: « le peuple le plus indocile et le plus indépendant ».

Le témoignage irrésistible, c'est bien celui de Hocquart et Beauharnois qui sollicitent, en 1737, une augmentation de troupes au Canada, et pour ce grave motif que « les peuples commencent à devenir nombreux » et qu'on les a laissés vivre « avec un peu trop de liberté ». Des troupes, combien de fois, et pour les mêmes raisons, les autorités de la colonie vont en solliciter de la métropole. Le ministre, le roi parlent-ils d'impôts généraux sur la population, d'une taxe spéciale pour construction de casernes ou de fortifications, d'une autre sur les chevaux pour en restreindre l'élevage? Aussitôt Beauharnois, Hocquart s'alarment, invoquent le danger d'ordonnances d'exécution impossible. Et d'abord, soumettent-ils, et le détail est significatif, où trouver des percepteurs d'impôts assez braves pour affronter la foule? Et Hocquart de citer des faits. Au temps de M. de Vaudreuil, « autant aimé que respecté en Canada », et à propos d'un impôt pour les fortifications de Montréal, n'avait-on pas vu un habitant de Longueuil « approcher insolemment » le gouverneur, « le toucher à sa cravate », déclencher, par ce geste, une sorte d'émeute et forcer M. de Vaudreuil à s'enfuir diligemment? Encore à Montréal, vers 1733, sur la foi qu'un gouverneur particulier ne pouvait condamner à la prison, les habitants n'avaient-ils pas méprisé « tous les jours les ordres qu'on leur [envoyait] pour le service du Roy? ». Ce qui faisait dire un jour à un officier de la colonie que le peuple est parfois « un terrible animal ». Point de système d'imposition applicable dans la colonie, concluent gouverneur et intendants, sans l'appui de fortes troupes. Et des troupes, ils ne cessent d'en demander, suisses ou françaises, « pour fortifier de plus en plus la subordination dans laquelle les peuples doivent vivre ». En 1749 La Jonquière demandera, lui aussi, une augmentation de troupes, et pour cette raison entre autres: en imposer « aux habitants et aux nations sauvages », « contenir les habitants qu'on m'a dit être un peu mutins ».

Faut-il le souligner de nouveau en passant? Autre et excellente preuve du généreux libéralisme, pour ne pas dire du paternalisme dont s'inspire le système gouvernemental en Nouvelle-France. Car, après tout, Platon le constatait déjà dans sa *République*, il y a correspondance entre le régime politique et les mœurs publiques. De même que les institutions expriment une certaine conception de l'homme, de la société de la vie, ainsi toute forme de gouvernement crée un type d'homme.

Indépendants, il faut en convenir, les habitants l'étaient jusqu'à l'excès. Ils dédaignaient, le fait est connu, la besogne de ramoneurs de cheminées et, pour cette fonction, il fallut faire venir des Savoyards; et à la rigueur on pourrait leur passer cette superbe ou ce caprice. La jeunesse rurale, à même d'obtenir des terres, à son gré, se refusait à l'emploi de simple fermier; elle n'éprouvait que du dégoût pour le service militaire dans les troupes, pour toute forme de fonctionnarisme; elle préférait s'adonner aux voyages, au commerce, à la navigation, à la culture du sol, ainsi qu'en témoignent Hocquart et Beauharnois. En tout cela rien que de louable. Mais qu'un ouvrier de la forge du chantier naval « s'ennuye de ce métier », parce qu'« il préfère sa liberté à estre assujeti à une cloche »; que les campagnards dédaignent de travailler aux Forges, à titre de manœuvres ou de jougats, se croyant « déshonorés, à en croire Bigot, d'y être employés en cette qualité », voilà, n'est-il pas vrai, qui ressemble fort à la plus déconcertante vanité de caste. Et ne serait-ce pas à trouver presque justifiable le mot acerbe de Montcalm: « Les Canadiens se croient, sur tous les points, la première nation du monde »?

En ce portrait forcément ramassé, quelques traits, c'est fort possible, paraîtront accusés. Et d'autres, trop légèrement crayonnés. Par exemple pour vaincre l'indocilité de l'habitant, peut-être n'y avait-il qu'à y mettre la manière. Dans le même texte où il les dit « naturellement indociles », Hocquart ne laisse pas d'admettre que les gens du pays « sont communément assez souples lorsqu'on les pique d'honneur et qu'on les gouverne avec justice ». C'était aussi l'avis de Bigot et de Bourlamaque. Pour Bigot, les Canadiens auraient plus que d'autres peuples, besoin d'être flattés « parce qu'ils aiment l'indépendance ». Bourlamaque estimait facile, quant à lui, d'amener le Canadien à se « battre en ordre, sans l'appui des troupes réglées, lorsqu'on le prendra par l'amour de la gloire qui est naturel, disait-il, aux habitans du Canada ». Et pourquoi ne pas citer aussi cette opinion louangeuse du gouverneur Duquesne: « je ne connais pas dans le monde de meilleur peuple que le Canadien, je suis enchanté de sa soumission et de son zèle, et je puis avancer, sans rougir, de son attachement et de sa confiance en moy, parce qu'il a goûté la douceur et la justice de mon Gouvernement. »

Un trait doit demeurer néanmoins, et c'est encore une fois, la forte individualité de ce paysan canadien, la richesse de son type humain. Il a connu l'aisance, mais une aisance fragile, modérée, en deçà de la prospérité: ce qui lui a valu de rester de mœurs saines, vigoureuses. Il a gardé le goût de la terre bien à soi, de la vie libre sur son lot. Au Détroit, La Galissonnière aurait voulu grouper les colons en villages; ces colons, venus du Saint-Laurent, lui opposent un refus énergique. L'habitant incarne les qualités classiques de tous les paysans du monde: le bon sens solide, le travail intelligent, le sens familial. Ajoutons-y les qualités du paysan-pionnier: qualités d'endurance, de débrouillardise, d'attachement plus fort à la terre que l'homme a faite et qui lui renvoie son image. Enfin, et cette gloire est la sienne, l'habitant figure, au Canada, en Nouvelle-France, le seul et vrai succès. L'industrie, le commerce ont plus ou moins marché. Le défrichement, la colonisation n'ont pas cessé d'aller; la colonie y a trouvé sa vie et, sans doute aussi son avenir. Car il importe quelque peu à la survivance d'un peuple et d'un pays que leur population de fond soit faite d'une certaine espèce d'hommes.

Position du Québec devant l'A.B.N.A.

Le Québec et le fédéralisme

Une province plus que toute autre jouait son avenir dans l'aventure de la Confédération. Qu'à la conférence de Québec elle s'applique avec tant d'énergie à faire triompher le fédéralisme en sa plus ample formule c'est qu'il y va pour elle d'une exigence vitale, exigence qui provient de tout son être historique, original, de toutes ses notes constitutives, culturelles, religieuses. Les partisans de l'État unitaire, c'est fait reconnu, sont puissants.

Lors des débats de 1865, John A. MacDonald n'a point caché sa préférence pour cette forme d'association. Il jugeait le système « moins dispendieux », plus « vigoureux ». À la conférence de 1864, MM. Fisher du Nouveau-Brunswick et Whelan de l'Île-du-Prince-Édouard, expriment la même opinion. Charles Tupper, de la Nouvelle-Écosse, penche de ce même côté. D'où vient surtout l'opposition? Entendons MacDonald. S'agit-il des petites provinces maritimes, de même langue et de mêmes lois que le Haut-Canada, il dira: elles ne ressentent « aucun désir de perdre leur individualité comme nation », mais pour ajouter aussitôt — et la nuance n'est pas légère —: l'union légis-lative « ne saurait rencontrer l'assentiment du peuple du Bas-Canada ». Et les motifs du Bas-Canada, MacDonald n'en dissimule pas la gravité: « dans la position où il se trouve comme minorité parlant un langage différent, et professant une foi différente de la majorité... ses institutions, ses lois, ses associations nationales qu'il estime hautement, pourraient avoir à en souf-frir ». Tupper, tout en regrettant l'impossibilité d'une « union législative », affirme encore plus carrément: « La chose est impossible à cause du Bas-Canada. » Donc impossible d'éluder la vérité: c'est au Bas-Canada que le nouveau pays sera redevable, au premier chef, de son régime politique, régime non seulement le plus favorable à la liberté humaine, avons-nous déjà fait observer, mais le seul à la convenance d'une entité politique et géographique aussi vaste et d'aspects si divers que sera la Confédération canadienne.

Position constitutionnelle du Québec

Mais son individualité nationale ou culturelle, le Bas-Canada l'a-t-il suf-fisamment préservée en 1867? Les adversaires de Cartier ont alors facilement à la bouche le mot « trahison ». Pour un jeune avocat d'Arthabaska, Wilfrid Laurier, la Confédération serait « la tombe de la race française et la ruine du Bas-Canada ». Un contemporain du jeune Laurier, Honoré Mercier, partage ou peu s'en faut ce pessimisme. Le député conservateur Henri-E. Taschereau y voit « le coup de mort à notre nationalité qui commençait à prendre racine sur cette terre de l'Amérique du Nord ». Qui avait raison? Les « Pères » du Canada français ont-ils réservé, mis sous bonne garde les biens essentiels à la survie de leur nationalité? Réexaminons de plus près la situation faite à l'entité composante qu'est la province dans la Confédération canadienne. Les meilleurs juristes n'ont cessé de le redire: la province au Canada est propre-ment un État, un type supérieur de personne juridique et morale. Aux termes exprès de l'article 109 de la Constitution, la province reste propriétaire de son territoire. Tout autant que l'État central, elle possède une autorité orga-nique, avec pouvoirs exécutifs, législatifs et judiciaires. Tout comme les États américains, elle a plein pouvoir sur sa constitution; elle peut la modifier à son gré, à la seule condition de ne pas supprimer la fonction de lieutenant-gouverneur. À l'encontre d'opinions trop communes, dans le grand public, nous rappellerons que, dans les limites de l'article 92, la province canadienne est un État souverain, nullement subordonné à l'autorité centrale, aussi indé-pendant en sa sphère que le pouvoir fédéral peut l'être dans la sienne. Maintes fois en a décidé ainsi le Conseil privé d'Angleterre. La nomination du lieutenant-gouverneur des provinces par l'organe du gouvernement central n'infirme en rien ce point de droit constitutionnel. Le même roi qui détient le pouvoir exécutif à Ottawa, le détient en chacune des provinces. Et le lieutenant-gouverneur promu à sa fonction sous le grand sceau du Canada, tient ses pouvoirs, non du gouvernement d'Ottawa, mais du Souverain. La position constitutionnelle de la province canadienne, un homme, entre autres, l'a nettement précisée: l'ancien ministre de la justice, Ernest Lapointe: « D'abord la loi de l'Amérique du Nord britannique, disait-il dans un débat aux Communes d'Ottawa en 1925, n'est pas seulement la charte du Dominion du Canada; elle est tout autant celle des provinces du Canada. Nos pouvoirs nous viennent de la loi de l'Amérique du Nord; de même en est-il pour les provinces... Dans les limites de leur sphère propre les provinces jouissent des pouvoirs du gouvernement autonome, tout autant que le Parlement du Dominion... » Et M. Lapointe jetait dans le débat cette formule lapidaire qui est à la fois un rappel d'histoire et un fait juridique: « Le pouvoir fédéral est l'enfant des provinces; il n'en est pas le père. »

Qui n'aperçoit déjà les prérogatives enviables dont pouvait se targuer le Bas-Canada? Au-dessus de tout, la Confédération lui restituait le suprême privilège de l'individualité politique. Fini l'accouplement contre nature de 1840. Dès la Conférence de Québec, la séparation ou le dédoublement a commencé d'entrer dans les faits. Au cours de cette délibération entre provinces, Bas-Canada et Haut-Canada disposent déjà chacun d'une voix. L'article 5 de la constitution fédérative consomme la séparation: « Le Canada sera divisé en quatre provinces dénommées: Ontario, Québec, Nouvelle-Écosse et Nouveau-Brunswick. » Se pouvait-il, pour le Canada français, gain plus substantiel? À défaut de l'impossible indépendance, il ressaisissait son état civil de 1791, mais en pleine possession, cette fois, du *self-government*, au niveau de l'État autonome. À la vérité, pour quel autre enjeu les parlementaires du Bas-Canada avaient-ils livré leur lutte de plus d'un demi-siècle et les victimes de 1837-1838 gravi l'échafaud? Aboutissant de conséquence où l'Évêque de Saint-Hyacinthe n'avait pas tort d'apercevoir « la position la plus belle et la plus pleine d'avenir dont nous ayons joui, depuis que nous sommes devenus sujets britanniques ». Dans le nouvel État canadien, la province de Québec n'aurait-elle pas quelque raison de s'attribuer même une situation privilégiée, au moins quant à son droit civil? Elle n'y est pas entrée sans y mettre ses propres conditions, sans assurer, autant qu'un texte de loi le peut faire, son héritage culturel. En 1867, lord Carnarvon en avertira de façon formelle la Chambre des Lords: « Le Bas-Canada est jaloux et fier à bon droit de ses coutumes et de ses traditions ancestrales et n'entrera dans l'union qu'avec la claire entente qu'il les conservera. » L'attachement des Canadiens français à la Coutume de Paris, « fondement reconnu de leur code civil », est inaltérable, rappelait encore l'homme d'État britannique; puis il insistait: « Et c'est avec ces sentiments et à ces conditions que le Bas-Canada consent maintenant à entrer dans la Confédération. » Contexte où se doit lire le paragraphe 13 de l'article 92 de la Constitution, paragraphe qui réserve à la compétence législative des provinces « la propriété et les droits civils ». Au jugement du Conseil privé d'Angleterre, ce paragraphe prend le même sens qu'en l'article 8 de l'*Acte de Québec*. Ce qui veut dire que le droit civil français, placé sous l'égide d'une loi impériale, et tout autant sous la garde de la constitution canadienne, échappe à toutes prises du parlement d'Ottawa. Ce droit recevrait d'ailleurs un supplément de garantie constitutionnelle. L'article 94 qui accorde au parlement fédéral la faculté d'uniformiser le droit civil de l'Ontario, de la Nouvelle-Écosse et du Nouveau-Brunswick, fait exception pour le droit de la province de Québec. Enfin, pour compléter cette démonstration, a-t-on remarqué que la langue, le droit civil, la justice, l'enseignement, la colonisation, le mariage, les institutions familiales, municipales, sociales, tout cet ensemble de biens ou de réalités sociologiques et culturelles qui constituent l'essence d'une nation et l'armature d'un État, les Pères de la Confédération, non sans calcul assurément, l'ont abandonné à la compétence et à la garde des provinces?

Légitimes appréhensions

Rien de tout cela, nous le voulons bien, ne libérait l'avenir de toute inquiétude. Mais où sont les constitutions politiques qui dispensent de toute vigilance? Et où trouver, dans l'histoire du monde, les petits peuples ou les peuples minoritaires dispensés de la lutte pour la vie? Aux jours mêmes de 1867, quelques esprits clairvoyants ne se le cachent point: la constitution canadienne, en son entier comme en ses articles 91, 92, 93, 133, articles essentiels à la vie d'une province comme le Québec, restera par trop sujette à l'interprétation du parlement fédéral, c'est-à-dire d'une majorité anglo-canadienne et protestante. Antoine-Aimé Dorion qui, comme bien d'autres, vient de vivre la période de l'Union, confesse ses appréhensions: « L'expérience démontre, ose-t-il risquer devant le parlement de 1865, que les majorités sont toujours agressives et il n'en saurait être non plus autrement dans le cas actuel. » Était-ce danger illusoire? Les règles, les normes de la jurisprudence constitutionnelle, — question que nous nous sommes souvent posée — seraient-elles les mêmes et pouvaient-elles l'être entre les deux principaux associés: entre juristes latins, logiciens impénitents, enclins à s'accrocher au droit écrit d'une foi absolue aux textes, aux principes et aux déductions logiques, et juristes anglo-saxons, réfractaires aux théories, inhabitués au droit constitutionnel écrit, ne s'en référant qu'à la coutume, aux usages et précédents, n'accordant confiance qu'à leur empirisme résolu, connaturel, et par-dessus tout, ne confondant jamais *legal powers* et *constitutional rights*? C'est André Siegfried, nullement suspect d'anglophobie, qui, dans l'*Âme des peuples*, ne peut s'empêcher de souligner les contrastes de ces deux formes d'esprit: « Or rien, ni dans notre tempérament ni dans notre histoire, écrit Siegfried, ne nous facilite la compréhension de ces voisins, si proches et pourtant si lointains. Quand, ayant traversé le Pas de Calais, je débarque à Londres, j'ai régulièrement l'impression de tomber dans une autre planète... je ne connais pas de peuples plus impénétrables l'un à l'autre. » Ces deux esprits, impossible de n'en pas discerner les oppositions foncières et voire les premiers conflits, à la naissance même de la Confédération. Quelle différence de ton et de pensée dans les discours de quelques-uns au moins des futurs associés. Tant d'aveugle générosité, tant de naïf optimisme, en face d'un réalisme si froid, si calculateur, si obstiné. D'un côté une franche volonté d'égalitarisme juridique, le « respect des droits de tous », comme disait Cartier, une confiance ingénue dans les hommes et dans l'avenir. Et Cartier encore, esprit pourtant averti, bien convaincu que la moindre atteinte aux droits des minorités s'attirerait l'invariable censure de « ta masse du peuple »; et cette persuasion non moins puérile d'un Hector Langevin et d'un D'Arcy McGee que la moindre violation du pacte constitutionnel ferait « s'abattre avec colère... sur la tête des persécuteurs... le bras justicier » du pouvoir fédéral. De l'autre côté, et nous voulons dire ici les associés du Haut-Canada, que de réticences, que de marchandages, quel penchant aux concessions plus unilatérales que mutuelles, et quelle conception de la liberté des autres! Quand, par exemple, il semblait d'élémentaire justice d'accorder égalité de droits scolaires à chacune des minorités du Haut et du Bas-Canada, et par conséquent d'étendre à la minorité catholique du Haut, le traitement de faveur déjà accordé à la minorité protestante du Bas, quelle opiniâtre résistance aussitôt déclenchée dans le Haut, résistance qui, à la fin, laisse la minorité catholique à la discrétion de la majorité protestante.

Quiconque eût alors observé les choses d'un peu plus haut et d'un peu plus loin, que de mécomptes lui aurait fait appréhender le seul et laborieux enfantement de la fédération. Où placer l'espoir d'un généreux esprit d'entente, de solidarité ou de fraternité, entre ces jeunes États pour la plupart si étrangers les uns aux autres, dont la majorité n'acceptent de se fédérer que faute de mieux, pour éviter le pire et qui, à la fin, ne se rendent qu'à bout de résistance? En la naissance de la Confédération canadienne, nous le disions plus haut, c'est le fait tragique. Un historien anglo-canadien, M. Reginald George Trotter, a pu intituler un chapitre de son ouvrage *Canadian Federation*: « Battle for acceptance ». Le projet rencontre si peu la sympathie populaire qu'en aucune province les gouvernants n'osent se risquer à un plébiscite, non plus qu'à une consultation régulière de l'électorat. Un seul des futurs associés se déclare satisfait: le Haut-Canada. Partout ailleurs et dès les premières heures, l'opposition s'élève décidée, ferme, parfois même bruyante. Et la vigueur s'en mesure à la faiblesse ou à la petitesse des provinces et à leur éloignement du centre de la future confédération, c'est-à-dire en raison de l'intensité du sentiment régionaliste et du danger d'absorption pour chaque unité. L'Île-du-Prince-Édouard, Terre-Neuve, s'écartent dès les premières délibérations. Les répugnances assez vives du Bas-Canada nous sont connues. La résistance s'affirme orageuse dans le Nouveau-Brunswick, la Nouvelle-Écosse, et quelques années plus tard, dans la Colombie. La Nouvelle-Écosse se cabre avec des accents de révolte. Le chef des résistants, Joseph Howe, se laisse aller jusqu'à écrire à Edward Cardwell, secrétaire des colonies: « L'on ne voit nulle part, dans l'histoire, qu'on ait pu supprimer, par une mesure aussi révolutionnaire, la constitution de quatre États libres, sans qu'il y ait eu effusion de sang. » D'énergiques interventions pourront seules mater ces oppositions acharnées. Les États-Unis y contribuent par d'imprudents incidents de frontières et voire par quelques velléités d'invasion plutôt verbales, mais non sans effet sur l'opinion canadienne. Dans le Bas-Canada, « sans l'appui de la hiérarchie », a écrit, non sans vérité, un historien anglo-canadien, la Confédération aurait échoué. Ailleurs, au Nouveau-Brunswick, en Nouvelle-Écosse, en Colombie, dans l'Île-du-Prince-Édouard, le gouvernement impérial, en collusion souvent avec les autorités canadiennes, se chargera de mettre à la raison les récalcitrants, déplaçant, cassant au besoin les lieutenants-gouverneurs trop tièdes ou trop indiscrets.

Ainsi, à la naissance de la fédération, ne cherchons nulle part le remous puissant qui aurait soulevé, poussé les uns vers les autres, les provinces et leurs peuples. On dirait un édifice bâti en arrière-plans. Le ciment moral n'y est pas. C'est pourtant dans la compagnie de ces jeunes États, la plupart rassemblés de force, que le Canada français devra se tailler sa place, vivre désormais sa vie. Que de problèmes et que de heurts en perspective! Et comme la vigilance restera consigne vitale!

MARIE LE FRANC (1879-1960)

« Nos paysages, leur mystère, leur effarante grandeur, ce sont des écrivains français qui nous les ont révélés », dit Victor Barbeau dans *La Danse autour de l'érable* (1958), qui ajoute: « À la nature que déjà nos ancêtres sacrifiaient à leur sécurité, que nos contemporains sacrifient à la tripaille et à l'architecture des vachers de l'Ouest américain, nos écrivains applaudis par les ministres et auréolés par l'université préfèrent les fonds de cour et la promiscuité des ruelles. » Française, Marie Le Franc partage son existence entre Montréal et Paris, les Laurentides et la Bretagne. Elle publie entre 1930 et 1938 cinq romans dont le décor et les personnages sont, au moins en partie, québécois. Est-ce, à l'instar de Hémon et comme Georges Bugnet (*La Forêt*, 1935) et Maurice Constantin-Weyer, le goût de l'aventure et l'exotisme de la nature qui l'attirent au Canada? Ce serait plutôt, selon G. Nadeau, son amour pour Arsène Bessette, auteur du roman *Le Débutant* (1914); bien vite, celui-ci l'abandonnera, mais elle demeurera au pays et sera institutrice. *La Rivière solitaire* (1934) traite de l'histoire de la colonisation et de l'arrivée au Témiscamingue de la famille hulloise des Trépanier. Les œuvres de Marie Le Franc, selon Louis Dantin, contiennent de fines analyses psychologiques et de belles descriptions de la nature. « Je n'ai qu'à lever les yeux vers le ciel canadien, dont je n'ai jamais remarqué, compris et aimé l'imprévu comme cet hiver, et à les reporter plus bas dans mon âme, pour, je ne dirais pas comprendre ce qui s'y passe, mais considérer comme dans l'ordre la succession de ses différents « états », heureux ou malheureux, combatifs ou passifs, exaltés ou abattus, ou simplement en bel ordre, et les suivre avec une certaine curiosité, un certain détachement, comme s'ils étaient réfléchis sur un écran », dit-elle dans une lettre à Dantin (5 février 1922).

LA RIVIÈRE SOLITAIRE

Le train des « colonistes »*

(Nous donnons les deuxième et troisième chapitres de La Rivière solitaire. *Femmes et enfants font, en train, le long voyage qui les conduira au Témiscamingue, où les chefs de familles les ont précédés.)*

Le train du Canadien Pacifique venant de Winnipeg entrait en gare, au son de la grosse cloche de sa locomotive. Les voyageurs dormaient dans l'ombre des fenêtres grillagées et des stores baissés. À l'arrière du train, une voiture marquée « Colonistes » fut accrochée pour les émigrants.

Sur le quai de bois, les femmes portant dans leurs bras leur dernier-né tâchaient de tenir groupée autour d'elles leur nombreuse progéniture, et d'avoir l'œil en même temps sur le *butin* réparti en ballots de toutes formes. Des parents les entouraient, mères âgées, pères infirmes, filles aînées en place, fils mariés, tous ceux qu'on laissait derrière soi, qu'on serait des années sans revoir, qu'on ne reverrait peut-être jamais. Des visages étaient baignés de larmes. D'autres témoignaient d'une surexcitation nerveuse, d'une joie de partir qui n'était pas feinte. On s'en allait vers la terre promise. Adieu Hull où on avait connu tant de misère!

Rose Trépanier se tenait à l'écart avec ses sœurs. Personne ne les avait accompagnées, et elle cachait son serrement de cœur à partir ainsi, seule, sans un adieu ami, dans une attitude plus grave encore et plus silencieuse que de coutume.

La voiture coloniste pouvait contenir une centaine de personnes. Sitôt à bord, les mères se hâtèrent de coucher les enfants dans les vastes couchettes superposées où on allait se trouver un peu à la dure; mais la vie de colons commençait. Comme leur avait conseillé M. l'abbé Legault, il fallait être brave et ne pas se plaindre. Elles avaient écouté tant de prêches, reçu tant d'avis, que leur départ revêtait les apparences d'une mission.

La chaleur était telle à l'intérieur qu'en entrant elles ouvraient la bouche comme si l'air leur manquait et portaient la main à la gorge; mais il ne serait venu à aucune l'idée de soulever le châssis et risquer de geler le monde! Elles se dépouillaient de leurs gros manteaux d'hiver pour apparaître en robes légères de cotonnade et s'avançaient les bras nus à la rencontre de l'âpre climat du Témiscamingue.

Elles dormirent peu. Des cris d'enfants partaient de tous les coins de l'immense chambrée. Des garçons qui couchaient côte à côte s'envoyaient des bourrades en s'accusant mutuellement de prendre toute la place; les femmes, fatiguées, se retournaient pesamment en faisant craquer les couchettes. Une odeur de plomberie surchauffée, d'enfants au maillot et d'humanité pauvre remplissait l'air.

Vers le matin, le froid se glissa sous les portes, rampa sous les fenêtres à triple épaisseur de vitres. Les dormeuses remontèrent les couvertures sur leurs épaules.

Elles furent debout de bonne heure. Il fallait s'occuper des petits, préparer leurs bouteilles, cuire la soupane sur le poêle de cuisine chauffé au rouge à l'entrée du wagon. Chacun cherchait dans le pêle-mêle à compléter son équipement. Garçons et filles à quatre pattes récupéraient sous les banquettes galoches et gros bas de laine qu'ils tâchaient d'apparier. Des gamines, un peigne vert ou rouge en main, peignaient leurs cheveux que les mères avaient raccourcis la veille à coups de ciseaux sur la nuque. Les garçons, qui s'étaient couchés tout habillés, considéraient leur toilette comme faite.

Rose-Aimée, une théière à la main, traversa le wagon dans toute sa longueur, et trouvant sur le poêle une bouilloire d'eau bouillante, en versa sur le thé, revint à sa place, sortit les tasses d'émail d'un sac, distribua les sandwichs. Elle avait fait basculer le dossier du siège voisin et formé ainsi un petit compartiment à quatre places où elle se trouvait chez elle avec ses sœurs, sans pour cela être séparée de la communauté.

C'était la première fois que les fillettes prenaient les « chars », et leur ravissement ne pouvait être plus grand. Régina s'agenouillait de temps en temps sur la banquette, et, le nez appuyé au dossier, surveillait tout le wagon. Un petit garçon qui occupait le compartiment voisin vint se mettre en face d'elle et ils échangèrent des taquineries. Comme une gamine de leur âge passait dans l'allée, Régina la désigna d'un clin d'œil au garçon et murmura d'un ton provocant:

— C'est ta blonde, hé?

La plupart des enfants étaient vêtus de neuf. Les garçons s'amusaient à lancer d'un bout à l'autre de la voiture leurs belles casquettes qu'ils laissaient tomber dans la poussière sans que les mères parussent s'en apercevoir. Beaucoup portaient déjà sur eux, en taches et accrocs, des signes du voyage, mais cela ne valait pas la peine d'une gronderie! Elles avaient assez à faire à tenir les plus petits tranquilles et s'exclamaient avec lassitude: « Mon Dou! qu'ils sont achalants! » Une fois les bébés endormis en tétant leur bouteille, elles se levaient pour se rendre visite, formaient des groupes bavards aux plaisanteries joviales. Leurs yeux bruns luisaient de gaieté dans leurs visages basanés ou pâles, aux larges pommettes, tandis que leurs corps, épaissis par les maternités, se laissaient aller à des poses affaissées, dans le loisir du voyage.

Leur plaisir était grand à se trouver réunies dans la bonne chaleur des chars, et à se communiquer les incidents de ces dernières journées à Hull, leurs visites à la Saint-Vincent de Paul et à l'Y.W.C.A.[1] pour s'équiper le mieux possible en vêtements, leurs courses à la gare pour prendre les billets et faire partir le mobilier. L'une disait:

— Depuis des mois, je ramasse tous les vieux souliers dans les ruelles. J'en ai rempli trois poches. Y a douze paires de pieds à chausser chez nous!

Elles calculaient combien le transport de la famille allait coûter, et celui des meubles. Les six cents piastres seraient fort écornées quand on arriverait là-bas.

Elles regardaient à peine le paysage qui se collait, poudroyant et blanchâtre, aux vitres. Peut-être craignaient-elles de se laisser impressionner par sa désolation. Elles avaient hâte de rejoindre les hommes, laissés à eux-mêmes

---

1. Young Women Christian Association.

depuis l'automne, dont elles imaginaient le piteux état, la maigreur, les vêtements en loques. Chacune se plaisait à citer les lettres qu'elle avait reçues:

— Mon mari à moi est ben satisfait. Il m'a dit: « Tu verras, je t'ai bâti un beau petit camp'! Tu vas être ben contente. Et not' lot est tout en terre forte, ben planche, sans trop d'roches, facile à travailler. »

C'est vers ce petit camp qu'allaient leurs rêves, la maisonnette toute neuve où elles seraient chez elles, d'où personne ne pourrait les chasser, où les enfants grandiraient, à l'abri du langage hardi des villes, des habitudes de flânerie dans les rues.

Rose-Aimée l'évoquait aussi. Le père la laisserait l'arranger à sa guise. Pourvu que l'ordinaire fût prêt à l'heure, c'est tout ce qu'il demandait. Elle le soignerait de son mieux, ainsi que les garçons qui seraient « à la grosse ouvrage » toute la journée. Il y aurait des murs de sapin à orner, de petites fenêtres à garnir. Elle emportait dans sa valise des images saintes, de petits tapis de catalogne tissés par sa mère, un coussin d'étoffe du pays.

Jeannette et Régina se mêlèrent aux enfants qui se poursuivaient d'un bout à l'autre de l'allée, entraînant sous leurs pieds les peaux de bananes, pelures d'oranges et coques de peanuts[2] qu'on laissait tomber par terre. Quelques femmes, étendues sur les couchettes à côté des bébés endormis, essayaient de faire un somme et de temps en temps esquissaient le geste d'une taloche dans la direction des plus turbulents.

Rose-Aimée, un peu à l'écart des autres, tenait son regard sur la vitre. Elle non plus n'avait jamais fait un si long voyage. Elle voyait pour la première fois le visage de son pays dont la solitude insoupçonnée, l'inconcevable silence et la grandeur sévère la remplissaient d'une surprise proche de l'envoûtement.

Le train roulait le long de la Mattawa, à lente allure, par crainte de quitter le remblai affaissé par endroits au niveau des berges. L'énorme rivière demeurait libre, grâce à la force de son courant, entre ses lisières glacées. On n'eût pu imaginer une embarcation naviguant dans ses remous. Le mouvement des eaux avait quelque chose d'hallucinant, seul indice de vie dans le paysage pétrifié. Elles semblaient vouloir échapper à l'emprise du Nord par cette agitation sans fin, angoissante à regarder, contenant on ne savait quelle panique. Leur liberté était à ce prix, et on sentait qu'il n'y avait pour elles aucun repos, ni le jour ni la nuit. Il fallait continuer la course fiévreuse à travers le pays cuirassé de glace.

Des billots échappés de la forêt descendaient le courant, rouges comme des écorchés, leurs fibres soyeuses à nu. Ce n'était pas l'époque du flottage, et ils avaient grandement place sur les eaux, s'alignant les uns à côté des autres d'un air amical, et dans les baies tranquilles traçant une palme ou fabriquant en secret une grande rose parfaite.

Rose-Aimée ne pouvait se rassasier la vue du spectacle, principalement de la couleur de l'eau, d'un gris magnifique, le gris racé des eaux de son pays, couleur de sueur et d'effort, d'endurance de la solitude, qui lui faisait

---

2. Cacahuètes.

songer à un regard viril, un peu dur peut-être, mais équilibré et fort, devant lequel son propre regard ne reculerait pas.

Des images enfantines lui vinrent à l'esprit: les billots représentaient maintenant des crayons d'écoliers étalés sur une ardoise. Elle songea à celle que, petite fille, elle avait eue entre les mains, chez les sœurs de la Côte-des-Neiges, du vivant de sa mère. C'était l'âge des dessins et les siens imitaient cette barrière de montagnes à laquelle s'appuyait la rivière. Mais jamais elle n'eût pu imaginer qu'elle fût si longue, ni qu'elle défilât à la vitesse de l'eau, à la vitesse d'un train. Singulier spectacle, à la fois inertie et mouvement, indolence et activité, grandeur farouche sur les monts, et dans les baies cachées, jeux enfantins d'une grâce désarmante.

La neige régnait. Elle abaissait le niveau de la montagne qu'au printemps suivant on retrouverait haussée tout à coup de mille pieds, affaissait les pics, comblait les vallées, de sorte que la chaîne sans fin se déroulait comme un feston aux ondulations à peine marquées. Les bois mêmes s'effaçaient: il ne restait plus que des arbres amincis et grelottants, pareils à des ombres, séparés les uns des autres par la tempête, et qu'on serait tout surpris plus tard de voir reprendre leur identité.

Le train quitta la rivière pour s'enfoncer dans le bois, et la solitude fut plus grande encore. On ne voyait aucune trace de défrichement, aucun signe que des hommes eussent pénétré jusque-là. La surprise de celles qui regardaient par la vitre fut grande à voir un trappeur déboucher d'un sentier qui aboutissait aux rails, la figure rouge, l'air bien nourri et content, avec des pièges pendus à son épaule.

Rose-Aimée fut soudain arrachée à sa contemplation.

— Tu restes là toute seule à jongler[3], Rose-Aimée? dit une voix.

Sur le siège en face, un mince et haut adolescent venait de s'asseoir et la regardait, les mains sur les genoux, avec une gravité qui n'était pas de son âge. C'était Raymond Deschênes, un camarade d'Alec au temps où ils allaient ensemble à l'Académie des Frères.

Il avait de clairs yeux intelligents dans un visage maigre, la taille et la douceur d'un homme. Il portait un habit bleu, usé mais propre, une chemise blanche, une épingle d'écolier fichée dans sa cravate.

Rose-Aimée détacha ses yeux du paysage, frissonna des épaules et sourit un peu tristement à Raymond.

— La vie, dit-il, comme s'il eût répondu à ses préoccupations, c'est toujours la même chose. Ça monte, ça descend! T'as d'la misère, ça tiraille pas mal. Mais faut avoir de l'espérance! Ma mère non plus n'est pas trop contente de partir. Moi je lui dis qu'on n'était pas gros heureux à Hull et qu'il vaut mieux êt' su' not' terre. ˙

Il leva les yeux vers une femme qu'ils voyaient de profil, de l'autre côté de l'allée, debout et immobile, les yeux fixes, la face douloureuse, qui regardait le défilé des montagnes.

Elle sentit que Rose-Aimée l'observait, et se tournant vers elle, dit d'une voix lente:

---

3. Se faire du souci.

— Tu vas me trouver bien inquiéteuse. Je n'ai pourtant pas l'habitude de me douilletter. Mais on se sent tout dépareillé dans un pays de même!

Puis elle retomba dans ses sombres méditations, insensible à ce qui se passait autour d'elle, aux enfants occupés à remplir les timbales de papier au robinet du réservoir d'eau, à tisonner le feu du poêle, à galoper dans l'immense wagon, une sucette cerise ou citron à la bouche. Il n'y avait à se tenir tranquilles que ceux qui, assis par terre, se grattaient vigoureusement.

Grande et droite, les cheveux grisonnants, la mère de Raymond surprenait par la réserve de son maintien et la tristesse de ses yeux. La voix de son fils lui arriva aux oreilles. Elle vint s'asseoir près de lui:

— C'est don d'valeur de s'en aller si loin! dit-elle. On ne sortira d'ici que pour aller au cimetière.

*

* *

La nuit était venue. Le conducteur, armé d'un allumoir à long manche, traversa le wagon pour allumer les lampes. Il ne s'y arrêta pas. Les colons lui donnaient du souci: il avait hâte d'arriver à Angliers. Un pli d'inquiétude barrait le front de l'homme grisonnant, un Écossais vieilli au service de la Compagnie. C'était une figure familière sur cette petite ligne tranquille où le train ne passait que deux fois par semaine. De son côté il reconnaissait chaque voyageur, appelait les enfants par leur nom, s'asseyait, les mains aux genoux, à côté d'une jeune fille qui voyageait seule et disait qu'elle allait à la ville pour se placer, ou pour entrer au couvent. Il prévenait chacun de la station où il devait descendre, enlevait le ticket planté dans le ruban du chapeau des hommes, et à la portière tendait les paquets et les enfants aux femmes. Il savait par les fermiers le prix du minot de blé et par les employés du moulin à scie celui du pied de bois. Il leur empruntait leur langage venu des fermes, des forêts et des mines du Témiscamingue autant que de leurs ancêtres de France.

Mais ses voyageurs d'aujourd'hui le déconcertaient à cause de leur indiscipline. Les gamins se glissaient dans les autres voitures et y circulaient comme chez eux, et le vieil homme finit par fermer les yeux en murmurant: « Kids are kids! » Il s'aperçut aussi que les filles de la Rivière Ennuyante attiraient l'attention d'un groupe de mineurs sentant le whisky qu'il ne put empêcher d'aller s'installer dans les wagons colonistes.

Une fois les lampes allumées, tout s'évanouit à l'extérieur, derrière une muraille d'ombre bleuâtre. Cependant, de l'étroite plate-forme à découvert à l'arrière du train, sur laquelle on ouvrait de temps en temps la porte pour laisser entier une bouffée d'air, on s'apercevait que rien n'avait changé.

Rose-Aimée s'y glissa, s'appuya à la balustrade qui servait de parapet au-dessus de la voie et reçut en plein visage la neige et le froid et l'haleine terrible de la solitude. À force de fouiller les ténèbres, son regard finissait par deviner d'un côté une muraille abrupte de rochers, de l'autre l'ombre dense de la brousse. Par intervalles, elle voyait poindre le feu rouge d'un signal et le train stoppait devant un petit bâtiment de bois couleur de nuit, aux fenêtres basses faiblement éclairées, qui était une station.

Est-ce que le pays était aussi désert qu'il le paraissait? Y avait-il là des présences humaines insoupçonnées? Une cabane apparut en contrebas du remblai et elle vit à la lueur d'une lampe un rude visage d'homme penché au-dessus de la table, occupé sans doute aux préparatifs de son souper et qui ne prit pas garde au passage du train.

À six heures, le conducteur annonça le terminus. Les femmes se précipitèrent aux portes pour voir Angliers qu'elles croyaient être un gros village, composé d'une longue rue rectiligne éclairée à l'électricité; il y aurait un restaurant où on irait se réchauffer d'une tasse de thé de bœuf; peut-être un petit magasin qui vendait des oranges et des « peppermints ». Mais on ne voyait pas les maisons. Les montagnes avaient reculé pour faire place à une plaine à demi déboisée où brillaient quelques lumières éparses, à l'aspect réfrigéré aussi dans la solitude, et à l'horizon on croyait deviner la blanche étendue du lac Témiscamingue.

Les rares voyageurs qui descendirent du train se dirigèrent vers un bâtiment minable à façade grise, à quelques pas de là, l'hôtel du pays, tandis que les colons demeuraient dans leur wagon pour la nuit. Les femmes se réjouissaient de voir s'immobiliser leur maison roulante: elles allaient pouvoir se débarbouiller, préparer un manger chaud, rassembler le butin et se coucher de bonne heure pour faire face à la dure étape du jour suivant.

Un homme qui représentait la colonisation vint à bord et sa présence les réconforta. Il était du pays, d'une famille de défricheurs, et il plaisanta avec elles, les rassurant sur le voyage du lendemain. Elles n'avaient pas à s'inquiéter des moyens de transport. Le départ aurait lieu à sept heures.

Un colon arriva de la Rivière Solitaire, longtemps après la nuit tombée. Mais elles s'abstinrent de le questionner. On verrait ce que l'on verrait! Il venait au-devant de sa femme, la petite Mme Lagacé, une des plus jeunes et des plus geignardes de toutes, qui perdait la tête avec un bébé de trois mois sur les bras et un autre qui allait à peine tout seul.

L'homme était très jeune aussi, blond, avec un visage rose, des yeux bleus ingénus. Vêtu de neuf, il jetait de temps en temps un regard de satisfaction sur son gros chandail beige, sur ses mocassins lacés jusqu'au genou. Il prit la plus grande des enfants dans ses bras et après avoir desserré le foulard de laine qui menaçait de l'étouffer et déboutonné son manteau, il se mit à la bercer avec douceur, tout en prêtant l'oreille aux doléances de sa femme.

D'un commun accord, on décida d'éteindre les lumières de bonne heure, et à cause de la présence d'un homme résolu à dormir, les garçons furent plus sages. On se coucha tout vêtu pour aller plus vite et se défendre contre le froid qui se ferait sentir vers le matin, et bientôt l'étrange roulotte immobile ne fut plus qu'une tache sombre sur la voie couverte de neige.

RODOLPHE GIRARD (1879-1956)

Le roman du lieutenant-colonel et dramaturge Rodolphe Girard, *Marie Calumet*, paraît en 1904 et fait scandale en raison du ton pour le moins irrévérencieux qu'emploie l'auteur lorsqu'il parle des choses de la religion et du bonasse curé Flavel. *La Presse*, où travaille Girard, le met immédiatement à la porte; en 1908, l'écrivain intente un procès à *La Vérité* de Québec pour libelle diffamatoire, qu'il gagne en Cour d'appel trois ans plus tard. L'action du roman, située à Saint-Ildefonse, P.Q., vers 1860, aboutit au mariage de « l'homme engagé » du curé, Narcisse Boisvert, et de la bonne du presbytère, Marie Calumet. Dans sa préface à l'édition Fides (coll. du « Nénuphar », 1973), qui diffère sensiblement de l'originale dont nous nous servons, Luc Lacourcière étudie les sources folkloriques de cette œuvre, créée à partir de chansons populaires remontant au XVIe siècle.

MARIE CALUMET

La vengeance d'un bedeau

(Le bedeau Zéphirin a été évincé par Marie Calumet, au profit de l'« homme engagé », Narcisse. La Suzon dont il est question dans ce chapitre — le dernier du roman, et pour cause! — est la nièce du curé, et elle vit au presbytère.)

Pour la première fois, depuis la fondation du presbytère, des réjouissances profanes remuaient le recueillement de ces saints lieux Le siècle, avec ses frivolités, infectait l'air ambiant de calme et de vertu, qui anisait toutes les pièces de la maison.

Des noces au presbytère! Jamais mots ne furent moins faits pour être attelés ensemble. On voit là une antithèse qui sentirait l'huile si elle n'était amenée naturellement par la force des circonstances.

Déjà, j'entends retentir à mes oreilles des cris de colère et des murmures de désapprobation. Oh! que les consciences satinées d'un blanc farouche se rassurent. Il ne se passa, ce soir-là, au presbytère de Saint-Ildefonse rien que d'humainement décent: les bégueules n'eussent pas trouvé un iota de dissipation, si ce n'est... oh! mais si peu que ça ne vaut pas la peine d'en parler.

Sans cela, jamais le bon curé Flavel n'eût permis l'entrée de son presbytère à une noce de village.

Lui, l'homme serviable, par excellence, comment eut-il pu agir autrement? Car enfin! que vouliez-vous qu'il fît? Sa ménagère et son homme engagé se mariaient. Ils vivaient au presbytère. Pas d'autre demeure. D'un autre côté, se marier et ne pas faire de noces, c'était impossible. Il ne fallait pas y songer. Le jonc de mariage et les noces c'est tout un. Voilà ce qu'avait compris le curé Flavel.

Quoiqu'il en fût, Marie Calumet chargea Suzon de sonder les dispositions du brave homme. L'espiègle enfant s'était bourré la tête d'arguments qu'elle regardait comme irréfutables.

Tandis que le curé était penché sur sa table de travail, Suzon s'approcha derrière, sur la pointe des pieds, et mit ses deux mains sur les yeux de son oncle.

— C'est toé, Suzon?

— Oui, c'est moé, mon oncle, fit-elle, câline.

Et avant même qu'elle eût eu le temps de prononcer le premier mot de son plaidoyer:

— Dis don, Suzon, Marie Calumet et Narcisse se marient? Fort bien, mais ousque vont se faire les noces?

— Je venais justement pour........

— Alors, j'ai songé que le bon Dieu ne m'en voudrait pas trop si je faisais faire les noces dans mon presbytère.

— Ça, par exemple, c'est une idée, m'sieu le curé! s'écria Suzon en battant joyeusement des mains et en sautant de plaisir.

Et sans en attendre davantage, elle courut annoncer la bonne nouvelle à Narcisse et à Marie Calumet.

Il n'y avait pas de temps à perdre vu que le mariage avait lieu le lendemain. Les deux filles, aidées de Narcisse, voire même de monsieur le curé, firent un remue-ménage de haut en bas.

— Vous allez voir comme mon presbytère va-t-être propre, dit Marie Calumet, avec orgueil, i va paraître tout flambant neu.

Deux jours durant, les fourneaux de la cuisine ne dérougirent pas. La ménagère et son assistante, Suzon, firent cuire, rôtir, bouillir, griller, farcir; elles lardèrent, dégorgèrent, braisèrent; on glaça, pana, habilla; bref, qui l'eut cru? le presbytère de Saint-Ildefonse semblait converti en une auberge où l'on allait donner à manger à tout un régiment.

Allez donc voir après ça si les villageois ne firent pas de leurs pieds et de leurs mains pour se faire inviter à la noce.

Le presbytère ne désemplissait pas. Chacun prétextait une affaire quelconque chez le curé, avec le dessein secret d'attraper une invitation. Certains même poussèrent l'intrigue jusqu'à aller payer leurs dîmes arriérées.

Rien qu'à sentir le fumet s'exhalant par bouffées odorantes de la cuisine, les narines étaient agréablement chatouillées. Il y avait encore l'honneur d'être invité à la table de monsieur le curé, l'imprévu de la noce, et surtout, l'orgueil peu banal de pouvoir dire J'étais aux noces de Marie Calumet; comme les patriotes de 37-38 racontent: Moé, j'étais à Saint-Eustache, à Saint-Charles, à Saint-Denis; et comme les vétérans de 85: Moé, j'étais à Batoche.

Marie Calumet était déjà nimbée de l'auréole de l'immortalité. Pas un être, monsieur le curé excepté, ne lui allait à la cheville du pied.

Tous voulurent être invités, mais tous ne le furent pas, malheureusement. Et ceci fut cause de plusieurs mécontentements qui devaient disparaître avec le temps. Cependant, si le presbytère eut été aussi grand que le cœur du curé Flavel, toute la paroisse se fut assise à la table pastorale.

Le bedeau, pas plus que les autres, ne restait inactif. Sa vengeance, oh! il la tenait sa vengeance.

Allait-il, teintant de pourpre la blancheur encore virginale des draps, transpercer d'un coup de poignard le sein que n'a pas encore maculé la main de l'homme?

Allait-il, pour apaiser la fièvre de la jalousie, qui coule plein les veines, éclabousser les murs de la cervelle de son rival?

Non, tout ça, c'est bon pour les romans à sensation, où l'intrigue commence par un pressement de doigts dans le boudoir parfumé d'une séduisante comtesse.

Assassiner, en voilà un jeu peu commode! Ça vous crée des embarras à n'en plus finir. Et du reste, est-ce bien là une vengeance? La transition de la vie à la mort n'est que d'un instant et tout est fini.

— I vivront, dit-il, en roulant des yeux féroces, i vivront, mais i me l'paieront, batèche de batèche! J' leur promets un chien de ma chienne!

Voici comment s'y prit le bedeau pour satisfaire sa vengeance.

Le matin des noces, après la cérémonie, il se dirigea, à la dérobée, vers la bande de la forêt délimitée par le rivage. Il fouilla longtemps et il commençait à désespérer, lorsqu'il poussa un cri de joie.

Ce fut l'affaire de quelques instants. En un tour de mains, Zéphirin avait gratté l'écorce et enlevé plusieurs morceaux gluants de bois de plomb. Cela fait, il se retira dans un endroit écarté, à l'abri de toute surprise. Il fit une flambée et alla chercher de l'eau à la rivière dans une bassine qu'il avait cachée avec une bouteille sous sa bougrine.

Ensuite, il fit bouillir l'eau au-dessus du feu avec une patience de malfaiteur. Le bedeau, finalement, mit son bois de plomb dans une bouteille, et versa sur cette plante l'eau bouillante qui devait en prendre les principes solubles, un laxatif infaillible.

Après avoir bouché la bouteille qu'il glissa dans sa poche, il cacha la bassine, et reprit le chemin du presbytère.

Louvoyant autour de la cuisine, Zéphirin guettait le moment propice où il pourrait mettre à exécution son sinistre dessein.

Marie Calumet et Suzon venaient de s'absenter en même temps de la cuisine, appelées toutes deux par monsieur le curé.

Fait extraordinaire, Narcisse lui-même ne se trouvait pas, à ce moment-là, dans la cuisine. L'homme engagé du curé, en effet, depuis son mariage, ne lâchait pas sa femme d'une semelle, et, à plusieurs fois, on l'entendit s'écrier avec une admiration naïve:

— Quand j'pense que c'est à moé, c'te femme-là!

— Bon! se dit Zéphirin, faut pas que j'fasse de bêtises, à présent, sinon....

Il commença par déposer sa bassine dans l'évier, puis il s'approcha résolument du poêle. Déjà, il avait soulevé le couvercle de la marmite dans laquelle cuisait le ragoût de pattes de cochon, lorsque Marie Calumet entra.

Zéphirin rougit et dissimula prestement sa bouteille sous sa bougrine.

— Bonjour, m'sieu Zéphirin, dit-elle.

La mariée l'avait bien vu rougir, mais elle mit cela sur le compte de l'émotion.

— Bonjour, mamzelle, pardonnez, j'veux dire madame. Vous avez là un ragoût qui sent bougrement bon.

— Pas vrai? vous y goûterez.

— Ben des rémerciements.

On appelait Marie Calumet dans la pièce voisine.

Zéphirin ne perdit pas de temps. Il versa le contenu de l'infusion dans la marmite, replaça le couvercle, et se sauva dans la cour en évitant toute rencontre importune.

— À c't'heure, dit-il, si vous creyez, vous autres, que j'men vas manger de c'te cochonnerie-là......

À cinq heures, les invités commencèrent à arriver.

D'abord, monsieur le maire avec son nez en saxophone, ses cheveux jaunes collés aux tempes, son crâne luisant, et sa redingote verte et lustrée qui lui pétait sur le ventre. À son bras était accrochée madame la mairesse, grassouillette, femme très dévote, égrenant tantôt des chapelets, tantôt des commérages.

On vit ensuite entrer successivement: le notaire, asthmatique, raide dans son faux-col, dont les pointes lui montaient par-dessus les oreilles; le médecin qui ne portait jamais de bretelles et ne pouvait terminer une phrase sans remonter son pantalon; les marguilliers tous bouffis de leur dignité; le forgeron à la carrure imposante; le marchand, sec et jaune comme un parchemin et qui disait toujours: « tu sais ben.... tu sais ben... »; le rentier qui crachait dans le visage de ses interlocuteurs en parlant; et que d'autres! tous accompagnés de leurs épouses, rondes, plates, rouges, fanées.

Ah! j'oubliais le fils du forgeron, Gustave. Depuis une demi-heure au moins, il était en tête-à-tête avec Suzon, sur un sofa poussé le long du mur, derrière la porte du salon.

L'herbe tendre,.... l'occasion,.... enfin, que sais-je, l'amour aidant, le jeune homme n'y tint plus. Il poigna Suzon à pleines mains en l'embrassant.

— Tu m'fais mal! dit-elle, tout bas, en lui rendant son baiser.

Gustave s'échauffait. Il devenait téméraire et il allait.... lorsque le curé Lefranc, qui avait accepté l'invitation de son ami, parut dans la pièce. C'est qu'il avait un flair de chien de chasse, le curé Lefranc.

— Où ai-je mis mon bréviaire? où ai-je donc mis mon bréviaire?

Puis tournant tout à coup la tête:

— Oh!

— Ah!

— Oh!

— Ne vous gênez pas mes amis, ne vous gênez pas. Il faut que jeunesse se passe. Ma belle, ajouta-t-il, il vaut mieux pour vous que ce soit moi, plutôt que monsieur votre oncle, qui vous déniche dans ce coin. Sans cela.... Allons! pas d'imprudences et soyez sages.

Et le curé Lefranc, obsédé par un soupçon de dentelle, sortit de la pièce en reportant ses souvenirs à trente ans en arrière.

Enfin, on pria les convives de passer dans la salle à manger et de vouloir bien se mettre à table.

Un bruit assourdissant de chaises, couteaux, fourchettes, cuillers, assiettes s'ensuivit.

Le curé Flavel prit place à un bout de la table. À droite, s'assit la mariée, vêtue d'une robe en cachemire bleu ciel, garnie de satin crème; à gauche le marié, suffoquant dans la redingote étriquée que lui avait léguée, par testament, son père moins obèse que son héritier.

166

Celui-ci, transporté du coup au quinzième ciel, avait la tête à l'envers. Il riait, il avait envie de pleurer.

— Ah! m'sieu le curé, disait-il, en se penchant vers lui, ah! m'sieu le curé!...

Marie Calumet, elle, était plus calme. Elle baissait pudiquement les yeux. Ça ne lui revenait pas de se faire appeler madame Narcisse Boisvert. Elle n'était pas loin de croire qu'elle faisait un bête de rêve, et que, le lendemain, elle se réveillerait Marie Calumet comme par devant.

Et même qui le croirait? Pour être bien sûre qu'elle était éveillée, elle se pinça en bas du genou.

Le curé Lefranc présidait à l'autre bout de la table. Si l'on avait regardé sous la nappe, on aurait constaté que c'était sur la table de cuisine qu'il mangeait, le curé Lefranc. Celle de la salle à manger n'aurait pu suffire pour tout ce monde-là.

— Ousqu'est don Zéphirin? fit observer le curé, qui ne s'était pas encore aperçu de l'absence de son bedeau.

— C'est pourtant ben vrai, appuyèrent les invités, ousqu'est don Zéphirin?

— Faut pas s'en occuper, expliqua Suzon, en servant la soupe aux choux. C'est un jaloux qu'a attrapé la pelle.

L'explication parut très naturelle, et l'on ne pensa plus à Zéphirin.

Celui-ci, cependant, blotti derrière la sacristie, à quelques verges du cimetière, avait les yeux rivés sur toutes les issues du presbytère.

Le bedeau devait tenir à sa vengeance, car il avait une peur formidable des morts. Rien qu'à se voir là, si près des tombes, seul et dans l'obscurité, il en avait le sang glacé. Et puis, il faisait un froid et un vent!

Dans le presbytère au contraire, il faisait chaud et l'on se bourrait.

— Voyons, Suzon, dit le curé, après qu'on eût happé la soupe aux choux, dis ce que t'as à nous donner à manger, à soir?

Suzon, comme on le voit, avait été bombardée maîtresse d'hôtel. Elle avait demandé l'aide de deux voisines. Marie Calumet eut bien désiré servir elle-même ce repas de noces, mais on lui fit comprendre, quoique difficilement, que ce n'eût pas été convenable.

Suzon prenant sa fonction au sérieux, répondit:

— Eh ben, m'sieu le curé, on a, à part de ce que vous avez mangé, du ragoût de pattes de cochon avec des boulettes, des tourquières, du lard chaud, du lard froid, un roast beef, un p'tit cochon de lait, de la gourgane, des guertons, des galettes de sarrazin, du dinde avec du fort, des pâtés au poulet, des prâlines, des beignes, du blanc-mange, des crackers, de la custard, des grands-pères, des nourolles, de la compote aux citrouilles, de la crême, des confitures aux fraises, de la gelée aux pommes, du nananne, du café d'orge, du vin de rhubarbe, du pain d'épice, et ben d'autres choses itout.

— Hein! fit le curé, fier de sa nièce, en a-t-elle une mémoire de singe, c't'enfant-là?

La nièce du curé, les joues en feu, éblouissante, fit le tour de la table pour enlever les assiettes à soupe. Comme elle se penchait près du curé Lefranc, celui-ci succomba à la tentation. Il avait déjà trop résisté.

167

Laissant tomber par terre son couteau, il se baissa aussitôt pour le ramasser, mais en même temps il saisit un mollet de la jeune fille, avec la ténacité d'un boule-dogue qui ne lâche pas.

Pleine de déférence pour un curé, Suzon ne protesta pas. Et du reste, le curé Lefranc dit Leblanc était encore fort bel homme. Il ajouta avec un clignement d'y'eux:

— Quand tu te confesseras à moi, Suzon, je t'imposerai une pénitence pour t'être laissée.... tu sais, sur le sofa.... (avec Gustave).

Lorsque l'on servit le ragoût de pattes de cochon à la sauce noire, ce bon plat succulent, appétissant, bien épicé, ce fut une exclamation générale.

— J'men vas en manger, dit le maire, en se pourléchant, c'est mon mets favori.

— Et moi donc! surenchérit le notaire. J'vous ai une fringale....

— À qui le dites-vous? repartit le docteur.

— C'est vous qui l'avez dressé, mademoiselle, pardon madame Boisvert.

— Oué, m'sieu le docteur.

— Alors, il doit être excellent, n'est-ce pas notaire?

— Sans doute! sans doute!

Tous en mangèrent, tant que Marie Calumet se penchant vers sa voisine lui dit à l'oreille:

— Si v'nait qu'à v'nir ben des cochons comme ça on s'rait betôt rendu à la poche.

Avant que l'on passât au dessert, le maire, sur l'invitation de monsieur le curé, se leva pour proposer la santé des nouveaux mariés.

Le maire de Saint-Ildefonse avait la manie des discours. Ce soir-là encore, avant le souper, il avait pris le curé Flavel à part et lui avait dit:

— Un p'tit mot, m'sieu le curé: j'voudrais ben que vous me prieriez de proposer la santé des nouveaux mariés. J'me ferai prier un peu pour la forme, mais vous aurez la bonté d'insister.

Comme de fait. Au moment propice, le curé Flavel se leva.

— M'sieu le maire voudrait-il proposer la santé des mariés?

Le maire parut surpris, désespéré.

— Ah non! dit-il, j'peux pas, j'peux vraiment pas.

— Allons! allons! m'sieu le maire, insista le curé, faites-vous pas prier, surtout en ce jour exceptionnel.

— M'sieu le maire! m'sieu le maire! m'sieu le maire! hurlèrent en chœur tous les convives.

— Eh ben! pisqu'il le faut!

Il commença:

« Messieurs les curés, madame la mariée, monsieur le marié et toute la compagnie. »

Le forgeron continuant de manger, sa femme l'en prévint discrètement en le poussant du coude.

« Je ne m'attendais pas en cette circonstance solennelle de...... de...... de......

Le maire ne put poursuivre. Entre deux bégayements, il blêmit, la sueur moita son front, un frisson soudain mordit son échine, une crampe atroce lui coupa le ventre en deux.

Toute la noce de s'écrier avec sollicitude:

— Qu'ost-ce que vous avez, m'sieu le maire, qu'ost-ce que vous avez? Êtes-vous malade?

— Ou....é.... finit-il par avouer. Par.... ar.... donnez.

Et par un héroïsme de dignité pour le haut poste social qu'il occupait, le maire traversa la salle d'un pas lent. Mais à peine eut-il franchi le seuil, qu'il prit ses jambes à son cou, se dirigeant en droite ligne vers le chalet de nécessité.

Le bedeau, au guet, vit la silhouette du maire se détacher de la réverbération d'or rouge, dans l'entrebâillement de la porte de la cuisine.

Il pensa:

— Bon! en v'là un.... Les aut' tarderont pas....

Ils ne tardèrent pas, en effet. Deux minutes plus tard, monsieur le curé Flavel arrivait au pas gymnastique, aux lieux d'aisances. Il voulut ouvrir la porte.

— Une minute, si vous plaît! gémit une voix de l'intérieur.

Une minute, c'était trop pour le bon curé. Il s'accroupit près du chalet.

Revenons dans la salle à manger. Le notaire à la fringale fit une grimace épouvantable. Les nerfs de son masque labouré de rides se tordirent en tous sens. Il ne put avaler la gorgée de café qu'il avait dans la bouche et en inonda son assiette pleine jusqu'au bord de tourquière. Suivit un craquement sinistre. La charpente vermoulue de Maître Ménard en fut ébranlée.

— Pouah! firent ses voisins de table, en se pinçant les narines.

— Ah! m'sieu le notaire!

— Eh bien! oui, ça y est, avoua celui-ci en se levant piteusement. Ça arrive dans les meilleures familles. Il ne me reste plus qu'à aller me nettoyer.

Il prit son haut de forme à longs poils, et sortit, les jambes écartées.

— Seulement, ajouta-t-il, avant de disparaître dans la noirceur de la route, ça m'a tout l'air comme si vous étiez tous atteints. Je vous conseillerais donc de ne pas perdre de temps et de déménager avant que ça vous attrape.

Maintenant, la porte de la cuisine ne se fermait plus.

Et, dans le noir indécis de ce soir d'octobre, on vit une procession d'étranges fantômes prenant, en hâte, la forme de chiens de fusil, le long des clôtures, tout près de la laiterie, derrière l'écurie et dans le fond du fossé, où Narcisse avait roulé, un matin, dans sa lutte contre le taureau.

Courbées derrière un énorme chêne, deux des victimes de la vengeance du bedeau se lamentaient à voix basse.

— Ah! Narcisse!................

— Quoi Marie?

— Ah! Ah! oh! j'sus........ malade........... j'sus ben malade.

Oh!........................

— Pauv' Marie!

Et Narcisse, tourmenté lui-même par des coliques déchirantes, oubliait ses souffrances pour ne penser qu'à celle qu'il avait juré, le matin même, au pied de l'autel, de protéger jusqu'à son dernier soupir.

— Si j'pouvais arrêter ça, ma chère, ma pauv' femme, mais qu'ost-ce que tu veux que j'y fasse?

— Oh! encore....... encore....... Quand est-ce que ça va finir, bonne sainte Anne?........... J'sus fourbue.......... J'me sens des crampes dans les jarrets................

Aie!........... Aie!...........

Pourquoi que j'ai mangé de c'sapré fricot?

— Es-tu ben sûr qu'c'est le fricot, Marie;

— Ah oué, j'en suis.......... V'là qu'ça part encore....

Écoute, Narcisse, j'me meurs!.......

— Si c'est le ragoût, Marie, c'est que tu l'auras trop ben épicé......

— Oh! j'sais pas...... Aie!....... Aie!.......... C'est sensible........ J'ai mal aux reins...................

Si j'en r'viens, j'te promets que j'en mangerai pu, non jamais............ Ça m'échauffe.....................

Oh! mon ventre!............ mon ventre!........ J'me meurs!........ j'me meurs!.................

Narcisse, j'pense que tu vas-t-être obligé d'aller chercher m'sieu le curé....

Narcisse était alarmé.

Vraiment, sa femme était-elle donc si mal?

— Bon! v'là que ça m'repoigne, moé itout, murmura Narcisse en se mettant en deux, aux côtés de Marie Calumet.

Mais le mouvement avait été trop brusque. Cédant sous le choc, madame Boisvert glissa dans la flaque fumante et fétide.

— I manquait pu ainque ça!........ Me v'là ben équipée à c't' heure...... Ben sûr que c'est une punition du Ciel pour mes péchés....................

Et Marie Calumet se rappela avec amertume ses distractions et son ballon.

— J'sus toute beurrée......... J'en ai par-dessus la croupière et j'cré ben que j'en ai jusque dans la fossette du cou ....

La lune s'était voilée de dégoût.

À voir ainsi sa femme toute maculée, Narcisse se désespérait. Il lui dit:

— Tu peux pas rester dans c't'état-là. I faut aller à la rivière pour faire partir toute c'te saloperie-là.

Et Marie Calumet, affaiblie par la somme de travail qu'elle venait d'exécuter, se leva en geignant et s'appuya sur le bras de son mari.

Le couple marcha un arpent, puis disparut dans la lisière de forêt et fut sur la grève. Tous deux avaient plusieurs fois retourné la tête pour s'assurer que personne ne les observait. Personne.

Passant à travers un nuage de suie, la large assiette safranée, qui se balançait dans l'indigo du ciel, apparut dans toute sa splendeur, cristallisant les caresses de la vague sur les galets de la rive.

Narcisse demanda:

— Ousqu'on va se met' Marie. Car tu sais, faut pas s'faire attraper?

— J'men vas m'laver toute seule. Tu t'imagines pas qu'tu vas............

— C'est à creire. Pisqu'on est marié. J'peux ben.............. Tiens! à l'ombre des bouleaux, icitte; i a pas un créquien pour nous dénicher.......

— Ah! non! par exemple.......... t'es pas pour faire le cochon, hein!....

— Mais écoute don, Marie, pisque t'es ma femme et que j'sus ton mari, j'ai ben l'droit de.....................

— Encore si j'étais propre, j'dis pas.....................

— Ben oué.......... mais c'est justement à cause que t'es pas propre que.....................

Bref, Marie Calumet se laissa séduire, et Narcisse commença sa délicate opération.

Premier sacrifice de sa vie matrimoniale, l'homme engagé du curé mit sa belle chemise en pièces pour en faire des torchons.

Sa femme s'allongea sur le sable en tournant le dos aux étoiles, qui semblaient se faire des clins d'yeux.

La froidure automnale baisotait brutalement les chairs pouacres de la mariée.

— I fait fret! fit-elle remarquer en claquant des dents.

Cette plainte alla droit au cœur de Narcisse.

Et il frotta, il frotta jusqu'à ce que la peau eut repris son éclat d'avant les noces.

Toute sa chemise y passa.

Et lorsque Marie Calumet se fut relevée, honteuse comme après la première faute:

— Allons nous coucher, dit Narcisse, en l'embrassant gloutonnement.

LOUIS HÉMON (1880-1913)

Tout n'a-t-il pas été dit, et même davantage, sur lui et sur Maria? Licencié en droit de la Sorbonne, Hémon émigre à Londres en 1903, puis au Québec en 1911. C'est entre les travaux de la ferme, chez les Bédard de Péribonka, qu'il commencera la rédaction de *Maria Chapdelaine* (publié en feuilleton dans *Le Temps*, à Paris, en 1914, puis à Montréal, en 1916), qui allait devenir, grâce à Bernard Grasset notamment, l'un des « best-sellers » de la littérature française, et le « modèle », (Louvigny de Montigny) du genre pour nombre de romanciers québécois, jusqu'à ce que Félix-Antoine Savard (son *Menaud, maître-draveur* (1937) s'inspire directement du roman de Hémon) et Ringuet sonnent le glas du « roman de la terre ». Du reste, si *Maria Chapdelaine* est un roman de la terre, c'est par surcroît; c'est avant tout un grand roman. Hémon est également l'auteur d'autres romans, notamment de *Colin-Maillard* (1924) et de *Battling Malone, pugiliste* (1925). On lira avec intérêt le *Louis Hémon, lettres à sa famille* (Montréal, Presses de l'Université de Montréal, 1968) de Nicole Deschamps.

MARIA CHAPDELAINE

La tentation*

(Extrait du chapitre XIII de Maria Chapdelaine. Après la mort de François Paradis et la visite de Lorenzo Surprenant, Maria reçoit un troisième prétendant, Eutrope Gagnon.)

François Paradis était venu au cœur de l'été, descendu du pays mystérieux situé « en haut des rivières »; le souvenir des très simples paroles qu'il avait prononcées était tout mêlé à celui du grand soleil éclatant, des bleuets mûrs, des dernières fleurs de bois de charme se fanant dans la brousse. Après lui Lorenzo Surprenant avait apporté un autre mirage: le mirage des belles cités lointaines et de la vie qu'il offrait, riche de merveilles inconnues. Eutrope Gagnon, quand il parla à son tour, le fit timidement, avec une sorte de honte et comme découragé d'avance, comprenant qu'il n'avait rien à offrir qui eût de la force pour tenter.

Hardiment il avait demandé à Maria de venir se promener avec lui; mais quand ils eurent mis leurs manteaux et ouvert la porte ils virent que la neige tombait. Maria s'était arrêtée sur le perron, hésitante, une main sur le loquet, faisant mine de rentrer; et lui, craignant de laisser échapper l'occasion, s'était mis à parler de suite, se dépêchant comme s'il redoutait de ne pouvoir tout dire.

— Vous savez bien que j'ai de l'amitié pour vous, Maria. Je ne vous en avais pas parlé encore, d'abord parce que ma terre n'était pas assez avancée pour que nous puissions vivre dessus comme il faut tous les deux, et après ça parce que j'avais deviné que c'était François Paradis que vous aimiez mieux. Mais puisqu'il est mort maintenant et que cet autre garçon des États est après vous, je me suis dit que moi aussi je pourrais bien essayer ma chance.

La neige descendait maintenant en flocons serrés; elle dégringolait du ciel gris, faisait un papillonnement blanc devant l'immense bande sombre qui était la lisière de la forêt, et puis allait se joindre à cette autre neige que cinq mois d'hiver avaient déjà accumulée sur le sol.

— Je ne suis pas riche, bien sûr; mais j'ai deux lots à moi, tout payés, et vous savez que c'est de la bonne terre. Je vais travailler dessus tout le printemps, dessoucher le grand morceau en bas du cran, faire de bonnes clôtures, et quand mai viendra j'en aurai grand prêt à être semé. Je sèmerai cent trente minots, Maria... cent trente minots de blé, d'orge et d'avoine, sans compter un arpent de « gaudriole » pour les animaux. Tout ce grain-là, du beau grain de semence, je l'achèterai à Roberval et je payerai « cash » sur le comptoir, de même... J'ai l'argent de côté tout prêt; je payerai cash, sans une cent de dette à personne, et si seulement c'est une année ordinaire, ça fera une belle récolte. Pensez donc, Maria, cent trente minots de beau grain de semence dans de la bonne terre! Et pendant l'été, avant les foins, et puis entre les foins et la moisson, ça serait le bon temps pour élever une belle petite maison chaude et solide, toute en épinette rouge. J'ai le bois tout prêt, coupé, empilé derrière ma grange; mon frère m'aidera et peut-être aussi

Esdras et Da'Bé quand ils seront revenus. L'hiver d'après je monterai aux chantiers avec un cheval et je reviendrai au printemps avec pas moins de deux cents piastres dans ma poche, clair. Alors, si vous aviez bien voulu m'attendre, ça serait le temps...

Maria restait appuyée à la porte, une main sur le loquet, détournant les yeux. C'était cela tout ce qu'Eutrope Gagnon avait à lui offrir; attendre un an, et puis devenir sa femme et continuer la vie d'à présent, dans une autre maison de bois, sur une autre terre mi-défrichée... Faire le ménage et l'ordinaire, tirer les vaches, nettoyer l'étable quand l'homme serait absent, travailler dans les champs peut-être, parce qu'ils ne seraient que deux et qu'elle était forte. Passer les veillées au rouet ou à radouber de vieux vêtements... Prendre une demi-heure de repos parfois l'été, assise sur le seuil, en face des quelques champs enserrés par l'énorme bois sombre; ou bien, l'hiver, faire fondre avec son haleine un peu de givre opaque sur la vitre et regarder la neige tomber sur la campagne déjà blanche et sur le bois... Le bois... Toujours le bois, impénétrable, hostile, plein de secrets sinistres, fermé autour d'eux comme une poigne cruelle qu'il faudrait desserrer peu à peu, année par année, gagnant quelques arpents chaque fois au printemps et à l'automne, année par année, à travers toute une longue vie terne et dure.

Non, elle ne voulait pas vivre comme cela.

— Je sais bien qu'il faudrait travailler fort pour commencer, continuait Eutrope, mais vous êtes vaillante, Maria, et accoutumée à l'ouvrage, et moi aussi. J'ai toujours travaillé fort; personne n'a pu dire jamais que j'étais lâche, et si vous vouliez bien me marier ça serait mon plaisir de peiner comme un bœuf toute la journée pour vous faire une belle terre et que nous soyons à l'aise avant d'être vieux. Je ne prends pas de boisson, Maria, et je vous aimerais bien...

Sa voix trembla et il étendit la main vers le loquet à son tour, peut-être pour prendre sa main à elle, peut-être pour l'empêcher d'ouvrir la porte et de rentrer avant d'avoir donné sa réponse.

— L'amitié que j'ai pour vous... ça ne peut pas se dire...

Elle ne répondait toujours rien. Pour la deuxième fois un jeune homme lui parlait d'amour et mettait dans ses mains tout ce qu'il avait à donner, et pour la deuxième fois elle écoutait et restait muette, embarrassée, ne se sauvant de la gaucherie que par l'immobilité et le silence. Les jeunes filles des villes l'eussent trouvée niaise; mais elle n'était que simple et sincère, et proche de la nature, qui ignore les mots. En d'autres temps, avant que le monde fût devenu compliqué comme à présent, sans doute de jeunes hommes, mi-violents et mi-timides, s'approchaient-ils d'une fille aux hanches larges et à la poitrine forte pour offrir et demander, et toutes les fois que la nature n'avait pas encore parlé impérieusement en elle, sans doute elle les écoutait en silence, prêtant l'oreille moins à leurs discours qu'à une voix intérieure et préparant le geste d'éloignement qui la défendrait contre toute requête trop ardente, en attendant... Les trois amoureux de Maria Chapdelaine n'avaient pas été attirés par des paroles habiles ou gracieuses, mais par la beauté de son corps et par ce qu'ils pressentaient de son cœur limpide et honnête; quand ils lui parlaient d'amour elle restait semblable à elle-même, patiente, calme, muette tant qu'elle ne voyait rien qu'il leur fallût dire, et ils ne l'en aimaient que davantage.

— Ce garçon des États est venu vous faire de beaux discours, mais il ne faut pas vous laisser prendre...

Il devina son geste ébauché de protestation et se fit plus humble.

— Oh! vous êtes bien libre, comme de raison; et je n'ai rien à dire contre lui. Mais vous seriez mieux de rester icitte, Maria, parmi des gens comme vous.

À travers la neige qui tombait, Maria regardait l'unique construction de planches, mi-étable et mi-grange, que son père et ses frères avaient élevée cinq ans plus tôt, et elle lui trouvait un aspect à la fois répugnant et misérable, maintenant qu'elle avait commencé à se figurer les édifices merveilleux des cités. L'intérieur chaud et fétide, le sol couvert de fumier et de paille souillée, la pompe dans un coin, dure à manœuvrer et qui grinçait si fort, l'extérieur désolé, tourmenté par le vent froid, souffleté par la neige incessante, c'était le symbole de ce qui l'attendait si elle épousait un garçon comme Eutrope Gagnon, une vie de labeur grossier dans un pays triste et sauvage.

Elle secoua la tête.

— Je ne peux rien vous dire Eutrope, ni oui, ni non; pas maintenant... Je n'ai rien promis à personne. Il faut attendre.

C'était plus qu'elle n'en avait dit à Lorenzo Surprenant et pourtant Lorenzo était parti plein d'assurance et Eutrope sentit qu'il avait tenté sa chance, et perdu. Il s'en alla seul à travers la neige, tandis qu'elle rentrait dans la maison.

Mars se traîna en jours tristes; un vent froid poussait d'un bout à l'autre du ciel les nuages gris, ou balayait la neige; il fallait étudier le calendrier, don d'un marchand de grain de Roberval, pour comprendre que le printemps venait.

Les journées qui suivirent furent pour Maria toutes pareilles aux journées d'autrefois, ramenant les mêmes tâches, accomplies de la même manière; mais les soirées devinrent différentes, remplies par un effort de pensée pathétique. Sans doute ses parents avaient-ils deviné ce qui s'était passé; mais respectant son silence, ils ne lui offraient pas de conseils et elle n'en demandait pas. Elle avait conscience qu'il n'appartenait qu'à elle de faire son choix et d'arrêter sa vie, et se sentait pareille à une élève debout sur une estrade devant des yeux attentifs, chargée de résoudre sans aide un problème difficile.

C'était ainsi: quand une fille arrivait à un certain âge, lorsqu'elle était plaisante à voir, saine et forte, habile à toutes les besognes de la maison et de la terre, de jeunes hommes lui demandaient à l'épouser. Et il fallait qu'elle dît: « Oui » à celui-là, « Non » à l'autre...

Si François Paradis ne s'était pas écarté sans retour dans les bois désolés, tout eût été facile. Elle n'aurait pas eu à se demander ce qu'il lui fallait faire: elle serait allée droit vers lui, poussée par une force impérieuse et sage, aussi sûre de bien faire qu'une enfant qui obéit. Mais il était parti; il ne reviendrait pas comme il l'avait promis, ni au printemps, ni plus tard, et M. le curé de Saint-Henri avait défendu de continuer par un long regret la longue attente.

Oh! mon Dou! Quel temps merveilleux ç'avait été que le commencement de cette attente! Quelque chose se gonflait et s'ouvrait dans son cœur de semaine en semaine, comme une belle gerbe riche dont les épis s'écartent et se penchent, et une grande joie venait vers elle en dansant... Non, c'était plus vif et plus fort que cela. C'était pareil à une grande flamme-lumière aperçue dans un pays triste, à la brunante, une promesse éclatante vers laquelle on marche, oubliant les larmes qui avaient été sur le point de venir en disant d'un air de défi : « Je savais bien... Je savais bien qu'il y avait quelque part dans le monde quelque chose comme cela. » Fini. Oui, c'était fini. Maintenant il fallait faire semblant de n'avoir rien vu, et chercher laborieusement son chemin, en hésitant dans le triste pays sans mirage.

Le père Chapdelaine et Tit'Bé fumaient sans rien dire, assis près du poêle; la mère tricotait des bas; Chien, couché sur le ventre, la tête entre ses pattes allongées, clignait doucement des yeux, jouissant de la bonne chaleur. Télesphore s'était endormi, son catéchisme ouvert sur les genoux, et la petite Alma-Rose, qui était encore éveillée, elle, hésitait depuis plusieurs minutes déjà entre un grand désir de faire remarquer la paresse inexcusable de son frère et la honte d'une pareille trahison.

Maria baissa les yeux, reprit son ouvrage, et suivit un peu plus loin encore sa pensée obscure et simple.

Quand une fille ne sent pas ou ne sent plus la grande force mystérieuse qui la pousse vers un garçon différent des autres, qu'est-ce qui doit la guider? Qu'est-ce qu'elle doit chercher dans le mariage? Avoir une belle vie, assu-
— rément, faire un règne heureux...

Ses parents auraient préféré qu'elle épousât Eutrope Gagnon, — elle le savait, — d'abord parce qu'elle resterait ainsi près d'eux et ensuite parce que la vie de la terre était la seule qu'ils connussent, et qu'ils l'imaginaient naturellement supérieure à toutes les autres. Eutrope était un bon garçon, vaillant et tranquille, et il l'aimait; mais Lorenzo Surprenant l'aimait aussi; il était également sobre, travailleur; il était en somme resté Canadien, tout pareil aux gens parmi lesquels elle vivait; il allait à l'église... Et il lui apportait comme un présent magnifique, un monde éblouissant, la magie des villes; il la délivrerait de l'accablement de la campagne glacée et des bois sombres...

Elle ne pouvait se résoudre encore à se dire : « Je vais épouser Lorenzo Surprenant. » Mais en vérité son choix était fait. Le norouâ meurtrier qui avait enseveli François Paradis sous la neige, au pied de quelque cyprès mélancolique, avait fait sentir à Maria du même coup toute la tristesse et la dureté du pays qu'elle habitait et lui avait inspiré la haine des hivers du Nord, du froid, du sol blanc, de la solitude, des grandes forêts inhumaines où tous les arbres ont l'aspect des arbres de cimetière. L'amour — le vrai amour — avait passé près d'elle... Une grande flamme chaude et claire qui s'était éloignée pour ne plus revenir. Il lui était resté une nostalgie, et maintenant elle se prenait à désirer une compensation et comme un remède l'éblouissement d'une vie lointaine dans la clarté pâle des cités.

Les trois voix*

(Extrait du chapitre XV. Devant le cercueil de sa femme, le père Chapdelaine a longuement évoqué les vertus de la morte. Maria est livrée à ses réflexions.)

Vivre toute sa vie en des lieux désolés, lorsqu'on aurait aimé la compagnie des autres humains et la sécurité paisible des villages; peiner de l'aube à la nuit, dépensant toutes les forces de son corps en mille dures besognes et garder de l'aube à la nuit toute sa patience et une sérénité joyeuse; ne jamais voir autour de soi que la nature primitive, sauvage, le bois inhumain, et garder au milieu de tout cela l'ordre raisonnable, et la douceur, et la gaieté, qui sont les fruits de bien des siècles de vie sans rudesse, c'était une chose difficile et méritoire, assurément. Et quelle était la récompense? Quelques mots d'éloge, après la mort.

Est-ce que cela en valait la peine? La question ne se posait pas dans son esprit avec cette netteté; mais c'était bien à cela qu'elle songeait. Vivre ainsi, aussi durement, aussi bravement, et laisser tant de regret derrière soi, peu de femmes en étaient capables. Elle-même...

Le ciel baigné de lune était singulièrement lumineux et profond, et d'un bout à l'autre de ce ciel des nuages curieusement découpés, semblables à des décors, défilaient comme une procession solennelle. Le sol blanc n'évoquait aucune idée de froid ni de tristesse, car la brise était tiède et quelque vertu mystérieuse du printemps qui venait faisait de la neige un simple déguisement du paysage, nullement redoutable, et que l'on devinait condamné à bientôt disparaître.

Maria, assise, près de la petite fenêtre, regarda quelque temps sans y penser le ciel, le sol blanc, la barre lointaine de la forêt, et tout à coup il lui sembla que cette question qu'elle s'était posée à elle-même venait de recevoir une réponse. Vivre ainsi, dans ce pays, comme sa mère avait vécu, et puis mourir et laisser derrière soi un homme chagriné et le souvenir des vertus essentielles de sa race, elle sentait qu'elle serait capable de cela. Elle s'en rendait compte sans aucune vanité et comme si la réponse était venue d'ailleurs. Oui, elle serait capable de cela; et une sorte d'étonnement lui vint, comme si c'était là une nouvelle révélation inattendue.

Elle pourrait vivre ainsi; seulement... elle n'avait pas dessein de le faire... Un peu plus tard, quand ce deuil serait fini, Lorenzo Surprenant reviendrait des États pour la troisième fois et l'emmènerait vers l'inconnu magique des villes, loin des grands bois qu'elle détestait, loin du pays barbare où les hommes qui s'étaient écartés mouraient sans secours, où les femmes souffraient et agonisaient longuement, tandis qu'on s'en allait chercher une aide inefficace au long des interminables chemins emplis de neige. Pourquoi rester là, et tant peiner, et tant souffrir lorsqu'on pouvait s'en aller vers le Sud et vivre heureux?

Le vent tiède qui annonçait le printemps vint battre la fenêtre, apportant quelques bruits confus: le murmure des arbres serrés dont les branches frémissent et se frôlent, le cri lointain d'un hibou. Puis le silence solennel régna de nouveau. Samuel Chapdelaine s'était endormi; mais ce sommeil au chevet de la mort n'avait rien de grossier ni de sacrilège; le menton sur sa poitrine, les mains ouvertes sur ses genoux, il semblait plongé dans un accablement triste, ou bien enfoncé dans une demi-mort volontaire où il suivit d'un peu plus près la disparue.

Maria se demandait encore: pourquoi rester là, et tant peiner, et tant souffrir? Pourquoi?... Et comme elle ne trouvait pas de réponse voici que du silence de la nuit, à la longue, des voix s'élevèrent.

Elles n'avaient rien de miraculeux, ces voix; chacun de nous en entend de semblables lorsqu'il s'isole et se recueille assez pour laisser loin derrière lui le tumulte mesquin de la vie journalière. Seulement elles parlent plus haut et plus clair aux cœurs simples, au milieu des grands bois du Nord et des campagnes désolées. Comme Maria songeait aux merveilles lointaines des cités, la première voix vint lui rappeler en chuchotant les cent douceurs méconnues du pays qu'elle voulait fuir.

L'apparition quasi miraculeuse de la terre au printemps, après les longs mois d'hiver... La neige redoutable se muant en ruisselets espiègles sur toutes les pentes; les racines surgissant, puis la mousse encore gonflée d'eau, et bientôt le sol délivré sur lequel on marche avec des regards de délice et des soupirs d'allégresse, comme en une exquise convalescence... Un peu plus tard les bourgeons se montraient sur les bouleaux, les aunes et les trembles, le bois de charme se couvrait de fleurs roses, et après le repos forcé de l'hiver le dur travail de la terre était presque une fête; peiner du matin au soir semblait une permission bénie...

Le bétail enfin délivré de l'étable entrait en courant dans les clos et se gorgeait d'herbe neuve. Toutes les créatures de l'année: les veaux, les jeunes volailles, les agnelets batifolaient au soleil et croissaient de jour en jour tout comme le foin et l'orge. Le plus pauvre des fermiers s'arrêtait parfois au milieu de sa cour ou de ses champs, les mains dans ses poches et savourait le grand contentement de savoir que la chaleur du soleil, la pluie tiède, l'alchimie généreuse de la terre, — toutes sortes de forces géantes, — travaillaient en esclaves soumises pour lui... pour lui.

Après cela, c'était l'été: l'éblouissement des midis ensoleillés, la montée de l'air brûlant qui faisait vaciller l'horizon et la lisière du bois, les mouches tourbillonnant dans la lumière, et à trois cents pas de la maison les rapides et la chute, — écume blanche sur l'eau noire, — dont la seule vue répandait une fraîcheur délicieuse. Puis la moisson, le grain nourricier s'empilant dans les granges, l'automne, et bientôt l'hiver qui revenait... Mais voici que miraculeusement l'hiver ne paraissait plus détestable ni terrible: il apportait tout au moins l'intimité de la maison close, et au dehors avec la monotonie et le silence de la neige amoncelée, la paix, une grande paix...

Dans les villes il y aurait les merveilles dont Lorenzo Surprenant avait parlé, et ces autres merveilles qu'elle imaginait elle-même confusément: les larges rues illuminées, les magasins magnifiques, la vie facile, presque sans labeur, emplie de petits plaisirs. Mais peut-être se lassait-on de ce vertige à la longue, et les soirs où l'on ne désirait rien que le repos et la tranquillité, où retrouver la quiétude des champs et des bois, la caresse de la première brise fraîche, venant du Nord-Ouest après le coucher du soleil, et la paix infinie de la campagne s'endormant tout entière dans le silence?

« Ça doit être beau pourtant! » se dit-elle en songeant aux grandes cités américaines. Et une autre voix s'éleva comme une réponse. Là-bas c'était l'étranger: des gens d'une autre race parlant d'autre chose dans une autre langue, chantant d'autres chansons... Ici...

Tous les noms de son pays, ceux qu'elle entendait tous les jours, comme ceux qu'elle n'avait entendus qu'une fois, se réveillèrent dans sa mémoire: les mille noms que des paysans pieux venus de France ont donnés aux lacs, aux rivières, aux villages de la contrée nouvelle qu'ils découvraient et peuplaient à mesure... lac à l'Eau-Claire... la Famine... Saint-Cœur-de-Marie... Trois-Pistoles... Sainte-Rose-du-Dégel... Pointe-aux-Outardes... Saint-André-de-l'Épouvante...

Eutrope Gagnon avait un oncle qui demeurait à Saint-André-de-l'Épouvante; Racicot, de Honfleur, parlait souvent de son fils, qui était chauffeur à bord d'un bateau du Golfe, et chaque fois c'étaient encore des noms nouveaux qui venaient s'ajouter aux anciens: les noms de villages de pêcheurs ou de petits ports du Saint-Laurent, dispersés sur les rives entre lesquelles les navires d'autrefois étaient montés bravement vers l'inconnu... Pointe-Mille-Vaches... les Escoumains... Notre-Dame-du-Portage... les Grandes-Bergeronnes... Gaspé...

Qu'il était plaisant d'entendre prononcer ces noms, lorsqu'on parlait de parents ou d'amis éloignés, ou bien de longs voyages! Comme ils étaient familiers et fraternels, donnant chaque fois une sensation chaude de parenté, faisant que chacun songeait en les répétant: « Dans tout ce pays-ci nous sommes chez nous... chez nous! »

Vers l'Ouest, dès qu'on sortait de la province, vers le Sud, dès qu'on avait passé la frontière, ce n'était plus partout que des noms anglais, qu'on apprenait à prononcer à la longue et qui finissaient par sembler naturels sans doute; mais où retrouver la douceur joyeuse des noms français?

Les mots d'une langue étrangère sonnant sur toutes les lèvres, dans les rues, dans les magasins... De petites filles se prenant par la main pour danser une ronde et entonnant une chanson que l'on ne comprenait pas... Ici...

Maria regardait son père, qui dormait toujours, le menton sur sa poitrine comme un homme accablé qui médite sur la mort, et tout de suite elle se souvint des cantiques et des chansons naïves qu'il apprenait aux enfants presque chaque soir.

> *À la claire fontaine,*
> *M'en allant promener...*

Dans les villes des États, même si l'on apprenait aux enfants ces chansons-là, sûrement ils auraient vite fait de les oublier!

Les nuages épars qui tout à l'heure défilaient d'un bout à l'autre du ciel baigné de lune s'étaient fondus en une immense nappe grise, pourtant ténue, qui ne faisait que tamiser la lumière; le sol couvert de neige mi-fondue était blafard, et entre ces deux étendues claires la lisière de la forêt s'allongeait comme le front d'une armée.

Maria frissonna; l'attendrissement qui était venu baigner son cœur s'évanouit; elle se dit une fois de plus:

« Tout de même... c'est un pays dur, icitte. Pourquoi rester? »

Alors une troisième voix plus grande que les autres s'éleva dans le silence: la voix du pays de Québec, qui était à moitié un chant de femme et à moitié un sermon de prêtre.

Elle vint comme un son de cloche, comme la clameur auguste des orgues dans les églises, comme une complainte naïve et comme le cri perçant et prolongé par lequel les bûcherons s'appellent dans les bois. Car en vérité tout ce qui fait l'âme de la province tenait dans cette voix: la solennité chère du vieux culte, la douceur de la vieille langue jalousement gardée, la splendeur et la force barbare du pays neuf où une racine ancienne a retrouvé son adolescence.

Elle disait: « Nous sommes venus il y a trois cents ans, et nous sommes restés... Ceux qui nous ont menés ici pourraient revenir parmi nous sans amertume et sans chagrin, car s'il est vrai que nous n'ayons guère appris, assurément nous n'avons rien oublié.

« Nous avions apporté d'outre-mer nos prières et nos chansons: elles sont toujours les mêmes. Nous avions apporté dans nos poitrines le cœur des hommes de notre pays, vaillant et vif, aussi prompt à la pitié qu'au rire, le cœur le plus humain de tous les cœurs humains: il n'a pas changé. Nous avons marqué un plan du continent nouveau, de Gaspé à Montréal, de Saint-Jean-d'Iberville à l'Ungava, en disant: ici toutes les choses que nous avons apportées avec nous, notre culte, notre langue, nos vertus et jusqu'à nos faiblesses deviennent des choses sacrées, intangibles et qui devront demeurer jusqu'à la fin.

« Autour de nous des étrangers sont venus, qu'il nous plaît d'appeler les barbares; ils ont pris presque tout le pouvoir; ils ont acquis presque tout l'argent; mais au pays de Québec rien n'a changé. Rien ne changera, parce que nous sommes un témoignage. De nous-mêmes et de nos destinées, nous n'avons compris clairement que ce devoir-là: persister... nous maintenir... Et nous nous sommes maintenus, peut-être afin que dans plusieurs siècles encore le monde se tourne vers nous et dise: Ces gens sont d'une race qui ne sait pas mourir... Nous sommes un témoignage.

« C'est pourquoi il faut rester dans la province où nos pères sont restés, et vivre comme ils ont vécu, pour obéir au commandement inexprimé qui s'est formé dans leurs cœurs, qui a passé dans les nôtres et que nous devrons transmettre à notre tour à de nombreux enfants: Au pays de Québec rien ne doit mourir et rien ne doit changer... »

L'immense nappe grise qui cachait le ciel s'était faite plus opaque et plus épaisse, et soudain la pluie recommença à tomber, approchant encore un peu l'époque bénie de la terre nue et des rivières délivrées. Samuel Chapdelaine dormait toujours, le menton sur sa poitrine, comme un vieil homme que la fatigue d'une longue vie dure aurait tout à coup accablé. Les flammes des deux chandelles fichées dans le chandelier de métal et dans la coupe de verre vacillaient sous la brise tiède, de sorte que des ombres dansaient sur le visage de la morte et que ses lèvres semblaient murmurer des prières ou chuchoter des secrets.

Maria Chapdelaine sortit de son rêve et songea: « Alors je vais rester ici... de même! » car les voix avaient parlé clairement et elle sentait qu'il fallait obéir. Le souvenir de ses autres devoirs ne vint qu'ensuite, après qu'elle se fût résignée, avec un soupir. Alma-Rose était encore toute petite; sa mère était morte et il fallait bien qu'il restât une femme à la maison. Mais en vérité c'étaient les voix qui lui avaient enseigné son chemin.

La pluie crépitait sur les bardeaux du toit, et la nature heureuse de voir l'hiver fini envoyait par la fenêtre ouverte de petites bouffées de brise tiède qui semblaient des soupirs d'aise. À travers les heures de la nuit Maria resta immobile, les mains croisées dans son giron, patiente et sans amertume, mais songeant avec un peu de regret pathétique aux merveilles lointaines qu'elle ne connaîtrait jamais et aussi aux souvenirs tristes du pays où il lui était commandé de vivre; à la flamme chaude qui n'avait caressé son cœur que pour s'éloigner sans retour, et aux grands bois emplis de neige d'où les garçons téméraires ne reviennent pas.

ARMAND LAVERGNE (1880-1935)

Avocat et député de Montmagny (à la Chambre des communes en 1904, à l'Assemblée législative en 1908 et 1912), orateur, journaliste et mémorialiste à la plume alerte (*Trente Ans de vie nationale*, 1934), Armand Lavergne était « canadien », c'est-à-dire anti-impérialiste, comme Olivar Asselin avec qui il fonda, en 1903, la Ligue nationaliste, qui s'illustra par la défense des Canadiens français vivant hors du Québec et menacés par diverses lois, au Manitoba par exemple, interdisant les écoles publiques françaises, et fonda en 1904 *Le Nationaliste*, journal qui dénoncera (déjà!) la collusion entre les hommes politiques et les industriels américains. La pensée de Lavergne demeurera fortement tributaire de celle de Bourassa, malgré son ralliement, dans les années vingt, au Parti conservateur.

La grande assemblée de Saint-Hyacinthe*

(Exclu du Parti libéral, à Ottawa, pour son indépendance d'esprit, devenu député à Québec, Armand Lavergne se lance avec les nationalistes dans la campagne fédérale de 1911. Thème principal: le projet Laurier d'une marine qui serait « canadienne en temps de paix mais britannique en temps de guerre ». Laurier sera battu.)

Au cours de cet été mouvementé, Beauparlant qui était député libéral de Saint-Hyacinthe, — représenté à l'assemblée législative par Bourassa, crut devoir forcer le jeu et écraser définitivement les nationalistes.

Il annonça, pour le 17 août suivant, une grande assemblée à Saint-Hyacinthe à laquelle Bourassa et moi étions tout spécialement convoqués.

Il est bon de dire que Saint-Hyacinthe était alors le dernier foyer du rougisme ardent et intransigeant.

On trouvait là encore quelques restes des rouges de l'école anticléricale portant dans leur cœur une haine toute spéciale pour les cléricaux encroûtés que Bourassa et moi étions pour leur esprit émancipé.

Ils étaient renchaussés d'une équipe spéciale, aux *arguments frappants*, connue sous le nom de « la bande du marché à foin ».

Bourassa avait déjà eu maille à partir avec elle, et moi-même j'avais fait sa connaissance quand, dans une autre circonstance, j'avais pris la parole en faveur du chef. Je suis resté convaincu que la pensée de derrière la tête, non pas de Beauparlant qui était un brave et honnête homme, quoique profondément naïf, mais des véritables meneurs, était de nous faire un mauvais parti. Nous aurions passé pour avoir été victimes de notre témérité devant l'indignation populaire contre « les insulteurs de Laurier ».

Seulement l'homme s'agite et Dieu le mène.

L'assemblée de Saint-Hyacinthe intéressait vivement la presse et le public. Cet intérêt prit des proportions phénoménales, quand Beauparlant annonça que si nous acceptions l'invitation, nous aurions comme adversaires l'honorable Rodolphe Lemieux, le docteur Béland, — récemment nommé ministre de la marine, — et Oscar Gladu, député de Yamaska, les trois plus forts tribuns du parti libéral.

Il n'y avait rien autre chose à faire que de relever le gant. Bourassa était dans ces temps anciens plus combatif qu'aujourd'hui. Sur la tribune populaire, dans les assemblées contradictoires, pas un d'entre eux n'allait à sa cheville; c'était des pygmées à côté d'un géant.

Sitôt qu'il fut connu que nous avions accepté, l'émotion devint intense, les différentes organisations se mirent en branle chacune de son côté.

L'assemblée devait avoir lieu au manège militaire, situé à environ une vingtaine d'arpents de la gare.

Le jour arrivé, la foule, petit à petit, se mit à envahir la place qui fut bientôt noire de monde à perte de vue de l'estrade adossée au pavillon. Elle commençait à la voie ferrée, où les trains spéciaux se succédaient de cinq en cinq minutes sur les différentes voies du chemin de fer qui dessert cette petite ville. Un de mes amis me dit en avoir compté quatorze.

Je sais, pour ma part, qu'en plus des trains réguliers, il y eut quatre spéciaux bondés venant de Québec — et combien de Montréal? — sans oublier les automobiles et les camions qui remplissaient les routes.

Les journaux du temps évaluèrent la foule, rassemblée ce jour-là pour voir la bataille — car il n'y avait pas moyen d'entendre — à plus de 50,000 personnes.

Ceci indiquait manifestement un changement depuis ma première assemblée sur la marine, à Hochelaga, avec Louis Coderre. Nous avions réuni, ce jour-là, environ 75 personnes, en comptant les chevaux et les voitures, si je puis dire.

Notre sympathique adversaire Beauparlant ne put malheureusement assister au cirque. Organisé par lui, il avait sûrement pris des proportions inattendues. Elles faisaient sombrer dans l'insignifiance la plus complète la célèbre bande du marché à foin. Rentrée dans son trou, on ne la vit guère. McKaskill, chef des détectives provinciaux, m'a raconté en avoir arrêté un qui, pendant mon discours, se préparait à me descendre un solide gourdin sur l'occiput. Naturellement je n'en eus nulle connaissance. Heureusement, car cette perspective eût sûrement gâté ma péroraison. De toute évidence une foule comme celle-là rendait ces agissements ordinaires impossibles à exécuter.

Quant au pauvre Beauparlant, il avait été frappé, la veille, d'une attaque d'appendicite. Elle devait l'emporter peu de jours après.

Bourassa et moi allâmes lui présenter nos sympathies, déplorer son absence, pour revenir ensuite au comité nationaliste, installé dans la maison de notre excellent ami, le docteur Lapierre.

Heureusement que le cœur du bon docteur était moins dur que son nom, et ses convictions bien ardentes, car sa jolie résidence fut envahie de fond en comble par le nombre toujours grossissant de nos partisans.

En nous rendant au lieu du tournoi, nous pûmes constater, Bourassa et moi, que nous en comptions dans la foule. Mais nous n'espérions pas voir se produire de grands résultats ce jour-là, ni opérer de nombreuses conversions. Pour un homme même extraordinaire, pourvu d'un gosier en triple airain, il était impossible de se faire entendre de la dixième partie du bon peuple réuni dans ces comices de la démocratie.

C'était au temps heureux, avant l'invention du microphone et des haut-parleurs.

L'assemblée avait été fixée à deux heures; les libéraux commirent une première faute de tactique.

À deux heures, pas un ne s'était encore montré; le temps passait, les chansons, les rires et les quolibets s'élevaient de plus en plus nombreux et significatifs dans la foule qui grandissait toujours.

Anne, ma sœur Anne!... Dis-moi, mon fils, ne paraissent-ils pas?

Et, toujours, pas plus d'orateur libéral que sur la main.

Quand nous étions montés à la tribune, des acclamations assez fortes nous avaient accueillis. Les auditeurs libéraux, et à plus forte raison les indifférents, marquaient par leur impatience mal contenue que le temps commençait à leur peser durement. Et ces honorables messieurs ne s'amenaient toujours pas.

Ce n'est qu'après trois quarts d'heure d'attente, à deux heures quarante-cinq, que les lignes ennemies parurent enfin à l'horizon du champ clos.

Ce retard, s'il ne leur avait déjà fait perdre la bataille, avait certainement fort contribué à indisposer bien des sympathies qu'au début ils comptaient sûrement dans cette immense foule.

Enfin les conditions furent réglées: l'honorable docteur Béland parlait le premier, Bourassa lui répondait, puis venait l'honorable Rodolphe Lemieux, votre serviteur devant lui succéder; Oscar Gladu avait une réplique d'un quart d'heure.

Je ne raconterai pas en détail les discours, ni des uns ni des autres, ce serait un peu long, on le comprend. Du reste, ils ont perdu beaucoup de leur actualité et de leur sel.

Nous fûmes assez piteux, tous et chacun de nous, car il n'y avait pas moyen de parler sans s'arracher bronches et poumons, et tout cela en pure perte. Il était impossible de se faire entendre, comme je l'ai dit, excepté par une infime minorité; d'ailleurs, comme dans le Grand Mogol, je ne me souviens de rien ou presque.

Pendant mon discours une partie de la tribune s'écroula entraînant avec elle le père d'un ministre et quelques autres rouges en bonne place, dans bien des sens du mot. Comme il n'y eut pas de blessures sérieuses, cette chute me servit à pronostiquer celle du gouvernement.

Je ne manquerai sûrement pas à la modestie quand je dirai que, quelle qu'en fût la raison, le succès parut se dessiner et s'arrêter nettement de notre côté.

Les interruptions ne furent pas pour nous, si les applaudissements et les acclamations, qui allaient grandissant, furent en notre faveur incontestablement. À tel point que, malgré la réputation méritée de Gladu d'être un des plus forts tribuns libéraux, la foule se dispersa presque complètement pendant sa réplique, qui fut couverte d'ailleurs par les hourras de plus en plus nourris en faveur de Bourassa et de La Vergne.

C'était un spectacle assez curieux, d'abord de voir repartir les trains spéciaux, ayant des voyageurs perchés jusque sur le toit des wagons, poste stratégique, non seulement pour regarder le paysage, mais pour manifester sa foi nationaliste. On pouvait s'acheter de l'eau à cinq sous le verre, la chaleur était torride et Saint-Hyacinthe était sec, à part ce produit connu en chimie sous la formule H_2O et encore.

Je me rappelle avoir rencontré l'organisateur libéral, Philippe Paradis, non encore honorable sénateur, en compagnie du député actuel de Québec-Sud, alors le simple avocat « Chubby » Power. Ils m'avouèrent candidement qu'ils mouraient de soif et que Saint-Hyacinthe était devenu un Sahara sans oasis.

Je ne voyais d'autre remède à leur malheur que de les amener au comité nationaliste. Ils y consentirent sans fanatisme, avec une grande largeur d'esprit et une liberté d'opinion que je ne saurais trop louer.

Nous cheminions tous trois, différant en politique, mais d'accord sur un point, qu'il était temps et des plus à propos, par cette chaleur, d'aller nous laver le cou par en dedans.

Enfin chez le docteur Lapierre! mais là aussi, hélas! rien, plus rien! On finit par trouver un fond de vin St-Michel et un reste de *whisky en esprit*, dont la combinaison nous parut un nectar digne des dieux de l'Olympe ou un élixir digne du Père Gaudreau en personne.

Insuffisamment mais quelque peu restaurés, ces deux bons libéraux prirent congé de nous, reconnaissant que la journée n'avait pas été bonne pour leur parti.

Je les retrouvai plus tard sur le train de Québec avec quelques autres amis. Et dans le wagon-buffet, tout en restant sur nos divergences politiques, nous pûmes trouver certains sujets sur lesquels l'accord put se faire aisément, avec un peu de bonne volonté. Pax hominibus!

Ainsi se termina, — pour ce jour-là, — « la grande assemblée de Saint-Hyacinthe » dont naturellement tous les journaux du pays furent remplis le lendemain.

Elle eut d'autres conséquences: elle indiquait trop clairement de quel côté le vent tournait.

ÉDOUARD MONTPETIT (1881-1955)

Intellectuel au sens où Malraux le définissait (« tout homme dont une idée engage et ordonne la vie »), Édouard Montpetit, après dix ans d'études en France, fut professeur à l'École des hautes études commerciales, directeur de l'École des sciences sociales et enseigna à la Faculté de droit de l'Université de Montréal. Conférencier prestigieux et souvent délégué à des rencontres internationales, notamment à la Société des nations (1935), Montpetit occupa de 1920 à 1954 le poste de secrétaire de l'Université de Montréal. Il écrivit plusieurs ouvrages techniques sur l'économie, comme *Les Cordons de la bourse* (1935). D'autres livres, *Le Front sur la vitre* (1936) et *Reflets d'Amérique* (1941) par exemple, témoignent de son désir d'éveiller ses compatriotes à la culture, française et américaine. Mais on retiendra surtout de lui ses qualités de mémorialiste; ses *Souvenirs* (*Vers la vie*, 1944; *Vous avez la parole*, 1949; *Aller et Retour, Présences*, 1955) signalent, au-delà du maître, l'écrivain, et l'un des meilleurs de sa génération, comme en témoignent les conseils à un jeune homme qui suivent.

Le village*

Le village te retiendra. Tu le trouveras peut-être endormi sur le bord d'une rivière calme, ou fermé aux bruits de la grande route, sous la lourde chaleur d'un jour d'été. Beaucoup sont éveillés, ou s'éveillent à l'occasion; ils méritent que tu t'y arrêtes pour y vivre un moment, ou même pour t'y attarder à en comprendre la vie et le sens.

Le clocher les domine et les unit. Auprès de l'église, le voisinage est plus intense, et l'intimité. Quelques débits, quelques maisons cossues où logent des rentiers de diverses tailles ou des hommes de profession; puis, le menu décor d'une existence placide.

Au delà de ce noyau, le village s'évade dans la campagne; il se rattache les foyers installés sur chaque terre, s'égrenant, toujours fidèle au chemin, parmi un luxe de clôtures et d'enclos. René Bazin reconnaissait là un signe de parenté française: chacun, disait-il, veut être chez soi, comme en France.

C'est bien cela. Tu touches un phénomène complexe, propre à troubler les êtres graves que l'on nomme économistes ou sociologues. On t'a peut-être dit que nous sommes des individualistes à tout crin dont tu connais le refrain: mon verre n'est pas grand, mais je bois dans mon verre. Cependant, le village t'offre le spectacle d'un peuple communautaire: tu y observeras, si tu l'interroges discrètement, des signes d'entr'aide, d'assistance, de voisinage, qui traduisent le sentiment d'une responsabilité collective allègrement acceptée.

Le village te paraîtra plus ou moins vivant, selon les heures. J'en sais qui, au grand soleil d'été ou sous le froid de l'hiver, s'affaissent. La fameuse rue principale reste vide de longs moments. L'âme s'est retirée dans le silence des maisons où se poursuit la tâche ininterrompue des jours. D'autres s'affairent de leur mieux, s'agitent sans exagération, s'intéressent aux inévitables potins et tranchent, dans des cercles étroits, parfois avec passion, les querelles humaines qui germent d'un terrain propice.

Le dimanche, les villages s'éveillent à l'heure de la messe paroissiale qui réunit, sous le portique de l'église, les gens de la place et des rangs voisins. Vois les premières pages de *Maria Chapdelaine* où sont délicieusement évoqués ces mouvements de foule qui succèdent à la contrainte pieuse de l'office et laissent éclater la joie et la blague parmi des hommes simples et gais, heureux d'un moment de détente, et peut-être d'oubli: « *Ite Missa est*. La porte de l'église de Péribonka s'ouvrit... Voici que les hommes et les jeunes gens s'assemblèrent en groupes sur le large perron, et les salutations joviales, les appels moqueurs lancés d'un groupe à l'autre, l'entrecroisement constant des propos sérieux ou gais, témoignèrent de suite que ces hommes appartenaient à une race pétrie d'invincible allégresse et que rien ne peut empêcher de rire. » C'est une manifestation d'âme collective empreinte de bonhomie, de vivacité, de gaillardise. Là, penseras-tu, nous sommes totalement nous-mêmes, français d'attitude et d'instinct.

Si tu résides un peu de temps dans le village, tu le connaîtras mieux, hommes et choses.

Remarque comment, dans notre province française, le village se déroule en longueur au bord de la route, comme un chapelet dont l'église marque la croix. Nos pères, mus par l'esprit communautaire, par le souci de se défendre contre l'Indien, et de se ménager une voie de communication possible qui fut longtemps le cours d'eau, installèrent leurs maisons au bord du chemin laissant libres les hauteurs de leurs terres. Ils étaient hospitaliers et cultivaient le voisinage. La voirie, sitôt qu'elle prit force, consacra cette habitude, fortifiant les bourgades, ou tentant de les fortifier sur l'ordre du roi.

Lorsque le paysan quitta le fleuve pour s'enfoncer dans les terres, il obéit à la même impulsion: les montées, comme on les appelle, sont, ici et là, bordées d'habitations, de même que les rivières. Les exceptions sont rares. Tu rencontreras parfois de grands villages où le rang des maisons se double, où se forment même des sortes de banlieues: simples poussées du peuplement. La règle, c'est la paroisse et le rang enlignés.

Tu reconnaîtras le même phénomène en dehors des limites de notre province où le Canadien français a colonisé: dans l'Ontario, au Manitoba, peut-être en Acadie, où des voyages trop rapides ne m'ont pas permis de m'enquérir sur place. Pour le savoir, il suffirait d'interroger. Si je te laissais cette curiosité?

L'Anglais procède autrement. Il installe sa maison au milieu de sa terre, loin de la route, en particulariste qu'il est. Le chemin est libre d'attaches, isolé. Le village est réduit à une simple expression, où des services et des fonctions se réfugient: une église, la salle du Conseil municipal, quelques bureaux, des boutiques et des centres de distribution. Une partie d'âme dont le reste est dispersé. Tu te rendras compte de cet état de choses dès que tu quitteras ta province pour une autre. Le contraste te retiendra et tu y rattacheras des réflexions utiles. Point n'est besoin de quitter la province, si les Cantons de l'Est t'offrent le même spectacle. Seulement, il t'arrivera de rencontrer dans une ancienne et puissante ferme écossaise un Canadien français qui, dans la suite du temps, en est devenu propriétaire et, de surcroît, en a adopté les traditions d'initiative et d'énergie. Curieuse revanche.

Tu méditeras sur le rôle du village. Si tu n'as pas lu *Explication de notre temps*, de Romier, un livre essentiel à mon sens et qui eut un succès foudroyant, emprunte-le. Dans le chapitre consacré au village français, tu trouveras ces lignes où l'auteur, épris de nuances et volontiers flottant, met un accent inaccoutumé: « Pendant un siècle, il semble qu'on voulut tuer le village français. Aujourd'hui, c'est un signe de renaissance que les meilleurs esprits voient sa fonction nécessaire. Quand toute l'élite saura que là où il n'y a pas de village, il n'y a pas de nation, combien d'erreurs mortelles s'évanouiront. » Retiens cet aveu. Ajoutes-y ces réflexions de Maurice Bedel: « Tel est le village, mon ami. Certains le désertent; ils ont bien tort. Là la vie est facile; là est le commerce de petit gain, régulier, quotidien, à l'abri de l'agio et des tempêtes de la spéculation; là se survit l'artisanat, fine fleur du jardin des métiers; là se développe et se limite en sa croissance le groupe humain naturel, la tribu des ancêtres, avec sa hiérarchie de juste choix et ses coutumes qui tirent leur origine de la nature des choses; là est l'ordre. »

Tu te demandes pourquoi Romier et Bedel prennent ainsi la défense du village? Serait-il attaqué, menacé? Ce serait grave car il s'agit de « la cellule-mère de notre race. » Il y aurait eu rupture d'unité par suite de trois événements: la poussée démocratique, le relâchement religieux, l'envahissement du progrès moderne.

Nous avons subi la poussée démocratique et l'envahissement du progrès moderne, et nos traditions en ont souffert. Il nous reste le lien religieux. Cela nous indique où notre effort doit porter.

Tu redoutes peut-être l'envahissement du progrès moderne? Est-il si prononcé? Constitue-t-il un danger pour nos traditions?

J'ai souvent rêvé d'un village qui n'aurait pas changé. Il en existe, m'assure-t-on, et pas si loin de Montréal, où les habitudes persistent et qui gardent leur physionomie sous le souffle étranger. Je ne les connais pas. Les villages que j'ai observés sont touchés. Ils muent. On y sent persister un vieux fonds que la vie moderne effleure ou transforme. L'église, le presbytère demeurent sous des formes plus ou moins heureuses, mais la suite des maisons est inquiétante si on la compare à ce que nous bâtissions autrefois en pierre ou en bois. Des types hybrides n'offrent même pas l'excuse américaine. Les métiers évoluent sous des appellations anciennes: le boulanger, le boucher, le coiffeur modifient leur formule. Pour un maréchal-ferrant qui poursuit sa carrière, combien de garages sollicitent la clientèle des touristes pressés. L'auberge enrichit son accueil. Le « magasin général » vend de tout, comme autrefois, car il faut pourvoir aux besoins ahurissants d'une population éloignée des centres. Mais la marchandise varie: standardisée ou mise en conserve, elle est rangée aux étalages et souvent réduite à une pacotille sans caractère. Je garde dans les yeux le coin des manches de hache et des cordages, et celui des bonbons, des cigarettes ou des eaux gazeuses. On n'y changera rien, je le sais, mais cette pénétration insidieuse devrait nous contraindre à plus de surveillance et à un rappel constant des goûts que nous tenons de race: la langue autour de laquelle nous montons la garde plus ou moins n'est pas la seule de nos disciplines qui soit en péril. Il y a l'esprit.

Présence de l'eau*

Voici l'eau. Elle règne, elle déborde. Son mouvement, ses reflets, sa joie, sont partout.

Un ami français observait cette présence de l'eau, et la fluidité qu'elle donne à nos paysages. De légères gouttes, toutes petites, infimes, puisque nous ne les voyons pas, parsèment l'atmosphère et diffusent la lumière. Ce sont ces jours laiteux où l'haleine de la terre monte vers le soleil. Les choses en sont enveloppées. La montagne est imprécise, les arbres prennent des teintes effacées. L'eau glisse, en communion avec la terre.

Laisse-toi prendre au spectacle des eaux. Elles sont si abondantes, si variées! Le choix est difficile. Veux-tu que je te dise comment je les ai regardées et quelle est la vision que j'en conserve? N'y vois rien de prétentieux si je n'y ai apporté aucun esprit de système, mais le pur élan de la fantaisie. Fais comme moi.

Où que tu ailles, à défaut du fleuve, tu rencontreras une rivière ou un lac. Poursuis le fil de ces eaux et prête-toi à leurs jeux. De la rive, si tu n'as pas d'embarcation.

Il y a des eaux paisibles et étroites qui sont charmantes. Elles sont calmes et vertes. Laisse-toi glisser parmi les nénuphars ou parmi les sagittaires. Garde tes mains dans l'eau, au contact des feuilles souples. Il y a des rivières paresseuses. Elles sont basses, souvent parsemées de pierres grises, dont la base disparaît sous des chevelures aux mouvements étranges.

D'autres sont vigoureuses. On les sent profondes. Leur fil est rapide, moiré de remous. Tu distingueras vite la rivière jeune. Elle bondit sur un lit qu'elle n'a pas creusé, que les bouleversements du sol lui ont imposé. Elle chante de tous ses flots. Il en est qui s'arrêtent dans leur course pour former ces fosses où le poisson s'attarde à durcir sa chair. Toutes les rivières qui descendent du Nord ont un mouvement fou. Si jamais tu en as la chance, remonte jusqu'à leur source, et tu comprendras leurs élans.

La chose est possible. Je suis allé jusqu'au pied du glacier qui est le point de départ de plusieurs d'elles. J'ai suivi leurs pentes raides. Elles couraient, chargées de sol sur le roc impassible. Elles allaient, non pas joyeuses mais préoccupées de leur course, à la rencontre d'une autre dont elles se fortifiaient, et puis, d'une autre encore. Jusqu'à ce que, toutes réunies, ces rivières folles s'assagissent en un fleuve profond, large et calme.

Si ce spectacle t'intéresse, il est à ta portée. Engage-toi vers le lac Saint-Jean, en suivant le cours du Saguenay. Tu verras des rivières vigoureuses, beaucoup plus que celles de la Colombie britannique, bondir sur des lits de roche et tu comprendras l'expression « cheval-vapeur ». Quelle puissance, que seule arrête la sagesse résistante des berges sauvages et silencieuses. Tu remarqueras que toutes ces rivières se précipitent dans le lac Saint-Jean qui débouche sur le Saguenay, le « fleuve de la mort », impénétrable et majestueux. On t'a parlé des fjords. En voici un, et splendide. Il vaut ceux que l'Europe t'offre. Le Saguenay se déverse dans le Saint-Laurent, merveille des merveilles. De l'embouchure du Saguenay, quel horizon!

Que de fois j'ai suivi le grand fleuve. De ses rives ou au fil de ses eaux. Nous le descendions chaque fois que nous allions vers l'Europe. Le premier soir nous livrait, au-dessus de l'Île d'Orléans et des Laurentides, d'inoubliables contre-jours. La nuit allumait la Malbaie. Nous quittions à regret ces feux. Le lendemain, nous longions la côte de Gaspé. Nous regardions sans nous lasser la succession des caps et des vallées de cette terre impassible et silencieuse, si proche de nous, à peine humanisée sur ses bords ou le long de ses rivières, où de larges rectangles verts ou jaunes marquent des tentatives de vie, près de la maison souvent solitaire. Au-dessus, la ligne morne des monts. Devant nous, le fleuve dégagé, immense. Un estuaire? La mer déjà, criblée de rayons sous un ciel pur. Le navire glissait au milieu des mouettes blanches. Très loin sur l'autre rive, l'émouvante ligne des Laurentides. L'eau vibrait à peine: des vagues courtes aux crêtes brèves, comme des mains qui applaudiraient de toute part la clarté d'un jour sans nuages. Nous laissions la terre à droite, au Cap Rosiers, pour l'encerclement du golfe aux lignes fuyantes, jusqu'à l'étranglement des détroits, portes de l'Océan où la vague nous prend dans son mouvement infini. Au delà, l'Europe.

Le retour est aussi beau. Les deux rives immobiles semblent dans l'attente. Elles se resserrent lentement. Le bleu lointain, fondu, se précise peu à peu. Les Laurentides bornent l'horizon, à l'Ouest. Elles s'incrustent dans le ciel où le soleil a disparu. Elles gardent la lumière du jour sur leurs sommets puissants. On ne peut rien vivre de plus grandiose que cette immense fin de jour. Je ne me lasse jamais du jeu de la lumière et de l'ombre sur cette rampe royale qui s'éteint. Des tons inimaginables de vert, de jaune, de mauve, se jouent dans le jour vaincu et bientôt mourant. Quelque chose de morbide et de fatal se mêle au calme de la nuit qui naît, qui grandit, qui envahit les choses et les absorbe.

Les îles marquent de sombre les eaux plus pâles. On a des illusions folles: des oasis dans un impassible désert, un désert d'eau. La vague se colore sous le soleil ou dans l'ombre d'un jour sans feux. Elle prend, au moment des orages, des reflets gris ou violacés qui effraient comme une force déchaînée. Sous le soleil, elle triomphe comme une symphonie.

Au rocher de Québec, le décor change. Une autre route s'offre dont les pilotes expliquent les différences, sensibles à la navigation. Elle va jusqu'à la source que tu chercheras peut-être un jour. La naissance de cette puissance, sa première minute, son impulsion initiale, c'est une chose dont on a la curiosité, sinon la hantise. Mais ne t'inquiète pas de cela, et réserve ce hasard que peut-être tu ne connaîtras jamais. Regarde plutôt le fleuve où tu le trouves. Il est intéressant partout, et jeune, ne trouves-tu pas? Au fait, tout est neuf dans ce pays, choses et gens. Mais pourquoi dit-on de notre fleuve qu'il est jeune? Est-ce parce qu'il bondit sur un lit incommode et dur, à fleur de roc? Pas à ses débuts, pour sûr. Il connaît des profondeurs imposantes et de longs repos que lui ménagent les barrages du plateau laurentien. Il traverse des paysages variés que tu peux suivre. Tu ne verras peut-être jamais les Mille-Îles, mais si tu vas à Toronto, tu en trouveras un diminutif à un arrêt du train. Tu auras le temps de t'en faire une idée. Des îles rondes recouvertes de conifères constellent le fleuve. L'automne, les quelques érables qu'elles nourrissent leur donnent tous les tons de l'or. Si le soir descend au moment où tu es là, tu sentiras la présence d'une paix infinie.

Peut-être es-tu prisonnier de ta ville, proche du fleuve? Profites-en. Observe-le. Les abords peuvent en paraître maussades. Une ville a vite fait de les noircir, de les dénaturer par des travaux hâtifs ou l'installation d'instruments de travail et de manutention.

Les quais, les entrepôts, les voies de chemin de fer, les grues mécaniques, les navires amarrés ne te disent peut-être rien. Rien d'exaltant, si ce n'est un élan de puissance et d'expansion. Un point de rayonnement. Une laideur nécessaire, que l'on corrigera le jour où nous le voudrons: les quais d'Anvers sont une merveille et ceux de Paris un enchantement. On y a mis le temps et le souci de la beauté.

Une « amitié canadienne »*

Connaissant notre pays nous l'aimerons, nous le marquerons de notre empreinte, nous le poétiserons de notre travail, pour y trouver un élément de résistance, *une amitié canadienne*, qui nous préserve et qui retienne notre patrimoine.

La culture nous y aidera. Nous la garderons, nous en ferons une valeur pour la nation: la langue, en particulier, cran de notre résistance, et le goût, qui révèlent notre civilisation comme la végétation la vigueur de la terre. Même si nous n'avons pas encore porté nos efforts à leur sommet, l'édifice, bâti par nous, s'élève et dessine une silhouette où se reconnaît notre génie. L'œuvre est en bonne voie et, sur cette terre où s'empressent des hommes venus de toutes les parties du monde, elle se compare à celles que d'autres traditions animent. Elle a son mérite, issu de ses origines et de notre persévérance. Elle vaut par son essence française. Noble, généreuse, nuancée, elle est pratique aussi, énergique et créatrice. La vivre, c'est grandir. Ne l'oublie pas.

La civilisation passe de l'école dans l'expression de notre être. Nos mœurs, nos attitudes, nos travaux, la réfléchissent. Elle est faite de liberté, plus que d'autres qui se réclament de la liberté. Pétrie de la religion du *Juste*, qui illumine les plus beaux siècles de son histoire, elle cherche la modération, l'ordre et l'égalité.

Elle se traduit par les créations de l'esprit jaillissant de nos penseurs, de nos savants, de nos écrivains, de nos artistes. Rien de parfait, nous n'avons pas pris l'engagement d'un chef-d'œuvre, mais quelque chose de sérieux, d'honnête et, c'est là que l'on aboutit sans cesse, de comparable.

Elle est encore, cette civilisation que nous portons en nous, un signe de la diversité qui préserve notre pays des tentations du milieu. L'unité vraie et solide du Canada n'est possible que dans l'épanouissement des dissemblances. Une seule religion, une seule langue, c'est demain l'uniformité. Quelle richesse à tirer d'une collaboration où se rencontrent deux grandes civilisations! Quel spectacle à donner que l'union de pareilles forces au service d'un pays jeune! Quelle chance enfin pour ces deux intelligences de puiser l'une dans l'autre un complément! Car c'est sans doute le bien suprême que nous apportons; celui qui, pour nous et par nous, met à la disposition du monde canadien une pensée dont l'humanité a vécu.

Notre pays nourrit deux civilisations qui restent distinctes parce qu'elles s'appuient sur des traditions saines. Si ces civilisations ne se reconnaissent pas encore, du moins en aperçoit-on le désir chez quelques-uns de leurs tenants. Pour coopérer, nous devons nous comprendre; et comment nous comprendre sans nous connaître.

Habitant d'un vaste territoire aux aspects infinis, élargis ta vision comme l'horizon nous y invite. Le groupe français du Canada, si réduit au lendemain de la conquête, a survécu et s'est multiplié. Il joint à une affection filiale pour son pays d'origine, son attachement à la Couronne britannique. Il a donné des preuves de courage et de prévoyance; il a constitué, au sein du Canada et de l'Empire, un élément de la diversité dans l'unité qui distingue la Confédération. Sa valeur nous appartient si nous sommes Canadiens: elle est une part de l'héritage que nous avons tous reçu et que nous transmettrons. Sachons conserver ces richesses sociales: si nous les perdons, le Canada en sera diminué; et la postérité nous blâmera parce que, les ayant possédées, nous les avons laissé périr.

L'essentiel pour nous est de nous pénétrer de cette vérité: il est possible de vivre en Amérique et de rester français, et même d'intensifier notre attitude française. Comprendre cela, c'est avoir gagné déjà la victoire; autrement, nous serons la proie de toutes les invasions. Le jour où nous plierons la formule ambiante à notre génie français plutôt que de la subir, nous serons non seulement sauvés mais fortifiés.

Pour cela, il faut, je te le répète, nous attacher de toutes nos fibres à la culture. Nous disons: *notre langue, nos institutions et nos droits*, et ce sont autant de mots d'ordre précieux, mais qui ne représentent rien sans la connaissance et sans la culture où ils se retrempent, où ils retrouvent leur signification. Ayant installé chez nous la culture, qui ne s'y trouve peut-être pas encore dans sa plénitude, l'ayant mise au service de nos traditions: religion, langue, droit, paroisse, famille, personnalité, nous n'aurons pas à craindre le progrès qui n'est un danger que si nous nous laissons dominer par lui plutôt que de le prendre en croupe dans notre course vers l'étoile.

MAURICE CONSTANTIN-WEYER (1881-1964)

Voici la nature, l'hiver, l'Ouest canadiens dits par un voyageur français. Constantin-Weyer a parcouru le Canada de 1904 à 1914, lorsqu'il quitte sa ferme manitobaine pour s'enrôler dans l'armée française. Blessé, il rédigera ce qu'il appellera son « épopée canadienne »: « Je suis la proie déjà déchirée d'une vaste ambition. Celle de peindre le plus de fragments possible d'une vaste fresque canadienne », dit-il dans sa préface à *Cinq Éclats de silex*, ajoutant: « C'est dans ces paysages [de l'Ouest] que j'ai appris à surprendre, un à un, plusieurs des multiples aspects du rythme de la Vie et de la Mort. » Constantin-Weyer a signé cinquante-cinq œuvres; citons *Vers l'Ouest* (1921), roman historique dont le héros est le père de Louis Riel, *Cavelier de La Salle* (1927) et surtout *Un homme se penche sur son passé* (1928), roman qui lui valut le prix Goncourt et premier volet d'une trilogie (avec *Napoléon* et *Une corde sur l'abîme*), dans lequel le narrateur, Monge, cherche à résoudre l'opposition entre la nature et la culture: « Je me dédoublai, m'étudiant moi-même, comme un être nouveau, soudain rencontré. »

UN HOMME SE PENCHE SUR SON PASSÉ
Les ténèbres blanches*

(Après quelques années d'une existence aventureuse dans les Prairies, le narrateur décide de s'établir sur une ferme; ses voisins sont la famille O'Molloy et un jeune Français, Paul Durand. Mais l'hiver le rappelle dans le Nord, où il fait la traite des fourrures. Paul Durand, qui aime l'une des deux filles O'Molloy, Magd, demande à l'accompagner, parce qu'il a besoin d'argent pour fonder un foyer. Au retour, les choses se gâtent...)

Je pressai l'allure... Malgré le froid intense qui gelait la neige, jusqu'à l'effriter en cette fine poussière, jusqu'à la faire filtrer à travers mes raquettes comme de la fleur de blé qu'on tamise, je sentais une abondante transpiration me baigner de son huile froide. Dans cette neige impalpable, — et pourtant si pesante à mes muscles — mes longues raquettes à la chippewayanne enfonçaient d'un bon pied. Derrière moi, mes chiens enfonçaient encore d'un demi-pied dans mes foulées. Au risque de désunir mon effort, je me retournai plusieurs fois. Courageux, têtus, volontaires et grognons, mes esclaves chiens tiraient à plein collier, leurs grands corps osseux inclinés en avant. Le toboggan crissait davantage, comme s'il eût gémi de froid. Tout encapuchonné, la tête basse, pour offrir le moins possible de chair nue aux lames aigues du froid, Paul allongeait vaillamment ses enjambées, selon le rythme de la raquette, — ce rythme que j'avais eu tant de peine à lui enseigner, et qu'il avait enfin conquis. (Je souris en me rappelant ses premières chutes.)... Tiendrait-il?...

... Une tache sombre, — moins sombre, sans doute, d'être si lointaine — surgit devant moi. C'était, à n'en point douter, un bois, c'est-à-dire un abri... À n'en point douter? Voire! Un bois? ou un mirage?... Un mi... mi... mi... mi... rage! Les syllabes du mot dansèrent devant mes yeux, à m'en donner le vertige. Ainsi s'abolissait le charme extraordinaire de ces palpitations de la lumière sur la neige, dont les caprices, d'ordinaire, m'aidaient, par leur beauté, à ignorer toute autre chose déplaisante, telle que le froid ou la fatigue. Mais les syllabes du mot « mirage » continuaient à danser, à tourbillonner, ballerines d'une danse diabolique... Mi... mi... mi... mi... ra... ra... a... ge... Mi... mi... mi... Et le vertige fit fléchir mes genoux, si bien que j'eus à faire un effort de plus pour vaincre le terrible sortilège du mot.

Un effort désespéré de volonté me remit entre mes propres mains. Je savais qu'il s'agissait de forcer encore un peu l'allure. Alors je marcherais plus rapidement que le mot mi... Non, il ne fallait pas se laisser aller à le prononcer de nouveau. Je détournai mon attention sur la syllabe « rage ». Oui! Rage! rage! rage! Cela formait un sens complet, et que je comprenais parfaitement! Rage! Oui! Rage donc! bête traquée par la mort! Rage! Rage! Rage!...

Puis, comme si ma volonté eût porté ses fruits, le bois, tapi derrière une colline de neige, se leva, et, accueillant, s'en vint à moi. Ce n'était pas un mirage. (Je pouvais désormais prononcer le mot, sans que dansassent les syllabes.) Ce bois était un bois, et nous l'aurions vite atteint.

J'avais dû ralentir sans m'en rendre compte, et le chien de tête mit la patte sur ma raquette, ce qui fut cause que je roulai par terre. Je fus vite relevé, et je me mis à secouer la neige qui me mordait le cou et les oreilles, à l'endroit où elle avait pénétré sous mon capuchon. Une piqûre aiguë à l'oreille droite. — N... de...! c'était mon oreille droite qui gelait. Je la frictionnai si fort, de ma main gantée du moufle de cuir, que les larmes m'en vinrent aux yeux. Et !... N... de...! Le bois, la neige, tout disparut de ma vue. J'avais les yeux gelés...

C'était un accident qui m'était déjà arrivé, et je savais qu'il ne fallait pas s'affoler. Cette cécité des neiges, c'est la réaction naturelle contre la danse des couleurs et des points lumineux. Jamais elle n'avait duré chez moi plus de quelques minutes.

J'étendis la main en arrière, et je sentis la toison rude et hérissée de givre du chien de tête. Il se laissa toucher. Il était plus caressant que ne le sont d'ordinaire ses congénères. Ce n'était pas beaucoup. Entendez par là qu'il n'enlevait pas trois doigts de la main qui le flattait, et qu'il condescendait même à remuer le cylindre de poils qui lui servait de queue. Je passai la main sur ses flancs; il haletait. Je sus aussi que tout l'attelage fatigué s'était couché.

J'appelai Paul. Il me répondit d'une voix étrangement lointaine. C'était comme si ses paroles étaient gelées. Je lui criai que je venais de me sentir aveuglé, mais que cela n'avait rien de grave.

— Venez jusqu'à moi, lui dis-je. Vous prendrez la tête, et je marcherai derrière votre traîneau en le tenant par la main...

— Mais moi aussi, je suis aveugle, gémit-il. Dès que les traîneaux se sont arrêtés, j'ai regardé devant moi, et c'est comme si la lumière m'avait brûlé les yeux.

— Ne bougez pas, criai-je, c'est moi qui vais aller vous chercher.

Je réussis à faire demi-tour, non sans tomber, et, au risque de provoquer un coup de dent de la part d'un de mes chiens, je me guidai vers le traîneau au moyen de leurs traits. Puis je touchai le tobbogan. Enfin je mis la main sur quelque chose de vivant. C'était Paul, écroulé sur l'arrière de mon traîneau. Il gémit doucement. Je l'invitai à faire un effort et à se remettre sur pied. Il y réussit, mais en me faisant tomber à mon tour. Et il me fallut quitter mes raquettes pour arriver à me relever. Il me fallut, encore, toujours dans cette cécité, remettre mes raquettes. Autour de mes yeux, c'étaient les ténèbres, mais des *ténèbres blanches*, qui tourbillonnaient. Oui, des points de lumière dansaient, jusqu'à faire la nuit. Et cela était vertigineux. — Qu'allons-nous faire? gémit Paul. Je pensai que la première des choses à faire c'était de ne pas nous laisser geler sur place, et je dis qu'il fallait nous tenir l'un à l'autre et essayer de marcher. Cela nous passerait bientôt à l'un ou à l'autre, et tout irait bien. Et je me mis à rire. Ce rire dut sonner effroyablement faux, car Paul s'écria: « Oh! ne riez pas comme cela! c'est lugubre! — Allons, venez, lui dis-je. Marchons pour ne pas geler sur place. Il fait au moins cinquante au-dessous de zéro. » Et je le pris par le bras. Nous fîmes quelques pas, et, naturellement, nous tombâmes, l'un et l'autre. Il fallut se relever. Je cherchai le côté comique de l'aventure, et, tandis que nous nous accrochions l'un à l'autre, je lui criai à l'oreille que je donnerais gros pour voir la tête que nous avions. Deux ivrognes n'ont jamais donné spectacle plus risible. Il me répondit aigrement qu'il n'y avait pas de quoi plaisanter. Et moi, devenu subitement furieux, je lui criai qu'un homme qui n'a pas l'énergie de rire est un homme qui ne mérite pas de vivre. Je crois qu'il sanglota, ce qui redoubla ma fureur. Je le secouai si brutalement, que nous roulâmes à terre de nouveau, l'un et l'autre. Je me relevai, mais lui refusa de se relever. « Eh bien, crève! imbécile! lui criai-je, si tu n'as pas le cœur à la bonne place. » Pour moi, je me mis à marcher, tombant, me relevant, tombant encore, me relevant encore. Furieux, endolori, me relevant pour la trentième fois au moins, et ayant quitté mes raquettes pour y parvenir, j'enfonçai jusqu'à la poitrine dans de la neige sans consistance. Je compris qu'un banc de neige s'était formé là, et j'eus l'intuition que j'avais sans doute mieux à faire qu'à marcher comme un fou, et à tomber comme un ivrogne. Rageur, j'agrandis de mes mains le trou que j'avais fait en tombant. Puis, je me tapis au fond. Là j'étais en quelque sorte protégé par la neige, même du froid extérieur. Ce n'était pas chaud, chaud, mais cependant, mon sang suffirait à m'empêcher de geler. Je portai toutes mes attentions à mes yeux. Me dégantant alternativement l'une et l'autre main, j'appliquai la paume sur mes paupières. En même temps, je me demandai ce qui valait mieux: être aveugle ou être manchot, par suite du gel d'une main? Je décidai qu'il valait mieux être manchot, jusqu'au moment où les doigts de ma main gauche commencèrent à devenir insensibles, et alors j'estimai qu'à tout prendre, mieux valait être aveugle. Je donnai immédiatement des soins à ma main, et, tandis que j'étais occupé à y ramener le sang, par des frictions, la vue me revint. Je ne sais pourquoi, j'éclatai d'un rire si étrange, que je me fis peur à moi-même. Étais-je devenu fou? Je cherchai une discipline. Je la trouvai en me récitant à moi-même le début de la première églogue. Ainsi, par un ricochet inattendu, à vingt siècles de distance, et à travers des millions de kilomètres, Virgile, chantre d'un pays de soleil, sauvait ma raison au pays du froid... Un instant j'en fus loin. Puis je songeai à Paul.

Hors de mon trou de neige, le froid m'assaillit de nouveau. Cette transpiration figée m'enveloppait maintenant d'un lourd vêtement de plomb glacé. Ce froid m'était lourd à porter. Lourd aux épaules, lourd aux reins, lourd aux jambes. Cependant, après que j'eus chaussé mes raquettes à mes mocassins, ma volonté même m'allégea d'une partie de ce poids. Un mouvement des épaules, un mouvement des reins rejetèrent le plus pesant du lourd fardeau. Seules les jambes demeurèrent gênées par le lourd boulet du froid. Cependant, il fallait s'évader de toute cette misère. (Et je jurai, une fois de plus, ce serment que je n'avais jamais pu tenir: qu'on ne m'y reprendrait plus.) Les mains en abat-jour, je scrutai l'immensité de la prairie neigeuse.

Je m'efforçai d'abord de la voir toute blanche. Je savais désormais ce qu'il en coûtait de s'amuser des jeux de la lumière sur la neige. — « C'est tant de splendeur qui m'a ébloui », me dis-je. Et volontaire, renonçant, obéissant à ce vœu de pauvreté visuelle, je découvris un horizon décoloré par le froid. Un horizon égal et misérable. Un horizon sans mirage. Sans mi... mi... mi... rage! Lentement je pivotai sur moi-même. Et le soleil baissait, baissait...

Loin vers l'est, — beaucoup plus loin que le bout de mon ombre formidable, — il y avait une tache grise... C'étaient les chiens et les traîneaux... Où était Paul? Oui, où diable était-il? J'allai vers cette tache.

En chemin, je recoupai d'abord les courbes enchevêtrées de ma trace. Puis je tombai sur notre double trace... Je la suivis... Que de fois nous étions tombés! Quoi? tant que cela?

Je remis sur pied un corps insensible — mais non mort — enfoui dans la neige. Secoué rudement, il gémit. Je le chargeai sur mes épaules. (Dieu! que j'enfonçais dans cette neige!)... Oui... marcher... marcher vers les traîneaux... Ne pas pleurer parce qu'on a mal et froid (et trop chaud en même temps)... Arriver! oui! arriver!...

Aux traîneaux, je découvris cette bouteille de whisky que je savais où trouver... Une goutte entre ces dents, desserrées à grand peine... Et moi!... et moi!... Que de volonté dépensée à me le refuser à moi-même. Merci! si mon corps, cette brute! désirait boire, au risque d'en mourir, mon esprit savait, lui, comment une simple gorgée d'alcool fauche les jambes d'un homme fatigué. Non! tempérant jusqu'au bout... Et fort... et jeune... Je vainquis la brute!

194

J'enveloppai Paul Durand dans toutes les couvertures. La tête aussi!...
Puis déchargeant son traîneau, je l'y couchai. Et allégeant aussi le mien... En
route vers le bois...

Vers le bois?... Où était-il? ah! oui, là-bas! Encore loin... Je soupirai..
Un avare naquit en moi, tandis que je partais. Je ne pouvais m'empêcher de
tourner la tête vers ce monticule de neige surmonté des raquettes de Paul
Durand où était notre fortune... Mais j'atteignis le bois, et je pus allumer un
feu.

Demain! oui, demain seulement, après le repos, j'irais chercher les fourrures.

*

* *

Le feu allumé, il me fallait manger. Ma vie, et sans doute bien plus
encore celle de mon compagnon, dépendaient de mon égoïsme total. Farouchement total « Ne t'occupe pas de ton compagnon. Mange le bon pemmican
acheté aux sauvages. Enfourne dans ton poêle intérieur ce combustible onc-
tueux et gras Fais craquer sous ta dent, mâche ces fruits desséchés, que la
main prévoyante d'une squaw a mélangés à la graisse et à la viande séchée
crue et pilée, et qui te préserveront du scorbut! » Mais, rassasié, je pris la
hache et j'abattis en six minutes assez de perches pour former un auvent sur
l'endroit dépouillé de neige par moi, et qu'attiédissait le feu... Les robes les
couvertures dressées comme une tente... Dieu merci! je ramenais ici de quarante degrés, la température extérieure... Garçon de hammam en mocassins
brodés, en chemise sale, je frictionnai le corps maigre et désespérément pouilleux de Durand... Cette nudité étique et sale au milieu de tant de neige im-
maculée!... Dieu merci! il revivait et je le rhabillai... Quelques gorgées de
thé chaud le transmuèrent de nouveau en un être vivant... Même pâle et
aveugle encore, il eut un beau sourire, et ses premières paroles furent pour
me dire: « On reverra Magd! » J'avais pour le moment d'autres choses à
faire qu'à rêver. J'aime rêver. Mais je tiens à réaliser mon rêve. Aucun rêve
n'était désormais réalisable, ni pour lui, — pauvre remorque attachée à ma
machine! — ni pour moi, si je ne jouais pas jusqu'au bout le jeu de l'évasion!
En conséquence, je changeai de linge, et je profitai de ma nudité frissonnante
pour me frictionner de whisky. Une demi-bouteille y passa. Mais cela, c'était
l'extérieur. Puis je réfléchis, en surveillant le calme sommeil de Paul... Moi,
personnage parfaitement neuf! j'adorais et je nourrissais le dieu du Feu! Il
répondait à ma dévotion en assouplissant mes membres. Reposant tout attelés
dans leurs traits, mes chiens, ancrés aux traîneaux, renversaient, me ren-
voyaient, de leurs yeux de loups, des fragments d'étincelles. Déjà le bivouac
de Grand Nord reprenait son charme...

Je passai une partie de la nuit ainsi, sans dormir. Le thé, la pipe et le
pemmican alternaient pour envoyer à ma vie des aliments que mon sang,
serviteur fidèle, pompait sans murmurer et dirigeait avec intelligence à leur
place assignée. Ici le thé, là la graisse, et là, cette fois, vers le cerveau, la
volupté du tabac... Mais je ne pourrais pas songer à dormir plus de deux

heures à cause de Paul Durand... Ce fut un peu avant l'aube, à l'heure où s'épaississent les ténèbres de la nuit du nord, que je fermai les yeux.

DAMASE POTVIN (1882-1964)

Auteur notamment de *Restons chez nous* (1908), de *L'Appel de la terre* (1919), qui connut un grand succès, de *Sous le signe du quartz* (1940), Damase Potvin aura été un romancier prolifique, voire prolixe. Comme l'indiquent assez les titres de ses œuvres, Potvin tire son inspiration de la vie de la ferme et de l'histoire de la colonisation (du Saguenay, surtout), sujets privilégiés de l'époque. Avec Louvigny de Montigny, Potvin fut l'un des plus ardents propagandistes du mythe de Maria Chapdelaine. Dans le premier chapitre de *La Rivière-à-Mars* (1934), on retrouvera les lieux (La Malbaie) devant lesquels s'extasiera le Max Hubert de Harvey; on devinera peut-être aussi, derrière le personnage d'Alexis Picoté, l'ombre de Menaud; on remarquera surtout, dans la topographie, le grand axe (Nord-Sud) de l'espace imaginaire québécois, qui détermine la conscience que tout héros prend du monde, et polarise son action. Il s'agit ici de colons fuyant les clochers pacifiques et cheminant vers le nord de leurs rêves.

LA RIVIÈRE-À-MARS

La vision d'Alexis Picoté*

Il se nommait Alexis Maltais, mais on l'appelait communément Alexis Picoté. Il avait subi le sort de la plupart de ses compatriotes de Charlevoix où les homonymes sont si nombreux qu'il faut, pour les distinguer, les enrichir de sobriquets. On compte, dans le pays de Charlevoix, des centaines de Maltais et de nombreux Alexis. Mais on ne les confond jamais. On dit, par exemple: Alexis à Pierre Maltais, si le père s'appelle Pierre; Alexis à Pierre à François — ce dernier étant le nom du grand-père. Pour la famille Tremblay surtout, dont les membres dans les régions de Charlevoix et du Haut-Saguenay sont aussi nombreux que les étoiles du ciel, on remonte parfois de cette façon jusqu'au quatrième ascendant. Ou bien on applique tout simplement un sobriquet au nom patronymique ou familial: Picoté, Perlagraisse, le Rouge, le Fort, etc.

Alexis Picoté, qu'on avait appelé ainsi pour le distinguer de cinq autres Alexis Maltais, devait son surnom aux taches que, dans sa jeunesse, la petite vérole avait imprimées sur son visage.

C'était un homme entreprenant, invinciblement attiré vers l'inconnu, et dont le courage dans la réalisation d'une entreprise était toujours séduit par les difficultés à vaincre. Il semblait fait pour l'aventure. Et il souffrait de voir les terres rocailleuses de Charlevoix s'appauvrir d'année en année, refuser en plusieurs endroits de produire, en dépit d'un travail opiniâtre de tous les jours.

Il était jeune: trente-deux ans. Marié depuis douze ans, il avait deux fils, Pierre et Arthur, qu'il destinait à la culture du sol. Sa femme, Élisabeth, aimait comme lui la terre et l'aventure. La famille entière était prête à sortir, s'il le fallait, de l'existence journalière et monotone qu'elle vivait sur le lot ancestral.

La terre d'Alexis, ainsi que les autres fermes de la Malbaie, était en culture depuis l'époque où la seigneurie avait été octroyée par l'Intendant Jean Talon, en 1672, au Sieur de Comporté. Plus tard, en 1762, ce territoire, échu à la couronne britannique, fut concédé de nouveau, en deux sections, par l'entremise du général Murray, premier gouverneur anglais de Québec: la partie est au sieur Malcolm Fraser, la partie ouest, ou « Murray Bay », au sieur John Nairn, tous deux officiers du régiment des Highlanders. Et c'est à cette époque que remonte l'établissement à la Malbaie de plusieurs familles françaises de langage, de mœurs et d'esprit, qui portent les noms de Murray, Blackburn, Harvey, Warren. Le territoire de la Malbaie s'étend sur le bord du fleuve et à une profondeur de trois lieues, du côté nord de la rivière Malbaie, — ancienne « Rivière Platte » ou « Malle Baye », décrite par Champlain, — jusqu'à la Rivière Noire.

Un jour, Alexis Maltais dit Picoté, du haut de sa terre, tourna ses regards vers le nord-est, et il eut une vision. Son torse musclé, sec, tout en fibre comme le merisier, se cambrait sur des jambes robustes. Il regarda longtemps l'effarante monotonie des forêts et des caps qui s'étendaient à l'infini. Il entrevit la coulée fantastique de la rivière Saguenay, la terrible rivière qui a tracé sa route où elle a voulu! Ses rives sont proches l'une de l'autre, mais, devant, derrière, les horizons ont d'étranges alternances de couleurs, comme des effets de mirage; incomparables tableaux parmi lesquels l'eau chante de rudes symphonies. Ce n'est pas assez que, pendant des siècles, l'industrieuse rivière a travaillé. Chez elle, c'est encore partout le chaos. Ces pointes, ces baies, ces îlots ont des formes inusitées. Sur les bords, tout est crevassé, tout est gris. On y voit frémir très haut, sur des « crans » abrupts qui montent démesurément, des sapins et des bouleaux qu'un grand vent continuellement plie et balance, rabroue et fait tourner sans que, jamais, ces arbres fassent entendre un murmure, une plainte. Si vague et si mystérieuse, si légère est encore la vie, en ces solitudes!

Et tout ce pays était, au temps d'Alexis Picoté, comme un livre fermé. Dans Charlevoix, comme ailleurs parmi les populations qui habitaient les deux rives du Saint-Laurent, on se racontait avec effroi les beautés et les horreurs, les légendes et les dangers de ce fantastique pays du fleuve de la mort.

On sait — des indigènes et des trappeurs l'ont rapporté — qu'au delà de la chaîne tumultueuse des pics qui enserrent la rivière, une grande baie s'étend, vaste comme une mer, entourée d'incommensurables forêts de pins qui poussent, d'un sol riche, jusqu'à des hauteurs vertigineuses.

« Ici, des terres en rocailles, dures, pauvres! », et Alexis Picoté, regardant par-delà le « trécarré », désigne le nord-est d'un geste énergique de ses bras où des boules de biceps roulent sous la chemise: « Tandis que là!... »

C'est ainsi qu'Alexis Picoté se mit à voir le Saguenay, dès le jour où il commença à douter des vertus de sa terre. C'est ainsi qu'il l'entrevoyait quand, dans l'étirement de son corps courbaturé, il se redressait après que sa faux avait couché sur le sol un andain ou, à l'automne, quand il avait arraché de la terre de larges jointées de pommes de terre.

Pourquoi quelques-uns de ses amis et lui ne partiraient-ils pas explorer ces forêts de pins dont on a parlé si souvent? La « pinière » fournirait une belle moisson en attendant, un peu plus tard, celle, plus abondante et plus riche encore, de la « graine de pain »: le blé.

Cette année-là, Alexis Picoté put donner suite à son dessein. Il fit d'abord, seul avec un compagnon, une exploration préliminaire du territoire saguenayen. Il revint, enthousiasmé, plein de foi et d'ardeur pour l'exécution d'un plan qu'il avait conçu, et qu'il s'empressa de faire connaître à ses parents, ses amis, ses voisins. Il en parla durant des soirées entières. Sa résolution était définitive: il ouvrirait ces forêts balsamiques, il serait le maître de ces terres plantureuses, capables, croyait-il, de faire vivre toute la population de Charlevoix. Et il se mit tout de suite à l'œuvre.

Durant l'hiver, en effet, il organisa une société qui prit la responsabilité financière de son entreprise, tentative d'exploitation forestière et de colonisation, sur les bords de la Baie des Ha! Ha!, à cinquante milles à peu près des sources du Saguenay. Au printemps, la « Société des Vingts-et-Un » était formée. Elle était composée, comme son nom l'indique, de vingts-et-un actionnaires. Chacun d'eux avait acheté une action de quatre cents dollars. Il était loisible, de plus, à chaque actionnaire de s'adjoindre deux co-associés pour former la somme que coûtait une part.

Et l'on attendit la descente des glaces sur le Saint-Laurent et sur le Saguenay. On se mettrait en route en mai sur une petite goélette qui appartenait à Thomas Simard. On se prépara au départ. Alexis Picoté amenait toute sa famille, la première à pénétrer dans ces solitudes. Ses deux fils sauraient l'aider plus tard, de même que sa femme aux bras hardis et au jugement sain, de même que les autres qui allaient venir!

On entreprenait un rude voyage, où ne manqueraient ni les incertitudes, ni les dangers, ni les périls. On devait voguer un peu dans l'inconnu. Mais Alexis Picoté était plein de foi et de confiance dans l'issue de cette expédition. Il réussit à faire partager son optimisme par ses compagnons. Le projet, c'était de remonter le Saguenay, d'établir, le long de la route, à aussi peu de frais que possible, de petites scieries mécaniques, et de faire de la Baie des Ha! Ha! le siège principal de la société. À l'automne, si cette première expérience réussissait, on tenterait une exploitation plus considérable de la forêt. Et on était sûr de trouver dans Charlevoix tous les hommes nécessaires à l'extension des chantiers.

À la fin de mai, la petite goélette de Thomas Simard, la *Sainte-Marie*, les voiles gonflées par une forte brise du sud-ouest, passait devant la Boule et entrait dans les gorges du Saguenay.

Le vert tendre des arbres de la rive était encore mêlé de gris; mais la glorieuse sauvagerie commençait à se parer de richesses qui ornaient des montagnes et d'autres montagnes, des caps et encore des caps, tourmentés, fantastiques, et des arêtes dénudées, et des pitons effarants sortant d'abîmes d'eau. Ici et là, une pente dévalait lentement, garnie de boqueteaux de sapins et de bouleaux aux troncs de cierge, qui adoucissait, semblait-il, la rudesse de ce décor d'une étrangeté infinie. Nature informe, cyclopéenne, et, à la longue, fatigante, étouffante.

Pendant des milles et des milles, de chaque côté, on voit les rives battues de blancs ressacs qui éclaboussent les falaises de phosphorescences. Car le soleil crible de ses brillants le bleu de l'eau. Et aux tournants de la rivière que la goélette laisse derrière elle, on voit papilloter, sur la fuite des eaux moirées, des alternances d'ombres et de lumières.

La goélette porte vingt-sept hommes, la femme d'Alexis Picoté et ses jeunes fils. Tous se laissent emporter, apparemment insouciants, vers leur destin. La plupart, assis ou à demi couchés sur le pont, blaguent, fument, se communiquent leurs impressions du moment, dissimulent leurs espoirs à travers des hâbleries, ou bien évoquent ce qu'ils ont quitté voilà déjà près d'une semaine: la femme, les enfants, les amis, le village, l'église, tout ce qui fait si mélancoliquement vibrer l'âme quand, éloigné, on y pense trop. Quand reverra-t-on tout cela? Pour plusieurs, jamais!

Quelques-uns de ces hommes n'ont pas encore de leur vie perdu de vue le clocher de la paroisse. Ils savent qu'ils s'en vont pour des mois, des années, pour toujours peut-être, dans des solitudes absolues, loin de tout, de tout ce qui peut nourrir le cœur et l'âme, de tout ce qui est nécessaire à la vie matérielle de tous les jours. Ils n'ignorent pas non plus les dangers qu'ils courent: la maladie, la mort même, là-bas, seuls; les privations de toute nature, les fatigues, les peines auxquelles ils vont être exposés pendant un temps qu'ils n'osent mesurer. Ils pressentent les serrements de cœur qui vont les assaillir dans l'ennui et l'isolement, au fond des bois si lointains.

Plusieurs, étendus sur le pont de la goélette, songent à tout cela en cherchant le sommeil. Mais, parfois, des perspectives plus souriantes leur font monter au cœur comme des bouffées de joie. Ils imaginent le travail ardu de leurs bras qui communiquera la vie aux forêts silencieuses de là-bas. Peut-être, dans peu d'années, des villages s'édifieront à la place des grands bois. Avec quelle allégresse ils saluent dans leur pensée le premier clocher qui se dressera dans la plaine défrichée.

La femme d'Alexis Picoté, sur le pont, dans les heures de dépression, encourage les hommes. Elle est la digne compagne du chef. On aime son joli visage clair et ses vingt-cinq ans pleins d'agréments. Elle s'est faite la ménagère de tout l'équipage. Elle fricote du matin au soir.

Alexis Picoté et Thomas Simard sont au gouvernail, et ils surveillent attentivement la course de la goélette. Le vent est capricieux dans ce long couloir bordé de promontoires vertigineux. Des sautes brusques, puis des calmes subits y mettent les petits navires en folie. Et, de chaque côté, une ligne de falaises frangées d'immenses écharpes blanches cachent de traîtres rochers! Impossible, pendant des lieues et des lieues, d'aborder nulle part. Il ne ferait pas bon alors d'être maîtrisés par la bourrasque.

Enfin, dix jours après le départ, on arriva à la Baie des Ha! Ha! La petite goélette, obliquant vers la droite, franchit le « Bras du Saguenay ». Alors se présenta un spectacle incomparable dont on eût voulu éterniser l'apparition instantanée: un immense lac bleu entouré de hautes forêts de pins dont les plus proches, en se dédoublant dans l'eau calme et tranquille, faisaient l'ombre d'un côté à l'autre de la baie. Une gigantesque corbeille de verdure, dont le fond est un miroir immense! En ce moment, le soleil, horizontal, éclabousse toute la baie de rayons multicolores. Un vent léger souffle juste assez pour enfler la voile et faire avancer la goélette du train d'un cheval au petit trot.

Les travailleurs manuels, généralement abrutis de fatigue, ne s'extasient pas bruyamment devant les beautés de la nature. Mais en ce moment, sous le coup de l'émotion et de la joie d'être parvenus au terme du voyage, les colons de la Malbaie entonnèrent un vieux chant dont les échos répercutèrent plusieurs fois les derniers accents.

Alexis Picoté inclina la roue du gouvernail du côté nord, et bientôt l'embarcation s'immobilisa tout près d'un îlot rond, bien boisé, plongé là, à demi, comme un immense œuf de chocolat.

Et l'on débarqua à l'endroit précis où, un peu plus tard, s'étendrait la première paroisse agricole du Saguenay: Saint-Alexis-de-la-Baie des Ha! Ha! qu'on appellera longtemps la Grand'Baie.

Nature sauvage, presque effarante! D'un côté, de l'autre, la forêt, sans fin, haute, vertigineuse. C'était le soir. Sur la grève, on dressa une grande tente où l'on s'abrita pour dormir.

Mais on ne dormit pas. Quelle nuit!

Jamais, il est vrai, les moustiques n'avaient eu l'espérance d'une semblable boustifaille. Aussi, en profitèrent-ils à dards tout neufs. Ils attaquèrent avec furie, comme ils savent attaquer dans le voisinage de l'eau et de la forêt chaude. Ils étaient affamés. On ne cessa de les écraser sur la figure, sur les mains, partout où il y avait un morceau de peau à découvert.

L'aube trouva les « associés » assis en rond sur la grève, autour d'un feu qu'ils alimentaient constamment de fougères dentelées, d'herbages humides et de branchillons de sapin, produisant une fumée dense, seul moyen de conjurer l'assaut continuel des moustiques.

MARCEL DUGAS (1883-1947)

Diplômé de l'Université Laval, journaliste puis copiste aux Archives canadiennes de Paris, Marcel Dugas ne reviendra au pays qu'à l'occasion des deux guerres. Critique « impressionniste » (*Le Théâtre à Montréal*, 1911; *Apologies*, 1919), au style alambiqué et à la « pensée nébuleuse » comme l'affirme Pierre de Grandpré, royaliste aux sentiments « très vieille France » selon Gérard Tougas, Dugas a été l'un des animateurs de la revue *Le Nigog* (1918) et le défenseur de poètes comme Paul Morin, Guy Delahaye, René Chopin, Saint-Denys Garneau. L'auteur de *Psyché au cinéma* (1916) conseillait: « Sois cohérent, sois incohérent! Et pour taquiner la nature, offre-toi, en imagination, la comédie de la perversité intégrale! » Sont surtout dignes d'être relues les proses laquées des *Flacons à la mer* (1923).

C'était un p'tit garçon...

À un « *chasseur d'images* ».

> Je blâme également et ceux qui prennent parti de louer l'homme, et ceux qui le prennent de le blâmer, et ceux qui le prennent de se divertir; et je ne puis approuver que ceux qui cherchent en gémissant.
>
> PASCAL.

> C'était un p'tit garçon
> Qui p... du vinaigre
> Qui jouait du violon
> Sur la queue d'un cochon.
>
> (CHANSON POPULAIRE)

Il s'appelait Mathurin et, tout jeune, il s'était engagé dans les épluchettes de blé-d'inde comme violoneux. Il jouait, jouait, jouait. Et derrière lui, traîné par une corde, son petit cochon le suivait. Il ne pouvait guère s'en passer: c'était son alter ego, son indispensable condition d'existence. Et avec ça, il était triste, mais triste! il ne finissait pas vraiment d'être triste. En lui se débattaient tous les petits diables souffreteux qui avaient passé sur terre, toutes les petites filles qui n'avaient fait que pleurer et qui, devenues grandes, continuaient à être des petites filles à pleurer, pleurantes. — Et puis, un bon petit cœur, le cœur un peu bête des cœurs bons, celui dont on dit en riant: « Vous savez, c'est un enfant, nous le briserons à l'heure venue, et après qu'il se sera vidé de toutes ses rages et de toutes ses larmes, on le roulera vers la mort, dans des langes d'enfant semés de petites croix, ce qui est une façon définitive de rouler les enfants, quand ils sont redevenus, parfois, des enfants enfants. »

Il avait une âme de Petit Chose, de Jack et de Poil de Carotte, et toutes ces âmes mises à l'épreuve en même temps, différentes quoique sœurs, quand elles se mettaient à battre, chacune de leur côté, il lui paraissait que sa poitrine allait s'ouvrir et tomber, là, dans la rue, et qu'on lui volerait même ça, sa poitrine malade. Pauvre petit jeune homme!

Le jour, vêtu d'inconscience et de désirs morbides, à la saison d'été il se mariait à la nature et lui faisait place entière en son âme. Il s'amusait à suivre le vol des papillons qui le grisaient de couleurs et volontiers il s'imaginait un pareil destin: mourir d'une mort vaine, étouffé dans un calice de roses, ou à la première heure automnale, lorsque le froid assassin transperce d'agonie les choses d'azur, les insectes trompés par les fausses promesses d'un été sans limites! Et l'hiver, si son chagrin s'ingéniait en tortures, il se couchait au fond du jardin glacé et, laissant pleuvoir les étoiles liliales, se sentait mort, statue de neige. Pauvre petit jeune homme!

Il dormait mal, la nuit, toujours réveillé par des cauchemars et le battement de ses artères. Il rêvait à des choses indicibles et la volupté le conduisait jusque sur les tours de Notre-Dame. Là, il rayonnait, taquinait la lune et les astres, parlait à ses anges gardiens, à des compagnons morts et à une petite fille qui s'était éteinte, un jour, d'avoir pleuré sur son gilet. Pauvre petit jeune homme!

Longtemps, il erra sur les routes; il connut des joies traversées d'orages et ce que l'on est convenu d'appeler l'humaine misère. Ayant appris à lire, il passait ses jours dans M. Rabier, M. Forain, Caran d'Ache, et les autres. C'est vers eux qu'il allait instinctivement — les caricaturistes et les dessinateurs gais. Et son tempérament fantasque s'y alimentait d'une tristesse immense. C'est pourquoi, de préférence à tout, il les lisait. Son visage s'éclairait à la lecture d'*Achille fourre son nez partout*. Un moment, il exultait — la durée d'un éclair — et la nuit se remettait à descendre.

Un jour, il s'assit au bord des chemins qui étaient croches, il s'assit et demeura longtemps à regarder le ciel, la verdure, les arbres et, là-bas, la mer roulant en bruit profond et sourd. Il leva ses mains dans la lumière, les fit danser et rit à gorge déployée de voir que les rayons les perçaient ainsi que de petites flèches. Il respira à longs traits et, portant une main à son cœur, il sentit qu'il s'était en allé, qu'il était partout et nulle part, dans le passé ou l'avenir.

Alors, il éclata de rire, et si fort, si fort qu'il mourut dans son rire avec le murmure des feuilles agitées et d'un roseau pleurant.

> *C'était un p'tit garçon*
> *Qui p... du vinaigre,*
> *Qui jouait du violon*
> *Sur la queue d'un cochon.*

Rébus

I

Le dieu plonge et disparaît dans la mer. Il dort au fond des eaux qui lui servent de berceau liquide. Son linceul, ce sont les vagues qui l'enveloppent, le roulent, le caressent. Il semble mort.

Sa mémoire lui compose un asile fleuri d'émotions et de larmes. Il est tout baigné d'effluves, de parfums. Ses désirs l'arrachent à son néant, le ressuscitent. Et l'on dirait que sa tête pleure au bord de la nuit; il sanglote comme l'enfant touché de la première blessure.

Sur un lit de roseaux, il a l'air d'un dieu paré pour quelque divin supplice. Mais il cache son front outragé à la lumière. Il se refuse aux cris qui le veulent atteindre, à la bouche exaspérée qui se tend pour la morsure.

Le dieu a dormi longtemps sur le lit de varechs humides; les algues ont tissé son corps rebelle d'un vêtement qui frissonne. Il s'ennuie de cette mort volontaire, et de ces eaux, et de ces conques, et de ce sable qui, bouchant son oreille, l'empêche d'entendre le puissant cri de l'amour.

Le héros secoue son sommeil, et tout mouillé de la pluie cristalline des séjours divins, il se hausse à la vie et tend les bras vers les fruits de l'arbre du bien et du mal.

Mais il trébuche sur le sol qui s'offre à son pas. L'abîme était sa patrie: la connaissance éblouit ses yeux, il vacille, balbutie et s'écroule sur ses genoux.

Il est effroyablement pâle d'avoir été le prisonnier de la mer et de l'infini.

II

Les roseaux s'inclinent sous une brise parfumée; le corps étendu sur la rive laisse bruire sous sa peau la chanson endormante de la terre. Sur la bouche de l'homme à demi éveillé, un rire court. Les cheveux soulevés permettent de contempler un front pâle où s'épand la lumière du plaisir. Une main errante pince le genou en repos qui, tout à l'heure, se dressait dans la bataille. Les roseaux gardent et protègent le bel animal que gâta le sommeil féerique. Un rideau d'ombres fragiles ondoie sur les membres engourdis de félicité: ramages, girandoles qui sont de soleil, de violet et de vert. Toutes les caresses se sont posées, toutes les caresses sont venues, les unes après les autres, déposer leur baiser.

Ce corps, moite de délices, ne se tient plus de soupirs et de joie. Et il a l'air, tant il est mou et trempé, de descendre dans le lit charnel d'une terre amoureuse.

Les roseaux s'inclinent toujours: ils bercent amoureusement le réveil de ce vainqueur enivré.

III

De quoi mon intelligence qui s'ennuie se pourrait-elle nourrir? Je refuse mon adhésion à la découverte des théorèmes classiques; j'abolis en moi le souvenir des logarithmes que je n'ai jamais sus; je veux ignorer la géométrie et l'algèbre, mes deux vieilles ennemies; la lumière connue du soleil m'offusque, et la nuit, qu'elle garde pour le rêveur d'hier ses étoiles et sa lune! Je ne suis pas né pour être une chose éternellement soupirante vers des lacs romantiques, des vierges au balcon qui se pâment dans la brise. Et j'ai dégringolé Roméo de son échelle de soie; et j'ai tué le fauve dressé sur des proies toujours possibles.

Omphale, tu ne me verras pas, étendu à tes pieds, nouveau petit Hercule que fatigue sa force et qui se tue à vouloir être tendre. Pour tes beaux yeux pervers, chargés d'étincelles, ô magnifique Hélène, je n'introduirai pas, grâce à des ruses savantes, un autre cheval de bois dans une Troie incendiée qui regarde avec désespoir crouler ses murailles et sa reine devenir le butin d'un odieux vainqueur.

J'ai dit à mes sens de se taire, à mon esprit d'ignorer le connu. Je me veux amuser avec un rien qui sera un symbole, mais un diable de symbole. De quoi vais-je tirer la substance idéale? le noumène? la structure évocatrice? Quel limon va se changer en ailes, en bruissements, en chansons? Dieu! qu'est-ce que je frôle? Mes doigts se glacent et sont comme mordus par une légère caresse.

Ne craignez que je défaille! Car je ris. Et mon émotion ne sera que de pensée. Tous les dieux me protègent, veillent sur mon âme. J'ai la grâce de l'esprit. En vérité, je domine la matière!

Mes sens, comme vous vous taisez! Mon âme, tu ne pousses pas le plus léger des cris, et ma jambe, ardente aux combats, se tient ferme, hiératique, — telle un pilier de bronze!

... Je saisis cet objet, je le palpe, — c'est idéal! Je le tourne sous la lumière; j'examine avec soin — celui de l'esprit — les aspects, les nuances, le vif éclat, l'harmonie qui composent sa perfection. Je le hausse au-dessus de ma tête, je le retourne, je l'approche de mon oreille, de mes yeux et de mon nez. Je souffle sur sa poussière; je le presse et l'embrasse.

Puis soudain, je m'arrête, je réfléchis, je rêve, car un miracle se dévoile à mes yeux; je tiens la mer dans mes mains!

Ma tristesse est en vous

Ma tristesse est en vous, essaim bruissant de mes souvenirs, ma tristesse qui s'appuie avec des paumes tièdes à votre léger visage, et qui vous regarde et vous écoute en frémissant. Elle s'insinue, vous pénètre et crée, par l'incantation de toute votre vie confuse, une multitude de figures réelles.

Et je porte intensément la tristesse de toutes ces figures auxquelles j'ai donné une signification, un rythme, une flamme.

Je ne cherche point à vous arracher le poignard dont vous avez voulu menacer un corps trop lâche, trop pénétré d'esprit et d'âme. Je laisse dans vos mains le flambeau et la lyre, les clous et les épines, tout l'attirail savant de la volupté, du désir et de la douleur.

Ma faiblesse s'ingénie à vous prêter la puissance, les aspects du carnage ou de la catastrophe. Je me tiens devant vous comme hier. Nulle protestation; rien qui simulerait seulement que la vie, encore en moi, semble s'émouvoir et se couvrir. Je suis sans esprit et sans âme. C'est de neige et de glace que mon corps détesté s'enveloppe. Cependant mes yeux, comme des fauves mal domptés, scrutent et cherchent. Ils veulent encore voir; ils s'adonnent aux curiosités vaines. Ils courent à la couronne des arbres où j'ai suspendu dans les feuilles quelques rêves ardents, sur la mousse où j'ai laissé, en détresse, le corps tendu de certaines chimères. Ils vont à des livres afin d'y trouver les raisons de la sagesse et de la folie humaines. Rapides et fiévreux, ils se promènent sur le décor de la nature et des âmes. Je ne leur impose aucune loi. Je les laisse se guider selon leur fantaisie; ils me rapporteront, tout à l'heure, des gibiers que j'aime: la fleur des choses, la nuance des désirs, l'éclat des glaciers cruels, la structure sinistre et dénudée des ormes.

Ma tristesse est partout, dans le ciel et sur la terre, au fond des devoirs quotidiens, au sein de la connaissance et de l'ivresse. Elle constitue ma nourriture et ma boisson. En mon rire, elle fait éclore sa fleur d'ombre et d'ennui. Et si je souffre, je la sens qui m'entoure de son manteau d'intense mélancolie. J'ignore le nom de ce pays au seuil duquel je la déposerais comme une chose aimée en lui disant adieu, le temple où dépouillant le vieil homme, je naîtrais à la candeur d'une foi trouvée.

Elle me tient. Sa présence m'emprisonne, me lie de mille entraves. Je suis le prisonnier de cette « amère et exigeante maîtresse ». Oh oui! elle est en vous aussi, inconnue que je désire et qui danse, avec des pieds mouillés de parfums, dans le champ de mon rêve.

L'aurore sur le lac

À Madame B.

C'est l'aurore. Silence! Un grand silence à peine violé par un murmure d'herbe, ou de feuillages, ou l'aboiement d'un chien.

Les monts simulent des géants endormis qui étreignent de leurs bras verts la surface des flots où le soleil, qui annonce le réveil de la terre, darde des couteaux d'or.

Au fond du lac, les maisons de la rive achèvent leur sommeil de la nuit; tout à l'heure, elles se redresseront en adoptant leur attitude quotidienne.

Mais tous les soirs, quand le soleil s'éteint, elles font une descente dans le lac et s'y installent pour la durée de la nuit.

Elles se prolongent ainsi en maisons de rêves, d'illusions et de chimères: elles sont plus captivantes par cette tromperie de l'eau et de la lumière; elles seraient belles à prendre dans des mains qui les sentiraient fuir.

La nature se plaît à nous livrer des images qui ressemblent à nos jeux intérieurs, aux formes enivrées de clarté et de poésie que crée en nous la bienfaisance de l'imagination et du rêve.

La nature est la sœur sympathique et fallacieuse de nos misères et de nos hallucinations.

Des bouleaux qui s'espacent encadrent, dans leur vent de soie froissée, la cabane où repose un amoureux des bois et de l'eau.

Ils sont aériens, légers, graciles, et protègent le paysage de l'uniformité; une inquiétude éternelle se traduit par le mouvement de leurs feuilles; ils sont en perpétuelle errance.

Appellent-ils? Ou sont-ce des aveux qu'ils décèlent? des plaintes qu'ils livrent aux quatre coins du ciel? ou bien témoignent-ils de la fragilité des choses par une faiblesse qui s'est inscrite, visible, en leur aspect végétal?

Ils te ressemblent, pauvre âme craintive, peureuse, pressée de frissons et qui s'affine et se détruit.

Aime-les; ils te renvoient ton image. Et cette image, c'est un fût vernissé qui jette dans l'air son feuillage de perpétuel émoi. Pouvais-tu revivre sous un plus élégant et léger symbole après des funérailles vaniteusement chantées?

Tu te cherchais tout à l'heure, et ne savais te reconnaître, morte, croyais-tu, d'avoir bu le poison de l'expérience.

Ô folle, qui voulais savoir si l'émotion s'éveillait encore en toi-même, comme jadis, alors que tu croisais les mains devant ta pâleur!

Ô folle, mille fois folle de ton ivresse intérieure.

Ô folle dont les carrefours envahis de pensées faisaient de toi une ville prise et livrée au pillage!

Tentation

Je vais partir d'un pas libéré et rapide; rien ne me lie à aucune rive, à aucun bonheur, à aucune joie; je suis libre dans le dépouillement complet de moi-même.

Mes pieds nus cherchent un sable doux pour s'y enfoncer; ils ne veulent y laisser de traces que celles qui se perdront dans le vent. Après s'être déchirés sur la grande route commune aux cailloux et aux ronces, ils mendient la fugace chaleur du sable avant de s'engloutir dans l'intégral oubli.

Mes pieds nus cherchent un sable doux pour s'y enfoncer.

Mes mains inhabiles au bonheur se refusent, désormais, à la tendresse éblouie et savante. Elles ne construiront pas des cathédrales, des architectures précieuses, des monuments de la croyance, et des temples aux saints. Non, mais je les forcerai à pétrir dans la glaise des dieux tristes et mutilés, des femmes souffrantes, des avortons et des nains. Et parmi toutes ces formes éphémères, nées de ma fièvre et de mes doigts las, je construirai une déesse harmonieuse que je laisserai sur le rivage, après avoir imprimé mes lèvres sur son argile périssable.

Mes mains inhabiles au bonheur se refusent désormais à la tendresse éblouie et savante.

Mon visage tourmenté n'est à personne: j'espère en refléter l'image dans la mer pour qu'elle s'y perde avec les aspects fuyants de la nature nombreuse et qu'elle s'y abîme avec son ciel, sa ceinture d'arbres frissonnants, ses algues et ses roseaux condamnés.

Mon visage tourmenté n'est à personne.

Mon imagination — cette adorable maîtresse! — qui m'a créé un isolement superbe et enivré parmi les formes qui emplissaient ses rêves, je la bénirai de m'avoir détruit et sauvé. Écolier, elle posait à mes tempes des diadèmes de fièvre. Plus tard, à Paris, à Naples, Florence, Venise, elle savait me diviniser les marbres, les déesses et les dieux. Sous sa flamme, ils revêtaient des apparences humaines qui me prodiguaient le délire. Et sur les rives vantées de l'Adriatique, dans une femme en haillons, elle me fit saluer la statue vivante de la misère. Maîtresse profonde d'erreurs qui, pour mon festin, couronnait de beautés lumineuses la matière la plus sourde, et dans la source ressuscitait la mort émerveillée de Narcisse, et sous, les ramures, des théories de bacchantes captives.

« Ô Reine, puisque je pars vers des rives léthéennes, puisque je m'en vais sans retour, je te bénis de m'avoir sauvé et détruit. Tes bras, écartés sur l'horizon, paraissaient des appels de blancheur heureuse, exaucée. Royale déesse, déployée aux confins de la volupté et de la mort, tu pétrissais l'extase ou l'agonie. Et quand ta plainte, joyeuse ou sombre, fatiguait l'espace, je croyais entendre le gémissement de la terre vers le divin inconnu, et j'étais l'enfant envolé, tendu vers tes apparitions, ta robe écarlate, tes genoux de nuit et de songe. »

Mon imagination — cette adorable maîtresse! — je la bénirai de m'avoir détruit et sauvé.

Mon cœur — ce vieil agonisant! — je le prierai de s'éteindre dans le vent sans une plainte.

Avec l'encens et la myrrhe, j'embaumerai ses plaies, et m'approchant, à pas religieux, de certaines douleurs, je les embrasserai comme si elles étaient des femmes divines et sacrées. Puis je rirai de ses sensations, de ses désirs et de ses larmes.

Mon cœur — ce vieil agonisant! — je le prierai de s'éteindre dans le vent sans une plainte.

Épître I

Retrouverais-je jamais la trace de vos pas? Je vous cherche et vous attends. Vous êtes partout, et nulle part, dans mon rêve et sur un coin de terre où vous vous enveloppez de silence et d'oubli. Le destin vous a séparée de moi, chère amie, et vous mêlez vos pensées à d'autres êtres qui me sont parfaitement inconnus. Je n'ai pas réentendu le son de votre voix depuis des années et j'aurais le goût de cueillir sur vos lèvres des mots parfumés d'amour et de tendresse. Je ne sais plus rien de ce que vous rêvez et vos souffrances ne viennent plus éveiller l'écho de ma sympathie. Vous ne vivez plus sous mes regards; vous êtes l'enchantement d'autres yeux. Le caprice qui faisait de vous, à certaines heures, un oiseau si palpitant, c'est à d'autres personnes que vous le dédiez présentement. Peut-être n'avez-vous pas changé votre manière de charmer, ingénieuse à nous sauver de l'ennui. Peut-être aussi qu'une autre personne, douée de qualités nouvelles, toujours prenantes, s'est-elle substituée à la déesse fantaisiste de jadis. Je vous imagine, cependant, telle que vous fûtes, aussi éloignée du convenu, du banal que possible, et poétisant, à votre manière, les clartés trop rapides du jour. Les poétisant, dis-je, par mille aspects de votre personne, gravant sur un décor varié et lumineux vos gestes de grâce et de langueur... et si bien adaptés à ce jour que vous paraissiez vivre de lui et lui donner un sens chaleureux et sibyllin. Vous offrez, sans doute, à ceux qui vous approchent maintenant la lumière ardente de vos prunelles et sur vos lèvres palpitent des mots enchanteurs.

Vous promenez votre caresse sur des fronts fatigués et vous vous ingéniez à dorer les sombres réalités humaines. Tout en vous est naïveté, joie folle, invention du sourire, désespoir romantique. Vous vous tuez encore près du fleuve où de nouveaux venus, attirés par votre charme, vous ramassent pantelante et gardant encore assez de vie pour recommencer à vivre. Je ne me défends pas de vous croire aussi ardemment pathétique qu'hier, prise de frissons, prompte à vous soulever dans la joie, et vaincue un moment sur la route au point de vouloir arrêter la marche des heures par un suicide dramatique. Vous viviez dangereusement et vos jours n'étaient qu'un défi lancé audacieusement à la mort. Vous aviez pris le parti de jouer avec elle, de vous avancer vers les froides eaux du Styx, puis, étonnée de votre folie, vous remettant à vivre à nos côtés. À cause de vous, le romantisme n'était plus un mot d'école, une recette littéraire. On vous apparentait à ces héroïnes échevelées et mourantes que blesse la vie et qui désirent s'en échapper. L'âme d'Ophélie se remuait dans votre poitrine déchirée par le sanglot et le cri. Votre inimaginable pâleur rehaussait un masque fin, jeune, extrêmement mobile. On s'extasiait sur tant de fragilités que vous menaciez du poignard et de toutes les blessures. Une mystérieuse fantaisie vous jetait à tous les coins du ciel et vous poussait vers les abîmes. Vous confondiez la vie avec le théâtre et votre scène, c'était le vaste univers peuplé de fantômes, de désirs insensés, d'espoirs vagues, d'un auditoire rayonnant ou sceptique, applaudissant ou armé de sifflets. Quand vous consentiez à bien vivre, vous agitiez devant nous le bouquet de fleurs rapporté des funèbres séjours. L'heure, les hommes, habiles à vous meurtrir, ne vous permettaient que de leur laisser voir une figure sauvée des épouvantements de la mort. Vous nous teniez parfois un étrange langage plein de négations, incroyablement triste, secoué de sanglots et de rires qui étaient des larmes remisées. Qu'êtes-vous devenue, pâle et déchirante princesse?

Je rêve de vous, de votre visage assombri par les cils de vos yeux qui répandaient comme une impalpable chaleur sur la carnation des joues, je rêve de votre manteau de velours noir drapant votre corps élégant de nymphe révoltée et qui s'ouvrant laissait, semble-t-il, échapper une foule de mutins agiles, ailés, chantants, frères de bonheur et d'ivresse.

Je retrouve la trace des pas que vous avez semés dans mon imagination; vous n'êtes pas entièrement ailleurs, car je possède votre réalité idéale.

Impressions d'hôpital

C'est le cauchemar enveloppant qui bouche toutes les issues par où le regard peut se poser sur l'univers des hommes et des choses. La pensée s'engourdit, paraît mourir sur elle-même. De la vie animale, il ne demeure que confusion sans appel de l'esprit, débat angoissé du corps seul: on se roule sur soi-même parce que la souffrance et la nuit sont là, hôtesses exigeantes, et qui vous prennent toutes les minutes. Ne hasardez pas une poussée vers quelque chose de clair, de direct: peine perdue! Vous avez le sentiment que tout s'efface, s'éloigne, va s'éteindre, qu'il ne reste rien des habitudes d'hier et vous restez cloué sur un lit, levant des yeux d'épouvante sur de grands murs blancs qui, à la fièvre, viennent ajouter une sorte d'effroi. Vous fermez les yeux pour les rouvrir à nouveau. Des voix autour de vous; des personnes se sont approchées. Tout contribue à doubler le délire: ces vases remplis de palmes vertes, vous croyez que c'est un groupe d'hommes qui causent, vous observent et délibèrent sur votre cas. Les infirmiers passent, repassent, et ce groupe d'hommes est encore là qui vous regardent et décident, semble-t-il, de votre vie ou de votre mort. Ce qui frappe, c'est leur immobilité durant des heures. Cependant que les autres bougent, eux s'éternisent dans cette attitude de juges un peu éloignés, mais assez proches pour contribuer, certes, à créer une obsession qui vous fait tendre les yeux, les oreilles, la tête dans leur direction, afin de tâcher de connaître quelque chose de ce qu'ils décrètent ou sont censés décréter. Vous êtes en danger de mort, vous êtes condamné, vous n'avez plus que quelques heures à vivre; c'est certain, puisque l'interne, par ordre du médecin-chef, vous a dit: « Gardez cette position, c'est très sérieux ». La mort rôde autour de vous; elle est venue au début du soir se glisser sous vos draps; vous avez comme le souffle de son baiser. Comme l'envie est grande de se retourner! Il y a lutte entre la parole du médecin, la douleur éprouvée et le désir qui vous incite à changer d'attitude. Puis soudain le sommeil vous enlace dans ses bras, vous vous y évanouissez; vous perdez contact avec toute réalité environnante; vous êtes sauvé de toute crainte, de tout débat, de toute souffrance. Cela s'apaise; cela semble s'abolir.

Quand, plus tard, aux lueurs de la nuit commençante vous ouvrez les yeux, quelqu'un se penche sur vous et dit: « Cela va mieux ». Vous refermez les yeux; mille pensées vous assaillent. Vous songez que vous avez été jeune, enfant, bercé, qu'il y eut un matin où pour la première fois une joie folle est descendue en vous en apercevant la lumière, que cet univers mystérieux et beau vous grisait avec son inconnu, ses chansons, la fine lumière des jours; vous songez à tout ce qui, dans votre imagination de malade, semble s'enfuir à jamais, à la joie, à la douleur, au plaisir, à ces couronnes de vie suspendues dans les jardins terrestres, à la promenade féerique du matin dans l'enivrement et la jeunesse de l'âme, aux premières blessures, à la comédie des hommes toujours pareils sous tous les cieux. Vous regrettez cette vie tant décriée au moment qu'elle va vous abandonner, vous ne pouvez croire que tout va vous devenir étranger et que vous roulez à l'abîme sans fin. Non, l'espoir allume une soudaine lueur, et confusément, se refait la certitude que vous échapperez au désastre. Encore des heures d'incertitude où vous n'avez qu'une vague conscience de ce qui se passe autour de vous, du va-et-vient de ces gens préposés à vos soins, du vacillement de la lampe de nuit, des gémissements des autres malades, du tintement des heures qui s'égrènent, lentes, dans un silence lourd, à peine troublé. Vous n'êtes pas seul dans ce combat mené pour la vie, d'autres malades, à vos côtés, sont aux prises avec le danger, se crispent aux cordes de salut qui leur restent; des pensées analogues aux vôtres les animent, les aiguillent vers l'espérance. Ils souffrent, se plaignent, balbutient des mots douloureux, esquissent des gestes, des appels. Quelques-uns se sont unis en frais d'espérer contre toute espérance: au matin ils nous auront dit adieu, presque sans le savoir, avec des plaintes vitement étouffées.

Oh! comme la nuit est interminable.

Vous les entendez sonner, les unes après les autres, les heures et les demi-heures. Il vous arrive de croire qu'elle ne se terminera pas. On dirait que vous avez pénétré dans la nuit éternelle. Imaginations chevauchent sur d'autres imaginations; c'est une procession ininterrompue d'images, de cauchemars, quelque chose qui vous enlève et vous traîne vers des gouffres.

Enfin le matin paraît! Vous ne l'attendiez plus, il vous surprend comme si c'était quelqu'un que vous n'aviez jamais vu. Vous êtes soulevé par de robustes bras d'infirmiers qui rafraîchissent vos oreillers et vous appuient sur cette fraîcheur-là.

La sensation que vous venez de très loin de la vie fait irruption en votre être: vous vous apparaissez comme un vainqueur de la mort!

MARIUS BARBEAU (1883-1969)

« Sourcier de tous les folklores canadiens » selon Luc Lacourcière, Marius Barbeau a fait des études en anthropologie à Oxford et à la Sorbonne; en 1910, il soutient sa thèse: « The Totemic System of the North Western Indians Tribes of North America ». Ethnographe au Musée national d'Ottawa, Barbeau recense quelque neuf mille chansons et cinq mille mélodies anciennes du Québec et d'Acadie. Il s'intéresse également aux langues huronne (on lui doit la transcription des seuls textes hurons connus) et iroquoise. De 1924 à 1928, il séjourne parmi les Indiens de la côte Nord-Ouest, plus particulièrement parmi les Tsimsyans. Il a écrit près d'une centaine de livres. *Le Rêve de Kamalmouk* (1948) est une adaptation en français par Barbeau de son livre *The Downfall of Temlahan* (Toronto, 1928). Voici ce qu'il en dit: « Dans le développement de réminiscences fidèles, j'ai reconstitué par l'intuition et par le style le combat d'âmes étrangères, mais singulièrement humaines [...]. Kamalmouk, chef du clan des Loups, admire les Blancs et les imite aveuglément: son ambition est de tourner le dos au passé. Rayon-de-Soleil, sa femme, opposée à toute nouveauté, réclame pour son fils malade le titre héréditaire auquel il a droit. Nitouh, le sorcier, traverse leur sentier en usurpateur... »

LE RÊVE DE KAMALMOUK

Païens et chrétiens

(Kamalmouk a tué le sorcier Nitouh, qu'il accuse d'avoir tué son fils — par maléfice.)

À côté du corps rigide de Nitouh, pompeusement exposé à ciel ouvert devant Ségyukla, la dispute de vingt hivers entre les deux camps opposés se réveilla: Devait-on incinérer les restes des défunts sur un bûcher funèbre, ou bien les enterrer comme le font les Blancs et comme le prêchent les missionnaires?

Un meurtre doit-il être vengé, ainsi qu'on l'a toujours vengé, ou doit-on s'en laver les mains et s'en remettre à d'autres pour le redressement?

Il n'en manquait pas, à Ségyukla, pour dire:

— Ne précipitez rien! Il se fait bien des changements en notre pays, les plus grands changements qui se soient jamais vus. L'incinération et la peine du talion sont des choses de passé, des reliquats de la sauvagerie. Elles ont vu leur temps.

Les uns déclaraient:

— Il faut enterrer Nitouh.

Les autres:

— Il faut l'incinérer.

Les premiers:

— Emparons-nous de Kamalmouk et livrons-le pieds et poings liés à ses pareils, les Troncs-Pelés de Hazelton. C'est là la loi du roi George (comme toujours, George III), que nos cinq grands chefs ont promis de respecter, lors du procès à bord de la frégate aux canons.

Les seconds:

— Quelle absurdité! Comment pouvons-nous cesser d'être ce que nous sommes, des hommes obéissant à leur véritable nature.

Les partisans de ces opinions contradictoires s'échauffaient, parlementaient le jour et la nuit, haranguaient ceux qui étaient prêts à les écouter, tentaient d'influencer les forts et de réduire les faibles au silence, tandis que les porteurs de deuil soupiraient et que les pleureuses poussaient à l'envi leurs lamentations bien payées, au milieu des grands mâts totémiques.

La clameur durait encore, au bout de la troisième journée de l'exposition des restes, et le dénouement, à chaque instant sur le point d'aboutir, retardait toujours. C'était comme un nuage volatil sur les pics des Sept-Sœurs, loin du village profondément agité.

Le soir du troisième jour, le haut chef Grand-Homme, voyant que la controverse s'éternisait, convoqua dans sa loge ses conseillers, et les accueillit avec des flatteries:

— Une grande lumière se fait partout où marchent les piliers de la sagesse, les chefs de clans et de familles, dans ma tribu!

Lorsqu'ils furent accroupis sur leurs talons près du foyer éteint, il leur communiqua ses vues:

— Les temps que nous traversons sont tragiques, mais ils ne sont pas sans espoir. Oh! comme j'aspire à de plus beaux jours! Nos aïeux jadis vivaient heureux, au cœur de Temlaham, la Bonne-Terre. Puis arriva l'adversité. Mais la fortune revint à leurs descendants et ils connurent une ère nouvelle de prospérité. Cependant, il ne se passe pas dix hivers sans qu'un nouveau malheur nous frappe. Nous sommes affligés d'épidémies et d'invasions. Les Troncs-Pelés brûlent notre village et, vexés de notre rancœur, ils arrêtent nos chefs. Je fus un de ceux-là! Toutefois, pour regagner notre liberté, pour revenir à notre bourgade, nous avons juré obéissance à la loi du roi George.

« La paix, au commencement des âges, nous fut aussi commandée par le Maître-du-Ciel. Il est opportun de le rappeler aux chefs de Ségyukla, mes conseillers ici réunis. Ils connaissent tous l'ancien ada-orh, qui nous a prêché la prudence, et nous a légué la coutume et les totems.

« Je vous enjoins, hommes de toute sagesse, de ne pas laisser la passion obscurcir votre mémoire. Les troubles actuels ne doivent pas nous aveugler. Nous devons à tout prix garder la paix, et nous abstenir de verser le sang de nos semblables. Bien qu'enclin d'abord au talion contre Kamalmouk, je ne suis pas d'avis qu'il doive payer de sa vie son forfait. Il s'agit ici d'autre chose que du talion ordinaire. Il nous faut chercher ensemble une issue, qui permette de sauver notre honneur et de garder la paix.

« Ô chefs des quatre piliers de notre nation, mon cœur aspire à des jours meilleurs, le cœur d'un chef qui veut avant tout le bien de sa tribu. »

Le deuxième chef de rang, invité pour les rites funéraires, était Koudzious — Torche-Lumineuse, de la Pointe-aux-Flambeaux, à la fourche des rivières. Du clan du Corbeau, il avait épousé la sœur cadette de Nitouh et il représentait les parents du défunt, qui réclamaient l'incinération et la vengeance.

— Ayou-oa, ô ma vie! s'exclama-t-il, après avoir poussé un soupir. En descendant la rivière dans mon canot creusé dans un tronc de cotonnier, j'ai composé une chanson nouvelle, pour ma propre soutenance. La voici:

— *Je me meurs d'ennui, je suis inconsolable. Ceux que je connaissais depuis longtemps disparaissent et ne sont pas remplacés. Moi, vieillard, je m'attarde sur le sentier perdu d'un nomade. Mes voisins de Ségyukla ont-ils blanchi leur peau, pour mieux singer les Troncs-Pelés? Ont-ils oublié les esprits de la nature, ont-ils renié les ombres de leurs proches défunts? Ont-ils tous été baptisés dans l'eau, pour se repentir comme les chrétiens du péché de leur naissance?*

Ayou-oa, ô ma vie! Laissez-moi entonner la complainte des changements perpétuels: Les chefs imitent la grâce du saumon rouget qui bondit au-dessus des rapides et des chutes. Il lui arrive, parfois, de retomber à plat sur un roc dénudé, et de s'y éventrer avant d'avoir atteint le lit de gravier où il devait frayer. Hors de l'eau il brille au soleil, et les nuances de ses écailles ressemblent à celles de l'haliotis perlée de mers profondes. Déchiré sur le roc, exposé à l'air, il se putréfie, et les larves blanches le vrillent à l'envi. Il empeste comme les excréments de Tsingoats au soleil.

Ma chanson est finie, mais si je m'en donnais la peine, elle n'en finirait plus. Mon temps est achevé, le temps d'un aîné qui a survécu à sa postérité. Mes membres défaillent sous le poids d'une souvenance sans lendemain. L'ai-je bien entendu, l'auguste Grand-Homme qui, avant moi, proclamait la loi du roi George, qui renonçait à ses droits au talion en inclinant sa tête blanche vers les eaux du baptême? L'ai-je bien entendu? Devons-nous enfouir sous terre notre digne allié de l'Épilobe-Rose? Les vers s'acharneront à dévorer la dépouille que nous aurons refusée aux flammes de l'air, aux étoiles du firmament?

Image de l'âge et de la douleur, Torche-Lumineuse retomba dans la silencieuse rêverie. qui lui était habituelle, depuis la mort de tous les siens.

Joueur-de-Lahal, dont la conversion au parti de la Robe-Noire était notoire, joignit les mains à la manière des néophytes à la chapelle de l'autel doré, et il parla avec douceur:

— Mon nom, comme vous le savez, est Goursan, Celui-qui-Joue-Toujours pour un enjeu aux bâtonnets marqués. Ce nom me vient d'une longue lignée d'ancêtres païens, et je n'ai pas consenti à le changer, comme d'autres ont changé le leur. Je n'en obéis pas moins pour cela au Rédempteur qui est en haut et à sa sainte Mère, auprès de Lui. Si, un jour, j'ai renoncé aux coutumes de mes oncles, c'est qu'en songe j'avais vu le ciel. Mais ce rêve ne m'empêche pas, aujourd'hui, de prendre part à vos délibérations. Nous aspirons tous à la paix, à l'harmonie. Jusqu'ici mon rêve est resté mon secret, mais la vieillesse me libère maintenant d'un silence oppresseur. Je veux en faire part au profit des notables de ma tribu, à cette heure de tribulations.

« Un jour, suivant mon habitude, je jouais sur le tapis d'écorce, avec d'autres aux bâtonnets marqués. Je fis la rencontre d'un joueur étranger aux doigts magiques. Manipulant les bâtonnets, il gagna la partie et s'écria: « Tu « as perdu! Ton pays, à l'enjeu, est devenu ma possession. » Moi, dans ma défaite, je lui ai répondu: « Prends-en ce que tu peux; il y en aura encore « assez pour nous deux! » Et je lui dis encore: « Remets les bâtonnets « d'ivoire sur le tapis, pour une autre partie! »

« Je perdis de nouveau, aux mains du deuxième joueur au visage blanc. Lui aussi cria triomphant: « J'ai gagné! Du coup tu as perdu ta coutume: elle « était l'enjeu de la partie! » Je lui répondis: « N'y a-t-il pas, dans un si « grand pays, assez de place pour deux coutumes, la tienne et la mienne? » Il déclara: « Non! la loi est mon droit, la loi du roi George. Dorénavant c'est « moi qui jugerai le crime et le punirai. » Moi, le joueur perpétuel, je fus forcé de baisser la tête, en demandant qu'on remît les bâtonnets sur le tapis pour une troisième partie.

« Je mêlai les bâtonnets et je les offris au troisième joueur au visage pâle de la rangée opposée. Celui-là refusa de relever le défi, disant: « Le jeu « n'est pas mon fort; l'enjeu n'est pas mon ambition. Mon royaume n'est « pas de ce monde. Dieu seul reste le maître. C'est son pouvoir de sauver « ou de damner chacun selon son mérite. Pour lui tous sont égaux, Blancs « ou Peaux-Rouges, au soleil levant ou au soleil couchant. »

« Tout joueur que je fusse, je rejetai sur le tapis les bâtonnets, et ma pensée se changea en un rêve. À la suite de l'Homme de Dieu, la Robe-Noire, je montai au firmament comme l'avait fait Bini, le prophète des Gens-Doux, et je marchai sur les nuages du ciel. À mes pieds, des anges ailés refoulaient des démons à coups redoublés. Sur les hauteurs, je vis enfin Dieu, Être de lumière, de bonté et de beauté. À lui nous devons hommage et obéissance, parce que son pouvoir est infini, sa connaissance de nos péchés sans borne, sa colère contre ses ennemis redoutable comme les éclats de la foudre et les feux de l'enfer.

« Chefs des tribus de Ségyukla et de la Pointe-aux-Flambeaux, je vous le déclare, à la lumière de mon rêve, ce n'est pas à vous de juger Kamalmouk, mais au Maître-du-Ciel, notre maître à tous. »

Avant même que le joueur néophyte eût terminé ce discours, son vis-à-vis Gros-Homme bouillait déjà de lui donner la réplique.

— À Lui seul, le Dieu tout-puissant et sévère, régnant là-haut, honneur et obéissance! Mais je dois d'abord protester que l'Église indépendante du

Ksan est toute différente de la Chapelle à l'autel doré de la Robe-Noire, dans la mission des Gens-Doux. Ces Gens-Doux étaient naguère les ennemis que nous refoulions vers l'intérieur des terres, et nous les désavouons comme par le passé. Nous répudions leur usage du crucifix et du chapelet, et nous ne confessons pas nos fautes au prêtre mais à Dieu lui-même...

Cette controverse entre partisans de la Robe-Noire et de l'Église indépendante du Ksan ne plaisait pas plus aux païens qu'elle n'apportait de douceur aux disputants. Le chef de second rang, Premier-au-Firmament, hocha la tête et fit ainsi sa remontrance:

— Le chagrin déchire mon cœur, le cœur d'un païen qui n'a pas désavoué ses ancêtres. Il bat au souvenir des temps anciens, auquel il ne veut jamais renoncer. Ô vous, conseillers de Grand-Homme, dans la maison carrée de l'Épilobe-Rose, pouvez-vous plus longtemps différer votre décision sur le sort de Nitouh, dont la dépouille se putréfiera bientôt comme celle du saumon retombé sur un roc exposé au soleil? Tenez-vous dans vos mains son ombre désolée pour lui refuser l'incinération qu'elle attend? Allez-vous, pour votre différend, laisser cette ombre déçue errer plus longtemps sur nos maisons ou languir sur le rivage désert? Entendrons-nous toujours sa complainte, dans les nuages menaçants et les ténèbres irritées?

Avec un soupir affligé, il fredonna, pour en raviver la mémoire brûlante, le chant du défunt qui hantait ces lieux et imposait un terme au débat:

— *Rouge-Gorge, esprit immortel, s'il faut que je meure, apporte mon ombre sur tes ailes déployées, au séjour lointain du Soleil!...*

Profondément ému, Grand-Homme, à l'invitation de qui se tenait ce conseil, reprit son thème du début:

— Les temps que nous traversons sont tragiques. Il ne se passe pas dix hivers qu'un nouveau malheur nous frappe. Mais tout espoir n'est pas perdu. L'heure est venue de désarmer les animosités qui sapent notre volonté et entravent toute action. Sages conseillers de la Bonne-Terre, encore une fois je vous prie, ralliez-vous autour de votre haut chef et arrivons-en à une décision, qu'il ne faut plus retarder: Brûlerons-nous sur le bûcher la dépouille de Nitouh, ou la remettrons-nous intacte à l'Homme de Metla-Atla, qui porte la Bible et redoute le Maître-du-Ciel? Abandonnerons-nous Kamalmouk à la police des Troncs-Pelés, ou aux parents qui exigent la peine du talion?

De tous les maux les plus ruineux, la dissension est la pire. Païens et chrétiens tombèrent d'accord pour remettre la flèche au carquois et rompre la pointe de lance. Avec des cœurs contrits, ils aspiraient à s'entendre sans coup férir; ils s'appliquèrent à découvrir une solution pour amener la paix et pour sauver les vanités. Après tout, ils devaient se soumettre à l'inévitable, à l'étranger accapareur.

Des soupirs et des lamentations, s'élevant du côté de la rivière, parvinrent jusqu'à la maison de l'Épilobe. Ils rappelaient ceux d'un chant funèbre. Tantôt semblables à l'ululement moelleux du hibou, ils montaient dans les airs, et tantôt ils descendaient dans les bas-fonds, rappelant le roulement de tambours caverneux que sont les voix des esprits. Ils montaient et descendaient tour à tour, serrant les cœurs et terrifiant les esprits. Les conseillers retinrent leur respiration et cachèrent leur consternation derrière des masques rigides. La voix sinistre d'un présage se faisait entendre, à leur porte fermée.

Ressaisissant, au dernier moment, le fil de sa pensée, Grand-Homme mit enfin un terme au débat prolongé:

— Voilà où nous en sommes. Notre esprit reste confondu au milieu des écueils; notre sang même, dans plus d'un clan, a perdu sa pureté. Les Troncs-Pelés en sont la cause, mais nous ne leur avons pas fermé la porte, quand nous le pouvions encore. Aujourd'hui, il est trop tard. Impossible de les déloger. Et, avouons-le, la plupart d'entre nous refuseraient de retourner aux vieilles misères de la sauvagerie. Je vous en conjure, sages conseillers, ne commettez pas la folie de prétendre que notre pays en est encore à l'âge béni des ancêtres, avant le déluge de neige qui dispersa les tribus! Le monde avec ses changements nous impose son évolution. De même que les eaux de notre propre rivière Ségyukla se mêlent ici, sous nos yeux, à celles du Ksan, ainsi nos coutumes et notre sang doivent irrésistiblement se mêler à ceux des Blancs. L'ère du talion et du bûcher s'en va; elle se perd à l'horizon avec les dernières lueurs du soleil couchant.

Les chefs, assagis, sortirent un à un de la loge de l'Épilobe. Soudain dans l'obscurité, une ombre affolée apparut, courant vers la rivière en lançant une clameur spectrale:

— Les voilà, les soi-disant chefs! Ils sont des revenants ballottés par les vents, blanchis par les hivers. Ils s'appellent encore Grand-Homme, Joueur-de-Lahal et Torche-Lumineuse! Jamais ils n'ont compris le signe des esprits, ni le langage des oiseaux prédisant l'avenir. Autant vaudrait qu'ils fussent des fantômes sifflant dans les nuées, errant dans la nuit.

Cette dénonciation sortait de la bouche de Bruit-Sourd, que tous reconnurent, sans que personne jugeât bon de le réprimander. Jadis homme de prestige, maintenant âme vagabonde, sa pensée embrumée à la recherche de la vérité, il était tombé au bas niveau d'un halluciné. Pendant que les notables de l'Épilobe-Rose, du Corbeau et du Loup s'en retournaient furtivement à leur logis, le voyant déversa à hauts cris sur eux sa troublante prophétie, qu'il tenait du Hibou des hautes branches:

— *Houloulouloulou! Vous vous demandez d'où je sors et où je vais dans mon vol nocturne? Je viens d'un arbre creux, ô vous trois fois plus ténébreux que moi, et je me rends chez les nomades affligés qui, ayant perdu le sommeil, veillent la nuit et suivent de leurs yeux ensablés le parcours de l'oiseau mystérieux. Je m'en vais prédire le malheur, sur les toits en arête de la bourgade en deuil. Houloulouloulou!*

Elle s'écarta du sentier, la tisseuse de nattes, sœur de Naul et femme de Vakyas. Elle s'égara dans les broussailles au pied des éboulis, et, errant longtemps à l'aventure, après le coucher du soleil, elle gémit sa terreur et clama son appel. Le Hibou, dans les arbres, lui demanda: « Houloulouloulou? » À quoi elle répondit: « Quel est ton nom et le nom de ton nourrisson? » — « Houloulouloulou! » reprit l'oiseau offensé. Elle expira aussitôt, la tisseuse de nattes, pour avoir ainsi répondu au Hibou, dans les broussailles au pied des éboulis, longtemps après le coucher du soleil, houloulouloulou!

J'ai dit, moi, le Hibou sinistre: En haut je vole vers les nuages, dans les espaces nébuleux de l'avenir. Gardez-vous, ô chefs puînés des écores fangeuses, gardez-vous de l'ululement de l'oiseau prophétique qui présage la mort. Houlouloulou!

JULES FOURNIER (1884-1918)

« Nous ne sommes plus un peuple; non seulement nous n'en avons plus l'âme, mais nous n'en avons plus les instincts; nous semblons avoir perdu jusqu'à celui de la conservation. » Ainsi parlait Jules Fournier, grand dérangeur et, avec Buies, l'un des meilleurs journalistes québécois, contemporain et ami d'Asselin, reporter à *La Presse*, courriériste parlementaire au *Canada*, directeur (à 24 ans!) du *Nationaliste*, rédacteur en 1910 au *Devoir* (dont il démissionne quelques mois plus tard, jugeant abusive l'autocratie de son directeur, Henri Bourassa), avant de fonder *L'Action* (1911-1916). La virulence de sa plume lui valut une poursuite pour libelle diffamatoire; sir Lomer Gouin gagna son procès et Fournier purgea une peine de trois mois d'incarcération; il se vengea dans ses *Souvenirs de prison* (1910). Ses principaux articles ont été recueillis par sa femme et préfacés par Asselin (*Mon encrier*, 1922); il a également publié une *Anthologie des poètes canadiens*, lui qui affirmait que « la littérature canadienne-française n'existe pas et n'existera probablement pas de sitôt ».

Réplique à M. ab der Halden[1]

À Monsieur Ch. ab der Halden,

Caluire (Rhône).

Monsieur,

J'écrivais ici même, au mois d'août passé, que la littérature canadienne-française n'existe pas et n'existera probablement pas de sitôt. Et j'en donnais pour raison que, chez nous, les esprits les mieux doués pour les lettres sont détournés de cette carrière par l'absence d'un public liseur et par les nécessités matérielles.

En une fort belle lettre — si belle que vous me voyez tout confus, Monsieur, d'avoir à vous répondre — vous me démontrez péremptoirement que je suis au plus profond de l'erreur. Je ne demande pas mieux que de vous croire: cependant, voyons un peu, si vous le voulez bien, en quoi je me suis trompé, et pour cela confrontons successivement avec les objections que vous leur opposez les très simples faits dont je pensais avoir prouvé la réalité.

---

1. Dans *La Revue Canadienne*, février 1907. Cette lettre fait suite à l'article intitulé: « Comme Préface ».

Et d'abord, vous affirmez l'existence d'une littérature canadienne-française. Quelle preuve en donnez-vous? Que Gaspé, Garneau, Crémazie et Buies ont laissé des pages de mérite, et que nous avons encore aujourd'hui des gens de talent.

Je n'ai jamais prétendu autre chose de ma vie, Monsieur. J'ai seulement dit qu'une douzaine de bons ouvrages de troisième ordre ne font pas plus une littérature qu'une hirondelle ne fait le printemps. Et si cela ne vous paraît pas évident, si vous persistez à croire que cela peut se discuter, je suis bien forcé de conclure que vous voulez à toutes forces vous moquer de nous.

J'ai encore écrit que rien, présentement, ne saurait faire présager la naissance prochaine d'une littérature à nous. Me suis-je trompé davantage sur ce point? Cela supposerait la disparition au moins partielle des deux causes qui nous ont paralysés jusqu'ici et qui sont malheureusement aujourd'hui ce qu'elles étaient hier. Vous me répondez que ni l'une ni l'autre de ces causes n'a l'importance que je lui attribue; la situation matérielle des littérateurs ne vous semble guère plus défavorable au Canada qu'en France, et vous jugez peu fondées mes plaintes au sujet de la critique, dont vous contestez l'influence heureuse sur le progrès des lettres.

« Les écrivains français ne sont pas tous des nababs. » Sans doute, Monsieur, mais vous m'accorderez que les petites fortunes sont, proportions gardées, beaucoup plus communes chez vous; qu'une bonne partie de vos auteurs haut cotés en librairie, aujourd'hui, appartiennent à des familles à l'aise, qui leur ont facilité leurs débuts, et qu'enfin il existe en France, pour gagner sa vie dans les lettres, cent et mille moyens inconnus au Canada. Au moins, chez vous, un jeune homme peut toujours, en dernier recours, se faire bohème. Nous autres, nous n'avons même pas cette ressource. New York est trop près de nous, Monsieur; la mentalité américaine nous pénètre et nous déborde à notre insu, et la bohème, cette fleur de France, ne saurait s'acclimater sur nos rives. Joignez qu'il est bien plus facile de gagner de l'argent à Montréal qu'à Paris. Un jeune Français pauvre pourra bien se consacrer exclusivement à la littérature, estimant que, quant à jeûner, mieux vaut encore que ce soit dans cette carrière. Le jeune Canadien pauvre, au contraire, malgré son enthousiasme premier, n'attendra pas la trentaine pour briser sa plume; tandis qu'il jeûne en mâchouillant des vers ou de la prose, il voit s'offrir à lui chaque jour une occasion nouvelle de sortir de la gêne pourvu qu'il veuille bien sacrifier ses rêves de gloire. Doit-on s'étonner s'il cède à la tentation? Vos Français de France feraient comme lui, Monsieur.

Chez vous, un jeune homme a toujours l'espérance, même s'il est pauvre, d'atteindre au succès après plusieurs années d'un travail persévérant: chez nous, le succès dans les lettres est une loterie pour laquelle il ne se vend que de faux billets et à laquelle on perd toujours à coup sûr. Chez vous, il y a, pour faire prendre patience aux travailleurs consciencieux qui tardent à voir venir les gros tirages, des fonctions diverses, des chaires d'université petites ou grosses: chez nous, un homme remplissant les mêmes conditions se décourage après quelques années d'épreuves et de sacrifices, et il devient avocat, médecin... ou épicier; très fréquemment il se fera journaliste, et je vous assure,

Monsieur, que l'épicerie, en notre pays, est une profession bien plus intellectuelle et, surtout, bien plus propre que le journalisme.

J'ai regretté que la critique n'existât pas au Canada, et selon vous nous sommes, au contraire, bien heureux de n'avoir « ni Sarceys, ni Faguets, ni Doumics ». Et, ayant rappelé le *Commentaire* de Voltaire sur Corneille, les attaques des classiques de 1830 contre Victor Hugo, vous pensez porter le dernier coup à la critique par cette assertion peu banale, que le meilleur des critiques n'est, après tout, qu'un assassin. — C'est bien ce que vous voulez dire, n'est-ce pas, lorsque vous écrivez: « Le bon Sarceys... a tué Henri Becque. Et c'était un brave homme. Jugez s'il eût été méchant. » Mais dites donc, Monsieur; est-ce moi ou vous qui nous livrons sur la critique « à tous les sévices auxquels les Iroquois de jadis se livraient sur leurs prisonniers? » Et est-ce bien à vous de me reprocher ma cruauté? Et savez-vous que je vous soupçonne fort d'être au fond, sous votre maquillage moins violent et sous vos attitudes de civilisé, tout aussi peau-rouge que je le suis? J'ai dénoncé, il est vrai, les comptes rendus bibliographiques de nos journaux nègres, en lesquels s'incorpore toute notre soi-disant critique. Mais jamais je n'aurais voulu, comme vous, m'attaquer à la critique française. Vous, cependant, Monsieur, vous qui pouvez tout dire « en restant de bonne humeur »; vous qui excellez à toujours bien observer le « diapason » et qui n'oubliez jamais de mettre une sourdine à vos colères; vous qui savez également bien habiller de dentelles vos emportements les plus fougueux et ganter de blanc vos railleries les plus noires; vous, toujours soucieux de voiler, d'envelopper et de capitonner vos pensées trop sévères, trop dures ou trop blessantes, — faut-il que vous lui ayez voué une animosité féroce, un peu, à cette pauvre critique de chez vous, pour l'accabler comme vous faites? Je ne cherche pas à m'expliquer cette haine, d'autant plus effroyable chez un homme qui sait tout dire « sans se fâcher », ni si vous n'auriez pas quelque grief personnel contre cette horde d'assassins dont, suivant vous, se compose la critique française. J'aime mieux supposer que vous ne croyez pas un mot de ce que vous dites à ce sujet. Mettons, si vous n'y voyez pas d'objection, que vous avez voulu seulement vérifier votre virtuosité et éprouver votre diapason. Je ne veux rien dire à cela, mais vous n'attendez pas, j'espère bien, que je m'arrête à discuter votre thèse.

Aussi bien, si vous voulez parler sérieusement, conviendrons-nous tout de suite que la critique est, pour une littérature, un élément indispensable de progrès. Il est certaines choses, Monsieur, dont on ne sent parfaitement la valeur que lorsqu'on en est privé, — qui ont leur revers, comme toutes les médailles, — qui peuvent, suivant l'usage qu'on en fait, être très bonnes ou très mauvaises, comme les langues du vieil Ésope, — et dont on ne pourra jamais se passer. Elles paraissent parfois banales, ennuyeuses et choquantes, et il semblerait qu'on pût tout aussi bien les mettre de côté. Essayez. Oubliez votre parapluie en partant pour votre cours, recevez un orage sur le dos, et vous connaîtrez que votre parapluie est encore plus utile quand il pleut qu'il n'est encombrant quand il fait beau. Eh bien! nous autres, Monsieur, au Canada, nous sommes continuellement à la pluie, — sous une averse de toute sorte de productions étranges et monstrueuses, monuments de platitude, d'ignorance et d'enflure, ouvrages piquants à force de fadeur, où le cocasse atteint au sublime, chefs-d'œuvre d'humour inconscient et de sereine absurdité, — livres à faire pleurer, journaux à donner le délire. Je voudrais vous voir, sous ce déluge, pour vous demander votre avis sur l'utilité des parapluies et sur la valeur de la critique. Si vous n'attachez pas plus de prix à ces deux institutions, c'est qu'en France vous n'en avez jamais manqué; aux maux que vous imposerait leur privation vous pourriez mesurer leur mérite. C'est ce que nous faisons, nous, Monsieur; « croyez ce que vous ne pouvez voir du point où vous êtes, et ce que nous voyons, nous autres, du point de vue où nous sommes placés ».

Au reste, ce que je regrette surtout chez nous, ce n'est pas tant — et il s'en faut de beaucoup — l'absence d'une critique véritable, que la présence de ce simulacre de critique dénoncé par moi avec une virulence que vous vous déclarez inhabile à comprendre. Et j'ajoute que, cette sorte de critique, je ne la déplore pas autant pour elle-même que pour le triste état d'esprit qu'elle indique chez notre population. Je me suis probablement mal exprimé, mais tout ce que j'ai voulu dire, c'est qu'il n'y aura rien à espérer pour l'avenir de nos lettres tant que des gazettes comme celles dont nous sommes affligés — avec leurs comptes rendus bibliographiques qu'on dirait fabriqués par des aliénés — vous savez trop bien que je n'exagère pas — pourront trouver des lecteurs jusque parmi nos classes soi-disant instruites. Si je me mets en colère — ce qui est bien inutile, je vous l'accorde, — contre cette prétendue critique, c'est qu'elle me montre, tel un baromètre, le degré d'indifférence de nos gens pour les choses de l'esprit; c'est qu'elle me fournit une autre preuve — et combien frappante! — de la stagnation intellectuelle de mes compatriotes.

Voilà le grand mal, Monsieur, et d'où découlent tous les autres. Voilà le grand obstacle à la création d'une littérature canadienne-française. Savez-vous dans quel milieu nous vivons, dans quelle atmosphère? Je me suis permis déjà de vous dire que vous ne me paraissez pas vous en douter. Nos gens — et je parle des plus passables, de ceux qui ont fait des études secondaires — ne savent pas lire. Ils ignorent tout des auteurs français contemporains. Les sept-huitièmes d'entre eux n'ont jamais lu deux pages de Victor Hugo et ignorent jusqu'au nom de Taine. Ils pourront, à l'occasion, acheter des ouvrages canadiens, mais qu'ils se garderont bien d'ouvrir, non parce qu'ils les jugeront inférieurs mais simplement parce qu'ils n'aiment pas à lire. Ils sont fort occupés par leurs affaires professionnelles; mais je vous demande si cette excuse, en votre pays, justifierait un homme de leur état de ne pas lire, durant toute une année, une seule page de littérature. Ils n'ont pas de goût. Le sens des choses de l'esprit leur manque. Cela, tous les enfants de France le sucent avec le lait maternel, le respirent avec l'air: or, ce que vous acquérez à votre insu, nous ne pouvons le gagner que par des efforts réfléchis et acharnés. Non seulement l'expression anglaise nous envahit, mais aussi l'esprit anglais. Nos Canadiens français parlent encore en français, ils pensent déjà en anglais. Ou, du moins, ils ne pensent plus en français. Nous n'avons plus la mentalité française. Nous tenons encore à la France — et beaucoup

— par le cœur, mais presque plus par l'intelligence. Nous ne sommes pas encore des Anglais, nous ne sommes plus des Français.

Cela explique que nous ayons pour journaux des feuilles qui ne vivraient pas deux jours en France, et une critique à l'avenant. Et c'est pourquoi nos jeunes gens un peu doués ne se sentent guère tentés, les premières illusions passées, de persévérer dans une carrière où ils sont sûrs de ne rencontrer que les pires déboires et d'où ils n'ont qu'à s'évader pour échapper à la gêne et même arriver à l'aisance.

Malgré tout, vous voulez nous trouver des raisons d'espérer. Vous nous en donnez d'exquises. « Vous ne souffrez pas, dites-vous, de cette surproduction qui nous accable. » C'est vrai, Monsieur; et vous auriez pu ajouter que ce rare avantage, il n'y a, pour le partager avec nous dans les mêmes proportions, que le Groenland, la Terre de Feu, la Côte d'Ivoire, et quelques autres contrées également très connues par leur littérature.

Vous voyez que je vous accorde beaucoup. Puis-je, en retour, vous demander une concession? Franchement, tenez-vous beaucoup au titre de votre ouvrage « sur la *littérature* canadienne-française »? Voulez-vous que je vous dise? à votre place j'y renoncerais. Voyez-vous, la qualité première de votre langue est la clarté, par conséquent la précision, et ce serait vraiment dommage qu'un aussi beau livre commençât par une faute de français. Or, vous savez très bien que nous n'avons pas de littérature, et vous n'aviez pas besoin de moi pour vous l'apprendre. Ne craignez pas de nous blesser en énonçant une vérité que nul esprit sérieux, même chez nous, ne songerait à nier, et soyez sûr que votre franchise nous plaira plus que vos compliments, évidemment excessifs. Parce qu'un Moscovite aurait fait un livre français qui ne serait pas trop mal, vous croiriez-vous en droit, même si pareil accident se répétait à sept ou huit reprises, de parler de la littérature russo-française? Quand le vicomte Joseph de Maistre fit les *Soirées de Saint-Pétersbourg*, pensez-vous qu'il posât les bases d'une nouvelle *littérature?*

Vous parlez d'une littérature *canadienne*; mais pouvez-vous prétendre que Nelligan et Lozeau — nos deux seuls poètes un peu remarquables — soient des écrivains canadiens? Qu'y a-t-il de canadien dans leurs œuvres? Nelligan et Lozeau sont de notre pays, mais je vous défie bien de me montrer chez eux plus de préoccupation des choses de chez nous que vous n'en trouverez chez Verlaine, chez M. Henri de Régnier ou chez M. de Montesquiou-Fezensac. Vos compatriotes ne reconnaîtront chez eux rien d'exotique, et rien, sauf certaines faiblesses explicables seulement par l'influence d'un autre milieu, ne saurait trahir leur origine. Ils sont, comme la plupart de vos jeunes d'aujourd'hui, les bâtards de tous les poètes morbides et laborieux de ces vingt dernières années. Ils sont inspirés par la même muse neurasthénique et savante, parlent la même langue, usent des mêmes rythmes. Toutes leurs qualités, et presque tous leurs défauts, sont les mêmes. Enfin, ils traitent les mêmes sujets. Je vous demande un peu sur quoi vous pouvez bien vous fonder, après cela, pour classer Nelligan et Lozeau parmi les auteurs canadiens et non point parmi les auteurs français. Et, même si j'omets cette objection, il me reste toujours que vous ne pouvez trouver parmi toutes nos productions, prose comme vers, plus de douze ouvrages de troisième ordre, — et encore suis-je bien généreux.

Si j'avais un conseil à vous donner, je vous dirais: — Cessez, Monsieur, de parler de notre *littérature*. Cela pourrait venir à vous faire tort auprès de nos rares Canadiens qui se donnent la peine de couper les feuillets des livres qu'ils achètent. On finirait — encore que vous déclariez très expressément ne rien attendre de mes compatriotes — par prendre pour de la flatterie ce qui n'est que de la bienveillance très grande et très sincère.

Et j'ajouterais:

Continuez quand même, Monsieur, de parler de nous. Procurez quand même à nos rares écrivains la satisfaction douce et précieuse, et que rien ne remplace, de constater que quelqu'un d'intelligent s'occupe d'eux. Soyez-leur indulgent, et épargnez-leur non seulement la raillerie mais aussi les jugements sévères. Ne perdez pas de vue le côté difficile et pénible de leur situation. N'oubliez pas que seulement pour apprendre à écrire le français avec correction ils sont tenus à des efforts énormes. Songez que l'anglicisme est répandu partout comme un brouillard devant nos idées. Pensez que nous avons pour voisin un peuple de quatre-vingts millions d'hommes dont la civilisation ardemment positive, les conceptions toutes prosaïques et les préoccupations exclusivement matérielles sont la négation de l'idéal français, — un peuple d'une vie et d'une activité effrayantes, à cause de cela attirant comme un gouffre, et qui projette sur nous, jour et nuit, la monstrueuse fumée de ses usines ou l'ombre colossale de ses sky-scrapers. Rappelez-vous que même au Canada les deux tiers des gens parlent l'anglais: que, un peu par notre faute, beaucoup à cause de circonstances contre lesquelles nous ne pouvons rien, nous sommes inférieurs à nos concitoyens d'autre origine sous le rapport de la richesse et sous le rapport de l'influence, et que, malgré tout, nous subissons l'ambiance, nettement et fortement américaine. L'état d'écrivain chez nous n'a donc rien de très enviable. Le Canada est le paradis de l'homme d'affaires, c'est l'enfer de l'homme de lettres.

Pour toutes ces raisons, vous devez une large bienveillance à ceux de nos gens qui ont du talent et le courage de l'exercer. Mais suivant moi vous leur avez jusqu'ici prodigué beaucoup trop de fleurs. Surtout, vous ne me paraissez point avoir fait la différence assez grande entre les meilleurs et les pires. Il faut bien croire que « tout est affaire de diapason », puisque vous le dites, mais ayez garde, Monsieur, que tout le monde, ici, ne comprendra pas cela. Il y a même grand danger que notre public prenne vos écrits tout à fait au pied de la lettre; il ne saisit que très difficilement les sous-entendus et il ne sait pas du tout lire entre les lignes. Donc, n'essayez point de vous faire entendre à demi-mot, et si vous voulez sourire là où nous ririons, du moins que votre sourire soit pleinement ébauché.

C'est à cette condition que vous nous serez vraiment utile. Ainsi vous pourrez encourager nos travailleurs de mérite, à qui vous renverrez un écho de leurs œuvres. Ainsi vous pourrez les protéger, en élevant au-dessus de leurs têtes — et des nôtres — ce parapluie dont je vous parlais tout à l'heure et dont ils ont si grand besoin.

Quant à votre littérature canadienne-française, c'est un beau rêve, Monsieur, dont on pourra, peut-être, entrevoir la réalisation dans une cinquantaine d'années, — une magnifique découverte dans l'avenir. Et, à moins que notre race ne soit destinée à disparaître de ce continent, vous aurez plus tard l'honneur d'être connu comme le précurseur de la critique canadienne. Vous l'aurez d'autant mieux mérité que votre foi robuste n'aura pas peu contribué, sans doute, à faire naître cette littérature dont vous affirmez dès aujourd'hui l'existence, en dépit de la réalité contraire.

En croyant à des fleurs, souvent on les fait naître.

Il faudra, pour cette frêle tige que vous voulez transplanter aux bords du Saint-Laurent, quelques rayons du soleil des Gaules: vous nous les enverrez, Monsieur, par-delà les mers, et quand vous aurez fait ce miracle, peut-être verrons-nous la fleur pousser.

En attendant, croyez bien, Monsieur, à l'assurance de mes sentiments très sympathiques.

Le gouverneur

M. M*** — de son prénom Joseph — était notre geôlier.

Il se faisait appeler *le gouverneur*. — « *Le gouverneur* vient de passer dans le 15... », se chuchotaient entre eux les détenus.

Si vous n'avez jamais été en prison, chère madame, c'est en vain que je tenterais de vous expliquer le sens profond que prenaient alors pour nous ces quatre syllabes: *le gou-ver-neur*.

Lui-même ne les prononçait jamais sans une certaine solennité. Il avait, notamment, une façon à lui de dire: « Ça, ça regarde le *gouverneur*... », qui évoquait tout de suite quelque chose de grand. — Pour cette âme simple, nul titre ne passait en majesté celui-là. M. M*** ne l'eût pas échangé contre un *sirage*. On l'eût presque insulté en lui disant *Excellence*, et je sais qu'il considérait comme un grave manque de respect qu'on l'appelât *Monsieur*...

Avant de gouverner la prison de Québec, avec ses vingt-trois gardes et ses soixante-seize détenus, M. M*** avait eu un jour l'ambition de gouverner la province de Québec. On retrouve en effet son nom dans la liste de nos législateurs, à quelque dix ans en arrière, comme représentant d'une quelconque circonscription d'en bas de Québec; Matane ou Rimouski, je ne sais plus au juste... Comme il était naturel, la politique devait le conduire à la prison.

— Mais, tout d'abord, qu'est-ce qui l'avait conduit à la politique?

En ce temps-là, M. M*** jouissait déjà de quelque notoriété parmi les pêcheurs de la côte et les habitants des concessions. C'est qu'il exerçait, comme l'auteur de ces lignes, un métier *qui conduit à tout*. Il commerçait sur les bœufs. Dans cette carrière, un homme est toujours sûr de se populariser. M. M***, pour sa part, n'y manqua point. Tout en achetant des bêtes pour le marché, il travaillait ferme à se faire des amis parmi les électeurs. Bœufs à bœufs, il préparait sa majorité. (Aïe, typographe, attention!...)

Au moment que je le connus, M. M*** mesurait environ cinq pieds onze pouces. Comme il avait alors cinquante-trois ans révolus, j'ai lieu de croire qu'il n'a pas grandi depuis. En revanche on m'apprend, de diverses sources, qu'il a notablement engraissé. Mettons qu'il ait gagné cinquante livres: il devrait être aujourd'hui dans les 275... C'est beaucoup, mais ce n'est pas excessif. À la ferme modèle d'Oka, l'an passé, j'en ai vu qui pesaient bien près du double. Il a, pour le reste, de larges épaules, et, comme marchand de bœufs, tout à fait le physique de l'emploi.

Il serait vraiment dommage, pour l'honneur de la race, qu'une telle figure périt tout entière. Notre gouvernement se doit à lui-même de fixer dans le métal qui dure cette tête toute d'élégance et de distinction. Espérons qu'un jour ou l'autre M. Chevré sera chargé d'en prendre un moulage, pour orner la prison de Québec.

Il en pourrait faire une gargouille.

Toutes ses manières à notre égard — que nous fussions condamnés pour vol, pour adultère ou pour libelle — étaient empreintes tour à tour, ou même à la fois, de condescendance et de brutalité. « Je sens deux hommes en moi », disait saint Augustin, cité par Daudet. Comme ce grand saint, M. M*** sentait deux hommes en lui; c'est à savoir, le député ou le candidat (ce qui on le sait, veut dire la même chose) et le commerçant d'animaux. Selon qu'il était l'un ou l'autre, c'est-à-dire selon qu'il traitait les détenus en électeurs ou en bœufs, ceux-ci passaient du comble de la joie aux extrémités de l'infortune.

— Il arrivait même assez fréquemment que les deux personnages en lui se mêlaient, sans qu'on pût dire exactement où commençait le député, où finissait le marchand de bestiaux.

J'ai, je puis m'en flatter, bien connu l'un et l'autre, — et singulièrement le second...

***Pendant seize jours entiers — du douze au vingt-huit juin mil neuf cent neuf — cet aimable, homme ne cessa pas un instant, j'ose le dire ici, de s'intéresser à moi.

J'ai conté plus haut comment il m'avait reçu lui-même des mains de la police, au moment que je frappais à la grande porte d'entrée. Quelques heures après on me conduisait derrière des barreaux de cellule: c'était M. M*** qui les avait choisis. Chaque soir, il en venait vérifier de ses yeux la solidité. — Ah! je ne lui échapperais point! — Une fois, deux fois, au cours de ma détention, les honorables juges de la cour d'appel me firent l'honneur de réclamer ma présence au palais de justice. M. M*** en personne se chargea de m'y accompagner. Je le vois encore à ma droite dans la voiture, le front soucieux, l'œil méfiant et sévère, cependant qu'en face de nous, sur la banquette d'avant, le garde X... me considérait d'un air farouche, la main sur un revolver de fort calibre. — Au sortir d'une de ces audiences, il prit un jour à des journalistes, en présence de M. M***, la fantaisie de lui photographier malgré lui son prisonnier. Croiriez-vous bien qu'il voulut les obliger à briser leurs plaques? Pour ce fonctionnaire scrupuleux, mon image même était prisonnière.

***Plus que cela: — non content de protéger mon corps contre toute atteinte, il veillait encore avec un soin jaloux sur les intérêts de mon âme chrétienne.

La première fois que l'on voulut, de l'extérieur, m'envoyer des livres, ce fut toute une affaire.

On se trouvait au mardi, jour de *parloir*, et plusieurs amis en avaient profité pour me venir voir. Quelques-uns, devinant mes besoins, traînaient des bouquins pleins leurs poches. Ils prièrent le *gouverneur* de vouloir bien m'en remettre au moins deux ou trois.

— Donnez toujours, dit M. M***, mais *il* ne pourra pas les recevoir avant dimanche.

— Et pourquoi, s'il vous plaît?

— Parce que je ne les connais *point*, ces livres-là... Faudra d'abord qu'ils soient soumis à l'aumônier.

— Mais vous pouvez lui téléphoner, à l'aumônier?

— Je ne suis *point* ici pour me *bâdrer* de cela; ça ne me regarde *point*.

Heureusement, l'aumônier, mis au courant, se hâta d'intervenir, et, peu d'heures après, je m'enfonçais avec ivresse dans un bon vieux livre. Ce n'était pas trop tôt; songez que depuis plus de trois jours j'étais soumis à un jeûne absolu: à la table on m'affamait de la façon que j'ai dite; comme nourriture intellectuelle on me réduisait au *Centurion*, ce skelley de l'esprit. — Après ce jour béni, je continuai, il est vrai, à partager la pâtée de l'Italien: du moins M. Routhier me fut-il épargné... Je retrouvai Molière, Racine, La Bruyère, Taine, Louis Veuillot. Dieux, quelles bombances je fis ces jours-là! Si dès lors la famine compliquée d'amers ne m'eût jeté dans un épuisement complet, je crois que j'aurais lu du matin jusqu'à la nuit. Enfermé toujours vers les cinq heures de l'après-midi, je passais du moins dans les livres les deux ou trois heures qui à ce moment-là nous séparaient encore de l'obscurité; et tant qu'une dernière lueur filtrait par les barreaux, vous m'eussiez trouvé là les yeux fixés sur quelque passage de *Phèdre* ou des *Odeurs de Paris* — ... en attendant celles de la cellule voisine.

Au début, le gouverneur se défiait. Il regardait d'un œil hostile tous ces inconnus, dont il n'avait jamais entendu parler dans son comté, non plus qu'au parlement de Québec; aussi n'arrivaient-ils que lentement, et un par un, dans le 17. À la longue, cependant, la tutelle de M. M*** à cet égard se fit moins difficile. Le shérif, sur les derniers jours de mon internat, ayant permis qu'on m'envoyât les journaux, le gouverneur venait lui-même me les apporter — la plupart du temps en retard d'une journée, mais n'importe... Du *Nationaliste*, on m'adressait chaque jour les journaux français. Ceux-ci attendaient encore plus longtemps que les autres: « fallait les montrer à l'aumônier »; ni la *Croix* ni l'*Univers* n'étaient exempts de cette formalité. Mais ce fut avec un sourire de pure béatitude que M. M*** m'apporta un jour, après dîner, une feuille de Paris qu'il venait de recevoir à mon adresse, et en faveur de laquelle *il avait cru pouvoir prendre sur lui* de faire une exception: c'était la *Guerre sociale*, du citoyen Gustave Hervé.

Quant aux livres, il finit par s'y accoutumer de même. Un jour, il laissa passer l'ouvrage de Pellico, *Mes prisons*. À dater de cette heure, l'audace de mes visiteurs ne connut plus de bornes.

— La prochaine fois, me dit l'un d'eux, je vous envoie du Maupassant.

— *Une vie? Pierre et Jean...?*

— Oh! bien plus amusant que cela! Vous l'avez certainement lu: c'est un de ses livres les plus célèbres.

— Mais lequel, encore?

Ce cochon de Morin[2].

FRÈRE MARIE-VICTORIN (1885-1944)

Méconnu en tant qu'écrivain, homme profondément attaché à Dieu, à la science et à son pays, le frère Marie-Victorin, de son vrai nom Conrad Kirouac, demeure l'un des meilleurs prosateurs québécois. S'il considère, dans *La Flore laurentienne* (1935), la botanique comme l'objet d'une observation scientifique, ailleurs il n'en va pas toujours de même et son style, dans les *Croquis laurentiens* (1920), vise à donner la vie (de l'art) à la nature plus qu'à la décrire: il y herborise, mais avec des mots et des images. Dans ses derniers textes (« L'arbre », « Voyez les lis des champs »), l'observation devient contemplation et l'observant, l'observé. Marie-Victorin est aussi l'auteur d'une « fantaisie dramatique » en un acte, *Peuple sans histoire* (1925). Curieusement, l'œuvre de ce savant hantera le roman de Réjean Ducharme, *L'Hiver de force* (1973).

Le village qui meurt

C'est de Saint-Colomban, tout près de Saint-Jérôme, que je veux parler. Le village est littéralement perdu, égaré dans le désert des rocs nus, des galets, comme on dit par là. Le paysage des galets est infiniment tranquille et infiniment triste. Autour de vous la roche grise, polie par les glaciers préhistoriques, mordue par le chancre des lichens, sonne sous le pied et ressuscite un passé fabuleux et muet. Un peu plus loin la forêt chiche se referme. Mais passez le rideau d'arbres rabougris, et vous aurez devant vous un autre galet, désert et nu, qui se refermera pour s'ouvrir encore et se refermer toujours... et ainsi pendant des lieues et des lieues.

Aussi s'étonne-t-on lorsque, par un chemin à peine visible sur le roc, l'on débouche à l'improviste sur Saint-Colomban. La petite église de bois, peinte en blanc, est très légèrement posée sur le galet — on dirait une mouette fatiguée — et il semble que rien ne sera plus facile que de la transporter, quand on le voudra, sur un autre galet. Une seule rue, cinq ou six maisons, et c'est tout. À cent pas, les arbres semblent fermer l'horizon, mais c'est le leurre éternel des galets et partout, loin, au delà, tout près, le granit est roi.

Passé l'église, il n'y a guère qu'une maison, un vieux magasin abandonné, en ruine. On m'a dit son histoire. Elle est touchante.

Saint-Colomban n'est plus, mais Saint-Colomban fut, ou du moins aurait pu être. Au temps où la région du Nord s'ouvrit à la colonisation, ce petit

---

2. *Ce cochon de Morin*, par Guy de Maupassant, 1 vol. in-18, édition Paul Ollendorf.

village devint, par sa situation géographique, le quartier général des colons qui montaient de la plaine laurentienne pour défricher les vallécules, tributaires de la rivière du Nord. Le commerce y florissait. Un brave Irlandais bâtit ce petit poste et y fit longtemps d'excellentes affaires. Sur le galet devant sa porte, le bandage de fer des roues a creusé une ornière qui se voit encore. Les charrettes des colons stationnaient là, à la queue leu leu, pendant que les propriétaires à l'intérieur menaient grand bruit dans la boucane, faisant des emplettes, causant politique et s'approvisionnant de potins pour la femme restée à la maison.

Lorsque la colonisation prit une autre route et que la déchéance de son village fut définitivement prononcée, l'Irlandais resta néanmoins fidèle à son poste. Il vit encore, très vieux, paralysé, aux soins de son fils, vieillard lui-même. Jamais il ne voulut revendre à un collègue de Saint-Jérôme, les marchandises de toutes sortes entassées dans le *magasin*. Depuis quinze ans, personne n'y entre; il croule, mais l'on respecte la volonté de l'aïeul. J'ai voulu voir de près cette masure. Elle est faite de pièces et raconte son origine. La poutre du toit a cédé et tout s'affaisse par le milieu; l'échelle vermoulue tient encore sur les bardeaux noircis, gagnés, par places, par le velours envahissant des mousses. Plus de carreaux aux fenêtres; la porte, lamentablement, pend sur un seul gond tordu. À l'intérieur, des tiroirs d'épicerie, entr'ouverts, des restes de sucre, de sel, de thé, pillés par les rongeurs. Aux poutres transversales, des vêtements en loques, des cirés, des fouets, que sais-je? J'ai même vu un petit traîneau, jouet d'enfant, accroché à côté d'un fanal rouillé... Et sur le seuil, comme pour sceller cet abandon, et interdire l'entrée, montent, rigides et pâles, les tiges miséreuses des molènes.

Dans cette détresse et dans cette fidélité il y a quelque chose de profondément émouvant. Et cependant il a tort ce vieillard, comme tous les vieillards d'ailleurs, dans cet inutile effort pour retenir le passé qui, irrémédiablement, s'en va! « La vie, disait Henry Bordeaux, est dure et volontaire comme une troupe en marche », et du passé elle se sert comme de matériaux pour reconstruire, toujours!

La montée du cimetière

La longue route ensablée qui monte vers le cimetière de Saint-Jérôme, est déserte par ce matin sans soleil, et il fait vraiment bon d'occuper seul le banc de bois, souvenir de cet excellent docteur Henri Prévost qui dort son dernier sommeil dans le sable roux, entre les racines des pins.

Sur l'immobile écran des nuages gris, les moindres bruits se répercutent, s'amplifient, se confondent, pour se résoudre en un halètement voilé, scandé par les castagnettes d'un pic martelant un cèdre mort. En sourdine, se croisent les appels des oiseaux inquiets; notes nerveuses, notes menues, notes dolentes...

Le pré lisérant la forêt toute proche, est, ce matin, d'un vert glauque, retouché du rose mat des grands trèfles... L'on dirait un ciel renversé dans l'eau d'un étang et peuplé de constellations de marguerites! Çà et là, jaillissent en couronne les frondes plumeuses des fougères. Le pied dans l'eau, de petits saules agitent au souffle d'une brise perceptible pour eux seuls, leurs feuilles encore teintées de la pourpre vernale du bourgeon.

Au fond du champ, les petites pyramides sombres des sapins, étagements de noirs et de verts sourds, s'épandent en tirailleurs devant les épinettes effilées comme des clochers... Tels des arbres de Noël portant à chaque branche une petite chandelle de cire pâle, les jeunes pins ont des pousses nouvelles, et prolongent en vert gai, la tristesse immobile de leurs bras gommeux; avec les palmes rigides des cèdres et la fine chenille des mélèzes, tout cela s'ajoute, se superpose sur un fond frissonnant de haute futaie claire, merveilleusement.

Pourquoi cet ensemble de hasard m'émeut-il tant? Ce désordre est-il donc beauté? Ou bien, n'est-ce pas plutôt l'âme fruste de lointains ancêtres qui remonte en moi? Ils conduisirent la charrue ou guettèrent l'orignal le long de bois semblables, et c'est peut-être le colon ou le trappeur dont j'ai reçu le sang, qui frémit devant le spectacle congénial de la nature!...

La route ensablée qui monte vers le cimetière est toujours déserte, et loin, très loin, sans relâche, le pic fouille le cœur sec des arbres morts...

La neuvaine

La rivière du Nord est délicieuse à l'heure du couchant. Suivez la route qui, laissant Saint-Jérôme, remonte la rive droite; vous cheminerez sur sentier durci, bordé d'armoises et de tanaisies, avec, dans l'oreille, la basse assourdie et profonde de l'eau franchissant d'un saut les barrages. Des deux côtés il y a des maisonnettes en bois, pas prétentieuses, avec de blancs enclos autour des jardinets, avec des chapelets d'enfants, un peu défraîchis par la chaleur du jour, et qui s'ébattent devant les portes.

Mais ce soir, les seuils sont déserts et un silence inaccoutumé accueille les premières ténèbres. Seules, et avec des airs de fantômes, les vaches broutent encore sans lever la tête, parmi les gros rochers semés dans les pâturages. Inconsciemment, le mutisme des choses nous envahit et nous marchons sans mot dire.

Mais voici qu'au travers du grondement continu de l'eau, passe un bruissement de prières; l'instant d'après nous apercevons la demeure des Lauzon, noire de monde. Tout s'explique: le rang est en neuvaine; on demande du beau temps pour les semailles. Sur la *galerie* il y a tous les types familiers rassemblés par le besoin commun: les vieux à canne, les vieilles placées dans les berceuses, les figures hâlées des remueurs de terre, les jeunes filles qui ont fait un brin de toilette, et les grands gars dont la pipe s'éteint lentement sur l'appui des fenêtres. Les enfants n'ont pu trouver place; ils se serrent sur les trois marches et dans la balançoire près de la pile de bois franc. Tout ce monde prie, tourné vers le grand Sacré-Cœur de Jésus décroché du salon et suspendu à l'orme qui ombrage le puits. Au-dessous de la naïve image, deux lampes à pétrole allument des reflets sur la vitre du cadre.

Nous sommes passés rapidement pour ne pas distraire et gêner les bonnes gens. Derrière la maison une pauvre femme, pour endormir un bébé criard, le balançait à bout de bras tout en répondant au chapelet...

L'heure arrivait, l'heure incertaine et tranquille où le miroir de l'eau se ternit et s'opalise, où il n'y a plus de rivière, plus de bosquet, plus de rivage, plus de ciel distinct, mais une mosaïque indécise où tout cela se double, se

répète et se confond. Et tandis que nous nous éloignions, les lambeaux d'oraisons, les bribes de litanies, portés sur l'aile ouatée du soir, continuaient d'arriver jusqu'à nous...

Oh! l'impossible rêve de prier comme ces âmes simples, et, après avoir
fait le tour de tant de choses, d'arriver à dire un peu bien, son *Pater*!

Le rocher erratique

Il est là depuis des siècles, des centaines de siècles peut-être, au flanc
du coteau herbu, non loin de la vieille grange. Abandonné par les glaciers
en fuite devant le soleil plus chaud, l'énorme granit a gardé la pose de hasard
qu'il avait avant l'histoire. Pour lui, les jours et les nuits ne nombrent pas.
Il a vu, lentement, la terre se couvrir de verdure et de fleurs, et la forêt
monter, grandir et se refermer sur lui. Sous l'ombre des grands pins qui le
gardaient humide de la rosée du ciel, il accueillit les mignonnes légions des
mousses, et laissa le polypode capricieux grimper sur ses flancs.

Des peuples insoupçonnés, que l'histoire ignore, l'ont frôlé, et des générations d'enfants des bois ont dormi dans le retrait de sa base; le soleil et
l'ombre lui ont dispensé l'éternelle alternance de leur insensible caresse, et,
sans l'entamer, la vague tranquille des siècles a passé sur lui.

Un jour pourtant, la forêt surprise entendit un idiome inconnu et très
doux... C'était l'homme blanc, l'homme de France, et de suite, quelque chose
fut changé..

. . . .

Trois siècles.

. . . .

Des coups de hache, que se renvoient les échos étonnés! Des couplets
de chansons, de francs éclats de rire!... Et le soleil à grands flots, viole le
mystère séculaire, fouille les secrets de la mousse et des feuilles mortes!
Autour du rocher dégagé, de bonnes figures énergiques et brunes, ruisselantes
aussi, entourent un prêtre colossal, aux yeux d'enfant.

— Toi, Jacques Legault, voici ton lot. La terre est riche, la rivière est
tout près. Bonne chance! Si tu as de la misère, tu sais, le curé Labelle est
là!...

. . . .

Hier, je suis passé près du bloc erratique lavé de la pluie récente et
brillant de toutes les paillettes de son mica. À quelques pas, les portes de la
grange, grandes ouvertes, laissaient voir les tasseries vides et la *grand'charrette* agenouillée sur ses brancards. Sur la croupe de pierre, deux agneaux
tout blancs jouaient dans le petit vent parfumé de trèfle et de marguerite...

Et je songeais à la vanité de toute vie, celle des agneaux et celle du
passant qui les regarde. Posée ainsi en numérateur sur la durée du granit
éternel, elle nous apparaît bien telle que l'a comprise avec une infinie variété
d'expression, la sagesse de tous les temps: un court portage entre un berceau
et une tombe. Et, vraiment, le mystère de la vie me serait apparu plus profond
que jamais, si, à l'heure même, le son atténué d'un Angélus lointain ne
m'avait rappelé à la solution splendide de la foi chrétienne!...

La montagne de Belœil

Au temps effroyablement lointain où l'humanité ne vivait encore que dans la pensée de Dieu, où notre vallée laurentienne était un bras de mer agité de tempêtes, une suite d'îlots escarpés émergeaient, comme d'immenses corbeilles de verdure, sur l'eau déserte et bleue.

Les soulèvements de l'écorce ayant chassé les eaux océanes ne laissèrent au creux de la vallée que la collection des eaux de ruissellement, et les îlots apparurent alors sur le fond uni de la plaine aluviale comme une chaîne de collines détachées, à peu près en ligne droite, en traversant toute la vallée depuis le massif alléghanien jusqu'à l'île de Montréal. Ce sont: le Mont-Royal, le Saint-Bruno, la montagne de Belœil, Rougemont, Sainte-Thérèse, Saint-Pie, Yamaska, et d'autres encore, dont l'ensemble forme ce que les géologues, habituellement moins heureux dans leurs désignations, ont appelé « les Montérégiennes ». Ce nom si bien sonnant mérite de passer de la langue scientifique à la langue littéraire, si tant est qu'il y ait lieu de faire cette distinction.

Bubons volcaniques, bavures éruptives marquant une ligne de faiblesse dans l'écorce de la vieille planète, les Montérégiennes ont résisté mieux que les argilites environnantes à l'inéluctable travail d'érosion qui remodèle sans cesse la face de la terre. Elles s'élèvent maintenant au-dessus de la grande plaine laurentienne, modestes d'altitude, mais dégagées de toutes parts et commandant d'immenses horizons.

Le Mont-Royal et sa nécropole, les petits lacs clairs du Saint-Bruno, les prairies naturelles et les pinières du Rougemont, ont chacun leurs charmes particuliers, mais la montagne de Belœil semble avoir toujours été la favorite des poètes, des artistes, et, en général, des amants de la nature.

Cirque de montagnes, plutôt que montagne unique, Belœil cache au fond de son cratère un petit lac tranquille et vierge, et qui n'a jamais cessé de refléter tout autour de son rivage, l'ombre gracieuse des hêtrières et des bouleaux d'argent.

Du lac, qui porte le nom célèbre d'Hertel de Rouville, un sentier large et bien battu conduit à travers bois à un sommet connu depuis un temps immémorial sous le nom de Pain-de-Sucre. Le sentier serpente d'abord doucement sous les hêtres, bordé à droite et à gauche des graciles colonnettes jaspées de l'érable de montagne et des grandes fleurs rouges de la ronce odorante. Ayant franchi un petit pont croulant jeté sur une source, le chemin aborde franchement la montée, plein d'égards toutefois pour les jarrets du piéton, évitant les rampes trop fortes par d'habiles lacets, constamment sous l'abri de la futaie claire. Cette ascension totale de quelque quinze cents pieds, l'art du voyer l'a tellement camouflée que l'on reste surpris quand, après un dernier raidillon, on voit la forêt s'arrêter court, et céder le pas à une broussaille d'aubépine et de dierville, enracinée dans les fissures du basalte. Encore quelques centaines de pieds et nous sautons sur la table de roc poli qui domine tout le massif et, disons-le tout de suite, toute la plaine laurentienne.

Quel éblouissement! La montagne entière, la féerie des verts harmonisés des érables, des hêtres, des chênes et des bouleaux, et, au fond de la coupe, de l'écrin plutôt, l'opale mal taillée du lac Hertel. Sous nos yeux, comme sur la page ouverte d'un gigantesque atlas, toute une vaste portion de la Laurentie! Nous embrassons d'un regard l'entrée du lac Champlain et la bouche du Richelieu, Saint-Hyacinthe et Montréal, l'éparpillement des villages et des hameaux depuis le fleuve jusqu'à la frontière américaine!

Comme une longue et brillante écharpe oubliée en travers du paysage, le Richelieu coupe en deux toute la contrée, bouillonne un peu vers Saint-Jean, s'élargit en lac à Chambly, passe à nos pieds en coulée d'argent et s'en va, portant bateaux et ponts, mirant les arbres, les chaumières et les clochers, vers la buée indécise qui marque l'emplacement de Sorel.

De-ci de-là, de grandes toisons noires, débris de la forêt primitive. Le reste est un immense échiquier où tous les tons du vert ont leurs casiers: vert jeune des avoines retardées, vert autre des blés, vert blanchissant du trèfle en fleur, vert poussiéreux du mil en épi. Et quand les chaleurs de l'été ont passé ces tendres nuances, tous les jaunes et tous les ors: ambre des prés fauchés, or pâle des chaumes ras, or maladif des bouquets d'érable qui s'en vont tout doucement vers le pourpre et l'écarlate de l'automne.

Au milieu de tout cela les ormes, les beaux ormes chevelus, multiformes et magnifiques, faisant de grandes taches d'ombre maternelle sur les troupeaux. Et les cordons gris des routes, et la ligne inflexible du chemin de fer, venant tout droit de la métropole, à travers champs et bois, et où rampe de temps à autre, une longue chenille fumante!... Immédiatement à nos pieds, occupant les dernières pentes, se groupent les opulents vergers dont les fruits, l'automne venu, attirent sur les eaux du Richelieu, les goélettes d'en-bas de Québec. Mais c'est au printemps, lorsque les milliers de pommiers en fleur font penser une dernière fois à la neige disparue, qu'il faut venir ici, voir comme la terre sait se parer pour la saison d'universel hyménée.

Dans ce magnifique observatoire du Pain-de-Sucre, on ne se lasse pas de regarder la plaine, la plaine sans fin qui fuit en s'apetissant vers tous les coins de l'horizon. C'est la paix immense d'un beau pays béni de Dieu, où la terre est généreuse, le ciel clément, où l'homme ne se voit pas, mais se devine pourtant. C'est lui qui achève de ruiner cette incomparable forêt dont la terre laurentienne, aux âges de sa jeunesse, couvrait sa nudité. C'est lui qui a jeté sur la glèbe ainsi mise à nu, ce réseau de clôtures, ce filet aux larges mailles qui la tient captive. Toute cette humanité épandue qui marche dans les champs, qui gîte sous les toits, semble d'ici tranquille, silencieuse, appliquée d'après un plan préconçu et supérieur, à tisser cette immense tapisserie pastorale. Et cependant, nous savons bien — puisque nous y étions il y a un instant à peine — que les passions éternelles y grouillent et s'y heurtent, que la haine y grimace, que l'amour y chante la divine chanson échappée au naufrage de l'Éden. Oui! au cœur de ces maisons-joujoux qui rient sous le soleil, il y a toute la pullulation des sentiments et des chimères, des joies et des peines, des langueurs et des chagrins, des amours et des haines. Les bébés, nés d'hier, dorment dans les berceaux, les vieillards qui mourront demain, tremblent dans leurs fauteuils à bras; les enfants, le rire aux lèvres, explorent le pays inconnu de la vie, les jeunes gens vivent pour la joie de vivre, et demandent à vieillir; les mères besognent au grand labeur de tendresse. Au milieu de ce chaos d'âmes diverses, de ces vies montantes et descendantes, les clochers se lèvent, nombreux, dans la plaine, orientent en haut, redressent les pensées des cœurs, draient vers la paix des sanctuaires la vie supérieure des âmes. Ah! les clochers! Qu'ils sont beaux d'ici, et symboliques! Qu'ils disent donc clair et franc, la foi splendide, la noblesse d'espérance et la grande sagesse du pays laurentien.

On resterait ici longtemps! On voudrait voir le soleil entrer, au matin, en possession de son domaine, voir la nuit venir par le même chemin et prendre sa revanche! On se reporterait facilement au temps où toute cette plaine n'était qu'une seule masse houleuse de feuillages, parcourue, le long des rivières, par des troupes de barbares nus. On verrait les chapelets de canots iroquois descendre rapidement sur l'eau morte; on verrait les beaux soldats du Roi de France, dans leurs barques pontées, monter vers le lac Champlain, couleurs déployées. Sans doute, l'endroit où nous sommes était un poste d'observation, et pris par mon rêve, j'ai presque peur, en me retournant, de trouver debout sur le rocher, quelque guerrier tatoué d'Onondaga appuyé sur son arc!...

Mais non! Tout cela est passé, sans retour, poussière et cendre! Et même une autre histoire, superposée à la première, a disparu à son tour. Dans le rocher qui nous porte, sont encore visibles de fortes fiches de fer, restes évidents d'une construction ancienne. Il y eut ici, en effet, autrefois, un pèlerinage très fréquenté, et auquel reste attaché le nom de monseigneur de Forbin-Janson, le célèbre missionnaire français qui nous appelait « le peuple aux cœurs d'or et aux clochers d'argent! » À cette époque déjà lointaine, les fidèles, venus de tout le pays d'alentour, montaient ici en parcourant les stations du Chemin de la Croix disséminées le long du sentier de la montagne. Sur ce sommet, ils trouvaient une chapelle et une grande croix de cent pieds de hauteur. Le pèlerinage n'est plus; la foudre a incendié la chapelle et abattu la croix, dont on peut voir quelques débris, plus menus d'année en année. Pour raconter ce passé, il ne reste que des bouts de planche calcinée, les chevilles de fer, et une belle floraison de lis tigrés, issus sans doute des bulbilles tombées des bouquets des pèlerins et qui, en juin, épanouissent leurs grandes fleurs orangées tout autour du rocher.

Mais ni le lac Hertel, ni le Pain-de-Sucre ne sont le tout de Belœil. Sur le flanc nord de la Montagne, s'aperçoit d'en-bas une ouverture triangulaire dont la pointe est dirigée vers la terre. C'est la Grotte des Fées. De grotte il y a peu ou point, et de fées, pas davantage; deux grosses lacunes, avouons-le pour une Grotte des Fées! Mais les approches mystérieuses, hostiles, sauvages, faites, semble-t-il, pour servir de vestibule à un lieu d'horreur ou de crime, conspirent pour en créer l'illusion. Pour atteindre à la Grotte, il faut monter péniblement à travers un amoncellement de gigantesques quartiers de roche détachés de la montagne aux âges anciens, aux temps glaciaires probablement. Ces rochers, arrondis par le temps et les eaux, sont jetés les uns sur les autres, parfois dans des positions d'équilibre instable, et les quelques bouleaux livides qui y ont laissé leurs cadavres, accentuent encore la tristesse du lieu. Partout sur les rocs gris, se cramponnent, par un étroit ombilic, les larges thalles d'un étrange lichen foliacé. Revivifiés par la pluie, ou simplement par la rosée du matin, les bords relevés laissant apercevoir le noir d'encre de la face ventrale, ces singuliers et lugubres végétaux suggèrent involontairement — Dieu me pardonne! — l'idée d'une légion de vieilles semelles de bottes clouées là par quelque facétieux Crépin préhistorique.

Surplombant cet entassement titanesque, une muraille de basalte court de l'est à l'ouest, et, d'un certain point de vue, nous présente l'illusion saisissante d'un bastion avec échauguettes et meurtrières à jour. Et même, un pin mort, amputé de ses branches et planté sur les créneaux, semble attendre la bannière ou l'étendard du maître de la montagne.

Un trou noir et presque inaccessible, sous l'abri d'un gros bloc de syénite retenu dans la pince inquiétante d'une crevasse, c'est toute la Grotte des Fées. L'ascension a tenté quelques curieux, et les insuccès répétés ont beaucoup fait pour accréditer la réputation de la grotte.

S'il faut en croire certaines gens, l'endroit serait entré dans la légende à la suite d'une assez drôlatique histoire. La remontée du Richelieu par le premier vapeur fut, on le conçoit, un événement considérable pour les riverains. Mais il paraît que l'exploit n'alla pas sans un remarquable tapage de jets de vapeur et de sifflet, puisqu'un bûcheron, qui travaillait au pied de la montagne, entendant ce bruit étrange, multiplié par la répercussion des rochers, s'enfuit en hâte vers le village en répétant partout que des fées étaient sorties de la grotte et menaçaient de détruire le pays!

De tout temps, la montagne de Belœil a été le paradis des naturalistes de la région montréalaise, des botanistes surtout, aux époques où il y en eut. En petit nombre, amoureux, fidèles, ils viennent chaque année rendre visite aux hôtes silencieux de la montagne. Ils connaissent tous les recoins, suivent les torrents, escaladent les pentes ou dévalent dans les ravins. La sueur les inonde, les moustiques les dévorent, leurs pieds s'écorchent dans la chaussure brûlante; mais ils ne sentent rien, occupés qu'ils sont à saluer leurs silencieux amis, partout, au creux des sources, sur la mousse des rochers, aux branches des arbustes, sur le sable du lac. C'est ici qu'il faut venir cueillir les étranges sabots d'or que le moyen âge, poète et mystique, nommait si joliment *Calceolus Mariœ*, sabot de la Vierge; ici qu'il faut venir voir l'ancolie balancer ses cornets écarlates sans cesse frissonnants sous la caresse passionnée des oiseaux-mouches; ici encore que l'on peut voir les clochettes bleues des campanules penchées sans peur au bord des précipices!

Le soir venu, on les voit, les naturalistes, se promener devant la gare, en marge des autres touristes, poussiéreux, piqués, fourbus, mais heureux des riches trouvailles qu'ils serrent précieusement sous le bras et des charmants tableaux qu'ils emportent au fond des yeux.

Le lac Seigneurial de Saint-Bruno

Avril. Tout frais libéré de la salle de glace qui pesait sur lui depuis cinq mois, le lac riait hier de toute la joie de ses eaux neuves, bleues d'un bleu d'acier. Les petites vagues léchaient alertement les derniers croûtons de glace poussés sur le rivage, et qui, sur l'autel du printemps, sacrifiaient au soleil leurs âmes fugaces de cristal!

En cette saison, le bois de montagne laissent voir des lignes et des couleurs que le vrai printemps et l'été cèleront sous la prodigalité des frondaisons. Ainsi, sur les flancs du grand vase de basalte au fond duquel palpite le lac, rien ne dérobe le tapis des dépouilles de l'autre saison, laminées et polies par le poids des neiges. La souple marqueterie des feuilles mortes épouse et trahit toutes les vallécules du sous-bois, met en valeur le pied moussu des arbres et les ruines lichéneuses des souches anciennes. Sur ce fond brun, si délicatement nuancé, jaillit en gerbe l'élan gracieux des fins bouleaux qui ont des calus noirs aux aisselles. Plus haut, là-bas, quelque chose me dit que cette vaporeuse teinte grise est faite de la multitude des rameaux encore nus de l'érable.

Les grands pins noirs, les grands pins verts — ils sont l'un et l'autre — saillent dans ce soleil de mi-avril. Rien ne gêne encore leur tête immobile et crépue, qui se silhouette vivement sur ce fond de clarté, comme pétrifié dans le temps qui passe sur elle, toujours pareil. Mais, tout à l'orgueil de verdoyer quand la vie végétale est encore repliée, cloîtrée sous la capuce du bourgeon, ils oublient, les pins, que leurs feuilles ne sont que des épines dont la pérennité est un leurre! Ils oublient qu'un à un, et se succédant les uns aux autres, les faisceaux d'aiguilles, les rigides aigrettes s'en iront rougir sur le sol nu, quand les autres arbres feuilleront de toute leur sève accumulée, quand les érables-rois ceindront des couronnes, quand les colonnades des hêtres se feront des chapiteaux. En attendant, ils triomphent, les pins noirs, les pins verts, au cœur des familles de bouleaux, au seuil des temples sans voûte des hêtrières.

Sur la lisière de l'eau, les petits saules émettent timidement la soie beige de leurs chatons. À toutes les branches des aulnes, de longues chenilles végétales secouent dans la brise froide une abondante poussière d'or, premier festin servi par la nature aux perdrix goulues, fatiguées de l'amère pitance des bourgeons résineux.

Au travers des feuilles mortes et des cailloux, les trinitaires, toujours pressées de fleurir, relèvent leur col fin, ployé pour le sommeil hivernal; elles écartent leurs bractées pour déployer les capricieuses colorations de leurs calices: du blanc pur, du rose, du violet. Elles s'évertuent, semble-t-il, à suppléer toutes seules à l'absence des fraisiers, des violettes et des églantiers. Les abeilles qui font leur première sortie, les sont venues voir et fourragent déjà sans vergogne au fond des fleurs à peine ouvertes. Les villas sont closes; les berceaux, vides et transparents; les allées, désertes. Les gazons ne verdissent pas encore, pas plus que les vignes vierges enchaînées aux sottes rocailles qui ont la prétention d'en remonter à la nature. Le soleil joue en silence à travers le vaste parc, et les écureuils festoient sur les gros glands gonflés d'eau qui crèvent sur les pelouses.

Courez en paix, écureuils roux, sur les gazons et sur les branches! Libres perdrix, gavez-vous du pollen emmiellé des aulnes! Abeilles besogneuses, frottez-vous les yeux pour chasser les derniers vestiges du sommeil de l'hiver, et ne laissez rien perdre du nectar des trinitaires! Là-bas, dans la ville bourdonnante, on fait des malles, on emballe des conserves et des chiffons, on graisse des roues et l'on gonfle des pneus. Bientôt les cornes sinistres vous chasseront de vos repaires, écureuils roux! les lévriers serviles troubleront vos repas, libres perdrix! la puanteur des huiles, empoisonnera les corolles de vos fleurs familières, abeilles d'or! Et vous fuirez au loin sur les prés tranquilles quand le trèfle sera venu, ou dans les bois profonds quand le pin fleurira... et vous laisserez ici les pauvres arbres domestiqués, les pauvres fleurs rivées à la terre, et l'eau domptée, harnachée, condamnée à porter des fardeaux, à refléter des toilettes et des ombrelles!...

Suis allé au bois!

Suis allé hier à Saint-Bruno, voir ma mie Printemps! La neige a quitté la place. La cabane à sucre est cadenassée, mais la tonne oubliée sur le traîneau, et les copeaux frais jonchant les alentours, disent encore le joyeux labeur des jours derniers.

Dans la grande lumière neuve, les fûts des hêtres ont des pâleurs de vieil argent, et de voir sans obstacle le ciel au-dessus d'eux, fait songer à quelque cathédrale de rêve laissée inachevée, à quelque temple déserté, repris par la grande vie universelle! Ce n'est partout que frissons d'ailes et bruit menu d'eau qui court entre les roches capitonnées de mousse.

Au travers des feuilles mortes, l'hépatique, partout, passe la tête. Les autres fleurs sauvages, celles de l'été et celles de l'automne, n'ont qu'une parure: l'hépatique prend toutes les teintes du ciel depuis le blanc troublant des midis lumineux jusqu'à l'azur des avant-nuits, en passant par le rose changeant des crépuscules. La nature gâte cette première-née qui va disparaître si vite, avec les vents plus chauds!

J'ai voulu gravir les pentes, parmi les fougères alanguies et les hanaps écarlates des champignons printaniers. Les mousses, gorgées d'eau, mettaient du vert nouveau sur la grisaille des rochers. Autour de moi, les jeunes hêtres gardaient encore, recroquevillées, leurs feuilles de la saison dernière, et la brise, soufflant à travers les files de petits cadavres blancs y entonnait la chanson importune des choses mortes, si triste ainsi plaquée sur la grande symphonie de la vie renaissante.

J'avais soif. J'ai blessé un bouleau merisier pour boire avec volupté à la coupe parfumée de la sève nouvelle. Et comme je m'éloignais, une vanesse, grand papillon aux ailes noires lisérées de blanc, s'est venue attabler à la lèvre de l'écorce ruisselante. D'un mouvement harmonieux, l'insecte abaissait et relevait alternativement ses grandes ailes veloutées, et parce que c'est le geste qu'il répète lorsqu'il festoie aux calices des fleurs, j'en ai conclu que, comme moi, il s'enivrait lui aussi, à la joie du renouveau.

D'avoir vu ma mie Printemps, suis revenu du bois, des fleurs plein les mains et de la jeunesse plein le cœur!

L'arbre

Je suis entré dans la forêt pour étudier l'arbre. Assis sur la mousse, j'ai ouvert l'un de ces bons vieux traités de botanique d'autrefois qui savaient tout et parlaient doctement des plantes telles qu'on les voit. Et voici ce que me dit mon brave auteur au mot arbre: « L'arbre est une plante ligneuse, vivace, ayant une tige principale que l'on nomme tronc, habituellement dépourvue de branches à sa partie inférieure, mais portant une couronne de branches à son sommet. »

D'impatience, j'ai repoussé le bouquin qui fut s'abattre, ouvert à plat ventre, sur les rosaces vertes des cornouillers.

Non! ce n'est tout de même pas cela, l'arbre! Ce n'est pas seulement une colonne de bois, cette surrection d'une force mystérieuse, vivante et universelle, qui défie la pesanteur, maîtresse du monde inorganique. Je crois fervemment que c'est le chef-d'œuvre de la Nature, et dont la beauté n'est surpassée que par l'immatérielle beauté d'un être bien différent, qui vit et se meurt sous son ombre — portant au front l'étoile de la pensée.

Fatigué des vains bruits que font les hommes, je me tourne vers l'arbre. Je me pénètre de l'essence de sa forme, et je suis sensible à la vie qu'il projette sur moi. Je le vois vivre et agir, lui que l'on dit immobile. Je lui parle, lui que l'on dit sourd, et j'entends sa réponse, lui que l'on dit muet.

L'arbre est émouvant dans sa forme infiniment variée et cependant une: cette forme que l'on ne peut définir autrement qu'en l'appelant forme d'arbre. D'où lui vient-elle? La philosophie consultée n'a pas de réponse. L'observation des analogies laisse entendre que la forme de l'arbre est fonction de son mode de vie sédentaire. Les animaux marins, les coraux par exemple, fixés au flanc des rochers, ne prennent-ils pas la forme arborescente?

Parce que l'arbre est immuablement enté à la mamelle de la terre, il n'a cure d'aller chercher au loin l'élément de sa nourriture concentrée en une proie. Sa proie à lui, c'est l'air qui passe chargé du gaz carbonique; c'est la rosée du ciel; ce sont les eaux chargées de sels minéraux qui circulent dans la terre. L'arbre ne court pas à la recherche d'une proie: elle vient à lui, baignant ses racines innombrables, effleurant ses branches et ses feuilles mouvantes. C'est sa dignité d'être servi par les éléments tandis que les animaux, enivrés cependant de l'orgueil du mouvement doivent, dans l'humiliation de la faim, chercher péniblement leur subsistance.

Solidement ancré à la terre, en un point déterminé par le capricieux voyage d'une graine, l'arbre soulève sa masse, la résout en branches pour multiplier les contacts, pour baigner mieux dans la portion de l'air nourricier qui lui est accessible. Ces branches se ramifient à l'infini selon des angles et des habitudes toujours les mêmes, lois non écrites dictées par l'hérédité pour chaque espèce. Et c'est l'obéissance stricte du courant vital à une héréditaire géométrie, qui donne à chaque arbre sa personnalité, son individualité.

Je reconnais l'orme au quart de cercle que décrit sa maîtresse branche en se séparant du tronc; le frêne rouge à ses doubles courbatures en forme d'S; le liard et le peuplier d'Italie à la façon directe dont les membres majeurs, relevés à l'angle aigu, indiquent le ciel. Je reconnais le sapin à son impeccable pyramide, le palmier à sa colonne et à son vert chapiteau qui ne supporte rien. L'allure des rameaux ultimes, ceux qui baignent directement dans le ciel la tendreté de leur jeune bois, est diverse autant que spécifique. Ici c'est un éventail déployé, là une pique levée, ailleurs une plume qui berce. Ailleurs encore une palme qui cherche, une tentacule qui menace!

Ainsi chaque lignée d'arbre inscrit sur le tableau bleu du ciel, sans cesse nettoyé par les vents, une signature propre que la vieille nature depuis des millions d'années a inscrite dans le registre de la vie, et que connaissent aussi par héritage tous les êtres de la forêt et de la plaine: insectes, oiseaux et petits mammifères, qui ont une partie liée avec l'arbre.

Si je veux pénétrer la vie de l'arbre, je cherche d'abord pourquoi il est si grand, et pourquoi il n'est pas plus grand. Pour savoir, je regarde l'animal croître en agrandissant les parties qu'il possède déjà en son état de jeunesse. L'animal est un exemple fermé, bouclé par certaines conditions et certaines corrélations, prisonnier de certaines nécessités mathématiques. De sa jeunesse à sa vieillesse, le cheval qui paît dans le pré a toujours les mêmes quatre membres, les mêmes deux yeux, les mêmes pièces osseuses qui se sont seulement agrandies avec l'âge. Dans l'espèce humaine, l'enfant et l'adulte sont à la même échelle, ils ont un centre de symétrie: pour chaque point A, il y a un point A'.

L'arbre, lui, essentiellement différent, vit en courbe ouverte. Il s'agrandit surtout en multipliant indéfiniment le nombre de ses parties. Chaque année il ajoute une couche de bois à son tronc; il se crée des milliers de feuilles supplémentaires; il enfonce dans la terre des milliers de radicelles nouvelles. À tel point que je doute de son unité. Est-il un seul individu vivant, ou bien est-il une colonie, à l'instar de la ruche ou de la termitière? Peut-être n'est-il qu'un agrégat d'unités vivant enchaînées, et composées chacune d'une feuille et d'une radicelle? Le tronc ne serait alors que le résultat de la concrescence, de la soudure de la partie moyenne de ces unités.

L'arbre atteint des proportions majestueuses qui écrasent l'homme minuscule vivant à ses pieds. Mais pourquoi l'arbre ne dépasse-t-il jamais les 300 ou 400 pieds que nous connaissons au Sapin Douglas de notre Colombie canadienne, au Séquoia du Névada, aux Eucalyptus de l'Australie?

En dernière analyse, ces dimensions sont un plafond que l'arbre ne peut dépasser parce qu'il est prisonnier d'une certaine architecture dite architecture d'arbre, et que nous connaissons bien. Les possibilités de variation de cette architecture ont été explorées et exploitées par la Nature travaillant avec le concours de son puissant allié: le Temps. Mais si ingénieuse et si féconde qu'elle soit, la Nature est elle-même prisonnière de certains impondérables. La vie végétale, comme l'autre, est nombre et proportion. Elle dépend surtout d'une relation fonctionnelle entre la surface et le volume ou, si l'on veut, entre l'usure par tous les points de la masse et par la réparation par tous les points de la surface.

À mesure que l'arbre se développe, le volume grandit comme le cube et la surface comme le carré seulement; avec l'âge la surface devient insuffisante pour le volume. À ce moment, s'établit un inéluctable équilibre, l'arrêt qui annonce le déclin. Quand je regarde en haut à travers la ramure de l'arbre géant, suis-je devant la force et la vie en marche? Oui, sans doute! Mais je suis aussi devant la force bridée, harnachée, vaincue par les froides nécessités de la mathématique, invisible maîtresse du monde.

La vie de l'arbre apporte aux hommes un message qu'il leur faut entendre et sans quoi le tableau du monde, où l'arbre tient tant de place, serait sans signification et sans voix.

Oui! Il y a une impressionnante analogie humaine dans la considération de l'arbre. Comme nous, l'arbre respire et, lentement, diffuse sa matière dans l'air ambiant. Comme nous il s'annexe sans trêve des éléments de la matière, et comme nous il a besoin du secours, à chaque minute, de cette fidèle gardienne de la vie: l'eau. Comme nous, l'arbre dort, quelquefois en repliant ses feuilles comme on ramène une couverture sur sa tête. Comme nous, pour ne pas mourir tout entier, il assure la continuité de son espèce par un acte d'amour entouré d'un infini déploiement de couleur et de parfum. Comme nous, plus que nous, l'arbre a une patrie, un sol natal, et il supporte mal l'exil. Comme chez les humains, l'arbre soutient son frère dans la forêt; mais les arbres se livrent aussi parfois des luttes fratricides et la forêt est pleine d'implacables suppressions, de silencieux triomphes du fort sur le faible.

Enfin, comme nous aussi, l'arbre ayant atteint le nombre de ses jours, disparaît et retourne à la terre, pendant que, folle de sève, la génération suivante monte vers le soleil.

L'arbre est donc bien pour nous un grand frère muet, impuissant à nous dire le poème de sa vie intérieure et formidable. Nous l'aimons tel quel, ce frère muet, venu de plus loin que nous dans les abîmes du passé, mûri dans son immobilité et son silence. S'il ne peut nous initier au mystère de son origine et de sa vie limitée, il peut, en revanche, sans rompre son auguste silence, nous apprendre à nous tenir droit, à chercher les hauteurs, à raciner profondément, à purifier le monde, à offrir généreusement à tous l'ombre et l'abri. Ainsi l'arbre est la vérité parce qu'il est l'ordre et la continuité; il est la beauté parce qu'il émeut en nous des fibres qui trempent tout au fond du grand creuset révolu d'où sortirent, des mains de Dieu, les deux œuvres de choix: l'arbre et l'homme.

Voyez les lis des champs

« Quand on pénètre dans le somptueux édifice du Jardin botanique de Montréal et qu'on traverse le foyer, on remarque une inscription en lettres de cuivre incrustées dans le travertin du plancher:

> *CONSIDERATE LILIA AGRI*
> *QUOMODO CRESCUNT*

c'est-à-dire

> *VOYEZ LES LIS DES CHAMPS*
> *COMME ILS CROISSENT*

« C'est, pour ainsi dire, le centre, le point de rayonnement de cet ensemble puissant de services, de collections, d'instruments d'enseignement, qui se nomme le Jardin botanique, Jardin où tout est ordonné en une réponse consciencieuse à l'invite du Grand Maître prononcée un jour de tendre prédication sur les collines de la Galilée.

« Ainsi le Jardin botanique de Montréal porte au front une espèce de baptême que nul — fût-il le moins religieux des hommes, — ne songe à récuser.

« Que cette invite en faveur de la beauté des Lis ait été faite aux hommes par le Christ, c'est là une distinction dont les Lis peuvent être fiers en leur petite âme végétale.

« Voyez les lis des champs! Ne cherchons pas, pour l'instant, à savoir si le Fils de l'Homme a voulu spécifier une espèce en particulier, ou si le lis des Saints Livres est simplement un mot pour désigner la perfection de la fleur. La tradition des pays méditerranéens a d'emblée vu dans cette désignation « le lis », type de fleur dont la beauté n'a pas de rivale. Et pour ajouter encore à la gloire du Lis, n'est-ce pas toujours son nom que l'on emprunte chaque fois que l'on veut marquer la totale beauté dans le monde des fleurs: Lis d'eau, Lis des étangs, Lis de la Vallée.

« Et de considérer le Lis des champs, l'homme ne s'est jamais lassé. Les uns sont dans l'admiration et l'étonnement devant le mystère de sa forme. Forme si nette, si dépouillée. Simplicité et honnêteté de cette tige droite, unique, dont la raison d'être est de porter des feuilles austères et sans ornement. Ces tiges et ces feuilles ne cherchent pas à allumer notre œil. Elles préparent seulement quelque chose qui s'en vient; elles sont le socle discret qui va porter un chef-d'œuvre de Dieu: la fleur.

« Dans ce monde où tout est mystère, le mystère des mystères est sans doute la fleur. Créée pour l'amour, et œuvre d'amour et de prédilection, semble-t-il, pour Celui qui l'inventa. Dans ce monde des plantes que l'on dit inconscient, qui ne pense ni n'admire, pourquoi l'œuvre d'amour est-il entouré de toute cette beauté, de tout cet art de la forme, de la couleur, du parfum?

« La fleur du Lis. La géométrie servante de la beauté. La courbe. L'angle savant. L'équilibre de la couleur. Le nombre mystérieux de trois. Trois carpelles, trois berceaux conjugués où repose dans son effarante complication de forme microscopique et de puissance de devenir, l'ovule, demi-vie dont l'autre moitié qui est là, au-dessus, dans les deux verticilles de trois étamines qui attendent l'instant d'ouvrir leurs anthères et de libérer le pollen fécond.

« Puis, les éléments procréateurs sont en présence. C'est un drame qui se joue, drame dont l'enjeu est une vie nouvelle et abondante, la perpétuation de l'être de beauté qui depuis des milliers d'années embellit notre planète. Mais, à ce drame, il faut un décor d'intimité: trois grands pétales et trois grands sépales, presque identiques, forment ce décor nuptial. Rideaux blancs, rideaux orangés, groupés en étoiles qui sont peut-être ce qu'il y a de plus beau dans le monde des fleurs. L'Orchidée est prétentieuse et la Rose compliquée. C'est de la parure du Lis que le Maître a dit: — En vérité, je vous le dis, Salomon dans toute sa gloire n'a jamais été vêtu comme l'un d'eux. »

RENÉ CHOPIN (1885-1953)

Dixième enfant d'un médecin français installé sur les bords de la rivière des Prairies, René Chopin étudia le droit à l'Université de Montréal, le chant à Paris, fut ensuite notaire et, un temps, auprès de Jules Fournier, journaliste. Cet ami de Marcel Dugas et de Paul Morin est surtout l'auteur de deux recueils de poèmes. *Le Cœur en exil* (1913) et *Dominantes* (1933); il fait partie du groupe des « esthètes », avec Roquebrune, Dugas, Morin, Delahaye, qui animeront la revue *Le Nigog*, en réaction contre les écrivains du *Terroir*, prolongeant en la métamorphosant l'œuvre de l'École littéraire de Montréal.

Paysages polaires

Au poète Guy Delahaye

Le firmament arctique étoile sa coupole,
Le vent glacé des nuits halène irrégulier
Et fait étinceler tous les astres du Pôle,
Le Cygne crucial, la Chèvre, le Bélier...

Rideau de gaze en sa transparence hyaline,
Les écharpes de l'air flottent dans les lointains.
Comme un disque argenté, la Lune cristalline
Plonge dans l'Océan ses deux grands yeux éteints.

Telle que nous la montre, étrange architecture
De neige et de glaçons étagés par degrés,
Sur la page de pulpe ou sur la couverture,
Le dessin suggestif des livres illustrés,

Géante elle apparaît, manoir ou cathédrale,
La banquise polaire avec grottes à jour,
Comme un magique écran de clarté sépulcrale,
Où l'on voit s'ériger les créneaux d'une tour.

Elle a porche sur mer à sa vaste muraille
Avec des escaliers de larges monceaux vifs
Où nul pas ne se pose et que la lame taille
Et qui sont, émergés, de somptueux récifs.

Édifice branlant d'assises colossales
Aux colonnes d'azur, aux piliers anguleux,
J'y vois des corridors et de profondes salles
Où pendent par milliers cristaux et lustres bleus,

Trésors inexplorés de fausses pierreries,
Aiguilles et joyaux, métal immaculé.
Parmi leur amas clair les marines féeries
Jadis ont déposé la coupe de Thulé.

*
* *

Là, bien loin, du côté des étoiles polaires,
Se dresse l'enfer froid des hauts caps convulsifs.
Et je crois voir les flottilles crépusculaires
Errantes sur le globe aux âges primitifs.

Monts à pic titubant sur une mer étale,
Cascades d'argent pur dont le saut fait un lac.
Dolmens bruts avec leurs tables horizontales,
Menhirs et tumuli, vastes champs de Carnac.

Par bandes les ours blancs seront expiatoires;
L'écume aux dents, lascifs, ils bâilleront d'ennui
Tandis qu'à l'horizon, au ras des promontoires
Brillera, globe d'or, le soleil de minuit.

*
* *

Les fiers Aventuriers, captifs de la banquise,
En leurs tombeaux de glace à jamais exilés,
Avaient rêvé que leur gloire s'immortalise:
Le Pôle comme un Sphinx demeure inviolé.

Sur une île neigeuse, avouant la défaite
Et l'amertume au cœur, sans vivres, sans espoir,
Ils gravèrent leurs noms, homicide conquête,
Et tristes, résignés, moururent dans le soir.

Les voiles luxueux d'aurores magnétiques,
Déroulant sur le gouffre immense du Chaos
Leurs franges de couleurs aux éclairs prismatiques
Ont enchanté la fin tragique des Héros.

Leur sang se congela, plus de feux dans les tentes,
Dans un songe livide ont-ils revu là-bas
Par delà la mer sourde et les glaces flottantes
Le clocher du village où l'on sonne les glas?

Et, regrets superflus germés dans les Erèbes,
La vigne ensoleillée au pan du toit natal,
Le miracle, à l'été fertile, de la glèbe,
Avec le cendrier, l'âtre familial?

Au fil du vent

J'accorde mon angoisse à la clameur farouche
De ta plainte nocturne, ô vent âpre et dément!
Comme il résonne en moi ton sublime tourment,
Fanfare de l'espace, ô ténébreuse Bouche
Du Vide qui s'exprime, ô sonore élément!

Grand vent de cette nuit! O grand vent d'Amérique!
Ô ces milliers de voix vibrant à l'unisson
De votre inexprimable et terrestre chanson!
Vous exaltez mon âme et mon âme lyrique
Sent en elle courir votre immense frisson.

Vous secouez, telle une escadre mal havrée,
— Les vents soufflent surtout dans la vierge forêt —
La savane où le pin, le pruche et le cyprès
Agitent comme des mâtures sinistrées
Leurs longs fûts dénudés sans voile et sans agrès.

Aux plis sombres de vos ondes aériennes
Combien d'âmes en peine à jamais guidez-vous ?
J'entends comme un torrent qui roule des cailloux
Leur cohorte expiant des fautes anciennes
Crier ses vains remords avec des chagrins fous!

Le vent s'engouffre aux longs tuyaux des cheminées,
D'un brusque assaut il fait grincer le tournevent,
Voici soudain que tinte une cloche au couvent,
Ô ces bruits reconnus des plus jeunes années
Qui m'enlèvent encor de leur rythme émouvant!

Vieux compagnon d'ennui, de haine et de colère,
Pourquoi dans le jardin qui frissonne d'horreur,
Viens-tu battre la porte ainsi qu'un malfaiteur,
Pourquoi vas-tu heurter dans le noir cimetière
La grille des tombeaux, ô sinistre rôdeur!

Ô vent! Sonores mers sur des récifs ruées!
On entend se briser des navires perdus,
Épaves s'érigeant, flancs ouverts, mâts tordus,

Où dans un même effroi se mêlent les huées
De l'espace et les chocs du naufrage éperdus.

Que j'aime cette nuit votre infini poème,
Comme de vos sanglots vous ébranlez mes nerfs,
Pour exprimer ainsi tels désespoirs amers
Êtes-vous, s'irritant dans son labeur suprême,
Le cri de la douleur que pousse l'univers?

Automne

Symphonie automnale! Ô mon cœur anxieux!
Un grand vent monotone, amer et pluvieux,
A fait revivre, au sein des vieilles cheminées,
Le grillon qui bruit ses chansons surannées,
Des pancartes le long d'un mur claquent au vent,
Et j'écoute transi la cloche du couvent
Qui convoque dans l'ombre au bord des routes croches
Tous ces Morts dont les yeux semblent gros de reproches,
Je revois dans les champs, parmi les peupliers,
Les corbeaux conjurés, mines patibulaires,
Et ceux qui tournoyaient au ciel crépusculaire,
Et qui fuiront demain, noirs et rauques voiliers,
Ô novembre, ton deuil, ô Noël, tes gelées!
Je songe aux bois trempés, si déserts qu'ils font peur,
Et j'ai le goût encor de la feuille brûlée
Dans les labours qu'embue une blanche vapeur.
Tous les foins sont rentrés et les grappes cueillies.
C'est du sang de l'année et de ses pampres lourds
Que le feuillage est teint de rouilles et de lies.
Interminablement ce furent tout le jour
Les feuilles dénudant les branches secouées...
Et hagardes, là-haut, les troupeaux des nuées
Qui fuyaient, on eût dit prises d'effroi devant
Je ne sais quel désastre, et qu'emportait le vent!
Ah! sonore ce fut, ô l'écho des cognées!
La coupe des fagots en hâte pour l'hiver
Dans la forêt où sous l'écorce gris de fer
Pullule le cloporte et rampe l'araignée.
Et j'ai pleuré la mort d'une féconde année
Qui prodigua pour nous, généreuse, sa chair.
N'es-tu pas ce dolent paysage d'automne
Ô mon âme, ce soir, mon âme qui frissonne!
Mais tes mois ont vieilli sans leur maturité.
Ah! les blés des fenils et les orges des granges,
Les paniers débordants du fruit de la vendange,

Le bel entassement des blés éfauchettés
Dès l'août, ce beau mois des promesses tenues!
Et tu n'as pas mûri le fruit érubescent,
Tu ne m'as pas donné tes grappes ingénues,
Mon âme ravagée et si triste à présent!

Hélas! ce soir, vieilli, j'écoute les refrains
De l'automne et la pluie et le vent dans la brume
Et je ne sais pourquoi mon obstiné chagrin
Que rythme, sombres glas, la cloche qui s'enrhume,
Angoissée elle-même à pousser sa clameur.
Il me semble qu'en moi ma jeunesse se meurt.
Ô ce vent de panique en mon âme muette,
Ô ce vent sur mon front comme un vent de défaite!

Offrande propitiatoire

Cygnes effarouchés du chaste hiver qui fond,
Votre vol s'éparpille et déserte ma grève;
Je sens mon cœur s'ouvrir comme une digue crève
Et se répandre ainsi que les grands fleuves font.

Avec mes pleurs votre eau secrète se confond,
Ô sources dans mon âme, ô printanière sève,
Philtre voluptueux de souffrance et de rêve
Qui jaillit et me verse un bonheur trop profond!

Colombe de la Neige à l'aile pure et blanche,
Pour que ma soif d'aimer cette saison j'étanche,
Entre mes doigts émus et d'un geste pieux

Je tordrai ton cou frêle, ô victime immolée,
Et ta chair hiémale et ta plume souillée
Rougiront sur l'autel en offrande à mes dieux.

Renoncement

Sur le roc escarpé d'un redoutable écueil
Je veux construire, ô mon ardente solitude,
Où fuir toute faiblesse et toute servitude,
Le luxueux palais de mon souffrant orgueil.

Ô cruelles amours dont se rouille la chaîne,
J'ai par vous entrevu l'abîme du bonheur,

Mais je veux être seul à vivre ma rancœur,
Et seul ferai la nique au siècle de la haine.

Vous m'éloignez de vous, hélas, et je vous perds;
Le destin, inégal en ses sollicitudes,
Aura mêlé ma joie à mes vicissitudes
Et pavé le passé de ses cailloux impairs.

Ma blessure secrète ignore votre baume;
Je n'ai plus à choisir, ô mon âme en lambeaux,
Qu'un refuge suprême ainsi qu'un froid tombeau;
Ma tristesse est d'un roi banni de son royaume.

Tel un troupeau marin de monstres irrités
Qui plongent dans la mer et de la mer bondissent.
Et dont les dos luisants de crêtes se hérissent,
J'érige les récifs aux flancs déchiquetés.

Mont noir de houille et qu'un fort grain soulève et crible
Muraille en s'approchant qui masque l'horizon,
Qu'autour de mon domaine une vague de fond
À l'imprudente nef le rende inaccessible;

Que l'océan cabré sous l'assaut des ressacs
À son pied de granit vienne écraser sa masse;
Que le grand vent qui berce, ô mouette vorace,
Ton vol rauque et plaintif suspende ses hamacs.

Au marin hasardeux nulle bise insalubre
Ne saura présager une trop prompte mort,
Nul affamé rapace en son robuste essor
N'ira l'épouvanter de cris assez lugubres.

Je serai seul dans mon farouche isolement,
L'homme ne saura pas où ma fierté s'exile,
En moi j'abolirai ce trésor inutile,
De mes sombres amours le souvenir dormant.

À vous uniquement mes heures d'audience,
Ô mes songes errants le long de froids couloirs,
Jusqu'à l'heure exaucée où ce sera le soir,
Où mon âme à jamais éprise de silence...

Ô ma pensée amère et lourde comme un faix,
Une lune au sang blanc, lumineuse sangsue,
En buvant ton rayon de sa bouche goulue,
Rôdera sous les murs de mon château de paix.

GUY DELAHAYE (1888-1969)

Étudiant en médecine à l'Université de Montréal (il y enseignera plus tard) et à l'Institut Pasteur de Paris, Guy Delahaye, de son vrai nom Guillaume Lahaise, exercera son métier à l'hôpital Saint-Jean-de-Dieu de Montréal, où il soignera notamment Nelligan. Après avoir collaboré à diverses œuvres collectives (*L'Aube, L'Encéphale*), il fonde en 1910 un cercle littéraire, le Soc. Comme son ami René Chopin, il publie deux livres: en 1910, *Les Phases*, recueil de poèmes brefs et parfois convaincants et, en 1912, *Mignonne allons voir si la rose... est sans épines*, fantaisies en prose poético-théâtrales, qu'il qualifie de « tableau ultra-futuro-cubiste », dadaïste avant l'heure mais sans suite. Le jugement d'Albert Lozeau, que cite dans sa thèse André G. Bourassa (*Surréalisme et littérature québécoise*, Montréal, L'Étincelle, 1974), explique assez le regain d'intérêt que suscite aujourd'hui son œuvre: « L'auteur de *Mignonne allons voir si la rose...* n'est pas morphinomace, ni nymphomane, éthéromane, ni érotomane, succèssomane (mégalomane) ni quoi-que-ce-soit-mane, à moins qu'être soi-même (self-made man) (ipsomane, non dipso-name) soit être un mane-quelconque, car il peut bien rester quelque chose d'avoir produit un livre bizarre comme un début d'aliénation mentale. »

Quelqu'un avait eu un rêve trop grand....

VISION D'HOSPICE

Au Docteur Villeneuve

Voilà l'extase, tout se fait clos;
Tout fait silence, voilà l'extase;
Le bruit meurt et le rire s'enclot.

Voilà qu'on s'émeut, cris sont éclos;
Pensée ou sentiment s'extravase;
Voilà qu'on s'émeut de peu ou prou.

L'on rive un lien, l'on pousse un verrou,
La tête illuminée, on la rase,
Et l'être incompris est dit un fou.

À la vie

MENSONGE D'UN PORTRAIT

Pourquoi mentir, ô portraits heureux
on en souffre tant un jour.

Mensonge des formes qui reposent
Pour mieux s'illusionner de paix
Et faire à la douleur une pause;

Mensonge des yeux où l'art impose
L'exquis sourire qu'un pleur frappait
Au signe de l'âme inassouvie;

Mensonge du cœur qui bat la vie
En rythmes ardents, en flots épais,
Pourtant la Mort passe et s'y convie.

Observation N

Hôpital par un jour de soleil.
Le Dr Optime, médecin comme ils sont tous...!
Un étudiant comme ils sont tous...?
Une malade comme elles devraient être toutes.

14 janvier.

L'Étudiant:

Salle Ste-Gertrude; au numéro 40
Fillette de 16 ans; arrive du couvent.
Début du mal: 5 jours. Il faisait un grand vent,
Elle avait eu trop chaud à la danse courante.

Point à gauche, frissons, pouls hâtif, toux vibrante;
Brûle dans tout son corps, respire très souvent;
Les troubles, semblent-ils, vont toujours s'aggravant:
Crachats d'abord rouillés sont de rougeur ardente.
Dyspnée intense empêche autres renseignements.

Le Docteur:

Argyrol, sénéga, ventouse, en traitements.

15 janvier.

L'Étudiant:

Beaucoup moins oppressée; un progrès fort sensible.

16 janvier.

L'Étudiant:

Docteur, la méningite est écrite en ses yeux!?

Le Docteur:

Glace, ponction lombaire, hypnal... et l'impossible...

246

20 janvier.

L'Étudiant:

Docteur, le numéro 40.

— Oui?

— Il est mieux.

1910.

Observation N'

Hôpital par un jour de pluie.
Dr Worst-Pejor, médecin comme il ne saurait y en
avoir!
Un étudiant comme ils sont tous...?
Une malade comme les malades qui ont tort.

14 janvier.

L'Étudiant:

Salle Ste-Gertrude; au numéro 40.
Fillette de 16 ans; arrive du couvent.
Début du mal: 5 jours. Il faisait un grand vent,
Elle avait eu trop chaud à la danse courante.

Point à gauche, frissons, pouls hâtif, toux vibrante;
Brûle dans tout son corps, respire très souvent;
Les troubles, semblent-ils, vont toujours s'aggravant
Crachats d'abord rouillés sont de rougeur ardente.
Dyspnée intense empêche autres renseignements.

Le Docteur:

Ventouses et cognac sont les seuls traitements.

15 janvier.

L'Étudiant:

A pu dormir un peu; progrès presque insensible.

16 janvier.

L'Étudiant:

Mon Dieu! la méningite est là, là qui la mord!

Le Docteur:

Glace, révulsifs, on va faire son possible.

17 janvier.

L'Étudiant:
Docteur, le numéro 40...

— Quoi?

— Est mort.

1910.

Les jumeaux

Chambre nuptiale; sur les meubles, souvenirs d'amour
anciens et récents.
Monsieur, brave homme.
Madame, brave femme.
....et bébé(s), avenir.
Le Docteur, ange de l'espérance.

— ON ESPÈRE QUELQU'UN —

La Mère, aimante:
Je rêve d'une fille à qui transmettre un peu
L'amour que j'ai pour toi; je rêve d'une fille
Dont le cœur s'ouvre grand et dont l'œil tendre brille
À l'éclat d'une étoile, au charme d'un aveu.

Le Père, aimant:
Moi, ce serait d'un fils qui s'éprenne du jeu
Doux et combien aimé de te faire gentille
La vie assez souvent méchante qu'on gaspille
Sans jamais réagir, au lieu d'être joyeux.

— VOICI LE DOCTEUR —

La Mère, confiante:
Docteur, c'est fou, je sais, mais si le ciel m'écoute.

Le Père, confiant:
Docteur, vous concevez tout ce qu'il nous en coûte.

Le Docteur, ange... etc.
Bien! espérons toujours, fera ce qu'on pourra...

— QUELQUES-UNS SONT ARRIVÉS —

Le Docteur, rayonnant:
Mère, soyez heureuse, une fille vous est née;
Et vous, père, chantez aussi votre hosanna,
Un fils semblable à vous fleurit votre hyménée.

1910.

Les eusomphaliens

Chambre de Madame: sur les meubles, portraits d'amis anciens et récents

Monsieur, calvitie de cercleux.

Madame, fausses dents, chichis, très rapportée.

Bébé (?) pauvre diable.

Le Docteur, pli ironique à la partie gauche de la lèvre supérieure.

— ON ATTEND QUELQU'UN —

La Mère:

Je demande une fille à qui transmettre un peu
L'ardeur qui couve en moi; je demande une fille
Dont le cœur soit facile, et dont l'œil moqueur brille
À l'appel de la lune, au transport d'un aveu.

Le Père:

Moi, moi, je veux un fils qui s'éprenne du jeu
Que nous devons mener, quand, plus ou moins gentille,
La vie arrive à nous; tout moment qu'on gaspille
À larmoyer se perd; il faut être joyeux.

— VOICI LE DOCTEUR —

La Mère, idiotement:

Docteur, c'est fou, je sais; s'il se peut qu'on m'écoute...

Le Père, bêtement:

Vous savez, n'est-ce pas? Eh bien quoiqu'il en coûte...

Le Docteur, ennuyé:

Oui, mais enfin, enfin, advienne que pourra!

— C'EST ARRIVÉ —

Le Docteur, pli accentué:

Madame, très bien, une fille vous est née;
À vous, Monsieur, un fils; mais, avant l'hosanna,
Dites, ce serait un symbole d'hyménée!

1910.

« Ils n'en mouraient pas tous, mais... »

Voie publique.

Madame, ignorant la nature de la maladie de

Monsieur, ignorant lui-même.
Le Docteur, Hottentot authentique.

Madame, tout à son époux:

Chéri, voici venir un Maître, le célèbre
Médecin Hottentot; il a pris ses degrés
Au Free for all College, œuvre de Sadik... Grey,
Pour venir en aide à qui souffre des vertèbres.

Monsieur, tout à son mal:

Ah! Cette douleur qui me mord dans les ténèbres,
Ces points d'aspect cuivré dont j'ai le corps tigré,
Cet ulcère à ma langue, et cet autre émigré
De ma lèvre à ma joue, ont fait mes jours funèbres.

Au Docteur qui passe:

— Docteur, vous venez donc demeurer par ici?
— Ça me semble pas mal, ce pays.
— Oh! merci;
C'est, en effet, très bien... quand on est sans vertige.
— Comment, ça ne va pas?... Ça remonte à jadis?
— 6..... 0.....
— Bien, suffit; « *Un homme averti...* » je
Vous traiterai, venez me voir, au 606.

1911.

Le 606

Voie publique.
Madame, sachant la nature du mal de
Monsieur, malchanceux.
Le Docteur, Allemand.

Spécifique contre la spécificité.

Madame, rêche par l'expérience:

Monsieur, voici venir le Docteur; très célèbre
Disciple de Ehrlich, il a pris les degrés
Au Hata-Foundation lancé par Lead et Gray
Pour venir en aide à qui souffre des vertèbres.

Monsieur, très, très ennuyé:

Ah! cette douleur qui me lancine en les ténèbres
Ces points « jambon fumé », dont j'ai le corps tigré,
Cette plaque à ma langue, et l'ulcère émigré
De ma lèvre à ma joue ont fait mes jours funèbres

250

Au Docteur (canne et tuyau) qui passe:

— Docteur, vous venez donc demeurer par ici?
— Il me semble joli, ce pays.
— Oh! merci;
Il est bien, en effet, et tout le monde en parle;
Dites donc, n'avez-vous rien de mieux qu'énésol?
— Oui; venez me voir, je vous traiterai par le
Dioxydiamidoarsénobenzol.

1911.

BLANCHE LAMONTAGNE-BEAUREGARD (1889-1958)

Première poétesse québécoise, chantre de la campagne et de sa Gaspésie natale, Blanche Lamontagne a longtemps subi les sarcasmes des adversaires du régionalisme. Du strict point de vue poétique, son œuvre, abondante, n'échappe pas non plus à l'ironie critique du lecteur contemporain: elle demeure souvent fade, contient des redites et son « idéalisme très sain », selon Camille Roy, pourrait n'être que pâle et naïve bigoterie. Elle ira même jusqu'à s'adresser ainsi à son « peuple »:

Nulle gloire, ici-bas, n'égalera la tienne
Car un peuple n'est grand et n'est beau qu'à genoux!...

Néanmoins, sa voix trouvera parfois quelques accents plus sûrs, notamment dans ses nouvelles (*Au fond des bois*, s. d.), dans quelques poèmes gaspésiens, dans *Par nos champs et nos rives* (1917) et *Dans la brousse* (1935).

La belle Octavie

La belle Octavie vient de mourir. Quel désarroi dans notre petit village! Cette mort c'est un peu le deuil de chacun, car elle était un ange cette fille, et tous l'aimaient. Ah! il y a vraiment de bien braves gens sous le ciel! Aussi belle de l'âme que du visage, toujours douce et souriante, elle semblait avoir du soleil dans son sourire. Ses beaux cheveux noirs bien lisses sur les tempes, ses yeux tour à tour graves et rieurs, sa bonté, sa finesse, sa compassion, tout contribuait à faire d'elle un de ces êtres privilégiés qui sèment le bonheur sur leur passage.

On l'avait surnommée « la belle Octavie » à cause de son visage et de son grand cœur. Et jamais un nom n'avait été mieux porté. Devenue moins jeune, elle n'en était pas moins belle, quoique un peu plus songeuse et de cheveux grisonnants. Mais quel sourire, et quelle voix charmante! C'était plaisir de la voir passer dans le petit sentier pour aller soigner ses poules. Ce qu'elle leur en disait des choses, et ce que le soleil mettait de reflets sur son fin visage!

... Mais nous ne la verrons plus. D'autres printemps viendront, d'autres printemps et d'autres étés, et nous ne la verrons plus ouvrir ses volets au soleil, semer ses radis, jeter le grain aux poules, et mener dans les herbes humides sa vache aux cornes arrondies...

La belle Octavie ne s'est pas mariée. Et cela, non pas faute de préten-dants, mais pour avoir soin de sa vieille mère. Elle lui garda toujours une vénération sans bornes qui fut la source de son inlassable dévouement. Chaque fois qu'un nouveau « cavalier » se présentait, la vieille, en suppliant, disait à sa fille: « Tu sais, mon enfant, je veux mourir dans ma maison; tu n'es pas pour me laisser seule »... Et tout de suite la réponse venait, réponse dictée par l'amour qui va joyeusement jusqu'au sacrifice: — « Non, non, vous savez bien que je ne pars pas. Je ne m'en irai jamais: soyez tranquille!... Chaque fois, l'amoureux s'en allait, et la vieille recommençait à être heureuse.

Mais cette pauvre femme, qui avait de l'âge, dépérissait graduellement. Sa vue s'affaiblissait, son dos se courbait, ses jambes tremblaient. Cette année surtout, depuis la fin de l'été, après que les brises fraîches eurent annoncé l'automne, elle toussait, se plaignait, se traînait péniblement les pieds. Et la belle Octavie, inquiète et désolée, redoublait de soins, l'encourageait de ses paroles douces et de son rire clair. — « La santé va revenir, vous allez voir, disait-elle. Et plus vite que vous pensez! Tenez, voilà pour votre rhume, le sirop de sucre et d'oignon. Voici votre tisane de sureau blanc et puis le remède du vieux docteur, qui va vous guérir, certainement »... Elle ne disait pas que pour payer cette potion célèbre elle avait tricoté en cachette une douzaine de paires de bas.

L'automne vint tout à fait, sapant la sève des plaines, arrachant les feuilles jaunies et jetant dans l'air les plaintes de son vent farouche. Tout était dépouillé, tout était nu et triste. La nature mourait lentement. Plus de ces jours tièdes qui mettent le cœur en joie, plus de ces après-midi heureuses et chaudes où tout rit, où tout chante sous le frémissement du soleil; plus de ces soirs embaumés où l'amour sort comme par magie de tous les pores de la terre. C'était l'heure des rafales et des choses mortes.

Le haut peuplier, sous la fenêtre, achevait de perdre ses feuilles. Il n'en restait plus que trois, balancées furieusement par le lugubre vent de novembre. Et la vieille disait souvent: « Je partirai avec la dernière feuille. Quand on est vieux on ne tient plus qu'à un fil. Vois-tu, quand la dernière feuille tom-bera, ce sera mon tour »... Chacune de ces paroles entrait comme un dard cruel au cœur d'Octavie.

Et voilà la brave fille qui se met à chercher un moyen d'empêcher la dernière feuille de tomber. — « Tant que ma mère la verra, se dit-elle, elle aura plus de courage, et la guérison viendra. Il faut absolument qu'il reste une feuille au peuplier!.. Mais rien n'empêchera les gelées de la dessécher cette feuille, et le vent de l'emporter... Il n'y a qu'une chose à faire, c'est d'en tricoter une... Quant à la forme j'en suis capable, en tricotant à mailles serrées. Le plus difficile c'est la couleur... Moitié verte, moitié jaune. Ah! j'y arriverai bien... Moitié verte, moitié jaune... »

La belle Octavie court ouvrir ses tiroirs. Il y a un bout de laine verte qui reste d'un veston tricoté pour le pauvre père Joson, l'an dernier, mais rien de couleur jaune. Chez les bonnes voisines elle ne trouve rien non plus. Il faut donc aller au magasin du village pour chercher un paquet de teinture. Aussitôt la brunante venue, pendant que la malade repose, elle se rend à pied au village, et revient toute trempée par une pluie torrentielle qui l'a surprise en chemin. Mais elle a la précieuse teinture jaune. En peu de temps la laine est teinte et mise au grand vent pour sécher.

Dès qu'il fait nuit, avec hâte, avec joie, elle commence son tricot. Dans sa petite chambre froide, sous la lampe fumeuse, elle crée la feuille de laine, qui, aux yeux de la chère vieille, éternisera la vraie feuille, la feuille du peuplier. Un vieux fil d'acier est ensuite passé autour et dissimulé avec soin. Voici maintenant la feuille artificielle prête à prendre place sur la branche desséchée. Il n'y a pas de temps à perdre. Déjà le jour commence à poindre. Et la dernière feuille est sur le point de tomber. Allons, vite à l'ouvrage! Avec des précautions infinies, la noble fille entasse roches et souches au pied de l'arbre, pour en atteindre les branches.

Elle y parvient après des efforts inouïs. À plusieurs reprises elle croit qu'elle va tomber et se fendre la tête sur le sol. Le vent gronde et siffle; il hurle autour des maisons et fait le bruit des grandes vagues. La voilà qui est toute en sueurs, et dans sa hâte, elle ne s'aperçoit pas qu'il neige à gros flocons et qu'elle est enveloppée de frimas. Ses vêtements sont glacés sur elle... Le vent souffle de plus en plus fort, et la voilà qui tremble à en claquer des dents. Elle a froid maintenant jusqu'aux os...

Enfin, la feuille de laine était accrochée. Mais la brave fille rentra avec un frisson terrible qui devait l'emporter. C'est en vain que toutes les voisines, atterrées, l'entourèrent des soins les plus maternels. Au milieu des larmes et des lamentations de tous, elle mourut quelques jours après d'une forte attaque de pleurésie.

Et ce fut la belle Octavie qui s'en alla avec la dernière feuille du peuplier.

La vieille horloge

L'automne a fait son apparition. Tout nous annonce sa présence. Des feuilles sèches éclatent sous nos pas. Le ciel s'est drapé de teintes plus douces, et l'horizon s'élargit sans limites devant la forêt à demi dépouillée. Des oiseaux par bandes s'enfuient. La voix des petites sources est étouffée dans l'épaisseur des mousses qui s'étiolent. Toutes ces beautés sont en train de mourir.

Quel charme infini se dégage de cette brise rude qui passe, de ces coups d'ailes furtifs, tristes comme des adieux, de cet été magnifique agonisant dans la splendeur de l'automne, et que la neige bientôt couvrira d'un linceul blanc!...

Plongée dans ma rêverie je marchais ce matin le long de la route paisible où, seules, quelques maisons se dressent à l'entrée des bois, enveloppées de feuillages et de silence. Les champs sont rasés. La plupart des arbres sont nus. Le ciel semble se rapprocher de nous et venir à notre rencontre. En face de cette immensité attirante, la pensée ouvre ses ailes comme l'oiseau, et l'on a soif d'espace... Je marchais, je marchais toujours, et je m'aperçus que je me trouvais à l'extrémité du rang, juste en face de la maison du père Antoine Leroux.

Le vieux, assis dans les marches du perron, fumait sa pipe, tandis qu'un rayon de soleil jouait dans sa barbe blanche. Je connais depuis nombre d'années cet homme étrange, au visage patriarcal, aux yeux brillants et spirituels, aux allures débonnaires. Je connais sa parole facile, son amour du babillage, le talent naturel qu'il a pour raconter, discourir, raisonner. Je sais qu'il aime à conter ses peines, à faire des confidences, à s'entretenir avec tous, jeunes ou vieux. Il parle de ceci, de cela, de tout, de rien, avec un entrain particulier, et les mots tombent de sa bouche comme l'eau qui coule d'une source...

Depuis que, l'an dernier, il a enterré son épouse, le père Leroux est devenu un peu taciturne. Il vit seul comme un ermite, dans cette maisonnette pleine de souvenirs. Mais la parole lui est toujours facile. Il parle de ses tristesses, de son ennui, de son deuil. C'est là la grande obsession de ses vieux jours.

Il me salua avec un « Bonjour mon enfant! » et un sourire où se lisait le plaisir éprouvé par cette rencontre inattendue. J'avais déjà reçu ses confidences. Je m'attendais à quelque effusion. Ne sachant plus depuis combien de temps je marchais je lui demandai de me dire l'heure. — « Ah! oui, dit-il, j'peux te dire cela par le soleil. Tu sais, autrefois, dans mon jeune temps, y avait pas d'horloge. C'était le jour qui nous guidait. J'peux te dire cela par le soleil. Il est à peu près midi moins vingt. Dans la maison, j'ai une horloge mais c'est comme si j'en avais pas... Elle ne marche pas depuis un an. Entre un peu, ma fille, j'vas te conter son histoire. Il n'est pas encore midi. Viens t'asseoir un peu »...

Tout en parlant le vieillard m'entraînait dans la cuisine et me montrait la vieille horloge, immobile sur sa corniche de bois brut où pendait une dentelle en papier à jour. C'est une horloge haute de plusieurs pieds, brune, presque noire, dont la tête pointue est surmontée de deux petits clochetons qui lui donnent un air sévère et monastique. Elle est faite d'un bois verni qui a depuis longtemps cessé de luire. Son aiguille, semblable à un doigt de fer, se détache, rigide sur la pâleur du cadran. Sa robe brune est ornée en avant d'une grosse touffe d'églantines peintes à la main, et dont les couleurs sont à demi effacées par l'usure. On dirait quelque grande dame de jadis, en toilette démodée, qui garde dans sa décrépitude une apparence de splendeur... Il se dégage d'elle je ne sais quel aspect de mélancolie et de fatigue. Elle semble triste et lasse comme tous les êtres qui ont peiné et souffert.

« Tu sais, mon enfant, continua le vieil Antoine, d'une voix de plus en plus vibrante, tu sais, aussi vrai que j'suis ici, cette horloge-là, elle a un cœur comme toi et moi... Vois-tu, c'est ma pauvre femme qui s'en est toujours occupée. C'est elle qui la montait, la réglait, lui donnait son air d'aller. On a tant besoin de cela, une horloge dans la maison! Les femmes ne peuvent pas s'en passer. C'est elle qui leur dit quand est-ce qu'il faut faire du feu,

254

mettre la table, allumer la lampe, soigner les poules, traire la vache... C'est elle qui dit aux femmes: « Levez-vous, mettez la soupe au feu, préparez la « cuite de pain, rangez les chaudrons, ouvrez les lits pour la nuit »... Elles étaient accoutumées de vivre l'une à côté de l'autre. Sans doute, à force de voir son visage, tous les jours à la même heure, l'horloge l'aimait ma bonne vieille et depuis qu'elle est partie elle est dans la peine et n'a plus de goût pour rien... Elle n'a pas voulu avancer d'une seconde, elle n'a pas frappé un coup depuis que ma pauvre vieille est morte... Oui, j'te le dis, ma fille, c'te horloge-là elle a un cœur comme toi et moi!... » L'émotion lui serrait la gorge. Il parlait maintenant d'une voix étouffée où montaient des espèces de sanglots contenus. Puis deux larmes coulèrent de ses joues et tombèrent sur ses mains ridées...

« Tu vois pourtant, continua-t-il, en se levant et secouant vivement du doigt le balancier, les ressorts et les aiguilles de l'horloge, tu vois comme tout est bien en place et d'aplomb. Elle n'a rien de dérangé. Elle est solide comme un vieux brick. Non, ce qu'elle a, vois-tu, c'est du chagrin. Elle ne peut pas se consoler, et elle pleure à sa manière... Oui, j'te le dis, ma fille, aussi vrai que je suis ici, c'te horloge-là elle a un cœur comme toi et moi!... »

Le vieillard se tut. J'étais, à mon tour, émue et bouleversée. Une émotion intense m'envahissait. Quelles paroles aurais-je pu dire à cet homme plongé dans sa douloureuse croyance? Aucune phrase, j'en étais sûre, aucun artifice ne pouvait jeter un baume sur cette plaie profonde, sur ce cœur qui aimait son mal et n'en voulait pas guérir...

Je repris ma route, l'esprit hanté d'étranges impressions. Ce récit me laissait songeuse et perplexe. Le vers célèbre de Lamartine me revint alors à la mémoire:

« Objets inanimés avez-vous donc une âme? »

J'étais troublée par le mystère de cette vieille horloge devenue tout à coup silencieuse et cessant subitement de vivre comme un cœur qui se refroidit. Et je me disais: « Qui sait? Qui sait? C'est peut-être vrai qu'elle pleure la mort de sa maîtresse, qu'elle souffre de ne plus voir cette aimable petite vieille aux cheveux en bandeaux qui, à toute heure, se penchait vers elle et lui souriait. Dieu permet peut-être ces amitiés entre les êtres et les choses pour marquer davantage la grandeur des humbles vies, où tout est régulier et fidèle comme le tic-tac de l'horloge... »

Accablée sous le poids de ces réflexions, je continuai mon chemin, tandis que le soleil étendait devant moi des ombres dorées et que les feuilles d'automne roulaient à mes pieds comme des papillons morts.

La vieille tante

C'était une très vieille fille, à tête blanche,
Aux longs cils clignotants, aux lèvres sans couleur,
Qui parlait en posant les deux mains sur ses hanches,
Et dont le rire sourd n'avait plus de chaleur.

Née au temps où les morts se parlaient sur les grèves,
Où les gais « fi-follets » dansaient au fil de l'eau,
Sa mémoire gardait les contes et les rêves
Dont cet âge naïf entoura son berceau...

Elle connaissait maints secrets, maintes tisanes,
Et s'épeurait des bruits que le vent fait dehors;
Elle savait choisir les herbes des savanes,
Et craignait les « quêteux », « car ils jetaient des sorts »...

Souvent, nous l'avons vue au reflet de la lampe,
Frileuse, et redoutant les grands froids de l'hiver,
Avec son vieux bonnet de laine sur la tempe,
Lire en faisant tourner les pages à l'envers!...

Cependant, nous l'aimions, et, dans notre tendresse,
Survivent à jamais, en regrets enchantés,
Les récits dont elle a charmé notre jeunesse,
Et les airs d'autrefois qu'elle nous a chantés!...

Le vieux et la vieille

Assis ensemble, au coin du feu,
Près des flammes qui s'éteignaient,
Face aux rayons pâles et bleus,
Le vieux et la vieille songeaient...

Elle, l'aïeule au front terni,
Vers terre était toute courbée;
Et, sur son soulier verni,
Sa tabatière était tombée.

Lui, droit comme un chêne des bois,
Regardait la cendre embrasée,
Et son regard jetait, parfois,
Des flammes comme une attisée!...

Se rappelaient-ils leurs amours,
Et le beau temps de leur jeunesse,
Les petits vieux des anciens jours,
Au sourire plein de finesse?...

À quoi donc songent les vieillards,
Durant leurs veilles coutumières,
Pour que l'on voie, en leurs regards,
Briller de semblables lumières?...

De quoi rêvaient-ils ces beaux vieux,
Près des flammes qui s'éteignaient?
Est-ce de la terre, ou des cieux?...
Le vieux et la vieille songeaient...

Dans la chambre fermée...

Quand j'entre en la chambre fermée
Où jadis je les aperçus:
Tantes, aïeule bien-aimée,
Toutes celles qui ne sont plus,

Au sein de ce pieux silence,
Il me semble qu'il est resté
Quelque chose de leur présence
Qui respire l'éternité.

Le souvenir qui me transporte,
Alors me paraît importun,
Et quand ma main pousse la porte
Je crains de déranger quelqu'un.

Sous le reflet de la fenêtre,
Où glisse un jour envahisseur,
Je crois soudain, voir apparaître
Leur visage plein de douceur.

Parmi ces choses surannées
Qui survivent à leur trépas,
J'entends, comme aux vieilles années,
Retentir le bruit de leur pas.

La chambre sévère et muette
A perdu son air indolent:
Je vois passer la silhouette
De leur corps mince et chancelant

Et dans l'air lourd où se dérobe
Le grand mystère du moment,
J'écoute les plis de leur robe
Faire leur léger froissement...

PAUL MORIN (1889-1963)

Grand voyageur qui connut l'Orient et fréquenta le salon d'Anna de Noailles, poète de « l'éternelle Beauté » et de la « belle impassibilité », Paul Morin, mieux qu'aucun autre peut-être, représente le type même de l'anti-régionaliste, de « l'esthète ». Membre du barreau du Québec en 1910, il s'exile en France où il rédige et publie (en 1913) sa thèse de doctorat (*Les Sources de l'œuvre de Henry Wadsworth Longfellow*), sa thèse secondaire (*Les Influences musulmanes dans les lettres françaises*) et un mémoire sur *La Littérature canadienne-française*. Il fut tour à tour pianiste, courriériste du cœur, animateur d'une émission radiophonique (*Les Fureurs d'un puriste*) et le premier Québécois à enseigner la littérature française à l'Université McGill. On lui doit trois recueils de vers: *Géronte et son miroir* (1960), mais surtout *Poèmes de cendre et d'or* (1922) et *Le Paon d'émail* (1911).

ΑΙΣΘΗΤΗΣ

À George Vanier.

Celui qui sait l'orgueil des strophes ciselées,
Le rythme et la douceur du vers harmonieux,
Et, comme un émailleur de vases précieux,
Gemme de rimes d'or ses cadences ailées;

Celui qui n'a jamais de prières zélées
Qu'à l'autel de la Muse et qu'aux temples des dieux,
Et, consacrant son être au plaisir studieux,
Ne cherche que la paix des fécondes veillées;

Celui-là seul connaît le but essentiel,
Son cœur toujours tranquille est pur comme le ciel,
Le silence nocturne est son plus cher asile;

Et, ne vivant que pour l'éternelle Beauté,
Il tient de la nature innombrable et subtile
Le secret de la belle impassibilité.

Le départ

à Maurice Barrès.

Pour la dernière fois j'ai gravi les coteaux
Dans l'odeur de tilleul, d'eau paisible et de frêne
Que verse, de Meudon à l'île de Puteaux,
La latine douceur d'un matin sur la Seine.

Ô cher pays que j'aime autant que mon pays,
Vous ne serez demain qu'une des cent chimères
Dont meurt le fils de ceux qui, vendus et trahis,
Vous ont tout pardonné, puisqu'on pardonne aux mères!

Je vous aimerais trop, je ne vous verrai plus,
Mais je veux dire à tous que mon âme est française,
Combien je vous goûtai, combien vous m'avez plu,
Que votre air est doux comme un visage qu'on baise.

Adieu. J'emporte en moi votre nom adoré
Et tout ce qu'il contient d'amour et d'espérance.
Tu es toute en mon cœur. Bientôt je reverrai
Ma terre maternelle et noble... Adieu, ma France!

Heure

À l'horizon où le soir vient
        L'or recule,
    Et toute âme s'entretient
        Avec le bleu crépuscule.

Elle, par un philtre secret,
        Se délivre
    De son désir inquiet,
        Insensé, peureux, de vivre...

Ah! mon pauvre cœur, prends le deuil
        De ton songe,
    Car tout geste est un écueil,
        Tout soupir est un mensonge.

Voici l'heure grise d'ennui
        Où les ailes
    Des chauves oiseaux de nuit
        Ont des caresses mortelles;

L'heure des sanglots amoureux
        Et des rêves
    Frénétiques, douloureux,
        Du prudent baiser des trêves;

L'heure des goules et des pleurs,
        Et des spectres,
    Et des rythmes endormeurs
        Des sistres secs et des plectres
            Dont je meurs...

Stances

Ah, que ces souvenirs de jeunesse sont tristes,
    Tumultueux, cuisants...
Je disais: Univers, pour moi seul tu existes!
    Je n'avais que vingt ans.

J'étais un paladin, le monde, mon empire,
    Le rêve, mon cheval;
L'avenir fleurissait pour mes jeux et mon rire
    Son chemin triomphal.

Le beau nom de poète était ma seule envie,
    L'amour, mon seul tourment.
Et derrière cet enfant aveugle, la Vie
    Ricanait doucement.

La récompense

Nous prendrons, si tu veux, le chemin le plus rude
Où l'épine et le roc, l'une à l'autre attachés,
Retenant vers le sol nos visages penchés,
Feront à l'escalade un tragique prélude.

Puis, l'obscure forêt dont le pin se dénude,
Et le marais, sanglant de pavots arrachés,
Et l'obstacle visible, et les pièges cachés,
Éloigneront encor le but qui nous élude;

Jusqu'à ce que, tremblants, épuisés, éblouis,
Une cime soudain jaillissant de la nue
Comble enfin nos désirs jamais évanouis,

Et que s'ouvre pour nous la splendide avenue
Menant des jours d'angoisse et des nuits de remords
Au pays radieux de nos frères les Morts.

Le petit square

Ô petit square, ennuyeux et charmant,
Où, lorsque j'ai fini mes cours, je pense
Philosophiquement, tout en fumant,
À d'autres squares, frais et verts, en France.

Petit square, minable et poussiéreux,
Avec de grêles, grises plates-bandes,
Sur ton banc bleu, je fus très malheureux,
Tendant mes mains avides, et trop grandes,

Et même trop lasses pour se fermer
Sur mes rêves. Je hais ton arbre, unique
Et chlorotique, qui, ce soir de mai,
Vert-de-grisé de lumière électrique,

Éteint la luciole et le croissant.
Je hais tes fleurs, sans parfums et sans flamme;
Ton mur de brique, étouffant, oppressant,
Ô jardin, ta possibilité d'âme;

Tes trop rectilignes massifs, avec
Des écriteaux disant ce qu'il faut faire;
Et ton temple, qui voudrait être grec...
Mais je te hais surtout, ô petit square,

De n'être qu'un bourgeois et faux décor
Où s'assoient, épongeant leur chauve tête,
De gros messieurs, avec des chaînes d'or,
Qui savourent leur digestion bête.

Et je rêve aux jardins Ypsilanti
Où les bouvreuils, frêles flûtes de jade,
Mêlaient leurs voix au Bosphore alenti,
Et des rires venaient de l'ambassade...

Mais je songe surtout au Luxembourg
Où j'écoutais Sa voix, française et fine,
Me murmurer, dans l'or mourant du jour,
La tristesse ardente de Jean Racine.

Northampton, 1916.

La revanche du Paon

> *Poète et Financier*: M. Paul Morin dirigera
> le service des obligations de la Maison...
>
> *Les journaux.*

Je veux, sans plagier feu mon maître Edgar Poe
— Dont j'aime bien, pourtant, la mirifique histoire

Du trisyllabique corbeau
Distillant la sagesse du haut d'une armoire, —
Je veux décrire un rêve, avant que ma mémoire
    N'en laisse échapper les détails,
Les vraiment étranges détails.

Épouvantail

Pour les petits jeunes gens qui veulent écrire,
Dans des nuages de myrrhe de Cachemire,
    Des vers où la mythologie,
Dans une somptueuse et polychrome orgie,
À l'histoire se mêle, asymétriquement,
    Que ce mien rêve, consumant
À jamais leur désir d'être littérateurs,
Soit une leçon sage, opportune, et facile.

    Donc, je rêvais.

Lise, ou Cécile, —

Luce, ou Fulvie, — Élisabeth, ou Geneviève, —
(Car sait-on jamais à quelle femme l'on rêve?)
    Devant la mer Tyrrhénienne
Me tressait en chantant des guirlandes de fleurs.
Mes rêves ont toujours un décor philhellène.
    Mais soudain, comme chez Klingsor,
Ces belles dames disparurent du décor.

Je me crus éveillé.

        J'étais benoîtement
    Couché dans mon petit lit blanc.

Mais l'étais-je, éveillé? J'eus, je l'avoue, un doute,
Car un beau paon, dodu, perché sur la courtine,
Me regardait d'une prunelle vipérine.

    Parlez, seigneur, je vous écoute!
— Murmurai-je, — après tout, c'était un vieil ami,
Et je l'avais, certes, proclamé roi, parmi
    Tous les autres gallinacés...

Je t'en veux, siffla-t-il, *et puis, j'en ai assez.*

Un hiatus! — pensai-je, — évidemment, je dors...
    (Car oncques n'en tolère, hors
Dans cette somnolence où fleurit le vers libre.)
Assez de quoi, seigneur? Il n'est pas de félibre
    Pindarisant sur sa Provence

262

Qui n'eut de chants si clairs, si riches, et si doux,
Que les mots qu'autrefois je modulai pour vous
      Sur de multiformes cadences;
      Condescendez, seigneur, à dire
Pourquoi de votre chantre il vous plaît de médire.

Tu me crois, me dit-il, ton obligé, d'avoir
      Su, par quelques vers, émouvoir
Des dames de lettres, en célébrant ma queue.
Elle est, je l'admets, riche, et fastueuse, et bleue,

      Et mon aigrette a bien son charme...
Mais sache que j'ai versé plus d'une âcre larme
— Il s'essuya l'œil droit d'une plume d'azur —
      Sur ton incroyable ignorance.

Il est élémentaire de me trouver sur
L'historique vélin d'un évangéliaire;
      Près des fontaines de Florence;
      À Capri; dans un cimetière
D'Eyoub; à la villa d'Este... Le paon des roses
Est aussi banal, sur les plages de Formose,
      Que dans la légende où Junon
Fit d'Argus un berger de Petit Trianon.
Les paons de Louis Onze? et les paons de Pépin?
      Balbutiement de galopin!
Enfantin, tout cela!

                        C'est à faire pleurer,
Et, puisque je me suis permis de m'ingérer
      Dans votre nocturne retraite,
Permettez qu'un peu je me paye votre tête.
      C'est méchant, les paons!

                        Je frémis.
N'est-ce pas assez que les bons petits amis
Se payent ma...? Passons.

      À mon sujet? Eh bien, vous allez voir!
                        Vous croyiez tout savoir

J'ai traîné sur toutes les pages de l'Histoire
Mon éventail de feu, d'émeraude, et de moire.
      On chanta l'azur de mon cou
Du Mékong à l'Irmak, d'Abydos au Pérou.
Je suis partout: dans l'ode, et dans la tragédie,
      L'Escurial et l'Arcadie

M'ont vu marcher parmi les lys et dans le sang.
Je suis sur la médaille et sur le tétradrachme,
*   Et peu me chaut l'auteur du drame,*
Je suis le plus beau, toujours, et le plus puissant!

Tu vois que tu n'as rien inventé, cher poète,
*   Tu es même un peu dans ma dette...*

        Il m'embêtait, cet oiseau-là!
Car, enfin, je n'avais rien fait pour lui déplaire
Et que m'importait son orgueilleuse colère...?
Je décidai qu'il fallait mettre le holà
        À l'oiseuse catilinaire;
Mais lui, de plus en plus monté, continuait:
Je m'insurge, Morin, contre le désuet
*   Antonello da Messina*
Qui, près d'un saint Jérôme, me badigeonna;
C'est le seul que tu cites. Mais il en est d'autres!
*   Depuis les croquis de Lepautre*
Jusqu'aux plus vieilles peintures du Turkestan,
De chez monsieur Tate aux cintres du Vatican,
*   De Rubens à Paul Véronèse,*
Sur le trumeau, sur la cloison, sur la cimaise,
On ne voit que mon col, on ne voit que ma traîne,
Avec des dieux, avec des saints, avec des reines!

Mais oublions cela. Je croyais que les lettres
Grecques et latines avaient pour vous des charmes
*   Infinis!...*
*   Me faut-il admettre*
Qu'auprès de vous le plus nicodème des carmes
*   Est un Pic de la Mirandole?*

Quoi! Vous ne savez pas que Lucrèce interpole,
*   À chaque ligne, mon éloge?*

Mais il n'est de spicilège qu'on n'interroge
*   Sans y trouver mon nom sonore!*
Aristophane, Alcée, Alcman et Diodore,
*   Anacréon et Stésichore,*
*   Et même ce vieil Archiloque,*
Il n'est d'ïambe où leur bon goût ne me colloque!
*   Là, comme ailleurs, je suis partout...*
L'oiseau de paradis, l'ara, le marabout,
Près de moi ne sont que de vulgaires moineaux
Aux pieds d'un Bouddha lourd de saphirs et d'émaux...

Je pensai: Quelle modestie!
Mégalomane à la vision pervertie,
Il te faudrait pourtant une leçon...

                                                    Mais lui,

Impassible, psalmodiait:

                                              Ma queue à lui

Près des bronzes verdis du Bassin de Neptune
Comme aux marches du temple où priait Salammbô;
C'est le prestigieux et fulgurant flambeau
Qui, de sarde au soleil, est d'opale à la lune;
Et cette queue, améthystine et satinée,
Je la retrouve au chapitre XX d'Athénée,
        Livre XIV, où nous lisons
Qu'en Grèce, on a des coqs, en Gaule, des oisons,
Mais que, le soir, les murs romains sont bleus de paons
        Et les bois cuivrés de faisans...

Connais-tu, maintenant, le Trychon *d'Antiphane?*
Goûte l'humour d'une allusion diaphane:
        « D'une seule paire, il naquit
Plus qu'il n'est de cailles en Grèce... » *Mais il dit*
        Aussitôt: « Je connais un homme
Honnête, un homme intègre, un homme probe, comme,
Hélas! depuis bien des siècles, on n'en fait plus,
        Mais il eut cinq fils dissolus. »

Excusons ce libelle, il est, du moins, candide,
Et, si tu veux, lis avec moi, d'Anaxandride
        L'aimable et rare Mélilot,
Ou le Pausanias *de Strattis*: « Un grelot
D'argent orne le col d'azur et d'émeraude
        De mes chers paons privés qui rôdent
Sur les dalles d'onyx d'un étroit vestibule... »
Ou, préfères-tu voir, dans le Phoenix *d'Eubule,*
        *Ou l'*Astralentes *d'Eupolis,*
Que les paons des jardins de Philippopolis
Avaient la voix aussi suave qu'une femme?

        L'amer Antiphon a moins d'âme,
Cependant, dans son Discours contre Erasistrate,
Et, dans les Oiseliers, *Anaxilas ne rate*
        Jamais l'occasion et l'heur
D'appeler méchamment le paon: « Chien criailleur!... »

Mécréants!

Tout autre est Alexis; son Lampas
Nous laisse entendre qu'il n'est pas,
À cinquante ans, repu de porter à sa lèvre
Du paon farci d'anis et cuit au lait de lièvre...

Heureux temps!

Ô soirs d'Étolie
Où vers la lune, — c'est dans la Laucadie
De Cléarque, — montaient les cents plaintes lointaines
Des grises chouettes d'Athènes,
Des paons de Samos et des pintades persanes,
Ménodote et Démus, le fils de Périlampe,
Venaient me célébrer, dans l'ombre des platanes,
Après avoir éteint leur lampe...
(C'est peut-être inexact, mais je cite Antiphane.)

Il soupira, les yeux perdus, puis reprit, l'âne:
Oui, Pline, Pétrone, Varron,
Et même Hortensius, et même Cicéron,
Le plus humble, le plus obscur, le plus savant,
Tous, tous, ils ont chanté le Paon!
Et pendant tous les siècles cela fut ainsi!

Depuis le premier œuf de paonne, que saisit
Dans quelque vert ravin de Chine
La première fureteuse main enfantine,
Jusqu'aux paons que l'on voit sur les bijoux qu'exhibe
Au Petit Palais Paul Iribe,
Depuis le paon de Lancelot du Lac, couvert
De feuilles d'or, depuis le paon au bec ouvert
Du heaume des Montmorency,
Et depuis l'iris de son plumage... (ô Voltaire!)
Aux paons blancs de Montilz-les-Tours, et de Madère,
Qu'on voit perchés sur des tombeaux,
Je suis le plus puissant, toujours, et le plus beau!

Ici, *lunga pausa.*
Une telle éloquence
Veut plus de souffle qu'un vain peuple ne le pense.
L'entretien se corsait.

Devais-je

Mettre un frein à la fureur des flots? Ce chorège
Abusait, juché là, sur mon rideau garance,
Et de ma courtoisie, et de ma déférence,
Et de mon hospitalité.

Bref, las de ce nouveau Siméon Stylite, et
Sans parodier, de l'aède de Cambo,
    L'*Et nous, les petits, les obscurs?...*
    Qu'à Marmont aboya Flambeau,
Je criai d'une voix qui fit vibrer les murs:

    Et moi?

Moi qui, diligemment, et d'un cœur plein d'émoi
Pour la chose si belle qu'après tout vous êtes,
    Vous proclamai roi chez les bêtes;
Moi, qui sacrifiai la gloire, — si facile
Puisqu'il suffit d'être régionaliste, — à
La tâche de chercher, du temple de Vesta
Aux tilleuls palatins, le triangle imbécile
Que grave votre griffe au sable des chemins;

Moi, qui pendant quinze ans mis l'ardeur des bramins
    Et la patience du bonze
À collectionner votre orgueilleux contour
Dans l'émail, sur la soie, en marbre, en or, en bronze,
Tant que mon logis a l'air d'une basse-cour;

Moi qui, de la Bibliothèque Mazarine
À la Pinacothèque de Munich, en août,
Perdis trois semaines à chercher un livre où
Étudier les mœurs de la paonne marine;

    Moi qui, jusqu'au jour enchanté
    Où la mort viendra me cueillir,
Pourrai peiner, suer, souffler, et m'esquinter
    Au plus abrutissant labeur,
    Moi qui pourrai m'enorgueillir
    D'un sinistre et morne travail,
Si morne qu'Orpheus même en oublierait sa lyre,
Sans que mes bons concitoyens puissent me dire
Autre chose, en tendant une main sans ardeur,
Que: « *C'est vous qui avez écrit le* Paon d'Émail?
Ah, que ça doit être difficile d'écrire!... »

Moi, qui vois enchaîné, pour les siècles futurs,
    Mon nom au nom d'une volaille
Sans la possibilité d'un *deleatur*,
Si bien que, des fois, j'ai peur que l'on ne m'empaille
    À l'heure du rite final...
Penses-tu que tout cela m'amuse, animal?

Épuisé, je me tus.

La brute avait les yeux clos. Je pensai.
Je suis peut-être allé trop loin. Il est confus.
C'est clair. Il est froissé, blessé...
C'est toujours ennuyeux de perdre un vieil ami;
Faisons le premier pas:

— Cher Paon,

Je regrette de vous avoir fait de la peine...

Le reître entr'ouvrit une paupière hautaine
Et murmura: *Je m'étais endormi.*
Entendre parler les autres est fatigant;
Je dors toujours quand on ne parle pas de moi
Que disiez-vous?

Que je vais, tremblant d'un délicieux émoi,
Tordre ton joli cou...
Répondis-je, et d'un bond je me jetai sur lui!
Mais ma main n'étreignit qu'une ombre...

Il avait fui.

Et soudain un vacarme, infernal, et strident,
Et galvanique, me dressait sur mon séant...
C'était le timbre, — oh, si ponctuel! — qui me dit
Lundi, mardi, mercredi, jeudi, vendredi,
(Et même samedi, l'hiver):

Poète, prends ton luth, ton portefeuille vert,
Ton stylographe Waterman, et le tramway
Qui rampe vers la Place d'Armes
Comme un mastodonte enroué...

C'est l'heure divine où se baigne dans les larmes
De l'aurore, odorant comme une cassolette,
Ton jardin plein de mignonnette,
Et c'est l'heure exquise, ô poète,
Où, pour garder un toit sur ta tête,
Tout frémissant encor des rêves de la nuit,
Il te faut regagner le bureau plein de bruit,
Et d'odeurs de calorifère, et de peinture,
Et de dactylographes aux fauves aisselles,
Où, telle l'acanthe corinthienne aux stèles,
L'obligation s'enlace à la débenture...

268

Et jusqu'au soir, asile unique de l'ilote,
Toi qui jadis chassais cottes et cotillons
Rimes, oiseaux bleus, papillons,
Va, Don Juan que le sort maquille en Don Quichotte,
Va glorieusement courir sus à la Cote!

Mississippi

Et c'est donc toi, vieux Fleuve, au long duquel mes rêves
S'égaraient autrefois, si romantiquement,
Lorsqu'en classe, bien sage (mais si loin, pourtant,
De la chambre, chaude de soleil et d'élèves),
Avec le sombre et sourcilleux Chateaubriand,
Haut cravaté, je me promenais sur tes grèves...

Déception!...

Ce flot, troublé de caïmans,
Tumultueux, parmi les vignes et la menthe,
La verte canne à sucre, la troupe bondissante
Des buffles, et surtout — oh surtout! — les flamants
Roses, les papillons semés d'yeux amarante,
Les mines de lapis-lazuli...

Beaux romans
De l'émouvant René, que ma mémoire héberge
Si jalousement, à l'encontre du... progrès,
Ce soir, couleur de suie, et d'étain, et de grès,
Dans le brouillard lourd d'où, morne, une usine émerge...
Laissez que je vous dise adieu, sur cette berge
Où de noirs paquebots profilent leurs agrès,

Minnesota, 1917.

Pays de l'érable...

XIIIe (et dernier) Nocturne.

Pays de l'érable,
Pays misérable,
Qu'as-tu fait de moi?

De l'esprit docile[1]
De ce corps agile,
De ce bel émoi

---

1. Qui fut mon orgueil,
   Qui fut mon écueil,
   Hélas! trop de fois...

Qui brûlait mon âme
D'une pure flamme
Devant l'or d'un lac,

Un lent crépuscule,
Une libellule,
Un choral de Bach;

De cette jeunesse
Toute d'allégresse
Il ne reste rien;

Cette fourbe ville
Et sa tourbe vile
Ont rongé mon bien.

Où sont les gondoles
Et les girandoles
Du Rezzonico?

Où sont les suprêmes,
Les choux à la crème
Du Bar Monaco?

Où sont les croustades,
Les tendres pintades
De chez Negresco?

Mes coupes de Saxe,
(Mon gibus de Saks...)
Mon petit Steinway?

Les matins de France,
Les amis d'enfance,
Le Grand Dévoué?[2]

Où sont mes estampes,
Mes secrètes lampes
Et mon Uccello?

Mes milliers de livres...?
Tous ces bateaux ivres
Sont au fond de l'eau.

....

---

2. Le poète René Chopin.

Ô Gen![3] Ô ma Morte!
Toi qui es chez Dieu,
Ouvre-moi la Porte,

Je n'ai plus de feu.

ROBERT DE ROQUEBRUNE (1889-1978)

Roman historique qui relate la rébellion des Patriotes (novembre 1837), roman de l'amour que n'interdisent pas les barrières ethniques mais que la mort casse, *Les Habits rouges* (1923) demeurent un bon portrait de la mentalité de la bougeoisie québécoise du premier quart du siècle — comme *Les Dames Lemarchand* (1927) — début de siècle qui ressemble en ces romans à la fin du précédent. L'un des fondateurs de la revue *Le Nigog* (mot indien qui signifie « harpon »), Robert de Roquebrune vécut la majeure partie de sa vie à Paris, travaillant au bureau des Archives canadiennes. Les textes qui suivent sont tirés, le premier des *Habits rouges*, le second de ce qu'on peut considérer comme sa meilleure œuvre, *Testament de mon enfance* (1952), du chapitre intitulé « Dans la maison du bonheur ». (*Testament de mon enfance* est le premier tableau d'un triptyque; les deux autres sont *Quartier Saint-Louis* et *Cherchant mes souvenirs, 1911-1940*.)

LES HABITS ROUGES
Henriette de Thavenet

(C'est le dernier chapitre du roman. L'insurrection de 1837-1838 est terminée. Avant les « événements », le lieutenant d'Armontgorry et le lieutenant Fenwick étaient amis: ce dernier aimait Henriette de Thavenet. On se rappellera que sir John Colborne avait été chargé, selon le mot d'un historien, de « liquider la situation ».)

M. de Thavenet, une couverture sur les genoux, lisait devant la fenêtre du salon. Sa tête blanche et le livre absorbaient la lumière du jour tombant. Dans la pièce, les objets entraient peu à peu dans l'ombre. Henriette leva les yeux. Des branches d'arbres déjà chargées de bourgeons fouettaient les vitres. Le printemps de 1838 était commencé.

Une somnolence ferma les yeux du vieillard. Il laissa choir son livre qui tomba tout ouvert sur le tapis. Henriette, machinalement, lut en haut d'une page: *Imitation de Jésus-Christ* et quelques lignes plus bas: « Et ainsi la fin de tous est la mort et la vie des hommes passe comme l'ombre. »

---

3. On prononcera *Djènnn...*

Quelqu'un entra dans le salon. Henriette reconnut le plus vieux des domestiques du manoir de Saint-Mathias. Il semblait hésiter. Il fit un signe à la jeune fille, laissa voir une enveloppe qu'il tenait dans sa main repliée... mademoiselle de Thavenet se leva. Quand elle eut la lettre, elle monta la lire dans sa chambre.

Cette pièce recevait toute la clarté qui tombait du ciel. Au loin, le bassin de Chambly était de la nuance des nuages pâles d'avril. Le fort Pontchartrain reproduisait dans l'eau la brique rose de ses murailles ruinées. Les longs bâtiments des casernes occupaient un point du paysage. Henriette s'assit près de la fenêtre et se mit à lire:

« MA CHÈRE HENRIETTE,

« *Je sais bien que je ne devrais pas vous écrire. Tant de choses nous séparent. Mais, puis-je oublier notre ancienne amitié? Je regrette maintenant qu'elle n'ait pas été plus vigoureuse. Nous aurions au moins la force de vaincre les volontés qui nous séparent. Et quelle consolation pour moi si je vous avais près de moi, de pleurer dans vos bras! Hélas. Henriette, j'ai à peine le courage et la force de vous faire part des nouvelles que vous m'avez demandées. Écrire ces choses renouvelle en moi des sensations affreuses. Mais sachez tout de suite que votre frère est sauvé quant à sa vie. Il a été condamné à la déportation aux Bermudes avec beaucoup de patriotes... D'autres sont envoyés en Australie. Enfin, Henriette, les commissions militaires en ont condamné plusieurs à mort. Ils ont été exécutés. Tous sont morts avec héroïsme. Il y avait parmi eux ce domestique du notaire Cormier dont vous m'avez demandé de m'informer: Cotineau. Faut-il vous nommer les autres? Vous en avez connu plusieurs, peut-être. Alors priez pour Lorimier, Hindelang, Cardinal et leurs compagnons.*

« *Le lieutenant d'Armontgorry a été fusillé... Cela s'est passé à la prison de Montréal. Permettez-moi de ne pas vous donner de détails. D'ailleurs, j'en possède très peu sur ses derniers instants. Il ne me reste qu'à le pleurer...*

« *Que de gens sont morts pour cette cause! Je sais, Henriette, que ce sont des martyrs de votre patrie. Je ne songe à eux qu'avec respect et pitié, mais je ne puis m'empêcher aussi de penser à ceux qui sont morts en défendant la cause de l'Angleterre. Je songe au lieutenant Fenwick...* »

Mademoiselle de Thavenet ferma les yeux. La lettre de Lilian Colborne tremblait au bout de ses doigts. Elle murmura: le lieutenant Fenwick.

Et elle revit tout le récent passé: la masse grise de la maison Debartczch, l'odeur flottante de la poudre, des choses brisées sur le carreau d'une chambre, le déchirement sec des coups de fusil, un officier en habit rouge qui se dresse tout à coup dans le jardin et qui semble présenter sa poitrine à la colère inconnue qui le frappe...

Mais elle s'arracha de cette vision. Des images plus douces se présentèrent. Elle sentit sur sa main comme le souvenir du frôlement délicat et chaste d'une jeune bouche...

— Le lieutenant Fenwick!

Elle reçut une brusque clarté sur les tempes. Ses paupières battirent, comme quand on pose une lumière soudaine devant les yeux de quelqu'un qui dort. Elle se passa la main sur la figure. Il lui semblait toucher sous ses doigts les traits et la face d'une femme inconnue. Elle se regarda dans un miroir. Quelque chose était changé en elle qui modifiait son regard.

— Je l'aimais, se dit-elle.

Elle pensa qu'aimer est la plus involontaire des circonstances de la vie. Il semblait qu'elle eût découvert en même temps que ce sentiment, une source de regrets. L'amour lui parut une chose dangereuse, traîtresse et mystérieuse comme ces trous profonds que l'on voit dans la glace unie des rivières en janvier. Une sorte de chagrin très doux l'enveloppa. Elle sentit cette douleur sourde de quelqu'un qui apprend qu'un être cher est mort au loin. Cette douleur, comme tardive, monta lentement en elle et couvrit son âme entière.

Ce fut pour le deuil de cet amour inutile et déjà lointain qu'elle se vêtit de noir durant quelques semaines. Peut-être se demanda-t-on autour d'elle pour qui étaient ces rubans noirs et ce voile et on chercha peut-être parmi les *patriotes* tués, pendus ou exilés le fiancé inconnu que pleurait Mademoiselle de Thavenet.

TESTAMENT DE MON ENFANCE

« À l'ami des pauvres »*

La réalité paraît inaccessible à certains hommes et à certaines femmes. Ils se montrent dès l'enfance incapables de la saisir et la suite de leur existence ne leur apprend rien à ce sujet. Ils sont la proie d'un rêve intérieur qui s'interpose sans cesse entre eux et les choses visibles. C'est ce qui leur fait parfois une parole hésitante et une figure où la bouche garde un sourire distrait, des yeux au regard vague et somnolent.

Hervé était absent du monde où il vivait. Jamais il ne l'habita tout à fait. Enfant silencieux, il posait tout à coup une question qui révélait à quelle distance il se tenait des apparences. Tout était en lui rêve et construction de l'esprit. Et il imaginait sans cesse un univers, créait des êtres, habitait des terres lointaines peuplées de ses inventions. Quand il sortait de ces nuageuses aventures, son regard demeurait distrait et voyait mal ce qui l'entourait. C'est alors que, parfois, pour marquer l'intérêt qu'il prenait tout de même à nos personnes, il s'enquérait tout à coup de quelque chose, prenait le souci d'un événement.

Il partageait avec mes sœurs les leçons que Mlle Villeneuve leur donnait dans la chambre d'étude. Cette vieille petite personne habitait le village et venait au manoir trois jours par semaine pour dispenser sa science aux enfants de la maison. Jugé trop jeune pour participer aux leçons, j'avais toujours hâte qu'Hervé en fût libéré car il était le compagnon de mes jeux. Mon aîné de trois ans, je le jugeais plein d'expérience et j'admirais en lui un savoir à quoi je n'espérais pas pouvoir jamais atteindre. Hervé tirait de tous les livres qui étaient à sa disposition une source d'inspiration qu'il transformait en jeux. Je le suivais avec une foi admirable dans son génie et j'acceptais toutes les conventions de son sens dramatique.

Le grenier de la maison et les hangars étaient les théâtres où les inventions de mon frère prenaient corps. Mais le grenier surtout était l'endroit élu. Sous les chevrons et les poutres du toit, nous avons vécu mille existences fabuleuses et fantaisistes. Quand nous redescendions de ces lieux enchantés, je reprenais tout de suite pied dans la vie quotidienne et le monde réel. Mais Hervé demeurait engagé dans les rêves. Son esprit restait au grenier.

La vie l'ennuyait et il la transformait. Son cerveau était magicien. Il empruntait à ses lectures ses meilleurs moyens d'affabulation. Les contes de fées en fournirent longtemps la trame. Et *la Belle et la Bête* fut pour moi l'un des jeux du grenier bien avant d'être un conte de Mme de Beaumont.

Ainsi ai-je connu par Hervé, et en action, toute une littérature. Je le vis sous le costume de Golo enlevant une Geneviève de Brabant représentée par de vieux oreillers enveloppés d'une robe de soie déchirée et coupée aux plis. La robe, maman l'avait abandonnée à nos mains pour servir parmi nos accessoires. Nous n'en manquions pas. Le grenier en fournissait beaucoup et de variés. Mais il arrivait qu'Hervé avait des exigences de metteur en scène et il allait réclamer à ma mère, à mes sœurs ou aux Sophronie des objets indispensables à une action particulièrement compliquée. Il en jouait toujours le rôle principal et me faisait tenir les utilités. Il fut le capitaine Matteras et, à lui seul, les enfants du capitaine Grant. Je le vis en Bois-Rosé et en Costal l'Indien. J'étais le dévoué matelot ou l'ahuri Paganel. Mais j'étais souvent aussi l'ennemi que l'on poursuit, que l'on terrasse et que l'on tue. Et un jour que j'étais attaché au poteau de torture et que j'allais mourir d'un affreux supplice, le costume terrible d'Hervé, sa figure grimaçante, ses gestes et ses armes me jetèrent dans une terreur panique. D'un effort, je me dégageai de mes liens et je me précipitai en hurlant dans l'escalier pour me réfugier à la cuisine, près de Sophronie, qui me recueillit, tout tremblant, dans ses bras. Lorsque je revis Hervé, le soir, au dîner, il ne me fit aucun reproche. Mais son charmant sourire avait un peu d'ironie en me regardant, une certaine pitié. Il était le poète incompris par le réaliste. J'avais été assez bête pour croire qu'un jeu était vrai.

Schéhérazade n'eut pas l'esprit plus fertile en trouvailles que mon frère Hervé. La sultane inventait chaque soir un nouveau conte. Disciple et imitateur de la fabuliste orientale, il devait rêver au lit le roman qu'il développerait au moment du jeu, sous le toit du grenier. Les *Mille et une Nuits* furent d'ailleurs longtemps une des sources de ses drames. Le chef orné d'un turban fait d'un vieux châle, enveloppé dans une robe de chambre à fleurs, le ventre barré d'une ceinture « fléchée », il fut Simbad le marin, Aladin et dix autres personnages de la traduction de Galland. Le livre des merveilles, illustré d'images que nous connaissions par cœur, était posé sur un coffre, tout ouvert. Nous allions y puiser des indications de costumes et des renseignements pour les décors. Mais nous n'étions pas toujours difficiles en matière de mise en scène. Et Hervé partageait avec moi des opinions très libres à ce sujet. Comme les acteurs de Shakespeare, nous avions sur les conventions de théâtre des traditions qui nous libéraient de toute servitude. Notre imagination suppléait à certaines insuffisances. Et comme au temps de la reine Élisabeth, une lanterne dans un coin de la scène faisait très bien le clair de lune, un coffre bien placé devenait un mur, une prison ou une fenêtre.

Le grenier était un magasin d'accessoires merveilleux. Même des enfants sans dons d'imagination, y eussent découvert de quoi nourrir mille rêves. Les nôtres avaient dans ce lieu, de quoi revêtir une apparence. Depuis cent ans, il s'était accumulé sous les poutres du grenier des meubles, des vêtements, des objets qui formaient le musée le plus riche et le plus bizarre du monde. Quand un fauteuil vermoulu s'affaissait sur le parquet d'une chambre, qu'une table ne tenait plus sur ses pattes on les montait au grenier. On y avait monté ainsi tout un mobilier. Une grande armoire recelait des robes et des manteaux, de vieux paletots, des redingotes, des chapeaux haut de forme. Sophronie venait parfois jeter là-dedans des boules « contre les mites », prendre un vêtement que la petite Sophronie, habile couturière, retapait au profit d'un pauvre du village. C'était une resserre où l'on était toujours assuré de trouver l'objet dont le besoin inattendu se faisait sentir, le bout d'étoffe, le vieil habit qui allait servir à un « quéteux » venu frapper à la porte de la cuisine. La grosse Sophronie nous enlevait parfois de précieux accessoires dont elle avait trouvé subitement l'usage. Mais le fonds était inépuisable.

Les catalognes et les ceintures fléchées constituaient des moyens de décor de premier ordre. La « catalogne » était encore à cette époque le tapis de toutes les maisons de campagne au Canada. Fabriquées par les femmes d'habitants, ces longues bandes d'étoffes multicolores étaient partout l'ornement des cuisines. Les femmes faisaient cela avec des « guenilles ». Cette industrie singulière datait de l'intendant Jean Talon qui avait administré la colonie sous Louis XIV. Une « seigneuresse », Mme Le Gardeur de Repentigny, avait inventé le tissage des catalognes. On n'a jamais su la raison de ce mot « catalogne ». Influence lointaine des colonies espagnoles, du Mexique, de la Louisiane peut-être, rapportée par des traitants de fourrures, des voyageurs du temps de Cavelier de La Salle, des compagnons de Louis Jolliet qui découvrit le Mississipi. La cuisine du manoir était ornée de magnifiques catalognes. Le parquet des corridors en était recouvert. On les changeait souvent. Il fallait qu'elles fussent toujours neuves et brillantes. Une fois ou deux par année, Godefroy leur faisait subir une grande lessive. Mais dès que leurs couleurs se fanaient, ma mère en achetait au village chez une femme qui en avait la spécialité. Et les vieilles étaient montées au grenier.

Les ceintures fléchées étaient pendues à des clous fichés dans le bois. Leurs couleurs rouges donnaient au vaste grenier un aspect de tente indienne. Leurs longues franges semblaient des chevelures, le produit d'un scalp, les sanglants trophées d'une victoire iroquoise. Au milieu du XIXe siècle, le comté de L'Assomption était encore le centre de production des ceintures fléchées. Les femmes d'habitants les tissaient pour les « agents » de la Compagnie du Nord-Ouest, lesquels en faisaient une grande consommation. Vers 1850, le Manitoba et les Territoires, ainsi que l'on appelait tout le vaste pays de l'ouest du Canada, étaient entièrement sous la domination de la Compagnie. La traite des fourrures était encore le plus grand commerce du Canada. Et les plus riches familles de Montréal descendaient des directeurs de la Compagnie.

Elle employait de nombreux « agents » qui demeuraient dans les postes de traite des Territoires, au Manitoba, dans les Montagnes Rocheuses, et sur la côte du Pacifique. Les directeurs qui s'appelaient les « Bourgeois » étaient surtout des Écossais et des Français. Les plus célèbres avaient été Simon McTavish, Nicolas Montour, le marquis Rastel de Rocheblave, Chaboillez. Ces grands aventuriers avaient fait des fortunes immenses. La Compagnie était hiérarchisée et ses membres formaient une véritable aristocratie à Montréal où elle avait son fameux club. Pour appartenir au Beaver Club, il fallait être Bourgeois, agent ou officier de la Compagnie. Car, elle avait des troupes appelées les Guides, lesquels étaient commandés par des gradés. La Compagnie était une puissance avec laquelle le gouvernement du Dominion eut à compter lors de la Confédération en 1867.

Hervé et moi nous connaissions, par les récits de mon père, beaucoup de détails sur la Compagnie du Nord-Ouest et les traitants de fourrures. Un cousin de notre arrière-grand-père avait été commandant des Guides en 1820. Il se nommait André de Roquebrune et avait été le héros de multiples aventures chez les Sioux, les Crees et autres tribus indiennes de l'Ouest. C'était un hercule de plus de six pieds, d'un courage légendaire et d'une beauté célèbre parmi les Sauvages de l'Ouest, grands admirateurs de ces avantages physiques. Les papiers de famille, dans le secrétaire du salon, renfermaient de curieuses lettres du commandant André de Roquebrune. Sous le règne de Louis XV, le trisaïeul de notre père, Louis La Roque de Roquebrune, avait été le compagnon de voyages de son cousin germain le chevalier de Tonty, fameux traitant de fourrures. Enfin, notre grand-père maternel, le colonel de Salaberry, avait servi comme officier au Nord-Ouest en 1865 dans la guerre de Riel contre le gouvernement du Canada. À Montréal vivait encore la vieille Mlle de Rocheblave, la fille du marquis. Elle était riche, demeurait dans une des anciennes maisons à galerie du quartier Saint-Louis-de-France et y donnait des dîners magnifiques qui duraient quatre heures. Une ou deux fois par hiver, mes parents allaient en ville pour dîner chez la fille du Bourgeois de la Compagnie. Le village de L'Assomption avait été longtemps un des comptoirs des traitants et on y voyait encore dans mon enfance l'un de leurs entrepôts de castors. Laurent Le Roux, compagnon de McKenzie, découvreur du grand fleuve qui porte son nom sur les cartes du Canada, habitait L'Assomption. Nous connaissions sa maison, près de l'église. Il y était mort paisiblement un jour en écoutant sonner l'angélus, après une existence de drames et d'aventures dans les Territoires.

Les ceintures fléchées représentaient tous ces héros du Nord-Ouest et il nous suffisait de prendre dans nos mains ces longs serpents de laine colorée pour faire revivre les récits de mon père. La Compagnie n'existait plus, les Bourgeois étaient morts depuis cinquante ans, les Territoires ne figuraient plus sur les cartes, mais tout cela revivait pour nous sous les poutres du grenier. Dans des tentes de catalognes, drapées de ceintures fléchées, mon frère et moi étions La Vérendrye découvrant les Montagnes Rocheuses, McTavish faisant la traite dans un poste, André de Roquebrune à la tête du régiment des Guides, McKenzie et Laurent Le Roux remontant le fleuve inconnu qui conduit au pôle. Leurs noms oubliés et leur mémoire perdue ressuscitaient dans les jeux de deux garçons épris du roman de leurs vies aventureuses. Nous avions ajouté la troupe de ces Canadiens d'autrefois à Simbad le marin, au capitaine Hatteras et même à d'Artagnan, mêlant ainsi l'histoire à la fable, les héros des Territoires du Nord-Ouest aux personnages de Schéhérazade, de Jules Verne et d'Alexandre Dumas.

Mais les préoccupations d'Hervé changèrent tout à coup d'objet. Il devint d'une grande piété, s'abîmait dans des prières, rêvait d'une vie sainte et parlait de se faire prêtre. Désormais, il me laissait prendre le beau rôle dans nos jeux du grenier. Je fus promu chef, capitaine et empereur. Il joua des rôles de missionnaire et même de martyr. Les catalognes et les ceintures fléchées ornèrent un autel où il disait des messes dont j'étais le fidèle ennuyé et peu docile. Il avait réclamé comme cadeau de Noël des « ornements » d'église et maman lui avait fait don d'un jeu complet pour faire le prêtre. Il lisait la vie des saints et en tirait des sujets de drame qui changèrent beaucoup de choses au grenier. On y marchait en procession comme dans une chapelle. Des images de piété furent piquées sur les murs. Revêtu de soutanelles taillées dans des jupons et des redingotes prises aux armoires, Hervé chantait d'interminables services divins et faisait des génuflexions. Le livre des *Mille et une Nuits* fut remplacé par les quatre volumes de *la Vie des Saints par les Révérends Pères Bénédictins*. Schéhérazade fut chassée et Jules Verne prohibé. Et le grenier qui avait été l'antre des sortilèges de la sultane, le pont d'un navire dans la tempête, un poste de traitant de fourrure, devint un lieu sanctifié par les prières d'un enfant qui jouait à la sainteté.

Il s'éprit de saint Louis de Gonzague, de saint Benoît Labre, du P. de Brébeuf, et mimait leurs vies. Saisi de respect, j'assistai à cette comédie sacrée. Je ne comprenais pas toujours ses intentions et je remplissais fort mal les petits rôles qu'il voulait bien me confier. Désespérant de me convertir, il finit par me confiner dans l'emploi muet de fidèle. Assis sur un coffre, j'assistais à ses messes. Ensoutané, le cou orné d'une étole, il s'avançait vers moi, les yeux baissés, et me présentait à communier sous les apparences de quartiers de pomme. Médusé, je m'agenouillais et recevais ce viatique. Mais tout cela ne m'amusait guère et je refusais parfois de monter à l'église, c'est-à-dire au grenier pour y entendre les sermons de mon frère et avaler des pommes coupées en petits morceaux. Hervé prit mal cette révolte de son ouaille. Et un jour que je m'étais risqué dans son temple, il m'apparut vêtu somptueusement d'une soutane blanche qui était une vieille chemise de nuit, la tête surmontée d'une tiare de papier d'argent et tenant à la main une crosse faite du bois recourbé d'une « traîne sauvage » brisée. Il marcha solennellement vers moi, prononça des mots mystérieux en un latin de grenier, et fit plusieurs gestes fort menaçants. Puis il m'annonça qu'il était le pape, qu'il venait de m'excommunier et, me montrant l'escalier qui conduisait aux étages d'en dessous, il m'ordonna de descendre en enfer, c'est-à-dire de ficher le camp.

Le schisme fut complet entre l'église du grenier et le renégat que j'étais devenu. Je me confinai dans le hangar où je possédais de quoi oublier mon compagnon. Mais comme nous nous aimions beaucoup, nos relations restèrent excellentes. À table, Hervé, toujours assis à côté de moi, me parlait à mi-voix, me contant des histoires étonnantes de saints, de martyrs, de missionnaires.

Je l'écoutais, oubliant de manger, la fourchette en arrêt. Il me fit ainsi un cours complet d'hagiographie entre la soupe et le dessert. Dans le bruit des conversations de la famille, les paroles d'Hervé n'étaient que pour moi seul. Parfois, ma mère nous regardait: « Mais, que racontez-vous tous les deux? » Alors Hervé s'interrompait, voilant son regard bleu de ses longs cils courbes: « Maman, j'explique à Robert ce que c'étaient que les catacombes où vivaient les premiers chrétiens... » Il m'expliquait bien autre chose d'ailleurs et, un soir pendant le dîner, je fus subitement pris d'un violent mal de cœur. Ma mère se précipita, me souleva dans ses bras et m'emporta dans ma chambre en disant avec inquiétude: « Qu'a-t-il avalé pour être malade ainsi et subitement? » Ce que j'avais avalé c'était une dégoûtante histoire de saint Benoît Labre qui mangeait, prétendait mon frère, les poux sur son corps.

Ma mère se plaisait à voir chez son jeune fils ces symptômes d'une vocation. Elle y trouvait les preuves d'une future prêtrise. Passionnément religieuse, elle aimait imaginer Hervé devenu vicaire, curé, évêque. Lorsqu'elle confiait ses espoirs à mon père, il haussait les épaules: « Et quand il joue au voleur, est-ce que cela signifie qu'il le deviendra? »

Hervé et lui s'entendaient mal, ne se comprenaient pas. Cette mutuelle défiance allait grandir, ne jamais cesser entre le père et le fils, finir par une véritable brouille. En vain, ma mère et moi tâcherions à les rapprocher, à les éclairer l'un sur l'autre. Les éléments de leurs caractères étaient faits de trop de différences. Ils ne devaient arriver à aucune rencontre. L'esprit de profonde tolérance de mon père, son horreur de toute querelle empêchèrent toujours qu'il y eût l'ombre d'une explication entre eux. Mais il regardait Hervé avec le plus sincère étonnement, et cette surprise ne devait pas s'atténuer avec le temps. L'indolence qu'il apportait à tout s'opposa à un essai d'influence de sa part sur l'esprit de son fils. Il se contenta de le considérer avec inquiétude. Cette silencieuse désapprobation était ressentie par un garçon dont la sensibilité était facilement écorchée. Dès l'enfance, Hervé dressa autour de sa personne un véritable système de défense, impénétrable forteresse où il se retrancha, vécut une existence mystérieuse, inconnue. Mon père, mes deux frères aînés et mes deux sœurs qui étaient attachés aux réalités, occupés de choses précises, réalistes, le considéraient comme un peu fou. Hervé n'était pas fou, mais il rêvait.

Maman et moi étions ses alliés et si Hervé a livré un peu de son âme inaccessible, c'est à nous qu'il en a fait le don. Elle comprenait son exaltation religieuse, admettait son culte des saints extraordinaires. Quant à moi, les idées de mon frère me jetaient toujours dans un vif sentiment de curiosité. Je l'écoutais avec un intérêt sans cesse en éveil. Et la tendre amitié que j'avais pour lui me faisait accepter ses récits pour l'expression de la vérité. Par lui, j'ai eu une explication tout à fait romanesque de la religion catholique et une histoire poétique de la vie des saints.

— Quand on veut devenir un saint, me dit-il un jour, il faut commencer dès le plus jeune âge, dès la tendre enfance à se flageller, à jeûner, à manger des choses mauvaises, et distribuer ses biens aux pauvres. Saint François d'Assise se roulait dans un buisson d'épines pour vaincre la chair...

— Vaincre la chair, qu'est-ce que c'est, Hervé?

Mon frère me regarda pensivement. Son beau visage était calme et il dit comme une chose toute simple: « Vaincre la chair, c'est tuer le diable ».

Je voulais bien vaincre la chair et tuer le diable, mais le buisson d'épines ne me tentait guère et je demandai si on ne pouvait pas faire autre chose. Et puis, était-il nécessaire de devenir un saint? Nos parents ne se roulaient pas dans les épines...

Mes questions l'agaçaient et mes objections lui faisaient hausser les épaules. « Nos parents sont des gens du monde et les gens du monde ne se roulent pas dans les épines. Ils vivent dans le siècle... »

— Qu'est-ce que c'est, le siècle, Hervé?

— Tu ne peux pas comprendre, tu es trop jeune... Mais si on veut être jugé digne de recevoir des grâces merveilleuses, les stigmates, comme saint François...

— C'est quoi des stigmates, Hervé?

Alors, il me chassait de sa présence, m'envoyait jouer au hangar. Et il demeurait seul dans son grenier, à lire des livres de piété, sa chère vie des Saints. Et il jouait, pour lui seul, quelque épisode élu par son imagination créatrice. Il devenait tour à tour le pape Anaclet disant la messe au fond des catacombes, un chartreux dans sa cellule, ou saint François prêchant les poissons et les oiseaux. Car la vie des moines était sa plus grande admiration et saint François était son saint d'élection. Il s'était fabriqué une série de costumes de moines de tous les ordres. Je le vis en robe blanche à coule noire, en froc brun, en dominicain, en trappiste, en bénédictin. Mais l'habit franciscain était celui qu'il aimait porter et je le voyais surtout affublé d'un vieux manteau tête de nègre arrangé par lui en robe de bure. Il poussa même le goût de l'imitation jusqu'à se confectionner un capuchon qu'il rabattait sur son crâne. Et, un jour qu'il m'avait convié à une messe solennelle, il m'apparut avec une barbe qu'il s'était collée sur les joues et qu'il avait fabriquée avec de la laine noire.

Son mimétisme devait même dépasser ce stade. Dans son admiration pour saint François d'Assise, il voulut lui ressembler tout à fait. À mes yeux agrandis par la surprise et une vague terreur, il exhiba, au cours d'une scène de la vie de son saint bien-aimé, des mains où une plaie rouge flamboyait. Je ne pus retenir un cri d'effroi. Je le crus blessé et me précipitai sur lui, m'emparai de ses mains ensanglantées. Un peu d'encre rouge me resta aux doigts. Hervé me regardait, ravi de son succès.

— Les stigmates, me dit-il.

Ce goût des costumes, cette dilection pour les comédies se mêlaient en lui à une sincère et profonde foi religieuse. Mais sut-il jamais démêler en lui ce qui était la vérité et l'invention? Toute sa vie, il a ainsi joué un jeu bizarre, toute sa vie, il s'est affublé d'oripeaux. Moine, pourtant, il devait l'être un jour et le demeurer quelques années. Saint, il le fut peut-être. Nous devions le voir revêtu de la bure, le crâne rasé et les pieds nus dans des sandales de cuir. Était-il dupe de son imagination? Était-ce les jeux du grenier qui continuaient? Subitement, il quitta l'ordre, revint « dans le siècle ». Mais il n'y vécut pas comme tout le monde. De cela, il était incapable. Mystérieux, il se consacrait à des occupations dont nous ignorions le but, voyait des gens que personne de la famille ne connaissait. Il avait des sursauts de foi intense qui le ramenaient aux communions quotidiennes, à l'assistance à des messes matinales. Cet état d'exaltation faisait suite à des mois d'indifférence, à une mondanité fébrile. Je vivais alors à Paris et je recevais de lui des lettres pleines d'affection, de confidences et parfois de plaintes, de gémissements. Mais je suivais son existence avec difficulté, ignorant trop de choses. J'étais encore, à distance, l'ami fraternel qui l'écoutait et suivait ses gestes, admirait ses costumes divers, et ses transformations, j'étais toujours le dévoué matelot, et souvent l'ahuri Paganel, car sa pensée profonde m'échappait. Je revins au Canada pour un séjour de deux mois et je trouvai Hervé dans un petit appartement, à Montréal. Il y vivait au milieu d'une collection de meubles anciens, de pièces d'argenterie qui étaient sa grande distraction. Sa vie était toujours ce qu'elle avait été: vaguement mystérieuse. Sa joie de me revoir fut immense. Il m'entoura de soins et d'attentions. Il fallut que je m'installasse chez lui durant mon séjour, car il ne m'eût pas pardonné d'aller ailleurs. Et lorsque je repartis, que je montai dans le train qui allait me conduire au port d'embarquement, il s'accrochait à moi, m'embrassait en pleurant. Cette séparation dramatique me fit mal, me troubla douloureusement. Hervé me semblait plus étrange que jamais. J'étais inquiet. Je reçus de lui quelques lettres à Paris. Elles étaient calmes, très courtes. Il se plaignait un peu de sa santé, disait avoir des troubles de la vue, des maux de tête affreux. Et, un jour, m'arriva, non pas une lettre de lui, mais une dépêche de notre frère aîné. Roquebrune m'apprenait qu'Hervé était mort subitement.

Et dans une lettre qu'il m'écrivit un peu plus tard, mon frère aîné me mit au courant des dernières semaines de la vie d'Hervé. Il ne sortait plus de son appartement. Des étourdissements qu'il avait eus l'effrayaient. Il avait fait venir un médecin qui lui trouva une tension artérielle inquiétante. Une nurse vint à demeure chez lui. Les maux de tête étaient affreux. Il demeurait couché, un sac de glace sur le front. Dans son délire, il exprimait ses rêves étranges, se croyait encore moine, regardait ses mains et y voyait deux blessures brûlantes et rouges. Il mourut un matin à l'aube, dans un éblouissement. Avait-il cru entendre une voix, un appel? Il s'était levé. Enveloppé dans sa robe de chambre, il fit quelques pas. La nurse était accourue. Hervé jeta un cri et s'écroula sur le tapis. Qu'avait-il vu, qu'avait-il cru voir? En mourant, sa dernière pensée ne fut-elle pas une image formée par son imagination, une vision de la mystérieuse poésie qui régnait en lui depuis son enfance?

Mon frère terminait sa lettre en disant qu'aux funérailles, on avait su enfin qui étaient les amis d'Hervé. Des gens bizarres avaient suivi son convoi, de pauvres gens, des femmes, des hommes, des enfants misérablement vêtus. Tous le pleuraient, semblaient désolés et ils s'étaient cotisés pour acheter une couronne de roses rouges qu'ils avaient déposée sur son cercueil. Un petit carton épinglé dans les fleurs portait ces mots: « À l'ami des pauvres. »

À l'issue de la cérémonie funèbre, un vieux prêtre était venu serrer la main de Roquebrune. C'était le chapelain de la Société de Saint-Vincent-de-Paul. Hervé faisait partie de cette association de charité, visitait les pauvres, leur donnait tout, son argent, ses soins, son amitié, sa vie. Personne n'en avait rien su, sauf ce prêtre et les pauvres. Ainsi, Hervé qui avait rêvé de la sainteté, qui avait inventé l'existence des élus, qui en avait joué si souvent le rôle, était peut-être en réalité, un saint par son étonnante et rare charité, et l'ignorait.

Dans nos jeux du grenier, j'avais toujours été le spectateur d'une comédie inventée par un garçon imaginatif. Lorsque les contes orientaux, les aventures de marins et de trappeurs firent place à des messes, que Simbad le marin, le capitaine Hatteras, les chasseurs de fourrures du Nord-Ouest furent remplacés par un moine à capuchon ou par le pape coiffé d'une tiare de papier d'argent, je me désintéressai de ce théâtre devenu trop mystique pour mon esprit. Mais Hervé n'avait pas besoin de moi pour ces jeux. Et il allait continuer la représentation du drame, pour lui seul.

JEAN-CHARLES HARVEY (1891-1967)

Chez Harvey aussi, dans *Les Demi-civilisés* (1934), malgré quelques éclats de voix (chapitre XII), l'inspiration se nourrit du passé, comme en témoigne le chapitre crucial du roman (XXXI) que nous donnons ici et qui pourrait également s'intituler « Dans la maison du bonheur ». À vrai dire, ce roman qui, comme *Marie Calumet* trente ans plus tôt, fit scandale et à cause duquel, malgré ses rétractations publiques, Harvey perdit son emploi au quotidien *Le Soleil* (dont il était le rédacteur en chef depuis 1926), n'est scandaleux qu'en apparence; on peut douter que l'individualisme que Max Hubert y prône ait pu nuire à l'ordre établi, comme le cardinal Villeneuve le craignit puisqu'il crut nécessaire d'en interdire la lecture à ses diocésains. Harvey demeura néanmoins journaliste jusqu'à la fin de ses jours, au *Soleil* mais aussi à *La Presse*, au *Montreal Star*, à *La Patrie*; en 1937, il fonde l'hebdomadaire d'opinion *Le Jour*, qu'il dirige jusqu'en 1946, avant d'être à l'emploi de Radio-Canada, puis de *Photo-Journal* et enfin du *Petit Journal*. On lira également de lui deux nouvelles, « Le défilé des Makinas » et « La mort de l'orignal », dans lesquelles transparaît un sentiment désabusé de l'auteur, qu'on peut interpréter de diverses façons.

LES DEMI-CIVILISÉS

Un journal libre*

(Max Hubert a fondé un journal, dont l'orientation est semblable à celle que, plus tard, Jean-Charles Harvey voudra donner à son hebdomadaire Le Jour. *On notera que le roman de son jeune collaborateur, Hermann Lillois, provoque — et pour les mêmes raisons — un scandale analogue à celui qui éclatera à la parution des* Demi-civilisés.*)*

Trois ans après la fondation du « Vingtième Siècle », j'avais réussi à grouper, à l'aide de quelques collaborateurs intelligents et courageux, douze à quinze mille civilisés, qui suivaient passionnément notre entreprise de libération.

Pour la première fois, en ce pays de l'impersonnel et de l'artifice, où seule la pensée officielle avait eu droit de cité, paraissait une publication vraiment libre, ouverte à toutes les opinions sensées, débarrassée des préjugés dont vivaient, depuis un siècle et demi, les neuf dixièmes des gens.

En art, en littérature, en doctrine sociale, politique, économique, nous avions l'exclusive supériorité de n'être pas liés et ficelés. La raison était presque toujours de notre côté. Seuls contre tous, nous avions aisément le dernier mot, car une idée juste prévaudra toujours, à la longue, contre mille idées fausses.

Mais le grand nombre nous échappait. La vérité n'a pas souvent satisfait les masses. Enseignez aux hommes des choses claires, simples, presque évidentes, ils ne vous écouteront pas.

Présentez-leur des fictions, des contes, une philosophie fondée sur l'imaginaire, affirmez le tout avec force et conviction, et vous aurez la certitude non seulement d'être cru, mais de vivre des siècles dans leur reconnaissance.

Ne blâmons pas l'humanité d'être ainsi faite. La nature et le bon ordre l'exigent peut-être. Laissons la calme et impassible vérité faire lentement, très lentement, son travail de régénération dans le troupeau des infirmes.

Il nous suffit d'ouvrir à quelques milliers d'âmes les rares fenêtres qui donnent sur l'horizon clair du monde. Les autres, incarcérées dans le noir, sous les souffles humides et délétères de l'ignorance, finiront, elles aussi, par monter vers la lumière.

Nous eûmes d'étranges luttes à soutenir. On sait que la littérature de ce pays n'a jamais admis, dans ses livres, l'existence de l'amour ou d'une grande passion. Les divers essais publiés jusque-là se bornaient à une plate sentimentalité, à des bucoliques calquées sur Virgile ou l'abbé Delisle, à des descriptions d'écoliers et à des prédications inspirées par les enseignements de mère Sainte-Adélaïde.

Hermann Lillois, jeune homme de talent, qui entra plus tard à notre revue, avait été le premier dans un roman vigoureux à découvrir et à disséquer l'amour en sa complexité charnelle comme en ses mystiques élans vers le surhumain idéal. Tout de suite, un universitaire de Montréal, critique à la mode, dans un périodique de son institution, avait condamné l'œuvre sous prétexte d'immoralité. Il recommandait à la jeunesse de s'en abstenir. Seuls les vieillards, probablement de la race même de ceux qui avaient jeté sur Suzanne des regards lubriques, avaient droit de se repaître des chaudes et vivantes pages où Lillois avait fait passer sa jeune âme.

Le « Vingtième Siècle » prit fait et cause pour Lillois. Dans notre réponse, nous posions nettement la question de la moralité et demandions ce qu'il adviendrait de l'art universel, s'il fallait s'en tenir à certaines exigences de bonzes.

Il faudrait supprimer à peu près toutes les lettres grecques et latines, qui sont à la base de nos études classiques; il faudrait faire disparaître, en tout ou en partie: Rabelais, Montaigne, Molière, Shakespeare, Goethe; les trois quarts du dix-huitième siècle, puis Balzac, Hugo, Musset, les Daudet, père et fils, Baudelaire, Maupassant, Verlaine, Flaubert, France, d'Annonzio, Byron, Shelley, Tolstoï, Ibsen et cent autres talents; il faudrait mettre à l'index la Bible, à cause de multiples passages d'une crudité capable d'effaroucher les moins pudiques; il faudrait jeter par terre les musées de Paris, de Rome, de Florence, de Vienne, de Berlin, de Londres, de New York et d'ailleurs; il faudrait réduire en poussière les restes de la statuaire grecque, qui est entièrement nue, mettre au feu mille tableaux, chefs-d'œuvre immortels, produits depuis la Renaissance jusqu'à nos jours, anéantir même une grande partie de l'œuvre de Wagner et autres musiciens. Bref, s'il fallait invoquer les préceptes rigides de quelques-uns des nôtres, le trésor artistique du monde périrait, le monument le plus gigantesque de la Beauté exprimée, le témoignage le plus merveilleux de la culture du passé, croulerait sous les coups de bélier des barbares.

Mais cela n'est pas arrivé, cela n'arrivera jamais, parce que l'humanité et la nature se rient des opinions comme le cap Éternité se moque des quatre vents. Aucune défense sectaire n'a réussi, au cours de milliers d'années de vie humaine, à anéantir une parcelle d'art. Car cette parcelle, sous le marteau des doctrinaires de la démolition, résistait plus que le diamant et brillait davantage. L'œuvre a survécu, toujours plus belle et plus admirée, indestructible comme un reflet de l'Incréé, tandis que le monde oubliait ou méprisait les idées et les hommes qui s'opposaient à sa marche lumineuse et sereine.

Des plaidoyers comme ceux-là, et bien d'autres, excitèrent les colères des sectes et des petites chapelles littéraires, où l'on soutenait que Chapman et Tardivel avaient tout de même existé. Le partage des amis et des ennemis se fit enfin, et nous allâmes notre chemin.

À quelque temps de là se produisit un incident qui m'émut et me troubla. Parmi les pontifes de la littérature québécoise se trouvait le brahmane des lettres canadiennes, Nicéphore Gratton, petit homme malingre, bilieux et myope, qui avait publié des poèmes, des romans, des nouvelles et des biographies, tout en couvrant de sa prose trois ou quatre revues bien pensantes.

Depuis des années, la critique avait consacré son apostolat. On ne pouvait parler de lui, dans les journaux, sans employer les épithètes de « talentueux », « génial », « fécond », « puissant », « irrésistible ». Il avait su démontrer en cinq volumes de trois cents pages chacun que les bons sont récompensés même en ce monde et que les méchants sont punis. Ce traité lui avait valu la médaille du lieutenant-gouverneur. Ses divers poèmes sur « Le pont de chez nous », en trois cents vers de douze pieds, sur « Le Sapin de la maison grise », en trois sonnets successifs, et sur le « Caquetage des poules paternelles » l'avaient fait élire prince des poètes, titre qu'il portait d'ailleurs modestement. Deux de ses romans, « Le retour à la terre » et « L'Enfer des villes tentaculaires » lui avaient rapporté chacun, à trois années de distance, mille dollars en prix du gouvernement. Il était une gloire panthéonisable. Des amis se chargèrent même de porter sa renommée au sein de l'Académie française, qui, sous la signature de M. René Doumic, couronna son œuvre.

Son dernier ouvrage, « Histoire romancée de Sainte-Rose-du-Dégélé », me tomba, par hasard, sous la main. Pour la première fois j'avais l'honneur d'apprécier le prodigieux Nicéphore. Le livre commençait par une invocation aux esprits des ancêtres: « Âmes de nos aïeux, enterrées pour l'éternité dans le sol que vous arrosiez de vos saintes sueurs, inspirez les accents d'un fils reconnaissant qui veut immortaliser vos travaux, vos souffrances et vos gloires. » Le reste était à l'avenant. On eût dit que tous les pompiers du monde s'étaient réunis, lance au poing, pour arroser et délayer ce style national. À la fin du dernier chapitre, on concluait par la citation de la première strophe de l'« Ô Canada », dont les vers, dus à l'inspiration du juge Routhier, m'ont parfois semblé d'une banale solennité.

J'exécutai consciencieusement l'auteur et son livre. « On mettrait, disais-je, toutes les idées de M. Gratton dans le fond d'un dé à coudre qu'il y resterait encore place pour le doigt. Quant au style, il serait excellent si l'auteur avait appris à écrire en français et s'il possédait, quelque part sur sa personne, une chose essentielle que donne le tempérament. Tel qu'il est, ce style est celui d'un eunuque. »

Une polémique s'engagea. Les journaux bien pensants me prirent violemment à partie. Une revue universitaire m'abreuva d'injures et m'intima l'ordre, sous les pires menaces, de dire ce que j'entendais par eunuque. Je répondis de mon mieux, donnant les définitions que je connaissais, expliquant que j'admirais sans réserve la courageuse virilité de l'auteur. Je savais que celui-ci, tout difforme et repoussant qu'il fût physiquement, se vantait à tout venant de ses bonnes fortunes.

Il est, hélas! des êtres qui ne souffrent pas l'ironie. Habitué à l'encens, Nicéphore reçut les critiques comme autant de coups de massue. Il en fut terrassé. Il passa consécutivement quinze nuits blanches. Dans son sommeil, il se mettait tout à coup à hurler: « À l'assassin! À l'assassin! » À la fin de la quinzième nuit, il était complètement gaga.

Ce matin-là, je le vis arriver au bureau, sombre, hagard. Ses verres épais, son nez bourgeonnant et sa chevelure hirsute lui donnaient un aspect vraiment extravagant.

— Qui vous amène ici de si bonne heure? lui dis-je.

— Je viens de la part du bienheureux Bérard Rosemond, répondit-il. Il vous prie de lui rendre le royaume du Canada, que vous venez d'enlever à notre société littéraire.

Je crus qu'il plaisantait.

— J'étais sous l'impression, lui dis-je, que votre royaume n'était pas de ce monde?

— Malheur à vous qui riez maintenant, car demain vous pleurerez.

Je le regardai plus attentivement. La flamme trouble de ses yeux m'avertit qu'il était devenu dément.

— Sortez d'ici! m'ordonna-t-il.

Ce disant, il tira de sa poche un revolver qu'il voulut braquer vers moi. D'un bond, je fus sur lui et le désarmai.

Le soir, il entrait à l'asile en murmurant sans cesse: « Malheur à vous! Malheur à vous! Bérard Rosemond est avec moi! » Ainsi sombra l'auteur de tant de chefs-d'œuvre. Le lendemain, on disait un peu partout que j'avais commis un véritable assassinat moral. On ajoutait: « Le Canada français n'a pas de chance avec ses génies; ils deviennent tous fous. »

La maison de grand-père*

(Max Hubert a perdu la femme qu'il aime; elle vient d'entrer au couvent. Son journal est en faillite. C'est l'échec. Pour se « retremper », il va revoir la vieille maison de ses ancêtres.)

L'air des montagnes! Qu'il fait bon de le respirer! La voici, la petite maison de grand-père! Elle se dresse encore joliment sur le sommet qui surplombe le fleuve salé. Elle était faite pour être là, cette maison. On la voyait de partout. Elle luisait au soleil, dans sa blancheur de chaux, et elle ouvrait jadis toutes grandes, à la lumière du ciel, ses fenêtres à carreaux. Elle n'avait rien à cacher, car tout en elle était pur.

Elle a bien changé. Je l'avais vue pleine de garçons et de filles; ils sont tous partis. L'étranger qui a acheté la terre n'a pas cru devoir habiter cette demeure où purent naître, vivre et mourir quatre générations d'honnêtes gens. J'aime autant le voir vide, ce foyer sacré, que d'y rencontrer du sang nouveau.

En remontant le sentier qui conduisait à ces ruines, je m'arrêtai contre une large pierre plate, qui bordait autrefois le jardin.

— La dernière fois que je vis grand-père, dis-je à Lucien, il était assis sur cette pierre. C'est là qu'il m'embrassa en disant: « Mon petit Max, je me fais vieux. Je ne te reverrai plus. Sois toujours un honnête homme. » Il avait les larmes aux yeux. Je le vois encore avec son regard bleu et doux, sa face toujours jeune, presque sans rides, colorée comme à vingt ans, sa longue barbe sous laquelle il souriait si candidement.

Nous allions franchir le seuil bien-aimé quand l'idée me vint que les vieilles maisons ont une pudeur, et je dis à mon compagnon:

— Si tu veux, j'entrerai seul. Je désire vivre seul ces émotions qui ne sont que pour moi, le petit-fils.

La porte était verrouillée, les fenêtres, fermées avec des planches. Après avoir décloué une de celles-ci, je pénétrai à l'intérieur par un carreau sans vitre.

Et je marchai dans l'ombre humide comme en un cimetière. Tant de choses mortes, sous mes yeux, à la fois! Je m'habituai vite au clair-obscur et distinguai plus nettement les objets.

C'est ici la grande salle où l'on servait les repas à une tablée de douze personnes. Grand-père était assis, là, à l'autre bout, tranchant une miche de pain noir qu'il tenait sous son bras noueux. Grand'mère portait du fourneau à la table de bons et substantiels plats dont, après bientôt vingt ans, j'imaginais le parfum d'herbes aromatiques. Quatre belles filles et cinq grands gars, mangeant ferme, parlaient de la récolte ou du troupeau de dindons. Dans un coin de droite, près de la fenêtre, c'était la huche avec son odeur de pâte et de levain. À l'angle opposé, je m'étais souvent amusé à regarder l'aînée filant de la laine. Certains jours, le rouet disparaissait pour faire place à la machine à ourdir. Près de là, un métier à tisser, au solide bâti, pour fabriquer les lourdes et chaudes étoffes du pays. Tout autour, les chambres à coucher. La première dans laquelle je pénétrai contenait un vieux lit sans sommier, et je reconnus la pauvre couche funéraire de mon père mort là, en ma présence, à l'âge de trente-trois ans. Au moment d'expirer, ses grands yeux, déjà remplis par la vision de la mort, s'étaient tournés vers moi — je m'en souvenais comme d'hier — avec l'air de dire: « Petit, mon cher petit, je ne te laisse rien que la vie. Fais-en bon usage. Je veillerai sur toi! » Je crois en effet qu'il a veillé sur son fils du fond de son immortalité: il m'aimait tant! Dans la chambre voisine, l'aïeul et sa femme couchaient. C'est là qu'ils avaient aimé, engendré, conçu, là qu'étaient nés tous ceux que j'avais chéris et qui m'avaient comblé de caresses. Plus loin, veillait et dormait, dans ce temps-là, une nonagénaire qui trimait tout le jour... Presque tous ces gens étaient morts. Enfin, à l'autre extrémité, le salon, pièce scrupuleusement fermée trois cents jours par an, couverte de beaux tapis de laine fabriqués à la maison, ornée d'une horloge grand-père qui ne dormait jamais et sonnait toute la nuit. Quelle nécropole!

Par un escalier roide, je montai sous le toit. Ma chambre d'enfant était encore là; un faible jour filtrait sur les restes de grabat, celui qui avait été le mien et où les rêves m'apportaient leurs joies ou leurs terreurs. J'ouvris une porte et me trouvai dans le grenier. Il y avait là un vieux rouet, une machine à coudre démontée, une huche éventrée, des boîtes à grains, des chaises boiteuses, des sommiers rouillés, tout un passé de ruines gisant comme les ossements exhumés des tombeaux anciens. Chacun de ces objets portait, j'en étais sûr, l'empreinte des mains qui l'avaient touché. Il me semblait même qu'une odeur acre de corps au travail, cette odeur animale qui m'était familière, quand j'étais petit, s'en exhalait et entrait dans mes narines.

Une émotion montait en moi, puissante, irrésistible, elle montait du fond de ma poitrine, comme une trombe, s'engouffrait dans ma gorge, puis me retombait dans le cœur par torrents. Je voulus fuir cette étreinte du passé et descendis précipitamment l'escalier. Alors, j'eus nettement l'impression que tous ces chers débris oubliés reprenaient vie, se réveillaient d'un long sommeil et me suivaient. Oui, toute la maison devint vivante.

— J'ai gardé le pain qui t'a nourri, disait la huche. Ne me quitte pas! Ne me quitte pas!

Le rouet chantait:

— J'ai filé la laine qui t'habilla quand tu étais grand comme ça. Pourquoi rougirais-tu de moi?

Et les voix continuaient:

— Je suis le bon blé que l'on coupait à la faucille.

— Je suis le petit lit bien chaud où tu dormais sur des coussins de paille qui sentait bon.

J'allais plus vite. On eût dit que tout cela marchait derrière moi en procession douloureuse, que tout cela voulait me tirer à soi, me confondre dans la mort, prendre un peu de la vie qu'on m'avait donnée.

Les paroles se faisaient plus humaines. Les murs avaient des échos de syllabes familières. Tout parlait ensemble:

— Te souviens-tu de nos bonnes chasses à la perdrix dans le verger?

— Te souviens-tu quand je te prenais dans mes bras pour te hisser sur la charge de foin?

— Te souviens-tu, mon fils, quand je te regardai pour la dernière fois?

— Te souviens-tu quand grand-père te contait « Ali-Baba ou les quarante voleurs »?

— Te souviens-tu quand moi, ton oncle, je te chantais des refrains drôles pour calmer tes chagrins?

— Te souviens-tu de petite tante qui jouait à la mariée?

— Te souviens-tu d'avoir aimé?

— Te souviens-tu des morts?

Et toutes les voix, comme un orchestre terrible:

— Te souviens-tu de tes morts?

J'entendis distinctement la grande horloge qui sonnait, qui sonnait si haut que c'en était comme un glas d'église.

Le front appuyé au mur, n'en pouvant plus de tant d'émotions, de tendresses et de terreur, j'éclatai en sanglots.

Comme les larmes tombaient, abondantes, incoercibles, je sentis deux bras doux qui me pressaient sur une poitrine sous laquelle un cœur battait à grands coups: « Max! Mon petit Max chéri! » dit une voix apaisante. C'était la voix de ma mère.

Quand je sortis de la maison, j'avais les yeux rouges.

— Je crois que tu as pleuré, dit Lucien.

— Si tu savais tout ce que ces ruines représentent pour moi... Toute ma vie est là. Je me souviens de tout comme d'hier. Tiens, dans la grange que tu vois, à vingt pas, il y avait des nids d'hirondelles. À notre gauche, pas loin, il y avait un puits où l'on faisait refroidir le lait avant l'écrémage. Là-bas, sur la terre, au pied de la colline, vers le nord, un marais où nous nous amusions à prendre des grenouilles et des têtards. Derrière cette colline, un vallon au fond duquel coule un ruisseau entre deux rangées d'aulnes. Plus haut, de l'autre côté du ravin, de vastes plaines où poussaient le blé et l'avoine. De petits bosquets coupent ces champs. C'est là que j'appris mon métier de chasseur en prenant mon premier lièvre, une bête splendide que je portais sur mon dos comme un trophée. C'était le beau temps. Le monde était si bon, la nature, si douce!

— Comme c'est beau, comme c'est grand, comme c'est calme, tout ça! disait Lucien.

En bas, dans la vallée, sur un plateau, nous apercevions le village planté d'une église dont le clocher droit et fin faisait sentinelle. Les maisons s'étageaient en amphithéâtre autour des eaux vastes. On eût dit une grande scène, où un auditoire de maisons, de forêts, de vivants et de morts contemplaient la pièce éternellement mouvante de la mer. Le fleuve, large comme un golfe, éclatait de lumière. Çà et là, des voiles de goélettes, éblouissantes. Tout le long du rivage, des bouquets d'arbres. Des épinettes vertes voisinaient avec des bouleaux dorés par l'automne, des cerisiers couleur pourpre, des érables écarlates avec des taches de violet. Le rouge, épandu par plaques violentes sur toute cette terre, donnait au sol l'apparence d'un géant blessé qui aurait perdu son sang par les quatre membres. Ne dirait-on pas que l'automne, en faisant jaillir cette couleur de tous les pores de notre sol, l'a soumis à une cruelle et impitoyable flagellation?

— J'ai été élevé dans cet âpre pays, dis-je, où la nature sauvage, pure et forte, inspire aux hommes qu'elle nourrit une répulsion pour la servitude. J'ai sucé aux mamelles de cette terre mes désirs d'indépendance et de liberté. J'y ai puisé en même temps le respect des vertus qui fleurissaient ici, chez ces hommes et ces femmes si vrais, si simples et si logiques.

Mon aïeul avait quatre filles et cinq gars. Il portait sans se plaindre le fardeau de la vie. Il était de race. Il savait qu'il faut se résigner, travailler, aimer, se multiplier, se voir abandonné, puis mourir, inconnu de tous, sombrer dans l'effacement final, sans laisser d'autres traces que des enfants qui oublieraient vite et seraient oubliés à leur tour.

Toute la nation repose sur ces obscurs qui ont été presque les seuls à vraiment souffrir pour la sauver. Ce qu'ils ont fait, eux, ils ne l'ont pas crié sur les toits, ils ne l'ont ni publié ni hurlé dans les parlements: ils l'ont fait par devoir, sans espoir de récompense humaine. Abandonnés, à la conquête, ils ont continué à labourer et à engendrer sans se soucier des nouveaux maîtres. Puis ils ont fait ce qu'on leur disait de faire. Ils n'ont pas maugréé; ils ont tout accepté, les yeux fermés, tout subi, tout enduré. Ils sont pourtant restés fiers, intelligents, originaux, raisonnables et personnels. Il me semble que notre paysannerie est la plus civilisée qui soit au monde. Elle est la base sur laquelle nous bâtissons sans cesse. Ce n'est pas chez elle qu'on trouve la plaie des demi-civilisés: c'est dans notre élite même.

Lucien me regarda droit dans les yeux et dit:

— C'est le mot juste, Max: des demi-civilisés. Trois éléments forment notre triangle social: le paysan à la base, l'artisan au milieu et le demi-civilisé au sommet. Les quelques civilisés égarés dans notre peuple sont en dehors de ce triangle. Un jour viendra où cette dernière catégorie sera assez nombreuse pour ouvrir l'étau et former la quatrième ligne qui créera le rectangle aux quatre faces. D'ici là, nous ferons figure de race infirme.

Nous devisions ainsi en nous éloignant de ces lieux sacrés. Une voix lente et grave chantait dans le lointain: « Isabeau s'y promène... ».

Au bord de la côte qui domine le fleuve, deux chevaux gris traînaient une charrue au rythme de cette vieille chanson. Derrière, un laboureur guidait le soc luisant dans le sillon d'automne en s'accompagnant des airs appris de sa mère. Et je me souvins que, vingt ans plus tôt, dans ce même décor, à la même date et au même endroit, le même chant montait vers le soir.

NOUVELLES*

Le défilé des Makinas[1]

— Pépin! Berluchon! Picoté!
— Nous v'là!

---

1. Cette pièce faisait partie d'un roman intitulé: *Les barbares en smoking*, écrit durant la crise économique des années trente. L'auteur a détruit le manuscrit de ce roman parce qu'il le jugeait trop pessimiste (N.D.A.).

— Vous travaillez pas à matin? J'ai quéqu'chose à vous dire. Attendez! Je reviens dans dix minutes.

Le contremaître Bouchor a la voix rude et autoritaire. Il parle bref et sans sourire. Ce colosse gêne par son mutisme et se fait craindre par sa force. Il a réglé tant de questions au poing qu'on n'ose parlementer avec lui.

Les trois hommes, restés seuls dans le camp, se regardent avec inquiétude.

— Y s'passe quéqu'chose... Y nous garde jamais l'matin quand l'travail presse.

Il a neigé toute la nuit. Les bûcherons en makinas s'en vont en raquettes par groupes de deux ou trois, hâche sur le dos, pipe à la bouche. Quelques-uns chiquent et font, en crachant, des trous noirs sur le blanc. D'autres vont battre les chemins avec les chevaux. Une équipe se dirige droit vers la montagne d'en face, de l'autre côté d'un lac étroit. Là-haut, on accumule les troncs coupés, que l'on fait dégringoler, par une glissoire de bois, au fond d'un ravin, le long de la rive.

La bourrasque a fini avec l'aube. Le vent d'ouest a dégagé le bleu pâle du ciel. L'aurore, encore invisible dans la vallée, fait éclater sa lumière sur les cimes hérissées de sapins maigres. Les rayons frappent obliquement le silence profond de la nature. Seul, le minuscule frisson d'ailes des pies affamées égaie le voisinage du camp.

Encore étourdis par leur saoulerie de la veille, Pépin, Berluchon et Picoté fixent des yeux, par les fenêtres basses, des sapins qui leur tendent des gâteaux de neige. Ils ont la gueule de bois.

— Qu'est-ce que vous faites écitte? leur jette le cuisinier passant près d'eux.

— Viens pas nous bâdrer et sacre ton camp, voleur d'estomac! dit Berluchon. C'est pas d'ton afféré. Tu nous fais assez de m... pour qu'on t'en envoye manger à ton tour.

— Moé, j'su assez poli pour la faire cuire avant d'la servir... Mé pourquoué qu't'es fâché?

— Je l'sé pas plus que toué... L'sé-tu, toué?

— Pour dire le vré, non. Mé j'ai écouté l'téléphone d'hiar souère. C'était l'patron d'Tomahoc, sûr. J'sé pas c'qui s'é dit, mé j'ai entendu c'te réponse: « Comment ça, faut lé clairer? »

— Comment, maudit? Nous clairer?

— P'tête ben qu'y s'agit pas d'vous aut'... Après, le boss é v'nu m'trouver pour m'dire: « Fais un bon snaque pour après-demain, l'jeune Moore s'ra écitte. Y s'met en route demain, y couche au p'tit camp des gardes, pi y s'ra écitte l'midi suivant ».

Bouchor entre. Sans précaution, il leur plante dans le nez:

— Les amis, allez vous fére payer par le mange-profits, pi faites vos hardes: vous faut sortir du bois dans la journée.

— On nous chasse? crient les trois hommes ensemble.

— On a pu besoin d'vous.

— Qu'est-ce qu'on va fére après? Manger d'la neige?

— Mangez c'que vous voudrez, c'est pas d'mon afféré! Vous êtes pas bons pour l'ouvrage. Vous êtes d'la colle!

— En v'la une cochonnerie, dit Picoté rouge de colère. D'la colle? Cé
toué, espèce de fumier, qui nous envoye dans la neige comme ça, sans avartir,
pour écouter tes maudits patrons, des couillons pareils à toé!

Excédé, Bouchor fonce sur Picoté et l'abat d'un coup de poing.

— Tu nous paieras ça, toué, Bouchor! dit Pépin.

— Farme ta gueule ou j'te grémis!

Les trois congédiés, baluchon au dos, raquettes aux pieds, partent pour
Tomahac un peu après midi. Pépin emporte dans ses effets un flacon d'alcool
et un fusil de chasse:

— Ça pourra nous sarvir en descendant, dit-il mystérieusement.

Trente hommes sont partis le même jour. La plupart ont préféré faire
route dès le matin, afin de franchir avant la nuit les quinze milles qui les
séparent des habitations. Seuls, Pépin, Berluchon et Picoté ont différé leur
départ. Un jeune de l'équipe du matin a entendu, parmi les imprécations de
Pépin, des paroles de menace à l'adresse du jeune Moore dont on a annoncé
la visite aux chantiers de Rupert.

À peine entend-on le crissement sourd et doux des raquettes sur la neige
insensible et cruelle, qui étouffe tous les bruits et dont l'aveuglante clarté
frappe des yeux plissés dans des faces crispées. Au milieu des clairières, le
soleil se réfléchit avec violence sur la scintillante blancheur. Les marcheurs
sont assommés de lumière. Leur cerveau entier se dissout dans un océan de
blanc, leur regard, devenu imprécis, enivré par un excès de vision, flotte dans
une tempête de rayons. C'est le mal de neige, sorte d'inconscience de bête
hypnotisée... Dans ces moments-là, un ruban d'images se déroule sur un écran
de matière grise. Ces images évoquent les éléments les plus simples et les
plus importants de la vie de chacun des raquetteurs...

Un corps d'enfant souffreteux dans des draps humides et souillés... Une
femme de vingt-cinq ans, déjà fripée pour avoir enfanté quatre fois en moins
de quatre ans et s'être remise au travail avec un ventre encore sanglant et
douloureux... Une scène d'usine, l'instant où un chef annonce que le travail
cesse demain pour un temps indéfini... Des séries de souffrances: une enfance
miséreuse, un père mort de tuberculose, affreusement maigre, une mère qui
lave les parquets et qui sert à la diable les repas aux petits... de la soupe aux
croûtons de pain, du beurre rance, des pommes de terre, hier, aujourd'hui,
demain... Un premier emploi à trois dollars par semaine, un vol de cinquante
sous, le renvoi, la vie sur le pavé... Un visage de fille misérable, déchue,
malpropre... les premières amours, bestiales, dans la boue... premiers vomisse-
ments de la femme, première cruauté de l'être à venir, symptômes de maternité lamentable... à peine cinq à six jours de joie et d'amour depuis si
longtemps qu'on cherche... depuis toujours!

Ainsi va le troupeau sous le ciel blafard. Il va comme des millions d'autres en ce monde, où des hommes semblent conspirer avec la nature pour
multiplier les déchets sociaux; il va, lourd des esclavages séculaires, portant
dans son sang épais, vicié par plusieurs générations de servitude et de cécité,
vers son monstrueux destin, qui est de subir indéfiniment la loi et de sentir
qu'il perd sa vie, le seul bien possédé avec certitude, ou de violer la loi et
d'être sûrement broyé par les gardiens de la loi, autre moyen infaillible de

perdre sa vie; il va dans le silence des neiges, où le sentiment de la solitude est si complet qu'on dirait qu'il n'existe personne au monde que ce marcheur accablé, ployé en deux, sous le poids d'une fatalité; il va, sachant bien qu'au bout de la piste blanche c'est le néant qui répondra à sa prière ou à sa révolte. Personne ne sera là pour répandre dans son cœur amer d'autre pitié que la pitié des paroles. Il ne croit plus en la bonté des hommes; il ne croit plus en sa propre bonté. La source des larmes est tarie au fond de sa gorge que n'étrangle plus le repentir... Un reste d'amour peut-être qu'un souffle ranimerait... Le feu sacré cautériserait les plaies; mais les heures d'amour sont parcimonieusement comptées aux âmes qu'enserre, jour et nuit, la pieuvre de l'insécurité... Et l'on ne croit plus qu'en la force, celle des muscles, celle de l'or, celle du fer, celle de la rébellion qui se dissout trop souvent en une résignation de vaincus et celle de l'orgueil, et celle de la sensualité repue... Le troupeau sombre détache violemment sa misère sur le blanc de la neige, qui exagère à plaisir son abandon. Cette nature hautaine et trop pure n'exhale aucune sympathie, aucune tendresse avec son honnêteté hivernale, qui a horreur de la vie, parce que la vie pour elle, est souillure... Ces créatures qui passent, lourdes de mauvais passé, suintantes de souffrance et de vices imposés, sont des objets de mépris que les reflets aveuglants semblent vomir de terre comme un opprobre.

Au coucher du soleil, les makinas défilent sous la porte d'une petite hôtellerie de la banlieue de Tomahac. Fourbus, haletants, affamés, ils déposent leurs baluchons et s'écroulent sur des chaises. Un seul mot, comme un mot de passe, sort de toutes ces bouches:

— On va s'bourrer la face! À manger, baptême!

Puis un silence prolongé, un besoin de respirer sans épuiser en paroles une énergie rendue à bout. Des serfs tomahacois sont là qui les regardent, respectueux de leur fatigue. Ben, l'aîné, le frère de la belle Hélène, se trouve dans le groupe. Enfin les langues se délient:

— Y nous ont chassés du chanquier, les cochons! dit un des voyageurs.

D'autres protestations brèves éclatent. Tous crient justice sans trop savoir ce qu'est la justice.

— Deux ou trois aut' vont arriver après la veillée, lance un bûcheron. Y sont partis après dîner. Y ont dit qu'y voulaient casser la gueule au P'tit Moore en l'recontrant. Y l'ara pas volé.

L'aîné rapporte ce propos à sa mère en rentrant chez lui. Hélène pâlit. Elle sait que John est parti du matin et qu'il couchera, ce soir, dans la cabane du garde-forestier, à dix milles.

— S'ils le tuaient... dit-elle.

— T'es pas folle? réplique Ben. Y ont pas assez de couilles pour fére ça. Y sont rien que de chiant-culottes.

— J'ai peur!

— Après tout qu'est-ce que ça te fait? C'est tout de même pas un marieux pour toué?

— Le mariage! murmura-t-elle... Comme si on ne pouvait aimer sans cela.

— Espérons, dit la mère Laîné, que tu prends pas c'tamour au sérieux?

Hélène est tentée de répondre: « L'amour est toujours sérieux ». À quoi bon? Ils ne comprendraient pas.

Elle court au téléphone, appelle Élie Rupert et lui fait part des propos tenus par les bûcherons.

— Rassurez-vous, dit Rupert. Les menaces de ces gens n'ont jamais de suite. Ils sont lâches et poltrons.

— Ne trouvez-vous pas tout de même qu'il serait plus prudent de dépêcher quelqu'un sur les lieux? On ne sait jamais...

— Je vous en prie, n'y pensez plus. Dormez tranquille!

Rebutée par Élie, Hélène prend une résolution énergique. Sur un ton qui ne souffre pas de réplique, elle commande à l'un de ses frères:

— Attelle les cinq chiens tout de suite!

Coiffée et emmantelée de fourrures à l'esquimaude, chaussée de mocassins d'orignal, elle fait bientôt claquer le fouet au-dessus de ses chiens, qui courent en aboyant vers la ville. De son traîneau léger elle crie:

— Allons du cœur! En avant!

Elle stoppe devant le Laurentic, où loge Arthur, le meilleur ami de John Moore. Celui-là, pense-t-elle, comprendra ma crainte. D'une seule haleine, elle lui dit tout ce qu'elle sait sur le voyage de John et sur le danger qu'il court.

— Nous ne pouvons tout de même pas aller deux dans cette bagnole? dit-il.

— Vous avez des amis dans la police. Décidez-les à me suivre. Mettez les choses au pire, pour qu'ils viennent tout de suite. Avec des armes.

— Comptez sur moi. Vous savez, je n'y crois pas à votre histoire de croquemitaine.

Le fouet claque de nouveau. Les chiens traversent Tomahac en flèche. Puis la ligne noire de la forêt se dresse devant eux. Sous les étoiles qui s'allument, on dirait une vaste cathédrale aux clochetons innombrables. Un sentier, où la neige garde la trace du traîneau et des raquettes de John Moore, sert de porte d'entrée à cette église verte, dallée de marbre. Les bêtes y pénètrent en trottinant. Un croissant de lune, glissant d'une tête d'arbre à l'autre, plaque sur le sol la silhouette crénelée des conifères et allonge entre les branches l'ombre souple et mouvante de la jeune fille. Dans les endroits plats et les descentes, Hélène agenouillée sur la sleigh, lance son attelage à toute vitesse. Dans les montées, elle marche derrière pour soulager les chiens. Elle fait ainsi des milles. À mesure qu'elle avance sa peur grandit. Elle se figure voir l'aimé quelque part sous la neige, gorge ouverte. Elle crie:

— Allons! Plus vite! En avant!

On n'est plus qu'à quelques arpents de la cabane où John a dû faire halte pour la nuit. Une lumière luit là-bas. Une angoisse empoigne la jeune fille: une ombre bouge entre les branches. Qu'est-ce?

Un éclair brille. Un coup de feu! On a tiré. Malheur de malheur! Un cri déchire la nuit, un cri de lionne blessée. Sans tarder, elle détèle ses bêtes:

— Souque! Mes chiens! Souque! Mangez-les!

Les chiens ont compris. En un bond furieux, ils piquent droit à travers bois, et bondissent vers les formes noires qui fuient sous la lune. Pendant qu'une lutte sauvage s'engage entre les assassins surpris et les bêtes devenues féroces, Hélène se précipite vers la cabane en criant de toutes ses forces:

— John! John!

La porte s'ouvre. C'est lui.

— Vivant! Vivant! Que je suis contente!

Elle vole dans ses bras.

— Que se passe-t-il? Qui a tiré? dit-il. Regarde, là, au fond de la pièce: on a tué mon guide.

— Ah!... Écoute mes chiens!

Des hurlements se mêlent aux cris de terreur. Un drame se déroule à cinq cents pieds de là.

— Mes chiens sont dans leur chenil, dit John. Je les lâche tout de suite.

Six autres bêtes s'élancent sur la piste sanglante. C'est la chasse à l'homme. Serrés l'un contre l'autre, entre un cadavre dont les cheveux trempent dans le sang, et un champ de carnage où des malheureux défendent désespérément leur vie contre une meute enragée, les amants assistent, épouvantés, à cette tragédie qu'ils n'ont pas voulue.

Neuf chiens reviennent, la gueule toute rouge, comme agités de joie et de crainte. Trois manquent à l'appel. On les a éventrés.

— Arthur s'en vient avec des gendarmes, dit Hélène. Trop tard! Alors elle lui dit l'arrivée des bûcherons à Tomahac, les murmures de ces misérables, les menaces, sa décision de venir, sa course dans la forêt...

— Ils m'ont visé à travers la vitre, explique John. Ils ont tué l'autre.

Les gendarmes arrivent enfin.

— Ne perdez pas de temps, dit Moore. Suivez cette piste à droite.

On découvre trois chiens égorgés. Au pied d'un bouleau, se profile un fusil planté dans la neige. Puis une double trace de raquettes en direction du sud. À travers un bosquet de sapins, les gendarmes aperçoivent, à la lueur de leurs projecteurs, deux makinas qui bougent. Ils ajustent leurs carabines et pan! pan! Deux corps se raidissent en un spasme, chancellent et s'affaissent. Berluchon et Picoté n'existent plus.

Bientôt trois morts gisent devant la porte du camp. À cette vue, Hélène, à bout de forces, pâlit et s'évanouit.

Quand elle revient à elle, elle se voit dévêtue sur un grabat. Elle sourit au visage de John, qui, penché sur elle, lui verse des gouttes de cognac entre les lèvres. Des bûches flambent dans le réchaud. Il n'y a plus aucune trace de sang autour d'elle. On a tout nettoyé à la hâte.

Peu après, les gendarmes s'éloignent avec trois cadavres empilés sur un traîneau. Ils ignorent qu'un des assassins, Pépin, celui-là même qui a fait le coup de feu, erre dans les environs.

Des heures se passent. Les chiens, réunis dans le chenil, aboient quelques minutes, puis se taisent. Les étoiles ne paraissent plus. Il neige, le vent siffle. Un peu plus tard, les chiens aboient de nouveau et réveillent la jeune fille.

— Que se passe-t-il? demande-t-elle.

— Ce n'est rien, dit John pour la rassurer. Sans doute une bête en maraude.

Hélène se blottit contre la poitrine de l'aimé et s'assoupit. La tempête rugit de plus en plus à la tête des arbres. Pour la troisième fois les chiens aboient.

César s'est d'abord défendu des bêtes à coups de crosse de fusil. Des crocs puissants se sont enfoncés dans son poignet et il a lâché son arme. Il a voulu fuir à travers bois. Un chien l'a poursuivi, déchirant sa chair et ses vêtements. De désespoir, il a saisi les branches basses d'un arbre et s'est mis à grimper, tandis que les dents féroces ensanglantaient sa jambe. Transi, fourbu, il est resté une heure perché à quinze pieds de terre. Il a vu de loin, le départ des gendarmes avec leurs macabres colis. Il a si froid qu'il a peine à se tenir en équilibre. Il descend de l'arbre. Des jappements sortent de la cabane. La terreur le saisit. Sans prendre le temps de mettre ses raquettes, il s'enfonce plus profondément dans la forêt. Il n'ose revenir vers la piste principale, où la police, pense-t-il, pourrait avoir rebroussé chemin. Où aboutira-t-il? Il n'avance qu'au prix d'efforts pénibles. Ses genoux labourent la neige. Parfois, il coule jusqu'aux épaules dans des trous comblés par une poudrerie molle. L'ombre s'épaissit. La lune et les étoiles se voilent. Il n'y voit plus rien. Il est refroidi jusqu'aux os. Des engelures blanchissent son nez, son menton, ses joues. Il se frotte la figure avec de la neige; le sang, en refluant dans les chairs gelées, produit une chaleur piquante, comme des coups d'aiguille. Une lassitude invincible gagne ses membres; il voudrait s'arrêter, se coucher, mais ce serait la mort. Il avance toujours à tâtons, s'empêtre dans les branches, qui lui cinglent le visage. Parfois, il coule à fond, de cinq ou six pieds à la fois, comme dans une mer. Il se dépêche à grand'peine, reprend son élan, retombe, tourne en rond. Il a faim et soif. Il n'a mangé qu'une tartine depuis son départ du camp. Ses mains tremblent de faiblesse et ses jambes sont de laine... Les idées se brouillent maintenant dans son cerveau. De vagues visions de cour d'assises passent devant sa conscience. La voix d'un juge: « Vous serez pendu par le cou jusqu'à ce que mort s'en suive... » Un échafaud, un bonnet noir, un collier de corde, un saut dans le vide, un corps qui se balance... Voici qu'il neige. Une forte bourrasque. Des bouffées de vent frappent César à la figure, et il s'éveille un instant de sa torpeur.

Qu'est-ce? À travers la poudrerie, une lumière brille. C'est la vie. Il va vers la clarté, le cœur gonflé d'espoir. Des chiens aboient. Il s'éveille à la réalité, il est revenu sans le savoir, au camp du crime. Pris de panique, il rebrousse chemin et pénètre de nouveau dans le sous-bois. Deux fois dans la suite, il revient au point de départ, et deux fois il le fuit. Il marche, il tombe, se relève, marche encore. Tout se brouille dans sa tête. Il a l'impression de s'enfoncer tout à coup dans un grand palais souterrain, plein de lumière et de chaleur. Le rêve de la mort le plonge dans une vision de splendeur, d'incohérence et d'horreur. Il se voit dans une vaste salle de cristal, où le soleil entre de partout. Aux murs, pendent de grandes images de femmes, toutes belles et propres, et qui ont l'air de vivre et qui sont surprises de le voir là, lui, l'homme des bois. Il est mal à l'aise comme quelqu'un qui serait entré chez un étranger par mégarde et qui va assister, en témoin hébété, aux actes les plus intimes des habitants de la maison. Un miroir haut et large est là, en face. Il se regarde et ne se reconnaît plus. Où est son makina? Où est cette forte barbe qu'il portait tout à l'heure? Il est vêtu d'un complet gris, avec une belle chemise de couleur et une cravate à l'avenant. Il se touche: c'est pourtant moi, mes bras, mes mains, mon visage... Je ne me ressemble pas... J'y suis! J'ai la tête de c'millionnaire qui passait l'été chez nous, à la campagne, quand j'étais petit. C'est lui tout craché! J'su c'millionnaire! Drôle d'affére! J'devais ête pendu et m'v'là comblé d'trésors. On m'disait que l'mal était puni mêm' en c'monde. Quelle blague! V'nez vous aut' les polices, les gardes, les avocats, que j'vous paye!... Toué l'bourreau, cent tomates pour ta sale gueule, et va t'fére pend' à ma place! Vous l'savez ben vous aut' qu'c'est pas moué qu'a tué. J'sus pas moué, j'sus le millionnaire. L'moué qu'a tué, j'l'ai tué en m'habillant... Hé! là, les femmes, descendez du mur! Approchez qu'on m'embrasse! Vous croyez que j'ai du sang su les mains? Non! C'est du fard... Approchez donc, sales garces! » L'image se transforme dans la glace: elle réfléchit maintenant un homme livide, qui porte au cou un grand trou noir et sanguinolent: « Ous' que j'su? Ous' qu'est le millionnaire? » crie Pépin. L'apparition parle: « J'su l'guide que t'as tiré. T'as peur? J'su pourtant mort. Pourquoi qu'tu dis pas qu'moué c'est toué? » César veut courir. Ses jambes restent clouées sur place. Toutes les femmes pendues au mur se détachent de leur cadre et le poussent dans la glace. Le fantôme se plonge la main dans la plaie du cou et, de ses doigts pleins de sang, se met à tracer des croix rouges sur la peau de l'assassin: « Te v'là baptisé, dit le mort. T'es pur comme neige. J't'en veux pu! J'sé ben qu'tu m'en voulais pas... T'a frette. On va bouére! » Le guide fait asseoir son assassin à une petite table sur laquelle des verres et des bouteilles se posent par enchantement. On boit à pleines coupes, d'une lampée.

— Baptême qu't'a d'la bonne boisson!... Sais-tu à quoi j'pense?

— J'sé pu rien, j'su mort.

— J'pense que tu veux m'saouler pour que j'm'aperçoive pas quand la police viendra. Tu veux qu'ça soit moins dur. Un effet d'ta bonté... Parce que t'es bon, ça s'voit. Et dire que j'tai tué.

— T'inquiète pas! Y connaissent pas c'te maison. On va passer not'temps ensemble à buére. Mé faut q'tu deviennes un honnête homme.

— Tu veux dire que quand j'boué trop j'su pas honnête... T'as raison. J'su un cochon. Y a pas à dire, j'su un cochon. Si j'avais pas bu, j'arais pas tiré su toué. C'est pas facile de pas bouére dans not' condition. Dans Tomahac, on peut bouére sans traîner. Chez nous, on traîne. V'là la différence... Les mauvais coups qu'on fait dans les belles maisons, ça paraît moins qu'les nôtres, parce que nous on est dans la rue. Encore un coup... C'est bon en baptême...

— Faut pas sacrer. Pense à tes pauv' parents!

— J'ai maudit mon père depu' longtemps. C'était un habitant coléreux, dur et avare. Y m'a tellement battu qu'j'en porte encore des marques. Une fois, j'avais pardu cinq cents en allant ach'ter des clous pour lui. « Ah! mon p'tit christ de tête folle, qu'y m'dit, j'vas t'apprendre à pardre d'la belle argent! Va m'charcher la barre de bois dans l'coin d'la cuisine! Tu vas en manger un' maudite! » Y m'a battu une éternité, jusqu'à c'que j'tombe par terre. J'pouvais pu mé r'lever tout seul. On m'a mis dans l'litte, pi on a fait v'nir le rabouteux, qui m'a mis un cataplasse de bouse de vache sur l'côté. Ça m'a pas guéri. L'mal empirait tant qu'il a fallu d'mander l'docteur. J'avais trois côtes cassées...

La neige qui tombe de plus en plus dru a totalement recouvert le corps de César. Le grand sommeil a pris ses jambes, ses cuisses, ses bras... Un peu de vie reflue encore au cœur, et c'est là que se déroule le cauchemar de palais de cristal. Toute la jeunesse miséreuse du moribond se précipite en images rapides dans les dernières cellules vivantes: sa femme Mariette, ses quatre enfants, son taudis, ses scènes de ménage, de la faim, de la brutalité, des larmes, de brèves amours... Le fantôme du guide assassiné fait un signe: « Éteignez! » dit-il. La nuit totale, absolue, s'engouffre, noire, humide et glaciale, sous la coupole de verre. César n'y voit plus rien. Il ne verra plus jamais... jamais!

Des chiens poussent des hurlements prolongés et sinistres. Il fait presque jour. Hélène s'éveille de nouveau:

— Ces hurlements me donnent froid dans le dos, dit-elle. Ces bêtes hurlent quand on meurt.

— J'en aurai le cœur net, dit John. Je leur ouvre la porte.

Tous dans la même direction, les mâtins prennent leur course. À cinq cents verges de la hutte, ils se mettent à aboyer frénétiquement. John et Scott écoutent et s'étonnent. Ils veulent voir. Ils s'habillent à la hâte, chaussent leurs raquettes et se dirigent vers la meute.

Les chiens ont creusé un large trou dans la neige sur le versant d'un ravin. Au fond, roide dans un makina rouge, gît César Pépin.

La mort de l'orignal

*À Archie Grey Owl
et à sa femme, Anahareo.*

Ce vieil orignal était le patriarche de sa tribu. Intelligent, brave et rusé, il évitait depuis douze ans le feu meurtrier des hommes et, chaque automne, il sortait victorieux des combats que lui livraient d'autres mâles pour les conquêtes de l'amour. Il fallait le voir, dans les sentiers de la forêt, alors que son pas pesant faisait trembler la colline voisine. La seule vue de son large sabot inspirait à ses rivaux une crainte respectueuse. Il longeait les bords des lacs, et quand les moustiques le harcelaient il s'enfonçait dans l'eau jusqu'au poitrail. Son panache à treize branches faisait, sur la surface ridée, une ombre large comme celle des arbres.

Il n'avait peur de rien. Il passait à côté des ours noirs, la tête haute, avec un air de défi, et les fauves n'osaient s'approcher de lui, par peur de son pied, meurtrier comme une massue de pierre. Toutes les bêtes l'admiraient pour sa noble attitude, son grand âge, sa sagesse et sa vénérable barbe. Son calme et sa sérénité le faisaient préférer au cerf, que le lièvre trouvait trop nerveux, trop sautillant, trop léger.

Voici qu'une nuit on entendit, venant du nord, un bruit étrange: « Hou! hou! hou! » De minute en minute, le bruit se répétait et se rapprochait. Les cerfs se regardèrent avec stupeur: « C'est une invasion des barbares », dirent-ils en tremblant. Et le vieil orignal, qui avait gagné tant de duels avec ses semblables, pressentit, pour la première fois, le malheur. Les « barbares », c'étaient les loups.

Ces bêtes cruelles et faméliques, chassées de l'Arctique par la famine, descendaient dans nos montagnes fertiles en gibier, comme les Huns avaient envahi les belles campagnes romaines dans l'espoir d'un riche butin. Le patriarche des élans avait été témoin, dans sa jeunesse, d'une invasion de ce genre. Il y avait perdu son père, sa mère, ses frères et ses sœurs, tous dévorés par ces buveurs de sang et mangeurs de chair. Pendant des jours, il s'en souvenait, son père avait échappé à leurs dents, mais, à la fin, affamé et morfondu, il avait succombé. Le spectacle l'avait horrifié: la curée! Les grandes veines brisées, le sang jaillissant, la peau déchirée, les entrailles répandues...

Toute la nuit, les loups hurlèrent. Un peu avant l'aube, ils étaient si près qu'on entendait craquer les feuilles sèches sous leurs pas. Le vieil élan n'en avait pas dormi: il ne voulait pas être surpris dans le sommeil. Enfin, le soleil se leva et les bruits sinistres se turent. La lumière chassa le cauchemar. Qu'elle était douce et bienvenue la clarté du jour! Elle vint sans bruit, sans heurt, caressa le flanc de l'orignal, alluma des reflets roses sur ses bois, posa sur chaque buisson ses plaques d'argent, tira des bas-fonds une buée parfumée d'une odeur de terre humide, fit étinceler chaque goutte de rosée à la pointe des herbes sucrées. La bête sentit comme une délivrance; elle descendit vers le lac et se plongea dans l'eau, pour chasser la fièvre de la nuit, puis elle entra sous bois et marcha longtemps.

Pas de trace des loups de toute la journée. L'orignal crut, un moment, que les ennemis de l'herbivore étaient disparus. Peut-être aussi avait-il été victime d'une illusion? Mais, le soir venu, les hurlements recommencèrent. L'ennemi était à deux pas. Il était toujours invisible et, pourtant, on l'entendait haleter. Le colosse sentait sa présence à gauche, à droite, en avant, en arrière. Il se rendit compte qu'on l'avait suivi mystérieusement depuis le matin. Les loups, le jugeant encore trop fort pour l'attaquer en pleine lumière, avaient attendu l'obscurité pour le poursuivre. Il en est des loups comme de bien des hommes: ils n'attaquent qu'à coup sûr et dans l'ombre. Alors, le patriarche résolut d'aller plus loin, là-haut, vers une montagne où se tenait, pensait-il, un troupeau de sa race. À peine avait-il fait quelques pas dans le sentier, qu'il vit quatre paires d'yeux luire dans le noir. Il rebroussa chemin, il en vit autant de l'autre côté. Que faire? Peut-être ses longues jambes lui permettraient-elles de distancer les assaillants. Il prit une course folle à travers bois. C'était comme un ouragan, un cyclone, dans les branches déchiquetées qui se tordaient et claquaient sur son passage. Les lièvres dévalaient devant lui, et les perdrix, qu'il dérangeait dans leur sommeil, s'envolaient avec bruit; les renards en maraude le regardaient avec des yeux ironiques.

Enfin, essoufflé, rendu, il s'arrêta et prêta l'oreille. Tout était silence. Je les ai dépistés, pensa-t-il; et il s'allongea pour dormir. À peine était-il couché, qu'il entendit, à quelques pas, un froissement de feuilles, puis un hurlement auquel répondirent, loin en arrière, d'autres hurlements, « hou! hou! » et, comme un écho affaibli, dans le lointain tragique, « hou! hou! » Il se releva pour avancer de nouveau. Cinq loups au moins l'attendaient. Il lui fallut retourner et refaire le trajet qu'il venait de parcourir au galop. Tout son corps était moite, et ses jambes aux jarrets si puissants, qui ne lui avaient jamais manqué, flageolaient sous lui. Déjà, l'affolement lui enlevait la moitié de sa vigueur.

Il marcha ainsi toute la nuit, serré de plus en plus près par cette troupe maudite qui semblait mesurer d'instinct l'affaiblissement graduel de la bête traquée. Il avait sommeil, faim et soif. Comme il souhaitait la venue du jour! L'aube! l'aube! Le pâle rayon viendrait-il enfin chasser ces démons! Alors, il pourrait s'étendre de tout son long pour dormir, après avoir brouté en paix des racines sauvages.

Les loups se consultèrent. Eux aussi prévoyaient le jour. Ils convinrent de se relayer à intervalles dans leur course, afin de permettre aux poursuivants de se reposer et de garder assez de force pour l'assaut suprême. Ils feraient en sorte d'obliger le colosse à tourner dans le même cercle. De distance en distance, un loup se tiendrait au guet et, au passage de l'élan prendrait la place de l'autre loup, qui dormirait en attendant l'appel des camarades.

Le soleil parut. L'orignal se trouvait dans un bas-fond riche en herbages. Tout près, brillait un lac sur lequel des « huards » au col blanc lançaient un cri lugubre, cri tremblotant et liquide qu'on dirait composé de flots de larmes. Il baissa vers la terre son long panache, pour prendre quelques bonnes gueulées de nourriture. À peine avait-il ouvert les mâchoires, qu'un loup surgissait devant lui et faisait mine de lui sauter à la gorge. Il était écrit qu'on ne le laisserait pas manger, afin d'affaiblir sa résistance. Il s'éloigna, pénétra dans un épais fourré et, là, se croyant caché à tous les yeux, il se coucha. Ses flancs avaient à peine touché le sol, qu'il sentait aux jarrets une morsure cruelle et entendait à côté de lui un bondissement.

Une idée lui vint. Le lac près duquel il se trouvait était très long; il le traverserait à la nage. Les loups ne pourraient le suivre, cette fois. Et l'élan entra dans l'eau. On ne vit guère plus que sa tête énorme qui glissait avec ses deux bois magnifiques au-dessus du flot On eût dit un oiseau monstrueux rasant l'eau, ailes déployées. Malgré son affaiblissement, il se hâtait, tant son désir était grand de se délivrer de l'angoisse.

Il arriva exténué à l'autre bord. Il lui sembla que ses jambes suffisaient à peine à le porter. Il marcha néanmoins à grands pas vers une touffe de hautes herbes, au milieu desquelles il se laissa choir. Il fermait les yeux, quand surgit encore d'un buisson voisin la formidable bête, crocs découverts. Mais le loup hurla: « hou! hou! hou! » D'autres cris semblables retentirent au loin. Des loups viendraient en plus grand nombre; ils avaient contourné le lac en vitesse.

Dans l'immensité de la forêt, l'orignal était comme entre les quatre murs d'une prison. Il comprit confusément qu'il n'en sortirait jamais. Son cerveau ténébreux ne lui fournissait plus que des images inconsistantes. Il se laissa désormais aller à l'automatisme de l'instinct. La faim l'emportait sur le sentiment du danger. Il se mit résolument à manger. Ses énormes dents coupaient l'herbe avec un bruit sourd, et les loups, qui l'entendirent, se montrèrent à ses yeux vagues et se mirent à gronder. Il n'y fit pas attention et brouta avidement. Qu'elles étaient bonnes les tiges pleines de suc qui répandaient leur jus dans sa gueule! Elles ne lui avaient jamais paru si réconfortantes.

Ce ne fut pas long. Un loup, plus grand que tous les autres, bondit derrière lui et le mordit à la cuisse. Le sang gicla. Réveillé tout à coup de sa demi-léthargie, l'orignal se retourna vivement et voulut asséner à l'assaillant un coup de sabot. Le carnassier avait disparu avec la vitesse de l'éclair. Comment atteindre de tels ennemis, qui ont la rapidité du vent, la souplesse du chat et la ruse du renard?

Et la fuite recommença comme la veille, fuite lente, harassante, presque inconsciente. Le vieil élan n'avait plus aucune pensée. Ses sens mêmes ne percevaient les choses que dans un brouillard fantastique. Il allait dans une féerie, et on aurait pu répéter pour lui ce vers des *Châtiments*:

C'était un rêve errant dans la brume, un mystère...

Mille images, tantôt joyeuses, tantôt horribles, tournoyaient dans sa tête... Un flanc de montagne couvert de grands arbres, sur lesquels d'autres élans aiguisent leurs bois en vue de la saison du rut... Un matin, au bord du lac, un compagnon qui s'abat, après un coup de feu, dans une mare de sang... Un souvenir très lointain d'une incursion à travers une plaine nue, la rencontre de chevaux, de troupeaux de vaches, la vue des maisons, des granges, le jappement des chiens, l'apparition soudaine d'un chasseur et la fuite éperdue... Un « ravage » d'hiver dans l'épaisseur des sapins, de la neige par-dessus les épaules, la famine, la faim... La fonte des neiges, le ruissellement universel, les torrents bondissant du haut des rochers, les premières herbes, les festins parmi les fleurs des marécages...

Tous ces souvenirs élémentaires remontaient en lui à la fois. Et il poursuivait le songe comme dans un délire. Les loups, il n'y pensait plus. Il était las d'y penser, il ne pouvait plus... Ils le suivaient toujours. Sachant bien que leur poursuite tirait à sa fin, ils ne se hâtaient pas. Ils se contentaient de flairer l'odeur de sa chair, de sa sueur, et ils se pourléchaient d'avance les babines. La langue sortie, la tête basse, ils trottinaient en zigzag. La faim les tenaillait, eux aussi, et leur désir les obsédait.

Le soir vient. Dans un brûlé, une ombre gigantesque s'avance en titubant. Puis elle s'arrête aux dernières lueurs du jour. Sur le ciel mauve se découpent les deux bois, la croupe ronde et forte, les longues pattes de l'élan. Doucement, par degrés, le grand panache s'abaisse. On le dirait trop lourd. Plus rien ne le retient, et il suit la loi de la pesanteur. Puis, c'est la masse entière de l'animal qui s'abat sur le sol. Le patriarche a perdu conscience de tout. Une seule image, suscitée par la faim: un champ de nénuphars sur l'eau, des racines douces et tendres, parmi les fleurs, un parfum de végétation, une boustifaille énorme.

Et pendant que sa vision s'alimente de son dernier désir, de sa dernière souffrance, les cris sinistres retentissent: « Hou! Hou! Hou! » On dirait qu'il y a des milliers de carnassiers conviés au festin: « Hou! Hou! Hou! » Dans toute la forêt, c'est une rumeur sensuelle et meurtrière Le goût du sang qui se répand d'arbre en arbre, de branche en branche.

Ils sont vingt autour de la proie. Le chef de file s'avance, d'abord prudemment, flaire de loin, observe, et, enfin, d'un bond, se jette à la gorge de l'élan. Une grande veine est crevée. Le sang gicle en un jet gros comme le bras. Un dernier frisson secoue la victime, dont les pattes fauchent la terre.

Et c'est la curée. Des lambeaux de peau déchirée traînent sur le sol, des morceaux de chair palpitante pendent au bord de la gueule des fauves. Un loup s'éloigne en déroulant le long boyau du ventre ouvert.

JEAN NARRACHE (1893-1970)

Comme l'œuvre de Harvey, celle de Jean Narrache, pseudonyme d'Émile Coderre, entretient des liens étroits avec le contexte socio-économique de la Crise qui l'a vue naître. À certains égards, ses poèmes annoncent les monologues d'Yvon Deschamps: par leur ton, fait d'un poignant mélange de compassion et d'ironie, par leurs sujets, qui concernent manifestement les petites gens, par leur audience populaire et par leur langue, presque parlée. Pharmacien de son métier, Jean Narrache a d'abord publié un recueil d'alexandrins traditionnels, *Les Signes sur le sable* (1922), avant de trouver sa manière dans *Quand j'parl' tout seul* (1932), *J'parl' pour parler* (1939) et *Bonjour, les gars!* (1948).

Les deux orphelines

J'été voir « Les deux Orphelines »
Au théâtr' S.-Denis, l'autre soir.
Tout l'mond' pleurait. Bonne divine!
C'qui s'en est mouillé des mouchoirs!

Dans les log's, y'avait un' gross' dame
qu'avait l'air d'être au désespoir.
Ell' sanglotait, c'te pauvre femme,
Ell' pleurait comme un arrosoir.

J'me disais: « Faut qu'ell' soit ben tendre,
pis qu'elle ait d'la pitié plein l'cœur
pour brailler comme' ça, à entendre
un' pièc' qu'est jouée par des acteurs. »

« Ça doit être un' femm' charitable
qui cherch' toujours à soulager
les pauvres yâb's, les misérables
qu'ont frett' pis qu'ont pas d'quoi manger. »

J'pensais à ça après la pièce
en sortant d'la sall' pour partir.
Pis, j'me suis dit: « Tiens, faut que j'reste
à la port' pour la voir sortir ».

Dehors, y'avait deux pauv p'tit's filles
en p'tit's rob's minc's comm' du papier.
Leurs bas étaient tout en guenilles;
y'avaient mêm' pas d'claqu's dans les pieds.

Ell's grelottaient, ces pauvr's p'tit's chouettes!
Ell's nous d'mandaient la charité
En montrant leurs p'tit's mains violettes.
Ah! c'tait ben d'la vraie pauvreté!

Chacun leu z'a donné quelqu's cennes.
C'est pas eux-autr's, les pauvr's enfants,
qu'auront les bras chargés d'étrennes
à Noël pis au Jour de l'An.

V'là-t-i' pas qu'la gross' dam' s'amène,
les yeux encore un pâmoison
d'avoir pleuré comme un' Madeleine;
Les p'tit's y d'mand'nt comm' de raison:

« La charité, s'ous plaît, madame »!
d'un' voix qui faisait mal au cœur.
Au lieu d'leu donner, la gross' femme
leur répond du haut d'sa grandeur:

« Allez-vous-en, mes p'tit's voleuses!
Vous avez pas hont' de quêter!
Si vous vous sauvez pas, mes gueuses,
moé, j'm'en vais vous faire arrêter! »

Le mond' c'est comm' ça! La misère,
en pièc', ça les fait pleurnicher;
mais quand c'est vrai, c't'une autre affaire!
... La vie, c'est ben mal emmanché!

En regardant la lune

A soir, j'ai l'cœur tout plein d'tristesse.
C'est drôl', j'me sens tout à l'envers!
J'ai soif d'amour et pis d'tendresse
quasiment comme un faiseux d'vers.

J'vois la lune au d'ssus des bâtisses,
Ell' r'luit comme un trent' sous tout neu;
ma foi d'gueu, c'est ell' qui m'rend triste
et qui m'met des larm's dans les yeux.

En la r'gardant, des fois, j'me d'mande
si y' a des gens qui viv'nt là-d'ssus
qu'ont faim quand la misère est grande,
qu'ont fret' parc' qu'y ont pas d'pardessus.

C'est-i' pareil comm' su' notr' terre?
Y'a-t-i' des chagrins pis des pleurs,
des pauvres yâbl's, des rich's, des guerres,
des rois, des princ's pis des voleurs?

Pis, y'a-t-i' des gens qui pâtissent
sans savoir c'qui mang'ront l'lend'main;
tandis que tant d'autr's s'enrichissent
dans l'trust d'la viande et pis du pain?

Y'a-t-i' ben des enfants qui meurent
faut' d'argent pour en avoir soin?
Et pis des pauvres mèr's qui pleurent
En r'gardant l'ber qu'est vid' dans l'coin?

Y'a-t-i' des pauvres gueux qui rêvent
d'être heureux pis qui l'sont jamais,
qu'attend'nt toujours et pis qui crèvent
sans rien avoir de c'qui z'aimaient?

Tandis que j'rêve au clair d'la lune,
doit y'en avoir en pamoison,
par là, qui pleur'nt leurs infortunes
au clair d'la terr'... comm' de raison!

En rôdant dans l'parc Lafontaine

A soir, j'suis v'nu tirer un' touche
dans l'parc Lafontain', pour prendr' l'air

à l'heure ousque l'soleil se couche
derrièr' la ch'minée d'chez Joubert.

Ici, on peut rêver tranquille
d'vant l'étang, les fleurs pis l'gazon.
C'est si beau qu'on s'croit loin d'la ville
ousqu'on étouff' dans nos maisons.

Les soirs d'été, c'est l'coin d'ombrage
pour v'nir prendr' la fraîch' pis s'promener,
après qu'on a sué su' l'ouvrage,
qu'l'eau nous pissait au bout du nez.

Faut voir les gens d'la class' moyenne,
c'-t'à dir' d'la class' qu'à pas l'moyen,
tous les soirs que l'bon Yieu amène,
arriver icit' à pleins ch'mins.

Les v'là qui viennen'nt, les pèr's, les mères,
les amoureux pis les enfants
dans l'z'allées d'érabl's-à-giguère
qui tournaill'nt tout autour d'l'étang.

Ça vient chercher un peu d'verdure,
un peu d'air frais, un peu d'été,
un peu d'oubli qu'la vie est dure,
un peu d'musique, un peu d'gaîté!

Les jeun's, les vieux, les pauvr's, les riches,
chacun promèn' son cœur, à soir.
Y'en a mêm', tout seuls, qui pleurnichent
su'l'banc ousqu'i' sont v'nus s'asseoir...

Par là-bas, au pied des gros saules,
v'là un couple assis au ras l'eau;
la fill' frôl' sa têt' su' l'épaule
d'son cavalier qu'est aux oiseaux.

À l'ombre des tall's d'aubépines,
d'autr's amoureux vienn'nt s'fair' l'amour.
Vous savez ben d'quoi qu'i' jaspinent:
Y s'promett'nt de s'aimer toujours.

Y sav'nt pas c'te chos' surprenante,
qu'l'amour éternel, c'est, des fois,
comm' l'ondulation permanente:
c'est rar' quand ça dur' plus qu'un mois.

Pour le moment, leur vie est belle;
y jas'nt en mangeant tous les deux
des patat's frit's dans d'la chandelle,
en se r'gardant dans l'blanc des yeux.

Deux mots d'amour, des patat's frites!
Y sont heureux, c'est l'paradis!
Ah! la jeunesse', ça pass' si vite,
pis c'est pas gai quand c'est parti!

... D'autr's pass'nt en poussant su' l'carosse;
c'est des mariés d'l'été dernier.
Ça porte encor leu ling' de noces,
qu'ça déjà un p'tit à soigner...

Par là-bas, y'en a qui défilent
devant le monument d'Dollard
qu'est mort en s'battant pour la ville.
... D'nos jours, on s'bat pour des dollars...

Tandis que j'pass' su'l'pont rustique
fait avec des arbr's en ciment,
l'orchestr' dans l'kiosque à musique
s'lanc' dans: « Poète et Paysan ».

Oh! la musiqu', c'est un mystère!
On dirait qu'ça sait nous parler...
on s'sent comme heureux d'nos misères;
ça parl' si doux qu'on veut pleurer...

D'autr's s'en vont voir les bêt's sauvages,
(deux poul's, un coq pis trois faisans.) —
Y s'arrêt'nt surtout d'vant les cages
des sing's qui s'berc'nt en grimaçant.

Y paraîtrait qu'des savants prouvent
qu'l'homme est un sing' perfectionné.
Mais, p't'êtr' ben qu'les sing's, eux autr's, trouvent
qu'l'homme est un sing' qu'a mal tourné.

... Les yeux grands comm' des piastr's françaises,
la bouche ouverte et l'nez au vent,
Y'a un lot d'gens qui r'garde à l'aise
la fontain' lumineus' d'l'étang.

C'est comme un grand arbr' de lumière,
ça monte en l'air en dorant l'soir.

C'est couleur d'or, d'rose et d'chimère:
ça r'tomb' d'un coup, comm' nos espoirs.
Ah! c'est ben comm' les espérances
qu'la vie nous fourr' toujours dans l'cœur!
Ça mont', ça r'tomb' pis ça r'commence:
dans l'fond, ça chang' rien qu'de couleur.

Soir d'hiver dans la rue Sainte-Catherine

A soir, sur la rue St'-Catherine,
Tout l'mond' patauge et puis s'débat
en s'bousculant d'vant les vitrines,
Les pieds dans d'la neig' chocolat.

Eh oui! la neig' blanch' en belle ouate
Comm' nos beaux rêv's puis nos espoirs,
Comm' c'est pas long qu'ell' r'tourn' en bouète
Un' fois qu'elle a touché l'trottoir!

La foule, ell', c'est comme un' marée
Qui moutonne en se j'tant partout
Comme un trompeau d'bêt's épeurées
Que tout l'tapage a rendu fou.

Pourtant, ça l'air d'êtr' gai en ville.
Mêm' la plaint' des plus malchanceux
S'perd dans l'train des automobiles
Et d'z'autobus pleins comm' des œufs.

Y'a du vieux mond', y'a des jeunesses;
Ça march', ça r'gard', ça jâs', ça rit.
C'a ben l'air que tout's les tristesses
Dorm'nt dans les cœurs endoloris.

Y'a ben des jeun's coupl's qui s'promènent,
Bras d'ssus, bras d'ssous, d'un air heureux,
Puis des vieux, tout seuls, l'âme en peine,
Qui march'nt pour pas rentrer chez eux.

Les lamp's électriqu's jaun' verdâtre
Meur'nt puis s'rallum'nt en s'couraîllant
Tout l'tour des d'vantur's des théâtres,
Qui montr'nt des films ben attrayants.

Ah! les p'tit's vues, quel curieux monde!
Les beaux films d'richesse et d'amour,

Ça fait oublier, un' seconde,
Notr' pauvr' vie plat' de tous les jours.
On s'croit heureux, on s'croit prospère
Tandis qu'on est au cinéma.
Y'a-t-il pas jusqu'aux millionnaires
Qu'oublient leurs ulcèr's d'estomac?...

Des bureaux annonc'nt qu'ils financent
Les pauvres gueux qui veul'nt d'l'argent;
C'est d'z'usuriers qu'ont un' licence
Pour étriper les pauvres gens.

Des crèv' faim rentr'nt dans des mangeoires
S'emplir d'Hot-Dogs ou d'spaghetti
Et d'café plein d'chicorée noire;
Au moins ça leur tromp' l'appétit.

D'autr's qui sont un peu plus à l'aise
Vont entendr', dans des boît's de nuit,
Brâiller des chansonnett's françaises
En buvant du whiskey réduit.

La chanteuse est dépoîtrâillée,
Ses couplets sont pas mal salauds,
Mais ça fait passer un' veillée
Sans penser aux troubl's du bureau.

D'autr's qui veul'nt se bourrer la panse
Rentr'nt dans des gargott's à grands prix
Pour manger d'la cuisin' de France
Et boir' du vin comme à Paris.

Ah! leur Fameus' cuisin' française
Qu'est cuit' par des chefs italiens,
Puis qu'est servie par des anglaises
Dans des restaurants d'syriens!

Puis l'vin qui boiv'nt, c'est d'la piquette
Baptisée par la Commission;
C'est du vrai vinaigr' de toilette
Bon pour donner d'z'indigestions...

D'autr's vont chez les apothicaires
S'ach'ter des r'mèd's ou d'la lotion;
D'autr's qu'ont pas l'estomac d'équerre
Rentr'nt fair' remplir leurs prescriptions.

D'autr's long'nt la rue, pleins d'idées noires,
Les yeux dans l'vide et puis l'dos rond...
D'autr's rentr'nt dans les tavern's pour boire:
Ils sont tannés d'vivr', ils s'soûl'ront.

Un' tavern', c'est si confortable!
C'est du grand luxe au prix d'chez eux.
Joues dans les mains, coud's sur la table,
Ils r'gard'nt la broue d'leur verr' graisseux.

Puis, tranquill'ment ils tett'nt leur bière...
— Ils grimac'nt, ça goût' l'arcanson! —
Tout en oubliant leur misère,
Leur femm', leurs p'tits à la maison.

Ici, ils sont loin d'leur marmâille;
Y'voient pas leur femm' n'arracher;
Y'entend'nt pas l'p'tit dernier qui brâille
Ni les autr's qui veul'nt pas s'coucher...

... Mais un coupl' qu'un beau rêve entête
Pens' à s'monter un « p'tit chez eux »;
Ils r'gard'nt les bers et les couchettes
Dans un' vitrine... ils sont heureux!

Ils sont heureux, la vie est belle!
Ils s'voient déjà dans leur maison,
Ell' tout' pour lui, lui tout pour elle:
Les v'là déjà en pâmoison!...

Ils sont heureux!... Ça vaut la peine
D'arrêter d'marcher pour les voir.
Ils sont heureux dans la rue pleine
De gens qu'ont l'air au désespoir!

Ça, ça me r'fait aimer la vie
Qu'est si chienn' pour les vieux pourtant,
Vu qu'ça m'rappell' la bell' magie
De s'aimer quand on a vingt ans.

La montre-bracelet

Tout à l'heur', j'ai eu un' vraie frousse
en r'gardant un' p'tit' montr'-brac'let
pas plus grand' que l'ongl' de mon pouce.
Vous m'croirez pas, mais ell' m' parlait.

Ell' m'disait: « L' p'tit r'ssort qui s'démène
dans mon boîtier gros comme rien
mesur' les bonheurs et les peines
des rich's, des pauvr's et des vauriens. »

« Mon p'tit tic-tac grug', miett' par miette,
la vie des pap's comm' cell' des rois,
cell' des savants, cell's des vedettes
et cell' des pauvres gueux comm' toi. »

« T'as beau vouloir que ta joie dure
Mais qu'tes malheurs pass'nt à grands pas,
Tu vois qu'ça chang' pas mon allure.
Pleur', ris, chant', chiâl', ça m'dérange pas. »

« Ça t'donn' pas l'frisson quand tu penses
Que mes aiguill's fin's comm' un ch'veu
Marqu'nt chaqu' minut' que tu dépenses,
Puis qu'chaqu' minut', tu meurs un peu? »...

« Hein? mon p'tit vieux, v'là qu'ça t'épeure!
Te v'là qui pense en transpirant
Qu'un' fois, ça s'ra ta dernière heure
Qui s'ra marquée sur mon cadran. »

« La vie, c'est rien qu' quelqu's tours d'aiguilles.
D'mand'-toi donc s'il t'en rest' beaucoup
avant l'moment qu'tu décanilles
pour aller prendr' ton dernier trou! »

Prière devant la « Sun Life »

Mon Yeu, j'suis p't-êtr' mal embouché,
C'pas d'ma faut', j'n'ai tant arraché!
V'là qu'aujourd'hui j'vous prie en grâce;
J'suis rien qu'un gueux, rien qu'un vaurien,
J'suis rien qu'un rien, un' pauvre crasse,
Mais j'fais d'mon mieux pour êtr' chréquien.
J'vous prie, Seigneur, en tout' confiance,
Comm' Verlaine et Roger Brien.
J'vous prie, mon Yeu, donnez un' chance
À tous les r'leveurs du pays,
Roug's, câill's, bleus ou ben roug's bleus!
J'vous prie pour tous les spécialisses
De notre ardent patriotisse;
Pour tous les sauv'teurs patentés

D'notr' chère et sainte Liberté;
Pour tous les députés honnêtes
Qui vid'nt nos poch's et s'pay'nt notr' tête;
Pour tous ces « frèr's du travailleur »
Qui viv'nt d'notr' travail et d'nos sueurs;
Pour tous les sout'neurs d'la Grand' Cause,
Chaqu' fois qu'ça leu rapport' queuqu' chose;
Pour nos professeurs d'idéal
Qui s'défil'nt quand ça va trop mal;
Pour les grands défenseurs à gages
De notr' « magnifique héritage »;
Pour tous les apôtr's ben nourris
Qui nous trouss'nt des discours fleuris;
Pour les étireurs de harangues
En nègr' pour la défens' d'la langue;
Pour ceux qui s'tuent à nous prouver
Qu'on est rien qu'un tas d'réprouvés;
Pour ceux qui s'font des pil's de piasses
À s'planter comm' Champions d'la Race;
Pour tous les jureurs de serments
D'amour à la France notr' moman;
Pour tous ceux qui tir'nt bénéfice
De notr' vach'rie et de nos vices;
Pour tous ceux qu'ont pas leu pareils
Pour nous engraisser, d'leu conseils
Et qui s'font des rent's viagères
À vouloir nous tirer d'misère;
Pour les gens à tuyau d'castor,
À « Prince-Albert » et à chain' d'or;
Pour tous les experts d'ces parades
Qui montr'nt l'étendue d'nos r'culades,
J'vous prie, mon Yeu, la main su' l'cœur,
Sans mauvais plan puis sans aigreur.
Fait's que nous autr's, vil' populace,
On croupiss' toujours dans notr' crasse;
Qu'on soit jusqu'à la fin des fins
Des charrieux d'eau, des crèv' de faim,
Des bons à rien, des misérables,
Vu qu'ça s'rait ben épouvantable
Si qu'on d'venait bons citoyens!
Quoi qu'ils d'viendraient, « ces gens de bien? »
C'ben simpl', y'auraient pus rien à faire!
C't'eux autr's qui s'raient dans la misère,
C't'eux autr's qui s'raient ces « Pauvr's chômeurs »!
Ça s'rait ben trop dommag', Seigneur!

CLAUDE-HENRI GRIGNON (1894-1976)

Surnommé « le lion du Nord », Claude-Henri Grignon est lié aux pays « d'en haut » par sa biographie (né et mort à Sainte-Adèle) et par son idéologie, fortement marquée par son admiration pour les pionniers des Laurentides et leur chef de file, le curé Labelle. *Un homme et son péché* (1933), roman de la terre, s'inscrit dans la lignée de l'œuvre de Laberge par son refus d'idéaliser la vie en milieu rural, bien que Grignon soit moins pessimiste que l'auteur de *La Scouine* et s'attache principalement à peindre le portrait d'un homme, Séraphin Poudrier, l'avare devenu célèbre grâce à la radio puis à la télévision (*Les Belles Histoires des pays d'en haut*). Grignon fut aussi Valdombre, l'auteur solitaire des *Pamphlets* (1936-1943), revue mensuelle dans laquelle il commentait aussi bien l'activité politique internationale que l'actualité littéraire tant française que québécoise; grand admirateur de Léon Bloy et de Bernanos, disciple d'Asselin, il fut notamment l'un des premiers à signaler l'importance de *Menaud, maître-draveur*, et même s'il considère Montherlant comme un « écrivain de vingtième ordre », il demeure un bon pamphlétaire, à la plume cinglante, pourfendeur des médiocres, des « flancs mous » et des « bacheliers poumonniques », dont l'ennemi préféré était Victor Barbeau. Grignon est en outre l'inventeur du mot « joual »: « Nous parlons " joual " et nous écrivons comme des " vaches " »...

UN HOMME ET SON PÉCHÉ
La mort de l'avare*

(Nous donnons les deux derniers chapitres du roman qui racontent le sauvetage de la vache de Séraphin Poudrier par son cousin Alexis, et la mort de l'avare dans l'incendie de sa maison.)

— Hhein!... Hhein!...

C'était le bruit sourd, déchiré, que laissait échapper Séraphin à chaque coup de hache qu'il donnait, comme s'il eût travaillé des reins, ou comme si une de ses côtes se détachât brusquement. Nu-tête, les manches de sa chemise bleue retroussées, et le col ouvert, il bûchait et il avait chaud.

Une brassée de rondins étant prête, il se pencha pour la saisir, lorsqu'il sentit dans son dos la forte haleine d'un homme ou d'un loup. Il se retourna. Il vit une bouche grande ouverte, et dans la bouche, ce cri qui sortait tout rouge:

— Séraphin! Une de tes jerseys vient de tomber à l'eau, dans le remous!

C'était Alexis qui lui annonçait cette nouvelle.

D'un bond, Poudrier avait sauté la barrière, et il se dirigeait en courant comme jamais il n'avait couru, au bout de sa terre, où la rive était coupée à pic, où certainement la vache avait glissé de haut en bas jusqu'à la rivière.

Alexis le suivait de loin, un câble à la main, courant aussi vite qu'il pouvait et criant de toutes ses forces des paroles incohérentes que le vent emportait.

Rien n'empêchait Séraphin, dans sa précipitation, de penser qu'il aurait dû retourner voir à sa clôture au bout du pacage.

— Ça serait pas arrivé, ça serait pas arrivé, répétait-il.

Et il courait sans regarder devant lui, comme tiré par une idée fixe. Il courait, fouetté par une force extraordinaire qui n'était autre que sa passion, rendue à son paroxysme. Au risque de suffoquer en route, il sauverait sa vache.

Arrivé près de la clôture qui dominait la rivière d'une hauteur de vingt pieds environ, il s'arrêta un moment. Il ne soufflait pas, il ne respirait pas. Il était blanc comme l'écume des rapides. Il était Séraphin Poudrier dans l'apothéose de sa laideur.

Il gardait encore assez de calme pour se rendre compte qu'en effet trois perches manquaient à la clôture, et que c'était par là qu'avait passé la pauvre bête.

Il aperçut tout à coup la vache qui tournait dans le remous, le cou sur un billot. Il ne prit pas le temps de voir si Alexis le suivait de près, il se laissa glisser jusqu'à la rivière, où une pierre l'empêcha de tomber dans l'eau.

— Tu vas te néyer, Séraphin. Grouille pas, grouille pas, lui criait Alexis, en se laissant emporter, à son tour, par le sable.

Tous les deux, maintenant, se trouvaient sur le bord de l'eau. Poudrier ne parlait pas. Il était toujours blanc comme l'écume des rapides, et il tremblait un peu. Il ne pouvait détacher ses yeux enflammés de la vache qui, la tête sortie de l'eau, comme un chevreuil que des chasseurs poursuivent, nageait et tournait dans le remous, et essayait de poser ses pattes sur les billots graissés par la morve des lacs, et qui roulaient sans cesse sur eux-mêmes.

L'avare voulut se jeter à la nage. Alexis lui serra le bras de sa poigne d'acier.

— Fais pas le fou, dit-il. Laisse-moé faire, laisse-moé faire. Va te placer dans la route, là.

Il y avait en effet un sentier battu par les pêcheurs dans une coulée toute proche.

— Tiens-toi là, criait Alexis. Je m'en vas te garrocher le câble.

Et il se mit à courir sur les billots.

À cet endroit, au pied du rapide, la rivière, d'une quarantaine de pieds de largeur, forme une anse. L'eau y était un peu plus calme, mais des remous la vrillaient, ici et là, par-dessous. Des billots tournaient lentement le long des rives ou stationnaient, en rangs serrés, au milieu de la rivière.

La vache se trouvait un peu plus bas, à dix pieds de la rive opposée, où dans un escarpement rapide commençait la forêt. Il s'agissait donc d'attraper la bête au lasso et de la tirer de ce côté-ci, où attendait Poudrier, anxieux et tremblant.

Alexis, le câble à la main, sautait avec l'agilité d'un écureuil. Parfois, pour garder son équilibre, il restait un moment sur le même billot, le faisant tourner avec ses pieds, jusqu'à ce qu'il se fût trouvé d'aplomb. Puis, il sautait sur un autre, approchant toujours de la vache qui, maintenant, la tête tournée vers Alexis, le suppliait, de ses grands yeux égarés, de la secourir.

— Envoye! envoye! criait Séraphin de la rive, heureux de voir son cousin bondir avec tant d'habileté sur les billes gluantes.

Il avait entendu dire plusieurs fois que Alexis était dans son temps un des meilleurs draveurs « d'en haut », mais aujourd'hui il en avait la preuve. Toutefois, en ce moment, il ne pensait pas à s'émerveiller des prouesses de cet homme, si gros et à la fois si souple, et qui enjambait si rapidement qu'une loutre eût été incapable de le suivre.

— Envoye! Envoye! criait-il.

Un moment, Alexis, ayant mal mesuré son élan, mit justement le pied sur le bout d'une épinette, qui plongea. Plus vite que la pensée, il courut à l'autre bout, ramenant ainsi le billot sur le plan horizontal.

— Néye-toi pas! Envoye! Envoye! lui cria Séraphin.

— Crains pas, mon vieux. Grouille pas de là, toé. Je m'en vas l'avoir.

Et il regardait autour de lui. Il cherchait un billot énorme d'où, bien en équilibre, il aurait le temps de lancer le câble au cou de la vache. Il en vit un, immobile; il sauta dessus à pieds joints. Deux fois, il tourna le câble, le déroulant avec force dans la direction de la vache, qu'il attrapa, par les cornes, du premier coup.

L'avare laissa échapper un tel cri de joie, accompagné d'un tel soupir, que Alexis ne put s'empêcher de fendre l'air d'un éclat de rire formidable.

— T'as eu peur, hein, mon maudit Séraphin? C'est de même qu'on poigne ça, nous autres, des vaches à l'eau.

Et il courait toujours sur les billots vers le rivage où se trouvait Poudrier. Lorsqu'il fut à une quinzaine de pieds, il lui lança le câble que Séraphin saisit, en tombant sur le dos.

— Tiens-le ben, à c't'heure, lui dit Alexis.

Une fois sur le rivage, au côté de son cousin, il dit encore:

— Tire pas trop fort. Elle va s'en venir toute seule avec l'épinette.

Et lentement, la vache avançait sous la pression du câble et des remous, qui faisaient autour de sa tête des petits bouillons blancs. Lorsqu'elle fut près du bord, Alexis sauta dans la rivière. L'eau était froide et il en avait jusqu'à la ceinture.

— Baptême! C'est pas chaud, cria-t-il.

Et il travaillait comme un damné pour dégager la pauvre bête, en poussant dessus, ou en la tirant par la queue.

Enfin, la belle jersey, pour laquelle Séraphin aurait noyé tous les hommes aux cheveux roux, se trouvait sur la terre ferme, mais grelottait comme une feuille.

— Viande à chiens! s'exclama l'avare, qu'est-ce que c'est que je te dois pour ça, Alexis?

— Rien, pantoute, mon vieux. Mais tu ferais mieux d'arranger ta clôture.

— Ça s'adonne, et pas plus tard que tout de suite.

Ils montèrent le petit sentier, suivis de la vache, qui s'arrêtait de temps à autre pour se lécher les flancs ou pour respirer.

Lorsqu'ils eurent atteint le sommet, Poudrier se retourna et regarda un moment la rivière, en bas du rapide, où glissaient sans cesse des billots, et où sa vache avait failli se noyer.

---

1. De l'anglais « dam ». Digue, barrage.

— Sais-tu, Alexis que c'est pas croyable! La damme[1] est pas loin, puis elle s'en allait dret dedans. Il faudrait que j'arrange ma clôture, comme tu dis, parce que ça descend raide, viande à chiens! icit'.

Et il cherchait des perches de cèdre le long du pacage, pensant toujours à la perte possible qu'il fallait éviter, tandis que la vache broutait tranquillement sous le beau soleil qui la réchauffait de son manteau de lumière.

Séraphin marcha longtemps. Il revint avec trois perches qu'il fixa solidement dans les pieux. Puis, s'adressant à Alexis:

— Mais j'y pense, là, tout d'un coup. Ma clôture était correcte la semaine passée. Ça doit être quelque v'limeux de jaloux qui m'a joué un tour de cochon. Viande à chiens! que je le poigne jamais!

Et il jurait, tandis que Alexis se donnait des tapes sur les jambes et sur les cuisses pour sécher son linge et pour se réchauffer. Ils marchaient maintenant dans la direction de la maison.

Le temps était calme, et le bruit le plus léger dans la nature, le vol d'un oiseau parmi les pousses tendres, le saut d'un lièvre, une branche qui tombe, parvenait jusqu'à eux avec la plus nette précision.

Tout à coup, ils aperçurent dans le lointain, où la coupole de l'horizon tombe dans l'infini, des paquets de fumée jaune et noire qui se déplaçaient, pareils à des nuages.

— C'est pas des feux d'abatis, ça, fit l'avare. C'est plus pointu que ça.

— Ç'a pas l'air, constata, à son tour, Alexis.

Et ils avancèrent plus vite. La fumée grossissait toujours, et toujours de plus en plus noire, montait, divisée, dans le ciel.

— On dirait que c'est pas loin de chez vous, fit Alexis.

Ils s'arrêtèrent un moment. L'avare, immobile, sec et brun comme un arbre, regardait droit devant lui. Il blêmissait. Puis, soudain, il cria d'une voix atroce:

— C'est moi qui brûle!

Et il partit comme un éclair. Il courait aussi rapidement que tantôt. Deux fois, il tomba. Il se releva aussi vite pour courir plus fort. Alexis, qui avait jeté le câble au loin, le suivait de près.

— Je brûle, répétait Séraphin d'une voix étranglée, et les deux bras devant lui, comme s'il avait voulu saisir quelque chose ou barrer le passage à une catastrophe qui se faisait inévitable.

Une fumée grise et dense sortait par les fenêtres et par la porte de la maison, tandis que d'autres, plus noires, glissaient sur la toiture ou se dressaient vers le ciel en des contractions spasmodiques.

Séraphin approchait toujours, et sur sa figure, jaune et sèche comme l'avarice, il sentait des souffles chargés d'odeurs de chaux et de cuir brûlés.

Avant que Alexis n'eût le temps de faire un geste, Poudrier se précipita, affolé, dans la porte de la cuisine, où il disparut, emporté par un nuage noir.

— Séraphin! Viens-tu fou! criait Alexis.

Et il essaya de suivre l'avare dans la maison. Il eut juste le temps de l'entendre qui montait l'escalier au fond du haut côté. Essaierait-il de l'atteindre? Ah! s'il pouvait l'accrocher par un bras! Deux fois, il tenta cet effort; deux fois il dut reculer. Il ne distinguait rien au travers de ces nuages opaques comme du sable et qui brûlaient les yeux. Il voulut crier. Une fumée âcre le saisit à la gorge. Il eut la force de marcher encore dans la cuisine. Découvrant tout à coup le chambranle de la porte où filtrait une lumière pâle, il se laissa entraîner de ce côté.

Alexis se retrouvait dehors, chauffé comme dans un four. Il avait perdu complètement la tête, et il se mit à sauter comme un chat pris de haut mal. Il criait, il cherchait des chaudières, il appelait au secours.

La maison n'était plus qu'un nuage de fumée que traversaient, ici et là, des traits rouges et tordus. Puis, elle se mit à flamber. Des millions de flammèches volaient partout. On eût dit que le hangar et l'étable brûlaient en même temps que la maison. Les flammes se faisaient plus nombreuses, plus rouges et plus rapides. Elles sortaient tout à coup d'une fenêtre ou couraient le long de la corniche. Alexis se rendit compte qu'un pan de mur pouvait tomber sur lui. Il recula, épouvanté. De biais, il crut voir passer une ombre devant une fenêtre, entourée de fumée et de flammes.

Était-ce Séraphin? Comment en douter? Il ne l'avait pas vu sortir. C'est certain qu'il mourrait là, brûlé vif.

Et Alexis criait de plus en plus fort, maudissant la fatalité de ne pouvoir porter secours à son cousin. Est-ce qu'il existait en ce moment sur la terre une chose plus effroyable que cette maison en feu, et Séraphin qui brûlait dedans? Et lui, impuissant à vaincre la mort?

Le désespoir horrifiait toujours Alexis, lorsqu'il crut reconnaître Ti-Jean Frappier, Siméon Destreilles, Ti-Noir Gladu et le grand Bardeau, qui accouraient à travers les champs.

Ils arrivèrent juste au moment où la toiture s'écroulait avec fracas, en même temps que deux murs, au milieu de la fumée et des flammes qui montaient en spirales dans le bleu du ciel.

— Il n'y a rien à faire, dit Siméon Destreilles.

On entourait maintenant Alexis et on le déchirait de questions.

— Est-ce que Poudrier le sait? demanda le grand Bardeau.

Alexis le regarda un moment, les yeux rouges et hagards. Puis, montrant de sa main large et tremblante le brasier, il hurla:

— Séraphin? Mais il est là. Il brûle avec. Il est mort.

— Non? non? Ça se peut pas, disaient les colons effrayés, et tournant ainsi que des bêtes dans la cour.

Ils tentèrent de s'approcher du feu, mais la chaleur était trop grande. Ils durent s'en éloigner aussitôt, avec un tel air de découragement que le fort Alexis ne put retenir ses larmes.

— Si sa grange peut pas y passer, toujours, dit niaisement Siméon Destreilles.

— Je pense pas, reprit Alexis, abruti, parce que le vent est de l'autre bord.

Et tous, saisis d'horreur, regardèrent de loin s'écrouler le dernier mur.

Ce qui restait de la maison flamba jusqu'à six heures du soir.

*
* *

Beaucoup de monde accourut de partout. Des femmes nu-tête, avec des bébés dans les bras, des hommes et des fanaux, et des bandes d'enfants qui pleuraient ou qui riaient. Une grande curiosité attirait ces gens misérables. Que Poudrier se fût jeté, ni plus ni moins, dans le feu, cela constituait la plus effrayante nouvelle qui eût jamais secoué ce pays de misère. On se demandait si on retrouverait le cadavre et dans quel état il serait.

Il fallut attendre jusqu'à neuf heures du soir avant de se risquer dans les ruines encore fumantes. À la lueur de plusieurs fanaux, et à l'aide de piques, de pelles et de fourches, on parvint à déblayer lentement l'endroit où se trouvait, il y a quelques heures à peine, la maison de Séraphin Poudrier, dit *le riche*.

Sous des débris sans nombre, tout au fond de la cave, on le trouva, à moitié calciné, étendu à plat ventre sous le poêle, la tête prise comme dans un étau, les bras croisés sous la poitrine, et les deux poings fermés.

On réussit à dégager le corps. Avec les plus grandes précautions, et dans la crainte que cette charpente d'homme qui avait été l'avare ne tombât en poussière, on le tourna sur le dos. Quelle horreur! Deux trous à la place des yeux, la bouche grande ouverte, les lèvres coupées, et une dent, une seule dent qui pendait au-dessus de ce trou. Tout le reste du corps paraissait avoir été roulé dans de la glaise.

Deux fois Alexis se pencha sur le cadavre. Il voulait savoir quelque chose. Il le sut.

Il ouvrit les mains de Poudrier. Dans la droite il trouva une pièce d'or et, dans la gauche, un peu d'avoine que le feu n'avait pas touchée.

NOTRE CULTURE SERA PAYSANNE, OU NE SERA PAS

Mon cher Laurendeau,

Je ne goûte pas beaucoup les enquêtes parce qu'elles aboutissent rarement au résultat que l'on se propose. La vôtre, cependant, et permettez que je vous le dise, soulève un curieux problème, celui d'une *culture canadienne-française*. Que des débats d'une belle violence éclatent et vous me verrez le plus heureux des hommes.

Si on accepte le mot « culture » dans le sens à la fois large et particulier que vous lui donnez, je persiste à croire qu'il existe une culture canadienne-française. Mais prenez garde, nous finirons par la perdre, à peu près comme tout ce que nous avons perdu à cause de notre indifférence, de notre timidité et, disons le mot de notre avachissement.

Je l'ai écrit souvent et je le répète: notre survivance reste intimement liée au sol. Le mot « sol » (trois lettres) contient tout le passé, toutes nos traditions, nos mœurs, notre foi et notre langue. Retranchez le sol de notre vie sociale, économique, politique et il n'est point de culture canadienne-française.

Ce qui nous manque, ce qui fait douloureusement défaut dans les racines les plus profondes de notre peuple, c'est le sens d'une mystique véritable, d'une mystique paysanne, d'une mystique de la terre dans ce qu'elle suppose de plus durable, de plus fort, de plus sain. Il y a des peuples industriels, des peuples commerçants, des peuples agricoles. Pourquoi ne pas continuer les traditions de la vieille France par un attachement plus intime à la terre qui demeure, selon les économistes les plus avertis, la seule richesse qui ne peut pas périr, même aux heures les plus difficiles, les plus angoissantes. Inutile de nous le cacher: là où est la terre, là est le pain. Et si des ennemis de ma race jugent que je fais des phrases, je leur poserai une question très simple. Comment se fait-il qu'au moment où j'écris ces lignes, messieurs les Anglais, gens pratiques, par excellence, se ruent vers nos terres et s'agitent de toutes façons pour s'en procurer? Ils voient le danger qui est à nos portes. Ils voient demain. Qui peut dire ce que vaudra, demain, notre dollar? Et nos belles industries ronflantes? Et notre commerce douteux? Une chose certaine c'est que tout cela ne vaudra pas cher parce que tout cela demeure le jouet des spéculations en bourse et des marchés du monde.

Le sol, au contraire, est un fait, une chose concrète. C'est du positif dans toute l'acception du terme. Le sol ne périt pas. Oh! je sais que l'agriculture industrialisée et telle qu'on l'exploite dans les plaines de l'Ouest canadien par la culture intense et intensive du blé, ce dévorateur des meilleurs sucs de la terre, je sais que le blé a épuisé les grands sols de l'Ouest. Je ne parle pas « industrie ». Je parle « paysannerie ». Et je soutiens que le sol paysan, si je peux ainsi me faire comprendre, que le sol *pauvre* du Québec ne périra jamais ou tout au moins jamais complètement et que ce sol *pauvre* reste encore la plus réconfortante richesse qu'un peuple sage puisse souhaiter. Voilà ce que savent les Anglais, des amis, et voilà hélas! ce que nous ignorons trop.

Je me tourne donc avec espérance vers la terre, vers la petite paysannerie du Québec qui fait l'admiration d'un esprit supérieur tel qu'André Siegfried pour ne nommer que celui-là et parce qu'il est fort connu chez nous.

Notre culture canadienne-française sort du sol et elle viendra davantage du sol si nous le voulons. Que des grosses têtes, fauchées et faussées d'avance, nous traitent de « nationaleux » parce que nous crions à nos compatriotes: « Gardez vos terres! » et parce que nous avons foi dans la seule mystique paysanne, il reste un fait qu'aucune théorie ne peut détruire, c'est que la paysannerie du Québec ne disparaîtra pas facilement. « Le sol est invincible », a écrit Remy de Gourmont, et cette fois-là, il a dit une chose sensée. Québec restera Québec avec sa langue si savoureuse (j'entends sa langue paysanne), avec ses mœurs et sa religion. Un Anglais très cultivé, ayant bonne tête sur les épaules, me disait dernièrement: « Il ne faut pas que le vieux Québec change. C'est à souhaiter plutôt qu'il se fasse plus vieux que jamais, qu'il retourne à son passé comme à une source inépuisable de richesse économique et d'inspiration poétique. » Cet Anglais parlait de raison et de sagesse profonde. Admettons-le de bonne grâce.

Notre culture, pour vivre, n'a pas besoin d'être essentiellement française. Elle l'est déjà par ses origines, origines que nous avons bousculées quelque peu (et ce n'est pas si mal), mais elle sera une culture canadienne-française tant et aussi longtemps que nous garderons nos terres, c'est-à-dire notre foi, notre langue, nos coutumes.

Ce que la Provence a fait, ce que la Finlande a réussi, nous le pouvons également. La littérature provençale et la littérature finlandaise ont trouvé leur raison de vivre dans le sol. Ces littératures sont un chant à la gloire de la paysannerie. C'est le poème coloré de la terre, puisant ses images et toute sa force au sein même d'un terreau qui a nourri la nation.

Notre littérature sera absolument paysanne ou elle ne sera pas. Si elle ne l'est pas, il ne peut être question de culture canadienne-française proprement dite. Pour la sauver, pour nous sauver, nous avons besoin d'une langue bien à nous, une langue du terroir, inconnue aujourd'hui, mais que des écrivains patients finiront par édifier mot par mot, locution par locution. Nous n'avons que faire d'une langue française officielle. Et, par ailleurs, pourquoi les paysans iraient-ils s'embarrasser de la langue anglaise quand ils en possèdent une, aussi propre que n'importe laquelle et qui constitue le plus précieux héritage que nos pères nous aient laissé?

Faites attention, je vais dire une énormité. Si nous nous obstinons à parler et à écrire deux langues, nous ne saurons jamais parfaitement ni l'une ni l'autre et il n'est pas mauvais de se rappeler, ainsi que le fait remarquer Remy de Gourmont, « que les peuples bilingues sont toujours des peuples inférieurs ».

Criez maintenant, hurlez, gigotez, ennemis du Québec, peu me chaut.

Au sujet de notre langue canadienne-québécoise, laquelle n'est pas plus mauvaise que bien d'autres, je citerai Charles Bruneau.

Il existe, écrit-il, un vocabulaire français général: ce sont les mots communs à tous les Français, *père, mère, frère*. Vous les avez. Il existe des vocabulaires spéciaux — le mouflon ne vit qu'en Corse et la rascasse ne se pêche qu'en Méditerranée. Le Canada doit garder ses achigans et ses orignaux. Chaque province de France conserve traditionnellement un français dialectal. — On ne mange de gaudes qu'en Franche-Comté, et des bouillabaisses qu'à Marseille. — Pourquoi les Canadiens français n'appelleraient-ils pas patates frites (ou même *pétaques*), les pommes de terre que les paysans dénomment, dans mes Ardennes natales, des *canadas* (des pommes du Canada)?[2]

Des *pétaques*? Blasphème! C'est un professeur de grammaire et de linguistique qui parle ainsi? Que vont dire nos péronelles, nos écrivains *français officiels* d'une littérature imitée et corrompue?

Je conclus. Une culture canadienne-française véritable reste possible, culture que les Anglais sont les premiers à admirer, si nous avons une littérature en propre, et cette littérature n'est réalisable que si elle puise son inspiration dans la paysannerie du Québec. Si nous devons nous confondre avec le grand Canada, nous sommes perdus. Et bien loin de posséder une culture anglaise ou *internationale*, nous n'en aurons aucune. C'est curieux. Je peux me tromper, mais je songe qu'il n'est pas possible de faire un Anglais ou un Juif avec un paysan du Québec.

---

2. *Grammaire et linguistique*, causeries prononcées aux postes du réseau français de la société Radio-Canada. Édition Bernard Valiquette, Montréal, p. 31-32.

Gardons nos terres, gardons notre langue, gardons notre foi, gardons nos coutumes, même si elles s'effritent, et nous aurons une culture canadienne-française. Pas autrement.

Il se peut, mon cher Laurendeau, que je n'aie pas répondu du tout à votre enquête, mais je vous remercie bien quand même de m'avoir fourni l'occasion d'écrire des vérités qui font mal.

Très cordialement à vous,

VALDOMBRE

LES PAMPHLETS DE VALDOMBRE

Un massacreur officiel de la langue française

(Lettre à M. Victor Barbeau)

Sainte-Adèle, avril 1939

Mon cher professeur,

Au moment même où Henri Massis m'envoyait son dernier ouvrage, *Chefs*[3], portant une dédicace qui m'honore, un ami me faisait tenir le vôtre, intitulé *Le Ramage de mon pays*[4].

Ce n'est pas dans votre habitude de gâter les critiques et vous prenez bien soin de ne jamais leur donner votre dernier paru. Je vous connais assez pour savoir que vous dominez la plèbe des journalistes. Vous êtes ce qu'on appelle un homme « distant », ce qui vous donne une allure d'aristo qui vous va bien et qui ne peut pas vous nuire. Des écrivains de vingtième ordre tels que René Benjamin, Henry de Montherlant, Henri Ghéon, Ernest Pérochon et deux ou trois autres peut-être, dont les noms m'échappent, consentent à m'adresser leurs ouvrages auréolés de dédicaces qui gardent leur prix d'or. Mais on comprend à quoi tout cela rime quand on voit un professeur de votre qualité se tenir au-dessus de toute réclame, encore que le *Devoir* glorifie votre *Ramage* depuis des mois. Quant à la critique intelligente que ce quotidien pourrait vous consacrer, j'ai bien peur qu'elle ne pourrisse là. On dirait franchement que vous vous accommodez mieux des poncifs publicitaires. Et c'est ainsi que les écrivains libres se retrouvent à l'aise en face d'un professeur enchaîné.

*
* *

---

3. Plon, éditeurs, Paris.
4. Bernard Valiquette, éditeur, Montréal. En vente chez Déom, rue Saint-Denis, Montréal, et autres librairies. Prix: $1.

Vos meilleurs amis ne pourront pas dire que vous êtes stérile. En moins de trois ans, vous avez publié trois ouvrages de haute importance. Pour un Canadien français, c'est pas mal fort et j'aime mieux vous manifester tout de suite ma satisfaction.

Après avoir démontré au moyen d'un style sec et brutal la misère économique de nos compatriotes, vous signalâtes leur pauvreté intellectuelle dans un livre ardent, tout plein de rutilances de langage et lourd de vérités, des vérités très dures, susceptibles de crever les bedaines bourgeoises. À l'époque, j'ai écrit librement ce que je pensais de ce pamphlet formidable, unique au Canada, et qui s'appelle *Pour nous grandir*[5].

Vous savez mieux que personne, mon cher professeur, que je n'appartiens pas à cette catégorie de flancs mous qui font l'orgueil de notre sainte race (priez pour nous!); je n'appartiens pas non plus à cette classe d'envieux et de bacheliers poumonniques qui font l'orgueil de notre sainte race (priez pour nous!); vous savez, vous, que je n'appartiens pas davantage au troupeau des fils soumis et obéissants qui font l'orgueil de notre sainte race (priez pour nous!); je n'ai jamais appartenu au conglomérat des hommes de lettres qui font l'orgueil de notre sainte race (priez pour nous!); vous savez bien encore, mon cher Barbeau, que je n'appartiendrai jamais à la Société des Écrivains Canadiens-français qui font l'orgueil de notre sainte race (priez pour nous!).

C'est ce qui explique clair comme le jour que je n'ai pas eu peur d'écrire que vous aviez raison. Les coups que vous portiez à notre peuple d'une main si ferme et tellement habile, le peuple les méritait. Vous nous avez giflés, vous nous avez fouettés, vous nous avez craché au visage. En certains milieux, on dira que de la part d'un professeur, c'était manquer d'élégance. Je m'empresse de répéter que c'était tout justice et que nous l'avions bien mérité. Votre attitude n'en fut jamais une. C'est plutôt un acte qui témoigne pour vous avec splendeur. Vous êtes béni des dieux et vous aurez accompli un geste qu'on n'oubliera pas de si tôt. *Pour nous grandir* est un livre fier que vous trouverez sur le premier rayon de la bibliothèque de tout homme bien né. Il s'agit déjà d'une œuvre capitale dans un pays où la production littéraire se rapproche plutôt de la mise en « consarves » que de l'art et de la beauté.

*
* *

Voici que vous revenez devant nous avec un ouvrage sur le français tel qu'on le parle au Canada: *Le Ramage de mon pays*. On pouvait s'y attendre. Me permettez-vous cependant de vous faire remarquer que vous prisez surtout les titres forts d'ironie, cuisants de sarcasme et qui constituent à eux seuls tout un symbole, pour ne pas dire tout un programme. Rien d'étonnant que vous fassiez encore vos beaux dimanches des écrivains les moins conformistes qui soient.

« Ramage » nous laisse bien entendre qu'il s'agit d'un chant d'oiseau. Ne riez pas. Tout le monde sait que nous sommes, nous, les Canayens, des

---

5. Le *Devoir*, imprimeurs, Montréal.

jolis moineaux. On y compte peu de pinsons, de merles et de chardonnerets. Le nombre de butors va grandissant et c'est bien là ce qui inquiète surtout les augustes membres de la Société Royale du Canada et même de la Société que vous présidez, mon cher Barbeau, avec une sollicitude et un dévouement qui me bouleversent et me forcent à vous admirer. Lorsque nous usions ensemble nos fonds de culottes sur les bancs de l'École littéraire de Montréal, je savais, je prévoyais, je sentais bien que vous étiez destiné à de grandes choses. Vous ne m'avez pas trompé et je m'en réjouis. À défaut d'autres qualités, j'aurai toujours eu du flair.

À la rigueur et à ne lire que le titre de votre ouvrage, on croirait franchement que nous parlons la langue la plus harmonieuse du monde. Illusion fugitive. Dès les premières pages de votre bouquin, on se rend compte que vous allez faire un joli massacre de la langue française telle qu'on la parle au Canada.

Je comprends très bien, écrivez-vous avec aplomb, quel étonnement, quelle émotion même ce doit être pour un Français qui nous découvre d'entendre parler sa langue en Amérique, si imparfaitement, si incorrectement que ce soit. Aussi faut-il tenir compte, dans chacune des appréciations dont nous tirons peut-être un peu trop vite vanité, de la part d'enthousiasme, voire de naïveté qu'elle renferme. Nous exprimerionsnous encore plus mal, qu'il se rencontrerait, aujourd'hui comme hier, des Jusserand, des Étienne Lamy, des René Viviani, des Eugène Duthoit, des abbés Audoin, des Labori pour déclarer que *rien n'est plus authentiquement français que cette langue savoureuse.*

Combien vous avez raison, mon cher professeur! Et je vous avouerai que rien ne m'amuse autant, en effet, m'amuse ou m'horripile que d'entendre des Français flagorneurs louer notre langue, comparable au français d'un Louis XIV comme si, pour ma part, je tenais à roucouler le babil précieux qu'a ridiculisé Molière.

Mais que valent aux yeux des Français intelligents la plupart des Français qui nous visitent? Je donnerais cent belles piastres pour le savoir. J'ai déjà écrit à maintes reprises et ce, au grand scandale des Français-Anglas, genre Louvigny de Montigny, que les Français nous aiment surtout parce qu'ils ont du vin et des livres à nous vendre, ce que j'admire, remarquez bien, car le vin de France est unique au monde, c'est du vrail soleil du bon Dieu, et la littérature française, l'une des plus riches. Nous ne nous passerons jamais ni de l'un ni de l'autre. Toutefois, les Français qui reviennent en Nouvelle-France devraient avoir au moins le bon sens et la politesse de nous dire que nous parlons « joual » et que nous écrivons comme des « vaches », mais que nous avons encore assez de goût pour acheter le vin et les livres français; que notre monnaie vaut bien celle des autres pays, qu'elle est même plus stable. J'ajoute que j'aime autant commercer avec les Français plutôt qu'avec les Anglais, les Américains, les Japonais ou les Allemands. Ce n'est pourtant pas une raison pour qu'ils viennent nous flagorner et nous dire en pleine face que nous parlons le plus pur français de France. La vérité, c'est que nous parlons et nous écrivons fort mal. Qui nous? Je vais vous le dire, mon cher professeur, et je pense bien que vous n'irez pas me contrarier à ce sujet.

*

* *

Nous, les professeurs, nous les hommes de lettres, nous les « professionnels », les bacheliers satisfaits, les journalistes, nous les dirigeants, les intellectuels, les fins-fins, les collets montés, tous tant que nous sommes, nous parlons et nous écrivons le plus pur français de joual que l'on puisse imaginer. Seuls les paysans parlent encore pour se faire entendre et ils gardent assez de jugeotte tourangelle, assez de sagesse normande, pour ne pas écrire. « Je ne sais pas écrire, dit le paysan, mais je vis pareil ». Comme je le comprends! Comme il se montre intelligent! Écrire, c'est bon pour nous autres, nous autres, qui écrivons si mal, nous autres qui ne saurons jamais écrire, disposerions-nous, pour nous abrutir davantage, de cent collèges classiques de plus et de cent lycées français. Il y a une raison à cela. Oui mon cher professeur, il y en a une et vous la connaissez mieux que moi. Vous savez bien que la langue ne s'apprend pas à l'école, je parle du suc de la langue, de son âme, de tout son passé, de sa moelle, de sa substantifique moelle. On peut la perfectionner, la ciseler, en faire un objet de commerce. Ça ne s'apprend pas dans les livres. La langue vient du sein maternel et prend sa source dans la vie familiale. Comment voulez-vous que nous autres, Canadiens français, vivant dans des villes où tout n'est qu'anglais, américain, où nos enfants apprennent les deux langues sans ne jamais connaître parfaitement ni l'une ni l'autre; comment voulez-vous que lorsque tout ce qui nous entoure, nous enveloppe, nous pénètre n'a rien d'authentiquement, d'originellement français, nous puissions parler et écrire français? Ce serait un miracle et les miracles ne sont pas de cette sorte. Au point de vue du langage nous ne sommes ni des Français, ni des Anglais, nous restons des hybrides.

Le paysan que l'école n'a pas corrompu, qui ne sait ni lire ni écrire; qui n'a pas quitté son coin de terre; qui, toute sa vie, a vu le même sillon, les mêmes visages et les mêmes paysages, ce paysan-là parle encore un français que les Français comprennent et admirent. Mais nous autres, mon cher Barbeau, nous autres, c'est plus qu'une monstruosité, c'est une trahison. Reconnaissons que la plupart de nos professeurs laïques et religieux parlent et écrivent un français qui découle de l'anglais. Et depuis cinquante ans, peut-être davantage qu'il en est ainsi. Nous n'en sortirons jamais. Nous voici marqués. Supprimons complètement l'anglais dans les écoles. J'en suis. Serions-nous plus avancés? J'en doute. Il faudrait abolir, faire disparaître complètement autour de nous tout ce qui est étranger à l'âme, à l'atmosphère françaises. Nous ne le pouvons pas. Nous vivons en Amérique. Nous sommes finis.

Il suffit de feuilleter nos journaux pour nous rendre compte que nous avons perdu depuis longtemps notre langue. Rien ne blesse plus la raison que d'entendre dire par exemple que tel journal est mieux rédigé que les autres. C'est absolument faux. Une feuille comique, que vous connaissez, garde à son service des rédacteurs qui se distinguent surtout par l'emploi continuel des anglicismes et de la forme passive. C'est un journal canayen écrit dans un français d'Anglais cultivé. Ça ne vaut pas cher. Je m'amuserai un jour à colliger les fautes grossières de langue et de grammaire française que cette bonne feuille nous offre chaque soir. C'est tordant. Ses rédacteurs n'ont jamais su ce que c'est qu'une phrase française. D'ailleurs, dans la boutique, on dispose d'un vocabulaire de quinze cents mots tout au plus. Et c'est avec ça qu'on soutient la sainte race! J'aime autant la *Presse*. Au moins, on y lit des images. C'est plus vrai.

*
* *

Mon cher professeur, on pourrait discuter jusqu'à demain sur un sujet aussi peu intéressant. Je me contente de vous signaler une faute peut-être! de français sur la couverture de votre livre, sur l'envers de votre *Ramage*. C'est indiqué: « Imprimerie Le *Devoir* ». Or, vous savez qu'il y a peu de français dans ces trois mots. Il fallait écrire « Imprimerie *du* Devoir ». « Imprimerie *Le* », c'est comme si je disais: « Les Belles histoires des pays d'en haut » tirées *du* ou *de Le Déserteur*. Vous savez bien qu'elles sont tirées du *Déserteur*, tout simplement. « Imprimerie LE *Devoir* ». Aïe, Aïe! sa mère! Il faut donc dire: « La rédaction LE *Devoir* » ou la « rédaction *du Le Devoir* ». Mortac!

Il n'y a pas un paysan de mes montagnes qui commettrait une faute de même. Il faut avoir complété des études classiques pour en arriver à écrire de la sorte: « Imprimerie LE Devoir », situé(e), disons-le, en la ville Mont-réal!

N'ayez pas peur, mon cher Barbeau, je ne m'amuserai pas à relever dans votre livre les péchés contre la langue, ni comment et pourquoi votre ouvrage manque de composition, de substance et d'enseignement véritable. La vie est courte et j'ai d'ailleurs le temps d'y revenir. Pour astheure, je veux simplement prouver à votre public que vous n'êtes qu'un massacreur officiel de la langue française au pays de Québec.

*
* *

On vous a connu si respectueux de la langue française telle qu'on la parle, non pas en province, mais à Paris; on vous sait si bon linguiste et un spécimen remarquable des humanités et de l'humanité; on vous a vu ouvrir démesurément la bouche pour prononcer les « a » à la parisienne; on juge que vous n'oseriez pas employer des vocables usés tels que « drette », « as-theure », « itou », « frette » et une centaine d'autres que vous rencontrez couramment sous la plume d'écrivains vulgaires de mon espèce; dans vos ouvrages, dis-je, et dans le moindre de vos écrits, on découvre cette patience et tout le soin que vous apportez à vous exprimer dans une langue qui se rapproche le plus de la langue littéraire française d'aujourd'hui, mais vous admettrez qu'il y a de quoi arrêter le cours des astres lorsqu'on vous entend affirmer ceci, par exemple:

> Nos ancêtres parlaient français. Ils parlaient le français de leur temps, de leur métier, de leur coin de terre. Ce que nous avons hérité d'eux n'est pas de la contrefaçon. Rien n'est, au contraire, plus authentique, rien n'est plus national. Les archaïsmes, les provincialismes qui émaillent notre parler sont la plus grande de nos richesses. Ce sont nos lettres de noblesse. C'est par eux que nous restons attachés à la France et bien plus solidement, veuillez m'en croire, que par le français étriqué et mort de l'enseignement. Ils sont tout le sel de notre langage. Irions-nous les mépriser? Aussi bien nous renier. Plût au ciel que notre langue ne fût formée que de vieux mots, que d'anciennes tournures. Conservons au moins ceux que le progrès ou le jargon n'ont point chassés. Il y a partout une langue paysanne comme il y a partout une langue ouvrière et une langue cultivée. La première, chez nous, est saine. Elle fait partie de la géographie linguistique de la France. Elle en est à la fois la province la plus ancienne et la plus lointaine. Peut-on en dire autant de la langue des villes et, dans une grande mesure, de la langue bourgeoise?

Sublime! Il y a cinq ans, il y a dix ans, je soutenais la même idée et, comme vous voyez, vous êtes un peu en retard. Seulement, personne n'a porté attention à ce que j'écrivais à l'époque sur cette question de la langue canadienne. Pour vous, c'est différent. Vous êtes professeur, vous êtes un « officiel », un consacré. On vous prendra au sérieux. La bonne presse vous félicitera et certains faux nationalistes vous lécheront les bottes. On admet généralement que vous avez toujours été chanceux, vous. Il est vrai que vous connaissez l'art de renifler le vent et d'entendre pousser l'herbe. Il fut un temps où vous n'aviez pas assez d'un fil de l'heure pour vous moquer des écrivains canayens, pour baver dessus et les repousser d'une main gantée au beurre frais. Ironie du sort! Vous êtes aujourd'hui le président considérable et considéré d'une Société des Écrivains canayens où les écrivains véritables se comptent sur les doigts d'une seule main. Il fut un temps, mon cher Barbeau, où pas un littérateur de chez nous, employant des archaïsmes et des provincialismes, ne trouvait grâce devant vous. Vous les avez tous conspués. Vous étiez le type parfait du Canayen-França retour d'Europe. Et voici maintenant que vous chantez la gloire d'une langue qui puiserait sa noblesse et sa fraîcheur dans les provincialismes et les archaïsmes! Délicieux!

Je me réjouis de vos nouvelles positions puisque le canadianisme est à la mode. Vous comprendrez tout de même mon étonnement et vous reconnaîtrez avec le goût du sarcasme qui vous caractérise que la vie littéraire nous offre chaque jour des surprises et une source nouvelle de réflexions.

Désireux de nous rendre la vie plus amusante encore, vous publiez une liste d'archaïsmes et de provincialismes qui gardent le secret de vous plonger dans l'enthousiasme. Nous en relevons à peine deux cents de ces vocables que moi-même j'adore. C'est peu, mon cher Barbeau. Votre vocabulaire français est plus riche. Continuez donc à écrire en français. Le canadien ne vous va pas. Vous êtes dépaysé chez nous, en province, dans nos villages. La ville vous sied mieux, surtout la ville de Paris. J'aime à vous parler franchement. Je ne me fais pas à l'idée qu'un professeur de votre ton oserait dire devant une assemblée de péronnelles: « Venez donc m'abrier, j'ai frette pis d'abord achalez-moi pas. J'ai pas l'accoutumance de faire de la boucane, hein! mon trognon, mais dans le temps des maringouins, dans la grande noirceur, c'est ben commode. » Non, mon cher Barbeau, j'ai de la difficulté à croire qu'une bouche fine comme la vôtre laisserait tomber sur un Maurice Genevoix, par exemple, ces expressions: « J'suis-ti assez lâche pour laisser des Français vantards me garrocher des morviats en pleine face? Dans tous les cas, je commence à être tanné de voir des pamphlétaires malcommodes nous maganer tout le temps. Si je voulais, je les enverrais revoler rien que d'une pichenotte. »

Non, mon cher professeur, ce n'est pas là votre langage. Puis, tenteriez-vous un effort de ce côté, oseriez-vous parler de la sorte que tout le monde partirait à rire. On vous prendrait pour un farceur. Mes paysans, qui ne manquent ni d'esprit ni de jugeotte, se rendraient compte que ce n'est pas naturel et rentreraient à la maison en songeant que les « gens ban instruits sont ban comiques. » Ça serait de valeur pour vous, mon cher Barbeau, parce que vous êtes sérieux, vous passez pour un homme sérieux, pour un écrivain sérieux. Mais puisque vous persistez à chanter la gloire de nos provincialismes, de nos archaïsmes, je n'hésite pas à écrire que vous n'êtes qu'un massacreur officiel de la langue au pays de Québec. C'est, du reste, ce que nous prouverons tout à l'heure avec le calme qui s'impose.

*
* *

Non content de vous gargariser de mots archaïques et purement régionalistes, vous trouvez le moyen de louer nos canadianismes dont plusieurs, dites-vous, « ne sont peut-être qu'un démarquage de mots anciens tandis que d'autres nous ont sans doute été inspirés par l'anglais. Des canadianismes, il en est de bons, de moins bons et il en est de mauvais ». Vous avez raison, mon ami et vous faites bien d'ajouter:

On remarquera cependant, dans les exemples que j'en donne et qui ne représentent qu'une très modeste cueillette, qu'ils sont, en général, pleins de sève, agréables à l'oreille aussi bien qu'à l'œil. De ceux-là, non plus nous ne devons pas avoir honte. Ils sont du français régional. La France a les siens, la Suisse, la Belgique ont les leurs. À défaut d'autre chose, ils témoignent de l'authenticité du fond primitif de notre langue puisqu'ils n'en sont, le plus souvent, que des dérivations. Les bannir de notre lexique sous prétexte de correction serait vider le langage populaire de sa moelle.

Épatant, mon cher professeur, merveilleux, splendide! Si vous étiez moins beau et moins toiletté, je vous embrasserais. Je peux toujours vous serrer la main. Faites attention, ma main sent le fumier: je viens de rencontrer un habitant; ma main parle le langage des durs labours, des printemps ressuscités, de la guerre de l'homme contre la terre. Je vous la tends quand même cette main parce que vous me faites plaisir en vantant les canadianismes. Aussi, je m'empresse de parcourir la liste que vous en avez tirée. Ce n'est pas riche. Vous trouvez à peine cinq cents canadianismes. J'en connais trois mille. Ils ne sont pas tous bons. Il en est un grand nombre qui ne sont pas pires. Tous ceux que vous citez, je les emploie depuis quinze ans, comme ça, au courant de la plume, sans me forcer, sans suer, sans chercher à épater mon voisin. C'est naturel pour moi. Des canadianismes, je m'en nourris; j'en découvre tous les jours; j'en crève littéralement. Ce n'est pas votre cas, mon cher monsieur. Ce que vous avez dû travailler, bûcher jour et nuit pour en trouver cinq cents! Car ce n'est pas en foulant d'un talon militaire le macadam de la rue Sainte-Catherine ni en fréquentant les salons de Westmount (ouestmont!) ou d'Outremont que vous trouverez les canadianismes, les beaux, les chantants, les vrais, rutilants de couleurs et qui prolongent la France au pays de Québec. « La langue, comme le chant de l'alouette, a dit Anatole France, sort du sillon. » On imagine mal une langue qui sortirait des rues d'une ville ou des quartiers populeux où la misère et le mauvais goût suintent de toutes parts ainsi qu'une crasse éternelle. C'est ce qui explique que votre vocabulaire canadien ne soit pas riche, mon cher Barbeau. Vous aurez beau compulser des glossaires, fouiller dans les livres poussiéreux au fond des bibliotèques obscures, vous ne réussirez pas avec tout votre haut savoir et votre patience à ébaucher même un dictionnaire canadien. Il faut vivre à la campagne, non pas seulement y venir deux ou trois semaines par année. Il faut y vivre et parmi les paysans et les choses de la terre. Il faut être de ce milieu-là. Et surtout, il faut l'aimer; il faut respirer cette atmosphère, non pas en observateur désabusé mais en parfaite communion avec la terre, seule créatrice de la langue. Jamais un homme de votre rang, mon cher professeur, un policé, un civilisé, un citadin de votre instruction ne parviendra à écrire, à parler canadien. Vous êtes peut-être sincère. Votre lot est ailleurs. Il n'y a rien comme de traiter de choses que l'on connaît. Restez-en donc à la langue française telle que vous l'avez apprise au collège et surtout dans les auteurs à la mode. Continuez à nous engueuler dans un langage qui est le vôtre, qui est celui de tout Français moyen et cultivé. Abordez les sujets qui vous sont familiers: la finance, l'économique, voire la politique et l'éducation. Mais de grâce, ne touchez pas à la langue canadienne puisque vous ne l'employez jamais, puisque vous en avez honte et si, pour des raisons qu'on devine, vous persistez à dire que nos archaïsmes, nos provincialismes et nos canadianismes sont de toute beauté et composent une langue saine, eh bien! le moment est venu pour moi de vous montrer tel que vous êtes: un massacreur officiel de notre langue. Soyons calmes sans être trop prudents. Allons-y!

*
* *

Les romanciers, les poètes canadiens-français d'aujourd'hui qui écrivent « canadien » pur et qui se donnent la peine de recueillir sur les lèvres des gens de la terre des expressions originales, des tournures de phrases remplies d'une saveur qu'on serait bien en peine de trouver dans les gros livres; ces écrivains-là, dis-je, ne font pas légion. Je doute si l'on peut en compter une demi-douzaine. Un Alfred DesRochers en poésie, un abbé Savard dans un poème lyrique à la gloire des draveurs, un Clément Marchand dans les contes de village, un Dr Edmond Grignon dans ses mémoires, un Panneton dans le roman, ont écrit, ont parlé une belle langue canadienne. Ils ont trouvé des expressions d'un pittoresque intense et d'une chaleur linguistique que les grammairiens les plus savants n'imaginent même pas.

Je l'ai dit cent fois et je le répète: notre littérature viendra du sol, quoi qu'en pense un Maurice Jeunevoix. Et notre littérature nationale en sera une de langue canadienne. Dans le temps, je passais pour maboul. On ne me ménageait pas les flèches empoisonnées. On a vidé toutes les éprouvettes du sarcasme, de l'ironie et de la critique la plus injuste jamais vue chez nous.

Je ne me suis pas contenté de prêcher, moi. J'ai écrit des romans, du théâtre qui ne vivent que par la langue canadienne, s'ils vivent, la langue du pays que j'habite. Et même dans mes articles de journaux, de revues, dans mes *Pamphlets*, j'emploie couramment, sans les affubler de guillemets ridicules, tous les archaïsmes, tous les provincialismes et tous les canadianismes que je juge convenables. Or, mon cher professeur, puisque des crétins que vous connaissez, que vous fréquentez, ont pris plaisir à me lancer des pierres qui vous étaient destinées; puisque des valets de la plume, des sous-primaires ont tenté de me nuire et de me salir, je n'hésite pas à venir devant vous, à m'immiscer dans un débat où je me trouve personnellement mis en cause.

Je veux bien croire que je ne suis qu'un vulgaire écrivain, mais parce que vous êtes vous-même un massacreur officiel, si vous voulez, mais un massacreur quand même, je ne laisserai pas se perdre l'occasion de couler avec vous au fond de la mer... D'ailleurs, la même meule peut nous servir. Économisons. Les temps sont durs. Les polémiques bien davantage.

La plupart des provincialismes et des canadianismes que vous citez comme étant de langue saine, de langue paysanne et conséquemment de langue française, je les ai employés depuis toujours. Il en est un bon nombre surtout qui vous échappent. Je veux me rendre compte, mon cher professeur, jusqu'où j'ai pu me montrer vulgaire par exemple dans les *Belles histoires des pays d'en haut* et quelle sanie porte le langage que parlent mes paysans. J'ai devant moi la copie de mes sketches. Je ne choisis pas. Les canadianismes, je les prends comme ils viennent et je vous en fais cadeau. Voici:

Quand j'ai vu M. Dupin drès tantôt, il m'a dit que M. Lafond entamait son dix-neuvième âbre. — J'aurais pas voulu le suivre sur un beau planche. — On a marché au catéchisme ensemble; j'ai mangé la volée par rapport à elle. — Nu-pieds dans les fardoches, je remplissais ses deux terrines de framboises. — Un homme pèse pas grand'chose au milieu d'une jamme. — Ça fait assez longtemps qu'on jaspine. — On va l'abrier comme il faut et on va le coucher sur des sapinages dans le fond de la traîne. Votre beau-frère va s'asseoir au côté pour faire du ballant. — J'ai une faim qui se dit pas. — Je commence à avoir des inquiétudes dans les jambes. — Avant que la grande noirceur prenne. — Venez donc à l'écart un petit brin. — C'est-y loin de Mont-Laurier? Pas par excès. — Le lot est bûtailleux. — Je connais aussi les beaux coins venteux. — Si j'avais le malheur de passer par-dessus un soir de bonne veillée, elle avait dépéri. — Assisez-vous au ras le poêle. — En avez-vous gros à scier? — La mienne (ma femme) qui m'attend. — Je voudrais pas me voir emmanché de même un jour. — Bon! je me sauve. — Pourquoi s'adonner à la boisson? — Ils vont faire boucherie avant longtemps. — Quand par adon quelqu'un me demandait. — Il y a du monde en masse; la maison dérougit pas.

Vous allez me dire, mon cher Barbeau, que ces exemples suffisent. Je réponds qu'il y a des esprits tellement durs d'entendement que je me vois tenu de continuer:

Il a déjà faite des bonnes gages. — Toujours swell, tiré à quatre épingles. — Je me suis rendu jusqu'à la sucrerie. — La boisson c'est une chienne d'engeance. — Le thé est un petit boire qui vient de loin et qui coûte cher. — J'ai jamais été un garçon de train. — Ça monte sur la galerie. Tue la lampe! — La terre. Ouais, mais pas dans l'idée que tu couves. — Dupin est bon pour sortir cinquante cordes de belle érable. — Tu voulais que je vende la terre pis tout le drigaille. — Pour se marier, il faut de l'avoir. — Si le curé Labelle m'avait vu, il m'aurait écrapouti là. — Je pense que tu veux faire des noces en grand? Rien de coûtageux, mon Zidore. — Tu connais Deline? Du bon butin. — Demain je vas être correct, je vas rôder dans la maison.

Sans doute, sans doute que ces citations devraient suffire à démontrer que je massacre la langue. Parce que je connais des esprits tellement bouchés par le « cours » classique, je continue à faire parler les habitants des pays d'en haut:

Ah! son père, tombez pas en colère. — J'ai montré qu'un ancien du temps d'autrefois avait su ménager son sang. — Raoul a faite des bavasseries sur Ferdinand? — Quand le vent ravaude, l'avoine se couche. — C'est pas votre chien qu'on a tué? C'est en plein lui. — Il faudra qu'il reste quelqu'un ordinairement pour garder la maison. — Je mangerais une brique de lard. — Achetez un clos de bois. — C'est un dicton. Les gazettes sont pleines de devises comme ça. — V'la quecque chose d'offrable. — Il faut qu'un homme s'épivarde. — C'était une belle créature, aujourd'hui un peu vieillissante. — Tu seras pas bâdré par rien. — Être tanné. — Gagner le bord de la ville. — Aller cri de l'or. — Pourquoi manger de la misère? — Tu l'ahis pas, hein? — Es-tu parée? — Je t'assure que la belle air du nord lui ferait du bien. — Tu connais ta conduite, Raoul. — Comment c'est qu'on fait pour envisager la mort?

— Faire la ronde des pièges. — La vieille a sonné ses quatre-vingts.
— On a eu une neuvaine de beau temps. — On a plumé le chevreu.
— Lâche le poêle tranquille. — Le garde-chasse, c'est rien qu'une
moppe. — La dame aux castors. — Vous ruminez tout le temps,
M. Dupras. — T'as pas envie de lyrer toujours?

Ainsi de suite, mon cher professeur, pendant cinq cents pages, tout le
texte des *Belles histoires des pays d'en haut*. Je pourrais vous en citer pendant
trois jours pis pendant trois nuittes. Vous ne me direz toujours pas que ces
canadianismes, que ces expressions du terroir, de mes montagnes, du pays
que j'habite, se trouvent si éloignées de celles-là même que vous citez dans
votre ouvrage et que vous admirez à perdre le respire?

Eh bien! mon cher ami, je le regrette pour vous (pas pour moi; moi, je
m'en sacre) pour vous, habitant de salon, canayen pour la frime, je le regrette,
mais je suis obligé de vous dire que cette langue que nous admirons tous les
deux est à peu près ce qu'il y a de plus grossier, de plus bas comme patois,
et que si je me montre un vulgaire massacreur de la langue française au pays
de Québec, vous en êtes, vous, ô homme illustre, le massacreur officiel, ce
qui est beaucoup plus grave, vous l'admettrez, et ce qui pourrait vous coûter
votre bon renom de professeur et finir par vous jouer des mauvais tours.

*
* *

Il existe à Montréal un journal de la bonne presse, une feuille catholique,
un quotidien extraordinaire, le meilleur, bellement rédigé, adroitement dirigé,
le plus savant, le plus français, le plus honnête, le plus pur, le plus propre,
j'ai nommé le *Devoir*. Vous, mon cher ami, vous êtes bien vu dans cette
boutique, je veux dire dans cette chapelle. On vous dilue une réclame que
vous méritez et c'est l'imprimerie « LE » *Devoir* qui a l'honneur de graver
votre génie dans la mémoire des hommes.

Depuis des mois on ne manque pas de vous glorifier de toutes façons.
On n'a rien négligé pour faire de votre dernier *ramage* une sorte de monument
dont l'importance et la superbe bouleversent déjà les peuples. Il est vrai qu'on
a joué un peu fort de l'accordion et du ruine-babines, mais pour le reste,
c'est ben canayen et selon l'usage frénétique et confraternel.

On vous aime bien parce que vous ne pouvez pas vous tromper, ni vous,
ni le *Devoir* qui vous encense. Bel infaillible, souffrez que je baise le goupillon qui vous servira de plume d'ici quelques mois. Et si vous affirmez que
nos archaïsmes, nos provincialismes, nos canadianismes sont encore ce qu'il
y a de plus français, de plus vivant, de plus sain chez nous, c'est que la chose
doit être vraie. Eh bien! permettez que je vous dise tout bas à l'oreille, mon
cher professeur, que vous avez menti et que vous n'êtes qu'un écrivain grossier, le plus vulgaire et le plus patoinisant qu'on puisse imaginer. Vous croyez
que je blague? Voyons un peu.

Dans le *Devoir* du 17 avril 1939, dans votre *Devoir*, mon cher monsieur,
un jeune crétin qui tourne la meule dans le sens que lui indiquent des mes-

sieurs que vous connaissez bien et qui se nomment ceux-là Georges Pelletier, Omer Héroux et Louis Dupire; un valet, dis-je, qui n'a jamais sorti de sa ville « magnifique », qui n'a jamais vu un paysan ni un labour n'allait pas moins jusqu'à baver dans une prose collante, poisseuse, sous-ventrière et bien dans le ton de la boutique, l'échantillon que voici:

> À travers l'abondance de l'injure gratuite (le farceur fait allusion ici aux claques que j'ai administrées tranquillement à la barbiche à Louvigny de Montigny) l'on perçoit que Valdombre est pour l'emploi constant, sans jamais interruption aucune, d'un patois canadien, le sien...

Une parenthèse, monsieur Barbeau. L'enfant de chœur du *Devoir* n'a pas le droit de dire que c'est mon patois puisque c'est le vôtre. Ce n'est pas juste pour vous et je veux simplement vous défendre. Poursuivons la lecture de notre petit nègre:

> ... patois dont Valdombre use et abuse lui-même dans un sketch, jouissant d'une hospitalité que rétribue le poste CBF les *Bonnes* (sic!) *Histoires des pays d'en haut*, produit d'une sorte de travail à la chaîne, etc.

Et cette trouvaille sous le titre « La persécution et le massacre de la langue française ».

C'est du propre, n'est-ce pas? C'est honnête, eh? comme tout ce qu'on fabrique au *Devoir*. Mais il y a mieux. Le jeune crétin susurre (je vois sa belle gueule) que le vrai folklore, selon Valdombre, c'est le poste CKAC qui nous l'offre avec le sketch *Nazaire et Barnabé*.[6]

Enfin, mon cher professeur, le *Devoir* ne s'est pas montré aimable pour vous. Moi, je n'avais pas à m'inquiéter. Il a suffi qu'un journal pourri écrive que mon programme ne valait rien pour qu'aussitôt tout le peuple pensât exactement le contraire. Ce fut une chance pour moi que de rencontrer sur ma route un adversaire aussi bouché, aussi primaire, aussi *devoirdisant* que ce valet qui condamne dans une seule phrase votre dernier livre, imprimé au *Devoir* et que le *Devoir* loue dans ses colonnes à cœur de jour. Vous jugerez donc, mon cher Barbeau, que le valet vous conspue puisqu'il traite de « patois » ce que vous admirez si fort. Et voilà! Alors, cher ami, qu'allez-vous devenir? Vous êtes un homme fini et vous passez à l'histoire pour un écrivain grossier, glorifiant le patois canayen pour en tirer sa propre image, et qui sait, sa fortune, parce que vous le savez mieux que moi, le *Devoir* ne peut pas se tromper. Professeur tant que vous voudrez, vous apparaissez tel le massacreur officiel de notre langue. On n'est jamais mieux traité que par les siens.

---

6. Les *Belles Histoires* sont tellement pourries que M. André Laurendeau s'est empressé d'en publier un épisode dans *Vacances '39*, périodique qu'a porté aux nues M. Omer Héroux et que vous trouverez en vente aux bureaux du *Devoir*. Les *Belles histoires* sont ce qu'il y a de plus vulgaire et le pieux journal se *tue* pour les vendre. Vous jugerez ainsi la bonne foi et la forte intelligence de ces messieurs. Vive le gin!

Si on s'imagine que la bave du jeune crétin a pu m'atteindre ou me nuire même d'infiniment loin, on se trompe beaucoup. Mais vous, cher ami, elle vous englue, elle va vous empoisonner de toutes façons. Un moment, dans ma naïveté d'écrivain généreux et libre, j'ai cru que vous relèveriez l'articulet de ce farceur au nombril vert et que vous auriez le cœur et le courage de vous défendre. Je me suis vite rendu compte que j'avais affaire à un professeur qui fuit la polémique et les champs de bataille, jugeant qu'il en a assez de cultiver des champs de navets. Vous n'appartenez plus à cette phalange de polémistes fiers, capables de botter les traîtres et les ignares. C'est à croire, mon cher professeur, que la louange que vous distribue chaque soir votre sacré journal vous satisfait en plein. Vous n'êtes pas difficile, admettez-le, et avant longtemps vous passerez pour un joli moineau puisqu'il s'agit de *ramage*.

Vous écrivez dans un gros livre que les canadianismes et tout le bazar constituent une belle langue. J'emploie précisément cette langue. J'en use couramment et j'en abuse. *Le Devoir* affirme que c'est pourri. Vous ne levez pas le doigt pour vous défendre, (pas pour me défendre, moi, parce que je n'ai pas besoin de personne, encore moins d'un professeur); vous ne faites rien, dis-je, vous ne grouillez même pas, vous endossez tout. C'est donc dire que le professorat vous fait une cuirasse, une couenne canayenne que pas une injure au monde ne peut atteindre. Vous avez ce qu'on appelle de la vocation.

Seulement, je vous ferai remarquer, docte linguiste, que vous allez prendre votre trou au moment même où je refuse de prendre le mien. Restons-en là. J'aurais pu relever dans votre dernier livre un tas d'erreurs grossières et vous prouver que votre ramage est loin d'être harmonieux et qu'en fait de langue canadienne, vous en connaissez presque autant que le valet de pied du *Devoir*, ce bon journal, ce pieux journal, ce journal *catholique* et qui, *à la demande des évêques* (sans doute, sans doute!) passe son temps à glorifier le gros gin pour ne pas avoir à se noyer dans l'eau bénite.

Maintenant, à la revoyure, mon cher Barbeau. Moi, je gagne les pays d'en haut, la pêche, le soleil, la nature neuve, la liberté et c'est sans aucun regret que je vous abandonne à l'air empuanti de votre ville, dans le voisinage du *Devoir* où triomphent, en même temps que le professorat et la bêtise, une troupe de crétins et d'hypocrites. Si c'est là le *Ramage* que vous convoitez, je vous demanderais de chanter tout seul.

ALBERT PELLETIER (1895-1971)

Notaire à Saint-Jovite puis employé au service du procureur général de la province de Québec (1925-1958), Albert Pelletier, dont l'idéologie est parente de celle d'Asselin et de Fournier, a écrit dans divers journaux. Ses meilleurs articles ont été réunis dans *Carquois* (1931) et dans *Égrappages* (1933); les *Écrits du Canada français* (nº 34, 1972) en ont réédité d'importants extraits. Fondateur des éditions du Totem, qui publieront notamment *Un homme et son péché* (1933) et *Les Demi-civilisés* (1934), il dirige de 1931 à 1939 la revue littéraire *Les Idées*. Il fut l'un de ceux qui crurent que les « Canadiens » se devaient d'avoir leur propre langue, qui ne fût ni le français de France, ni le « joual » qu'il qualifiait de « borborygme sans valeur ni signification », mais une langue qui correspondît naturellement à l'identité du Canadien français; il fustigea ceux qui, n'étant ni canadiens ni français, « ont simplement l'air de sapins racornis épinglés de feuilles sèches », ceux de l'élite surtout: « La masse de notre peuple ergote peu mais voit mieux la réalité en une seconde que notre élite en cent ans... »

Littérature nationale et nationalisme littéraire

On ne peut plus, il me semble, traiter avec les formules d'il y a dix ans ces sujets remis à la page de l'actualité. Personne aujourd'hui, ni M. Harry Bernard, ni aucun de nos critiques, n'attribue à ces deux expressions un sens équivalent. Il paraît notoire que tous, y compris les plus faciles de nos croyants, éprouvent que la littérature nationale est chez nous un *but* à atteindre bien plus qu'un fait accompli.

Et le nationalisme littéraire, qui en a jamais parlé si ce n'est comme *moyen* de faire au Canada une littérature distincte de celle des autres pays? — moyen préconisé par les uns, non pas comme le seul, mais comme le plus facilement accessible et le meilleur, et jugé par les autres indifférent, futile et irréalisable, à cause de notre formation.

Imputer gratuitement à M. Bernard la confusion de ces sujets afin de prendre plus aisément sur lui des airs de pédagogue qui semonce avec délicatesse et succès, ne serait-ce pas pousser un peu loin l'exemple de cette politesse de salon que l'on professe depuis quelque temps en critique?

N'est-ce pas plutôt lorsqu'on veut nous faire croire qu'un livre canadien est nécessairement un livre régional que l'on s'embrouille à fond? Dans tous les pays du monde, on a toujours fait une distinction bien nette entre ce qu'il faut entendre par littérature d'une nation ou d'un pays, et littérature d'une région ou d'un coin du territoire national. Le fait que notre vaste Canada renferme une multitude de régions, que notre province en compte une vingtaine, nous autorise-t-il à méconnaître la différence de ces termes? Pourquoi ne parle-t-on que de régionalisme littéraire, si l'on admet que le succès de madame Lamontagne-Beauregard, notre seul auteur qui se soit appliqué résolument à ce genre, est douteux au point que nous ne reconnaissons dans ses livres ni les particularités gaspésiennes, ni même le caractère canadien?

Et d'autre part, le temps n'est plus de ces docteurs littéraires un peu simplistes qui s'extasiaient, parce que c'était alors de mode, dans la contemplation de bobos isolés ou de verrues séparées de tout organisme. On paraît savoir fort bien aujourd'hui qu'en reproduisant seulement les aspects excentriques, les manifestations strictement particulières, les plis locaux, tout ce qui donne figure caricaturale, exceptionnelle, en quelque sorte monstrueuse et proprement régionale, on ne fait pas une œuvre vivante ou une œuvre littéraire, mais un simple exercice de plume, quelque chose qui ressemble bien plus que l'existence réelle des quêteux et de la vieille jument grise à l'infirmité et à la camelote.

Le régionalisme, au sens propre du mot (je suis inhabile à comprendre la formule de Barrès: « Une *doctrine* qui *dégage* la *nuance d'âme* »), suffirait peut-être à alimenter un genre de peinture et de sculpture, celui qui s'apparente à la « nature morte », mais il me semble impuissant à constituer, à lui seul, une œuvre littéraire. Il peut tout au plus lui servir de cadre. Parce qu'à la littérature digne de ce nom, il faut à tout le moins la vie, cette âme universelle qui lui communique un sens, qui lui donne une portée, qui lui procure une valeur, qui lui fait un intérêt durable. Ceci est admis, je crois, par ceux-là mêmes à qui l'on veut donner figure d'irréductibles régionalistes. Et pour les cerveaux déjà trop uniformes que nous sommes devenus, n'est-ce pas là l'essentiel?

C'est ce qu'il me semble bien, et d'autant plus que dans cette discussion sur les mots, on *se* montre, de part et d'autre, un peu trop craintif du bout des doigts pour poser la question sous son vrai jour et en faire jaillir une étincelle de vérité. On étire la conservation au moyen de simples *distinguo*, il faut bien que nous nous en rendions compte. De tout temps, n'est-il pas vrai, les Canadiens ont eu la faculté de choisir des sujets littéraires locaux, ou exotiques, ou chimériques, aussi bien que le droit de prendre en littérature toutes les libertés et tous les risques dont jouissent les autres peuples? Des formes infinies de la vie, variant à chaque instant, avec chaque individu, si l'on est plus vivement impressionné par celles-ci à Montréal ou celles-là au Japon, depuis toujours cela ne relève d'aucune convention et d'aucun code. Ce qui importe, c'est l'art et la façon personnelle de rendre ces impressions que l'on a recueillies ici ou là-bas; et cet art ne connaît pas d'autres limites que les aptitudes, l'originalité, la personnalité de l'artiste ou de l'écrivain. Si l'auteur est vraiment quelqu'un, ses sujets fussent-ils étrangers à notre pays, il écrira une œuvre littéraire qui, malgré lui, sera franchement canadienne et imprégnée de notre caractère national.

Mais des écrivains canadiens, c'est justement ce que nous ne connaissons guère. Il est bien admis toutefois que le talent foisonne chez nous. Nous savons tous aussi que notre peuple possède, non pas sans doute à un degré éminent, mais de façon tout de même bien sensible, un caractère particulier, des façons de penser et de sentir qui le distinguent nettement, et des Français d'outremer, et des anglophones qui nous entourent. Pourquoi donc nos écrivains ressemblent-ils si peu à la province de leur origine? Pourquoi ne sont-ils remarquables, avant tout et par-dessus tout, que par leur tournure d'esprit et leur genre d'expression absolument impersonnels? Il convient peut-être de faire exception pour « Les anciens Canadiens » d'Aubert de Gaspé, et certains produits d'éclosion récente: « À l'ombre de l'Orford », « La pension Leblanc », « La chanson javanaise », « En guettant les ours ». Mais en dehors de ces quelques pages, nos livres ressemblent trop à l'eau stérilisée: ils sont bien incolores, inodores et sans saveur. Aucun signe originaire ne les distingue; et le régionalisme même que parfois l'on y proclame accuse son auteur de faux. C'est bien simple: nos livres ne sont pas écrits par des Français, ce que nous ne pouvons pas être du reste, ni par des Canadiens, ce que notre classe instruite n'est pas non plus.

Que sont-ils donc, nos auteurs? Des produits artificiels par le caractère et par la langue. Et ce n'est pas leur faute.

*
* *

Nos gens instruits (je ne parle pas de nos rares exceptions) peuvent avoir le cerveau comme un rayon de bibliothèque; ils n'ont pas de caractère individuel. Ils ne sont pas marqués, suivant l'expression de Louis Dantin, à ce « sceau personnel si nécessaire à toute création de l'esprit ». Et qui de nous serait assez inconscient pour s'en étonner?

À l'âge où l'éducation pétrit avec tant d'aisance l'argile humaine encore tendre, huit à douze années durant, dix mois par année et vingt-quatre heures par jour, n'ont-ils pas été séquestrés et isolés d'à peu près tout ce qui se passe de réel dans l'existence de l'homme? N'ont-ils pas été enfermés et traités un peu comme des perroquets dans une cage? Ne les a-t-on pas gavés de mots, de montagnes de mots, qui en vérité correspondent à bien peu de choses dans la vie? Ne les a-t-on pas tenus sous la domination constante du maître, et ont-ils jamais pu, sans attraper une bonne férule, rien penser et rien faire par eux-mêmes?

Ce sont là des questions que l'on entend discuter tous les jours, dans les bureaux et dans les salons, aussi bien que pendant les récréations dans les retraites fermées. Nos esprits les plus cultivés et les mieux avertis se demandent même si, en dehors de la formation des clercs, nos maisons d'éducation remplissent chez nous leur raison d'être; si elles tendent en réalité au développement normal des facultés et des dispositions naturelles du jeune âge; si elles concourent même vraiment à la composition judicieuse d'une méthode de travail qui encouragera ensuite l'adulte et l'homme fait à poursuivre une culture intellectuelle personnelle et fructueuse; si ce n'est pas là simplement l'étiquette dont on dissimule la vérité; si, pour nos éducateurs classiques, la formation de l'intelligence n'est pas plutôt l'emmagasinement, par le seul médium de la mémoire, de signes conventionnels et d'abstractions qui donnent au bachelier une fatuité illimitée, en même temps qu'une sorte d'inertie paralytique dans la vie réelle; et si la formation du caractère n'est pas simplement l'inoculation de la passivité dans l'être moral, intellectuel, et même physique, en même temps que la culture, non seulement de l'obéissance à l'autorité légitime, à ses dogmes, à ses lois, mais surtout de l'obéissance à la prudhommerie sous toutes ses formes.

Je crois, non pas par sentimentalisme, à la bonne influence de la culture grecque, et même aussi de la culture latine, pour constituer une base solide à la formation d'un homme bien équilibré. Mais, par exemple, le cati déchiqueté dont on nous gomme n'est pas la culture antique, ni rien qui lui ressemble; et je ne crois pas à la vertu éducative de paragraphes isolés et de bouts de phrases des idiomes anciens, sauf si l'éducation consiste à chloroformer les intelligences et abolir leurs qualités essentielles. Il faut être doué, je crois, d'un mysticisme anormal pour attribuer à des extraits de langues mortes un autre prestige que celui-là. Occuper les élèves pendant cinq ans à leur faire remplacer par des signes de dictionnaires français des phrases latines ou grecques, séparées du texte, et qui ne peuvent donc avoir de sens, n'est-ce pas pratiquer sur eux, inconsciemment, je le veux bien, l'émasculation systématique de toute virilité intellectuelle?

Dans chaque branche de l'enseignement, il ne serait peut-être pas difficile d'en arriver à une conclusion identique, et de l'établir avec beaucoup plus d'évidence encore. Que l'on rappelle ses souvenirs des matières aux programmes: histoire, géographie, littérature, sciences naturelles, chimie, physique, philosophie, langages algébrique, géométrique, etc. N'est-ce pas toujours le même dédain de l'initiative personnelle, le même défaut d'adaptation aux réalités, le même mépris de la méthode expérimentale, la même crainte de l'esprit d'observation, les mêmes crocs-en-jambe à toutes les aptitudes particulières, les mêmes punitions pour les dispositions caractéristiques, les mêmes primes au vague à l'âme et à l'intelligence, à l'engloutissement sans discussion et sans discernement de tous les rituels, de toutes les formules, de toutes les abstractions?

Internat; méthodes d'éducation et d'enseignement; règlement aux mailles infinies dont le harnais fait de l'élève une chose plus passive qu'un cheval que l'on dresse; programmes qui tendent uniquement l'esprit du jeune âge sur le globe de vent de l'abstraction et l'à peu près, pardon! la certitude des spéculations théoriques: ces pressions réunies auraient-elles pu manquer de graver à fond, chez nos écrivains, le type impersonnel, sans caractère, dégoûté de l'étude, inapte à l'observation, farci de rêves romanesques, absolument dépaysé, vierge de tout ce qu'il faut pour tracer son sillon en littérature?

« Vous seriez étonnés, dit M. Antonio Perrault, d'apercevoir le fond cérébral des gens rencontrés à l'église, au théâtre, dans les salons, dans la rue. La plupart somnolent. »

C'est que depuis longtemps la fatalité déracine chez nous, l'une après l'autre, les générations de pousses humaines, rompant les attaches pleines du suc et de la sève des forces territoriales, héréditaires et sociales qui les situent dans le monde. Et la richesse de cette croissante vigueur penchée vers l'avenir, est assidûment désaxée, et sacrifiée au moulage en série de gris fantômes du Moyen âge, inaptes à se mouvoir dans le champ clos d'aucune des aspirations et des concurrences contemporaines, et à plus forte raison, de la littérature. Pétri que l'on est par la persistance du régime, et frappé d'immobilité mentale, parce qu'on est devenu un mécanisme passif, qu'on se croit savant et qu'on n'a plus de curiosité en sortant du collège, il est assez naturel que l'on vive ensuite, vieillisse et disparaisse sous le laurier du baccalauréat. Et cela explique bien que nulle classe instruite au monde n'est aussi indifférente à la lecture que la nôtre, et que nos auteurs semblent eux-mêmes quelque peu revêches à la culture générale et au travail.

On aurait tort cependant de tenir nos professeurs personnellement responsables de cet état de choses. Uniquement nourris, comme nous l'avons été, de poussière antique; armés, pour toute psychologie, de la baguette un peu rudimentaire de saint Thomas, génie spéculatif et mystique, et nullement expérimentateur et psychologue, qui classe la plupart des manifestations de nos activités en impulsions des bons anges ou des démons; appliqués surtout à former des clercs et à inculquer le ritualisme religieux, intellectuel, moral et social qui leur convient (ou que l'on croit qui leur convient), comment nos éducateurs pouvaient-ils hésiter à casser, déchirer, arracher les fibres, les muscles et les vertèbres de notre originalité, de nos aptitudes individuelles, de notre personnalité distincte, de notre essentielle raison d'être? Comment pouvaient-ils hésiter à immoler en herbe l'individu au régime, l'activité à la passivité, la curiosité intellectuelle au dilettantisme superficiel et fat, l'initiative créatrice à l'imitation stérile, la fraîche vigueur d'un caractère à la corruption de la routine, l'originalité et la marque individuelle au suaire des rites et des formules?

Il est indiscutable toutefois que notre entreprise d'éducation presque uniformément spéculative et monastique pourrait donner de tout autres résultats si les professeurs étaient mis à la tâche de façon moins empirique et va-comme-je-te-pousse. La formation du professorat me semble une affaire bien plus pressante dans notre enseignement secondaire que toutes les petites réformes de programmes que l'on nous jette comme de la poudre aux yeux. Quand même cette opinion scandaliserait « tout le monde », je n'en serais pas plus gêné de l'écrire. Puisque l'on a fait de nous des « ratés » — l'aveu est de M. l'abbé Groulx — c'est ajouter un peu trop de cynisme à toutes les fautes que de vouloir au surplus nous contraindre à éterniser les *laudamus* ou encore à jouer jusqu'à trépas la béatitude de Candide. Les « ratés » contents remplissent la province: ils sont bien assez nombreux pour l'abêtir! Permettez donc que l'on sorte d'une carrière si encombrée!

Mais il y a dans la plupart de nos collèges, comme par exception ou par miracle, de véritables éducateurs qui comprennent leur rôle bien plus qu'ils ne peuvent le crier. Ils travaillent de façon d'autant plus discrète et méritoire qu'ils sont en butte aux défiances de l'envie, aux oppositions de la routine, aux forces de l'inertie. L'aide méthodique qu'ils apportent à la croissance de la personnalité et des facultés des jeunes est entravée par des gens qui semblent confondre encore l'œuvre de l'éducation avec le régime presque nécessairement arbitraire, répressif et astringent des bagnes. Les efforts de celui qui est conscient de ses responsabilités et qui s'applique avec autant de clairvoyance que d'opiniâtreté à outiller les élèves suivant leurs aptitudes individuelles, en vue des nécessités de leur avenir et des besoins du pays, sont trop souvent contrecarrés et réduits à presque rien par le reste du personnel enseignant qui continue à pratiquer sur les petits canadiens des expériences de laboratoire et se contente de leur coller des faux brillants pour une existence purement imaginaire. Les vrais éducateurs ne demandent que la compréhension et l'aide de leurs confrères dans le professorat. Cela leur est d'une nécessité absolue pour préparer, seconder, continuer leurs efforts et les rendre fructueux. On dit que dans la plupart de nos collèges les théoriciens et praticiens du *cassage* des caractères deviennent moins absolutistes. C'est déjà quelque chose. On dit que dans les réunions ou comités intercollégiaux de professeurs, le sujet d'études et de conversations aujourd'hui le plus constant — il n'y paraît pas dans la revue *L'enseignement secondaire* — se rapporte aux moyens d'accroître la personnalité des élèves. Se rend-on enfin compte que c'est là le fond même de l'éducation, c'est-à-dire chose bien plus importante que l'instruction et le développement de certaines facultés intellectuelles? Souhaitons qu'on ne s'en tienne pas aux projets et aux paroles. Les résultats n'autorisent pas encore les admirations tapageuses: ne nous payons pas de dithyrambes.

D'ailleurs, si je remonte souvent à la formation de nos écrivains au cours de l'étude de leurs œuvres, ce n'est pas par toquade aveugle ou par mauvaise volonté à l'égard de nos éducateurs. C'est pour expliquer que nos auteurs, n'étant pas des produits de la génération spontanée, font une littérature encore indistincte parce qu'on leur a fabriqué une âme blanche, d'une blancheur chimique; une intelligence joliment vernie, presque aussi léthargique que la torpeur; un cerveau de papier mâché, nivelé, artificiel, amorphe, sans vie propre.

Dans ce chapitre, j'ai voulu simplement indiquer la cause principale, non pas la seule, qui détermine nos résultats littéraires; qui explique pourquoi nos écrivains réussissent surtout dans le genre purement imaginaire ou anonyme; qui fait comprendre aussi pourquoi il est assez vain de conseiller la panacée du sujet littéraire local à des esprits spéculatifs plutôt inaptes à observer la réalité, à la comprendre, à faire de la littérature objective; qui rend compte, enfin, du manque de caractère national et individuel de nos littérateurs.

*
* *

On voudra bien admettre que sans écrivains nationaux, il est assez difficile de faire une littérature nationale. Or, produits déracinés et cultivés dans une serre, nos écrivains doivent subir l'artifice de la greffe sur un arbre étranger, presque inaccessible.

Dans cette province où il suffit de semer des affirmations et des négations sans les motiver pour prendre immédiatement figure dominante de statue sur un piédestal, on a toujours obligé nos littérateurs à traduire leurs manières de penser et leurs impressions originales de canadiens (lorsqu'ils en ont) en langage parisien, — eux qui n'ont jamais vécu à Paris, ou qui ne connaissent de Paris que ce que les entremetteurs des agences maritimes ou de la Maison des Étudiants veulent bien leur montrer.

Il y a des Français vivant chez nous depuis un quart de siècle qui, en aucune manière, ne se sont assimilé nos expressions particularistes. Ils ont raison d'ailleurs; ces expressions nous sembleraient mortes sur leurs lèvres. Il y a des Américains et des Anglo-Canadiens de talent, gens très observateurs, qui ont pratiqué avec beaucoup de soins et de sympathie nos mœurs et notre langue; et on peut voir un spécimen de leurs insuccès, de leurs décalques tirés par les cheveux et sans vie, dans le volume du bienveillant W. H. Drummond, « The Habitant ».

Alors, si imitateurs et assimilateurs que nous soyons, comment pouvons-nous avoir cette certitude d'exprimer et de faire exprimer nos sentiments de façon originale et vivante dans une langue académique que nous ne parlons pas, que nous n'avons jamais pratiquée que dans les livres? C'est imposer à nos écrivains l'obligation de substituer à leur original une mauvaise traduction, de rendre ce qu'ils voient, éprouvent, ressentent de neuf et de singulier, par des souvenirs livresques.

Je sais bien qu'on a la prétention de se figurer, dans ce pays où le ridicule ne tue pas, que nos pédagogues du « bon parler français » sont aussi français que des Parisiens. Si on ne manquait pas totalement d'esprit d'observation, l'évidence nous aurait depuis longtemps prouvé qu'ils ne sont en réalité ni canadiens, ni français, et qu'ils ont simplement l'air de sapins racornis épinglés de feuilles sèches.

C'est que la province de Québec n'est pas la France, et ne pourra jamais l'être. Pour parler et écrire comme les Français, il nous faudrait d'abord penser, sentir et vivre comme les Français. Pour penser, sentir et vivre comme les Français, il nous faudrait avoir toujours eu, et avoir encore aujourd'hui, la même situation géographique qu'eux, le même climat, les mêmes mœurs, les mêmes occupations, les mêmes ambiances, les mêmes facilités de vie sociale, littéraire, artistique, économique, les mêmes sentiments, les mêmes expressions, les mêmes aspirations, la même âme. Le calcul est très élémentaire; c'est une impossibilité.

J'espère bien, et je n'hésite pas à le dire, que nos professeurs de mauvais parler perdront toujours aussi risiblement leur temps que dans le passé. Car le jour où l'on obligera notre peuple à apprendre et à parler une autre langue que la sienne, ce sera l'anglaise qui l'emportera; eh oui, pour la simple raison qu'elle nous est plus utile que le vocabulaire de l'Académie française. Et l'on touche peut-être ici du doigt la raison principale de l'anglicisation continuelle, et sans arrêt depuis cent soixante-dix ans, de notre classe instruite et formée, non pas suivant les dispositions de notre caractère indigène, mais exclusivement « à la française ».

Les bonnes gens qui font des gorges chaudes sur la pauvreté de notre langage et trouvent « horribles » des expressions comme « Il file pas bien aujourd'hui » — qu'ils décrochent des lèvres de leur mère pour livrer à la risée du public —, seraient mieux inspirés, je crois, de nous donner des dictionnaires de ces mots savoureux et expressifs qui n'ont pas de sens en français, ou auxquels on donne chez nous une acception différente de celle qu'ils ont en France. S'adonner à notre vocabulaire alourdi par trois siècles d'inculture complète, ça serait, il me semble, faire œuvre plus utile que de pratiquer petit à petit l'amputation de ce qui nous reste d'originalité et de vivacité. Car ces expressions au sens particulier valent infiniment mieux pour nous que les expressions académiques équivalentes, d'abord parce qu'elles sont à nous, ensuite parce qu'elles expriment les nuances de notre pensée dans leur forme originale, tandis que la meilleure expression française n'est qu'une traduction plus ou moins infidèle.

Et si notre « patois » devient trop difficile aux académiciens, eh bien, tant mieux: c'est que nous aurons une langue à nous; et qu'elle aura perdu sa vérité et sa valeur cette raison fondamentale que Crémazie invoquait, il y a soixante ans déjà, contre la possibilité d'une littérature canadienne. Si les Français veulent nous lire, ils nous traduiront, comme ils traduisent la littérature provençale; et ils y réussiront bien mieux que nous, soyons-en sûrs, parce qu'ils possèdent bien mieux leur langue que nous ne pourrons jamais, nous, la connaître.

Si les idéologues dénués de toute psychologie et de toute observation étaient habiles à apprécier du langage autre chose que ce qui est codifié dans les dictionnaires, ils se rendraient compte, je crois, que notre parler populaire est savoureux, imagé, vivant, et ils auraient bientôt fini cette tentative d'y substituer leurs produits desséchés. Tentative plutôt fâcheuse même pour eux d'ailleurs, parce qu'elle leur donne l'air de croire qu'on confectionne et rapièce une langue comme une paire de bottes. Tentative illogique et contradictoire aussi avec le nationalisme que la plupart de ces apôtres professent, car il est difficile de faire autre chose que copier Marc Sangnier et ses disciples, il est difficile d'être vraiment canadien en pratique, si l'on condamne et ridiculise au préalable le langage qui révèle, qui exprime, qui constitue cet état d'esprit canadien.

Nous avons tellement honte de notre langue, c'est-à-dire de nous-mêmes, que des hommes d'esprit libre comme Louis Dantin (ne parlons pas de Mgr Camille Roy, qui ne voit guère au pays que « bonguienne », « verrat », « torrieu ») disent un « non » catégorique, sans prendre la peine d'émettre aucune explication, à la seule pensée que dans un roman « la trame du récit, l'évolution des caractères, le dialogue entre gens instruits, s'énoncent en *langage canadien* ». N'est-ce pas sommaire, à la fin, ces notes affirmatives ou négatives en marge de tout?

Cela m'étonne d'autant plus que Louis Dantin connaît la littérature des pays où l'on n'emploie pas le papier pour faire du simple parangonnage comme dans la province de Québec, et qu'il ne devrait pas ignorer Guy de Maupassant, Anatole Le Braz, Alphonse de Chateaubriant, Marion Gilbert, Charles Silvestre, Émile Pouvillon et les meilleurs romanciers de la France contemporaine qu'on lui nomme comme exemples. Puisqu'on est si dur d'entendement, crions-le donc à pleins poumons, afin que nul n'en ignore: il ne s'agit pas de mettre le pic et la pioche dans le génie même de la langue française, qui consiste dans sa grammaire et sa syntaxe. Nous demandons simplement que les écrivains canadiens, pour faire une littérature moins livresque, plus personnelle, plus humaine, plus vivante, se servent avec bon sens, avec goût, avec art, du vocabulaire canadien. Les peuples civilisés n'ont jamais, que je sache, refusé cette liberté élémentaire à leurs romanciers et à leurs poètes. Et d'autre part, si l'œuvre de M. Alfred DesRochers nous remue et commande à la critique les appréciations les plus élogieuses, qu'on ait donc la droiture de reconnaître que ce n'est pas à cause des termes exotiques, artificiels, pauvres, qui la déparent, mais peut-être beaucoup à cause de nos archaïsmes, de nos anglicismes, de nos canadianismes, dont M. DesRochers fait un usage exemplaire, et qui rendent sa poésie plus copieusement expressive, plus véritablement humaine, plus originalement artistique. Enfin, je ne tiens pas le moins du monde à faire fausse route, et Louis Dantin est bien capable d'avoir raison. Pourquoi commence-t-il la ripose enfantine, qui n'aboutit à rien, des « oui » et des « non »?

Eh bien, j'ai un peu envie de lui donner tort!... Supposons qu'on lui *prête* à traduire en français académique ce chef-d'œuvre d'émotion littéraire intitulé « La chanson javanaise », et qu'il y mette toute sa bonhomie, toute sa simplicité, toute sa finesse, tout son art, toute sa virtuosité, — c'est un expert. J'en réponds pour les Canadiens surtout, et aussi pour tous ceux qui peuvent le comprendre sans traduction: il ne resterait pas de ce livret le quart de son charme et de sa saveur.

C'est que pour produire en français moderne des œuvres équivalentes à celles des bons écrivains de France, il nous aurait fallu recevoir notre éducation en France, et vivre ensuite la vie française pendant quinze à cinquante ans. Le français parisien n'est pas notre langue. Et surtout le seul français moderne que nous connaissons, le français livresque, séparé de son organisme et de sa vie, est impuissant à rendre les formes diverses de nos pensées, les nuances de nos sentiments. Ses formules et ses mots n'ont pas la vertu de représenter avec exactitude les choses réelles de notre pays, soit parce que les choses qu'ils désignent n'existent pas chez nous, soit parce qu'elles sont ici plus ou moins différentes de ce qu'elles sont en France, soit parce que ces choses et ces objets étant pourtant les mêmes là-bas que dans notre province, ont été vus et reproduits par des écrivains qui n'ont pas notre état d'esprit et ne voient pas de la même manière que nous. Avec cette langue livresque et artificielle, comment voulez-vous que nous puissions rendre autre chose que nos apparences, les à-peu-près superficiels de nous-mêmes, de notre existence, de notre pays?

Je ne dis pas que nous sommes absolument inhabiles à écrire en français d'outremer d'il y a cinquante à trois cents ans nos dissertations par exemple, qui sont toujours plus ou moins calquées, par le fond et par la forme, à notre insu ou malgré nous, sur les réminiscences de nos manuels et les souvenirs de nos lectures. Et encore, dans ce genre imitatif, quel est celui de nos grammairiens, de nos puristes, de nos éplucheurs, qui ne puisse être épluché à son tour? Si je ne fais pas de critique grammaticale, ce n'est pas que j'y sois plus inapte qu'un autre: c'est que cet exercice de collégien me semble d'autant plus vain et prétentieux, malicieux et injuste à l'égard de nos auteurs, que dans le sentier battu, nous ne pouvons nous garder nous-mêmes de trébucher.

Cela nous aide à reconnaître qu'il est très difficile à nos poètes et à nos romanciers qui, sous peine de ne rien valoir doivent avec constance tracer une route neuve, de peindre les nuances de leurs impressions et de faire de la littérature subjective qui compte, aussi bien que de dégager les particularités de notre vie et de faire de la littérature objective qui soit vraie, dans une langue qu'ils n'ont pas vécue, et qui n'est elle-même qu'un rameau détaché du sol français, de son suc et de sa sève.

*
* *

À la chandelle de ces observations sur la formation du caractère et de la langue de nos littérateurs, on pourra peut-être plus facilement mesurer la force de leur talent et le mérite de leurs œuvres. Il sera peut-être aussi moins ardu de constater où nous en sommes, et de sonder où nous pourrions en arriver, en fait de littérature nationale et de nationalisme littéraire.

D'autre part, si l'imagination spéculative joue un rôle actif et grand dans toutes les créations de l'esprit, on pourra peut-être s'aviser aussi que l'observation et l'expérience, recueillant à tout instant les notions précises d'objets, de faits et d'impressions, leurs circonstances et leurs qualités, et alimentant sans répit l'intelligence, ne remplissent pas non plus chez l'écrivain une partie secondaire, et méritent d'être cultivées.

Enfin, nous avons plusieurs savants linguistes. Puissent ces pages les encourager à répondre au désir et au besoin de tous, et les favoriser à nous donner des dictionnaires de notre expressive et vivante langue canadienne, de ses formules particularistes, de ses anglicismes canadianisés. Les uns en auront peut-être du fonne, et tous y trouveront un immense profit.

Et maintenant, si on veut le savoir, je n'impose mes idées et ma manière de voir à personne; et je fais miennes ces données fondamentales en littérature qui sont, je crois, de Sainte-Beuve: « Ne prenons pas notre propre patron pour le patron universel. » « Un édifice littéraire ne se bâtit pas sur une seule colonne. »

UBALD PAQUIN (1895-1962)

Le roman d'Ubald Paquin, *Jules Faubert, le roi du papier* (1923), paraît exceptionnel, car il relate l'ascension sociale d'un citadin québécois, qui devient un magnat de l'industrie papetière, en une époque où le roman obéit essentiellement à la loi de la terre. Nous reproduisons le portrait de Jules Faubert, qui pourrait être celui d'un Américain d'avant la crise de 1929, ainsi que les chapitres XII et XIII: la révolte des syndiqués et sa répression. À la fin du roman, l'empire de l'industriel s'écroule. On peut comparer le destin de Faubert à celui du Max Hubert de Harvey: ces rois du papier compenseront par l'amour leur échec social. Auteur oublié, Paquin a écrit neuf autres romans entre 1926 et 1934, dont *La Cité dans les fers* (1926), *Le Lutteur* (1927) et *La Trappe d'Oka* (1934).

JULES FAUBERT, LE ROI DU PAPIER

Un homme qui réussit*

Les portes du bureau bien closes, pour n'entendre que le moins possible le bruit des dactylos dans l'antichambre, l'ordre donné de ne laisser entrer personne, Jules Faubert s'attable et fait la revue de ses nombreuses affaires.

Depuis qu'il a quitté le collège, il s'est intéressé dans le commerce du bois.

Avec la sûreté de jugement qui le caractérise, et en a fait, à l'âge où la plupart tâtonnent, l'un des financiers les plus en vue de la métropole, il a compris que l'industrie du bois dans le Québec était l'une des plus avantageuses et où les chances de faire fortune, et rapidement, sont les plus grandes. Après avoir voyagé quelques années dans le Nouveau-Brunswick pour le compte d'une compagnie américaine achetant le bois à pâte, çà et là, le long des voies d'évitement, il avait pris sur lui d'établir à Montréal un bureau de courtage.

Le commerce du bois prenait une extension considérable. La guerre européenne, créant des besoins nouveaux, et diminuant la production tout en augmentant la consommation, n'avait pas peu contribué à cet essor. Les exigences de plus en plus désordonnées des journaux américains faisaient augmenter le prix du papier dans des proportions énormes et partant le prix de l'épinette et du cyprès qui en sont la matière première.

Faubert parcourt les contrats qu'il a fait signer cet été: 50,000 cordes à fournir à la American Paper Limited; 30,000 à la Federated News. Tout cela à bonnes conditions.

Les lettres dactylographiées qui composent chaque mot des copies de contrats s'atténuent et disparaissent. À leur place, nombreux, il aperçoit des signes de dollars et qui semblent avoir une vie.

Déjà de ses agents sont en route. L'un parcourt la Matapédia s'assurant par avance la production des colons pour l'hiver qui vient; un autre la Nouvelle-Écosse; un le Lac Saint Jean; un l'Abitibi. Les nouvelles qu'il en a chaque semaine sont favorables. Il se procurera aisément les 80,000 cordes dont il a besoin, chiffre énorme au premier abord. Systématiquement divisé, il peut être augmenté à l'infini tant qu'il y aura du bois dans le Québec et des hommes pour le bûcher.

Enfoncé dans sa chaise à bascule, les yeux mi-clos, comme replié sur lui-même, il laisse son rêve se perdre dans la fumée bleutée de son cigare. Il rêve la puissance, une puissance illimitée aussi grande que son orgueil. Non fier, non vain, mais orgueilleux. C'est sa dominante. Il appartient à cette catégorie d'hommes jadis conquérants de pays, aujourd'hui conquérants de la fortune et du pouvoir qui en découle.

Il veut, et depuis longtemps, depuis toujours, être quelqu'un.

Être quelqu'un c'est sortir de la foule anonyme, la dominer. Être quelqu'un cela signifie qu'on est un personnage dans le pays et dans la ville, qu'on a accompli quelque chose de supérieur aux autres. Être quelqu'un cela veut dire qu'on a édifié une œuvre, œuvre politique, œuvre financière, œuvre intellectuelle, peu importe! Pourvu que ce soit son œuvre. Être quelqu'un c'est associer son nom à quelque chose de grand, de noble, de fort.

C'est avec frénésie, passionnément, mettant dans chacune de ses entreprises la fougue d'un tempérament ardent, soutenu par des nerfs d'acier et un physique imbrisable qu'il travaillait à réaliser cette formule.

Le succès lui sourit. Il commence d'être quelqu'un. Pas assez. Il n'a pas encore imposé sa personnalité... suffisamment.

Jeune — trente-deux ans — en pleine force, force qu'il entretient par des exercices corporels violents, mûri par l'expérience, il regarde la vie avec un sourire et l'avenir comme un maître.

Cette soif de domination, de puissance, qui le brûle, il essaye parfois de l'étancher. Il éprouve une griserie véritable à compiler des chiffres, à combiner des plans, à manœuvrer des hommes. Il goûte à vivre sa vie fiévreuse une intensité d'émotion, qui, à certaines heures, le secoue tout entier.

Il savoure les instants de son travail ardu essayant d'en exprimer toute la volupté âcre.

Sur la table une copie de contrat pour des dormants de chemin de fer est étendue. Il la prend, la lit, ferme les yeux pour mieux concentrer sa pensée, en analyser mieux la teneur.

Un plissement des lèvres: l'affaire lui paraît bonne.

Il appuie sur le bouton de la sonnette.

Une sténographe entre.

— Écrivez à l'acheteur du Transcontinental que je suis en mesure de procurer les 100,000 dormants de chemin de fer aux conditions mentionnées dans ma lettre du 18. J'irai le voir prochainement... Appelez le messager du télégraphe.

Il va à la fenêtre et regarde, en bas, sur la chaussée, la foule des hommes d'affaires qui se meut, pressée.

Des autos stationnent un peu partout, placées de biais, le derrière au trottoir. La Place d'Armes est animée; des avocats qui, seuls, qui avec des clients se rendent au Palais; des courtiers à la Bourse ou se hâtent vers leurs bureaux. Tous ces gens se croisent, s'entrecroisent et ne s'aperçoivent qu'avec peine. Une pensée les préoccupe, identique: les affaires. Les leurs ou celles des autres.

C'est le cœur financier de Montréal, le centre de ses pulsations... et il est nerveux. Dans cette année 1917 les affaires sont plutôt tranquilles, le marché de la Bourse, incertain. Seules quelques industries prospèrent en dépit des temps durs ou plutôt à cause des temps durs.

Le courtier pense à cette foule qu'il traversera dans quelques instants en s'y confondant, que dans quelques années il pourra regarder de haut, et son rêve, son rêve fou l'absorbe de nouveau. Il veut contrôler au pays, la production du bois, surtout du bois à papier, en être le Roi.

Comme d'autres sont rois de l'acier, de l'huile ou du blé, il veut être le roi du papier. Il sent qu'il le deviendra. Il le veut si fortement qu'il faut que tout cède à sa volonté. Il y en a trop qui sont plus riches que lui, même dans son entourage immédiat. Non qu'il aime l'argent pour ce qu'il procure de jouissances, ou en avare. Il l'aime parce que c'est un but à atteindre et que c'est une force: le grand levier moderne.

Cet hiver, si ses affaires vont bien — et elles iront bien — ses seuls bénéfices lui permettront la construction d'une usine capable de rivaliser avec celles des plus grosses compagnies. L'entreprise sera lancée. Englober graduellement les plus petits, forcer les plus gros à s'amalgamer avec lui, acheter leur stock au fur et à mesure... mais avec une discrétion qui en empêche les hausses... ensuite... ensuite faire osciller le marché à son gré...

Ensuite?...

Il est Jules Faubert le Roi du papier.

Partout qu'il aille, les portes les plus fermées s'ouvrent. Il est une puissance avec qui l'on doit compter. Il fait partie non seulement de l'élite de sa race ou de son pays, mais de l'élite du monde entier. Il est plus que les souverains actuels, puisqu'il le sera de fait, tandis qu'eux ne le sont que de nom.

C'est un rêve immense. Il est de nature à le réaliser. Il y a en lui une surabondance de force. Son cerveau clair, lucide, se plaît à jongler avec les problèmes les plus épineux. Plus ils sont inextricables plus il a de plaisir à les démêler et à les vaincre.

La sténographe de tantôt reparaît.

— M. Faubert, le messager du télégraphe est arrivé.

— Faites attendre.

Il griffonne quelques mots sur une feuille de papier jaunâtre.

Ces quelques mots, c'est une proposition à une compagnie new-yorkaise de 100,000 cordes de bois écorcé à des prix défiant toute concurrence.

Ce contrat sans lui rapporter autant que les autres bâclés jusqu'ici lui assure un client des plus considérables du continent américain.

Il sonne, remet le papier jaune qui devient d'or tant il est lourd de promesses, décroche son chapeau à la patère et sort.

— Je serai de retour à deux heures et demie.

L'horloge de *La Presse* marque la demie de onze heures.

— J'arriverai deux minutes en retard, pense-t-il, et cette constatation le contrarie. Il avait accoutumé d'être exact jusque dans les moindres détails.

Ainsi il devait rencontrer Lucien Noël à onze heures et demie et il n'était encore qu'à la rue Saint-Laurent.

S'il y avait quelque chose qui lui déplût souverainement, c'était d'attendre. Habituellement quand il avait un rendez-vous et qu'à l'heure fixée l'autre partie n'était pas là, il quittait la place. C'était une particularité de son caractère que ses amis et ceux avec qui il transigeait, connaissaient. Le connaissant, ils agissaient en conséquence.

La grève*

Sur les bords du lac Chabogama, un village est en voie de formation. L'hiver durant, des bûcherons ont attaqué la forêt la faisant reculer sous l'assaut des haches.

Des rues larges sont tracées, bâties chaque côté de maisons de billots et d'autres plus grandes, recouvertes de papier goudronné et qui servent de magasins. L'activité y règne. Une population variée, hétéroclite s'y meut. On y rencontre des gens de toutes catégories, de tous métiers: ceux-ci employés à creuser des tranchées pour les travaux de l'aqueduc, d'autres au nivellement des rues, d'autres à terminer le barrage, barrage immense emmagasinant l'eau par millions de gallons avant de la conduire dans les turbines; d'autres à la construction du moulin.

Un mélange assourdissant des bruits les plus divers se fait entendre du matin au soir, du soir au matin: bruit des marteaux ou celui des haches à équarrir; bruit du fer qu'on bat sur les enclumes; celui plus criard et perçant des boulons que l'on rive; grincement des essieux; stridence du sifflet des remorqueurs; cris des charretiers commandant les chevaux; appel des contremaîtres; et puis dominant tous ces bruits, celui, formidable, de l'eau qui rage contre les roches. Au quai temporaire, dans la baie, au bas de la chute, des chalands et des barges sont amarrés, les uns chargés de planches, de brique ou de fer; d'autres de provisions de bouches; d'autres d'avoine, de foin ou de bétail; d'autres d'effets de ménage.

Au centre du village d'où rayonnent les rues comme des jantes de roues, une bâtisse plus grande que les autres renferme les bureaux et les magasins de la compagnie. Un régiment de commis s'y divisent la besogne. Tout va rondement. Il faut qu'avant un mois — ce sont les ordres reçus de Montréal — les travaux soient terminés.

C'est le soir. D'immenses lumières à acétylène éclairent les équipes qui remplacent celles du jour. Des groupes circulent par les rues. L'air est surchauffé. Au restaurant, des jeunes gens discutent avec animation. À un carrefour, un homme, monté sur une boîte retournée à l'envers, harangue une cinquantaine d'ouvriers.

À l'usine, l'ingénieur, chargé de la surveillance de nuit, remarque quelque chose d'insolite chez ces hommes. Ils s'arrêtent souvent à causer. Il en surprend dont les gestes sont lourds de menaces.

Aux alentours de huit heures, tous ceux qui ne sont pas au travail, s'acheminent vers la grande place, en face des bureaux.

Il en vient de tous les coins, par toutes les rues. C'est un flot qui monte, qui monte, qui monte.

Sur le perron on a transporté une table et des chaises pour l'assemblée, organisée à l'insu des fonctionnaires principaux.

Quand l'espace de terrain fut rempli, un homme entre deux âges, respectable de figure, monte sur l'estrade improvisée.

De la main il impose le silence. La foule, près de 700 personnes, obéit. Les conversations cessent.

— Mes amis, commence l'homme, vous savez pourquoi on est réuni ce soir. On veut avoir des salaires plus forts. Si vous voulez choisir un président on va commencer l'assemblée.

Un maçon le propose; un autre seconde. À l'unanimité les applaudissements sanctionnent.

— Je vous remercie de cet honneur. Je vas laisser la parole à M. Luc David, un chef ouvrier, qui est avec nous autres depuis un mois.

Luc David fend la foule. C'est un colosse. Fortement charpenté, il mesure près de six pieds de taille. Une large mâchoire, bestiale; un nez écrasé surmontant des lèvres épaisses; les yeux petits; l'un clique toujours, l'autre très vif; le front proéminent.

D'une voix profonde il commence sa harangue, faisant appel à l'union de tous pour le succès d'une même cause. Son débit dès l'abord doucereux, devient de plus en plus violent. En phrases saccadées, il dénonce les industriels et les capitalistes qui s'enrichissent des sueurs de l'ouvrier. Il passe du général au particulier et avec une ardeur satanique, dénonce celui qui les fait vivre aujourd'hui, « ce monsieur Faubert qui demeure à Montréal, bien à son aise, tandis que nous, dans les bois, loin de la civilisation, suons toute la sueur de notre corps pour édifier cette usine qui lui rapportera des millions. Je vous le demande, est-il juste qu'il en soit ainsi. Lui n'a pas de misère, il va tout récolter... »

Une interruption: « Il nous paye bien ».

— Il vous paye bien? Comparez son salaire et le vôtre, son travail et le vôtre. Pendant que vous peinez, exposés au soleil qui brûle ou à la pluie qui transit, lui est à l'abri. Il est temps que l'ouvrier lève la tête et en levant la tête, montre les dents. Nous voulons être augmenté non pas d'une fraction légère, mais de la moitié de ce que nous gagnons. Tout ou rien. Notre augmentation nous l'aurons, sinon la chaussée sautera. Aux grands maux les grands remèdes. Le patron devant cette menace nous accordera ce que nous voulons... et ça ne le mettra pas dans le chemin...

Et les tirades se suivent imprégnées d'une démagogie la plus exaltée. L'orateur soulève les passions populaires... il fait miroiter les beautés d'un âge d'or, suscite l'appat du luxe, fait un parallèle entre la vie du prolétaire et celle du capitaliste...

Sa voix devient haineuse, son débit incisif. Il sème les ferments de haine qui demain feront germer une moisson de désordre.

Et l'auditoire écoute, et l'auditoire tressaille, et l'auditoire déteste.

Les instincts mauvais sont réveillés dans une ébullition de passion.

Henri Roberge, l'ingénieur en chef de toute l'entreprise est demeuré chez lui, comme chaque soir, depuis qu'il est marié avec Suzette Bertrand, la jolie fille de Macamic.

Un bungalow de bois écorcé, un peu retiré du village, avec une véranda qui donne sur le lac, l'abrite, lui et son bonheur.

L'intérieur est propre, coquet. Un boudoir simplement meublé mais avec goût, une lampe à pétrole sur une table, recouverte d'un abat-jour, une berceuse où il est assis.

Il feuillette dans les journaux arrivés du matin, les dernières nouvelles, vieilles déjà de plusieurs jours.

Suzette s'approche. Il interrompt sa lecture. Elle s'assied près de lui, sur un tabouret. Longuement, il caresse les cheveux soyeux.

— À quoi penses-tu?

— Qu'on a toujours tort de se désespérer, que la vie est bonne et que je t'aime.

Pour la première fois, il lui raconte les antécédents de son séjour dans le Nord.

— Alors je ne suis pas la première femme que tu as aimée?

— Mais oui... l'autre je pensais l'aimer. Il ne faut pas lui en vouloir, c'est elle l'artisan de notre bonheur et aussi Faubert... sans cela je ne t'aurais pas connue...

Quelqu'un frappe à la porte.

C'est un des commis aux magasins, garçon de dix-huit ans à peu près, naïf, bon et dévoué.

— M. Roberge ça va mal... Le trouble est partout... Ils sont en assemblée... Luc David est en train de leur monter la tête... Faudrait télégraphier à M. Faubert.

— Tu vas courir chez Poitras. Fais-toi conduire immédiatement à Nottaway, dans mon yacht. Télégraphie à Faubert, chez lui et au bureau, d'être ici au plus tôt.

— V'là M'sieu Roberge

Luc David cesse de parler. Le nouvel arrivant prend place à la tribune. Des cris partent: « On veut être augmenté — à bas les capitalistes. — On n'a assez de se faire mourir pour les autres. »

Avec peine le président peut rétablir l'ordre.

L'ingénieur essaye d'apaiser la meute, demandant à ceux qui ont des griefs de venir les lui confier. Il en fera part à M. Faubert qui leur rendra justice, il s'en porte garant...

— C'est pas dans un mois, c'est à c't'heure qu'on veut être augmenté.

— Patientez une semaine...

— Le patron qu'est-ce qu'il fait. On le voit jamais.

— Il sera ici dans quelques jours.

Luc David reprend la parole.

— Soit. Nous accorderons trois jours de délai. Pas un de plus. Demain j'irai au bureau porter nos conditions. Si d'ici trois jours on ne les accepte pas nous ferons tout sauter à la dynamite. Maintenant, camarades, il s'agit de s'organiser. Que les principaux de chaque corps de métier soient tout à l'heure à mon « shac ». Pas de violence jusqu'à ce que je vous le dise. Mais vendredi, à trois heures, soyez tous au barrage. M. Roberge, je vous y invite avec le patron.

— Comment ça s'est-il passé?

— Plus mal que je pensais. Ils veulent faire sauter la chaussée vendredi, si on ne leur cède pas.

— Leurs demandes sont-elles justes?

— Exorbitantes... Je soupçonne Luc David, qui est leur meneur, d'avoir tout organisé. Il m'a toujours fait mauvaise impression. Je ne sais pas pourquoi on l'a nommé contremaître à l'usine. Celui d'avant nous donnait satisfaction.

— S'ils brisent la digue... qu'est-ce qui va arriver?

— C'est une perte d'un million et des dommages par l'inondation qu'on ne peut prévoir.

Et comme sa femme à une perspective aussi peu rassurante, s'effarait:

— Tu n'as pas besoin de t'effrayer. Faubert est l'homme pour les mâter. En attendant je vais voir les chefs de file.

— Expose-toi pas trop.

— Il n'y aura rien de fait avant trois jours. D'ici là, nous avons du temps.

Le lendemain, aux petites heures, le commis était de retour porteur d'un télégramme annonçant l'arrivée immédiate du financier.

— Maintenant, Paul, lui dit Roberge, tu vas retourner à Nottaway. En chemin tu expliqueras au « boss » tout ce qui en est. Surtout renseigne-le sur les agissements de David. C'est lui la tête du mouvement... Avez-vous assez de gazoline pour le voyage?

— Je ne sais pas... Je demanderai à Poitras.

— Arrête au garage prendre ce qu'il vous faut. Et faites diligence, c'est une question de vie et de mort.

Jeudi soir. Faubert n'est pas arrivé.

Le camp est calme, du calme trompeur d'avant les ouragans.

Tout le jour le lac a mugi. Le vent venait par bourrasques, ce qui faisait les vagues courtes, traîtresses. Elles s'apaisent graduellement.

La dynamite est transportée sous un abri, gardée par un homme, fusil à la main. Les mécontents en sont les maîtres. Celui qui la garde est un des leurs.

Chez Roberge une quinzaine de fidèles, anxieux, se concertent, émettent des opinions.

— Il n'y a pas eu de raid aux magasins.

— Non.

— Si Faubert n'arrive pas.

— J'ai fait gréer un remorqueur. Nous partirons.

— Il n'y a pas d'autres moyens.

— Aucun. J'ai vu les chefs de file. Ils sont décidés à aller jusqu'au bout. Ils veulent absolument voir le patron. S'il n'est pas là, ils exécuteront leurs menaces.

— Ces gens-là sont fous. Ils se privent de leur gagne-pain.

— C'est ce que j'ai voulu leur faire comprendre. David qui préparait le terrain depuis un mois, a sur eux une influence diabolique. Ils en ont tous peur. Même ceux qui trouvent les demandes exorbitantes, sont prêts à l'aider.

Comme onze heures sonnent et que rien encore n'apparaît, l'anxiété devient de la nervosité. Tous regardent par la fenêtre, chacun son tour. Démoralisés, ils quittent le logis de l'ingénieur, incertains de ce que réserve demain.

Vers trois heures du matin, Faubert fait son apparition. Son ami lui explique ce qui en est.

Sans aucune trace d'énervement sur la figure, il écoute, aussi calme que si de rien n'était. Pas d'émotion aucune, du moins en apparence.

— Qu'est-ce que tu vas faire?

— D'abord souper. Nous avons été retardés à cause de la tempête. Tu oublies quelque chose...

— Quoi?

— De me présenter ta femme.

— C'est vrai...

— As-tu quelques hommes solides?

— Une vingtaine.

— C'est assez.

Les abords de la chaussée sont grouillants d'une population excitée à son paroxysme. C'est une cohue bigarrée d'êtres de toutes sortes unis par une solidarité défiante. Les personnalités disparaissent. Il n'y a plus que cet être dangereux qui s'appelle la Foule, quand la colère l'anime. Elle n'a pas de cœur, partant aucune sensibilité. Elle ne pense pas; elle n'a qu'un cerveau collectif atrophié où règne à l'état d'obsession un projet insensé, néfaste, criminel. C'est la Foule hideuse qui se meut et s'agite avant d'en arriver à l'irréparable.

Des imprécations, des menaces, des jurons retentissent.

— Les patrons arrivent pas.

— Y ont peur.

— C'est des lâches.

— À bas Faubert.

— À bas les exploiteurs.

— Les v'lont, crie quelqu'un.

Vêtu d'un costume de chasse, culottes bouffantes, bottines lacées qui emprisonnent le mollet, chemise négligée de grosse toile couleur kaki, le financier s'avance vers le groupe, ferme, décidé. Sa figure est toujours aussi calme. On la dirait figée dans l'impassibilité.

Luc David va à sa rencontre.

— Vous savez pourquoi on vous a invité.

— Oui. Vous voulez que j'augmente vos gages.

— On veut une augmentation de la moitié.

— De la moitié. Devenez-vous fous?

— Pesez vos paroles.

— C'est ça, laisse-toi pas faire, clame une voix.

La foule se presse; elle ondule, elle oscille. Des têtes émergent, le cou tiré, pour mieux voir.

— Vous n'êtes pas satisfaits de ce que vous gagnez? Est-ce que je ne vous paye pas bien? Vous avez un salaire plus élevé qu'ailleurs.

— C'est pas là qu'est la question. On veut être augmenté et on va l'être, sinon...

— Sinon?

348

— Sinon... Faites attention à vous.

— David, n'essayez pas de m'intimider. Je suis le maître ici et je ne veux recevoir d'ordre de personne. Que ce soit compris. Maintenant, vous allez retourner à vos postes, immédiatement, tous.

La Foule gronde, menaçante. Personne ne bouge.

Faubert devient exsangue; les lèvres se contractent.

— Vous m'avez entendu, vous allez retourner à vos postes.

— Nous n'irons pas, rétorque David.

— Vous n'irez pas? C'est ce que nous allons voir.

Il enlève, tranquillement, son veston qu'il dépose sur le bras de Roberge.

— Casses-y la gueule, David, hurle quelqu'un.

Comme un écho amplifié à l'infini, la Foule fait entendre un rugissement. La colère comprimée éclate enfin. Le meneur, exaspéré, confiant dans sa taille et dans sa force, les tempes bouillonnantes, les prunelles injectées de sang, furieux de voir le peu d'effet de ses paroles et qu'on ne lui cède pas, perd tout mesure.

— Oh! on va voir si c'est un frais de la ville qui va nous conduire.

— C'est ça, donnes-y — tue — à bas Faubert. Et la Foule, affamée de brutalité, voudrait voir ce colosse broyer l'autre dont la supériorité les écrase et malgré eux leur en impose. La différence entre les deux hommes, apparaît, avantageuse. L'un taillé à coups de hache, habitué aux ouvrages durs, l'autre découpé plus finement sans rien qui décèle la puissance d'effort et de résistance qu'il porte en lui. On ne sait pas que ces nerfs et ces muscles, assujettis à une culture quotidienne, se tendent et se détendent avec la souplesse d'un ressort d'acier.

David, en ce moment incarne l'âme de la Foule. Il est, pourrait-on dire, le réceptacle où sont mêlés les sentiments les plus divers comme les plus étranges qui l'assaillent.

Tout à coup, les poings en avant, il se jette sur Faubert.

Celui-ci a vu venir le coup. D'un mouvement brusque il se range de côté, et l'homme, frappant dans le vide, va s'écraser sur le sol, de toute la vitesse de son propre élan.

Enragé, l'écume à la bouche, il se relève:

— Ah! mon maudit! Tu vas mourir ici.

Il est plus près de Faubert qui lui rit au nez d'un rire ironique qui l'exacerbe. De sa droite il décoche un coup formidable accru de la pesanteur du buste, qui a suivi la trajectoire. Le financier qui ne perd aucun de ses mouvements, lui a saisi le poignet. Se retournant tout à coup, le coude renversé de l'ouvrier sur son épaule, en guise de point d'appui, se servant de l'avant bras comme d'un levier, il le fait culbuter par-dessus lui.

La foule frémit, elle halète, incertaine.

Cette seconde chute qui l'étourdit un instant décuple la colère de David.

Mais l'adversaire n'est plus sur la défensive. Les mains en avant, il se rue à son tour.

Les deux hommes s'empoignent à la taille. Ils ne forment plus qu'un seul tout. Les souffles se confondent. Sous les vêtements, les muscles apparaissent, gonflés à éclater. La masse roule par terre; un bras se dégage qui cogne sans merci.

Les lutteurs se relèvent. Faubert a une blessure à la lèvre d'où coule le sang. Et ce sang lui entre dans la bouche, et ce sang lui touche la langue, le palais. Il le goûte. Ce goût produit un déclenchement d'énergie, de force, d'ardeur au combat.

À peine debout, il évite d'un mouvement de tête un coup de poing qui l'aurait assommé, et riposte en frappant à la mâchoire, avec le tranchant de la main.

La foule retient son souffle. Elle n'a pas eu le temps de s'étonner. Toutes ses prévisions sont dérangées.

Ils se reprennent à bras le corps et de nouveau roulent par terre. Le financier a le dessus. Il passe un bras sous l'aisselle de l'adversaire et lui enserre la nuque. De la droite, il rejoint son bras gauche; et lui imprime un mouvement si fort qu'il le fait pivoter sur la tête pour retomber de l'autre côté.

— Lève-toi, sans cœur! crie-t-il.

David, comme cinglé d'un coup de fouet, se redresse. Il n'est pas sur ses jambes, qu'aussitôt Faubert lui saisit les deux bras, en lui mettant un pied sur le ventre, et l'envoie par-dessus lui s'assommer à cinq pieds de là.

David, chancelant, ne frappe qu'à tort et à travers. Un coup en pleine gorge le fait s'écraser sur le sol, sans connaissance.

— Qui est le suivant?

La foule est stupéfaite, à demi subjuguée.

Un silence plane, que brise tout à coup ce cri:

— À la dynamite! Faisons sauter.

Vivement Faubert met la main à sa poche, et marche sur la foule, le revolver braqué sur elle.

— Le premier qui bouge, je l'abats comme un chien.

Aux abords de la chaussée, une quinzaine d'hommes, revolver au poing eux aussi, sont décidés à maintenir l'ordre.

— Puisque vous n'êtes pas satisfaits de vos gages, dit le financier, je ne veux pas vous employer de force. Vous êtes tous renvoyés. Ceux qui voudront se faire réengager passeront aux bureaux cet après-midi.

La foule, décontenancée, par la tournure subite des choses, et sans aucune force morale ni cohésion depuis la défaite de son chef, se disloque, complètement domptée.

— Mon Dieu! Vous êtes tout couvert de sang, s'exclame Suzette, comme son mari rentrait avec Faubert.

— Quelques égratignures...

Elle prépare un bol à main d'eau claire et avec délicatesse lave les plaies où le sang se coagule.

— Ça s'est donc bien mal passé.

— Mais non, très bien, comme vous voyez.

— Sans Jules, ça y était. Il a démoli David, tellement vite que les autres sont restés figés à leur place.

La jeune femme regarde le financier avec admiration.

— Vous vous êtes battu?

— Je n'ai fait que me défendre. Il le fallait. Sans cela on m'aurait marché dessus.

— Et vous avez démoli le gros David.

— Ce n'était pas difficile. Il ne faut pas juger les hommes à leur taille.

Bien lavé et pansé, ses instructions données un peu partout; il passe la soirée au milieu de ses hôtes dans la tranquillité intime de leur ménage.

La lutte est finie, la situation éclaircie; la plupart des employés retournés au travail, regrettant ce qui s'est passé. Une réaction s'opère en lui: la fatigue des derniers temps l'oppresse. La vue du bonheur de ceux dont il partage le toit le fait souffrir.

Faut-il donc que sa vie s'épuise sans qu'il connaisse la douceur du foyer; que, dans les moments où le saisit un besoin de réconfort, il soit seul, complètement seul. Toujours travailler, sans relâche, et batailler, est-ce donc son lot?

Pourtant s'il avait voulu?...!

Il a cru que les jouissances de l'orgueil suffisent dans la vie, que la joie pimentée de l'action frénétique comporte le bonheur.

Égoïstement, le jeune couple continue de se chérir en sa présence. Les yeux, la voix, les gestes sont imprégnés de l'amour qu'ils se portent.

Il se trouve misérable.

Il maudit son orgueil.

Il a soif d'affection et l'affection lui manque. L'image de Pauline apparaît, qui ne le quitte plus.

— Vous avez l'air rêveur, M. Faubert.

— Moi... du tout... Sais-tu, ajoute-t-il, en se retournant vers Roberge, que tu es un homme heureux.

— C'est à toi que je le dois.

Et Jules Faubert, l'homme que tout le monde envie, envia à son tour.

JEAN-AUBERT LORANGER (1896-1942)

Rien n'est plus hasardeux que de délimiter la position exacte qu'occupe un écrivain dans l'histoire de la littérature; faisons toutefois l'hypothèse qu'il existe une ligne droite reliant Nelligan à Saint-Denys Garneau. De cette lointaine filiation, Albert Lozeau et Jean-Aubert Loranger seraient les jalons intermédiaires. Leur poésie pendulaire marque tour à tour le temps du Rêve et de l'Introuvable, et celui de l'ici triste et stérile; c'est une poésie du clair-obscur, de l'être double, spécifiquement occidentale, une poésie de l'aliénation (politique et métaphysique) et de son élucidation, une poésie du doute et qui ira jusqu'à douter d'elle-même. On peut lire dans une telle optique l'œuvre de Loranger, grand lecteur des unanimistes Jules Romains et Charles Vildrac, et d'Apollinaire; la figure capitale de sa thématique, c'est la *séparation* (draps, murs, câbles, mais aussi: vitre, bras, écluses, chenal, chemin); cette figure apparaît constamment dans les textes que nous reproduisons et qui sont extraits de ses deux seuls recueils poétiques, *Les Atmosphères* (1920) et *Poëmes* (1922), rassemblés chez HMH en 1970. Loranger, qui fut journaliste à *La Patrie*, à *La Presse* et à *Montréal-Matin*, et l'un des animateurs du *Nigog* ainsi que de L'École littéraire de Montréal, a également publié des contes (notamment *Le Village*, 1925) qui ont été réunis récemment en deux volumes (*Contes*, Montréal, Fides, coll. du « Nénuphar », 1978); enfin, il nous reste quelques fragments de *Terra Nova*, suite poétique décrite dans *L'Anthologie* (édition de 1933) de Fournier comme un « recueil de versets, psaumes, odes et chants de mort. »

Je regarde dehors par la fenêtre

J'appuie des deux mains et du front sur la vitre.
Ainsi, je touche le paysage,
Je touche ce que je vois,
Ce que je vois donne l'équilibre
À tout mon être qui s'y appuie.
Je suis énorme contre ce dehors
Opposé à la poussée de tout mon corps;
Ma main, elle seule, cache trois maisons.
Je suis énorme,
Énorme...
Monstrueusement énorme,
Tout mon être appuyé au dehors solidarisé.

Ébauche d'un départ définitif

Pour Marcel Dugas.

Encore un autre printemps,
Une nouvelle débâcle...

Le fleuve pousse à la mer
L'épaisse couche de glace
D'un long hiver engourdi,
Tel, avivé, repousse à
Ses pieds, le convalescent
Des draps habités d'angoisse.

Comme sa forme mobile,
Jamais repu d'avenir,
Je sens de nouveau monter,
Avec le flux de ses eaux,

L'ancienne peine inutile
D'un grand désir d'évasion.

Et mon cœur est au printemps
Ce port que des fumées endeuillent.

Mais je n'ai pas accepté
D'être ce désemparé,
Qui regarde s'agrandir,
À mesurer la distance,
Un vide à combler d'espoir.

Je ne serai pas toujours
Celui qui refait l'inverse
De la jetée, vers sa chambre
Où règne la conscience
D'un univers immobile.

Les câbles tiennent encore
Aux anneaux de fer des quais,
Laisse-moi te le redire,
Ô toi, l'heureux qui s'en va,
Je partirai moi aussi.
J'enregistrerai sur le fleuve
La décision d'un tel sillage,
Qu'il faudra bien, le golfe atteint,
Que la parallèle des rives
S'ouvre comme deux grands bras,
Pour me donner enfin la mer.

Ode

Pour une voile que la brume
Efface au tableau de l'azur,
Pour un nuage au firmament
Dont se décolore la mer,
Pour une côte où brille un phare,
Pourquoi la plainte nostalgique,
Puisqu'à l'horizon le silence
A plus de poids que l'espace?

Si le reflux de la marée
Oublie des voiles dans un port,
Pourquoi le grand désir du large
Et pleurer l'impossible essor?
Tes yeux garderont du départ

Une inconsolable vision,
Mais à la poupe s'agrandit
Le désespoir et la distance.

La nuit que ton âme revêt
S'achemine vers le couchant
Voir à l'horizon s'effondrer
Ce que peut le jour d'illusion,
Et c'est bien en vain, que tu greffes
Sur la marche irrémédiable
De la nuit vers le crépuscule,
Le renoncement de tes gestes.

La mer bruit au bout du jardin,
Comme l'orée d'une forêt,
Et le vieux port allume, au loin,
L'alignement de ses lumières.
Qui vient de dire ce que vaut,
À l'horizon, le jour enfoui,
Comme un bivouac sans relève,
Et le rêve qu'édifie l'ombre.

Et si la lampe qu'on éteint
Fait retomber sur tes yeux clos
Une plus obscure paupière,
Si l'ombre fait surgir en toi,
Comme le feu d'un projecteur,
Une connaissance plus grande
Encore de la solitude,
Que peux-tu espérer de l'aube?

Et les matins garderont-ils,
Dans l'espace où le phare a tourné,
Une trace de ses rayons
Inscrite à jamais dans l'azur?
Pour tes longues veillées stériles
Voudrais-tu l'aube moins pénible:
Glorieuse issue dans la lumière
De ce que la nuit vient de clore.

(Sans titre)

Je voudrais être passeur;
    Aller droit ma vie,
Sans jamais plus de dérive,
    Soumis à la force
Égale de mes deux bras.

Je voudrais être passeur;
     Ne plus fuir la vie
Mais l'accepter franchement,
     Comme on donne aux rames
La chaleureuse poignée de mains.

(Sans titre)

Pour endormir mon chagrin,
     Je me dis des contes.
Un jour, un pauvre bossu,
     Pour cacher sa bosse,
Portait un sac sur son dos.

(Sans titre)

Au docteur René Pacaud.

Ouvrez cette porte où je pleure.

La nuit s'infiltre dans mon âme
Où vient de s'éteindre l'espoir,
Et tant ressemble au vent ma plainte
Que les chiens n'ont pas aboyé.

Ouvrez-moi la porte, et me faites
Une aumône de la clarté
Où gît le bonheur sous vos lampes.

Partout, j'ai cherché l'Introuvable.

Sur des routes que trop de pas
Ont broyées jadis en poussière.

Dans une auberge où le vin rouge
Rappelait d'innombrables crimes,
Et sur les balcons du dressoir,
Les assiettes, la face pâle
Des vagabonds illuminés
Tombés là au bout de leur rêve.

À l'aurore, quand les montagnes
Se couvrent d'un châle de brume.

Au carrefour d'un vieux village
Sans amour, par un soir obscur,
Et le cœur qu'on avait cru mort
Surpris par un retour de flamme,

Un jour, au bout d'une jetée,
Après un départ, quand sont tièdes
Encor les anneaux de l'étreinte
Des câbles, et que se referme,
Sur l'affreux vide d'elle-même,
Une main cherchant à saisir
La forme enfuie d'une autre main,

Un jour, au bout d'une jetée...

Partout, j'ai cherché l'Introuvable.

Dans les grincements des express
Où les silences des arrêts
S'emplissent des noms des stations.

Dans une plaine où des étangs
S'ouvraient au ciel tels des yeux clairs.

Dans les livres qui sont des blancs
Laissés en marge de la vie,
Où des auditeurs ont inscrit,
De la conférence des choses,
De confuses annotations
Prises comme à la dérobée.

Devant ceux qui me dévisagent,

Et ceux qui me vouent de la haine,
Et dans la raison devinée
De la haine dont ils m'accablent.

Je ne savais plus, du pays,
Mériter une paix échue
Des choses simples et bien sues.

Trop de fumées ont enseigné
Au port le chemin de l'azur,
Et l'eau trépignait d'impatience
Contre les portes des écluses.

Ouvrez cette porte où je pleure.

La nuit s'infiltre dans mon âme
Où vient de s'éteindre l'espoir,
Et tant ressemble au vent ma plainte
Que les chiens n'ont pas aboyé.

Ouvrez-moi la porte, et me faites
Une aumône de la clarté
Où gît le bonheur sous vos lampes.

(Sans titre)

Merveilleux prélude ébloui
Dans ces beaux matins sûrs d'eux-mêmes,
Quand persiste encore dans l'âme
L'illusion des joies accessibles.

Tout le meilleur de l'avenir
Se livrait alors sans défense,
Et l'aube qu'assiégeait l'orage
Était trop pure pour croire à l'ombre.

Les chemins enseignaient l'espoir,
Et je ne voulais rien savoir
Que cet environnement cher
De mes rêves tronquant l'espace.

Mes pas marquaient, dans la poussière,
Une implacable décision
Dont personne n'aurait pu dire
Qu'ils ignoraient tout de la vie.

Qui donc aurait pu dire alors
Qu'une si glorieuse démarche
Apprenait la vie sur la pente
Douloureuse d'un Golgotha?

Et qu'en un retour repenti,
Ce pèlerin de la conquête
Ne serait plus qu'un vagabond
Cherchant ses traces dans le vent.

L'invitation au retour

Reviens au pays sans amour,
Pleurer sur tes anciennes larmes.

Reviens au pays sans douceur,
Où dort ton passé sous la cendre.

Ce que tu crus laisser mourir
Bondira de nouveau vers toi,

Car les pas sonnent, sur la route,
Du plus loin qu'on vienne et vieilli.
Tes recherches au loin sont vaines,
Puisque la distance et le temps,
Avec soi, ne permettent pas
De rapporter ce qu'on a trouvé.

Reviens au pays sans amour,
À la vie cruelle pour toi,
Avec une besace vide
Et ton grand cœur désabusé.

Une poignée de mains

Le boulanger Lusignan, chaque fois qu'il rassemble ses recettes, se lave auparavant les mains, comme on enlève ses gants pour compter des billets de
banque. Aussi, il époussette ses cheveux et dégage, à l'eau chaude, son visage
de la farine et des pâtes. Ce bien de la journée, son profit, il désire qu'il ne
lui rappelle point son métier. Cet argent doit être celui d'un homme libre,
non le gain des sueurs, de la poussière, des croûtes, et des bouffées de chaleur
lancées d'un four. Le soir venu, Lusignan se veut rentier.

Devenu Lusignan, le boulanger du jour monte alors sur une chaise, afin
d'atteindre une petite trappe au plafond de sa chambre à coucher. Dans les
combles, une soupière de terre cuite se trouve à portée de la main, à gauche
de la trappe. C'est là que *la journée* de Lusignan passe la nuit. Le matin, il
la dépose, avec profit, à la banque du village.

Grandi par la chaise, comme un pendu au milieu d'une chambre, Lusignan avait à peine, au bout de son bras, soulevé ce soir-là dans l'ombre du
grenier le couvercle de la soupière, qu'il éprouva d'abord une douleur, puis
un effroi... La chaise se renversa. Retombant sur l'ouverture, la trappe couvrit
le fracas de terre cuite contre le plancher et la propre culbute du boulanger.

Comme il ouvrait la soupière, une main tiède avait pris la sienne, sans
brusquerie, amicalement, avec conviction peut-être, mais sans intention pré-
conçue: ostensiblement, tout de même!

Assis par terre, à côté d'une chaise renversée et parmi les éclats d'une
soupière, Lusignan, les jambes niaisement écartées, avait d'abord blanchi,
comme si la farine d'une journée eût recouvert son visage. Puis le front devint
cuit. Le boulanger fut pris d'un rire strident. Ses éclats rappelaient en tout
point ceux d'une soupière qui se brise, avec son couvercle, sur un plancher
de bois dur.

Le lendemain, dès l'aube, l'homme sortit de sa crise d'épilepsie. Il ne
chercha point à se remémorer. Il connaissait, depuis des ans, le Grand-Mal!
L'épileptique, au réveil, ne peut immédiatement reconstituer de mémoire les
quelques heures qui précèdent la crise. Pour le boulanger, c'était encore une
attaque du Grand-Mal et rien autre! Son argent éparpillé, il le rassembla. Le
compte y était; rassuré, il regagna son lit.

(La maison de Lusignan est isolée. Le trottoir de planches, qui la relie à la route, est sonore. Aussi, le boulanger n'a point muni sa porte d'une clochette. Il sait d'avance que l'on vient vers sa boutique et, par la technique du pas, le nom du client. Ce soir-là, la trappe des combles, se rabattant, avait causé grand bruit. Elle n'était pas tombée d'aplomb. Après la charpente de la boulangerie, le trottoir vibra. Un oiseau, sans destination, s'est envolé d'un arbre, le seul arbre qui touchât le trottoir. La clôture de perches, qui va de la maison à la rivière, de même vibra. Une carpe, dans l'eau tiède, près de la rive, avait regagné sans précipitation les profondeurs plus froides.)

La nuit suivante, bien avant l'aube, le boulanger, au repos comme une pâte sans levain, fut tiré du sommeil par des claquements de drap au-dessus de sa tête. Dans l'ombre de la chambre, une présence insolite secouait quelque chose de mat. Sans bouger, l'homme écouta. Une de ses mains pendait hors des draps, inerte, oubliée...

De nouveau, une main prit la sienne, ostensiblement, sans conviction peut-être, tiède et sans la secouer. Doux et sec à la fois, ce contact écœura l'homme aux écoutes, mais sans le surprendre, toutefois. Le souvenir lui était revenu d'une autre poignée de main... de ce toucher qui...

La main empâtée de Lusignan, la main du jour, eût peut-être moins réagi. Mais sa main dégantée, sortie de la pâte, était nue et vulnérable, — comme d'un cambrioleur les bouts de doigts passés au papier de verre pour mieux éprouver le déclic d'une serrure de coffre-fort. La main de Lusignan secoua pour s'en délivrer l'autre main et rentra sous les couvertures...

L'aube, cette fois, se leva sur la mort du boulanger!

On ignorait, au village, que Lusignan fût épileptique. Dans la boîte au pétrin, il avait déjà culbuté. Moins le visage, la pâte en levant le recouvrit! Au matin, le malade avait repoussé l'édredon! Le même jour, à l'heure de la livraison, les yeux du pain gardèrent le secret...

Une autre fois, Lusignan saupoudra sa pâte avec la poussière d'un porte-ordures. La poussière est lumineuse dans une soleillée. Dans le même rayon, la farine soulevée est noire. Les clients du village crurent qu'ils mangeaient du pain à l'anis, du pain brun.

La dernière nuit, avant l'aube de ce jour d'une mise en terre, une chauve-souris, d'un vol anguleux, cassé, moucha le cierge solitaire du boulanger. Elle venait des combles! Ses membres palmés, sa peau chauve et douce comme l'intérieur d'une main, avait cherché, ostensiblement, pour y refermer des ailes, (dans une étreinte indifférente cette fois) le visage pour toujours farineux de Lusignan.

Le cierge une fois éteint, la chauve-souris est tombée dans le cercueil du boulanger!

LÉO-PAUL DESROSIERS (1896-1967)

Époux de la romancière Michelle Lenormand (*La plus belle chose du monde*, 1937), Léo-Paul Desrosiers fut chroniqueur parlementaire à Ottawa pour *Le Devoir*, puis rédacteur des procès-verbaux de la Chambre des communes avant d'être nommé conservateur de la Bibliothèque municipale de Montréal. Il est l'auteur d'une dizaine de romans et de recueils de nouvelles. *Nord-Sud* (1931) présente le déchirement fondamental de l'inconscient collectif québécois, simultanément appelé par les lointains et retenu par la maison: Vincent Douaire restera-t-il auprès de Josephte Auray, qu'il aime et dont il est aimé, ou partira-t-il avec ses camarades vers la Californie, à la recherche d'un or mythique? Dans *Les Engagés du Grand-Portage* (1938), roman épique presque entièrement écrit au présent, qui retrace minutieusement les cheminements des « voyageurs » vers 1800, qui décrit le commerce des fourrures dans le nord-ouest et qui stigmatise l'exploitation des Indiens par les Compagnies, Nicolas Montour, héros noir, opte lui aussi pour l'aventure, au mépris de toutes valeurs autres que rentables, contre Louison Turenne, ami des hommes et de la nature. *L'Ampoule d'or* (1951), roman lyrique, commentaire de la Bible, présente le cheminement spirituel de Julienne qui compensera par l'approfondissement de son sentiment religieux ses échecs sociaux, familiaux, amoureux. Desrosiers est enfin l'auteur d'une trilogie: *Vous qui passez* (1958), *Les Angoisses et les Tourments* (1959) et *Rafales sur les cimes* (1960).

NORD-SUD

Le pays ou l'aventure?*

(Vincent Douaire, chaque année, doit hiverner dans le nord. D'où son goût du mouvement, de l'aventure. Consentira-t-il à la stabilité terrienne, à l'enracinement — signifiés à ses yeux par Josephte Auray? Au milieu du siècle dernier, de nombreux Canadiens français partirent pour la Californie, où l'on avait découvert de l'or.)

Vincent éprouva un apaisement complet lorsqu'il arriva sur cette pointe de terre, au Petit-Nord. Une lagune marécageuse, des aunes, des saules légers et diaphanes, des liards superbes aux feuilles qui semblaient découpées dans du cuir vert, enclosaient aux trois quarts cinq ou six arpents de foin de marais. Partout, sur toutes les faces, des joncs flottants, des quenouilles d'un brun presque noir, des grenouilles qui enchantaient la nuit de leur voix stridente.

Pendant la crue des eaux, au printemps, lorsque le fleuve noyait ses rivages, la glace se formait quelquefois et emprisonnait l'herbe longue; lorsqu'elle partait ensuite, entraînée par le courant, elle scalpait de grands morceaux de prairie en arrachant le gazon. La débâcle y entassait aussi toutes sortes de détritus, des branches d'arbres, des pierres, des souches à moitié pourries, de même qu'un limon précieux.

Malgré tout, le foin poussait prodigieusement et montait souvent jusqu'à hauteur d'homme. Dans les endroits les plus élevés, les Douaire récoltaient de l'herbe à lien qu'ils fauchaient avec soin et liaient en gerbe, car elle était partout en demande pour la toiture des granges et des maisons.

Mais faucher était une pénible tâche. Vincent s'en souvint bien vite. Il devait mettre toute sa force dans chaque coup de faulx pour trancher de grosses tiges, couper cette tignasse mal peignée d'une terre sédimenteuse. Souvent la lame s'engageait dans la terre du sol inégal, faisait feu sur une roche cachée, entrait comme une flèche dans une souche ou une branche d'arbre. Ou bien elle perçait un nid de gros bourdons noirs et jaunes: les hommes abandonnaient là leur faulx, se sauvaient dans toutes les directions pour échapper à l'essaim enragé. À tout instant, les pierres retentissaient sur les lames et midi et soir, il fallait les affiler encore sur la meule pour effacer les brèches.

Comment Vincent n'aurait-il pas aimé ce changement de paysage? S'il se reposait un moment, il voyait à travers les aunes le chenal du nord couler sans ride, large et silencieux, avec quelques remous seulement et quelques bulles d'air qui s'échappaient. En face, c'était l'île aux Castors, puis un peu plus bas, les Îlets, terres verdoyantes, imprégnées d'eau, que surmontaient les dômes verts des arbres plus grands qu'ailleurs. Des meules de foin abritaient à leur ombre des troupeaux de vache ou de chevaux. Et, là-bas, au bout d'un quai qui s'avançait à angle droit dans le fleuve, se tenait une voiture remplie de foin que l'on déchargeait dans une goélette.

À l'ouest, du côté de la terre ferme, la route courait sur un premier épaulement du terrain. En arrière, une plaine riche; les arbustes, les arbres de toutes sortes croissaient autour de chaque pièce et l'entouraient d'un mur de verdure. Puis le marais des Outardes, le marais des Bois donnaient une échappée sur les horizons lointains, par laquelle on pouvait voir, singulier phénomène, la prairie qui semblait s'affaisser, plonger jusqu'au mur bleuâtre des Laurentides, au lieu de monter graduellement.

Ils avaient tous apporté leur fusil, car les oiseaux de rivage et de marais faisaient de ces rives presque toujours désertes leur abri de prédilection. Toute la journée, ils voyaient des buses, des grèbes, des râles, des pluviers, des busards. Au loin, sur la pointe des battures de sable qui s'avancent dans l'eau se posaient les grands hérons bleus, solitaires, élégants. Ils trouvaient les nids énormes des huards, près des joncs, et par les nuits d'orage entendaient leurs clameurs discordantes se répondant d'une rive à l'autre. Enfin, quelquefois, une orfraie à la taille puissante planait à des hauteurs infinies au-dessus du fleuve, descendait soudain en longues spirales, fondait sur sa proie, les ailes immenses déployées, relevées au-dessus de son dos, sauvage de colère, et remontait avec un gros poisson dans ses serres puissantes.

Chaque fin d'août, lorsque les faucheurs arrivaient, ils dérangeaient toujours la même volière. Les oiseaux se mettaient à planer, à tournoyer, à plonger, effarés, inquiets, et de vrais charivaris éclataient dans les héronnières, à la tête des liards.

Pendant quatre jours ce fut une lutte ardente entre cette épaisse végétation et ces hommes patients, au corps endurci par des semaines de travail. Les femmes tordaient des liens gros comme des cordages; les râteaux se brisaient; les dents des fourches ne voulaient pas mordre dans les vieilloches de foin enchevêtré. À midi, ils devaient se reposer longuement sous les aunes. De lard, de concombres, de pain ils dînaient lentement; et le soir, lorsqu'ils se couchaient dans une hutte couverte d'herbe à lien ils dormaient d'une fatigue infinie.

Mais Vincent était assailli d'autres tentations. S'il levait quelquefois les yeux, une grosse goélette surgissait silencieuse, énorme, semblait glisser sur une surface plus élevée, tant ses voiles dépassaient les aunes du rivage qui cachaient à demi sa coque. Elle traînait en arrière d'elle le sillage de son parfum, l'odeur acide d'une cargaison de pommes embarquée aux rives du Richelieu.

En arrière, sur la route Montréal-Québec, il voyait fuir, au ras du sol, sous les feuillages entre les troncs d'arbre, les diligences bleues, les diligences vertes, les calèches, les charrettes, ou un gros voyage de foin qui s'en allait au petit pas, lent comme le jour, en accrochant sa toison aux chênes.

Le chemin du roi, le fleuve, les deux routes qui s'en allaient de compagnie jusqu'aux contrées inconnues, les deux issues de cette vallée! Son imagination les suivait, sautait à bord des navires, des chaises de poste, partait pour des voyages prestigieux et magiques. Comme le héron solitaire sur son pied, il surveillait les matelots, les hommes qui ne restent point en place, marchent vers une existence variée, aux mille faces, aux mille attraits.

Chacune apportait ses tentations de fuite, indistinctes, obscures, puis plus nettes, plus rapprochées. C'était comme une voix qui l'appelait, de plus près, toujours de plus près. Vague tout d'abord elle éclatait à la fin de cet été monotone, lui offrant la liberté, le vaste monde. Et les deux routes étaient comme les deux portes de sa prison, les fenêtres jumelles par où il pouvait voir le beau pays de l'aventure.

Le travail le distrayait à peine de ses rêves. Le temps était maintenant venu d'entasser le foin sur un gros bac qu'ils avaient remorqué avec des pirogues. Une charrette amenait les lourdes gerbes et la charge montait, carrée, dépassant de chaque côté l'embarcation. Une fois couverte d'herbe à lien, tout fut prêt pour le départ, à trois heures de l'après-midi.

En haut d'une perche clouée à l'avant du bac était attaché un câble sur lequel un cheval tirait, marchant sur la grève boueuse, près de l'eau, y laissant l'empreinte profonde de ses sabots. Hippolyte Douaire, Vincent, armés de longues gaules, tenaient l'embarcation loin du rivage, la poussaient au large à force de bras pour éviter les battures et doubler les pointes; malgré leurs efforts, elle s'échouait quelquefois et il fallait la renflouer avec des rances.

À sept heures, ils étaient à l'embouchure de la rivière Bayonne. Ils durent s'arrêter, car trop encaissée, cette dernière ne permettait pas le passage d'un cheval. Demain il faudrait se mettre aux avirons ou pousser avec des perches.

Ils soupèrent auprès d'un feu allumé en toute hâte. Josephte remonta bientôt sur la charge de foin odoriférante. Vincent la suivit. Un vent froid venu du nord prophétisait les prochaines rigueurs du climat. Il leur apportait le bruit des conversations sur la rive, le clapotis des vagues. En face, loin, d'un mouvement automatique et régulier, le passeur tirait le long câble attaché aux deux rives et le chaland, où se dessinait la silhouette d'un cheval et d'une voiture, avançait si lentement qu'on aurait pu le croire immobile. Le groupe se dessinait en noir sur le fleuve plus pâle. Un soleil rougeoyant se couchait dans la campagne déserte.

Vincent s'assit à côté de Josephte, face aux îles, au fleuve, à l'air humide et frais qui montait de la nuit insidieuse. Elle avait jeté sur ses épaules un gros manteau de bure. L'automne arrivait à toute vitesse et bientôt les feuilles se détacheraient des arbres et courraient les folles farandoles sur la terre gelée.

— Les foins sont bien finis, maintenant, disait Vincent.

— Mais demain ce sera les récoltes, si semblables à la fenaison.

— Puis l'hiver. Je devrai partir de nouveau, je suppose.

— Pour aller encore plus loin cette fois.

— Je ne sais pas.

Il voulait encore prendre ses mains dans les siennes, l'embrasser, avec tristesse. Elle se dégagea vivement. Une espèce de sincérité profonde empêchait Vincent de dire les mots définitifs. Il craignait, dans son incertitude, les phrases qui engagent ou compromettent; il craignait le verbe clair qui donne aux actes leur sens. Sa bouche se refusait aux expressions d'amour. Elle les avait devinées pourtant sur ses lèvres ainsi que de jeunes oiseaux au bord du nid et qui n'attendent qu'un peu plus de force pour s'envoler; elle avait souvent tressailli de perceptions obscures et senti leur jeunesse se rapprocher.

Mais il n'était pas encore prêt à abjurer pour elle une partie de ses songes. Il ne savait pas s'il pouvait rester en ce pays, lier sa destinée irrévocablement. Son être était partagé, tiraillé, il ne pouvait réussir à le fondre en un tout puissant, à lier tous ses désirs en une seule gerbe.

Et Josephte ne voulait pas engluer les ailes de cet oiseau migrateur, ni l'enliser dans une affection profonde qu'il pourrait trahir ensuite. S'il venait vers elle, bien décidé, alors son cœur se fondrait à la douceur de cet amour mûri qui mettrait en elle tant d'allégresse.

Les instants s'écoulaient. Ils restaient là, douloureux tous deux, incertains de leur destinée. Chacun devinait chez l'autre une forte affection, semblable à la sienne, mais comment la concilier avec les exigences des circonstances, de sa nature à lui? Et ils suivaient leurs pensées qui tournaient autour des obstacles comme des goélands autour d'un rocher.

Marie, une sœur de Vincent, Baptiste, Prisque montèrent à leur tour après avoir éteint les tisons ardents. Hippolyte Douaire abrita les deux jeunes filles sous des brassées de foin pour les préserver des brises trop fraîches. Et bientôt on n'entendit plus que le murmure des vagues et celui du vent autour de cette charge de foin, noire, énorme qui semblait monter et s'élargir dans la nuit.

LES ENGAGÉS DU GRAND-PORTAGE
Nicolas Montour et Louison Turenne*

> *(L'action se passe à la rivière Rouge, dans ce qui est aujourd'hui la province du Manitoba, où s'aventurent les « engagés » de la Compagnie du Nord-Ouest, au milieu de toutes sortes de dangers. C'est un nouvel épisode de la lutte sourde que se livrent, depuis quelque temps déjà, deux hommes: Nicolas Montour, ambitieux, sournois, prêt à tout pour réussir; et l'homme qu'il veut asservir à son ambition, l'honnête Louison Turenne. Notons que le mot « gouvernail », utilisé dans ce texte, désigne la personne qui remplit le rôle de timonier à l'arrière du canot.)*

Année décisive pour Nicolas Montour. Sans cesse, il voit à portée de sa main la part qui le rendra riche et le titre de Bourgeoys qui lui donnera dans la société une place de choix. Aussi sa décision est prise: son jeu sera dur et serré comme il ne l'a jamais été encore. Pour entraîner une bande de naturels jusqu'au lac de la rivière Rouge, il n'a reculé devant rien, pas même devant le mariage avec une Indienne; afin d'obtenir la soumission de Louison Turenne, il tentera tout.

Ce dernier a sauté dans le canot au fort du Bas-de-la-Rivière. Encore mal remis de sa maladie, il ne présente plus la même apparence de robustesse qu'autrefois; il paraît plus grand tant il est mince maintenant, maigre et décharné; les yeux luisent d'un éclat ardent au fond des orbites; la nervosité se manifeste dans les mouvements.

Mais cette existence au grand air doit amener rapidement la guérison complète. Car la maladie ne l'a pas atteint dans ses œuvres vives, et la constitution toujours solide n'attend qu'un peu de temps pour se raffermir et recouvrer sa vigueur.

— Alors, Louison, ça va mieux? Tu te sens assez bien pour venir avec nous?

— Mais oui. Encore deux ou trois semaines, et il n'y paraîtra plus.

Et Nicolas Montour, cordial, lui serre la main. Il a maintenant pour le gouvernail des attentions singulières.

— Ne porte pas deux pièces, Turenne, c'est trop dans le moment: laisse faire les autres, repose-toi.

Et il le comble de prévenances par ici, et de prévenances par là; non de prévenances discrètes, mais de prévenances qui insistent pour être remarquées.

Louison n'est plus un petit personnage dans la brigade. Il n'y en a que pour lui. Et s'il s'éloigne encore pour la pêche, le soir, Nicolas Montour le suit, s'assied à côté de lui.

— Et qu'est-ce que tu prends ici, mon Louison? De l'esturgeon. Mais c'est une fameuse pièce que tu nous as rapportée hier soir. Demain, j'aurai ma ligne, et tu m'enseigneras. J'ai tout à apprendre. Comme la pêche intéresse Nicolas Montour depuis le fort du Bas-de-la-Rivière!

— Ah! C'est un bon endroit ici? Comment le sais-tu? Où as-tu appris toutes ces choses-là, dans le monde?

Les flatteries, l'admiration ouverte, la soumission cordiale à un qui en sait plus que lui, transpercent sous toutes les paroles.

Mais Louison, de ses yeux caverneux, jette souvent un regard froid sur ce compagnon si aimable.

— Qu'est-ce qu'il veut maintenant? se demande-t-il.

Et Montour qui veut calmer le gouvernail de sa présence répétée, qui veut le bien disposer à ses offres, saisit au passage ce regard d'homme ombrageux, défiant, qui connaît son interlocuteur. Il se fait plus humble encore et plus déférent dans ses tentatives pour le désarmer et l'apprivoiser. Car, il le sait, ses agissements antérieurs envers Turenne ne peuvent facilement s'oublier. Celui-ci a bonne mémoire; il parle peu, mais il observe. Le ton ne lui en fait pas facilement accroire. Aussi, si Montour avait sous la main une personne assez habile pour exécuter le travail qu'il médite, il le lui abandonnerait bien vite. Mais qui peut, comme lui, manier les allusions, lancer des remarques obliques, des observations captieuses entre deux phrases?

Alors, il paie de sa personne malgré les risques d'échec. Sait-on jamais?

Et le soir, lorsque les feux luisent sur les rivages de la rivière Rouge et promènent leurs reflets sanglants sur l'eau, Nicolas Montour cause longtemps. Dans l'ombre se dessine à peine la longue silhouette du gouvernail, la canne de pêche à la main. Et lui se tient à côté, et lorsqu'il a parlé de la température, de ceci ou de cela, il laisse tomber négligemment une phrase comme ceci, dure comme un caillou dans la terre:

— Le commerce des fourrures est lucratif; nombre d'hommes, après l'avoir exercé, se sont enrichis; un engagé bien doué peut compter sur une fortune rapide. Tu me vois, moi, par exemple? À Montréal, les gens les plus fortunés ont conquis leurs richesses dans les pays d'En-Haut. Après des débuts modestes, ils possèdent hôtels particuliers et seigneuries.

Et Louison Turenne sait que toute cette conversation n'a eu lieu que pour glisser, à un moment donné, les phrases précédentes, d'un air négligent; et que c'est l'appât de la richesse que Montour lui tend. Mais sous l'appât se dérobe l'hameçon.

Assis l'un à côté de l'autre, tous deux pêchent avec habileté; mais Louison Turenne amorce le poisson et Montour veut appâter un homme. La première fois, c'est le désir profond de l'opulence et d'une subsistance assurée que celui-ci veut exciter. Mais il a bien d'autres ressources.

— Les gens riches peuvent aider leur famille; la vôtre compte des membres pauvres, sans aucun doute, des veuves peut-être, des orphelins, qu'il vous plairait d'aider; peut-être aussi des malades qui ont besoin de repos?

Louison Turenne s'amuse dans son for intérieur. Si Montour pense aux veuves et aux orphelins, l'affaire est grave, se dit-il.

José Paul aspire depuis longtemps à devenir chef de poste... Je ne l'ai pas proposé, non; mais s'il le devenait, vous aimeriez à travailler sous lui... à recevoir ses ordres? Ce que l'un refuse sans réfléchir fait le bonheur de l'autre...

Cette fois, c'est l'envie, la jalousie que Montour attise chez le gouvernail. Si ces passions naissent dans deux hommes, que n'accompliront-ils pas, chacun de leur côté, pour qu'une charge convoitée ne tombe pas aux mains de l'autre?

— Être chef, procure une satisfaction légitime à un homme qui possède quelque valeur: il peut appliquer ses idées, imposer aux événements le cours qu'il veut. Il ne cesse pas de travailler, mais sa besogne est beaucoup plus intéressante.

Et la tentation s'adresse à l'instinct de domination qui gît dans toutes les natures.

Quelques hommes ont de l'ambition: ils savent monter selon l'étendue de leurs facultés, occuper la place qu'ils méritent; méprisables, les autres végètent. Toute leur vie, ils restent dans les rangs inférieurs.

Et voilà l'appel à l'orgueil de l'homme.

— Lorsqu'un individu est riche, il a beaucoup plus de liberté; il fait ce qui lui plaît; son champ de distractions, d'amusements est beaucoup plus vaste, n'est-ce pas?... Tout se range à sa portée...

Ainsi parle Montour, d'un soir à l'autre. Jamais il ne s'exprime de façon directe. Tout le clavier, il le possède bien. Qui saurait comme lui, peser sur une note, ici, frapper sur une autre note, là, selon la manière d'un accordeur de pianos, plaquer des accords? Sans aucun doute, il manque de raffinement; et, quelquefois, il ressemble plus à un carillonneur qui lance de grands coups de poings sur les touches qu'à un pianiste délicat et savant. Des erreurs légères révèlent aussi son jeu.

Mais comme il les connaît bien les ressorts qui font mouvoir l'âme humaine! Chacune de ses paroles, pour grossière qu'elle soit, éveille une réaction violente chez Louison Turenne qu'il surveille du coin de l'œil; et il laisse la tentation s'enfoncer comme une javeline avec son poison dans l'esprit et la volonté; il laisse l'âme devenir malade elle-même, s'énerver, se vermouler dans l'attente, l'imagination en éveil, se saturer de rêves et d'images. Sa puissance d'intuition est merveilleuse.

Et ensuite, il guette le résultat d'un œil vif; il est à l'affût des signes de faiblesse: demandes de renseignements, paroles de toute sorte qui indiqueraient que le poison fait son effet. Vif, alerte, il se tient prêt à modifier sa tactique, à prononcer le mot d'encouragement, à noter à quel prix la Compagnie pourra s'en tirer, à insister sur l'argument qui a surtout frappé l'autre... à inscrire dans sa mémoire une parole d'acquiescement, à proposer enfin l'arrangement que désire la Compagnie et qu'il s'est autorisé à offrir.

Mais tiré un instant de sa sérénité patiente, Louison Turenne y rentre aussitôt. Il fait l'homme qui n'a point compris.

Aux Grandes Fourches de la Rivière Rouge, Nicolas Montour doit s'avouer qu'il a complètement échoué. Après chaque insuccès, sa colère s'est augmentée un peu parce qu'il a deviné le mépris que le gouvernail éprouvait, non seulement pour ses tactiques, mais encore pour sa personne; et son exaspération devant un silence que rien ne peut rompre, ne connaît plus de borne.

Car en même temps que Montour note les refus, il ne s'y arrête pas; il ne respecte ni la volonté, ni les dispositions, ni les décisions des autres. Les moyens de les modifier de force lui viennent immédiatement à l'esprit; et il les met en œuvre avec brutalité.

Mais à ce moment cesse son rôle apparent. Après le départ des Fourches, avec les naturels, c'est en arrière de la scène qu'il se tient. Extérieurement, il reste en bonnes relations avec le gouvernail; mais, secrètement, il agit par personnes interposées. Toute sa cabale, organisée avec perfection, dans ses détails, au fort Vermillon durant l'hiver, est là pour appliquer sa pensée et exécuter ses ordres. Elle donne l'impression d'agir de son propre chef; elle ne compromet pas celui qui la dirige et qui attend de loin la capitulation.

Avec ensemble, elle se met au travail. Assez prier, assez supplier, assez s'abaisser. C'est comme si Montour disait:

— Tu ne veux pas être traiteur comme on te le propose? Eh bien, tu éprouveras toutes les fatigues et tous les affronts qu'un milieu peut endurer. Tu ne veux pas conduire? Alors, tu seras conduit à coups de pied et à coups de botte.

Et la convalescence de Turenne, au lieu de le protéger, n'est plus qu'un nouvel atout dans le jeu de son adversaire. S'il était resté en bonne santé, fort comme autrefois, non impressionnable, peu nerveux, les nouvelles tactiques n'auraient aucune chance d'aboutir. Mais Montour l'a examiné des pieds à la tête, il a vu que cette faiblesse serait son meilleur auxiliaire, et, durement, il a décidé d'en jouer.

Aussi, dès le départ des Grandes Fourches, finies les courbettes, les flatteries, les attentions. Dans son corps sensible, le gouvernail sent le changement d'atmosphère, comme si l'hiver avait succédé subitement à l'été.

Désormais les plus durs travaux sont réservés à Louison Turenne. Les corvées supplémentaires retombent sur lui, le soir. Il y a toujours des canots à réparer, des pagaies à fabriquer, des lits à transporter. Et jamais Nicolas Montour lui-même ne donne l'ordre: José Paul, Guillaume d'Eau, Provençal arrivent, se dandinant, la pipe à la bouche, et lui donnent un bref commandement insultant. Quelquefois l'ordre n'a pas de sens commun: la tente doit être élevée ici, puis démontée, puis transportée ailleurs, puis ramenée à son emplacement primitif.

Turenne ne peut plus aller à la pêche. Juste au moment où il part pour se reposer un peu dans le silence, la solitude, la paix; juste à la minute où il se lève pour goûter enfin la douceur de la nuit, la consolation d'un peu d'oubli, les affidés surviennent, ils ont gardé une dernière tâche à Turenne; ils ont pensé durant tout le jour à l'obstacle qu'ils pourraient mettre sur ses pas, et maintenant ils agissent.

Ils empêchent encore le gouvernail de bien exécuter son travail, lui qui a le souci de la perfection. Ils recherchent les petites occasions de le vexer et de le tourmenter, de le déranger à l'heure des repas, d'interrompre son sommeil, de gâcher un plaisir qu'il se promettait et dont ils avaient été avertis.

Le harceler du matin au soir, l'accabler de tant de travaux que sa santé soit gravement compromise, le persécuter sans répit, voilà le but. Et l'attaque, par son intensité, par sa continuité, devient vicieuse et maligne. Nicolas Montour n'a jamais été aussi résolu. Il entend rendre l'existence impossible à son subordonné, si celui-ci ne capitule point; et sa fertilité d'invention, qui ne connaît pas de borne, s'exerce dans toute sa force.

Mais là où il atteint Turenne au plus vif, c'est dans ses amis. Louison Turenne en comptait encore quelques-uns, car nul plus que lui n'appréciait l'amitié, la joie des conversations longues entre hommes du même caractère, l'entr'aide mutuelle qui diminue la fatigue de vivre.

Mais la touche de Nicolas Montour tient de la magie, dirait-on. À des signes bien connus, à des symptômes répétés, Louison Turenne voit ses amis, l'un après l'autre, se modifier du jour au lendemain et passer de son camp dans celui de l'adversaire. Subitement, chacun entreprend de jouer auprès de lui le rôle que Montour a joué auprès de François Lendormy, autrefois: l'intimité devient espionnage, la conversation devient tendancieuse, le mot qui doit porter, qui est lourd de sens, s'insère au milieu de tout un fatras de paroles, les conseils de capitulation se multiplient. Chaque plainte, chaque réflexion, chaque confidence faite, Louison Turenne la voit thésaurisée pour être rapportée au traiteur.

Car Montour veut se tenir au courant, le gouvernail le devine; il veut connaître à mesure les réactions de sa victime, afin d'appuyer davantage là où le bât blesse; d'inaugurer de nouvelles tactiques, d'accourir au moindre signe de faiblesse, de jouer son jeu d'une façon plus précise. Et qui le renseignerait si ce n'est ceux qui reçoivent les confidences faites en toute simplicité et toute ouverture de cœur?

Et aucun de ses amis ne résiste. Chacun craint Montour, ou Montour possède sur lui des moyens de pression auxquels il ne sait pas résister.

En le privant de ses amis, le traiteur isole absolument Louison Turenne dans la brigade.

Il l'entoure ensuite dans un réseau très fin d'espionnage. De quelque côté qu'il se tourne, le gouvernail constate que ses gestes sont observés et notés; plus un pas sans un espion à ses trousses. Toute sa vie, dans tous ses détails, son sommeil compris, on veut la connaître. Et cet espionnage dont le but est de pousser Turenne à bout aussi bien que de savoir ce qu'il fait, est ouvert, effronté, sans discrétion aucune; il ne prend même pas le soin de se cacher.

Foudroyant se montre l'effet de ces dispositions sur un organisme détraqué, sur une imagination morbide. Turenne ne vit plus que dans une succession de révoltes. Répétition à l'infini des mêmes ennuis, des mêmes mauvais coups, des mêmes duperies pratiquées par les mêmes gens, lui apprennent la sensation amère de l'humiliation, de l'irritation, le sentiment de l'impuissance à tuer une injustice s'étalant au grand jour avec impudeur. Il vit exaspéré.

Bien plus. Parfois, il éprouve de l'horreur. Chaque matin, en effet, ne voit-il pas sa figure attentivement scrutée: on note la couleur de son teint, le cerne de ses yeux, l'affaissement de ses traits. Des regards fouillent sa chair pour en calculer la résistance.

Car Montour, pense-t-il, ne veut pas se rendre aux extrémités; mais, d'un autre côté, il veut exercer sur lui la pression la plus forte possible. Et, pour n'être pas trompé par ses hommes, il vient souvent se rendre compte lui-même. Signer un nouvel engagement, ou bien demeurer dans le même état de faiblesse, voilà le dilemme dans lequel il veut le maintenir.

Effectivement, au lieu de s'améliorer, la santé de Turenne subit des périodes de régression. Il doit passer des journées couché au fond du canot, sans force, épuisé et hâve, en proie à l'angoisse. Car, dans le moment, Montour a pour lui la force. Et, dans la conscience du traiteur, dans sa sensibilité, aucun lien moral, aucun sentiment de pitié, aucun principe religieux ne le protègent, lui, Turenne, ne constituent pour lui une sauvegarde au fond de la volonté de l'autre. « Voilà un homme qui, l'impunité une fois assurée, se rendrait jusqu'au meurtre », se dit-il.

Parfois, sans doute, des éclaircies se produisent. Il y a des jours d'accalmie où les hommes impitoyables semblent se détendre dans la mollesse; un jour de printemps se lève au milieu de ce morne automne, avec sa navrante douceur, ses feuillages multicolores, ses eaux calmes et pures. Turenne se dit alors que Montour n'aura pas le courage de poursuivre son implacable besogne, que la pitié va soudain éclore sur la terre. Mais non. Le lendemain, l'hiver a tout saccagé, le vent froid souffle, et il faut recommencer à marcher dans le même sentier où les mêmes épines s'enfoncent à nouveau dans les mêmes blessures.

Louison Turenne, passif, à bout de résistance, broyé, se renferme bientôt dans son mutisme. Car jamais ne l'a effleuré la pensée de dire oui; il n'y a jamais songé, même. Tant qu'il possédera son âme, tant qu'il possédera son corps, il ne peut dire oui. Dire oui, ce serait la négation de son essence. Tel qu'il est, il ne peut pas plus succomber qu'une pierre ne peut flotter. Et il endure sa quotidienne torture.

Mais la souffrance multiplie ses enseignements pour Louison Turenne. Il voit tout d'abord quel faix constitue un talent. Tout autour, des escrocs s'assemblent pour l'exploiter, le canaliser à leur profit, en vivre.

Puis Turenne note ses propres changements intimes. Si grand était auprès de lui le prestige de la parole qu'il n'avait jamais songé à s'en servir pour tromper; si habitué était-il à établir entre elle et la vérité un lien direct, qu'au début, il n'y a pas si longtemps encore, il croyait presque tout ce qu'elle exprimait. Mais son expérience l'a détrompé. Et alors Turenne a dû entreprendre de se former une oreille musicienne, habile à saisir les nuances des conversations, à reconnaître au passage les phrases prononcées pour induire en erreur, pour indisposer contre autrui, donner le change, flatter...

Mais comment se défaire de l'ancienne crédulité? Il saisit le mensonge, mais deux jours en retard, lorsque sa mémoire revient sur les conversations. « Ai-je été sot de croire cela? » se dit-il alors. Mais l'instant d'après, il retombe dans sa crédulité, et ce n'est qu'à force d'exercices répétés qu'il en vient à lire couramment, comme on lit dans un livre, ce qu'un homme comme Montour peut cacher sous les mots.

Du même coup, il accorde de moins en moins de part à l'opinion des autres dans la formation de sa propre pensée. Quelle place dans son intelligence ne les laissait-il pas autrefois remplir? Il acceptait comme vérité n'importe quelle parole; il absorbait sans la digérer l'interprétation de tout événement, l'appréciation d'un homme ou d'un fait.

Alors, puisque les autres tentent de le tromper, il doit se rejeter sur lui-même. Sa pensée, désormais très active, n'accepte plus rien sans l'avoir étudié elle-même; elle se refuse à une nourriture mâchée. Tant qu'elle n'a pas tout ruminé, tout revu, ou mis au point, elle n'a pas de cesse.

Une seconde leçon suit la première. « Prends garde, se dit à tout instant Turenne; prends garde, tout homme est ici ton ennemi. » Mais le commandement vient de l'intelligence; il n'est pas inscrit et diffusé dans son être. Alors, malgré sa résolution, il cause par exemple à cœur ouvert avec l'un des engagés, et, quelques minutes plus tard, Montour lui révèle, d'un mot, sans le vouloir, que tout lui a été rapporté. Et c'est la leçon qu'il apprend le plus difficilement.

Et surtout, il pénètre Nicolas Montour, cet homme qui avait toujours excité sa curiosité. Le chef de la brigade est un habile. « Mais l'habileté, s'exclame enfin Louison Turenne, est-ce cela? L'habileté égoïste, qui n'a d'autre fin que celui qui la pratique, comporte-t-elle, au fond, la dureté, l'injustice, la cruauté, le manque de délicatesse et de scrupules? L'habileté et la morale, n'est-ce qu'un ménage divorcé depuis la naissance de l'homme? Être habile, n'est-ce pas duper? Un qui est sincère, véridique, charitable, doux, probe, loyal, pitoyable, droit, comment peut-il être habile? »

Problèmes angoissants qui assaillent Louison Turenne lorsqu'il voit Nicolas Montour agir devant lui. Car il ne peut s'empêcher d'admirer parfois cette intelligence géométrique, dure, aux mouvements exacts. La touche de celui-ci est d'une sobriété dépouillée. Par ses manœuvres, il voile la nature des hommes et la nature des choses; il affecte leurs rapports; il brouille les valeurs et détruit les hiérarchies. À sa façon, c'est un créateur, mais un créateur d'irréalités et de fantasmagories. Sans qualité vraiment positive, il se hausse, avec la force des autres, par des moyens inhumains qui répandent la souffrance autour de lui.

Comment un homme comme lui parvient-il à *déconnecter* aussi facilement ses actes et ses paroles d'avec la sincérité, leur inspiratrice naturelle? Les relations personnelles, d'avec l'amitié qui doit jaillir inconsciemment? Les actions d'avec la pitié, la justice, la modération? Comment les connecte-t-il ensuite avec l'intérêt, avec l'ambition, avec les passions, et de façon si continue, que le courant passe toujours par le fil nouveau au lieu de l'ancien?

Durant ses insomnies tourmentées, Louison Turenne pense d'une manière morbide à toutes ces choses.

Mais est-ce que ces connaissances consoleront Louison Turenne de vivre dans ces terres inhumaines où l'on fait la connaissance en profondeur de l'humanité? Science amère et dissolvante, science qui brûle la bouche, la gorge et les entrailles comme une liqueur caustique. « Est-ce là l'homme? » Et une espèce de désolation descend en lui et l'oppresse. « Quel châtiment plus monstrueux peut-il être infligé à l'homme, parfois, que de vivre parmi les hommes? » Mais il se reprend aussitôt, car il le sait: les foyers de corruption aussi absolue sont rares.

Nicolas Montour arrête sa brigade dans le milieu d'un bois fort et il marque l'emplacement des chantiers. Jamais les engagés n'ont fait montre d'autant de célérité: en quelques jours, les constructions sont terminées. Le meilleur encouragement au travail, n'est-ce pas la crainte des Sioux? Tout près, en arrière, les Saulteurs érigent leurs loges d'écorce.

Comme le Marquis l'avait affirmé, le territoire regorge de castors. Les rivières aux Buttes de Sable, à l'Eau Claire, aux Outardes, à la Folle Avoine, les rivières Cheyenne, aux Bœufs, aux Oiseaux Puants, aux Voleurs, aux Marais arrosent un vaste territoire, prairies et forêts, qui contient d'excellents terrains de chasse inexploités. Les deux autres compagnies n'ont pas osé s'aventurer dans ce pays dangereux. Montour reste seul.

Donner le plus tôt possible des crédits aux Indiens, les éloigner du fort, les éparpiller le long des cours d'eau, voilà le plan de Montour. De leur côté, les sauvages réclament une boisson avant le départ. Ils l'obtiennent et s'enivrent de nouveau. Après minuit, l'alcool manque. Hurlants et affolés ils viennent demander de nouvelles libations. Comme Montour refuse, ils apportent leurs haches et tentent d'abattre la porte. Puis ils recourent à un autre moyen: le feu. Vociférant comme des possédés, ils accourent avec des tisons. Nicolas Montour doit armer ses engagés, exécuter une sortie pour les repousser. Arrêtés dans leur course, les sauvages ne se retirent point: ils restent là à crier, à quémander, à menacer toute la nuit, pendant que la population du fort est sur les dents.

Au lever du soleil, c'est la moisson ordinaire d'accidents et de mutilations: un autre Indien traîne une jambe brisée, une femme achève de mourir d'un coup de couteau, une fillette a reçu dans le côté droit la décharge d'un fusil.

Cette fois, Montour se montre inflexible: si les naturels veulent boire, ils devront chasser. Plus de rhum, si ce n'est en échange de peaux de castor. La menace accomplit son effet, car un Saulteur peut-il abandonner un chantier tant qu'il sait qu'il y a de l'eau-de-vie dans le magasin? Et maintenant, les autres forts, trop éloignés, n'exercent plus d'attraction.

Les Indiens plient bagage; ils posent leurs wigwams aux endroits indiqués par Montour. Celui-ci fournit aussi à ses engagés des munitions et des pièges; et les hommes s'échelonnent en longues lignes à travers les bois, dans toutes les directions. Voilà ce que l'on peut appeler l'exploitation méthodique d'une région.

Et la neige commence de tomber, non pas dure, sèche et légère comme dans le Nord, mais mouillée, épaisse, abondante, molle, lourde. Elle laisse choir ses couches sur les toitures des chantiers, sur les arbres; elle oblige les hommes à creuser de profondes tranchées pour retrouver le seuil des portes.

Nicolas Montour se retourne alors du côté de Louison Turenne. Depuis l'arrivée, dans le tumulte et l'excitation des boissons, des départs, de la construction des chantiers, celui-ci a joui d'un certain répit; il a repris goût à l'existence. Devenir trappeur ne lui a demandé aucun effort; peu de métiers lui réservent autant de plaisirs.

Mais Montour est là qui veille. Un jour, Turenne a besoin d'un couteau. Il s'arrête à l'entrepôt pour acheter quelques articles. Le commis lui offre diverses marchandises; il étale sur le comptoir des pièces spéciales d'habillement. Il trouve un gobelet et lui offre des boissons à goûter. Son obséquiosité met Turenne en éveil.

— Depuis mon départ de Kaministiquia, quel est le montant de ma note? demande-t-il subitement.

— Je ne sais pas au juste... Je ne pourrais vous dire cela ainsi, tout de suite.

L'embarras du commis commande à Turenne d'insister. Alors il attend pendant que l'autre consulte ses registres. Et lorsque la réponse vient, il apprend que pour chaque article qu'il a acheté de la Compagnie il a été énormément surchargé. Sa dette est déjà de plusieurs pelus: il doit tout le salaire qu'il a pu gagner depuis le dernier règlement de comptes.

Turenne ne discute pas. À quoi bon? Il comprend. Montour veut faire de lui un débiteur de la Compagnie; il veut l'engager sur la pente des dépenses folles et de l'ivrognerie qui coûte cher. C'est un coup bien connu dans le Nord. Les imprudents, — presque tous les voyageurs, — se laissent tenter par ce qu'ils voient: ils achètent, et à des prix exorbitants fixés par la Compagnie, des robes pour leurs femmes indiennes, des couvertures, des chevaux sauvages, des fusils; ils empruntent pour perdre au jeu. Bientôt, ils doivent le salaire des dix ou des quinze prochaines années.

Alors, leur liberté est perdue. Esclaves, ils doivent signer chaque année de nouveaux engagements afin de rembourser les sommes dont ils sont débiteurs. Le retour dans le Bas-Canada devient impossible. Prisonniers des bourgeoys qui les emploient à leurs tâches, ils continuent à mener dans les pays d'En-Haut leur existence de misère.

Mais Louison Turenne a toujours été prudent. Il voulait amasser un petit pécule. Toujours, il n'a acheté au comptoir qu'avec mesure; et il a dressé une liste des marchandises avec l'indication des prix.

Maintenant, il cesse complètement d'acheter. Plus de tabac pour lui; et s'il a besoin de vêtements, de chaussures, il les fabrique avec du cuir qu'il a tanné lui-même.

À chaque offensive de Montour, il oppose ainsi une réplique directe et dure. Mais résistera-t-il jusqu'à la fin? Il ne doute point de sa volonté; mais il se défie de son intelligence. Elle est autrement profonde que celle de Montour, mais elle n'en a pas l'agilité, la souplesse, la subtilité. Elle ne s'est pas développée dans le même sens que celle de son rival.

Et surtout Louison Turenne ne possède pas la psychologie pratique du traiteur. Parler à chacun son langage, connaître la façon de lui plaire, de l'irriter, de le rallier à ses projets; savoir que le premier venu peut être dupé et de quelle façon; que le second peut être gagné et avec quelles paroles; flatter le faible d'un indifférent pour le forcer à livrer ses pensées, voilà la science qu'il possède en perfection. Avec, en plus, la patience, le manque de susceptibilité, il peut exécuter, maintenant, comme au billard, des carambolages savants. Connaissant de manière réaliste le caractère de trois ou quatre personnes, il lancera dans l'oreille de la première une parole qui rebondira de l'une à l'autre et ira accomplir au loin l'effet prévu.

L'angoisse étreint parfois Turenne; cette lutte demande l'emploi de toute sa force intellectuelle et physique. Il doit adapter son esprit chaque jour, le développer dans un sens qu'il méprise. De plus, il est seul, lui, contre toute la cabale. Et si jamais il fait un faux pas, il sait que Montour sautera sur lui, d'un seul bond, et prendra avantage sur lui; et s'il trébuche, il sera jeté par terre.

L'AMPOULE D'OR

La prière*

(Julienne s'est prise d'une passion violente et jalouse pour le marin Silvère et le rencontre malgré la défense de son père. Elle apprend que Silvère est marié; c'est le scandale; elle sombre dans le désespoir. Le Récollet lui enseigne les voies du retour à la vie. Elle sera guérie, à la fois par la Bible et par la grandiose nature de sa Gaspésie natale...)

En sortant de la maison, j'entre dans la journée claire, pure et froide. Une allégresse me soulève. Mon pas est long. À l'horizon, les voiles des barques de pêche disparaissent en arrière de l'île Bonaventure. Je suis tout de suite dans la forêt qui me protège du vent. L'air limpide emplit le tunnel creusé entre les sapins. Bientôt l'ascension commence. Le mont Sainte-Anne est composé de deux parties: tout d'abord une longue et large pente semblable à un tremplin; elle conduit à la seconde, la Table-à-Rolland. La sente grimpante m'offre au début des échappées sur le village et sur l'océan. À l'extrême limite du regard, deux mâts chargés de voiles voguent sur un navire que dérobe la courbe des eaux.

Me voilà dans le cœur de la forêt. Mêlés à quelques bouleaux, les sapins se pressent en une masse dense. Pas de sous-bois. C'est la multitude des troncs bruns, nus, zébrés de coulées de résine jaune, sous le couvert des branches sèches du bas. Et du matelas soyeux et glissant des aiguilles qui couvre le sol, surgit, imprévu, le peuple des champignons: champignons roses, champignons jaunes, oranges, rouges, blancs, champignons en forme de calice, champignons en forme de parasol; ou bien çà et là, des tiges fines, neigeuses. Voilà mon bois des contes de fées.

J'ai maintenant commencé l'ascension de la Table-à-Rolland proprement dite. La pente s'accentuant, je dois m'arrêter de distance en distance. Je me retourne et voici que je découvre, chauve dans ses grès couleur sable, le Pic de l'Aurore qui se découpe sur la mer et, à gauche, deux baies: l'une, large de gueule, celle des Morues, l'autre étroite et longue, celle de Gaspé, qui s'enfoncent, bleues entre des pointes bleuâtres. Et loin, par-dessus les dernières terres de la Gaspésie, le Golfe.

Au fond de la baie des Morues est toujours mouillé le bateau de Silvère. La ferveur de mon ancienne pitié se ranime en moi. C'est de ce nom qu'il faut appeler, je crois, le sentiment que j'ai éprouvé; moi, il me restera toujours l'enchantement d'une enfance dans la maison Rose; lui, il n'a connu que la misère. Puis-je blâmer sa conduite? Il ne m'a jamais dit une parole d'amour.

En a-t-il dit au Petit Lutin? Je ne le sais pas. Le drame dont j'ai souffert pendant des semaines est-il une création de mon imagination? Je ne peux pas et je ne veux pas le juger. Pendant que je monte et que je monte au-dessus des baies et des ravins boisés, de la mer et des falaises, je me dis que nous n'avons eu qu'une joie d'ombre pour des ombres. La nuit que nous avons passée dans la caverne de l'île Bonaventure nous aura créé un souvenir commun. Nous ne nous oublierons pas. Silvère, ton vaisseau partira bientôt pour Paimpol ou Cancale, je ne te reverrai plus jamais sur la terre. Silvère, tout est bien fini; je suis sortie du labyrinthe des incertitudes par une porte que je ne prévoyais pas. Marchant ce matin sur le rebord de cette plate-forme élevée au-dessus du pays, je te dis mon adieu. Je te souhaite un bonheur qui, compact comme un brouillard des Grands-Bancs, t'enveloppera de douceur.

Je débouche enfin sur la Table à moitié dénudée, avec son vaste cercle charbonneux dans l'herbe verte et ses cordes de bois qui attendent les flambées de la nuit. Lentement, j'en suis le pourtour. Dans la pureté de l'air, les petites montagnes du premier plan semblent couvertes d'une cloche de cristal avec leurs verts tendres à la lumière ou sombres sous les nuages.

Tout d'abord, j'accomplis les actes que le Récollet m'a prescrits comme expiation hier soir, puis je cherche un creux à l'abri du vent. Je le trouve au pied du socle qui supporte une sainte Anne maladroite. Pour mieux me reposer, je m'étends sur le dos et je ne vois plus que le firmament. Il fait chaud ici.

Au sommet de cette haute plate-forme rouge, je laisse voguer ma pensée; tout autour, de longs nuages montent de la mer dans l'air bleu. Ils sont diaphanes, légers et doux comme à l'époque de la tonte, les toisons bien lavées; ils sont faits avec une laine blanche, soyeuse, bien argentée de soleil. « Se laisser porter comme les nuages par l'air, par le souffle léger des vents, passivement, sans résistance, sans contraction nerveuse. Ô mon Dieu! je veux être l'un de ces nuages dans le firmament de votre ciel; non, une humble, une minuscule touffe de laine, quelques flocons à peine, qui flottent à la brise, à votre haleine; non, un brin tout abandonné et soumis, qui n'a ni rigidité ni vouloir propre; et qui sera poussé ici et là, à votre fantaisie, dans l'immensité, s'allumant parfois d'un rayon perdu de votre gloire, se réchauffant d'un peu de votre charité. Mais, juste au moment où je dois m'abandonner, Ô mon Dieu! le cœur me manque, je ne suis plus remplie que de crainte. Votre main est puissante, Seigneur, nous la craignons; et moi, je suis déjà meurtrie et j'éprouve de l'épouvante devant les nouvelles souffrances que vous m'imposeriez... »

De tout le cercle de l'horizon, loin autour de la table de pierre rouge, les nuages s'élèvent avec patience; ils s'agglomèrent pour former des continents blancs sur le bleu royal du ciel. J'ai l'impression de flotter très haut dans l'espace, d'être soulevée et offerte par la terre pour quelque sacrifice. Puisqu'il le faut, je ferai un acte de soumission sans réserve. Mon âme tremble d'appréhension: « Ô mon Dieu! ce que vous me demandez de remettre entre vos mains, ce sont mes préférences, les projets que j'ai toujours caressés, mes désirs, mes rêves. Vous voulez que je me quitte moi-même, que je me dépouille de tout moi-même. C'est une amputation qui tranche dans la chair.

J'ai le cœur serré d'angoisse, c'est comme si vous me demandiez ma vie. Puisqu'il le faut, je me soumets présentement. »

Ma volonté a triomphé. Pour ne pas m'attarder en de vains combats, je saute debout. Dans la dure brise qui me flagelle, je fais le tour de la Table pour revoir tous mes chers paysages. Puis, je m'élance en courant dans le sentier qui dévale devant moi. Trente minutes plus tard, j'entre dans la maison.

VICTOR BARBEAU (1896)

Diplômé de l'Université de Montréal et de la Sorbonne, pamphlétaire comme (et contre) Valdombre dans les *Cahiers de Turc* (1921-1927), journaliste à *La Presse*, au *Nationaliste* et au *Devoir*, professeur de littérature française à l'École des hautes études commerciales, fondateur en 1944 de l'Académie canadienne-française et de la revue *Liaison* en 1946, Victor Barbeau est à situer parmi les meilleurs intellectuels québécois de l'époque, avec Édouard Montpetit et le frère Marie-Victorin. Défenseur acharné de la langue française au Canada et la maniant lui-même fort bien, Barbeau a saisi, mieux qu'aucun autre peut-être, quelques mouvements profonds de l'histoire littéraire du Québec, comme en témoigne *La Danse autour de l'érable* (1958) que nous reproduisons *in extenso*. Il est aussi l'auteur de *Le Ramage de mon pays* (1939, réédité en 1970 sous le titre: *Le Français du Canada*), et d'un livre de souvenirs, *La Tentation du passé* (1977).

La danse autour de l'érable

Préliminaires

À lire les uns, à entendre les autres, auxquels font écho quelques voix commercialisantes de France et de Navarre, la littérature canadienne-française daterait d'hier ou, au plus, d'avant-hier. Enfin sorti des limbes de son moyen âge, le Canada viendrait tout juste de s'intégrer dans le « contexte » de la civilisation du vingtième siècle grâce au courant de l'histoire sous les assauts répétés duquel ont cédé en partie (car il en reste encore à raser, lisais-je récemment) les remparts, à moins que ce ne soient les clochers, qui nous dérobaient les réalités contemporaines. Nous serions nés à la lumière et rien ne nous distinguerait plus, à cette heure, des peuples évolués qui, tournant résolument le dos au passé, mettent leur foi, selon le jargon courant, en des lendemains meilleurs.

En vérité, étions-nous jusqu'à ce jour aussi pauvres, aussi démunis que l'affirment les Eliacin des temps nouveaux? L'auto-critique a du bon et nous nous en sommes, hélas, trop longtemps gardés. Même aujourd'hui pour ce qui est du présent (car à l'endroit du passé on peut tout se permettre) on n'en use qu'à petite dose. En conséquence, bien des réputations ont été surfaites, bien des mérites démesurément gonflés. Il y a beaucoup de bois morts, de « fardoches » dans nos lettres. N'y a-t-il que cela? Est-il vrai que la littérature canadienne-française sorte à peine de ses langes? L'examen de conscience le plus rigoriste — et les essais qui composent ce cahier en sont un, le premier — nous interdit de le croire.

Non, nous ne venons pas d'accéder aux belles-lettres. Sinon une tradition, on comprendra tantôt pourquoi, nous avons du moins un passé littéraire. Je ne contredis pas que, dans tel et tel genre, il est assez mince. Je ne contredis pas davantage que, les circonstances aidant, nous avons gagné en diversité comme en façon et en métier. Mais il n'y a pas là de quoi crier au miracle. Quoi qu'on en pense, les écrivains de la génération actuelle ne devancent pas leur siècle. Ils s'y confondent aussi intégralement que leurs devanciers se sont confondus au leur. Même les plus disloqués, les plus invertébrés — eux surtout — portent une date. Quant à l'universel, dont on nous rebat les oreilles cent fois l'an et dont si peu de livres parmi les plus acclamés outre-mer franchissent les frontières, je ne vois pas qu'un grand nombre y ait atteint chez nous. C'est un faux bruit que font courir les éditeurs et leurs complices, les jurys. Sous ces réserves et sans pour cela penser que nous entrons dans le siècle de Louis XIV, je reconnais avec joie que le mouvement littéraire s'intensifie et s'accélère au Canada français. Il appartient à chacun de nos collaborateurs d'en apprécier la qualité et, en toute liberté, d'en mesurer la densité. Mon propos, plus modeste, est de relier, au moyen de quelques faits, le passé au présent. Plus de cent ans les séparent. Mais avant de les remonter, certaines remarques préliminaires s'imposent dont, par souci de clarté et d'objectivité, je voudrais sans plus tarder esquisser les principales.

Aucune ne presse plus, me semble-t-il, que de rappeler que la littérature n'est pas un produit de génération spontanée. En dernière analyse, elle se réduit, au même titre que les mœurs, les institutions, à un phénomène social. Elle a son humus, ses racines. Elle est le point de rencontre, de fusion de deux forces: l'individuel et le collectif. À la vie que l'écrivain tire de son propre fond se mêle, par un mystérieux phénomène bio-chimique, la vie qu'il respire autour de lui. Toute œuvre est une collaboration du particulier et du général, du passé et du présent. Par conséquent, que vaut l'explication d'un livre qui n'interroge que son auteur? De quoi l'aurait-il créé qu'on ne puisse y trouver aucune corrélation, aucune analogie avec le milieu dont il sort? Rien ne se fait de rien.

Étant donné son âge, son isolement, ses structures sociales, le Canada français ne possède aucun génie en lequel il puisse se reconnaître, tels les Français en Molière, les Russes en Dostoïevski. À l'exemple de tant de pays comme lui oubliés des dieux, il ne compte pas moins un grand nombre d'écrivains qui témoignent de son existence, qui le reflètent dans les plus caractéristiques de ses traits. Des anciens aux modernes, tous évoquent son long et pénible cheminement vers la maturité, tous en marquent une étape parce que tous, y compris ceux qui ont cherché à le fuir, participent, en profondeur ou en surface, de sa substance. Ils ne sont pas des étrangers dans la cité; ils sont la cité même.

Les diverses phases de notre activité intellectuelle ne sont pas, elles non plus, le fruit du hasard. Et le talent en est un. Aucune époque n'en a été complètement dépourvue mais, ici comme ailleurs, il s'en faut que toutes y aient été propices à un degré égal. Il est arrivé que le champ lui soit mesuré. Il est arrivé qu'il se soit heurté, ainsi qu'en France à maintes époques, à plus puissant que lui en se dressant contre les mœurs régnantes. Du jour, assez récent, où les contraintes arbitraires et les préjugés révolus ont perdu de leur emprise, le renouvellement de notre littérature a gagné en occasions et en facilité. Il ne faudrait tout de même pas prêter aux individus seuls le mérite d'une transformation dont ils sont, en partie, tributaires à leur temps. Il était facile, par exemple, à Du Bellay de conseiller qu'on pillât les anciens puisqu'on les avait alors sous la main. Sans cet atout, pourtant, qu'en eût-il été de son manifeste et qu'en eût-il été de la Renaissance?

Au don, à savoir l'imagination, la sensibilité, la science du verbe, s'ajoute donc, tel le levain à la pâte, le temporel en ses innombrables implications. Élevé chez les Jésuites plutôt qu'à Port-Royal, Racine eût-il écrit la tragédie de la destinée? Pascal, sans les Jésuites, les *Provinciales*? Chaque entreprise a son heure, son moment, son occasion. Quelque part que l'on fasse à l'individu — la première cela va de soi — on ne la diminue pas en y relevant les empreintes qu'y a laissées le milieu. Vue de la sorte, à ras du sol et non plus improprement ou équivoquement alignée sur un horizon étranger, la littérature canadienne nous livre, ce qui a son prix, sa véritable configuration. Depuis si longtemps que nous la masque la complaisance ou le dogmatisme, nous la découvrons grandeur nature en complète harmonie avec le paysage moral, social, économique dans lequel elle s'inscrit. Tout de nous, par malheur, n'est pas contenu dans nos lettres, et c'est une des causes, la principale, de leur faiblesse, ce qui en marque étroitement les limites, mais les parcelles et les fragments qu'on y relève sont spécifiquement nôtres. Jusque dans leur poussière elles sont de notre sol. En retrancher, à notre simple convenance, ce qui nous paraît vieillot, démodé risque d'en fausser l'architecture. Et pour deux raisons.

La première est qu'en dépit de ses insuffisances notre littérature demeure le plus valable de nos biens. Si nous ne possédons pas de grands écrivains, nous n'avons pas davantage de grands savants. Nous n'avons rien découvert, rien inventé, rien créé. Ni en musique ni en peinture ni en philosophie. Bref, nous n'avons ouvert aucune voie nouvelle. Nous sommes dans tous les domaines uniformément moyens. De même que tous les bourgeons ne se changent pas en fleurs et toutes les fleurs en fruits, de même tous ceux qui tiennent une plume ne sont pas nécessairement des écrivains. La radio-télévision ne nous en apporte-t-elle pas la confirmation à longueur d'année? Nulle part les sommets — et la littérature en est un — ne sont encombrés. La médiocrité est la loi et l'élite, le mot le dit, l'exception. Qu'il y ait plus de professeurs que de maîtres, plus d'épiciers que de littérateurs, cela relève des secrets desseins de la Providence. Le monde fourmille de fausses vocations et la proportion n'en est pas plus élevée en littérature qu'ailleurs.

La seconde raison procède, au lieu de la biologie ou de l'orientation, de la méthode historique. L'histoire de la littérature — qui l'a pratiquée le sait

— n'est ni un arc de triomphe ni un mausolée. Elle élit les plus beaux livres, les plus purs mais sans pour cela passer sous silence les ouvrages inachevés, imparfaits, les brouillons mêmes, c'est-à-dire presque les trois quarts des ouvrages imprimés. S'il fallait supprimer, du Moyen Âge à nos jours, les œuvres de troisième ou de quatrième ordre, où serait la vérité? Les Cotin, les Chapelain, les Saint-Amant sont inséparables de Boileau leur justicier. Ce sont eux qui, par voie de conséquence, lui ont dicté l'*Art poétique*. Imagine-t-on le tableau de la poésie au dix-huitième réduit aux seules dimensions, fort honorables pourtant, d'un Chénier? C'est le privilège des anthologies de ne citer de cette époque que l'auteur de la *Jeune Tarentine*. C'est le devoir de l'histoire d'expliquer pourquoi les Parny, les Lefranc de Pompignan ne furent, eux et leurs semblables, que des versificateurs. On ne doit pas en user autrement à l'endroit des écrivains canadiens. Les ombres mêmes ont leur place au tableau.

Les commencements

Si ce n'est par le biais de la tradition scolaire, d'ailleurs inopérante pendant soixante-sept ans, les lettres canadiennes-françaises ne remontent pas jusqu'à la Nouvelle-France. Elles sont nées du Canada, donc de la défaite, de l'humiliation. Le hasard des découvertes a fait qu'elles s'expriment en français et le destin des armes qu'elles fassent leurs classes sous des maîtres anglais. La littérature n'a aucune part aux fastes de l'empire français d'Amérique. Un seul écrivain, protéen et ronsardisant, s'est alors risqué ou égaré au Nouveau-Monde: Marc Lescarbot. Mais aussitôt fait son plein d'odes, de sonnets, aussitôt griffonnées ses observations d'érudit, il tire sa révérence à Port-Royal et s'en retourne auprès de ses muses gauloises. Curieux homme s'il en fut, témoin attardé de la Renaissance et premier introducteur des sauvages dans les lettres françaises. Historien, poète, auteur dramatique dont la fantaisie, l'invention sont le seul sourire qui ait égayé nos solitudes.

Comme Lescarbot mais non point pour y chanter Neptune et ses tritons, le Frère Sagard et le Père Charlevoix n'ont fait que passer sur le continent. Pas plus que les *Relations* des Jésuites, leurs chroniques, malgré le juste cas que nous en faisons, ne ressortissent à l'art littéraire. Au contraire des imageries de Joinville et de Froissart, ce sont des matériaux sans apprêt, du journalisme d'avant la lettre. D'ordre didactique, de facture cursive, elles répondent à leur fin qui est de renseigner. Des monuments d'archives, de bibliothèque et non point des livres de chevet. En va-t-il autrement des *Voyages* de Champlain et des *Lettres* de Marie de l'Incarnation? N'est-ce pas pousser trop loin la complaisance que de parler littérature à leur propos? À s'en rapporter aux usages du temps, il est douteux que l'un et l'autre se seraient accommodés du titre d'écrivain dont nous croyons les honorer. Madame de Sévigné, pour sa part, ne s'en serait pas parée et Saint-Simon s'en serait, lui, hautainement défendu. Les situations, je le sais, ne sont pas équivalentes. Elles sont quand même un indice du peu de prestige que le siècle reconnaissait à l'art d'écrire. On pouvait, en ce temps-là, s'illustrer mieux que par des livres. Champlain n'y a pas manqué. Par la suite, ayant des comptes à rendre, il les a rendus avec plus de souci de leur exactitude que de leur enluminure. C'est trop peu dire que sa vie suffit à sa gloire. Pareillement se situe au delà de la critique littéraire ce que Marie de l'Incarnation, qui n'avait de service que celui de Dieu, nous a révélé de son âme. Leur compagnie à l'un et à l'autre n'est pas de celle des gens de lettres.

Personne n'a donc exercé en Nouvelle-France le métier d'écrire. L'amour des lettres n'y était pas moins étonnamment vif. Il s'en faut que, dans son isolement, ses malheurs, la colonie soit demeurée étrangère à la littérature. Bien au contraire, la Providence avait réuni à Québec une société de grande allure, une aristocratie aussitôt empressée et habile à recréer un peu de l'ambiance intellectuelle de la Métropole. Avant le jeu et les cotillons, le théâtre, la lecture en furent le principal ornement. On y jouait, dans le monde et sur la scène, la comédie. On tenta même — témérité qu'aucune ville de province n'ait, que l'on sache, imitée — on tenta même de représenter *Le Tartufe*. Après les inflexibles *Maximes et Réflexions* de Bossuet sur le théâtre, c'était, à la fois, braver l'Église et le roi. Le projet n'eut pas de lendemain mais il nous est la preuve que l'on respirait à Québec un peu de l'air de Paris et pas toujours le plus orthodoxe. À défaut de l'*Imposteur*, la colonie applaudit, entre autres, *Le Cid* et *Héraclius*. Enfin, prodige ou paradoxe si on songe au chiffre de la population sédentaire, deux cents personnes en 1635, et aux calamités qui s'abattirent sur elles, la vie de l'esprit s'y affirme encore par la fondation du collège des Jésuites et du couvent des Ursulines.

Que ce ne fut là, sauf en matière d'éducation, que divertissement de bonne société, on le devine aisément. Ceux qui, dans l'armée, l'administration, s'y livraient étaient plus désireux d'y tromper leur solitude, d'y chercher un dérivatif à leurs travaux que d'en faire la norme de leur existence. On se représente mal un hôtel de Rambouillet à Québec. Les gens instruits y sont en nombre mais aux prises avec des difficultés telles qu'ils s'épuisent dans l'immédiat, le pratique. Quatre-vingts ans de guerre en cent cinquante ans! La frivolité y apportera un adoucissement que personne, et pour cause, ne songeait à demander à des jeux moins éphémères. Malgré quoi, la plus pauvre, la moins peuplée, la plus instable des provinces du royaume ne fait pas trop mauvaise figure comparée à ses sœurs. Elle aussi a son élite.

Les Français de passage rentrés — non sans grand dommage — dans leur pays, restèrent en Nouvelle-France les manants. Manants au sens propre de petites gens, de paysans et plus encore au sens que La Varende donne à ce mot, à savoir ceux qui continuent, ceux qui assurent la tradition. Aux autres de se mettre à l'abri de l'orage; à eux de rester, de persévérer. Que savons-nous de ceux-là, nos ancêtres? À scruter leurs origines, leurs mœurs, la structure sociale des différentes provinces d'où ils étaient originaires, ils nous apparaissent, en premier lieu, d'un âge ou d'une civilisation presque étrangère à celle de l'élite dont le règne fut éphémère et l'héritage plutôt mince. Quel contraste sinon quelle antithèse des colons aux seigneurs! Et d'où viennent les morts que nous portons? En quasi-totalité, de la masse anonyme. Définir et expliquer les Français d'avant le grand brassage des temps modernes, c'est-à-dire d'avant l'enseignement obligatoire, le service militaire, l'invention de la presse, des transports nous oblige à d'infinies précautions. Les ranger sous un millésime, ici le dix-septième siècle, nous entrouvre à peine la porte de la réalité. Étant donné leur extraction, quelle part de la France les colons ont-ils transportée au Canada?

Tout resplendissant, tout fulgurant que fut Paris à partir de Louis XIV, la province n'en subissait, en dehors de quelques îlots, aucune influence capable de la modifier, de la renouveler. Au contraire, la vie y demeurait, encastrée dans des traditions vieilles de toujours. Non seulement on n'y marchait pas avec le temps mais on y suspectait la nouveauté, le progrès sous toutes ses formes et, jusqu'à la Révolution, on refusera opiniâtrement d'y accorder son mode de vie. Tant du point de vue de la religion, de la famille que de celui des métiers, des usages, la coutume ne desserre pas son étreinte. Versailles n'avait rien changé et ne pouvait rien changer au fonds ancestral. Le climat physique et moral du Canada loin de l'entamer contribua plutôt à le durcir, à le figer.

Ni l'extrême pauvreté ni les persécutions ni l'ignorance crasse n'ont pu couper ces hommes de leurs racines. La conquête les a altérés sans toutefois les dénaturer. C'est donc d'instinct, par force d'inertie, rompus qu'ils étaient à la lutte, aux combats quotidiens, qu'ils se sont cramponnés à leur foi et à leur langue, seules épaves avec leur misère qui eussent surnagé au désastre. Telle est la génération de gueux et d'illettrés dont nous sommes issus et notre littérature avec nous. Abstraction faite de leur état de vaincus, étaient-ils sous les Anglais, d'une condition matérielle et intellectuelle de beaucoup inférieure à celle des paysans français leurs contemporains? Rapportons-nous-en d'abord au témoignage de La Bruyère. C'est celui d'un témoin impartial, d'un peintre fidèle.

Que nous apprend-il des paysans et des laboureurs de son temps? « L'on voit, écrit-il, certains animaux farouches, des mâles et des femelles répandus par la campagne, noirs, livides, et tout brûlés de soleil, attachés à la terre qu'ils fouillent et qu'ils remuent avec une opiniâtreté invincible; ils ont comme une voix articulée, et quand ils se lèvent sur leurs pieds, ils montrent une face humaine, et en effet ils sont des hommes. Ils se retirent la nuit dans des tanières où ils vivent de pain noir, d'eau et de racines; ils épargnent aux autres hommes la peine de semer, de labourer et de recueillir pour vivre, et méritent ainsi de ne pas manquer de ce pain qu'ils ont semé. » (De l'homme). Les recherches les plus récentes confirment ce jugement. Au dix-septième siècle, on ne comptait pas, en France, deux fermiers aisés par village. La vie des champs en était une de privations. On n'était guère mieux favorisés dans les villes où sévissait presque toujours le chômage. Dans l'ensemble, le dix-septième siècle fut, à ce qu'on nous apprend aujourd'hui, une période de stagnation, de récession économique. En outre, l'instruction y était très inégalement répartie. Les provinces où les hommes et les hommes seuls, à l'inverse du Canada, savaient lire et écrire étaient fort peu nombreuses.[1]

À la lumière de ces faits, le drame de la conquête ne se situe-t-il pas au delà de l'indigence, de l'analphabétisme qui, loin d'en procéder, l'ont

---

1. Cf. Pierre Goubert, *Beauvais et le Beauvaisis* de 1600 à 1729, (Paris, 1958).

précédée? Ne serait-il pas plutôt dans le choc psychologique, dans la commotion nerveuse, peut-être la terreur physique qu'a provoqués l'arrachement à la France? L'isolement, l'abandon, la clôture ont désemparé les Canadiens au sens précis où l'on dit que la tempête a désemparé un navire, le mettant hors de service, détruisant ses mâts et ses voilures. À partir de ce jour, ils ont erré à l'aventure, ballottés entre les regrets du passé et les craintes de l'avenir. De moins rustres qu'eux y auraient sombré. Il y eut des naufragés mais dans la bourgeoisie aux arêtes moins vives et au physique moins résistant.

Privés d'écoles, privés de livres, humiliés, brimés, garrottés, les conquis ont eu tout juste assez de forces pour se perpétuer, la pauvreté ajoutant à la pauvreté, l'ignorance à l'ignorance. Dans ces terres en friches que pouvait-il pousser d'autre que des ronces et du chiendent? On ne saurait tracer de limite entre la plante et le milieu qui la porte. Défricher, essarter, au propre et au figuré, était donc ce qui pressait le plus. Par le ministère de l'Église et celui de la politique les énergies disponibles s'emploient à secouer la torpeur, à combattre la primitivité dans lesquelles la population s'enlise. En regard de ce combat, de cette reconquête, combien dérisoires nous apparaissent les fanfreluches et les affiquets de la littérature. Les avons-nous revalorisés à ce point que nous soyons justifiés de lamenter la grande pitié de nos lettres, de la cession à la seconde moitié du dix-neuvième siècle?

Époque d'abaissement et de pénitence où seuls se font entendre et s'exercent d'abord une éloquence chevrotante et un journalisme emphatique. Il est quand même extraordinaire qu'une terre aussi ingrate, aussi négligée ait gardé quelques sels, quelques sucs. Aussitôt les premiers journaux parus (1802) et, plus tard, les revues, se dessinent les linéaments d'une prose et d'une poésie canadiennes. Jusqu'à quel point ces devoirs scolaires sont-ils autochtones? La France survit chez les uns; le Canada pointe chez les autres. Contraste ou opposition qui ressortit à nos origines, qui s'estompera avec le temps sans toutefois disparaître entièrement. Pour les Quesnel, les Bibaud, les Viger, les Garneau, ces nuances ne sont pas pourtant une ligne de partage arbitraire comme elles le deviendront par la suite. Le goût du badinage, des pièces de circonstance et de la satire est celui du jour. Ce n'est ni meilleur ni pire que les versifications des poétereaux du dix-huitième siècle et du premier quart du dix-neuvième en France. La médiocrité règne d'un continent à l'autre. Tel le veulent les temps les moins favorables qui fussent à la naissance d'une littérature nationale. Contrariée par cent obstacles (combien savaient lire? combien pouvaient acheter des livres?) la nôtre vient néanmoins au monde.

Avant de la juger ou afin de la juger avec équité, demandons-nous à quel niveau, sous la pression des faits, nous sommes descendus en ces années calamiteuses. Famine, dévastation, despotisme militaire et civil, privation des droits politiques ne sont pas des excuses, un paravent à notre grande misère intellectuelle. Ils en sont la clef, l'explication. Les cent cinquante ans que la France a régné au Canada[2] ont suffi à y implanter sa langue et sa religion. L'enracinement de sa culture a été beaucoup plus difficile et beaucoup plus

---

2. À rapprocher des cinquante ans qu'a duré la conquête espagnole en Amérique du Sud.

lent. Au début, elle n'était qu'un ornement de salon. Il faudra la conquête pour qu'elle devienne un outil, une arme. N'eût été d'un Papineau, d'un Garneau (le seul écrivain de « grand mérite » que comptait alors le Canada, au dire de Xavier Marmier) une seconde défaite nous menaçait, définitive celle-là, et que nous préparions nous-mêmes par notre résignation, notre démission. Non pas une défaite, une débâcle. Aussi, plutôt que de l'élite ce sont les reins du peuple qu'il faudrait sonder pour savoir jusqu'à quel point cette atmosphère asphyxiante avait endormi sa volonté. La foi seule, semble-t-il, aurait été impuissante à conjurer le péril. On le verra bien dès que l'instruction aura retrouvé quelque prestige. Afin de ranimer les cœurs défaillants, de décalcifier les intelligences, il a fallu, surtout, qu'on opérât enfin la soudure entre le passé et le présent et qu'on entendît la voix des morts. À partir de ce moment, par le prestige de quelques hommes, vite métamorphosés en figures de proue, le Canada français se reprend à vivre. Par l'histoire, nous accédons à la patrie et par la patrie nous accéderons à la poésie.

Le romantisme

Avant de se traduire par des chants, le patriotisme s'est exprimé, au Canada, par des discours. Et le romantisme qui en fut le porte-voix a été politique avant d'être littéraire, un parti avant d'être une école. Le mot n'entre, il est vrai, dans notre vocabulaire qu'aux environs de 1860 mais l'esprit en est manifeste depuis le début du siècle. L'Épigone en est Louis-Joseph Papineau et le premier monument, la rébellion de 1837.

Jusqu'à la Révolution française, les Canadiens n'ont pour toute armure contre l'assimilation qui les menace et déjà en gagne quelques-uns que leur répulsion à accepter un ordre nouveau, étranger et brutal, que leur entêtement à ne pas se plier à l'oppression, que leur inertie devant les intempéries auxquelles, depuis toujours, les soumet leur condition de manants. Ils font bloc contre le malheur, contre l'intrus. Résistance passive, psychologique, soutenue par la foi mais commandée par l'instinct de conservation. Sur quelle autre force auraient-ils pu s'appuyer? Sur qui auraient-ils pris modèle? Les bons sentiments, c'est nous qui, par dédoublement, les leur prêtons. L'enjeu de leur lutte n'est pas un vague idéalisme, c'est leur intégrité physique encore plus que morale.

Des idéologies, cependant, fermentent qui, bientôt, vont accélérer leur destin sans qu'ils en perçoivent la moindre rumeur. La terre tremble déjà dans les colonies anglaises de l'Amérique. Elle va trembler en France. Coupé ou à peu près du monde, Québec y reste sourd. Le premier souffle de liberté lui viendra de la guerre d'indépendance des États-Unis. Il en sera troublé mais non conquis. À quelque mouvement qu'il cède, respect imposé de l'autorité, crainte de l'inconnu ou sagesse, le choc qu'il en ressent ne lui laissera plus de repos. Il ne faudra plus alors pour le pousser à l'action qu'à la lutte contre l'absolutisme — victorieuse également en France — viennent s'ajouter les théories d'où celle-ci tirait sa nécessité et sa justification. Nos premières leçons de politique, c'est à l'école des encyclopédistes français du dix-huitième siècle que nous les avons reçues, de même que ce sont elles qui ont inspiré les révolutions en Amérique du Sud.

L'anticléricalisme qu'on y associe n'est qu'un à-côté de notre initiation à la pensée moderne. C'est à peu près tout ce à quoi se réduit l'influence de Voltaire au Canada et, s'il en fut le maître, combien de disciples n'eut-il pas dont le rôle égale le sien. Peu importe, l'essentiel n'est pas là. Il est dans l'affranchissement de la personne, amorcé par la Réforme au seizième, dans la croyance au progrès indéfini et en la perfectibilité de la raison ainsi que dans le principe, encore mal formulé, des nationalités. Voilà ce que nous a transmis le philosophisme français, lui-même imprégné, saturé d'influences anglaises, et voilà ce dont nous avons tiré le libéralisme.

Nous savons, par les doléances du clergé, qu'on a beaucoup pratiqué les encyclopédistes au Québec dès la fin du dix-huitième siècle. On les trouvait dans la bibliothèque fondée par Haldimand et on les trouvait dans plusieurs bibliothèques particulières. Nous savons pareillement que Papineau était un liseur passionné et, précisément, l'un des abonnés du cabinet de lecture Haldimand. D'un tempérament fougueux, réfractaire, avec quelle avidité a-t-il dû dévorer, avec quelle facilité assimiler tous les ouvrages annonciateurs des temps nouveaux! Dans le Québec aussi il y avait une tyrannie à renverser. Tout l'invitait, le pressait à en secouer le joug lui qui avait déjà, première affirmation, croyait-il, de son indépendance, affranchi sa conscience de toute foi. Or, des idées libérales au romantisme la filiation est directe, rigoureuse. Leur prétention commune est de renouveler le monde en libérant l'individu de toute contrainte, de toute tradition, en l'exhaussant, par la seule puissance de la raison, au niveau de la divinité et en attendant de lui, par voie de conséquence, qu'il rouvre à l'humanité égarée les portes du paradis perdu.

Qu'on se rappelle les vaticinations de Victor Hugo. Qu'on prête l'oreille à Lamartine et Michelet. Mieux encore, qu'on relise Lamennais, ami de Papineau et peut-être le plus lu et le plus admiré au Canada des faux prophètes du dix-neuvième siècle. Sauf le génie et sauf la magie du verbe qui en est un attribut, où est la différence? Les uns et les autres se sont nourris à la même table, ont bu à la même source. Ils sont frères par la pensée, frères par l'utopie et frères par la déclamation et l'emphase.

Physiquement, moralement et politiquement, Papineau est le premier mage du romantisme au Canada. Par lui et à travers lui ont résonné, en s'amplifiant jusqu'à la révolte, les voix si longtemps contenues, réduites au silence d'un peuple piétiné, bafoué, asservi. Grâce à son éloquence, il a polarisé toutes les aspirations, tous les espoirs d'une multitude lasse de son sort. Avec lui le mot « patrie » prend une extension inattendue, des dimensions insoupçonnées. Il s'enfle, se gonfle de promesses de liberté, d'égalité, de justice et de progrès. Du plan moral la résistance passe au plan intellectuel. Au patriotisme instinctif succède un patriotisme idéologique. La victoire des Canadiens en sera une non seulement pour la patrie mais également pour la démocratie qui a libéré les États-Unis, la France et qui, seule, peut libérer le Canada, comme elle libérerait un jour, prophétisait Papineau, l'Amérique entière. Parti et patrie se confondent, s'amalgament. Fermentation des esprits, exaspération des volontés qui mèneront à des escarmouches, puis à une rébellion « sans chefs, sans finances, sans munitions, sans cadres »[3]. Ce fut le baptême de sang du romantisme politique au Canada français.

L'éloquence était née mais sans que la littérature, autrement que par la dévotion de ses bigots, n'eût à y glaner beaucoup mieux que la paille des mots. De la folle équipée qui nous valut un redoublement d'iniquités et de persécutions et dont, en haut lieu, on escomptait notre lente mais sûre asphyxie, tout ne fut pas négatif et dommageable. La notion de patrie s'en trouva, pour sa part, virilisée. Sans qu'elle eût été à jamais perdue, elle avait subi l'usure du malheur. Le relief n'en était plus sensible à la plupart. Elle était devenue une vague abstraction. À partir de 1840, après l'épreuve du feu, des condamnations et des exils, on la redécouvrit dans toute sa plénitude. L'étiquette n'y est pas encore mais, à l'analyse, comment hésiter à qualifier de nationalisme cette première affirmation de notre vocation française?

Nationale, la littérature française ne l'est devenue, elle, qu'en 1830. De la Renaissance au dix-neuvième siècle, il lui avait suffi, comme à sa gloire d'ailleurs, d'être universelle. Au Midi classique, incarné principalement en la France, Madame de Staël est la première à opposer le Nord romantique formé des principautés germaniques. Et qu'entend-elle par romantisme? Une littérature qui puise sa sève, ses couleurs, ses parfums de la terre ancestrale. Une littérature limitée dans le temps et dans l'espace et qui, plutôt que de partir de l'homme, part des hommes tels que le pays, la religion, les coutumes, les mœurs les ont pétris. En opposition donc à l'imitation des anciens et aussi au cartésianisme, ce fil d'Ariane grâce auquel les classiques accédèrent à la lumière de la vérité. Une fois enracinée dans le sol, la littérature devient tributaire de l'histoire et des mœurs. Se nourrissant du particulier, elle épouse les vertus, les vices, les singularités de tous ceux qui s'y adonnent. Les poèmes se muèrent en confessions publiques, en fresques pseudo historiques les romans, et en thèses politico-sociales (fausses), le drame. C'est le triomphe, l'idolâtrie du moi.

Les premières effusions lyriques de notre littérature ont été plus lentes à sourdre. À la mesure conventionnelle et arbitraire du temps, elles accusent un décalage considérable par rapport au lyrisme français. Et nous d'en battre notre coulpe, les pions en ayant ainsi décidé. Quelle étrange attitude! Tantôt, ils regrettaient que nos premiers essais n'eussent été qu'un reflet décoloré des œuvres de la Métropole. Maintenant, ils tiennent rigueur à nos romantiques de n'être pas synchronisés au goût de Paris. Dans un cas comme dans l'autre, c'est d'un irréalisme ineffable, d'une gratuité d'analyse désarmante. Commande-t-on aux lettres? La littérature est-elle un produit manufacturé? Sa germination nous échappe de même que nous échappe son efflorescence. Sans verser dans le déterminisme, il nous faut bien admettre que l'expression littéraire du Canada français ne fait que suivre la courbe de son évolution intellectuelle. On y peut lire, à livre ouvert, le récit degré par degré de notre douloureux passage de l'état larvaire à un état de liberté relative. Sous le régime français, nous étions inconditionnellement français et provinciaux. Sous le régime anglais, notre personnalité s'est dédoublée. Nous nous sommes

---

3. Lionel Groulx, *Notre maître le passé*.

incorporés à la partie charnelle sans pour cela renier notre patrie spirituelle. Et c'est ce dualisme qui a entravé nos élans et les entrave toujours. La conquête nous a divisés contre nous-mêmes.

À l'exemple des Américains, peut-être aurions-nous pu trouver dans le cadre physique de notre milieu une inspiration originale. Rien de notre formation traditionnaliste, livresque ne nous le permettait. Dans quelle mesure l'enseignement classique nous a-t-il déterminés? La rhétorique, la forme oratoire, l'absence de sensibilité et d'audace n'en seraient-elles pas les fruits? Même depuis lors, nous n'avons jamais été pleinement accordés à la nature du continent. Ni socialement ni esthétiquement ni littérairement. Il est donc logique que le premier choc qui nous ait ébranlés soit la perspective d'une patrie bien à nous avec, dans le lointain, l'image baignée de mélancolie d'une France belle et chère. C'est du jour où nous en avons saisi les commandes que notre existence a pris forme, a pris vie, que nous y avons trouvé un sens, une continuité. En retard sur la vie, en retard sur la liberté, en retard sur l'esprit, tels nous étions dans le premier quart du dix-neuvième siècle. Par quel miracle la littérature seule n'aurait-elle pas été en retard? Les quarante années dont on veut la tenir comptable correspondent, ou peu s'en faut, au temps qu'il a fallu au mouvement de 1837 pour enfin se cristalliser.

Les prétendus « éléments de passion ardente, d'enthousiasme et de mysticisme » qu'invoque Camille Roy à la genèse du romantisme canadien ne résistent pas plus à l'examen que la légende de la « Capricieuse » nous apportant dans ses flancs les prémisses de nos lettres. Balivernes et calembredaines que tout cela. Avant que le Canada y succombe à son tour, le romantisme avait déferlé sur toute l'Europe. Reprocherait-on à la France de n'y être venue qu'après l'Allemagne? Pour notre part, nous y avons succombé aux heures des premières maturations. D'autant plus facilement qu'il n'y avait pas ici d'art à renouveler. Il n'y avait pas de règles convenues à sacrifier. Le terrain était vierge et, dans l'enthousiasme des commencements, les poètes ont pu chanter, pleurer, geindre à leur saoul, voire accorder leur lyre aux accents de la France démocratique de 1848.

De ces exaltations poétiques, de ces développements oratoires versifiés, l'eau n'est pas précisément cristalline. Loin de décanter le romantisme, ainsi que Baudelaire y était parvenu, Crémazie et Fréchette en conservent la lie. Leurs imitateurs n'auront guère plus souci du goût et de la pureté. Plus que les formes, les hantent, les obsèdent les multiples images d'Épinal de la patrie. Instinctivement d'abord, par volonté réfléchie ensuite, ils tenteront d'enclore toute la littérature dans les cadres d'un provincialisme farouche, intransigeant, stérile. Et c'est à l'École littéraire de Montréal qu'il appartiendra de porter haut la bannière de la croisade indigéniste issue du romantisme.

Le régionalisme

Cette école ou, plutôt, ce cénacle était à ses débuts, comme je devais le connaître à son déclin, une académie de collège où, entre autres exercices d'assouplissement cérébral, on se livrait à l'étude du dictionnaire, chacun étant tenu d'en apprendre dix pages par semaine et de les commenter à la séance hebdomadaire. Un vase clos où les écrivains « mis au ban de la société, reniés par leurs propres concitoyens, enlisés dans l'inaction, subissaient le contact déprimant d'un mercantilisme envahisseur, rêvaient de répandre le culte des lettres et de leur brûler l'encens sacré ».[4] Ainsi donc, en 1895, paraphrasait-on Alfred de Vigny, foudroyait-on à sa manière les vilains bourgeois entachés de matérialisme et plus préoccupés de leur digestion que de leur élévation spirituelle. Mais ce n'étaient pas là: solitude du poète, incompréhension du public, les seules dépouilles que l'École littéraire avait héritées du romantisme. Elle s'y rattachait également par ses allures bohèmes, sa propension à la tristesse (qui restait lettre morte pour les journaux du temps) et par quelques bribes de doctrine dont la nécessité pour l'art, sous peine de s'étioler, de rompre nettement avec le passé. Au fond, ce qu'elle ne tardera pas à confesser, l'École aspire sinon à la création, puisqu'il existe déjà, du moins à la promulgation, à la sacralisation d'un art national. But plus que louable mais hors d'atteinte par les moyens qu'on se proposait.

Le manifeste en parut dans le premier numéro de sa revue (elle en eut dix) *Le Terroir*, titre à lui seul un programme. En substance, on y proclame l'impératif d'une littérature nationale fondée sur « l'exaltation du sol » et le « groupement de la jeunesse littéraire canadienne ». Dans une brochure intitulée *L'Avenir des Canadiens français*, un des membres les plus effacés (ils ne l'étaient pas tous) et des plus oubliés (les autres suivront) de l'École, Denys Lanctôt, avait déjà, quelques années auparavant prêché le même évangile. La « mission sacrée de l'homme de lettres » (on y croyait alors) est de « faire surgir de l'oubli », écrivait-il, « les obligations nationales que nous ont léguées nos ancêtres, révéler les beautés, la poésie de notre nature sans rivale, notre âme elle-même ». De la sorte, Crémazie, Fréchette, Chapman eurent une nombreuse postérité. Le culte de la patrie devient un stéréotype psychologique, l'immobilisme devient une loi.

Le premier à la transgresser fut Nelligan. Son ascendance irlandaise (combien, comme lui, ont apporté d'atavisme étranger dans nos lettres?) jointe à des lectures fiévreuses que lui révéla son ami le poète Arthur de Bussières, lui-même ivre de Baudelaire, Rimbaud, Rollinat, le prédestinait, dès l'âge de quinze ans, à passer outre aux conventions et aux poncifs de son temps, de son milieu et à s'engouffrer, sans espoir de retour, dans le labyrinthe du monde intérieur. Par lui et avec lui la musique tord le cou à la déclamation. L'orthodoxie est rompue. Il aura suffi d'un hérétique pour que la poésie retrouve le nombre, le rythme, pour que le poète « exilé sur le sol » relève enfin « ses grandes ailes blanches ».

Renouvelée en partie par l'élection de membres plus jeunes et d'horizons plus variés, du matamore et truculent Valdombre à ce répertoire de toutes les littératures qu'était Berthelot Brunet, l'École littéraire s'éteignit vers 1926, quelques mois après la publication de ses troisièmes et dernières *Soirées* (les deux premières étant dites du Château de Ramezay et la troisième de l'École littéraire). Dès avant la guerre, elle n'était plus en fait qu'un nom décoloré, qu'une raison sociale sans répondant. C'est en dehors d'elle que la poésie se

---

4. Jean Charbonneau, *L'École littéraire de Montréal.*

frayait une issue. Ne s'embarrassant ni de préface ni de manifeste, elle n'entendait être que l'expression de la gratuité de l'art. Ce qu'elle fut grâce à Paul Morin (*Le Paon d'émail*), René Chopin (*Le Cœur en exil*) et à Guy Delahaye (*Les Phases*) et sans que ni l'un ni l'autre ne se fussent concertés, sous la seule influence de la séduction de Paris et des poètes alors aimés. Phénomène bien naturel de symbiose que certains (Jules Fournier, Olivar Asselin, Marcel Dugas) assimilèrent à une renaissance de nos lettres et dont beaucoup plus, irrédentistes irréconciliables, s'indignèrent à l'égal d'une trahison. Réfugié à Québec, sous la férule ou la quenouille de ce cacographe incontinent qu'est Damase Potvin, au demeurant le meilleur garçon du monde, le magistère du régionalisme prit ombrage de cette orientation nouvelle. Pouvait-on tolérer que l'esprit soufflât où il voulut sans mettre en péril l'avenir du Canada français? Je n'exagère rien. Pendant dix ans et davantage, on s'épuisa en infantiles polémiques. Peu s'en souviennent, surtout de ceux qui, aujourd'hui, ont leurs coudées franches et échappent à l'inquisition sans bûcher qui condamna leurs aînés. Nous aussi, nous eûmes, à notre échelle, notre querelle des Anciens et des Modernes. Dégagée de son fatras et de sa hargne, à quoi se réduit-elle?

Reprenant à leur compte la prétention des romantiques que hors le Québec il n'est point de salut, les héritiers de l'École littéraire érigent en dogme le régionalisme après l'avoir transformé en bibelot de bazar de charité. « Nous sommes pour la littérature où l'on parle des gens et des choses que nous connaissons. »[5] Bien plus, entre deux œuvres, l'une d'inspiration nationale et l'autre d'inspiration étrangère, leur choix est d'avance arrêté même si la seconde est plus parfaite de forme.[6] Tout était à rejeter sinon à vomir de ce qui n'avait pas baigné dans les eaux grasses de l'indigénisme. Ces exclusivistes sont, il est vrai, des ilotes, des parasites du journalisme et de la littérature. Asselin disait juste lorsqu'il leur reprochait leur « impuissance congénitale à saisir cette âme populaire qu'ils prétendent peindre. »[7] Mais il s'est trouvé parmi eux, et non les moins intransigeants, des érudits, de bons écrivains. De quels principes se réclamaient-ils, ceux-là, pour vouloir mettre des œillères à nos lettres?

D'une conception archi-fausse, d'abord, de la littérature et, ensuite, d'un fervent et légitime amour de la patrie. Ils confondaient — et combien les confondent encore! — belles-lettres et science morale. Bien sûr que la littérature est un enseignement. Au même titre que la vie elle-même. Mais, comme la vie, sans préméditation, sans plan fixé arbitrairement d'avance. *Polyeucte* est une tragédie et non une hagiographie. L'art y passe avant l'apologie. Il eût été sans doute souhaitable, désirable, en second lieu, que notre poésie nous inondât d'amour et de respect pour notre patrie. À condition, toutefois, qu'elle jaillît spontanément de la nature et de l'histoire; jamais sur commande, par autorité. La littérature n'a pas pour objet « de river le peuple au sol qu'il doit aimer ». Elle ne saurait être utilitaire, pragmatique. Si, en soi, elle n'a

---

5. *Le Terroir*, janvier 1919.
6. Cf. *La Revue Nationale*, février 1920.
7. Cf. *La Revue Moderne*, mars 1920.

pas cette vertu de réchauffer les cœurs, si elle n'a pas cette grâce, aucune volonté ne la lui infusera.

« Aurions-nous peur de nous-mêmes? Ou trouverions-nous imparfait tout ce qui nous touche? »[8] se demandait-on encore dans le clan des régionalistes. C'était fausser le problème. Jamais les tenants de la liberté n'ont condamné l'inspiration nationale. *Le Nigog*, qui vécut un an et fut leur tribune, n'a soutenu d'autres thèses que celles « de la liberté des sujets » (Marcel Dugas) et de la communion de nos lettres à la civilisation française « dont nous sommes nés » (Laroque de Roquebrune). Ne pas astreindre nos écrivains « à des thèmes officiels » (Fernand Préfontaine), voilà l'essentiel de ce qu'ils réclamaient. Par sa conférence, en 1912, sur l'*Exotisme dans la littérature française*, Paul Morin n'entendait pas davantage créer une école, embarquer les poètes pour Cythère, lancer un manifeste. En toute objectivité, il démontrait simplement qu'il est possible à un écrivain « d'exprimer des états d'âme qui, pour être sincères, ne sont pas ceux qui découlent naturellement de sa nationalité ». Si, pour reprendre un mot (exagéré) du temps, bataille d'*Hernani* il y eut, je n'en décline pas la responsabilité. J'aimais trop à la fois mon pays et la littérature pour souffrir qu'on les humiliât l'un et l'autre en les condamnant au carcan. Mais comment aurais-je pu prévoir à cette époque que *la danse autour de l'érable* dont je me moquais (Alliance Française, janvier 1920) se muerait, de nos jours, en une gigue en casquette autour de la fosse à purin? Ça aussi, et par la langue et par le milieu, c'est de l'art faussement et irrespectueusement dit national.

La langue

Il devait arriver, en effet, que finît par suppurer cet abcès, cette démangeaison du prurit provincialiste. À vouloir tout tirer de l'anecdote, de l'accessoire, du pittoresque de marché aux puces, il était presque inévitable qu'on en vînt, par la pente de la facilité, la recherche de l'effet, à y emprunter également, au milieu, le mode d'expression. Or, dans un pays bilingue, il en est, par malheur, plusieurs. Quelques-uns sont français. Les autres, ni dialectes ni patois ni argot, échappent à toute classification. Qu'ils existent, voire qu'ils se propagent, ce n'est que trop vrai hélas. Et autant que pour les linguistes il y a là ample matière à réflexion pour les moralistes, la pourriture de la langue n'étant elle-même que l'extériorisation d'un pourrissement intérieur plus grave. Mais, en ce qui nous occupe, qu'est-ce que la littérature a à faire de cette gadoue?

On n'a pas assez remarqué, à mon gré, que de leur naissance au lendemain de la guerre de 1914 les lettres canadiennes, si elles ne pèchent pas par excès de purisme moins encore par l'originalité de l'écriture, gardent tout de même dans leur ensemble une honnête correction. Préjugé mondain ou préjugé littéraire, les écrivains respectent autant qu'ils le connaissent le bon usage. Comme pour nous tous, le français n'est pas un outil dont ils soient maîtres et dont ils puissent, à volonté, épuiser toutes les ressources. Ils le

---

8. Cf. *Le Nationaliste*, 15-6-1919.

manient parfois gauchement, toujours avec une application évidente. Mais, enfin, ils ne bousillent pas l'ouvrage. C'est l'époque de la redingote par quoi débute notre littérature, celle du jabot s'étant confinée aux salons du régime français.

Sinon le premier, en tout cas parmi les tout premiers, Louis Fréchette, dans ses contes, cède à la tentation de rabaisser le langage au niveau social de ses personnages. Seuls jusqu'à lui les paysans avaient eu, et à juste titre, le privilège de s'exprimer selon leur condition. De toujours, volontairement ou non, nos chants, nos récits, nos légendes se sont agrémentés de vocables terriens, d'archaïsmes savoureux et de canadianismes itou. Et loin qu'ils y aient perdu, ils y ont gagné en vérité et en naturel. Ostraciser le parler paysan équivaudrait à nous renier dans nos origines autant que dans notre croissance bien qu'aujourd'hui on se réclame plus volontiers de ses quartiers d'asphalte que des arpents de son village. Le danger est que ce langage terrien ne devienne un procédé, une sauce piquante à laquelle on assaisonne la fadeur, l'insipidité de ses pots-au-feu littéraires. Ce à quoi, trop souvent, conduit le régionalisme intégral et ce à quoi nous condamnent depuis vingt ans les galettes de sarrasin de Claude-Henri Grignon. À tout prendre, cependant, mieux vaut et mille fois la parlure d'un *Homme et son péché*, malgré le crissement de sa mécanique, que le langage breneux de nos soi-disant véristes.

Le vulgarisme apparaît donc tardivement dans nos lettres. Notre premier roman naturaliste, *La Scouine*,[9] n'en use, en ses dialogues, qu'avec réserve. Au théâtre même, il n'est qu'un accident. De pauvres tâcherons comme Julien Daoust[10] dont l'innombrable postérité fait les beaux dimanches de Radio-Canada s'expriment honnêtement mal. Les premières licences de langage à la scène remontent aux revues si en vogue avant et après la guerre de 1914.[11] Et encore, pour leur faire passer la rampe, les réserve-t-on à un seul personnage, le jocrisse de la pièce, tous les autres faisant contraste par leurs discours. L'exception devint pourtant la règle sur les scènes de faubourg. Déformer le langage, le disloquer, en faire une pâtée, ajouter à sa salacité, le scander de jurons (bien monotones dans leur succession) devint un métier où excellèrent, entre plusieurs, Pizzy Whizzy, Macaroni, Tizoune dont l'héritage spirituel a fait depuis la fortune littéraire et la gloire matérielle de Gratien Gélinas.

Ce que l'on appelle le langage canadien et qui n'est, en fait, qu'un gargouillement, qu'une cascade de hoquets et de rots, c'est, édulcoré, détergé, le mode d'expression que d'aucuns voudraient pour nos lettres. Par quoi nous touchons le fond, l'abîme de notre dualisme ethnique. Crémazie se désolait que les Canadiens français n'eussent pas d'idiome propre. Tout comme les Irlandais, au dix-neuvième siècle, ne se consolaient pas d'être obligés d'écrire en anglais pour être compris. Aussi l'un d'eux, parmi les plus extraordinaires, le dramaturge Synge entreprit-il de se créer son propre instrument « un anglais archaïque nourri des œuvres élisabéthaines et de la traduction de la Bible,

---

9. Albert Laberge, Montréal, 1918.
10. Cf. *La Passion, La Création du monde, La Conscience d'un prêtre. Un précurseur au petit pied*, de Cecil de Mille.
11. Ernest Tremblay, Paul Dumestre, Marcel Bernard, Napoléon Lafortune, Henri Letondal s'y distinguèrent.

serti d'expression gaélique »[12]. Son génie en tira un verbe que ne retrouva jamais plus l'anglo-irlandais. Pour tenter ici un pareil alliage, et avant que les Anglais eussent conquis jusqu'à notre façon de penser et de parler, il nous aurait fallu plus d'un poète et plus d'un dramaturge à l'âme trempée et à l'oreille sensible. Sauf de rares exceptions, nos écrivains ne sont pas parvenus à fondre harmonieusement les deux langues qui sont originellement les nôtres: celle de la campagne et celle de l'enseignement. Méprisant, pour la plupart, la première et ne possédant, pour la totalité, qu'incomplètement la seconde, il s'ensuit que notre littérature se bute, en même temps qu'à un problème de fond, à des difficultés d'expression.

Il est assez troublant de penser, en effet, que nous sommes, ainsi que le romancier vaudois Ramuz[13] se qualifiait lui-même, « fautifs de naissance », c'est-à-dire que non seulement nous commettons des fautes mais que nous sommes « prédestinés » par notre naissance à en commettre. La langue que Ramuz apprenait à l'école n'avait, selon lui, que peu en commun avec la langue parlée de son pays. Ce n'est qu'après un long séjour à Paris qu'il comprit qu'il devait « utiliser ce qu'on a d'abord, utiliser ce qu'on est avec des moyens à soi » et sans avoir à « aller les chercher au fond de sa mémoire », à « faire appel à ses souvenirs d'école ». Qui a pratiqué Ramuz dont l'œuvre a la saveur et l'odeur d'une bonne miche de pain de village ne peut que lui donner raison. C'eût été vraiment dommage qu'il boudât le dialecte de son pays. Je dis bien le dialecte et un dialecte n'est pas, comme notre parler populaire, une langue corrompue, souillée.

Pareils à cet écrivain suisse, nous voudrions bien, nous aussi, débrider la plaie de notre langage. Comment nous y prendre? Trois méthodes sont possibles. Écrire en anglais[14], écrire en métisse ou nous risquer à écrire en français. Passons sur la première que son auteur préconise d'ailleurs uniquement du point de vue de notre confort matériel, notre « culture » étant, à l'en croire, un obstacle insurmontable à notre enrichissement. Plusieurs le pensent qui seraient incapables de l'écrire. La seconde que l'on propose comme compromis est, en vérité, une honteuse compromission. S'il s'agissait, ainsi que dans le cas du vaudois, de remettre en honneur « une espèce de dialecte franco-provincial, qui a son accent, son rythme, sa cadence, lesquels justement lui confèrent l'authenticité », je n'emploierais pas, on l'aura deviné, le terme de métissage. Je déplore, au contraire, que trop peu ont su exprimer les sucs de nos archaïsmes, de nos impropriétés natives. C'est bien là, en fait, notre idiome national, la langue que l'on n'a pas besoin d'apprendre, « celle que l'on pompe avec le sang dans le ventre de sa mère ». Je m'étonne que Crémazie et ses congénères ne l'aient pas revendiquée pour eux, n'en soient pas devenus maîtres. Leur français n'eût pas été plus approximatif pour cela. Évidemment, les mots ne valent qu'en proportion de la substance dont on les charge, que dans la mesure où ils sont vraiment un Verbe. Le souffle et

---

12. Cf. René Lalou, *Littérature anglaise.*
13. Cf. Ramuz, *Paris.*
14. Cf. Adélard Desjardins, *Plaidoyer d'un anglicisant,* Ville Saint-Laurent, 1934.

l'audace leur ont manqué et l'École littéraire qui en eut la prétention n'en eut pas les moyens. Et voici que, de nouveau, se pose la question. Puisque nous sommes des Français qui ne sont pas français, ne conviendrait-il pas que nous eussions une langue à nous et qui collerait à nos œuvres comme l'impétigo colle au visage? C'est donc dans la laideur et par le moyen de l'informe que nous affirmerions notre indépendance.

Sans doute notre fuseau horaire n'est-il pas celui de la France. Sans doute, notre langue ne coïncide-t-elle pas parfaitement avec celle qui s'écrit en France. À certains idiotismes près, elle n'en démérite tout de même pas chez les plus corrects de nos écrivains. Elle s'en rapproche d'aussi près, en tout cas, que le wallon et le romand. Ce qui lui manque par-dessus tout, c'est l'élan, la spontanéité, la fluidité.

Et cela vient de ce que la parlant journellement mal nous sommes obligés de l'astiquer quand nous voulons l'écrire. Un commerce plus suivi avec les bons auteurs (qui ne sont pas ceux que le tam-tam des comices littéraires essaie d'imposer à notre badauderie de provinciaux) joint à plus de souci de la grammaire et de l'usage nous détendrait et nous assouplirait. Des Anglais, des Américains, des Allemands, des Italiens y sont parvenus, pourquoi pas nous? Nous ne souffrons d'aucune tare congénitale. Le français nous est difficile, ne nous gêne aux entournures que dans l'exacte mesure où nous négligeons de l'apprendre. N'est-ce pas pourtant le moins que l'on puisse exiger de qui se dit écrivain?

Quel noble idéal pour un intellectuel, le fût-il d'occasion, de suivre le vulgaire! Et sous quels prétextes cette abdication? J'allais écrire: cette mutilation, ce masochisme? Le mieux qu'on ait trouvé à répondre est que nous ne pensons pas, ne sentons pas, ne vivons pas comme les Français.[15] Que Dieu en soit loué si c'est vrai! Loin que ce soit un inconvénient, c'est un avantage. Tant mieux si nous ne voyons pas du même œil, si nous ne vibrons pas au même rythme que nos « cousins ». Tout cela nous confère une précieuse originalité. Pensez-y: pouvoir écrire en français (dût le style être retouché comme celui de nos poulains étrillés dans les écuries parisiennes), pouvoir écrire des romans, des pièces d'une vision fraîche, d'une sensibilité neuve! Voilà pour le coup qui placerait nos écrivains dans la presse française au niveau de leurs confrères malgaches ou abyssins. Rousseau ne sentait ni ne pensait comme les Français et cela ne lui a pas, que je sache, trop mal réussi tout autodidacte qu'il était. Mais écoutons la suite. « Séparé de son organisme » (sic) et de « sa vie » (resic)[16] le français que nous écrivons est « impuissant à rendre les formes diverses de nos pensées, les nuances de nos sentiments ». Propos d'ignorant ou propos de cuistre? Qu'en aurait pensé le Polonais Joseph Conrad qui a écrit toute son œuvre en anglais? Qui a la moindre teinte de l'histoire des lettres, de la Renaissance à 1958, sait fort bien que, même en tant que langue seconde, le français a réussi à une foule d'écrivains étrangers. Or, si mal portant qu'il soit, le français n'est pas pour nous

---

15. Cf. Albert Pelletier, *Carquois*, Montréal, 1931.
16. Cf. *ibid.*

une langue d'emprunt. Il est notre langue maternelle. Il n'est pas « une traduction plus ou moins infidèle »[17]. Il nous est consanguin, consubstantiel.

Il y a plus ébouriffant encore. C'est rapprocher le français du Canada
du provençal. On a traduit Mistral, qu'on nous traduise nous aussi si on veut
nous lire![18]. Prendrait-on la langue d'oc pour un patois? Rendons néanmoins
cette justice à nos esprits quinteux et boiteux qu'ils ne vont pas jusqu'à « mettre le pic et la pioche »[19] dans le génie de la langue française. À les lire, ce
n'est pas si sûr mais passons. Au nom d'une littérature « moins livresque,
plus personnelle, plus humaine, plus vivante »[20] ils demandent que l'on use
avec « bon sens, avec goût, avec art du vocabulaire canadien »[21]. Lequel? Si
c'est l'authentique, l'original, que vient-on alors nous parler de traduction?
Il y aurait donc un succédané? On s'en doutait. Et c'est Claude-Henri Grignon, qui, sans guitare roucoulante et crinière au vent, en arbore le panache.

Absolu, intégral, monolithique, Valdombre ne barguigne en rien. Dans
la modeste exégèse, l'humble commentaire de son œuvre tout uniment intitulé
Précisions sur un Homme et son péché,[22] sorte d'autocritique ou d'auto-
défense, il soutient sans broncher qu'il « n'existera jamais » de littérature
canadienne « tant que nous aurons peur du mot, tant que nous imiterons
messieurs les Français et tant que nous ne parlerons pas une langue canadienne faite de français, de canadianismes et, à l'occasion, de mots anglais
puisqu'au pays de Québec la plupart des habitants parlent indifféremment
l'anglais et le français ». Et nous voilà passés du bilinguisme au trilinguisme!
« En par cas », il y a sûrement maldonne. Non, ce n'est pas de cette façon,
sous cet informe et grossier mélange, que nos lettres parviendront jamais à
l'originalité. Il y a entre le langage de la rue et la langue écrite non pas
seulement une différence de ton, de forme mais plus encore la différence qui
distingue un produit ouvré de la matière brute. Le propre de l'écrivain n'est
pas d'être une oreille, un ruban enregistreur, un œil, une caméra mais d'être
un cerveau qui transmue la réalité, fût-elle la plus basse, en la fécondant, en
la sensibilisant, en l'expliquant. Il n'y a d'art que dans la peinture du paysage
humain. Le décalque n'est qu'un trompe-l'œil, qu'un aveu de stérilité foncière. Ou nos livres seront écrits en français ou ils ne seront que rebuts.

Conclusions

Vus de ces différents angles, les problèmes-clés de la littérature canadienne-française semblent se ramener à deux. Le premier, de fond; le second,
d'expression. Mais il suffit de les creuser un peu pour leur découvrir un sens
beaucoup plus grave. Sous ces apparences se dissimule, en réalité, le point
névralgique de notre dualité ethnique. En quoi sommes-nous canadiens? En

---

17. Cf. Albert Pelletier, *Carquois*.
18. *Ibid.*
19. *Ibid.*
20. *Ibid.*
21. *Ibid.*
22. Montréal, 1936.

quoi sommes-nous français? Quel que soit l'idiome dans lequel ils s'expriment, les Suisses sont des Suisses, les Belges des Belges. Nous seuls des peuples de langue française portons, de date assez récente, un trait d'union. Et c'est ce même petit signe grammatical qui, à l'examen, se révèle en filigrane dans nos œuvres littéraires.

En effet, nous n'avons pas encore atteint à l'équilibre des influences dont nous devrions être l'harmonieuse résultante et dont nous ne sommes, pour l'instant, que le champ clos. Notre littérature « ne sait pas si elle doit être canadienne ou française; elle oscille constamment entre deux tendances, deux pôles d'attraction: ou elle regarde vers la France ou elle se referme jalousement sur elle-même; elle hésite entre l'imitation et le régionalisme ».[23] C'est l'exacte vérité. Mais s'agit-il bien d'une antinomie irréductible? Sommes-nous vraiment condamnés, si nous développons nos affinités françaises, à n'être qu'une copie? Et, si nous nous ancrons au sol, le régionalisme étriqué serait-il notre seule issue? Lestée de toute la rhétorique dont on l'hypertrophie, le cœur de la question tient-il en ce dilemme?

Je crois, quant à moi, que cette question reflète moins l'embarras d'un choix hypothétique que notre incomplète, imparfaite soumission à la patrie charnelle. Je crains que nous ne soyons pas plus canadiens que nous ne sommes français. Est-on français parce qu'on fait ses études en français, qu'on lit des livres français (pas toujours écrits en français, hélas) et qu'on parle, avec plus ou moins de bonheur, français? Est-on canadien parce que l'on situe l'action de ses œuvres au Canada, que l'on chante l'heure des vaches ou que l'on ponctue de jurons le dialogue de ses personnages? C'est se repaître de mots que de le croire. Entre le français qui est notre parler, notre signe indélébile, et la matière aux dimensions d'un continent qui s'offre à nous, il n'y a pas et il ne peut pas y avoir d'opposition, moins encore de contradiction. Seuls des esprits fumeux, enténébrés sont capables et coupables de telles cogitations. La vérité nue est qu'il ne s'agit point d'option mais uniquement de compénétration, d'alliage, de fusion.

Nos romantiques, je l'ai rappelé, étaient soudés à la France au point d'en partager les idéologies politiques, tradition qu'ont renouvelée nos intellectuels « évolués » en important le progressisme. Ils ne pensaient, les romantiques, ne jugeaient que par la France. Avec, comme conséquence, que la patrie canadienne dont ils chantent la naissance, dont ils sont les premiers bardes, ne nous émeut ni ne nous trouble. Les oripeaux français dans lesquels ils l'ont drapée l'étouffent, la paralysent. Tant de souffrances, tant d'épreuves ne méritaient pas le châtiment d'une pareille grandiloquence. La patrie dont ils entonnent la Marseillaise n'a pas encore gagné leur cœur, leurs sens. Elle est un concept, une idée, une abstraction, un prétexte à des jeux oratoires, à la virtuosité verbale. Or, n'est-ce pas faute d'en subir, eux aussi, l'attraction qu'un si grand nombre d'écrivains canadiens-français demeurent étrangers à leur propre pays? Ou provincialistes ou pasticheurs. Une fois pour toutes, en est-il ainsi d'une nécessité implacable, de par la nature des choses? Ou, au

---

23. Cf. Jean Seznec, *Le Travailleur* 5-6-41.

contraire, l'explication s'en trouve-t-elle dans la méconnaissance de l'essentiel?

Subjuguée comme le Canada, mendiante comme lui et, par surcroît s'exprimant dans une langue étrangère, est-ce que l'Irlande n'a pas donné à la littérature universelle de grands, de très grands écrivains? La pauvreté ni le servage ne l'ont empêchée de produire Congreve, Swift, Sheridan, Yeats, Synge, Thomas Moore, George Russell, Joyce et j'en passe. Qu'avaient donc ces écrivains qui a manqué et manque aux nôtres? Indépendamment de ce qui leur vient du fonds celtique et qui sans leur être exclusif leur est congénital, à savoir l'ironie, l'esprit, la fantaisie, la mystique — possédés de Dieu ou du diable — ils ont eu de leur patrie « femme royale, malheureuse et très fière » un amour absolu, passionné. C'est d'elle, de ses légendes, de ses malheurs, de ses gloires, de son incurable mélancolie, de ses chants, de ses mystères, de sa nature qu'ils ont extrait la chair et le sang de leurs œuvres. Leurs plus beaux poèmes, leur théâtre, leurs romans leur sont montés de son passé et de son présent directement au cœur et aux lèvres. Pas un n'a eu à se battre les flancs pour les inventer. La terre et ses morts ont parlé en eux. Est-ce à dire qu'ils soient régionalistes? Traduire les aspirations d'un peuple, donner cours à son histoire n'est pas, en soi, du régionalisme. Yeats qui rêvait de réunir les deux moitiés de l'Irlande, la protestante et la catholique, par une « littérature nationale qui l'embellît dans la mémoire des hommes » y mettait comme condition première « qu'elle fût préservée du provincialisme par un esprit critique exigeant » et « par une position européenne ». Grâce à quoi, tout en étant nationaux jusqu'à la moelle, les écrivains irlandais ont pu devenir universels.

Quant à nous, jusqu'où devons-nous creuser pour trouver notre âme au milieu de tant de scories littéraires? On a écrit[24] que les dominantes de notre littérature sont l'histoire de notre peuple, la mère-patrie, l'église, la langue et l'amour du sol. Telles sont bien, en effet, les têtes de chapitre sous lesquelles nous pourrions en ranger les thèmes majeurs. Mais cette abondante et diverse matière, l'avons-nous utilisée, avons-nous su la façonner? À la position européenne que réclamait Yeats pour la littérature irlandaise afin de la protéger du provincialisme correspond géographiquement pour la nôtre la position américaine. Qu'y a-t-il de continental dans nos lettres? La question n'est pas oisive. L'Amérique est notre habitat, notre ciel. Qu'y avons-nous emprunté? Qu'en avons-nous retenu?

Je ne peux, ici, qu'effleurer en passant un sujet qui mériterait une longue étude en soi et que Marine Leland a déjà entamé[25], à savoir l'étroite parenté que présentent, en leurs commencements, la littérature américaine et la nôtre. Les deux ont connu des phases identiques. Dans la période coloniale, l'imitation prévaut ici et là. On est en présence de deux peuples « qui s'agrippent opiniâtrement à la substance du vieux monde et imitent, conscients de leur dépendance de provinciaux, les mœurs et les modes de la mère patrie »[26].

---

24. Cf. Ian Forbes Fraser, *The Spirit of French Canada.*
25. Cf. *The French Review*, 1942.
26. Cf. Walter C. Bronson, *A Short History of American Litterature.*

Aux États-Unis comme au Québec, la poésie et l'histoire sont les premiers genres à apparaître. Puis, à l'âge colonial succède l'âge romantique avec, ou peu s'en manque, la même emphase. Là s'arrête le parallèle. Plus tôt que nous, les Américains se sont tournés vers leur milieu géographique et social, vers leurs légendes, leur particularisme. Plus tôt que nous, ils ont modelé leurs œuvres et à leur image et à leur ressemblance. Aussi, longtemps avant nous sont-ils devenus autonomes. Fennimore Cooper, Longfellow, Beecher-Stowe, Washington Irving ont été les premiers exploitants du fonds nord-américain.[27]

Ils n'en ont extrait aucun chef-d'œuvre universel, soit. Ils ont néanmoins fait œuvre de précurseurs, de pionniers. Après eux, c'est à qui tournera et retournera la terre sachant qu'un trésor y est caché. Les mêmes richesses, sinon de plus fabuleuses, existent chez nous. Comptez ceux qui se sont lancés à leur découverte. La première de toutes, de dimensions et d'aspects insoupçonnés, est la nature. Déjà, en 1932, le Frère Marie-Victorin se demandait à son propos: qui a vu? qui a vibré? qui a peint? Il se désolait que notre littérature ne fût pas racinée au sol et que l'école régionaliste qui eût dû, en bonne logique, découvrir nos paysages n'en avait retenu que « l'environnement domestique ». D'où, pour le reste, une collection de naïvetés, de méprises scientifiques impardonnables, de descriptions banales, empruntées, gauchement livresques[28]. Pour des fins rentables nous avons su ou, plutôt, nous avons vu capter les lacs, harnacher les rivières, exploiter les forêts mais quelles images, quelles évocations en sont passées dans nos livres, ont sustenté, embelli nos livres? Nos paysages, leur mystère, leur effarante grandeur, ce sont des écrivains français qui nous les ont révélés, Louis Hémon, Marie Le Franc, Frédéric Rouquette, Constantin-Weyer. À la nature que déjà nos ancêtres sacrifiaient à leur sécurité, que nos contemporains sacrifient à la tripaille et à l'architecture des vachers de l'ouest américain, nos écrivains applaudis par les ministres et auréolés par l'Université préfèrent les fonds de cour et la promiscuité des ruelles. C'est plus en harmonie avec nos moyens intellectuels et notre parler.

Autrement plus significative et plus douloureuse est l'absence dans nos lettres du sacré, du divin, de tout véritable sentiment religieux. Les ouvrages abondent de piété rose ou de piété grise, de dévotion, surtout de morale à l'usage des habitués des courriers du cœur et des illettrés de la télévision mais, on l'aura compris, ouvrages aux antipodes de la littérature. À nos romanciers, à nos dramaturges, la foi n'a pas inspiré grand-chose. Certains Anglo-Saxons prétendent que la domination de l'Église a entravé le libre essor du génie créateur au Canada français. Si, malgré son énormité, cela a pu être dans le passé — dérobade trop facile d'impuissants et de ratés — il y a belle lurette que cela n'est plus. Et aucun Gide, aucun Sartre, ces crabes de la faune française, ne pointent encore à notre horizon. Revenant à notre sujet, il reste que, dans un pays dont l'histoire se confond avec la foi catholique, il est pour le moins étrange que celle-ci ait si peu marqué, pénétré sa

---

27. Et qu'en est-il des débuts, à la fin du dix-neuvième, de la littérature anglo-canadienne?
28. Cf. *Le Devoir*, 9-XI-31.

littérature sauf, heureuse exception, une part de sa poésie. Que de grandes et sublimes figures, que de vies exemplaires, que d'héroïsme et de vertus, que de fondateurs, de missionnaires sollicitent en vain d'être admis dans nos lettres. C'est une Américaine, Willa Cather, qui, à notre place, a sorti de l'ombre la recluse Jeanne Leber. Au même niveau, humain et divin, nous n'avons à aligner que les pièces de Rina Lasnier dont *Le Jeu de la Voyagère* demeure la projection la plus émouvante d'un thème national sur le plan universel. Partout ailleurs, à une ou deux exceptions dont *Les Élus que vous êtes* du Frère Locquell, ce ne sont que chromos ou silhouettes caricaturales de la vie religieuse. Des conflits entre la vocation religieuse et le monde, néant. Des épopées des missionnaires qu'ont entr'ouvertes à la littérature les Pères français Duchaussois (*Aux glaces polaires*) et Roger Buliard (*Inuk*), néant toujours.

Faut-il d'autres preuves de notre divorce d'avec la grandeur matérielle et spirituelle de notre pays? D'autres témoignages de notre inaptitude ou de notre refus à y communier? Un fait les résume tous. Aucun grand événement (grand relativement à nous) de notre pensée n'a trouvé d'expression dans nos lettres en dehors de l'histoire dont c'était le devoir de les consigner. La conquête du pouvoir politique, le républicanisme de 1837, et ses fièvres ardentes, la saignée de l'émigration, les luttes scolaires, la poussée nationaliste de Bourassa n'ont laissé aucun sillage dans nos lettres alors qu'en France le jansénisme, l'encyclopédisme, le sartrisme, l'existentialisme, le marxisme se sont transformés en formes d'art. Du répertoire des événements possibles dans la vie d'un homme et dans celle d'un peuple, quel usage avons-nous fait jusqu'ici? Amour, énergie, ambition, famille, américanisation, déchristianisation sont autant de terres à peine grattées en surface et dont le tuf demeure intact. La vie d'aventures à la Curwood et à la Jack London nous échappe à nous peuple de coureurs de bois, comme nous ont échappé la guerre, à une ou deux expressions près, l'assimilation des Écossais, des Irlandais, voire des Allemands venus avec les armées de Wolfe, la coexistence des deux peuples-souches du Canada emprisonnés chacun dans sa solitude, les conflits (« il semble, écrivait Bougainville, que nous soyons d'une nation différente, même ennemie ») entre l'ancienne et la Nouvelle-France, sans parler des hauts faits de l'histoire.

Comment douter, par conséquent, que le mal dont souffre la littérature canadienne-française c'est de n'être qu'une apparence du Canada français. Au sens humain et national, elle est irréaliste, sans point d'appui dans le charnel et le mystique. Qu'en son expression elle soit française, doive être française, la question ne se pose pas. Tel est son lourd, son écrasant destin. Qu'elle s'apparente par la facture, le dessin aux œuvres françaises, qu'elle y cherche — à bon escient — des éléments d'ordre, de renouvellement, d'invention, trop d'affinités naturelles l'y inclinent pour qu'elle s'en prive. Que les maîtres français, de préférence mais sans exclusivisme, soient nos maîtres ou mieux nos compagnons de route, il y va, oserais-je dire, de notre santé intellectuelle. Tout nous lie donc à la France autant par propension naturelle, par atavisme que par intérêt. Il n'y a pas de clôture pour l'esprit.

Une fois reconnue, acceptée la nécessité non d'une subordination mais d'une filiation de nos lettres avec les lettres françaises sans pour cela, je le répète, les imperméabiliser contre tout apport étranger (et d'ailleurs, comment le pourrions-nous à nous en tenir à la seule pression des États-Unis?) nous n'avons plus qu'à leur laisser suivre, selon le partage de l'histoire, leur pente naturelle. Leur aire est le Canada. Avec la géographie, l'essence de notre être le commande. Loin d'exclure le national, comme le supposent nos pêcheurs de lune, l'universel le contient ainsi qu'en témoignent les plus éminents chefs-d'œuvre et quantité d'ouvrages d'un rang moins élevé. Je n'en veux pour preuve qu'un seul exemple en dehors de *Maria Chapdelaine*. Aucun livre des deux Canadas n'a conquis une audience aussi vaste que *Jalna* de Mazo de La Roche. La renommée en est mondiale. Quel en est le secret? L'auteur y raconte avec humour et tendresse la vie d'une famille ontarienne. Tout y est de la plus grande simplicité, sans faux ornements, sans concessions fâcheuses au pittoresque de bric et de brac. Particulariste, *Jalna* l'est dans son décor, ses personnages; universel, il l'est dans sa psychologie, sa vérité. Il n'en faut pas davantage pour qu'un ouvrage (et celui-ci compte quatorze volumes) dépasse les frontières de son pays d'origine et excite partout une attachante curiosité.

Si tant de nos œuvres moisissent à l'ombre de leur clocher, c'est qu'elles ne sont qu'un simili, un ersatz. Ou, encore, qu'elles ne sont qu'un instrument, qu'un auxiliaire maladroit, prêcheur, au service d'un idéal patriotique.[29] On ne lèvera l'hypothèque qui pèse sur notre littérature qu'à la condition expresse de la canadianiser jusqu'à l'âme. La prétendue antinomie de notre dualité ethnique n'a d'autre cause que notre déracinement, notre rupture d'avec nos forces de vie.

MEDJÉ VÉZINA (1896-1981)

Voici celle qui chanta le baiser, « chavirement d'air bleu dans les lilas », le désir, la chair, l'amour et l'ivresse, celle qui, dans son seul recueil de poèmes, *Chaque heure a son visage* (1934), selon un critique, « fait éclater d'un coup les prudences et les pudeurs d'un siècle de poésie canadienne-française ». Différente de l'anéantissement en Dieu vers quoi tendent les dernières œuvres de Simone Routier, la poésie sensuelle, féminine et féline, de Medjé Vézina, dont

---

29. Je ne néglige pas le style, un autre chapitre à écrire, mais à propos de qui en parler? La couleur, les images, la musique ne sont pas de nos richesses. Marcel Dugas est notre seul prosateur sensoriel. Il y a bien aussi Félix-Antoine Savard mais ne pourrait-on pas dire de son écriture ce qu'Émile Faguet disait de celle de Taine: « Il est un miracle de volonté. Il est tout artificiel ». Trouver la correction me suffit donc amplement.

le ton, n'eût-il été si passionnel, rappellerait les vers de Paul Morin, vise tout entière à l'avènement de cette

> Heure libératrice
> Où nous emmêlerons nos genoux basanés
> À ton fauve caprice.

Il s'agit certes d'une poésie du désir à jamais inassouvi, d'une poésie de la passion, mais aussi d'une passion de la poésie, d'un « rêve infini du triste et doux poème ».

Ne quitte pas mon désir

Que je crains, mon amour, la frauduleuse nuit
Où les feuillages vont bouger comme une peine
Qui saurait mendier ta pitié pour appui!
Ne t'en va pas, attends qu'une heure plus sereine
De son aube d'oiseaux accompagne tes pas.
Attends l'abeille dont le désir volontaire
Trouble les fleurs où son plaisir s'assouvira,
Quand avec l'horizon l'épaule de la terre
Étaye le fardeau d'un ciel mûr de soleil.
Ne t'en va pas déjà, ne quitte pas mon rêve
Et mon cœur plein de toi, qui n'ont pas de sommeil.
Ma tendresse, ainsi qu'un flot d'azur, se soulève:
Non, tu n'as pas encor tout pris de mon regard.
Écoute mon bonheur te parler à voix basse,
Avec des mots pressés, si follement épars
Que tu croiras peut-être à des ailes qui passent.
Je te dirai: « Le jour qui te sembla défunt
Se cache dans ma joie, et ma chair te dévoile
Un buisson de désirs dansants comme un parfum
Sur qui s'est abattu le songe d'une étoile. »
Je dirai: « Mon amour, tremblez et souriez
De voir sourdre des pleurs de mon âme ravie,
Et soyez plein d'orgueil d'un cœur supplicié
Qui hors de vous ne sait plus bien ce qu'est la Vie!
Vous êtes ma douceur, ma folie et mon chant;
Bientôt j'étoufferai cette peine caduque
Dont vos yeux ont parfois le souvenir mordant. »
Puis je refermerai mes deux bras sur ta nuque,
Si passionnément qu'alors tu comprendras
Le déchirant appel de mon être qui t'aime,
Et le rêve infini du triste et doux poème
De mon cœur, qui soudain à tes pieds croulera!

Pocharde

Avec de la folie et de l'ivresse aux mains,
Voyez comme je ris le long de mon chemin!
Et voici que j'ai faim de la brise.
Ah, j'ai tant bu! je suis grise, grise...
Je ne sais plus ce que c'était, mais Dieu que c'était bon
Mon cœur en rit encor par mille petits bonds.
J'éparpille ma joie au-devant de mes pas;
Tour à tour le sentier est sombre, pâle,
Je caracole ainsi qu'un mendiant qui va,
Vieux, de jambes bancales.
Ah, oui, je ris toujours plus fort
De me savoir, si jeune encor,
À quelque pauvresse pareille,
Avec mes pas aussi peu sûrs,
Comme en aumône sous l'azur,
Dans cette route qui sommeille.

Étoiles, qu'avez-vous? Sais-je ce qu'elles ont?
Étoiles chères, qui pleurez dans le gazon;
Toi, la lune, si penchée à ton balcon,
Voudrais-tu t'appuyer à la terre?
Quel sanglot refoulé désole ton front?
Serais-tu lasse de ton dieu, Soleil solitaire,
Dont l'orgueil veut que tout l'adore?
Comme un sautoir au cou des minuits que tu dores,
Es-tu plutôt, dans un médaillon exigu,
Une Joconde au sourire ambigu?
Et moques-tu ma mine?
Moins triste que la tienne, ô lune adamantine!
Moi je suis gaie; j'ai des pitiés extrêmes;
Si doux est ton nom, Ô lune, je t'aime,
Et je plains ton long ennui du Là-Haut.
Vois, je suis seule en bas; je suis sans rancœur.
Mais j'étouffe, il fait si chaud!
D'angoissants souvenirs brûlent dans mon cœur.
Ai-je les cheveux rouges?
On dirait que des flammes bougent
Autour de mes yeux qu'elles viennent lécher.
Mon épaule se voûte,
Il semble maintenant que je traîne la route,
Cousue à mes pas éméchés.
Je vais m'asseoir ici; du jour c'est la chanson.
Rejetant leur légère cagoule,
Les fleurs font un pastel de profils blonds.
Et moi, je suis toujours si divinement saoule!

Pleurée par de neuves colombes,
Je voudrais faire ici ma tombe.
Tout à coup m'en aller au fond de l'inconnu,
Où va le ciel du soir, être un vaisseau de rêves
À l'aube appareillant pour d'illusoires grèves
Et qui jamais, jamais n'est revenu...
Partir, sans regret, sans désir,
Sans toucher une main, sans adieu,
Comme le vagabond qui ressent mieux
Le plaisir que l'on a de mourir!
Mais non, une branche a bougé; le jasmin frais,
Amoureux du perron, du mur et du volet,
Rampe jusqu'à mon âme; chaque maison m'appelle,
Je ne sais plus dans laquelle,
Je dois entrer. Où donc est mon toit chevelu de lilas
Sur qui le dur soleil comme un faucon s'abat?

Où l'alcôve a parfois cette grave détresse
De n'abriter la nuit que ma seule mollesse?
Mais où donc a dormi ma misère? Les rayons se libèrent,
Poignardant, jaloux, un à un, les réverbères.
Ah oui, je me souviens, ah oui, que ce fût drôle
D'avoir pour quelques sous fait chanceler mon rôle,
De n'avoir pour la vie aucune plainte,
Plus rien qu'une amertume éteinte,
Ayant ravalé mon chagrin,
Comme un cidre sucré ou comme un âcre vin.
Feux follets joueurs dans mon gosier,
Ô gouttes d'or cherchant mon cœur à baiser,
Tant d'oublis coulés de quatre petits verres,
Pour que mon destin piétinant le silence,
Exulte et danse,
Devant l'Arche de ma joie claire!

Tendresses décloses

Mon âme, c'est fini d'étouffer vos tendresses,
D'égrener à vos pas de trop frêles chansons;
Fini de chanceler au chemin qui vous blesse.
J'étais l'épi fragile, et je suis la moisson.
Au rouet du passé j'ai dévidé mes peines,
Mes soupirs n'ont plus peur ni du jour ni des nuits;
Des rayons de plaisir vont couler dans mes veines,
Plus chauds que des oiseaux en boule dans leur nid.
Le silence à mes doigts pesait comme une amphore:
Voici qu'un vin de joie inonde mon cœur nu.

Je suis neuve, je suis une pâque, une aurore,
Je suis un grand délire, et puis je ne sais plus,
Non, je ne sais plus bien les paroles à dire!
Tout recouvre la voix timide de mon cœur.
J'ai si longtemps souffert et je dus tant sourire,
Folle d'orgueil et folle aussi de ma douleur.
Je souffrais! je croyais, mon Dieu, que c'était vivre,
Que c'était là ma part, et je ne tremblais pas.
Sans songer à dresser le cri sourd qui délivre,
J'ai de pleurs arrosé le pain de mon repas.
Qu'importe maintenant, si je ne dois plus taire
Le rêve qui luttait sous ma tempe le soir!
Tous les renoncements qui font haïr la terre
Vont crever dans mes mains comme des raisins noirs.
Ô très cher, je serai ton amante immortelle:
D'impérieux destins ont jumelé nos pas,
Et maintenant, tes mains peuvent comme des ailes
Se poser sur ma chair et délier mes bras.

HARRY BERNARD (1898-1979)

Romancier prolifique (sept titres de 1924 à 1932), Harry Bernard, qui fut directeur du *Courrier de Saint-Hyacinthe* où il signait ses articles du pseudonyme
l'Illettré, a écrit deux romans qui méritent d'être relus. Il s'agit d'une part de
La Ferme des pins (1930), qui met en scène, chose étrangement rare dans les
lettres québécoises, un personnage anglophone (il y aura, en 1959, le George-
Godley Roundabout de Jean Simard, dans *Les Sentiers de la nuit*); dans l'extrait
qui suit, Robertson vient d'acheter un coteau ayant vue sur la rivière Noire dans
les Cantons-de-l'Est. Signalons d'autre part *Les jours sont longs* (1951), composé
après quinze ans de silence, où dominent, comme dans l'ensemble quelque peu
uniforme de son œuvre, la nostalgie et le passéisme. Ses principaux articles ont
été recueillis dans ses *Essais critiques* (1929).

LA FERME DES PINS

L'échec de James Robertson*

(Venu de l'Ontario, James Robertson avait acheté une ferme dans les Cantons-
de-l'Est, à Saint-Valérien de Shefford. Au soir de sa vie, il rumine l'échec, qui
est celui de sa race dans une région vouée à l'assimilation française.)

Il avait mis du temps à se décider, calculant longuement, en homme prudent,
les chances de rendement du futur domaine. Le dimanche, alors qu'il était

libre jusqu'à l'heure des vaches, il se promenait dans les champs convoités, faisant d'avance son tour du propriétaire. Quand il apposa sa signature au contrat de vente, sa ferme entière vivait dans son esprit. La maison s'élèverait dans le boqueteau de pins, flanquée d'une laiterie, d'un petit hangar à bois. Plus tard, il serait facile de construire une cuisine extérieure, ou cuisine d'été, qui épargnerait du travail à la ménagère. Quant aux bâtiments et à l'érablière, au cheptel, Robertson avait aussi des projets définis, qu'il exécuta peu à peu. Il pouvait se rendre ce témoignage, au soir de sa vie, que la plupart de ses prévisions s'étaient trouvées justes.

Son mariage seulement, et c'était bien l'important, avait déçu Robertson. Pourtant, il l'avait préparé avec soin. Il dépassait trente ans, plus que l'âge d'homme. Il avait aussi de l'expérience, et celle choisie, Adrienne Rocque, était une petite personne sage, entendue aux affaires, habile de ses dix doigts, qu'il connaissait depuis cinq ans. Car les jours passent vite, si vite qu'ils mettent vite les années derrière nous.

Depuis cinq ans qu'il habitait le Québec, Robertson vivait en bonne intelligence avec ses nouveaux amis, les Canadiens français. Il avait appris leur langue, qu'il parlait comme eux, avec les intonations particulières au pays et cet emploi fréquent de l'image, toujours expressive, parfois savoureuse, qui supplée aux lacunes du vocabulaire. Il trouvait chez eux cette paix tranquille, presque sans heurts, qu'il cherchait. Mais ce qu'il admirait par-dessus tout, c'était l'union des familles, où le père exerce une autorité sans rudesse, la mère se reposant sur lui, élevant les enfants dans le respect et la vénération du chef. Le spectacle de ce simple bonheur l'avait déterminé une fois encore, au mariage. Et il avait épousé une Canadienne, une fille des champs comme il en connaissait des centaines, pour qui les mots bonheur, amour, travail, sacrifice, sont autant de termes désignant une même chose.

Les illusions, cette fois encore, furent plus brillantes que la réalité. Après quelques années, Robertson dut reconnaître à nouveau qu'il avait fait fausse route.

Tout cela, c'était une longue histoire.

À vrai dire. Robertson ne reprochait rien à sa compagne. Elle l'aimait, lui était dévouée. Quand le pain était dur à gagner, les premières années, Adrienne avait accepté sans murmures les renoncements. Les enfants vinrent, cinq en tout, et la femme ne se refusa point aux responsabilités nouvelles. À la mort du premier fils, les époux pleurèrent ensemble. Puis l'absorbant travail de chaque jour reprit, le travail qui épuise les corps en fortifiant les âmes. À mesure que la famille grandissait, la terre s'évertuait à produire davantage. Sans enrichir encore ses maîtres, la ferme du coteau prospérait. Mais Robertson, que tous estimaient heureux, se sentait le cœur lourd de regrets.

L'homme n'avait démêlé que lentement, brin par brin, l'angoisse qui le tenait. La lumière éclata un jour, d'autant plus douloureuse que plus subite. De toutes façons, Robertson s'était trompé. Adrienne l'aimait, elle tenait les promesses faites, mais la meilleure volonté du monde, jointe à l'amour, à la tendre soumission, n'avait pu conjurer l'inévitable. Il existait entre les époux un vide, si considérable qu'eux-mêmes ne l'osaient mesurer. Le problème, dépouillé de tous faux-fuyants, se résumait à ceci: Robertson et sa femme n'étaient pas d'un même sang. De là des manières différentes de voir les choses et de les juger, des ambitions et des aspirations qui n'avaient rien en commun, des idées qui, violemment opposées, risquaient toujours de se heurter. De là les difficultés, les frottements à propos d'un rien, les mésententes, toujours menaçantes, entre les époux.

Au début, Robertson souffrit assez peu de la situation. Comme les Anglo-Saxons, il ne redoutait guère d'être entamé par son entourage. Conscient de ce qu'il eût appelé la supériorité de sa race, il restait lui-même au milieu d'êtres indifférents. Mais, s'il n'était pas touché, il se rendit compte que le problème allait au-delà de sa personne. Il y avait ses fils, qui grandissaient, et ceux-là ne seraient pas à sa ressemblance. Il s'éveilla un jour à la réalité, voyant la distance d'eux à lui. Il ne s'agissait pas d'une seule question de langue. C'était dans l'âme, dans l'esprit, la manière de sentir et de réagir devant les faits de la vie, que les enfants se montraient différents. On parlait français à la maison, mais l'anglais n'y était pas moins à l'honneur. Car Robertson avait réussi ce miracle, dans un milieu aussi français que sa patrie d'adoption, de transmettre sa langue à ses fils. Il y avait mis toute sa volonté, cette obstination tenace qui lui venait d'ancêtres lointains. D'ailleurs, Adrienne l'avait secondé; sur ce point, comme sur tant d'autres, Robertson n'avait qu'à se louer de sa femme. Quand ils s'adressaient à leur père, les enfants employaient volontiers l'anglais, mais, dès qu'ils se trouvaient entre eux, ils revenaient à la langue maternelle. Cette langue, c'était la leur, la plus simple, la plus naturelle, celle qui coulait de source.

Les enfants, comprit bientôt Robertson, ne seraient jamais que de petits Canadiens français. Malgré leur nom, malgré l'ascendance paternelle. Mais le fermier se garda de les reprendre à ce sujet. Il n'avait pas su prévoir, ou n'en avait pas eu le courage, et c'était à lui de subir sa peine. Le malheur, la cause de tout, c'est qu'il avait aimé, qu'il aimait encore Adrienne Rocque.

Adrienne était la fille de son ancien patron. Il l'avait vue grandir près de lui, se transformer graduellement, d'année en année, en la belle fille éveillée, brune et rieuse, qu'il se rappellerait toute sa vie. Il l'avait longtemps couvée des yeux, sans révéler ce qu'elle lui inspirait, l'admirant de loin comme on admire un être inaccessible. Puis il avait dit un jour, sans préliminaires, ce qu'il avait sur le cœur, et Adrienne ne l'avait pas repoussé. Elle avait même accueilli son aveu avec faveur, lui permettant de l'aimer. La suite du roman, qui n'avait surpris personne, se déroula logiquement. Seulement, du dehors, on n'apercevait point le drame poignant, surgi entre ces deux êtres qui vivaient, aux yeux de tous, dans une union parfaite. Adrienne elle-même, sentant l'intime détresse de son mari, n'en connaissait au juste la nature.

As you make your bed, disent les Anglais, *you lie on it*. Que de fois James Robertson, songeant à part lui, s'était répété le proverbe. Tel il avait fait son lit, tel il le trouvait. Il n'avait pas raison de se plaindre. Si sa vie était gâchée, il l'avait voulu. Il n'aurait pas le mauvais goût de s'en prendre à des innocents. C'était à lui qu'il appartenait de préparer l'avenir et, s'il y avait manqué, lui seul devait en souffrir. Cela n'avait pas tardé. Entre sa femme et lui, l'abîme s'élargissait, chaque jour un peu plus. Les époux s'aimaient, mais se sentaient distants. Ils ne vivaient pas de cette vie intime où deux êtres, comme le rappelle saint Paul, deviennent une seule chair. Ils se surprenaient même, à certains moments, comme des adversaires dressés l'un en face de l'autre. Qui l'emporterait? Que fallait-il emporter? Ils n'eussent pas répondu à ces questions, mais ils avaient vaguement conscience, l'un et l'autre, qu'elles se posaient. Comme son mari, Adrienne Rocque pressentait l'orage menaçant, mais elle n'eût fait un geste, pas plus que lui, pour le déchaîner. Peut-être sentait-elle, au plus profond d'elle-même, qu'elle avait le dessus. À cause du milieu, de l'ambiance, du fait qu'elle était la mère des enfants, de ceux-là qui continueraient demain la famille terrienne. Ces deux âmes, vivant rapprochées, étaient l'une à l'autre étrangères. Quand Adrienne mourut, Robertson ne fut pas sans verser de larmes. Mais il pleurait son rêve déçu, autant que la compagne de vingt-cinq ans.

LES JOURS SONT LONGS

Le passé obscur*

(Extrait du premier chapitre. Un homme seul, encore, abandonné par ses fils. Le retour aux origines, à la nature, peut-il être le salut?)

Les jours sont longs, désespérément. Les années fuient sans qu'on les voie, mais les jours n'en finissent plus. Ils se traînent sans objet, sans signification, l'un à l'autre pareils. Où nous mènent-ils?

Hier, peu après dîner, j'ai marché jusqu'au pont de béton qui enjambe la rivière, à trois arpents de mon bureau. Des canards sauvages nageaient au-dessous, dans l'étroit canal où une usine abandonne, ne pouvant plus l'utiliser, l'eau qui donna vie à ses machines. Ils viennent ainsi chaque année passer les mois d'hiver dans notre petite ville. Autour d'eux, de la neige salie par la suie des cheminées, des glaces vert-sombre que ronge, près de la berge hérissée de saules défeuillés, un courant rapide qui ne gèle jamais. Ils vivent là. Tant bien que mal, ils se nourrissent. Mais où dorment-ils pendant la nuit? Où se cachent-ils? Pourquoi séjournent-ils parmi les hommes, quand il leur serait si facile de voler vers le sud et le soleil? Ils ont leurs raisons. Peut-être hésitent-ils à s'éloigner davantage du paradis marécageux où ils élèvent leurs petits, à la belle saison? Peut-être veulent-ils, la chaleur revenue, le regagner dans le minimum de temps?

Accoudé au parapet, je les regarde tourner en rond. Impassibles et l'œil grave, ils ne se permettent aucun bruit. Ils glissent sur l'eau qui ne les mouille pas. Comme sur signal donné, l'un d'eux plonge avec un curieux mouvement de bascule. Il reparaît après quelques secondes, reprend sa place parmi les autres.

Et je revois au loin, par delà villes et villages, à trois cents milles et plus, des canards qui leur ressemblent, des outardes lourdes et des hérons gris-bleu, endormis sur une patte. Derrière eux, en fond de scène, la ligne de conifères uniformes, de trembles et de bouleaux, qui sépare du reste du monde un lac que je voudrais oublier. Je n'y réussis pas. Il y a très longtemps, j'y ai laissé mon cœur. Aussi les jours me pèsent, comme s'ils ne devaient jamais finir.

J'ai vécu autrefois dans la forêt, pendant plusieurs années. Une sorte d'exil, mais voulu. Vie rude qui me séparait des miens, d'habitudes, d'esclavages citadins. Vie saine aussi, qui me mêlait à des gens peu compliqués, entiers à la manière des simples. J'étais comme transplanté dans un monde de bûcherons et de coureurs de bois, de bêtes sauvages qui ne veulent de mal à personne, d'arbres, d'eaux à perte de vue, de terre maigre et de roc. Les montagnes nous entouraient, qui cachaient à leurs sommets des lacs en entonnoirs et se réfléchissaient dans d'autres, étalés à leurs pieds. À cette époque, j'attendais peu de la vie. Je ne cherchais rien et trouvai des abîmes de douleur.

Les hommes de ma famille sont des violents. Violents à froid, si l'on peut dire, qui parlent peu, s'ennuient dans les réunions, s'isolent dans une foule. Capables de générosité et d'enthousiasmes, ils souffrent d'une raideur de surface qui les empêche de s'extérioriser. Je me rappelle ainsi mon grand-père et mon père, des oncles, et leurs descendants les continuent. Aussi dois-je me fouetter pour écrire ce que je ne confierais à personne, dans l'ordinaire des jours. Je ne sais d'ailleurs si je n'abandonnerai demain ce récit. Curieuse association d'idées, mais les canards coulant sur l'eau glacée, sous un soleil pâle, me le suggérèrent. Pour l'instant, il m'intéresse. J'ai connu jadis de telles heures, prometteuses ou désabusées, que j'éprouve du soulagement à poursuivre des impressions qui s'effaçaient, des images que le temps menace de brouiller.

La solitude n'existe pas, celle-là surtout dont on espère la paix. Si l'on peut fuir les autres, on ne se fuit pas soi-même. Où que vous alliez, votre pensée et vos actes vous suivent — pourquoi ce souvenir littéraire? — votre nature bonne ou mauvaise, votre lassitude. L'homme que vous êtes accable celui que vous avez été. Il le pousse à rendre compte et l'autre accuse, pour se disculper. À peine dans ma retraite, je me sentis victime de ce dédoublement. Le passé gâtait le calme autour de moi. Si Rolande me pardonnait, comme je le croyais, son souvenir ne me laissait pas de repos. Il me harcelait. J'étais plus confus qu'en présence d'un justicier, obligé d'établir la somme de mes torts et de dicter les réparations qui s'imposaient.

À maintes reprises, l'idée me vint de rebrousser chemin, de me réhabiliter auprès de Rolande. Je ne le fis pas. Certaine gêne me retenait, et l'orgueil dont j'alimentais mon désir d'oubli.

Peu importe l'endroit où je m'étais réfugié. Je ne le nommerai pas. Je ne le décris pas non plus avec précision, parce qu'il est des choses qui doivent rester ignorées. De braves gens peinent encore là-bas qui m'acceptèrent comme un des leurs, se souviennent des tristes événements où le sort m'assigna un rôle. Ils ne me gardent pas rancune, parce que j'ai souffert avec eux, mais ils n'oublient pas. À cette époque, on eût dit que les drames attendaient ma venue pour se produire. Après Rolande, victime passive, ce fut Adèle, victime tragique. Que l'une et l'autre sont loin!

Si j'ignore tout de Rolande, après tant d'années, je sais trop, hélas! ce qu'il advint d'Adèle. Je donnerais dix ans de ma vie pour que son image se fondît dans un incertain brumeux, s'estompant chaque jour davantage, comme le visage pathétique de Rolande. Moins fixé que je ne le suis sur l'étendue de son désespoir, je me dirais qu'elle vit peut-être en des lieux ignorés, entourée d'âmes à la hauteur de la sienne, le rêve généreux de sa jeunesse. Je n'aurais pas de certitude, mais à quoi bon la certitude de l'irrémédiable?

D'où nous vient, dans notre famille, ce tempérament dont les êtres souffrent dans notre entourage, dont nous souffrons, mais que nous ne pouvons ni ne voudrions corriger? D'où, à la fois, le besoin et le mépris de l'action? De qui tenons-nous la soif de connaître, le désir d'avoir, de posséder, et peu après le désintéressement, la lassitude, en face de ce qui est connu, acquis, conquis? S'il est en nous de la passion, il est aussi une sorte de satiété, antérieure à la satisfaction. Mots contradictoires en apparence, mais qui traduisent un état d'esprit complexe, peut-être faux, illogique, dont je pourrais montrer le mécanisme — si le mot est juste — à l'aide de noms, de dates, de scènes revécues.

Serions-nous les victimes lointaines d'un atavisme particulier, qui remonterait à cet ancêtre dont le souvenir reste confus ? Il appartient à un passé obscur, puisqu'il fut l'aïeul de ma grand'mère paternelle. On raconte qu'il avait du sang indien dans les veines, mais les femmes de sa descendance le nient, parce qu'elles s'en croyaient diminuées. Que savons-nous de lui? Qu'il passa un quart de siècle dans une réserve, se plaisant dans la compagnie des braves. Il vivait comme eux, avec eux. Chasseur et trafiquant de fourrures, guide dans les bois, bûcheron à l'occasion — mais quand la chasse ne rendait pas, et qu'il lui fallait quand même nourrir les siens. Si ses fils aînés apprirent à cultiver la terre, il n'eût pas consenti lui-même à marcher derrière une charrue. Deux garçons le quittèrent, pour ne pas revenir. Le bruit courut que l'un d'eux pilota un bateau sur le Mississipi, pendant des années, entre Saint-Louis et la Nouvelle-Orléans. Ni l'un ni l'autre n'écrivit jamais, ne donna de nouvelles à la famille. Des hommes étranges, comme le père.

Craignant de perdre d'autres fils, de ne pouvoir marier ses filles à l'orée de la forêt, le vieux s'achemina un jour vers un village. Il y mourut, incapable de s'adapter. Ma grand'mère disait que l'homme, taciturne et fort à écorner un bœuf de ses mains, mesurait six pieds de haut. Elle-même ne l'avait pas connu. L'aïeul ne savait pas lire, ne parlait qu'avec effort, comme à contrecœur, et portait une barbe qui lui remontait à la moitié des joues.

C'est lui qui nous légua le goût de la solitude et du risque, de la forêt, des grèves perdues, des vastes espaces sentant l'eau, la résine et le tanin. Il revit en nous, quand nous musardons sur une rivière ou un lac embrasé de soleil, ou que, gourds de froid à l'automne, les pieds dans la boue et les feuilles lavées de pluie, nous attendons à l'affût un gibier qui ne viendra pas. Il nous suit, quand nous marchons dans un chemin de portage embarrassé de racines, un canot de cèdre en équilibre sur les épaules. Souvent j'ai pensé à lui, pendant les années vécues à sa manière, soumis à l'enseignement qu'il nous transmettait par delà les générations. Je le sentais à mon côté. J'avais l'impression qu'il veillait sur moi, et qu'à cause de lui aucun mal ne saurait m'atteindre, sous la voûte odorante des pins et des épinettes, des merisiers habillés de mousse, du côté où l'ombre s'attarde. Je me disais ces choses, mais le malheur frappe à l'aveugle.

Que nous ressemblions au mort qui nous engendra dans le recul du temps, hors de sa volonté, je ne puis douter. L'ardeur à vivre et le recueillement, les dédains du solitaire, la hantise des espaces libres et durs au corps, il les connut avant nous. Si la généalogie de la famille ne souligne pas de métissage, car l'on cache ce que l'on veut ignorer, je reste fasciné par cette idée de l'hérédité indienne. À l'exemple de tant de Canadiens d'autrefois, plus habiles au maniement de la hache, du fusil, de la pagaie, qu'aptes aux raffinements de la vie en société, l'ancêtre gagnait son pain comme les sauvages dont il était le compagnon, peut-être le confident, à coup sûr l'élève, en ce qui concerne la science des bois et le parti à en tirer. Vivant près d'eux, il pensait et sentait comme eux. Ses dispositions, ses tendances percent à des degrés variés, mais avec assez de force pour qu'on ne s'y trompe pas, chez ceux qui vinrent après lui. Ils sont mal à l'aise dans un monde trop policé, efféminé, où l'éclat de l'éphémère importe plus que le sens et la fin de la vie.

Pourtant, rien ne me justifie de remonter à quatre ou cinq générations pour excuser chez les miens, en face de certaines situations, des sentiments ou des réactions en opposition. Dans son travail comme dans sa pensée, dans la gradation de ses désirs, l'ancêtre commun était trop primitif pour susciter, après tant d'années, l'envie par avance et la fatigue des mêmes choses. À une époque où vivre tenait à l'action volontaire, aiguillonnée par le souci constant de la nourriture, du vêtement, de l'abri, il n'hésitait pas devant la décision à prendre. S'il revenait sur terre, il se moquerait des complications sentimentales — il faut dire le mot! — où trop souvent nous nous complaisons.

Il avait l'âme simple, ce par quoi il aura été plus grand que nous. Il acceptait la tâche de chaque jour, mais sans attribuer aux événements une signification qu'ils n'ont pas, sans songer à sonder chez les êtres ces profondeurs où l'on ne saurait descendre avec impunité. Ceux qui s'abandonnent aux jeux de l'analyse gardent mal leur équilibre. Ils s'affaiblissent de trop comprendre. Fondé sur certaines ignorances et l'oubli de soi, le bonheur humain n'admet qu'un minimum de doute.

SIMONE ROUTIER (1900-1987)

Simone Routier, née à Québec, habita principalement Paris et Bruxelles où elle fut à l'emploi des archives et des services diplomatiques du Canada. En 1940, son fiancé périt dans un bombardement allemand sur Amboise. Cette date marque un tournant dans son œuvre, jusqu'alors celle d'une « romantique sentimentale et ironique », selon l'expression de Pierre de Grandpré, qui devient tributaire d'une inspiration religieuse approfondie (l'auteur fera d'ailleurs un stage chez les Dominicaines de Boucherville). Parmi les écrits de sa première plume, on consultera *Ceux qui seront aimés* (1931) et on lira *Les Tentations* (1934); de sa seconde période, que signale notamment l'éclatement des formes poétiques traditionnelles, on choisira les *Psaumes du jardin clos* (1947), mais surtout *Le Long Voyage* (1947).

Rondel

À Mme J.-L. Perron.

J'ai vu la noce à Plougastel
Où dansaient les coiffes de toile.
Les blancs boutons, rondes étoiles,
Riaient sur les vestons pastels.

La promise n'avait missel,
Vaporeuse traîne, ni voile,
J'ai vu la noce à Plougastel
Où dansaient les coiffes de toile.

Les cierges mouraient sur l'autel.
Au loin se risquaient quelques voiles.
Le vent là-haut, glaçant les moelles,
Se moquait des vœux éternels.
J'ai vu la noce à Plougastel.

Neige et nostalgie

À Jean Cassou.

Neige, tu tombes, tombes et tombes sur le sol étonné,
        puis sensible et résigné,
Sur le sol résigné de mon pays, enjouée et volontaire, tu
        tombes,
De mon pays que j'ai laissé certain printemps derrière mes
        pas,
Que j'ai laissé sans me retourner pour voir s'il était
        toujours là,
S'il était toujours là robuste et cruel et tumultueux et
        vierge,
Tu tombes, ô neige, profuse, verticale, circulaire, neige de
        mon pays,
Tu tombes obstinée, sur toi-même, inlassablement,
Tu tombes en tourbillon qui aveugle, saccage et désempare,
En tourbillon tu tombes distraite et fatale,
Tu tombes sur mon pays là-bas,
Tu tombes et je n'y suis pas.

Lassitude

Lassitude, ô ma lassitude de vivre!
Plus lasse que toutes les lassitudes.

Plus lasse que la chair lasse de se meurtrir et d'aimer,
    que la chair opprimée d'un poids rebutant,
    que la chair qui lutte et impuissante se rend,
Plus lasse que le cauchemar et la tête coupée au creux de
    l'oreiller fiévreux,
Plus lasse que la pluie d'un jour tiède, éternel et infini-
    tésimal,
Plus lasse que le bœuf qui a labouré double tâche et
    tombe,
Plus lasse que les pavés mortifiés d'un brûlant midi de
    juillet,
Plus lasse que l'écroulement du chemineau ivre, dans
    l'herbe grasse,
Lassitude, ô ma lassitude de vivre,
Plus lasse que la lassitude elle-même...

Je m'en vais là où jamais...

> *Et je sais pourtant qu'il faudra*
> *Passer le reste de mon âge*
> *À te perdre en de tels voyages*
> *Où jamais tu ne me rejoindras.*

XXX

Je m'en vais.
Je te quitte à jamais,
Ô toi mon superbe amour que j'aimais!

Je m'en retourne dans mon pays,
Là-bas, là-bas, bien loin d'ici,
Si loin de toi que mon cœur a choisi.

L'océan lentement glissera entre nous
Et je sais que nul remous
N'engloutira mon corps et mon chagrin fous.

Je m'en vais là-bas où ton visage est inconnu,
Là où, avant toi, sans âme, bien longtemps j'ai vécu
Je m'en vais là où je ne suis plus attendue.

Là où devant moi nul jamais
Ne prononcera ton nom que j'aimais,
Ton nom qu'ici tremblante ma plume omet.

Là où rien n'a connu ton regard,
Là où ma douleur ne saura où poser sa part,
Là où tu ne viendras jamais. Je pars.

Je pars seule à jamais loin de toi,
De toi, mon amour, ma chaleur, ma foi.
Je m'en vais au pays où l'amour a froid.

Là-bas je m'en vais
À jamais.
Si loin, si loin de toi que j'adorais.

Cigarette

À Jeanne Pouliot.

Cigarette, dans ta fumée
Expirée en lentes bouffées,
Je regarde s'évanouir
La grâce ivre de mes désirs.

J'y vois les larmes irisées
De maintes tendresses brisées,
J'y vois des paupières frémir
Et l'aveu délivrant mourir.

Tu décris en de gris nuages
Les évanescentes images
De beaux visages adorés,

Un fugitif instant mon âme
En ressent plus vive la flamme
Mais ils meurent tous consumés...

Aridité

> *Il faut prier. Tout le reste est vain et
> stupide. Il faut prier pour endurer l'horreur
> de ce monde, il faut prier pour être purs,
> il faut prier pour obtenir la force d'atten-
> dre.*
>
> LÉON BLOY.

Seigneur, le cœur est de plomb et l'âme d'absence au seuil de ce jour
    à peine né.
Souffrez cependant que je Vous l'offre comme ces fervents réveils que
    Vous m'avez donnés.

Ma mémoire n'a souvenir aujourd'hui que d'un arrachement, d'un
immense départ,
D'un trou noir, d'une peine affreuse vécue un midi, loin de tous,
quelque part.

Les yeux se refusent à ce vide, l'oreille se réveille mal à ces murs de
silence.
De chaque point de la chambre c'est comme une tristesse nouvelle qui
s'élance.

C'est comme des feuillages étonnants de vitalité autour d'un insensible
corps,
Comme des cierges indésirés funèbrement alignés dans un muet décor.

Mais ma couche est brûlante, je suis vivante encore: Levons-nous, le
jour attend.
On assure qu'il y a dehors de blonds et frémissants bourgeons, que
c'est le printemps.

Seigneur, toutes ces semaines d'hiver, Vous avez bien voulu poser sur
mon cœur
Des aubes ailées comme de gais oiseaux chantants, des oiseaux d'azur,
de douceur.

Et j'étais heureuse de Vous les tendre toutes en leur fécondité de
grâces et de joie.
Daignez aujourd'hui aussi bien accueillir ceux-ci sur lesquels l'absence
et l'aridité tournoient.

De même que je Vous donnais ma rencontre d'amour, mon épreuve
et mon réveil divin,
Que la corbeille de ce printemps ait à vos yeux quelque prix à cause
de cette indicible tristesse par ces clairs matins.

La ronde fantasque

> *Avant minuit, avancez tous vos ai-*
> *guilles d'une heure.*

AU CANADA, le 27 avril.

Cette heure-là on ne sait pas où elle est passée, ni ce qu'elle eût été
— tournent, tournent, les aiguilles ont tourné —
On ne sait pas où elle est passée, qui s'en est emparé ni ce qu'il en est
advenu, personne ne l'a vue.

C'était entre dix heures et minuit, il y avait quelques étoiles au-dessus
du petit pont et aussi quelques bourgeons.
Il était dix heures et soudain il fut minuit — tournent, tournent, les
aiguilles dans la nuit — d'un bond Cendrillon s'est enfuie.

C'eût peut-être été une heure pas comme les autres; mais qu'il faisait
froid! Et lui demandait quand même: « Dites-moi, oh dites-moi donc
un poème. »
Elle commença un long vers pieux — tournent, tournent les aiguilles
ont tourné — puis bredouilla tout le reste de travers, chacun des mots
lui venant à l'envers.

« Oh le vilain poète qui ne veut pas chanter, qui coupe les ailes même
à la poésie, oh la cruelle qui tue la fantaisie! »

Onze heures aux étoiles — tournent, tournent les aiguilles ont tourné —
et passé onze heures moi j'ai peur et, tant pis, je suis partie, j'ai tué
la poésie.

Il y avait l'heure, il y avait le froid; il y avait autre chose aussi... et
quand il a dit:
« Donnez votre main que je voie comme vous avez froid » — tournent,
tournent les aiguilles — c'est dans ma poitrine que ses paroles ont
tourné.

C'est que sur le dos de la mienne sa main était d'une douceur! Il n'en
est pas de telle. Il dit: « Mais elle est tiède! »
C'est que celle-là je l'avais tenue cachée — tournent, tournent, les aiguilles ont tourné — et là-dessus moi je me suis sauvée.

Il dit: « Vrai, comme vous grelottiez. Et moi qui voulais tant un poème,
un poème tout entier et vous ne m'avez donné que deux vers tron-
qués. »
Et une fois devant la porte — tournent, tournent, les aiguilles ont tourné
— moi j'ai dit: « Tiens l'heure, voyez dans le creux de ma main
c'est moi qui l'ai. »

C'est alors qu'à travers la vitre, mais je ne dis pas de laquelle vitre, il
m'a si longuement, si doucement regardée,
Regardée d'un regard si doux, interrogeant et reprochant — tournent,
tournent, les aiguilles ont tourné — que rien que d'y songer je n'ai
envie que d'en pleurer.

Brouillard d'automne

Sans bruit, durant toute la nuit, le brouillard a tout ouaté, tout feutré, tout enveloppé sans rien casser, ni rien oublier.
Il a tout avalé, mastiqué, volatilisé et tout réconcilié.

Isolément, on avance maintenant, doucement, comme des revenants qui ne savent vraiment ce qui les attend devant,
On avance comme en rêvant, soudain aérien, au flanc d'un guet-apens; ou en plein dedans, comme si on marchait dans du firmament tout blanc.

On y va à petits pas prudemment ne se jetant pas au-delà de l'immédiat,
Hier on brûlait des branches, mais c'était une fumée moins blanche et qui venait par tranches, avec un parfum! que cette brume-là n'a pas.

Qu'est-ce donc que ce brouillard si tranquille que ça? Où est-ce qu'on a pris tout ça et qu'est-ce qui nous restera quand il s'en ira?
Pour le moment les arbres — s'ils sont encore là — ne bougent pas; toute la ville parle bas, on ne la voit pas, on ne l'entend pas; pour moi je l'aime presque mieux comme ça.

Migration

À Alexis Rastorgouieff.

Reprends ton manteau de solitude, ton baluchon d'abandon et ta route d'incertitude.
On dispose de la chambre: ramasse tes nippes de quatre saisons, tes bibelots de caprice et tes livres d'inquiétude.
Vide tiroirs et étagères, n'y laisse flotter à peine, que ton parfum de nostalgie, l'immédiat et insaisissable sillage de ta fausse présence.
Chausse tes sandales d'errances et repasse le seuil où tu posas en entrant le fardeau trop las de ta trop tenace espérance.
Ne dis pas aux enfants, à tes petits amis de la rue, que tu ne reviendras plus: laisse-les, encore un peu, t'attendre.
Laisse-toi imaginer encore le galop éperdu de leur course de franchise, le brusque arrêt sur toi de leurs têtes casse-cous et sur ta main leurs petites joues sales et tendres.
Réajuste à ton dos le ballot et reprends ta migration... d'escargot. Aujourd'hui, tels visages dont tu t'imposes l'apprentissage;
Demain ces étrangers qui cerneront à nouveau ton horizon et dont ta capricieuse image sera la fenêtre scintillante d'étoiles ou murée d'ingrats nuages.
Rien comme ces sortes de bonds, du gîte connu à l'autre, énigmatique et arrêté, ici ou là, au hasard,

Pour te souvenir combien anonyme et changeable tu es, toi aussi, à tous égards.

Et rien comme le bref instant où le pied gauche a quitté le seuil familier, sans que le droit ait encore heurté la marche qu'il faudra surveiller,

Pour éprouver au-dedans et autour de soi à quel point on est bien, en tout et de tout, détaché, déraciné et à jamais inadapté.

Seule l'étoile au-dessus de la maison, ici comme là, demeurera la même, la lampe du gîte vigilant et permanent qui t'attend,

De ce gîte où tu poseras enfin par terre et définitivement ton manteau d'incertitude, ton ballot d'inquiétude et tes paperasses de tourment.

On dispose de la chambre. Voilà qui sert à point l'inconstance qui n'osait. Remercie Dieu d'avoir des jambes et repars.

Continue de t'acheminer encore et toujours, espérante et priante, vers la chambre de solitude perchée, ici-bas, n'importe où, quelque part.

Le divin anéantissement

Cette assomption de la chair en l'unité de Dieu concerne chacun de nous.

A. D. SERTILLANGES, O.P.

La mer qui berce, chante et endort,
L'Église qui écoute, pardonne et absout.
La mer berçante qui porte la barque et ramene le pêcheur,
La mer qui chante et rend la terre au marin,
La mer qui endort l'exilé et dilate le cœur
En mal de plongeurs la mer ne se lassa jamais de bercer.
En mal d'âme l'Église ne se lasse jamais de prêcher.

Une prière excite une autre prière,
Une lame épaule une autre lame
Et l'écume qui sur la plage
T'apprend la saveur de la mer
A mis des années à t'en préparer le sel.

Entre dans la mer et laisse-toi couper les jambes.
Dans la vague qui porte on n'a que faire des chevilles.
Coupe les amarres des attaches charnelles.
L'Église te prend dans ses bras
Et le corps ne peut appartenir à deux étreintes.

Le coquillage à ton oreille a porté toute la mer.
Le prédicateur t'a conté l'Évangile.
Mais quel infime secret, dans un seul coquillage

L'immense mer a-t-elle pu emprisonner?
Qu'est à l'homme la douceur du plus poignant Évangile
En regard de tout l'amour de son Auteur même, en lui?

Confonds-toi à la mer: elle se confondra à toi.
Ses trésors, un à un, jour après jour,
D'un coquillage, d'une vague, d'une marée à l'autre,
D'une grâce à l'autre tous elle te les confiera dès ici-bas.
Ne discute et ne pèche plus sur la plage.
Donne-toi; fais confiance à l'eau.

L'Église n'est point une doctrine, c'est une tendresse.
La mer n'est point un abîme, c'est un refuge.
Combien léger ton cœur dans la poitrine de l'Église,
Combien libre le poids de ton corps dans l'eau,
Dans l'eau salée de la mer qui porte,
Qui soulève, assainit, dégage et assouplit.

Romps les amarres, jette-toi à Dieu.
Ne supporte plus le soleil qu'à travers l'eau,
La tentation qu'à travers la grâce;
Ne remets plus au sablier du temps le sable,
Bois au sable noyé l'éternité.

Dans la résille d'or que la crête multiple des vagues,
À marée basse, forme sur ce sable,
Tends pour toi au fond de la mer,
Laisse-toi prendre, c'est le filet du Divin Pêcheur,
Le filet des troisièmes conversions.

Seul l'œil t'y peut croire prisonnière,
C'est là que tu conquiers la vraie liberté,
L'exaltante liberté, dans la lumière, des Enfants de Dieu.

Abandonne-toi à la mer,
Laisse-la te sculpter à son image,
Te polir de son éternelle patience.

Laisse la grâce t'envelopper; te pénétrer de toutes parts
Et tu oublieras les contours de ton corps,
Tu trouveras enfin ceux de ton âme,
Infinie à la mesure de la mer, infinie à la mesure de Dieu.

Pour oublier la ville, ne va plus au village,
Pour oublier le village, égare ici tes sandales
Et pour renoncer aux sandales, laisse-toi scier les chevilles.
Laisse-moi, dit la mer, t'enlever à la terre,

Laisse-moi t'apprendre le véritable abandon et la joie,
Laisse-moi t'apprendre l'extase infinie, mon Divin anéantissement.

JOVETTE-ALICE BERNIER (1900-1981)

Poétesse et romancière (*La Chair décevante*, 1931), auteur de billets radiophoniques et de nouvelles (*On vend le bonheur*, 1931), Jovette Bernier a surtout
chanté la nostalgie de l'amour déçu, le désir brisé et, comme l'auteur des
Psaumes du jardin clos (1947), a béni Dieu « pour ce qui m'abandonne et me
punit ». Mais *Tout n'est pas dit* (1929): chez elle, la résignation n'est ni entière
ni psalmodiée comme celle de Simone Routier, et la parole, si elle dit toujours
la déception et l'humilité, demeure orgueilleuse dans les poèmes des *Masques
déchirés* (1932) et de *Mon deuil en rouge* (1945), et deviendra une poésie
révoltée dans son roman *Non, monsieur...* (1969).

Je suis le matelot

J'attends je ne sais quoi qu'on ne m'a pas promis:
Mon rêve est de l'espoir où le doute s'est mis.

J'ai le mal incertain, la pâle nostalgie
Du matelot qui guette aux heures de vigie;

Qui désire une plage où reposer ses yeux
Loin d'immuables eaux, loin d'immuables cieux.

Je suis ce matelot qui croit et qui s'abuse;
Que la vague désole et que le sort amuse,

Et que l'illusion d'un pays inconnu
Fait sourire à demi quand le calme est venu.

Quand il rêve, les soirs, sous la lune païenne
Et qu'il aime déjà cette terre incertaine.

Je suis ce matelot qui regarde là-bas,
Croyant à quelque sol qui peut-être n'est pas.

La cause de ma joie est cause de ma peine,
Et je ne saurais dire où mon rêve me mène.

Partir sans un adieu

Partir sans un adieu et sans serrer de mains,
M'en aller au hasard, m'en aller loin, si loin.
Que l'Ennui se fatigue à suivre mon chemin.

Ailleurs, sous d'autres cieux, voir d'autres paysages,
D'autres laideurs, d'autres beautés, d'autres visages;
Je veux voir d'autres fous, je veux voir d'autres sages.

Que m'importe, pourvu que loin du familier
Je puisse un peu sourire avant de m'ennuyer,
Et tromper un désir que rien n'a rassasié.

Il faut que d'autres yeux m'aiment ou me haïssent,
Il faut que d'autres cœurs fidèles me trahissent,
Et que ma lèvre boive à de nouveaux calices.

J'aurais dû taire tant d'aveux

J'aurais dû taire tant d'aveux
Où j'ai mis à nu ma faiblesse;
Je n'ai pu cacher à vos yeux
Les traits souffrants de ma tendresse.

J'aurais dû voiler la pâleur
De ma sensitive narine;
Vous auriez aimé moins d'ardeur
Et mon âme moins féminine.

La vérité vous a déplu,
Et je n'eus jamais le courage,
Et j'ai dédaigné la vertu
De dissimuler mon visage.

Mon plaisir fait trop de soleil,
Mon rire est trop près de ma peine,
Et mon chagrin, toujours pareil,
Chante sa même cantilène.

Le petit lac bleu

D'aussi loin qu'il me souvienne, j'eus dans mon enfance l'intimité d'un lac petit et tout bleu qui demeura longtemps dans mes habitudes de promenade et de désobéissance. Ses rives étaient longues et plates, d'un sable marin; des buissons, de partout, s'avançaient et se penchaient sur l'eau en formant des anses, où la vague clapoteuse mouillait plus loin la plage, et montait dans un rythme mol et cadencé qui me captivait.

C'était un petit lac comme tous les autres petits lacs, je pense bien, mais il me paraissait si grand, si grand, avant de lui avoir comparé le fleuve et la mer.

Il m'avait jeté le charme de l'océan. Je lui trouvais de l'immensité, et parce que sur défense, je n'allais le lui dire qu'en me dérobant à la maison, je lui trouvais un attrait de chose interdite qui m'appelait toujours et qui me plaisait mieux.

J'y pensais tout le jour, j'en rêvais la nuit; je glissais sur ses lames comme la libellule portée sur une feuille de chêne; et quand l'enchantement de mon rêve avait trop duré, quand je m'étais fatiguée à le savourer, j'avais parfois, la nuit, le cauchemar de la chute qu'il formait près d'un vieux moulin et où j'allais irrévocablement m'engloutir, si un sursaut de terreur ne m'eût alors éveillée.

Je ne vivais que pour ce lac bleu.

Mais je ne le comprenais plus autant, il me parlait moins, quand ma surveillante m'accompagnait et me dirigeait de la main. J'avais l'intimité de ses bords; je savais où était la roche à fleur d'eau où je m'assoyais souvent, laissant jouer mes pieds entre deux eaux; c'était une volupté qui me donnait le vertige, quand je fixais longuement le beau milieu du fluide. J'y flânais, mais jamais jusqu'au bout de mon désir; je ne comprenais pas qu'on voulût loin de lui me retenir, et je me demandais pourquoi on avait tant peur de ce lac bleu que j'aimais, auquel je ne trouvais ni malice ni danger et qui jasait si doux sur les cailloux, quand je l'approchais. C'était mon ami, à moi. Aux autres il semblait ne rien dire: je me donnais raison de m'y attacher. Le bon Dieu l'avait fait pour moi, ce lac.

Mais je n'ai jamais pu savoir comment il me prit, un jour, un mignon soulier qu'il n'a jamais rapporté à la rive, et que j'ai longtemps attendu, et que je lui ai souvent demandé. Le petit lac a gardé de son amie un lilliputien soulier que j'ai dû payer cher de mes larmes à la maison, parce que c'est le lac qui me l'avait pris.

Et chaque fois que je revois ce lieu de mes réminiscences, il me semble que je vais voir flotter quelque part mon petit soulier verni, pas plus long que ça, avec son bouton qui ne tenait jamais, avec les plis intimes que mon pied lui avait donnés et son talon rongé que je reconnaîtrais.

La petite fille de jadis qui eut l'intimité d'un lac bleu, — qu'elle croyait alors un océan, et qui pensait ne pouvoir jamais aimer autre chose, — découvrit, depuis, bien d'autres nappes luisantes; mais le souvenir des premiers enthousiasmes, et des premières extases laisse quelque chose d'attendrissant qui ressuscite une joie naïve.

L'aurais-je jamais cru que j'aimerais tant d'autres choses après ce lac bleu, tant d'autres choses éblouissantes et cruelles?

Parce qu'elle ment

Dans l'immense théâtre qu'est le monde, où chacun met en scène son sourire faux, ses larmes fausses et ses faux bijoux, la vérité se dissimule dans les coulisses et ne paraît jamais d'elle-même. Et ceux qui, charmés du spectacle de la rampe, ont voulu en voir le stratagème, en ont toujours été déçus. C'est que la vérité n'a qu'un charme, celui d'être vraie; c'est l'antithèse du bonheur. Vu par l'envers le rose chaud des lumières met partout la réalité: les yeux ne sont plus les yeux qu'on a vus de loin; et le diamant qui luisait là-bas n'est plus, de près, qu'une pierre de deux sous. Et malheureusement c'est l'envers de la scène qui est vrai, c'est là que le charme se brise, que l'illusion tombe, où le mensonge est dévoilé.

Mais ce besoin aussi qu'on a de découvrir et de savoir ce qui nous désenchante et nous fait de la peine; ce qui nous dépoétise, un décor, une figure ou une âme; ce qui nous balafre un tableau. Avec l'illusion on croyait à la beauté, on écoutait des paroles sincères, on voyait des gestes émouvants, tout ce qui fascine le désir et l'enthousiasme; mais on veut rompre le charme, on a l'impulsion de connaître. Avec l'illusion on était riche de tout ce qu'on ne possédait pas, on avait foi en des choses dont il fait peine de se défaire: on a voulu posséder la vérité au détriment du bonheur.

Et le bonheur se venge de tous les artifices qu'on lui enlève: de se voir surpris sous son vrai jour, de montrer la figure qu'il a quand il ne nous regarde pas. Le bonheur se venge de se voir frustré dans les petits manèges qu'il prend pour nous séduire. Il sait, qu'alors, on ne croit plus en lui, que c'est peine perdue, tous ces petits détails quotidiens qu'il apporte, ce renouveau d'effet; parce qu'on sait qu'il ment, il s'en venge, le bonheur.

Et l'on regrette le voile et le prisme qu'on a brisés; le mensonge qu'on a percé, comme font les enfants qui crèvent une merveilleuse bulle de savon où tous les ors, les bleus et les roses se jouent, seulement pour voir dedans, ce que cachait la bulle.

Les années ont beau accumuler leurs jours et leurs outrages et leurs leçons, la vie n'est belle que lorsqu'elle ment.

On lui demande la vérité, on scrute ses lendemains, on questionne ses avenirs; et l'on est anxieux parce qu'elle se fait mystique, et qu'elle répond dans le lointain; parce qu'elle se dissimule et qu'elle promet toujours avec de meilleurs rêves, ce qu'elle ne pourra jamais donner.

On lui pardonne, au souvenir des éclaircies qu'elle a trop tôt brouillées; on lui pardonne, en attendant le toujours nouveau mensonge, qui nous consolera de la vieille erreur.

On l'aime, parce qu'elle ne dira jamais le jour où son charme cessera de nous animer. Et, si la crainte de mourir demain, aujourd'hui, sur l'heure, nous obsède, nous nous cramponnons à elle pour de nouveaux espoirs; on craint qu'elle parle, et on la retient, pour croire à d'impossibles choses.

On l'aime, parce qu'alors elle est muette et silencieuse, au moins; parce qu'elle sourira encore en nous préparant le coup final.

... On l'aime, parce qu'elle ment dans son mutisme comme dans sa promesse, et qu'elle nous laissera, jusqu'à la tombe, le désir de la posséder et de l'étreindre; le désir inavoué que nous avons de la vouloir éternelle.

Prière

Je te bénis, mon Dieu, toi qui fis des contrastes
Si beaux, que je n'ai pu conserver mes yeux chastes;
Toi qui fis ma vertu si faible et le Hasard
Trop puissant et toujours embusqué quelque part.

Pour ce flot de sang chaud qui bondit dans mes veines,
Pour ce désir qui darde, aigu comme une alène,
Ma chair trop sensitive et mon faible vouloir;
Pour la lutte acceptée en face du devoir;

Pour tout ce qui guérit et qui se renouvelle;
Pour l'espoir qui me tend au loin ses passerelles
Sur le gouffre où mon pied tremblera de passer;
Pour ce que tu m'as pris, ce que tu m'as laissé;
Pour ce qui m'abandonne et ce qui me punit;
Pour tout ce qui me vient, mon Dieu, je te bénis.

Pour tout ce que tu mis en moi de difficile
À vaincre; pour mon cœur consentant et hostile;
Pour le mépris que j'eus toujours des faux remords,
Je te bénis, mon Dieu, pour l'Amour et la Mort.
Pour le chemin glissant des molles défaillances;
Pour la punition plus dure que l'offense,
Lorsque je te jurais n'avoir cédé qu'un peu,
Pour ce que j'ai souffert, je te bénis, mon Dieu.

Pardonne, si parfois je fus trop téméraire,
Et, pour te revenir, si je suis la dernière.

Mon âme était pareille

Autrefois, je croyais. Mon âme était pareille
Au bateau neuf qui dans les rades appareille.

Je me laissais bercer par le flot, je rêvais
Des grandes mers que mon sillage étonnerait.

Je voyais, au lointain, m'attendre les escales;
Ma foi n'avait alors que ma fierté d'égale.

Nimbé d'orgueil, il est parti vers l'inconnu
Le navire que nul effroi n'eût retenu.

Il a vieilli trop tôt; maintenant, c'est un sage
Qui ne sursaute plus en pensant au naufrage;

Qui peut, sans s'affoler, partir par le gros temps
Ou par un matin clair, sans être plus content.

Un voyage, pour lui, n'est qu'un ancien voyage;
La mer: il a connu ses multiples visages.

De tout ce qu'il apprit et qu'il vécut de vrai,
Rien ne ressemble moins au rêve qu'il a fait.

Mon âme est ce navire aux anciennes prouesses,
Dans le port où rêva sa première jeunesse;

Navire qui revient sans émoi, qui repart
Sans regret, impassible et prêt à tout hasard:

Mon âme résignée à toutes les partances,
Qui voit d'un œil pareil la joie ou la navrance.

J'abdique tout

Je ne suis plus qu'un peu de chair qui souffre et saigne
Je ne sais plus lutter, j'attends le dernier coup,
Le coup de grâce et de pitié que le sort daigne
Asséner à ceux-là qui vont mourir debout.

J'abdique tout. J'ai cru que la cause était belle
Et mon être a donné un peu plus que sa part;
La mêlée était rude et mon amour rebelle,
Ma force m'a trahie et je l'ai su trop tard.

Je suis là, sans orgueil, sans rancœur et sans arme;
Mais l'espoir têtu reste en mon être sans foi,
Même si je n'ai plus cette pudeur des larmes
Qui fait qu'on a l'instinct de se cacher en soi.

La vie âpre, insensible, a vu ma plaie béante
Et tous les soubresauts qui ont tordu mon corps;
J'ai crispé mes doigts fous aux chairs indifférentes,
Mon amour résigné a pleuré vers la mort.

Qu'elle vienne, la mort, celle des amoureuses,
La mort qui vous étreint comme des bras d'amant,
Et qu'elle emporte ailleurs cette loque fiévreuse
Qu'est mon être vaincu, magnifique et sanglant.

Tout mon tort

Avant de l'avoir lu, ne jugez pas le drame,
    Je dis ce qui en est:
Mais lorsque je mourrai, vous jugerez la femme
    Qui jura que jamais...

....

Vous direz: « Elle était moins maussade que triste
    Avec son front baissé;
Son mutisme chercheur nous parut fataliste,
    Mais elle osait penser. »

« Elle a toujours jeté son dévolu terrible
    Sur le plus inconstant,
Et l'homme qui l'aimait l'a trouvée impassible
    Et songeant à l'absent. »

Vous direz: « Elle était moins douce qu'orgueilleuse
    Quand elle a pardonné.
Elle a dit en riant qu'elle était vertueuse,
    Crainte de se damner. »

« Elle eut légère la parole et fut peu sage
    Malgré ce qu'elle a dit.
Elle a laissé saigner son cœur sur tant de pages
    Qu'il tache ses écrits. »

Car, j'ai toujours été plus souffrante que folle
    Lorsque j'ai ri trop fort,
Mais pas un n'a compris ainsi mes gaudrioles,
    Et c'est là tout mon tort.

Mon deuil en rouge

Peine dure et têtue et sans cesse à l'assaut
D'un mépris, d'une honte ou d'un plus haut calvaire;
Toi qu'on a vue aller tantôt ivre, tantôt
Pitoyable et courbée au bras de la chimère;

Toi pour qui les Destins étaient bordés de noirs,
Quel dieu t'a commandé de redresser l'épaule
Pour en faire soudain un si beau reposoir?
Quelle déesse lasse a modifié ton rôle
En attifant ton deuil, ta pudeur, tes raisons
De ce rouge illusion qui ne trompe personne?
Ton orgueil pressuré craque de dérision,
Ton dos fait pour les coups, ton front mouvant et rond,
Prêt à tout accepter: les soufflets, les couronnes,
On les retrouve avec leurs espoirs déprimés,
Leur courage crevé, leur désarroi d'attendre
Et ce regard mouillé propre aux chiens mal aimés
Qui ramassent leur corps sans chercher à comprendre.
On ne t'aimera pas dans ton manteau royal
Peine toute jaunie à force d'être vieille,
Trop lourde pour traîner tes haillons et tes veilles,
Trop faible pour pouvoir, dans le spasme final,
Relever ton faisceau d'un geste théâtral.

On ne t'aimera pas dans ce manteau plus rouge
Que certains coutelas trouvés au seuil des bouges;
Rouge comme un couchant de soleil excédé
Comme l'obsession du forçat évadé,
Tous les rouges déments: haine, peur et délire
Et le rouge scandale, et le rouge martyre,
Du plus lâche au plus fier presqu'au plus cérébral:
Rouge de la folie et des marteaux d'alarme
Qui font surgir des ronds de feu dans leur vacarme,
Rouge strident, pointu comme un cri de chacal
Qui ne veut pas mourir! Rouge dur, immoral,
Rouge fatal et rouge qui tire les larmes...
Et cet autre si ferme et si froid qu'il désarme:
La sentence de mort que lance un tribunal.

Ah! lorsqu'on te verra dans ce deuil dérisoire
Dont le plus doux des Dieux a rempli le prétoire,
Cœur ambulant, cœur étouffé, aux traits tirés,
On ne te croira pas, tu ne peux plus pleurer;
Pas même pour ternir ou étoiler mon livre.
Tu ne peux plus pleurer, hélas! pour t'en guérir,
Les hommes t'ont brûlé les yeux de leurs désirs.
Mais tu voudrais prouver ton audace de vivre
Quand passe la parade et qu'éclatent les cuivres,
Et tu n'as même pas fait claquer tes talons
Quand le sursaut de vivre a mis ton cœur d'aplomb.
Et tu crânes, debout, pareil à ces malades
Qui ont vu dans leur lit la mort en embuscade.

Tu voudrais ameuter tes instincts, ces laquais,
L'opprobre d'abdiquer te prend comme un hoquet
Et ton deuil empourpré de dégoût, de soufflets
Est pareil, à travers la navrante huée,
Au manteau qui fit rire... et rire! la Judée.

Chanson de la maladroite

Faiseuse de chansons que tu n'as pu chanter,
Faiseuse de soucis, de labeurs inutiles,
De projets aussitôt regrettés ou ratés,
Faiseuse de bonheurs toujours trop difficiles
Va! propre à rien qui n'as jamais eu de repos,
Tu t'es blessée à tout et tu t'es égorgée
      Avec tes désirs, ces lassos.
Maladroite! qu'on vit partout les mains chargées,
Soulevant on ne sait quel paquet d'abandon;
De tes mains pleines de sanglots, de tes mains vaines,
Tu n'as même pas pu sauver une illusion,
      Tu n'as réussi que ta peine.
Mais, tu croyais. C'était cela. On croit guérir
Puis on laisse passer son heure de mourir.
Ah! je t'ai vue aller sous des avrils si tendres
Qu'ils fondaient de pitié pour les cœurs les plus faux
Mais sur toi, le soleil n'osait jamais descendre
Ton cœur était si triste à travers ton manteau.

Le petit navire

Non, vous n'étiez pas fait pour ces longs-cours navrants.
Vous étiez un bateau difficile à conduire:
Souvent gai, mais jamais content.
Bizarre et contrariant navire,
Craignant tout, n'ayant peur de rien. — Un soir pervers,
Quand la vague, d'un bond, gifla votre carène,
Vous avez craché dans la mer.
Vous avez renié vigie et capitaine
Et voulu être seul. Seul avec votre peine.

....

Non, mon cœur, et c'est là que vous vous abusez:
Vous ne savez pas naviguer.
Et pourquoi fallait-il tant aimer l'aventure!
Le vent n'a jamais eu raison de vous? jamais?

424

Vous mentez sans mesure.
Ces flancs avariés alors, qu'est-ce que c'est?
Laissez voir vos agrès:
Allons, et cette proue au radoub,
C'est la caresse des remous
Et des lames de fond qui vous sautaient au cou?
Ne crânez pas toujours. Avouez vos déveines.
Qu'avez-vous rapporté des escales lointaines,
Pauvre vaisseau raté, propre-à-rien, pas-de-veine.

....

Vous juriez de cueillir la Rose d'Ispahan,
Vous n'avez rencontré que la Rose des Vents.
Allez voir ce qui reste au large
De tous les beaux sillages
Que vous avez creusés,
Et de tous les périls que vous avez osés.
Allez voir... si quelqu'un, là-bas,
S'amuse à vous attendre en se tordant les bras
En songeant aux hasards que vous avez croisés?

....

Et cent fois vous avez failli faire naufrage.
Sitôt sauvé, c'était nouvel appareillage,
Vous n'aimiez que cela, bastinguer, dérader,
Gagner le large!

....

À quoi sert de pleurer?
Demain, vous casserez vos amarres
Pour l'aube qui luira dans vos hublots crevés.
Et dans la nuit perverse où vous fuiront les phares,
Que feront dans le tintamarre, vos trois Avé?
Allez, tanguez, roulez!
                    Certes, vous avez eu
Plus de courage que bien d'autres. Plus de cran, plus...
Plus de tout ce qui fait qu'on mérite la Gloire.
(Mais vous avez si peu souci de vos victoires.)
On vous la donnera, si vous coulez à fond
Quelque nuit d'équinoxe, aveuglante d'étoiles.
On vous le donnera le pompon d'immortelles,
La médaille et le médaillon!
Non.
Vous êtes bien frondeur, vous n'êtes pas bouffon.

Lettre à un monsieur

Je suis contente d'avoir ri
Quand vous m'avez fait tant de peine.
J'aurais pu mourir! — Aujourd'hui
Je me remercie d'avoir ri.

J'ai pensé de m'ouvrir les veines
    Me pendre, me noyer
    Ou bien m'empoisonner.
Toute une nuit j'y ai pensé,
    (Vous en valiez la peine)
    Et cherché des outils:
Revolver, corde, iode, pastille ou bistouri?

Ah! que j'ai bien fait d'avoir ri.
D'avoir mangé sans appétit,
D'avoir fait comme Diogène,
Quand vous m'avez fait tant de peine.

J'ai bien failli mourir pour vous,
Le soir du grand coup de bambou.

« Puce, c'était moi »*

(Extrait du premier chapitre du roman *Non, monsieur...*)

C'est venu un soir où de toutes les idées farfelues qu'on avait eues il n'en restait qu'une.

C'est venu de l'abus d'une ville qui s'est mise à nous projeter dans ses gratte-ciel. C'est venu du machiavélisme des nœuds routiers, de l'interdit, de l'acier, du béton, du marteau-pilon.

C'est venu de lui qui n'avait plus le temps d'aimer. De moi qui n'aimais plus le temps présent.

C'est venu un soir je ne sais comment.

Était-ce bien la peine de se retourner pour revoir ce qu'avec tant d'in-conscience on avait aimé, perdu, abandonné le long d'escales forcées ou consenties? quand on avait oublié jusqu'au mal que l'on s'était donné pour en arriver à une simagrée de maturité. Au point d'avoir oublié la vérité de son visage. Visage que si longtemps j'avais tenu dans le creux de ma main pour ne pas avouer l'enfance demeurée.

Qu'une idée: rejeter ce masque de grande personne que l'on n'avait jamais été. Que l'on ne pouvait pas devenir parce qu'on n'était que lutin et faune à sursauts jaillissants ou rétractiles. Revenir à sa manière d'être, au-thentiquement pareille à soi-même. Se refuser aux prestiges empruntés, à tout ce qu'on avait fait semblant de croire, tenté d'être sans plus d'ambition que de ne pas déranger les convenances.

Repérer ce moment choc où pour la première fois on avait regardé la vie en face. De l'audace? même pas. Poltronne risque-tout violant l'interdit. Effronterie de timide qui, sans réfléchir, fonçait pour sitôt s'en dédire dans un recul et sans avis, s'élançant, plongeait dans des bras fermés. Se livrant mais jamais au bon moment.

Se retrouver telle quelle. Retrouver l'enfant qu'on était.

C'est venu un soir. Qu'une morosité: se retourner, annuler un entassement d'années, faire le compte à rebours.

Qu'une obstination: sortir du béton, aborder quelque part où il y avait quelque chose. Quelque chose comme un oreiller complaisant ayant gardé l'humaine apparence d'une candeur qui jadis y avait dormi.

Réveiller son enfance. À tâtons.

C'était Hier, autrefois, dans le Temps j'étais une autre quelque part avec des gens perdus de vue depuis quand?

C'était mon village. Puce, c'était moi.

Dans mon village il y avait trois filles pour un garçon. Trois métiers pour une fille. Puce n'avait jamais remarqué cette singularité. N'avait jamais remarqué que ce monde était fait pour l'homme. Jugea insolite la virginité dans un monde conçu par couples. Ce jour-là lui vint la certitude que le célibat n'était pas un état mais une malchance.

Surprise par les exigences de la puberté, ahurie d'être par la magie de cette mutation quelque chose ressemblant à une femme, elle ne savait plus où jeter sa curiosité. S'employa à se dépêtrer de fils à la patte, principes, ça-ne-se-fait-pas et autres embarras. Elle avait changé de planète.

Le mariage, permettant tout ce qui lui faisait envie, n'exigeant ni chasteté, ni dot, ni diplôme lui parut une philosophie reposante. La meilleure garantie pour s'éviter des tas d'embardées.

Mais les aînés croulaient alors comme aujourd'hui. Tous augures et prophètes ils savaient tout. Au premier risque ils l'ont rembarrée:

— Ne complique pas les choses. La vie fera ça mieux que toi.

La vie s'en est chargé. Celle-là pour le croc-en-jambe elle n'est pas battue. Adroite pour te siffler le morceau et tirer les rieurs de son côté elle est champion. Mine de rien, méticuleuse pour ne rien rater, déjouant toutes précautions elle a accompli les oracles. Réussi le gâchis.

Et pourtant un miracle est arrivé: l'amour. De ces prodiges inutiles. Une pitrerie, l'amour à sens unique. L'amour à rebours. L'amour sans retour: Oscar aimait Puce. Elle aimait Noc. Et Noc s'en foutait vous ne pouvez pas savoir. Il la brisait. L'autre n'arrivait qu'à la crisper et les décatis lui tombaient dessus avec leurs rabâchages:

— Ça rime à quoi cette toquade? il faut qu'une fille ait perdu la tête ou l'honneur pour épouser un Indien. Surtout celui-là qui ne vaut pas la corde pour le pendre.

Elle s'obstinait. De seize à vingt ans ils l'ont tenue à la bride:

— Que tu renâcles ou te rebiffes n'y changera rien.

Mais, d'impatience, elle piaffait:

— Bon Dieu! le temps que ça prend pour avoir vingt et un ans. On n'en sort plus à chaque anniversaire de se morfondre dans une stagnation de décimales.

Eux savaient. Ils étaient prudents. Ils étaient patients:

— Qu'est-ce que tu en feras de tes vingt et un ans?

Ça Puce le savait par cœur. La vie était belle si elle ne l'était pas:

— Le jour de mes vingt et un ans la vie je me l'apprêterai et me la servirai moi-même.

On dit ça, mais quand vient le temps... Qu'avaient-ils bien pu mettre dans cette vie pour qu'au premier goûter elle lui parût si saumâtre. Pimentée en trop ou pas assez. Fadasse souvent. Rarement à point. Quelle âme damnée avait bien pu dresser ces résistances: non-no-nique-nenni partout où elle voulait entrer.

Et cette folie: pour mater l'impossible ne rien trouver de mieux que se buter à ne pas vouloir l'admettre. Se complaisant à imaginer des probabilités: supposons que-à-présumer-mettons-que-si-plus tard...

On a coupé court à ses atermoiements:

— Tu n'as pas les moyens de te croiser les bras.

Il lui resta la pudeur de se croiser les jambes.

Noc ne se doutait pas le moins du monde qu'une fille éperdue de puberté s'inventait avec lui la plus chimérique aventure avec dessein de la mener au gré de sa fantaisie.

Trois filles pour un garçon: il y avait Estelle, Valérie, Madeleine. Dans la course, Puce était la quatrième.

Eux, à la maison, ça les arrangeait bien:

— Laisse la compétition. Il y a les métiers.

À prendre ou à crever. Il fallait voir la sélection: le fond du panier valait bien le dessus. Trois métiers: l'un aussi honnête que bête, écurer les saloperies des autres. Non monsieur. Ils pouvaient aller se faire lanlaire avec leurs domesticités. L'autre labeur? ni honnête ni bête si seulement il avait été légalisé. Restait un petit turbin à étiquette libertine: maîtresse. De qui de quoi? de potaches. Un titre qu'on avait adroitement familiarisé pour lui donner un faux air d'amadou. De quoi prendre ses rêves pour des réalités. Bien sûr maîtresse de rien. Sans attributs mais quand même on vous offrait un meublé. Modeste mais « t'es chez toi. » Au bas mot on vous entretenait.

Les parents y trouvaient leur compte si vous ne trouviez pas le vôtre. Ils vous refilaient leurs échecs. Vous collaient des enfants mal partis, futés, pouilleux, cancres que c'en était un bonheur. Avec injonction d'en tirer quelque chose que ces grimelins s'arc-boutaient à ne pas vouloir donner.

Le métier n'était pas commode. Un choix? oh que non. C'était plutôt ce qui vous échoit. Ce que vous faisiez semblant d'accepter pour en donner à croire et peut-être y arriver vous-même. C'était un pis-aller, en dernier ressort, faute de mieux. Gagne-pain de mère en fille.

On exigeait un parchemin et une vertu consolidée par le renoncement à toute promiscuité avec l'homme. S'il n'était pas sacré. — Sacro-saint métier à chasse gardée. — Sorties permises: de l'école à l'église. Encore valait-il mieux baisser les yeux devant la provocation d'un caleçon que le vent voluptisait. De toutes joies physiques ne vous était accordé que l'assouvissement à table.

Pour les braves gens vous n'aviez qu'un nom: la maîtresse. Toujours Tête-de-Turc pour les potaches. Mais sur les dossiers administratifs vous étiez titulaire (honneur au mérite) plus souvent: institutrice (avec un « t » ou deux escamotés.) Pour le curé vous étiez à la merci de sa nature: Pâtira, coqueluche, chat à fouetter, ferveur, chien de sa chienne, dada ou vendetta d'abstème.

Il vous méprisait, protégeait, fustigeait, renvoyait sans procès. Vous plaignait parfois. Rarement vous respectait. C'était selon. Grandeur, mesquinerie ou saloperie. Il y avait les purs et les autres. Vous trouviez le saint curé d'Ars ou Raspoutine. Vertu ou viol-au-mur. Excusez du peu.

Qu'est-ce que je raconte...

ROSAIRE DION-LÉVESQUE (1900-1974)

Si Baudelaire n'avait pas été un grand poète, il demeurerait le traducteur d'Edgar Poe. Rosaire Dion-Lévesque, de son vrai nom Léo-Albert Lévesque, ami de Louis Dantin qui comme lui vécut en Nouvelle-Angleterre, auteur des *Oasis* (1930), de *Petite Suite marine* (1931), de *Solitudes* (1949), de *Quête* (1963), n'est peut-être pas un très grand poète, mais sa traduction des *Leaves of Grass* (Walt Whitman, 1933, préfacé par Dantin) témoigne d'un travail créateur qu'il n'est pas permis de passer sous silence. « Edgar Allen Poe » et « Si je chante souvent » sont extraits des *Oasis*; « Père », « Mon pays », « Ma rivière », de *Quête*.

Chanson de l'universel

(Traduction de Whitman)

1

Viens, me dit la muse,
Chante-moi une chanson que nul poète n'a chantée,

Chante-moi l'Universel!
Au sein même de ce globe qui est nôtre,
Au fond même des grossièretés et des scories,
Sûrement enseveli dans son cœur
Germe le grain de la perfection.
Et le grain attend,
Caché ou à découvert,
Et veut féconder chaque vie.

2

Les pieds sûrement posés sur les faîtes du présent
Chantant ses hymnes de foi
Les yeux perçants, la Science
Scrute l'univers.
Et voici l'âme, plus grande que tout
L'âme dont le flot mystérieux enveloppe la vie;
L'âme pour qui les myriades d'étoiles gravitent dans les espaces.

C'est pour l'âme, ces routes, ces lents détours, (et les chemins liquides
    des mers)
Pour l'âme, le partiel, le positif, le tout,
Pour l'âme, la vérité qui tend vers l'idéal.

Pour l'âme l'évolution mystique
Justifiant non seulement le bien, mais encore ce que nous nommons le mal.

Et parmi tout, le morbide et le ténébreux,
Et sortant d'un mal supérieur — les fraudes innombrables des hommes
    et des États —
Électrique, s'accrochant à tout, encompassant tout,
Le bien seul est universel.

3

Dans les éthers, dans l'air joyeux,
Par delà les montagnes, les maladies et les peines,
L'oiseau noir du malheur tournoie toujours.

Et, parmi la fange des nuées pestilentielles,
Perce toujours un rayon de lumière parfaite,
Un éclat de la gloire céleste.

Et des lointains rivages, des accords harmonieux nous parviennent,
Envahissant peu à peu le bruit des babels et des orgies,
Des discordes, des lois et des coutumes.

4

Oh! les yeux bienheureux et les cœurs joyeux
De ceux qui voient, qui reconnaissent le fil d'Ariane
À travers ce puissant labyrinthe!

5

Salut à toi, Amérique!
Pour les fins de la grande cause, de sa vérité, de sa réalité,
Pour cela (et non pour moi-même), me voici!

Toi aussi tu entoures tout,
Embrassant, accueillant, emportant tout; toi aussi, par les chemins dé-
   tournés, nouveaux et larges,
Tu tends vers l'idéal.

Les croyances mesurées des autres pays, les grandeurs du passé
Ne sont pas pour toi; tu possèdes des grandeurs à toi:

Croyances divines, amplitudes absorbant, comprenant tout.
Tout pour tous!

Tout et tous pour l'immortalité!
L'amour, comme une lumière, enveloppe tout.
La nature maternelle bénit tout;
Les floraisons, les fruits des âges, les vergers divins et positifs,
Les formes, les objets, les croissances, les humanités, s'incorporent aux
   fresques spirituelles.

6

Permets-moi, ô mon Dieu, de chanter ce nouveau crédo.
Donne-moi, donne à celui ou à celle que j'aime cette flamme divine
   et insatiable;
Abolis tout, mais non ce feu:
La foi que nous inspire ton Temps et ton Espace,
La paix, la santé, le rachat universel!

Est-ce un rêve?
Non; mais l'absence de cela est un rêve;
Et sans cela, la vie et la richesse sont des rêves,
Et tout le monde est un rêve.

Hors de cette mer mouvante

(Traduction de Whitman)

1

De cette mer mouvante, la foule, une goutte rejaillit vers moi
Et me dit: Je t'aime, avant longtemps je mourrai;
J'ai voyagé longtemps tout simplement pour te voir, te toucher;
Je ne pouvais mourir avant de t'avoir vu,
Car je craignais par la suite de te perdre à jamais.

(Maintenant, nous nous sommes rencontrés nous nous sommes vus, nous sommes sauvés!)
Retourne en paix à la mer, mon Amour!
Moi aussi je fais partie de l'océan; nous ne sommes pas si éloignés l'un de l'autre;
Vois ces vagues enlacées, leur cohésion dans un tout parfait.
Mais la mer irrésistible, quand même, nous séparera
Pour une heure, nous éloignera l'un de l'autre, et pourtant ne pourra toujours nous séparer.
Ne sois pas impatient un peu d'espace... et sache bien que
Chaque jour, au soleil tombant, à ta mémoire, mon amour,
Je saluerai l'azur, la terre et la mer!

Adieu

(Traduction de Whitman)

1

En guise de conclusion, je prédis ce qui viendra après moi.
Je prédis l'avènement de robustes nouveau-nés, de tribuns, de jours et de siècles.

Je me souviens d'avoir dit, avant même que mes herbes poussent,
Que j'élèverais une voix joyeuse et forte, et qui serait l'avant-coureur des consommations.

Quand l'Amérique remplira ses promesses,
Quand les mâles poètes de la terre et de la mer seront plus nombreux,
Quand à travers ces États-Unis d'Amérique, marcheront des milliers d'êtres parfaits,
Quand une légion de mères parfaites enrichiront ce pays,
Alors vous profiterez de l'abondante récolte.

J'ai, en mon droit, avancé et parlé.
J'ai chanté le Corps et j'ai chanté l'Âme; j'ai chanté la Guerre et j'ai chanté la Paix,
Et la chanson de la Vie et celle de la Mort;
J'ai ouvert mon cœur à tous; j'ai voyagé d'un pas confiant.
Et tandis que je suis encore dans la force de mon âge, je vous dis: Adieu!

2

Je prédis l'avènement de personnes naturelles
Je prédis le triomphe de la justice.

Je prédis la liberté intégrale, et l'égalité fraternelle.
Je prédis la justification de la candeur et la justification de l'orgueil.
Je prédis pour ces États-Unis, une identité unique et stable.
Je prédis une union plus serrée, indissoluble.
Je prédis l'avènement de splendeurs et de merveilles, qui rendront
    insignifiantes toutes les civilisations passées.
Je prédis la fraternité; elle sera sans limite et sans entrave.
Je prédis que vous trouverez l'ami que vous cherchiez.

Je prédis l'avènement d'un certain homme ou d'une certaine femme.
(Peut-être êtes-vous cette personne?)
Je prédis l'avènement du grand individu, fluide comme la nature, chaste,
    affectueux, rempli de compassion, bien cuirassé.
Je prédis une fin abondante, forte, spirituelle, et sans peur.
Je prédis une fin justificatrice de ces causes.
Je prédis l'avènement de milliers de jeunes gens beaux, gigantesques,
    pleins d'un sang chaud.
Je prédis une race de splendides et ardentes vieillesses.

3

Oh! plus vite... plus vite! Adieu!
On me presse de trop près!

Je vois trop loin! Et tout est supérieur à ce que je rêvais.
Et le tout m'apparaît pleinement alors que je vais mourir!

Ô ma voix! lance ton dernier cri!
Salue-moi! Salue le jour une fois de plus! Sonne le carillon des vieux
    cris une fois de plus!

Ô force électrique parcourant la lourde atmosphère!...
L'atmosphère dans laquelle je vais, regardant chacun en passant!
Rapide, je passe, m'arrêtant ici et là quelques instants seulement,
Porteur de messages précieux que je transmets fidèlement,
Dispensateur d'étincelles, de grains éthérés que je laisse tomber dans la
    terre,
Me connaissant peu, répondant à mon obscure mission, ne doutant jamais
    de sa véracité
Et pour des âges et des âges à venir, semant le bon grain!

Ondes d'enthousiasmes émanant de ma personne et de mes travaux
    accomplis!
Aux femmes léguant certains secrets, leur expliquant mon affection.
Élucidant des problèmes pour les jeunes gens; ne m'en fatiguant jamais;
    je mets à leur disposition les muscles de mon corps et la force de
    mon esprit.

Ainsi je passe, minute sonore, visible, pleine de contradiction.
Ensuite, un écho mélodieux, se répercutant au loin (la mort me rend
immortel.)
Le meilleur de moi-même encore invisible...
Pour tout cela, et pour ces fins, depuis longtemps je me suis mis en
marche, après une lente préparation.

Pourquoi m'arrêter plus longtemps? qu'y a-t-il de plus à dire?
Sinon un final Adieu!

4

Mes chants vont cesser; je les abandonne.
Hors des replis du rideau anonyme ou je me suis caché, soudain j'appa-
rais.

Camarade! Ceci n'est pas un livre.
Qui touche ces feuilles touche un homme.

(Est-ce la nuit? sommes-nous seuls?)
C'est moi qui te tiens.
Je bondis des pages dans tes bras.

Ô Mort! Comme tes doigts me caressent et m'endorment!
Ta respiration tombe sur moi comme une rosée; ton pouls est de la
musique tambourinant sur le tympan de mes oreilles...
Je me plonge en toi, des pieds à la tête, délicieusement...
Et cela suffit.

Assez! Ô Vie impromptue, et tes secrets!
Assez! Ô Présent rapide! Assez! ô Passé récapitulé!

5

Camarade, qui que tu sois, prends ce baiser.
Il est pour toi depuis toujours. Ne m'oublie pas.
Je suis celui qui se retire à la fin de sa journée de travail.
Je ressens encore les bienfaits de mes transitions, de mes nombreux ava-
tars et de mes ascendances.
Mais d'autres m'attendent, sans doute.

Une sphère inconnue, plus réelle que je ne la rêvais,
Plus positive, m'enveloppe dans ses rayons, m'enveloppe.

Adieu!
Souviens-toi de mes paroles; je reviendrai peut-être un jour.
Je t'aime! Mais je dois quitter le monde réel.
Et je ne suis plus déjà qu'un corps anéanti, pulvérisé, triomphant, mort!

Edgar Allan Poe

... fut démon, ne voulant pas être Ange;
Au lieu du Rossignol, il chante le Corbeau,
Et dans le diamant du Mal et de l'Étrange
Il cisela son rêve effroyablement beau.

Grand jour, mais l'atelier baigne dans la pénombre.
La bougie allumée et le store baissé
Simulent la nuit chère au poète blessé
Dont le cœur n'est épris que de vague et que d'ombre.

Que pourrait un soleil éclairant des décombres
Quand un glaive transperce un cœur trop angoissé?
Quelle chanson du jour surfait et compassé
Égalerait le chant d'Israfel au luth sombre?

En plein jour ayant vu, halluciné, tremblant,
L'Effort pulvérisé par le Ver Conquérant,
Et ne pouvant aux « voix » lancer une réplique,

Badigeonnant de sang un sombre Eldorado,
(Eulalie, Ulalume, et la Mort pour Credo)
Il écrit sous le dict du Corbeau symbolique.

Si je chante souvent

Si je chante souvent, poète monotone,
La grisaille des soirs et des cieux embrumés,
Si je redis toujours avec des mots rythmés,
Le vague, l'indécis d'un chimérique automne,

Il ne faut trop blâmer le refrain qui détonne,
Car je préfère même au soleil bien-aimé
Le brouillard qui s'accorde à mon cœur opprimé.
La Nuit c'est l'Inconnue qui me grise et m'étonne.

Crépuscule de cendre ou coucher sombre et lent,
Quand vous apparaissez, je sens en moi croulant
La piqûre et l'ennui de la Peine qui ronge.

Et tout ce que ma vie a de clair, d'orageux,
S'infiltre au fond de moi comme au creux d'une éponge,
Nectar au goût de fiel des soirs tumultueux!

Père

L'homme est né de la femme,
vit peu de jours, et il est ras-
sasié d'angoisses.

JOB-XIV-I

Père!

Mot dur comme la pierre,
Ductile comme le platine.
— Marbre prolifique
Aux généreuses veines,
Père!

Vocable, roulant comme un torrent
Hors du glacier des âges;
Mot-chef des générations,
Patriarche-artisan du futur,
Engendreur de mes pères
Et fils de mes fils,
Père!

Père!
Maille incorruptible
De la chaîne de vie,
Éternisant,
Comme la pierre et le platine,
Le cycle éternel
Qui me ramène à Toi,
moi, ton fils.

Mon pays

Not that the pines were
darker there...
nor the mid-day brighter here
nor swifts swifter in summer air
... it was my own country!

MALCOLM COWLEY

Qui dira ce qui fait ce visage plus cher,
Que cet œil soit plus beau et plus tendre et plus clair;
Et qui dira pourquoi la main qui nous repousse
Est celle qu'on élit et la main la plus douce!

Pourquoi cette oasis a choisi ce désert,
Et l'albatros craintif les dangers de la mer;
Pourquoi, sur ce coteau, seul, cet érable pousse
Et pourquoi ce ruisseau ne veut quitter sa mousse.

Ainsi je ne saurais, ô mon brutal pays,
Mon pays si cruel et si plein de défis
Dire pourquoi je t'aime entre toutes les terres.

Pourquoi mon cœur, français comme une fleur-de-lys
Vagabond comme un vent du printemps, a choisi
De vivre et de mourir sous tes cieux téméraires!

Ma rivière

Merrimack indolente, abreuvant ma vallée,
Ruban d'acier liquide, et mât, et sans remous,
Sur ton lit peu profond, sous les nuages flous,
Tu charries dans tes flots mon enfance en-allée!

La ville et le village en ta rive ombragée
Ont filé le coton, tissé le chanvre roux;
Dans ton onde hier pure ont vomi les égouts,
Et tu poursuis toujours ta calme destinée.

J'aurai vu la Tamise et le Tibre et la Seine,
Mais plus chère m'es-tu que ces eaux souveraines,
Rivière qui retient mon rêve merveilleux —

— Ce paradis lointain hantant encore, mes yeux,
Quand l'Indien, dans sa barque mal équarrie,
Solitaire, chantait ses dieux et sa patrie.

ALFRED DESROCHERS (1901-1978)

Voici un poète et un précurseur parmi les plus importants de l'époque. Auteur
de *L'Offrande aux vierges folles* (1928), mais surtout d'*À l'ombre de l'Orford*
(1929; l'édition de 1948 comprend *Le Cycle du village*), Alfred DesRochers est
appelé à la fois par le désir de dire l'Amérique et son ampleur dans le temps
comme dans l'espace, et par la sourde obligation de ne pas taire la condition
québécoise, le « mal du pays neuf » allié au rêve « d'aller comme allaient les
ancêtres », d'assumer l'écartèlement des siens qui, ne sachant s'ils sont d'ici ou

d'ailleurs, de jadis ou de plus tard, sont peut-être de jamais et de nulle part; à cet égard, le poème « Je suis un fils déchu... » est significatif, dont le locuteur, parfait portrait du colonisé, s'affirme semblable au hêtre

Dont la sève a tari sans qu'il soit dépouillé
Et c'est de désirs morts que je suis enfeuillé.

Mais d'autres lectures sont possibles, celle par exemple que DesRochers lui-même fait de ses poèmes dans *Paragraphes* (1931), recueil d'articles (interviews imaginaires) publiés dans divers journaux et revues sous les pseudonymes de Noël Redjal ou de Léon Jalder, et qui témoignent d'une pénétrante perception de la littérature.

La mise au pacage

Le paisible sanglot que pleurent les cascades,
S'écroulant au travers de rocs, dans le lointain,
Répand, en se mêlant aux rumeurs du matin,
Un bruit inachevé de vagues dans les rades.

Comme ivres de clarté, d'espace et de gambades,
Les taures, que l'hiver à l'étable retint,
Courent dans le pacage et l'air libre, et l'instinct,
L'arrière-train tordu d'inégales ruades.

La vie ardente au cœur des êtres m'éblouit;
Mais l'éternel frisson qui me semble inouï,
Sur ma chair faible allongera son tentacule,
Quand l'heure du silence obscur et du repos
Viendra sur la campagne, avec le crépuscule,
Parmi les meuglements effarés des troupeaux.

Je suis un fils déchu

Je suis un fils déchu de race surhumaine,
Race de violents, de forts, de hasardeux,
Et j'ai le mal du pays neuf, que je tiens d'eux,
Quand viennent les jours gris que septembre ramène.

Tout le passé brutal de ces coureurs des bois:
Chasseurs, trappeurs, scieurs de long, flotteurs de cages,
Marchands aventuriers ou travailleurs à gages,
M'ordonne d'émigrer par en haut pour cinq mois.

Et je rêve d'aller comme allaient les ancêtres;
J'entends pleurer en moi les grands espaces blancs,
Qu'ils parcouraient, nimbés de souffles d'ouragans,
Et j'abhorre comme eux la contrainte des maîtres.

Quand s'abattait sur eux l'orage des fléaux,
Ils maudissaient le val, ils maudissaient la plaine,
Ils maudissaient les loups qui les privaient de laine.
Leurs malédictions engourdissaient leurs maux.

Mais quand le souvenir de l'épouse lointaine
Secouait brusquement les sites devant eux,
Du revers de leur manche, ils s'essuyaient les yeux
Et leur bouche entonnait: « À la claire fontaine »...

Ils l'ont si bien redite aux échos des forêts,
Cette chanson naïve où le rossignol chante,
Sur la plus haute branche, une chanson touchante,
Qu'elle se mêle à mes pensers les plus secrets:

Si je courbe le dos sous d'invisibles charges,
Dans l'âcre brouhaha de départs oppressants,
Et si, devant l'obstacle ou le lien, je sens
Le frisson batailleur qui crispait leurs poings larges;

Si d'eux, qui n'ont jamais connu le désespoir,
Qui sont morts en rêvant d'asservir la nature,
Je tiens ce maladif instinct de l'aventure,
Dont je suis quelquefois tout envoûté, le soir;

Par nos ans sans vigueur, je suis comme le hêtre
Dont la sève a tari sans qu'il soit dépouillé,
Et c'est de désirs morts que je suis enfeuillé,
Quand je rêve d'aller comme allait mon ancêtre;

Mais les mots indistincts que profère ma voix
Sont encore: un rosier, une source, un branchage,
Un chêne, un rossignol parmi le clair feuillage,
Et comme au temps de mon aïeul, coureur des bois,

Ma joie ou ma douleur chante le paysage.

« City-Hotel »

Nous n'irons plus voir nos blondes.

Le sac au dos, vêtus d'un rouge mackinaw,
Le jarret musculeux étranglé dans la botte,
Les *shantymen* partants s'offrent une ribote
Avant d'aller passer l'hiver à Malvina.

Dans le bar, aux vitraux orange et pimbina,
Un rayon de soleil oblique, qui clignote,
Dore les appui-corps nickelés, où s'accote,
En pleurant, un gaillard que le gin chagrina.

Les vieux ont le ton haut et le rire sonore,
Et chantent des refrains grassouillets de folklore;
Mais un nouveau, trouvant ce bruit intimidant,

S'imagine le camp isolé des Van Dyke,
Et sirote un demi-*schooner* en regardant
Les danseuses sourire aux affiches de laque.

La sortie

> *À courir les auberges*
> *Son argent avait tout passé.*

La saison du flottage est close. Les draveurs
Ont reçu leurs jetons de paye, et vers la ville,
À travers la forêt, se dirigent en file,
Leurs corps puissants brûlés de farouches ferveurs.

Leurs grands regards naïfs prennent des airs rêveurs,
Quand au sortir du bois la forme se profile
Au loin de la taverne où déjà se faufile
Un groupe turbulent d'invétérés buveurs.

Mais après qu'ils se sont offert maintes rasades,
Quand vient temps de payer plusieurs semblent maussades
De céder leur argent péniblement gagné;
Et, des larmes d'alcool embuant leur paupière,
Ils parlent de la ferme où durent s'échiner,
Tout l'hiver, les enfants mal vêtus et leur mère.

Hymne au Vent du Nord

Ô Vent du Nord, vent de chez nous, vent de féerie,
Qui vas surtout la nuit, pour que la poudrerie,
Quand le soleil, vers d'autres cieux, a pris son vol,
Allonge sa clarté laiteuse à fleur de sol;
Ô monstre de l'azur farouche, dont les râles
Nous émeuvent autant que, dans les cathédrales,
Le cri d'une trompette aux Élévations;
Aigle étourdi d'avoir erré sur les Hudsons,

Parmi les grognements baveux des ours polaires;
Sublime aventurier des espaces stellaires,
Où tu chasses l'odeur du crime pestilent;
Ô toi, dont la clameur effare un continent
Et dont le souffle immense ébranle les étoiles;
Toi qui déchires les forêts comme des toiles;
Vandale et modeleur de sites éblouis
Qui donnent des splendeurs d'astres à mon pays,

Je chanterai ton cœur que nul ne veut comprendre.
C'est toi qui de blancheur enveloppes la cendre,
Pour que le souvenir sinistre du charnier
Ne s'avive en notre âme, ô vent calomnié!
Ta force immarcessible ignore les traîtrises:
Tu n'as pas la langueur énervante des brises
Qui nous viennent, avec la fièvre, d'Orient,
Et qui nous voient mourir par elle, en souriant;
Tu n'es pas le cyclone énorme des Tropiques,
Qui mêle à l'eau des puits des vagues d'Atlantiques,
Et dont le souffle rauque est issu des volcans;
Comme le siroco, ce bâtard d'ouragans,
Qui vient on ne sait d'où, qui se perd dans l'espace,
Tu n'ensanglantes pas les abords de ta trace;
Tu n'as jamais besoin, comme le vent d'été,
De sentir le tonnerre en laisse à ton côté,
Pour aboyer la foudre, en clamant ta venue.

Ô vent épique, peintre inouï de la nue,
Lorsque tu dois venir, tu jettes sur les cieux,
Au-dessus des sommets du nord vertigineux,
Le signe avant-coureur de ton âme loyale:
Un éblouissement d'aurore boréale.
Et tu nous viens alors. Malheur au voyageur
Qui n'a pas entendu l'appel avertisseur!

Car toi, qui dois passer pour assainir le monde,
Tu ne peux ralentir ta marche une seconde:
Ton bras-cohorte étreint l'infortuné marcheur;
Mais, tandis que le sang se fige dans son cœur,
Tu rétrécis pour lui les plaines infinies;
Tu répètes sans fin pour lui les symphonies
Qui montent de l'abîme arctique vers les cieux;
Tu places le mirage allègre dans ses yeux:
Il voit le feu de camp où le cèdre s'embrase
Et la mort vient sur lui comme vient une extase.
Demain, sur le verglas scintillant d'un ciel clair,
La gloire d'une étoile envahira sa chair.

Non, tu n'es pas, ô vent du nord, un vent infâme:
Tu vis, et comme nous, tu possèdes une âme.
Comme un parfum de rose au temps du rosier vert,
Tu dispenses l'amour durant les mois d'hiver.

Car il vibre en ta voix un tel frisson de peine,
Que l'esprit faible oublie, en l'écoutant, sa haine,

Et durant ces longs mois où le jour est trop court,
Quand tu chantes, ton chant fait s'élargir l'amour.
Il redit la douleur indistincte des choses
Qui souffrent sous des cieux également moroses.
Nul mieux que toi ne sait l'horreur de rôder seul
Ou séparé de ceux qu'on aime; le linceul
Étendu par la glace entre le ciel et l'onde
Et le suaire épais des neiges sur le monde,
Les cris de désespoir de l'Arctique, l'appel
Poussé par la forêt que torture le gel,
Toute la nostalgie éparse de la terre
Pour le soleil, pour la chaleur, pour la lumière,
Pour l'eau, pour les ébats folâtres des troupeaux,
Et ton désir, jamais assouvi de repos,
Tout cela dans ton chant soupire et se lamente,
Avec un tel émoi d'espérance démente,
Que nul n'en peut saisir toute la profondeur
Sans que sa vanité n'en frémisse d'horreur.
Sans toi, l'amour disparaîtrait durant ces heures
Où l'hiver nous retient cloîtrés dans les demeures.
Le tête-à-tête pèse et devient obsédant
S'il ne plane sur lui quelque épouvantement.

Sans toi, l'amant serait bientôt las de l'amante;
Mais quand ta grande voix gronde dans la tourmente,
La peur unit les corps, l'effroi chasse l'ennui,
Le cœur sent la pitié chaude descendre en lui,
L'épaule ingénument recherche une autre épaule,
La main transie, avec douceur, se tend et frôle
Une autre main, la chair est un ravissement;
La mère sur son sein réchauffe son enfant,
Et les époux, qu'avaient endurcis les années,
Ont retrouvé soudain leurs caresses fanées.
Le lit triste s'emplit des capiteux parfums
Que répandaient jadis les fleurs des soirs défunts;
Le nuage de l'heure ancienne se dissipe;
Et dans l'étreinte ardente où l'âme participe,
Comme le corps, parfois s'incrée un rédempteur.
Ah! si l'on te maudit, ô vent libérateur,

Qui chasses loin de nous la minute obsédante,
C'est qu'un désir secret de vengeance nous hante,
Et ce qu'on hait en toi, c'est le pardon qui vient.

Comme un vase imprégné des liqueurs qu'il contient,
Ô vent, dont j'aspirai souvent la violence,

Durant les jours fougueux de mon adolescence,
Je sens que, dans mon corps tordu de passions,
Tu te mêles au sang des générations!
Car mes aïeux, au cours de luttes séculaires,
Subirent tant de fois les coups de tes lanières,
Que ta rage puissante en pénétra leurs sens:
Nous sommes devenus frères depuis longtemps!
Car, de les voir toujours debout devant ta face,
Tu compris qu'ils étaient des créateurs de race,
Et par une magie étrange, tu donnas
La vigueur de ton souffle aux muscles de leurs bras!

Le double acharnement se poursuit dans mes veines,
Et quand je suis courbé sur quelques tâches vaines,
Ô vent, qui te prêtas tant de fois à mes jeux
Que résonne en mon cœur ton appel orageux,
Je tiens autant de toi que d'eux ma violence,
Ma haine de l'obstacle et ma peur du silence,
Et, malgré tous les ans dont je me sens vieillir,
De préférer encor l'espoir au souvenir!

Hélas! la Ville a mis entre nous deux ses briques,
Et je ne comprends plus aussi bien tes cantiques,
Depuis que j'en subis le lâche apaisement.
L'effroi de la douleur s'infiltre lentement,
Chaque jour, dans ma chair de mollesse envahie,
Telle, entre les pavés, la fleur s'emplit de suie.
Je sens des lâchetés qui me rongent les nerfs,
Et ne retrouve plus qu'un charme de vieux airs
À tels mots glorieux qui m'insufflaient des fièvres;
Un sourire sceptique a rétréci mes lèvres,
Et je crains, quelquefois, qu'en m'éveillant, demain,
Je ne sente mon cœur devenu trop humain!

Ô vent, emporte-moi vers la grande Aventure.
Je veux boire la force âpre de la Nature,
Loin, par delà l'encerclement des horizons
Que souille la fumée étroite des maisons!
Je veux aller dormir parmi les cimes blanches,
Sur un lit de frimas, de verglas et de branches,

Bercé par la rumeur de ta voix en courroux,
Et par le hurlement famélique des loups!

Le froid et le sommeil qui cloront mes paupières
Me donneront l'aspect immuable des pierres!
Ô rôdeur immortel qui vas depuis le temps,
Je ne subirai plus l'horreur ni les tourments
De l'âme enclose au sein d'un moule périssable;
J'oublierai que ma vie est moins qu'un grain de sable
Au sablier des ans chus dans l'Éternité!

Et quand viendront sur moi les vagues de clarté
Que l'aube brusquement roulera sur mon gîte,
Je secouerai l'amas de neige qui m'abrite;
Debout, je humerai l'atmosphère des monts,
Pour que sa force nette emplisse mes poumons,
Et, cambré sur le ciel que l'aurore incendie,
Je laisserai ma voix, comme ta poudrerie,
Descendre sur la plaine en rauques tourbillons,
Envelopper l'essaim maculé des maisons,
Afin que, dominant le bruit de son blasphème,
Je clame au monde veule, ô mon Vent, que je t'aime!

Ma patrie

Mon trisaïeul, coureur des bois,
              Vit une sauvagesse, un soir.
Tous deux étaient d'un sang qui n'aime qu'une fois;
Et ceux qui sont nés d'elle ont jusqu'au désespoir
L'horreur de la consigne et le mépris des lois.

Ils ont aussi les muscles plats,
              L'insouciance du danger,
Le goût du ton criard et de fougueux ébats.
Leur fils, parmi les Blancs velus et graves, j'ai
Le teint huileux, la barbe rare et le front bas.

Et par les soirs silencieux,
              Quand je parais aller, rêvant
De chimères, d'aventures sous d'autres cieux,
J'écoute en moi rugir la voix d'un continent
Que dans la nuit des temps habitaient mes aïeux.

*
* *

Ah! vous ne savez pas ce qu'est une patrie!

Pour vous tous, immigrés, c'est une allégorie,
Un thème à lieux communs facile à mettre en vers;
Votre patrie à vous est au delà des mers!

Ce n'est pas un séjour de trois siècles à peine,
Même miraculeux, qui fait qu'une âme humaine
S'identifie à l'air et s'incorpore au sol!
Vous dites: ma patrie, et songez à Paimpol,
Aux prés de Normandie et de l'Île-de-France,
Aux détours sinueux du Rhône ou de la Rance,
Aux reflets de la mer à Capo di Mele,
Au cri des débardeurs de Marseille, mêlé
Au bruit que fait le vent dans les oliviers torses;
En rêve, vous voyez luire au soleil les torses
Des portefaix d'Honfleur, de Cette ou de Toulon
Votre désir est de marcher, un soir, au long
Des champs que votre ancêtre ensemençait d'épeautre
Ou de méteil...
               Et mon pays serait le vôtre?

Oh non, mille fois non! Voyageurs inconstants,
Comprendrez-vous un jour qu'il faut des milliers d'ans
De souffrance, de deuils, d'espérance et de joie,
Subis sous un ciel toujours même, pour qu'on voie,
Dans le premier rayon du soleil matinal,
L'éclatante beauté de l'horizon natal?

Que ce n'est trois cents ans de risibles brimades
Qui font une patrie à des peuples nomades,
Mais que, depuis des temps dont nul ne se souvient,
Il faut que des aïeux, sous le mal quotidien,
Aient blasphémé d'horreur vers des dieux impassibles;
Qu'il faut avoir été tour à tour traits et cibles;
Qu'il faut avoir subi la morsure du froid,
Avoir dormi, d'un œil ouvert, avec l'effroi
D'un coup de tomahawk ou de griffe au visage;
Qu'il faut avoir, comme les miens, connu l'outrage
De tous les éléments sur l'homme déchaînés
Et les railler, sachant que nos chairs sont nées
D'autres chétifs humains qui lutteront encore;
Qu'il faut avoir souvent, sur un tertre sonore,

Appuyé son oreille inquiète, et perçu,
Parmi les bruits errants à fleur du sol moussu,
Le roulement que fait dans le lointain la harde

Des bisons nourriciers ou la troupe hagarde
Des fiers décapiteurs ennemis; et qu'il faut,
Soi-même, avoir humé l'effluve rude et chaud
Dont l'atmosphère est dense aux heures printanières.
Effluve où les relents enfiévrés des tanières
Aux parfums des rosiers de juillet sont unis,
Pour sentir ce que c'est que d'avoir un pays!

Ah! la patrie alors devient plus qu'un symbole:
C'est une sœur, c'est une amante, et l'hyperbole
Défaille, exténuée, entre les bras de ceux
Qui tentèrent de mordre à ses baisers fougueux!

*
* *

Les Blancs ont mis en moi le goût de l'aventure,
Le rêve de laisser au monde un nom qui dure
Et de forcer le sort comme ils forçaient les loups;
Le besoin de sentir la fatigue aux genoux
Rappeler que la lutte a rempli la journée,
Tandis qu'au cœur résonne une hymne forcenée

Vers un but à saisir au delà des couchants!
Quel merci je vous crie, ô mes ancêtres blancs,
Vous dont les pas téméraires traquaient les bêtes
Jusques au sépulcral repaire des tempêtes,
Non dans l'espoir d'un gain, mais dans celui de voir
Surgir un matin neuf où sombrait un vieux soir!
Ô contempteurs d'édits des seigneurs et des prêtres,
Vous qui partiez, enfants, pour les bois, où, sans maîtres,
Vous emplissiez vos sens d'espace illimité,
Quel merci je vous dois de m'avoir implanté
Au cœur, sur les débris des regrets, l'espérance,
Votre horreur du lien et votre violence!

Mais, de mon indolente aïeule, j'ai reçu
Un excessif amour qui n'est jamais déçu,
Un amour oubliant l'affront qu'il ne pardonne.
Quand mon œil s'étrécit, quand mon torse frissonne,
Quand l'imprécation se crispe en mon gosier,
Le souvenir d'un son perdu vient la brouiller:
Une cascade trille au flanc d'une colline;
Des framboisiers, au jeu de la brise câline,
Dans le silence des clairières, font surgir
Comme un frisson de vie augural; l'avenir
Aura la paix intérieure des savanes

Où perche l'alouette au sommet des bardanes.
L'injure se confond avec le bruit que fait
Le lièvre brusquement levé dans la forêt!

Et j'écoute ta voix alors, ô ma patrie,
Et je comprends tes mots, flamboyante anarchie
Éparse sur un quart du globe! Je saisis
Pourquoi, malgré les coups du sort, les maux subis,
Ceux qui portent ta boue épaisse à leurs semelles
Ont la calme lenteur des choses éternelles,
Car ils sont à jamais empreints de ta beauté,
Toute faite de force et de fécondité!

Et voici qu'en dépit du temps et de l'espace,
Des édits orgueilleux du nombre et de la race,
L'image en moi renaît du siècle fabuleux
Vers qui, depuis toujours, l'esprit hausse ses vœux:
À voir en mon pays couler toutes les sèves,
Je ressuscite en moi les espoirs et les rêves

Que l'homme, encor vaincu mais indomptable encor,
Oppose en boucliers aux affres de la mort.
La foi que je retrouve en l'ultime victoire
Est à vociférer du haut d'un promontoire!
J'écoute une rumeur confuse autour de moi:
Les paroles d'amour couvrent les cris d'effroi,
Le fraternel appel d'Abel a sa réplique,
Et l'air que je respire est un air édénique
Où l'écho se prolonge et proclame sans fin
Le millénaire qui n'aura ni froid ni faim!
Platon, enrichissant de lois sa République,
Prélude aux sons divins du verbe évangélique
Et soudain le présent s'éclaire: si je vois
L'embuscade dressée à la ligne des bois,
Je sais aussi l'amas de vivres de la cache,
J'aperçois la charpie à côté de la hache,
L'aumône redonnant le bien qu'a pris le vol
Et l'éternel élan de l'herbe à fleur du sol!

Alors mon poing crispé pour l'outrage et l'insulte
Se desserre, tandis que mon âme en tumulte

Devient le carrefour des sangs qui sont en moi.
Le passé me possède et m'astreint à sa loi:
Cette terre n'est plus exclusivement mienne
Car tant d'autres, avant qu'elle ne m'appartienne,
Ont sur elle semé leur rêve et leur espoir

Que ces fruits en sont nés dont s'embaume le soir!
Je ne vois plus un ennemi, je compte un frère
Dans l'homme aux yeux brouillés qui contemple ma terre
Et, pour ses fils proscrits, voudrait y transporter
L'autel du souvenir et de la liberté!
Sa peine itérative à mon tour me harcelle
Et parmi le mirage épars en ma prunelle,
Je vois, sans ressentir la fureur des hiers,
Le sein de ma patrie allaiter l'univers!
Que la brise secoue en passant un brin d'herbe,
Qu'un ouragan d'été casse un chêne; qu'acerbe
Encore, un coussinet tombe au vent automnal;
Que me parvienne en mars un zéphire vernal;
Que le froid de l'hiver mette en ma chair restreinte
La morsure voluptueuse de l'étreinte,
Ou que, dans l'infini des bois répercuté,
L'écho me semble un éboulis d'immensité;

Que verdisse le sol, que la neige étincelle,
Moi qui porte en ma chair fragile une parcelle
Du sol que bossua le primaire récif,
Je te comprends toujours, ô pays excessif
Aux pôles d'icebergs, au tropique de flamme,
Et je n'ai pas besoin, pour sentir en mon âme
Que de tous les pays le mien est le plus beau,
D'un claquement de soie au vent, dans un drapeau!

Les miens n'ont jamais su ce qu'étaient des frontières
Auxquels un continent servait de cimetières,
Que la mort recouvrait des neiges du Youkon;
Que la tornade soulevait comme un flocon
Pour les ensevelir du sable des Tropiques.
Le vent me chante encor leurs obsèques épiques
Qui mêlent en rumeur, en mon être vibrant,
L'appel du Créateur au cri du conquérant!

Le sang double et rétif qui s'irrite en mes veines,
Qui traîne leurs amours et qui roule leurs haines

Aussi vieilles peut-être, hélas! que le péché,
Devient moins vif alors, et je voudrais pencher,
Vers les nouveaux dompteurs de l'antique chimère,
La coupe où d'un long trait ma soif se désaltère.

Ô patrie immortelle, aussi vieille pourtant
Que la naissance de l'aurore et du couchant,
Ô toi, qui répondis au Seigneur la première,

Quand séparant les eaux boueuses de la Terre,
Son verbe fustigea le dos des océans,
Au cri des Béhémoths et des Léviathans,
Tu dressas tes Shickshocks effarés dans les nues;
Pays des bois géants, pays des étendues
Sans bornes; ô pays, qui poses sur cinq mers,
Simulant de leurs traits des rayures d'éclairs,
Tes littoraux, hantés des sternes et des cygnes;
Ô pays des lichens arctiques et des vignes
Tropicales; pays qui mets des orangers
En fleurs à ton tortil de sommets enneigés;
Qui, fouetté par les vents du Nord et les cyclones,
Fais mûrir au soleil les climats de trois zones
Dans tes toundras, sur tes mesas, dans tes bayous;
Ô pays constellé de lacs, dont les remous

Mireraient, émiettés, tous les ciels d'Italie,
À dix peuples divers, l'homme dans sa folie,
Au gré des préjugés vainement t'afferma,
Tu vas des pics du Pôle au col de Panama!

Une interview avec Alfred DesRochers

Comme M. DesRochers est classé parmi les jeunes qui promettent, nous avons demandé à un de ses amis d'interviewer ses plaquettes, et voici la copie qu'il nous a remise:

« L'homme propose et Dieu dispose », dit l'Imitation. Mon expérience est qu'on propose et qu'un autre homme, parfois, s'oppose à nos projets. Cette expérience, je la dois à mon meilleur ami, Alfred DesRochers. J'ai voulu interviewer ses deux plaquettes: « l'Offrande aux Vierges Folles » et « À l'Ombre de l'Orford ». Il s'y est opposé formellement.

« Je n'ai pas voulu de grandes éditions, m'a-t-il dit, justement pour protéger mes *enfants* contre les indiscrets de votre espèce. Elles sont jeunes et vous pourriez les pervertir. N'y aurait-il que le danger de leur enfler la tête ou de me rendre ridicule en rapportant ce qu'elles disent... D'être ridicule ne m'effraye pas. Seulement je puis me permettre ce luxe personnellement. Pour être raillé, je n'ai pas besoin du secours de mes vers.

« D'ailleurs, ces deux plaquettes sont des erreurs... et j'espère bien leur donner des sœurs... Faire des vers comme du dessin, de la musique, de la sculpture, etc., c'est avérer qu'on a des goûts particuliers. Un pauvre diable ne peut avoir ni goût ni inclinations; il n'a qu'un besoin: gagner sa vie. C'est en désaccord avec ce principe fondamental de notre société que j'ai fait des vers. Pourquoi attirer l'attention sur cette dérogation? J'ai rimé ces vers parce que ça m'intéressait. Je suis le seul homme que ça puisse intéresser.

« Mon cher ami, vous avez perdu un temps précieux et — je l'espère pour vous dédommager un peu — en avez fait perdre à quelques personnes en vous occupant d'auteurs canadiens. Personne ne les lit. Vous-même ne le serez pas, — à moins que vous ne soyez une exception, ou observiez la seule règle qui n'a pas d'exception: le génie — ou à défaut du génie, le talent supérieur — rachète tout. Si vous êtes Saint-Simon ou LaBruyère, vous serez lu. Autrement, on achètera de vos livres — s'ils sont assez épais — pour décorations murales. Une bibliothèque, ça paraît bien, surtout composée d'auteurs canadiens. On peut dire alors aux visiteurs: « Tous ces livres sont hor-« riblement ennuyeux; seulement, encourager les nôtres, c'est un devoir. En « prose, à part Ardel et Chantepleure; en vers, à part Rostand et Rosemonde, « Gérard, je ne lis rien: ça me coûte trop cher d'aspirine ».

— Vous êtes pessimiste, cher ami, lui dis-je.

— Pessimiste, moi? J'en suis tout le contraire. Un pessimiste prend tout le monde au sérieux; moi, je ne me prends pas même au sérieux. Je suis comme tous les miens un incurable optimiste et si je suis parfois « marabout », c'est que je trouve l'avènement du millénaire fabuleux trop lent à venir.

— Poète

— Poète, moi? Encore un fois, j'en suis tout le contraire. Un poète, c'est un être exclusif dans ses goûts. Il voit, comme moi, les choses parfois telles qu'elles sont, mais il s'imagine qu'il va tout changer cela. Ç'a pris quinze ans à vendre 1,000 exemplaires des *Poésies* de Nelligan et du *Paon d'Émail* de Paul Morin; mais le livre d'un *poète* va s'enlever comme de l'avoine sur la route. Deux mille exemplaires n'est pas trop pour la première édition. Et c'est pourquoi, l'on voit tant de rossignols au pays. Pour prouver que je ne suis pas poète, je tire mes plaquettes à cent vingt-cinq exemplaires et je pousse le sens pratique jusqu'à les colporter.

— C'est justement votre erreur, dis-je. Vous dépréciez vos œuvres et vous vous étonnez ensuite qu'elles n'aient aucun succès.

— Le succès? Le succès littéraire. Mais vous savez bien que je n'en veux pas. Le succès, c'est le résultat d'un « ratage » dans un domaine autre que celui où l'on est présentement et dans lequel ses aptitudes auraient eu plus libre jeu.

— Paradoxe!

— Paradoxe? D'abord, qu'est-ce que c'est qu'un paradoxe? C'est l'apparition d'une vérité si longtemps méconnue qu'elle a l'air d'une imposture. Oui, c'est un paradoxe, en ce sens, que je viens de faire. Je le répète: succès équivaut à faillite. Nos millionnaires ne sont que des poètes ratés. La caractéristique première du poète, c'est le don de vision, l'imagination. L'imagination, c'est la faculté de créer des *images*, c'est-à-dire des reproductions de réalités palpables en son esprit. Et le secret du succès matériel, qu'est-ce, sinon savoir imaginer l'avenir de telle façon qu'on le comprend et le dompte? C'est se créer une image, si parfaite des paysages où sa vie s'écoulera, que la présence de la chance est inusitée à ces paysages et qu'on la reconnaît de suite. Oui, poètes ratés et rien de plus, les *succès* pécuniaires.

— Et les *succès* littéraires?

— Des ratés aussi. Un ratage commercial! Un poète reconnu, fêté, adulé, c'est un commis pharmacien raté. Ses poèmes sont de petits paquets bien égaux, bien fignolés et bien ficelés; agréables à l'œil, mais aussi éloignés de la vie réelle qu'une bouteille d'Eau de Riga enveloppée de papier de soie, l'est de son effet.

« Je vous assure que l'honorable Perron, par exemple, lui qui traitait dernièrement, pour masquer ses sentiments réels, un adversaire politique de poète, n'aurait qu'à se livrer quelques semaines à la poésie, *and he'd make it hum*, comme on dit en ma province.

« Moi, je suis un *habitant* raté. J'avoue candidement n'avoir aucun talent littéraire. Entre parenthèses, en Canada, le talent dépend de la géographie et du sexe. Il n'y a pas de talent masculin en dehors de Montréal et Québec. Et je m'en réjouis. Le talent n'est qu'une prédisposition à mal faire sa tâche, surtout en littérature. Malgré ma défection, j'ai gardé le caractère de l'*habitant* « faire sa tâche aussi bien qu'on la peut faire, même si elle est très mal « faite ».

Ma qualité d'ancien journaliste montréalais me fit interrompre mon ami, quand je l'entendis insinuer qu'on était partial, dans la métropole. Je lui objectai que le caractère hétérodoxe de sa première plaquette était la cause de son échec apparent; car n'étant pas mise en librairie, elle n'a pas atteint le grand public. Ce ne fit qu'aggraver son ressentiment.

« J'ai beau vouloir me convaincre que les métropoles sont justes, je n'y puis parvenir, dit-il. Je ne puis concéder que mon *Offrande aux Vierges Folles* soit immorale. Dans son inspiration et sa facture, elle est catholique. Le symbole des Vierges Folles est évangélique. Les poèmes n'ont rien de païens, qu'il recouvre. Ils sont à base d'inquiétude morale, donc chrétiens. Le catholicisme, abstraction faite de son origine divine, est une religion à base de dualité; il y a deux principes: le bien et le mal. Tout homme subit les assauts du mal, comme tout homme, à ses heures, est sous l'empire du bien.

« L'œuvre d'art implique une souffrance morale. Une extase, ou la plus mince des consolations, c'est un bonheur. Le bonheur n'est artistique que s'il est dans l'expectative. Et tous les motifs de l'*Offrande aux Vierges Folles* obéissent à cette loi...

« Ensuite, il y a la question de l'apprentissage. Le vers français est un art; par conséquent, malgré l'exemple de tous ceux qui s'improvisent poètes, présuppose des exercices. Croyez-vous, par exemple, que c'est un grand hommage à rendre à Dieu, un digne tribut de reconnaissance pour nous avoir fait une âme à son image et ressemblance, que de lui présenter des poèmes comme on en voit tant, où seuls les ô, les *qui* et les points d'exclamations se comprennent? S'il est orthodoxe d'envoyer nos futurs décorateurs d'autels à l'étranger, pour y étudier l'académie d'après nature, pourquoi serait-il défendu au poète, dont les auditeurs sont en nombre infiniment plus restreint que les spectateurs de l'artiste, d'apprendre son métier sur de la chair? La sincérité d'inspiration est nécessaire à la sûreté d'expression...

— Vous ne pardonnez pas?
— C'est trop d'ouvrage! J'aime mieux oublier.

« D'ailleurs, pourquoi demander à la littérature quelque chose qui n'est pas de son domaine. On nous forme *classiquement;* on veut nous empêcher de voir du bon en dehors des classiques. Ensuite, on ne veut pas qu'on ait l'idéal classique de la littérature, c'est-à-dire une chose parfaitement inutile en soi. La littérature, suivant la tradition classique, est quelque chose de distinct de la philosophie, de l'histoire, et de toute autre étude; sa fin est de procurer un amusement à des personnes ayant les loisirs, les moyens et le goût de s'amuser ainsi. Aux époques classiques, la littérature et l'art n'ont jamais été les vassaux de la politique, de la philosophie ou de la morale; mais bien une façon spéciale et restreinte d'égayer l'existence. C'est pourquoi, en notre cher pays où l'on a les oreilles cornées de cris à la gloire du classicisme, il est bien peu probable qu'advenant l'apparition d'une œuvre vraiment classique, nos contemporains l'apprécieraient.

— Estimez-vous vos vers classiques?

— Dieu merci! non. Le goût est l'invariant du classique. Le goût, c'est un « trust » de restrictions. Il faut avoir du génie et du talent par-dessus le marché pour être écrivain classique et parvenir à dire quelque chose. Ensuite, à quoi ça servirait d'être classique? C'était bon au temps où l'on pouvait laisser des œuvres. Aujourd'hui, la seule chance de laisser un nom comme écrivain, c'est de se créer une légende, et encore! En notre pays, à part les déclamateurs professionnels d'*Oceano Nox* et de *Napoléon II*, il n'y a peut-être pas dix personnes qui savent par cœur dix vers de Hugo; tout le monde connaît, par exemple, sa liaison avec Juliette Drouet. Pour prendre un auteur canadien, qui sait par cœur un poème de Crémazie et qui ignore la raison de son exil?

« Même la chance de laisser une légende diminue. La légende est sœur de la poésie. Pour qu'elle se sustente, il lui faut de la naïveté. Nous ne sommes plus naïfs. La Presse s'est chargée de nous déniaiser en nous présentant trop de grands hommes en robes de chambre. L'école symboliste a été possible parce que durant dix siècles des illettrés ont perpétué l'histoire de Rowena de Trémène. Mais nul ne verra désormais Ophélie descendre au fil de l'eau, entre les joncs et les nénufars. Le château d'Elseneur n'est plus hanté que des touristes!

« Et voilà pourquoi la poésie est à la baisse. La poésie, qui est l'art d'être dupe, est essentiellement un vestige de barbarie. Elle ne s'épanouit qu'aux époques les plus barbares de l'humanité, alors que toutes les passions se donnent libre cours. On m'objectera que la décadence d'un peuple marque souvent un haut période littéraire. Mais la décadence, par son raffinement, touche à la barbarie. Il n'y a rien de si près d'un primitif qu'un grand savant et rien de si près d'un barbare qu'un ultra-raffiné. L'expression seule diffère; l'impression est la même.

— Que voulez-vous dire par: *la poésie est l'art d'être dupe!!?* demandais-je à mon ami, quand diminua le flot de ses paroles.

— Exactement ce que je dis, répondit-il. Prendre les apparences pour des réalités et tenter d'en faire faire autant aux lecteurs. Et c'est pour cela que le mérite du poème réside dans sa forme. Car la série des sentiments humains est bien limitée. C'est la sensation qu'il importe de concrétiser. Une émotion, si l'on ne considère que son effet, est pratiquement le bien commun de tous les humains; mais il n'en est pas deux en qui elle soit née de même façon. Le poète a pour tâche de recréer la cause de son émotion et ce faire de telle façon que le lecteur à son tour sente naître et se développer la même émotion. C'est pourquoi l'expression domine le fond. Même, ça n'existe pas, le fond, ou, si ça existe, c'est simplement parce que ç'a de la forme. Mettre le fond avant la forme, c'est donner la palme à un bègue qui dit: faut se battre! de préférence à Cicéron vociférant ses Catilinaires!

— Mais, voyons, tentai-je d'argumenter, c'est une hérésie. Le fond passe avant la forme...

— Notre littérature n'a qu'une raison d'être, puisque personne ne la lit: c'est de justifier les revendications politiques de la langue française, en Amérique. Or, quand nous aurons une littérature qui soit un sujet d'envie pour nos ennemis, il n'y aura plus besoin de lutte pour le français. Ce sera la répétition de l'histoire de la Grèce asservie par Rome, mais gardant sa langue. On devrait songer à l'irréductible Gaule, latinisée pourtant, parce qu'elle n'avait pas de langue littéraire. Il y avait du fond, sans doute, dans les harangues de Vercingétorix.

« Nous sommes une drôle de race. Grégaires jusqu'aux moelles dans le domaine de la pensée, nous sommes d'outranciers individualistes en action. Nos littérateurs refusent de s'astreindre à l'apprentissage et au labeur du vrai littérateur, alors que le bien commun, la conservation de la langue française, l'exige impérieusement. Si l'on n'a pas la volonté de faire œuvre originale, qu'on laisse faire le peuple. Il transformera la langue à tel point qu'en moins d'un siècle, un écrivain, ayant le courage dont on manque aujourd'hui, écrira une œuvre impérissable dans un langage qui ait un mérite propre et puisse être traduit. Ou bien l'absorption se fera à peu près dans le même temps. L'apport de notre race dans le grand tout nord-américain constituera un riche filon qui distinguera plus les écrivains d'origine franco-canadienne entre les auteurs d'expression anglaise que ne le fait notre terne production courante. »

Délaissant, en désespoir de cause, la querelle du fond de la forme, je n'ai pas continué plus longtemps l'entretien. Mon ami est un autre moderne. Il est blagueur jusqu'au cynisme. En cela, hélas! il est bien de son temps.

HENRY DEYGLUN (1904-1971)

Maintenant connu des seuls spécialistes — à la rigueur, on pourra consulter l'*Anthologie du théâtre québécois* (Québec, Éditions de la Librairie La Liberté, 1973) de Jan Doat — le théâtre de la première moitié du siècle n'a pas survécu à la Seconde Guerre mondiale. Tout au plus peut-on mentionner quelques dramaturges comme Léopold Houlé, Henri Letondal, Louvigny Testard de Montigny, et Yvette Mercier-Gouin, dont les pièces sont d'ailleurs presque toutes postérieures à 1930, et accorder une mention spéciale au prolifique Henry Deyglun, auteur de quatre mille sketches radiophoniques, de plusieurs romans et d'une cinquantaine de pièces de théâtre, dont *La Mère abandonnée* (1929), *Gens de chez nous* (1937), *Muller* (1944), *Mariages de guerre* (1945), *L'Esprit contre la chair* (1945), *Le Secret de l'infirme* (1946). Nous reproduisons le troisième et dernier acte de *L'Ombre du mort vivant* (1945), mélodrame macabre dont l'intrigue complexe tourne autour d'Alex Hardy, homme monstrueux qui sera puni.

L'OMBRE DU MORT VIVANT

(Alex Hardy a tué sa première femme, la mère de Raymond et, par des pratiques macabres, sérieusement ébranlé la santé mentale de sa seconde femme, Jeanne, mère de Michel. Les deux demi-frères viennent seulement de se rencontrer; en l'absence du père, tenu pour mort, c'est Raymond qui tirait les ficelles, cherchant à venger sa mère. Mais voici le dernier acte.)

SCÈNE I

(Raymond — seul.)

RAYMOND *(Est seul en scène. On le voit se servir une large rasade d'alcool. Il boit.)* Rien de tel pour faire passer les émotions fortes. *(Il rit.)* *(Il allume une cigarette. Il est calme au possible.)*

SCÈNE II

(Raymond — Lucie, fiancée de Michel.)

LUCIE *(Entre — très agitée.)* Raymond! Raymond! Madame Hardy fait une crise de nerfs. Elle ne veut pas que son mari reste dans la maison. Michel essaie de la calmer, mais elle est prise d'une véritable terreur-panique et je crains...

RAYMOND *(L'interrompant:)* Ne craignez rien, chérie... ne piquez pas de crise de nerfs à votre tour — j'ai horreur de cela! Soyez calme, comme moi... Voyez comme c'est simple d'être calme!

LUCIE — Raymond, je vous en supplie, décidez monsieur Hardy à partir!

RAYMOND — Où est-il?

LUCIE — Il est dans la chambre de Michel.

RAYMOND — Eh bien, qu'il y reste.

LUCIE — Comment?

RAYMOND — C'est Michel qui l'a amené... il doit avoir ses raisons... ça ne nous regarde pas, du moins pas pour l'instant. J'ignore ce que Michel a en tête. Il veut peut-être exorciser les hallucinations de sa mère en lui montrant son diable de mari qui n'est plus que l'ombre de lui-même. Il ne faut pas contrarier les projets de mon petit frère! Le vieil Alex est une ruine, il n'est plus que l'ombre d'un mort-vivant. Quand Jeanne l'aura revu, elle sera guérie. C'est sans doute dans cette intention que Michel est allé chercher ce vieux sorcier.

LUCIE — Mais sa présence va remettre en question un tas de choses que madame Hardy redoute. Non, croyez-moi, Raymond, il est préférable qu'elle ne le voie pas. Vous seul pouvez éviter cette confrontation. Du reste, vous ne pouvez attendre rien de bon de votre père. S'il a consenti à venir, c'est pour vous charger, pour vous rendre odieux à mes yeux, pour...

RAYMOND *(L'interrompant:)* Il faut le laisser faire. J'ai les épaules solides, j'accepte de nouvelles charges. Quant à me rendre odieux à vos yeux, est-ce possible? Un seul de vos regards chargé d'amour le confondra... les confondra tous. Ah! comme c'est bon de se sentir aimé! *(Ravi:)* Quelle force cela nous donne! Je peux braver tous les périls quand je sens en vous cette source inépuisable de passion. *(Il lui prend les mains.)* Regardez-moi, laissez-moi m'abreuver à la source, donnez-moi vos beaux yeux, ma chérie!

(Lucie détourne obstinément la tête.)

RAYMOND *(Souriant et ravi:)* Toujours modeste! Vous ne voulez pas que je lise en vos yeux la flamme de ce grand amour qui vous consume toute! Nous sommes seuls! Regardez-moi, chérie... et je suis prêt à subir votre flamme —

LUCIE *(D'une fureur contenue:)* Quel jeu jouez-vous donc?

RAYMOND — Comment?

LUCIE — Vous savez... Vous n'êtes pas assez sot pour vous leurrer à mon sujet... vous savez bien que je ne vous aime pas.

RAYMOND *(Rit.)* Oh, la petite coquette! Elle veut mettre le doute en mon cœur pour redoubler ma flamme! Mais si vous m'attisez, brûlant comme je suis, je vais ficher le feu à la maison! *(Il rit.)* Ce serait amusant de faire griller le sorcier à l'étage au-dessus, par les flammes conjuguées de notre amour —

LUCIE — Quel homme êtes-vous donc pour oser rire en un pareil moment!

RAYMOND — Petite chérie, il y a plus de vingt ans que j'attends cette minute!

LUCIE — Quelle minute?

RAYMOND — Celle que nous allons vivre tout à l'heure. Vous me demandez de chasser le vieil Alex? Je n'ai jamais réussi à l'amener ici... et il y est, ici!... alors j'exulte, je suis ravi. Je ne donnerais pas ma place pour tout ce que je possède au monde, y compris vous!

LUCIE — Vous haïssez votre père à ce point-là!

RAYMOND *(C'est un « ah » immense:)* Ah!... plus qu'à ce point-là. Il y a vingt ans que je le déteste. Je ne vis que sur ma haine, acquise il y a vingt ans. Tous les actes que j'ai accomplis dans ma vie n'ont eu pour but que de servir ma haine. Un seul entr'acte: vous... oui, vous. Il n'y a que vous qui, pendant deux ans, m'ayez fait oublier ma soif de vengeance, car il faut vous dire que j'ai eu pour vous une passion plus forte encore que ne l'était ma haine. L'une a éteint l'autre, provisoirement. Mais ce n'était pas ma vocation d'aimer, sans doute, puisqu'au moment où j'étais fou d'amour, vous m'avez fait souffrir.

LUCIE — Je ne vous aimais pas —

RAYMOND — Je sais... oh, je l'ai su... Oh, je l'ai senti! J'en ai pleuré. Oui, petite chérie, vous avez réussi à me faire verser des larmes. J'ai eu le courage de lutter. Ma volonté aidant, je me suis désintoxiqué de ma folle passion. La volonté désintoxique de tout.

LUCIE — Mais alors, vous ne m'aimez plus?

RAYMOND *(Ravi:)* Oh! comme elle est naïve! *(Toute douceur:)* Mais bien sûr, ma chérie que je ne vous aime plus, c'est-à-dire que je vous aime à peu près autant que vous m'aimez, dans les mêmes proportions, alors interrogez-vous et voyez ce que ça donne.

LUCIE — Quel type horrible vous êtes...

RAYMOND — Je suis le fils à papa, que vous allez voir tout à l'heure. J'ai de qui tenir.

LUCIE — Pourquoi me forcez-vous, alors, à jouer cette comédie du mariage?

RAYMOND — Oh, mais on s'épouse, c'est entendu! On fera un de ces mariages de raison, comme il s'en fait tant... et qui sait, avec le temps nous arriverons peut-être à nous entendre.

LUCIE — Vous voulez que je joue devant tous cette comédie?

RAYMOND — Oh oui, j'y tiens par-dessus tout! Cette comédie fait partie, est le morceau de résistance de ma vengeance —

LUCIE — Eh bien, ne comptez pas sur moi... je ne me prêterai pas à ce jeu... ah ça, non!

RAYMOND — Je compte sur vous, petite chérie, et vous vous y prêterez de bon gré. Vous ne pouvez pas faire autrement que de vous y prêter. Chaque fois que vous voudrez sortir de votre rôle, un petit mot de moi vous remettra dans la voie où je veux que vous marchiez, et vous y marcherez comme une brave petite marionnette que vous êtes.

LUCIE — Comment? Comment pouvez-vous exiger de moi pareille méchanceté! Mais il faut que vous soyez le diable en personne!

RAYMOND — Hélas, j'ai peur de n'être pas tout à fait ce que je voudrais être. Non! Je me fais des reproches de conscience —

LUCIE — Une conscience, vous! Vous osez parler de votre conscience? Vous n'en avez pas plus que vous n'avez de cœur —

RAYMOND — Ah! si vous pouviez dire vrai, comme je serais heureux!

LUCIE — Vous avez tout calculé, dosé, prémédité!

RAYMOND — C'est vrai, mais la perfection n'est pas de ce monde. Ah, j'ai prémédité, calculé, dosé, c'est vrai, je ne m'en défends pas... Seulement, les plans trouvent toujours des difficultés d'adaptation parfaite dans leur réalisation. Deux fois mes plans n'ont pas donné ce que j'espérais. La première fois vous avez tout bouleversé, petite Lucie. Mon plan initial était de vous compromettre sans que j'aie à payer de ma personne, c'est-à-dire à payer de ma souffrance, or, vous m'avez fait payer car je me suis laissé prendre à mon jeu. Donc, voyez, mon plan n'a pas entièrement réussi, puisque j'ai perdu la tête.

LUCIE — Vous l'avez retrouvée. C'est froidement, avec cynisme, avec une méchanceté inqualifiable, que vous m'avez tendu un guet-apens, chez

456

vous. C'est froidement et cyniquement que vous êtes allé, le lendemain, crier partout l'infâmie que vous aviez préméditée...

RAYMOND — Oui, mais cela n'est venu qu'après deux ans de souffrance! Vous ne tenez aucun compte de ces deux ans qui ont été terribles pour moi! Vous m'avez révélé des capacités de passion que j'ignorais en moi. Vous m'avez révélé que j'avais un cœur... et cela, c'est navrant, surtout quand on ne veut pas en avoir. Alors, voyez mon plan a raté —

LUCIE — Allons donc! vous êtes arrivé au même résultat, et...

RAYMOND — J'ai fait un raccord, mais j'ai payé entre-temps, et payé en larmes, en détresse, et quand la détresse vous prend au cœur, on a beau faire le malin, on est anéanti. Voilà ce que vous m'avez révélé! Vous m'avez révélé une faiblesse terrible, que Michel vient encore tout à l'heure de me confirmer.

LUCIE — Qu'est-ce que vous dites?

RAYMOND — Vous me dites que je suis le diable. Je ne demanderais pas mieux que de vous croire, mais ce n'est pas tout à fait exact... Je le regrette... oh ça oui, je le regrette et sincèrement. Avant que vous n'entriez je prenais un verre de whisky pour me remettre d'une émotion que Michel venait de me causer. Or, je constate que je suis vulnérable, que je ne suis pas maître de moi comme je le souhaiterais, puisque j'ai encore la faculté de m'émouvoir.

LUCIE — Qu'est-ce que Michel a bien pu vous dire pour vous émouvoir?

RAYMOND — Il ne l'a pas fait exprès, seulement il a fait vibrer une corde sensible... Il m'a parlé de ma mère, et d'une impression d'enfant qu'il a eue... or, j'ai vécu, à peu de chose près mais en plus dramatique, le même événement... Alors il m'a eu.

LUCIE — Qu'est-ce que c'est?

RAYMOND — Je suis ravi de l'intérêt que vous prenez à mes émotions d'âme... j'en suis ravi, avec discernement. Je sais très bien que tout l'intérêt que vous prenez à la chose ne s'irrigue pas que vers moi seul, il va surtout vers Michel... mais néanmoins j'en suis ravi.

LUCIE — Qu'est-ce que Michel vous a dit?

RAYMOND — Une chose bien laide. Il m'a parlé du sorcier qui est en haut. Il m'a parlé de sa mère, il m'a parlé de vous, et il a dit quelque chose d'inouï. Michel est le seul type au monde qui m'ait compris.

LUCIE — Vous dites?

RAYMOND — Le seul; ça m'a fait un drôle d'effet. Il a touché juste, car il m'a eu... Je n'aime pas beaucoup qu'on me possède... il m'a possédé.

LUCIE — Qu'est-ce qu'il a bien pu vous dire?

RAYMOND — Ceci, entre autre: Qu'il vous donnait à moi.

LUCIE — Comment?

RAYMOND — Ça vous étonne, hein?

LUCIE — ... Qu'il me donnait à vous?...

RAYMOND — Je vous jure qu'il m'a dit ça.

LUCIE — Vous mentez encore, comme toujours!

RAYMOND — Il se trouve que je ne mens pas. Il m'a dit aussi qu'à ma place, il n'aurait peut-être pas mieux fait que moi dans la vie, s'il n'avait pas eu sa mère. Or, moi, je n'ai pas eu ma mère, car le vieux sorcier qui est en haut me l'a tuée. Quand, à huit ans, on a vu ce que j'ai vu, si on ne devient pas fou, on déteste les hommes. Je ne suis pas devenu fou, je ne sais pas pourquoi, mais par contre j'ai fait des provisions de haine. Je me suis défendu contre ce vampire qui voulait exercer sur moi son pouvoir occulte... Je me suis défendu... à huit ans... ça m'a pris toutes mes capacités de haine, de volonté dans la haine, pour lutter contre l'influence morbide du sorcier. Cette volonté exercée dans la haine, m'a détruit le cœur. Les gens aigris et méchants doivent s'entraîner à être aigris et méchants... rien ne se fait facilement dans la vie, même pas le Mal... ou ce qu'on veut bien appeler le Mal. Mais ce que je vais faire tout à l'heure, ça ne s'appelle pas le Bien... ah non!... ça donnera ce que ça donnera, mais le meurtrier de ma mère devra payer ce qu'il m'a fait endurer, et pour qu'il le paie, il faut que vous m'aidiez, ma petite Lucie.

LUCIE — Comment?

RAYMOND — Il le faut. Il faut qu'il sache que j'épouse la fiancée de son fils... et ça, que vous le vouliez ou non, il faudra que vous fassiez mine de le vouloir, sans cela je vous perds, je perds Michel, je perds tout le monde! Je veux ma vengeance pleine, totale.

LUCIE — Mais c'est un moribond! Vous savez bien qu'il est atteint d'un cancer... qu'il peut à peine se tenir debout —

RAYMOND — Il s'est tenu debout en temps et lieu! Vous ne voulez pas éveiller en moi de la pitié, j'espère? De la pitié, je n'en ai pas, je n'en veux pas!

MICHEL *(De coulisse:)* Allons, allons, viens ici, maman —

JEANNE *(De coulisse:)* Non, non. Michel —

LUCIE — Voici Michel et sa mère!

RAYMOND — Ils viennent ici? Passons à côté... je vais vous dire ce que j'entends que vous fassiez tout à l'heure... Suivez-moi — *(Il la prend par la main.)* ... Laissez la maman avec son fils. *(Ils sont sortis par la droite.)*

SCÈNE III

(Michel et Jeanne)

JEANNE *(Nerveuse:)* Non! jamais, jamais je ne consentirai à le revoir. N'insiste pas. Je vais encore avoir une crise de nerfs... vois dans quel état je suis... mes mains tremblent, mes jambes me soutiennent à peine! Depuis que je le sens dans la maison... je souffre le martyre —

MICHEL *(Calme mais très résolu:)* Maman, crois-moi, il est essentiel pour ton repos, pour que tu retrouves le calme, il est essentiel que tu le revoies —

JEANNE — Tu ne comprends pas! Tu ne peux pas savoir, tu n'as jamais su... je ne t'ai jamais dit l'enfer que j'ai vécu près de lui. Il est terrible... il...

MICHEL — Il est malade, il ne se tient plus debout, il n'est plus que l'ombre de ce qu'il était —

JEANNE — Mais pourquoi, pourquoi veux-tu que je le revoie? Pourquoi m'infliger ce supplice? Depuis qu'il est parti, depuis plus de quatre ans, je lutte pour me libérer de son influence, de son emprise. J'ai vécu des heures et des heures d'hallucinations... j'ai été obsédée, envahie par sa présence quand je l'ai cru mort, et tu veux que je le revoie? Mais tu ne sais pas tout le mal que tu vas me faire!

MICHEL — Non, maman, au contraire —

JEANNE — Mais puisqu'il faut tout te dire: Il me tient encore sous sa dépendance... tu comprends? tu comprends? Il n'aurait qu'à me regarder comme autrefois... et je sens que j'aurais un grand vide dans la tête, que je soumettrais ma volonté à la sienne, qu'il s'emparerait de moi comme autrefois. Sa voix est en moi. Pendant des années, du premier jour de mon mariage jusqu'à la veille de son départ, il m'a hypnotisée... J'ai vécu des années, tu entends, des années entières dans sa personnalité qui évinçait la mienne; on ne se libère pas d'un tel joug. Tu ne peux savoir ce que c'est, ni la terreur que cela inspire: ne pas être soi! Tu ne peux pas comprendre. Avoir peur de ne plus être soi... sentir qu'on peut devenir l'esclave inconscient, le jouet d'une volonté plus forte que la sienne, mais il n'y a rien au monde de plus affreux! C'est un abîme sous ses pas, c'est la terre qui s'entr'ouvre... c'est à devenir folle de terreur!

MICHEL *(Calme:)* Je sais, maman, je sais. *(Avec haine:)* Il a réussi une fois, quand j'étais petit, à m'hypnotiser. J'ai dû lutter de toutes mes forces pour...

JEANNE — Comment, tu ne m'avais jamais dit qu'il...

MICHEL — Il y a tant de choses qu'on ne s'est jamais dit, maman! Nous avons tremblé devant lui. Il a fait de mon enfance un cauchemar constant. J'ai lutté contre son influence, je m'en suis dégagé à force de combat, de lutte. C'est qu'il était terrible!

JEANNE — Et tu as eu le courage d'aller le voir, d'aller le chercher?

MICHEL — Oh, maintenant, tu sais, ce n'est plus du courage. À douze ans, j'aurais envié ce courage, j'aurais donné... je ne sais pas, moi!... Oui, souvent je me suis dit: mais je donnerais un de mes bras pour avoir la force de l'affronter!... je te voyais tellement sous sa dépendance —

JEANNE — Je faisais tant d'efforts pour que tu ne le soupçonnes pas!

MICHEL — Oui, tu as été très brave, maman... je sais, très brave. Si je ne t'avais pas eue, j'aurais fait ce que Raymond a fait... pas autre chose; ou j'aurais été sa proie, ou alors son ennemi mortel, par peur, car c'est la peur de son influence qui a fait agir Raymond en sens contraire, ce n'est pas la peur qui peut inspirer la haine. La haine est la seule défense qu'on puisse opposer à cette force occulte qu'il avait, à cette force mystérieuse, car on ne peut la dénombrer cette force... de là la terreur qu'elle inspire. Mais je veux, maman, que tu guérisses de cette terreur, je le veux, et il n'y a qu'un seul moyen que tu en guérisses: c'est de le revoir.

JEANNE — Non, non, Michel, pas ça, pas ça! Il m'a tenue enfermée, il m'a coupé tout contact avec le monde. Il a exercé sur moi tant et tant d'oppression, que rien ne pourra jamais me libérer... on ne se libère pas d'un tel esclavage —

MICHEL — On s'en libère, je te le dis, maman, tu m'entends, on s'en libère. Je veux que tu aies la force de t'en libérer. Ce ne sera que trop facile, hélas.

JEANNE — Tu dis?

MICHEL — J'aurais préféré qu'il fût plus fort.

JEANNE — Comment!

MICHEL — Ne crois pas, maman, que j'agisse par désir de vengeance. C'est mon père. Je lui dois la vie. La vie qu'on nous donne est un mystère qu'on reçoit, et l'on doit le respect à ceux qui nous ont transmis ce mystère. C'est vrai, maman. On ne donne pas la vie à un enfant, on la lui transmet. Si on avait les possibilités de donner la vie à volonté, tous ceux qui désirent avoir des enfants, et qui cependant n'en ont pas, en auraient. La vie est donc indépendante de ceux qui la transmettent, car ils ne la donnent pas. Je te dis tout cela pour que tu comprennes bien la nature de mon respect, éclairé, pour mon père. Les parents doivent aimer ce mystère issu d'eux, dans leurs enfants, et les enfants doivent aimer leurs parents qui leur ont transmis la vie... Mais comme il y a tout de même, à la base d'une naissance, un mystère, indépendant des parents et de leurs enfants, les uns et les autres sont tributaires de ce mystère, et se doivent mutuellement le respect. Il se traduit chez les parents par le sens de la responsabilité; celui qui ne transmet que la vie et ne s'en tient qu'à cela, n'est qu'un instrument — rien de plus. Ceux qui ne couvent pas la vie qu'ils ont transmise, sont indignes de leur mission. Mon père a été indigne de la sienne.

JEANNE — Michel!

MICHEL — Je lui garde le seul respect que je lui dois... mais je ne veux pas faire de sentimentalisme autour de ce respect qu'il s'est plu à détruire. Si je ne t'avais pas eue, maman, je serais peut-être pire que Raymond.

JEANNE — Non, non, Michel! Raymond est la méchanceté faite homme.

MICHEL — Non, maman, c'est la peur qui l'a rendu méchant. C'est la peur qui rend les hommes méchants, ce n'est pas autre chose. Tout ce qu'on fait de mal dans la vie, n'est bien souvent dû qu'à la peur. Il faut bien chercher parfois pour la reconnaître, la peur, car elle prend plusieurs visages, même parfois celui du courage... Oui, ce n'est pas si paradoxal que cela en a l'air... Tu vois, la peur t'empêche de revoir mon père, or il faut que tu le revoies pour détruire ta peur.

JEANNE — Mais pourquoi, pourquoi tiens-tu à cette confrontation?

MICHEL — Parce qu'elle te sauvera.

JEANNE — Non! Non!

MICHEL — Et elle sauvera peut-être Raymond.

JEANNE — Jamais! jamais! Il est comme l'autre...

MICHEL (Ferme:) En tout cas, je veux une chose et je la veux bien: Je m'engage à ce que mon fils, plus tard, vienne me demander des comptes sur ma mission que j'accepterai envers lui, si j'appelle la vie en lui, et si j'ai le bonheur de la lui transmettre. Aujourd'hui, je veux demander des comptes à mon père... pas des comptes de gros sous, ce n'est pas ça... Je veux qu'il voie et qu'il constate qu'il a failli à ses responsabilités. J'ai été le tirer de sa retraite.

JEANNE — Tu n'aurais jamais dû faire ça!

MICHEL — J'ai bien réfléchi avant d'agir. C'est Raymond qui m'a fait réfléchir. J'aurais pu être Raymond si je ne t'avais pas eue. Raymond a vu, à huit ans, sa mère dans l'état cataleptique où je t'ai surprise un jour...

JEANNE *(Épouvantée:)* Qu'est-ce que tu dis?

MICHEL — Je ne te l'ai jamais dit, mais je t'ai surprise, une nuit... oh, je préfère ne pas parler de ça... je ne sais pas encore comment j'ai pu me libérer de cette obsession qui a failli me rendre fou. Raymond a vu le même spectacle... et sa mère, un jour, est morte... Il a tout perdu avec elle. Si, le lendemain, je ne t'avais pas revue, moi aussi j'aurais tout perdu, je serais peut-être devenu fou. Voilà ce que notre père a fait! Voilà ce qu'il faut qu'il constate qu'il a fait! Raymond me prend Lucie, je la lui laisse, mais en réalité, c'est mon père qui la lui donne. Je veux qu'il voie ce qu'il a fait, qu'il en accepte la responsabilité. Après, il pourra regagner sa retraite. J'entends que mes actes me suivent. J'entends que les siens le suivent. Je suis prêt à assumer mes responsabilités... qu'il assume les siennes. C'est pour cela qu'il est ici, et c'est cela qu'il va faire.

JEANNE — Au risque de me tuer!

MICHEL — Non pas: Il faudra aussi qu'il te libère. Crois-moi, maman, tout cela m'est infiniment pénible... c'est une scène détestable que j'aurais voulu éviter... seulement, j'ai compris, à la guerre, en faisant la guerre, qui n'est que l'expression du Mal, d'un abcès de mal qui éclate, qu'il faut savoir prévenir les abcès pour ne pas qu'ils éclatent, pour que leur poison n'atteigne pas ceux qui n'ont pas collaboré à ce mal. Lucie est atteinte, et elle n'y est pour rien... mais... je t'en ai dit assez pour que tu sois raisonnable...

(Il se dirige vers la porte de droite.)

JEANNE — Michel! Michel! Ne me laisse pas seule! Michel! je t'en supplie!

MICHEL — Mais non, maman, je ne te laisserai pas seule. N'aie pas peur, maman

(Il a ouvert la porte.) Raymond! Lucie!

RAYMOND *(De coulisse:)* Qu'est-ce que tu veux?

MICHEL — Venez donc ici un instant, voulez-vous?

RAYMOND — Oui, oui. — Allons, passez Lucie. Répondez à l'appel de mon petit frère qui est si gentil —

SCÈNE IV

(Les mêmes plus Lucie qui entre de droite suivie par Raymond.)

MICHEL — Lucie, veux-tu me rendre le service de tenir compagnie un instant à maman —

JEANNE — Michel, Michel, je te supplie une dernière fois de ne pas mettre ton projet à exécution. Si je le vois, si je le revois, c'est toute une vie que j'ai voulu oublier de toutes mes forces que je vais revoir. Ne me soumets pas à cette épreuve, mon cœur n'y résistera pas... non, il n'y résistera pas, je le sens.

MICHEL — Je regrette, maman, il faut que tu aies le courage de vaincre ta peur qui n'existe que dans ton imagination —

RAYMOND — Sans blague, vous avez peur d'Alex? *(Il rit.)* Ah! c'est drôle, c'est amusant! Peur d'Alex? Vous ne l'avez jamais vu en ma présence... c'est pour cela? Vous allez voir ce que j'en fais, moi, de votre sorcier!... Un mouton, un tout petit mouton! n'ayez pas peur, chère amie!

MICHEL — Je t'ai appelé pour que tu viennes le chercher avec moi. Il se tient à peine debout... Il est très mal —

RAYMOND — Il est très mal! Comme c'est bien fait!

MICHEL *(Sérieux:)* Je t'en prie, Raymond, cette entrevue va être pénible. Si je l'ai jugée nécessaire, je sais aussi qu'elle ne peut être que navrante.

RAYMOND — Ah, non, tu n'y es pas du tout! Elle ne sera pas navrante, loin de là... en tout cas, pas pour moi. Viens, allons chercher notre cher papa. C'est bien la première fois de sa vie et de la nôtre que nous serons réunis... Ah! sacré Alex!... Viens, mon petit frère, on va lui servir de bâton de vieillesse... *(Raymond continue en sortant:)* Mais c'est bien du bâton seulement, et du bâton seul, qu'il aurait besoin, le sorcier!

SCÈNE V

(Jeanne —Lucie.)

JEANNE — Ah!... je suis dans un état de nerfs épouvantable! Michel ne sait pas le mal qu'il me fait... il ne s'en doute pas... il ne le soupçonne pas... Michel croit qu'il peut me libérer d'un seul coup, que je peux exorciser cet être qui est en moi, car il est en moi... il a pris place en ma conscience, il s'est fait MA conscience... le moindre reproche que je m'adresse à moi-même, c'est par sa voix que je l'entends... et en ce moment même je l'entends en moi!... Ah! c'est abominable... Sa voix s'est insérée en moi... je l'entends et en ce moment elle me dit:

VOIX D'ALEX — Vous permettez ce sacrilège? Vous permettez que votre fils se fasse le justicier de son père, et devant vous?

JEANNE — Vous l'entendez, Lucie? Vous entendez ce reproche qu'il me fait?

LUCIE — Mais non, mais non! Il faut lutter contre cette obsession... et comment pourriez-vous mieux vous en défaire qu'en ayant sous les yeux celui qui la fait naître en vous? Michel a raison, vous vous autosuggestionnez... c'est vous-même qui l'animez d'un pouvoir qui n'existe en réalité que dans votre imagination...

JEANNE *(D'une nervosité extrême:)* C'est ce qu'on dit, c'est ce qu'on dit... mais ceux qui le disent, qu'en savent-ils? Imagination, hallucination, autosuggestion... tous ces mots, et d'autres encore, veulent exprimer des états que ceux qui emploient ces mots n'ont jamais connus, ne connaissent pas. Tout le monde rêve! Mais qu'est-ce que le rêve? Tout le monde a des cauchemars? Mais qu'est-ce qu'un cauchemar?... Quand vous tombez dans un précipice... quand on vous poursuit, quand on vous oppresse, quand vous sentez une peur qui vous glace jusqu'aux os, qui vous pénètre, quand vous êtes impuissante à lutter contre des ennemis qui se cachent dans l'ombre, quand l'ombre se fait la complice de fantômes qui vous torturent, vous rêvez, vous faites un cauchemar, mais au moment où vous faites ce cauchemar, vous êtes éperdue d'horreur, vous haletez, vous êtes terrorisée, vous touchez vraiment aux limites humaines de la peur, d'une peur que la vie de tous les jours n'a jamais l'occasion de vous faire sentir dans toute son amplitude, dans sa totalité, son intensité, sa puissance. On vous a dit que cela durait quelques secondes seulement... on vous l'a dit... mais au moment où vous subissez l'angoisse, vous la vivez cette angoisse, vous la vivez pleine et totale; c'est pour vous une éternité... ça n'a plus de fin, ça n'en finit pas... Eh bien, moi, j'ai vécu un cauchemar qui a duré vingt ans et plus... J'ai vécu comme dans un cauchemar, avec le doute affreux que l'on a dans un cauchemar: à savoir si c'est bien soi qui vit l'angoisse où l'on est, ou si l'on assiste à l'angoisse d'un double qu'on porte en soi, qu'on sent en soi... Mon mari s'est substitué à ma vie... substitué à tel point qu'il s'est fait ma conscience... Et c'est lui qu'on veut que je revoie?... Ah non, non, non!... cette vision me rendra folle!... j'en perdrai l'esprit, je le sens... je le sais!

SCÈNE VI

(Jeanne — Lucie — Alex — Michel — Raymond.)

(Les deux battants de la porte du fond se sont ouverts. Michel est à gauche de son père, qu'il soutient, tandis que Raymond est à droite. Alexandre Hardy est spectral. Le rôle exige un interprète à la silhouette élancée, que le costume et le maquillage doivent rendre absolument étique. Il est tout vêtu de noir, ou de couleur sombre, un col cassé, cravate noire sur plastron empesé. Ne pas craindre le rapprochement évident que le public doit faire d'instinct avec le type: ordonnateur de pompes funèbres. Alexandre Hardy est un sado-masochiste, atteint de nécrophilie; il pue le cercueil, il inspire un dégoût morbide. Le cancer dont il est atteint lui donne un teint propre aux cancéreux... teint olivâtre où le vert domine, ses joues sont irisées au bleu — les sourcils embroussaillés, les yeux aussi agrandis que peut le permettre un maquillage savant. Le regard fixe. Ses fils le soutiennent chacun sous l'aisselle, ses bras pendent avec raideur. Il marche avec toute la raideur d'un type atteint d'artério-sclérose. Il n'ose pas regarder sa femme.)

LUCIE *(Au moment où les portes se sont ouvertes, a dit:)* ... C'est lui! Il est là!

(Jeanne s'est retournée d'un seul temps. Elle pousse un cri de mort... et tombe sur le canapé, privée de mouvement.)

LUCIE — Madame Hardy!...

MICHEL — Maman!

ALEX *(Voix aussi grave que possible:)* Laissez!... Chut!... Laissez!... Non, ne bougez pas, vous la tueriez! *(Il descend, tel un squelette, et seul.)*

(Michel et Raymond ont suivi ses mouvements. Ils se tiennent au-dessus du canapé.)

ALEX, *dos au public, passe ses doigts sur les yeux de Jeanne et passe sa main sur son front, deux fois, puis il fait claquer ses doigts, et dit, bas:)* C'est fini! Vous n'avez plus peur... c'est fini... vous n'avez plus peur!... je le veux! *(Il a un mouvement comme s'il allait chanceler. Michel se précipite, le soutient.)*

(Raymond a avancé le fauteuil de gauche, au centre.)

JEANNE *(À demi réveillée:)* C'est étrange!... Ah! quelle paix! quel bien-être! *(Elle sourit.)* C'est incroyable!... Qu'est-ce qui se passe? *(Elle regarde Alexandre dans les yeux.)*

(Raymond et Michel ont fait asseoir Alex).

JEANNE *(Se lève.)* Vous êtes un misérable! Vous êtes un bandit! Vous êtes un sorcier, et devant vos fils je vous le dis: Je vous hais de toute mon âme!

(Alex n'a pas bougé ni tressailli. Il fixe un point droit devant lui.)

MICHEL — Maman, je t'en prie, calme-toi. Puisque tu n'as plus peur de lui, puisque c'est cela que tu voulais, ne l'accable pas.

JEANNE — Oui, oui, c'est vrai... j'ai cette revanche des lâches, qui ayant maîtrisé leur peur, se libèrent de leur panique pour affirmer leur courage. J'ai tort, Michel... j'ai tort... c'est mal... Tu as raison, Michel.

(Lucie aide Jeanne à s'asseoir.)

RAYMOND — Vous avez peur de lui faire mal à lui, à ce vampire! Que de générosité!... Dis... tu m'entends, vieux grigou, vieux sorcier? C'est ton aîné qui te parle... ton héritier... tu sais, le premier fils de la femme que tu as tuée et qui était ma mère!... Tu dois te souvenir de ça... c'est un événement qui compte, un meurtre! *(Il ricane.)*... Un arrêt du cœur que tu as si bien réussi... un arrêt définitif du cœur, du cœur de ma mère!... Tu dois t'en souvenir?... C'est un exploit héroïque!... Tu t'en souviens, dis? Je te parle... tu m'entends? *(Il ricane.)* Il fait le mort, ce vampire! On dirait qu'il a asséché lui-même son propre sang et qu'il s'en est empoisonné!... Ah, je voudrais pouvoir t'infuser une santé nouvelle! Je voudrais que tu jouisses d'une parfaite lucidité, d'une lucidité de roi qui, à son agonie, entend déjà ce qu'on dira tout de suite après sa mort qu'il sent prochaine car on l'y presse, qui entend et qui voit le prince héritier qui est là, près de lui, qui guette son dernier souffle... et le roi qui n'est pas mort mais qui va mourir, entend déjà: « Le roi est mort — Vive le roi! » C'est moi, le roi nouveau! Roi, fort de ton héritage et des enseignements de ton règne glorieux. Je continue ton œuvre. N'aie pas peur, Satan continue à conduire le bal! Mon frère, mon puîné, ce petit Britannicus, n'aura pas sa Junie; le Néron que je suis la lui souffle à la gueule à l'Empereur Domitius, pour qu'il en claque! Nous sommes une famille royale! Nous ressuscitons la tragédie antique! Tu es fier de ton œuvre? Tu vois, je prends la fiancée de Michel, je lui souffle sa Lucie... je la lui souffle à son nez... et Lucie vient à moi, car elle ne veut pas que je tue mon frère. Cette Junie se sacrifie pour que Britannicus ne soit pas empoisonné par Néron! Quel beau thème! Je te rends compte de mon futur règne avant que tu ne meures!... Lucie! viens à moi... viens!

LUCIE *(épouvantée, s'approche.)*

RAYMOND — Tu vois, je l'enlace... Je l'ai déjà honorée de mes faveurs royales, mais je répare!... Tu veux bien, ma Lucie?... *(Bas, à son oreille:)* Si tu ne dis pas « oui », je tue Michel devant toi!

LUCIE *(Dans la crainte:)* Oui! Oui! J'épouse Raymond, monsieur Hardy — je l'épouse.

ALEX — Non!

RAYMOND — Tu dis?

ALEX *(D'une voix grave et lente:)* Non, tu ne l'épouseras pas! Le Bon Dieu ne le voudra pas! Michel ne mérite pas ça!

RAYMOND — Tu oses invoquer...

ALEX *(Très lent:)* Je vis mon châtiment. Un cancer me ronge... un autre ennemi de ma chair: toi... me détruis. J'ai eu peur de toi — peur d'avoir transmis la vie à un être qui devenait mon châtiment vivant. J'ai mérité ce châtiment, et mieux encore, plus encore: un cancer joint en moi la souffrance à ma détresse morale.

RAYMOND — Tu voudrais que je te plaigne?

ALEX — Non! J'ai voulu être un roi dans un monde extra-terrestre, dans un monde occulte où je me suis fait des esclaves que j'animais de ma volonté. J'ai cru en mon pouvoir, j'y ai cru. J'ai livré un combat à Dieu! Oui! Ma vie est une vie de mégalomane. La folie des grandeurs. La folie du siècle s'est immiscée en moi. J'ai eu mes triomphes, j'ai cru en ma grandeur. J'ai fait ce qu'ont fait les dictateurs, dans mon rayonnement à moi. Je paie lourdement dans ma chair, dans mon esprit, mes tares! J'avais oublié que je n'étais que poussière... Dieu nous le rappelle tôt ou tard.

RAYMOND — Et tu penses que cette confession de dernière heure va te laver de tes crimes?

ALEX — Ce n'est pas toi qui juges. J'ai foi en la Miséricorde Divine. L'homme ne peut pas juger l'homme. Tous les jugements des hommes seront revisés — Il y aura des surprises. Tu ne peux pas juger ton père. Si tu le juges, c'est que tu es victime de ma folie des grandeurs, par voie d'hérédité. Je t'ai transmis mes tares. Pourquoi? Pourquoi? Je n'en sais rien... je ne le sais pas. Les hommes ne savent pas. On ne sait pas. Dieu seul le sait... Je suis un malade...

RAYMOND — Tu ne l'as pas toujours été!

ALEX — Je l'ai toujours été. Mon délire de la grandeur est une maladie de l'âme. Vous ne le saviez pas, je ne le savais pas. On croit être ce qu'on croit être... Mais est-ce bien ce que l'on est? puisque... puisqu'on n'est pas pour les autres ce qu'on se croit? Tout est énigme pour les désaxés; leur puissance même est un non-sens que Dieu supprime à son heure en nous rejetant dans la froide poussière dont Il nous a tirés. *(Se tournant vers Raymond qu'il regarde:)* J'ai fait le mal — Venge-toi par le mal, si le mal te sourit, mais on le paie, le Mal, même en ce monde! Ma vie est vide comme la mort, comme ma mort, qui ne vous mettra dans le cœur, pas même du chagrin... mais le vide, le néant!... rien! Je renonce à comprendre l'énigme. Je suis nul... je ne suis rien, même plus un souffle... rien... rien... et je meurs comme un chien sans rien laisser de moi... même pas un... pardon!...

JEANNE — Mais... il est...

MICHEL — Il est mort.

LUCIE — Quelle tristesse!

RAYMOND — Michel!

MICHEL — Oui...

RAYMOND — Je me dégoûte... Si je finissais comme ça!... Ah! quelle fin, c'est atroce.

MICHEL — C'est terrible.

RAYMOND — Toi, tu ne finiras pas comme ça. Moi, j'en ai déjà lourd sur le cœur... trop lourd! *(Ému:)* Michel, tu es le seul type qui ait compris ma détresse... crois-moi, tu es le seul... et je t'ai fait la plus grande méchanceté, à toi qui m'a compris. Je sais que tu ne peux pas me pardonner.

MICHEL — Ton mauvais génie est mort, mon pauvre Raymond!

RAYMOND — Oui, c'est vrai. Mais comment pourras-tu me pardonner mon sacrilège sur Lucie?

MICHEL — N'en parle pas.

RAYMOND *(Il appelle.)* Lucie! Lucie! venez!... Michel est bon, restez près de lui. S'il vous garde, c'est qu'il me pardonne en vous. La garderas-tu, Michel?

MICHEL — Oui.

LUCIE — C'est vrai? C'est vrai?

RAYMOND — Merci. *(Il se retourne vers son père.)* Faire tant de mal pour en finir là... ça n'en vaut vraiment pas la peine!

JEANNE *(Qui a regardé le couple à travers ses larmes:)* Il n'aura même pas vu qu'on lui pardonnait!

FIN
RIDEAU

ROBERT CHOQUETTE (1905-1991)

Les *Œuvres poétiques* de Robert Choquette ont été rassemblées par Fides (coll. du « Nénuphar ») en 1956; le premier tome comprend: *À travers les vents* (1925) qui valut à son auteur le prix David; *Metropolitan Museum* (1931), son meilleur recueil selon Jean Éthier-Blais *(Signets III,* Cercle du livre de France, 1973); *Poésies nouvelles* (1932) et *Vers inédits*; le second, *Suite marine* (1953), ambitieux chant lyrico-épique de sept mille vers dont nous donnons le prologue. Dans *Metropolitan Museum*, œuvre née d'une visite au célèbre musée new-yorkais, Choquette interroge les grands arts et les grandes civilisations, de la préhistoire à la chrétienté, et conclut son enquête par une description de la métropole américaine et une apologie de la civilisation moderne, nuancée toutefois d'avertissements au sujet de sa vie spirituelle. Choquette, qui fut notamment journaliste à la *Gazette* de Montréal, sous-commissaire de la Commission du Centenaire, consul du Canada à Bordeaux et ambassadeur en Argentine, est également l'auteur d'un roman, *La Pension Leblanc* (1927), traduit en feuilleton télévisé, et d'un feuilleton radiophonique, *Élise Velder*, dont il tira un roman (1958). Robert Choquette a été président de l'Académie canadienne-française.

Souvenirs du lac Supérieur

Ô matins qui, venus des montagnes humides,
Secouant vos cheveux pleins d'aube et les bras nus,
Marchiez d'un pas divin sur les vagues timides,

Peut-on vous oublier quand on vous a connus?
Chers Matins, vous naissiez dans le nid des collines;
Puis, couchant sur le lac vos regards ingénus,

Vous trempiez vos genoux dans les houles câlines,
Et de grands goélands criaient sur les récifs,
Et l'étoile fermait ses ailes cristallines.

Matins qui descendiez en frôlant les massifs,
Les cavités des rocs qui font des taches d'ombre
Semblaient vous regarder comme des yeux pensifs;

Et les fleurs et la mousse et les touffes sans nombre
Aux pentes des rochers tremblaient toutes. Matins,
Vous qui vêtiez d'azur l'esprit de l'homme sombre

Et qui versiez l'amour dans les vastes lointains;
Demi-dieux de l'espace aux chevelures douces,
Vous emplissiez les cœurs de désirs enfantins;

Et les biches des bois qui rêvent sur les mousses,
Et les lapins aux yeux d'aurore, et l'écureuil
Dont le museau remue entre les feuilles rousses,

Et la ronce tordue et la vague et l'écueil;
Ô lumineux Matins, sous vos chastes caresses
Tout s'éveillait, tout palpitait, tout levait l'œil.

Vous aviez la clarté des divines tendresses,
Vous aviez la douceur d'une épaule d'enfant;
Et la terre oubliait ses humaines détresses,

Rien qu'à vous voir, si forts, et réchauffant
Le cœur de ses petits dans vos mains lumineuses!
Et le regard du ciel en était triomphant,

Ô matins qui marchiez sur les vagues laineuses!

Metropolitan Museum
(Extrait)

Pensif, je dénombrais les races accomplies,
Lorsque, par un vitrail, entre deux panoplies,
Pénétra dans la salle un murmure d'oiseau.
Et d'ouïr cet oiseau, si jeune, si nouveau,
      La sève de mélancolie
Qui me venait de tant de siècles traversés
En moi monta comme un serpent s'enroule.
Eh quoi! mon cœur est donc si vieux dans le passé?
      Ce sang qui dans mes veines coule,
Un homme le portait sous les astres éteints
Des siècles sans histoire engainés dans l'abîme?
Comment l'humanité, millénaire victime,
Saurait-elle être jeune et croire en son destin?
Dans l'ombre extérieure où vont les races vieilles,
L'Homme à son tour descend d'un pas désabusé.

Et moi-même, sans âme, sans force, écrasé
Par ces murs, sarcophage où les siècles sommeillent,
Je retournais au jour pareil aux autres jours,
À l'homme, au long fardeau de vivre. D'un pas lourd,
Je sortis.
      Vieux soleil qui frappas ma paupière!
Soleil de cuivre et d'or dont se casqua mon front!
La ville autour de moi levait ses bras de pierre,
Les bruits heurtant les bruits faisaient un seul clairon!
      Vivre! Fruit amer de la vie,
Te mordre! Être emporté où la fête convie,
Sur la barque du bruit sans voile et sans rameurs!
Les foules remuaient, les foules aux marées
Contraires, dont les flots emmêlent leur rumeur.
Je m'y jetai, d'une âme intense, immodérée.

      Et de sentir autour de moi
        Se dérouler la Ville Folle,
      Je ne sais quel aveugle émoi,
        Quelle fièvre au delà des paroles
Multipliait mon cœur en milliers de rayons!
La ville était en moi comme j'étais en elle!
Essor de blocs! élans d'étages! tourbillon
De murailles qui font chavirer la prunelle!
Murs crevés d'yeux, poreux comme un gâteau de miel
Où grouille l'homme-abeille au labeur sans relâche!
Car, sous l'ascension des vitres, jusqu'au ciel,
Je devinais aussi la fièvre sur la tâche:

Les pas entrelacés, les doigts industrieux,
Et les lampes, et l'eau qui coule promenée
En arabesque, et dans les fils mystérieux
Le mot rapide et bref volant aux destinées!

Je marchais, je ne savais rien,
Hors que vivre est une œuvre ardente.
Et les tramways aériens,
Déchirant la ville stridente,
Enroulaient leurs anneaux aux balcons des maisons!
Des trains crevaient la gare à manteau de fumée,
Des trains happaient les rails qui vont aux horizons,
Cependant que sous terre, en leurs courses rythmées,
D'autres allaient et revenaient incessamment,
Navettes déroulant le long fil du voyage!
Une géométrie immense en mouvement
Opposait dans mes yeux de fulgurants sillages:
Et de partout — malgré l'angle oblique, malgré
La masse qui retient, la courbe qui paresse —
Toujours, jusqu'à pâlir dans les derniers degrés,
La Ligne allait au ciel comme un titan se dresse!

Et dans les bruits, dans les reflets,
Je roulais au torrent des hommes et des choses,
Je suivais le chemin de mon âme, j'allais
Vers quelque colossale et sombre apothéose.
Sombre, car peu à peu, sournois
Comme un remords qui rampe hors de la mémoire,
La fièvre de mon siècle avait fait naître en moi
Je ne sais quel brasier dont la flamme était noire!
Où donc couraient mes pas? portés par quel désir?
Vers quel bonheur si prochain à saisir
Que j'y volais comme la bête à la curée?

Course sans but, de plus en plus désespérée!
Et du fond de la ville, obscur creuset
Où bout le sort futur de l'homme et de la femme,
Des voix, qui ressemblaient aux clameurs de mon âme,
S'élevèrent brûlantes, et disaient:

« Je suis l'Homme Moderne, aux villes jusqu'aux nues!
Je suis celui dont le sang continue
Le long tourment d'espoir légué par le passé!
Je suis le pèlerin des temps, ce que peut être
L'héritier, d'âge en âge et d'ancêtre en ancêtre,
De tout ce que la terre a souffert, a pensé.
Et je marche toujours, et les cruels problèmes

Nés du réveil de l'homme au sein de l'univers,
De plus en plus cruels restent toujours les mêmes!

Pourtant: les fleuves détournés, les rocs ouverts
D'où jaillissent les trains des belles aventures?
Ne suis-je pas le roi de l'aveugle nature?
Je mesure au compas les astres exilés,
Et je nage secret sous la trame des ondes
Ou dérobe à l'oiseau sa gloire d'être ailé;
Et mon verbe électrique a ceinturé le monde,
J'ai porté jusqu'au sud extrême et jusqu'au nord
L'enquête d'un espoir plus puissant que la mort;
Je ranime un visage, une voix qui s'est tue;
     Je régis, je converse, je tue
À distance; aujourd'hui plus qu'en tout mon passé,
Je tiens sous mon vouloir la force naturelle,
J'inspire la matière et suis servi par elle.

     Mon bonheur a-t-il commencé?

Ne vient-il pas plutôt ce temps noir où mon œuvre,
La science, fermant ses innombrables bras
     Aux étreintes de pieuvre,
Fille dénaturée, à son tour me broiera?
Quand, grâce à la machine aux hâtes effrénées
Qui centuple en un jour le fruit de tant d'années,
L'homme aura plus de biens qu'il n'aura de désirs,
     Et qu'énervé par ses amers loisirs
     Il portera sur ses mains léthargiques
     Le désespoir de la stérilité;
Qu'adviendra-t-il alors de ma race tragique
     Aux flancs d'un globe épouvanté?
Verrai-je alors grandir ce rêve populaire
Que l'homme tente, au nord, à même sa douleur?
Et pour l'avoir rêvé, quel sera mon salaire?
Puisqu'on ne revient pas à l'Éden, seuil en fleurs
Où mes illusions riaient dans la rosée,
La famille commune enfin réalisée,
La charité, l'amour, ces divins fruits du cœur,
Sauront-ils me guérir des tâches inégales
Qui me déshéritaient aux siècles de rancœur?
Ou, sous ses noirs plafonds d'usine colossale,
L'universelle égalité de l'avenir
N'éteindra-t-elle pas, dans mes fils sans désir,
     Le dernier rayon de l'étoile?

Mais qui t'arracherait la parole sans voiles,
Sphinx aigu de la vie, impassible et scellé!

N'est-ce donc pas assez qu'en manteau d'exilé,
           Courbé, flétri de soif amère,
           Et se traînant de chimère en chimère
Et rougissant le jour avec ses poings sanglants,
L'homme ait si bien cogné sa raison à la terre
Et qu'il devine à peine un mot du grand mystère
Où il rôde inquiet depuis l'éveil des temps?
Que veux-tu donc, ô vie? et pourquoi ces défaites
Et, dans le vain retour des aubes et des soirs,
Tant de reprises, tant de luttes, et l'espoir
Pareil à Jéricho dans le vent des trompettes?

Ô visage fermé qui ne répondras pas!
Si je marche, pourtant, jusqu'à l'âge où mes pas
Seront comme un filet autour de la nature;
Si je cherche le mot de la grande aventure;
Malgré tout un passé d'empires effondrés,
Si ma main fait surgir les Alpes de mes villes;
Si, de plus en plus haut, mes avions cabrés,
Dans le désert d'azur où leur orgueil s'exile,
Vont froisser le tapis des nuages d'argent;
Si, de mille en mille ans plus maître de la terre,
De plus en plus subtil et plus intelligent,
J'élargis jusqu'au ciel mon œuvre solitaire;
Ne viendra-t-il jamais un jour, quand j'en mourrais!
Où le vieux cœur humain trahira son secret?
Ou bien, moi qui vieillis dans la persévérance,
Quand je tiendrai, enfin, l'horizon dévoilé,
N'aurai-je fait toujours que changer de souffrance
Et mon cœur, ce mirage, aura-t-il reculé?

Grand'route

                         I

Grand'route du départ, grand'route aux blancs poteaux
Diminués de plus en plus dans la campagne;
           Fuite où l'oiseau nous accompagne
Jusqu'à ces blés moelleux que soulève un coteau;
Toi que décembre enneige ou que juillet ombrage,

Grand'route vers demain à travers les saisons,
Grand'route du désir, grand'route du mirage,
Qui ne t'arrêteras qu'aux derniers horizons...

Ô miracle sans fin! Ô multiple visage
À tout heure plus jeune ou plus fort ou plus clair!
        Voici tant d'aromes subtils dans l'air,
Qu'il semble qu'on voudrait cueillir le paysage.
Brusquement le chemin enlace des rochers,
Survole un lac, s'agriffe au flanc d'une colline,
        Et sans repos, de clocher en clocher,
Court dans le soir de pourpre ou dans l'aube opaline.

Voici la ferme aux meules d'or rouillé; et puis,
Le cou tendu ainsi qu'un poing hors de la manche,
        L'oie en courroux. Des poules blanches
Picorent au sentier dallé qui mène au puits.
Plus loin, c'est un vieillard dans sa porte. Il regarde;
La porte, clair-obscur, suggère un infini.
Quand à cette autre ferme, un tel chêne la garde,
Que ses pignons heureux habitent dans les nids.

Reflets, fourmillement de feuilles dans les feuilles.
De la clarté tremble en nos yeux: c'est la forêt
        Où l'oiseau chante, innombrable et secret,
Où le lièvre furtif, qu'un bleu massif accueille,
Bondit, l'oreille ouverte en conque dans le vent.
Puis vient la plaine encore, et ses chaudes entrailles;
        Et l'œil ébloui rencontre souvent
Un toit dont les bardeaux font croire à des écailles.

C'est l'école du rang, dans l'inutile été,
Avec sa balançoire oubliée, inégale...
        Partout claironne la cigale;
Partout, sur des rayons d'odorante clarté,
L'abeille danse et tisse un fil imaginaire.
Dans le trèfle poudreux le bœuf ensommeillé
Rumine, alors qu'au loin, près du paratonnerre,
La girouette tourne en un long cri rouillé.

C'est quelquefois le fleuve où la vague miroite
Comme la moire au col mobile du pigeon.
        Nature en fleurs (promesse du bourgeon),
C'est à gauche la grâce et la vigueur à droite,
Du vert contre du bleu, du bleu contre du vert;
C'est toi, c'est toi toujours, inlassable, accueillante

À ce défi qu'on jette à l'univers
De l'étreindre plus loin, ô grand'route, ô fuyante!

II

Partir! c'est là ton mot, grand'route, course blanche!
    Vers quel pays ? Qu'importe encor!
Le grand oiseau sait-il, quand l'aile qu'il déclenche
    S'ouvre en manteau d'imperator,
Quel nom porte le sol qui lui donne sa proie?
    Le vent souffle, mais, quand il part,
A-t-il voulu jamais plus que la vaste joie
De pousser enchaînés les nuages épars?

Partir! La route est là, infiniment ouverte!
    L'adieu ne saurait être amer
Plus que la terre en fleurs n'est généreuse et verte!
    Comme le goéland des mers
Quitte la vague ingrate et plonge en d'autres vagues,
    On va chercher l'essentiel:
Son cœur, en l'horizon dont les collines vagues
    Semblent une fumée au ciel!

On a quitté la ville et son souffle rapace,
    Le cœur bat dans la liberté;
Il n'est plus que la route et notre faim d'espace,
    On roule, on se sent emporté
Sur le tapis volant que déclôt la pensée;
    On va, tout est blanc, tout est noir,
Les rives du chemin se sont comme effacées
    Dans ce tourbillon de l'espoir!

Un chemin idéal se déroule dans l'âme;
    Du plus loin du ciel radieux,
Une promesse parle, un appel nous réclame;
    On est habité par un dieu,
On est le météore à travers la distance,
    On est vierge de souvenirs;
Les vallons devinés tournent comme les stances
    D'un grand poème à l'avenir!

La route chante en nous comme une Marseillaise;
    On exulte, on vit de l'avant;
Il n'est plus qu'un vouloir, il n'est rien qui n'apaise,
    Hors d'ouvrir les portes du vent!
Mais quoi... Déjà le jour penche en rayons obliques ?
    Dans les grands arbres aveuglants

Les nids ne parlent plus qu'en voix mélancoliques.
  Adieu, la route aux beaux élans!

Et vous, fougues du cœur dont le cœur est la cible,
  Désirs, mirage boréal;
Et toi, dont le fil d'or palpite inaccessible,
  Magique horizon idéal,
Vous reculez toujours dans l'ombre qui recule,
  Tu n'es qu'illusion, chemin,
Grand'route inachevée au fond du crépuscule,
Et tu finis toujours avant l'espoir humain!

La chasse-galerie

  Au fleuve de la nuit, le long du vent,
  Sur les pins bleus gonflés de clair de lune,
  D'un bras égal et d'une âme commune
  Nageons, les gars, Satan est à l'avant!
    Que le canot des infidèles,
    Dont l'âme immortelle est en jeu,
  Garde un élan qui décourage les coups d'ailes
    Des plus puissants oiseaux de Dieu!

Ô la nuit bleue et d'or! Nageons, courbons le torse!
L'eau lourde de la nuit, l'eau que nous déchirons
Se hausse, coule aux flancs de la volante écorce
Et murmure... Hardi, plongeons les avirons,
Qu'ils remontent mouillés d'étoiles et de lune!
    Le front penché, mordu de vent,
    D'un bras égal et d'une âme commune
    Ramons, les gars, Satan est à l'avant!

Nous glissons, effarés et mordant notre haleine.
Que nos ceintures, dans le vent, derrière nous,
Te consolent, ô nuit, d'un sillage de laine,
Car l'aviron glacé qui frotte nos genoux
Mutile sans pitié ton beau fleuve de lune!
    Les yeux troubles, vrillés de vent,
    D'un bras égal et d'une âme commune
    Hardi, les gars, Satan est à l'avant!

Nous les voyons passer, les lacs lamés de glace
Où s'amoncelle une ombre aux reflets verts et bleus.
Nous les imaginons quand janvier fera place
    Aux soirs d'été, quasi miraculeux
Tant l'étoile en descend comme une ardente grêle;

Soirs où les lacs du nord ont une eau de velours.
— Hardi, les avirons, le long du canot frêle! —
Nuits d'été... Leurs moissons, leurs arbres aux bras lourds
De feuillage, de fleurs, de fruits et d'ailes closes!
Soirs des roseaux chanteurs! soirs chargés de grillons!
Magnétiques minuits, quand l'homme, avec les choses,
Dort aux parfums profonds qui montent des sillons,
Là-bas où les troupeaux broutent le clair de lune!
    Les yeux mi-clos, collant la joue au vent,
    D'un bras égal et d'une âme commune
Nageons, les voyageurs, Satan est à l'avant!

Mais ce n'est pas juillet, c'est janvier et sa neige;
Un étau de cristal mord les bois infinis.

Mais qu'importe l'hiver au canot sacrilège?
    Il passe, et nous voyons les pins, vernis
De lune, se bercer en sous-marine flore!
Voici luire déjà les champs, de verglas bleus.
— Hardi, beaux avirons, nagez, plongez encore! —
Et vous, les humbles toits, ramassés et frileux,
Les longs ennuis d'hiver en cercle autour des lampes,
C'est nous, les voyageurs! tremblez quand nous passons!
Un immense vertige auréole nos tempes,
Nous volons au plaisir, à l'amour, aux chansons!
Nous plongeons l'aviron à même un clair de lune!
    Mornes maisons, salut, du haut du vent!
    D'un bras égal et d'une âme commune
Ramons, les voyageurs, Satan est à l'avant!

Nous volons au plaisir! Pour une heure de fête
Nous risquons notre part de ciel; mais le danger
Est un alcool puissant qui nous monte à la tête!
Hardi, les compagnons, que l'aviron léger
Baigne les toits dormeurs d'une écume de lune!
    Ivres, les cils glacés au vent,
    D'un bras égal et d'une âme commune
    Nageons, les gars, Satan est à l'avant!
Nous volons à l'amour, aux baisers, aux caresses!
Nous, les captifs du nord, nous allons conquérir
L'été du cœur, qui brille aux yeux de nos maîtresses!
Nous volons à la vie, au risque de périr
Dans une éternité sans étoile et sans lune!

    Au fleuve de la nuit, le long du vent,
    D'un bras égal et d'une âme commune
Hardi, les voyageurs, Satan est à l'avant!

Que le canot des infidèles,
Dont l'âme immortelle est en jeu,
Garde un essor qui décourage les coups d'ailes
Des plus puissants oiseaux de Dieu!

SUITE MARINE

Prologue

Iseut, voici la mer!
                            Du haut de ce rocher
Où le goéland seul ose et vient s'attacher,
Du haut du vent qui fait valser les grains de sable,
Regarde, Iseut: c'est elle, immense, intarissable,
C'est elle avec l'ampleur qu'ont les gestes de Dieu.

Du haut de ce rocher taillé dans le ciel bleu,
Salut à l'élément père et mère des êtres,
L'eau des cinq océans, le lait primordial!
Source de vie, ô mer, et puissant cordial!
Masse de nuit féconde où les premiers ancêtres
Cherchèrent dans l'effroi leur forme et leur couleur;
Paradoxal abîme où l'animal est fleur,
Où la plante respire et dévore la bête,
Où la mort et l'amour et l'amour et la mort
Passent de l'un à l'autre en une vaste fête
Éternelle, salut! À l'est, au sud, au nord,
Ce qui naissait hier fait place à qui veut naître,
Aux aveugles instincts avides de connaître
L'enchantement d'avoir des yeux. Gloire à la mer
Qui, sous le tendre éclat de ce ciel qui l'azure,
Insatiablement tue et crée à mesure

De quoi nourrir la faim aux mâchoires de fer!
Gloire à la mer et gloire à la vie, et louange,
À la vie implacable où toute forme change
Pour exiger de soi ses élans les plus beaux,
Qui fait de la jeunesse avec les choses mortes,
Qui fait de l'espérance à même des lambeaux,
Si bien que les mangeurs dont les sombres cohortes
Ensanglantent la mer sont d'exaltants tombeaux
Où le sacrifié renaît à l'allégresse!

Mais voici dans la mer le symbole du cœur,
Aux rythmes de fureur, aux rythmes de tendresse,
Gouffre vertigineux sur qui tournent en chœur,

Goélands enroués jusqu'à la frénésie,
Les vigoureux désirs que rien ne rassasie.
Mer, image du cœur, changeant, nouveau toujours,
Cercle d'ombres et de clartés, dont les contours
Flottent dans les vapeurs floconneuses du songe!
Ténèbres de la mer, nuit du cœur, que prolonge
Toujours plus d'ombre encore: abîmes tourmentés,
Dieu vous a bien créés d'un seul et même geste,
Sombres replis des mers par des monstres hantés,
Cœur où rampe le goût du meurtre et de l'inceste,
Où s'écoutent, pourtant, des voix d'une candeur
Telle que le blasphème expire avant les lèvres;
Mer créatrice de joyaux d'une splendeur
Belle à désespérer les rêves des orfèvres.
Et dans le cœur aussi s'avancent tour à tour
Et reculent, pareils aux puissantes marées,
Le doute et l'espérance, et la haine et l'amour;
Et sur le cœur aussi des barques sont parées,
Et dans la nuit du cœur des carènes sombrées

Pourrissent lentement autour de leur secret.
Ô mer en qui rugit l'effrayant mascaret
Et capable pourtant d'une telle tendresse;
Ô toi l'harmonieuse et toi la charmeresse
Entre toutes, sirène endormeuse à la fois
Et terrible, salut! C'est grandis par ta voix
Et son écho multiplié qui roule et gronde,
Ô mer, que deux amants, à compter de ce jour,
Vont prêter leur jeunesse aux vieux mots de l'amour,
Et qu'une fois encor ces mots créeront le monde
En réglant sur deux cœurs le rythme universel!
Accueille-nous, Circé: notre amour vient de naître!
Notre premier baiser a la saveur du sel!
C'est en face de toi que nous venons connaître,
Dans l'exaltation du cœur mélodieux,
Une félicité qui nous égale aux dieux!

Regarde, Iseut: la mer aussi loin que ton rêve,
Mais, tout près, à nos pieds, la rade et ses oiseaux,
Et ses hommes, ses quais, ses maisons sur la grève,
Et les barques, d'ici qui semblent des berceaux;
Et tout cela, joyeux, grésille d'étincelles,
La grève, les filets, les toits et les nacelles,
Et si nombreux au fil de l'eau, si clairs, si blancs,
Si vifs les goélands parmi les goélands,
On croit que c'est la mer, la mer qui bat des ailes!

Iseut, nous descendrons vers ce village étroit,
Ce havre où les pêcheurs, ajustant le suroît,
Mouillent de bleus reflets le clair-obscur des portes;
Et nous n'en partirons qu'au mois des feuilles mortes,
Qui veut dire jamais, puisque le Temps n'est plus.

Cher village bercé des flux et des reflux,
Cher village inconnu dont le dernier méandre
S'avoue à nos regards en ce jeune matin,
Salut, joli village où nous allons descendre
Appareiller gaîment la barque du destin.

ÉLISE VELDER

Les nouveaux riches*

(Les Latour, dans Élise Verder, *sont des nouveaux riches. Pendant que Monsieur continue de faire de l'argent, Madame se fraie un chemin dans la bonne société. Une mésalliance pourrait tout gâter. La mésalliance s'appelle Élise Velder, dont la mère, venue de Belgique quelques années auparavant, tient une modeste pension de famille. À la radio, il y a une trentaine d'années,* La Pension Velder *était un feuilleton très suivi.)*

— Je t'assure que ça tourbillonne! dit Huguette Latour, le front contre la vitre d'une des trois fenêtres en saillie, dans la chambre de sa tante et de son oncle, celui-ci parti pour le bureau. Aujourd'hui 9 décembre, continua Huguette, rien d'étonnant que la neige fasse parler d'elle. Mais on dirait une giboulée du mois de mars; une vraie rage de vent.

Elle attendit quelques secondes, les gros flocons crevant sur la vitre comme des bulles; puis, étonnée de constater que sa tante ne répondait rien, la jeune fille se retourna.

Tout au fond d'un des lits jumeaux tout au fond de la vaste chambre, tante Hermine prenait son petit déjeuner. Mais à la manière dont elle contemplait l'édredon de satin, tout en buvant son jus de fruit, il était clair que cette tempête de neige lui importait peu.

Huguette laissa retomber le rideau, qui se replaça avec une souplesse de tissu qui a coûté cher, et elle revint à son plateau, posé sur le pied du lit. Elle le prit, s'installa dans un fauteuil, allongea ses jambes sur un pouf, les déplaça, les replaça; enfin s'immobilisèrent, par delà le plateau, les mules bleu pâle où claironnaient deux ongles rouges.

Bien qu'il passât dix heures, les deux femmes étaient en déshabillé. On avait reçu des amis, la veille. Comme on avait joué au bridge, on s'était couché tard. Cela n'avait rien d'extraordinaire, chez les Latour; mais chaque fois, le lendemain matin, quelqu'un passait la même remarque: « Il est décourageant de voir comme on se couche tard, à Montréal. » Huguette Latour ne s'adressait des reproches que les deux matins par semaine où elle devait aller à l'hôpital Sainte-Justine en qualité de garde bénévole, et Hermine Latour si c'était sa journée à la Maison de la Croix-Rouge. Le seul qui se plaignît régulièrement de ces veilles prolongées, c'était J.-B., debout chaque matin à sept heures et demie tapantes. Mais, le soir venu, une grue mécanique ne l'eût pas arraché de la table à cartes.

— Puis, ma tante? Quel est le programme de ta journée? Moi: coiffeur à deux heures et à quatre je rencontre Lulu au Ritz. Autrement dit, pas grand-chose.

— Moi non plus. Si je m'en trouve le courage, je commencerai à dresser ma liste de cadeaux de Noël. J'irai peut-être jusqu'à demander à Robidoux qu'il me descende chez Morgan.

Elle parlait d'une voix molle; le regard légèrement bridé semblait chercher quelque chose qui avait fui.

— Parlant d'Albert, dit Huguette, tu es absolument certaine qu'en mentionnant le chauffeur, c'est le nom de famille qu'on doit employer?

— Absolument. Si tu en doutes, consulte les manuels d'étiquette.

Elle voulut tendre la main vers celui de ces ouvrages dont elle avait fait un livre de chevet, mais elle en fut empêchée par le plateau qu'elle tenait sur ses genoux.

— Y en a qui trouvent ça exagéré, paraît-il.

— Exagéré que je cherche à respecter l'usage? Évidemment, si on tient mordicus à répandre la vulgarité, c'est autre chose; mais critiquer le médecin d'étudier la médecine ou l'avocat d'apprendre la loi ne serait pas plus ridicule que reprocher à la femme du monde le respect des bonnes manières.

De phrase en phrase, et sans même s'en rendre compte, elle avait pris sa voix de femme du monde, une voix chantante, longuement dans l'aigu et tout à coup dans le grave, et maintenant elle prononçait les mots « à la française ». Emportée par son sujet, ce n'était plus à Huguette qu'elle adressait ses remarques, mais à tous ceux-là qui pouvaient trouver plaisant qu'elle se fût donné pour tâche de faire gravir aux Latour quelques degrés de l'échelle sociale. Ou bien c'étaient des envieux ou tout simplement des esprits vulgaires, contents de rester à jamais tels quels et qui, effectivement, resteraient tels quels jusque dans leurs enfants. Tant pis pour eux! Elle n'allait certainement pas regretter d'avoir fait de son Marcel un avocat d'avenir, de son cadet Olivier, sous des dehors amusards, un très bon élève à Polytechnique et, de cette nièce élevée comme sa fille, une graduée de Villa Maria. Quant à se gausser d'elle parce qu'elle collectionnait les manuels d'étiquette, c'était rire à côté de la note, attendu que la pratique de ces ouvrages était non moins instructive que la pratique des mots croisés. L'une enrichit votre vocabulaire, l'autre vous dit le pourquoi de tel usage, la raison profonde de telle clause du code mondain. Vous vous trouvez à faire en quelque sorte un cours de psychologie, hautement révélateur.

Elle avait prononcé le dernier mot sur une note grave d'une telle musicalité, qu'il fallait bien en faire un point final. Suivit un moment de silence, puis la surprise et le désappointement de voir que dans l'auditoire il n'y avait eu que sa nièce et il était même à se demander si Huguette avait écouté, car elle consultait les enveloppes ouvertes, étalées sur l'édredon.

— Toutes des factures, à ce que je peux voir?

— Excepté une lettre de remerciements pour le cadeau de mariage qu'on a été obligés d'envoyer à la petite Jolicœur. Je dis « obligés » parce que dernièrement, paraît-il, les Jolicœur auraient déclaré que ton oncle n'est qu'un paysan en tenue de ville.

— Et on envoie un cadeau? On a bien de la grâce!

— Parfaite vérité, chantonna Olivier, entrant à la fois dans la chambre et dans la conversation. Je ne sais pas de quoi vous parlez, mais c'est la parfaite vérité.

Olivier, en pullover, tenait à la main deux cravates.

— Deux de *mes* cravates, que je viens de repêcher dans la chambre dudit Marcel Latour. Et puis-je vous prier de faire savoir à mon révérend frère que des cravates nouvelles, pour aller voir une blonde nouvelle, c'est au magasin qu'on se les procure, et non dans les tiroirs de son cadet?

— Une blonde nouvelle? demanda Huguette.

— Quand un type emprunte les cravates de son frère parce qu'il a fait le tour des siennes et quand il a toujours un complet chez le nettoyeur, c'est des symptômes éloquents. Qu'est-ce que tu as donc, maman?

Si elle s'était immobilisée dans le geste de porter cette rôtie à sa bouche, c'est qu'elle retrouvait soudain ses pensées de tout à l'heure, avant le verbiage d'Huguette et la présence d'Olivier. Mais comme elle préférait parler de cela avec Huguette seule, ce fut d'une voix mollement intéressée qu'elle répondit qu'en effet ce devaient être des symptômes révélateurs; et tout en croquant son toast, elle reprocha sévèrement à Olivier de n'être pas allé à ses cours, ce matin.

— Je m'exerce à être en vacances, répondit-il, vu que mes vacances du Jour de l'An commenceront dans moins de dix jours. Blague à part, je reste à la maison parce que je prépare un examen sur les radiations thermiques des cavités isothermes: pouvoir émissif et pouvoir absorbant, spectrobolomètre et spectroradiomètre.

— Veux-tu me dire, interrompit Huguette, pourquoi tu te donnes un genre, dans ta façon de parler? Tu parles tellement staccato, qu'on perd la moitié des phrases.

Il quitta la chambre en sifflotant, selon une habitude dont sa mère aurait bien voulu le corriger. Mais il avait comme réponse que le fameux chant des oiseaux n'était en réalité qu'un sifflement, et cependant les poètes de tous les siècles s'en étaient réjouis jusqu'à la pâmoison.

Hermine Latour prit une longue gorgée de café, avant de parler de Marcel.

— C'est vrai, dit tout à coup Huguette: Marcel est devenu étrange, ces derniers temps.

— Ah! Toi aussi, tu as remarqué ça?

— Un peu. Surtout que, l'autre jour, des amis m'ont dit comme Marcel se faisait rare; qu'on ne le voyait presque plus, et toujours pressé.

— Nous les tout premiers, dit sa mère, nous le voyons beaucoup moins souvent. Il ne fait plus partie de la maison que d'une manière intermittente. On dirait qu'il « se prête » à la vie de famille, qu'il n'habite plus ici que de profil; la maison n'est plus pour lui qu'une sorte de pied-à-terre, une sorte de vestiaire où venir changer de complet dès les premiers faux plis.

On n'en pouvait douter, cela cachait une femme. Mais pourquoi Marcel n'en parlait-il pas? Lorsqu'il avait eu des béguins, jamais il ne s'en était caché. Au contraire! Cette fois, on le devinait plus enthousiaste que jamais, mais en dedans, pour lui-même. On le sentait plein d'allégresse, mais cela ne se manifestait que dans de petites choses. Pas plus tard que la veille, à un « quêteux » qui sonnait à la porte pour demander la charité il avait donné tout un dollar. Mais plus encore que la générosité du don, le sourire de Marcel avait révélé l'homme heureux. Ou bien, cette allégresse se manifestait par rapport à des circonstances touchant les autres. Olivier doutait-il du succès d'un examen, Marcel lui répondait d'un mot qui était comme « une piqûre d'espoir », pour emprunter au vocabulaire du cadet. Mais sur lui-même, sur la cause de cette joie dont ses yeux rayonnaient jour après jour, pas un mot ni même une allusion.

— Évidemment, dit Huguette, si nous commençons à le suivre à la loupe, même sa manière de respirer va nous paraître révélatrice!

— C'est pas que je m'inquiète plus qu'il ne faut...

— Pourquoi inquiète, ma tante? Après tout, Marcel a trente ans!

— Des béguins, il en a déjà eu, et il est resté libre. Ce qui me rend songeuse, c'est le fait qu'il soit comme refermé sur un secret, lui toujours si franc, si ouvert.

— Il s'agit peut-être d'une femme mariée, hasarda Huguette.

— Mais non!

— Pourquoi pas ?

— Parce que. En tout cas, tu pourrais avoir le bon goût de ne pas lancer ça aussi crûment.

La femme de chambre entrait chercher les plateaux. D'habitude, Hermine Latour sirotait au lit une deuxième tasse de café, tout en feuilletant ses revues et ses magazines, surtout américains, le *Vogue*, le *Harper's Bazaar*, le *Good House Keeping* (quoiqu'elle parlât mal l'anglais, elle le lisait suffisamment). Mais s'attarder au lit ce matin ne servirait qu'à cristalliser dans son esprit cette inquiétude au sujet de Marcel. « L'hypothèse d'Huguette a certainement du bon », songeait-elle, tout en s'habillant. Elle feuilleta sa mémoire, cherchant parmi leurs connaissances quelle femme mariée pourrait bien accorder ses faveurs à Marcel. Elle abandonna son enquête comme puérile: à supposer une histoire de ce genre, rien ne permettait d'affirmer que la partenaire de Marcel fût quelqu'un de leur cercle. D'ailleurs, tout cela venait d'une supposition d'Huguette; rien ne prouvait que Marcel eût une liaison. Non seulement venait-il coucher à la maison chaque soir, mais il rentrait moins tard qu'autrefois. Et puis, autant qu'Hermine Latour s'y connaissait en ces matières, elle ne lui trouvait pas le regard terne de l'homme adonné aux passions. C'était du feu de l'âme que son regard brillait, du beau feu des amours platoniques; la mystérieuse inconnue était vraisemblablement une jeune fille. Le cœur d'Hermine Latour se mit à battre plus vite, avant même qu'elle s'avouât la nouvelle pensée qui prenait forme en elle: Marcel amoureux d'une jeune fille « pas de leur monde ». Devant ce péril plus grave que tout, l'idée d'une liaison avec une femme mariée trouvait presque grâce à ses yeux. Troublée en tant que mère chrétienne, en tant que mère tout court elle eût été tranquille: l'inconnue n'étant pas libre, le beau mariage éventuel de Marcel ne s'en trouvait pas compromis. Une histoire de ce genre pouvait susciter des ennuis, voire un petit scandale, mais Marcel n'engageait pas son avenir. Tandis que l'autre hypothèse...

À présent qu'elle était debout, Hermine Latour se sentait un violent besoin de remuer, de s'affirmer. Ce mystère autour de Marcel la fatiguait comme une lettre anonyme. Ne sachant à qui s'en prendre, elle se donnerait le change par beaucoup d'activité. Au lieu d'une journée tranquille, ce serait une journée bien remplie. Elle irait dans les magasins. D'autant plus qu'il fallait agir avant qu'un public déjà à l'œuvre depuis novembre eût mis à sac tous les comptoirs de la ville.

À ce public grouillant elle pensait comme à une colonie de fourmis. Elle n'en faisait pas partie, d'abord parce qu'étant Mme Jean-Baptiste Latour, son nom figurait sur une liste de clients privilégiés, dans chacun des grands magasins de l'ouest de la ville; ainsi, elle se voyait prévenue de l'arrivée de toute marchandise rare. De plus, moyennant quelques petits cadeaux disséminés le long de l'année, elle s'était forgé une entente clandestine avec des vendeuses affectées aux rayons qui l'intéressaient d'une manière particulière. On allait même jusqu'à lui mettre de côté des choses sur la présomption que ces articles l'intéresseraient, cependant qu'au comptoir se bousculaient et s'égosillaient les clients ordinaires. Cela, qu'elle savait, lui donnait le sentiment de sa puissance; cela lui permettait d'accepter avec patience les rebuffades que son ambition lui valait parfois dans les salons. Les barrières finiraient bien par tomber, un jour. *Toutes* les barrières finiraient par tomber. Lentement, mais sûrement, les Latour se le frayaient, leur chemin dans le monde. Le début d'Huguette, l'année dernière, avait été un grand pas de l'avant. À cette occasion les Latour avaient loué la salle à manger du Cercle Universitaire (dont Marcel, avocat, était membre), et on avait donné un bal où étaient venus deux cents invités. Hermine Latour s'y était prise de longue main. Des mois à l'avance elle avait cultivé ceux-là qu'elle voulait présents à l'événement, mais susceptibles d'esquiver l'invitation. Elle avait créé l'occasion de leur faire quelque bonté, de leur rendre quelque service signalé. Dans le cas des dames qui s'occupaient d'œuvres de charité, ç'avait été facile, attendu qu'au profit de ces œuvres on fait chaque année une souscription sous la forme d'une kermesse, d'un souper aux huîtres, d'un concert, d'une partie de cartes. Mme J.-B. Latour avait contribué généreusement — et pas discrètement. Cela, elle le savait, mais dans les circonstances il s'agissait précisément d'obliger devant témoins. Moralement en dette avec elle, ces dames trouveraient impossible de ne pas assister aux débuts mondains de Mlle Latour. Une telle concession à la vanité de ces réfractaires n'avait pas été facile. Mais, chez Hermine Latour l'ambition était plus forte que l'amour-propre. Il le fallait bien! D'ailleurs, le jour où les J.-B. Latour feraient enfin partie du Tout-Montréal, qui donc prendrait la peine de se rappeler les manœuvres des débuts? Si par hasard la chose arrivait, il s'agirait tout au plus d'une remarque en passant, et qui produirait de moins en moins d'effet à mesure que s'affirmissait la position des Latour, à mesure qu'on prendrait l'habitude de les rencontrer dans ces salons qui naguère leur étaient fermés.

REX DESMARCHAIS (1908-1974)

« Malgré la maladresse de ses œuvres, écrit Réjean Robidoux, c'est Rex Desmarchais, avec *L'Initiatrice* (1932) et *Le Feu intérieur* (1933), qui doit servir de jalon, sur la voie du roman d'analyse, entre la lointaine Laure Conan d'*Angéline de Montbrun* et les auteurs de l'époque qui suivra. » Les personnages principaux de ces deux romans sont en effet des jeunes hommes voués à l'introspection, écrivains en herbe ou en exercice, qui s'interrogent sans fin sur les sentiments contradictoires qui les habitent, et qui font des femmes qu'ils croient aimer le miroir de leurs propres contradictions. À ces velléitaires, Rex Desmarchais a voulu opposer, dans son troisième roman, *La Chesnaie* (1942), un personnage tout d'une pièce: Hugues Larocque, qui sacrifie tout à la libération d'un Québec dont il sera le dictateur. Ses romans souffrent bien de quelques maladresses, mais ils manifestent également un souci d'élégance et de clarté dans l'écriture qui n'était pas monnaie courante à son époque, et qu'il nourrissait à la lecture d'Anatole France, de Lacretelle, de Mauriac, de Gide. La langue française, a-t-il écrit dans un des essais de *La France immortelle* (1941), « doit, dans chacun de nos ouvrages, se prouver utile et belle. Nous avons souvent déploré que nos ouvrages littéraires ne franchissent pas les limites de la Province, ne réussissent pas, à la suite du livre français, à s'emparer du marché international. Nous négligions de nous demander si ces ouvrages renfermaient de quoi séduire le monde civilisé. »

L'INITIATRICE

Un jeune intellectuel des années trente*

(Le narrateur s'est violemment épris d'une jeune fille, Violaine Haldé, qui vit avec sa mère et une vieille bonne espagnole dans une riche maison de la Côte-des-Neiges...)

Violaine régnait sur chacune de mes heures, se glissait dans mes moindres pensées, occupait toute ma vie. Si elle eût ressemblé aux jeunes filles dénuées de complexité et qu'on déchiffre du premier coup, sans doute n'aurait-elle pas exercé sur moi une pareille fascination. Mais à mesure que je pénétrais plus avant dans l'intimité des deux châtelaines, la certitude qu'elles cachaient un mystère me devenait de jour en jour plus évidente. Et je voulais savoir, dussé-je torturer la jeune fille! Plus que Violaine elle-même, l'énigme de Violaine me passionnait. Ce besoin de connaissance ne se nourrissait pas de simple curiosité. Je désirais que rien ne me demeurât secret de l'âme de la jeune fille. À tout prix je voulais rompre la cloison qui toujours, même aux moments de la plus parfaite intimité, sépare l'ami de l'ami, la femme du mari, la maîtresse de l'amant.

Hélas! sitôt que je faisais allusion aux événements de son passé, la figure de Violaine se contractait, deux rides légères barraient son front poli. Domaine sacré et inviolable, me disait ce froncement de la physionomie.

N'était-ce pas une malhabile tactique de forcer à l'aveu des lèvres qui voulaient se taire? À la suite de plusieurs essais infructueux, je le crus et je me confiai au temps, acide dont la lente mais sûre action corrode les plus rigides constances, émousse les plus fortes volontés.

Un jour, songeais-je, elle me livrera, dans un élan spontané, ce qu'elle me cache aujourd'hui avec tant de soin. Je disposais de deux puissants moyens pour agir sur Violaine: ma culture, ma bibliothèque. Curieuse culture et étrange bibliothèque que celles d'un jeune romantique résolu, doublé d'un esthète. Romans, poésie, légendes, philosophie même, j'avais choisi les seules œuvres où la souffrance et la mort sont inséparables de la volupté et de l'amour.

Les idéologies passionnées du Barrès de la jeunesse, les romans inquiets et troubles de Gide, les fictions saturées de mélancolie de Julien Green, les personnages « à introspection » de Jacques de Lacretelle, l'univers triste de Mauriac voisinaient sur mes rayons. À cela, s'ajoutaient les œuvres poétiques de Byron, de Shelly et de tous les romantiques français; les philosophies de Nietzsche et de Schopenhauer que je ne comprenais guère mais dont je goûtais l'obscurité même, etc.

Si, à côté de ces œuvres, j'avais placé les chefs-d'œuvre des classiques et des tenants du catholicisme intégral, ce n'était pas par goût de l'antithèse ou par perversité. On n'est jamais pervers à vingt ans, mais irréfléchi et révolté contre les contraintes.

Le seul désir de me cultiver, la crainte qu'une beauté m'échappât, la volonté de ne rien négliger de ce qui est humain me poussaient à connaître le mieux possible tous les ordres de l'activité intellectuelle. J'aimerais la vie et davantage l'art qui est la forme idéalisée de la vie.

J'étais à l'âge où l'on cherche la griserie de préférence à la vérité, où l'esprit critique n'a pas la force de discerner le vrai du faux. Un sophisme bien présenté me plaisait plus qu'une vérité sans élégance. Je rejetais la morale, cette paire d'œillères qui rétrécit le champ de la vision — et de la jouissance.

J'avais brodé de longs commentaires en marge de mes lectures de prédilection.

Ces détails font comprendre quel genre d'enseignement je donnai à Violaine. Elle dévorait environ un volume par jour — par nuit, devrais-je dire. Nos entretiens prolongeaient nos débauches littéraires.

Vers cette époque, je n'étais ni plus heureux, ni plus infortuné qu'un autre. Mes études classiques terminées et mon baccalauréat encadré occupant la place d'honneur au salon, mon père caressait la légitime ambition de m'orienter vers la médecine. Il ne soupçonnait pas de plus bel idéal pour moi que l'héritage de son poste.

D'autre part, toute spécialisation me répugnait. Je considérais le spécialiste une espèce de monstre qui néglige la culture humaine au profit d'une science unique. Mon père, je l'avais constaté déjà, montrait de la ténacité dans ses vouloirs. Moi, digne hérédo sur ce point, je ne démordais pas des miens. Dans l'attente de la solution du dilemme, je me livrais à un vague dilettantisme (ce qui est la manière élégante de ne rien faire).

L'isolement, la compagnie constante de livres où la destinée est peinte sous un aspect passionné jusqu'au pathétique et triste jusqu'au morbide, la longue rêverie sensuelle, encore peu précise, que je poursuivais sans fin, me façonnèrent une philosophie voluptueuse et âpre de l'existence. Je regardais les âmes, les produits de l'art comme des violons auxquels il importait d'arracher les sons les plus ardents et les plus enchanteurs. Qu'importe que les cordes violemment tendues se brisent tôt si, avant d'éclater, elles rendent de somptueuses et déchirantes musiques! Les années, au déclin de l'adolescence, sont peut-être les plus douloureuses: mille chansons nous appellent et nous demeurons là, indécis, incapables d'un choix, l'âme déchirée par l'immensité des panoramas entrevus et les étroites limites de nos facultés. Était-ce cette disproportion entre mon rêve et mes moyens d'action qui me donnait, dans un âge précoce, la persuasion que toute destinée humaine ne s'épanouit jamais tout à fait et qu'elle s'achève par un échec? En raison de cette vision amère, je n'attribuais les qualités de vraisemblance et de beauté qu'aux seuls romans qui finissent par une catastrophe morale. Les autres, je les méprisais, songeant: « Mièvreries! Contes de moralistes! » Mes amis de collège avaient tenté de me démontrer la fausseté de ma psychologie, en me citant le cas de tel ou tel qui avait conquis le succès, l'amour, le bonheur. Mais je répondais que c'était là attitudes, apparences auxquelles les superficiels se laissent prendre. Le monde me semblait un vaste théâtre: chaque personne, jouant son rôle, y portait un masque. Sous les sourires, j'entrevoyais des larmes secrètes; sous l'éclat des rires, je percevais des soupirs de désespoir.

Aujourd'hui même, je crois que les plus séduisantes réussites sont bien relatives et que, considérée sur un plan supérieur, nulle destinée ne mûrit ses fruits...

Cette conception grise de la vie, parce qu'elle constituait ma nature même, je l'inculquai tout naturellement à Violaine, je l'en compénétrai. La jeune fille présentait déjà un terrain propice à l'éclosion de pareils germes. Je lui montrais le revers de médaille du monde, (celui que je voyais moi-même). Ma sincérité à cette époque me libérait des scrupules et, aujourd'hui, atténue mes remords. C'est aux cœurs naïfs et jeunes qui nous admirent et nous aiment que, sans le vouloir, nous pouvons faire le plus de mal. Les cœurs hostiles ou avertis subissent moins notre empreinte. Personne ne balança mon influence auprès de Violaine; personne ne lui dit: « Au côté de l'austérité, il y a la joie; au côté des heures de trouble et de douleur, il y a celles de paix et de félicité. » Elle ne sut pas qu'aux minutes de griserie, si rares, si brèves soient-elles, le courage se retrempe pour affronter les périodes mauvaises. Mais contre un univers ennemi dont je lui dessinais un sombre tableau, elle chercha un refuge dans son mysticisme qui lui montrait le ciel et lui donnait l'espérance d'un avenir meilleur.

LA CHESNAIE

Un futur dictateur*

(Les pages que nous extrayons de La Chesnaie *résument les aspirations du personnage principal, Hugues Larocque. Il doit rencontrer quelques jours plus tard un ami d'enfance, Alain Després, à qui il entend soutirer de l'argent pour fonder un hebdomadaire. La sœur de celui-ci, qui fut l'amante de Larocque, veut le dissuader d'entraîner Alain dans une aventure qu'elle juge sans issue.)*

Madame Larocque avait desservi. Hugues passa dans sa chambre. Il tourna le commutateur et le vivant désordre de la chambre-bibliothèque-bureau apparut. La pièce était petite et la surcharge la rétrécissait. Un lit de camp suffisait au sommeil de Larocque. Le mobilier proclamait le labeur de l'esprit: une étagère bourrée de livres, un classeur, une table de travail écrasée sous des monceaux de dossiers et de paperasses. Des tablettes, disposées sur le mur, pliaient sous le poids des livres. Et des livres, toujours, empilés dans les coins de la pièce, grimpaient au plafond. Un étranger, entrant dans cette chambre, eût éprouvé une impression de chaos. Il n'eût rien découvert d'agréable à un œil ami de la symétrie. Il se serait demandé comment le propriétaire de ce capharnaüm pouvait s'y reconnaître. Hugues Larocque, pourtant, s'y reconnaissait, et rapidement. Il n'avait visé qu'à l'utile. Sous un désordre apparent existait pour lui une classification méthodique. Avait-il besoin de tel volume, de tel document? Il le retrouvait aussitôt. Sa forte mémoire l'aidait. Depuis un an, il lui était arrivé d'amener à sa chambre un des officiers de son état-major. Celui-ci avait toujours été émerveillé de l'agilité d'esprit du Chef. Larocque extrayait de ses tiroirs un vieux papier comme il tirait instantanément de sa mémoire une citation opportune. Il n'oubliait rien: ni une ancienne lettre ni un passage lu, ni un mot entendu.

Ce soir, Larocque sort du tiroir de la table de travail une enveloppe. Elle renferme un portrait de Claire Després. Une pauvre photographie qu'Alain lui avait donnée quelques années plus tôt. Hugues l'a souvent contemplé ce portrait! À présent, il le dévore des yeux avec plus d'amour que jamais. Après huit années de silence, il vient d'entendre la voix de la jeune fille au téléphone. Il a reconnu cette voix dont le timbre, les plus fines nuances obsèdent son oreille comme une sourde mélodie, infiniment douce. Dans moins de vingt-quatre heures, il reverra Claire. Que lui dira-t-elle? Pourquoi l'a-t-elle appelé? Il ignore que Claire habite chez Alain. Comment soupçonnerait-il qu'elle vient plaider auprès de lui la cause de son frère, défendre précisément les biens qu'il veut accaparer au bénéfice de la cause? Car la décision de Larocque a la solidité du bouclier laurentien. S'il a consenti à passer la fin de semaine à la Rivière-du-Chêne, ce n'est pas pour se détendre, jouir de la conversation de son ancien ami. Hugues méprise le repos et les entretiens futiles. L'art? Il n'est pas insensible à l'art. Mais sa persuasion raisonnée, c'est que le Canadien français ne produira des chefs-d'œuvre que le jour où il sera le fils d'une nation libre et fière, riche et assurée sur le sol de la patrie. Il n'y a qu'une tâche urgente: affranchir la nation, établir, confirmer sa force et sa prospérité. L'heure n'est pas venue de disserter sur les mérites comparés de la métrique classique et du vers libre. L'heure sonnera des entretiens subtils, des jeux les plus déliés de l'intelligence. Il faut auparavant définir les cadres de la nation, instaurer l'hégémonie canadienne-française dans ces cadres. Seule une nation forte, délivrée de l'asservissement colonial, produit d'admirables artistes. « Je travaille pour l'art et la science », affirme Larocque.

Depuis huit ans, le jeune homme bataillait pour son idée élevée à la puissance d'un idéal. Plusieurs fois, il avait commis des pas de clerc. Ainsi, en 1936, lorsqu'il s'était présenté comme candidat indépendant, dans un comté rural, il avait perdu son dépôt. Toutefois, il avait recueilli une centaine de votes sur l'exposé d'un programme effrontément national. Il avait fait sa campagne sans argent, soutenu uniquement par un groupe de jeunes gens que son audace et sa droiture avaient conquis. Au cours de la campagne, il avait constaté que le peuple n'était pas tout à fait indifférent à l'intérêt national. Évidemment, la masse des votes allait au candidat du parti le mieux financé. Mais il était clair que la conscience de la nation existait. Faible, vague, elle se cherchait dans l'ignorance, élevait une timide aspiration à l'être. Elle existait! L'espérance était permise. Il ne serait pas impossible de fortifier cet embryon de conscience, de l'aider à s'épanouir.

L'échec de sa candidature enseigna à Hugues Larocque que le parlementarisme ne permettait aucune restauration. De part et d'autre, on immolait systématiquement l'intérêt de la nation aux intérêts du parti. La démocratie produisait son fruit naturel: une écœurante démagogie. La plupart des électeurs écoutaient passivement des phrases creuses auxquelles ils ne croyaient guère et ils votaient selon leurs divers parti pris. Ils avaient la conviction profonde et justifiée qu'un parti ne les exploiterait pas moins que l'autre et que les deux les exploiteraient également jusqu'à l'épuisement. Les plus rusés vendaient leur vote; les autres votaient par bêtise pure, pour suivre le courant; un petit nombre de citoyens d'une prétentieuse imbécillité votaient, paraît-il, suivant leur sens critique et leur raison!

Hugues avait vu de près plusieurs politiciens éminents des deux partis. Ces rencontres avaient fortifié son mépris de la démocratie. Certains représentants du peuple n'étaient ni des imbéciles ni des lâches ni des escrocs. Larocque en avait rencontré d'intelligents et même d'honnêtes. Quelques-uns ne manquaient pas de courage. Mais tous, ils suivaient le courant, ils se résignaient aux compromissions exigées par le parti. Les meilleurs ne perdaient jamais de vue leur future élection et ils agissaient de façon à la gagner. S'ils osaient de fugitives incartades dans le champ du nationalisme, ils réintégraient vite le bercail. L'institution dévoyait les hommes, annihilant la bonne volonté des uns et l'intelligence des autres. Cette institution où le caractère et l'esprit ne s'imposaient pas se maintenait à un niveau fort bas.

C'est l'institution, qu'il faut changer, se répétait Larocque. Le salut de la nation est à ce prix. Le jeune homme avait cherché les moyens de changer le régime de gouvernement du Québec. Son entreprise peut sembler folle. Mais les folies, dès qu'elles réussissent, prennent un autre nom.

Hugues Larocque n'avait ni argent, ni prestige social. Pour réaliser son audacieux dessein, il ne pouvait compter que sur son intelligence, sur la foi qui enflammait sa parole. « En Europe, avait-il songé, chaque nation a une armée. Un militaire ou un civil qui dispose de l'armée, peut s'en servir pour renverser un gouvernement indigne et s'emparer du pouvoir. Les Canadiens français n'ont pas d'armée. J'en formerai une. » Il s'était attelé à la tâche invraisemblable de constituer une armée. Il ne la voulait pas nombreuse mais d'une qualité exceptionnelle. Cinq amis absolument sûrs, fanatisés au plus haut point, et lui-même avaient composé le noyau de la future armée. En l'espace de deux ans, chacun des membres de cet état-major avait pour mission de recruter cent partisans. On réunirait ainsi un corps de cinq cents jeunes hommes. Larocque estimait ce nombre suffisant pourvu que chacun de ses soldats fût animé d'un dévouement sans réserve, d'une parfaite soumission jointe à une invincible volonté de vaincre. « Ils doivent être des outils dociles dans ma main, de simples outils. »

La province avait été divisée en cinq sections: de Montréal, de Hull, de Sherbrooke, de Québec et de Rimouski. Chacune était sous la direction d'un sous-chef. La réunion des sous-chefs formait l'état-major ou Conseil de la S.S.D. (Société Secrète Dictatoriale). Larocque, secondé par son ami Pierre Bellefeuille, s'occupait du recrutement dans la section de Montréal. Après huit mois d'efforts, cette section comptait une trentaine de partisans. Le recrutement marchait bien dans les autres sections. Les effectifs de la société secrète dépassaient pour l'instant le chiffre de deux cents partisans. Hugues ne se faisait pas d'illusion. Il savait que, de ce nombre, il faudrait éliminer une centaine d'indésirables. Davantage, peut-être. Qu'importait! L'élan était donné, le mouvement progressait. Larocque ne croyait pas qu'il pourrait risquer le coup de force avant cinq ans. Il avait étudié, approfondi la *Technique du coup d'État* de Malaparte. Il n'ignorait pas combien, même porté par les circonstances les plus favorables, il avait peu de chances de réussir. Du moins, il ne gaspillerait aucune chance. Il était résolu à jouer sa vie, son bonheur, sa mémoire dans cette aventure. S'il échouait, son nom sombrerait dans le ridicule, le sort des Canadiens français demeurerait inchangé.

Larocque a fait le point en examinant la photo de Claire. Il lui donna un dernier regard et la replaça dans le tiroir. « Demain, je saurai. » Et, d'un effort de volonté, durement, il chassa la tendre rêverie qui s'insinuait dans son imagination.

Sur une pile de dossiers rangés sur la table, il en prit un qui portait au crayon rouge, le titre: *La Nouvelle France, hebdomadaire.* Ce dossier renfermait une dizaine de grandes feuilles pliées en quatre. Sur chacune était dessiné un schéma d'hebdomadaire. Avec de légères variantes, ces schémas reproduisaient le *visage* de *L'Action-Française.* Hugues étudia soigneusement chacun de ces projets et il les classa suivant la valeur respective qu'il leur attribuait. « Je crois que notre journal paraîtra, murmura-t-il. Notre action exige une opinion publique favorable. Il faut que nous la formions. Le jour du coup de force, une bonne partie de la nation doit nous supporter. Je développerai fortement ce point de vue, ce soir, devant les amis ». Il glissa le dossier dans sa serviette. Il y joignit un second dossier qui portait les mots: « Section de Montréal », et une grande enveloppe grise, estampillée de Rimouski. Il sortit. Il marchait rapidement, absorbé dans ses pensées. Le souvenir de Claire s'y glissait parfois.

4

L'ÂGE
DE
L'INTERROGATION

par René Dionne et Gabrielle Poulin

INTRODUCTION

De la campagne à la ville

L'année 1937, où paraissent *Menaud, maître-draveur* et *Regards et jeux dans l'espace*, et l'année 1952, qui précède celle où naîtra l'Hexagone, telles sont, théoriquement, les limites imposées au présent volume; en pratique, il nous est arrivé de dépasser l'une et l'autre. Comme la vie biologique, en effet, la vie littéraire, lorsqu'elle existe à l'état de courant créateur, multiple ou diversifiée, ne peut indiscutablement pas se diviser en tranches bien définies, car elle n'est jamais l'exact passage de la vie à la mort ou de la mort à la vie, mais la transmutation d'un certain nombre de formes sous l'impulsion de forces aux mille virtualités.

La fin du monde rural

En 1937 et 1938 disparaissent des genres ou des formes qui arrivent à leur apogée juste à ce moment. *Menaud, maître-draveur* (1937) est la dernière et superbe effloraison du roman nationaliste rural, qui avait produit *Jean Rivard* (1862-1864) et *Maria Chapdelaine* (1914). *Trente Arpents* (1938), le meilleur roman de la terre, marque également la fin de cette série, rosée avec *La Terre paternelle* (1846), noire avec *La Scouine* (1918), *Le Survenant* (1945) et sa suite, *Marie-Didace* (1947), ne constituant qu'une très belle résurgence poétique du genre. Le roman historique, pareillement, connaît un sommet et une fin avec *Les Engagés du Grand-Portage* (1938) de Léo-Paul Desrosiers. Comment expliquer que ces genres disparaissent précisément au moment où ils atteignent leur « pleine forme », sinon en montrant que cette plénitude est minée par des formes nouvelles, à la fois intestines et parallèles? À l'œuvre depuis longtemps dans le milieu québécois, grâce au courant formaliste de l'École littéraire de Montréal et au groupe des exotistes, voire à l'influence d'un régionaliste séduit par la forme comme Alfred DesRochers, ces formes-forces trouvent, sous le coup de transformations politiques et socioculturelles, la matière qui leur convient; psychologique et sociale, elle est le fruit d'un double regard, vertical: plongée intérieure jusqu'aux remous du subconscient individuel, et horizontal: prise de vue sur un monde qui se réveille urbain, à la faveur de la guerre et du travail industrialisé.

Le Québec, si l'on peut dire, ne s'identifie plus à la « province » et celle-ci doit se rendre compte qu'elle n'est plus le Québec: chez Clément Marchand, il y a bien encore, en 1940 (*Courriers des villages*), la campagne qui s'aime, s'admire et se souvient, mais, en 1947 (*Les Soirs rouges*), la ville est là, que l'on appréhende et apprend. Certes, depuis trois décennies, le Québec comptait plus de citadins que de ruraux, mais les uns et les autres étaient toujours majoritairement « habitants ». Régnaient sur eux, qui masquaient les mutations sociales, le verbe haut, sec ou délicat d'un Victor Barbeau et d'un Dugas, la ferveur régionaliste d'un Grignon et d'un Albert Pelletier et le lyrisme religioso-nationaliste de Groulx, que sacrait, dans le même et le pareil, la tranquille critique d'un Camille Roy. Il n'empêche que déjà se dessine un certain mouvement: Jean-Aubert Loranger transgresse la forme et le rythme du poème traditionnel comme le feront Alain Grandbois et Saint-Denys Garneau, Grignon et DesRosiers se préoccupent de la technique romanesque avant Savard et Ringuet, et ceux-ci analysent leurs personnages avec autant de conscience qu'Hertel et Charbonneau quelques années plus tard. À la fin du XIXᵉ siècle, l'on écrivait mieux qu'au début du même siècle bien que l'on eût souvent moins à dire; à la fin des années trente, l'on construit mieux un roman, l'on sait mieux ouvrir un poème aux richesses du dire, mieux créer un personnage vivant, complexe, et l'on va pouvoir accueillir un monde nouveau, celui du XXᵉ siècle qui advient, enfin, aux Canadiens français, lesquels, pour une part du moins, commenceront bientôt, c'est-à-dire dans le sillage de l'Hexagone, à se reconnaître Québécois.

L'arrivée en ville

Il ne faut pas oublier, toutefois, que l'identité québécoise d'aujourd'hui, elle existe d'abord en germe dans le roman psychologique auquel s'étaient naguère essayés un Jean-Charles Harvey et un Rex Desmarchais et que met à la mode Robert Charbonneau en 1941. Est-ce purement et simplement sous l'effet de développements techniques que naît le roman d'analyse québécois? Non, mais plutôt sous l'influence de la philosophie personnaliste d'un Maritain et de la revue *Esprit*, qui étoffent la pensée de *La Relève* et de *La Nouvelle Relève* et permettent à Hertel de se dégager des entraves scolastico-thomistes; sous la poussée également des forces vives du Québécois qui s'intellectualise de plus en plus, soit dans les collèges classiques, soit par les lectures, étrangères bien sûr, qu'il fait alors en grand nombre, soit à la faveur des relations que la guerre mondiale l'amène à entretenir avec des gens d'autres pays et d'autres courants de pensée. Qui suis-je? se demande Robert Charbonneau à travers les personnages de ses romans; Robert Élie, Jean Simard, André Giroux et Adrienne Choquette posent pareillement la même question. Plus cette veine romanesque se perpétue (mais peut-on parler de perpétuation lorsqu'il s'agit d'une période d'une quinzaine d'années?), plus apparaît à travers les œuvres, par-delà la question « qui suis-je? », l'autre inévitable: Qui sommes-nous dans la société que nous formons? Les héros d'André Giroux (*Au delà des visages*, 1948) et d'Adrienne Choquette (*Laure Clouet*, 1961) ont, en effet, à faire avec une classe sociale, et l'œuvre romanesque d'Yves Thériault, de *La Fille laide* (1950) aux romans les plus contemporains, forme une « comédie humaine » dont Borduas contestait déjà la qualité d'être et d'existence dans *Refus global* (1948).

L'interrogation sur le moi social, perçu comme différent du moi « national » traditionnel, avait cependant commencé plus tôt. Trois ans après *Ils posséderont la terre* (1941), roman d'analyse psychologique, six ans après *Trente Arpents*, roman de mœurs rurales, Roger Lemelin avait fait paraître *Au pied de la Pente douce* (1944) et Gabrielle Roy, l'année suivante, *Bonheur d'occasion* (1945), qui venaient ajouter à la veine psychologique celle du roman urbain et du roman d'observation sociale. La ville triomphait enfin, après un siècle d'opposition entre elle, maudite, et la campagne bénie. L'ordre social avait changé, celui des valeurs allait devoir s'adapter. La paroisse rurale a transporté à la ville ses cadres; s'y accrochent encore, nostalgiques, les mal déracinés de la campagne. Par contre, leurs fils et filles, nés citadins, transgressent volontiers les limites de leur monde ou de leur quartier, qu'il s'agisse de Saint-Henri-sous-Westmount ou de Saint-Sauveur-sous-la-Grande-Allée; ils parcourent leur agglomération à la recherche du foyer d'attraction qui a remplacé l'église-cœur-de-la-paroisse, et il se trouve que c'est la salle de cinéma et la vitrine de la rue Sainte-Catherine, pleines de merveilles et de rêves, ou l'usine qui apporte l'argent, lequel permet de s'introduire dans ce grand beau monde qu'on appelle l'élite, haut lieu du pouvoir. La guerre, qui apporte la prospérité après la récession économique des années trente, attire vers des horizons nouveaux les regards d'un Jean Lévesque et d'un Denis Boucher, tandis qu'elle offre à Florentine et Azarius Lacasse, ainsi qu'à leurs camarades de petite ou grande misère, des bonheurs d'occasion auxquels, individuellement, l'on tiendra désormais davantage qu'à l'éternel, tout comme collectivement, à la suite des historiens dits de l'École de Montréal: Frégault, Séguin et Brunet, prenant conscience de la non nécessaire injustice de la défaite de 1760, mais aussi de son drame terrible, l'on songera à organiser la résistance nationale sous de nouvelles formes, reconquérantes, économiques et, de plus en plus, politico-géographiques ou spatiales.

Parallèlement aux romanciers, historiens et essayistes, pendant toute cette période qui va de l'éclatement de la littérature historico-rurale, terroiriste, à la naissance du goût régénéré du pays, les poètes s'interrogent sur eux-mêmes et sur ce que l'on a fait d'eux. Le « C'est eux qui m'ont tué » de Saint-Denys Garneau, le « Qui donc m'a conduite ici » et le « Quel reflet d'aube s'égare ici » d'Anne Hébert rejoignent la contestation de Borduas, et ses espoirs: « Les frontières de nos rêves ne sont plus les mêmes [...]. Au diable le goupillon et la tuque! » Alain Grandbois, exemplairement, depuis qu'il voyageait à travers le monde et avait publié, en 1934, ses premiers poèmes à Han-k'eou (Chine), avait fait déborder par le rêve les trop étroites frontières des âmes québécoises; le corps retrouvé captait les ondes du monde et s'en jouait, s'y jouait: « Ah, j'étais vivant encore/Mon corps vibrait et soudain ma chair se tendait », et le drame des dures noces de l'amour empêché/repêché s'accomplissait: « Nous plongeons à la mort du monde/Nous plongeons à la naissance du monde ». Plus exemplairement encore, Rina Lasnier accomplit semblable périple, à l'intérieur d'elle-même et à la même allure que son peuple, selon un itinéraire qui, différant quelque peu de celui d'Anne Hébert, l'englobe et le complète: tandis que celle-ci passe de la vie à la mort et de la mort à la vie par les noces des « chambres de bois » et du « tombeau des rois », celle-là s'élève jusqu'à de mystiques hyménées, puis, se reconnaissant pour ce qu'elle est: une humaine tributaire d'Éros, fait escale parmi les hommes et reprend son cheminement à travers monts et plaines comme tout habitant d'ici. Que sera demain? Elle n'ose plus le dire, car pas plus qu'Anne Hébert, qui avait son « cœur au poing comme un faucon aveugle », pas plus que les autres (nous autres), elle n'entrevoit clairement l'aube vers laquelle « cet oiseau [...] tourne [...] ses prunelles crevées ». À côté de ces démarches qui s'accomplissent sous le signe du songe et de la magie, comme le réclamaient les signataires du *Refus global*, il en est d'autres qui maintiennent visible une bonne part de l'autrefois: celle des poètes de la quotidienneté, tels Clément Marchand et Alphonse Piché, et celle d'un poète de haut verbe comme Gustave Lamarche; la vie nouvelle s'assujettit les unes et les autres, générant des aujourd'huis plus riches de la réalité des rêves de ce temps: ce sera l'Hexagone et la poésie du pays perdu, qu'il faut créer-recréer encore comme au XIXe siècle, car un peuple ne peut vivre sans patrie et la littéraire lui en est une, en attendant... Heureusement, d'une époque à l'autre elle a plus joli visage et meilleure santé. C'est dans cette perspective que, admettant l'existence et la nécessité d'une tradition littéraire comme d'une continuité de vie collective, il nous semble devoir lire les textes qui suivent, générateurs de ceux d'aujourd'hui (1953...) comme l'étaient des précédents (1895-1936) ceux de nos origines canadiennes (1760-1895), et de ceux-ci les faits et dits de nos origines françaises (1534-1760).

Ce volume, comme le précédent, constitue un choix d'auteurs avant tout. Avons-nous élu les meilleurs? Nous le souhaitons; nous serons quand même satisfaits si nous avons donné à lire des auteurs et des textes qui reflètent assez bien la période qui va de 1937 à 1952, temps d'interrogation pour l'individu québécois et sa société, années de maturation pour notre littérature. Malgré les quelques lignes de force que nous avons esquissées rapidement dans les pages précédentes, nous n'avons pas cru bon de ranger sous différentes étiquettes, ou selon les divers genres littéraires, les auteurs et leurs œuvres. Il nous a paru que de les disposer côte à côte d'une façon aussi arbitraire que celle imposée par le fil des ans pourrait donner une bonne idée du foisonnement de l'interrogation propre à l'époque. Nous avons d'abord tenté de présenter les auteurs chronologiquement d'après l'année de leur naissance; d'emblée, cet alignement s'est avéré assez incongru: il commençait par Germaine Guèvremont (qui apparaissait trop tôt, puisqu'elle donnait ainsi faussement l'impression d'avoir œuvré avant les Lamarche, Grandbois, Hertel, Savard, Garneau, etc.), se terminait avec Roger Lemelin (qui avait pourtant inauguré le règne du roman de la ville juste avant Gabrielle Roy) et plaçait Saint-Denys Garneau après des écrivains comme Gabrielle Roy et Robert Charbonneau. Aussi avons-nous préféré un autre ordre, chronologique lui aussi, mais d'après l'année de parution du premier volume de chaque auteur; ne sied-il pas assez bien, en effet, que les écrivains prennent place dans l'anthologie selon l'ordre même dans lequel ils se sont présentés aux lecteurs de leur époque? Ainsi, sans que pour autant soit exclue toute incongruité, se suivent normalement Savard et Saint-Denys Garneau, qui publient en 1937, Ringuet en 1938, puis, un peu plus loin, Guèvremont, Thériault, Frégault, Lemelin, Roy; et le père Lamarche ouvre le livre. Les textes de chaque auteur se suivent pareillement selon l'ordre de leur publication, ce qui laisse parfois apparaître, comme dans le cas de Rina Lasnier, un réel cheminement; nous avons, cependant, fait deux parts des textes de prose et de poésie chez Saint-Denys Garneau et Anne Hébert. Nous reproduisons, quand c'est possible, le texte de la première édition canadienne, mais parfois celui d'une édition critique (p. ex. Saint-Denys Garneau) ou d'une édition « rétrospective » (p. ex. Grandbois, Piché), ou d'une autre (p. ex. certains textes de Leclerc et de Hertel, pour des raisons que nos lecteurs devineront aisément la plupart du temps.

RENÉ DIONNE

Notes: Mis à la suite d'un titre de texte, l'astérisque indique que ce titre n'est pas de son auteur. Toutes les notes infrapaginales appartiennent aux textes reproduits.

Les éditions et versions choisies ont été reproduites telles quelles afin de leur conserver leur physionomie première, révélatrice, elle aussi, de l'auteur et de son époque. Seules les fautes d'orthographe et les coquilles qui étaient évidentes ont été corrigées.

GUSTAVE LAMARCHE (1895-1987)

Professeur et animateur de mouvements de jeunesse, religieux ou nationalistes, Gustave Lamarche a écrit un manuel d'histoire du Canada (avec Jean-Paul Farley), que les collégiens ont utilisé pendant vingt-cinq ans, et des pièces de théâtre qui ont fait sa renommée à une époque où notre dramaturgie cherchait à naître. Aujourd'hui, aux dizaines de pièces de tous genres que lui ont inspirées principalement la Bible et l'histoire ancienne ou nationale, on préfère les quelques poèmes où le cœur parle librement dans une langue soignée, sous une forme et selon un rythme qui relient la poésie des années trente à celle de quelques auteurs modernes, telle Rina Lasnier.

ODES ET POÈMES

La ballade du paria

J'avais ouvert un continent
À coups de hache, à coup de sang!
Ils ont dit: « Hé! c'est bien trop grand!
On va te r'serrer, mon enfant! »
Ils m'ont paq'té dans ma « réserve »
Comme une morue en conserve.

      Ce que je suis au Canada,
      Est bien fin qui me le dira.

Je parlais la langue française
Comme Jeanne d'Arc et Louis Seize.
Ils ont dit: « C'est de la foutaise!
La grandeur a la trompe anglaise! »
Et ils ont barré mes écoles
Depuis l'océan jusqu'au pôle.

      Ce que je suis au Canada,
      Est bien fin qui me le dira.

J'avais ma vieille religion
Pour gagner l'ciel à ma façon.
Ils ont dit: « Le pape de Londres
Est meilleur que celui de Rome! »
Et ils ont barré mes églises
Comme un hangar de la Tamise.

      Ce que je suis au Canada,
      Est bien fin qui me le dira.

J'étais un honnête habitant,
Un grand seigneur au bout du rang.
Ils ont dit: « Je suis l'conquérant.
Ta terre m'appartient, je la prends.
Baptiste, va-t'en où tu voudras,
Dans l'enfer ou bien aux États. »

       Ce que je suis au Canada,
       Est bien fin qui me le dira.

Ils ont dit: « Va-t'en dans les bois,
Va bûcher pour d'la soupe aux pois. »
Ils ont dit: « Descends dans les mines,
Sous l'amiante et les combines.
Et surtout fais-moi maison nette,
Ôte-toi de là que j'm'y mette! »

       Ce que je suis au Canada,
       Est bien fin qui me le dira.

Ils ont dit: « Viens peupler les villes,
On connaît tes vertus civiles:
Tu pourras conduir' les p'tits chars
Et balayer la rue St-Jacques.
Ou faire tourner les moulins
Comme autrefois la roue à chiens. »

       Ce que je suis au Canada,
       Est bien fin qui me le dira.

J'avais ma femme et mes enfants,
Du nouveau presque tous les ans!
Ils ont dit: « C'est inquiétant!
Noyons ça tandis qu'il est temps! »
Et ils m'ont déversé le flot
De leur engeance à pleins bateaux.

       Ce que je suis au Canada,
       Est bien fin qui me le dira:

J'avais mon grand fleuv' St-Laurent
Pour naviguer chez mes parents.
Ils ont fait un canal dedans
Pour faire passer leurs marchands.
Ils me disaient au nez: « Bernique!
Les eaux du glob' sont britanniques! »

Ce que je suis au Canada,
Est bien fin qui me le dira.

On fit la Confédération
Pour mettre ensembl' nos émotions.
On fit ce pacte et ce traité
Pour mieux coller nos amitiés.
Le pot de fer l'a bien porté
Mais le pot de terre a pété!

Ce que je suis au Canada,
Quand je m'en vais cahin-caha,
Toujours en queue, toujours front bas,
Quêtant des droits qui ne vienn't pas,
C'que je suis, Jésus-Maria?

D'un' mer à l'autre, UN PARIA!

L'autre bord des eaux

Je rejoindrai la vie par l'autre bord des eaux.
C'est la fluidité mobile qui sépare:
Le pied n'a point de prise et l'aile est sans amarre.
Mais quand j'aurai passé ces fleuves fabuleux
Et ces mers étalées vers votre horizon bleu,
Je pâtirai la joie jusqu'au fond de mes os.

Les saules

Les autres sont pressés d'exister dans leur robe
Et d'avoir le manteau de bal à leur épaule.

À peine le printemps a-t-il bramé sa joie
Qu'on les voit accourir effrontément tout verts.

Mais eux les saules sont timides chaque fois.
Ils sont si laids, ils sont tortus, ils sont bossus!
Ils sont si tendres dans leur chair et dans leurs os!
Ils restent plus longtemps au pays de l'hiver.

Ils attendent que passe la cohue des autres...
Alors on voit sur eux leur tulle d'émeraude,
On les voit s'assembler près des simples ruisseaux,
Près du mail du poète et près des maisons pauvres.

Coucher de soleil

Comme le soleil tombe au feu occidental,
Moi quand j'aurai tourné mon jour dans cet espace,
Je m'anéantirai outre la ligne basse.
Mais ce sera pour luire ailleurs sur mon avers,
Pour être un autre feu dans un autre métal,
Et j'enverrai d'autres éclats sur l'univers.

Soyez libre entre les lilas

Soyez libre entre les lilas.
Le printemps n'a qu'un jour et la vie est une heure.
Que cherchez-vous des chaînes pour vos bras,
Des pièges pour vos pieds, des nœuds pour vos amours?

La vie est large où sont les jeux des jeunes Grâces.
Sous la bouche de l'âme est la source du lait.
Le beau corps bouge entre les thyrses violets:
Trouvez cette hauteur et cet immense espace.

J'ai hâte de mourir...

J'ai hâte de mourir de ma mort sainte.
Je serai délivré de mon mal haïssable.
Mes chairs seront assimilées au lit de sable,
Et sur mes os croîtra le bleu d'une hyacinthe.

Pourvu que l'épervière...

Pourvu que l'épervière saignante
Et le trèfle odorant près d'elle
Vienne encore le long du talus,
Et que la petite pétillante hirondelle
Se tasse encore au poteau obtus
Et que la lourde corneille recommence;
Pourvu que l'instinct des fleurs soit fidèle
Et que l'âme animale entende,
J'ai foi aux dieux, rien ne me manque.

ALAIN GRANDBOIS (1900-1975)

Grâce à un héritage, Alain Grandbois a pu beaucoup voyager durant une vingtaine d'années (1918-1938), en Amérique du Nord, en Europe, en Afrique et en
Asie, avant de se fixer au Québec (à Montréal, puis à Québec). C'est à Paris,
en 1933, qu'il publie son premier livre; en Chine, en 1934, qu'il fait paraître
son premier recueil de poèmes. Écrire, pour Grandbois, équivaut à chercher sa
forme juste dans le monde et à travers le monde, et ses nombreux voyages n'ont
d'autre but, en définitive, que l'achevée création de son être éternel en une œuvre
pure. Dans *Né à Québec* (1933) et *Les Voyages de Marco Polo* (1941), deux
récits historiques, Grandbois découvre sa terre et fonde son socle personnel,
tandis que dans ses poèmes: *Les Îles de la nuit* (1944), *Rivages de l'homme*
(1948) et *L'Étoile pourpre* (1957), l'exploration de la verticalité l'emporte sur
celle de l'horizontalité: le ciel parsemé d'étoiles attire, mais, en coulant du milieu
des îles au plus profond des mers, l'homme vit ses noces comme une naissance
à l'origine du monde. Finalement, le Julius d'*Avant le chaos* (2ᵉ éd., 1964),
personnage littéraire, se retrouve simplement, à la fin de son cheminement de
grande erre, l'Alain Grandbois qui partit un jour de Saint-Casimir (Portneuf),
insouciant et curieux, à la découverte de sa planète; *Visages du monde* (1971),
en effet, laisse place à l'homme qui passe. Le rêve est fini, l'œuvre demeure,
personnelle et universelle comme nulle autre au Québec. Elle a été reconnue
comme une référence capitale par les poètes de la génération de l'Hexagone,
ainsi qu'en témoigne le numéro spécial de la revue *Liberté*, mai-août 1960; et
son rayonnement est attesté par de nombreuses études.

NÉ À QUÉBEC

*(Ce récit poético-historique évoque la vie de Louis Jolliet, explorateur canadien,
né en 1645. Nous présentons le chapitre IV de la première partie; Grandbois
recrée un fait héroïque de 1660, au temps où le futur découvreur du Mississipi
n'était encore qu'étudiant au Collège des Jésuites de Québec.)*

Le combat du Long-Sault*

Anahatoha vieillissait. Des fils d'argent brouillaient sa chevelure. L'âge avait
mordu son cou, ses mains, mais épargné le cœur, où rougeoyaient des haines.
Dans Québec, soudain, il étouffa. Il lui fallait agir. Il réunit quarante Hurons,
gagna Trois-Rivières, y rencontra Mitiouemeg, un capitaine algonquin qu'il
convertit à sa cause. L'Algonquin put fournir trois guerriers de sa race. Tous
firent route pour Montréal.

À Montréal, dans le même temps, un jeune Français préparait une folle
aventure: courir au-devant de l'ennemi, le surprendre, l'étonner, l'effrayer
peut-être! Dix-sept jeunes hommes s'exaltaient du même espoir: ils avaient
juré de se battre jusqu'au dernier souffle. Anahatoha et Mitiouemeg virent
Dollard des Ormeaux, et les trois chefs convinrent de faire campagne ensemble. Le départ fut fixé au 19 avril. La veille de ce jour, les Français commu-
nièrent des fragments de la même hostie. M. de Maisonneuve, fondateur et

gouverneur de la ville, assistait à la messe, au milieu de toute la population. Ceux qui allaient partir se tenaient immobiles, très droits dans le dur orgueil du devoir qui les habitait. Le prêtre officia dans un silence absolu. Quand vint le *Sanctus*, on entendit alors grelotter doucement le sanglot des femmes.

Le lendemain, au petit jour, la troupe s'embarqua dans les canots. Les berges du fleuve étaient encore couvertes de glaces. Le courant offrait une surface sombre, lisse. L'aube annonçait un jour gris. Ils naviguaient depuis quelques heures à peine lorsqu'ils virent devant eux fuir des canots iroquois. Dollard commanda de les poursuivre. Les Indiens précipitèrent leurs embarcations vers le rivage, mirent pied à terre, et protégés par les broussailles, firent feu. Quand Dollard parvint sur les lieux avec ses hommes, l'ennemi s'était dispersé à travers les bois. Cette première escarmouche coûtait trois hommes aux Français. On revint à Montréal. Trois autres hommes s'offrirent à Dollard. Et la petite troupe se remit de nouveau en marche, se dirigeant vers la rivière Outaouais, piste que suivaient, au retour de leurs chasses, les hommes de la Confédération iroquoise.

Ce fut une marche pénible et dure. De crainte de donner l'éveil, ils se tapissaient le jour au creux des rochers, sous le couvert d'une forêt froide et nue. La nuit, dans les ténèbres, au milieu des glaces et des remous, muets, la bouche crispée, les poings gourds, ils luttaient contre la violence du fleuve, s'acharnaient à le vaincre. Parfois, un canot chavirait. Les hommes regagnaient la côte à la nage. De grands frissons les secouaient. L'aigre vent du printemps séchait leurs vêtements de plomb. Les chefs avaient interdit les feux.

Ils traversèrent le lac Saint-Louis. Des glaces, aux rapides Sainte-Anne, les arrêtèrent durant huit jours. Enfin, par une nuit de lune, ils aperçurent, trouant la paroi sombre de la côte muette, l'évasement clair de l'Outaouais. Ils s'y engagèrent.

Ils parvinrent au matin au pied d'un rapide que des trappeurs avaient baptisé Long-Sault. Un mauvais fortin de pieux s'élevait à gauche de la rivière, au milieu d'une clairière hérissée de souches. Derrière, un monticule boisé le surplombait. Mitiouemeg reconnut un ouvrage algonquin. Les chefs, s'étant consultés, décidèrent de s'y cantonner et d'y guetter le passage de l'Iroquois. Leur attente fut brève. Les hommes achevaient de décharger les canots quand ils aperçurent des chasseurs ennemis s'apprêtant à sauter les rapides. Ceux-ci, à leur vue, s'étaient brusquement arrêtés. Puis, sur le signe de l'un d'eux, ils firent virer leurs canots et disparurent.

— L'attaque, dit Anahatoha, les yeux soudain brillants, sera pour demain avant le lever du soleil. Le gros de la troupe est en amont de la rivière. Autrement, ils auraient tenté de forcer le passage.

Ils passèrent le reste de la journée à fortifier la place.

L'aube blêmissait. Des vapeurs blanches montaient du rapide. Ce fut plus haut, adoucie par l'écran brumeux que les guetteurs virent, à un coude brusque de la rivière, sur plusieurs rangs et dans un ordre parfait, la longue flottille des canots iroquois. Ils en comptèrent plus de quarante. Les assaillants portaient la couleur de guerre des Onnontaguès. Leur chant perçait la rumeur du rapide. Certains brandissaient des haches, des mousquets. Les premiers canots hésitèrent un moment au-dessus du rapide. On aperçut le dos ployé des pagayeurs. Des commandements brefs éclatèrent. Alors, d'un coup, le rapide les happa.

*
* *

La première attaque éclata soudain, avec la force d'une avalanche. Le gros de l'ennemi, avec des cris énormes, fondit sur le fort, en plein front. Des meurtrières, trente mousquets crachèrent le feu. Des guerriers s'abattaient en tournoyant. Quand la fumée se fut dissipée, on vit le dos peint des fuyards. Des blessés râlaient parmi les souches. Le bruit du rapide s'éleva de nouveau. Des minutes passèrent. Un second assaut, plus mou, eut lieu. Les Français, à l'abri, conservaient un facile avantage. L'assaut fut vite repoussé. Un temps infini s'écoula. Dans le fortin, Anahatoha riait silencieusement. Mais quand, au bout de la clairière, il vit s'avancer, les bras levés, les paumes ouvertes, le torse peint de blanc, un chef onnontagué, il cracha son mépris:

— Fils de chienne...

Il vit ses hommes hocher la tête. Sa face se durcit... Cependant, le parlementaire, d'un pas souple, égal, atteignait les palissades. Il s'arrêta à dix pas, croisa les bras sur sa poitrine, et s'adressant aux chefs immobiles, déclara d'une voix nette qu'il était chargé par le Conseil de proposer la paix. Des rires interrompirent sa période. Il se tut. Les rires cessèrent. Il reprit alors sa harangue avec force. Son peuple s'étonnait de la venue des étrangers. Ne venaient-ils point porter la guerre? Ils l'avaient craint, avaient attaqué. Ils reconnaissaient maintenant leurs torts. Mais le sang de leurs morts ne les punissait-il pas suffisamment de leur faute? Deux peuples braves, dont le courage a été éprouvé, ne peuvent-ils s'entendre? Il termina en protestant de la sincérité de sa mission, des intentions pacifiques qu'elle nourrissait... Après avoir parlé, il se tint un instant immobile, puis levant le bras gauche, s'éloigna du même pas nonchalant. Les Français, stupéfiés de tant d'audace, se regardaient, le sourcil haut. Dollard flairait un nouveau piège. Il commanda à chacun de regagner son poste. Il vit l'hésitation des Hurons. L'un d'eux murmura, Anahatoha bondit sur l'homme.

— As-tu cru, cria-t-il, à d'aussi grossiers mensonges? N'avez-vous pas, toi et les tiens, assez souffert de la traîtrise iroquoise? Et tu irais tendre le cou à ces chiens féroces, bêlant la pitié, comme un mouton tremblant! Veux-tu, veux-tu, lui souffla-t-il au visage, veux-tu que je t'étrangle de mes propres mains?

La colère le suffoquait. Mais une rumeur sourde, venue du dehors, le saisit soudain, l'immobilisa. Des détonations crépitèrent.

— Les chiens attaquent de nouveau, dit-il. Gardez-vous. Tirez!

La clairière restait vide. Les coups de feu éclataient de chaque côté du fortin. Fusillade peu nourrie. Le front du Huron se rembrunit. Qu'attendaient-ils pour attaquer? À ce moment une immense clameur le fit se précipiter au fond de la pièce. Il eut un long rire, mit son mousquet en joue. Le déclic du piège jouait. Les Onnontaguès, pendant que l'envoyé parlementait, s'étaient fixés dans les bois, avaient contourné le fortin, et gravi la colline; ils déva-laient maintenant le monticule comme un torrent, se ruant sur les palissades d'arrière. Une volée de feu s'abattit sur les assiégés. Des torches enflammées sillonnèrent l'espace, chutèrent dans l'enceinte. La foule des assaillants gros-sissait, grouillait au pied de la muraille, sapant les pieux à coups de hache rageurs. Un feu de salve la grêla. Des grenades éclatèrent parmi les corps mêlés, creusèrent des remous. Un Français, d'un coup de sabre, fit chavirer une longue grappe humaine qui, tentant d'escalader la palissade, atteignait déjà la plate-forme. Les hommes s'écrasèrent avec fracas, les reins brisés. L'ennemi, peu à peu, fléchit. On vit les plus faibles courir d'arbre en arbre, gagner les bois. Et bientôt le gros de la troupe suivit, hurlant son impuissance. Quelques flèches volèrent encore, des coups de feu claquèrent, isolés. Des mourants gémissaient. Le silence s'emplit du bruit du rapide. Les assiégés, avec peu de pertes, tenaient une troisième victoire. Ainsi se passa le premier jour.

Le lendemain, les assauts se succédèrent sans répit. Mais ils étaient por-tés par des bandes volantes qui se retiraient après le premier choc. L'ennemi gardait une prudente réserve. Dollard, les deux chefs indiens, redoublèrent de vigilance. La nuit venue, on tenta d'incendier le fort. D'heureux coups de mousquet firent échouer la tentative. Peu de temps après, les Hurons se plai-gnirent de la soif. Des Français, à la faveur de l'ombre, purent gagner la rivière. L'eau, apportée dans des tonnelets, eut un goût de poudre. Cependant, des sentinelles iroquoises avaient jeté l'alarme. La rivière fut désormais sévè-rement gardée.

Au matin du troisième jour, de longues acclamations s'élevèrent du camp ennemi. On fêtait l'arrivée de cinq cents Agniers. Les nouveaux capitaines, plus habiles à la guerre, prirent la conduite des manœuvres. Plus tard, un parti d'Onneïouts vint encore grossir les rangs iroquois. Alors, lentement, implacablement, cette vivante chaîne de fer aux mailles souples, fugaces et meurtrières, commença d'encercler sa proie. Les destins s'accomplissaient.

*
* *

Des jours et des nuits atroces. Chacun donnait son sang, goutte à goutte. Les rangs des Français s'éclaircissaient. Bientôt, griffes de feu râclant les gorges, les poitrines, surgit la soif. Tremblant de fièvre, le front collé aux meurtrières, des blessés délirèrent devant une eau froide, proche et défendue. Et l'intolérable appel du rapide renaissait plus puissant entre chaque attaque. Dollard fit creuser la terre sous le fortin. On atteignit un fond de boue vis-queuse et malodorante. Des hommes s'y précipitèrent et se tordirent bientôt, les mains aux entrailles. Le soir du cinquième jour, un peu de pluie tomba.

Les Hurons faisaient depuis peu bande à part, entretenaient de longs conciliabules. Ils se refusèrent même à repousser une attaque particulièrement violente. La rage d'Anahatoha fut terrible. Il hurla, frappa. Le lendemain, les Hurons étaient disparus avec les hommes de Mitiouemeg. Ce matin-là fut salué, chez l'ennemi, par d'immenses clameurs. On vit monter de la forêt les colonnes fumeuses d'un gigantesque bûcher. Le jour passa sans offensives. Et la nuit fut peuplée du chant barbare de la victoire.

À l'aube, trois délégués appartenant aux trois nations iroquoises, et deux des Hurons fuyards s'approchèrent des palissades pour parlementer. Sous les faces patelines, Dollard vit l'astuce: s'emparer d'eux vivants, pour la gloire du bûcher. Il eut soudain les yeux durs, et sans un mot, d'un geste bref, il commanda le feu. Tous furent touchés. La fuite. Deux restèrent sur le sol, immobiles. Anahatoha reconnut un Huron, râla son plaisir dans un cri de fou.

Alors la forêt, autour du fortin, fut comme un monstrueux fruit que l'on presse. De chaque fourré, de chaque buisson, de chaque taillis, du couvert de chaque tronc d'arbre surgit un homme, deux hommes, dix hommes rouges. Les uns raidissaient leur arc, d'autres brandissaient des haches, d'autres levaient, au-dessus de leurs chevelures bleues, des mousquets d'Angleterre, d'autres portaient à deux mains d'énormes torches résineuses, et ils avançaient lentement, silencieusement, et dans ce fort algonquin, les Français blêmes, hirsutes, barbus, exténués, comprirent que l'heure était venue.

L'attaque eut lieu comme éclate la foudre. Cent corps bondissants se détachèrent du cercle funeste, et d'un seul coup, d'un seul élan, se ruèrent sur les palissades. Les pieux de bois furent ébranlés, tremblèrent. Des hurlements féroces retentirent. Les Français criblaient en vain de balles, fusillaient en vain cette masse de chair grouillante. Le choc régulier, fatal, des haches sur les pieux, annonçait la brèche imminente, la sanguinaire invasion. Dollard ordonna de bourrer de poudre et de plomb le canon des mousquets, et de s'en servir comme grenades. Les vides que créaient les explosifs se refermaient instantanément. L'incendie rongeait les palissades, gagnait les plates-formes. Les balles allaient manquer. Déjà les assaillants triomphaient...

Dollard, titubant, vidé de forces et de sang, vit la fin, voulut qu'elle fût chèrement vengée. Un dernier baril de poudre lui restait; il y fixa une mèche enflammée et avec l'aide de ses hommes le lança par-dessus le parapet. La baril tournoya, heurta la branche d'un cèdre, bondit et vint retomber dans le carré où s'entassaient les survivants. L'explosion fit vaciller le fort. Des hommes s'écroulèrent, les yeux brûlés. L'incendie s'éleva démesurément, envahit les murailles.

... Anahatoha agonisait. Il vomissait son sang à grands coups. Il ne souffrait pas. Une étrange douceur l'habitait. Il avait fermé ses yeux blessés par l'éclat des flammes, et sous ses paupières closes, des images lumineuses se succédèrent, qui le berçaient comme une houle. Et il voyait passer et repasser d'immenses prairies vertes, des lacs pareils à des disques d'argent, des rivières bleues bordées de roseaux d'or, et très loin là-bas, à l'horizon, la ligne sombre d'un bois partageant le ciel et la plaine de neige...

Et soudain, les Iroquois, ivres de fureur, firent irruption dans le fort. Ils s'arrêtèrent, stupéfaits, à la vue d'un Français qui achevait ses compagnons du fer de sa hache. Alors Anahatoha reprit conscience. Ses muscles, dans un effort formidable, se tendirent encore et jaillirent sous la peau luisante. Tous ses membres tremblaient. Il se souleva sur ses coudes et rampa vers l'homme. Et sa nuque sentit le froid mortel.

AVANT LE CHAOS

Julius

La vie d'un jeune homme lancé dans le siècle il y a un tiers de siècle, se laissant porter par ses eaux, ne résistant point à sa grande coulée puissante et lente, devient une chose assez incompréhensible à cette époque même où les impôts condamnent les veuves normalement bien rentées à trouver refuge dans les asiles de charité, où les ouvriers conduisent des Cadillac, où les patrons doivent s'excuser en rougissant de leur réussite, où la valeur du citoyen consiste à appartenir à un syndicat, où l'on se défend des dictatures en établissant des dictatures, où la France antimilitariste est dirigée par des généraux, l'Angleterre démocratique par des lords, où l'Afrique du Nord est déchirée par des coupeurs de sexe, Cuba maîtrisée par des aventuriers barbus, la Chine conduite par Moscou, le Siam par Si-Lem et l'Indonésie par Lem-Si, où la peur des hommes de la terre entière se nourrit du cauchemar d'une guerre dite atomique et où chacun s'accroche, pour ne plus y penser, à ses soucis quotidiens comme à une dernière planche de salut, à cette époque d'immense folie collective qu'entretiennent soigneusement nos grands hommes d'État, où les savants les plus illustres se conduisent plus légèrement que le dernier des cancres en libérant des forces obscures qu'ils sont incapables de maîtriser, où le jeune poète doit compter sur les pouvoirs publics pour manger son hot-dog, à cette époque même d'aujourd'hui, l'on peut trouver inconcevable qu'il y a des temps infinis, c'est-à-dire environ trente-cinq ans, ce qui équivaut d'après les jeunes gens à l'époque de l'homme du Néanderthal, du Cro-Magnon, à l'âge du silex et du bronze et des cavernes, et la suite, les temples de Babylone et les pyramides d'Égypte et les splendeurs d'Ankor, et peut-être plus avant encore, quand la terre se délivrait des eaux et émergeait par petits îlots ingénus et ronds comme les seins des Polynésiennes, cette histoire de Julius que je vais raconter peut paraître légère et sans importance, Julius est l'être que j'ai peut-être le mieux connu au monde, nous avions la même vie facile et des goûts identiques, nous nous querellions sans cesse, il blâmait ma conduite et je blâmais la sienne, nous participions aux mêmes tournois de plongeons, de natation, de courses automobiles, il gagnait souvent, je gagnais souvent, tout cela s'équilibrait, il avait de petites coupes d'argent pour telle ou telle épreuve, j'en avais également, de sorte qu'un soir d'euphorie nous échangeâmes nos coupes, sur quoi étaient gravés nos noms, et ses invités lui disaient, en regardant par pure courtoisie ses trophées, par pure courtoisie je le répète, car les camarades, pour peu qu'ils ne soient pas doués pour une certaine forme d'athlétisme, et qu'ils soient accompagnés par leur femme ou leur petite amie, disent volontiers de lui qu'il est la plus sombre des brutes, qu'il avait usurpé ces honneurs, ils disaient la même chose de moi, et Julius et moi nous rigolions, nous avions l'âge de nous moquer à nos propres dépens, avec Julius nous avions fait à peu près le tour du monde de Paris, des salons de la princesse Raffatti aux bouges les plus infects de la rue de Lappe, nous nous étions promenés de Deauville à Biarritz, de Malaga à Port-Vendres, de Séville à Monte-Carlo, nous avions aimé des gitanes au corps onduleux, des pisanes au teint mat, des américaines alcooliques, des anglaises effarouchées, de petites françaises sans trop de scrupules et généreuses dans leur comportement nocturne, cependant demandant tes intentions sont-elles sérieuses, et pour combien de temps, ah chères âmes fragiles et membres délicieux, et voici qu'un soir, au petit bar de Juan-les-Pins, Julius demande à Jean le barman un whisky — sans soda — le bar était désert, il y avait un gala à Cannes, il y avait aussi, derrière le bar, un paravent, Jean paraissait préoccupé, il sert à Julius son whisky, Juan-les-Pins était à cette époque une ravissante petite station balnéaire peu connue, négligée grâce aux fastes de Cannes et aux richesses de Nice, donc peu fréquentée par les milliardaires d'outre-mer, les grands ducs ruinés par la révolution de 17, les gigolos argentins, les snobs à peinturlurette, Jean le barman dit à Julius la salle des jeux vient de fermer, il n'y a plus personne ici ce soir, on n'aura pas vu ça depuis la guerre, avec leurs galas à Cannes ils raflent tout, il faudrait une justice, au vrai, M. Julius, vous êtes d'accord avec moi, la plage de Juan c'est la seule plage de la Côte, avec sa pinède et son sable d'or, à Cannes, on ne peut s'y baigner en paix, on a l'impression que toutes les voitures du monde, croisant sur la Croisette, vous tombent sur les pieds, tant qu'à Nice, ah la la la la, des cailloux, des cailloux ronds si vous voulez, mais des cailloux, M. Julius, vous voyez ce paravent, Julius passa derrière le bar, le barman disait encore c'est la première fois qu'elle vient au Casino de Juan, elle est très malade je crois, je dois rejoindre Césaire le maître d'hôtel, sa sœur se meurt à Antibes, pour des choses que l'on ne peut pas dire sauf en famille, mais Césaire et moi c'est comme les doigts de la main, il faut s'entraider dans l'affliction, d'ailleurs Césaire s'était établi avec ma sœur à moi il y a quelques années, ça crée des liens, n'est-ce pas, il a rencontré par la suite une Italienne qui lui a plu, c'est la vie, ma sœur elle est serveuse dans un hôtel de Menton, le gosse est superbe, Césaire est en train d'en faire un autre à Lucia, le ventre lui grossit déjà, c'est un homme Césaire, dans les bagarres des bistrots du port, il sait y faire aussi, il n'y a pas de caïds de Toulon ni de flics à épaulettes pour lui faire peur, il a le couteau agile et vif et précis, c'est un ex-batt-d'Af, c'est tout vous dire, vous voyez ce paravent, il y a une dame derrière, elle s'est trouvée mal, les personnes qui l'accompagnaient allaient au gala de Cannes, elle leur a dit je ne me sens pas très bien, je vais me reposer ici, je vais rêver qu'elle disait, elle est tombée dans les pommes, j'ai téléphoné au docteur, il est au maudit gala lui aussi, vous êtes le seul à ne pas y être, M. Julius — mon ami Julius avait horreur des galas parce qu'il y rencontrait généralement des femmes qu'il avait aimées un soir et qui étaient devenues pour lui des fantômes — M. Julius, je dois aller voir Césaire pour le taxi, ça prendra tout au plus un quart d'heure, puis-je vous demander de rester ici, les femmes vous savez, c'est godillon et tout, j'en ai vu des femmes depuis vingt ans derrière ce bar, des actrices célèbres et des danseuses à petits cabarets qui n'ont pas plus de talent pour la danse que ma grand'mère du Var, car je suis natif du Var, c'est un beau pays et sérieux, ma grand'mère nous prenait par la main, le dimanche, pour nous conduire à l'église, ma mère était morte, je ne l'ai pas connue, mon père lui, il était marin, un jour on ne l'a plus revu lui non plus, mais je me souviens de lui, c'était un costaud, un bel homme, alors c'est ma grand'mère qui a pris soin de nous, mon grand-père lui, je l'ai connu, mais c'est comme si je ne l'avais jamais connu, il était assis sur le banc de pierre devant le mas, il ne parlait jamais, il avait un habit noir, une grosse canne, il regardait devant lui, comme ça, qu'est-ce qu'il voyait, on ne l'a jamais su, ça peut regarder quoi les vieux, M. Julius, ça pense à quoi, ça rumine, mais à quoi, il ressemblait aux vieilles pierres qu'il contemplait avec des yeux éteints, ou presque, c'était comme une vieille pierre lui-même sauf respect, il était roussi et vieilli comme l'église, comme les tablettes de marbre du cimetière sous le soleil, c'était un costaud, il n'y a pas à dire, il n'achevait pas de mourir, c'est des charges, il est mort à l'âge de près de cent ans, on n'a pas calculé, il empoisonnait tout le monde, critiquait tout quand il pouvait encore parler, nous les gosses on était peinards, la grand'mère gémissait et ronchonnait, on mangeait du riz et du riz, à grandes bolées, et Julius regardait Jean, qui avait des épaules larges comme celles d'un lutteur forain, et la dent nette et cordiale, un loup pas encore trop dégrossi, son fils gagnerait peut-être Paris en qualité de serveur et l'ancienneté aidant, maître d'hôtel au Claridge ou au Ritz, et le petit-fils briguerait peut-être l'Académie française, on ne sait jamais, il suffit d'écrire deux ou trois opuscules assez obscurs pour ne pas donner prise aux journalistes tributaires des hebdomadaires s'occupant soi-disant de littérature, l'on passe comme noisette, l'on a un petit coup de pattes d'encouragement de l'auteur de *Marius* ou de M. de Lacretelle, tous deux académiciens chevronnés, Julius n'était pas plus médecin que Jean le barman, il lui demanda cependant de lui apporter quelques serviettes trempées d'eau tiède, ce qu'il fit avant d'aller rejoindre son ami Césaire, Julius se pencha sur la dame évanouie et il fut ébloui par sa beauté, il vit aussi qu'elle portait à son doigt un diamant magnifique, pierre jaillie des cavernes ténébreuses de la terre et taillée par des artistes amants du feu et possédés par lui, Julius regardait ces lèvres pâles et cet ardent bijou, — de Lucifer, de Dieu — et puis Jean le barman revient avec Césaire, il remercie Julius, il lui dit nous allons reconduire la dame en taxi, c'est une belle môme soit dit en passant, et de la haute, il part et Julius reste avec ses réflexions, la vie, c'est plus sérieux que de remporter un championnat de natation, de plaire aux femmes parce que la nature vous a gratifié d'un joli profil, d'écrire de petits poèmes dans de petites revues que personne ne lit, de coucher un soir avec des femmes qui couchent avec tout le monde, la célébrité, ou la jeunesse, l'Académie ou la chair fraîche, Julius se trouvait soudain dégoûté du monde dans lequel il vivait, et surtout de lui-même, il revient à son appartement, il y a un télégramme, son père passe par Paris, il aimerait bien le voir, Julius prend sa voiture et part pour Paris, il adorait conduire la nuit sur les routes désertes et violant les épaisseurs de l'ombre du mystère, de la vie, il violait l'inconnu, demain, et selon le terme fatidique des Espagnols, la « maniana », il courait sur des routes connues mais devenues secrètes par les transformations fatidiques de cette nuit pareille à toutes les autres, sauf pour son cœur, il voyait dans cette nuit un visage blanc marqué d'angoisse et de terreur, à Juan à son retour, Jean le barman lui dit enfin vous voilà, tout a été terrible ici, le Commissaire et la police et tout, Julius se dresse tout de suite sur ses ergots, Julius n'avait pas de très graves défauts, selon les normes de la Côte, il n'exploitait pas les douairières un peu fatiguées par les derniers aiguillons du retour de l'âge, à l'instar des jeunes comtes espagnols et des petits marquis italiens pullulant sur la Côte, les Américains surtout tombaient dans ces filets maladroits, les Viennoises, les Russes, les Anglaises, les Françaises riches, si telle était leur fantaisie d'une nuit voluptueuse, donnaient leur petit cadeau mais n'épousaient pas, Julius possédait en somme une excellente réputation dans ce monde pourri, il pouvait prendre une femme dans ses bras sans qu'elle ait la crainte du chantage, de la menace des lettres au mari, du compte en banque dévasté, du saccage de l'argenterie, du vol d'une toile de Poussin, de Yan Dick, de Van Dongen, sur la Côte tout se fait très rapidement comme à Trois-Rivières ou à Québec, les gigolos sont vite dépistés, seules leurs victimes ne s'en rendent pas compte, Julius n'avait qu'une faiblesse, il aimait les femmes, il les aimait belles par surcroît, une de ses premières amies, une femme intelligente et du monde et belle, — tout peut se composer au monde, même une femme du monde à la fois intelligente et belle — lui avait dit un jour tu es jeune, tu aimes les femmes, alors autant les choisir belles que médiocres, tu les quitteras comme tu vas me quitter, je le sais, je le sens, ne proteste pas, épargne-moi tes mensonges, ceci dit choisis les belles, quand tu les abandonneras elles en auront moins de chagrin car Julius il n'y a pas que toi au monde, tu es séduisant à ta façon, tu séduis par surprise, tu nous laisses un jour sous le prétexte d'aller faire un petit voyage à Bombay, à Marrakech, c'est assez gentil, c'est une façon délicate quoique astucieuse un peu de rompre des amours, tu t'en vas vers quoi, cher Julius, vers des aventures qui te décevront davantage encore, tu ne trouveras jamais une femme plus belle que moi et une femme qui puisse t'aimer autant que je t'aime, je sais que je ne te reverrai plus jamais, je sais aussi que tu penseras à moi, que tu sois à Tombouctou ou à Kharbine, tes jours un jour te seront comptés comme les miens, ta poésie, Julius, ne t'empêchera pas de mourir comme nous mourrons tous, tu seras, toi aussi, un jour, malade et démuni, et angoissé, elle était toute en larmes, c'est ainsi qu'elle s'adressait à Julius, et Julius l'aimait comme il n'avait jamais aimé, ces nuits sous les étoiles, cette bouche pourpre, cette chair ardente et tendre, ces mains délicates fuselées comme celles des modèles des grands peintres de la Renaissance, et cet amour chuchoté, dans les repos, Julius partait déchirant celle qu'il aimait et celle qui l'aimait, il saignait de mille blessures ouvertes, il partait cependant, c'était un poète et les poètes sont des fous c'est bien connu, il voulait se croire libre et fuyait un beau visage digne et plein de larmes et les baisers insensés et la foi perdue, Julius se sauvait comme un cambrioleur poursuivi par la police, comme s'échappe un petit voyou, les fuites du cœur sont parfois plus déshonorantes que le vol à main armée, Jean le barman continuait de bavarder le Commissaire disait-il, après votre départ précipité, sans prévenir personne, il commençait à trouver ça un peu singulier, mettez-vous à sa place, c'est son boulot de soupçonner tout le monde, je n'aime pas la police plus qu'il ne faut, mais lui, il a toujours été correct, vous pensez bien, dans une boîte comme celle-ci, depuis vingt ans qu'on est là, Césaire et moi, on a été obligés de le voir, le Commissaire, comme témoins, des vols, des chèques sans provision, des comptes au bar laissés pour compte, on écope nous M. Julius, on paie les faux frais, je suis responsable de mon bar comme

Césaire l'est de son restaurant, on fait ce qu'on peut, on vit bien, on ne se plaint pas, puis-je vous dire que nous on trouvait ça fantastique, on avait confiance en vous comme on a confiance en soi, on savait Césaire et moi que vous n'auriez pu faire une chose pareille, dans le métier et à la longue on finit par apprendre à juger les gens, on distingue le bon du mauvais, le Commissaire il commençait à se fâcher, il lui fallait son coupable, la Préfecture à Paris ne cessait de lui téléphoner, trouvez-les-moi, et plus vite que ça, autrement vous serez tous suspendus, vous savez ce que ça veut dire suspendus, sans retraite, rongeant votre menton, vous le savez, débrouillez-vous, nom de D..., je vais vous ficher à la porte, avec mon pied dans les fesses, le Commissaire était furieux, ses policiers ahuris, ils fouillaient partout ce fameux diamant, ils ont mis sous arrêt une dizaine de gigolos bien connus, sans résultat naturellement, sauf Pédro le Mexicain, vous le connaissez, il enseigne la java dans un studio de Nice, il est entretenu par une vieille baronne autrichienne qui lui assure son fixe, il augmente le fixe de la gonzesse en faisant chanter à la manière douce, vous savez, M. Julius, suave et très gentil, il a fait des enfants aux deux petites Américaines qui raffolent de lui sur la plage, beau torse bronzé, vous savez, les Amerloques, c'est bizarre, ils ne pensent pas comme nous, ils ont peut-être tort de ne pas penser comme nous, on a peut-être tort de ne pas penser comme eux, je n'en sais rien, M. Julius, je ne suis pas très instruit, j'ai fait la maternelle c'est tout, je suis bon en calcul, une chance, les chiffres c'est mon fort, je peux soustraire, diviser et multiplier à la seconde, j'ai aussi la mémoire des visages, si j'ai vu un homme ou une femme dans ma vie, c'est comme si j'avais leur photographie dans ma poche, c'est comme ça, je ne vous raconte pas ces choses-là pour me vanter, vous me connaissez mieux que ça, le Commissaire il dit pourquoi ce Canadien est-il parti sans prévenir personne, vous vous portez garants de son intégrité, d'accord, mais c'est un jeune homme, il suffit d'une femme qui l'emballe, l'honnêteté devant la passion s'efface tout de suite, c'est ainsi que le Commissaire nous parlait, le diamant valait une fortune, vous étiez parti comme à la sauvette, dame, et bref on allait mettre la police à vos trousses quand le chauffeur du taxi s'est présenté à son bureau avec le diam, qu'il avait trouvé en nettoyant la banquette arrière de sa voiture, Julius serra la main de Jean le barman et passa des années sans retourner à Juan, ces soupçons même légers qui avaient plané sur lui lui étaient intolérables et vers la fin de ce même été, Julius se trouvait à côté d'une très jolie femme, chez des amis à dîner, très belle, qui portait à son doigt le diamant fabuleux et qui lui dit voilà mon cher berger, je croyais ne plus jamais vous revoir, on m'a dit que vous étiez toujours parti, la vie est courte, la vie d'une jolie femme comme moi si vous voulez, notre beauté, notre jeunesse parties, il ne nous reste plus rien, à nous, les femmes, tout le monde ne peut pas être écrivain, vous vieillissez vous les hommes, vous devenez des peintres connus, des écrivains célèbres, des hommes dont l'on parle, nous quand nous vieillissons nous sommes rejetées du coup, notre mari a englouti notre dot, nos familles mêmes nous font la tête en répétant que nous n'avons pas su y faire avec ce si bel homme, les tantes surtout, les célibataires, ce sont les plus terribles, des folles, elles ont été trop privées de ça, les heureuses sans le savoir, elles ne savent pas ce que ça coûte à une femme d'épouser un bel homme, elle n'a pas assez de sa vie pour se délivrer de toutes ses larmes, tout ça à cause du petit frisson qu'elles ont recherché auprès du bel homme, elles paient ce petit frisson dérisoire toute leur vie enchaînées au bel homme vieillissant qui couche avec toutes ses amies les plus intimes sauf avec elle, elle pleure secrètement, ah le petit frisson, le premier et le dernier, toute une vie de femme pour la petite sensation c'est payer bien cher, trop cher, ah cher Julius retournez dans cette île que vous n'auriez jamais dû quitter, laisse-moi, quitte-moi, je t'aime, protège-toi, et protège-moi aussi, va-t'en, c'est la seule façon de nous quitter, autrement... et elle pleurait silencieusement, du cœur et de l'âme, et Julius pleurait aussi, avec des larmes maladroites sur les joues, les hommes ont moins de courage que les femmes, et Nancy partit pour les Indes et personne de la Côte ne la revit plus jamais, et Julius, quelques années plus tard, revint sur la Côte avec une fille ravissante, il l'avait épousée à Neuilly, ils étaient à Cannes et ils vivaient parmi nous comme s'ils avaient été sur la planète Mars, ils vivaient parmi nous ils nous parlaient et nous souriaient mais si leurs paroles et leurs sourires nous parvenaient, nous sentions tous qu'ils ne pouvaient pas sortir du cercle enchanté dans lequel ils s'étaient réfugiés, ils vivaient leur bonheur hors du temps et de l'espace, personne ne se moquait, le bonheur est si rare qu'il désarme les plus envieux, le bonheur existait malgré les philosophes et les cyniques, nous l'avions devant nous comme si un chrétien en proie au doute recevait la preuve visuelle de l'existence de Dieu, nous avions cette preuve que l'amour n'était pas qu'une vaine illusion, qu'un leurre dérisoire, la vie continuait son cours à Cannes avec ses fêtes, ses galas, ses intrigues, ses potins, cependant tout avait baissé de ton, tout avait moins de couleurs, Julius était très connu à Cannes, et très recherché, la nouvelle de ses amours s'était répandue rapidement, et si le petit prince d'Égypte courtisait éperdument Madame Gaby Morlay, si Lord Willbrought s'était cassé une jambe au polo, si le prince de Galles lançait la mode des tricots à manches courtes, si Henry Draper junior, le fils du grand peintre, mettait le feu, à trois heures du matin, aux draperies du bar le plus élégant de Nice, ces nouvelles, parmi les oisifs, manquaient de sel, et Julius me dit un jour nous partons pour les Îles de Lérins, nous irons ensuite je ne sais où, je te tiendrai au courant, je pars avec Rafale II, c'était son meilleur bateau de course, avec soupapes survoltées, nous étions au bout de la jetée, il était sept heures du soir, l'animation du jour s'apaisait, les pêcheurs larguaient leurs voiles, les millionnaires américains, à bord de leur yacht, s'apprêtaient pour le cocktail vespéral et Julius et la belle dame au diamant s'élancèrent à bord du bateau devant ce disque pourpre du soleil se penchant lentement sur la mer et disparaissant derrière les Îles dans le bruit assourdissant du moteur et soudain à la minute même où le soleil s'engloutissait derrière St-Honorat nous vîmes une longue flamme jaillir de la mer, et puis nous entendîmes le bruit de l'explosion, et ce fut la fin de mon ami Julius et du plus bel amour du monde.

VISAGES DU MONDE

Paris

Pour ceux qui ont longtemps vécu à Paris, il est particulièrement difficile de retrouver parmi l'innombrable orchestre qu'il possède, un son d'instrument qui ne prenne pas trop de relief, qui ne favorise, par exemple, la flûte au détriment du violon ou du piano, de saisir la note qui rende justice à ce concert quotidien — et j'entends, par quotidien, les vingt-quatre heures du tour de l'horloge — que Paris sert à ses fidèles, à ses amoureux, à ses habitants, à ses visiteurs, et même à ses ennemis.

Un petit guide qu'une célèbre maison d'édition faisait paraître, il y a une vingtaine d'années, s'intitulait: « Paris en huit jours ». Fort bien fait d'ailleurs, et intelligent dans ce sens qu'il prévenait tout de suite ses lecteurs que si l'on peut à la rigueur parcourir Paris en huit jours, on ne peut véritablement pas, dans ce court laps de temps, le connaître, s'en imprégner. Je ne puis donc dessiner qu'un très léger, très mince profil du *VISAGE* de Paris, alors que le choix ne s'y prête guère, que la matière est trop riche, trop diverse, trop abondante.

Pour couper court, et très sommairement, je divise tout de suite Paris en deux immenses villes que sépare la Seine, la rive droite et la rive gauche.

J'ai habité les deux « Rives », et dans chacun de leur arrondissement, plusieurs de leurs quartiers. Mais je suis toujours revenu Rive gauche, du côté de Luxembourg et de l'Odéon, de la rue des Saints-Pères et de la place Saint-Sulpice, du boulevard Saint-Germain et du boulevard Montparnasse, par une sorte d'attraction, d'envoûtement, de nostalgie dont Passy, Auteuil, Montmartre et les rues confortables qui cernent l'Arc de Triomphe n'ont jamais pu me guérir.

J'ai passé les plus belles années de ma jeunesse à Paris. Adolescent. Puis étudiant. Ensuite j'y séjournais plusieurs mois chaque année. Je voyageais beaucoup à cette époque, mais quand je revenais de Berlin, de Constantinople, de Bombay, de Djibouti, je retrouvais Paris comme j'aurais retrouvé mon village natal, et Paris pour moi représentait la « Rive gauche ». J'y revoyais des amis, des camarades, qui me tendaient la main: « Ah, bonjour toi! » C'était aux Deux-Magots, chez Flore, chez Lipp, à la Closerie des Lilas, au café d'Harcourt. Certains d'entre eux me demandaient: « Mais d'où viens-tu? » Ils n'attendaient même pas ma réponse, que je me gardais d'ailleurs de leur donner. Ces écrivains, ces poètes, ces journalistes poursuivaient une aventure individuelle, un chemin secret qui les absorbait complètement.

Sans doute j'avais des amis plus intimes, qui s'étaient aperçus, et parfois inquiétés, de mes nombreuses absences. Et nous avions alors de longues conversations qui se poursuivaient aux innombrables terrasses des cafés de Paris, et qui ne se terminaient souvent qu'aux petites heures de l'aube. Si l'on considère généralement Paris comme la ville souriant aux amoureux, ce qui est juste d'ailleurs, par contre Paris, comme aucune autre ville au monde, facilite le commerce de l'amitié. Les jeunes gens qui habitent Paris, et qui portent de l'intérêt aux sciences, aux arts, aux lettres, ou tout simplement aux jolies femmes, se réunissent avant le dîner du soir dans un café.

Point d'appels téléphoniques, de messages pneumatiques, de billets de rendez-vous. Vous savez qu'à tel endroit l'on peut rencontrer ce groupe. Certains du groupe sont absents, pour des motifs sentimentaux ou de travail. Mais vous les revoyez le lendemain, ils ont un petit air mystérieux, qu'il se fût agi de la réussite d'un sonnet, d'un chapitre d'un roman qui ne paraîtra probablement jamais, d'une victoire d'amour qui n'aura pas de lendemains.

On prétend que Paris appartient aux vieillards. Comme preuves à l'appui, on cite les noms de ses vedettes politiques, théâtrales, intellectuelles, artistiques ou littéraires: Herriot, et Blum qui vient de mourir, la belle Cécile Sorel, dite Célimène, Mistinguet qui a illustré le plateau des music-halls de Paris depuis près d'un demi-siècle, Bergson, Picasso, Rouault, Matisse, Gide et Claudel. Mais je crois que Paris appartient surtout aux jeunes gens, naturellement d'une façon moins éclatante, mais plus forte, plus précise, et qui engage tous les espoirs. Car Paris est la forge rouge, incandescente, dont le creuset coule et rend, dans un métal parfait et dur, des chefs-d'œuvre innombrables.

J'ai habité trop longtemps Paris pour le partager en petits morceaux. Je l'ai parcouru des centaines et des centaines de fois, du Luxembourg aux Champs-Élysées, j'ai rêvé, comme tous les jeunes gens devant la fontaine de Médicis, je suis allé au Bois, par des matins tout ensoleillés, et d'un air si léger, si merveilleux, si odorant, que le désir impérieux me saisissait d'écrire un petit poème, que je n'écrivais pas. Car comment jouir de la beauté, et dans le même temps tenter de la cerner par les mots. Il y avait les bords de la Seine, ses pêcheurs à la ligne, et surtout ses quais de vieilles pierres, ses ponts suspendus entre les deux rives, et tout cela m'enchantait. Combien de matins ai-je passés à bouquiner le long des quais de Paris. On y trouvait des vieilles estampes, des images d'Épinal, des livres dédicacés, des eaux-fortes, des gravures sur acier ou sur cuivre qui dataient d'un siècle ou deux. Ma rêverie a longtemps habité les rivages de la Seine. J'étais alors un jeune homme, ou un homme jeune. Mais s'il m'était donné de pouvoir retourner à Paris, je crois que j'y poursuivrais les mêmes nuits nostalgiques, et les mêmes soleils discrets. Car j'ai adoré Paris. Celui du matin, du petit quartier, de la concierge désagréable, le Paris élégant du Bois, de ses grands bars du Ritz, du Meurice, du Scribe, de la terrasse du Café de la Paix, et son monde cosmopolite, qui naviguait de Montmartre à Montparnasse, de la Madeleine au « Harry's bar ». Et par-dessus tout, peut-être, l'exubérant Quartier Latin.

Lorsque j'évoque le Quartier Latin, je me penche tout de suite sur quelques années de jeunesse lesquelles, malgré certains gaspillages nécessaires, ne m'ont pas encore fourni les éléments de sérieux regrets. Ces frasques légères, fort innocentes, et d'ailleurs inhérentes à l'âge béni que j'avais alors, n'étaient sans doute que le signe d'une vitalité qui ne savait comment s'exprimer autrement. Aujourd'hui, je possède encore l'opinion que l'on ne doit pas débuter dans l'existence avec un verre de lait à la main, un bonnet de coton sur le crâne, une bouillotte d'eau chaude sous l'édredon. Autant être nommé sénateur à vingt ans. Mais que deviendraient les sénateurs à quarante ans, s'ils n'avaient jamais connu la joie, ni goûté à une douce, mais passagère folie?

Or, j'étais venu poursuivre mes études de Droit à Paris. Une façon de parler, naturellement, comme on le verra plus tard. J'avais obtenu ma licence à la Faculté de Droit de Laval, et quelques jours plus tard, après examen, j'étais admis au barreau. Avec succès. Je le dis sans vanité. Ce fut à ma grande surprise. Car je n'étais point rat des bibliothèques juridiques, et les illustres commentateurs de nos lois civiles et criminelles, et de la jurisprudence sacro-sainte, ne possédaient guère d'attraits pour moi. Un mois plus tard, je partais pour la France, et je m'installais au Quartier Latin. Je connaissais déjà la France pour y être venu avec mes parents. Cette fois, je me trouvais seul, petit jeune homme possédant son entière liberté, et plus libre que l'oiseau. (Car ce dicton, *libre comme l'oiseau*, est parfaitement faux, que peut faire en effet l'oiseau vis-à-vis du gel, de l'orage, de la famine, de l'épervier, de l'écureuil qui vient dévorer les œufs de son nid.)

Je m'inscrivis à la Sorbonne, au cours du Droit comparé. Bigre! Par honnêteté, j'assistai à quelques leçons fort savantes, j'imagine, fournies par des professeurs fort considérés dans le monde universitaire, et je n'y retournai plus. Ces propos qui me séduisaient par leur intelligence, leur ingéniosité, leur admirable gymnastique, j'allais dire acrobatie, ne me touchaient pas. La seule partie du Droit qui me prenait était celle de son histoire, laquelle raconte, avec pathétisme, l'ascension de l'être humain vers la conquête de sa liberté et de sa dignité sociales. Ce n'était point une vue pratique. D'autre part, l'exercice de cette profession ne me séduisait pas. Mes propres ennuis — on en a à tout âge — m'éloignaient de m'occuper des conflits des autres. Aussi, n'ayant aucun goût, ni aucun don pour les affaires, je n'aurais pu remplir le rôle de l'avocat de compagnies. Restait la pratique criminaliste. Je l'aurais aimée, jusqu'à un certain degré. Mes hésitations furent courtes. Il faut pour faire un bon avocat criminaliste des qualités que je ne possédais pas, et des défauts que je ne possédais pas davantage, défauts de grandes vedettes, grands effets de manchettes et pleurs à volonté. Et connaître, quoi qu'on dise, certains rudiments du Code, et les jugements rendus, depuis plus d'un demi-siècle, par de hautes cours respectables et respectées.

Je laissais « tomber » l'École de Droit. Peut-être ai-je eu tort! Avec un peu de persistance, de légers sacrifices, et « forçant » ma nature, je serais peut-être aujourd'hui devenu un petit juge dans quelque circonscription de notre belle Province, goûtant la paix et la sécurité. (Très relativement, comment peut-on prononcer le mot sécurité quand le monde nous menace de partout, et qu'une bombe atomique peut fort bien nous anéantir tous, millionnaires, médecins, industriels, juges, avocats, généraux, ministres, écrivains, cultivateurs, ouvriers.) Mais je reviens à cette période de l'entre-deux-guerres. Si je m'étais inscrit, avec peu d'enthousiasme, à la Sorbonne, je m'étais également ment inscrit à l'École libre des Sciences sociales, nichée au bout de l'étroite rue de la Sorbonne.

Cette atmosphère me plaisait, et des hommes sérieux venaient y donner des cours. La plupart d'entre eux avaient beaucoup voyagé, et réussissaient à nous fournir une sorte de paysage captivant de notre monde contemporain. Certains étaient connus, et même célèbres, comme, par exemple, André Siegfried. Je fréquentai l'École plutôt assidûment, quoiqu'avec une certaine nonchalance. D'autres intérêts me portaient ailleurs, et la sociologie, l'économie politique, sans parler de l'économie tout court, n'ont jamais été mon fort, ma corde. On a les cordes qu'on peut, il est difficile de remplacer celle d'une guitare ou d'une mandoline par celle d'une contrebasse ou d'un piano.

À l'École, au bout de deux ans de demi-absences, je dus présenter mon sujet de thèse. Pour obtenir le diplôme. Il fut accepté. Le sujet: Rivarol. Cela me stimule, et malgré mes distractions extérieures, j'allai avec régularité à la Bibliothèque Nationale, et je rédigeai enfin cette thèse, qui fut acceptée, encore à mon grand étonnement.

Nous devions passer l'oral quelques semaines plus tard.

L'oral n'est en somme qu'une formalité. Il est rare que l'on y soit « recalé ». Je suppose qu'il ne sert qu'à amuser les professeurs, avec la nervosité des candidats. C'est la revanche de l'âge mûr, ou de la vieillesse, d'ailleurs inconsciente et sans méchanceté réelle, sur la jeunesse de l'étudiant. Mais il arriva ceci. Huit jours avant cette comparution de routine, mais nécessaire — c'était vers la fin du mois de juin — des camarades m'invitèrent à les accompagner sur la Côte d'Azur. Il faisait beau, Paris ruisselait de l'or du soleil. Mais là-bas, devant cette mer admirable et bleue, le soleil devait être plus vif et plus brillant. La tentation fut trop forte, et j'y cédai. Et c'est pourquoi je n'obtins jamais le diplôme de l'École libre des Sciences sociales. Et j'ai trahi Rivarol, et son « Petit dictionnaire des grands hommes de la Révolution ». M'en veut-il encore, dans ses Élysées?

Les Grandes Écoles composent, certes, une imposante partie du Quartier Latin. La légende et la réalité de la Sorbonne sont bien établies, et sans elle, le Quartier n'existerait pas. Elle est immuable, et par son ancienneté et par la valeur unique de son enseignement obtient ce prestige qu'aucune Université du monde, Oxford y compris, ne peut égaler. Je le regrette, et malgré que je connusse son rayonnement, mes goûts ne m'entraînaient qu'avec peu de passion dans les bras de cette vieille grande dame vénérable. Je fréquentais plus volontiers les artistes. Je dessinais à la Chaumière, chez Colarossi. C'était à Montparnasse, bien sûr, mais à cette époque du moins, par une sorte d'osmose, Montparnasse faisait encore partie du Quartier Latin. D'ailleurs, le merveilleux jardin du Luxembourg, lieu favori des étudiants, — surtout groupés autour de la fontaine Médicis — séparait seul le Boulevard Saint-Michel, Quartier-Latin, de la rue Vavin, premier contrefort de Montparnasse. Dix minutes de promenade à petits pas, entre ces deux pôles, par le jardin, suffisaient pour établir la liaison. Après les séances de dessin et de peinture, c'étaient les terrasses de la Rotonde, du Dôme, du Select, et d'une foison de petits bistrots moins illustres où, mes camarades et moi, discutions à perte de vue sur les mérites de tel artiste ou sur la portée de telle forme d'art. (Tout cela, fort inutilement, il va sans dire.) Le peintre Modigliani venait d'être découvert par les marchands de tableaux; il était mort depuis quelques années. Kisling brillait comme une étoile. Picasso continuait de faire du bruit ayant abandonné son époque mauve pour plonger résolument dans l'abstraction. Derain construisait ses toiles comme un ingénieur construit des routes et des ponts. Dufy illuminait ses toiles par de subtiles taches roses ou vertes, assez vagues, mais les contournait, à la plume, du dessin le plus ferme et le plus précis qui pût exister. Il y avait mon ami Alfred Pellan, qui plongeait dans la peinture comme dans une piscine, et je persiste à croire qu'il est notre plus grand et notre plus somptueux peintre. Il y avait ce petit juif polonais, pathétique, doué d'un génie bouleversant, qui donnait des fêtes fastueuses et tumultueuses dans son atelier de Montmartre. À l'apéritif, un midi, au Café des Deux-Magots, nous apprîmes sa mort. Il s'était pendu. J'étais avec des camarades, et si ma mémoire est fidèle, il y avait là Marcel Dugas, Marcel Parizeau, Roy Royal, et des amis français. Nous l'avions tous connu. J'avais rencontré sa femme à plusieurs reprises, dont l'œuvre était fort appréciée, et qui s'est réfugiée plus tard dans un couvent de Carmélites.

Il y avait le côté littéraire, qui m'éloignait davantage de mes études juridiques. La peinture me captivait, mais plus encore les Lettres. Et nous attendions avec la plus grande impatience, le dernier poème de Valéry, le dernier essai de Gide, le dernier roman de Mauriac, celui de Bernanos, celui de Malraux, le plus jeune d'entre eux, mais qui donnait l'impression de lancer des bâtons de dynamite dans un monde généralement bien construit, mais vermoulu.

Tout cela était exaltant. Avec un groupe de jeunes camarades, nous fréquentions aussi les coulisses des théâtres, parce que chacun de nous avait publié, dans quelque revue qui ne franchissait jamais son premier numéro, de médiocres poèmes ou de maladroits dessins. Mais cela pouvait suffire à nous donner accès aux loges des vedettes, — courtement, — mais surtout à ce monde bigarré, naïf, ambitieux, à la fois plein d'audace et de timidité, que forme le milieu des danseuses sans trop de talent, quoique fort jolies, et des soubrettes sans avenir, plus jolies encore. Je dois ajouter que nos intentions n'étaient point démoniaques. Ces entrées, qui nous flattaient, suffisaient à repousser le désespoir qui guette chaque artiste, chaque peintre, chaque poète, à la naissance de l'œuvre qu'il doit poursuivre. Elles nous donnaient, un peu, confiance en nous-mêmes, ce dont nous avons tous, à cet âge, grandement besoin. Aussi, à un âge plus avancé, et peut-être à tous les âges. Le métier de la création est le plus dur qui soit, et le plus angoissant. Toujours cette crainte de faire fausse route, de se tromper. Quand le public est invité à une première de théâtre, à un cocktail d'écrivains, à un vernissage de peintre, il ne soupçonne pas l'inquiétude qui étreint celui que l'on fête.

Bref, et pour ces diverses raisons, je ne fus pas très fidèle à la Sorbonne. Là n'était point ma vocation.

Un peu en Chine et la dysenterie amibienne

Mon séjour à Yunnan-fou fut stérile et court. J'étais alors fort enthousiaste et jeune, qualités essentielles du voyageur qui ne se satisfait pas des *tours* organisés par les grandes Compagnies du Tourisme international, avec bals, guides, et temps minutés, comme à la radio. Mais alors que les postes de la radio, malgré que l'on en pense, soient des lieux de travail, les longs voyages sont des évasions, des rendez-vous d'affaires pour millionnaires, des motifs de curiosité, ou tout simplement des vacances, parfois payées!

Il reste que si vous souffrez soudain de quelque mal, au cours de longues randonnées à travers le globe terrestre, on vous soignera, c'est entendu, mais il est toujours préférable de se faire soigner chez soi. La mort, laquelle n'est qu'un léger accident, quoique définitif, — et l'on peut mourir partout — ne résout en rien le problème de la maladie, qui est beaucoup plus embarrassant. Car l'on peut demeurer longtemps malade. Les soins et les traitements, conduisent fatalement un jour à l'agonie, et malgré eux, ne sont pas de tout repos pour le maigre compte en banque dont nous disposons tous. Un cultivateur de mon village natal, Saint-Casimir de Portneuf, après deux ou trois petites attaques de paralysie, — marchant avec deux cannes, vieillard à la tête fière, à l'œil noyé de larmes par la maladie, et à qui je demandais comment il allait: « Pas mal, pas mal, on s'éteint tranquillement, on s'éteint, mais on s'éteint « cheuz nous » — Pascal se serait mieux exprimé sans doute, mais il lui eût été difficile d'être plus véridique, ou d'atteindre plus de profondeur, sur le plan de l'instinct de l'homme.

Mes premiers jours à Yunnan-fou furent employés à l'organisation du voyage que je projetais. Déjà, la Chine m'enchantait. Car la Chine représentait pour moi la plus grande aventure du voyageur. Yunnan-fou, naturellement, n'en composait qu'une de ses portes. Ce n'était pas encore la vraie Chine. Pays de hautes montagnes, de ravins profonds et noirs, ne ressemblant guère à ces récits que j'avais lus dans beaucoup de livres, et surtout dans le grand chef-d'œuvre qu'à la fin du treizième siècle, — c'était avant Colomb — avait écrit, dictant ses pages à un petit moine obscur qui partageait la cellule de sa prison de Gênes, Marco Polo. Ma jeunesse ne s'assombrissait pas de ces premières désillusions. La vraie Chine était plus loin, et j'allais enfin l'atteindre.

Je m'abouchai avec des marchands chinois qui formaient une caravane, chameaux, chevaux, mulets, tentes adéquates, et qui m'assuraient de rejoindre Chungking en cinq semaines. Le chef de ces marchands était un mandarin fort riche, très respecté, qui parlait français comme vous et moi, et qui se délectait avec les essais de Gide et de Valéry. C'était un « gangster », mais de haute race. Car on m'avait prévenu que cette caravane était composée de contrebandiers transportant, du Yunnan au Setchouan, des centaines de livres d'opium brut. Pour moi, n'étant pas né policier, ni chargé de la morale internationale, cet arrangement faisait mon affaire. Un Occidental ne peut voyager dans ces pays sans escorte. Nous convînmes d'un prix qui me parut raisonnable. J'étais ravi. L'aventure était là, devant moi, ce monde étrange de la Chine, d'une adorable absurdité, que je devais connaître plus tard. Mais... Et voici ce qui m'arriva. Et je dois tout de suite m'excuser de certains détails, fort peu poétiques, mais nécessaires à la compréhension de ce récit.

À l'aube d'un petit matin, je fus pris de malaises extrêmement violents. Il est inutile d'insister. Mais ce jour-là je dus, de mon lit à ma salle de bain, fournir la course d'un athlète de marathon. Vingt-quatre heures plus tard, j'étais parfaitement exténué. Le patron de l'hôtel, brave type, métissé de français et de chinois, me fit transporter à l'hôpital. Pour mon malheur, le directeur français de l'hôpital était en congé. La petite série noire. Le médecin souffrant probablement du même mal que moi. Un médecin chinois vint me voir. Il diagnostiqua très vite mon mal. Dysenterie amibienne. La vieille médecine chinoise ne s'exerce pas de la même façon que la médecine occidentale. Elle est heureuse parfois, pleine de trouvailles et d'ingéniosité. Mais aussi, pleine de candeur. Les laboratoires occidentaux ont été infiniment précieux pour l'exercice de notre art médical. La médecine chinoise, très intelligente d'ailleurs, ne tient guère compte des découvertes récentes de la chimie, de la physique, de l'observation quotidienne et notée. Elle date de cinq mille ans, et se veut, semble-t-il, inamovible. La dysenterie amibienne leur est très connue. Ils la soignent à l'opium. Non pas par la pipe, qui fournit tout de même une euphorie ne manquant pas de charmes, mais par la boulette, que l'on doit avaler, comme on avale un cachet d'aspirine, et qui ne produit rien du tout d'agréable, sauf cet effet immédiat, très surprenant, de suspendre vos courses de marathon. C'est heureux, mais il va sans dire que ce n'est qu'un palliatif, car les amibes s'amusent davantage en vous, et se multiplient avec voracité. J'étais donc en train de mourir doucement, dans la dernière fleur de mon âge, ainsi que s'expriment les écrivains romantiques. Mais le médecin français revint. Il revenait d'un congé pris au haut de montagnes inaccessibles, chassant le tigre, l'ours et le chamois. C'était son « hobby ». Un garçon charmant. Il me dit: « Retournez à Hanoi. Je vais m'occuper d'un lit. Je vais vous donner des mots pour mes camarades de l'hôpital. On viendra vous chercher à la gare. Je télégraphierai cet après-midi. C'est très mauvais, ce que vous avez. Mais ça se soigne. Il vous faut du repos, et des injections d'émétique. Ça va? »

En voyageant autour du monde, on rencontre un tas de bandits, d'aventuriers sans scrupules, d'exploiteurs, de femmes brunes et blondes qui ne sont point farouches, d'hommes d'affaires véreux vous proposant une partie de poker, mais on rencontre aussi des êtres merveilleux. Ce médecin de Yunnan-fou en était un. J'avais confié mon argent au mandarin. C'est le médecin, qui ne me connaissait aucunement, qui s'occupa de mon retour, et se chargea de mes frais d'hôpital. Dois-je ajouter que quelques semaines plus tard, je lui fis parvenir un chèque pour ces dépenses. Dans cette lettre où je lui demandais aussi — comment pourrais-je dire — sa note, il me répondit à son tour qu'il ne fallait pas y songer. Cela me laissait dans l'embarras. Si je me rappelle bien, je lui fis parvenir, en cadeau, une tenture chinoise achetée à Hanoi.

À Hanoi, où je m'étais promis de ne plus revenir, je passai deux semaines au lit. J'avais perdu vingt livres dans l'aventure. Je n'ai jamais été grand et fort. J'aurais aimé l'être. La nature m'a fait ainsi. De sorte qu'au sortir de l'hôpital de Hanoi, je pesais exactement 114 livres. Je marchais comme un vieillard. Et si vous me permettez un terme d'argot français, frisant la vulgarité, j'étais parfaitement « claqué ».

Les jours se suivent, et cette dernière jeunesse aidant, — et l'émétique — je me rétablis plus rapidement que je ne pouvais l'espérer. J'écrivais des poèmes dans ma chambre d'hôtel, pour tromper l'ennui, et je lisais tout ce qui me tombait sous la main. Du pire et du meilleur.

LES ÎLES DE LA NUIT
Ô tourments...

Ô tourments plus forts de n'être qu'une seule apparence
Angoisse des fuyantes créations
Prière du désert humilié
Les tempêtes battent en vain vos nuques bleues
Vous possédez l'éternelle dureté des rocs
Et les adorables épées du silence ont en vain défié vos feux noirs

Tourments   sourdes sentinelles
Ô vous soûtes gorgées de désirs d'étoiles
Vos bras d'hier pleins des bras d'aujourd'hui
Ont fait en vain les gestes nécessaires
Vos bras parmi ces éventails de cristal
Vos yeux couchés sur la terre
Et vos doigts tièdes sur nos poitrines aveugles
N'ont créé pour notre solitude qu'une solitude d'acier

Je sais   je sais   ne le répétez pas
Vous avez perdu ce dur front de clarté
Vous avez oublié ces frais cheveux du matin
Et parce que chaque jour ne chante plus son passage
Vous avez cru l'heure immobile et la détresse éteinte
Vous avez pensé qu'une route neuve vous attendait

Ô vous   pourquoi creuser cette fosse mortelle
Pourquoi pleurer sous les épaules des astres
Pourquoi crier votre nuit déchaînée
Pourquoi vos mains de faible assassin
Bientôt l'ombre nous rejoindra sous ses paupières faciles
Et nous serons comme des tombes sous la grâce des jardins

Non   non   je sais votre aventure
Je sais cet élan retrouvant le ciel du mât
Je sais ce corps dépouillé et ces larmes de songe
Je sais l'argile du marbre et la poussière du bronze
Je sais vos sourires de miroirs
Ces genoux usés que ronge la ténèbre
Et ce frisson des reins inaccessible

Pourquoi le mur de pierre   dites-moi
Pourquoi ce bloc scellé d'amitié
Pourquoi ce baiser de lèvres rouges
Pourquoi ce fiel et ce poison
Les minutes du temps me marquent plus que vos trahisons

Ô navires de hauts-bords avec ce sillage de craie
Vos voiles déployées votre haine se gonfle
Pourquoi creuser ces houles comme une tranchée de sang
Pourquoi ces hommes penchés sur la mer comme aux fontaines de soif
Si les morts de la veille refusent de ressusciter

Avec ta robe...

Avec ta robe sur le rocher comme une aile blanche
Des gouttes au creux de ta main comme une blessure fraîche
Et toi riant la tête renversée comme un enfant seul

Avec tes pieds faibles et nus sur la dure force du rocher
Et tes bras qui t'entourent d'éclairs nonchalants
Et ton genou rond comme l'île de mon enfance

Avec tes jeunes seins qu'un chant muet soulève pour une vaine allégresse
Et les courbes de ton corps plongeant toutes vers ton frêle secret
Et ce pur mystère que ton sang guette pour des nuits futures

Ô toi pareille à un rêve déjà perdu
Ô toi pareille à une fiancée déjà morte
Ô toi mortel instant de l'éternel fleuve

Laisse-moi seulement fermer mes yeux
Laisse-moi seulement poser les paumes de mes mains sur mes paupières
Laisse-moi ne plus te voir

Pour ne pas voir dans l'épaisseur des ombres
Lentement s'entr'ouvrir et tourner
Les lourdes portes de l'oubli

Que la nuit soit parfaite...

Que la nuit soit parfaite si nous en sommes dignes
Nulle pierre blanche ne nous indiquait la route
Où les faiblesses vaincues achevaient de mourir

Nous allions plus loin que les plus lointains horizons
Avec nos épaules et nos mains
Et cet élan pareil

Aux étincelles des insondables voûtes
Et cette faim de durer
Et cette soif de souffrir

Nous étouffant au cou
Comme mille pendaisons

Nous avons partagé nos ombres
Plus que nos lumières
Nous nous sommes montrés
Plus glorieux de nos blessures
Que des victoires éparses
Et des matins heureux

Et nous avons construit mur à mur
La noire enceinte de nos solitudes
Et ces chaînes de fer rivées à nos chevilles
Forgées du métal le plus dur

Que parfaite soit la nuit où nous nous enfonçons
Nous avons détruit tout bonheur et toute tendresse
Et nos cris désormais
N'auront plus que le tremblant écho
Des poussières perdues
Aux gouffres des néants

Ce feu qui brûle...

Ce feu qui brûle d'en haut
Crachant sa flamme pour une plus pure destruction
Cette joie de mort sans égale
          malgré les seules couleurs de l'homme des rocs
Ces fleuves débordant de volcans en sursaut
Ces typhons tournoyant avec une vitesse foudroyante
          et toi toi ô mer éternelle et puissante et pure balayant
          les rivages souillés

Et ces astres fixés dans l'épouvante des nuits sidérales
Et ces vents surgissant des pôles pour des courses
          mortellement échevelées
Et ces visages baignés de sang sous les sourires
Ô vie fatale et glacée comme le cristal
Pourquoi   POURQUOI

Nos mains tremblantes rassemblent leurs doigts
Pour ces enfances évanouies derrière les anneaux magiques des fontaines
Pour ces désespoirs rongeant comme un vigilant cancer
          nos cœurs désertés
Pour ces souvenirs criant dans les brouillards sans écho

Pour cette indifférence minérale des mille larmes oubliées
Pour ces espaces de l'ombre conduisant vers la solitude des néants

Ah   nos faibles doigts se pressent frénétiquement
Tentant de rejoindre le bout du monde des rêves
Tentant d'appareiller les caravelles vers les îles miraculeuses
Tentant de recréer les royaumes enchantés des pâleurs de l'aube
Tentant de ressusciter les fantômes des cathédrales défuntes
Tentant d'élever dans le plus profond silence l'Arche de douceur

Ah   si nos faibles doigts
Parmi ces cyclones de malheur
Parmi ces enfers déchaînés et ces astres perdus
Parmi cette ombre suspendue aux profondeurs de la mer
Cherchent avec une véritable humilité
Des tendresses pareilles à des lampes voilées

Ah si des poids invisibles nous paralysent comme des tombes de plomb
Pourquoi ces serpents du silence
Pourquoi ces sources de granit impénétrable

En vain nos tendres doigts suppliant
En vain la neige de tes doigts comme un doux végétal
En vain l'innocence de nos bras repliés sur l'oubli
En vain la brûlure du regard comme le soleil sur le fleuve
En vain ces musiques de lune comme des fraîcheurs de fleurs
En vain ce grand songe étrange de tes deux mains résignées
En vain le tertre vert autour de l'arbre unique
Seul ton mensonge m'enfonce dans ma nuit

Ah toutes ces rues...

Ah   toutes ces rues parcourues dans l'angoisse de la pluie
Mes pas poursuivant la chimère d'un asphalte luisant et sans fin
Le halo des réverbères cernait mes pas dans une nuit
        prodigieusement fermée
J'étais l'animal haletant dans mille corps et les villes se succédaient
Les rues de mille villes se succédaient toutes pareilles avec le
        même signe anonyme de la pluie
L'âge des réverbères se marquait à la faiblesse des halos
Mes pas dans la pluie poursuivaient l'usure d'une lueur
        mystérieusement chimérique
Et soudain l'angoisse bondissait en moi et mon cœur cessait de battre

Et soudain mon cœur battait si fort que je tremblais de haut en bas
        comme un voilier au cœur du typhon

Une extraordinaire ivresse coulait le long de mes frissons et mes pas
     imaginaient la mesure d'une immobilité fatalement dérisoire
J'étais la pluie même et la nuit même
Ce halo pénétrait en moi avec une pernicieuse douceur
J'étais le monde entier de la nuit et je conduisais le jeu de l'angoisse et
     de la noire féerie
L'asphalte glissant sous mes pas comme une neige cruelle et douce
Par-dessus les toits noyés d'ombre une seule étoile me suivait pas à pas

Et la pluie m'enveloppait comme un doux manteau
La nuit et la pluie me couvraient comme de tendres vêtements
Ah   j'étais entre leurs mains comme la houlette blanche des pasteurs
Mais pourquoi   pourquoi l'aube jamais ne se levait pour moi
Pourquoi jamais cette tête des collines doucement auréolée d'une
     miraculeuse blancheur
Pourquoi jamais la lente modestie de la lumière

Je m'enfonçais dans la nuit et dans la pluie et jusqu'au fond
     d'un ténébreux moi-même comme le plongeur viole la mer
     d'un élan obstinément droit
Je m'enfonçais dans la ténèbre avec des yeux clairs volontairement
     aveugles avec une langue obstinément muette
La nuit était moins épaisse que mon silence et mon aveuglement
Je sais   je cherchais sans vouloir trouver
Et je trouvais et je poursuivais d'autres recherches illusoires
Mes mains habiles d'aveugle tentaient d'écarter ces couches
     de brouillard insensé avec le bâton blanc que je ne possédais pas

Je touchais à petits pas cet avide asphalte sous le regard de
     l'étoile ironique
Je savais que quelque part dans un port par un matin qui viendrait
     des mouettes réciteraient le Livre avec de lents battements d'ailes
J'étais sous la pluie dans la nuit et je poursuivais mon propre étouffement
Je poursuivais sans masques la poussée vers les couloirs souterrains
Je creusais sous la racine des arbres et sous la pesanteur des pierres
     mon chemin perdu
Je marchais le front haut sous les couches minérales et mes pieds
     brûlaient de la forge centrale
Ma nuque recevait l'outrage de l'ilote
J'étais l'immense désert de la pluie et de la nuit sans cesse recommençant
     dans les régions toujours impénétrables

Paupières de plomb
Poids au creux des prunelles
Gonds de fer trempés par le feu
Porte intérieure refermée à jamais

Ah   je marchais sans cesse sous les nuits de pluie avec l'eau
        insidieuse marquant mon pas
J'étais plongé à mi-corps dans une mer imaginaire et j'étais plongé
        avec des yeux morts dans la pluie de la nuit
Sous la seule vigilance de cette étoile fatale et précise
Et j'égrenais ma solitude comme la dévote son rosaire
Avec des pas si las coupant la lueur des réverbères
Dans ces pâles cercles d'une tiédeur inimaginable
Avec mes yeux morts
Avec mon regard décédé

Ah   j'étais vivant encore
Mon corps vibrait et soudain ma chair se tendait
Je criais les mots fatidiques et elle venait
Elle venait du fond de mon songe
Du fond du songe de ma nuit
Je l'aimais et elle ne m'aimait pas

Je marchais   je marchais   je tentais d'atteindre le fond de ma nuit
Je tentais d'atteindre ce formidable secret du bout de la nuit
Et cette aube légendaire des autres
Et ce cri préparé pour chacun des hommes

Pour tous les hommes   moi cherchant une épaule fraternelle
Ils étaient courbés sous la pluie dans la nuit
Ils avaient la nuque de la peur et du fardeau
Ils comptaient déjà leurs doigts pour d'invraisemblables caresses
        souhaitant déjà l'oubli de la honte qu'ils préparaient
Ils avaient le front de tranquilles assassins fumant leur cigare sur le
        pas de la porte devant la rivière à la campagne avec un sourire
        débonnaire
Silencieusement avec dans l'imagination les traits de la
        prochaine victime

Ah   je cherchais les hommes dans l'ombre pour l'appui d'une
        égale fraternité
Leurs vices m'échappaient parce que je n'aimais pas le vice
Mais ils possédaient autre chose que le vice
Mais ils ne me répondaient pas
Ils fuyaient sous la pluie dans la nuit
Je les voyais vivants pour une seconde sous le cercle pâle du réverbère
Ils tombaient morts au delà du cercle
Je voyais ces cadavres se dissoudre avec la pluie de la nuit

Oh   je sais j'ai tenté de leur parler ils me répondaient dans une
        langue étrangère
Ils me regardaient avec un étrange étonnement

Ils riaient parfois et j'étais le fou de la nuit
Ils ignoraient qu'ils étaient morts
    bien dans le cercueil et rigides avec la cravate très bien nouée
    pour l'admiration des neveux et des nièces de la famille
    chacun se disant ça ne m'arrivera jamais

Ah   je poursuivais l'interminable route
Les villes derrière moi et les hommes sous la pluie
Les cercles des réverbères continuaient leur fastidieuse géométrie
Ah   je ne cherchais plus ni le jour ni les hommes véritables ni
    les clartés premières
Je parcourais des routes indéfinissables sous la pluie et dans
    la nuit formelle

Ah   je sais

Mais son âme était glacée

Fermons l'armoire...

Fermons l'armoire aux sortilèges
Il est trop tard pour tous les jeux
Mes mains ne sont plus libres
Et ne peuvent plus viser droit au cœur
Le monde que j'avais créé
Possédait sa propre clarté
Mais de ce soleil
Mes yeux sont aveuglés
Mon univers sera englouti avec moi
Je m'enfoncerai dans les cavernes profondes
La nuit m'habitera et ses pièges tragiques
Les voix d'à côté ne me parviendront plus
Je posséderai la surdité du minéral
Tout sera glacé
Et même mon doute

Je sais qu'il est trop tard
Déjà la colline engloutit le jour
Déjà je marque l'heure de mon fantôme
Mais ces crépuscules dorés je les vois encore se penchant sur
    des douceurs de lilas
Je vois ces adorables voiles nocturnes trouées d'étoiles
Je vois ces rivages aux rives inviolées
J'ai trop aimé le regard extraordinairement fixe de l'amour pour
    ne pas regretter l'amour

J'ai trop paré mes femmes d'auréoles sans rivales
J'ai trop cultivé de trop miraculeux jardins

Mais une fois j'ai vu les trois cyprès parfaits
Devant la blancheur du logis
J'ai vu et je me tais
Et ma détresse est sans égale

Tout cela est trop tard
Fermons l'armoire aux poisons
Et ces lampes qui brûlent dans le vide comme des fées mortes
Rien ne remuera plus dans l'ombre
Les nuits n'entraîneront plus les cloches du matin
Les mains immaculées ne se lèveront plus au seuil de la maison
Mais toi   ô toi   je t'ai pourtant vue marcher sur la mer avec ta
       chevelure pleine d'étincelles
Tu marchais toute droite avec ton blanc visage levé
Tu marchais avec tout l'horizon comme une coupole autour de toi
Tu marchais et tu repoussais lentement la prodigieuse frontière
       des vagues
Avec tes deux mains devant toi comme les deux colombes de l'arche
Et tu nous portais au rendez-vous de l'archange
Et tu étais pure et triste et belle avec un sourire de cœur désemparé

Et les prophètes couchaient leur grand silence sur la jalousie des eaux
Et il ne restait plus que le grand calme fraternel des sept mers
Comme le plus mortel tombeau

RIVAGES DE L'HOMME

Poème

Roulant doucement sur les pointes de la nuit
Ces voix d'hier trop cruellement profondes
Et ces trop beaux visages détruits
Parmi les violons les plus charnels
Les valses lentes des draps froissés
Soudain soudain les jardins bleus de l'enfance

On pleure sa mère
Qui était une belle jeune femme rieuse
Il y avait les grands ormes ombreux de l'allée
Les parterres frais de dix heures
Et soudain ce silence parfait

Je parcourais alors les parcs nocturnes
Des hautes musiques secrètes
Je l'apercevais soudain
Elle était voilée d'un sourire de pleurs
Elle m'échappait dans l'odeur des lilas
Elle m'échappait par mille lys foudroyants
Ô belle pure danseuse innocente
Ses doigts comme la flamme du Bûcher

Je cherchais aux creux des atmosphères
Parmi mes caravelles naufragées
Parmi mes vieux noyés anonymes
Parmi la véhémence de mon désespoir
La frêle douceur
De son épaule berceuse de rêve
Je la cherchais je l'atteignais
J'allais la saisir elle disparaissait
Elle jouait dans l'ombre de son ombre
Mes chaînes tombaient d'elles-mêmes
Bruissant comme le sel dans la mer
Elle était éparse dans le jour dans la nuit
Elle était le soleil et la neige
Elle était la forêt elle était la montagne
Elle fuyait toujours au delà
Partout ailleurs
Au delà de toutes les frontières vraisemblables
Parmi l'effrayante cosmographie des mondes

Je la cherchais encore au dernier feu
Du premier astre éteint
Je soulevais une à une
Les couches brûlées des millénaires
Je m'enfonçais au fond des âges
Les plus fatalement reculés
Je niais le temps j'assassinais le temps
Je violais avec véhémence
Les grands siècles futurs
Je confessais le péché sans rémission
Je me livrais au bourreau
Nu le cou déshonoré par la corde
Mais je voulais la rejoindre
Par elle je voulais rejoindre
Le secret éternel
Mais elle était insaisissable et présente
Mêlée pour toujours aux confusions gémissantes
D'un univers sans commencements

Ah les mers pourront battre longtemps
Leurs rivages désertés
Les vents balayer leurs plaines chauves
Les jours chercher leurs aubes
Ah la noire planète terre
Pourra rouler plus longtemps encore
Parmi les espaces des astres décédés

Mais peut-être aurais-je par elle possédé
Au delà des mémoires abolies
Au delà des temps révolus
L'immortel instant
Du silence de sa nuit

Rivages de l'homme

Longues trop longues ténèbres voraces
Voûtes exagérément profondes
Ô cercles trop parfaits

Qu'une seule colonne
Nous soit enfin donnée
Qui ne jaillisse pas du miracle
Qui pour une seule fois
Surgisse de la sourde terre
De la mer et du ciel
Et de deux belles mains fortes
D'homme de fièvre trop franche
De son long voyage insolite
À travers l'incantation du temps

Parmi son pitoyable périple
Parmi les mirages de sa vie
Parmi les grottes prochaines de sa mort
Cette frêle colonne d'allégresse
Polie par des mains pures
Sans brûler de ses fautes
Sans retour sur le passé
Qu'elle lui soit enfin donnée

Les cris n'importent pas
Ni le secours du poing
Contre le rouet du deuil
Ni le regard angoissé
Des femmes trop tôt négligées
Nourrissant la revendication

D'un autre bonheur illusoire
Ô corps délivrés sans traces

Mais si pour une seule fois
Sans le fléchissement du geste
Sans les ruses pathétiques
Sans ce poison des routes
Depuis longtemps parcourues
Sans la glace des villes noires
Qui n'en finissent jamais plus
Sous la pluie le vent
Balayant les rivages de l'homme

Dans le ravage le naufrage de sa nuit
Dans ce trop vif battement de son artère
Dans la forêt de son éternité
Si pour une seule fois
S'élevait cette colonne libératrice
Comme un immense geyser de feu
Trouant notre nuit foudroyée

Nous exigerions cependant encore
Avec la plus véhémente maladresse
Avec nos bouches marquées d'anonymat
Le dur œil juste de Dieu

L'ÉTOILE POURPRE

Amour

Je te tenais dans mes bras
Et tu te détachais de moi
Comme la feuille à l'automne de l'arbre
Ah de pourpre et d'or

Je sais tout ce que prend l'espace
La mer gronde sous mes pas

Je sais toute la plainte du monde
Et le noyé inexorable
Parmi la montagne et la vallée
Et les grandes étendues d'eaux muettes
Et les sources jaillissantes
Et les fleuves aux rives de feu

Mais autrefois mais au sommet
De chaque colline
Chaque petit berger
Avec une étoile sous l'aisselle
Chacun guettant avec un visage anxieux
La sourde pâleur de l'aube
Chacun guettant
Le son fatidique des trompettes
Et la poussière à l'horizon
Des hauts murs des villes écroulées

Moi berger
Seulement le toit penché de ma chaumière
Le sentier vers le ruisseau
Ses bras plus blancs dans la nuit
Son sourire heureux et las
Devant les étoiles basses du matin

Ah j'éclate et je bondis
Devant ce ciel fermé
Je brise les os de mes poings
Sur les portes de fer

Mais quelle balle
Peut rejoindre mon cœur
Mais quelle balle
Peut réussir de faire saigner tout mon sang
Mais quelle balle
Pour nous anéantir

Mais sous l'arbre frémissant
De l'approche des noirs cyclones
Devant ces durs océans
Battant leurs vagues follement folles
Nos péchés mêlés à nos doigts humiliés
Prisonnier des mensonges perdus
L'ombre nous avalant comme une poussière
Avais-je la force
De te garder dans mes bras
Comme un avare moribond son trésor

Je jouais mes cris
Parmi le merveilleux sang des jardins
Je pansais l'ivresse de mes blessures
Dans l'étouffement de ma forteresse
Je niais les yeux de diamant
Dans la pauvreté de mes mains

Je ne l'apercevais plus
Qu'aux berges livides
Du sourd grondement moiré des longs fleuves

Mais alors   Alors
Surgissait soudain le jour
Comme une épée d'or
Et elle venait vers moi
Et le flot de la mer
Avec son renflement lisse et d'innocence
La portait vers ma mort
Et chacune à son tour
Les collines surplombant la plage
S'allumaient et brillaient de mille feux
Et les bergers cachaient leurs brebis
Comme autant de rubis
Ô sol fumant encore
Des vapeurs de la nuit
Tu m'apportais ton baiser d'aube
À goût de crépuscule
Tu préparais ma mort
Avec des doigts minutieux
Et dans leur étonnant silence
Sous la pâleur des étoiles vertes
Le lieu nous fixait pour les temps éternels

Le sortilège

Elle était belle dans le soleil
Les oiseaux voletaient
Autour de ses épaules lisses
Elle riait
Lèvres rouges grenades ouvertes

La grâce de son corps
Rejoignait les rythmes oubliés
Innocence et candeur adorable
Elle aimait l'amour
Son épaule était douce
Comme la fleur du pêcher
Plus doux encore son flanc pâle

Elle murmurait alors les mots
Que l'on ne peut écrire
Elle se renversait comme pour la mort

Ses petits doigts blancs se crispaient
Elle jouait du ciel et de l'enfer

Elle était la femme de l'homme aimé
L'homme s'évadait vers d'autres sortilèges
D'autres mains d'autres bouches avides
D'autres chairs triomphantes
Et la nuit descendait peu à peu
Elle jouait avec ses bagues ses colliers
Elle pleurait parfois

Noces

Nous sommes debout
Debout et nus et droits
Coulant à pic tous les deux
Aux profondeurs marines
Sa longue chevelure flottant
Au-dessus de nos têtes
Comme des milliers de serpents frémissants
Nous sommes droits et debout
Liés par nos chevilles nos poignets
Liés par nos bouches confondues
Liés par nos flancs soudés
Scandant chaque battement du cœur

Nous plongeons nous plongeons à pic
Dans les abîmes de la mer
Franchissant chaque palier glauque
Lentement avec la plus grande régularité

Certains poissons déjà tournent
Dans un sillage d'or trouble
De longues algues se courbent
Sous le souffle invisible et vert
Des grandes annonciations

Nous nous enfonçons droits et purs
Dans l'ombre de la pénombre originelle
Des lueurs s'éteignent et jaillissent
Avec la plus grande rapidité
Des communications électriques
Crépitent comme des feux chinois autour de nous
Des secrets définitifs
Nous pénètrent insidieusement
Par ces blessures phosphorescentes

Notre plongée toujours défiant
Les lois des atmosphères
Notre plongée défiant
Le sang rouge du cœur vivant

Nous roulons nous roulons
Elle et moi seuls
Aux lourds songes de la mer
Comme des géants transparents
Sous la grande lueur éternelle

Des fleurs lunaires s'allongent
Gravissant autour de nous
Nous sommes tendus droits
Le pied pointant vers les fonds
Comme celui du plongeur renversé
Déchirant les aurores spectrales
L'absolu nous guette
Comme un loup dévorant

Parfois une proue de galère
Avec ses mâts fantômes de bras
Parfois de courts soleils pâles
Soudain déchirent les méduses
Nous plongeons au fond des âges
Nous plongeons au fond d'une mer incalculable
Forgeant rivant davantage
L'implacable destin de nos chaînes

Ah plus de ténèbres
Plus de ténèbres encore
Il y a trop de poulpes pourpres
Trop d'anémones trop crépusculaires
Laissons le jour infernal
Laissons les cycles de haine
Laissons les dieux du glaive
Les voiles d'en haut sont perdues
Dans l'arrachement des étoiles
Avec les derniers sables
Des rivages désertés
Par les dieux décédés

Rigides et lisses comme deux morts
Ma chair inerte dans son flanc creux
Nos yeux clos comme pour toujours
Ses bras mes bras n'existent plus
Nous descendons comme un plomb

Aux prodigieuses cavernes de la mer
Nous atteindrons bientôt
Les couches d'ombre parfaite
Ah noir et total cristal
Prunelles éternelles
Vain frissonnement des jours
Signes de la terre au ciel
Nous plongeons à la mort du monde
Nous plongeons à la naissance du monde

Cris

J'ai vu soudain ces continents bouleversés
Les mille trompettes des dieux trompés
L'écroulement des murs des villes
L'épouvante d'une pourpre et sombre fumée
J'ai vu les hommes des fantômes effrayants
Et leurs gestes comme les noyades extraordinaires
Marquaient ces déserts implacables
Comme deux mains jointes de femme
Comme les grandes fautes sans pardon
Le sel le fer et la flamme
Sous un ciel d'enfer muré d'acier

Du fond des cratères volcaniques
Crachaient les rouges angoisses
Crachaient les âges décédés
Les désespoirs nous prenaient au cœur d'un bond
Les plages d'or lisse le bleu
Des mers inexprimables et jusqu'au bout du temps
Les planètes immobiles Ô droites Ô arrêtées
Le long silence de la mort

Ah je vous vois tous et toutes
Dans les petits cimetières fleuris
Aux épaules des églises paroissiales
Sous le léger gonflement de tertres mal soignés
Vous toi et toi et toi et toi
Vous tous que j'aimais
Avec la véhémence de l'homme muet
Je criais mes cris parmi la nuit profonde
Ah ils parlent d'espoir mais où l'espoir
Ils disent que nous nions Dieu
Alors que nous ne cherchons que Dieu
Que Lui seul Lui

Alors les caravanes des pôles
Dans l'avalanche des glaces vertes
Précipitaient leur monstrueux chaos de gel
Au ventre des belles Amériques
Alors nous dans ce jour même
À deux yeux bien fermés
Ô rêve humilié douceur des servitudes
Nous cherchions les sous-bois de pins
Pour chanter la joie de nos chairs
Ah Dieu dans les hautes mains mouvantes des feuillages
Comme nous t'avons cherché
À notre repos nos corps bien clos
Avant le prochain désir comme une bourdonnante abeille

Alors les hauts palmiers des tropiques
Balayant les malarias insidieuses
Courbaient des têtes inconquises
Il y avait une petite voile blanche
Sur une coque rouge vin
Et toutes les mers étaient à nous
Avec leurs tortues monstrueuses
Et les lamproies romaines
Et les baleines du Labrador
Et les îles qui surgissent du corail
Comme une épreuve photographique
Et ces rochers glacés
Aux têtes de la Terre de Feu
Et toute l'immense mer resplendissante
Et les poumons de ses vagues
Nous balançaient comme de jeunes époux
Mer   Ô mer   Ô Belle nommée
Quelles victoires pour nos défaites

Alors les forêts pleines comme des souterrains
Où nous marchions en écartant les bras
Nous étouffaient par leur secret
Les souvenirs égarés l'enfance perdue
Ce soleil du matin tendre comme une lune
Ah ces jours imaginaires
Au creux des présences d'herbes
Parmi les barreaux de nos prisons
Elle ne sait peut-être pas pleurer librement
Je réclamais un combat silencieux

De grands arbres d'ancêtres tombaient sur nous
Il y avait des moments solennels
Où nous étions portés par l'ombre

Où nous étions tous tués par les genoux
Notre douleur n'égalait pas
Les instances nourries de larmes involontaires
Les ombres voilaient nos visages
Nos pieds nus saignaient sur l'arête du rocher
Et le nouveau jour nous tendait son piège
Sous les ogives des hauts cèdres

Les forêts dressées mangeaient notre ciel
Ô coulées douces vers les fontaines fraîches
Aux murs d'arbres comme des cloisons définitives
Labyrinthes solennels d'octaves les fronts se penchent
Mousses et stalactites vertu des eaux pétrifiées
Sanglants carnages des prochains deuils
Nous étions humbles sans parler de poésie
Nous étions baignés de poésie et nous ne le savions pas

Nos corps sauvages s'accordaient dans une pudeur insensée
Se frappaient l'un contre l'autre
Comme pour l'assassinat
Quand les délires de la joie venaient
Nous étions émerveillés sous le soleil
Le repos nous transformait
Comme deux morts rigides et secs
Dans les linceuls d'un blanc trop immaculé
Ah souffles des printemps Ah délices des parfums
Fenêtres ouvertes au creux des carrefours des villes
On voulait voir une feuille verte
Un oiseau le reflet bleu du lac
Des sapins autour les poumons enfin délivrés

Nous nous prenions la main
Nous avancions dans la vie
Avec cette quarantaine d'années accumulées
Chacun de nous
Veuf deux ou trois fois
De deux ou trois blessures mortelles
Nous avions survécu par miracle
Aux démons des destructions

FRANÇOIS HERTEL (1905-1985)

Poète, romancier et essayiste, François Hertel (pseudonyme de Rodolphe Dubé) a joué un rôle considérable dans la vie intellectuelle du Canada français, au cours des années trente et quarante. « Pendant quinze ans, écrit Jean Éthier-Blais, François Hertel a dominé nos lettres. Il savait s'exprimer et n'hésitait jamais à le faire. Son langage, viril, portait au loin, forçait l'adhésion. » Dans l'essai (*Leur inquiétude*, 1936) et dans le roman (*Le Beau Risque*, 1939), il analysait les malaises et les espoirs de la jeunesse; il cultivait la poésie claudélienne dans *Axes et Parallaxes* (1940) et *Strophes et Catastrophes* (1943); il s'en prenait aux idées reçues dans *Anatole Laplante, curieux homme* (1944). À quelques années d'intervalle, il abandonna l'Ordre des Jésuites, puis le Québec; pendant une trentaine d'années, il a résidé en France, où il a continué de publier des poèmes, des récits, des essais. De la première partie de son œuvre, on retient particulièrement *Anatole Laplante, curieux homme*, assez caractéristique des voltiges intellectuelles de cette époque; mais c'est dans une œuvre plus tardive, le recueil de poèmes intitulé *Mes naufrages* (1951), que l'on fait connaissance avec l'homme.

ANATOLE LAPLANTE, CURIEUX HOMME

Du rêve au réel

Les atavismes sont-ils cause de cette croyance que certains peuples professent pour la réincarnation? Je le crois. Rien ne me paraît plus absurde que cette théorie de la réincarnation, mais je crois fortement aux atavismes.

C'est ainsi que mon rêve familier, le rêve que je fais le plus souvent (tout homme a son rêve familier), est un rêve fortement engagé dans les atavismes de mes ancêtres voyageurs.

Je dois descendre de Pierre Le Moyne d'Iberville, car je n'en finis plus avec ce rêve de corsaire. En outre, je suis fasciné par Éric le Rouge. Cela, c'est un nom. Je ne sais pas de plus saturant appel nominal. Charles Lepic, c'est Éric le Rouge. Je dois aussi avoir du sang étranger dans les veines. Autrement, je ne rêverais que de m'accroupir.

Voilà mon rêve. C'est au moment où Charles Lepic est sur le point de revenir qu'il me faut m'en débarrasser. On verra qu'il ramasse implicitement une foule d'événements de nos vies conjuguées, à Lepic et à moi. C'est un rêve triste, comme tous les rêves conscients. Ne proviennent-ils pas en dernière analyse d'un estomac délabré?

Je suis donc à bord d'une caravelle et c'est tantôt à l'époque du rouge Éric, tantôt aussi j'entends vrombir les avions au-dessus de ma tête. Voilà assez d'incohérence pour authentiquer un rêve. Au cours de la journée, quand je suis à l'état de veille, j'ai une salutaire crainte du péché. Or, voilà qu'en rêve, au cours de mon rêve, cette crainte devient une formidable hantise. Serais-je donc un refoulé? Ne serait-ce pas plutôt que j'eus des ancêtres timorés? La conjonction du rêve, des atavismes et du refoulement me semble flagrante... et discutable.

Toujours, dans mon rêve, je descends le Saint-Laurent, entre Québec et Gaspé. Tous les soirs, je me retrouve automatiquement revenu aux environs de l'île d'Orléans; c'est de là que je m'embarque sur le vaisseau fantôme. Cette notion de vaisseau fantôme est une de celles qui me sont les plus chères.

Éric le Rouge ou Charles Lepic — un seul personnage joue tour à tour et sans transitions les deux rôles — est à la proue; moi je suis à la poupe et je fume un cigare. Le grand serpent de mer me laisse tout juste assez de répit pour un cigare par nuit. Notre combat, le mien, est surtout contre le grand serpent de mer. Il ne finit plus de me happer par-dessus bord. Et Éric le Rouge, en grognant, ne cesse pas de la nuit de m'envoyer la baleinière pour me repêcher. Je suis rescapé tout juste au moment où je vais rendre le dernier soupir. Je commence à m'y connaître en fait de mort. La mort par strangulation et la noyade se ressemblent étrangement. Ce sont de belles morts et je les possède parfaitement. Les seules raisons — toujours les mêmes — pour lesquelles je ne les aime pas sont d'abord que je ne me sens pas la conscience en paix. Je pèche beaucoup, comme j'ai eu la tristesse de l'avouer au début, dans mes rêves. Ce sont d'ailleurs des péchés bizarres et qui n'ont rien de particulièrement freudiens. Une autre raison consiste en ce que je n'ai pas eu le temps de terminer mon œuvre écrite et je gémis de désespoir pour cette pauvre postérité.

Brouillard n'apparaît que rarement dans mes rêves éveillés. Il passe tristement, des menottes aux mains, et semble me supplier de le délivrer. Je le voudrais bien, mais une sorte de paresse, plutôt de langueur m'en empêche. Je me reproche beaucoup ce péché-là.

Lafond passe, triste lui aussi, au bras d'une Borina belle à ravir. Ils sont tous les deux en enfer et ils évoquent à ma pensée Dante et Béatrice. Je sais bien que cela n'a aucun sens. Toutefois, je suis bourrelé de remords et je me crois responsable de leur damnation.

Certes, je n'ai pas les nuits gaies.

Mais que dire de la famille Trudeau? Ils sont tous aux fers. Jacques et Jean sont ligotés ensemble, dos à dos. Il en est de même du docteur et de sa femme. Quant à Juliette Martineau, elle s'est muée en sirène; et les deux frères — l'Odyssée elle-même s'éveille en moi quand je dors — cherchent à se jeter par-dessus bord pour l'aller rejoindre sur l'île aux Coudres.

Pourtant, je sais presque toujours que je rêve et je ne suis sûr de rien en ces moments-là. Mes rêves débordent à ce point sur ma vie réelle que je ne saurais indiquer celles des tranches de ma vie que j'ai relatées jusqu'ici qui appartiennent au rêve et celles qui furent vécues à l'état de veille.

La communication télépathique de la pensée est pour moi une telle puissance que je ne sais ni où elle commence ni où elle finit.

Ces derniers temps, j'ai beaucoup songé au rôle auquel je me destine. Je me suis beaucoup consulté sur l'avenir de ce pays où je suis né; et voilà qu'au cours d'une nuit récente, à l'avant de la pirogue-trirème-caravelle où je vogue sur la mer du sommeil, Lepic m'est apparu vaticinant. Je ne sais pas au juste ce qu'il a voulu dire et d'où venait sa voix. À ce moment de mon récit, il me semble encore que c'était une voix de Nouvelle-Zélande. Je vais essayer de me remémorer par le menu son discours. Nous tirerons plus tard les conclusions.

Lepic était debout en plein vent. Ses cheveux roux flottaient sur ses épaules. Il y avait du tonnerre et des éclairs dans sa voix et sur la mer. J'entendais parfaitement tout ce qu'il me disait et je me demande encore pourquoi je lui ai fait faire ce discours si caractéristique de sa manière. Il n'y a pas à dire, je suis sûr que je rêvais ce soir-là; et ce ne peut être que moi qui composais ce message. À moins que Lepic, à ce moment-là, ne fût si absolument syntonisé à moi que sa pensée à travers l'espace ne vînt chevaucher la mienne.

Je rêvais et plus que jamais j'étais pétri de remords. Ce rêve — le même que d'habitude en substance — avait commencé presque en douceur. Je me sentais parfaitement rêver. Tout ce que je vivais en rêve était véridique. C'était un rêve parfait.

Je venais de fixer l'orientation de ma vie. Ce soir-là, en effet, le grand serpent de mer me laissait du répit et je réfléchissais à la poupe, en fumant mon cigare. Je me livrais à de vastes constructions idéologiques et je songeais à consacrer ma vie à une œuvre très haute de pure pensée.

Les remords, qui me venaient sûrement d'une autre vie — de ma vie éveillée, je suppose —, ne cessaient de me torturer. Je regrettais cette dernière mésaventure qui venait de m'arriver. Quelques instants auparavant, un requin d'eau douce m'avait avalé les deux bras. Ainsi abîmé, quoique je ne ressentisse aucune douleur, j'étais navré d'avoir à renoncer à ma carrière d'écrivain; mais l'essentiel des remords provenait de plus haut et de plus loin. Voilà que je m'identifiais avec mes ascendants et que je regrettais les fautes de tactique que j'avais commises sur les plaines d'Abraham. Je suais à grosses gouttes en pensant à la responsabilité que j'encourais de ne pas vouloir, étant Colbert, accorder plus de colons à l'intendant Talon. Je me reprochais de n'avoir pas su mater à temps Vergor et Bigot. Tout était extrêmement confus en moi. Voilà que j'étais transporté à bord de *La Belle Poule* et du *Pélican*. Ô horreur! N'était-ce pas ces deux navires amis qui s'abordaient et s'entrechoquaient?

C'était un passé plein de faux frères, de coupe-gorge et de traquenards, dont je me sentais horriblement responsable. Tout ce qui fait l'histoire d'une nation enfin: les viols, les assassinats, les rapines, la trahison. Je me sentais accablé d'avoir perdu mon optimisme (je me souvenais fort bien que je suis optimiste à l'état de veille) dans cette nuit implacable des songes.

Mais voilà que j'ai laissé Charles Lepic en plan, debout sur le gaillard d'avant et en proie au délire pythique. Il parlait dans la tempête et sa voix me rassurait un peu. Il est temps d'ouïr la chose.

*
* *

Décidément, je n'aurai pas pu m'évader de toi. Il faut que tu me persécutes même après mon départ et que dans ces rêves où tu me fais entrer je prenne une fois de plus la parole. Eh bien soit! Je dirai toute la vérité.

539

C'est à ton pays plus qu'à toi que je m'étais attaché. Je me suis enfui affolé, parce que moi, étranger et sans mandat, j'allais peut-être m'aviser de prosélytisme et de ferveur dans un pays où quelque chose se passera un jour ou l'autre, je le sens.

Si donc, c'est à ton pays que je m'intéresse surtout, plus même qu'à toi-même, je sens le besoin de te parler franchement, une fois pour toutes, du fond de ces océans lointains où tu n'as même pas le courage de me suivre en imagination.

Je ne m'intéresse plus au passé. Tous mes passés sont morts. Le présent est lui aussi une époque de mort. L'avenir du Québec, voilà ce qui m'a toujours hanté quand j'étais chez vous. Une sorte de pudeur m'a sans cesse empêché d'avouer carrément les rêves que je faisais pour ce peuple qui n'était pas le mien et qui n'aurait su m'admettre.

Votre peuple est curieux, Anatole Laplante. Vos hommes ne sont pas beaux et vos femmes sont plutôt fardées. Vos enfants sont des têtards. Je l'ai déjà dit et je le répète. Mais vous avez des adolescents formidables.

L'adolescence, chez vous, se prolonge volontiers jusque vers la trentaine. D'ailleurs vos premières générations d'adolescents viennent d'éclore.

Dorénavant, on commence chez vous à apprécier la jeunesse. On ne veut plus vieillir. Et c'est parce que le pays n'est plus si jeune.

Que donneront, un jour, tous ces adolescents?

Une civilisation nette, sans bavures? Je le crois.

On reniera tous les pontifes.

On abandonnera certain culte formel de la distinction-façade pour tendre à créer des esprits distingués.

On s'apercevra que la prudence n'est une vertu que chez les peuples vieux et qui ont fait leurs preuves.

L'audace et le risque se verront réhabilités. Les fils des coureurs de bois seront rentrés dans la ligne de leur destin.

Pourquoi en Amérique du Nord cette tache brune sur la blondeur des Anglo-Saxons et sur l'hybridité des assimilés? Pourquoi cette tache de sang français qui s'est fixée après s'être trop répandue?

Je ne crois pas qu'il y ait seulement un hasard. Il y a place pour une loi de l'histoire et de la géographie. Les lois de l'équilibre, ainsi existantes parce que c'est Dieu qui a créé le monde et qui le mène, malgré que celui-ci en ait.

Cette tache brune de sang français s'est posée chez vous au bord d'un fleuve; et son destin est peut-être plus vers le nord tourné que vers ailleurs. Le nord est une force. Les peuples du sud ont fini d'être importants. Ainsi le veut une autre loi de l'histoire-géographie. Moi, c'est parce que je craignais de devenir important que je me suis réfugié au sud.

Cette tache doit à jamais dans des veines françaises circuler et alimenter un teint au pigment plus sombre; elle doit aussi trancher sur le petit lait.

Dans cent ans, il se sera joué quelque chose d'invraisemblable chez vous, une émancipation unique dans l'histoire. L'histoire d'ailleurs a soif d'unicité. Certes, qu'elle se répète et se recommence; mais ce n'est jamais de la même manière tout à fait. L'histoire, œuvre des hommes libres et qui

540

évoluent, s'amuse beaucoup à détromper les prophètes qui ont trop lu et qui croient tout savoir de l'avenir, parce que le passé fut par eux violé et digéré assez mal. Seuls les prophètes qui ont des lettres et qui ne croient pas à l'histoire explicative peuvent arriver à étreindre l'avenir.

Nostradamus, et son ancêtre Jérémie, voilà mes seuls maîtres. Pour moi, qui prophétise en amateur et sans espoir de gain, je parie pour un vaste avenir chaque fois que je me vois en face d'un peuple qui s'est établi sur des positions vastes et dures à posséder.

Vous m'objecterez, Anatole Laplante, la veulerie des âmes. Je n'y crois plus dès que quelque part un cerveau, comme le vôtre par exemple, a conçu et pensé et prévu. Même sans écrits, un cerveau qui s'est communiqué à quelques-uns ne meurt plus. Sa pensée, perdue peut-être pendant des années, finit par refleurir au détour d'un sentier. Et souvent un simple écolier qui s'en va musant retrouvera par hasard et pour informer toute sa vie la petite idée qu'un prophète avait fini par rendre claire et accessible à force de lui imposer des enrichissements qui dépassent l'heure présente et que les années finissent par clarifier dans l'assimilation.

Mais, halte!

Voilà que je me résume.

Au pays de Québec, vous êtes trois millions d'hommes sans grande fierté. Il suffit pourtant de quelques hommes fiers. Ceux-ci choisissent et choisiront — et ils auront des fils — d'appartenir à une nation plutôt qu'à un troupeau exsangue d'assimilés.

Le jour où un homme, *un seul, a choisi cela, si cet homme est fort — et il l'est toujours —* les faibles sont condamnés à marcher, un soir ou l'autre, pour donner raison à celui-là. Ils marcheront donc en rechignant et ils ne sauront pas où ils vont.

Nostradamus le sait. Ça nous suffit à tous deux.

Adieu, Anatole Laplante. Je t'étreins par-dessus l'équateur, ce petit signe sans importance en un monde où il n'y a qu'une valeur humaine: la volonté.

*

* *

À cet instant précis, un craquement sourd se fit entendre. Nous faisions naufrage. Lepic avait disparu. Quant à moi, durci par les paroles prophétiques que je venais d'ouïr, je me mis à me sentir nager avec énergie. Il n'y eut bientôt plus que moi seul sur la mer en folie, et j'avais l'impression de me traîner sur elle comme sur une dune de sable qui se reformait sans cesse devant moi et contre laquelle je me déchirais les entrailles obstinément.

MES NAUFRAGES

Mélancolie fluviale

Quelle obscure hypothèse et quel flot d'amertume
Se déchaînent en moi quand je vogue sur l'eau!

Que le soleil éclate ou que tombe la brume,
Les entrailles du rêve ont un rythme nouveau.

Les fleuves de chez moi, dans leur grandeur sauvage,
Ne m'ont guère inspiré que des vers opulents,
Cette Seine saumâtre où je rôde à la nage
Émeut tous mes malheurs au gré des gestes lents.

Maladive rivière étreinte par les saules,
Boueuse ondine, épais lit des noyés, cours d'eau
Où se meurt le déclic de mes froides épaules...
J'y glisse comme un ver glisse dans un tombeau.

Seine, symbole amer d'une race trop mûre,
Belle absente du rire, un peu lasse beauté,
Tu fleuris de tes pleurs la riante nature
Qui te longe en replis et en diversité.

Sous ton onde fort sale où les noyés abondent,
Les poissons un peu gris dans ces opaques flots
Entrelacent l'essaim décevant de leurs rondes,
Aux débonnaires nez des pêcheurs très falots.

Parmi l'azuréen cortège des nuages
Passe au-dessous des cieux quelque chauve vautour,
Il fond sur ta surface en quête de pelages:
Tous les poils vont baignant au fil de ton parcours.

L'alouette et le rat qu'un même courant porte
S'en vont flottin-flottant. La mort des animaux
Se mêle à la mort d'homme. Le risque ici comporte
Un peu plus de trépas que sur les autres eaux.

C'est un fleuve analogue au cours de mes années:
Il s'engraisse de morts et d'infidélités,
Le sourire est étrange à ses lèvres fanées;
Il est aussi pervers qu'une vieille amitié.

Soyons forts, sur la rive où la course s'achève,
Bientôt nous dormirons dans les plis d'un linceul,
Nous ne trahirons plus qu'un improbable rêve,
Et nous savourerons le bonheur d'être seul.

Seul au creux d'un tombeau, la carcasse posée
Sagement sur le marbre, ou la pierre, ou le bois,
Le fils d'un peu de boue à jamais apaisée
Dormira sous le sol avec les fils des rois.

542

Rien n'est gai que la mort, après qu'elle est venue.
Le seul tort d'une si haute institution,
C'est qu'elle a ses lenteurs et sa déconvenue
Et qu'elle ne va point sans superstition.

Mon Dieu, si vous daignez exister pour les hommes,
Donnez-moi d'être calme avant le dernier jour,
De comprendre l'énigme absurde que nous sommes,
Sauvez-moi de la haine au nom de votre Amour!

Aux rives de la Seine

Dans l'amère douceur qui monte de la terre,
Perdu sur cette rive où mon rêve se meurt,
Je me découvre étrange et tel je me profère
Dans la maturité de ma lente douleur.

Cette douleur antique est en moi si présente...
Mon cœur est sablonneux comme une plage d'or.
Ah! Que n'ai-je oublié cette chimère absente,
Que ne suis-je noyé comme un enfant qui dort?

Mon âme s'est meurtrie aux rives de la vie,
Et ma nacelle oscille au gré de mes sanglots;
Lorsque j'aurai conquis ce monde où l'on m'envie
Mon désespoir, toujours, roulera sur les flots.

Pourquoi la blonde Seine aux tresses de verdure,
Ne peut-elle abolir l'irréparable amour,
Que n'est-il naufragé ce moi que j'inaugure,
Pourquoi de tant de nuit assassiner le jour?

Quand on n'a plus d'ardeur à l'âme dévastée,
Qu'on n'ose plus tourner son regard vers les cieux,
La dérive est en proue et la mort délestée...
La cendre du passé bouche les trous des yeux.

La Seine a beau sourire et me faire du charme,
Je cherche en vain réponse et je souffre refus.
Je n'ai plus un sursaut, je n'ai plus une larme.
Un être fol insulte à l'homme que je fus.

Et la Seine sourit au long des berges rondes,
Elle est ce serpent pur, ce rêve qui m'est dû.
Nulle ondine jamais ne hanta plus belle onde:
Trop amer ce calice auquel on n'a point bu.

La mort au coin d'une île, ô douceur unanime,
Me chante son appel et m'invite aux plongeons.
Mon bras courbaturé qui sur les eaux m'anime
Est moins lourd que mon cœur vautré parmi les joncs.

Tu me tiens donc encore, ô chagrin millénaire,
Qui repousse ma vie au fond de mon passé,
Je m'accroche, maudit, à ces joncs funéraires.
Je veux mon corps verdi au golfe trépassé.

Tu persistes, blessure, et recules mon âge
À tel point que je crois n'avoir jamais souri.
Ce rire est trop brillant du soleil sur la plage.
Le baiser de ce fleuve étreint un corps pourri.

Au bord d'un jardin clos gît, pensive, une rose.
Cette fleur est symbole et ce symbole est choix.
Il faudra croire un jour à la métempsycose,
Car l'horizon se tait, les cieux n'ont plus de voix.

Géhenne, froide tombe, ô Seine chaude et claire,
Duel en mes os secs, à mes tempes en feu,
Qu'une joie, une seule, ondulante rivière,
Rende à l'esprit joueur le riant goût du jeu!

Os évanouis et cendre chaude des ronces,
De ce fleuve bleui par un soleil ardent,
Et de ce cœur rougi de funestes annonces
La lèvre est là pour rire et pour mordre la dent.

Je me mordrai le sein en un effort verdâtre
Pour cracher hors de moi cette mort qu'ici gît.
Nous portons nos trésors dans des vases d'albâtre:
La Seine est un joyau mais de boue est son lit.

La douleur se résorbe au fil d'or de ma rame
Et la cadence apaise un peu mon désespoir,
Pendant que s'élabore en l'ombre un autre drame,
Le soleil s'est offert au frais baiser du soir.

Sur la Seine, rameur éperdu de tant d'ombre
Après tant de lumière, emportant mon fardeau,
Lourd d'une autre journée et d'un chagrin sans nombre,
Je voudrais me vautrer, lâchement, sur le dos.

Insulte à ma douleur, trop aimable nature,
Offre-moi des récifs de granit, de coraux;

Trop navrante est ma peine au seuil de la verdure.
L'enfer de mes effrois fera peur aux oiseaux.

Mais le cœur s'est lassé de couver son martyre;
Tout ici-bas finit, même nos désespoirs.
Dans la nuit où la lune écarlate s'étire
Mon âme a vu pointer un grand volier d'espoirs.

FÉLIX-ANTOINE SAVARD (1896-1982)

Curé-fondateur (en 1931) de la paroisse de Saint-Philippe-de-Clermont, près La Malbaie en Charlevoix, F.-A. Savard fait paraître en 1937 un roman qui lui assure une place de choix parmi les écrivains québécois, et un poste de professeur à l'Université Laval, où il deviendra même doyen de la Faculté des lettres. *Menaud, maître-draveur*, roman-poème et récit épique (surtout la première de ses trois versions), dit les hauts faits d'un héros de la résistance canadienne-française. Pendant que pèse sur le pays l'ombre d'oiseau de proie du conquérant, forestiers et habitants s'endorment; Menaud se réveille à la lecture de la *Maria Chapdelaine* de Louis Hémon, il tente de rallier les siens, mais son cri n'est entendu que de sa fille et de son futur gendre, qui perpétueront sa race, à défaut du fils que la rivière lui a enlevé. Menaud est devenu un type et Savard son double, à travers une œuvre dont la force et la beauté resplendissent dans *L'Abatis* (1943) et *Le Barachois* (1959), livres de poèmes et de souvenirs. Son œuvre comprend encore un bref roman, *La Minuit* (1948), une légende, *Martin et le pauvre* (1959), deux drames, *La Folle* (1960) et *La Dalle-des-morts* (1965), un recueil de textes divers, *Le Bouscueil* (1972), et des mémoires. Dans le livre qu'il consacrait, en 1968, à l'auteur de *Menaud* (coll. « Écrivains canadiens d'aujourd'hui », Fides), André Major a marqué la portée nationale de l'œuvre: « Chantre de la fidélité à nous-mêmes et à la tradition d'énergie que nous ont transmise les seigneurs de nos forêts. Félix-Antoine Savard a tracé dans notre ciel des images qui résistent aux rigueurs de nos saisons. Le cri de Menaud nous rappellera toujours que nous sommes d'une race qui ne sait pas mourir, d'une race dont le destin est tragique mais qui a appris à tirer de son malheur une leçon de dignité. »

MENAUD, MAÎTRE-DRAVEUR

La mort de Joson*

(Chapitre IV, première version.)

Au *petit* jour, quand on se leva, les eaux de la rivière gonflées de nuit, coulaient à ras bord; et les aulnes de bordure, baignant dans la crue, vibraient comme des *balises* au vent.

« La coupe mène du train; c'est bon signe », dit Menaud.

Il s'avança pour voir. Le bois des hauts descendait et si pressé, par bout de temps, qu'il pavait presque la rivière.

Cinq hommes furent chargés de haler à la cordelle jusqu'aux Eaux-Mortes un esquif de *drave*. Ils surveilleraient là les embâcles et les *tapons* qui se forment sur les *cayes*.

Un groupe remonta vers la boulonnière.

Menaud gagna sa barque, héla son équipage, sauta en boutant au large, prit l'aviron de gouverne et laissa descendre au fil de l'eau.

Une brise étroite suivait en poupe, prenant à la remorque, au passage, tous les bruits, tous les parfums, toutes les brumes qui descendaient par les coupes comme des troupeaux qui viennent boire.

Le vieux *maître-draveur* jouissait de cette descente, le feutre tiré à plein sur l'œil dont l'éclair glissait en avant pareil à celui d'un chasseur sur une piste dangereuse.

De temps en temps, il parait de l'aviron, criait hue! dia! aux rameurs quand l'écueil labourait le courant et taillait la vague en *oreille de charrue*, fier de sa barque lorsqu'elle faisait des croupades et prenait des airs relevés au milieu des écumes et des gargouillements de l'eau.

Il se sentait libre enfin, humant l'air vif, et, du regard, happant tout au passage de cette longue bande de forêt monotone.

Cette fois, c'était bien elle, sa vie, que tout cela: longs paysages coupés de tourbières et de broussailles; puis encore, puis toujours, une idée qui s'allongeait d'une immense solitude, lacs dorés du ciel, pâtis de brouillards, grandes barres de lumière, grandes barres d'ombre, jardins d'éricales, vasières gris bleu; et, sous le manteau d'apparence immobile, toute une vie réduite par l'ombre et qui se libérait soudain, se dilatait à l'aurore et s'exaltait en un vol aussitôt replongé dans la forêt humide du matin.

Aux *cayes*, le bois se mit à dévaler, et tel que cela ressemblait aux anguilles lorsqu'en automne elles affluent sur les *battures* vaseuses de la Petite Martine.

Comme il y avait là danger d'embâcle, Menaud commanda de pivoter, vira de force au remous, et *territ* au calme, dans l'enchevêtrement des aulnes.

Puis il bourra sa pipe; et, comme s'il eût été seul, largua sa pensée au fil du courant.

Les siens, autrefois, avaient été les hardis canotiers des pays d'en haut. Ah! des braves, ceux-là, à genoux et pégayant des mois entiers!

Puis il se mit à raconter qu'il avait souvenir d'un vieil oncle de son défunt père, venu se promener, comme on dit.

Il se souvenait encore de ce bonhomme à longues moustaches qui l'avait fait sauter à califourchon sur ses genoux:

« P'tit galop! Grand galop! » et qui parlait aussi fort que Gagnon Tonnerre.

Une quinzaine durant, il avait fait défiler devant les yeux émerveillés des lacs, des rivières, des pays comme il y en a dans les contes seulement.

Il disait des mots qui semblaient venir de loin, de très loin, racontait des histoires de sauvages, de la nation du loup, de la bête aux longues cornes, dépeignait des animaux étranges dont il imitait le cri. Les uns descendaient de la toundra au printemps par mille et par mille. Les autres au galop faisaient trembler la plaine comme une peau de tambour.

Il racontait les grandes chasses, les longs *portages*, les prodigieuses randonnées; et tout cela exhalait l'haleine sauvage des grands pays, un je ne sais quoi de sain, de jeune, de viril, de mystérieux qui lui avait donné longtemps le goût de faire l'outarde et de filer vers les hauts. Mais son père lui avait coupé les rémiges; au lieu de prendre le large, il avait dû se borner à la barbotière aux *pirons!*

« On ne fait pas toujours ce qu'on veut dans le monde » prononça sentencieusement le bonhomme.

Puis, après un long silence, tandis qu'au milieu des plaintes de l'eau, émigraient vers là-bas toutes les riches dépouilles de la montagne:

« Anciennement, dit-il, on vivait.

« On était les maîtres... de tout cela... »

Puis regardant Joson:

« Si j'étais plus jeune... »

Alors, brusquement, pour cacher son regret de traîner son fils dans ce métier d'esclave et parce qu'une honte de race lui gonflait au cœur pareille à la crue des eaux de printemps:

« Marie est seule là-bas, ajouta-t-il; si tu veux dire comme moi, nous partirons demain... »

Puis l'oiseau d'aversion ayant passé dans le fouillis de ses pensées, il ajouta:

« Le Délié a senti la poudre. Mais que cet étourneau-là ne compte pas salir mon nid! »

Il martela ses mots de deux ou trois coups de tête et son visage s'arma de tous ses muscles.

Soudain:

« La rivière est barrée » s'écria-t-il.

Le bois, en effet, ne descendait plus.

Il commanda la remonte. Vite, les hommes s'allongèrent. Pieds aux varangues, ils se mirent à forcer de rames.

Bientôt, il fallut remonter à la cordelle; les uns gaffaient, les autres, le long des *bordages*, à mi-corps dans l'eau glacée, halaient en bœufs.

Et tous ensemble, ils criaient: ohé! et crachaient de rage dans la face du flot.

Ohé! dans l'embarras des aulnes!

Ohé! dans les éraillures du courant où passaient, en médaillons, des images de vie calme, là-bas!

Et la pensée devenait comme engourdie et dans les tympans sonnaient des cymbales.

« Ohé! un petit coup de cœur! »

Puis, on rembarquait, ruisselant; et l'eau sifflait sur l'étrave, frappait à droite, à gauche, pareille au lutteur qui recule et bondit soudain pour le dernier coup de flanc.

Vers onze heures, toute l'équipe gesticulait sur l'embâcle du banc de coquilles à la gueule de la Noire.

Le bois des Eaux-Mortes s'était affalé là; puis, talonné par le courant, s'était mâté; et cela, de loin, ressemblait à un champ d'épis fourragé par le vent.

Les piqueurs se mirent à gaffer, gaffer pour ouvrir un chenal dans la masse; et quand toute une cage se disloquait et que le culbutis s'écroulait à l'eau, les hommes remontaient à la course, sautant d'une bûche à l'autre, et, si agiles, qu'on eût dit des écureuils quand ils jouent dans les *renversis*.

De temps en temps, un fantasque s'élançait sur une bille en flot, dansait le balancé ou chantait Rossignolet sauvage jusqu'au pied du rapide.

Le danger disparu, on se piétait de nouveau, joyeusement; car le sang de cette race était jeune au soleil; et les gars, chapeaux sur le *cant* et cravatés de rouge, fringuaient dans les périls comme si toute la fougue du printemps était entrée en eux sur l'embâcle ensoleillée et que le spectacle des forces qu'ils faisaient jouer là eût contenté leur atavisme de commandement.

Et pique et pique encore dans les moustiques qui frillaient sur les nuques embrasées comme des gouttes d'eau lorsqu'elles dansent sur le fer rouge!

Et gaffe et gaffe encore au grand soleil qui forge les muscles et dégourdit les sèves dans la coupe sonnante où coulaient le souvenir capiteux des prouesses viriles et toutes les légendes du lointain passé!

Soudain l'embâcle se mit à frémir, à se hérisser.

Un grondement sourd; la bête monstrueuse se dressa sur l'eau, fit sonner ses dards, se tordit au chenal, partit à ramper, à dévaler en vitesse, tandis que derrière elle s'acharnaient toutes les meutes de l'eau.

Et les hommes couraient le long, piquant et dégorgeant des injures et tous les hourras de joie remontés de leur vieux sang de chasseurs d'embâcles.

Joson, surtout, faisait merveille, ardent piqueur, menant le bal et tel qu'il se démenait, l'automne, lorsqu'au bord de la frayère du Gagouët il gaulait les truites vers ses mailles.

Ohé! ohé! Au-dessus des hommes agiles, trimant des jambes et des bras sur les rebords du chenal, tandis que le soleil, de sa cymbale d'or, frappait le pays d'alentour pour l'éveiller au printemps, Menaud s'exaltait en un espoir né de cet élan viril des gais vainqueurs d'embâcles.

Ohé! au-dessus du tumulte, passait dans la coupe, à pleins bords, le souvenir des grands hardis, des grands musclés, des grands libres d'autrefois dévalant de partout; défilé triomphal dans les musiques de l'eau guerrière, du vent de plaine et du vent de montagne, sous les étendards de vapeur chaude qu'au-dessus du sol libéré déployait le printemps.

Tout cela chantait:

« Nous sommes venus il y a trois cents ans et nous sommes restés!

« Nous avons marqué un plan du continent nouveau, de Gaspé à Montréal, de St-Jean d'Iberville à l'Ungava, en disant: « Ici toutes les choses que « nous avons apportées avec nous, notre culte, notre langue, nos vertus et « jusqu'à nos faiblesses deviennent des choses sacrées, intangibles et qui « devront demeurer jusqu'à la fin. »

« Car nous sommes d'une race qui ne sait pas mourir! »

Et Menaud s'imaginait voir Joson, Alexis, prendre le pas héroïque et bien d'autres encore avec eux, enfin ralliés par le grand ban de race.

Cela lui contentait le sang et répondait aux reproches qui lui taraudaient le cœur.

Toutes ses lâchetés à lui, ses années sous le joug, c'est Joson qui rachèterait cela...

Et de son regard, il lui caressa le visage comme une mère orgueilleuse de son petit.

Sans doute, il était dur de quitter le printemps de montagne, au moment où la lumière chaude, le long des arbres, coulait comme un miel doré que buvait la terre; dur de tourner le dos demain à toutes ces belles choses dont il connaissait la loi, le cri, l'instinct.

Depuis cinquante ans qu'il assistait ainsi au berceau de l'année, à toute cette jeunesse des plantes et des bêtes, et, qu'au cœur de la forêt chaude, il allait, dans les longs jours, endormir ses peines comme en une pelisse tiède où l'on fait son somme. Cette nature, elle semblait l'aimer depuis le jour lointain déjà où il s'était adonné à la connaître.

Elle lui donnait l'air vierge et pur de la montagne — un vrai vin qui mousse; elle lui donnait l'eau de ses sources cachée pour lui, loin du soleil, dans de fraîches aiguières de granit sonore; le bois de sa maison, l'écorce de son toit, le feu de son foyer qui, pour le plaisir de ses yeux, dansait aussi follement qu'une *jeunesse* sur les bûches, dont la chaleur, le soir, faisait comme une mère, lui épongeait le front, lui caressait le visage, l'enveloppait dans la couverture de ses rayons.

Elle lui donnait encore le poisson de ses lacs, le gibier de ses taillis, lui dévoilait le secret des fosses, du cloître silencieux des hauts pacages de montagne, lui avait appris à lire au livre des signes, des pistes, des usages, l'heure de l'affût, la science des ailes, des crocs, des griffes, des murmures, depuis le frou-frou de la libellule dans les roseaux des marécages jusqu'à la plaine large et profonde des orignaux fiévreux dans l'entonnoir des coupes.

Mais il reviendrait bientôt, et libre!

Il apprendrait à Joson ce qu'il n'avait fait lui-même que sur le soir de sa vie...

Une clameur s'éleva!

Tous les hommes et toutes les gaffes se figèrent, immobiles... Ainsi les longues quenouilles sèches avant le frisson glacé de l'automne.

Joson, sur la queue de l'embâcle, était emporté, là-bas...

Il n'avait pu sauter à temps.

Menaud se leva, glacé. Devant lui hurlait la rivière en bête qui veut tuer.

Il ne put qu'étreindre du regard l'enfant qui s'en allait, contre lequel tout se levait haineusement pareil à des loups quand ils cernent le chevreuil enneigé.

Cela s'agriffait, plongeait, remontait dans le culbutis meurtrier...

Puis tout disparut dans les gueules du torrent engloutisseur...

Menaud fit quelques pas en arrière; et, comme un bœuf qu'on assomme, s'écroula, le visage dans le noir des mousses froides.

Alexis, lui, n'avait écouté que son cœur. Il s'était précipité dans le remous au bord duquel avait calé Joson.

Là, il se mit à tâtonner à travers les longues écorces qui tournaient comme des varechs, à lutter de désespoir contre l'eau dont la moulange broyait le cadavre au fond sur les galets, à battre de ses bras fraternels, à l'aveuglette, vers des formes étranges qui semblaient des signes de formes humaines.

Et quand le remous lui serrait à mourir le cœur dans l'étau de glace, il remontait respirer, crachait l'eau, puis replongeait encore, acharné, dans la fosse sépulcrale presque fermée par les linceuls de l'ombre.

Et les autres, muets, avaient leurs regards piqués sur l'eau noire, entre les écumes qui tressaient déjà des couronnes funèbres.

Non, personne autre que lui n'aurait fait cela; car, c'était terrible! terrible!

À la fin, d'épuisement, il saisit la gaffe qu'on lui tendait, remonta de peine en se traînant sur les genoux, se dressa dans le ruissellement de ses loques, anéanti, les yeux fous, les lèvres blanches, les bras vides...

À peine murmura-t-il quelque chose que l'on ne comprit pas; puis il prit sa course vers les tentes et se roula dans le suaire glacé de son chagrin.

Alors, semblable à un homme ivre, levant haut les pieds comme ceux qui tombent de la clarté dans les ténèbres, arriva Menaud, la paupière basse sur la vision de l'enfant disparu.

Et les hommes s'écartèrent devant cette ruine humaine qui descendait en se cognant aux bords du sentier.

Il demanda: « L'avez-vous? »; se fit indiquer l'endroit de plonge, regarda les mailles du courant et dit:

« Il est là! »

Il prit sa gaffe, fit immobiliser une barque en bordure du remous et se mit à sonder, manœuvrant le crochet de fer avec d'infinies tendresses.

Depuis deux heures maintenant qu'il cherchait, ne voulant de personne, de peur qu'on ne blessât sa chair, au fond.

Il avait la bouche écarquillée, les cheveux collés aux tempes, tous ses muscles emmaillés par le gonflement des veines, comme un homme qui lutte contre son enlisement.

Par intervalles, tandis que la rivière emportait là-bas l'espoir de retrouver, il exhalait une plainte sourde à laquelle répondait un bruit de cailloux raclés.

Déjà, déjà, le soir fossoyeur commençait à jeter des pelletées d'ombre.

Il entra dans une terreur d'agonie, regardant le ciel, à genoux maintenant, suppliant qu'il eût, au moins, le cadavre de son fils pour l'enterrer là-bas, près de sa mère, sous le bouleau dont l'écorce fait un bruit de prière à la brise.

À la fin, la nuit allait lever son dernier pan de ténèbres et murer le désespoir de l'homme lorsqu'il sentit au fond quelque chose de mou qui venait...

Alors, émergea du noir Joson, sa pauvre tête molle et ballante...

On rama vers la berge en hâte, car le frisson gagnait le cœur des hommes.

À la poupe gisait Menaud, rabattu sur sa capture et son visage de pâle argent appuyé d'amour sur l'ivoire de l'enfant mort.

Dès qu'il sentit toucher la barque, il prit le cadavre dans ses bras et comme un personnage d'une descente de croix, monta vers sa tente parmi les suaires de brume.

Il était tard dans la nuit et, sous la tente funèbre, la prière veillait encore.

On se relevait, deux pour deux.

La voix du récitant reliait le bourdonnement des réponses, et cela débordait le cercle de mort et cheminait entre les arceaux noirs comme une procession de misères humaines sous le grand drap de nuit où tremblaient, en signe de pitié, toutes les larmes du ciel.

Vers les minuit, Menaud demanda qu'on le laissât seul.

Sa peine ne s'accommodait plus de ce contenant de monde autour de lui, de ces voix, de ces mouvements d'entrée et de sortie, de ces prières mêmes qui ne tournaient plus qu'en toupies que le vertige fait chanceler.

Il attacha la porte de sa tente, et reprit possession de son enfant à lui.

Il s'était agenouillé là tout près; il passait ses doigts rudes dans la chevelure froide et mouillée, encavant de profonds baisers dans la pâleur du front, caressant la cire du beau visage tel un homme qui pétrit un masque de douleur.

Au dehors, ondulait le bruissement de nuit, d'une nuit semblable à toutes les nuits de printemps avec des rumeurs de mille choses endormies à moitié ou qui ne peuvent dormir par l'excitation des sèves, avec des alternances de voix animales, celle d'un renard qui glapit pour *amiauler* la lune ou celles du grand chœur des grenouilles nées de la boue des marécages, et jouant du flageolet dans les quenouilles sèches.

Sur l'apaisement de l'eau, des chamarrures d'argent, sur les arbres ainsi que sur des étagères d'ébène, des porcelaines de lune; et toutes les joailleries de la déesse sur les battures, les *platins* et dans le maquis des broussailles emperlées d'*égail*.

Ainsi cette nuit de douleur et de mort était semblable à toutes les nuits de printemps.

Quant aux autres, ils dormaient tous et le pouls du sommeil de vie battait à pleine tente; et les esprits jouaient avec les lutins dans la clairière des songes.

Pauvre homme!... Seul!

Maintenant, il revoyait tout, depuis les heures heureuses quand Joson était petit; il reprenait toutes les étapes de la montée de l'enfant vers son palier d'homme fait.

Il avait été sa première récolte d'amour, sa bénédiction de Dieu visible sur la pierre de son foyer, sa joie de revoir en son enfant, en ses yeux, en sa chevelure, en ses bras, en ses généreuses promesses de fleurs et de fruits, les images de tout ce qu'il aimait le plus sur cette terre: sa femme, puis le grand azur du ciel, les moissons, les arbres, les oiseaux...

Plus tard, il s'était mis à croupeton devant lui; et, sur son dos, l'avait conduit là-bas, jusqu'à sa cabane du *trécarré* d'où l'on a l'œil sur les montagnes.

Il se rappelait ce que la terre lui avait dit alors et tout le pays d'alentour.

Il s'était flatté de n'être pas à part au milieu de cette nature besognant toute à se survivre.

Et, plus tard encore, le voyant au-dessus des autres, comme un pin de haut lignage aux clochetons pleins d'azur, de rumeurs et de libre branle, il s'était, lui, Menaud, mâté tout droit dans l'orgueil de son sang et s'était fait des *accroires* d'avenir.

Joson ferait son chemin, sa marque...

Depuis quelque temps, le pays était en souffrance. Les étrangers empiétaient sur les rivières, les lacs, la forêt, la montagne. Joson, d'âme libre et fière, prendrait le *burgau*, et quelque bon jour se désâmerait en un rappel à la liberté.

Tout ce beau rêve gisait là maintenant.

Son enfant était mort à pic, sans même laisser les consolations que laissent presque tous les morts: les sacrements, les prières, la dernière parole sainte qu'on se répète, le soir, en famille, et qui, au-dessus du malheur, fixe les yeux comme sur une aube surnaturelle.

Et le pauvre homme se reprochait d'avoir entraîné son fils dans la violence des choses, de l'avoir dérouté loin des conseils de la *défunte*, d'avoir fouetté même, au milieu des périls, cette nature ardente, nerveuse, qui demandait toujours...

Il aurait bien dû se fixer comme les autres, là-bas, qui vivent à gratter à travers les roches et à boulanger des mottes entre des clôtures: ceux-là meurent dans leurs lits...

Mais le tourment du bois et la mystérieuse loi du sang... l'avaient toujours soulevé.

Depuis que l'étranger avait mis la patte sur le vieux bien, il avait cru entendre pâtir le grand domaine de ses pères; et c'est pour cela surtout qu'il y revenait, de son ancien pas de maître, lui jeter des espoirs de délivrance.

Dire que toutes ces choses auxquelles il avait donné le meilleur de lui-même l'avaient trahi...!

Cependant, la lumière roulait toujours sur l'océan des arbres et cela devait faire des vagues silencieuses avec des creux sombres et des cimes d'argent.

Et, de partout, s'élevaient des brumes légères qui montaient comme des canéphores vers la lune du gai printemps.

Le Luçon, lui, trimait dans le chemin vers là-bas. Il allait grand'erre, le pauvre, et si vite, inconsciemment, qu'il devait s'arrêter parfois.

Il s'asseyait un peu. Alors des battements lui claquaient aux oreilles; et cela ressemblait à des voix qui lui faisaient peur. Mais quand la chaîne d'argent des pierres qui bordent le chemin semblait se refermer sur lui et l'enclore dans le sommeil, il repartait en flèche et tendait de nouveau sa pensée entre la vieille maison grise là-bas et la tente de mort.

Vers le soir, tout le rang de Mainsal vit sortir des arbres et descendre vers les *terres faites* un étrange convoi.

Ce n'était plus le torrent accoutumé quand il dévalait de la montagne après les *draves*, avec des cris de charretiers, des rires secoués par les saccades du tapecu, et toute la file des hommes se précipitant dans le chemin des maisons, avec des ailes aux bras, joyeux comme des canards qui prennent l'eau...

Non! Cela descendait lentement, en silence, se perdait sous les taillis, émergeait au crépuscule rouge, replongeait de nouveau... tandis que, dans les herbes sèches des buttes, la dernière faux des rayons moissonnait la dernière gerbe de lumière.

Tout le rang avait les yeux sur ce qui, tristement, à travers les broussailles et les flaques d'eau rousse, s'en venait comme une chose qui aurait eu peur de s'approcher; et toutes les voix s'étaient éteintes, aux portes où se grappent les femmes, au bord des galeries où les hommes jasent et boivent la *fraîche* du soir.

Le cortège avait embouqué le grand chemin; il houla sur la bosse du pont, Alexis en tête, menant à la bride, lentement, pour parer les *gattes* et les longues vasières.

Menaud suivait la boîte, du train d'un homme pesant, tête basse, ayant conscience à chaque pas, que des portes sombres fermaient toute chose, à jamais, derrière lui, n'osant lever les yeux vers ce qu'on entrevoyait déjà dans le détour... la vieille maison grise où la douleur allait entrer pour n'en plus sortir jamais...

Les enfants accourus aux clôtures grimpaient sur les *pagées*; puis, s'effarouchant soudain, remontaient vers les portes pour se blottir contre la mort dans les jupes des femmes...

De la *grand' coulée*, du coteau de roches, de la Mollière, du Friche, de l'étang à Josime, tout le monde maintenant ralliait le cortège; et jusqu'à Bebette la folle, sur le perron de son cabaneau, qui gloussait: « C'pauv' p'tit! c'pauv' p'tit! » et jusqu'à la mère Désirée qui prenait sa part de douleur en frappant du pied pour interdire son chien Corbeau.

Et cela traçait, dans le *brouillas* de l'ombre, des courants de peine; et, derrière le cortège qui s'allait grossissant toujours, un sillage de pitié, de tendresse, de paroles douces comme des prières. Car tous ces gens-là pouvaient bien se chamailler jusqu'au dernier sou pour un contredit de clôture, mais, dans le malheur, tout le monde pleurait ensemble comme des frères nés dans le même berceau.

Devant la maison, la voiture s'arrêta sec.

Alors un cri déchirant ébranla les murs et tout le silence de Mainsal.

La sœur de Joson sortit... se retourna contre la chambranle, et son cœur se mit à battre comme un marteau funèbre annonçant l'entrée de la mort.

L'ABATIS

Les oies sauvages

Au T. R. P. M.-A. Lamarche, O.P.

Il y aurait un beau poème à faire sur ces ailes transcontinentales, sur ce vol ponctuel et rectiligne, sur ce règlement de voyage, sur cette fidélité aux roseaux originels.

À réfléchir aussi sur cette ténacité d'amour qui anime le dur travail des plumes et darde contre vents et brouillards ce front d'oiseau têtu, obstiné, invincible, sur cette chair raidie, imperturbable, qui vole, c'est-à-dire l'emporte sur sa propre pesanteur et participe à l'agilité du désir, enfin, sur cette orientation lucide, infaillible à travers les remous de l'inextricable nuit.

Elles nous arrivent le printemps, la nuit, sur le vent du sud, par les hautes routes de l'air.

Par les hautes routes de l'air, par ce grand large aérien d'où, sans autre condescendance que pour l'escale traditionnelle dans quelque prairie marine, sans autre but qu'un nid dans les roseaux de la toundra, superbes, elles dédaignent d'instinct, les villes, les champs, les eaux, les bois, et toute nature et toute humanité et tout ce qui n'entre pas dans leur dessein d'amour.

Elles s'avancent par volées angulaires, liées ensemble à l'oie capitale par un fil invisible. Inlassablement, elles entretiennent cette géométrie mystérieuse, toutes indépendantes, chacune tendue droit vers sa propre fin, mais, en même temps, toutes unies, toutes obliques, sans cesse ramenées, par leur instinct social, vers cette fine pointe qui signifie: orientation, solidarité, pénétration unanime dans le dur de l'air et les risques du voyage.

C'est une démocratie qu'il nous serait utile d'étudier pour le droit et ferme vouloir collectif, pour l'obéissance allègre à la discipline de l'alignement, pour cette vertu de l'oie-capitaine qui, son gouvernement épuisé, cède à une autre, reprend tout simplement la file, sans autre préoccupation que sa propre eurythmie, sans autre récompense que le chant de ses ailes derrière d'autres ailes et la victoire de l'espace parcouru.

Alors, après des jours et des jours de transmigration, lorsque, au bout du vent de la nuit, luisent les grèves; et quand apparaît enfin la batture rousse au bas du cap Tourmente — l'escale d'amour avant la grande terre des nids — le triangle ailé se brise, les oies tombent, confuses, tapageuses et s'abattent comme une blanche giboulée parmi l'aube d'avril.

C'est là qu'elles font leurs amours dans le balancement et le juste équilibre, la virevolte et l'épanouissement de toutes plumes, et dans tout ce qu'un cœur transporté peut donner de vif et de joyeux à des ailes avant les longs nids cloîtrés dans les roseaux du nord.

Cette noce débute avec le printemps de grève, avec cette grande purgation marine qui précède, au fleuve, la tiède montée du vert. Ce mouvement, cet amour, cette joie, cette vie ailée en perpétuel battement au-dessus de ce limon, cette espèce de vol incantatoire et fécondant sur la masse inerte des choses à surgir correspondent, vers le milieu de mai, à l'éclosion du printemps total.

Déjà mûres, ovifères, enivrées par cette liqueur où baigne toute chose autour d'elles, les oies attendent, maintenant, le départ. Elles écoutent la grande rumeur qui les pénètre; elles auscultent le son du vent, regardent rouler devant elles l'immense vague bleue qui porte sève, parfums, effluves; elles passent de longues heures sur les battures rocheuses des îles, déjà prêtes, déjà palpitantes, ouvrant leurs plumes, leurs ailes au flot de vie qui soulève leur chair. Enfin, l'heure venue, les volées se reforment. En longues bandes, au-dessus des îles, des champs, des grèves, au-dessus du jardin du printemps, elles se balancent comme une branche de pommier fleuri. Puis, un soir, sur le vent, le grand vent de la mer, le grand vent dans les bois, le vent profond de l'espace, elles disparaissent...

Cette fois, pour la dernière étape du voyage, la plus longue, la plus dure. Têtes au nord, les oies reprennent le méridien de l'amour et, sans fin, sous elles, le végétal, la profusion des eaux, les lacs innombrables entre les rivières branchues passent...

Altières, imperturbables, elles luttent contre elles-mêmes, contre les bourrasques qui sévissent encore, le ciseau de leur bec tenace dans le glacé de l'air; elles luttent contre la nuit, exaltées par les constellations qui volent au-dessus, charmées par le bruissement de l'espace dans la syrinx de leurs ailes. Elles luttent aveuglément contre tout, fortifiées par ce qu'elles portent: les coques fragiles, le précieux trésor de l'avenir, l'unique destin de la race au long cours.

Elles sont invincibles parce qu'elles aiment héroïquement ce nid familial, sis à l'extrémité du monde, quelque part entre trois quenouilles, dans la patrie de la toundra.

ADMIRABLES, admirables, intrépides et fidèles, que vous m'enseignez de choses!

LE BARACHOIS

Le huard

Que d'autres, sourds au cri de l'univers, bassement s'agitent, combinent, calculent...

Il fait bon, ce matin, reprendre l'intime sentier: feuillages alternés d'ombre et d'or, ruisseaux qui me parlent intarissablement de leur source; longues montées; pauses rafraîchissantes; et, sur la plus haute montagne, parmi la clairière attentive, ô lac, enfin, te retrouver!

Scène désirable et limpide!

C'est ici, au milieu des forêts orchestrales, qu'il faut voir et entendre le Huard exemplaire.

À l'aigle souverain est réservé le privilège de rythmer le sublime dialogue de la terre et du ciel.

Le huard, lui, vole peu.

Aux envolées extrêmes, il préfère l'acte de nager, de connaître et interpréter les rives, et de concerter avec l'écho.

Il a la tête autoritaire, des yeux d'ardents rubis, un cou de velours muant du vert au bleu, un collier de nacre larmé de noir, un superbe manteau pailleté de gouttelettes, qu'il porte avec lenteur parmi les lis, comme s'il sortait d'entre les perles de la mer ou la rosée du matin.

Les lacs les plus sauvages et reclus, les sanctuaires inviolés, les forêts attentives, tels sont les lieux qu'il choisit pour l'exercice de son art, pour le jeu de ses ébats et de ses amours.

À l'aube, dès qu'au profond jardin de l'eau, les mirages ont commencé d'éclore, il quitte ses quenouilles, et procède à maintes ablutions égayées de virevoltes et frissons de délices.

Ainsi, net et pur, il s'avance à l'inspection des rives, à l'inventaire et l'éveil de cette matière lyrique, dormante encore: vieux arbres moroses, massifs confus d'ombres et d'énigmes, buissons, taillis mystérieux d'où, laissant d'elle-même, surprise: diamants, songes et musiques obscures, la nuit vient à peine de fuir.

Il explore. Il navigue, avec grâce, sa parfaite coque de plume; et, d'une palme, de l'autre, il contourne, avec lenteur, et définit la surface à baigner de son chant.

Parfois, il s'arrête, attentif à la rumeur d'une cascade lointaine, au prélude de telle flûte d'oiseau, aux gouttelettes ou notes cristallines que laisse choir une exquise rosée.

Parfois aussi, intrigué par l'insaisissable fiction qui brille, ondule au jeu conjoint de l'aurore et de l'eau, il brise une apparence de verdure, plonge et s'enfonce comme s'il voulait atteindre jusqu'au secret de l'obscure substance.

Puis, il remonte, s'applique à tracer des cercles et des paraboles, à multiplier, autour de lui, de nouvelles épures du décor, des montagnes flottantes, des vertes et vibrantes espèces; ou il s'amuse à faire d'innombrables révérences à son double soleil, au vent qui se lève, à cette simple fleur séduite par la plus belle image d'elle-même et qui vient de choir.

Et, derechef, il se précipite à l'éveil d'autres abîmes, pour émerger, de nouveau, triomphant, vers les lis et la gloire splendide du matin.

Ainsi comblé, il commence cette grande ode instinctive qu'il n'interrompra qu'aux dernières ténèbres. Il prélude par quelques longs cris. On dirait que, voulant vérifier la présence orchestrale, il interpelle, interroge, et qu'à coups de bec exigeants et durs, l'œil superbe et sévère, il s'adresse, autour de lui, à toute substance sonore et responsable.

Puis, joyeusement, il vocalise; et, pareille à cette onde d'images où lui-même il ondoie, sa voix ondule, variant ses rythmes, multipliant ses reprises, cherchant, entre elle et la chose, le cher poème, beau comme le jour, la jeune mélodie profonde et d'accord.

Par endroits, prolongeant ses pauses, il écoute, intrigué, semble-t-il, aux bords trop fermés d'ombres, par ce huard obscur qui chante quand il chante, s'approche, et fuit dès qu'il se tait.

C'est alors, continuel avec l'écho, un dialogue où, charmé par cette voix tour à tour semblable et non semblable à la sienne, tantôt il répète ses vains appels, dédiant quand même à l'inconnue la perle et bientôt tout le collier de ses plus pures notes, tantôt, le cœur déçu de l'attente, il replonge, remonte, et, ricaneur, poursuit de ses huées la trop fidèle et fuyante semblance.

Tel, dès l'aube, sur le lac de la plus haute montagne, le huard module et jusqu'au soir.

Lentement, alors, s'effacent les rives, et décroissent les musiques singulières: flûtes, hautbois, cors.

Du sein des ombres poreuses sortent des voix craintives et belles comme le divin silence.

Mais, dans la calme vasque d'or, lorsque le plus pur de toute chose y vient choir et se fondre, c'est l'heure où, central, comblé d'astres et de paix, le huard psalmodie.

Et longtemps, longtemps, au-dessus des ténèbres, dans l'immense, enviable et sereine unité, flotte et chante son cœur mélodieux.

Un patrimoine à exploiter*

(Extrait du « Vieux John », avant-dernier chapitre du Barachois; Savard fait part aux éducateurs de quelques-unes de ses réflexions sur l'avenir de la poésie au Canada français.)

On ne peut raisonnablement s'attendre à voir éclore une poésie et un art qui soient un signe authentique de notre pays, si on ne s'applique d'abord à former des jeunes qui soient authentiquement et pleinement canadiens.

Cette formation ne se peut donner par la violence, par de vagues tirades sentimentales, non plus que par des vantardises patriotiques, mais par un enseignement bien imprégné de toutes les réalités de notre patrie.

Cette formation ne doit pas être bornée, étroite, je veux dire fondée sur l'ignorance ou le mépris des autres peuples. Un fréquent regard de saine curiosité, d'amitié compréhensive, est des plus utiles à cet esprit critique sans lequel les meilleurs sentiments aboutissent à l'étroitesse d'esprit, à une stérile complaisance envers soi-même et à une sorte de bouffissure nationale.

Le vrai, le beau et le bon, d'où qu'ils viennent, sont le trésor de l'humanité.

Ces égards fraternels envers les autres n'empêcheront jamais d'être soi-même et de cultiver sa différence.

Mais si, comme le veut la nature, nous avons à cœur de produire un art qui soit expressif de ce que nous sommes, et de ce que nous faisons ici depuis trois siècles, il faudrait, je le répète, nourrir l'esprit et le cœur des jeunes de la meilleure substance des biens de notre patrie.

La connaissance de l'histoire est le premier aliment de la vertu de piété.

On en devrait, dès la petite école, apprendre les plus belles pages, celles qui peuvent stimuler le cœur et enrichir l'imagination.

Mais il y a, dans l'histoire telle qu'écrite, ce qu'elle ne dit pas et qu'elle suppose, et qui, dans certains cas, est tout aussi digne d'attention que ce qu'elle dit.

Nous avons déjà reproché à nos historiens d'avoir trop ignoré le peuple qui fut le grand artisan de notre passé. Je compte bien revenir sur le profit qu'on pourrait tirer de ses traditions, de ses œuvres, de sa poésie.

Notre histoire est riche en hommes magnifiques.

Il en est dont les œuvres ont été fort heureusement consignées dans des livres; mais il en est, par contre, qui furent des héros sans témoins, et n'ont laissé d'autres documents que les pierres les plus obscures dans les assises de notre civilisation.

Quelques erreurs et fautes que les bâtisseurs de notre pays aient commises, dans ce qu'ils ont été et dans ce qu'ils ont fait, il en reste assez, j'estime, pour nourrir notre admiration et provoquer notre reconnaissance.

Une partie de notre histoire est presque toute occupée par des luttes politiques d'une extrême importance, sans doute, mais d'un accès difficile aux jeunes.

Par contre, la période des découvertes, des aventures et des fondations a tous les aspects et les caractères merveilleux d'une épopée.

Elle a tout ce qu'il faut pour inspirer les facultés créatrices, donner le goût du risque et de l'effort.

Nous avons de bons historiens consciencieux. Mais, en général, de ce passé si haut en couleurs, si prodigue en mouvements, si riche en épisodes poétiques, ils n'ont su retracer qu'une image terne, incomplète et fort peu attrayante.

Je pense ici à tant de jeunes sortis des écoles et dont on se plaint que leur piété patriotique soit en baisse.

C'est, à mon sens, un phénomène d'anémie et qui n'a rien de surprenant si l'on songe à la sorte d'histoire maigre et décharnée dont on les a trop souvent nourris.

Une connaissance profonde du passé, et toutes les puissances de l'imagination créatrice travaillant avec le concours des sciences auxiliaires, pourraient, ce me semble, aider nos professeurs à faire des reconstitutions qui ne seraient point fantaisistes ni arbitraires, mais vraisemblables, et sortiraient comme vivantes des temps, des hommes et des faits de notre histoire.

On me permettra de citer, en exemple, la découverte de l'Ouest canadien par La Vérendrye.

Ce glorieux exploit, si on le réduit à un rappel de noms, de dates et de lieux, n'a plus rien qui le distingue d'une banale équipée. Il devient une sorte de schème abstrait sans rien qui permette qu'on le retienne.

Mais ce que nous savons des coureurs de bois, de leurs mœurs, de leur endurance, de leurs légendes, contes, chansons, poésie, pourrait, j'imagine, revivifier, sous les yeux des jeunes, cette aventure comparable aux plus belles de tous les temps.

Et, de même, procéderait-on pour faire entrer dans la mémoire et le cœur de nos élèves la geste de nos explorateurs, missionnaires, colons. En tout cas, je m'étonne et m'irrite qu'on ne mette point davantage à profit les ressources de notre histoire.

Béatement en admiration devant ce qui vient d'ailleurs, nous avons, hélas, peu d'égard à ce qui s'est fait chez nous.

On exaltera l'Odyssée, et à bon droit, certes: Homère fut, en effet, le Poète et l'Éducateur de la Grèce.

Mais ce qui me blesse, c'est qu'on néglige la matière héroïque d'un poème que les nôtres ont vécu. Comme si les belles et nobles actions qui mirent jadis en branle toutes les puissances de la poésie, avaient perdu leur vertu d'inspiration parce qu'elles se sont incarnées un jour dans notre pays, en des hommes de notre sang.

C'est une grave, une angoissante question qu'il serait grand temps que nous nous posions: que devient en nous notre passé? que représente, aujourd'hui, pour nous, sa substance la plus belle, la plus généreuse, la plus propre à nous former, à nous instruire, à nous orienter, à nous vivifier? Et s'il nous reste encore quelque respect pour lui qu'un grand historien appelle si justement *notre maître*, quelle influence efficace ce maître exerce-t-il sur notre conduite, et quelles inspirations lui demandons-nous dans les tumultes, les fièvres et les déviations du présent?

Et pourtant, notre périlleuse condition de groupe minoritaire, coupé de ses plus profondes racines, travaillé par toutes sortes de forces étrangères à son génie, exigerait, il me semble, que nous demeurions intégralement et jalousement fidèles à ces principes d'unité et de continuité sans le maintien desquels un peuple risque de s'effriter dans une obscure déchéance.

En d'autres pays (je pense à la chère France qui demeure notre premier héritage et le bien-fonds de notre culture), il est toute une partie du passé qui reste encore debout. Et ces pierres de tout âge, non seulement elles durent pour le plaisir et l'érudition de quelques archéologues; mais elles sont des témoins qui s'imposent à tous, qui évoquent et redressent, qui parlent, suggèrent et inspirent.

Ah! combien bonne et salutaire pour un peuple est cette continuelle rencontre avec son passé; et à tous les carrefours de son destin, à tous les moments de ses incertitudes et de ses misères, combien secourable, combien tutélaire demeure la présence, au-dessus des passions de l'heure, de tous ces monuments, et en particulier, de toutes ces églises et Madones, toujours là, visibles, tangibles, maternelles gardiennes et saintes inspiratrices de la cité!

Cette présence bienfaisante, elle explique, après les crises, les erreurs, les défaites, le retour au bon sens, à l'ordre, à la mesure; elle maintient au-dessus des fluctuations du temps, une constante de lumière, de grandeur et de beauté.

Mais nous, déjà séparés par la distance de tant de biens traditionnels, quelle force au moins, quelle inspiration puisons-nous aujourd'hui dans ce qui fut, depuis au delà de trois siècles, l'œuvre de nos pères, et qui, pour n'avoir pas les prestiges du grand art, demeure quand même un monument extraordinaire par ses dimensions spirituelles, une geste toute baignée de poésie forte et simple, une aventure comparable aux plus hautes de l'humanité par les idées et les sentiments qui l'animaient?

Je me trompe et le voudrais bien, ou ce passé ne subsiste plus en nous que sous les espèces inertes et brumeuses de quelques souvenirs; il ne s'exprime plus que sous les thèmes vaporeux de quelques discours et congrès.

Oh! je le sais. Il n'en manque pas chez nous qui se sont consolés depuis longtemps de cette aliénation de notre sens national. Sans mémoire ni fierté, ils font les esprits d'envergure, et sous prétexte de ne rien trouver ici qui soit digne de leur superbe attention, ils importent d'ailleurs des raisons de vivre et des échappatoires à leur responsabilité.

Mais quand on le sent survivre encore en soi, ce passé, et qu'on l'entend se plaindre, alors, on souffre de le voir incompris, méconnu, renié; et devant l'avenir, on est angoissé, béant; et on cherche qui la rendrait aux jeunes la grande âme de la patrie douloureuse.

On cherche; et c'est toujours aux éducateurs qu'en fin de compte on revient, parce qu'ils ont assumé de transmettre du passé tout ce qui peut aider à l'avenir.

Et c'est pourquoi on les voudrait voir tels qu'ils ont le devoir d'être et qu'ils veulent être, sans doute: largement et profondément cultivés, attentifs au présent, mais imprégnés aussi de toute la substance la meilleure, la plus généreuse, la plus intelligible, de leur pays, de l'histoire et des traditions de leurs pères; et on se les représente, ouvrant les livres toujours jeunes et les faisant aimer, mais aussi montrant, plus loin que les écritures, les sources où les maîtres ont puisé, profitant des moindres occasions pour ramener le cœur et l'esprit de leurs disciples dans leur patrie, et pour relier le paysan, l'homme des bois, le pêcheur, l'artisan et tous les ouvriers de notre histoire à leurs frères des livres.

Et c'est alors que serait renoué le lien entre l'humanisme toujours trop lointain, toujours trop abstrait des écoles et des programmes avec l'humanisme traditionnel à la voix discrète, mélodieuse et profonde, aux mains calleuses souvent, et qui pour n'avoir pas le caractère artistique du premier, le soutient cependant et l'explique.

Avec l'histoire, la géographie est certainement l'une des sciences qui peut le plus dans la formation de ce que j'ai appelé l'être canadien.

Curieuse, active et de mieux en mieux informée, elle ouvre aujourd'hui des horizons nouveaux, crée des liens, excite des appétits, et que sais-je encore.

Il faut se réjouir que, depuis quelques années, elle soit en progrès chez nous, et même en plein essor.

Il était grand temps. Héritiers des explorateurs et des voyageurs dont le périple peut encore se retracer par les noms français qu'on retrouve un peu partout sur ce continent, nous sommes devenus un peuple de casaniers. Nous avons perdu le goût du risque et de l'aventure. Bien enfoncés dans notre confort, nous ne nous contentons plus que de discourir sur ce que notre apathie nous fait perdre.

Les grâces accordées à la géographie, dans un pays comme le nôtre, sont uniques.

On n'aura jamais fini de dire son étendue, la variété de ses ressources, la beauté de ses paysages, les violents contrastes de ses saisons.

Beaucoup de régions n'ont été que superficiellement explorées. En marge de celles que nous avons un peu humanisées, une multitude incroyable de lacs, de rivières, de forêts, de terres, de richesses de toute nature non seulement offre matière à réflexion, calculs, élans, entreprises, mais elle ouvre à l'âme d'infinies perspectives d'aise et de liberté.

Nos pères étaient plus sensibles que nous aux appels de cette immense nature. Mais il reste encore et même dans les villes, beaucoup de nos Canadiens chez qui la forêt, par exemple, occupe une large part de leurs désirs, rêves et projets. Un petit sentier qui fuit entre les branches, une cabane au fond des bois, un lac tout calme, tout paisiblement occupé à réfléchir ses propres circonstances, un lieu enfin où le temps marche de son pas libre, naturel, tel est le paysage intérieur que, durant les longs mois d'hiver surtout, ils cultivent, ils idéalisent, ils habitent, en attendant de pouvoir échapper, corps et âme, aux contraintes et tapages de la vie quotidienne.

Les conséquences de cette facilité d'évasion tantôt vers le dedans, tantôt vers le dehors, n'ont jamais été étudiées, que je sache. Elles sont importantes, pourtant. Elles expliquent, je crois, certains de nos comportements spirituels et même sociaux et politiques.

En tout cas, la connaissance d'un si extraordinaire domaine par les leçons, par les livres, par l'exploration personnelle, est tout ce qu'il y a de plus propre à nourrir, approvisionner, exciter l'esprit, à l'enraciner dans le vivant, à aiguiser ce sens de l'émerveillement qui est à la pointe de toutes les découvertes et de toutes les joies de la science et de la poésie.

Et ce que je vois encore qu'on pourrait inculquer à nos jeunes, par la géographie, c'est le respect de la nature, ce sont les sentiments de fierté, de reconnaissance, les notions de propriété, d'utilisation et de défense collectives, toutes choses indispensables à la formation du citoyen.

Les enfants des villes fournissent aujourd'hui la clientèle la plus nombreuse de la plupart de nos grandes écoles. Privés de la nature, condamnés à grandir dans un climat artificiel et anémié, ils deviennent plus tard comme fatalement enclins à ces spéculations sans fondement qui peuvent briller d'un certain éclat, mais n'apportent rien de constructif à l'édification de la cité.

Je consens volontiers à l'abstraction quand je la vois, comme une fleur, sortir du réel; mais, je m'en méfie comme de tous les diables lorsqu'elle s'évapore d'un esprit séparé du concret.

Ces tristes conditions où se trouvent les enfants et surtout les pauvres des villes, sont un très grave problème pour l'enseignement même religieux.

Les éducateurs doivent suppléer, par toutes sortes de moyens, ce dont leurs élèves sont si dangereusement frustrés.

Ce ministère de suppléance exige ingéniosité, préparation; et encore, si vivant et dévoué qu'on le suppose, il ne remplacera jamais le contact personnel avec la nature.

C'est pourquoi, il importe de favoriser et de multiplier les bienfaisantes initiatives que sont les clubs 4-H, les cercles de jeunes naturalistes, le scoutisme, les colonies de vacances, et songer à d'autres formules qui ouvriraient à tant de jeunes infortunés les portes qui donnent sur les champs, les bois et les eaux de leur pays.

Cette initiation par la géographie, par les sciences dites naturelles, et surtout cette incorporation de tout l'être dans le contexte vivant de la nature, sont essentielles à la vie et à la bonne santé de l'intelligence; elles sont un correctif à cette dure civilisation des techniques et des mécaniques, à ce climat étouffant, mal ventilé, d'idéologies, d'abstractions où les jeunes sont désormais condamnés à vivre.

Si j'avais un bon conseil à donner à quelque apprenti-poète, je ne le détournerais pas des maîtres, bien sûr; mais je l'engagerais vivement à quitter souvent les livres et à prendre le chemin de ce qu'on appelle la grande nature.

Il irait avec joie, mais sans rien heurter, sans rien violenter, à pas discrets et pareils à ceux de l'âme.

Il s'arrêterait surtout à la moindre merveille, regardant, écoutant, palpant; et par toutes sortes de délicatesses et d'égards, il s'appliquerait à gagner la confiance et l'intimité des êtres.

Puis, un bon jour, il découvrirait que les arbres, les herbes, les fleurs, par quel phénomène? je ne sais, ont poussé en lui-même chacun son double; oui, un double qui n'a rien d'abstrait, qui n'est pas une simple image, mais qui vit réellement à la fois de sa propre vie et de la vie de l'intelligence et du cœur où il s'est implanté.

Et, désormais, et pour toujours, le beau, le vivant, le fécond jardin que mon disciple aurait en lui-même, la charmante retraite *loin du monde et du bruit*, et parmi les bois, les fleurs et les fontaines, le petit univers dont il disposerait à sa fantaisie!

Oh! c'est à son gré, maintenant, qu'il fait se lever, se coucher le soleil ou la lune, qu'il maîtrise les eaux, les vents, et qu'il cultive avec amour tel ou tel arbre intime, tandis que bourdonnent alentour les mots comme des abeilles, et que, par moments, Dieu lui-même vient s'asseoir dans l'ombre, pour regarder, avec complaisance, travailler son poète.

Pour en revenir, une dernière fois, à ces traditions dont le mot perce si souvent à travers ce discours, il serait infiniment souhaitable qu'on les fasse connaître aux jeunes, et d'autant plus qu'ils sont davantage séduits par tous les démons de la nouveauté.

C'est un vœu que nous avons maintes fois exprimé, mais qui n'a guère eu d'échos, surtout dans certains milieux dits intellectuels où il est de bon ton de regarder avec hauteur et de rejeter sans examen tout ce qui vient du peuple.

Les enquêtes des folkloristes le démontrent: nos traditions s'en vont toutes et comme fatalement les unes après les autres; et rares, de plus en plus, sont ceux qui s'inquiètent et mesurent les conséquences de cet appauvrissement de l'âme populaire.

Elles étaient, il n'y a pas si longtemps encore, incroyablement riches.

Les sceptiques pourraient aisément s'en rendre compte par ce qui en reste dans nos Archives; ils verraient que nous n'exagérons rien quand nous parlons de leur variété et de leur nombre, de la beauté et de la profondeur de certaines, de leur indéniable appartenance à ce très ancien fonds de musiques, de contes, de légendes, de croyances, de mœurs, de sagesse et de poésie qui est au principe même de notre civilisation.

Ils constateraient aussi, que nos pères n'ont pas été les héritiers inertes de ce trésor, mais qu'ils l'ont enrichi de leurs propres expériences.

Des artistes, des savants, des chercheurs viennent, de l'étranger même, visiter et consulter nos Archives de Folklore. Ils paraissent impressionnés par le nombre et la qualité de nos documents.

Et maintenant, nous attendons nos éducateurs, espérant qu'ils comprendront, bientôt et de façon pratique, l'importance d'enraciner le cœur et l'esprit de nos jeunes dans les plus belles traditions de leur patrie.

HECTOR DE SAINT-DENYS-GARNEAU (1912-1943)

Montréalais comme Émile Nelligan, Saint-Denys-Garneau a connu comme lui une brève carrière. En 1937, avec *Regards et Jeux dans l'espace*, c'est une poésie neuve et pleine de promesses qu'il publie. Mais le mal, déjà, est en lui, qui l'emportera six ans plus tard: cardiaque et victime d'une solitude mauvaise, le poète va s'enfermer de plus en plus dans son journal et le manoir familial de

Sainte-Catherine de Fossambault. Ses amis, Robert Élie et Jean Le Moyne, sauveront son œuvre. En 1949, grâce à eux, paraissent ses *Poésies complètes*: à *Regards et Jeux dans l'espace* l'on a ajouté *Solitudes*. Le *Journal*, publié en 1954, quête de soi et quête de Dieu tout autant que recherche d'écrivain, contribue à faire connaître davantage Saint-Denys-Garneau, jeune intellectuel de la génération de *La Relève* et de *La Nouvelle Relève*, revues montréalaises influencées par Jacques Maritain et la revue française *Esprit*. Tardivement, en 1967, les *Lettres à ses amis* viennent ajouter à cette connaissance. Enfin, en 1971, Benoît Lacroix et Jacques Brault donneront aux Presses de l'Université de Montréal une monumentale édition critique de l'ensemble de ses *Œuvres*. L'on a voulu, dans les années cinquante, spiritualiser et « nationaliser » le drame de l'écrivain; aujourd'hui, plus justement, l'on prépare à Saint-Denys-Garneau sa vraie place, celle d'initiateur d'une poésie nouvelle, intime et personnelle, où les images et les rythmes se jouent librement des règles classiques.

REGARDS ET JEUX DANS L'ESPACE

Le jeu

Ne me dérangez pas je suis profondément occupé

Un enfant est en train de bâtir un village
C'est une ville, un comté
Et qui sait
      Tantôt l'univers.

Il joue

Ces cubes de bois sont des maisons qu'il déplace et des châteaux
Cette planche fait signe d'un toit qui penche ça n'est pas mal à voir
Ce n'est pas peu de savoir où va tourner la route de cartes
Cela pourrait changer complètement le cours de la rivière
À cause du pont qui fait un si beau mirage dans l'eau du tapis
C'est facile d'avoir un grand arbre
Et de mettre au-dessous une montagne pour qu'il soit en haut.

Joie de jouer! paradis des libertés!
Et surtout n'allez pas mettre un pied dans la chambre
On ne sait jamais ce qui peut être dans ce coin
Et si vous n'allez pas écraser la plus chère des fleurs invisibles

Voilà ma boîte à jouets
Pleine de mots pour faire de merveilleux enlacements
Les allier séparer marier,
Déroulements tantôt de danse
Et tout à l'heure le clair éclat du rire
Qu'on croyait perdu

Une tendre chiquenaude
Et l'étoile
Qui se balançait sans prendre garde
Au bout d'un fil trop ténu de lumière
Tombe dans l'eau et fait des ronds.

De l'amour de la tendresse qui donc oserait en douter
Mais pas deux sous de respect pour l'ordre établi
Et la politesse et cette chère discipline
Une légèreté et des manières à scandaliser les grandes personnes

Il vous arrange les mots comme si c'étaient de simples chansons
Et dans ses yeux on peut lire son espiègle plaisir
À voir que sous les mots il déplace toutes choses
Et qu'il en agit avec les montagnes
Comme s'il les possédait en propre.
Il met la chambre à l'envers et vraiment l'on ne s'y reconnaît plus
Comme si c'était un plaisir de berner les gens.

Et pourtant dans son œil gauche quand le droit rit
Une gravité de l'autre monde s'attache à la feuille d'un arbre
Comme si cela pouvait avoir une grande importance
Avait autant de poids dans sa balance
Que la guerre d'Éthiopie
Dans celle de l'Angleterre.

Nous ne sommes pas

Nous ne sommes pas des comptables

Tout le monde peut voir une piastre de papier vert
Mais qui peut voir au travers si ce n'est un enfant
Qui peut comme lui voir au travers en toute liberté
Sans que du tout la piastre l'empêche ni ses limites
Ni sa valeur d'une seule piastre

Mais il voit par cette vitrine des milliers de jouets merveilleux
Et n'a pas envie de choisir parmi ces trésors
Ni désir ni nécessité
Lui
Mais ses yeux sont grands pour tout prendre.

Spectacle de la danse

Mes enfants vous dansez mal
Il faut dire qu'il est difficile de danser ici

Dans ce manque d'air
Ici sans espace qui est toute la danse.

Vous ne savez pas jouer avec l'espace
Et vous y jouez
Sans chaînes
Pauvres enfants qui ne pouvez pas jouer.

Comment voulez-vous danser j'ai vu les murs
La ville coupe le regard au début
Coupe à l'épaule le regard manchot
Avant même une inflexion rythmique
Avant, sa course et repos au loin
Son épanouissement au loin du paysage
Avant la fleur du regard alliage au ciel
Mariage au ciel du regard
Infinis rencontrés heurt
Des merveilleux.

La danse est seconde mesure et second départ
Elle prend possession du monde
Après la première victoire
Du regard

Qui lui ne laisse pas de trace en l'espace
— Moins que l'oiseau même et son sillage
Que même la chanson et son invisible passage
Remuement imperceptible de l'air —
Accolade, lui, par l'immatériel

Au plus près de l'immuable transparence
Comme un reflet dans l'onde au paysage
Qu'on n'a pas vu tomber dans la rivière

Or la danse est paraphrase de la vision
Le chemin retrouvé qu'ont perdu les yeux dans le but
Un attardement arabesque à reconstruire
Depuis sa source l'enveloppement de la séduction.

Rivière de mes yeux

Ô mes yeux ce matin grands comme des rivières
Ô l'onde de mes yeux prêts à tout refléter
Et cette fraîcheur sous mes paupières
Extraordinaire
Tout alentour des images que je vois

Comme un ruisseau rafraîchit l'île
Et comme l'onde fluante entoure
La baigneuse ensoleillée

Pins à contre-jour

Dans la lumière leur feuillage est comme l'eau
Des îles d'eau claire
Sur le noir de l'épinette ombrée à contre-jour

Ils ruissellent
Chaque aigrette et la touffe
Une île d'eau claire au bout de chaque branche

Chaque aiguille un reflet un fil d'eau vive

Chaque aigrette ruisselle comme une petite source
Et s'écoule
On ne sait où.

Ils ruissellent comme j'ai vu ce printemps
Ruisseler les saules eux l'arbre entier
Pareillement argent tout reflet tout onde
Tout fuite d'eau passage
Comme du vent rendu visible
Et paraissant
Liquide
À travers quelque fenêtre magique.

Paysage en deux couleurs sur fond de ciel

La vie la mort sur deux collines
Deux collines quatre versants
Les fleurs sauvages sur deux versants
L'ombre sauvage sur deux versants.

Le soleil debout dans le sud
Met son bonheur sur les deux cimes
L'épand sur faces des deux pentes
Et jusqu'à l'eau de la vallée
(Regarde tout et ne voit rien)

Dans la vallée le ciel de l'eau
Au ciel de l'eau les nénuphars
Les longues tiges vont au profond

Et le soleil les suit du doigt
(Les suit du doigt et ne sent rien)

Sur l'eau bercée de nénuphars
Sur l'eau piquée de nénuphars
Sur l'eau percée de nénuphars
Et tenue de cent mille tiges
Porte le pied des deux collines
Un pied fleuri de fleurs sauvages
Un pied rongé d'ombre sauvage.

Et pour qui vogue en plein milieu
Pour le poisson qui saute au milieu
(Voit une mouche tout au plus)

Tendant les pentes vers le fond
Plonge le front des deux collines
Un de fleurs fraîches dans la lumière
Vingt ans de fleurs sur fond de ciel
Un sans couleur ni de visage
Et sans comprendre et sans soleil
Mais tout mangé d'ombre sauvage
Tout composé d'absence noire
Un trou d'oubli — ciel calme autour.

Autrefois

Autrefois j'ai fait des poèmes
Qui contenaient tout le rayon
Du centre à la périphérie et au-delà
Comme s'il n'y avait pas de périphérie mais le centre seul
Et comme si j'étais le soleil: à l'entour l'espace illimité
C'est qu'on prend de l'élan à jaillir tout au long du rayon
C'est qu'on acquiert une prodigieuse vitesse de bolide
Quelle attraction centrale peut alors empêcher qu'on s'échappe
Quel dôme de firmament concave qu'on le perce
Quand on a cet élan pour éclater dans l'Au-delà.

Mais on apprend que la terre n'est pas plate
Mais une sphère et que le centre n'est pas au milieu
Mais au centre
Et l'on apprend la longueur du rayon ce chemin trop parcouru
Et l'on connaît bientôt la surface
Du globe tout mesuré inspecté arpenté vieux sentier
Tout battu

Alors la pauvre tâche
De pousser le périmètre à sa limite
Dans l'espoir à la surface du globe d'une fissure,
Dans l'espoir et d'un éclatement des bornes
Par quoi retrouver libre l'air et la lumière.

Hélas tantôt désespoir
L'élan de l'entier rayon devenu
Ce point mort sur la surface.

Tel un homme
Sur le chemin trop court par la crainte du port
Raccourcit l'enjambée et s'attarde à venir
Il me faut devenir subtil
Afin de, divisant à l'infini l'infime distance
De la corde à l'arc,
Créer par ingéniosité un espace analogue à l'Au-delà
Et trouver dans ce réduit matière
Pour vivre et l'art.

Tu croyais tout tranquille

Tu croyais tout tranquille
Tout apaisé
Et tu pensais que cette mort était aisée

Mais non, tu sais bien que j'avais peur
Que je n'osais faire un mouvement
Ni rien entendre
Ni rien dire
De peur de m'éveiller complètement
Et je fermais les yeux obstinément
Comme un qui ne peut s'endormir
Je me bouchais les oreilles avec mon oreiller
Et je tremblais que le sommeil ne s'en aille

Que je sentais déjà se retirer
Comme une porte ouverte en hiver
Laisse aller la chaleur tendre
Et s'introduire dans la chambre
Le froid qui vous secoue de votre assoupissement
Vous fouette
Et vous rend conscient nettement comme l'acier

Et maintenant

Les yeux ouverts les yeux de chair trop grands ouverts
Envahis regardent passer
Les yeux les bouches les cheveux
Cette lumière trop vibrante
Qui déchire à coups de rayons
La pâleur du ciel de l'automne

Et mon regard part en chasse effrénément
De cette splendeur qui s'en va
De la clarté qui s'échappe
Par les fissures du temps

L'automne presque dépouillé
De l'or mouvant
Des forêts
Et puis ce couchant
Qui glisse au bord de l'horizon
À me faire crier d'angoisse

Toutes ces choses qu'on m'enlève

J'écoute douloureux comme passe une onde
Les chatoiements des voix et du vent
Symphonie déjà perdue déjà fondue
En les frissons de l'air qui glisse vers hier

Les yeux le cœur et les mains ouvertes
Mains sous mes yeux ces doigts écartés
Qui n'ont jamais rien retenu
Et qui frémissent
Dans l'épouvante d'être vides

Maintenant mon être en éveil
Est comme déroulé sur une grande étendue
Sans plus de refuge au sein de soi
Contre le mortel frisson des vents
Et mon cœur charnel est ouvert comme une plaie
D'où s'échappe aux torrents du désir
Mon sang distribué aux quatre points cardinaux.

Cage d'oiseau

Je suis une cage d'oiseau
Une cage d'os
Avec un oiseau

L'oiseau dans ma cage d'os
C'est la mort qui fait son nid

Lorsque rien n'arrive
On entend froisser ses ailes

Et quand on a ri beaucoup
Si l'on cesse tout à coup
On l'entend qui roucoule
Au fond
Comme un grelot

C'est un oiseau tenu captif
La mort dans ma cage d'os

Voudrait-il pas s'envoler
Est-ce vous qui le retiendrez
Est-ce moi
Qu'est-ce que c'est

Il ne pourra s'en aller
Qu'après avoir tout mangé
Mon cœur
La source du sang
Avec la vie dedans

Il aura mon âme au bec.

Accompagnement

Je marche à côté d'une joie
D'une joie qui n'est pas à moi
D'une joie à moi que je ne puis pas prendre

Je marche à côté de moi en joie
J'entends mon pas en joie qui marche à côté de moi
Mais je ne puis changer de place sur le trottoir
Je ne puis pas mettre mes pieds dans ces pas-là et dire voilà c'est moi

Je me contente pour le moment de cette compagnie
Mais je machine en secret des échanges
Par toutes sortes d'opérations, des alchimies,
Par des transfusions de sang
Des déménagements d'atomes par des jeux d'équilibre

Afin qu'un jour, transposé,
Je sois porté par la danse de ces pas de joie
Avec le bruit décroissant de mon pas à côté de moi
Avec la perte de mon pas perdu s'étiolant à ma gauche
Sous les pieds d'un étranger qui prend une rue transversale.

[POÈMES RETROUVÉS]

[Te voilà verbe]

Te voilà verbe en face de mon être un poème en face de moi
Par une projection par-delà moi de mon arrière-conscience
Un fils tel qu'on ne l'avait pas attendu
Être méconnaissable, frère ennemi.
Et voilà le poème encore vide qui m'encercle

Dans l'avidité d'une terrible exigence de vie,
M'encercle d'une mortelle tentacule,
Chaque mot une bouche suçante, une ventouse
Qui s'applique à moi
Pour se gonfler de mon sang.

Je nourrirai de moelle ces balancements.

[C'est eux qui m'ont tué]

C'est eux qui m'ont tué
Sont tombés sur mon dos avec leurs armes, m'ont tué
Sont tombés sur mon cœur avec leur haine, m'ont tué
Sont tombés sur mes nerfs avec leurs cris, m'ont tué

C'est eux en avalanche m'ont écrasé
Cassé en éclats comme du bois

Rompu mes nerfs comme un câble de fil de fer
Qui se rompt net et tous les fils en bouquet fou
Jaillissent et se recourbent, pointes à vif
Ont émietté ma défense comme une croûte sèche
Ont égrené mon cœur comme de la mie
Ont tout éparpillé cela dans la nuit

Ils ont tout piétiné sans en avoir l'air,
Sans le savoir, le vouloir, sans le pouvoir,
Sans y penser, sans y prendre garde
Par leur seul terrible mystère étranger
Parce qu'ils ne sont pas à moi venus m'embrasser

572

Ah! dans quel désert faut-il qu'on s'en aille
Pour mourir de soi-même tranquillement.

[On dirait que sa voix]

On dirait que sa voix est fêlée
Déjà?
Il rejoint parfois l'éclat du rire
Mais quand il est fatigué
Le son n'emplit pas la forme
C'est comme une voix dans une chaudière
Cela s'arrête au milieu
Comme s'il ravalait le bout déjà dehors
Cela casse et ne s'étend pas dans l'air
Cela s'arrête et c'est comme si ça n'aurait pas dû commencer
C'est comme si rien n'était vrai
Moi qui croyais que tout est vrai à ce moment
Déjà?
Alors, qu'est-ce qui lui prend de vivre
Et pourquoi ne s'être pas en allé?

[Il y a certainement]

Il y a certainement quelqu'un qui se meurt
J'avais décidé de ne pas y prendre garde et de laisser tomber
    le cadavre en chemin
Mais c'est l'avance maintenant qui manque et c'est moi
Le mourant qui s'ajuste à moi.

[Après les plus vieux vertiges]

Après les plus vieux vertiges
Après les plus longues pentes
Et les plus lents poisons
Ton lit certain comme la tombe
Un jour à midi
S'ouvrait à nos corps faiblis sur les plages
Ainsi que la mer.

Après les plus lentes venues
Les caresses les plus brûlantes
Après ton corps une colonne
Bien claire et parfaitement dure
Mon corps une rivière étendue et dressé pur jusqu'au bord de l'eau.

Entre nous le bonheur indicible
D'une distance
Après la clarté du marbre
Les premiers gestes de nos cris
Et soudain le poids du sang
S'écroule en nous comme un naufrage
Le poids du feu s'abat sur notre cœur perdu

Après le dernier soupir
Et le feu a chaviré l'ombre sur la terre
Les amarres de nos bras se détachent pour un voyage mortel
Les liens de nos étreintes tombent d'eux-mêmes et s'en vont
        à la dérive sur notre couche
Qui s'étend maintenant comme un désert
Tous les habitants sont morts
Où nos yeux pâlis ne rencontrent plus rien
Nos yeux crevés aux prunelles de notre désir
Avec notre amour évanoui comme une ombre intolérable
Et nous sentions notre isolement s'élever comme un mur impossible

Sous le ciel rouge de mes paupières
Les montagnes
Sont des compagnes de mes bras
Et les forêts qui brûlent dans l'ombre
Et les animaux sauvages
Passant aux griffes de tes doigts
Ô mes dents
Et toute la terre mourante étreinte

Puis le sang couvrant la terre
Et les secrets brûlés vifs
Et tous les mystères déchirés
Jusqu'au dernier cri la nuit est rendue

C'est alors qu'elle est venue
Chaque fois
C'est alors qu'elle passait en moi
Chaque fois
Portant mon cœur sur sa tête
Comme une urne restée claire.

[Et je prierai ta grâce]

Et je prierai ta grâce de me crucifier
Et de clouer mes pieds à ta montagne sainte
Pour qu'ils ne courent pas sur les routes fermées

Les routes qui s'en vont vertigineusement
De toi
Et que mes bras aussi soient tenus grands ouverts
À l'amour par des clous solides, et mes mains
Mes mains ivres de chair, brûlantes de péché,
Soient, à te regarder, lavées par ta lumière
Et je prierai l'amour de toi, chaîne de feu,
De me bien attacher au bord de ton calvaire
Et de garder toujours mon regard sur ta face
Pendant que reluira par-dessus ta douleur
Ta résurrection et le jour éternel.

[Un bon coup de guillotine]

Un bon coup de guillotine
Pour accentuer les distances

Je place ma tête sur la cheminée
Et le reste vaque à ses affaires

Mes pieds s'en vont à leurs voyages
Mes mains à leurs pauvres ouvrages

Sur la console de la cheminée
Ma tête a l'air d'être en vacances

Un sourire est sur ma bouche
Tel que si je venais de naître

Mon regard passe, calme et léger
Ainsi qu'une âme délivrée

On dirait que j'ai perdu la mémoire
Et cela fait une douce tête de fou.

MONOLOGUE FANTAISISTE SUR LE MOT

Je me suis éveillé en face du monde des mots. J'ai entendu l'appel des mots, j'ai senti la terrible exigence des mots qui ont soif de substance. Il m'a fallu les combler, les nourrir de moi-même. J'ai été comme un enfant assis qui écoute des contes; et les contes sont parfaits. Ils ne sont pas qu'un bruit à nos oreilles pour l'accompagnement de nos rêves; la stature de leurs habitants est parfaite, et leurs fées ont, toutes bonnes qu'elles peuvent sembler dans leur merveille, une furieuse, insatiable exigence de leurs sœurs fées qui sont en nous. Hélas! tant de dialogues meurent avant la fin et une voix continue à psalmodier dans l'absence qui s'épaissit.

Apparaît le ciel des mots comme aux enfants l'univers merveilleux des contes.

Le mot n'est plus une chose vide, dont on se sert, qu'on emplit à mesure, à sa mesure. Le monde des mots est une région au-dessus comme du monde, où le monde est assumé dans l'intelligible. Le mot contient toute une culture, toute une réflexion. Il n'est pas à lui seul une connaissance, mais le signe d'une connaissance. D'où sa terrible exigence. On n'est pas en face d'un mot comme d'un simple instrument d'expression, de désignation matérielle. Mais en face d'un dieu qui sait ce que nous ne savons pas. Ainsi, on dit: « j'ai découvert un mot » avec la joie neuve d'un enfant qui trouve une fée pour sœur. Qui ne veut pas dire qu'on ait trouvé le nom de tel assemblage de matière ou tel rapport intellectuel, mais qu'un mot nous est apparu tout à coup en un moment vivant, substantiel, avec toutes les possibilités de ses rapports au monde, dans sa souplesse et sa plénitude, lourd de sens: maintenant un être vivant dans le monde pour nous, un de ceux dont nous avons reconnu l'âme et dont la voix, de vague qu'elle était, a pris une prochaine sonorité à notre esprit.

Le rapport est très étroit entre le mot et la culture. Aussi, la culture est très mal comprise, le mot étant très mal traité. Mon ami Calembourgeois, homme délicat par ailleurs, que je rencontrai comme il sortait d'un salon, me cria, les doigts dans les oreilles: « Ô temps humanitaires et animalitaires! sociétés protectrices de toutes sortes, après tant de cimetières pour les animaux, n'en créerez-vous pas un pour les inanimés-mots? Pauvres beaux mots assassinés, par nous aussi, je m'en accuse; nés de notions vivantes vous voilà tous affadis, à cause, pour une bonne part, des parvenus intellectuels (*l'instruction répandue!*) qui les emploient hors la vie, dans une région exsangue qui n'a plus aucun rapport à la réalité, à la réalité de ces notions, parce que ces notions n'ont aucun rapport à la réalité de ces vies. On se sert des mots comme on se sert de sa machine: cela marche! On prend possession de tout, tout est accessible à tous. J'ai l'impression de voir un magnifique carrosse dont la portière s'ouvre pour laisser passage à un chien galeux. Ah! vraiment, je m'en vais lire. »

Et malgré tout, le mot conserve sa figure intacte et comme divine. Étant en haut placé, on ne lui fait pas tort en ne l'atteignant pas. Seuls les hauts esprits ont un certain droit sur lui; ils lui donnent une forme plus parfaite, l'agrandissent, le surélèvent. Après leur passage, le mot n'est plus le même. Il conserve la perfection qu'ils lui ont donnée.

La culture, ou un certain rapport, consiste en la connaissance du mot, de son contenu à travers les siècles, connaissance qui suppose une aptitude personnelle, un terrain cultivable correspondant à ce contenu. L'humaniste est celui qui connaît le mot, qui a empli le mot d'un contenu humain plus ou moins personnel et expérimenté, plus ou moins reçu et assimilé. Et l'humaniste est plus ou moins poète.

Le poète ne fait pas que connaître le mot: il le reconnaît. Il y a entre lui et le mot une certaine fraternité, communication vivante, une correspondance par où il le possède. Et ce chemin vivant jusqu'à trouver le mot, c'est ce qu'on appelle le goût; et le goût consiste premièrement à avoir du goût pour quelque chose, c'est-à-dire qu'il est une aptitude intime à reconnaître. Le poète reconnaît le mot comme sien. Il est libre du mot pour en jouer. Il joue de tout par le mot. Le mot est l'instrument dont il joue pour rendre sensible le jeu qu'il fait de toutes choses.

Le poète est libre du mot parce qu'il le possède, parce que le mot est lui-même en quelque sorte. Il ne le déforme pas, mais possède sa forme d'unique façon. Et quand il dit *oiseau* il peut n'avoir aucun souvenir d'oiseau, aucun autre modèle que cette part en lui de lui-même qui est oiseau et qui répond à l'appel de son nom par un vol magnifique en plein air et le déploiement vaste de ses ailes.

Le poète possède le mot parce que maintenant à l'intérieur de ce mot il y a une anse à lui seul par où le prendre; parce que, entre lui et le mot, se trouve un lien à lui seul par où le saisir et le balancer, en jouer.

Le mot pour lui s'élève à la dignité de parole. *Mot* est sans résonance. *Parole* est rond et plein et semble ne devoir jamais épuiser la grâce de son déroulement sonore. C'est un chant à soi seul et le signe d'un chant, quelque chose qui se livre et se déroule. Il n'arrive pas souvent qu'on entende une parole mais quand cela vient on dirait que le monde s'ouvre. La Parole brise la solitude de toutes choses en les rapportant à un lieu qui est le prisme présent.

Et c'est le mystère du poème. Le mot qui enveloppait tout se voit alors haussé à être enveloppé tout par le poème, c'est-à-dire un réseau de fils invisibles, de rayons dont le poète est le *lieu*.

JOURNAL

Notes sur le nationalisme

Rencontré ce soir chez Claude, Charbonneau qui veut définir dans une manière de manifeste les positions de *la Relève* en matière de nationalisme.

Qu'est-ce que le nationalisme?

C'est une façon d'envisager les problèmes par rapport à la nation.

Quels problèmes peuvent être légitimement envisagés sous cet angle, et jusqu'à quel point?

L'économie, il est impossible, à leur dire (Robert et Robert) de l'envisager sous cet angle. Cela reviendrait à transporter la richesse des capitalistes anglais aux capitalistes canadiens-français, par quoi l'état du peuple, de la nation ne serait pas amélioré. (Même si cela donnait de l'argent aux C[anadiens]-F[rançais] pour encourager la culture; car il est avéré que, ayant l'argent, ils se referment sur la jouissance et la sécurité qu'ils en tirent.)

Une politique nationaliste. Qu'est-ce que cela donnerait? Un boycottage politique des Anglais. Et après? Ce qu'il nous faudrait c'est un gouvernement non pas nationaliste mais simplement honnête. Et pour que l'État ait toutes les initiatives? Cette centralisation ne serait bonne à rien. (Je n'y vois pas grand-chose d'ailleurs, pour ma part.)

Il reste les problèmes de culture. Est-ce que la culture peut être envisagée sous l'angle nationaliste? Il me semble que non. La culture est chose essentiellement humaine dans son but, elle est essentiellement humaniste. Faire des Canadiens français est une notion qui a peut-être cours mais qui n'a aucun sens. Elle est même à contresens et contre nature. On peut prendre conscience de soi pour se donner, se parfaire: mais non pas pour se *parfaire* SOI, mais bien pour se *parfaire* HOMME. D'ailleurs on devient soi non pas tant en se cherchant qu'en agissant. Tout mouvement vers soi est stérile. Et surtout je crois pour un peuple. Un peuple se fait en agissant, en créant, c'est-à-dire en communiquant. Il prend conscience de soi dans la communication. Depuis le temps qu'on attend le créateur, le poète, qui donnera au peuple C. F. son image. Il viendra à son heure sans doute et quand la substance du peuple sera assez forte et réelle, et assez unique, différenciée de toute autre pour inspirer d'une façon puissante le génie attendu. Car le génie n'est pas le produit d'un peuple. Toutefois il participe à sa culture, son ambiance; et étant plus proche de ce peuple, c'est lui qu'il verra le mieux et pourra le mieux rendre. Le peuple, la nation ici joue rôle de matière. Quant à une façon de concevoir canadienne-française à laquelle participerait l'artiste canadien-français, je ne vois rien encore dans ce sens, et je ne crois pas que cela soit prêt de se manifester d'une façon très définie. Il appartiendra donc à ce créateur de présenter au peuple son visage reconnaissable et idéal. Cela l'aidera sans doute à prendre conscience de soi, à exister. Mais cela sera le signe que ses traits sont accusés et non pas le signe selon lequel accuser ses traits. Encore une fois, toute cette mystique rétroactive me semble contre nature, stérile et stérilisante.

(Cette façon de concevoir, est-ce une façon d'envisager les problèmes, la vie? Chacun en diffère. Mais y aurait-il un résidu selon quoi chacun pour obtenir des résultats différents passerait par certains processus communs? Je ne saurais dire s'il existe rien de tel ici. En tout cas il ne me semble pas qu'une recherche de ce fonds commun et spécifiquement C. F. soit bien féconde. De plus je vois difficilement qu'on puisse baser une culture sur quelque chose d'aussi difficile à saisir. Et il est inadmissible de diriger la culture vers une accentuation de ces traits individualistes.)

La culture a donc un sens de perfectionnement humain. Elle est essentiellement humaniste. Elle veut faire des hommes et non pas des Canadiens français. Il n'y a pas ici opposition, mais seulement une distinction de priorité de valeur, de direction. Faire des hommes avec des C. F. et non pas des C. F. avec des hommes. On prétend bien en faisant des C. F. faire des hommes plus hommes. Mais toute méthode qui n'est pas proprement dirigée vers l'humain a peine à n'être pas restrictive et de courte vue. Ainsi toute l'éducation historique et nationaliste.

La nation C. F. me semble donc devoir être considérée par rapport à la culture comme un donné. Un donné que la culture humaniste (dans le sens d'humaine et non pas d'élite lettrée) doit élargir à l'humain.

Tout l'effort, me semble-t-il, tout le problème consiste à libérer l'humain (non pas libérer le C. F.). D'ailleurs, cela ne tend pas à faire des êtres uniformes et à enlever à la Nation C. F. ses traits caractéristiques; au contraire, si cela efface ses traits déformants, ses défauts et tout le restrictif, si cela tend à la vie pleine, à la libération de la vie, les communications plus véritables, plus saines et simples et vivantes avec le milieu (nature, travail, etc.) laisseront ces traits essentiels s'accuser avec plus de caractère, plus de fermeté. Ce sera un peuple vraiment soi pour communiquer franchement avec d'autres peuples.

Mais dans une œuvre qui tendrait à cultiver la Nation C. F., à libérer l'humain dans notre peuple, il faut tenir compte de ce donné qu'est la nationalité. Et c'est là que se place l'équivoque. Certains réduisent tout à ce donné, veulent inclure tout ce donné dans ses caractéristiques nationales (d'où prêche nationaliste qui ignore l'humain, et moyens courts et inefficaces) alors qu'il importe de tenir compte dans ce donné de l'humain, c'est-à-dire de tout ce qui ouvre et non de ce qui ferme en tâchant de définir.

C'est-à-dire qu'il faut tenir compte du donné essentiel humain dans le but de le libérer, et des conditions où ce donné se trouve pour choisir les méthodes pour sa libération.

Maintenant, ces conditions prennent plusieurs aspects. Il y a la nationalité C. F. qui affecte ce donné humain. Puis il y a ses conditions économiques, conditions de vie, de travail, d'état.

Une action, pour être efficace, suppose donc une connaissance des conditions où se trouvent ceux auxquels elle s'adresse. Mais ici encore la considération de l'aspect C. F. de ces conditions ne me semble pas un guide profond pour agir. Ce que nous voudrions améliorer, par exemple, c'est la condition de l'ouvrier, non pas en tant que C. F. mais en tant qu'ouvrier. Et ainsi pour le paysan. À moins que le problème ouvrier et paysan n'offre un aspect proprement C. F. Et ainsi certaines justes revendications prendraient un caractère proprement nationaliste, d'un frère qui réclame justice pour un frère qu'on exploite.

Ainsi il y aurait en effet un certain aspect proprement C. F. de la question qui légitimerait une attitude nationaliste. Cela consisterait surtout à s'unir pour certaines revendications. Le terrain d'entente pour ces revendications serait proprement C. F. donc nationaliste. (Ceci surtout pour l'emploi des C. F. et leur accession à des positions plus hautes, plus rémunératrices.)

Mais notre action qui veut envisager la vie de notre patrie, *la* vie et *notre* vie dans le milieu où la Providence nous a placés veut être plus profonde et plus radicale. Et de ce point de vue, le problème humain déborde de partout le problème national. Ce n'est pas en tant que national qu'il nous sollicite le plus profondément, mais en tant qu'humain. Et c'est par des moyens humains qu'on pourra remédier aux maux de nos compatriotes et non aux maux humains par des moyens nationalistes. Car le mal dépasse la notion de national, il est humain, et seuls peuvent le vaincre des moyens humains.

Est-ce que nos maux sont nationaux? Non pas. Ils peuvent nous être plus particuliers mais ce sont des défauts humains qui affectent les C. F. Il y faut des remèdes pleinement humains.

Ainsi le grand problème de l'éducation nationale. Qu'est-ce que l'éducation nationale? Est-ce une éducation pour créer une nation selon le type C. F.? Et alors la présentation au peuple de certains types, de certaines formules, d'une mystique nationale. Est-ce que cela donne au peuple la

conscience de faire partie d'une nation? Et puis, ensuite? Même, cette éducation peut-elle exister sans un sens restrictif?

Dès qu'on parle d'éducation, il semble que le mot national tombe de
lui-même comme inadéquat. La matière qui nous est offerte est pleinement
humaine, et dès que l'attention dévie sur le national il semble que l'équilibre
est rompu en faveur de l'immédiat et perd tout de suite de sa profondeur,
c'est-à-dire qu'on n'en touche plus le fond. Est-ce que des éducateurs formés
dans le sens du national ne risquent pas d'avoir l'esprit vite arrêté, de ne pas
voir les problèmes dans toute leur ampleur, qui est humaine?

En tout cas, actuellement, la réalité en péril nous sollicite dans toute son
ampleur. Le problème qui se pose est humain en son fond. C'est en cherchant
l'humain, les valeurs humaines et la justice humaine que nous pourrons y
apporter quelque chose. Nous considérons l'état humain de la nation.

Le problème et la solution sont humains, avec un corollaire de bien
secondaire importance dans le sens nationaliste.

Il faut distinguer ce qui dans notre problème est proprement national et
humain. Ce à quoi il faut apporter remède humain et non national. Ce où
une action nationale est nuisible. Ce où elle est inadéquate. Ce où elle est
admissible.

Le mauvais pauvre va parmi vous
avec son regard en dessous

Il rôde autour de vos richesses et s'introduit dans vos bonheurs par effraction.
Il voudrait se rassasier par ses yeux de votre joie. Est-ce qu'à la savoir il va
l'avoir? C'est un pauvre irrémédiable. Il a beau s'épuiser par des escaliers
de service pour entrevoir de plus près vos trésors, il y a un trou en lui par
où tout s'échappe, tous ses souvenirs, tout ce qu'il aurait pu retenir. C'est
comme un mendiant aux yeux mauvais qui interrogent, qui demandent servilement, sans fierté; vous lui offrez quelque chose et son regard s'allume de
convoitise, mais sa besace est percée. Peut-être qu'avec tout cela il aurait pu
se faire une espèce de festin; mais dès qu'il s'arrête pour un repas, il n'a
plus rien. Il le sait bien à l'heure qu'il est, mais que voulez-vous qu'il fasse?
Il a envie, c'est tout ce qu'il a, peut avoir: c'est sa vie.

C'est un pauvre et c'est un étranger, c'est-à-dire qu'il n'a rien, rien à
échanger: un étranger. Mais il ne joue pas franc jeu, il veut prendre part.
Prendre part à votre vie, joie ou douleur. C'est un imposteur. De quels habits
ne se revêt-il pas; habit d'ami, de collaborateur, de correspondant, etc. Il vole
quelque chose ici pour le porter là, mais c'est un commerce épuisant, d'autant
plus qu'il en perd la moitié en chemin, qu'il est toujours à moitié vide, au
moins. Il ne peut rien retenir, on le sait: c'est un pauvre irréparable.

À l'heure qu'il est chacun sait qu'il est un imposteur, tous les habits
sont usés, toutes les contenances. Comme on dit: il a perdu contenance. Il
suffit de le regarder, il perd contenance, sa forme de toutes parts cède comme
un sac de papier gonflé d'air, il devient tout flasque et son regard épouvanté
cherche dans tous les coins de la chambre un trou de rat par où se glisser et

fuir à toutes jambes jusqu'à dormir d'épuisement. Ça se comprend: il est pris en flagrant délit de pauvreté dans un habit volé en guise de cuirasse pour tenir debout.

Alors, qu'est-ce qu'on va faire de lui? C'est la question, c'est le problème. Vous, les riches, qu'allez-vous en faire, de ce pauvre irréparable, qui, par en plus, est étranger et, par en plus, est imposteur? Et lui-même se le demande, qu'est-ce qu'on peut faire à son sujet? Impossible de le garder avec vous bien longtemps, même avec la meilleure volonté. Quand on l'a vu se dégonfler une fois, cela devient un malaise insupportable de l'avoir parmi vous. On se met à parler un peu plus fort et plus distinctement que ne voudrait le naturel; les regards sont trop indifférents; on sent une contrainte. Chacun au fond, appréhende: « Est-ce qu'il va se dégonfler? » Et lui-même est dans la pire angoisse, le souffle oppressé, tout tendu à garder sa contenance, à ne pas perdre contenance. Dans ces conditions, l'existence est impossible pour tout le monde.

Pourquoi lui-même, qui souffre bien le plus dans toute cette machine mal arrangée, pourquoi ne s'en va-t-il pas? Il passe ici bien des étrangers, pourquoi celui-ci demeure-t-il? Il est vrai que les étrangers qui passent s'en vont à leur affaire alors que celui-ci, étant pauvre, n'a pas d'affaire où aller.

« En somme, c'est cette imposture et cette manie de détournements de fonds ou plutôt d'apparences, à son profit (dont il ne tire aucun profit, il le sait bien) qui complique toute l'affaire. S'il pouvait être lui-même, on pourrait le supporter, l'admettre. » Et lui-même est de cet avis (le plus étrange de cette affaire, c'est que tous y sont du même avis) mais c'est là la difficulté du problème: comment le pauvre pourrait-il être lui-même? Comme il le fait remarquer, c'est de la contradiction dans les termes. Si le pauvre était quelque chose, avait une identité distinguée, il ne serait pas le pauvre: il aurait quelque chose, ses yeux, ses mains, ses oreilles, et par là toute la terre; ses yeux, ses mains et ses oreilles lui appartiendraient en propre et ne seraient plus les vains instruments de son envie, la gueule ouverte de son bissac percé. Il aurait son cœur et sa souffrance, une bonne franche blessure qui saigne comme tout le monde, une plaie suffisamment mortelle à refuser ou accepter, il pourrait lutter pour ou lutter contre. Il ne serait pas le pauvre irréparable que l'on sait, qui ne peut avoir que l'envie d'avoir.

« Eh! bien, mon Dieu, disent les riches, qu'il s'en aille. Ce qui est certain, c'est qu'il ne peut rester. Nous ne pouvons rien lui valoir de terrestre. » Et ce ne sont pas ici les mauvais riches, les riches qui gardent leur richesse, l'amassent. Ce sont les riches dont les trésors sont tout ouverts, et qui peuvent en toute honnêteté remercier Dieu de leurs richesses et l'en louer. Et, comme dit le pauvre, ils ont raison, parfaitement. Il faut que je m'en aille.

C'est alors qu'entre en jeu l'étrange idée de l'épine dorsale. Il avait eu déjà l'idée des os, mais elle n'était sans doute pas pure. Cette idée des os consistait à se dépouiller de la chair à laquelle on ne peut jamais se fier, par exemple de ce masque qui ne cesse de nous trahir au moment où l'on s'y attend le moins. Par exemple, il fait un beau jour de printemps: on croit croire à cette beauté du printemps, aimer cette beauté du printemps et une certaine joie modèle notre face. On se réjouit secrètement de pouvoir enfin arborer sincèrement une contenance. On se promène ainsi avec sa figure au vent comme un joyeux drapeau comme disant: J'ai droit d'avoir de la joie; voyez, j'ai de la joie! Mais quelqu'un vous rencontre, peut-être seulement un passant sur la rue, et vous regarde d'un air entendu, d'un air de ne pas y croire, à votre joie (et il a raison). Sans doute une certaine inquiétude restait accrochée à vos yeux malgré tout le déploiement d'illumination que vous aviez répandu sur votre figure. Alors, votre sourire se fige, tremble, un muscle de votre joue s'agite, tressaille, se crispe, et votre face n'est plus qu'une grimace horrible, un lambeau immonde que vous voudriez arracher et jeter rageusement dans une ornière. Non, vous n'aviez pas de joie pour la peine d'en parler; à peine un frisson insignifiant à quoi vous n'eussiez pas dû croire, à propos duquel surtout vous n'auriez pas dû en faire accroire. Mais, enfin, il vous fallait bien faire figure d'une façon quelconque, se choisir une figure pour traverser sans trop souffrir toute cette multitude de figures sur les rues, figures fermes, décidées, motivées (pas toutes, mais ce sont celles qu'on voit, les plus importantes parce qu'elles peuvent vous faire mal). On n'est pas pour s'en aller avec les yeux pendants dehors et la face informe que le moindre choc, la moindre peur, la moindre angoisse du désir ou de l'impuissance va décomposer et qui livrera à tous votre misère. Alors, il faut choisir une expression définie, selon le moment, qui ramasse un peu les muscles, affermisse le masque sur les os et l'empêche de glisser à la dérive. Mais puisque de toute façon votre face a chaviré et vous a trahi, on a pensé qu'il serait bon de se dépouiller de cette apparence encombrante et d'être réduit à la simple dureté des os, au silence des os. On aurait beau vous interroger des yeux pour savoir si vous avez droit de vivre, vous n'auriez besoin de rien répondre; on n'a pas besoin de justifier ses os. (On n'a pas pensé à ce moment au tremblement, à l'épouvante que ça serait tout à coup d'entendre se choquer ses genoux et ses doigts.)

Mais cette idée a passé. Elle n'était sans doute pas suffisamment profonde, cherchant encore l'apparence, cherchant à échapper à l'apparence encombrante de sa face de chair. Maintenant, c'est l'idée de l'épine dorsale avec cette impression en plus d'une hache qui (sans douleur) en détache les côtes, l'impression d'être ébranché. Ce n'est pas une idée qu'il s'est faite. C'est une idée venue du dehors, une impression physique. Cela s'est emparé de lui comme si ça se faisait réellement. Il s'assoit dans sa pauvreté, dans son épuisement complet, son désert. C'est sur une chaise, dans sa chambre. Alentour, rien à quoi s'appuyer, s'attacher: l'espace épouvantable s'étend à l'infini de tous côtés. Toute sa force est pour se tenir dressé. Il pense à se laisser crouler, se laisser aller de tout son long par terre. Mais on ne peut pas; on ne sait pourquoi, il n'y a pas moyen. Cela continuerait, cela serait à recommencer. Après un temps insupportable on s'endormirait peut-être. Mais un beau matin on se réveille et c'est la même chose. Tout est pareil, tout en est au même point jusqu'à hurler d'horreur. Il n'y a pas moyen, c'est impraticable. Il faut en finir de quelque façon. Mourir ne finit rien, ne résout rien; mourir laisse tout en suspens: Tout reste pareil, tout continue ailleurs de la même façon. C'est impossible.

Il ne peut pas se laisser crouler. Il sait qu'il ne peut pas oublier ce quelque chose qui reste en lui dressé, qui ne se laisse pas courber, où qu'il aille pour l'oublier, peut-être pour essayer de le détruire. Il ne sait pas ce que c'est. C'est la vie, c'est peut-être une espèce de loi de la vie, une loi de sa vie, une exigence verticale qu'on n'a pas moyen de faire taire, d'effacer. Et ainsi toute sa force est obligée de se ramasser, se crisper pour le tenir dressé, assis sur sa chaise au milieu de sa désolation sans borne. Toute sa force est ramassée en lui comme ce nœud de muscles sur son front, à la racine de son nez, ce nœud qui tire toute la chair des sourcils en cette boule, ce réseau inextricable d'entêtement et d'interrogation, de blessure et d'insatisfaction, butée là comme un dernier obstacle et refus à l'obscurité des yeux désolés, là au bas et au milieu du front qui s'en va en petites bosses sans aucun sens, s'enfuit, se perd, on ne sait où là-haut, à la recherche semble-t-il d'une auréole chimérique de gloire, de certitude.

Et pendant qu'il est assis là, attentif à sa désolation, il sent petit à petit s'accentuer ces heurts à la base des côtes, au long de l'épine dorsale, il sent que des êtres sont là, armés de haches, qui l'ébranchent. C'est comme un soulagement. Maintenant il sera réduit à ce seul tronc vertical, franchement nu. C'est, comme il dit, sa dernière expression. La seule acceptable, la seule qu'on est sûr qui ne ment pas. Il sera dépouillé de ses serres, des côtes qui retiennent son cœur enfermé. Il sera dépouillé de cet habit, de cette circonférence où son attention sans cesse voyage et se perd et s'épuise. Il n'aura plus rien à défendre. Il ne sera plus en proie à cette méchante soif tapie au creux de sa poitrine, son envie.

Etc.

Dimanche, 26 juin 1938

L'histoire de l'arbre, de l'amour de l'arbre. Je m'y rapporte parce qu'elle est faite. Aimer l'arbre, vouloir avoir l'arbre, vouloir le posséder, et ça ne se fait pas. Ça se fait-il? Y en a-t-il qui contemplent sans se fatiguer (ils sont fatigués parfois, mais pas fatigués *de* ce qu'ils contemplent)? Il y en a sans doute. J'en connais. Y en a-t-il? Peut-être. Moi, je suis fatigué maintenant avant de commencer. Comment peindre alors? Je ne suis pas un contemplatif. Je suis contemplatif peut-être plus qu'autre chose, mais je suis si faible, ma réalité est si insignifiante (sans amertume ce soir) que tout est mort d'avance et je m'en vais.

L'histoire de l'arbre, et on ne peut pas l'avoir. (Moi toujours.) Alors, le cri du sexe. Je me rappelle que, souvent, m'étant adonné de toute mon avidité à l'amour des arbres, de la nature, tout à coup c'est la femme que je voulais. C'était un chemin au désir charnel. La femme est couronne de la nature, ô bel amour, et aussi le dernier échelon quand elle n'est plus pour nous que la réponse à notre désir désespéré, l'objet de la possession désespérée. C'est pour dire que la femme alors devenait pour moi une sorte de compensation désespérée. Mon désir déchaîné, avidité déchaînée ne trouvant pas à posséder adéquatement se réfugiait tout à coup tout entier dans le sexe. C'est pour dire que le sexe est la dernière forme de l'amour, et que si le désir n'est pas alimenté et comblé par une forme plus pure, il s'y réfugie tout entier. Dans un amour complet, équilibré, ordonné, le sexe est le dernier échelon, un dénouement charnel, mais non un poids. Dans un amour pauvre, désordonné (non conforme aux réalités données) le sexe est l'abîme du désespoir, la possession coûte que coûte, dans l'anéantissement, la démission, la déperdition. Dans la condition charnelle de l'homme (c'est-à-dire non pas ange) est-ce que la sexualité n'affecte pas toutes nos amours (sauf les plus hautes, toutes spiritualisées)? (Le psalmiste dit: « Ma chair languit de désir après Vous. »)

En tout cas, il est un des pôles de l'homme, un de ses mystères, un des secrets intimes de l'être qu'on connaît. Les trop avides des secrets des êtres (peut-être seulement les voleurs de secrets) arrivent au sexe, c'est-à-dire que le sexe pour eux chez les êtres vient à les fasciner. Peut-être est-ce seulement pour ceux qui n'ont pas alimenté leur amour par le don, qui ont cultivé la seule avidité. Le sexe, un centre de l'homme; l'amour, s'il n'est pas comblé ailleurs, et j'entends par là alimenté par une communication, engagé par un don complet personnel s'y résorbe; en désespoir. (Amour, besoin d'avoir.) La [vie] sexuelle est un mode de la possession (possession = con-fusion).

Donc, à propos de ce cri du sexe, avidité sexuelle, après une tentative de contemplation, c'est-à-dire de possession par l'esprit, par l'âme. Et l'esprit n'est pas satisfait, et l'âme n'est pas satisfaite. Elle ne possède pas suffisamment (pas en nombre mais en qualité: sa possession n'est pas suffisante), l'amour qu'elle a n'est pas assez grand, elle se plaint de la petitesse de son amour, de l'épuisement où est son amour. (Sa faculté de posséder par la contemplation ne lui fut pas donnée assez grande pour la mesure de son avidité (alors entre, comment exactement? dans cette architecture l'esprit de pauvreté) ou elle ne sait pas s'y maintenir et les exalter et les faire fructifier.) Alors toute l'avidité de la personne tombe dans le sexe. La personne se laisse sombrer au désespoir du sexe.

Mais, est-ce que, en réalité, son amour était insuffisant ou la chose possédée insuffisante? Est-ce que chaque chose n'est pas suffisante à l'amour et que l'amour, à mesure qu'il se hausse et se purifie n'aime pas en elle quelque chose de plus haut et de plus pur? Et ce serait l'amour, finalement qui serait insuffisant, notre amour, cet amour-ci. *Quant à moi*, je le pense, que c'est l'amour qui fait défaut. Est-ce que c'est l'objet qui ferait défaut à notre amour? Tout objet n'est-il pas adorable sous un certain rapport (pour saint François par exemple)? Encore, à mesure que notre amour s'élève, s'offre à lui un objet plus élevé. Et l'Amour, enfin, ce n'est pas seulement le désir de posséder, c'est le Désir et c'est l'Objet du Désir, et c'est la Possession elle-même. Mais le centre, c'est la possession, c'est le bonheur d'être ensemble, c'est la communion, c'est la con-fusion. L'Amour, n'est-ce pas cela? Et c'est cela qui est insatisfaisant, qui n'est pas parfait, qui ne se réalise pas de façon à nous combler (quant-à-moi) de façon même à me permettre de vivre, subsister. (Est-ce que c'est ainsi pour tous? pour plusieurs? pour lesquels? De quoi cela dépend-il?) Alors, on se demande, ce centre étant insuffisant, si c'est à cause du désir, si le désir fait défaut de quelque façon, par sa qualité, sa continuité, etc., ou si c'est à cause de l'objet, par exemple si c'est la nature qui n'est pas assez aimable (belle) pour nous. N'est-ce pas nos modes d'aimer qui sont insuffisants, nos façons de posséder imparfaites, nos moyens pour réaliser notre désir insuffisants? Par exemple, cette possession intellectuelle, et cette possession esthétique, et cette possession charnelle. On n'arrive pas à avoir, on n'arrive pas à être ensemble. C'est le désespoir.

[Conclusion hâtive] Alors, c'est cet amour même, cette façon de posséder qu'il faut modifier. Dieu seul peut nous rendre capables de Lui-Même, c'est-à-dire de tout, et changer notre désespoir en espérance réelle.

Et alors, ce cri du sexe, c'est le signe, le plus bas, mais signe de l'amour. Le désespoir, le signe de l'espérance qu'il faudrait avoir, qui nous manque.

Le sexe, ici aussi, est la dernière chose qui meurt en l'homme. On se couche en désespoir, et notre âme lâche et épuisée et atterrée voudrait s'étendre à plat ventre et tout abandonner, renoncer à toute conscience, être obscurcie et anéantie dans un sommeil éternel, une démission complète. Mais le sexe tout à coup se réveille et devant cette dernière humiliation, cette dernière honte et tristesse, cette dernière trahison de l'image que Dieu a faite en nous de Lui-Même, notre âme se voit forcée de se lever, se mettre debout et lutter, toute tendue vers Dieu par la foi et l'imploration.

Les exigences du sexe nous forcent à choisir entre l'espérance et le désespoir.

PROPOS SUR L'HABITATION DU PAYSAGE

Au souffle frais du matin, c'est un peintre qui part en rêve et part en chasse, le pas allègre. Un œil attentif et l'autre en joie. La route sur les collines ondoie, légère comme une écharpe au vent. Tout: à droite, à gauche, au-dessus, et d'ici là. C'est un peintre qui promène ce qu'il est parmi ce qu'il y a.

À un détour du chemin, il tombe en arrêt. Est-ce au bord de la mer? Et là-bas une baigneuse est dressée claire sur la mer comme une colonne et ramasse sur elle toute la lumière du paysage. Y a-t-il des îles flottant sur l'eau, et des bateaux?

Notre promeneur a pâli; dans un œil encore plus de joie et l'autre pèse encore davantage. On voit qu'il n'est pas sans inquiétude. On voit que quelque chose se balance dans sa tête et dans son cœur et qu'il a peur. On voit que quelque chose se fait plus clair pour lui, qu'il est sur le point de reconnaître quelqu'un, qu'il est en train de rassembler des traits et recomposer une figure déjà amorcée en quelque part de lui-même; mais il a peur, il hésite encore à dire: c'est ma sœur! Il hésite devant cette confrontation définitive qui consiste à mettre un nom sur ce qui n'en a pas encore. Il paraît si le nom que nous avons est assez beau.

À sa joie et sa gravité, on voit qu'il se passe quelque chose d'important. Il est en train d'estimer son amour et toutes ses puissances en vue d'un mariage. Je ne sais si c'est par désespoir ou présomption, il paraît maintenant céder. Il a pris ses pinceaux. Ses premiers gestes sont hésitants, premiers pas transis de l'amour. Puis il s'affermit.

Nous voudrions bien savoir ce qui se passe. Il n'est pour cela que d'entrer en communication avec ce petit homme assis sous le crâne, au grenier. C'est un petit homme séparé, dans une chambre de verre, séparée. Tout se fait et lui regarde ce qui se fait, il accompagne du regard ce qui se fait et n'en finit pas d'en penser du mal ou du bien. Ce personnage parle à la première personne, comme s'il était tout et faisait tout, alors qu'il ne fait que regarder, mais cela a son importance.

Je veux m'asseoir derrière lui, et tâcher à comprendre ce qui se passe, regardant à travers sa tête et son cœur, à travers ses gestes et ses regards, et finalement sur la toile où tout cela se trouve noué.

Voici le peintre en face du paysage. Est-ce la mer avec une baigneuse, des îles? C'est la mer ainsi. Mais nous avons passé venant ici, vingt détours de chemins, des bois, des fontaines et du ciel tant qu'on peut. Mais nous avons passé jusqu'ici pour trouver comme sœur la mer ainsi, pour la trouver en guise de perfection, c'est-à-dire l'occasion où se réalise la vision, l'appel secret qui permet à la vision de se déployer. Combien là de hasard et combien de nécessité? Et je sais par ailleurs que Fra Angelico passant par la même route exactement y rencontre la Vierge et l'Ange de l'Annonciation. Mais nous allons nous perdre: pour la hiérarchie des perfections et la nécessité intime de leur surpassement, il faut avoir recours à un autre ordre de causes, à un autre enchaînement appuyé sur la nature puis sur la personne individuelle.

CORRESPONDANCE

Propos sur la littérature canadienne-française*

« Le Manoir », ce samedi, 12 juillet/30

Chère Françoise,

C'est avec beaucoup de sincérité que je vous félicite au sujet de votre conférence. Elle m'a vivement intéressé. Vous vous êtes efforcée de comprendre et pour cela de connaître Nelligan. Vous avez tâché pour le faire apprécier des autres, pour donner à ceux qui ne l'auraient pas fait le désir de le lire. Vous avez réussi quant à moi. Vous m'aiderez à le connaître, mais il me reste à faire ce sans quoi tout ce qu'on pourrait m'en dire serait inutile, il me reste à le lire. Mais ce que vous m'en avez fait savoir me poussera à le lire, puis dirigera ma recherche de son âme dans la lecture de ses œuvres.

Vous dites que votre conférence est faible. Elle l'est un peu par endroits à cause d'un trop grand nombre d'épithètes pas toujours nécessaires. Mais le fond en est solide; elle est bien ordonnée, intéressante, et certains passages sont vraiment beaux. Votre façon de terminer était très originale, très forte, sentie; elle a dû toucher votre auditoire comme elle m'a fait. Il y avait là un souffle puissant et vrai, ému, de la forte poésie. Relisez ce passage, inspirez-vous en, et tâchez d'en faire un poème.

Maintenant, je vais vous faire un reproche. Ne trouvez-vous pas que je suis devenu aigre? Je ne vous fais que des reproches depuis quelque temps. Enfin, celui-ci je me le fais à moi-même, car j'ai le même tort que vous.

Nous sommes fort optimistes de soutenir que la littérature canadienne-française existe. Qu'en savons-nous? Quelques noms, ce qu'on en dit. Nous avons lu une dizaine de volumes canadiens au plus. Nous les avons trouvés passables, même admirables, quelques-uns, d'autres fort plats. Est-ce que dix volumes constituent une littérature? Des pessimistes qui n'ont pas lu plus que nous d'œuvres canadiennes ne sont pas fondés pour dire que notre littérature n'existe pas. Mais si leur pessimisme découle de leur ignorance, chez nous, l'optimisme ne vit-il pas d'un orgueil fort peu motivé? Et s'ils ne sont pas fondés dans leur dire, le sommes-nous mieux pour soutenir le contraire? Pour-quoi, si nous croyons à l'existence d'une littérature canadienne, ne lisons-nous pas plus d'œuvres canadiennes? Je crois que les pessimistes sont plus excu-sables que les optimistes de cette négligence vis-à-vis de nos œuvres, et ainsi vis-à-vis de nos auteurs. Nous croyons, nous disons: « Nos livres sont bons; lisons-les », et nous ne les achetons pas, nous ne les lisons pas. Illogisme frappant. La théorie sans la pratique n'est qu'un vain mot.

Avez-vous lu beaucoup de livres canadiens? Sinon, vous avez eu tort comme j'ai eu tort, et peut-être un peu plus. Vous lisez des traductions d'au-teurs étrangers, des livres intéressants, originaux, utiles, mais qu'il n'est pas indispensable d'avoir lus. Donnez-vous comme règle de conduite de lire un volume canadien par deux, par trois que vous lisez. Pour ma part, il faut au moins que je m'excuse. Voici: Je lis actuellement en vue de ma formation, pour me constituer un fond solide, pour avoir quelques connaissances sur la littérature française jusqu'à nos jours. Je lis le plus possible. Le classique m'occupe pour le moment. Je lirai ensuite le moyen âge, puis je sauterai au romantisme. Je lirai après les plus grands romantiques, leurs contemporains de chez nous. Je suivrai ainsi, époque par époque, les grands de la littérature française et les nôtres, afin de comprendre les rapports qui existent entre eux, les influences que ceux-là ont exercées sur ceux-ci, qui les ont fait naître et se développer, etc. Voilà une ligne de conduite passablement serrée à laquelle je tâcherai de tenir.

Notre littérature existe-t-elle? Je ne sais pas. Pourra-t-elle exister, promet-elle de le faire, sera-t-elle forte, bien assise? Oui, je l'affirme sans hésiter. Il y a au Canada d'immenses ressources pour les arts. Nous avons le génie français que nous pouvons conserver intact en nous nourrissant de la grande tradition de notre race, en conservant par notre application sa justesse, sa clarté, son poli. C'est-à-dire en perpétuant au Canada la vieille tradition du génie classique latin. En cela, nous sommes beaucoup aidés par nos col-lèges classiques qui mettent sur une bonne voie, avec un fond solide, une bonne partie de la jeunesse. Voilà ce que nous héritons de la vieille France et que nous devons jalousement garder. Nous possédons davantage, ce qui nous vient du pays où nous vivons et qui doit s'accentuer de plus en plus et s'imprimer plus profondément dans notre caractère. Un climat comme le nôtre, extrême dans la chaleur comme dans le froid, nos hivers rigoureux qui activent la vie intérieure avec la vie extérieure, notre plus grand rappro-chement d'une nature plus rude, rapprochement qui nous tient toujours près de la réalité, ce qui attriste notre caractère et approfondit énormément notre sentiment et notre intelligence, nous tient éloignés de la frivolité, de l'inconséquence, de trop de rêve à creux. De plus, le froid et la longueur des hivers nous font les idées claires. Le climat extrême qui, plus sec et plus sain, est tantôt aussi froid que celui de la France du Nord et tantôt n'est pas éloigné des chaleurs de la France du Sud, nous attribue les qualités des gens du Nord et celles des gens du Sud, les mêle en nous, les tempère les unes par les autres: la clarté, la profondeur, le trop d'abstraction, l'entêtement, la froideur, le manque d'élan des gens de pays froid, sont tempérés par et tempèrent l'emportement, l'exagération, la frivolité, l'instabilité, la flamme vive et inconstante, l'optimisme, la manière concrète de voir et de s'exprimer, avec trop de détails, la vivacité, le goût de la plasticité des gens du Sud.

Voilà des ressources: qualités apportées par notre situation géographique et notre genre de vie. Ce qu'il faut, ce sont des hommes où se réalisent assez complètement ces qualités, qui donnent leur plein rendement dans des œuvres puissantes. Nous attendons les génies. Mais les génies ne poussent pas tout d'un coup comme des champignons. Ils sont le produit d'une époque qu'ils représentent, d'un état d'esprit, ils semblent être emmenés avec un certain nombre de talents, il semble qu'une communauté de culture, un degré assez fini de culture dans un assez grand nombre de personnes les fasse naître presque nécessairement, ils semblent venir quand il y a une somme de pensée ou de sentiment assez considérable pour être représentée. Donc, il faut travailler pour créer cette atmosphère où naissent les génies, les talents supérieurs. La jeunesse marche dans cette voie en plus grand nombre de jour en jour; elle est active et ses efforts ne sont pas sans succès. Les talents sont plus nombreux qui se donnent à l'art. La vie d'artiste est encore fort ardue; elle l'a toujours été et le sera toujours. On pourrait cependant encore améliorer son état au Canada. Pour cela, il faut propager le goût de l'art chez le public, au moins chez l'élite, faire prendre goût aux arts canadiens, aux lettres spécialement. Elles doivent devenir pour cela plus intéressantes. Donc, le succès de nos lettres nécessite encore un grand nombre d'immolations de petits talents et même de grands. Mais le sacrifice est fécond et c'est toujours sur la mort que pousse la vie.

Nous avons droit d'espérer. Mais n'espérons pas dans l'oisiveté. Travaillons, chacun de son côté, dans la mesure de ses talents, de sa situation, de ses moyens à amener le succès final que plus tard on devra soutenir.

J'aurais encore beaucoup de choses à vous dire, mais je suis fatigué. D'ailleurs ma lettre est passablement longue.

Je vous quitte et j'attends sans cesse une réponse.

Bonsoir

Sincèrement
de St-Denys

Lettre à André Laurendeau*

Samedi, 11 juillet [1931]

Je te félicite très cordialement, heureux homme, de ton grand bonheur. Je te souhaite qu'il te dure longtemps et que tu y puises des choses profondes et belles. Les grands bonheurs et les grands malheurs sont frères. Seuls ils ouvrent à l'âme des profondeurs où celles qui ne les ont pas connus ne pénètrent pas. Et le silence est l'élément où tous deux s'épanouissent.

Mais si! Les arrivées sont tristes et les départs ne le sont pas. Ce que nous sommes différents! J'avais dit: âmes sœurs. J'ai donc beaucoup changé! Non, je me suis défini; j'étais tout et je suis devenu moi; j'ai beaucoup vieilli. C'est étrange à dire; c'est pourtant vrai. Les changements se font dans la vie des hommes beaucoup de la même façon que dans celle des peuples. Les révolutions se préparent longtemps d'une façon obscure, sourdement. Un jour, la crise éclate. Le coup est terrible. Au lendemain, on s'éveille étant ce qu'on est. Il s'agit alors de diriger le nouvel homme; c'est comme un recommencement. Cela semble une rupture avec le passé; mais à y regarder de près le passé, ce qu'il contenait de fort, de vivace, y vit toujours, en forme même le fond.

Eh bien! La crise a eu lieu. C'est extraordinaire, la faculté qu'on a, quand on est jeune de se sentir ce qu'on veut, cette espèce de possibilité de se multiplier en autant de personnages que notre fantaisie nous porte à vouloir être; toutes ces énergies latentes, toutes ces possibilités indéterminées que l'on pousse de tous côtés parce qu'on aime beaucoup de choses et qu'on ne peut se résigner à n'être pas toutes ces choses qu'on aime. De là ces enthousiasmes fous, ces engouements exaltés qui sont beaux, mais qui sont feux de paille, qui ne tiennent pas, à moins que quelque chose de plus solide ne prenne racine dans leurs cendres. Ce sont des abdications d'un soi qui n'est pas une personnalité, à un objet qui nous séduit. C'est qu'on se cherche et qu'on voudrait se trouver pareil à ce qu'on admire.

Ainsi, j'ai été jeune très longtemps. C'est vers la fin de l'année scolaire que je me suis déterminé. Et me voilà moi. Aux premiers temps de cette nouvelle page tournée, on est tout joyeux de son être. C'est une nouvelle indépendance et un nouvel orgueil. Mais petit à petit ces nouveautés perdent leur charme; on fait le tour de sa prison et on la trouve petite. Auparavant, c'était l'indéfini des plaines, tous les horizons ouverts; on n'allait loin d'aucun côté, mais l'espace était là. C'était toutes les possibilités de devenir; et maintenant on est presque. Plusieurs portes se sont fermées; on connaît un peu sa voie, et connaître sa voie, c'est renoncer aux autres. On connaît presque ce qu'on peut appeler son exposant. Au lieu d'être tout en possibilité, on est ce qu'on est; et ce qu'on est pourra aller jusqu'à tel point, approximativement. Et toute l'espérance qui nous reste est pour ainsi dire canalisée. Elle porte au pied le boulet du travail.

Mais aussi toute l'énergie qu'on dissipait se trouve entre ses mains, et voilà qu'il s'agit de la diriger. Le travail est un boulet, mais un boulet qui pèse bon, quand il est voulu. La vie apparaît; elle avait concouru à nous faire; il faut maintenant en prendre un lambeau et y tailler la sienne propre selon soi; tandis qu'elle nous faisait selon elle.

Alors, qu'on s'en aille ailleurs, que cet ailleurs soit une petite patrie, un lieu où son enfance a pris racine, et tu comprendras l'angoisse d'une arrivée. C'est le « test » du nouvel homme, du vrai, celui qui restera presque intact.

On en attend tout, tout ce que l'avenir peut représenter, car c'est lui, parmi les cent, que le sort nous a destiné à être.

Tu vas me dire que ce n'est plus la même chose, que voici un cas particulier. C'est vrai, je vois maintenant. J'ai vu cela en t'écrivant; je ne puis penser qu'en écrivant.

Et maintenant que tout s'est replacé un peu, qu'on s'est un peu ordonné avec l'aide du grand silence qui règne ici, et que, malgré mon grand orgueil, la résignation me fait me contenter de n'être que ce que je suis, quelle jouissance, mon cher, que mon travail. Il s'agit de faire le mieux possible de ce que je suis. L'étoffe m'est donnée; je dois en faire un habit. Je me trouve dans un endroit idéal pour commencer cette tâche qui est celle d'une vie. Au milieu de ces vieilles attaches du vieux moi-même, je commence ma vie; j'en détermine les habitudes, j'en désigne les voies. Et je commence à poser les premières pierres de cet édifice d'habitudes qu'est une vie.

« D'où venons-nous? Où allons-nous? » comme dit l'abbé Moreux. Cette suite de digressions nous a guidés bien loin, probablement, d'où nous voulions aller. C'est que, exactement... attends: je vais dormir et demain je te reviendrai. Tu peux bien toi-même prendre un bon somme pour te reposer de toute cette bouillie — car je n'ai pas fini!!!

Bonjour, cher ami,

Nous sommes donc très différents. Les départs pour toi sont tristes et les arrivées heureuses. Pour moi les départs ne sont pas tristes, et les arrivées sont pleines d'angoisses.

Car je n'ai jamais rien quitté qui m'ait retenu profondément. Les attaches que j'eus furent légères; et toujours elles furent compensées par un désir de mieux et de plus beau. Rien ne me retient guère et tout m'appelle. J'ai toujours au sein du cœur cette attente de l'avenir, qui est tantôt une espérance folle, si souvent déçue qu'elle devrait être morte, mais qui survit à toutes les déceptions et au contact de la réalité; tantôt c'est un désir obscur et comme désespéré qui vit de lui-même avec une espèce de rancœur, désespérément, et qui devient par bouffées la haine de soi-même et de ce qui m'entoure.

C'est ce manque d'attaches et cette attente d'un avenir qui passe toujours sans en apporter, et que je ne puis retenir, c'est cela qui fait la fuite irrémédiable qui est le fond de ma vie et qui semble correspondre à un manque absolu de mémoire.

Ainsi, tu ne peux imaginer l'angoisse que j'éprouve à voir quelque chose de beau. La jouissance que j'en ai est gâtée par cette sensation que cela passe, à jamais, et que je ne pourrai jamais revoir cela ni surtout ressentir ce que je ressens. J'ai vu l'autre soir, le plus merveilleux coucher de soleil, et j'en ai souffert horriblement. J'aurais voulu, je ne pouvais m'empêcher de vouloir en fixer chaque phase. Et voilà aussi pourquoi je fais de la peinture et de la poésie (?). Je cherche à fixer ces bribes de ma vie qui passe. Je me suis souvent demandé comment je pourrais rendre cette fuite. C'est la musique qui serait plus apte à la représenter.

C'est à cause de cette fuite, mon cher, que je suis une digression, parce que les idées me viennent par bouffées et se perdent sans remède. Il faudrait que je les suive toutes ensemble.

Je songe parfois et je revois ma jeunesse, ma jeunesse qui est passée. Tu dois parfois revoir ta jeunesse. Cette période d'utopies, indéterminée, avec ses rêves impossibles, ses aspirations, ses envolées et ses extases, où l'on faisait impulsivement et par la seule beauté de son âme ce qu'on arrive à peine à faire par volonté. Et l'on se demande ce que c'était qui vivait en son cœur pour y mettre tant de beauté et quels crimes commis nous a rendus si coupables que nous en sommes dépourvus.

La Jeunesse, c'est la recherche de l'absolu. L'âme sort des mains de Dieu; elle est encore tout imbibée de sa lumière et de sa beauté. Elle n'est pas encore habituée au monde; ses rêves, ses désirs, ses aspirations sont bien au-delà de lui et le dépassent de toutes parts. Il lui faut longtemps pour se rétrécir au monde et à sa prison, et à se contenter d'une seule issue vers l'infini: Dieu. Elle cherche partout l'absolu et toutes les limites qu'elle heurte (excuse: je n'ai plus d'autre papier) ne font que l'exaspérer. Elle est démesurée et l'infini est encore son domaine.

N'y aurait-il pas un génie de vingt ans qui, au sortir de ce chaos et encore tout plein de lui, dise en un poème immense et tumultueux la jeunesse infinie dans son indétermination!

Ouf! Je devrais n'avoir plus d'encre! Réponds-moi bientôt si tu as le courage de répondre à de telles épîtres.

Un cousin m'a donné *À l'ombre de l'Orford*. J'en ai lu plusieurs pièces. C'est extrêmement savoureux; la seule poésie vraiment canadienne que j'aie lue. C'est une âme trempée au pays et qui le dit profondément en se disant. Chez DesRochers, l'influence européenne n'a touché que la langue, sans toutefois lui ôter la saveur qu'elle a prise ici et son caractère spécial; l'âme est demeurée intacte. Lis cela et dis-m'en des nouvelles.

Au revoir, mon très cher.

Sois heureux et ne m'oublie pas.

Cordialement
de St-Denys

Exégèse de mes poèmes

(Lettre à Maurice Hébert, 4 mai 1938.)

Ces poèmes ainsi que ceux de mon livre n'ont pas une exceptionnelle valeur formelle. La beauté de leur architecture est tout à fait insuffisante à les justifier par elle-même. En somme, leur valeur proprement artistique ne suffit pas à les justifier. S'ils valent, c'est par leur transparence à une réalité poétique. Examinons ce point.

Leur charme procède d'une certaine mélancolie poétique fluante. Ils sont attachants par un certain sens de l'irrémédiable. Cet irrémédiable, ils l'évoquent au moyen d'images très proches de la sensation tactile, des sensations physiques du cœur. Ils ont par là une certaine qualité sensible et personnelle. Mais la mélancolie et la douleur sensibles ne se suffisent pas. C'est-à-dire qu'elles sont par rapport à autre chose, qu'elles supposent autre chose. Elles supposent que quelque chose nous manque dont nous avons un profond, irrémédiable besoin. Par exemple, un amant délaissé. Il lui manque quelque chose d'irremplaçable. Ou bien, on peut manquer d'un bonheur indéterminé, pleurer, comme Mélisande, de ce que nous ne sommes pas heureux. Mais cela suppose encore, au moins pour valoir d'être exprimé, une certaine aptitude au bonheur, capacité de bonheur, une profondeur capable d'un grand bonheur (seule la profondeur est capable d'un grand bonheur). Tout, en art, se rapporte à la forme: à différents degrés à une forme plus ou moins extérieure. L'art peut être défini un « besoin de forme » (mais toute vie est besoin de forme; précisons donc: besoin de forme naturellement splendide). Le besoin de bonheur est le cri de la substance qui demande une forme, suppose une forme. (L'art ainsi est analogue à tous les mouvements de la vie.) Et ce bonheur n'est beau, n'est exprimable, que selon la beauté naturelle de cette forme supposée, que selon son unicité, sa fermeté et sa nécessité, sa plénitude et son rayonnement. Je dis « naturel », car pour le surnaturel, il est au-delà de l'art, dans un autre ordre; il outrepasse l'ordre artistique de la beauté naturelle, sans nécessairement le combler. Or la beauté artistique ne vaut qu'en tant qu'elle représente *naturellement* la beauté incréée. Elle n'a pas rapport à l'intention, à la bonne volonté, mais au don, à l'individualité reçue de Dieu. Or, la douleur ne vaut comme matière artistique que dans la mesure où elle suppose, si lointainement que ce soit, la nécessité de cette forme belle naturellement. Cette forme, elle l'épouse pour ainsi dire de l'envers; ce qui n'empêche qu'elle l'épouse strictement. Or, cette forme, belle naturellement, seule justifie l'art, souffre l'expression poétique.

Or voici ce que je me demande. Derrière mes plaintes poétiques, qu'est-ce qu'il y a? Qu'est-ce qu'elles supposent réellement? Elles semblent supposer un besoin d'harmonie, de liberté, d'amour tendre et harmonieux, de lumière, de formes lumineuses et claires, de simplicité, de transparence. Elles supposent cela, mais jusqu'à quel point de réalité, jusqu'à quelle profondeur? Ce beau bonheur, jusqu'à quel point m'est-il nécessaire réellement? Si les conditions extérieures m'en étaient données, pourrais-je seulement y correspondre? Pourrais-je reconnaître ce bonheur pour mien et y vivre d'une façon féconde? En somme, ai-je la profondeur et la pureté nécessaires pour pouvoir contempler la beauté (toujours « naturellement ») et en être heureux, y participer vitalement? Je ne crois pas. Quand je me rappelle la genèse de ces plaintes poétiques, je vois qu'elles me sont venues par rapport à un vague manque de quelque chose, à un vague besoin de bonheur tendre, un vague rêve de bonheur, inconsistant, et dont je n'aurais guère été capable de réaliser positivement l'harmonie, que je n'aurais guère été capable de supporter. Même, et c'est en quoi je me considère coupable de trahison envers la poésie, il m'est arrivé de composer de ces plaintes, ou de décrire des bonheurs, malgré l'intuition que ces bonheurs n'étaient pas praticables pour moi, n'étaient pas faits pour moi.

Or, ces plaintes semblent supposer une forme de bonheur beaucoup plus ferme, beaucoup plus réelle, il me semble. Sont-elles donc mensongères? Il n'y avait là que de vagues besoins de bonheurs évoqués par des impressions passagères. C'est ce que j'appelle: le malheur d'être impressionniste. On est séduit, puis on ne sait plus jusqu'à quel point c'est réel, on ne peut plus continuer, tout ce qu'on poursuit se détruit comme de soi-même. Seul remède: l'esprit de pauvreté et la chasteté spirituelle.

RINGUET (1895-1960)

Même si Philippe Panneton a fait paraître en 1924, en collaboration avec le journaliste Louis Francœur, un livre de pastiches qui fut fort apprécié en son temps: *Littératures... à la manière de...*, l'on peut considérer que sa carrière littéraire commence vraiment lorsque, sous le pseudonyme de Ringuet, il publie à Paris son *Trente Arpents*, qui marque, en 1938, la fin d'un double règne: celui de la terre et celui du monde rural. Désormais, la ville occupera la première place dans le pays et dans le roman, et non seulement dans l'œuvre de Ringuet lui-même. Les héros de ses deux autres romans: *Fausse Monnaie* (1947) et *Le Poids du jour* (1949), seront des citadins; nul d'entre eux n'aura la stature d'Euchariste Moisan, cultivateur de *Trente Arpents*. À travers ce personnage, que l'on peut considérer comme un type, Ringuet avait senti la transformation sociale qui s'opérait au Québec; il ne l'acceptait pas pour autant: la terre, pour lui comme pour Euchariste, était éternelle et son règne, étouffé par l'industrialisation, devait se perpétuer quelque part en l'homme et à travers le lieu de son habitat. C'est en vain cependant que, dans *Un monde était leur empire* (1943), l'historien essaie de relier la terre canadienne à l'amérindienne; son effort, trop intellectuel, ne convainc pas. *L'Héritage* (1946), recueil de neuf contes, renvoie pour de bon à la ville où la lutte des sexes, et celle des races, toutes deux parties du combat de l'homme contre l'homme, prennent la place du corps à corps de l'homme et de la terre. Finalement, dans *Confidences* (1965), Ringuet avoue la défaite: « La campagne d'aujourd'hui, aussi loin qu'on la puisse explorer, n'est jamais qu'un faubourg de la ville, indéfini. »

TRENTE ARPENTS

(Comme la terre qu'il cultive, Euchariste Moisan connaît le rythme des saisons: printemps, été, automne, hiver, qui forment autant de parties de sa vie et du roman de Ringuet. Nous reproduisons le chapitre VI de la première partie et le chapitre premier de la deuxième; la troisième partie raconte le déclin du « gros » cultivateur et la quatrième, son exil aux États-Unis, loin de la terre aimée.)

Le printemps d'Euchariste*

— 'Charis!... 'Charis!...
La voix lourde d'angoisse remplit le silence et les ténèbres.
— 'Charis!

Euchariste dormait d'un sommeil massif avec, par intervalles, un ronflement.

— 'Charis!... Aââh!... 'Charis!...

Il sursauta, se retourna brusquement et répondit d'une voix épaisse qui continuait son rêve:

— Laisse faire, j'y ai dit d'laisser la jument tranquille.

Mais Alphonsine insistait, le poussait du coude:

— 'Charis!... Lève-toé!...

— Ouais!

Il s'était assis dans le désordre des couvertures, la tête subitement lucide, mais les membres gourds de sommeil.

— Qu'est-ce qu'il y a, 'Phonsine? C'est-y que t'es malade?

— J'ai mal dans le corps, c'est effrayant. Ah! que ça fait donc mal!

Mal éveillé, il hésitait à passer de la tiédeur du lit à la chambre glacée par l'hiver et que les ténèbres faisaient plus glaciale encore. Mais un gémissement de sa femme le mit debout dans un sursaut. Tante Mélie, tirée de son léger sommeil de vieille, entra portant une lampe allumée. Elle se pencha sur Alphonsine qui geignait doucement, dents serrées, à chaque nouvelle douleur qui lui déchirait les entrailles et contractait ses membres.

— Ous'que c'est que ça fait mal, comme ça? dit la vieille.

— Ça me poigne dans les reins pi ça... âââh! pi ça me tord en dedans. Je sais pas c'que j'ai mangé à soir au souper; mais c'est comme si j'avais pris d'la poison.

— Ça fait-y longtemps que t'es de même, dit Mélie.

— Ça fait depuis hier que j'ai les rognons sensibles; mais c'est d'à soir seulement que ça me tire de même.

— Mais pourquoi est-ce que tu l'disais pas, étou? reprit la vieille. Va atteler, 'Charis, pi va qu'ri l'docteur tu' suite. Pi toé, 'Phonsine, inquiète-toé pas. C'est un mal de ventre mais un mal de ventre de mariage. Dépêche-toé, 'Charis.

— Ma tante, ma tante, j'cré que j'vas mourir!

C'était là le cri instinctif qui lui venait; non pas de terreur mais presque de désir de la mort comme une évasion devant le martyre qui la guettait: ce chemin de croix dont elle avait deviné chaque station souffrante à travers les réticences et les encouragements de celles qui y avaient passé. Dans les derniers temps de sa grossesse, elle allait de l'une à l'autre, sous couleur d'emprunter ici du pain, là du fil. Et à chacune elle posait timidement la même question, avec une espèce de pudeur craintive qui cherchait à se rassurer. On lui répondait: « C'est d'la misère, mais ça dure pas longtemps », et l'on parlait d'autre chose, tandis qu'elle restait là, les tempes moites, à se ronger les sangs.

Et voilà que maintenant son heure était arrivée, annoncée par ces vagues lentes de douleur qui pourtant n'étaient — elle le sentait — qu'un prélude.

— Reste pas couchée, 'Phonsine, lui conseilla la vieille qui s'affairait. Quiens-toé debout! les mains su'l'dossier d'une chaise. Quand ça fait mal, serre fort. Pendant c'temps-là, j'vas aller chauffer le poêle. Après ça, j'te frotterai le ventre avec du beurre. I'y a rien de mieux!

Cela durait encore quand la voiture revint avec le docteur qu'il avait fallu aller chercher au village. Euchariste vit la porte se fermer devant lui; il resta seul dans la cuisine, bouleversé plus par son inutilité que par l'inquiétude, tandis que de temps à autre un cri plus strident le raidissait sur sa chaise.

Cela dura jusqu'à l'heure du midi, jusqu'au moment où la porte ouverte lui montra Mélie penchée sur le lit ravagé où gisait Alphonsine les yeux clos et les membres inanimés, pâle comme une morte avec ses longs cheveux tressés. La vieille tante tenait dans ses mains une petite chose vagissante enveloppée de langes blancs:

— C'est un garçon. 'Phonsine! pi un beau!

Alphonsine tourna faiblement les yeux vers son fils, toute surprise que cet être, si menu qu'il semblait noyé dans ses vêtements de nouveau-né, ait pu lui coûter tant et de si longues douleurs. Mais en même temps envahie par une joie triomphante et profonde: l'indicible joie d'avoir créé.

Elle n'eût jamais cru qu'après sa maladie les forces lui reviendraient si vite. Le cinquième jour elle avait repris sa place dans la cuisine, un peu faible encore certes, en dépit de sa vaillance, mais retrouvant une vigueur nouvelle au contact maternel de son petit, chaque fois qu'elle tendait à cette bouche avide le sein gonflé.

Sous quel nom serait-il baptisé? Grand sujet de discussion. D'abord Joseph, bien entendu, puisque tous les garçons doivent s'appeler Joseph et toutes les filles, Marie. Mais ensuite? Mélie voulait Éphrem en souvenir de l'oncle. Euchariste avait suggéré Barthélémi, qui lui semblait un vrai nom d'homme. Sans doute parce qu'il avait autrefois connu à Sainte-Adèle un fort-à-bras qui s'appelait ainsi, il lui semblait que ce nom, par quelque magie, donnerait à son fils une vigueur extraordinaire. Mais Alphonsine avait son idée qui était de donner à son premier enfant, à cet être prestigieux qu'était pour elle le fruit de ses souffrances, un nom singulier, bien à lui. Il ne pouvait s'appeler Jean-Baptiste, ou Étienne, ou Louis-Georges, comme tout le monde. Il s'appellerait d'un nom mystérieux et doux: Oguinase, qu'elle se rappelait vaguement avoir entendu prononcer à l'église dans quelque sermon de retraite, il y avait bien longtemps. Depuis lors, elle s'était dit que son premier-né, si jamais elle enfantait, s'appellerait ainsi. Et l'enfant fut baptisé Joseph, Éphrem, Oguinase.

Cette naissance métamorphosa la maison chez les Moisan. Alphonsine surtout qui, pour vaillante qu'elle fût, s'était sentie comme amortie dans cette atmosphère où régnaient conjointement le souvenir du vieil oncle Éphrem et la présence caduque de la vieille tante. La vie entre ces vieux avait déjà singulièrement éteint chez Euchariste la vivacité qu'on eût attendu de ses vingt-cinq ans. Or c'est tout cela qui disparut d'Alphonsine avec la naissance du petit. Elle redevint une enfant pour jouer avec cette vivante poupée, pour lui parler cette inintelligible langue que les mères et toutes celles qui ont l'instinct de la maternité parlent aux petiots. Ainsi pour Mélie, habituée à faire siennes les maternités des autres. Toutes deux se disputaient l'enfant, leur vie désormais centrée sur la tête d'Oguinase. C'est à son sujet que s'élevaient les discussions; sur la façon dont il le fallait vêtir, la vieille craignant toujours pour lui les refroidissements, l'enveloppant de langes épais, de robes de flanelle et de couvertures que sa mère lui ôtait ensuite avec patience, malgré les protestations de Mélie. Celle-ci, despotique, dès qu'Alphonsine avait le dos tourné, allait enlever l'enfant de la fenêtre où sa mère l'avait placé pour le distraire, en disant: « Si tu le mets à la lumière comme ça, les yeux vont lui crochir. »

Mais c'est surtout la vie d'Euchariste qui s'en trouva singulièrement modifiée. Son autorité sur les choses et sur les bêtes restait égale; vis-à-vis de la terre rien n'était changé. Mais il avait perdu de son importance dans cette maisonnée accrue. Il y avait désormais des questions auxquelles il ne connaissait rien, des débats où, s'il donnait timidement son avis, on lui disait nettement que les hommes ne s'y entendaient point.

Le marmot se contentait de faire risette quand on lui chatouillait le menton, ou de pousser parfois des cris inarticulés auxquels on donnait des interprétations divergentes, nouveaux sujets de discussion. Il ne pouvait réagir vraiment que par des indispositions mystérieuses qui écrasaient Euchariste du sentiment de son impuissance, terrifiaient Alphonsine, mais faisaient triompher Mélie. Car la vieille en profitait pour tirer chaque fois de son expérience quelque nouveau remède traditionnel; c'est elle qui le guérit de la coqueluche en lui suspendant au cou, par une ficelle rouge, une coquille de noix où était enfermée une chenille. Dès que la chenille fut desséchée, le mal disparut.

Alphonsine et Euchariste étaient revenus à la norme humaine hors de laquelle, les premiers mois de leur mariage, ils avaient vécu. Ils étaient désormais la famille avec, répartie sur chacun, sa part bien tranchée des soucis communs et des besognes quotidiennes. Et cela suivant l'ordre établi depuis les millénaires, depuis que l'homme abdiquant la liberté que lui permettait une vie de chasse et de pêche, a accepté le joug des saisons et soumis sa vie au rythme annuel de la terre à laquelle il est désormais accouplé. Euchariste: les champs; Alphonsine: la maison et l'enfant. La vie passait de la terre à l'homme, de l'homme à la femme, et de la femme à l'enfant qui était le terme temporaire.

Maintenant que ses absences se faisaient moins sentir, Euchariste prit l'habitude d'aller, hors les époques de grand travail où il devait même engager parfois de l'aide, passer ses soirées près de la fromagerie; là, petit à petit, se formait un hameau.

De la terre des Moisan, il y avait deux lieues de plus pour se rendre au village de Saint-Jacques dont ils dépendaient, et plus de trois pour Labernadie, en descendant. Cela faisait six bonnes lieues entre les deux églises.

La fromagerie avait été établie vingt ans auparavant par le père des propriétaires actuels, un cousin germain du grand-père maternel d'Euchariste. Afin de desservir le plus possible de territoire, il l'avait bâtie à la croisée des chemins: d'une part la grand'route, le *chemin du Roi*, qui longeait irrégulièrement la rivière, d'autre part la route de raccordement entre le grand rang et les terres de l'intérieur. Celles-ci formaient ce qu'on appelait communément le *rang des Pommes*, peut-être parce que certains cultivateurs y avaient planté nombre de pommiers, plus probablement parce qu'un des premiers concessionnaires avait été un certain Bernard Peaume. La famille y existait encore, mais selon un accident fréquent, un surnom avait supplanté le nom originel. Elle s'appelait désormais Lebeau.

La population des paroisses suit une constante assez marquée dans le Québec: le nombre de familles terriennes varie peu, car la division des terres répugne au paysan. Le père préfère en général voir ses fils puînés partir pour les terres neuves, laissant à l'aîné la possession indivise du bien familial, plutôt que le déchirer entre ses enfants. Aussi bien, le cadastre en longues bandes étroites rend-il impossible le parcellement. Mais à mesure que le défrichement élargit l'étroite bande de terrain arable étranglée entre le fleuve et l'âpre flanc de la chaîne laurentienne, de nouveaux rangs se forment. C'est pourquoi un Labarre, connu de tout le monde sous le surnom de « La Patte », à cause d'une boiterie, jugea à propos d'installer en face de la fromagerie un atelier de forge et maréchalerie et « Pitro » Marcotte, une échoppe de sellier. Puis, lors du décès de Maxime Auger, la veuve ouvrit boutique dans sa maison. On y voyait, posés sur des tablettes dans la fenêtre, des verres de lampe, des lacets, des bobines de fil, des sacs de sel, des couteaux de poche, et, dans une boîte, de ces petits cochons en guimauve recouverts de chocolat sur lesquels les enfants s'exercent à « faire boucherie ». Graduellement, son commerce augmentait. Petit à petit, les paysannes cessaient de tisser et de filer, les paysans de confectionner leurs lourdes bottes, et remplaçaient tout cela par l'article de la ville presque aussi solide, plus élégant et surtout moins coûteux. Sa boutique devint le rendez-vous des flâneurs, du jour où le député avec qui elle avait une lointaine parenté — certains le disaient en clignant de l'œil — lui obtint une station postale. Sous prétexte de venir chercher de rares lettres, toutes les voitures s'y arrêtaient le dimanche, au retour de la messe. Les hommes s'y rencontraient aussi le soir pour jouer d'interminables parties de dames. La veuve Auger augmentait ses profits par la vente clandestine de whisky blanc. Mais comme elle était femme de tête, prudente et raisonnable, et que jamais on ne sortait de chez elle trop ivre, personne ne se mêlait de protester.

C'est elle qui avait fait venir du bas du fleuve, son pays d'origine, un sien neveu pour l'installer comme boulanger. Il avait acquis, avec l'argent de la veuve, une petite pièce de terre, derrière la fromagerie, sur la route qui montait au rang des Pommes; après quoi il s'était construit un four et une espèce de hangar et avait transformé en voiture de livraison un vieux tapecu acheté d'occasion. Mais de quelle clientèle vivrait-il puisque chaque ferme boulangeait et cuisait son pain, une fois la semaine? Or l'une après l'autre, les ménagères étaient devenues ses chalandes, sans que les hommes se fussent trop plaints, le pain livré trois fois la semaine étant plus frais et dans bien des cas meilleur. Si bien qu'Antoine Cloutier avait payé son lopin de terre, s'était bâti maison, avait pris femme dans la paroisse, et élevait ses sept enfants sur un bien agrandi de deux pièces achetées à même ses bénéfices.

Tout cela, avec les maisons des fermiers, faisait à la croisée des routes un groupe de constructions basses, sans étage, faites de planches clouées verticalement sur la charpente et noircies par les intempéries, et que le voisinage de la fromagerie remplissait continuellement d'une odeur de petit-lait. Le magasin de la veuve Auger se reconnaissait à ce que seul il était précédé d'une plate-forme haute de quelques marches, sur laquelle on la voyait, l'été, tricoter à l'après-midi longue, en surveillant ceux qui passaient sur la route et ce qui se passait autour des maisons. Il y avait au-dessus de la porte une affiche jaune battant au vent sur laquelle on lisait: MAGASIN GÉNÉRAL.

De la ferme des Moisan au hameau, la distance n'était pas grande. Il y avait les Raymond, puis les Gélinas, puis Maxime Moisan, qui n'avait avec Euchariste que de très lâches liens de cousinage. Pour les distinguer de ce dernier on les appelait du prénom du père joint à celui du grand-père: les Maxime à Clavis, tout comme on disait souvent « 'Charis à Noré » (Honoré).

Venaient ensuite les Zéphir Authier avec, comme voisin, toujours en descendant vers le hameau, une famille au nom bizarre: les « Six ». Ce n'était pourtant pas là un surnom, mais bien leur propre nom transmis de père en fils et qui n'était que la corruption de leur véritable patronyme. Ils descendaient d'un de ces soudards allemands qui traversèrent la mer avec le général Riedesel et dont quelques-uns se fixèrent au pays de Québec, retenus par leur mariage avec des filles du cru. De Schiltz, trop difficile à prononcer, on avait « Six ». Dans quelques générations qui se souviendrait qu'un peu de sang différent coulait dans leurs veines? Ils étaient aussi canadiens que quiconque, puisque comme les autres ils peinaient sur la terre laurentienne et vivaient d'elle. La patrie c'est la terre, et non le sang.

Trois terres de plus et l'on arrivait à la croisée des chemins; après quoi reprenait le chapelet des fermes identiques avec la maison au toit brisé surveillant le groupe des bâtiments en retrait, et cela sur trois bonnes lieues, jusqu'à Labernadie dont on voyait le clocher de métal briller au-dessus d'une ondulation du terrain comme le mât d'un navire enlisé dans les sables.

C'est au hameau qu'Euchariste prit l'habitude d'aller assez souvent. Il partait après le souper en disant invariablement: « J'vas voir si y a pas une lettre. » C'était la formule, une façon de dire plus facile que d'avouer: « J'm'vas faire une partie de dames au magasin. » De lettres, il n'y en avait jamais. On ne s'écrit pas souvent dans les campagnes et seulement en cas de nécessité absolue, en cas de maladie ou de mort. Les affaires? On ne les confie pas au papier; il vaut mieux régler cela de vive voix, de préférence le gobelet en main. C'est pourquoi l'arrivée d'une lettre est toujours un sujet de crainte. La dernière qu'on eût reçue chez les Moisan avait causé presque de l'affolement. Euchariste l'avait apportée à la maison sans oser l'ouvrir. Mais elle ne contenait rien que la requête d'un cousin des États demandant qu'on lui expédiât son baptistaire dont il avait besoin pour se marier.

Les longues soirées d'hiver se passaient ainsi au magasin, agréablement. Quand Euchariste entrait dans la salle basse et enfumée, le bruit de ses pieds enneigés qu'il secouait sur le seuil faisait lever la tête à l'un de ceux que la contemplation de la partie absorbait; cinq ou six paysans, presque tous entre deux âges, penchés au-dessus des joueurs qui tenaient le damier sur les genoux et de temps à autre poussaient d'un doigt raide une pièce menaçante en un mouvement qui faisait s'exclamer d'admiration les spectateurs. Une voix disait: « Quiens, v'là 'Charis! », pendant que le joueur attaqué, l'esprit tendu, proférait simplement: « Ah! mon maudit, tu me poigneras pas comme ça! » et tous se repenchaient sur le damier, plus Euchariste.

Quand une partie avait été chaudement contestée et la victoire brillante, le vainqueur se tournait vers Moisan qui était l'un des forts joueurs du rang: « 'Charis, viens te faire donner ta ronde. J'm'en vas t'prendre pour un whisky blanc. » Le vaincu, qui était rarement Euchariste, payait un verre et la revanche lui était offerte. Les gosiers avaient beau être rudes et les estomacs solides, après sept ou huit parties il fallait que la mère Auger intervînt à cause des disputes menaçantes. Elle mettait tout le monde dehors; et chacun s'en retournait chez soi dans la nuit piquetée d'étoiles drues, parmi le silence immense de l'hiver qui éteignait les voix et sobrait les esprits.

Il n'y avait point là de jeunes gens. Lorsque l'automne vient clore les travaux de la terre, presque tous montent dans les chantiers. Ils partent fin de septembre, dès après le battage des grains, se rassemblant par petits groupes dans les villages d'où ils s'enfoncent dans les forêts du haut Saint-Maurice ou de la Gatineau, pour la coupe du bois. À seize ans, à quinze même ils quittent la ferme, le baluchon sur le dos, par pelotons qui chantent le long de la route et, sans arrêt, font circuler de bouche en bouche la cruche d'alcool.

Aucun ne part enfant qui ne revienne homme fait. Non pas tant par le dur travail des camps d'hiver, aux froids de quarante sous zéro, que par la rudesse des travailleurs entre eux; depuis le départ où chaque équipe, à mesure qu'elle rejoint les autres, aligne son champion contre celui des nouveaux arrivés; jusqu'au retour après six mois, quand les voyageurs des pays d'en haut, les poches lourdes d'argent, font sonner leurs écus sur le comptoir des bars. Tel part les yeux candides qui revient capable comme un homme de boire, de blasphémer et de se battre.

Euchariste n'était jamais tombé sous le coup de cette conscription qui, chaque année, vide les maisons de tous les jeunes disponibles. Peut-être parce que celle des Moisan eût semblé trop déserte sans lui, l'oncle Éphrem ne l'avait pas une seule fois laissé partir avec les autres. Il l'eût désiré pourtant. Cette dure vie de six mois à être logés en des cabanes enlisées dans la neige, à manier sans arrêt la grand'hache ou le « godendard », ne l'effrayait point. Au contraire, les récits du retour irritaient en lui le désir de cette existence étrange des pays d'en haut, pleine de mâles combats comme une épopée; de cette routine distraite par le passage occasionnel de la « chasse-galerie » que Pit' Gélinas avait vue ou par les lamentations du « gueulard du Saint-Maurice », cet être invisible dont le cri faisait trembler ceux qui n'avaient pas dit leur chapelet le dimanche à l'heure où dans les paroisses se chante la grand'messe. Il eût voulu, lui aussi assister à ces nuits splendides et diaboliques où le ciel boréal s'allume de lueurs mobiles qu'un violoneux peut faire danser à son gré, mais au risque de son salut éternel.

Il avait été sensible aux plaisanteries de ceux qui partaient. Cela lui faisait une espèce de honte comme s'il eût été infirme et qu'on eût moqué son infirmité. Il était maintenant un peu gêné de ne jamais pouvoir, comme eux, sortir des blasphèmes extraordinaires et de ce qu'il était le seul dont la tête commençât à chavirer après quelques verres, pendant que les autres racontaient des aventures merveilleuses sur lesquelles lui seul ne pouvait renchérir. C'était même devenu une façon d'habitude chez eux que de s'adresser à lui, pour annoncer une histoire de chantiers: « Toé, 'Charis, qu'a jamais fait les chantiers, j'm'en vas t'en conter une tannante, pi c'est la vérité vraie. » Même maintenant, il serait parti, n'eût été Alphonsine et le petit.

C'est pour cela que parfois, chez la mère Auger, il tenait tête aux autres; afin de montrer qu'il était un homme lui aussi, encore qu'il ne fût jamais monté dans le bois.

Alphonsine ne trouvait pas à redire quand il rentrait un peu gris. Il n'avait point l'ivresse violente et, surtout, elle avait l'habitude de ces choses-là qui sont normales chez un homme et qui se passent toujours avec l'âge, quand on a affaire à un bon garçon comme Euchariste. Son mari n'était pas pour cela un mauvais mari; il ne se dérangeait point et savait s'arrêter à temps. D'ailleurs il lui rapportait toujours, du magasin, quelque nouvelle sur les gens de la paroisse et parfois, quand il avait gagné aux dames et qu'il avait quelque argent en poche, une fanfreluche pour sa toilette du dimanche.

L'été d'Euchariste*

D'un mouvement égal et continu le fil des jours s'enroule sur le fuseau de l'année; chaque aujourd'hui recouvrant un hier. Un écheveau terminé, le rouet du temps en recommence un autre, sans interruption.

Les soleils se succèdent, le ciel fondant la neige et libérant la terre; puis la terre poussant vers le ciel les tiges nées de la bonne chaleur de juin où les rayons tombent presque d'aplomb sur les sillons et éclatent la semence au cœur de la glèbe. Les moissons montent jusqu'à ce que l'homme vienne dérober à l'épi le grain que la nature destinait à la reproduction mais que l'homme s'arroge et dévore pour prix de sa chétive intervention dans l'ordre des choses.

Les saisons passent, changeant la face de la terre sous les yeux de l'homme qui de temps à autre s'arrête, relève sa tête penchée vers elle et cherche dans le ciel, bleu ou couvert, une promesse ou une menace.

Les années passent, alternant les nuits et les jours, et déroulant la rotation des saisons, en un cycle semblable à l'assolement. Et par les deux cycles, celui des hommes et celui de la nature, la terre, autrement appauvrie, retrouve une nouvelle fécondité.

Chez les Moisan, comme ailleurs, on a vu des moissons grasses et des moissons maigres, plus cependant des premières. On a vu des tempêtes dont une a décoiffé la vieille grange; des gels dont certains ont tué les fruits; et une inondation extraordinaire qui a fait de la plaine basse un lac immense, la rivière retrouvant encore une fois ses anciennes rives et son allure de fleuve et laissant en offrande, après le retrait des eaux, une robe d'humus noir, plus riche que l'or.

La maisonnée s'est accrue. Toute femme doit « avoir son nombre » et Alphonsine n'y faut point. Après Oguinase, Héléna, qui est morte, et Étienne, sont venus Éphrem, puis une petite qui ne vécut que pour être ondoyée; puis Malvina, puis un autre mort à quelques mois, Éva et enfin Lucinda, encore au berceau. On attend le neuvième. Cela arrive régulièrement, si régulièrement même qu'on pourrait presque compter les années par les naissances. Pourtant on ne dit jamais ou que rarement: « la digue » (l'inondation), « c'est l'année que Malvina est venue au monde ». Mais bien plutôt: « Malvina est née l'année de la grand-digue », comme on dit: « l'année que le vent a démoli la vieille grange », ou « l'année des grands sucres ». De même encore, on dit toujours: « Il aura tant d'années aux foins, aux pommes. »

Pour ce qui est de Mélie, elle s'est laissée mourir tout doucement, la tête un peu partie vers la fin, bougonnant constamment du fond de sa chaise, près du poêle. Cela faisait une espèce de ronronnement indistinct, comme d'un chat. Et un beau matin Oguinase qu'on avait envoyé l'éveiller, est revenu dire que « tante Mélie dormait dur, dur, et ne voulait pas se lever ». Elle ne s'éveilla plus en effet. Pendant quelques jours cela fit un peu vide de ne plus voir dans le grand fauteuil son petit corps tassé surmonté du béguin de coton blanc.

Les enfants ont pris le chemin de l'école du rang. Oguinase d'abord seul, puis bientôt conduisant par la main son petit frère Étienne; traînant leurs pieds nus en cadence pour soulever autant de poussière qu'un cheval. Étienne donne sa main gauche à Oguinase et sa main droite est libre pour arracher les herbes folles et les iris du fossé. Puis Éphrem est venu prendre cette main libre et la chaîne s'est allongée. Ils sont quatre maintenant qui font lever de poussière autant qu'une charrette. La dernière est Malvina, fraîche et rose, avec deux courtes tresses brunes attachées bout à bout en anse de panier sur la nuque et qui sautent drôlement comme une corde à danser quand elle trottine à la suite de ses trois frères.

Au fil des jours, Oguinase devient un petit homme de onze ans, large d'épaules et de jambes un peu tortes, comme ses lointains ancêtres normands, mais capable désormais d'aider aux champs tandis que les femmes, Alphonsine et la petite, travaillent au potager: Alphonsine, la tête enfouie dans une immense capeline; la petite, plus occupée de bestioles que des mauvaises herbes. La mère de temps à autre se redresse d'un mouvement de reins qui lui jette les épaules en arrière et fait saillir son ventre lourd. Elle promène sur la campagne baignée de tiède lumière un regard vague. De loin, ouaté par la chaleur, arrive le bourdonnement assourdi de la faucheuse mécanique, avec l'odeur violemment miellée des trèfles. La fillette se relève prestement entre les hautes pousses de tomates où tout à l'heure on ne voyait d'elle que sa robe d'indienne rouge à fleurs, comme un énorme fruit tranchant sur le décor bleu et or; bleu du ciel et or des avoines. Un moment elle se tient droite et ses yeux sourient; car sa taille n'a pas encore le pli qui vient à force de se pencher vers la terre; comme à ses yeux la roue des années, des saisons et des jours apporte autre chose qu'un éternel recommencement.

— M'man!... M'man... quand c'est qu'Oguinase i' s'en va?

— Pourquoi faire? demanda la mère sans que, machinales, s'arrêtent ses mains.

— C'est parce qu'il faudrait préparer son butin.

Cette fois Alphonsine s'est redressée et porte les mains à ses reins douloureux, chaque fois plus fatigués du fardeau qu'elle porte une fois de plus.

— Ben, j'cré ben qu'i' vont partir la semaine qui vient; parce que M. le curé a dit à ton père que le collège commençait mercredi prochain. Ça fait qu'i' devraient s'en aller mardi, comme de raison.

L'idée d'Euchariste va donc se réaliser; le fils aîné entre au séminaire. Alphonsine, elle, s'y fût certes difficilement décidée, bien que la perspective de le voir un jour prêtre lui parût une chose belle, un peu intimidante même. Mais cela est si loin; les années de collège, c'est bien long. Si long, et la prêtrise si loin, qu'il ne lui semble pas qu'elle puisse jamais atteindre au moment où son fils, son enfant à elle, revêtira la soutane qui en fera quelqu'un de si étranger à sa mère, comme un autre M. le curé, ou mieux, quelque chose comme un parent du Bon Dieu. Comment alors pourra-t-elle l'aimer aussi librement et son amour, même maternel, pour un prêtre ne sera-t-il pas un peu péché? Cet amour silencieux, obscur, placide comme l'eau qui s'alanguit aux coudes des rivières; sans tendresse extérieure en vérité, mais qui la tient assez pour qu'elle ne puisse consentir aisément à ce qu'il sorte ainsi de sa vie pour un nombre imprécis d'années.

S'il n'eût tenu qu'à elle, ce départ eût été indéfiniment différé. Depuis deux ans déjà que M. le curé et Euchariste en avaient décidé, elle trouvait encore Oguinase trop jeune; mais comment fût-elle allée contre l'idée conjointe de M. le curé et du père, elle qui n'est que la mère?

Bien que des moissons heureuses eussent mis les Moisan sur le chemin d'une relative et secrète aisance, au point qu'ils n'avaient jamais touché à l'argent placé chez le notaire, l'envoi d'Oguinase à la ville était une dépense, un engagement devant lequel ils avaient longtemps reculé. Des mois durant, Euchariste en avait été par moments plus taciturne encore; surtout le soir où, assis sur la berceuse de l'oncle Éphrem, dans la cuisine, la pipe oubliée à la main, il balançait entre l'ambition de faire de son gars un prêtre et sa répugnance à s'en séparer au moment où le travail allait l'accorder à la terre qui demandait des bras. Le laisser partir, n'était-ce pas frustrer la terre de celui qui lui était promis?

La venue d'un second fils, puis d'un troisième l'avait incliné vers le consentement; ces naissances le libéraient en quelque sorte de son obligation. Pourtant il s'en fallait encore qu'il fût résolu. C'était le curé lui-même qui avait emporté sa décision. Un beau jour au village, après la grand'messe il avait fait venir Euchariste dans son cabinet, dans le grand presbytère frais et propre.

On avait d'abord parlé de tout, sauf d'Oguinase. Mais au bout de quelques phrases:

— Et puis, comment vont les enfants?... Ton grand garçon?

À ce moment Euchariste avait compris de quoi il retournait.

— Y est ben extra, monsieur le curé.

— La maîtresse dit qu'il travaille bien à la classe.

— Ouais! Elle a dit ça?

— Ça doit te donner du contentement.

— Comme de raison, monsieur le curé. Comme de raison.

Un silence se creusa entre eux, que seul vint rompre un lointain bruit de casserole et de friture.

— Qu'est-ce que tu vas en faire, de ton gars, 'Charis?

Le paroissien baissa les yeux, la tête penchée sur l'épaule, et se mit à examiner la couture de sa casquette, entre ses genoux. Il se sentait mal à l'aise, gêné aux entournures par son habit de confection, gêné surtout par les choses inaccoutumées qui l'entouraient comme d'une conspiration: le bureau chargé de registres et de papiers sur quoi planait un grand Christ de plâtre colorié; le linoléum à fleurs du plancher; les deux rayons lourds de livres et surtout le calme dévotieux de cette pièce où sa voix résonnait différente. Il n'osait lever les yeux ne voyant plus que ses deux pieds chaussés de poussière et les semelles épaisses du curé qui frappaient le plancher avec un bruit mat, à chaque tangage de la berceuse.

Ce qu'il allait faire d'Oguinase? il n'en était pas trop sûr. Il n'avait pas oublié les paroles échangées avec M. le curé, l'espèce de vœu fait un jour d'avant son mariage, sur le chemin du Roi. Assez souvent il y avait pensé, mais comme on pense aux choses que l'on aimerait posséder sans espérer les avoir jamais; ces choses imprécises qui ne sont pas de la terre ni des moissons ni de la vie matérielle et quotidienne. Projeter des années à l'avance? À quoi bon! Puisque au gré du sort peut vivre ou mourir le petit des hommes comme au gré du temps une récolte peut pourrir ou sécher sur pied.

Et puis surtout le séjour au collège — six ans, sept ans, il ne savait — représentait une dépense qui le terrifiait à l'avance. Il eût volontiers crié misère comme tout paysan; il n'osait, à cause de l'argent placé chez le notaire. Bien sûr, il n'en avait jamais parlé à personne. Mais obscurément il lui semblait que M. le curé ne pouvait pas ne pas savoir, lui qui savait tant de choses; tout.

Voyant que sans répondre il se frottait la joue où le rasoir avait fait une tache pâle sur la peau hâlée:

— J'sais pas si tu y as pensé, reprit le curé, mais moé j'y ai pensé pour toé, comme c'est mon devoir de penser un peu pour tous j'y les gens de la paroisse. Tu m'as dit une fois que tu voulais un prêtre dans ta famille, 'Charis. T'as pas changé d'idée?

— ... Ben... Non... m'sieu le Curé...

— ... Parce que ça sera pas un cadeau que tu feras au Bon Dieu; c'est plutôt lui qui te ferait quelque chose comme un bonheur, le plus grand de tout! J'vas te dire quelque chose, Euchariste Moisan, qui va p't'êt' te surprendre; y a des fois que j'aurais aimé être à la place de pères de famille comme toi, rien que pour pouvoir rendre au Bon Dieu de cette façon-là un des enfants qu'il m'aurait donnés. À côté de ça, j'ai connu un homme qu'a pas voulu que son garçon fasse un prêtre quand le Bon Dieu l'appelait.

Sais-tu ce qui lui est arrivé? C't'homme-là, i'a été puni. Ça prenait pas un an que le garçon tombait dans un moulin à battre et se faisait écharper sous les yeux de son père.

Euchariste ne répondit rien encore. Il écoutait le curé, admirant en lui ce qu'il eût tant voulu posséder: le don des mots, la facilité de tirer au grand jour les choses que l'on sent s'agiter en soi et que tourmente le désir de sortir. Du bout de sa chaussure il se mit à tracer des cercles sur le plancher, puis s'arrêta subitement, conscient de son impolitesse. Mais il n'ouvrait point la bouche.

— ... Ce qui me fait le plus de peine, 'Charis, c'est qu'y a pas un seul enfant de la paroisse au séminaire à c't'heure, et depuis ça fait pas mal de temps. Pas depuis M. Émilien Picard, qui est vicaire à Saint-Bernard-du-Saut. C'est pourtant icitte une paroisse de bons chrétiens; seulement on dirait qu'ils pensent pas à donner son dû au Bon Dieu. C'est bien bel et bon de payer la dîme de ses récoltes; mais si on veut être béni dans sa famille, y faut payer aussi la dîme de ses enfants. Est-ce que tu dois pas bien ça, toi, Euchariste Moisan? Qu'est-ce que t'en dis?

— Ah! pour ce qui est de moé, monsieur le curé, je demanderais pas mieux. Mais...

Cette fois, il fallait répondre.

— Mais... quoi...?

— Ben... j'su à me demander si j'ai ben les moyens. Envoyer Oguinase au collège, ça veut dire sept, huit ans, et pi pendant ce temps-là, y a tout c'te grande terre qui veut être travaillée. C'est juste comme il commençait à m'aider.

Mais le curé avait tout prévu. Euchariste avait suffi jusque-là à la terre qui ne s'en était pas montrée moins généreuse.

Enfin, de ses deux autres fils, — « et j'espère que ça n'est pas fini », — le second était presque aussi fort et vaillant que son Oguinase. Pour ce qui était de la dépense, eh bien! lui, monsieur le Curé, qui ne possédait pas de bien, trouverait de quoi payer la moitié des frais de collège, de sa poche, tant il avait honte de ne jamais voir sa paroisse inscrite sur la liste de celles qui y envoyaient des élèves.

Et c'est ainsi que cela avait été réglé, un an auparavant.

*
* *

Le départ eut lieu au jour dit, de grand matin, dès le train rapidement fait et au moment où le ciel laiteux se fondait à l'est en une rougeur de braise. La perspective de voir enfin la ville ravissait l'enfant qui ne connaissait du monde que le village de Saint-Jacques où l'on allait à la messe le dimanche. La ville, à son esprit, était un Saint-Jacques en plus grand, avec, lui avait-on dit, deux églises et plusieurs magasins. Quand il avait su son destin, il n'avait cessé pendant des jours de poser des questions à son père qui seul s'y connaissait pour y être allé une fois du temps de l'oncle Éphrem. Il en avait obtenu quelques vagues et peu croyables notions: « En ville? ben c'est des maisons des deux côtés de la rue; et y en a de même des rues pi des rues. Et tout le monde est tout le temps habillé en dimanche. » De ces minces matériaux il s'était bâti une image que depuis lors il ornait à sa fantaisie de tout ce qu'il connaissait de plus beau.

En classe on lui avait certes enseigné le nom d'autres villes supposément plus grandes encore. Québec, par exemple, qui avait pour lui quelque réalité puisque était passé chez eux, un jour, un lointain parent d'Alphonsine qui en venait. De même pour Montréal où vivait Willie Daviau. Mais pour lui toutes les autres, New York, Lowell, Paris dont l'école lui avait appris que c'était la capitale de la France, Londres, Vancouver, ne participaient point à l'existence au même degré que la maison où il habitait et la rivière qui passait devant leur bien. Rome même, prestigieuse pourtant du fait qu'y régnait le Pape, n'était rigoureusement qu'un petit cercle sur une carte murale dont on lui disait que les grandes taches figuraient l'Europe, les États-Unis, l'Allemagne. Jamais ne lui fût venue à l'esprit l'idée que telle zone bleue sur la mappe pût représenter ce qu'il avait journellement sous les yeux; de la terre avec ses arbres et ses cultures.

Or ce qu'il allait voir à présent, c'était ce petit point accolé à un trait noir sinueux qui était censé être la rivière. Et la soif de savoir qui dort en tout humain s'éveillait doucement en lui. Quand il aurait vu la ville, il lui semblait vaguement qu'il connaîtrait tout le connaissable, sachant déjà la terre et son rythme de vie que lui avaient appris son père et plus encore la constante leçon de la nature elle-même.

Il était assis dans la « planche », ce véhicule particulier à nos campagnes, fait de trois longues planches de bois dur et élastique liées aux deux essieux et surmontées d'un siège grossièrement capitonné de crin. Le père s'affairait à s'attacher solidement à l'arrière une caisse qui contenait le trousseau, et quelques paquets.

Alphonsine sortit de la maison portant un panier où elle avait mis des crêpes froides saupoudrées de sucre d'érable, du pain et du lard salé; n'atteignant la ville que vers le milieu de l'après-midi ils mangeraient en route.

La mère est un peu triste, d'une tristesse lourde et profonde qui engourdit, comme ces longs moments d'été lourds de vent et d'orage qui ne s'abattront point. Sur elle non plus ne crèvera pas l'averse des larmes, que rendrait futiles, par comparaison, la grandeur de ce qui les entoure: l'immensité indifférente des éléments dont les passions s'expriment en convulsions profondes qui sont les tempêtes, les incendies, les inondations.

— Tout est paré, sa mère? dit Moisan.

— Ouais. Fais ben attention à ton argent.

— Aie pas peur, sa mère.

Il est monté et, d'un claquement de langue accentué d'une secousse sur les rênes, il fait démarrer le cheval.

Au moment où il tourne à gauche pour s'engager sur la grand-route, Alphonsine lui crie:

— 'Charis... oublie pas de t'arrêter dire bonjour chez mon oncle 'Phirin, si t'as le temps.

Moisan fait un signe. Oguinase lui aussi agite sa main pendant quelques instants; puis le cheval prend le petit trot régulier qu'il tiendra pendant des lieues.

Mais voilà Étienne qui accourt.

— M'man, m'man, p'pa a oublié sa blague.

Elle ne l'entend point, immobile jusqu'à ce qu'ils aient dépassé le bouquet de hêtres où le chemin s'infléchit et derrière lequel ils disparaissaient. Tout le long de la route flotte la poussière, comme une écharpe rutilante.

— Viens-t'en, Étienne, dit-elle d'une voix plus douce, plus voilée qu'à l'ordinaire.

Elle lui donne la main, essuie inconsciemment un peu de poussière dans le coin de son œil, s'en va vers la maison puis, soudain, saisit Étienne dans ses bras, d'un coup, et l'embrasse si violemment que l'enfant se met à crier.

LE POIDS DU JOUR

(La première partie du roman raconte l'enfance et la jeunesse de Michel Garneau à Louiseville; la deuxième, son ascension d'homme d'affaires à Montréal, où il se réfugie et change son prénom en celui de Robert après avoir appris sa bâtardise; la troisième, sa vie de retraité à Saint-Hilaire. Nous reproduisons le chapitre V de la deuxième partie.)

Au club de golf*

Le jour où, rentrant chez lui, Garneau jeta avec une négligence affectée:
« À propos! J'ai acheté la part de Leblanc, il y a quelques jours: je suis membre du Club de golf de Grande-Baie. »
Hortense poussa un cri et faillit se pâmer de joie. En fait, l'affaire avait été conclue le midi même; mais Robert ne voulait point trahir son contentement intérieur et la hâte qu'il avait eue de l'annoncer. Il continua:
« Nous pourrions peut-être y aller souper, un soir de la semaine prochaine?
— Pourquoi pas ce soir?
— Non, je n'ai pas le temps. Mais après-demain, si tu y tiens. Tu inviteras quelqu'un. Les Lanteigne? Peut-être l'honorable Saint-Jacques et sa femme, s'ils sont en ville? »
Il y avait des années qu'elle aspirait à cette joie. La fleur des hommes d'affaires canadiens-français faisaient partie de ce club. Cela leur donnait le sentiment d'être les égaux des banquiers anglais et écossais qui pratiquaient le même sport à Saint-Lambert, à Rosemère ou à Mont-Bruno, tous clubs où l'on n'admettait que difficilement les gens de langue française. On pouvait être de la Chambre de Commerce, ce qui était bien; de l'Association des Manufacturiers, ce qui était mieux; mais rien ne valait la cote que donnait le Club de Grande-Baie. Le nombre des parts étant limité et l'admission sujette à ballottage, être admis classait définitivement un homme. Il ne lui restait, pour atteindre le sommet, qu'à se construire une maison de stuc rose le long de la route où, après un arc de triomphe inattendu, les villas se disposaient avec une irrégularité minutieusement calculée.
Ce n'était pas que le jeu du golf dît grand-chose à Garneau. Mais la culotte knickerbocker, les bas à revers et la casquette de toile, avec le sac à bâtons de golf, symbolisaient pour lui le gravissement d'un échelon de plus dans son ascension. Le jour même de sa nomination, il s'était présenté à son bureau en costume! Puis il s'était inscrit chez Sam Callahoun, pour des leçons particulières. Ce à quoi il songeait par-dessus tout, c'était aux rencontres qu'il savait devoir y faire et aux « contacts » qu'il y établirait.

Hortense, elle, regrettait qu'il n'y eût pas un costume spécial pour femme de golfeur. La véranda du pavillon l'attirait. Les Lanteigne l'y avait invitée deux ou trois fois et depuis ce temps elle en avait rêvé. Car pendant que les hommes vaguaient sur l'admirable pelouse de *green,* on avait au loin le spectacle étonnant des montagnes bleutées flottant sur les eaux lumineuses de la baie. L'on avait surtout le spectacle de Montréal tout entier dont chaque jour les habitants étaient fouillés, épouillés, écorchés par la brigade des amazones à moustaches assises sur les berceuses; tandis que les femmes jolies, fortes de leur jeunesse, surveillaient du coin de l'œil l'époux de leur meilleure amie. Madame Lanteigne avait déshabillé pour Hortense chacune des voisines éparses autour des tables chargées de *collins* ou de whiskys et qui les regardaient du coin de l'œil en leur rendant la pareille. En deux heures elle en avait plus appris sur les lits conjugaux ou les divans extra-conjugaux de ses connaissances de Montréal et d'Outremont qu'en deux ans de vie.

Quand revenaient les maris assoiffés, cheveux lustrés par la douche, discutant les coups qu'ils avaient faits et surtout ceux que la malchance leur avait fait rater, la conversation devenait flottante. D'une table à l'autre, les hommes se saluaient vigoureusement, avec l'air épanoui de l'agent d'assurances en face d'un client possible; ce que tous étaient, plus ou moins, les uns pour les autres. Et tous avaient une façon particulière qui suintait l'ostentation et le contentement d'être membre du Club de Grande-Baie; car ils se savaient ou se croyaient (même chose), enviés du reste de l'univers. N'ayant jamais lu Babbitt, ils ne se sentaient ni gênés, ni ridicules. Pourquoi d'ailleurs l'eussent-ils été? Tous, ou presque, issus de familles mal aisées, leur travail et leur génie collectif était en train de créer autour d'eux une société nouvelle, un Canada différent, un Montréal meilleur. Plus tard leurs fils, riches de l'héritage laissé par des parents en bretelles, pourraient librement porter la chemise flottante et des souliers bicolores: s'adonner à la fainéantise ou au tennis; et même se livrer au modelage de nus ou à la peinture abstraite, ce qui ferait hausser les épaules à leurs oncles et les sourcils à leurs tantes.

Garneau était affilié depuis quelques mois maintenant et n'y avait invité encore que peu d'amis. Aussi bien avait-il plus de relations que de camarades. Il était peu liant. Mais il avait rencontré au Club des médecins courus, comme le docteur Marcel Durand-Lapointe, frère de Lacoste Durand-Lapointe, l'as canadien de la Grande Guerre; et aussi Paul N. Côté, celui de la *New York Assurance* et du procès célèbre; Ludger Constantineau, courtier en valeurs; Longwood Lessard, le spéculateur en grains; le général Marchand et sa ravissante femme qui, parce qu'elle était une Gatien, des Gatien de la Banque, s'obstinait à ne point reconnaître Hortense Garneau; et Elmuth Stänger; et René Buissières; et Gabriel du Boust, qu'il fallait se garder d'appeler du *Bout.* Personne n'ignorait que son grand-père avait eu nom simplement Pinette; qu'il y avait eu à Saint-Côme deux familles Pinette; et que pour les distinguer des autres, on parlait toujours des Pinette du *bout* du village. D'où le surnom. Quoi qu'il en fût, cet anoblissement verbal avait suffi à donner à Gabriel une allure cavalière et racée qu'il accentuait par sa toilette et qui affolait les femmes. Agent de change, il faisait des affaires excellentes et depuis quelque temps s'intéressait particulièrement à la région d'Amos où l'on découvrait chaque semaine une nouvelle mine plus prometteuse que la précédente.

Parmi ceux-là il y en avait cependant que possédait réellement une passion violente pour ce jeu de golf, calme comme l'Écosse qui l'avait inventé. Ils citaient avec aisance les noms et les exploits des grands professionnels, suivaient par les journaux les tournois américains, discutaient pendant une heure d'un *brassie* ou d'un *niblick*.

Garneau, lui, trouvait un réel plaisir à cette détente, à la longue promenade que comportait une partie dans cet admirable décor. Sans qu'ils s'en rendissent compte, les joueurs étaient pénétrés de la grandeur du paysage qu'ils avaient sous les yeux. Une fois ou deux la semaine, en été, Garneau venait au pavillon manger la cuisine d'un chef justement réputé. Il ne regrettait point les sept cent quarante dollars que lui avait coûté la part, ni les cent dollars de la cotisation annuelle. Pourtant il n'y trouvait pas encore la satisfaction qu'il avait escomptée. Et il en voulait à sa femme d'avoir à ce sujet le triomphe un peu vulgaire.

L'automne venu, les arbres qui bornaient le terrain se paraient de couleurs étonnantes qui, sur la butte où était construit le pavillon, forçait les hommes d'affaires les plus invétérés à s'asseoir face au panorama. Avec les journées raccourcies, le golf du soir était remplacé par de longues séances autour du café et du cointreau dont Hortense raffolait. Dans un coin, les célibataires, ou ceux qui affectaient de l'être, se livraient à une discrète partie de poker.

— Non! Mais ça c'en est une bonne!

Violemment frappé sur l'épaule, Garneau se retourna.

Il hésita un bon moment devant la main qui se tendait et le visage, pourtant connu. Ces épaules carrées, ces yeux bruns, cette bouche épaisse sur la mâchoire large, ce complet étonnant à carreaux bruns et gris...

Garneau se sentit pâlir. Bouteille! c'était Bouteille! Bouteille, son compagnon d'enfance; Bouteille avec qui il se battait dans le pré attenant à la gare. Bouteille! Hermas Lafrenière!

La dernière fois qu'ils s'étaient vus c'était, tant d'années auparavant, à... à Louiseville. Lafrenière tenait garage. Il avait épousé Marie-Claire Froment. Où était-elle? Garneau la chercha des yeux et ne la trouva point. Seul Gabriel du Boust se tenait là, le visage fendu d'un sourire:

— C'est une surprise, hein! C'est une surprise!

Garneau s'essuya le front, pourtant sec et glacé. Au fond de lui-même, un vent mauvais s'était levé qui faisait tourbillonner des morceaux de souvenirs, des bribes d'images enfantines, des objets et des visages méconnaissables. Toute cette poussière brutale le prenait à la gorge, l'étouffait. Ce qu'il voyait, dans ce face-à-face imprévu, c'était toute sa jeunesse, toute la petite ville, tout son opprobre si péniblement refoulé et qui giclait par les fissures éclatées.

Hortense, un peu surprise, levait les sourcils en attendant une présentation qui se faisait attendre. Du Boust intervint.

« Madame Robert Garneau... »

Déjà Lafrenière avait tendu la main, une main rugueuse où brillait le paradoxe d'un diamant.

« ... Monsieur Hermas Lafrenière, d'Amos, Abitibi. »

— Votre mari a dû vous parler de moi. Des vieux amis. Et toi Garneau, qu'est-ce que tu deviens?

Le pas était franchi. L'ombre de Michel n'avait pas réapparu. Son nom n'avait pas été prononcé.

En mots abondants et légèrement emphatiques, Lafrenière donnait quelques détails. La vente de son garage, y compris l'agence de la compagnie Ford, à un prix dont il s'épanouissait encore. Le départ pour l'Abitibi...

« ... avec mes trois enfants et Marie-Claire. Tu te souviens de Marie-Claire, ton ancienne. C'est maintenant une belle femme. Du solide, je t'en passe un papier! Tu ne la reconnaîtrais pas! »

Il avait ouvert un hôtel, mais depuis quelque temps s'intéressait surtout aux mines.

« ... Dans dix ans, il y aura dans la province de Québec plus de millionnaires qu'il y a maintenant de quêteux. En ce moment, je m'occupe de la *St John Gold*, de la *Harricanaw Reserve*, de la *Gallarty* et de la *Lac-Fret Exploration*. Ça, c'est *mes* compagnies. Mais tout ça, c'est rien! »

Il se pencha et d'un ton mystérieux:

« Avant longtemps vous entendrez parler de la *Royal-Roussillon*. Celle-là!... »

Garneau lui fut éperdument reconnaissant de ce que, pas une fois, il n'avait prononcé le nom de Louiseville. Ils étaient désormais l'un d'Amos, l'autre de Montréal. Quelques instants plus tôt un passant l'avait salué:

« Bonjour, Robert! »

Un autre avait crié:

« Comment ça va, Bob? »

Et Garneau n'avait pas parlé de « Bouteille ». Lafrenière avait compris. Sans qu'il en eût été question, Michel et Bouteille, les deux garnements en culotte courte, aux bas reprisés et qui jouaient à se rouler dans la poussière et le mâchefer, disparurent tous deux, doucement enlisés dans un passé à jamais hermétique.

— Ça m'a fait plaisir de te revoir, Garneau.

— Voyons, Hermas, tu peux m'appeler Robert. Viens donc me voir au bureau. Peut-être que...

Lafrenière, relevant la main, fit jeter à sa bague des feux éblouissants.

— Certain, je vais aller te voir. Et si tu veux embarquer avec nous, on pourra des fois te donner une chance... De la grosse argent!... Bonjour, madame Garneau.

— Et salue bien Marie-Claire, Hermas!

Cette rencontre éveilla en lui un contentement contre lequel il n'avait pas eu le temps de se défendre. L'événement l'avait pris à l'improviste. Autrement, il n'eût pas manqué de fuir éperdument devant Bouteille. D'instinct il se dérobait à tout ce qui pouvait projeter sur l'écran de sa conscience quelque image d'un passé cruel désormais irrévocablement proscrit. À ce point que la seule crainte d'y rencontrer de nouveau cet homme eût pu suffire à lui faire s'interdire le club.

Mais tout s'était passé de façon inespérée. Si bien que maintenant, et comme rançon d'une épouvante première dont les derniers frissons s'éteignaient à peine, pour un peu il eût pris dans ses bras encore tremblants l'homme qui venait de le quitter et qui s'en allait, là-bas, en saluant de part et d'autre ses connaissances. Il n'en apercevait plus que le dos, un dos large et voyant comme une affiche lumineuse, dans le veston bigarré; et la brosse des cheveux sur la nuque pâteuse; et les jambes bancales qui, pliant sous le faix du corps grossièrement nourri, s'ouvraient en chatière à ras le sol et dont l'arc était encore accusé par les bas écossais à revers.

Une joie inconnue animait Garneau, lui faisait léger l'air de ce soir automnal. Joie, neuve pour lui, de retrouver un camarade, de reprendre un contact ancien, de renouer enfin l'amarre à un môle jadis familier. Toujours jusque-là, une telle occurrence lui était apparue à l'avance sous couleur de catastrophe. Or en Bouteille — ou plutôt en Hermas Lafrenière — il venait de toucher sans répulsion quelque chose de son enfance, un être qui avait eu part à l'époque gênante de sa jeunesse; mais qui en même temps avait décidément rompu ce cadre ancien que tous deux, semblait-il, répudiaient également. Rien en Hermas Lafrenière qui rappelât le Bouteille agressif du pré de la gare, le Bouteille qui sans vergogne troublait le silence du catéchisme par ses bruits grossiers, qui organisait le pillage des vergers, barrait de traîtres fils de fer les trottoirs de la petite ville...

Robert Garneau se ressaisit. Il mit à revenir au moment présent tout le poids de sa volonté. Il n'était point bon d'évoquer ainsi les choses mortes. Au moindre appel, les spectres pouvaient se lever hors les brumes sournoises du passé. Déjà, en lui, quelque chose avait bougé qui était peut-être... Michel.

— Qui est-ce, ce « monsieur » Lafrenière? s'enquit Hortense, fort à propos.

Elle avait prononcé le mot « monsieur » de façon à se ménager une honorable retraite au cas où le nouveau venu n'eût pas été « de son monde ». Il s'agissait justement pour elle de le classer dans l'échelle de leurs relations, de lui faire une fiche mentale et de doser l'affabilité qu'elle lui manifesterait à la prochaine occasion. On ne sait jamais! N'avait-elle pas failli *snobber* monsieur Edmour Saint-Denis, lors de leur première rencontre! Elle pâlissait encore à ce souvenir. La leçon lui était restée.

« D'où est-ce qu'il vient? Qu'est-ce qu'il fait?... Est-ce qu'il est, *lui aussi*, membre du Club? Sa femme, qui c'est?... Tu ne m'en as jamais parlé, Robert. »

Selon le milieu où ils se trouvaient, elle appelait son mari Bob, Robert ou même Bobby. Si elle l'eût osé, pour faire chic, en certaines circonstances elle lui eût même dit vous.

— Lafrenière? (Garneau avait failli dire Bouteille? et avait avalé juste à temps) Hermas Lafrenière? Oh! je le connais depuis toujours. Mais je le vois rarement. Il est dans l'Abitibi. Dans les mines. Il a l'air prospère.

— On pourrait peut-être l'inviter quelque jour à venir prendre un cocktail à la maison.

Redevenu prudent, Garneau ne répondit pas.

UN MONDE ÉTAIT LEUR EMPIRE
L'Europe à l'assaut du Nouveau Monde

Une jeune femme indigène, la peau nue offerte comme un bronze votif aux douceurs du soleil levant et de la brise matinale, descendit sur la plage de sable doux immensément vide. L'alizé froidissait doucement les palmes dans le ciel pur des tropiques.

Ses yeux étaient sombres et calmes comme la nuit qui venait de vaincre le matin et ses cheveux noirs ruisselaient sur ses épaules. Elle avait le type pur des femmes de la race antillaise des Arawaks, la taille moyenne, les pommettes un peu saillantes, le nez fin.

Et voilà que, soudain, elle s'arrête interdite.

Se découpant sur l'horizon où triomphait le soleil glorieux, trois masses bizarres apparaissaient là où jamais elle n'avait vu autre chose que mer et ciel sauf, à certains jours d'épouvante, les pirogues caraïbes se précipitant avec des hurlements de cannibales.

Au moment où, n'en croyant pas ses yeux, elle cherchait à reconnaître ces objets étranges que le contre-jour rendait indistincts, elle vit s'en détacher trois barques qui venaient vers la rive à force de rames. Clouée par la terreur, elle n'eut pas le temps de jeter l'alarme que déjà les proues faisaient crier le sable et que des êtres étonnants, qui n'étaient pas des hommes quoiqu'ils en eussent la stature, couverts de tissus multicolores et dont la poitrine jetait des éclairs, en descendirent puis, se jetant à genoux sur la grève, se mirent à chanter. Au-dessus de leur tête, au bout de longues perches, ils agitaient au vent trois pièces d'étoffe bigarrée.

D'autres indigènes curieux mais défiants s'étaient approchés, en gardant à la main leurs armes prêtes à toute éventualité. Mais les Fils du Soleil au visage si étrangement pâle venaient vers eux les mains tendues et leur offraient en cadeaux joyeux des boutons rouges, des perles de verroterie, des lambeaux de tissus éclatants. Alors les naturels, qui prudemment jusque-là serraient leur sagaie et leur casse-tête, les laissèrent tomber, inutiles. Quelques-uns même les donnèrent en échange de ces richesses inouïes qui étincelaient à la lumière accrue, tout comme ils cédèrent ce qu'ils avaient connu jusque-là de plus précieux; des perruches domestiques au plumage iridescent, des fils de coton, des aliments frais. Mais tous ces hommes — car visiblement c'en étaient — ces hommes étrangers, venus du ciel ou d'ailleurs dans leurs immenses canots à voile, parlaient un langage incompréhensible où sans cesse revenait un même mot: « Indias...! Indias...! »

Soudain l'un d'entre eux poussa un cri; un chef indigène venait de descendre du village; il était comme les autres vêtu de peu; mais ce que l'un des nouveaux venus avait remarqué, c'était un banal ornement, une petite pépite de métal jaune, perçant le nez!

Pendant deux jours ce fut une fête continue où les réjouissances et le troc se mêlaient; où les hommes cuivrés pouvaient toucher les longues barbes et la peau blême des hommes de la mer; un certain nombre de jeunes femmes avaient même cédé aux demi-dieux qui sans doute allaient bientôt disparaître pour toujours, laissant entre les mains de la tribu fortunée tant de joyaux extraordinaires et qui serviraient plus tard à prouver la véracité du miracle et la bienveillance des visiteurs divins.

Le matin du troisième jour repartirent les caravelles, brusquement. Mais quand les indigènes américains se comptèrent, ils s'aperçurent que, trahissant l'amitié, on avait enlevé cinq des leurs, les plus beaux, les plus jeunes. Des pirogues lancées à la mer, les Antillais tentèrent vainement de faire entendre leurs supplications. Le vent fraîchissant gonfla les voiles; bientôt les vaisseaux de Colomb eurent disparu par delà l'horizon du sud.

Et sur la grève, il ne resta plus, parmi les débris du dernier festin, qu'une jeune femme indigène qui, écrasée sur le sol, pleurait son époux emporté vers, sans doute, quelque repas cannibale.

CONFIDENCES

Les débuts de l'auto

On se rend compte de son âge et que l'on a passé le tournant lorsque, racontant des choses de son enfance, l'on entend les autres s'écrier: « Comme c'est curieux! Et vous avez vraiment connu ce temps-là? »

Certes, je ne m'aviserai point d'écrire de ce qu'on appelle *le bon vieux temps*. Ce *bon vieux temps* qui aurait été l'âge d'or! Dont les anciens, ainsi que les orateurs de la Saint-Jean-Baptiste, ne parlent qu'avec un trémolo dans la voix. Le *bon vieux temps*! Je n'en ai évidemment connu que les restes, les rogatons, les accessoires qui ont persisté dans certains coins reculés. *Le bon vieux temps*, pour parler franc, en est un où personne d'aujourd'hui ne supporterait de vivre vingt-quatre heures! C'était le temps des lampes à pétrole qui fumaient, sentaient et sautaient. Le temps où on se levait à cinq heures du matin, avant le soleil. Le temps de la pompe à bras; ou mieux encore de la *brimballe* qui peut faire poétique dans un récit paysan mais que nos chantres du terroir, bien servis par les robinets de leur maison de ville ou de leur presbytère, ne voudraient pas avoir à manœuvrer en plein hiver. Le temps du bon pain de ménage... qui n'était frais qu'une fois par quinze jours. Le temps du savon domestique... qui emportait la peau avec la saleté. Le temps du cheval, au lieu de l'infatigable moteur. De l'ensevelissement à domicile pendant des mois. De l'hiver entier à se nourrir de lard salé et de vieux navets. Le temps de la faux, et même de la faucille, qui ne permettait de faucher à six qu'un seul pré en trois jours; pour, le soir, recru de fatigue, se laisser tomber dans le noir sur la paillasse de blé-d'inde. Oui! Oui! Protestez! Protestez, vous tous, *laudatores temporis acti*. Poètes de la campagne qui lui composez des élégies bucoliques...; mais à la ville et sur la machine à écrire. Chantres du pain hebdomadaire... qui chez vous jetez le pain de la veille. Amants de la campagne qui l'avez troquée dès votre majorité pour l'usine ou le garage. Non! Laissez-moi doucement rigoler! Tenez! Je voudrais vous voir passer une année dans une cabane en bois rond, avec un *poêle à trois ponts*! — Comment, il n'y a pas de bois pour chauffer! — Mais! Allez-vous en bûcher. — Et... où est mon jus d'orange? Mes aspirines? — Voici de l'herbe-à-dinde. Faites-vous de la tisane. — C'est ennuyant, ici. Ouvrons la radio. — La radio? Mais elle n'est pas inventée! — Alors, j'aime mieux m'en aller. Je m'en vais! — Vous en aller! Mais il n'y a pas de chemin. À moins que vous ne vouliez faire de la raquette. C'est si beau et si bon pour la santé: dix milles à pied par vingt-deux sous zéro!

Bon! Maintenant que passant ma satire j'ai chanté indirectement le *bon* temps, non pas le vieux mais celui d'aujourd'hui, je n'en rappellerai pas moins quelques souvenirs des temps primitifs où l'auto fit chez nous son apparition.

Cela, je l'ai connu. Je l'ai vécu. Car je suis né en 1895, alors que Forest avait à peine inventé le moteur à quatre temps et je-ne-sais-qui le différentiel qui ont rendu possible l'automobile. Mon enfance, ma petite enfance, n'a connu que les chevaux. Pas de tracteurs, pas de souffleuses, pas de décapotables-sport. Les camions étaient attelés de gros percherons garnis de poil aux pattes à rendre jaloux les vieux soldats de la chanson. Au lieu de souffleuses, il y avait pour aplanir la neige dans les rues le gros rouleau de bois au moins haut de trois étages, semblait-il... à nos yeux d'enfants. Les voitures de sport étaient des *buggies* attelés de fringants ambleurs. Quant aux routes c'était, courant dans le vert des cultures, des rubans de poussière douce coupés de bancs de sable. Au milieu le sabot des bêtes avait tracé une piste moelleuse qu'encadraient les ornières indéfiniment parallèles, les *roulières*, disait-on. L'hiver, les chemins vicinaux n'avaient pour les baliser que le pointillé des piquets de clôture émergeant de la neige et des sapins plantés au sommet des dunes blanches. Telle était la voirie, quand on nous apprit la venue d'une trentaine de ces véhicules nouveaux, jamais vus encore: les automobiles. Une des premières preuves d'endurance, la course pour le trophée Glidden.

Je ne saurais oublier l'arrivée dans notre petite ville de ces machines étranges. Avertis par le télégraphe, nous, tous les bambins de la ville, les attendions. J'eus la chance de voir s'arrêter juste devant moi l'un de ces véhicules fumants, puants et d'autant plus prestigieux. Le conducteur après un essai d'anglais à quoi, bien entendu, je ne compris rien, exhiba une carte portant le nom d'un hôtel. Tout fier, je montai sur le marchepied. À la fois inquiet, ému et glorieux, à la vitesse inouïe de quinze milles à l'heure je guidai le monstre dans une apothéose de poussière.

Cette visite ne fut pas sans effet. Le mouvement était lancé. Dans tout groupement humain, même aux Trois-Rivières, il se trouve toujours des êtres dangereux à qui les choses de jadis, et même de naguère, ne suffisent point. Nombre de Trifluviens durent rêver des engins nouveaux. Mais bien peu assurément prirent conscience du désir qui mordit secrètement leur esprit révolutionnaire, indigne du diocèse de monseigneur Laflèche: posséder une voiture à moteur!

Bien sûr, il ne s'agissait pas de remplacer les chevaux. Chose assurément impossible. Pour qui regardait les routes tant d'hiver que d'été rien n'était plus évident. Du chemin du roi le temps sec faisait un piège de sables mouvants, une fournaise d'aveuglante poussière. Quant à la pluie, elle faisait apparaître aux endroits les plus inattendus ces abîmes insondables que l'on appelait ventres-de-bœuf et où pouvait disparaître un attelage entier.

Malgré tout, pour le plaisir sinon pour l'utilité, quelques esprits dangereux convoitèrent ouvertement le véhicule à essence. Les premiers catalogues commençaient de circuler. Ils montraient des voitures que l'on pouvait nettement différencier des voitures à traction animale par le fait qu'elles n'avaient point de brancards. Autrement c'étaient des *buggies*, des tapissières, des victorias comme les autres.

Les premières voitures trifluviennes firent sensation. Les chevaux prirent le mors aux dents et il ne s'en fallut que de peu que les Trifluviens n'en fissent autant. Il y avait des Maxwell à deux cylindres qui faisaient pouf-pouf-pouf-pouf. Et les premières Ford dont le modèle T, anachronique, régna si longtemps. Des Cadillac aussi, mais que personne n'oserait avouer aujourd'hui. Si peu nombreuses, les autos, que chacune avait été baptisée. Il y avait le Buffalo, la Mouche-à-feu, la Ca-du-lac et la Punaise. Celle qui fit le plus sensation, ce fut l'immense, la monumentale Clément-Bayard des Dufresne. Figurez-vous quelque chose comme un chariot de la Saint-Jean-Baptiste, au capot aplati en museau suivi d'une banquette-trône garnie de cuivres étincelants et où siégeait le conducteur. Le siège arrière, lui, était inouï. La conque de Vénus Aphrodite! Aussi haut que large, montant par-dessus les têtes, rond et creux comme un fauteuil pour Gargantua il engloutissait toute la famille qui disparaissait presque dans son luxueux capitonnage. Par opposition, il y avait aussi les *buggies-moteurs*. Hauts sur roues, en tous points semblables aux *buggies* véritables. Sauf qu'ils faisaient plus de bruit, se mettaient en panne à chaque coin de rue, sentaient plus mauvais et ne laissaient rien aux moineaux.

Fort conservateur, mon père n'en avait pas moins par moment des velléités modernes. À moins que l'idée n'eût été de ma mère, née montréalaise. Quoi qu'il en fût, nous apprîmes un jour, éblouis, que notre père allait troquer sa bicyclette et son cheval contre une auto dans laquelle faire les visites médicales à sa clientèle alors nombreuse. Quel émoi lorsque fut arrivé le grand jour! La voiture nous fut livrée parmi les regards d'envie des voisins en culotte et les haussements d'épaules des voisins à barbe. Mon père eut du vendeur deux ou trois leçons après quoi il se mit à parcourir la ville en grand attirail.

Pauvre père! Il ne sut jamais conduire. Il resta toujours méfiant à l'égard de sa mécanique. Jamais il ne partit sans emporter dans la voiture ses *claques* et sa canne avec son parapluie. On ne sait jamais! Je le vois encore, assis au volant vertical de la Ford première édition. Sur le front, ses lunettes. Sur la tête, la casquette beige de rigueur. Sur son ventre déjà obèse le cache-poussière descendant à longs plis. Mais jamais il ne put se départir des habitudes prises en conduisant les chevaux. Il tenait le volant à pleines mains, comme des guides. Pour arrêter il tirait dessus. Les virages, il les prenait de loin, penchant le corps et crispant les doigts de telle sorte qu'il sortait de la courbe quasi plié en deux. Un jour qu'il nous conduisait, la Ford se mit en tête de courir sus à un poteau sans doute placé exprès par quelque libéral donc ennemi politique. Ignorant le frein, dont ses voitures à cheval n'étaient pas pourvues, il tirait sur le volant de toutes ses forces en criant éperdument:

« Woa! Woa! » Le poteau arrêta la course: heureusement sans grand dommage.

À ma grande jalousie, mon frère aîné apprit bientôt à conduire. N'étant pas souvent disponible, il devait laisser notre père faire seul ses visites. Parfois un appel éploré arrivait à la maison quand ce n'était pas notre père en personne mais, à pied.

« J'ai laissé l'auto au coin de rue Champflour et Sainte-Julie. Elle ne marche plus je pense qu'elle est toute brisée! » De vrai, mon père était le plus pessimiste des hommes. Il vivait dans l'attente, presque dans l'espoir de toutes les catastrophes. L'un de nous partait alors au secours. Toujours, la solution de la panne était des plus simples. Manque d'essence; ou encore oubli de tourner la clef de contact.

Nous fîmes parfois de longues randonnées. Québec ou Montréal. Une telle expédition comportait normalement une ou plusieurs pannes. Nous étions forcément devenus quelque peu mécaniciens et bricoleurs. Car il n'existait le long du chemin aucun garage. Toutes les réparations ou à peu près, nous les faisions nous-mêmes. Chaque semaine en plus du polissage des cuivres, du lavage et du graissage, du remplissage du réservoir à carbure, pour les phares et des lampes latérales à l'huile, il nous fallait gratter et régler les vibrateurs puis lever la tête du bloc moteur pour décaper les bougies et roder les soupapes. Oui! chaque semaine!

Ces voyages au long cours ne s'entreprenaient pas à la légère. Avant Québec, il y avait une passe dangereuse. La côte de Donnaconna. Une pente abrupte, toute en glaise. De la route actuelle on la peut encore deviner. Mais on la prend pour un simple ravin et personne ne se doute que c'était là jadis le chemin dit carrossable. Direction Montréal, il y avait le bas-fond, dans l'île, entre les deux vieux ponts de Charlemagne. Nous télégraphions pour savoir si les passages étaient ou non praticables. Sur réponse favorable, nous faisions nos adieux aux amis et partions le visage rayonnant et le cœur un peu angoissé. Je n'oublierai jamais ce retour de Montréal à Trois-Rivières, dans la nuit, où j'eus à réparer onze crevaisons. Je dis réparer. Car il fallait chaque fois enlever de la jante fixe le pneu à force de poignet; réparer la chambre à air au revers du fossé; remonter le pneu. Enfin le regonfler à la pompe à main. Automobiliste d'aujourd'hui qu'une crevaison met en fureur, que n'avez-vous connu le *bon vieux temps* de l'auto. Moi je l'ai connu, je ne voudrais pour rien au monde le voir revenir.

Que n'ai-je loisir de vous raconter les tours pendables que les automobilistes se jouaient entre eux. Tel ce pauvre homme que l'on convainquit de mettre de la graisse dans ses freins pour un freinage plus moelleux. Et cet autre à qui sous différents prétextes, on fit peindre son radiateur successivement doré, argenté, rouge; puis finalement noir quand il perdit sa femme. Mais ce temps est passé. Songez au temps jadis pour mieux jouir du temps présent. Vraiment, il fait meilleur vivre en 1960.

ADRIENNE CHOQUETTE (1915-1973)

Un jeune couple de Sherbrooke demande asile provisoirement, par lettre, à une lointaine cousine, célibataire de quarante-quatre ans, qui habite, avec une vieille servante de sa famille, une bourgeoise maison de la Grande-Allée à Québec. Ces personnes de la « bonne société » haute-villienne en sont tout étonnées, « dérangées ». C'est l'occasion pour Adrienne Choquette de décrire leur milieu et, pour son héroïne, de s'ouvrir à la vie en rêvant à partir d'une photo des deux jeunes mariés. *Laure Clouet* (1961), court roman plutôt que longue nouvelle, est la meilleure des œuvres d'Adrienne Choquette, qui a également écrit un roman plus long, mais moins bien composé et moins fort: *La Coupe vide* (1948) — qui fit scandale à l'époque —, des nouvelles d'excellente qualité: *La nuit ne dort pas* (1954) et *Le Temps des villages* (1975), et l'autobiographie, délicate et tendre, d'un chien: *Je m'appelle Pax* (1974).

LAURE CLOUET

L'angoisse de la servante*

Cette demi-heure qui précède l'aube. Le malheur de s'éveiller en sachant qu'on ne se rendormira pas. D'abord on n'ouvre pas les yeux et l'on se répète qu'on rêve. Mais jamais les rêves ne pèsent d'un tel poids et nul sommeil n'entretient non plus une espèce d'angoisse sans visage, un lent déroulement d'images, de sons, d'idées, comme autant de petites bêtes gluantes et collées à soi. Heure du désespoir et de la prière.

Hermine détacha de son poignet un chapelet qui y passait la nuit et se mit à tâter les grains, selon une vieille recette apprise à l'orphelinat. « Le diable, disaient les Sœurs, ne s'approche pas de quelqu'un qui tient son chapelet. » Apaisée, Hermine n'osait pas bouger cependant. Son étroite forme occupait le centre du lit sans seulement y dessiner une place. Lorsqu'elle mourrait, personne ne pourrait deviner qu'elle avait dormi cinquante-deux ans dans ce lit.

Depuis qu'elle était une vieille femme, la servante souvent s'éveillait à cette heure et chaque fois un lourd malaise l'envahissait. Elle ne savait pas pourquoi quelque chose qui ressemblait à la peur lui enserrait graduellement les épaules. Ce n'était pas une peur ordinaire, elle ne connaissait jamais à d'autres moments la sensation d'être sans défense contre une menace vague, qui lui faisait retenir son souffle, comme si elle espérait détourner ainsi de son chevet une attention mystérieuse. À personne, Hermine n'avait parlé de son tourment. Comment y fût-elle arrivée dans son langage strictement appliqué à des faits et à des sentiments familiers? Peut-être était-ce l'intuition de la mort? de sa mort à elle, se familiarisant avec l'instant et la chambre où elle s'assoirait bientôt. Peut-être simplement ses soixante-six années d'existence pesaient-elles d'une énorme solitude sans issue. « C'est pas croyable, confiait-elle à Thomas, le temps qu'on passe à « jongler » quand on prend de l'âge. » Et Thomas bougonnait que « les vieux, c'était plus bon qu'à ça, jongler. » Alors Hermine comprenait que le bonhomme s'éveillait lui aussi avant l'aube, mais cette pensée ne lui était, la nuit suivante, d'aucun secours. Pas davantage la certitude que Marie-Laure Clouet fût accourue au moindre appel, en robe de chambre de flanelle, la chevelure dénouée, avec ce regard tout de suite affectueux et inquiet qu'elle prenait naguère pour sa vieille compagne terrassée par la grippe.

L'un des bas d'Hermine pendait hors de la chaise sur laquelle était disposé son linge. Il pendait, ce bas, mollement, le pied de travers. La vieille femme y vissa un œil courroucé en se demandant si Laure la soignerait comme autrefois. « C'est qu'elle n'est plus la même, Mademoiselle... ricana-t-elle intérieurement, plus la même, ah! non. » Elle tombait dans des songeries interminables ou, au contraire, devenait presque bavarde. Croyait-elle vraiment donner le change à la perspicacité d'Hermine? S'imaginait-elle, pauvre mademoiselle Laure, que celle-ci trouvait normale une émotion sans cause qui lui mettait sur la figure un sourire involontaire et faisait de ses gestes les plus insignifiants de petites choses gaies, légères, virevoltantes?...

Pas un bruit ne s'entendait, pas même les habituels craquements dans les murs qui sont les os d'une vieille maison en train de tranquillement s'émietter. Hermine tourna avec précaution sa tête semée de bigoudis. Les aiguilles lumineuses du cadran marquèrent quatre heures un quart. Elle soupira. Encore trois quarts d'heure d'attente avant que le carillon de la grande horloge du corridor ne brise enfin le silence et que la fenêtre s'éclaire d'un peu de gris. D'ordinaire, entre ces deux manifestations de vie, la vieille femme s'assoupissait, mais cette halte inespérée ne parvenait pas à effacer les rides sur ses tempes, ni à rassurer sa figure anxieuse.

« ... À la fin, Hermine, qu'est-ce qu'ils t'ont fait, ces enfants-là? » « Après tout, ma tante, ils ne vous ont rien fait, ces jeunes-là! » « Taisez-vous donc, vieille sorcière! Est-ce qu'ils vous ont fait quelque chose, ces deux-là? »

« Ah! vous, le Thomas, pensa Hermine sous ses couvertures, mêlez-vous de ce qui vous regarde! C'est des choses que vous ne pouvez pas comprendre, pauvre homme! »

Restait Noëlla. « Après tout, ma tante... » Hermine s'agita. Faudrait voir depuis quand les nièces se permettaient de faire la leçon à leur tante!

Restait Laure, mademoiselle Laure... La colère d'Hermine chavira brusquement.

Dormait-elle en ce moment Marie-Laure Clouet dont sa vieille servante, maintenant importune, avait tenu la main quand sa mère rendait le dernier soupir? « Tu es ma seule amie, Hermine... » avait-elle murmuré. Car elle avait prononcé ces paroles, l'orpheline trop riche de la Grande-Allée. Elle savait qu'elle pouvait compter sur Hermine pour la seconder dans son rôle de « continuatrice d'un nom et d'un rang », selon l'expression de feu Mme Clouet. Elle le savait. On avait vu les deux femmes, côte à côte dans la luxueuse auto noire de la maison funéraire, suivre le corbillard de Marcelline Clouet jusqu'au cimetière. Et là, Hermine s'avançait entre des groupes de gens de la meilleure société qui s'écartaient avec respect devant elle. Au bord de la fosse, elle regardait au fond longuement, puis elle redressait sa petite tête noire d'un mouvement destiné à faire comprendre aux assistants qu'il n'y avait plus de servante, mais une femme ennoblie par un serment de fidélité.

Après cela, trois ans avaient passé, marqués de veilles d'anniversaires, d'anniversaires et de lendemains d'anniversaires que la mémoire d'Hermine ne permettait à personne d'oublier. « À cette saison-ci, en 1946, notre pauvre Madame attrapait une jaunisse, vous en souvenez-vous, mademoiselle Laure ? » « Jeudi en huit, il faudra téléphoner aux dames du Mardi d'Amitié pour leur rappeler la grand'messe aux intentions de nos membres défunts.»

Une servante de petits bourgeois connaît, à l'égard de ses maîtres, la tentation dont ceux-ci ne peuvent se défendre vis-à-vis des bourgeois de grande classe et qui consiste à s'approprier, moins leurs vertus que la contrefaçon de celles-ci. Après cinquante-deux ans vécus dans l'orbe Clouet, Hermine disait « nos immeubles de la rue Saint-Pierre, aussi naturellement que Marie-Laure elle-même. Ses goûts, ses plaisirs, ses inclinations, tout cela s'était fondu dans un caractère unique; et il n'était pas jusqu'au grasseyement de Mme Clouet, aux intonations de Laure que la servante n'eût adoptés pour les faire siens. Elle avait, dans sa chambre, à la place d'honneur, un album généalogique des Clouet qu'elle savait par cœur. Peut-être, en définitive, la tradition familiale était-elle plus à l'abri des défections entre les mains d'Hermine que dans celles de l'héritière légitime. Néanmoins, à la mort de cette dernière, la vieille domestique éprouverait l'étrange sensation d'être dépossédée de tout, elle qui n'avait jamais tenu quoi que ce fût dans la maison de pierre. Aux yeux des héritiers légaux, quelle importance auraient tant d'années d'un dévouement incompréhensible à leurs yeux? Car elle n'hériterait de rien en dehors de quelques souvenirs de sa servitude. Nul plus qu'elle pourtant n'aurait été digne de tenir un jour, comme un legs bien mérité, les clefs de la maison. Mais la volonté de Laure Clouet même serait probablement impuissante contre la loi du milieu. Plutôt que de confier à une domestique le dépôt des vertus familiales, Marie-Laure sans doute testerait en faveur de lointains cousins dont le souci serait de tout vendre ce qu'ils désigneraient simplement par « les vieilleries des ancêtres ».

Hermine entendait-elle parfois une voix qui lui disait d'espérer malgré tout? Croyait-elle qu'il n'était pas possible d'être renvoyée à la fin aussi démunie qu'au premier jour, quoiqu'elle n'ignorât point le sort injuste de bien des vieux serviteurs? Ceux qui mouraient en même temps que leurs maîtres étaient des privilégiés. La plupart des autres continuaient de hanter le quartier familier où les enfants raillaient cruellement leurs tics et leurs manies — derniers vestiges d'une dignité perdue.

Les Clouet n'avaient guère été reconnaissants envers leurs domestiques, « parce qu'ils n'étaient pas de vrais maîtres », déclarait durement Thomas, leur dernière victime. Hermine protestait. Elle aurait voulu expliquer au bonhomme qu'il ne pouvait prétendre à ses titres à elle, car personne n'était allé le chercher, lui, à l'orphelinat. Personne ne l'avait *distingué*, comme disait Madame. « C'est une chose de même qui nous met quasi de la famille », songeait gravement la servante, en évoquant un nébuleux matin d'hiver qu'elle se hissait dans le traîneau de Marcelline Clouet. La Sœur, sur le seuil, lui disait au revoir, mais Hermine déjà chassait de sa mémoire un temps révolu. Elle regardait en avant et ne répondit pas à la religieuse. Puis, lorsqu'une heure plus tard elle entra dans la maison de la Grande-Allée, elle savait qu'elle s'appellerait dorénavant, non plus Léda qui était son nom, mais Hermine que sa maîtresse trouvait plus représentatif.

Peu de temps après, Hermine avait pourtant failli redevenir Léda. En fait, elle le redevint au moins le temps d'une bénédiction nuptiale. En effet, Hermine s'était mariée malgré les objurgations de Mme Clouet « pour la ramener au bon sens ».

— Tu n'as pas honte, ingrate que tu es! lança celle-ci, sincèrement outrée à la fin. N'oublie pas que sans moi, tu serais encore à l'orphelinat à peler des patates!

— Je les pèle bien ici... riposta la petite, en relevant le nez qu'elle avait, à l'époque, fort retroussé.

Mais tout à coup, d'une pauvre voix suppliante:

— J'ai toujours pelé les patates des autres, Madame. Pourquoi donc que je pèlerais pas enfin les miennes?

— Fiche-moi la paix! coupa net Mme Clouet qui, dans la colère, négligeait quelque peu la correction de son langage. Si encore tu épousais un garçon d'avenir... de petit avenir, bien entendu, mais tout de même un quelqu'un de moins morveux que ce Paulo. Je le connais, tu penses, le livreur de mon boucher! Un nigaud. Ah! vous allez faire la paire tous les deux. Ton Paulo, il ne gagnera jamais que sept piastres par semaine et toi, idiote, tu ne sauras jamais par où sortent les enfants! Je te prédis...

Les prédictions de Marcelline Clouet concernant des hyménées qu'elle n'approuvait pas, ressemblaient fort à des malédictions. Le plus bizarre est qu'elle voyait souvent juste. Au bout de huit semaines de bonheur (un de ces bonheurs trop vite apprivoisé sans doute pour bien mériter son nom), on vit le mari d'Hermine dépérir de jour en jour. Il avait l'air d'un homme qui a eu trop faim pour supporter maintenant la nourriture. Il se prit littéralement à fondre. Mais personne ne s'en inquiéta étant donné la canicule. Brusquement, il cessa de suer et fit de l'onglée. Quand il n'eut plus d'ongles, il rendit un petit reste: le dernier soupir.

Alors Hermine revint sonner à la maison de la Grande-Allée.

— Je te l'avais dit, ma pauvre fille, que ta vocation était dans ton tablier! ricana Mme Clouet.

Elle darda soudain sur la veuve un œil fixe: « Noue-le à tes reins une fois pour toutes et qu'on n'EN parle plus! »

Hermine s'était affinée. Elle comprit que le mort tenait tout entier dans un pronom. Dès lors, le pauvre Paulo connut au cimetière un oubli proportionné à la place qu'il avait tenue dans la société.

« Qu'est-ce qu'ils m'ont fait? Mais rien, rien du tout! Je ne les connais pas, je ne les ai jamais vus. Pourquoi leur en voudrais-je à eux? Ils ne comptent pas, voilà tout... »

Pourquoi Laure, Noëlla, Thomas, déplaçaient-ils la question? Qu'est-ce que c'était que cette idée de croire Hermine partie en guerre contre un petit ménage Brière quelconque? Que se disaient-ils tous? qu'Hermine voulait peut-être empêcher deux hurluberlus de mettre à exécution un projet d'ailleurs incroyable... Et si cela était? Oui, si Hermine était la seule qui devinât un odieux calcul? Est-ce que ça ne se voyait pas tous les jours des jeunes à court d'argent, mais riches d'idées?

Or, c'était une riche idée pour un jeune couple peu scrupuleux de spéculer sur la pitié d'une demoiselle d'âge mûr qui s'ennuyait. C'était bougrement habile aussi de jouer les fiers: « *A la condition expresse que vous nous laissiez payer notre chambre, chère cousine...* » Mais les finauds se gardaient bien de préciser un montant, comme ils évitaient avec soin maintenant de limiter la durée de leur séjour. Bien au contraire, les dernières lettres faisaient des projets pour l'été: « *Au temps des vacances de Maurice, nous louerons une auto et naturellement, cousine, vous serez de toutes nos balades...* »

Mademoiselle Laure, à ce passage, n'avait pu contenir un curieux petit rire, à la fois confus et ravi...

Sainte Gudule!

Hermine avait fini par sortir un bras hors des couvertures. Sans faire de lumière, elle repêcha ses dentiers au fond d'un bol rempli d'eau et, d'une succion énergique, se les remit en bouche. On entendit un bruit d'osselets, après quoi une sorte de déclic referma sèchement les mâchoires d'Hermine qui parut rajeunie.

Elle venait de trouver, mais trop tard, ce qu'il aurait fallu répondre à Laure quand celle-ci lui reprochait « ses idées toutes faites » et « ses malheureux préjugés ».

Préjugés. Parti pris. Égoïsme. Quoi d'autre encore? Oui, quelles autres accusations Laure Clouet lançait-elle à sa vieille compagne depuis quelque temps, en usant d'un vocabulaire inconnu jusqu'alors dans la maison? Mais ne cherchait-elle pas ainsi à motiver ses propres reniements? Ah! elle s'offusquait parce qu'Hermine osait mettre en doute ce qu'elle appelait, elle, la « spontanéité » du couple Brière. Pourtant, il n'y avait pas si longtemps, ne se défiait-elle pas des lettres de Sherbrooke, un peu trop généreuses à son gré en protestations d'amitié? « Tout de même! Annine oublie que son affection est restée bien silencieuse depuis son fameux séjour ici... » ironisait-elle. Car alors, elle avait encore la tête froide et pouvait discerner entre le vrai et le faux. Elle riait en haussant les épaules. Que n'avait-elle continué de rire au lieu de tout doucement se mettre à lire puis à relire les missives bleues? Dès lors, l'existence se gâtait pour Hermine obligée de s'intéresser à des lettres qu'elle aimait de moins en moins, qu'elle se prenait, en outre, à suspecter à mesure que l'émotion de Marie-Laure, au contraire, grandissait. Est-ce que n'importe qui ne se fût pas avisé que les conversations de la maison tournaient toutes à présent autour d'un sujet unique? qu'il n'y avait presque plus moyen de retrouver de rassurants lieux communs sur la température, le prix des denrées, les sermons de la grand'messe et la vitesse des automobiles? Mais le pire était encore à venir: c'était l'ahurissante décision de Mlle Clouet énoncée la veille dans le petit salon de Madame. « J'ai décidé de prendre en pension monsieur et madame Maurice Brière. »

Comment dormir après une telle nouvelle?

« J'ai décidé! »

Mademoiselle Laure avait changé. Et chaque jour désormais, elle changerait davantage si un jeune couple s'installait ici. Ah! bien sûr, Hermine n'était qu'une servante et elle ne connaissait rien à rien. Pourtant elle savait une chose: que le piège est vieux comme le monde d'une vieille fille ensorcelée par le spectacle de deux êtres jeunes s'aimant sous ses yeux. Or Laure Clouet était une vieille fille, et de l'espèce la plus désarmée, celle des vierges de cœur et de chair. Cela aussi Hermine le savait. Qu'adviendrait-il de Mademoiselle? On en connaissait de pauvres alouettes d'arrière-saison qui s'essoufflaient à suivre le rythme de la jeunesse. Elles faisaient rire autant que les tristes raidies et les bigotes de quartier.

Il y avait un péril plus grand que celui du ridicule, hélas!

Les yeux d'Hermine s'agrandirent comme si elle voyait tout à coup surgir une bête immonde. Seigneur! qu'allait-elle imaginer là? Comment osait-elle! Tout, elle pouvait tout prévoir à part cette chose monstrueuse de Marie-Laure Clouet perdant son honneur! N'importe quoi d'autre, la maison de pierre, la fortune familiale, les traditions sacrées, oui, peut-être un jour tout cela pouvait dériver vers d'insoupçonnables métamorphoses. Mais la vertu de mademoiselle Laure, oh!...

Hermine serra convulsivement les grains de son chapelet. Elle se disait que sûrement elle venait de subir une inspiration directement émanée du Malin, car jamais sa rancœur n'avait divagué si bassement. Rancœur... Encore un mot de mademoiselle Laure. « Quelle rancœur tu nourris contre moi, Hermine! Et pourquoi? Je vais te le dire... »

Non, Marie-Laure Clouet, ne dites rien de plus à votre vieille fidèle compagne qui a tenu votre main pendant que votre mère agonisait.

« J'ai décidé de prendre en pension... »

Pourquoi Hermine ne pouvait-elle s'empêcher de substituer à ces mots une phrase terrible, pleine des ténèbres de l'abandon: « J'ai décidé de demander pour toi une place à l'hospice... »

Non, non! Mademoiselle Laure n'avait pas dit cela, elle ne dirait jamais cela, jamais!

Jamais?

Où était le temps béni des toujours et des jamais érigés, tels des rocs de défense contre l'inconnu des lendemains? Où étaient les merveilleuses certitudes d'autrefois, et même de l'an dernier, à cette date, à cette heure?

Le visage ravagé d'Hermine se plissa sous la souffrance enfin avouée et submergeante. Une souffrance qui noyait toute colère et même l'angoisse de cette nuit interminable. Car c'était encore tout noir dans la fenêtre et rien, rien ne garantissait la venue prochaine d'un autre jour à vivre en sécurité. Hermine ne chercha point à reconnaître le pas du laitier dans la cour, ni le heurt familier de son panier de métal aux bouteilles pleines de lait frais, chacune bien à sa place dans son petit compartiment. Certains mouvements du laitier parfois dérangeaient un peu les bouteilles et alors Hermine entendait comme un son de clochette très gai et très léger. Elle souriait en évoquant les aurores d'été à la campagne, lorsqu'une jeune chèvre s'éveille avant tout le troupeau.

Mais ce matin, la douce main de la vie quotidienne n'effacerait pas le tourment de la vieille femme. Il plongeait trop creux et il avait la figure trop ancienne. Quelques maigres larmes coulèrent sur ses joues dont chacune semblait la déchirer.

RINA LASNIER (1915)

Pour peu que l'on s'arrête à considérer son itinéraire entier, Rina Lasnier apparaît comme l'un des meilleurs et, peut-être, le plus représentatif des poètes québécois. Depuis 1939, elle a publié une bonne douzaine de recueils poétiques, quelques drames lyriques et des essais qui sont tous marqués au coin de la poésie. D'un livre à l'autre, l'on peut discerner la continuité d'une quête qui emprunte à la tradition mystique son verbe haut et à un cheminement intérieur dramatique sa chaleur vitale. Son itinéraire poétique est balisé par les titres suivants: *Images et Proses* (1941), *Madones canadiennes* (1944), *Le Chant de la montée* (1947), *Escales* (1950), *Présence de l'absence* (1956), *Mémoire sans jours* (1960), *Miroirs* (1960), *Les Gisants* (1963), *L'Arbre blanc* (1966), *Salle des rêves* (1971), *L'Échelle des anges* (1975) et *Les Signes* (1976). Les poèmes de Rina Lasnier antérieurs à 1972 ont été réunis en deux volumes dans la collection du « Nénuphar », chez Fides (*Poèmes*, 1972). Dans un numéro de la revue *Liberté* (1976), Marcel Bélanger écrit: « Rina Lasnier continue d'explorer en toute indépendance de cœur et d'esprit les grandes voies de la poésie, conciliant et réconciliant en elle traditions et innovations, assumant sans doute un héritage humaniste, mais avec une lucidité active. »

IMAGES ET PROSES

Chanson

Tu m'as dit: « J'ai besoin de toi ».
Pourtant c'est toi la source, moi le caillou;
toi l'arbre, moi l'ombre;
toi le sentier, moi l'herbe foulée.

Moi j'avais soif, j'avais froid, j'étais perdue;
toi tu m'as soutenue, rassurée et cachée dans ton cœur.
Pourquoi donc aurais-tu besoin de moi?

La source a besoin du caillou pour chanter
l'arbre a besoin de l'ombre pour rafraîchir,
le sentier a besoin de l'herbe foulée pour guider.

Prière

Seigneur... déliez mes liens...
Entre la terre et moi, il y a ma haute sandale.
Ma sandale défend mon pied de la morsure de la terre;
si mon pied était nu, je me souviendrais de mon nom... poussière.

Entre mes frères et moi, il y a le mirage du bonheur.
Mon cœur est une île lointaine qu'entoure la mer immense de l'amour;
si mon cœur avait quitté sa solitude, je saurais ma faim... la charité.

Entre Vous et moi, il y a l'embûche de ma ferveur.
Ma vie est un arbre aux multiples désirs, où palpite une colombe;
si ma vie délivrait l'âme captive, je saurais l'ampleur de mon essor...
     l'infini.

Seigneur... déliez mes liens.

Beauté

Laisse le nénuphar au lac, laisse le poète à sa solitude;

le nénuphar n'a pas dédaigné le pré ou le jardin, le poète n'a pas choisi
    de chanter;

même s'ils baignent dans l'eau pure de la beauté, ils restent mêlés
    à la boue de la terre par toutes leurs racines.

Une goutte d'eau... quand on a soif du lac entier...
un poème... quand on poursuit la beauté absolue...

Laisse le nénuphar à la coupe changeante du lac, laisse le poète
    à la coupe sans bords du rêve...

Lorsque je mourrai

Lorsque j'aurai largué les voiles et coupé les amarres,
lorsque je quitterai le môle,
lorsque le vaisseau de mon âme appareillera pour l'infini,
je ne veux ni pleurs, ni sanglots,
mais, douce comme l'effleurement de la dernière mouette,
la bénédiction d'un cœur par moi nourri d'un grain d'azur...

MADONES CANADIENNES

Saint François et la Vierge aux oyseaux

In nomine Patris et Filii,
et Spiritus Sancti. Amen!
Enserrons-nous autour de Notre-Dame, si amène
que de Dieu Elle devint l'Ancelle.
Enserrons-nous autour d'Icelle;
vous rossignol, moine de céans,
vous, moult gracieuse hirondelle
dont la vêture se pare de bleu
comme la mer océane qui s'ajolit des cieux,
et vous, aventureux engoulevent
qu'on ne saisit point avec la main.
De par Notre-Dame Marie,
cessez vos chanteries!

Oyez ce chétif oysel, si tant ébahi
d'être dessus le doigt de Marie assis,
qu'il a fait de son chant abandon,
comme fleur son parfum, après la cueillaison.
M'est avis, mes très chers frères,
que point n'est besoin de prières
lorsque cette Reine débonnaire
esregardant nos pauvres cœurs,
avec dedans leurs viletés,
pour ne point nous faire peur
tient Ses yeux silliés.

Oyez, oyez si grande merveille
que m'âme m'attendrit,
Notre-Dame, hors de Son chastel,
sur un nid doulcement veille!
Oncque pécheur en enfer ne sera convoyé
si, près de Marie, vole avec son péché.

Corneille, absoute seras de ta noireté,
et toi, grive, de tes rapines,
si par l'amour vos cœurs ardés,
par humilité vos ailes repliées,
dolentes, déplorez vos crimes
devant la très Bénigne.

Lors, étourneau, hibou, fauvette,
alouette, amie des poètes,
quitterez vos chétives ramées
et cesserez d'écrire avec vos ailes

des mots qui sire Vent seul épèle
et croulerez comme neige perdurable
dans les deux mains descloses de Marie.
Amen! qu'il en soit donc ainsi!

Ballade

Ah! laissez ma porte desclose
et mon âtre désattisé;
plus ne fleuronne la rose
et m'amie plus ne m'agrée.

Plus l'oyseau son chant ne dégoise,
plus ne me baise et ne m'accole
ma mignonnette si courtoise
avec ses bras et lèvres fols.

Fuyons-nous-en sans amourette!
Ah! que l'hyver mon cœur renglace,
ce cœur où si grand feu ardait,
fuyons, fuyons les siennes grâces.

Ah! laissez ma porte desclose
pour maintes roses feuillardes,
maintes alouettes jasardes,
et m'amie qui revenir ose.

ENVOI

Très benoîte Dame Marie,
pécheur sans repentance suis,
mais Vous aime plus que m'amie,
débouclez-moi le Paradis!

Notre-Dame de la Protection

Lorsque j'aurai fini de désirer
des joies toutes plus belles que la vie,
que sous un arbre vous m'aurez couchée,
haussez la branche, haussez surtout le fruit
pour que ma bouche refuse de le goûter.

Lorsque j'aurai fini de voyager
avec des chagrins plus longs que la vie,

que près de la mer vous m'aurez couchée,
creusez toute la mer à l'infini
pour que mes pas renoncent à la traverser.

Lorsque j'aurai fini de regarder
ces chemins menant plus loin que la vue
et que sous le ciel vous m'aurez couchée,
gardez captive l'aile qui frémit
pour que mes yeux consentent à se fermer.

Marie! lorsque j'aurai fini d'errer
pour des amours plus pures que la vie,
que près d'une croix on m'aura couchée,
que son ombre sur moi soit allongée
pour que mon cœur cesse d'aimer jusqu'à la lie!

LE CHANT DE LA MONTÉE

Sommeil de Rachel

Ne m'éveillez pas! Je voudrais dormir sur la pierre chaude de mon enfance;

l'huile de mille soleils y coule et toutes mes pensées sont des légendes d'or;

les mille pas de la pluie y bondissent, la pluie plus impatiente que l'orteil du danseur;

tous mes désirs sont des jeux que je ne peux quitter sans quitter mon enfance.

Quand je portais mes cheveux sur mes épaules, comme un troupeau d'agneaux qui se laisse choir,

les jours jaillissaient sur les champs d'innocence; je buvais les jours aux fontaines du rire sans cause.

La douce agnelle haussée sur mes épaules, sous la frondaison de mes cheveux,

la dernière agnelle a trouvé les herbes de senteur et la saveur du sel.

Je voudrais dormir sous mes cheveux comme un vaisseau sous ses voiles sans méprises!

Pourquoi les calmes colombes de mes jeunes années se dénouent-elles de mon poing?

Existe-t-il donc un arbre moins soucieux de ses fruits que l'amandier de mon jardin?

un colombier plus rose de matin et plus tiède que mes deux mains?

Mes colombes fugitives ont dérobé le grain sacré de mon cœur!

Je voudrais dormir sur mon cœur comme un colombeau qui n'a pas déplié son aile!

Je sais toutes les chansons des pasteurs, mais je ne sais pas celle du chamelier;

je sais rassembler les brebis, mais je ne sais pas courir au-devant de l'étranger.

Quand je chante, mes larmes deviennent une rosée sur la rose de mon sourire.

Je voudrais dormir sur ma chanson comme le chasseur sur sa flèche neuve.

Déjà je ne vois plus le tourbillon de mes oiseaux; mes oiseaux sont des îles en fête avec mon cœur à la dérive.

Mes agnelles n'inclinent plus leur front sur l'eau basse des outres;

mes agnelles boivent à même les pluies hautes; elles ont trouvé la grande pierre bleue du ciel!

Les bergers n'aspirent plus dans leurs chalumeaux la candeur de mes chansons;

ma jeunesse a tremblé sur leurs lèvres muettes. Pourquoi, pourquoi?

Ne m'éveillez pas, je dors, séparée du jour par le songe de mon enfance...

Le baiser

Maintenant que ton baiser, ô Bien-Aimé, a réveillé l'eau secrète de l'amour longtemps couchée sur la pierre du silence,

maintenant que cette eau ardente, amassée goutte à goutte dans l'outre de la terre, s'est liée en une source irrépressible,

laisse-la jaillir!

colonne candide et sonore entre les parois des ciels proches.

Ô fille humble, te voilà délivrée du piège obscur de l'argile,

te voilà debout et droite comme la vierge sous l'amphore;

parce que tu as été remuée par l'esprit du désir, tu ne dormiras jamais plus.

Le Bien-Aimé vient de t'engager dans le cycle terrible de la soif!

Soif de la bouche et du cœur; ô fleuve de fraîcheur sur la rive des lèvres!

Soif torrentielle de la parole créatrice, folle de communiquer la Sagesse!

Soif desséchée de l'âme demandant la coupe de la mort à vider d'un seul coup!

Ô Bien-Aimé! veille cette fille plus claire que l'épée;

elle s'élève seule pour séparer le ciel de la terre et se séparer du limon, oubliant que toutes les eaux ont des racines de terre!

Ai pitié car elle ignore la rose transparente de l'aube favorisant son sein innocent;

elle n'a point mêlé à sa trame sans couleur les fils d'or des soleils de midi,

ni reçu sur sa face les baisers fardés et faux des couchants excessifs.

Elle est douce et sans geste; elle n'a pas appris les manèges des houles ni les hauteurs des marées bruissantes.

Elle est sauvage et nulle herbe marine n'a lié ses poignets et ses chevilles;

elle est vierge comme le lin mis à sécher sur le champ pour la première fois.

elle est plus pure que les blanches roseraies de la lumière!

Ô Bien-Aimé, comment mettras-tu dans la conque de ton cœur cette eau jaillissante, car l'amour recommence l'amour et l'eau recommence la soif.

Réuniras-tu en toi tous les mondes confus, tous les paradis en errance, afin qu'elle aime tout en toi sans mesure?

Quand elle chantera très tard pour consoler les tristes salles de la nuit du vol des colombes enfuies,

sauras-tu la consoler de son enfance où les étoiles s'enfonçaient en elle par cinq blessures bleues?

Comment l'empêcheras-tu de se courber comme un lis de pitié sur l'épaule de la terre?

La terre voudra la reprendre pour qu'elle cesse de jouer avec les astres; elle voudra l'employer à la fécondité charnelle des sèves et des germes, pour tarir en elle l'élan spirituel de la soif!

Ô Bien-Aimé, toi qui as délié l'eau de l'amour de la désespérance de la pierre, sauras-tu la lier à la soif des dieux?

ESCALES

L'arbre

J'avais un grand arbre vert
Où nichait mon enfance ailée,
Un arbre grand troué de lumière
Qui remplissait le haut de mon âme.

J'avais de douces branches vertes
Où chantait mon enfance triste,
Des branches vertes et sonores
Qui répétaient les chagrins de mon âme.

J'avais mille feuilles vertes
Où palpitait l'élan de mon enfance,
Des feuilles lisses et captives
Comme les oiseaux de mon âme.

J'avais un grand arbre vert
Où se dénouait la fleur de mon enfance,
Pour quel printemps, pour quelle abeille?
Pour quelle joie, pour quelle souffrance?

Avant-neige

Cette noblesse grise, cette vigile de neige
Et je ne sais d'où lui vient son ampleur;
Cette première neige qui ne descend pas,
Et le petit bois a levé tous ses bras!

Le petit bois n'a plus que ses bras
(Il a effacé sa braise et ses fêtes)
Pour accoler cette imminence grise;
Et la neige attardée aux étoiles
Avec son éclat désespère le petit bois...

Le palmier

Cette longue mâture nue de voiles,
Cette mèche prise dans le silence,
Cet élan sans tendresse de branches,
Très haut l'éclatement vert d'une étoile.

Entre le vent et les astres cette corbeille,
Ce buisson d'oraison pour éprouver le ciel,
Cette fusée fixée au bout de son extase,
L'ermite tient son âme comme une palme...

Tendresse de l'herbe

Quand l'herbe refusera de hausser
La sandale des reines, de courber
Sous la faim de l'agnelle sa saveur;
Quand elle ne liera plus sa fraîcheur
Aux lassitudes des pèlerins égarés;

Quand il n'y aura plus ces mains de tendresse
Pour tenir ensemble la terre séchée;
Quand toute sève sera une tristesse,
Quand enfin l'herbe descendra humilier
Les ardeurs des amants longtemps jalousés;

Nous qui serons une moisson d'amour
Embaumant la réserve des derniers jours;
Nous qui aurons perdu la terre sans trouver
Le ciel, parce que nous aurons été couchés
Sans étoile pour garder la nuit éveillée;

Veux-tu, quand toute pitié et toute prière
Refuseront de descendre avec la neige,
Ou de se répandre avec l'herbe d'un jour,

Veux-tu, nous poserons sur le cœur de la colère
Cette tendre injustice de notre amour?

La pluie

Comment se dresseront sur leur taille légère
Les mille marionnettes des fontaines
Si on coupe les fils d'argent et les nœuds de verre?

Où la pierre prendra-t-elle ce rire d'eau
Si le ruisseau reboit sa vive-veine?

Avec quoi inondera-t-on toutes les rivières
Si le fleuve et la mer se resserrent?

Et si on tarit cette peine d'eau sur la vitre,
Si on empêche la pluie de tant pleurer,
Si on évapore toutes les peines du monde,
Où donc se cachera la face pauvre?

Regards

Tes yeux ont bu mon âme comme le sel la mer,
Tes yeux ont ouvert mon âme à leur lumière
Et ma propre cécité est tombée en écailles
Comme celle de la nuit sous ses étoiles.

Tes yeux ont dévoré jusqu'à ce regard
Que je jette sur toi pour n'avoir plus d'asile,
Ne plus toucher l'escale étroite de l'exil;
Tes yeux comme la mer me ceignent de toutes parts.

Les mots se sont couchés comme des sables
Sous le poids subjuguant de l'amour,
Nous voici délivrés de leurs signes instables;
Nos regards sont plus clairs que la paroi du jour.

Nous voici âme à âme, fixant dans la clarté
Cet instant de notre consommation, ô Dieux!
Comme entre vos souffles extrêmes l'ange-feu;
Ô néant sacré de l'immatériel baiser!

La montagne

Nous nous sommes ensemble perdus dans la montagne
Avec les fiancés séparés dès l'amour;
Nous n'avons pas vu, dans les douleurs qui conjoignent,
Le soleil traverser l'anneau changeant du jour.

Pourquoi les oiseaux ouvrent-ils ce halage d'ailes?
Nous sommes plus bas que la déroute et la proie,
Nous sommes plus haut que la nuit et la joie,
Nous sommes assis dans le silence de la sittelle.

La montagne abaissée s'est perdue avec nous,
Sa hauteur n'est plus qu'une ombre sur nos genoux,
Nos cœurs ont froid dans cette fraîcheur désaltérée.

Laisse le soleil et les arbres saigner debout,
Montagne! nous sommes les colombes étouffées,
Et le vol de l'amour sur la mort nous encloue.

PRÉSENCE DE L'ABSENCE

Présence de l'absence

Tu es né mêlé à moi comme à l'archaïque lumière les eaux sans
pesanteur,

Tu es né loin de moi comme au bout du soleil les terres noyautées
de feu,

Tu nais sans cesse de moi comme les mille bras des vagues courant sur
la mer toujours étrangère;

C'est moi ce charroi d'ondes pour mûrir ton destin comme midi au
sommet d'une cloche;

Cette gorgée d'eau qui te livre la cime du glacier, c'est mon silence
en toi,

Et c'est le sillage de mon défi cette odeur qui t'assujettit à la rose;

Cette pourpre dont tu fais l'honneur de ton manteau, c'est le deuil
violent de mon départ;

C'est moi l'amour sans la longue, la triste paix possessive...

Moi, je suis en toi ce néant d'écume, cette levure pour la mie de ton
pain;

Toi, tu es en moi cette chaude aimantation et je ne dévie point de toi;

C'est moi qui fais lever ce bleu de ton regard et tu couvres les plaies
du monde.

C'est moi ce remuement de larmes et tout chemin ravagé entre les dieux
et toi.

C'est moi l'envers insaisissable du sceau de ton nom.

Si ton propre souffle te quittait, je recueillerais pour toi celui des morts
dérisoires;

Si quelque ange te frustrait d'un désir, ce serait moi la fraude cachée
dans la malédiction.

Toi, tu nais sans cesse de moi comme d'une jeune morte, sans souillure
de sang;

De ma fuite sont tes ailes, de ma fuite la puissance de ton planement;

De moi, non point l'hérédité du lait, mais cette lèvre jamais sauve du
gémissement.

Je suis l'embrasement amoureux de l'absence sans la poix de la
glutineuse présence.

Angoisse

Tout est trop loin du cœur, sauf de souffrir;
Tout est trop loin de l'âme, sauf de faillir;
Ôtez-moi, dessus le masque, cette surcharge de face humaine,
Déchargé de ma propre présence, je cherche l'épure ancienne,

Que reste-t-il des ciels flambés sinon le charbon de la nuit?
— Les ciels moins brûlés de ciels que les regards de regards aimés —
Nous ne lisons plus l'avenir au cœur d'un oiseau crucifié!
Ôtez-moi ce cœur et ce poids à mollir le genou!
Sauf haïr tout est trop loin de l'amour.

Quand j'étais un pâtre que la montagne marie au silence,
— Toutes les montagnes luisent à l'arête de leur silence...
J'ai entendu l'agnelle égorgée, mais son cri n'assèche point le pré.
Nulle vision n'oriente le pasteur, mais la cécité du sang.

Je n'ai pas voulu du deuil facile des violettes
Ni de la profondeur facile de l'étoile au fond du puits;
J'ai refusé le sein de chair pour l'allaitement de la pierre,
Mon agonie m'éblouit comme la déroute de la gemme.

Mon corps ne sera point couché en jauge
Comme la haie à relever sous le cordeau;
Vienne le van de la mort qui délivre dans l'air
Toute chair remuée de vent, étincelle de poussière!
Tout est trop loin de la mort, sauf naître.

Je veux saigner solitaire et sécher debout
Comme l'animal émincé de la graisse et de la boue;
J'égarerai mon dernier cri dans un rire insoumis;
Tout est trop loin du bois mort, sauf la serpe sournoise.

Je te cacherai mes plaies comme une enture convoitée,
Comme une blessure complice de ta jeune pitié,
Ô sœur de mon agonie, sœur du silence maternel,
Enfouis en toi ma dernière larme, effritement de prière...

Le Roi de jade

Ce roi de jade qui avait un cri
pour en tirer le hérissement des épées,

Et pour hausser à son épaule l'onction des roses
un seul doigt levé,

Celui qui avait une guerre
pour adosser un peuple à ses remparts,

Et une paix
pour sculpter un peuple dans ses murailles;

Celui qui contraignait le soleil
à épouser l'escarboucle du bandeau royal,

Et la lune
la levée des danseuses ondoyantes comme les palmes;

Ce roi qui avait pour coupe le crâne d'un autre roi
et ricanait la défaite à chaque lampée;

Ce roi scellé de pierreries
et raidi de puissance dans sa tombe imperturbée,

Ce seigneur qui n'a rien reçu que dans le surplus
rien donné que dans le gain subtil,

Ce roi dont la parole était un vase d'or
et l'amour un clos de colombes immobiles;

*
* *

Celui dont le pain jamais ne se trouait de la faim d'un autre,
le pain creusé par les yeux des anges,

Il dort dans la compacité d'un sort trop fort,
il dort cimenté à sa seule absence.

Comme l'arbre millénaire à la sève d'agate,
comme la pierre obsidienne revomie par la lave,

Le roi de jade est cette gloire de graviers verts,
cette magie endormie sur une bague,

Il est cette amulette écaillée de son sceptre,
cette pesée sur toute aventure;

Comme tout ce qui quitte le centre soluble
il a fixé et paré sa propre solitude.

*
* *

Nul au roi de loin ne s'assemble;
il n'a pas voulu d'une étoile pour s'entendre avec la nuit;

Pour réduire son âme avec sa peine
il n'a pas voulu des larmes descendues en terre,

Pour relever l'espace de sa tente
il n'a pas voulu de la travée des bras ouverts,

Il n'a pas voulu du sable doux de la poussière
les os blanchis dont les ans font une cendre adoucie;

Dans le ventre de la terre
il n'a pas voulu de la fraternité des morts,

Il n'a pas voulu des pas pieux de la Reine,
il n'a pas de fantôme pour l'appeler dehors.

*
* *

Rose noire, fantôme de rose rouge
l'herbe trembleuse la relève,

L'arbre s'il se penche, épris de sa ressemblance,
prend forme de rêve autant que de sève,

Plus que l'ombre exacte t'est fidèle
la pierre usée sur le doigt;

Les amants ont saigné couchés dans l'absence,
les rois ont ri en marchant dans leur arroi.

*
* *

Quand le bien-aimé dormira sous le tertre mal désherbé,
quand le bien-aimé veillera avec des yeux brouillés,

Je verrai ses yeux entr'ouverts comme l'orée du petit bois,
ses yeux pleins d'allées et du gibier de nos baisers,

Car il m'aura choisie pour capture d'ombre
je l'aurai choisi pour roi-fantôme;

Nous serons doux et sevrés comme l'espérance
doux et désassemblés comme la paille et le chaume;

Mais il n'aura plus besoin de la couvée de mon ombre
ni du vœu de ma bouche descellée,

Quand il sera le roi et la pierre de ma bague sévère,
quand je serai l'hoir et la reine de sa main haut levée!

MÉMOIRE SANS JOURS
La malemer

> *L'homme cherche sa densité*
> *et non pas son bonheur.*
>
> SAINT-EXUPÉRY

Je descendrai jusque sous la malemer où la nuit jouxte la nuit — jusqu'au creuset où la mer forme elle-même son malheur,

sous cette amnésique nuit de la malemer qui ne se souvient plus de l'étreinte de la terre,

ni de celle de la lumière quand les eaux naissaient au chaos flexueux de l'air,

quand Dieu les couvrait du firmament de ses deux mains — avant la contradiction du Souffle sur les eaux,

avant ce baiser sur la mer pour dessouder la mer d'avec la mer — avant le frai poissonneux de la Parole au ventre de l'eau la plus basse,

avant la division des eaux par la lame de la lumière — avant l'antagonisme des eaux par l'avarice de la lumière.

*
* *

Toute salive refoulée de silence — je regoûterai aux eaux condamnées de ma naissance;

eau fautive de la naissance cernant l'innocence du sang — et tu pends à la vie comme le fruit de l'arbre contredit;

est-il nuit plus nouvelle que la naissance — est-il jour plus ancien que l'âme?

maternité mystérieuse de la chair — asile ouvert aux portes du premier cri, et la mort plus maternelle encore!

*
* *

Face fiancée de la haute mer axée sur la spirale du souffle — malemer séquestrée aux fosses marines de la fécondité;

haute mer! œil fardé du bleu des légendes — moire des images et des étoiles éteintes;

eau joyeuse au trébuchet des ruisseaux — danseuse au nonchaloir des fontaines;

chair plastique de ta danse — parole aventurière de ta danse et phénix de ton esprit voyager par la flamme verte de la danse;

amoureuse livrée au vertige des cataractes et tes lentes noces au lit des fleuves — fidèle à la seule alliance zodiacale comme à ta hauteur originelle;

eau circulaire et sans autre joug que le jeu de tes voies rondes — c'est toi l'erre de nos fables et la sécheresse de notre bouche;

à l'envers des nuages, nous avons vu tes métamorphoses — et ton sommeil de cristal, ô momie couchée sur les pôles; eau ascensionnelle — j'ai entendu la rumeur de ton mensonge redescendre dans l'oreille étroite de la conque;

tu joues aux osselets avec les coquillages — tes mains jouent sur toutes les grèves du monde avec le bois mort des cadavres;

sur toutes les tables de sable — tu prends l'aunage de ta puissance et de ton déferlement;

tentative du guet des falaises — j'ai vu l'épaulée féminine de tes marées pour effriter leur refus de pierre;

fiancée fluente des vents durs et précaires — comment te délieras-tu de la fatalité de ton obéissance?

Purifiée par l'eau la plus lointaine — comment te laveras-tu de la salure des morts?

Haute mer! je refuse ta rose d'argent dispersée sur les sables — et ton essor dispersé en écume;

je ne serai plus la mouette de tes miroirs — ni l'hippocampe droit de tes parnasses houleux;

haute mer! je salue la croix du sud renversée sur ton sein — et je descends amèrement sous la nuit océanique de la malemer!

Malemer, mer stable et fermée à la foudre comme à l'aile — mer prégnante et aveugle à ce que tu enfantes,

emporte-moi loin du courant de la mémoire — et de la longue flottaison des souvenirs;

hale-moi dans ta nuit tactile — plus loin dans ton opacité que la double cécité de l'œil et de l'oreille;

malemer, toi qui ne montes plus sur la touffe fleurie des prés — comme une pensée fatiguée des images,

toi qui ne laboures plus les grèves au cliquetis des cailloux — remuement de pensées au hasard des vocables,

toi que n'enchaîne plus la chaîne des marées — ni le bref honneur des révoltes verticales,

que je sois en toi ce nageur rituel et couché — comme un secret aux plis des étoffes sourdes;

sans foulée calculée — que je circule par tes chemins sans arrivages,

malemer — rature mon visage et noie cette larme où se refont des clartés,

que j'oublie en toi les frontières ambiguës de mon propre jour — et la lucide distance du soleil.

Naissance obscure du poème

Comme l'amante endormie dans l'ardente captivité — immobile dans la pourpre muette de l'amant,

fluente et nocturne à la base du désir — obscurcie de sommeil et travestie d'innocence,

ses cheveux ouverts à la confidence — telles les algues du songe dans la mer écoutante,

la femme omniprésente dans la fabulation de la chair — la femme fugitive dans la fabulation de la mort,

et l'amant pris au sillage étroit du souffle — loin de l'usage viril des astres courant sur des ruines de feu,

elle dort près de l'arbre polypier des mots médusés — par l'étreinte de l'homme à la cassure du dieu en lui, par cette lame dure et droite de la conscience — voici l'homme dédoublé de douleur,

voici la seule intimité de la blessure — l'impasse blonde de la chair sans parité;

voici l'évocatrice de ta nuit fondamentale, malemer — la nuit vivante et soustraite aux essaims des signes,

malemer, mer réciproque à ton équivoque profondeur — mer inchangée entre les herbes amères de tes pâques closes,

toute l'argile des mots est vénitienne et mariée au limon vert — tout poème est obscur au limon de la mémoire;

malemer, lent conseil d'ombre — efface les images, ô grande nuit iconoclaste!

*
* *

Malemer, aveugle-née du mal de la lumière — comment sais-tu ta nuit sinon par l'œil circulaire et sans repos de paupière?

pierrerie myriadaire de l'œil jamais clos — malemer, tu es une tapisserie de regards te crucifiant sur ton mal;

comment saurais-tu ta lumière noire et sans intimité — sinon par le poème hermétique de tes tribus poissonneuses?

ô rime puérile des étages du son — voici l'assonance sinueuse et la parité vivante,

voici l'opacité ocellée par l'œil et l'écaille — voici la nuit veillée par l'insomnie et l'étincelle;

entre les deux mers, voici le vivier sans servitude — et le sillage effilé du poème phosphorescent,

mime fantomatique du poème inactuel — encore à distance de rose ou de reine,

toute la race du sang devenue plancton de mots — et la plus haute mémoire devenue cécité vague;

pierre à musique de la face des morts — frayère frémissante du songe et de la souvenance;

malemer, quel schisme du silence a creusé ta babel d'eau — négation à quels éloges prophétiques?

assises du silence sur le basalte et le granit — et sur les sinaïs noirs de tes montagnes sans révélation, le vent n'a point de sifflement dans ton herbage — la pluie est sur toi suaire de silence,

veille la parole séquestrée dans l'éclair — faussaire de tes silences catégoriques,

tu l'entendras draguer tes étoiles gisantes, tes soleils tout démaillés — la haute mer lui portera ferveur,

pleureuse de la peine anonyme — la nuit lui est remise à large brassée amère,

chanteuse encore mal assurée — et c'est toi socle et cothurne inspiré,

fermentation de la parole en bulles vives — roses hauturières et blanches pour une reine aveugle.

*
* *

Densité

Qui donc avant nous a fait vœu au large de la nuit — sans route ni courant vers le bruissement de l'aube?

qui donc a fait vœu d'enfance et d'images — par la mer portante?

vœu de risque et de plénitude — par la mer submergeante?

par l'échelle liquide, croisement d'ailes et de monstres — manifestation de l'étoile par l'araignée d'eau et l'astérie,

lassitude des naissances de haute mer — par le sel des sargasses atlantiques,

surfaces mensongères des métropoles étoilées — feux froids de leurs reflets nocturnes,

d'avoir touché terre, la mer a touché le mensonge — la foudre la nettoie des images riveraines,

tendue dans l'orage par ses nerfs végétaux — la mer se lave avec ses mains brisées,

par le miel viril de ses varechs — elle se guérit des odeurs terriennes,

ni rives ni miroirs — mais le seul faîtage marin des bras levés;

que la mer haute aille à la mer basse — qu'elles brûlent ensemble dans les aromates incorruptibles!

ni le vent ni le soleil ne sécheront la mer, marée sur marée — ni le gibier des songes, banc sur banc, ni la mer ne sortira du sel et du foudroiement — ni le poème de la chair et de la fulguration du verbe;

bois ta défaite avec le sable échoué — refuse le calfat des mots pour tes coques crevées;

cécité sacrée d'une charge de lumière — ouvre tes yeux sur les cavernes de ta nuit,

ni le soleil ni le vent n'ordonnent la terre — mais la rosée née de la parfaite précarité,

ni la lumière ni l'opacité n'ordonnent la mer — mais la perle née de l'antagonisme des eaux,

maria, nom pluriel des eaux — usage dense du sein et nativité du feu.

Les rogations

Nous vous en prions, saints et saintes des litanies,
levez-vous du désœuvrement de vos lits,
sortez de la futaie de vos chefs surchargés,
ô saints patrons, dieux lares de nos défrichés!
Quittez l'apparat de vos gloires publiques,
redescendez dans la vigueur de vos reliques,
car voici le temps de resaler toute la terre
par les plaies saintes et sages du soleil;
voici le temps de la corneille incrédule,
le temps de la poussière que le soleil bouscule,
voici le temps de nos processions majeures
et voici les hauts-lieux de nos stations,
voici le grand labour de nos rogations
pour le pain sans sable et le vin sans aigreur.

L'enfant poète

Il y aura toujours la table
L'enfant accoudé à son silence
Les yeux ouverts en étoiles
Et qui brûlent tout par délivrance

Il y aura toujours la nuit
La douleur tranquille des étoiles
Le bleu qui brûle tant de nuit
Le bleu qui remue tant de sable

Il y aura toujours l'enfance
Qui choisit le feu par innocence
Le bleu de l'eau par attirance
Le débris des mots par impuissance

Tes yeux de jour

Comme le soleil qui n'a rien soupesé
Comme le soleil qui a tout regardé
Sur mon regard, ton regard a régné sans peine
Comme l'eau liée par l'or le plus simple.

Tous tes regards de jour sur moi jetés
Je n'en ai fait ni neige ni poussière
Mais la preuve de l'or le plus vierge
Quand éclatera la pierre d'éternité.

Je cherche la passe de tes yeux ouverts
Je cherche le gué étroit vers ta lumière,
Toute la mer rouge du sang à traverser
Pour le pays de ta présence reculée.

Comme le jour allumé sur un bûcher bas
Comme le jour tué sur un autre bûcher
Nos yeux ouverts avivent des dons séparés
Lambeaux de flammes que nous ne touchons pas...

Tes yeux fermés...

Quand sera passé le flot de tes yeux ouverts,
Quand nous n'aurons plus pour asile la lumière,
Quand le sel dur et blanc tirera tes paupières
Comme la première gelée qui fend la pierre;
Quand sera séchée l'eau qui guérissait la vie
Et noyée la pierrerie qui élargissait la nuit;
Quand tu auras délaissé ton propre visage
Comme un vaisseau délaisse son sillage;
Quand tu dormiras détourné de ton regard
Comme au plus lointain d'elle-même la mer la plus noire,
Quand je ne serai plus qu'une attente étroite
Comme une dalle qui ne change plus de nom;
Mes yeux verront la peine de mort que nous suivions
Et les chemins d'amour que nous dressions en croix..

Les martinets

Ramoneurs des âtres éteints et des cendres,
Oiseaux sans arbre ni ber de branches,
Tourneurs des soirs dans nos regards fatigués,
Criez pour nous l'alerte des mères désertées!
Martinets, martinets des soutes de suie,
Et vos couvées fréquentes levées de ces puits,
Mangeurs nocturnes des détritus de nos peines,
Alertez les jeunes mères et le lait lové aux veines!

*
* *

Je suis toutes ces mères aux portes du sang
Venues à la fête décorées d'un enfant,
Je suis toutes ces mères saignées à blanc
Qu'on jette vives dans le rapt des innocents.

Je suis toutes les mères des enfants d'un jour,
La mort de l'un couvrant la naissance de l'autre,
Comme l'arbre de l'hiver, j'ai au flanc et à l'épaule
Des ombres qui grandissent déroutées de l'amour.

Les enfants d'un jour sont des jouets égarés
Avec des ventres creusés de cris et fêlés,
Leur poing crispé est leur nourriture maigre,
Enfants nés du remous épuisé sur ses pierres.

*
* *

Martinets, oiseaux noirs de nos deuils étouffés,
Que cherchez-vous à hauteur d'angoisse et de cri?
Quel allègement du sang pour l'aile déployée,
Quel reste d'étoile broyée au treuil de la nuit?

*
* *

J'ai enfanté ma chair adossée à la mort,
Par l'aigreur du lait pauvre aux aubes courbatues
Et par les eaux cendreuses du ventre assidu,
J'ai enfanté des fantômes en mocassins de mousse.

Mères patientes comme les puits lapidés
Et les eaux à pleins bords surmontent les pierres
Quand la fécondité fermente entre les os brisés,
Mères vivaces aux relevailles de la terre.

Nous sommes toutes ces mères à l'inventaire du nombre
Brebis noires et séchées par le troupeau des tombes,
Nous sommes la chair opiniâtre et désespérée
Et notre exaucement est le Miserere.

Quand toutes les mains berceuses sont coupées,
Quand tous les combats d'amour sont livrés,
La mort avec sa langue sans aboiement,
Chienne des ossuaires, la mort a lapé le sang.

*
* *

Martinets! empalez très loin vos nourritures,
Ne touchez pas à notre grain de pourriture,
Criez, criez votre pur et haut manger,
Oiseaux sans trace aux fruits de nos fourrés.

*
* *

Quand d'autres se courbent pour engendrer des saints,
Moi, je crie: Dieu! un vivant pour héritage!
J'oublie le couteau aiguisé pour le pain,
J'oublie le couteau saisi pour le partage.

Marie! Mère blanche de nos blanches douleurs,
Toi qui as grandi ton enfant de la paille au bois,
Comme une grappe ajustée à l'envergure du cœur
Donne-nous des morts à la mesure de nos bras...

Mes enfants d'un jour sont sable au sablier,
J'ai oublié leur nom de croix et de sainteté,
Comme la mémoire et le plasma des mers
Je porte en moi des naissances naufragées.

Et j'avais aux lèvres le fredon familial,
J'avais le sûr portail d'une poitrine chaude
Qu'on ouvre avec le lait bourru, comme l'aube,
J'ai envié la fourmi et son œuf innombrable.

Par la lanterne sourde des yeux entrouverts
J'ai vu mes enfants d'un soir partir de mes plaies,
J'ai vu la mort les déclouer de mes bras ouverts,
J'ai vu la nuit se jouer de ces feux follets.

*
* *

Martinets, tourneurs nocturnes resserrant l'erre de ma douleur
Martinets, quand le sein ne sera plus l'étouffement,
Quand éclatera enfin le cilice de mon cœur,
Ma mort maternelle sera multitude d'oiseaux blancs...

Le Christ rouge

Pareil à l'érable mort dans son sang
Le Christ rouge reluit entre ses plaies
Il a pris la vêture du couchant
Il éclate comme un vitrail violet

On a voulu le voir tout à travers
On a défait le sang jusqu'à la fibre
Retourné la tunique de sa chair
Sans rien trouver que la mort débile

*

* *

« Ah! laissez-nous cette boucherie rouge
Nous voulons voir notre mal à sa cime
Comment l'amour prend un fard risible
À la face publique de ce clown!

Nous l'avons planté au pivot du champ
Épouvantail effilé sous ses cheveux
Les oiseaux ont méprisé ce frileux
Mais les chiens flairent le reste du sang

Qu'il torde ses deux bras du côté du ciel
Tel un arbre culbuté sur ses racines
Qu'il sache la lippe vineuse et le fiel
Qu'il boive le baiser fort de la haine

Laissez-nous ce bagnard d'un ciel trop tendre
Ce roi cloué sur son royaume étroit
Qu'il règne les trois heures d'un fou de roi
Qu'il meure purgé de son innocence

Nous ne voulons pas d'un autre potentat
Que ce faible soutenu par deux amis
L'un s'accroche et l'autre est renégat
Et de leurs crachats il n'a rien dit

Nous ne voulons pas de son royaume
Car son échec est sa dernière fraude
Nous avons notre paradis pesant
Nos cieux variolés de notre sang

Le Christ rouge peine à notre niveau
Nous ne voulons pas qu'il monte plus haut
Nous tiendrons cet otage loin du Père
Pour être maudits avec ce seul Frère. »

LES GISANTS

Le vase étrusque

Argument. — Parce que les Étrusques s'étaient inventé des dieux terribles, et même monstrueux, ils devaient s'en défendre par la beauté comme le prouve leur art. C'est cette beauté qui surmontera la mort. Le vase funèbre contenant peut-être des cendres et aux flancs duquel sont peints un joueur de flûte et une danseuse, laisse voir que la mort est une étrangère et que la beauté peut servir à l'éviction des dieux hostiles; c'est à ce moment que l'art est une frivolité sérieuse.

À flanc de vase funèbre, voici les amants étrusques — dans la rouge figuration de la poussière éprouvée par le feu.

à flanc de vase tarquinien — les amants rouges d'avoir foulé le cuvier de leur sang;

quelle hostilité de dieux les traqua aux varennes de la mort — ou quel holocauste de caste les coucha en cendres à la chambre ronde?

Non pas ici statuettes de sarcophages — et tout regard est fissure de pierre inoccupée,

mais sur les paliers plats et sinueux de la musique et de la danse — le couple jailli au tertre d'or de la beauté.

Sur ces parois orbiculaires, qui donc, touche à touche, releva ce dessin de leur accord — quelle lampe basse eut mémoire de décalque précis?

Cette courbure du vase en giration musicale, n'est-ce point la mort elle-même arquée sur les amants — les poussant sans fin à leur perte inconsommée?

Par la flûte et la sandale rattachée — ne sont-ils plus que des hôtes somnambules dans l'orbite de la mort?

Toute compacité traversée, les voici légers au mur inévitable — toute opacité traversée, les voici exaltés au mur inacceptable, telle l'âme altérante du vin au suint aromatique de l'amphore — forçant l'odeur de ses ors sommeillants vers la soif poreuse.

Par la flûte double du joueur étrusque — et par la lanière virile attelant le bois au souffle,

les mots ne se presseront plus à la pariade des sons — mais la seule mélodie fluente aux doigts

ni ne passeront les paroles en armes au chaos du cri — mais le seul rythme rangé sous le talon imperturbé.

Que nulle libation de louange ne naisse de l'accouplement des lèvres — mais cette rumeur circulaire pour l'éviction des dieux,

que nulle vivacité n'occupe la cassure de l'invisible — mais le seul pas palmé de la danseuse!

*
* *

Quelle mort pouvaient engendrer des dieux aux orbites de pierre fortifiée — sinon ce suc glacé et l'étranglement par l'effroi?

vos dieux agressifs, apostés de monstres aboyeurs — et la meute retournée sur ses seigneurs les force aux arènes de la légende.

Vous n'avez pas voulu, beauté des amants, — de la sommation des Parques au profil de quenouille pointue,

mais comme entre deux tisserands, du vol captif de la navette — ce seul fil musical ourdissant le lien voluptueux de la mémoire;

voici sa mesure et sa réduction, par la majestueuse oscillation du temps et du songe — naître sans fin l'un à l'autre, comme la mer au phénix de ses marées circulaires;

mémoire omniprésente de l'amour, mais à distance de beauté — tel le feu foulant tout à mesure pour l'embellie de la flamme.

Face à face sans issue de la première possession — au commencement du couple et à l'apogée de la première mort vivante.

quand la chair est un fleuve de liens liquides — à mesure défaits et intarissables,

dans l'égal désistement et l'égale profusion de cette mer alterne et emmêlée — de la soif d'en bas tirant à soi la soif d'en haut.

Amant, tes mains passaient par la pente de ses épaules — prenant d'elles leur versant d'eau douce,

et tu les couvrais de leur propre nudité de source déversée — telle l'eau irréversible au débord de la vasque.

Qu'avez-vous retenu de vos couches à fonds de ciels inversés — comme sur l'eau de l'œil la touffe des étoiles,

sinon que l'onde charnelle fulgure les espaces chiffrés de la mort — jusque dans le murmure assibilé de la chair rechargée du chant, comme la mer ouverte au vent.

*
* *

Amants parallèles au contre-mur des vivants et des morts — amants évadés de la vulnérable immortalité de vos dieux orgiaques,

si le soleil est la seule clef de voûte du ciel — si la blessure du regard est la seule sauvegarde de l'amour,

c'est assez, entre vous, de cette fascination étroite de vos faces — de cette grâce jumelée de vos corps modulés;

si l'entre-vie n'est que cette piste d'automne — cette chute d'images et de sons écartés en mesure,

qu'avez-vous besoin d'une autre extase et d'un autre dédoublement — mais ce souffle, ce suspens d'immortalité, goutte à goutte?

Par sa grave turbulence la danseuse progresse vers le centre — vers le lieu de lente séduction où le pas multiplie le vertige,

et d'où elle refuit vers cette beauté décantée par la flûte — et son talon tourneur est l'épicentre des saisons de la musique.

Sa chair enchâssée dans la danse ne lévite pas dans le transport — mais de toutes parts s'applique à l'accompagnement,

de toutes parts se contient et se propage pure — comme l'étoile passée au grand crible de la nuit.

Pour louer l'amant, elle n'a plus besoin de sa haute nudité — mais de ce voile luisant et plat jusqu'à la pointe des pieds nus,

car le double compas de ses pieds trace aux désirs en poussière — le lieu rigoureux de leur étincellement;

elle n'a plus besoin de la voyance du toucher par les mains inhabituelles de l'amant — quand il ébauche le galbe aux hanches appropriées,

car toute chair n'est que décombre d'amour à franchir — et toute ossature, solitude angulée du squelette émergent.

Que se lève donc la danseuse et qu'elle retentisse sur la mort — comme la mélodie au cercueil exigu de la flûte,

c'est elle l'outrepas des sens et le pacte léger des souffles — et sa rotule est nœud de flexion au plus sacré des ombres.

Musique! mime aérien de la lumière, — laisse longue et rigoureuse au pas de la danse mimant la vie;

toutes les activités de la parole dissoutes dans l'ineffable — tout le souffle créateur infusé dans la transparence;

comme du verrier, fusion du feu et du sable — pour rendre visible l'or translucide de l'esprit.

Musique, aliment au-dessus des lèvres et du cœur — mûrissement d'un fruit jamais repris à l'arbre,

comme la lumière qui touche tout et laisse tout passer — car lui suffit d'orienter l'oiseau disparu à la courbure de la mer.

Géométrie du silence soudainement appelé à l'incarnation du timbre — justesse du son, tel le rayon équatorial et sans hésitation d'ombre;

mais ici, amants et destin de mutuelle complaisance — par la beauté qui redouble l'amour et s'en évade comme l'oiseau dérobé dans son chant.

Musique, mime flexueux de l'eau comme de la lumière — tu enveloppes l'amante d'un sens subtil et grave comme l'outre-sens d'une parole par l'image,

et mieux que le doigt, la musique suit la courbe de l'oreille à l'épaule — et l'amante respirée renaît plus ordonnée à l'amant.

Flûtiste funéraire, remplisseur de tout ce qui est laissé vide par les dieux — désert habité par une seule voix pour un seul pas sur la cendre,

et la chienne neutre de la mort ni ne mordra à la brisure de vos os — ni ne flairera la mue de vos chairs remémorées.

Voici la captivité nouvelle sous le lut et le sceau du vase — par la surdité de la musique et le mutisme de l'amour, vous ne quitterez point vos limbes oniriques;

vous n'ouvrirez pas la porte nécessaire pour voir si le vent ne déplace que le néant — et si l'étoile n'est que mutation stérile de lumière.

Mort, montagne blanche par laquelle toute chose passe à l'étendue — coquillage nettoyé et toute la mer passe au chant.

Beauté augurale des amants à renaître ni du son ni du songe — mais des entrailles défaites de la mort déipare.

Les gisants

Argument. — L'image la plus humaine de la mort, et aussi la plus grave, est donnée par les Gisants. La chair de ces dormants de pierre a déjà trouvé sa clarté. Elle est sans orgueil et couchée près de la terre fraternelle, sans pourtant la toucher. Elle est sans pessimisme, sans violence, et tout entière occupée au rappel de l'âme.

La fable de Diane est celle de la mort lassée et se purifiant de ses chasses nocturnes. C'est comme la démission de la mort devant la calme certitude de la résurrection.

Diane

Mort, patricienne nocturne des ombres relâchées — ombres sans proie pour tes doigts chastes;

Diane de notre sang fustigé par tes armes blanches — et de notre chair argentée par tes foulées.

Haute chasseresse à la bouche close d'une feuille funèbre — comme la pythie mâchant le laurier de la parole fatidique.

Déesse implacable et impuissante comme le miroir — tu fuis ce que tu saisis aux restes de ta chasse,

peaux de bêtes et bris de vases — que tu remets à l'achevage de la terre tourneuse.

Ô femme forte dans ta course occulte et ordonnée — doux est ton congédiement,

et ce n'est point toi le troupeau acculé à la fosse — et toute mort sérielle et déracinée.

Ce n'est plus toi non plus cet hiératisme rogatoire — ces marionnettes égyptiennes au cercle de ta cible,

ils ont augmenté la tension de la mort et de la corde de ton arc — pour sourire à ce qui s'ouvre dans la chute.

Ce n'est pas toi non plus, toute rupture négligée — ton ombre confondue à l'ombre doublée de la danse.

Diane, que te reste-t-il de ta chasse sinon l'impiété — car tout gibier est marqué d'un dieu.

Que te reste-t-il du temps rupturé — sinon le jeu modifié de la mort?

Car plus meurtrière que toi l'imprécation d'aimer — et plus mortelle que l'arc l'optation des lèvres.

Ô mort belle, lave-toi de ton utilité — dans cette eau aveugle et naturelle de ta servitude.

Comme la mer, tu ne peux sortir de l'obscur enfantement — ni de ta course brisée aux frontières fermées,

et d'âme en chair, Diane — ta flèche est déchirure vierge de naître.

Les gisants

Faste féodal des gisants incarnés dans la pierre — couche portée par la paumée pierreuse de la terre.

Ni tombeau ni alcôve à dérober la chair — mais ce lit de parade et cette intimité hautaine,

et ces deux liturgistes de l'éloge de la mort — par l'allégeance du corps à figuration glorieuse.

Onciale de la mort à ce texte royal — et Dieu récrit sa loi sur deux tables de pierre façonnée.

La croix de bois descendait l'ombre au front plébéien — mais les gisants prennent seuls les stigmates de la lumière.

Le sang viril de la pierre est puissance de durée — car la terre fait de ses douleurs des pierres,

elle les chasse en montagnes apointies de regards — elle les projette en hauteur couvée par les vents.

Voici la chair dans sa noblesse de pierre blanche — comme la neige dans son intention de lumière,

et comme un pays tout entier simplifié par la neige — voici la chair dans le bliaut étroit de sa pureté;

la chair dans l'audace de la foi maçonnée — pour le jointoyage de l'âme et du corps;

la chair dans le clair scandale de la recouvrance — comme l'enfance réformant la mort par sa jeune incrédulité.

Affleurement et faste de la face au-dessus des limons — par cette pierre qui a surmonté la terre et franchi les bras de l'eau.

Les gisants prendront l'âge fidèle de la pierre — et porteront l'amour plus âgé que la lumière;

ils sont la blancheur d'avril insérée dans la sève de l'hiver — ils sont l'arbre étagé de songes par le silence des oiseaux.

C'est par le poids des morts que la terre résiste à l'astre — c'est par cette pesée qu'elle ne fuit pas par le haut comme la mer;

par cet orgueil pâle du corps dans sa montrance — par ces gisants aux yeux affouillant le ciel, la pierre n'a plus de pacte avec les tombeaux — mais avec la seule main qui la basculera dans le soleil.

*

* *

Comme la sainteté qui ne sort plus de ses nimbes naïfs — l'amour ne sortira plus de cette simple durée;

les gisants n'ont plus besoin de mots qui passent la pierre — ni des regards qui passent l'eau longue de la mer.

Ils ont cette parole intérieure restaurée par le silence — ils ont, lové aux lèvres, le mélange des baisers.

Ils ont gardé leurs épousailles à hauteur d'épaules accolées — par seigneurie et par droit d'altière vigilance;

car ils sont devant Dieu la postérité de la première image — la beauté connivente et circoncise de la jalousie charnelle.

Ils ne changeront ni de bouche ni de baiser — ils dorment leur sommeil dans la délégation de l'amour.

Comme les chandeliers alternes de la nuit pascale — ils sont pour l'ombre dépouille et amorce de lumière.

Ils ont le poids de l'os, et dans l'orbe des yeux — la transparence tranquille de l'espérance annulée.

Les mains haleuses de gestes sont liées droites — et stériles comme un fagot d'hiver;

on ne voit plus sur la paume les assises du feu — ni le long des doigts, la fuite de l'eau;

mais elles ont la gravité des œuvres traversées — de la flèche affûtée pour l'étreinte d'une proie.

Ils ont vu la mort comme un sphinx à patte blanche — ils la voient de face sur l'herbe qui tourne jaune.

Ils ne se lèveront pas dans la rigidité de l'homme érigé — ils resteront adossés aux portes de la terre.

Ils n'ont pas besoin du sceptre ou de la corne — pour heurter de loin la hauteur respirante,

ils sont tout entiers dépliés dans la foudre lente — et tout entiers réveillés dans l'étreinte d'un remous.

Voici le corps étendu sur l'acclamation de l'âme — comme jadis la terre sur les eaux informes.

Quand le biseau du soleil ébrasera tous les tombeaux — quand il pulvérisera les dalles et jusqu'à l'air tendu,

les gisants quitteront l'attitude et la stèle — et ce Dieu à voix haute des Écritures,

pour ce Dieu familier et rupturé — et cette fissure rouge de la résurrection.

L'ARBRE BLANC

L'arbre blanc

L'arbre incanté d'une neige sans cesse survenante,
et l'arbre est un souffle inspiré d'un masque de soie
et non plus l'œuvre de l'ombre sous un fouillis de feuilles;
par l'énergie du froid la neige a doublé sa pureté
et toute futaille blanche est le trépied du songe.
Moulé dans cette noblesse marginale et décharnée,
l'arbre est pareil à l'âme dans le gain de la mort
et pareil à l'amour dans la stature de sa fable;
l'arbre a pris chair de spectre pour grandir
et joindre le lac vertical de l'horizon bleu.

Qui donc s'est fait le transvaseur de l'hydromel des vents,
de ces neiges en volutes, de ce vin éventé de l'hiver,
sinon le vent simulateur de voyance et de vêture,
et l'arbre fraudé est une fuite de vipères blanches...

L'amour

Le feu qui jamais ne dit: assez!
Prov., XXX, 16.

Argument: La poésie illumine l'amour et l'amour dispose
la poésie à toute chose et à Dieu.

Ah! qui croit prendre la mer sans mordre le sel,
qui croit s'y jeter sans la dénouer tout entière
et la tarir de toutes parts plus que le soleil,
qui croit regarder l'amour sans s'engouffrer dans le regard,
qu'il se masque de sable comme l'autruche!

Qui croit interdire à la vague de son corps
l'oscillation bienheureuse des prémices d'une autre chair
et la dilution frémissante de l'âme taciturne
mélangée aux membres comme la profondeur à la surface,

et la mer matinale est ce laitage blanc
cette infusion d'aube et d'écume
quand l'amour n'a plus que sa douceur disséminée;
qui croit traverser la couronne de l'amour et de la mer
sans le raccourci de l'oiseau et de la barque,
qu'il s'empierre dans le champ des nébuleuses!
Comme le bois du liège précaire et têtu,
s'il est vrai que la barque du corps
oppose à l'amour le flottage du temps
et l'instinct insubmersible de vivre,
pour ne pas se prévaloir que mon âme aille au corps!
Le long du pilier ténébreux de la mer ternaire,
qu'elle remonte respirer cette bulle d'air
dans les soufflures de la mer éruptive,
et le long de la paroi illuminative du jour
qu'elle redescende au nœud simultané du corps;
que les amants soient ce rien sur le socle sombre du Tout!
Vaisseaux vides des corps insolubles et infusés à l'âme
et la souquant au plaisir combatif et rayonnant,
quand l'énergie inconsciente tire le charbon au feu
et l'amante inerte à la dernière brassée de l'amour...

C'est au large d'elle-même que la mer refait son empan
et par le courant des oiseaux elle résiste au chaos
car l'aile tire sur elle l'attouchement du ciel séparatif.
Comme des oiseaux heurtant ensemble la hauteur,
qui empêchera la parole d'exciter la distance
par quoi l'amour change d'aire sans changer de proie,
et voici sur nous l'adoucissement anonyme d'une blancheur
comme les pierres séparées de l'étreinte des astres
et poussant à la pureté le ruisseau qui manque à la mer...

Qui empêchera l'amour de passer au crépitement du regard
et d'entrer dans cette famille de flammes évidentes,
et la jalousie, de cerner tout son or contemplatif?
Par le corps l'amour est une patine familière,
une borne douce aux quatre champs du monde,
mais le regard, tu ne sais s'il te détruit
comme l'incendie en fuite funèbre sur soi,
ou s'il t'épouse encore dans les soutes de la mémoire.

Qu'importe, qu'importe, résiste à tout par l'amour
comme la voile entraînée par sa résistance au vent,
comme le rose de la rose qui ne veut point passer
avant que le vent ne sache cette couleur qui la noue.
Bouche belle et graciée non par vivacité de verbe
mais par ce lent hydromel exprimé du silence;

larmes décentrant soudain les regards entrecroisés
et l'amour plus muet que l'avancée bleue du surfeu,
l'amour interdit retrouve ses reculs d'ombres disjointes,
retarde l'instant du Feu et chacun y entre seul comme l'holocauste.

LA SALLE DES RÊVES

La salle des rêves

> *Encore la nuit qui vient me chercher...*
>
> CLAUDEL

Ce lieu de toutes parts comme les nappes du rayonnement,
cette étendue sans engendrement comme la hauteur suspendue
et comme les salles de la neige vastement reposée
de ses naissances stellaires superposant ses tufs fermes;
c'est le lieu de l'âme immobile et avancée devant moi
et son ombre blanche est le seuil de la sédation,
c'est ma nuit refoulant le sang de la douleur.
Âme de moi dévêtue des écumes de la turbulence
et des bandelettes de l'inertie par accoutumance,
j'ai cette écoute cherchante de l'oreille animale
recouché sur ses abattures pour rompre la traque adverse.

*
* *

Terre de boue ronde par le battement de l'eau,
langage naturel des sèves virilisant les signes,
entends les paroles fortes modulées par le vin.
Corps de moi le plus annulé par refuites retenues
comme feuillage d'oiseaux distrayant à peine l'arbre
hors du bleu de la cime arrachée aux branches
et hors du tissu ligneux à border les morts.

*
* *

Que nul nom d'amant ne me soit un lieu corporel
mais le risque des eaux confluentes
grossies des fonds fuyants de la mémoire.
Il n'est pas d'espace plus amer que le haut de l'orage
et le trait voyeur de la volupté irrite l'amour
quand l'exultation instinctive distancie trop le cœur.

654

Ces mains qui dorment et rêvent le bras de l'eau
plus rapproché des germes sous les tables de la terre,
plus près de l'œuvre noire des forêts incarnées,
et le corps végétal s'ouvre à la pourriture élémentaire
par ces racines d'eau forte et de mains déchirées
poussant les flambeaux verts à leur résine de feu.
Corps éclairé de donner préséance au rêve,
surdité abritant l'imaginaire à tête de vent,
quand l'ouragan onirique t'éclate comme une vitre.

*
* *

Que le nuage passe à son inversion de montagne massive,
à la détresse croisant ses mains de pierre persistée;
que la nuque de l'étoile touche la passivité des morts
et je pèse en moi la suffocation de l'incommunicable.
Terre étroite de moi comme le puits à son corps façonné,
les eaux juvéniles encore tachées de leur genèse de feu
infiltrent en moi la remontée des tréfonds du songe
et les gestes de l'air et de l'eau dilataient l'espace,
sans cris d'oiseaux pour fonder l'altitude séparative,
sans bête criante d'homme pour piéger la pesanteur.

Salle sculptée d'un souffle par les ajours du silence
et les mots n'ont plus le pouvoir altérant de l'œuvre;
lieu sans lieu du rêve par profondeur ronde
et l'esprit n'a plus le harnachement des paroles
ni les trajectoires d'étincelles à la voûte du songe;
que je m'accole à cette âme sédentaire du rêve,
plus liée à ces fonds taciturnes que le germe au soleil;
que je me sépare de l'âme répondante par la frappe de l'airain
et cloisonnée dans l'épaisseur comme le son de la cloche;
proie ployée de l'inexprimé dans le pourchas de la parole,
moins près de moi que l'ombre touffue de l'inexprimable.

*
* *

Salle de la neige sous la dormition de l'esprit,
jouvence d'une mort dans le tégument des ténèbres,
voici l'esprit rêvé par l'esprit comme la neige par le diamant;
je ne suis plus la marcheuse vaquant à ses vocalises
et trouant la brume du bouquet d'or de l'amour...

Songe sans prunelles comme l'étoile à son palmier,
comme le corps veillant l'omniprésence du baiser;
indigence sursemée, pollen enfoncé dans le soleil,
fleur rentrée dans le fruit pour la concentration du souffle.

*
* *

Nuit de la substance insatiable et le cœur s'est arrêté...
entends, entends la salle du rêve concerter l'invisible
et nul songe n'habite à l'étroit la seule note éternelle...

Paix de l'épouse

Paix à ton épaule lustrée de jeune loutre
paix à ma main simultanée te couvrant d'oiseaux
et tes cheveux sont l'eau heurtée de mousse...

Paix à la soif sèche des lèvres par l'irruption de l'esprit
à travers l'aise et l'amour éveillant un dieu naissant;
paix à nos ombres longues de leur seule fraîcheur
comme l'obscurité tendre née de la neige.

Tu es en moi le puits creusé jour à jour,
dors, remontée en moi comme les anneaux de l'eau...

L'HEURE DE LA POÉSIE

Il y a longtemps que l'heure de la poésie est arrivée au Canada français. Elle a d'abord eu son heure héroïque et folklorique, heure prolongée par nos chansonniers actuels. La voici arrivée, après quelques heures plus ou moins grises, à son heure torrentielle et généreuse, à l'heure privilégiée et périlleuse de son plein épanouissement.

Quelques-uns s'inquiètent déjà de sa profusion et voudraient plus de romanciers et moins de poètes. C'est anticiper sur notre culture que d'imaginer que toutes les disciplines de l'esprit exploseront ensemble; c'est risquer le jeu de l'éteignoir que de se désintéresser de la poésie au moment où elle prolifère et s'affine, car l'une ne va pas sans l'autre.

Il semble que les jeunes poètes que je rencontre aient de mauvais maîtres qui les découragent de l'écriture poétique. Il y a d'abord les instituteurs et les professeurs assez ignorants pour ne pas faire de différence entre un chansonnier et un poète, entre un poème hermétique et du charabia. Il y a ensuite certains éditeurs et publicitaires à courte vue qui, me dit-on, conseillent aux débutants de SORTIR de la poésie pour ENTRER dans le roman ou la nouvelle. Enfin, il faut bien le dire, il y a tous ces pseudo-intellectuels qui se

656

vantent de ne *plus* lire de poésie. Bloy écrivait: « Le gros rire de la multitude à la face douloureuse de la poésie, voilà ce qui ne peut être supporté. » Or, ici, ce n'est pas la multitude qui rit, au contraire, mais bien cette classe de gens, dite cultivée, qui ne sait que ricaner de mépris ou d'indulgence. J'ai rencontré plus de lecteurs de poésie parmi les bibliothécaires, les institutrices, les diseuses et les villageois que parmi les intellectuels. Par contre, j'ai rarement rencontré un poète qui ne fût un lecteur de philosophie, d'histoire, de roman ou d'ouvrages traitant des beaux arts. Faut-il croire que la soif du poète est la plus profonde et la plus exigeante?

Si la chanson a été la racine obscure de notre poésie, comme le conte narré l'a été de notre roman, entre les deux c'est la poésie qui la première s'est hautement exprimée. Cela restait dans l'ordre des choses. En effet, pour être un grand romancier il faut avoir compris et saisi non seulement son âme propre, mais l'âme des autres. Au poète, il suffit de se posséder entièrement et de se projeter dans une œuvre de passion ordonnée.

La plus ancienne poésie du monde, celle de la Mésopotamie, a pris la forme de l'épopée, de la narration rythmée, tant il est naturel à l'homme de circonscrire par le chant le mystère de la vie et de la mort, de la conquête et de l'échec. Il faut avoir entendu les cris-mélopée des Africaines dispersées dans la forêt et s'appelant sans cesse pour ne pas s'égarer pour comprendre le cri de délivrance qu'est la poésie naissante. Le chant jaillit du cœur de l'homme avant même la maturité de la conscience et saint Augustin nous dit que ce chant s'intériorise à mesure que le poète découvre « qu'il y a Quelqu'un en nous qui écoute. »

Si donc le poète est le premier répondant à l'impulsion intime et personnelle d'une VOIX, c'est que la poésie oscille sans cesse entre ces deux pôles: la mémoire et le désir. Pour nous qui avons vécu dans l'inquiétude, en état d'alarme, de quoi nous plaindrions-nous sinon de ce que nos feux poétiques allument plus d'ombres démesurées que de flammes droites, d'éteignoirs prétentieux (qui situent encore la poésie au niveau de l'acné des adolescents) que d'amitiés occupées à nous lire plutôt qu'à nous flatter sur les dires et la foi des autres. Les poètes ne veulent pas du rôle orgueilleux d'êtres séparés ni du rôle ridicule de demi-dieux car c'est une tricherie plus risible que le rôle du perpétuel révolté. Ils ne veulent pas non plus des restes de sympathies étrangères, promesses fugaces, louanges désordonnées, tout cela est un pain amer, mais d'un peu plus d'attention sérieuse de la part de ceux qui lisent, enseignent et croient réfléchir à cette brûlante question de la culture au Québec.

Nous pouvons nous demander si cette actuelle désaffection de la poésie ne provient pas du mal de ce siècle: absence de désintéressement, rapide matérialisation de la culture? Moins spéculative que la philosophie, moins astreinte à la matière que la science, la poésie, par la souveraineté du langage, ne peut que déboucher sur le sacré. Ainsi l'exprimait un poète français contemporain, René Ménard. « J'ai longtemps cru que la Poésie permettait de courir avec le peloton de tête, de combler d'un coup l'ignorance, mais j'en doute à partir du moment que la Poésie ne traduit plus qu'inquiétude et révolte. Jamais les poètes n'ont été dans un plus grand besoin de Dieu, n'ont eu davantage besoin de la grâce, car le flot de la Nature ne les porte plus. »

Si la poésie française, au bout de toutes ses expériences, revient à l'heure du sacré, la poésie canadienne-française, à son heure de plénitude, n'a donc pas à tourner le dos au sacré.

MIROIRS

L'école ouverte

Celui qui avait posé l'école des Quatre-Rangs sur l'épaule gauche de la colline devait être quelque colon puissant, depuis longtemps nourri de liberté et d'espace.

C'était la dernière école du dernier canton des Laurentides, et quand après avoir suivi le tortillon de la route on apercevait ce toit bleu et élevé à travers les ramures à claire-voie, on s'interrogeait sur cette couleur et sur la hauteur du faîte. L'école une fois atteinte, on constatait d'abord qu'elle biaisait sur le chemin comme quelqu'un qui vous regarde nonchalamment par-dessus l'épaule. Ensuite on découvrait le lac en contre-bas du plateau; c'est dans cette cuve bleue qu'avait dû tremper la maisonnette, et cet azur répété du lac et de l'école procurait répit aux verts amoncelés de la pinède. Quant au corps principal de la maison, il devait sa hauteur à quelque besoin de sécurité de celle qui l'habitait; car il est coutume que la maîtresse vive au même plan que son école, dans une ou deux pièces.

Au premier comme au second étage, on devait voir tourner dans les fenêtres le carrousel machinal des saisons et des jours.

Pas de clôture autour du vague défriché. Une brimbale tend vers l'eau timide du puits un bras raide et autoritaire. On s'assied sur la caisse de ce puits, entre la rumeur de l'école et celle de la nature et l'on sent bientôt qu'il y a continuité de l'une à l'autre. La vie passe du dedans au dehors, et inversement, avec la force vive et grave du sang.

Du plateau de l'école le paysage se déploie de toutes parts, sauf au nord où se poursuit la foulée calme des forêts qui vont vers les pôles, là où les hivers prennent leur retraite. Le jour est une page frémissante, changeante qu'achève et soulève la main légère du printemps. Du coteau rayé de labours au lac gercé de lames courtes, tout est brisure, évasement, enture et proposition à l'ensemencement; tout est réceptivité. Encaissé dans le roc, le lac est pareil à quelque énorme poisson prisonnier de sa résille éblouissante.

Autour des déserts drus, la forêt incisée essaie de reprendre pied sur le terrain perdu. Mais il suffit de la manne très blanche descendue sur les pommiers pour tenir le géant en respect et rassurer le colon. Lui, tu le vois lié à sa charrue par ses deux poings, et à son effort par les brides passées à son cou. On dirait que l'homme et la bête viennent d'être façonnés à même l'argile noire qu'ils fouillent. Combien sonore et sûr le passage de la corneille que le vent n'effarouche point, telles ces maigres fumées des toits si vite évanouies en colombes pâles!

Soudain, une brebis-mère a bêlé sous les fenêtres ouvertes de l'école; aucun enfant ne lève la tête car cette plainte chevrotante n'est que jointure d'un silence à un autre silence. Puis, c'est au tour d'une poule picoreuse d'insérer son rappel de vie dans le bourdonnement des leçons récitées. Elle saute sur le perron, lève une patte craintive, et poussant sa curiosité devant elle à petits coups de tête soigneux, elle passe le seuil. Personne ne la chasse et elle peut repartir sans avoir été déplumée de sa dignité.

Par la porte bâillante, on peut apercevoir, derrière la tribune de la maîtresse, l'escalier conduisant au colombier; la propreté, la coquetterie de la catalogne couvrant les degrés, laisse imaginer que là-haut tout est à l'avenant. Sous l'escalier, la chaudière d'eau fraîche et les gobelets en file indienne. En lieu de patère, des cornes de bœuf d'où pendent des manteaux couleur de feuilles mortes. À travers le chuchotis des écoliers, le tic-tac de l'horloge, monotone, perdu comme la vibration des insectes dans l'herbe de l'été.

Onze écoliers; huit garçons, trois fillettes que les garçons font « endèver » aux jours de pluie! Mais entre eux tous, point ne se rompt cette entente spontanée de jeunes pousses du même terreau. Ils n'ont pas été versés en vrac, comme des cailloux, dans une grande boîte; mais l'école les a doucement drainés, un à un, ou deux à deux, au rythme des premières communions et des travaux de la ferme.

L'enfant des collines et des boisés sait beaucoup de choses, mais ce ne sont pas paroles imprimées, retailles étroites de connaissances disparates dont on fait une courtepointe pour couvrir beaucoup d'ignorance. Ce qu'il sait, l'écolier des Quatre-Rangs, il ne te le jette pas à la face comme paille émondée de son froment, mais il en fait poids d'homme pour te regarder et te jauger.

Il sait que les alises, tu les couches rouges le soir, et le matin, tu les lèves plus violacées que nuit sans lune. Il sait respecter la fraise tendre, et il la dépose, au fond de sa terrine, sur une large feuille de tilleul. Si tu lui parles d'avion, il sait que la samarre du saule tourne mieux que l'hélice de ta machine. Il ne confond pas l'épinette rouge et l'épinette noire. Il voit bien que les bouleaux fragiles ont le sens de la fraternité et comment ils s'unissent pour lutter contre la tempête. Lui, il a toujours le temps de perdre son temps et de contourner la tourbière pour s'enquérir de la spiranthe aux doigts tressés sur sa propre pureté.

La pierre, tu la crois avare de don; lui, il sait qu'elle est la première à se séparer de l'humide pour te préparer une place au soleil. L'ombre du sapin, il sait qu'elle est triangle et ombre de dieux. C'est à lui que la neige a enseigné l'écriture de l'animal, cette chaîne brisée ou continue qui passe de la faim à l'amour. Quand la maîtresse a lu dans le livre: « Tu aimeras Dieu de toutes tes forces », l'enfant a vu sa grand-mère harasser ses jambes pour marcher son quart de mille et rosarier chaque soir de mai... ici, tout près, à la Croix de l'école. Et quand il a vu son père rejeter de la mesure la pomme de terre galeuse, il a entendu en lui la voix: « Tu ne voleras pas ». On lui a raconté que Jéhovah parlait à Moïse à travers la flamme du boqueteau embrasé, et quand il a vu flamber la forêt et se dévorer elle-même en rugissant, il a su que Dieu parlait encore par la cendre pour purifier la terre. Il sait que si le

boiteux descend la côte avec son pas houleux, tu fais taire ton chien et l'infirme entre dans ta cuisine.

L'adolescent des villes, tu lui arraches son outil et tu lui mets un fusil
à la place, et il apprend la guerre, sans savoir ce qu'est la paix ou la patrie;
mais celui des Quatre-Rangs qui va, aussi lent sous la pèlerine de la pluie
que sous la suée de juillet, lui te dira la paix sans avoir appris la guerre.

Ici, l'école s'adapte à l'écolier, et l'écolier ne sent plus l'école comme
une écorce morte qui ne laisse passer ni la création ni le Créateur. Ici, le
semeur sème, l'épouvantail épouvante et le soleil oriente.

Celle-là qui le jour ouvre les fenêtres pour nommer les choses, et les
intelligences pour élever les choses, tu la vois, le soir, remonter doucement
sa lampe et préparer pour tous le levain de la sagesse.

PIERRE BAILLARGEON (1916-1967)

Moraliste jusque dans ses romans (*Hasard et moi*, 1940; *Les Médisances de
Claude Perrin*, 1945; *Commerce*, 1947; *La Neige et le Feu*, 1948), Pierre Bail-
largeon est avant tout un essayiste qui sait écrire. Il savait voir aussi, et ses
contemporains s'en sont rendu compte qui furent l'objet de ses fustigations. Dans
ses derniers ouvrages, *Le scandale est nécessaire* (1962) et *Le Choix* (1969), il
abandonnera le prétexte romanesque. On le lit pour la netteté de son style et
l'acuité de son intelligence critique.

COMMERCE

L'art de lire

Depuis quelque temps, les éditeurs de magazines s'intéressent à l'art de lire.
Or, il semble que, pour eux, le tout soit une question de vitesse. Afin de
faciliter la tâche de leur clientèle docile, ils indiquent au début des textes
qu'ils publient le *reading time* approprié à chacun d'eux, c'est-à-dire le temps
que l'on doit consacrer à les parcourir, lequel est aussi, je suppose, celui
qu'on a mis à les rédiger.

À leur manière, je te dirai d'abord qu'il ne faut pas lire trop lentement
ni vite. Ni lièvre ni tortue. Le liseur, qui dévore son roman ou son journal,
arrive à la fin de l'histoire, au bas des colonnes, tout seul, comme s'il avait
semé l'auteur en chemin.

Celui-là tout particulièrement gagnerait à lire à haute voix en articulant
bien. D'ailleurs, les bons écrivains écrivent pour l'oreille; il y a toujours profit
à les lire tout haut. On jouit alors de l'harmonie ainsi que des idées.

Et, en même temps, on lutte contre une tendance pernicieuse: l'articulation devient plus lâche à mesure que les aliments nouveaux demandent

moins de mastication; ce qui influe sur la pensée, qui s'avère de plus en plus confuse.

Ainsi tu liras peu. Mais ce sera lire beaucoup plus que le liseur boulimique, puisque tu tireras meilleur parti de ta lecture. Montaigne lisait peu à la fois; arrivé à la fin d'un ouvrage, il s'imposait de le résumer et de l'apprécier, quitte à relire ce qu'il avait lu mal. Relire n'est pas reprendre une lecture, mais la comprendre.

L'esprit ne peut saisir tout d'un ouvrage lu pour la première fois. Force lui est de revenir sur les détails qui lui ont échappé, oubliés ou obscurs. Sur ces derniers, rien ne sert de s'appesantir: l'attention, pour ainsi dire, ne se pose que sur un pied; bientôt elle tombe.

Aussi les ouvrages courts, qui se proportionnent à notre attention, se lisent-ils mieux que les plus longs. L'effort soutenu que les auteurs de ces derniers ont dû fournir peut sembler inutile, puisque le lecteur doit les morceler autant de fois que leur lecture exige de séances.

Je reconnais que ces auteurs ont eu beaucoup de mérite de les entreprendre et surtout de les mener à bonne fin, car il n'est rien d'aussi contraire à la paresse ordinaire des hommes que l'esprit de suite. En outre, ils y acquièrent une suprême aisance pour les œuvres de moindre étendue. Après ses ennuyeuses tragédies, Voltaire griffonnait ses contes amusants.

Mais, s'il était avantageux de les écrire, il l'est sans doute peu de les lire. Pour ma part, j'aime les œuvres moins prétentieuses, comme une épître de La Fontaine, un sermon de Bossuet, certaines pages de Joubert; on en saisit l'ensemble avec les détails. Et quel message est-il si important qu'il n'y puisse tenir?

Certes, on ne lirait jamais trop si on pouvait toujours lire bien. Mais on ne laisse pas son corps à la première page comme une monture à la porte de sa maison. « L'attention, qui est facile chez une personne reposée, est impossible chez une personne intoxiquée par un excès de repos. »

Toutefois, tu prendras connaissance de tous les bons livres. Celui qui lit trop ne comprend rien; les livres l'empêchent de vivre au lieu de lui apprendre à vivre. Mais je crains l'homme d'un seul livre; c'est un ignorant.

Quels sont les bons livres? Ce sont ceux qui t'instruisent, qui t'enchantent. Les indiquer c'est le rôle des critiques. Mettons pour l'instant qu'ils s'en acquittent bien. Reste qu'ils ne les lisent pas pour toi. Il ne suffit pas de choisir un livre, il faut encore y choisir: tout n'est pas également bon. À toi de séparer l'ivraie du bon grain.

En entrant en littérature, nous faisons vœu d'obéissance. D'avance nous renonçons à nos propres impressions. Admirable est tout ce que d'autres ont jugé admirable, et mauvais ce que d'autres ont déclaré être tel. Nous lisons sans originalité, sans esprit et sans courage. Pourtant les auteurs ne sont point des autorités; au contraire, ce ne sont que des serviteurs.

Ce serait par trop restreindre le sens de la lecture que de la faire consister dans le fait de suivre la pensée de l'auteur. On peut aussi la combattre et même la dépasser, plutôt qu'en être seulement une sorte de réédition. Un texte n'est après tout qu'un prétexte à une conversation infinie entre deux esprits.

Ce qui pis est, devant les chefs-d'œuvre, maints lecteurs se disent par une fausse modestie: Cela n'est pas pour moi: comme devant les très belles femmes; alors qu'il s'agit des œuvres les plus faciles, les plus claires et les plus amusantes. Les grands auteurs n'ont écrit que pour nous élever jusqu'à eux; mais, parce que nous négligeons de les lire, ils ne font que nous dominer.

Si je néglige de les lire, dis-tu, c'est qu'ils sont anciens. — Mais l'actualité d'un livre, c'est la lecture que nous en faisons. — En ce sens, il n'y a point d'anciens livres. Leur vie est notre vie, ou plutôt c'est une symbiose. D'ailleurs, les livres les plus jeunes, comme pensait Anatole France, seraient les premiers écrits de l'histoire; c'est nous qui sommes vieux.

Il y a danger à lire lentement: c'est de s'arrêter aux mots; d'où l'utilité de la lecture courante, qui n'est pas la lecture inattentive. Il faut prendre l'habitude d'aller tout de suite au sens; comme celui qui traverse un ruisseau en sautant de roche en roche.

C'est une faute commune aux illettrés, de s'attacher aux mots. Pour eux, il n'y a pas de phrases parce qu'il n'y a pas de sens. Il arrive aussi qu'en admirant une image, on perde la piste de l'auteur. Alors, du moins, la faute est partagée: « rien de plus dangereux que la métaphore, à moins que l'écrivain ne sache ramener sur la notion l'attention qui s'égare sur l'objet sensible. » Dalle ou pierre d'achoppement.

J'insiste sur ces deux fautes parce qu'elles ont été souvent commises par nous, et qu'elles ont eu une suite fâcheuse dans notre production littéraire. Dans nos livres, nous n'avons mis d'abord que des mots; maintenant nous les bourrons de choses. Nous serons nos propres maîtres quand, pour ainsi dire, nous ferons entrer mots et choses en composition.

Le goût s'affine par la lecture des bons livres. N'importe quelle lecture ne suffit pas, cependant. Elle doit être attentive pour être profitable. Tant vaudra l'attention, tant la lecture.

Pour aider l'attention, pour la tenir en éveil, dans les collèges, on a recours à ces moyens souvent pris à tort pour fins: la mémorisation, la traduction, la versification et l'imitation.

La lecture, je te l'ai dit plus haut, entraîne de longues et pénibles séances. Or, la mémorisation qui nous permet de lire en nous-mêmes tout en faisant une promenade, en supprime donc le principal inconvénient pour nous rendre notre plaisir presque pur. Mais surtout on ne possède un texte que lorsqu'il s'est gravé dans la mémoire et qu'on peut y revenir à volonté. Mémorisation ressemble à méditation.

La traduction est affaire de comparaison. Il s'agit de changer les mots tout en gardant le sens. Ce qui ne se fait pas sans les peser tous et confronter. Le principal profit que le traducteur tire de son travail n'est pas tant, par exemple, de rimer Virgile que de le comprendre à fond.

On pourrait regretter de ne pas avoir à traduire les classiques français, tellement cet exercice est profitable à la lecture, si, d'autre part, il n'était à jamais défendu à l'étranger de les goûter pleinement, faute d'avoir sucé avec le lait le génie de la langue.

« Quand le mérite d'un auteur consiste spécialement dans la diction, un étranger ne comprendra jamais bien ce mérite. Plus le talent est intime, individuel, national, plus ses mystères échappent à l'esprit qui n'est pas compatriote de ce talent... Le style n'est pas, comme la pensée, cosmopolite: il a une terre natale, un ciel, un soleil à lui. »

Néanmoins l'étranger pourra bénéficier plus que nous des classiques pour les lire avec toute l'attention que requiert la traduction, quand nous croyons à tort les comprendre en lisant sans effort. Le français est limpide, toujours on en voit le fond; et plusieurs s'y fient pour leur perte.

Il faut jouer longtemps avec les mots pour ne plus les prendre pour des choses, pour ne plus en avoir peur, pour ne plus en être les esclaves. Là ne suffit pas les remplacer, il faut aussi les déplacer: la versification, avec ses inversions nécessaires, complète la traduction.

La versification, pratiquée dans toute sa rigueur, a rendu sceptique Paul Valéry. Quand il ne crût plus aux vocables, il ne crut plus à rien. Sans aller si loin, acquiers une grande liberté à l'égard des mots à force de les manipuler.

Mais la meilleure méthode me semble l'imitation. En plus d'un changement de mots, cette dernière suppose un échange entre l'auteur et nous. Non seulement nous le traduisons dans notre langue, mais nous le transformons en notre substance. Il n'y a plus lieu de parler ici d'original et de traduction, mais d'œuvres semblables. La meilleure lecture d'un bon livre, c'est un autre bon livre.

Par imitation, je n'entends pas cette façon servile de reproduire un ouvrage ou d'en exagérer la manière jusqu'à la manie; ce parasitisme dégrade ce qu'il infeste. Non, je veux dire une imitation originale, qui fait que l'on prend son bien où on le trouve.

Rien n'illustre mieux l'utilité de ces moyens que l'exemple de Marcel Proust, qui a commis des vers, qui a écrit *Pastiches et Mélanges*, traduit *Sésame et les Lys* et imité Saint-Simon dans *À la recherche du temps perdu*, et qui citait ses auteurs de mémoire: bon lecteur et bon auteur.

ROBERT CHARBONNEAU (1911-1967)

Fondateur de *La Relève* (1934) — qui deviendra, en 1941, *La Nouvelle Relève* — et des Éditions de l'Arbre (1940, avec Claude Hurtubise), journaliste, romancier et essayiste, Robert Charbonneau a été l'un des grands animateurs du milieu littéraire québécois des années quarante. Il a frayé la voie au roman psychologique par ses essais sur le genre romanesque (*Connaissance du personnage*, 1944) et ses premiers romans: *Ils posséderont la terre* (1941), *Fontile* (1945), *Les Désirs et les Jours* (1948). Éditeur, il a donné aux écrivains québécois plus de confiance en eux-mêmes; à la fin de la guerre, en croisant le fer avec des écrivains français aussi prestigieux que Louis Aragon, François Mauriac, les Tharaud, André Billy, etc. (*La France et nous*, 1947), il a contribué à délester le milieu littéraire québécois du colonialisme français. Il est revenu au roman en 1961, avec *Aucune créature*, puis en 1967, avec *Chronique de l'âge amer*.

On a réuni après sa mort un certain nombre de ses chroniques littéraires, dans un volume intitulé *Romanciers canadiens* (coll. « Vie des lettres canadiennes », Les Presses de l'Université Laval, 1972). Le préfacier de cet ouvrage, Roger Duhamel, écrit des romans de Charbonneau: « Ils n'ont pas de rides, en ce sens que leurs qualités et leurs défauts n'ont pas été esclaves de l'évolution de notre goût. C'est la preuve d'une authenticité certaine qu'il [Charbonneau] soit demeuré à l'abri des modes passagères. »

ILS POSSÉDERONT LA TERRE
Edward Wilding*

Edward tourna le dos à la rivière, qu'il avait suivie jusque-là à travers les champs, et s'engagea dans une rue qui longe le mur de l'église. Il y trouva un peu de fraîcheur au milieu du grésillement universel et, s'arrêtant un moment, il épongea la sueur qui coulait de son front. La réverbération de l'asphalte torturait ses pupilles de myope. Il dégagea son bracelet-montre et consulta le minuscule cadran de vermeil. Il marchait depuis près de deux heures. Machinalement, il s'appuya au mur de pierre grise.

Il était très grand et paraissait âgé d'une vingtaine d'années. On devinait à la coupe de son complet gris que le tailleur avait essayé, avec un succès discutable, de dissimuler l'aspect un peu dégingandé des membres, la voussure des épaules, la fragilité de la charpente. Les yeux reflétaient une âme inquiète. Et les verres épais qui embrouillaient ses regards n'atténuaient pas cette impression. Le visage, d'une grande finesse de dessin, manquait de cette fermeté qu'apportent les passions. On reconnaissait aux gestes de ses mains fines et nerveuses l'homme à qui l'effort physique est inconnu. À aucun moment comme en souriant, il ne donnait l'impression de n'être pas habitué à son visage. Enfin, on le sentait constamment préoccupé de soi et si conscient que, lorsqu'on le regardait, sa démarche en était faussée. Il émanait de toute sa personne une attirance particulière, un peu troublante.

Dans la rue embrasée par les feux de juillet, il était seul. Personne ne s'aventurait de ce côté après les heures des offices. L'église de Fontile, située dans une rue en pente qui va à la rivière, ressemble à un gros navire démâté, jeté à terre par la tempête et tenant en équilibre sur l'arête de sa quille. Des terrains vagues l'entourent. Les premières maisons, parallèles à l'église, mais en contre-haut, s'alignent à une distance de plusieurs centaines de verges. Ce sont des maisons basses, sans joie, auxquelles s'étend la paix des cimetières voisins. Au-delà, sans transition, commence le quartier des affaires.

Depuis le matin, Edward était incapable d'aucune suite dans les idées. En dépit de sa force de volonté, il ne parvient pas à divertir son esprit de cette image de sa mère qui, se croyant seule, son lorgnon à la main, achevait la lecture de la lettre qu'il avait écrite à Ly. L'indiscrétion de madame Wilding en ce qui regardait les affaires de sa cousine Dorothée et les siennes, il s'y était habitué. Le despotisme de cette femme n'avait plus pour lui d'imprévu; à peine en était-il irrité. Et, au fond de son cœur, il lui pardonnait facilement pensant comme lorsqu'il était enfant, qu'elle n'avait en vue que son bien.

Mais il ressent de la rage contre lui-même et contre le sort qui a permis que sa mère surprenne son cri de détresse à une étrangère, à une femme qu'elle ravale au rang des « rien du tout ».

Un an plus tôt, le jour de son départ pour le noviciat, Edward avait rencontré Ly. Ils voyageaient par hasard dans le même wagon. Le train longeait, à la sortie de Fontile, un chemin que le jeune homme connaissait bien. Quelques années le séparaient à peine du temps où, durant les congés d'hiver, il le parcourait, caché entre les lourdes caisses qu'on camionnait en traîneaux bas aux usines Pollender. Dorothée y avait-elle été? Il ne le savait plus. Vivant presque continuellement en dehors de la réalité, il mêlait sans cesse les êtres et les événements réels à ses divagations jusqu'à ne plus savoir les distinguer. Il s'était rappelé que les chevaux faisaient alors un voyage complet par demi-journée; il venait de franchir cette distance en moins d'une demi-heure.

Il s'était levé pour mieux voir cette partie du paysage. En reprenant son siège, il avait aperçu Ly Laroudan de l'autre côté du wagon, un peu en avant de lui.

Il était sûr que c'était Ly, bien avant de lire son chiffre sur le petit sac en peau de chagrin qu'elle avait posé devant elle sur le porte-valise. C'était bien la jeune femme qu'André lui avait tant de fois décrite. Il savait tout de sa vie, non seulement dans la maison des Laroudan, si semblable à la sienne, mais même de son comportement intérieur. Elle confiait à André même les choses les plus difficiles. Petite, les hommes lui achetaient des friandises, la traitaient comme une grande. Edward ressentait une pitié mêlée d'attrait pour cette femme. Il aurait voulu la sauver d'elle-même et d'André. Mais des années passeraient avant qu'il ne fût prêtre, qu'il eût le droit de lui parler. S'il allait être trop tard? Il aurait pu se présenter: « Je suis Edward Wilding; ma cousine Dorothée m'a souvent parlé de vous ». Mais Ly détestait Dorothée qui, de son côté, méprisait la jeune femme. Peut-être eût-il été préférable de nommer André?

Mais qu'aurait-elle pensé? Elle eût pu se méprendre sur son sentiment, le traiter comme un importun. Les femmes sont tellement différentes quand elles voyagent...

Ly essayait de s'intéresser au va-et-vient des gens, puis elle s'allongea sur la peluche, son chapeau ôté. Elle appuyait son grand front contre la vitre. Après un moment, fatiguée sans doute, elle posa sa tête sur l'appui; de l'une de ses mains elle soutenait le poids de ses cheveux tandis que l'autre reposait ouverte sur sa cheville. Elle essayait de dormir.

C'était un wagon-panorama aux banquettes basses. Edward ne voyait plus que la masse des cheveux fins sous lesquels il devinait la conformation de la tête. Il se leva et, sous prétexte d'aller au lavabo, s'approcha de la jeune femme. Cette main exsangue et fine posée sur la cheville l'attirait. Dans le rayon de son parfum, sa gorge se contracta et il détourna les yeux.

Au retour, il l'avait examinée. Son front trop large, ses yeux aux paupières surchargées, ses traits tirés par la fatigue lui donnaient un air de vulgarité enfantine et de dureté de jeune bête.

Le soir même, Edward était séparé du monde.

Il avait lutté avec véhémence contre le souvenir de Ly, mais la scène du wagon, dernière image qu'il eût emportée de l'extérieur, s'était superposée à toutes les autres jusqu'à devenir le symbole, le désir même de ce monde opposé au cloître.

Comme il avait été facile d'effacer de sa vie Dorothée, que pourtant il avait aimée, et même sa mère! Par contre, il avait peut-être suffi d'une rencontre d'un instant pour le détourner d'un engagement essentiel. Il inclinait parfois à penser que Ly avait été placée sur sa route à cette heure-là pour éprouver la force de sa vocation... Quand ses pensées prenaient cette pente, son amertume avait le goût d'un parfum attaché à son palais.

Il secoua la tête pour détourner le cours de ces souvenirs.

La veille, il avait, dans un accès de profonde dépression, trouvé le courage d'adresser une courte lettre à la jeune femme qu'il n'avait pas encore osé revoir. Il lui disait son désir de lui confier des choses qu'elle seule, croyait-il, à cause de certaines circonstances, pouvait comprendre. Et il lui demandait de le recevoir. C'était idiot. Et, en voyant sa mère lire son brouillon, il s'était rendu compte du ridicule auquel il s'était exposé en envoyant ce billet à une étrangère. Car Ly Laroudan était une étrangère. Il imaginait avec un sentiment pénible l'expression qu'elle aurait en lisant ces lignes. Elle rirait et pourtant... Pourquoi devinerait-elle la passion qui les avait inspirées? Et, si elle la découvrait, comment l'accepterait-elle? Ne le jugerait-elle pas coupable à l'endroit de son ami André? Alors elle éprouverait du dégoût. Mais il pouvait croire qu'elle prendrait le parti de rire. Heureux encore si elle ne s'amusait pas de lui avec ses amies. Sa mère pouvait prévoir toutes ces choses, elle savait mieux que lui ce que ferait la jeune femme. Il se sentait accablé.

Incapable de contenir le tumulte de son cœur, il se remit à marcher. Il contourna le quartier des affaires, où il risquait de rencontrer trop de connaissances et il revint vers la rivière. Il s'arrêta enfin dans un petit parc, comme Fontile en compte un grand nombre et dont chacun s'ouvre au centre d'une petite agglomération. Là, il se laissa choir sur un banc.

Une drôle de ville Fontile, bâtie au milieu des marais. Quand le grand-père Davis vivait encore, chacun de ces îlots de maisons était séparé des autres par des eaux stagnantes et des terres boisées. Edward avait pêché la grenouille dans des étangs peuplés aujourd'hui de bicoques sordides.

Il ne comprenait pas que son père eût choisi cette petite ville pour y finir ses jours. Edward répétait à qui voulait l'entendre: « Je ne mourrai pas dans Fontile »... Et il aimait à parler de l'Europe où s'était écoulée une partie de son enfance. Ici, même dans la bourgeoisie — la classe régnante qui façonnait la politique, la vie sociale et jusqu'à l'éducation — les conversations n'existaient pas. Le jeune homme entrait mal dans ce monde de racontars, où les moindres événements sociaux occupent toute la population pendant des mois.

Madame Wilding, de son côté, se sentait chez elle dans cette ville. Elle y était née. Elle arrivait au seuil de la vieillesse sans aucune usure. À cinquante ans, le lustre de sa chevelure brune n'était terni d'aucun cheveu blanc.

Ses yeux s'étaient enchâssés plus profondément sous l'arcade des sourcils, mais ce retrait qui les avait foncés avait augmenté leur éclat. Les lèvres s'étaient affinées, étaient devenues presque imperceptibles mais sans que la chair désemplît autour.

Elle possédait le pouvoir de faire abstraction de tout ce qui fait souffrir. Naguère, quand elle avait empêché Edward de prendre part à une fête et qu'on le lui rappelait, elle niait qu'il eût sollicité sa permission. « Je ne t'ai jamais refusé », disait-elle. Elle semblait nier qu'on pût souffrir à son insu. Edward, qui l'observait depuis son retour du noviciat, était effrayé de cette faculté mais à la réflexion il l'eût retrouvée en lui à l'état latent. N'évitait-il pas dans ses lectures les livres ayant trait aux périodes sombres de l'histoire.

Jusqu'à la mort de son père, le jeune Wilding avait peu connu sa mère. Elle vivait presque confinée dans des pièces qu'elle s'était réservées pour que sa maladie ne puisse nuire à la tranquillité des siens. Il ne l'embrassait jamais que du bout des lèvres. Et quand elle le serrait contre elle — maladroitement il est vrai — il se tenait tout raide et avait hâte de s'échapper. Il s'expliquait la gêne d'André qu'il avait forcé d'assister à leurs adieux la veille de son entrée au noviciat; il s'était ménagé un témoin pour que leurs effusions soient brèves et qu'il pût rester froid.

Un souvenir de la tendresse maternelle surnageait parmi l'épaisse brume de sa première enfance. C'était à la mort de son frère, à l'étranger, il ne savait plus où. Sa mère l'appela du haut de l'escalier. Elle pressait la tête du petit mort contre sa joue. Des sanglots secs secouaient tout son corps. Il était venu en chemise de nuit... « Quand je lui rappelle cet incident, songea-t-il en rougissant, elle me dit que j'ai rêvé. »

Un matin, dans la grande ville où se trouve le noviciat, à la sortie de la gare souterraine qui débouche sur la place, un enfant de sept ans était apparu dans le capot de l'escalier. Une femme l'attendait près de là. L'enfant avait eu un rire nerveux, s'était saisi de son bras et, en marchant, l'avait caressé d'une pression frénétique de la tête. Edward n'avait jamais eu un tel geste de spontanéité. Il se demandait ce qui serait arrivé si, au même âge, il s'était jeté ainsi sur sa mère.

C'était celle-ci, autant que l'ambiance de Fontile, qu'il avait fuie avec André d'abord, puis au noviciat où, dès la première nuit, il savait qu'il ne resterait pas. Tout l'offusquait: l'obséquiosité des religieux, l'atmosphère, les relents de cuisine qu'il respirait jusque dans son lit.

Que s'était-il passé? Il ne comprenait pas encore lui-même son cabrement, tout à coup, devant ce vieux prêtre, puis la crise passée, la tête contre le prie-Dieu, la miséricorde corporelle de cet inconnu qu'un moment auparavant il voulait tuer et qui disait: « Mon enfant, chassez de votre tête cette image d'un Dieu haineux ». Et cet homme laid regardait le jeune homme comme s'il eût été transparent... et on eût dit qu'il engendrait son regard.

Edward savait qu'il ne serait plus le même, qu'il avait été attiré là pour ce brisement de tout son être, pour cette abdication momentanée qu'il avait été content de sentir inutile. Mais ce sentiment même lui faisait peur. Il s'écoulerait des années avant qu'il puisse seulement concevoir ces choses comme passées.

Sa fuite dans la rue cet après-midi n'avait d'autre but que de l'arracher à son tourment. Car sa passion pour Ly était étroitement liée à ces heures. Même avant l'incident de la lettre, il ne tenait pas dans la maison. Les regards de sa mère et de Dorothée l'accablaient. Leurs attentions aussi.

Il était revenu depuis un mois. Il était arrivé sans bagages, sans un mot d'avertissement, le lendemain d'une visite des deux femmes. Au parloir, il leur avait paru joyeux, satisfait de son sort. Son arrivée dans la nuit avait été un choc.

— Tu as été renvoyé? avait demandé madame Wilding. Puis devant son geste de dénégation: Mais pourquoi as-tu fait cela, Edward?

Dorothée était accourue. Sa mère, les lèvres contractées, semblait sur le point de s'évanouir. Elles l'entouraient, le pressaient de questions et lui n'avait aucune envie de parler. Il dirait tout plus tard. Il devait s'habituer, reprendre pied. Tout était tellement soudain. Il lui arrivait de ne pas dire la vérité sur un point, de laisser un doute, quitte à tout reprendre, à tout expliquer après. Mais comment faire entendre cela à des femmes? Ce désir de dominer, de comprendre le premier l'image que l'on donne de soi aux autres. Quelque chose de trop nouveau, de trop personnel même pour la conscience.

Comment raconter cela? Il se rappelait son arrivée au noviciat. L'attente dans le parloir meublé comme l'antichambre d'un médecin de campagne, la station devant chacune des portes qui s'alignaient d'un côté du corridor, l'odeur de cette partie de la maison qui imprégnait jusqu'à la peau. Il avait déposé ses bagages à deux pas de la porte, puis, envahi d'une infinie désespérance, il avait éclaté en sanglots. Le relent de cuisine qui l'avait incommodé à la porte l'avait suivi dans sa cellule. Une porte-fenêtre à deux battants était dissimulée derrière des rideaux en plis. Il écarta la toile blanche qui glissa avec un bruit sec sur un fil métallique et il ouvrit la fenêtre. Il aperçut alors sa chambre. Un prie-Dieu, surmonté d'un crucifix à portée des lèvres, entre le lit et la fenêtre, faisait face au lavabo et à une commode basse recouverte de marbre.

Il s'était cru habitué à la solitude, mais celle qu'il pressentait là dépassait tout en horreur. Il se sentit perdu entre ces murs blanchis à la chaux, sans autre ornement qu'un cadre, déchiffré en arrivant, et qui définissait, heure par heure, sa nouvelle vie.

Comment se serait-il défendu contre les figures angulaires et ascétiques, calquées sur celle d'Ignace de Loyola, qui se détachaient encadrées de noir le long du corridor.

À la chapelle, c'était encore pire. L'harmonium préludait, caché derrière d'énormes pilastres bruns. À travers les vitraux, Pierre Canisius roulait vers le ciel deux sclérotiques poussiéreuses. Devant cette représentation, une inquiétude, un désir refoulé de perfection étreignait son âme. Emporté par la vague monotone des litanies, il se laissait aller à la dérive. Il avait souhaité que toute sa vie ne fût qu'un cauchemar, qu'il fût possible de rencontrer le Christ, à un carrefour, de toucher le bord de sa tunique...

Il n'oublierait plus les accords du petit orgue.

Tous les soirs, il était triste, mais les dimanches surtout, d'un désespoir dont il ne savait même pas le nom et qui lui était devenu habituel sans rien perdre de sa féroce acuité. La vie lui paraissait quelque chose dont on ne pouvait rien changer, quelque chose d'horrible qu'on ne pouvait éluder, qui cependant aurait pu être autrement.

Il se disait: « Bon. C'est fini. C'est absurde de me laisser accabler à ce point ». Mais il n'était pas dupe. Il ne trompait pas non plus le Père Cadrin, son confesseur. Il acceptait ce fardeau entre lui et Dieu. Personne, lui semblait-il, que Dieu ne pouvait l'aider. Il lui faudrait entrer dans l'éternité avec son problème.

Jamais, dût-il même un jour se rendre coupable d'un meurtre, la conscience ne lui pèserait aussi lourdement que, dans la chapelle, au milieu des autres novices, quand il préparait sa confession en essayant de repousser cette effrayante tentation qu'il était damné. Dès qu'il pénétrait dans la chapelle, où le plus beau jour de soleil était pour lui plus sombre qu'un jour de pluie, la panique le prenait et s'il n'en avait eu l'habitude — elle était contemporaine de sa première communion — il aurait éclaté en sanglots. Une angoisse inhumaine avait remplacé le cauchemar de son enfance vouée à l'enfer.

Le Père Cadrin suivait les mouvements de cette âme et se préparait à lui rendre la paix. Leur première rencontre datait du soir de son arrivée dans l'institution. Il pouvait être neuf heures. Un petit religieux, dont la sainteté toute fissurée ressemblait à une caricature des ascètes du corridor, venait d'entrer dans sa chambre. C'était un vieillard maigre, aux allures timides, qui semblait regretter que l'emmanchure de son habit ne lui permît pas d'y dissimuler aussi ses mains. Il paraissait littéralement honteux de son corps. Il faisait d'énormes efforts pour fixer Edward, mais la plupart du temps, il regardait son chapelet, passé comme une épée à sa ceinture, et que ses bouts de mains tourmentaient sans répit. Ses cheveux blanchissaient par plaques qui alternaient avec des taches de vin.

— C'est moi qui vous ai choisi, avait-il dit en apercevant l'effarement d'Edward, mais vous pouvez demander un autre père. C'est l'usage quand un candidat ne demande pas un directeur particulier...

— Je ne connais personne, articula le jeune homme que le son de sa voix effraya.

Le Père Cadrin sourit. Son langage était maniéré. Il cherchait ses mots comme ceux qui ont désappris la conversation dans le silence. Il souffrait en plus d'un défaut de langage qui lui faisait tendre les lèvres comme pour un baiser avant de parler. Edward s'était senti désarmé devant ce saint. Il se confessa humblement comme il ne l'avait jamais fait auparavant, mais il ne parvenait pas à surmonter le dégoût que lui inspirait l'appareil monstrueux qui conduit à la perfection. L'air frais du jardin, respiré à pleins poumons, ne pouvait calmer complètement l'angoisse qui l'oppressait.

Leur force, pensa-t-il, c'est qu'ils n'ont pas confiance dans l'homme. Il sentait l'injustice de son attitude à l'égard des religieux mais cette attitude était sincère.

Edward fut tiré de sa rêverie par une bande de fillettes qui revenaient de l'école. Sa fatigue avait disparu. La chaleur tombée, les feuilles frémissaient avec un bruissement de taffetas. Une jeune femme en robe claire qui revenait de son travail, passa près de son banc, le frôlant de sa jupe. Surpris, il ne trouva pas le sourire qu'il fallait, eut une crispation tragique que la jeune fille prit pour de l'effroi et qui la fit rire. Il se leva aussitôt et d'un pas rapide se dirigea vers la haute ville.

LA FRANCE ET NOUS

Discours prononcé au congrès de la Société des éditeurs canadiens

Au cours des vingt dernières années, les écrivains canadiens se sont affirmés dans toutes les disciplines, et particulièrement dans le roman qui, avec le théâtre, est peut-être le seul genre qui puisse connaître une diffusion universelle, qui, fondé sur l'homme et inscrit dans une époque, ne connaît dans l'espace aucune frontière et transcende le temps par ce que toute œuvre d'art a d'éternel.

Notre littérature a franchi la dernière étape, celle qui précède son entrée dans la littérature universelle et les éditeurs peuvent d'autant plus se réjouir de ce fait que, modestement, ils peuvent se féliciter d'y avoir contribué.

Certes, le roman, et le théâtre ne constituent pas toute la littérature de création. Il y a la poésie, limitée dans l'espace parce qu'elle se refuse à la traduction, mais qui n'en est pas moins grande; il y a l'histoire, les essais, la critique, les ouvrages à base scientifique ou politique qui sont souvent des œuvres d'art quand ils s'élèvent au-dessus de ce que l'actualité et les sciences peuvent avoir d'éphémère.

Mais si j'insiste sur les ouvrages de création, c'est que, dégagés du temporel et de l'action, ils sont plus aptes aux échanges entre pays, qu'ils sont au premier chef des œuvres d'art.

Alors qu'avant 1935 les écrivains d'imagination étaient rares, aujourd'hui, il faut plutôt conseiller aux jeunes de remettre leur ouvrage sur le métier, de se perfectionner. Parmi ces jeunes plusieurs seront demain de grands écrivains. L'éditeur éclairé qui les sait doués, doit plutôt modérer leur ardeur que la stimuler.

Plusieurs facteurs ont influencé cette renaissance littéraire: une plus grande indépendance politique et économique; des conditions matérielles et spirituelles plus favorables; enfin le goût de jour en jour plus grand des Canadiens pour les choses de l'esprit. Mais parmi ces facteurs, il en est un qui nous intéresse particulièrement et qui, à mon avis, est un des plus importants, c'est le développement de l'édition canadienne.

Le peuple canadien est-il conscient de ce fait? Si le chiffre des tirages peut être admis comme preuve, nous pouvons répondre affirmativement. Mais au Canada français, nous avons souffert et nous souffrons encore d'un sentiment d'infériorité devant l'œuvre d'art, devant les ouvrages signés par des Canadiens.

Combien de gens ont encore honte d'avouer qu'ils lisent des ouvrages d'imagination? Il fut un temps où notre peuple créait ce pays, devait se montrer tous les jours sur la brèche pour repousser les attaques de l'ennemi. Nous eûmes ensuite à conquérir nos libertés. Ces époques sont peu favorables à la culture intellectuelle. Elles sont des périodes d'action. Mais ensuite? Ensuite, nous avons été retenus de lire des ouvrages d'imagination par un reste de jansénisme. Il ne faut pas oublier que longtemps, nos ancêtres, appuyés sur Bossuet, condamnaient avec lui la peinture des passions.

Combien de ceux qui rougissent de lire des romans ou de la poésie, sous prétexte, que ce n'est pas là une occupation sérieuse, réfléchissent qu'en disant cela, ils portent un jugement défavorable sur leur culture, que les ouvrages d'imagination ne sont pas uniquement un divertissement et que la substance d'un livre, les idées qu'il éveille ne sont pas en proportion des faits relatés. Il semble que de plus en plus, ces préjugés tendent à disparaître et nous serons vraiment civilisés le jour où notre « élite » n'aura pas honte de lire des ouvrages qui l'éclairent sur l'homme et sur la vie au même titre que ceux qui la renseignent sur la politique ou l'économie. Les éditeurs dans ce domaine ont eu conscience de leurs responsabilités, et, en mettant à la disposition des jeunes les chefs-d'œuvre de la littérature enfantine, ils aident à former des hommes qui goûteront les choses de l'esprit.

Mais ce complexe d'infériorité devant les œuvres d'art n'est pas le seul obstacle à l'épanouissement d'une littérature plus vivante. Il y a aussi notre sentiment d'infériorité devant les ouvrages signés par des Canadiens. La phrase: « Je ne lis pas d'écrivains canadiens » qui correspond à cette autre: « Au Canada, on ne peut rien faire de bon » ou « Comment rivaliserions-nous avec les étrangers? » n'éveille plus le même écho qu'il y a une vingtaine d'années.

Et à ce propos, nos écrivains du passé portent une certaine part de la responsabilité. Il a manqué à nombre d'entre eux, surtout avant la guerre, le courage de reconnaître qu'ils étaient Canadiens et de s'accepter tels. Certains, se considérant comme des exilés de luxe dans leur propre pays, méprisaient leurs compatriotes et n'aspiraient qu'à aller vivre à Paris. Quelques-uns y sont allés. Qu'ont-ils produit là-bas? Tous les peuples ont eu de ces écrivains méconnus, qui dissimulaient sous un sourire méprisant leur impuissance à créer.

Si nos écrivains veulent qu'on les lise et qu'on les suive, s'ils veulent s'imposer partout, ils doivent d'abord être Canadiens. Il est ridicule de penser que le talent a été exclusivement départi à un peuple plutôt qu'à un autre ou qu'on peut s'élever au-dessus de ses compatriotes en traversant l'Atlantique. Vingt, trente démentis en ces dernières années, répondent à cet argument.

Quant à l'objection de la langue, elle n'est pas moins ridicule et les faits le prouvent. Les Américains sont aujourd'hui le peuple qui compte le plus grand nombre de grands écrivains vivants; on les imite, on les traduit à Paris. Et pourtant, les Américains n'ont pas inventé l'anglais. Le jour où ils ont rompu avec l'Angleterre, ils ont considéré la langue anglaise comme s'ils étaient les seuls à la parler et ils ont créé. Il en est de même dans l'Amérique du Sud, où la littérature est plus vivante et plus féconde qu'en Espagne.

Quelles objections trouvera-t-on encore pour nous décourager? Nos écrivains sont traduits aux États-Unis et réédités en France. Et ces écrivains sont les plus authentiquement canadiens. Ce sont ceux qui se sont acceptés et qui ont compris que tous nos regrets, tous nos efforts de dénigrement ne nous feront pas autres que nous sommes.

Quant au milieu, est-il plus difficile pour nous de suivre de Montréal que de Paris, Joyce, un Irlandais; Kafka, un Tchèque; Dos Passos et Faulkner, des Américains, et Jean-Paul Sartre. Et ces écrivains ce n'est pas moi qui les ai choisis. Je les cite de la revue parisienne « Les Lettres » où je les trouve sous la plume de Gaétan Picon qui écrit textuellement: « Ceux qui donnent le ton au roman actuel (Joyce, Kafka, Dos Passos, Faulkner, Sartre) ». Ces écrivains qui donnent le ton au roman français nous sont aussi accessibles qu'aux autres dans leur technique, la seule qu'un écrivain peut emprunter à un autre.

Nos écrivains n'ont qu'à continuer comme ils ont commencé. Ils n'ont qu'à être Canadiens et à chercher leur technique non dans un seul pays, ni à travers un seul pays, mais partout. À cette condition, ils garderont leur place dans la littérature universelle.

C'est à nous, éditeurs, qu'il appartient comme aux écrivains, de rendre le public conscient de cette force que représente pour un peuple, une littérature autonome.

Québec, 27 janvier 1947.

BERTHELOT BRUNET (1901-1948)

Polygraphe et vagabond des lettres québécoises, Berthelot Brunet a improvisé avec un bonheur inégal dans presque tous les genres et à travers maints journaux et revues. Homme de goût, à l'esprit original et souvent caustique, il a réussi admirablement certaines pages de critique littéraire. Liseur acharné, il a écrit pour son propre plaisir, à partir de ses seuls souvenirs, une *Histoire de la littérature française* (1970) qui tourne à la conversation, le lecteur éventuel y étant sans cesse, mine de rien, malicieusement interpellé ou provoqué. Berthelot Brunet a pareillement rédigé avec alacrité une *Histoire de la littérature canadienne-française* (1946), qui est un livre d'occasion personnel et singulier. Il a publié un recueil d'essais (*Chacun sa vie*, 1942), un livre de contes (*Le Mariage blanc d'Armandine*, 1943) et un roman (*Les Hypocrites*, 1945).

CHACUN SA VIE

Un prophète?

Il faut, d'abord, si on ne l'aime pas toujours, lui pardonner beaucoup, parce qu'il a beaucoup converti, et se mettre à genoux, sans rechigner. Cela passe toute littérature.

Je manquais à mon tour de mesure, lorsque cette idolâtrie m'agaçait: je ne savais lire Léon Bloy ni ses disciples.

Il a le comique de ceux qui n'ont pas d'esprit, qui n'ont pas l'esprit classique ou parisien. C'est, parfois, très drôle, plus drôle que l'autre, surtout. Si on tient à la tradition, c'est une vieille tradition, le comique des mots et le comique d'apocalypse, le comique tonitruant et vaticinateur. Celui de Victor Hugo, celui de Flaubert, celui de Verlaine, celui de Claudel, celui de Péguy. De ceux-là, on sait qu'ils sont *fâchés*, quand ils nous disent qu'ils le sont. Surtout tiennent-ils à nous le faire savoir. Rimbaud, et, voire, Lautréamont, et Villiers, avaient ce sarcasme et ce rire.

Victor Hugo prophétisait de même, c'était à la Loge et pour les Droits de l'homme. On souriait un peu, le plus excellent républicain lui-même: je ne crois pas, du reste, que les Chartreux aient confondu Léon Bloy avec un Père de l'Église. Les Chartreux n'étaient pas gens de lettres.

Ce n'est pas tout de suite que j'ai mordu à cette prose, et, de même, j'ai mis du temps à lire d'affilée le *Cousin Pons*. L'amitié trop lyrique que Schmucke porte au cousin lassait ma patience, et surtout, le commentaire de Balzac, ces précautions, ces excuses. L'amitié est partout chose exquise, et Balzac ne cesse de m'avertir: « Ce sont de petites gens, ils peuvent s'aimer tout autant qu'Oreste et Pylade ». Parbleu! Qui le niait? Balzac était honteux de nous montrer des héros sans particule, et consciemment ou inconsciemment, Balzac *faisait le fou*, ses personnages *faisaient les fous*, pour que passe la pilule. Léon Bloy nous présente de même Marchenoir et Leverdier (*le Désespéré*): on a dû dire ça, comme, du reste, un peu tout ce que je dis.

Je ne traduisais pas. Il faut toujours traduire les orateurs et ces prophètes. L'on ne répète pas plus, cependant, un discours enflammé qu'une prophétie: Richepin et Fréchette ne sont plus Victor Hugo, et les disciples de Léon Bloy, qu'on imite aussi aisément... Je lisais Léon Bloy à travers ses disciples, et Victor Hugo à travers Auguste Vacquerie, que je devinais. Chez nous, Valdombre, tout en restant fidèle, et très fidèle à son vieux maître, sort de ça, dans ses *Pamphlets* comme Léon Bloy s'est désempêtré lui-même de Barbey.

C'est dans le genre comique qu'on aborde Léon Bloy le plus commodément, ce comique qui naît de l'emphase et de l'éloquence. Un comique sûr: des choses triviales récitées dans des périodes ronflantes. C'est que Léon Bloy se veut toujours plusieurs degrés au-dessus ou, parfois, au-dessous... (je n'ai pas dit: zéro.)

Excellent pour les tièdes et les incrédules, à moins qu'il ne les rebute, et ce ne sont pas toujours les plus mauvais. Du reste, le précieux a une âme, et il n'y a pas que les grues...

Une drogue: il faut pouvoir s'en dégager. Le sevrage n'est pas facile, et la boisson du catholicisme quotidien paraîtra fade à ces hommes forts, et qui manquent de courage plus que les autres. En somme la drogue aura fait du bien.

« Bossuet cadenasse... toutes les forces génitales de l'intellectualité française... » (*le Désespéré*). Je sais bien que Bloy prêche la pureté, et comme il faut la prêcher aux sanguins: je crains que ses disciples ne se soûlent d'encens et de prières liturgiques. L'ivresse mystique ne chancelle pas: c'est, du reste, un mot, et, précisément, le mystique vrai se défie des mots. Le catholicisme n'est pas un spectacle pour esthètes pâles et pour esthètes rouges. Ce n'est pas non plus un cloître pour les putains russes. Cela ne veut pas dire qu'il repousse les putains, et le prêtre à qui Véronique confesse qu'elle est une prostituée et qui lui ferme le guichet du confessionnal, c'est un misérable. Où Bloy a-t-il rencontré ce prêtre?

Lorsque Catherine de Sienne flagellait les cardinaux et les prêtres, elle jeûnait, elle se donnait la discipline, elle ne vivait que de l'hostie, elle était italienne, et les mœurs du clergé n'édifiaient que les crédules. Je serais plus tranquille, si Bloy, durant ses retraites, avait consenti à se priver de cigarettes. Et, de ce pas, j'irai fumer une pipe, en toute tranquillité aussi.

Saint François de Sales l'écœure. Je comprends Léon Bloy: le saint, dans un style fleuri, nous répète à satiété que l'amour de Dieu n'est pas une sucrerie, que l'amour de Dieu n'est pas nécessairement chose sensible, qu'on peut aimer Dieu plus et autrement qu'on aime une femme. Saint François, avec tous les vrais mystiques, c'est l'austérité même, et l'austérité intérieure, d'abord. Ces charnels veulent à toute force gueuler à Dieu leur déclaration d'amour. Autrement, tout est fadeur. Saint François demandait l'héroïsme, et sainte Jeanne de Chantal en sut quelque chose: Léon Bloy tient plutôt aux grosses pénitences, et c'est pourquoi Véronique se fait arracher toutes les dents. C'est très beau de se faire laide pour n'être plus une tentation, et Jésus a dit: « Si ta main te porte scandale, coupe-la... » Il y a plus d'héroïsme, en vérité, dans le geste de sainte Thérèse de Lisieux, qui, chaque soir, allait conduire, par les escaliers, une vieille sœur qui bougonnait. Je ne moque pas Véronique, je confesse que c'est très beau, et j'avoue que les nègres ne pourraient autre chose, et que les nègres seraient de très saints néophytes. Il y a plusieurs demeures...

Jésus a dit aussi: « Quand vous jeûnez, ne vous mettez pas de la cendre sur la tête ». Et vous savez que les dévotes, dont je ne veux médire, raffolent des saints du désert, quand ce n'est pas Newman qui les raconte, et leurs records... La douleur muette n'est pas la seule vraie, ceux qui pleurent des larmes abondantes ne sont pas les seuls à souffrir, non plus.

Bloy vous le rappelle, sans le vouloir, défiez-vous des *consolations*, tous les mystiques l'ont répété, et Pascal (« Dieu sensible au cœur ») est resté janséniste: il refusait aux autres tout plaisir, il gardait cette volupté sainte. Je commente le sens littéral, Pascal demeure plus compliqué que ça.

Et ce sont les plus sévères qui...

Soyons prudents. Thibaudet nous apprit à ne pas mépriser le *William Shakespeare* et que Victor Hugo fut merveilleux critique, à sa façon. Le comique de Léon Bloy, voire, son sublime, moins fréquent, entrent dans la grande prose, comme Lautréamont, Claudel et Péguy, la prose qui est poésie. Je joins Bernanos, que je préfère à Bloy, et qui a le sens de la pauvreté d'une façon plus évangélique et moins voyante que Léon Bloy.

L'Ingénu de Voltaire n'eut de cesse qu'il fût baptisé par immersion, comme les premiers chrétiens: Bloy veut que nous soyons tous baptisés par immersion. Il prend les métaphores pour des lunes. Les collines bondissent au sens littéral, pour lui. Le plus saint pape n'ordonnera jamais qu'on enseigne ça dans les grands et les petits séminaires. Du reste, pour qu'un pape soit un saint, il faut que sa sainteté crève les yeux, Juifs charnels.

Je dis, parfois, de Balzac, qu'il est le prince des humoristes français. Je vais blasphémer: Léon Bloy me fait penser à l'apocalypse de Courteline, assez souvent. Dieu! que je voudrais un Voltaire chrétien et qui me reposât de cette emphase! Si Cazin, qui pinçait précisément des fesses trop pamphlétaires, et trop catholiquement encombrantes...

Ce gros esprit, ce grotesque lyrique, cette outrance poussée jusqu'à la poésie, cette éloquence triviale (ceux qui applaudissent ne sont pas toujours drôles, et les petits jeunes gens...), ces truanderies perdent leur bouquet aussi vite que l'esprit plus fin. On oublie bientôt ce qui choque, il ne reste que la poésie. Hélas! il n'y a pas toujours de poésie.

Du Boileau apocalyptique, ne vous en déplaise, que ces charges d'écrivains, à toutes les pages de Léon Bloy. Les noms nous échappent, et ce n'est plus drôle. Je me défie des critiques dont la méchanceté fait tout l'intérêt. Et les victimes de Boileau, qui ne les a réhabilitées? C'est trop facile. Je lui pardonne volontiers, parce que, lui ne faisait pas de politique...

Il a beaucoup converti, on ne peut pas l'ignorer: et lui? Quand les autres parlent de Bloy, je suis touché: « Que ta main droite oublie... » cependant...

Léon Bloy n'oubliait jamais. On peut bien le dire, maintenant, le refus des bourgeois qui ne se laissent pas taper est moins cruel que n'est amusante l'engueulade que leur sert Léon Bloy. Saint Benoît Joseph Labre avait moins d'éloquence. Il reste que Mendès gagnait des sous, et les buvait, et que Bloy crevait de faim, et il y a de quoi rougir de honte, pour l'ombre de Mendès. Bloy demeure un saint original, quand même.

Ce pauvre a l'air d'un nouveau riche de la mystique, lorsqu'il parle de sainte Thérèse et ses *Châteaux de l'âme*: qu'il entre chez les bourgeois, avec ses godillots, c'est drôle, mais se promener dans ces jardins, holà!

Je n'aime pas non plus qu'on passe par-dessus le Nouveau Testament pour revenir à l'Ancien. Il y eut les Prophètes, il y eut l'Évangile et la Miséricorde a tempéré la Justice. Il n'est pas permis à tous les littérateurs, et Bloy le resta, de chasser les voleurs du temple.

Léon Bloy est à plusieurs un prétexte commode pour négliger toute une littérature catholique, qui est aussi riche que l'autre. Les méconnus ne sont pas ceux qu'on pense et qui se plaignent. On est catholique à cause de Léon Bloy: on était catholique à cause de Maurras: je me défie, en dépit des Maritain, et du beau livre de Raïssa Maritain. Ce n'est pas non plus une recommandation que l'auteur de l'*Entremetteuse* se soit converti à Léon Bloy. Ce Daudet, dans la *Recherche du beau* nous donne ses souvenirs de b... allemand, et, tout de suite, un panégyrique de Catherine Emmerich. Les disciples de Léon Bloy ont souvent encore du chemin à faire.

Chesterton a plus d'esprit, et plus solide. Quand il démolit une doctrine, il ne reste rien. Et lui pouvait rester l'ami de G. B. Shaw. Aussi entier, plus orthodoxe, et sachant conduire ses folies, l'Anglais passe à mon goût le Français.

Maeterlinck a compris Léon Bloy: il comprenait aussi, *à sa façon*, Ruysbroeck: cela juge (Maeterlinck nous montre, dans son théâtre, du reste délicieux, comment il comprenait Shakespeare). Léon Bloy est trop mystique pour incrédules. Seulement, comment on ne fait pas sa part à Dieu, qui exige tout, quelques-uns, par Bloy, sont revenus à Dieu, et sont restés. Cela juge mieux encore.

Léon Bloy fait connaître les vrais mystiques, comme Le Tourneur, Ducis et Alfred de Vigny ont fait connaître Shakespeare. Découvrir les mystiques, par Léon Bloy, c'est d'une timidité et d'un pompier équivalents. Et pourtant, les Maritain... Mais les Maritain ne courent pas les rues de Québec.

Maritain a bien jugé l'*Action française*: j'attends une critique aussi pertinente de Léon Bloy, qui ne fut pas hérétique, du reste. Raïssa Maritain, toute reconnaissance mise à part, et elle ne la met pas à part, n'a pas mal jugé son parrain: « Il se peut que son œuvre à elle seule ne suffise pas toujours à le montrer à ceux qui ne l'ont pas connu. Cette exacte mise au point, l'amitié en est seule capable... Sublime et parfois terriblement mystificateur... l'artifice de la rhétorique apparaît parfois chez le prophète... sa manière constante, c'est l'hyperbole... »

Léon Bloy a justement observé l'envie dans l'antisémitisme des chrétiens. Il était trop poète pour envier lui-même: mais ceux qui lui empruntent son accent?

On en revient toujours là, c'est tout de même ignoble que Bloy, avec le génie qu'il montre si souvent, ait été obligé de quêter. Saint Paul avait aussi un métier...

Dostoïevski et Nietzsche et Gide subirent plus ou moins cette tentation, devenir le Christ ou l'Antéchrist. Le *Désespéré*, qui n'est pas tout à fait Bloy, n'est pas le Christ: s'il devenait fou sans rémission, il en aurait bien envie.

Avec Bloy, il faut toujours revenir à la littérature, il l'avait dans le sang. Bloy, romancier et qui engueule, possède cette vertu que Bourget, son ennemi personnel, disait la première vertu du romancier: la crédibilité. Il engueule avec tellement de conscience et de constance qu'on finit par croire que c'est arrivé. Peu de lecteurs avouent qu'ils ne lisent qu'un romancier.

Je songe aussi aux romantiques de 1830, quand je lis le *Désespéré*, et c'est plus fort que moi: Antony et Rolla qui lisent les Prophètes. Romantisme, romantisme... C'est le mal du siècle qui entre au cloître, avec toute sa mauvaise humeur. Une conversion en gueule de bois.

Le *Désespéré* fait pénitence, comme Leconte de Lisle traduisait Homère: il en rajoute. Pour eux, la pénitence et l'antiquité doivent être barbares, rudes et sans politesse. Leur couleur locale, c'est de l'excentricité. Ils voient tout sous un patron nègre. Je me trompe sottement, le nègre est bon enfant, et il sourit. Eux ne sourient jamais. Un saint triste est un triste saint, c'est pourquoi Marchenoir ne sera pas canonisé de sitôt. Hitler aussi s'en vante: « Oui, nous sommes des barbares ». Hitler a lu les œuvres de Léon Bloy, que lui a fait tenir un filleul de l'autre Léon, Daudet, pour se venger de la mort de Salangro.

Mais, au demeurant, Bloy, c'est un bon vieux, qui sourit lui-même de son outrance: il se connaît mieux que ses disciples ne le connaissent. Il lui fallait toujours rester Marchenoir, comme une reine porte toujours les mêmes chapeaux. Question d'étiquette et de protocole.

Ce n'est pas nous, c'est l'Église qui récite, par notre voix, l'office divin: nous n'avons pas le droit de condamner le pécheur, si, par notre bouche, l'Église condamne le pécheur, dans ses psaumes. Et le chrétien qui vaticine et prophétise, Léon Bloy et les autres, usurpe les fonctions de l'Église, qui n'est pas tombée en déshérence. Je ne réciterai ni le bréviaire ni l'office dans *Cochons-sur-Marne.*

(Pour autant, sied-il de canoniser tous les incrédules et de ne pas voir pourquoi ils refusent de discuter?)

Son absolu est trop relatif. Thomas Morus est aussi un saint, et il est saint canonisé. Mais Bloy a dérangé des quiétudes et c'est tant mieux. En hurlant, il nous aura rappelé le paradoxe du Christ.

Pourquoi tant ergoter? On a toujours son poète maudit: les uns, c'est Rimbaud, et d'autres, Bloy. Ne dites plus, cependant, qu'il est méconnu.

Je veux parler de lui encore. Revenir ainsi, et sans tempérance, aux sources, à la chrétienté primitive, c'est la tentation, la naïve illusion des protestants et de la critique incrédule. Pour revenir au Christ véritable, et au chrétien vrai, ils inventent un Christ, ils imaginent un chrétien. Exotisme et manie d'historien qui s'émancipe, le théâtre historique de la dévotion. Travers qui serait dangereux, s'il n'était, maintenant, surtout ridicule. Les Anciens parleraient notre langue, feraient nos prières, et jeûneraient à notre façon. Et c'est pourquoi l'Église, qui est de tous les temps, prie dans la liturgie du Christ-Roi et aussi dans les psaumes de la Captivité. Il n'y a pas plus de Grand Soir chez nous que d'Âge d'or matériels. Et Véronique aurait pu garder ses dents: Jésus recolla l'oreille de Malchus, qu'avait coupée le zèle intempestif de Pierre. Le zèle de Pierre a trahi, en dépit de ses promesses romantiques, ô Bloy. La prière de tous les temps, l'accent de notre époque.

Ce n'est pas la confession qui est détestable, l'élégie à la première personne du singulier: l'imitation qu'en fait l'auteur dans sa vie m'inquiète plus. Il se croit obligé de jouer un rôle, celui de sa propre fiction: c'est ainsi que Victor Hugo est devenu démagogue. Et Bloy?

Mais lisons la lettre que Bloy écrivait sur la communion: Bloy était un chrétien. Je n'en veux pas plus.

LES HYPOCRITES

La confession

Philippe décidait de se confesser. Il remettait toujours ses confessions à demain, puis enfin se décidait. En route, il songeait déjà à éluder les aveux trop pénibles. Non pas qu'il voulût mentir, il craignait que le prêtre ne comprît rien à ses subtilités. Il méprisait ce prêtre d'avance. Surtout, il avait peur que le prêtre le méprisât, qu'il le confondît avec les pénitentes du commun.

Philippe se donna du temps. Il prit par le plus long. C'était un beau samedi d'automne. Ça sentait le congé. Aux arrêts de tramway, il y avait plus de jeunes femmes, mieux maquillées, dans des manteaux plus neufs. Les hommes, eux, se pressaient moins. Ce n'était pas tout à fait la lenteur des dimanches, et ce n'était pas non plus la précipitation de la semaine. Il y avait aussi plus de jeunes chiens qui couraient. Sur les marches des maisons, les jeunes filles prenaient plus de temps à vérifier leur rouge dans le petit miroir. Tout le monde s'acheminait au théâtre, au cinéma. Philippe allait à confesse.

Il hésitait. Peut-être que l'abbé qui va vite ne serait pas là: il lui faudrait alors se confesser à un autre, qui le tiendrait longtemps, tout rouge dans la chaleur du petit réduit. Mais déjà son scrupule, qui tout à l'heure minimisait ses péchés, le voyait en état de péché mortel. Un instant, il eut peur d'être damné. Pourtant il savait bien que, s'il était loin de Dieu, loin de la présence de Dieu, le plus souvent, c'est à peine s'il n'avait pas arrêté assez tôt les tentations. Rien de positif, et cela l'énervait d'autant.

Cependant, il craignit encore plus le prêtre que l'enfer. Sa religion était devenue tout à fait matérielle, et Philippe s'écœurait du contraste entre ses frousses de vieille fille et la splendeur de ce samedi. Le ciel avait l'azur des fins de semaine réussies. L'automne mettait une dernière coquetterie, une coquetterie avisée et raisonnée dans les petites feuilles qui restaient aux arbres et qui, sous la brise, s'agitaient avec le sans-gêne et l'imprudence de l'été. La verdure se donnait toute, dans sa ménopause. Vernissées, nickelées, les autos glissaient avec un air de printemps. Le soleil, plus clair, n'avait pas cette fièvre de l'automne, c'était un soleil qui avait envie de durer.

Philippe se voyait déjà dans l'église obscure, indécis, laissant passer les pénitents les uns après les autres, pour être le dernier à se confesser. Ou bien, il voulait se glisser entre deux, afin que l'absolution fût bâclée.

Il était déjà à l'église. Là, on sentait le factice de ces derniers beaux jours, l'église dégageait un froid inquiétant, qui n'était pas la fraîcheur voluptueuse des églises d'été, ni le froid tout rond de l'hiver, les matins de basses messes. Philippe, après avoir trempé ses doigts dans le bénitier, se coula dans l'ombre, pas très loin d'un confessionnal. Il voulait déjà rebrousser chemin.

Il s'avisa plutôt de faire son Chemin de croix. Les va-et-vient de l'allée le dérangeaient, et Philippe avait déjà les joues rouges des aveux. Au lieu de compatir aux douleurs du Christ, sous le poids de la Croix, il cherchait inconsciemment à se débarrasser en catimini de ses péchés. Comme la contrition lui était aisée devant Dieu seul! Machinalement, il priait, « nous vous adorons et nous vous bénissons, à cause de votre sainte Croix... ». Par instants, il avait des remords: « C'est le Christ qui tombe là, devant toi, l'épaule lourde de ce bois... Et c'est toi qui le regardes avec les yeux ironiques de la curiosité... » Alors, il essayait un acte de contrition sincère, et tout de suite il raisonnait: « J'ai évidemment la contrition parfaite... Je ne me rappelle plus mes péchés, mais qu'importe, je ne peux que regretter tous les péchés du monde, parce que le péché, c'est le mal, la bêtise par excellence... » Un sentiment d'orgueil se faufilait: « Si je disais ça au prêtre, comprendrait-il? Peut-être serait-il émerveillé, abasourdi devant une si sincère compréhension du péché... »

Lorsqu'il approcha du confessionnal, Philippe fit un rapide demi-tour, et c'est avec soulagement qu'il baissa la tête devant la huitième station. Il pria pour ceux qui se confessaient, il s'unit à toutes les saintes âmes qui, avec les saintes femmes, accompagnent dans les siècles des siècles Jésus sur son Chemin. Avec ferveur, devant le Crucifiement, il s'agenouilla longtemps, renouvelant ses actes de contrition pour lui et pour les autres.

À son banc, il se dit: « J'ai la contrition parfaite... Tant pis si le prêtre comprend mal. L'absolution effacera tout... » Il ne s'en traitait pas moins de pharisien, et de plus en plus il craignait de faire une confession sacrilège.

Enfin, Philippe prit sa place à côté du confessionnal. Entre deux distractions, il eut le temps d'un Ave. De l'autre côté, un homme faisait une confession interminable: Philippe voyait les pieds qui dépassaient le compartiment. Il avait chaud pour ce pauvre diable, et Philippe vit son péché: il était étendu à côté d'une femme laide. Philippe méprisait ces péchés de pauvre, ce qui le ramenait à lui-même, à des aventures aussi pitoyables.

Les jambes remuèrent, disparurent, puis surgit, sous la tenture, le vieux qui l'agaçait à la messe, chaque matin. Philippe eut un sursaut: « Ce n'est pas un adultère, mais une gourmandise de vieux garçon. » Et Philippe à son tour entra dans le confessionnal. Il y avait un grand Christ de métal, qui brillait faiblement: Philippe pensa aux pénitences stupides que lui donnerait le prêtre, et il commençait déjà un article sur la statuaire ecclésiastique, se révisant après: « C'est vieux tout ça, après Huysmans et Ghéon... »

Derechef, il s'excita à la contrition, il en fit encore un acte: arrive que pourra maintenant, il avait regretté ses péchés.

Derrière la grille, le prêtre remuait, et il entendait un murmure. Philippe s'approchait, se collait à la grille, que ses lèvres touchèrent avec dégoût: ainsi ses péchés ne seraient pas entendus de ses compagnons, ses péchés dont il n'était plus sûr maintenant. Un vide se faisait en lui, et une courte terreur de n'avoir plus rien à dire, de rester bouche bée.

Il faisait très chaud dans cette guérite, et Philippe détacha son manteau, il respirait une odeur sure, et il imaginait la mauvaise haleine du prêtre, comme de ce prêtre aux dents pourries à qui il s'était déjà confessé. Il revoyait cet autre qui avait toujours le mouchoir à la main, qu'il portait à sa bouche, pour éviter l'haleine des pénitents. Quelle pénible corvée que la confession!

Cependant Philippe remarquait que d'autres prêtres donnaient avec une grande joie l'absolution aux vieux pécheurs et qu'alors, ils se sentaient vraiment l'instrument de Dieu, qu'ils donnaient en vérité l'absolution au nom du Christ.

Un remuement, un bruit de jambes, et la grille s'ouvrit. Le prêtre penchait l'oreille, et Philippe prenait maintenant l'attitude de la confidence explicative, de la confidence psychologique. Philippe s'entendait prononcer des phrases de roman d'analyse. Il présentait un cas. Le prêtre ne disait mot. C'était plus fort que lui, Philippe ne confessait pas Philippe, il confessait un autre. Inconsciemment, il quêtait la lueur d'admiration qu'il observait dans l'œil de ses amis, lorsque son orgueil confessait littérairement ses turpitudes.

Cet aveu pénible, fait et arrangé en phrases, avec virgules, points-virgules et points d'exclamations, Philippe était certain maintenant de n'avoir pas commis de péché mortel, il n'était qu'un scrupuleux, et, comme s'il jouissait de la fatigue pleine après un travail de bonne prose, il était heureux, soulagé, soulagé non tant d'avoir avoué, que d'avoir élucidé et écrit. Et, avec le pharisaïsme de celui qui est heureux de n'avoir à confesser que des péchés bénins, il s'empressa d'avouer un quelconque gros péché de sa vie passée.

Ensuite, sa tâche étant finie, Philippe écouta distraitement les deux, trois phrases du prêtre. Il se recueillait pour un acte de contrition qu'il sentirait vraiment, ce qui ne lui était jamais arrivé dans la honte du confessionnal. Même, il ajouta: « Mon Dieu, je vous offre toute cette honte. »

Quand le prêtre lui demanda de prier pour lui, Philippe reprit d'un air sournois: « Priez aussi pour des âmes que je voudrais convertir. » Philippe se redressait dans la fierté de son apostolat.

Il sortit, se rappelant surtout que le prêtre lui avait donné comme pénitence à lire l'épître du dimanche: « Il y a des prêtres plus intelligents que ceux qui nous demandent de prier dix fois la Bonne Sainte Anne. »

Agenouillé, libéré, Philippe s'abandonnait à l'amour de Dieu. Plus de craintes d'avoir fait une confession sacrilège. Il priait de toutes ses forces pour les autres et pour lui. Et c'est avec allégresse qu'au sortir de l'église, il alluma une cigarette, qu'il jeta pour manger, au restaurant, une tablette de chocolat. Philippe était en état de grâce spirituel et corporel. Le monde était beau, et il aurait entonné le Cantique des Trois Enfants, si la poésie ne lui en avait point paru trop maigre pour sa joie.

CLÉMENT MARCHAND (1912)

Journaliste, imprimeur, éditeur, directeur de journal et de revues, Clément Marchand a été, avec Raymond Douville et Mgr Albert Tessier, l'un des principaux animateurs de la vie littéraire trifluvienne à compter des années trente. Il n'a cependant publié que deux volumes: *Courriers des villages* (contes et nouvelles) en 1940 et *Les Soirs rouges* (poèmes) en 1947.

COURRIERS DES VILLAGES

La boucherie

Ce soir, on égorge le verrat. Toute la ferme, moins calme qu'à l'ordinaire, attend le moment. Les gens s'affairent. Dans l'étable, Fonse, le fermier, Marie-Anne, sa femme, et la fille Victoire achèvent la traite. Assis à même le perron du fournil, Nestor, l'air chafouin sous la capsule de drap huileux, affûte de grands coutelas et moi, au beau milieu de la cour, j'attise le feu au-dessus duquel l'eau commence à bouillir dans l'énorme chaudron de fer.

— Ah, que je me dis, ses minutes sont comptées à celui-là! Pauvre verrat!

Pendant une seconde je m'attendris sur son sort et puis je vais le voir. Il est affalé dans la mare de purin. Seule la tête est au sec. Le purin est devenu son habitude depuis une quinzaine. Fonse, qui a bien remarqué ce signe, me disait hier:

— À ce que je vois, le verrat est à point.

Pour Fonse, cette remarque se confond avec le déclic mental qui décide l'exécution d'un porc. Fonse prétend que le lard n'a vraiment ce goût recherché de l'amande que lorsque le sujet a été abattu en plein bonheur.

— Hé oui, que je pense, c'est bien mérité. Le voilà gras et dur, le souffle court, l'œil cynique et il n'a plus que le goût de se vautrer dans son purin!

Plus discret dans sa béatitude porcine, il eût peut-être dérouté les calculs du maître. Mais là, il se croit autorisé à prendre des allures de viveur parmi ceux qui peinent, à étaler devant les autres animaux les performances d'un bien-être insulteur. Dès qu'un cochon a fait un jaloux sur la ferme, c'en est fait de lui. Si les cochons n'étaient pas que des malappris on ne les verrait pas, sitôt engraissés, imiter la rondeur un peu blette des bourgeois.

Il gît devant moi, effondré dans sa crasse.

— Méchant verrat, me dis-je, tu m'as fait assez courir quand tu allais fouillonner le carré des choux! Avec tes allées et venues déconcertantes, plus moyen de te pousser dans la soue. À la fin, il fallait alerter tout le monde pour déjouer tes finasseries.

Mais je veux oublier toutes ces mauvaises façons qui, après tout, étaient l'indice d'un bon naturel, pour ne considérer en lui, hélas que la pauvre bête à boucherie. Il est là, le dos rose et la panse maculée. Ses jarrets sont détendus dans une pose bienheureuse. De la nappe verte émerge sa courte et vivace queue tirebouchonnée. La frange des cils de soie tamise les reflets de l'œil entr'ouvert.

Évidemment il ne se doute de rien. Dans quelques minutes il va se lever sur ses pattes, s'étirer et s'avancer d'un pas confiant vers l'auge.

— Après tout, que je pense encore, c'est une honnête gueule de cochon. Bien dommage que nous ne soyons pas tous végétariens!

Je fixe sa gorge inerte. J'entends les crissements de la lime sur les couteaux. Je pense à Nestor qui met un soin diabolique à sa tâche, à Fonse qui évalue les profits de la vente, à l'échaudoir que j'ai calfeutré cette après-midi, à Magloire et à Alphée qui vont venir prêter main-forte. Je songe à cette affreuse rigolade quand le verrat sera terrassé et que le fer lui pénétrera jusqu'à la carotide. Et je sens que ça me fait mal dans le cou. C'est comme si une lame mince s'enfonçait. Tiens, si je pouvais l'avertir du danger, l'aider à fuir dans l'abatis.

Je m'approche de ces trois cents livres de viande et je me mets à flatter le dos gras hérissé d'un poil rude et poussiéreux. La paupière s'ouvre, laissant voir un petit œil humain plein de contentement et de jouissance.

— Il n'a plus rien à attendre de la vie, si je le grattais! Il adore se faire gratter, surtout aux endroits difficiles qu'il ne soulage à peu près jamais.

Et je me mets à lui passer les ongles derrière les oreilles, sur l'échinée, sous les aisselles. Oh, qu'il se sent bien!

Il ouvre des yeux bien ronds pour contempler ce riche crépuscule de septembre qui sombre derrière les crêtes de l'abatis. Tout le ciel fleuri de nuages carmins se mire dans la rétine de son œil gris-brun. À mesure que je le soulage, un délicieux engourdissement l'envahit, les paupières frangées de soie s'abaissent sur l'œil chaviré. Seul surnage, au-dessus du groin immobile, un grognement chaud et satisfait qui fait fumer le crottin poussiéreux.

*
* *

Fonse sort de l'étable d'un pas méditatif en se grattant le cuir chevelu. Depuis que la boucherie est décidée, il a pris l'aspect surnaturel d'un sacrificateur. Il marche automatiquement vers le dénouement sanglant de cette journée qui fut belle et tranquille.

Au coin de la maison, dans un enveloppement de voix sourdes, la face moricaude sous le chapeau de paille, les bras ballants, s'amènent Magloire et Alphée, un peu couleur des choses familières que l'on voit.

Nous voici tous autour du verrat. Comme si son groin avait pressenti quelque mauvaise saumure, il se rétracte au sec et nous examine d'un œil surpris sous les vastes oreilles dressées. L'expression de son regard est nettement celle d'un être qui s'apprête à vivre des minutes difficiles. Il commence à avoir des doutes sur sa sécurité. Peut-être se souvient-il du petit conciliabule tenu par les mêmes hommes, certain soir de novembre dernier? Cela s'était terminé par l'égorgement d'une grande truie rouge. Il se remémore les cris lugubres dans la campagne et ce long corps, pantelant sur l'échelle. Sa mémoire de porc juxtapose ces souvenirs et peu à peu, c'est comme si la lumière se faisait, comme si une atroce certitude jaillissait de ses doutes.

— On va me tuer pour me charcuter. C'est donc pour moi qu'on aiguisait les couteaux et qu'on se donnait tant de mal à calfeutrer l'échaudoir. Je vois bien maintenant. Je vais devenir galantine, andouilles, rillettes, cervelas, jambon, crépines, foie gras.

Ainsi qu'une lame bleue, la peur lui larde l'échinée. Au point où en sont les choses, au rythme où vont les événements, rien à faire. Ah, s'il ne s'agissait que d'une transaction! Il passerait alors en d'autres mains! Après tout, cela s'est vu qu'un cochon ait été vendu vivant. Il accueille cette hypothèse branlante avec joie. Il a besoin de se reposer sur les mensonges de l'espoir, en face de la réalité menaçante qui se concentre autour de lui et le circonscrit déjà.

Cette minute est longue comme une heure.

Et le verrat, la démarche hypocrite, l'œil en coin, très précautionneusement se coule dans la porcherie. Aussitôt Fonse s'élance à sa suite et abaisse la trappe. Le tour est joué. Et tout au fond, contre les massifs de pimbina, les gorets roses, immobiles et l'oreille tendue, savent déjà ce qui l'attend.

Fonse lance un cri à Victoire.

— Prépare ton vaisseau pour recueillir le sang.

Et se tournant de notre côté:

— Alphée pis moé on va le poigner par les pattes et le basculer sur le dos. Magloire, tu t'assiras dessus, si tu veux, en lui barrant les jarrets autant que possible. Je pense pas qu'il nous donne de la misère.

Et nous voilà tous confondus dans le mi-jour de la porcherie. Les hommes sautent dans le carré. Ils s'apprêtent à cerner l'animal dans un coin. C'est alors que le verrat, toute illusion perdue, se met en état de défense. Le groin se retrousse, laissant paraître un long croc jauni. Au moindre geste d'Alphée en qui il a pressenti le plus vif, finaud, il se balance, trépigne, pivote, avance, recule, éventant des cris aigus. Il déploie toute sa ruse. Tout à coup Fonse bondit dans sa direction. Vivement il se dérobe, commence une série de reculades et de virevoltes déconcertantes par leur imprévu et leur diversité, mais finalement le preste Alphée l'attrape par une oreille, l'immobilise une fraction de seconde, tandis que Fonse l'empoigne par une patte, puis par l'autre et, dans un brusque enlèvement, le bascule sur le dos.

— Vite, la ficelle, crie Fonse remué comme une mitaine sur l'épaule du verrat. Tiens-lui bien les jarrets, toé Alphée. Magloire, es-tu bon pour lui passer la corde dans la gueule?

Fonse parle mi-haut mi-bas et c'est à peine si on entend le son de sa parole tant la victime se fend la gorge. Pauvre Fonse! Ces quelques minutes d'alerte lui ont mouillé le front d'une sueur chaude. À son avis la besogne est à moitié faite. On est à cheval sur cette masse de viande musculeuse qui se voue à toutes sortes de torsions et de coups dangereux.

— Laissons-lé gigoter à son soûl, s'écrie Magloire. Tout gras qu'il est, il ne va pas être long à se fatiguer.

Et de ruer et de propager par toute la campagne cette peur animale et angoissante de la mort qui pétrit de crainte les animaux de la ferme et arrache aux chiens du voisinage des hurlements sinistres. Mais les ruades perdent bientôt en rapidité et en vigueur. Profitant d'une accalmie, Magloire lui passe le nœud gordien dans la gueule baveuse.

— Nestor, commande Fonse, apporte le couteau et approche pour recueillir le sang, p'tit peureux.

Et Fonse promène un doigt expert sur la gorge spasmodique, pour indiquer le chemin du couteau. Il y a un endroit, un seul, pour une prompte et abondante saignée. Il faut trancher la carotide d'un seul lancement. Nous sommes tous un peu troublés par la minute de silence et d'apaisement qui précède la saignée. Le souffle court, les flancs secoués, la paupière lasse, le verrat s'efforce à reprendre haleine dans l'espoir de se débarrasser des masses d'hommes qui l'oppressent, à l'épaule et au ventre. Fonse en profite pour appliquer la blanche lame sur la gorge. D'un coup vigoureux il l'enfonce dans la chair tremblante cependant qu'un jaillissement pourpre monte jusqu'à la garde du couteau et éclabousse son poignet. Brûlé par la douleur qui l'atteint dans ses œuvres vives, le verrat lance un grand cri déchirant qui fait mal, tant il ressemble, en s'apaisant, à un cri humain. Nestor est là qui reçoit le sang dans la poêle. Il jaillit en flots chauds et bouillonnants comme d'une source intarissable. C'est du sang vivant, formé de bouillons et parcouru de filaments sombres. Pendant que l'animal se débat dans un suprême effort de l'instinct, Fonse lui tourne le couteau dans la plaie profonde par où la vie s'écoule, saisie en toute sa vivace plénitude.

Dans une mare de sang coagulé, le verrat s'épuise en ruades vaines, perdant vigueur et haleine à mesure qu'en sa veine dégonflée se tarit l'afflux vital. Peu à peu la lueur de l'œil s'adoucit sous la paupière. Le regard s'éteint. Il mire une dernière fois par l'embrasure de la porte l'aspect familier des étables que le crépuscule enveloppe d'une lumière dorée. La gueule meurtrie à la corde est fleurie d'une bave blanche qui fait de petites bulles.

Quand Fonse, ensanglanté jusqu'à l'épaule, retire le couteau, le verrat se contracte dans un dernier spasme et s'étale inerte. Les chiens affolés viennent d'entrer pour lécher les caillots de sang.

LES SOIRS ROUGES

Pantoum

La mort a clopiné sous les vieux reverbères,
Avec ses bras osseux chargés de grands corps nus.
Rageuse, elle traça des gestes lapidaires
Vers l'horizon sonore où giguaient des pendus.

Avec ses bras osseux chargés de grands corps nus,
Sautelant d'un pas sec par les routes lunaires,
Vers l'horizon sonore où giguaient des pendus,
La mort a regagné ses mornes cimetières.

Sautelant d'un pas sec par les routes lunaires,
La mort sur son passage a semé mauvais sorts;
La mort a regagné ses mornes cimetières.
Au loin, les trois pendus dansaient sur leurs remords.

La mort, sur son passage, a semé mauvais sorts;
Elle creusa le sol près des rocs tumulaires.
Au loin, les trois pendus dansaient sur leurs remords.
Elle enterra les corps drapés de noirs suaires.

Elle creusa le sol près des rocs tumulaires
Tandis qu'au loin les trois pendus sautaient encor;
Elle enterra les corps drapés de noirs suaires.
Des cierges dans la nuit tordaient leurs flammes d'or...

ANNE HÉBERT (1916)

Fille de Maurice Hébert, critique littéraire, et cousine d'Hector de Saint-Denys Garneau, Anne Hébert se prépare à la carrière littéraire en lisant les grands poètes français (notamment Claudel, Baudelaire, Rimbaud, Verlaine, Eluard, Supervielle); c'est sous l'effet de ces influences qu'elle compose les poèmes des

Songes en équilibre (1942). Avec *Le Torrent* (1950), la personnalité de l'écrivain s'affirme: Anne Hébert s'engage dans l'exploration d'un univers intérieur qui la conduit au *Tombeau des rois* (poèmes, 1953), royaume de la mort à soi sous la pression d'un inconscient collectif qui dessèche les sources vives du cœur, puis à la claustration des *Chambres de bois* (roman, 1958), dont elle s'échappe pour de bon avec le *Mystère de la parole* (dans *Poèmes*, 1960), poésie au rythme large comme celui des saisons. La victoire intérieure, acquise de haute lutte, a besoin d'être consolidée; Anne Hébert la renouvelle de façon apparemment plus objective à travers Élisabeth d'Aulnières, héroïne de son grand roman *Kamouraska* (1970) — dont Claude Jutra a tiré un bon film —, et sœur Julie de la Trinité, personnage central des *Enfants du sabbat* (1975), roman-exorcisme des démons communautaires (ou nationaux). Parallèlement à la voie poético-romanesque que nous venons de retracer, Anne Hébert a suivi un semblable itinéraire en quatre drames lyriques: *L'Arche de midi* (1946), *Les Invités au procès* (1952), *La Mercière assassinée* (1959) et *Le Temps sauvage* (1966). À travers toutes ces œuvres, d'écritures fort différentes parfois, l'on retrouve la même exigence de perfection qui a fait d'Anne Hébert l'un des plus grands écrivains québécois. Son œuvre a été abondamment commentée, tant en France — où réside maintenant l'écrivain — qu'au Québec.

LES SONGES EN ÉQUILIBRE

Sous la pluie

Le paysage est long,
À perte de vue
Sous la pluie,
Perdu
Sous la pluie,
Sous la brume.

Mon âme sous la brume,
La brume froide et blanche,
Dans ce paysage,
Perdue sous la pluie,
Sous la pluie,
Perdue
Sous la brume.

Où sont les jours?
Et ce goût qu'on avait
Des jours, au réveil?
Perdus, perdus
Sous la pluie,
Sous la brume.

Et le bois de cette chambre,
Couleur de miel,
Avec cette Vierge trop bleue;

Cette paroi d'or,
Et cette Vierge bleue
Qui ruisselait
À la lumière, telle
Une icône enluminée?
L'icône est maintenant éteinte,
Éteinte
Sous la pluie,
Sous la brume.

Où sont les images?
Les belles images colorées?
Le relief et la saveur
Des choses?

En vain dans mon cœur
Je guette.
Il ne passe rien,
Rien que la pluie,
Que la brume.

Qu'est devenue
L'enfant,
Belle inconnue
Qu'on venait à peine
De pressentir, blottie
À côté de soi?

Elle m'a frôlé la main;
J'ai hésité à la suivre.
Hélas! je n'avais que juste le temps!
Et le vide de son absence
M'a révélé la forme
De cette sœur en voyage,
Perdue sous la pluie,
Perdue sous la brume.

Même si elle s'y trouvait encore,
Endormie
Sous la pluie,
Comment la reconnaîtrais-je?
Puisque je ne me reconnais plus,
Pas bien sûre de m'être jamais connue,
Aveugle, errante,
Perdue sous la pluie,
Perdue sous la brume.

Et pourquoi essayer
De la chercher, Elle,
Dans la brume?

Mais que suis-je donc,
Et quelle est cette voix
Qui m'appelle doucement
Dans la brume,
Sous la pluie?...

LE TOMBEAU DES ROIS

Éveil au seuil d'une fontaine

Ô! spacieux loisir
Fontaine intacte
Devant moi déroulée
À l'heure
Où quittant du sommeil
La pénétrante nuit
Dense forêt
Des songes inattendus
Je reprends mes yeux ouverts et lucides
Mes actes coutumiers et sans surprises
Premiers reflets en l'eau vierge du matin.

La nuit a tout effacé mes anciennes traces.
Sur l'eau égale
S'étend
La surface plane
Pure à perte de vue
D'une eau inconnue.

Et je sens dans mes doigts
À la racine de mon poignet
Dans tout le bras
Jusqu'à l'attache de l'épaule
Sourdre un geste
Qui se crée
Et dont j'ignore encore
L'enchantement profond.

Sous la pluie

Ah que la pluie dure!
Lente fraîcheur

Sur le monde replié
Passif et doux.

Pluie pluie
Lente lente pluie
Sur celle qui dort
Ramenant sur soi le sommeil transparent
Tel un frêle abri fluide.

Séjour à demi caché
Sous la pluie
Cour intérieure dérobée
Où les gestes de peine
Ont l'air de reflets dans l'eau
Tremblante et pure

Toutes les gouttes du jour
Versées sur celle qui dort.

Nous n'apercevons son cœur
Qu'à travers le jour qu'il fait

Le jour qu'elle ramène
Sur sa peine
Comme un voile d'eau.

La fille maigre

Je suis une fille maigre
Et j'ai de beaux os.

J'ai pour eux des soins attentifs
Et d'étranges pitiés

Je les polis sans cesse
Comme de vieux métaux.

Les bijoux et les fleurs
Sont hors de saison.

Un jour je saisirai mon amant
Pour m'en faire un reliquaire d'argent.

Je me pendrai
À la place de son cœur absent.

Espace comblé,
Quel est soudain en toi cet hôte sans fièvre?

Tu marches
Tu remues;
Chacun de tes gestes
Pare d'effroi la mort enclose.

Je reçois ton tremblement
Comme un don.

Et parfois
En ta poitrine, fixée,
J'entrouvre
Mes prunelles liquides

Et bougent
Comme une eau verte
Des songes bizarres et enfantins.

La chambre fermée

Qui donc m'a conduite ici?
Il y a certainement quelqu'un
Qui a soufflé sur mes pas.
Quand est-ce que cela s'est fait?
Avec la complicité de quel ami tranquille?
Le consentement profond de quelle nuit longue?

Qui donc a dessiné la chambre?
Dans quel instant calme
A-t-on imaginé le plafond bas
La petite table verte et le couteau minuscule
Le lit de bois noir
Et toute le rose du feu
En ses jupes pourpres gonflées
Autour de son cœur possédé et gardé
Sous les flammes oranges et bleues?

Qui donc a pris la juste mesure
De la croix tremblante de mes bras étendus?
Les quatre points cardinaux
Originent au bout de mes doigts
Pourvu que je tourne sur moi-même
Quatre fois

Tant que durera le souvenir
Du jour et de la nuit.

Mon cœur sur la table posé,
Qui donc a mis le couvert avec soin,
Affilé le petit couteau
Sans aucun tourment
Ni précipitation?
Ma chair s'étonne et s'épuise
Sans cet hôte coutumier
Entre ses côtes déraciné.
La couleur claire du sang
Scelle la voûte creuse
Et mes mains croisées
Sur cet espace dévasté
Se glacent et s'enchantent de vide.

Ô doux corps qui dort
Le lit de bois noir te contient
Et t'enferme strictement pourvu que tu ne bouges.
Surtout n'ouvre pas les yeux!
Songe un peu
Si tu allais voir
La table servie et le couvert qui brille!

Laisse, laisse le feu teindre
La chambre de reflets
Et mûrir et ton cœur et ta chair;
Tristes époux tranchés et perdus.

La chambre de bois

Miel du temps
Sur les murs luisants
Plafond d'or
Fleurs des nœuds
     cœurs fantasques du bois

Chambre fermée
Coffre clair où s'enroule mon enfance
Comme un collier désenfilé.

Je dors sur des feuilles apprivoisées
L'odeur des pins est une vieille servante aveugle
Le chant de l'eau frappe à ma tempe

Petite veine bleue rompue
Toute la rivière passe la mémoire.

Je me promène
Dans une armoire secrète.
La neige, une poignée à peine,
Fleurit sous un globe de verre
Comme une couronne de mariée.
Deux peines légères
S'étirent
Et rentrent leurs griffes.

Je vais coudre ma robe avec ce fil perdu.
J'ai des souliers bleus
Et des yeux d'enfant
Qui ne sont pas à moi.
Il faut bien vivre ici
En cet espace poli.
J'ai des vivres pour la nuit
Pourvu que je ne me lasse
De ce chant égal de rivière
Pourvu que cette servante tremblante
Ne laisse tomber sa charge d'odeurs
Tout d'un coup
Sans retour.

Il n'y a ni serrure ni clef ici
Je suis cernée de bois ancien.
J'aime un petit bougeoir vert.

Midi brûle aux carreaux d'argent
La place du monde flambe comme une forge
L'angoisse me fait de l'ombre
Je suis nue et toute noire sous un arbre amer.

L'envers du monde

Notre fatigue nous a rongées par le cœur
Nous les filles bleues de l'été
Longues tiges lisses du plus beau champ d'odeur.

Désertées de force
Soulever des pierres dans le courant,
Dévorées de soleil
Et de sourires à fleur de peau.

Hier
Nous avons mangé les plus tendres feuilles du sommeil
Les songes nous ont couchées
Au sommet de l'arbre de nuit.

Notre fatigue n'a pas dormi
Elle invente des masques de soie
Des gants d'angoisse et des chapeaux troués
Pour notre réveil et promenade à l'aube.
Rayonnent après la vie nos pas
De patience et d'habitude.

Dans nos mains peintes de sel
(Les lignes de destin sont combles de givre)
Nous tenons d'étranges lourdes têtes d'amants
Qui ne sont plus à nous
Pèsent et meurent entre nos doigts innocents.

La voix de l'oiseau
Hors de son cœur et de ses ailes rangées ailleurs
Cherche éperdument la porte de la mémoire
Pour vivre encore un petit souffle de temps.

L'une de nous se décide
Et doucement approche la terre de son oreille
Comme une boîte scellée toute sonore d'insectes prisonniers
Elle dit: « La prairie est envahie de bruit
Aucun arbre de parole n'y pousse ses racines silencieuses
Au cœur noir de la nuit.
C'est ici l'envers du monde
Qui donc nous a chassées de ce côté? »

Et cherche en vain derrière elle
Un parfum, le sillage de son âge léger
Et trouve ce doux ravin de gel en guise de mémoire.

Le tombeau des rois

J'ai mon cœur au poing.
Comme un faucon aveugle.

Le taciturne oiseau pris à mes doigts
Lampe gonflée de vin et de sang,
Je descends
Vers les tombeaux des rois

Étonnée
À peine née.

Quel fil d'Ariane me mène
Au long des dédales sourds?
L'écho des pas s'y mange à mesure.

(En quel songe
Cette enfant fut-elle liée par la cheville
Pareille à une esclave fascinée?)

L'auteur du songe
Presse le fil,
Et viennent les pas nus

Un à un
Comme les premières gouttes de pluie
Au fond du puits.

Déjà l'odeur bouge en des orages gonflés
Suinte sous le pas des portes
Aux chambres secrètes et rondes,
Là où sont dressés les lits clos.

L'immobile désir des gisants me tire.
Je regarde avec étonnement
À même les noirs ossements
Luire les pierres bleues incrustées.

Quelques tragédies patiemment travaillées,
Sur la poitrine des rois, couchées,
En guise de bijoux
Me sont offertes
Sans larmes ni regrets.

Sur une seule ligne rangés:
La fumée d'encens, le gâteau de riz séché
Et ma chair qui tremble:
Offrande rituelle et soumise.

Le masque d'or sur ma face absente
Des fleurs violettes en guise de prunelles,
L'ombre de l'amour me maquille à petits traits précis;
Et cet oiseau que j'ai
Respire
Et se plaint étrangement.

Un frisson long
Semblable au vent qui prend, d'arbre en arbre,
Agite sept grands pharaons d'ébène
En leurs étuis solennels et parés.

Ce n'est que la profondeur de la mort qui persiste,
Simulant le dernier tourment
Cherchant son apaisement
Et son éternité
En un cliquetis léger de bracelets
Cercles vains jeux d'ailleurs
Autour de la chair sacrifiée.

Avides de la source fraternelle du mal en moi
Ils me couchent et me boivent;
Sept fois, je connais l'étau des os
Et la main sèche qui cherche le cœur pour le rompre.

Livide et repue de songe horrible
Les membres dénoués
Et les morts hors de moi, assassinés,
Quel reflet d'aube s'égare ici?
D'où vient donc que cet oiseau frémit
Et tourne vers le matin
Ses prunelles crevées?

MYSTÈRE DE LA PAROLE

Poésie, solitude rompue

La poésie est une expérience profonde et mystérieuse qu'on tente en vain d'expliquer, de situer et de saisir dans sa source et son cheminement intérieur. Elle a partie liée avec la vie du poète et s'accomplit à même sa propre substance, comme sa chair et son sang. Elle appelle au fond du cœur pareille à une vie de surcroît réclamant son droit à la parole dans la lumière. Et l'aventure singulière qui commence dans les ténèbres, à ce point sacré de la vie qui presse et force le cœur, se nomme poésie.

Parfois, l'appel vient des choses et des êtres qui existent si fortement autour du poète que toute la terre semble réclamer un rayonnement de surplus, une aventure nouvelle. Et le poète lutte avec la terre muette et il apprend la résistance de son propre cœur tranquille de muet, n'ayant de cesse qu'il n'ait trouvé une voix juste et belle pour chanter les noces de l'homme avec la terre.

Ainsi Proust, grâce au prestige de sa mémoire, délivre enfin, après une longue habitation secrète en lui, les trois clochers de Martinville qui, dès leur première rencontre avec l'écrivain, s'étaient avérés non achevés, comme en attente de cette seconde vie que la poésie peut signifier à la beauté surabondante du monde.

La poésie colore les êtres, les objets, les paysages, les sensations, d'une espèce de clarté nouvelle, particulière, qui est celle même de l'émotion du poète. Elle transplante la réalité dans une autre terre vivante qui est le cœur du poète, et cela devient une autre réalité, aussi vraie que la première. La vérité qui était éparse dans le monde prend un visage net et précis, celui d'une incarnation singulière.

Poème, musique, peinture ou sculpture, autant de moyens de donner naissance et maturité, forme et élan à cette part du monde qui vit en nous. Et je crois qu'il n'y a que la véhémence d'un très grand amour, lié à la source même du don créateur, qui puisse permettre l'œuvre d'art, la rendre efficace et durable.

Tout art, à un certain niveau, devient poésie. La poésie ne s'explique pas, elle se vit. Elle est et elle remplit. Elle prend sa place comme une créature vivante et ne se rencontre que, face à face, dans le silence et la pauvreté originelle. Et le lecteur de poésie doit également demeurer attentif et démuni en face du poème, comme un tout petit enfant qui apprend sa langue maternelle. Celui qui aborde cette terre inconnue qui est l'œuvre d'un poète nouveau ne se sent-il pas dépaysé, désarmé, tel un voyageur qui, après avoir marché longtemps sur des routes sèches, aveuglantes de soleil, tout à coup, entre en forêt? Le changement est si brusque, la vie fraîche sous les arbres ressemble si peu au soleil dur qu'il vient de quitter, que cet homme est saisi par l'étrangeté du monde et qu'il s'abandonne à l'enchantement, subjugué par une loi nouvelle, totale et envahissante, tandis qu'il expérimente avec tous ses sens altérés, la fraîcheur extraordinaire de la forêt.

Le poème s'accomplit à ce point d'extrême tension de tout l'être créateur, habitant soudain la plénitude de l'instant, dans la joie d'être et de faire. Cet instant présent, lourd de l'expérience accumulée au cours de toute une vie antérieure, est cerné, saisi, projeté hors du temps. Par cet effort mystérieux le poète tend, de toutes ses forces, vers l'absolu, sans rien en lui qui se refuse, se ménage ou se réserve, au risque même de périr.

Mais toute œuvre, si grande soit-elle, ne garde-t-elle pas en son cœur, un manque secret, une poignante imperfection qui est le signe même de la condition humaine dont l'art demeure une des plus hautes manifestations? Rien de plus émouvant pour moi que ce signe de la terre qui blesse la beauté en plein visage et lui confère sa véritable, sensible grandeur.

L'artiste n'est pas le rival de Dieu. Il ne tente pas de refaire la création. Il demeure attentif à l'appel du don en lui. Et toute sa vie n'est qu'une longue amoureuse attention à la grâce. Il lutte avec l'ange dans la nuit. Il sait le prix du jour et de la lumière. Il apprend, à l'exemple de René Char, que « La lucidité est la blessure la plus rapprochée du soleil. »

Pas plus que l'araignée qui file sa toile et que la plante qui fait ses feuilles et ses fleurs, l'artiste « n'invente ». Il remplit son rôle, et accomplit ce pour quoi il est au monde. Il doit se garder d'intervenir, de crainte de fausser sa vérité intérieure. Et ce n'est pas une mince affaire que de demeurer fidèle à sa plus profonde vérité, si redoutable soit-elle, de lui livrer passage et de lui donner forme. Il serait tellement plus facile et rassurant de la diriger de l'extérieur, afin de lui faire dire ce que l'on voudrait bien entendre. Et c'est à ce moment que la morale intervient dans l'art, avec toute sa rigoureuse exigence.

On a tant discuté de l'art et de la morale que le vrai problème émerge à peine d'un fatras incroyable d'idées préconçues. Selon Valéry: « Une fois la rigueur instituée, une certaine beauté est possible. » Mais la même stricte rigueur dans l'honnêteté doit être remise en question à chaque pas. Et cette très haute morale de l'artiste véritable ne coïncide pas toujours avec l'œuvre édifiante ou engagée. Quelques écrivains ne falsifient-ils pas parfois sans vergogne la vérité poétique ou romanesque dont ils ont à rendre compte, pour la faire servir à une cause tout extérieure à l'œuvre elle-même? Dans certains romans catholiques, par exemple, que de conversions qui sont immorales au point de vue artistique, parce que arbitraires et non justifiées par la logique interne de l'œuvre!

Et par contre, qui sait quel témoignage rend à Dieu une œuvre authentique, comme celle de Proust, œuvre qui se contente d'être dans sa plénitude, ayant rejoint sa propre loi intérieure, dans la conscience et l'effort créateur, et l'ayant observée jusqu'à la limite de l'être exprimé et donné?

Toute facilité est un piège. Celui qui se contente de jouer par oreille, n'ira pas très loin dans la connaissance de la musique. Et celui qui écrit des poèmes, comme on brode des mouchoirs, risque fort d'en rester là.

La poésie n'est pas le repos du septième jour. Elle agit au cœur des six premiers jours du monde, dans le tumulte de la terre et de l'eau confondues, dans l'effort de la vie qui cherche sa nourriture et son nom. Elle est soif et faim, pain et vin.

Notre pays est à l'âge des premiers jours du monde. La vie ici est à découvrir et à nommer; ce visage obscur que nous avons, ce cœur silencieux qui est le nôtre, tous ces paysages d'avant l'homme, qui attendent d'être habités et possédés par nous, et cette parole confuse qui s'ébauche dans la nuit, tout cela appelle le jour et la lumière.

Pourtant, les premières voix de notre poésie s'élèvent déjà parmi nous. Elles nous parlent surtout de malheur et de solitude. Mais Camus n'a-t-il pas dit: « Le vrai désespoir est agonie, tombeau ou abîme, s'il parle, s'il raisonne, s'il écrit surtout, aussitôt le frère nous tend la main, l'arbre est justifié, l'amour né. Une littérature désespérée est une contradiction dans les termes. »

Et moi, je crois à la vertu de la poésie, je crois au salut qui vient de toute parole juste, vécue et exprimée. Je crois à la solitude rompue comme du pain par la poésie.

Mystère de la parole

Dans un pays tranquille nous avons reçu la passion du monde, épée nue sur nos deux mains posée

Notre cœur ignorait le jour lorsque le feu nous fut ainsi remis, et sa lumière creusa l'ombre de nos traits

C'était avant tout faiblesse, la charité était seule devançant la crainte et la pudeur

Elle inventait l'univers dans la justice première et nous avions part à cette vocation dans l'extrême vitalité de notre amour

La vie et la mort en nous reçurent droit d'asile, se regardèrent avec des yeux aveugles, se touchèrent avec des mains précises

Des flèches d'odeur nous atteignirent, nous liant à la terre comme des blessures en des noces excessives

Ô saisons, rivière, aulnes et fougères, feuilles, fleurs, bois mouillé, herbes bleues, tout notre avoir saigne son parfum, bête odorante à notre flanc

Les couleurs et les sons nous visitèrent en masse et par petits groupes foudroyants, tandis que le songe doublait notre enchantement comme l'orage cerne le bleu de l'œil innocent

La joie se mit à crier, jeune accouchée à l'odeur sauvagine sous les joncs. Le printemps délivré fut si beau qu'il nous prit le cœur avec une seule main

Les trois coups de la création du monde sonnèrent à nos oreilles, rendus pareils aux battements de notre sang

En un seul éblouissement l'instant fut. Son éclair nous passa sur la face et nous reçûmes mission du feu et de la brûlure.

Silence, ni ne bouge, ni ne dit, la parole se fonde, soulève notre cœur, saisit le monde en un seul geste d'orage, nous colle à son aurore comme l'écorce à son fruit

Toute la terre vivace, la forêt à notre droite, la ville profonde à notre gauche, en plein centre du verbe, nous avançons à la pointe du monde

Fronts bouclés où croupit le silence en toisons musquées, toutes grimaces, vieilles têtes, joues d'enfants, amours, rides, joies, deuils, créatures, créatures, langues de feu au solstice de la terre

Ô mes frères les plus noirs, toutes fêtes gravées en secret; poitrines humaines, calebasses musiciennes où s'exaspèrent des voix captives

Que celui qui a reçu fonction de la parole vous prenne en charge comme un cœur ténébreux de surcroît, et n'ait de cesse que soient justifiés les vivants et les morts en un seul chant parmi l'aube et les herbes

Alchimie du jour

Qu'aucune servante ne te serve en ce jour où tu lias ta peine sauvage, bête de sang aux branches basses du noir sapin,

Ne le dites pas aux filles de feux roux, ne prévenez pas les filles aux cœurs violets;

Elles paraîtraient toutes les sept en ta chambre portant les pitiés bleues en des amphores tranquilles hissées sur leurs cheveux,

Elles glisseraient la longue file de leurs ombres mauves pareilles à l'envers des flammes marines en une calme frise processionnelle aux quatre vents de tes murs.

Ne prévenez pas les filles aux pieds de feutre vert découpés à même d'antiques tapis réservés au déroulement lent des douleurs sacrées, pré doux au soleil tondu, aux herbes silencieuses et drues sans l'espace vif du cri,

Ni l'obscure et forte vibration de l'amour souterrain semblable à la passion excessive de la mer en l'origine de son chant appareillant.

La première fille alertée joindrait ses sœurs, une à une, et leur parlerait bas de l'amour blessé amarré aux feuillages de tes veines ouvertes,

La plus sombre des sœurs désignées te porterait des baumes nouvellement fleuris sur des cœurs amers, très vieux celliers désaffectés, plate-bande des remèdes et des conseils nocturnes,

Tandis que la plus lente d'entre elles referait son visage de larmes brûlées comme une belle pierre mise à jour sous des fouilles patientes et pures,

La voici qui délègue vers toi une fille de sel portant des paniers fins pour ses moissons claires. Elle soupèse en chemin le poids de tes pleurs cueillis à la pointe de l'ongle comme la rosée sur le jardin qui s'affale,

Vois, celle qui a nom Véronique plie de grandes toiles pures et rêve d'un visage à saisir en sa grimace à même des voiles déroulées comme de clairs miroirs d'eau,

Se hâte la fille-fièvre parée d'épines cuivrées, maintenant que la nuit, en sa haute taille levée, bouge ses paumes mûres comme de noirs tournesols,

Sur tes paupières bientôt elle posera ses mains étroitement comme des huîtres vives où la mort médite, des siècles de songe sans faille, la blanche floraison d'une perle dure.

Ô toi qui trembles dans le vent, ayant hissé la beauté de ton visage au mât des quatre saisons,

Toi qui grinces de sable, ointe par des huiles pures, nue, en des miracles certains de couleur argile et d'eau puissante,

Redoute l'avènement silencieux des compassions crayeuses aux faces d'argiles brouillés;

Pose le vert contre le bleu, usant d'un vif pouvoir, ne crains pas l'ocre sur le pourpre, laisse débonder le verbe se liant au monde telle la flèche à son arc,

Laisse le don alerté mûrir son étrange alchimie en des équipages fougueux,

Profère des choses sauvages dans le soleil, nomme toute chose face au tumulte des grands morts friables et irrités.

Les murs aux tessons bleus crèvent comme des cercles d'eau sur la mer,

Et le point du cœur dessine sa propre souple ceinture,

Le jour, pour la seconde fois convoqué, monte en parole comme un large pavot éclatant sur sa tige.

Saison aveugle

Longtemps nous avons gardé des jours anciens en liberté dans les chambres du fond

Les avons lâchés dans toute la maison, livrés au temps et remis en marche comme des songes

Se sont promenés de chambre en chambre, toute figure reprise à mesure au fil des miroirs

Se sont usés, se sont fanés de la salle au vestibule où surgit l'éclat jaune du matin par la porte ouverte

Vint l'été criblé de balles, l'image mère s'est couchée pour mourir

Vinrent les souvenirs au point violet des places trop bleues et s'épluchent nos cœurs comme des noix

Pour une plus pure amande verte, nos mains nues, ô saison aveugle.

Ève

Reine et maîtresse certaine crucifiée aux portes de la ville la plus lointaine

Effraie rousse aux ailes clouées, toute jointure disjointe, toute envergure fixée

Chair acide des pommes vertes, beau verger juteux, te voici dévastée claquant dans le vent comme un drapeau crevé

Fin nez de rapace, bec de corne, nous nous en ferons des amulettes aux jours de peste

Contre la mort, contre la rage, nous te porterons scapulaires de plumes et d'os broyés

Femme couchée, grande fourmilière sous le mélèze, terre antique criblée d'amants

Nous t'invoquons, ventre premier, fin visage d'aube passant entre les côtes de l'homme la dure barrière du jour

Vois tes fils et tes époux pourrissent pêle-mêle entre tes cuisses, sous une seule malédiction

Mère du Christ souviens-toi des filles dernière-nées, de celles qui sont sans nom ni histoire, tout de suite fracassées entre deux très grandes pierres

Source des larmes et du cri, de quelles parures vives nous léguas-tu la charge et l'honneur. L'angoisse et l'amour, le deuil et la joie se célèbrent à fêtes égales, en pleine face gravées, comme des paysages profonds

Mère aveugle, explique-nous la naissance et la mort et tout le voyage hardi entre deux barbares ténèbres, pôles du monde, axes du jour

Dis-nous le maléfice et l'envoûtement de l'arbre, raconte-nous le jardin, Dieu clair et nu et le péché farouchement désiré comme l'ombre en plein midi

Dis-nous l'amour sans défaut et le premier homme défait entre tes bras

Souviens-toi du cœur initial sous le sacre du matin, et renouvelle notre visage comme un destin pacifié

La guerre déploie ses chemins d'épouvante, l'horreur et la mort se tiennent la main, liés par des secrets identiques, les quatre éléments bardés d'orage se lèvent pareils à des dieux sauvages offensés

La douceur sous le fer est brûlée jusqu'à l'os, son cri transperce l'innocent et le coupable sur une seule lame embrochés

Vois-nous, reconnais-nous, fixe sur nous ton regard sans prunelle, considère l'aventure de nos mains filant le mystère à la veillée comme une laine rude

L'enfant à notre sein roucoule, l'homme sent le pain brûlé, et le milieu du jour se referme sur nous comme une eau sans couture

Ève, Ève, nous t'appelons du fond de cette paix soudaine comme si nous nous tenions sans peine sur l'appui de notre cœur justifié

Que ta mémoire se brise au soleil, et, au risque de réveiller le crime endormi, retrouve l'ombre de la grâce sur ta face comme un rayon noir.

Des dieux captifs

Des dieux captifs ayant mis en doute le bien-fondé de nos visions

Nous prédisant la fin du monde depuis l'apogée des mûres saisons

Nous décidâmes par des chemins de haut mystère de les mener au bord de l'horizon

Le ciel, le feu, la terre et l'eau ayant macéré ensemble durant des noces millénaires

Il n'en subsistait qu'une mince ligne bleue difficile à saisir sans éblouissement

Comme si toute la vie eût été cachée sous l'eau de pluie, contre le soleil à midi

Notre désir d'appréhender la source du monde en son visage brouillé

Depuis longtemps nous ravageait l'âme pareil à des brûlures hautes dans un ciel barbare

Le bleu s'étant accumulé en ce lieu, par instants il tournait au vert et déjà le violet éclatait de-ci de-là, liquide et fort

Si près, si près de ce cœur défait nous respirâmes la grande libre couleur exaltante et cruelle, absolu de l'air marin avant qu'il n'éclate en trombe

Dans un coin la nudité des morts parés de blessures profondes luisait, rendue belle par le seul éclatement de leurs songes

Tout semblait définitif, calme prairie marine. Mais tant de sœurs vives au large rayonnaient pareilles à des bancs de capucines

Que s'éveillèrent les dieux amers qu'on traînait avec soi, cavalcade souterraine, sabots de justice, envoûtement, tournent nos cœurs entre nos doigts, manèges, fleurs écarlates convoitées

Un seul bouquet de mûres a suffi pour teindre la face des dieux, masque de sang; voici nos sœurs désirées comme la couleur-mère du monde

La vie est remise en marche, l'eau se rompt comme du pain, roulent les flots, s'enluminent les morts et les augures, la marée se fend à l'horizon, se brise la distance entre nos sœurs et l'aurore debout sur son glaive.

Incarnation, nos dieux tremblent avec nous! La terre se fonde à nouveau, voici l'image habitable comme une ville et l'honneur du poète lui faisant face, sans aucune magie: dure passion.

LE TORRENT

Le torrent

(Nous reproduisons la première des deux parties de cette nouvelle.)

J'étais un enfant dépossédé du monde. Par le décret d'une volonté antérieure à la mienne, je devais renoncer à toute possession en cette vie. Je touchais au monde par fragments, ceux-là seuls qui m'étaient immédiatement indispensables, et enlevés aussitôt leur utilité terminée; le cahier que je devais ouvrir, pas même la table sur laquelle il se trouvait; le coin d'étable à nettoyer, non la poule qui se perchait sur la fenêtre; et jamais, jamais la campagne offerte par la fenêtre. Je voyais la grande main de ma mère quand elle se levait sur moi, mais je n'apercevais pas ma mère en entier, de pied en cap. J'avais seulement le sentiment de sa terrible grandeur qui me glaçait.

Je n'ai pas eu d'enfance. Je ne me souviens d'aucun loisir avant cette singulière aventure de ma surdité. Ma mère travaillait sans relâche et je participais de ma mère, tel un outil dans ses mains. Levées avec le soleil, les heures de sa journée s'emboîtaient les unes dans les autres avec une justesse qui ne laissait aucune détente possible.

En dehors des leçons qu'elle me donna jusqu'à mon entrée au collège, ma mère ne parlait pas. La parole n'entrait pas dans son ordre. Pour qu'elle dérogeât à cet ordre, il fallait que le premier j'eusse commis une transgression quelconque. C'est à dire que ma mère ne m'adressait la parole que pour me réprimander avant de me punir.

Au sujet de l'étude, là encore tout était compté, calculé, sans un jour de congé, ni de vacances. L'heure des leçons terminée, un mutisme total envahissait à nouveau le visage de ma mère. Sa bouche se fermait durement, hermétiquement, comme tenue par un verrou tiré de l'intérieur.

Moi, je baissais les yeux, soulagé de n'avoir plus à suivre le fonctionnement des puissantes mâchoires et des lèvres minces qui prononçaient, en détachant chaque syllabe, les mots de « châtiment », « justice de Dieu », « damnation », « enfer », « discipline », « péché originel », et surtout cette phrase précise qui revenait comme un leitmotiv:

— Il faut se dompter jusqu'aux os. On n'a pas idée de la force mauvaise qui est en nous! Tu m'entends, François? Je te dompterai bien, moi...

Là, je commençais à frissonner et des larmes emplissaient mes yeux, car je savais bien ce que ma mère allait ajouter:

— François, regarde-moi dans les yeux...

Ce supplice pouvait durer longtemps. Ma mère me fixait sans merci et moi je ne parvenais pas à me décider à la regarder. Elle ajoutait en se levant:

— C'est bien, François, l'heure est finie... Mais je me souviendrai de ta mauvaise volonté, en temps et lieu...

En fait, ma mère enregistrait minutieusement chacun de mes manquements pour m'en dresser le compte, un beau jour, quand je ne m'y attendais plus. Juste au moment où je croyais m'échapper, elle fondait sur moi, implacable, n'ayant rien oublié, détaillant, jour après jour, heure après heure, les choses mêmes que je croyais les plus cachées.

Je ne distinguais pas pourquoi ma mère ne me punissait pas sur-le-champ. D'autant plus que je sentais confusément qu'elle se dominait avec peine. Dans la suite j'ai compris qu'elle agissait ainsi par discipline envers elle: « pour se dompter elle-même », et aussi certainement pour m'impressionner davantage en établissant son emprise le plus profondément possible sur moi.

Il y avait bien une autre raison que je n'ai découverte que beaucoup plus tard.

J'ai dit que ma mère s'occupait sans arrêt, soit dans la maison, soit dans l'étable ou les champs. Pour me corriger, elle attendait une trêve.

J'ai trouvé, l'autre jour, dans la remise, sur une poutre, derrière un vieux fanal, un petit calepin ayant appartenu à ma mère. L'horaire de ses journées était soigneusement inscrit. Un certain lundi, elle devait mettre des draps à blanchir sur l'herbe; et, je me souviens que brusquement il s'était mis à pleuvoir. En date de ce même lundi, j'ai donc vu dans son carnet que cette étrange femme avait rayé: « Blanchir les draps », et ajouté dans la marge: « Battre François ».

Nous étions toujours seuls. J'allais avoir douze ans et n'avais pas encore contemplé un visage humain, si ce n'est le reflet mouvant de mes propres traits, lorsque l'été je me penchais pour boire aux ruisseaux. Quant à ma mère, seul le bas de sa figure m'était familier. Mes yeux n'osaient monter plus haut, jusqu'aux prunelles courroucées et au large front que je connus, plus tard, atrocement ravagé.

Son menton impératif, sa bouche tourmentée, malgré l'attitude calme que le silence essayait de lui imposer, son corsage noir, cuirassé, sans nulle place tendre où pût se blottir la tête d'un enfant; et voilà l'univers maternel dans lequel j'appris, si tôt, la dureté et le refus.

Nous demeurions à une trop grande distance du village, même pour aller à la messe. Cela ne m'empêchait pas de passer quelquefois mon dimanche presque entier à genoux sur le plancher, en punition de quelque faute. C'était là, je crois, la façon maternelle de sanctifier le jour du Seigneur, à mes dépens.

Je n'ai jamais vu ma mère prier. Mais, je soupçonnais qu'elle le faisait, parfois, enfermée dans sa chambre. Dans ce temps-là, j'étais si dépendant de ma mère que le moindre mouvement intérieur chez elle se répercutait en moi. Oh! je ne comprenais rien, bien entendu, au drame de cette femme, mais je ressentais, comme on perçoit l'orage, les sautes de son humeur la plus secrète. Or, les soirs où je croyais ma mère occupée à prier, je n'osais bouger sur ma paillasse. Le silence était lourd à mourir. J'attendais je ne sais quelle tourmente qui balayerait tout, m'entraînant avec ma mère, à jamais lié à son destin funeste.

Ce désir que j'avais augmentait de jour en jour et me pesait comme une nostalgie. Voir de près et en détail une figure humaine. Je cherchais à examiner ma mère à la dérobée; mais, presque toujours, elle se retournait vivement vers moi et je perdais courage.

Je résolus d'aller à la rencontre d'un visage d'homme, n'osant espérer un enfant et me promettant de fuir si c'était une femme. Pour cela je voulais me poster au bord de la grand'route. Il finirait bien par passer quelqu'un.

Notre maison s'élevait à l'écart de toute voie de communication, au centre d'un domaine de bois, de champs et d'eau sous toutes ses formes, depuis les calmes ruisseaux jusqu'à l'agitation du torrent.

Je traversai l'érablière et les grands champs tout en buttons durs que ma mère s'obstinait à labourer en serrant les dents, les mains attachées aux mancherons que le choc lui faisait parfois lâcher. Notre vieux cheval, Éloi, en est mort, lui.

Je ne croyais pas la route si loin. Je craignais de me perdre. Que dirait ma mère, au retour de la traite des vaches, quand elle s'apercevrait de mon absence? D'avance je me recroquevillais sous les coups, mais je continuais de marcher. Mon désir était trop présent, trop désespéré.

Après le petit brûlé où chaque été je venais cueillir des bleuets avec ma mère, je me trouvai face à face avec la route. Essoufflé, je m'arrêtai court, comme touché au front par une main. J'avais envie de pleurer. La route s'étendait triste, lamentable, unie au soleil, sans âme, morte. Où se trouvaient les cortèges que je m'imaginais découvrir? Sur ce sol-là s'étaient posés des pas autres que les miens ou ceux de ma mère. Qu'étaient devenus ces pas? Où se dirigeaient-ils? Pas une empreinte. La route devait certainement être morte.

Je n'osais marcher dessus et je suivais le fossé. Tout à coup, je butai sur un corps étendu et fus projeté dans la vase. Je me levai, consterné à la pensée de mes habits salis; et je vis l'homme horrible à côté de moi. Il devait dormir là, et maintenant il s'asseyait lentement. Cloué sur place, je ne bougeais pas, m'attendant à être tué pour le moins. Je ne trouvais même pas la force de me garantir le visage avec mon bras.

L'homme était sale. Sur sa peau et ses vêtements alternaient la boue sèche et la boue fraîche. Ses cheveux longs se confondaient avec sa barbe, sa moustache et ses énormes sourcils qui lui tombaient sur les yeux. Mon Dieu, quelle face faite de poils hérissés et de taches de boue! Je vis la bouche se montrer là-dedans, gluante, avec des dents jaunes. Je voulus fuir. L'homme me retint par le bras. Il s'agrippa à moi pour tenter de se mettre debout, ce qui eut pour effet de me faire culbuter.

L'homme rit. Son rire était bien de lui. Aussi ignoble que lui. Encore une fois je tentai de me sauver. Il me fit asseoir sur le bord du fossé, près de lui. Je sentais son odeur fauve se mêler aux relents du marécage. Tout bas, je faisais mon acte de contrition, et je pensais à la justice de Dieu qui, pour moi, ferait suite à la terreur et au dégoût que m'inspirait cet homme. Il avait sa main malpropre et lourde sur mon épaule.

— Quel âge as-tu, petit gars?

Sans attendre ma réponse, il ajouta:

— Connais-tu des histoires? Non, hein... Moi, j'en connais...

Il passa son bras autour de mes épaules. J'essayai de me déprendre. Il serrait plus fort, en riant. Son rire était tout près de ma joue. À ce moment, j'aperçus ma mère devant nous. Dans sa main elle tenait la maîtresse branche qui servait à faire rentrer les vaches. Ma mère m'apparut pour la première fois dans son ensemble. Grande, forte, nette, plus puissante que je ne l'avais jamais cru.

— Lâchez cet enfant!

L'homme, surpris, se leva péniblement. Il semblait fasciné par ma mère autant que je l'étais. Ma mère se retourna vers moi et, du ton sur lequel on parle à un chien, elle me cria:

— À la maison, François!

Lentement, sentant mes jambes se dérober sous moi, je repris le sentier du brûlé. L'homme parlait à ma mère. Il paraissait la connaître. Il disait de sa voix traînante:

— Si c'est pas la belle Claudine!... Te retrouver ici!... T'as quitté le village à cause du petit, hein?... Un beau petit gars... oui, ben beau... Te retrouver ici!... Tout le monde te pensait défunte...

— Allez-vous-en! tonna ma mère.

— La grande Claudine, si avenante, autrefois... Fâche-toi pas...

— Je vous défends de me tutoyer, cochon!

Là, j'entendis le bruit sec d'un coup, suivi par le bruit sourd d'une chute. Je me retournai. Ma mère était debout, immense, à la lisière du bois, la trique toute frémissante à la main, l'homme étendu à ses pieds. Elle avait dû se servir du gros bout du bâton pour frapper l'homme à la tête.

La grande Claudine (c'est ainsi que mentalement je me prenais à nommer ma mère) s'assura que l'homme était vivant, ramassa ses jupes, sauta le fossé et s'engagea à nouveau dans le chemin de la maison. Je partis à courir. L'écho de mes pas affolés résonnait à mes oreilles en même temps que celui des robustes enjambées de ma mère, derrière moi.

Elle me rattrapa en arrivant près de la maison. Me traînant par le bras, elle entra dans la cuisine. Elle avait jeté le bâton. J'étais si effrayé, si moulu, et pourtant je ne pouvais m'empêcher d'éprouver un inexplicable sentiment de curiosité et d'attrait. Je croyais obscurément que ce qui allait suivre serait à la hauteur de ce qui venait de se passer. Mes sens, engourdis par une vie contrainte et monotone, se réveillaient. Je vivais une prestigieuse et terrifiante aventure.

Ma mère dit d'une voix coupante:

— C'est beau un être humain, hein, François? Tu dois être content d'avoir enfin contemplé de près un visage. C'est ragoûtant, n'est-ce pas?

Au comble du trouble de voir que ma mère avait pu deviner un désir que je ne lui avais jamais confié, je levai les yeux sur elle, semblable à quelqu'un qui a perdu tout contrôle de soi. Et, c'est mes yeux égarés retenus dans les siens, que se déroula tout l'entretien. J'étais paralysé, magnétisé par la grande Claudine.

— Le monde n'est pas beau, François. Il ne faut pas y toucher. Renonces-y tout de suite, généreusement. Ne t'attarde pas. Fais ce que l'on te demande, sans regarder alentour. Tu es mon fils. Tu me continues. Tu combattras l'instinct mauvais, jusqu'à la perfection...

Ses yeux lançaient des flammes. Tout son être droit, dressé au milieu de la pièce, exprimait une violence qui ne se contenait plus, et qui me figeait à la fois de pudeur et d'admiration. Elle répétait, la voix moins dure, comme se parlant à elle-même: « La possession de soi... la maîtrise de soi... surtout n'être jamais vaincu par soi... »

Ma mère s'arrêta. Ses longues mains étaient déjà calmes, et le calme rentra par là dans toute sa personne. Elle continua, le visage presque fermé. Seul l'éclat des yeux ne se retirait pas tout à fait, ainsi que les restes d'une fête dans une maison déserte.

— François, je retournerai au village, la tête haute. Tous s'inclineront devant moi. J'aurai vaincu! Vaincre! Je ne permettrai pas qu'un salaud d'ivrogne bave sur moi et touche à mon fils. Tu es mon fils. Tu combattras l'instinct mauvais, jusqu'à la perfection. Tu seras prêtre! Le respect! Le respect, quelle victoire sur eux tous!...

Prêtre! Cela me paraissait tellement accablant, surtout en cette journée où j'avais été si blessé dans ma pauvre attente d'un visage doux. Ma mère m'expliquait souvent: « La Messe, c'est le Sacrifice. Le prêtre est à la fois sacrificateur et victime, comme le Christ. Il fallait qu'il s'immolât sur l'autel, sans merci, avec l'hostie. » J'étais si petit et je n'avais jamais été heureux. J'éclatai en sanglots. Ma mère faillit se jeter sur moi, puis tourna les talons en disant, de sa voix brève:

— Pleurnichard! Enfant sans énergie! J'ai reçu la réponse du directeur; tu entreras au collège, jeudi prochain, le quatre septembre. Va me chercher une brassée de petit bois que j'allume le poêle pour souper. Allons, remue-toi!

Mes livres d'étude avaient appartenu à ma mère lorsqu'elle était enfant. Ce soir-là, sous prétexte de préparer mes bagages pour le collège, je pris les livres, un par un, et regardai avec avidité le nom qui s'inscrivait en première page de chacun d'eux: « Claudine Perrault »... Claudine, la belle Claudine, la grande Claudine...

Les lettres du prénom dansaient devant mes yeux, se tordaient comme des flammes, prenant des formes fantastiques. Cela ne m'avait pas frappé auparavant que ma mère s'appelât Claudine. Et maintenant, cela me semblait étrange, cela me faisait mal. Je ne savais plus si je lisais ce nom ou si je l'entendais prononcer par une voix éraillée, celle d'un démon, tout près de moi, son souffle touchant ma joue.

Ma mère s'approcha de moi. Elle n'allégea pas l'atmosphère. Elle ne me sauva pas de mon oppression. Au contraire, sa présence donnait du poids au caractère surnaturel de cette scène. La cuisine était sombre, le seul rond de clarté projeté par la lampe tombait sur le livre que je tenais ouvert. Dans ce cercle lumineux, les mains de ma mère entrèrent en action. Elle s'empara du livre. Un instant le « Claudine » écrit en lettres hautes et volontaires capta toute la lumière, puis il disparut et je vis venir à la place, tracé de la même calligraphie altière: « François ». Un « François » en encre fraîche, accolé au « Perrault » de vieille encre. Et ainsi dans ce rayon étroit, en l'espace de quelques minutes, les mains longues jouèrent et scellèrent mon destin. Tous mes livres y passèrent. Cette phrase de ma mère me martelait la tête: « Tu es mon fils. Tu me continues ».

Ce jour extraordinaire disparu, je m'efforçai, sur l'ordre de ma mère, de le repousser de ma mémoire. Formé depuis longtemps par une règle de fer, je réussis assez bien à ne plus penser consciemment aux scènes écoulées et à accomplir mécaniquement les tâches imposées. Cependant, au fond de moi, je sentais parfois une richesse inconnue, redoutable, qui m'étonnait et me troublait par sa présence endormie.

Le résultat pratique, si l'on peut dire, de ma première rencontre avec autrui, fut de me mettre sur mes gardes et de replier à jamais en moi tout geste spontané de sympathie humaine. Ma mère enregistrait une victoire.

J'entrai au collège dans ces dispositions. L'air sauvage et renfermé, j'observais mes camarades. Je repoussais leurs avances timides ou railleuses. Bientôt le vide se fit autour du nouvel élève. Je me disais que c'était mieux ainsi, puisqu'il ne fallait m'attacher nulle part en ce monde. Puis, je m'imposais des pénitences pour cette peine que je ressentais de mon isolement.

Ma mère m'écrivait: « Je ne suis pas là pour te dresser. Impose-toi, toi-même, des mortifications. Surtout, combats la mollesse, ton défaut dominant. Ne te laisse pas attendrir par le mirage de quelque amitié particulière. Tous, professeurs et élèves, ne sont là que pour un certain moment, nécessaire à ton instruction et à ta formation. Profite de ce qu'ils *doivent* te donner, mais *réserve-toi*. Ne t'abandonne à aucun prix, ou tu serais perdu. D'ailleurs, on me tient au courant de tout ce qui se passe au collège. Tu m'en rendras un compte exact aux vacances, et à Dieu aussi, au jour de la justice. Ne perds pas ton temps. Pour ce qui est des récréations, je me suis entendue avec le directeur. Tu aideras le fermier, à l'étable et aux champs ».

Le travail de la ferme me connaissait et je préférais m'occuper ainsi que d'avoir à suivre mes camarades en récréation. Je ne savais ni jouer ni rire et je me sentais de trop. Quant aux professeurs, à tort ou à raison, je les considérais les alliés de ma mère. Et j'étais particulièrement sur mes gardes avec eux.

Tout au long des années de collège qui suivirent, j'étudiai. C'est-à-dire que ma mémoire enregistra des dates, des noms, des règles, des préceptes, des formules. Fidèle à l'initiation maternelle, je ne voulais retenir que les signes extérieurs des matières à étudier. Je me gardais de la vraie connaissance qui est expérience et possession. Ainsi, au sujet de Dieu, je m'accrochais de toutes mes forces de volonté aux innombrables prières récitées chaque jour, pour m'en faire un rempart contre l'ombre possible de la face nue de Dieu.

Mes notes demeuraient excellentes, et je conservais habituellement les premières places exigées par ma mère.

Je considérais la formation d'une tragédie classique ou d'une pièce de vers telle un mécanisme de principes et de recettes enchaînées par la seule volonté de l'auteur. Une ou deux fois, pourtant, la grâce m'effleura. J'eus l'aperception que la tragédie ou le poème pourrait bien ne dépendre que de leur propre fatalité intérieure, condition de l'œuvre d'art.

Ces révélations m'atteignaient douloureusement. En une seconde, je mesurais le néant de mon existence. Je pressentais le désespoir. Alors, je me raidissais. J'absorbais des pages entières de formules chimiques.

À la lecture des notes et surtout à la distribution des prix, je retrouvais la même impression de dégoût infini que je ne parvenais pas à maîtriser malgré mes efforts.

L'année de ma rhétorique, j'arrivai premier et je remportai un très grand nombre de prix. Les bras chargés de livres, les oreilles bourdonnantes des applaudissements polis des camarades pour lesquels je ne cessais pas d'être un étranger, j'allais de ma place à l'estrade et j'éprouvais une angoisse aiguë et un tel accablement que j'avais peine à avancer.

La cérémonie terminée, je m'allongeai sur mon lit, dans le dortoir bruyant du va-et-vient des élèves qui s'apprêtaient à partir pour les vacances.

Soudain j'entrevis ce qu'aurait pu être ma vie. Un regret brutal, presque physique, m'étreignit. Je devins oppressé. Quelque chose se serrait dans ma poitrine. Je voyais s'éloigner mes camarades, un à un ou par groupes. Je les entendais rire et chanter. Moi, je ne connaissais pas la joie. Je ne pouvais pas connaître la joie. C'était plus qu'une interdiction. Ce fut d'abord un refus, cela devenait une impuissance, une stérilité. Mon cœur était amer, ravagé. J'avais dix-sept ans!

Un seul garçon restait maintenant dans le dortoir. Il paraissait avoir de la difficulté à boucler sa malle. Je fus sur le point de m'offrir à l'aider. Comme je me levais de mon lit, il demanda:

— Aide-moi donc un peu à fermer ma malle?

Surpris, mécontent d'être devancé, j'articulai pour gagner du temps:

— Qu'est-ce que tu dis?

Ma phrase résonna dans la salle déserte et eut pour effet de me mettre sur les dents. Ma voix brève, rauque, m'était toujours pénible, irritante à entendre.

Je m'étendis à nouveau, les lèvres serrées, pressant mon oreiller à pleines poignées. Mon compagnon répéta sa même phrase. Je fis mine de ne pas comprendre, espérant qu'il la recommencerait une troisième fois. Je comptais les secondes, pénétré du sentiment qu'il ne m'appellerait plus. Et je ne bougeais pas, éprouvant la volupté de faire ce qui est irréparable.

— Merci de ton obligeance et bonnes vacances, sacré caractère!

Puis, ce camarade que, en secret, j'avais préféré aux autres, disparut, ployant sous le poids de sa malle.

Ma mère ne venait jamais me chercher à la gare. Elle ne me guettait pas non plus à la fenêtre. Elle m'attendait à sa façon, c'est-à-dire en robe de semaine, en plein milieu d'une tâche quelconque. À mon arrivée, elle s'interrompait pour me poser les quelques questions jugées nécessaires. Ensuite, elle reprenait son ouvrage, après m'avoir assigné ma besogne jusqu'au prochain repas.

Ce jour-là, malgré la grande chaleur, je la trouvai à genoux, en train de sarcler un carré de betteraves. Elle s'assit sur ses talons, fit, d'un geste brusque, basculer son chapeau de paille en arrière de sa tête, essuya ses mains à son tablier et me dit:

— Eh bien, combien de prix?

— Six livres, ma mère, et j'ai gagné la bourse.

— Montre!

Je lui tendis les livres, semblables à tous les livres de prix, rouges et à tranches dorées. Qu'ils me semblaient ridicules, dérisoires! J'en avais honte, je les méprisais. Rouges, dorés, faux. Couleur de fausse gloire. Signes de ma fausse science. Signes de ma servitude.

Ma mère se leva et entra dans la maison. Elle prit son trousseau de clefs, gros nœud de ferraille où toutes les clefs du monde semblaient s'être donné rendez-vous.

— Donne l'argent!

Je mis la main à ma poche et en sortis la bourse. Elle me l'arracha presque.

— Avance donc! Crois-tu que j'aie le temps de lambiner! Change-toi, puis viens m'aider à finir le carré avant le souper!...

Je ne bronchai pas. Je regardai ma mère et la certitude s'établissait en moi, irrémissible. Je me rendis compte que je la détestais.

Elle enferma l'argent dans le petit secrétaire.

— Je vais écrire demain au directeur pour faire ton entrée. Heureusement que tu as eu la bourse...

— Je ne retournerai pas au collège, l'année prochaine, prononçai-je si nettement que je croyais entendre la voix d'un autre. C'était la voix d'un homme.

Je vis le sang monter au visage de ma mère, couvrir son front, son cou hâlés. Pour la première fois, je la sentis chanceler, hésiter. Cela me faisait un extrême plaisir. Je répétai:

— Je ne retournerai pas au collège. Je n'irai jamais au séminaire! Tu fais mieux de ne pas compter sur moi pour te redorer une réputation...

Ma mère bondit comme une tigresse. Très lucide, j'observais la scène. Tout en me reculant vers la porte, je ne pouvais m'empêcher de noter la force souple de cette longue femme. Son visage était tout défait, presque hideux. Je me dis que c'est probablement ainsi que la haine et la mort me défigureraient, un jour. J'entendis tinter le trousseau de clefs. Elle le brandissait de haut. J'entrevis son éclat métallique comme celui d'un éclair s'abattant sur moi. Ma mère me frappa plusieurs fois à la tête. Je perdis connaissance.

Quand je rouvris les yeux, je me trouvais seul, étendu sur le plancher. Je ressentais une douleur violente à la tête. J'étais devenu sourd.

À partir de ce jour, une fissure se fit dans ma vie opprimée. Le silence lourd de la surdité m'envahit et la disponibilité au rêve qui se montrait une sorte d'accompagnement. Aucune voix, aucun bruit extérieur n'arrivait plus jusqu'à moi. Pas plus le fracas des chutes que le cri du grillon. De cela, je demeurais sûr. Pourtant, j'entendais en moi le torrent exister, notre maison aussi et tout le domaine. Je ne possédais pas le monde, mais ceci se trouvait changé: une partie du monde me possédait. Le domaine d'eau, de montagnes et d'antres bas venait de poser sur moi sa touche souveraine.

Je me croyais défait de ma mère et je me découvrais d'autres liens avec la terre.

Mes yeux s'attachaient sur notre maison, basse, longue, et, lui faisant face, les bâtiments de même style identifié au sol austère, les chiches éclaircies des champs cultivés, le déroulement des bois au rythme heurté des montagnes sauvages tout alentour. Et sur tout ça, la présence de l'eau. Dans la fraîcheur de l'air, les espèces des plantes, le chant des grenouilles. Ruisseaux, rivière molle, étangs clairs ou figés et, tout près de la maison, bouillonnant dans un précipice de rochers: le torrent.

Le torrent prit soudain l'importance qu'il aurait toujours dû avoir dans mon existence. Ou plutôt je devins conscient de son emprise sur moi. Je me débattais contre sa domination. Il me semblait que sur mes vêtements, mes livres, les meubles, les murs, un embrun continuel montait des chutes et patinait ma vie quotidienne d'un goût d'eau indéfinissable qui me serrait le cœur. De toutes les sonorités terrestres, ma pauvre tête de sourd ne gardait que le tumulte intermittent de la cataracte battant mes tempes. Mon sang coulait selon le rythme précipité de l'eau houleuse. Lorsque je devenais à peu près calme, cela ne me faisait pas trop souffrir, cela se réduisait à un murmure lointain. Mais, les jours épouvantables où je ressassais ma révolte, je percevais le torrent si fort à l'intérieur de mon crâne, contre mon cerveau, que ma mère me frappant avec son trousseau de clefs ne m'avait pas fait plus mal.

Cette femme ne m'adressa plus un mot depuis la fameuse scène où, pour la première fois, je m'étais opposé à sa volonté. Je sentais qu'elle m'évitait. Les travaux d'été suivaient leur cours. Je m'arrangeais pour me trouver seul. Et, délaissant foin, faucheuse, légumes, fruits, mon âme se laissait gagner par l'esprit du domaine. Je restais des heures à contempler un insecte, ou l'avance de l'ombre sur les feuilles. Des journées entières aussi à évoquer certaines fois, même les plus éloignées, où ma mère m'avait maltraité. Chaque détail restait présent. Rien ne s'écoulait de ses paroles et de ses coups.

C'est vers ce temps que Perceval fit son arrivée chez nous. Ce cheval, quasi sauvage, ne se laissait pas mater par la grande Claudine qui en avait dompté bien d'autres. Il lui résistait avec une audace, une persévérance, une rouerie qui m'enchantaient. Toute noire, sans cesse les naseaux fumants, l'écume sur le corps, cette bête frémissante ressemblait à l'être de fougue et de passion que j'aurais voulu incarner. Je l'enviais. J'aurais voulu la consulter. Vivre dans l'entourage immédiat de cette fureur jamais démentie me semblait un honneur, un enrichissement.

Le soir, je me relevais, une fois ma mère endormie, et j'allais me percher dans le fenil au-dessus de Perceval. Je me délectais, je m'étonnais de ne jamais percevoir de détente au paroxysme de son emportement. Était-ce par orgueil que la bête attendait mon départ pour s'endormir? Ou ma présence immobile et cachée l'irritait-elle? Elle ne cessait pas de souffler bruyamment, de donner des coups de sabots dans sa stalle. De mon abri je voyais la belle robe noire aux reflets bleus. Des courants électriques parcouraient son épine dorsale. Je n'avais jamais pu imaginer pareille fête. Je goûtais à la présence réelle, physique, de la passion.

Je quittais l'écurie, la tête et les oreilles battant d'un vacarme qui me rendait presque fou. Toujours ce ressac d'eau et d'orage. Je me prenais le front à deux mains et les chocs se précipitaient à une telle allure que j'avais peur de mourir. Je me promettais de ne pas rester si longtemps la prochaine fois, mais le spectacle de la colère de Perceval m'attirait à un tel point que je ne me décidais à m'éloigner que lorsque le fracas du torrent en moi me saisissait et m'interdisait toute autre attention.

Je descendais alors au bord des chutes. Je n'étais pas libre de n'y pas descendre. J'allais vers le mouvement de l'eau, je lui apportais son chant, comme si j'en étais devenu l'unique dépositaire. En échange, l'eau me montrait ses tournoiements, son écume, tels des compléments nécessaires aux coups heurtant mon front. Non une seule grande cadence entraînant toute la masse d'eau, mais le spectacle de plusieurs luttes exaspérées, de plusieurs courants et remous intérieurs se combattant férocement.

L'eau avait creusé le rocher. Je savais que l'endroit où je me trouvais avançait sur l'eau comme une terrasse. Je m'imaginais la crique au-dessous, sombre, opaque, frangée d'écume. Fausse paix, profondeur noire. Réserve d'effroi.

Des sources filtraient par endroits. Le rocher était limoneux. C'eût été facile de glisser. Quel saut de plusieurs centaines de pieds! Quelle pâture pour le gouffre qui devait décapiter et démembrer ses proies! Les déchiqueter...

Je reprenais le chemin de ma paillasse à même le plancher, sans m'être séparé du torrent. En m'endormant, j'ajoutais à son mugissement, déjà intégré à moi, l'image de son impétueuse fièvre. Éléments d'un songe ou d'une œuvre? Je sentais que bientôt de l'un ou de l'autre je verrais le visage formé et monstrueux émerger de mon tourment.

Le jour de la rentrée approchait. Ma mère s'était raidie et n'attendait que le moment de faire volte face, toute sa vigueur ramassée et accrue par cette longue et apparente démission qui n'était en réalité qu'un gain remporté sur sa vivacité. Oh! pas une de mes minutes de paresse devant le travail, ni une seule de mes flâneries au bord des chutes ou ailleurs ne lui demeuraient inconnues.

Je la devinais en pleine possession de son pouvoir. Chose étrange, les continuels échecs qu'elle rencontrait dans le dressage de Perceval ne semblaient pas l'atteindre. Elle s'élevait au-dessus de tout, sûre de son triomphe final. Cela me rapetissait. Et je savais que bientôt ce serait inutile d'essayer d'éviter la confrontation avec la gigantesque Claudine Perrault.

Je me tournai vers Perceval.

Ce soir-là, la bête était déchaînée. En entrant dans l'écurie, je fus sur le point de retourner en arrière. Le cheval se démenait si fort que je craignais qu'il ne défonçât tout. Une fois à l'abri dans le fenil, je contemplai cette rage étonnante. Le sang sur son poil se mêlait à la sueur. Il était cruellement entravé, pourtant, et cela ne l'empêchait pas de se débattre.

Je crus mon premier sentiment fait de pitié en voyant une superbe créature blessée et torturée. Je ne me rendais pas compte que cela surtout m'était insupportable de constater une haine aussi mûre et à point, liée et retenue, alors qu'en moi je sentais la mienne inférieure et lâche.

Ce démon captif, en pleine puissance, m'éblouissait. Je lui devais en hommage et en justice aussi de lui permettre d'être soi dans le monde. À quel mal voulais-je rendre la liberté? Était-il en moi?

Le torrent subitement gronda avec tant de force sous mon crâne que l'épouvante me saisit. Je voulus crier. Je ne pouvais plus reculer. Je me souviens d'avoir été étourdi par cette masse sonore qui me frappait à la tête.

Puis, il y a là un manque que je me harcèle à éclaircir, depuis ce temps. Et lorsque je sens l'approche possible de l'horrible lumière dans ma mémoire, je me débats et je m'accroche désespérément à l'obscurité, si troublée et menacée qu'elle soit. Cercle inhumain, cercle de mes pensées incessantes, matière de ma vie éternelle.

Le torrent me subjugua, me secoua de la tête aux pieds, me brisa dans un remous qui faillit me désarticuler.

Impression d'un abîme, d'un abîme d'espace et de temps où je fus roulé dans un vide succédant à la tempête. La limite de cet espace mort est franchie. J'ouvre les yeux sur un matin lumineux. Je suis face à face avec le matin. Je ne vois que le ciel qui m'aveugle. Je ne puis faire un mouvement. Quelle lutte m'a donc épuisé de la sorte? Lutte contre l'eau? C'est impossible. Et d'ailleurs, mes vêtements sont secs. De quel gouffre suis-je le naufragé? Je tourne ma tête avec peine. Je suis couché sur le roc, tout au bord du torrent. Je vois sa mousse qui fuse en gerbes jaunes. Se peut-il que je revienne du torrent? Ah! quel combat atroce m'a meutri! Ai-je combattu corps à corps avec l'Ange? Je voudrais ne pas savoir. Je repousse la conscience avec des gestes déchirants.

La bête a été délivrée. Elle a pris son galop effroyable dans le monde. Malheur à qui s'est trouvé sur son passage. Oh! je vois ma mère renversée. Je la regarde. Je mesure son envergure terrassée. Elle était immense, marquée de sang et d'empreintes incrustées.

LES CHAMBRES DE BOIS

Au pays de Catherine*

(*Premier chapitre du roman.*)

C'était au pays de Catherine, une ville de hauts fourneaux flambant sur le ciel, jour et nuit, comme de noirs palais d'Apocalypse. Au matin les femmes essuyaient sur les vitres des maisons les patines des feux trop vifs de la nuit.

Les fenêtres de Catherine étaient claires, le carrelage de la cuisine luisait comme un bel échiquier noir et blanc. Toute transparence refaite à mesure, Catherine ne s'était jamais laissé devancer par le travail et le temps. Depuis la mort de la mère, n'y avait-il pas trois petites sœurs après elle qu'il fallait nourrir, laver, peigner, habiller et repriser, tandis que le père se retirait en sa solitude.

L'année de la mort de la mère, il y eut un été si chaud et si noir que la suie se glissait par tous les pores de la peau. Les hauts fourneaux rivalisaient d'ardeur avec le feu de l'été. Sous l'abondance d'un pain aussi dur, des femmes se plaignaient doucement contre la face noire des hommes au désir avide.

La campagne aux environs fumait comme un vieil étang. L'automne venu, on y mena Catherine et ses sœurs, chez un oncle âgé qui ne travaillait plus. On manquait de tout dans la maison, parce qu'il n'y avait personne pour faire les commissions. Les petites firent toutes les courses pour l'oncle qui les avait invitées pour cela.

Puis un jour, en allant au village, elles se perdirent dans le brouillard. Toutes les routes se ressemblaient, traversant des canaux, longeant des champs d'herbages aux arbres fins, bleus de brume, se répétant de-ci de-là, comme des motifs.

La plus petite des sœurs se mit à pleurer. Catherine lui serra la main et s'entêta à chercher dans la campagne mouillée un marchand de vin et de tabac et de quoi recoller un fauteuil écroulé. Bientôt la pluie devint si violente qu'elles se tinrent toutes les quatre sous un arbre, tête baissée, joue contre joue, bras autour du cou, tournant le dos à la tempête, liées ensemble en une lourde gerbe d'enfants perdues. Catherine glissa un regard entre des mèches de cheveux, ses cils frôlèrent la joue de Lucie qui secoua la tête comme pour éloigner une mouche. Elle suivit le regard de Catherine, et toutes deux virent le chasseur et les enfants qui sortaient du bois.

L'homme marchait devant, en de longues enjambées. La fille suivait, s'efforçant d'aller vite et droit, malgré le fusil qu'elle portait en bandoulière. Le fils venait loin derrière, tête basse, accablé sous le poids de la gibecière.

Ce fut Lucie qui demanda sa route. L'homme répondit d'une voix brève, avec ennui, puis, comme il regardait Lucie, quelque chose de vif et de rusé se réveilla sur son visage las, comme un petit renard qui rompt soudain un masque. Il dit à Lucie qu'il la trouvait forte pour son âge et il lui expliqua le chemin du village. Puis il s'ennuya à nouveau sous la pluie avec une grande hauteur.

Ils restèrent tous quelques minutes sous le couvert des arbres, les enfants un peu à l'écart du père.

La fille du chasseur avait un visage couleur de muscade, des yeux minces très noirs lui remontant vers les tempes. Elle dit d'un air pointu, sans regarder Catherine et ses sœurs, qu'elle avait chassé dès avant le jour, à travers les marais et que la gibecière était pleine de cailles. Le petit garçon dit qu'il avait la fièvre. Il leva vers Catherine son visage effrayé, baigné de larmes, et il ajouta tout bas, que son père l'obligeait à porter la gibecière lourde d'oiseaux blessés. Catherine était si près du petit garçon qu'elle aurait pu suivre avec son doigt les traces de larmes sur les joues aux pommettes dures. Une âcre senteur de gibier souillé montait de l'enfant comme la propre odeur de sa détresse.

Le chasseur siffla ses chiens, il se mit en route, la petite fille et le petit garçon sur ses talons, de compagnie avec de grands chiens maigres.

Le soir, à la veillée, Lucie fit parler l'oncle qui n'aimait rien tant que de se taire comme s'il aspirait à devenir un mur bien lisse, une pierre sourde, un mort renfrogné. Lucie regarda l'oncle par en dessous et elle lui parla du chasseur qui l'avait trouvée forte pour son âge.

La parole se frayait de durs chemins à travers le silence de l'oncle; les veines se gonflaient à son cou, à ses tempes. Il jura, s'étouffa, puis il parla, moitié avec ressentiment, moitié avec joie aigre, des droits usurpés de chasse et de pêche, de toute la campagne ravagée par un seul seigneur, des bêtes blessées pourrissant dans les fourrés et des filles pures rendues mauvaises en une seule nuit. Il évoqua la maison trapue aux fenêtres longues et étroites. Il baissa la voix et dit que la femme qui vivait là, en un désœuvrement infini, s'entourait souvent de faste et de cruauté. Il avait lui-même aperçu sa figure de hibou immobile contre la vitre de la maison des seigneurs, un soir de pluie.

KAMOURASKA

Le premier mariage de Mme Rolland*

(Pendant que se meurt son second mari, le vieux notaire Jérôme Rolland, Elisabeth d'Aulnières revoit en rêve son premier mariage avec Jacques-Antoine Tassy, jeune seigneur de Kamouraska.)

Je vais me marier. Ma mère a dit oui. Et moi aussi j'ai dit oui, dans la nuit de ma chair. Aidez-moi? Dites-moi, vous, ma mère? Conseillez-moi? Et vous, mes tantes? Est-ce l'amour? Est-ce bien l'amour qui me tourmente? Je crois que je vais me noyer.

Est-ce donc ainsi que les filles vivent? Je te bichonne, je te coiffe. Je t'envoie à la messe et au catéchisme. Je te cache la vie et la mort derrière de grands paravents, brodés de roses et d'oiseaux exotiques. Ce sont les sauvages qui laissent tomber les nouveau-nés dans le lit des mères. Tu sais bien, les tout-petits-petits, à la face chiffonnée, qu'on trouve au matin, enveloppés de langes et de laine blanche? Auprès d'une jeune maman exténuée qui sourit? Les fables. Les fables de Dieu et celles des hommes. « Les Noces de Cana », « La Fiancée de Lammermoor », « À la Claire Fontaine, jamais je ne t'oublierai ». L'amour, la belle amour des chansons et des romans.

Voyou. Beau seigneur. Sale voyou. Je vous ai bien vu dans la rue. Mary Fletcher, une prostituée. Seigneur! Son manteau rouge. Ses cheveux carotte. Et vous triste Sire qui la suiviez sur le trottoir, comme un sale petit mouton. Vers son grand lit, aux draps souillés. Ah! je l'ai bien devinée, avec quel coup au ventre, la fête effrontée entre vous deux. Moi, moi, l'innocente. Élisabeth d'Aulnières, jeune fille à marier.

Le bal des Cazeau. C'est étrange comme un homme aussi fort tourne et virevolte avec aisance. Je garde mes yeux obstinément baissés. Il me serre le bras. Sa voix basse et mouillée.

— Élisabeth, regardez-moi, je vous en prie!
— Vous m'avez insultée. Je vous ai vu avec cette fille. Hier dans la rue.
— Je ne savais pas. Enfin. Je vous demande pardon.
Sa lèvre tremble comme s'il allait pleurer.

Mon orgueil! J'appelle mon orgueil à mon secours. Comme mon Dieu. Tandis que l'image carotte de Mary Fletcher me brûle de curiosité, de jalousie et de désir.

Un long moment nous nous regardons. En silence. Sa confusion. Sa veulerie. La mienne. Et mon orgueil qui se rend peu à peu. Nous détournons la tête, l'un de l'autre, épuisés, comme deux lutteurs.

— Éléonore-Élisabeth d'Aulnières, prenez-vous pour époux, Jacques-Antoine Tassy?

Il faut répondre « oui », bien fort. Ton voile de mariée. Ta couronne de fleurs d'oranger. Ta robe à traîne. Le gâteau de noces, à trois étages, nappé de sucre et de crème fouettée. Les invités se mouchent derrière toi. Tout le bourg de Sorel attend pour te voir passer, au bras de ton jeune époux. Mon Dieu, je me damne! Je suis mariée à un homme que je n'aime pas.

Ce géant blond, il a des yeux si bleus, des fleurs de lin, pleines de larmes. Un peu trop gras peut-être. La larme trop facile. On dit qu'il boit et qu'il court les filles, c'est le seigneur de Kamouraska. Il a tout juste vingt et un ans. Et moi, Élisabeth d'Aulnières, j'ai seize ans. J'ai juré d'être heureuse.

Que Mme Rolland ne se rassure pas si vite. Ne se réveille pas en toute hâte, dans la petite chambre de Léontine Mélançon. Pour classer ses souvenirs de mariage et les accrocher au mur, les contempler à loisir. Rien n'est moins inoffensif que l'histoire du premier mariage d'Élisabeth d'Aulnières.

Ce n'est pas que la lumière soit particulièrement insistante. Mais c'est cette terrifiante immobilité. Cette distance même qui devrait me rassurer est pire que tout. Penser à soi à la troisième personne. Feindre le détachement. Ne pas s'identifier à la jeune mariée, toute habillée de velours bleu. Costume de voyage. Gravure de mode pour Louis-Philippe de France. Le marié a l'air d'un mannequin de cire. Longue redingote et chapeau haut de forme.

Voici la mariée qui bouge, poupée mécanique, appuyée au bras du mari, elle grimpe dans la voiture. Son bas de soie blanche, son soulier fin. Elle reprend la pose au fond du cabriolet. Toute la noce plaisante, entoure l'équipage et rit très fort. La mariée embrasse à nouveau sa mère, ses tantes et toute la noce. Le marié saisit les rênes, soupire après ce long voyage jusqu'à Kamouraska. Les auberges. Les relais. Tante Adélaïde crie quelque chose qui se perd dans le vent. Elle répète sa question tandis que le marié retient à grand-peine les chevaux noirs, attelés en paire.

Le marié embrasse la mariée sans fin. Le marié est en bois colorié. La mariée aussi, peinte en bleu.

Quant à moi, je suis Mme Rolland, et je referai mon premier voyage de noces, comme on raconte une histoire, sans trop y croire, avec un sourire amusé. Même si le bonheur tourne au vinaigre, au fiel le plus amer.

La route est bordée d'arbres. Je compte les grains de riz dont la voiture est jonchée. Je ferme les yeux. Sur mon visage et mes mains passe le vent chaud et sec. J'aperçois, entre mes cils, le nuage de sable que soulève la voiture, sur la route.

Nous aurions dû prendre le bateau à vapeur jusqu'à Québec. Mais mon mari tient à conduire lui-même sa jeune épouse, jusqu'à sa demeure du bas du fleuve, selon un itinéraire, bien à lui.

L'odeur du foin coupé. Le parfum des trèfles. Le grésillement des grillons. De grandes brassées tour à tour brûlantes et fraîches, jetées sur mes épaules. Passage du plein soleil à l'ombre profonde de la forêt. Je redeviens sensible à outrance. Le centre de ma vie, ce désir... Non, je n'avouerai pas la connivence parfaite qui me lie à cet homme blond, assis à mes côtés. Cette voiture folle, lancée sur des routes peu sûres. Dans le brasier de l'été.

L'enseigne se balance au vent. *Auberge des Trembles.* Les lettres gothiques se mêlent à la broderie de bois peinte à la chaux, ornant la galerie et les colonnes minces.

L'aubergiste semble connaître le marié. Le costume du marié s'est considérablement libéré de son petit air cahier de mode. Le chapeau haut de forme, posé tout à fait à l'arrière de la tête, laisse tomber une mèche enfantine de fins cheveux blonds. Le gilet déboutonné, puis reboutonné de travers, fait des plis.

Le marié donne de grandes claques sur l'épaule de l'aubergiste. La voix sonore du mari emplit la salle basse.

— Bonsoir le père! Je viens pour dîner. Et pour coucher. C'est ma femme que je te présente. Tu vas la saluer bien bas, tout de suite. Et tu l'appelleras « Madame ». Et puis trouve-moi des violoneux et des danseurs. Au plus vite. C'est ma nuit de noces. Il faut fêter cela.

J'aime mieux la polka. Mon Dieu, le bal du Gouverneur! Aidez-moi! Sauvez-moi! Les jeunes hommes ont des gants blancs et des mines confites. Le Gouverneur lui-même... Ses favoris sont roux, comme du poil de chat. Son air très british. Je parle anglais avec distinction. Le Gouverneur me l'a dit. Qu'est-ce que je fais ici? Je vous le demande? Mon mari a de drôles d'idées. Ah! tous ces canayens-habitants-chiens-blancs! Ils sentent la sueur et la crasse. Ils se démènent en dansant et crient comme des bêtes qu'on égorge. Mon mari aime les filles pas lavées, à l'odeur musquée. Il me l'a dit. Il boit du caribou. Il mange de la galette chaude.

— La vie est belle!

C'est le marié qui hurle cela en faisant tourner la mariée.

J'ai mal au cœur. Cette galette m'est restée... On suffoque ici. La gigue irlandaise est une invention du diable. Le son discordant des violons me perce la tête. Je crois que j'ai un peu trop bu. Cette brûlure vive dans des gobelets de fer-blanc. Ah mon Dieu! Je vais mourir! Au bal du Gouverneur il y a des rondelles de citron vert qui flottent sur un punch rose, très doux. Tenir mon rang. Je deviens languissante comme avant mes règles. Je crois que je m'encanaille dans cette auberge de campagne. Mon mari joue avec la dentelle de mon jupon. Sous la table. Il glisse ses doigts très doux entre mon soulier et mon bas. À l'abri de la longue nappe de lin.

— Je suis heureux!

C'est le marié qui vante son bonheur. L'assemblée attentive et gênée roucoule doucement. Rit sans fin. Regarde la mariée par en dessous. D'un air complice.

Au petit matin, la mariée tarde à s'endormir, tout contre le marié, noyé de fatigue et d'alcool. Cette fraîche entaille entre ses cuisses, la mariée regarde avec effarement ses vêtements jetés dans la chambre, en grand désordre, de velours, de linge et de dentelle.

716

FÉLIX LECLERC (1914-1988)

Avant d'être le premier des grands chansonniers québécois, Félix Leclerc a été un délicieux conteur (*Adagio*, 1954; *Allegro*, 1944; *Andante*, 1944; *Pieds nus dans l'aube*, 1946). Il a envoûté toute une jeunesse par les images neuves qu'il savait emprunter aux réalités québécoises et par sa façon bien personnelle de construire un pays de rêve à même le quotidien. Félix Leclerc a également beaucoup écrit pour le théâtre: on se souviendra particulièrement du *P'tit bonheur* (1959), de *Sonnez les matines* (1959) et de *L'Auberge des morts subites* (1964). On lui doit encore deux romans, *Le Fou de l'île* (1958) et *Carcajou ou le Diable des bois* (1972), des souvenirs, *Moi, mes souliers...* (1955) et des poèmes, parmi lesquels sans doute il faut compter les textes de ses chansons. « Ce dont je suis certain, écrit Luc Bérimont, c'est qu'il est poète. Un écrivain aussi. Sans doute, de la meilleure espèce. Mais tout d'abord et avant tout poète. » (*Félix Leclerc*, Seghers, coll. « Poètes d'aujourd'hui », 1964.)

ANDANTE
Le hamac dans les voiles

Le Ruisseau à Rebours, vagabond ruisseau froid,
commençait dans les monts, sous les grands pins velus
où sont les caches d'ours.

En jouant, pirouettant, culbutant sur lui-même,
il dégringolait de vallon en vallon,
arrivait au village en éclatant de rire
sur un lit de cailloux.

Il jasait sous le pont, se sauvait au rapide,
léchait quelques perrons, frôlait les deux quais rouges
et rejoignait la mer.

À marée basse, l'océan le buvait; à marée haute, il le vomissait.
Comme bien d'autres ruisseaux, son lit était de poussière de roche, ses côtés de mousse verte, et son plafond de grands jeux de soleil.
Les femmes l'appelaient lavoir; les hommes, puits.

C'était le bain des filles, le boulevard des libellules, le bateau des feuilles mortes et, à cause de son agitation, de sa vie, de son clair mouvement, le désennui de ceux qui n'allaient pas au large.
Sous les petites baies d'écume circulaient des truites de la couleur du fond, que les enfants taquinaient le soir à la brunante avec des lignes à bouchons.

Le village portait le nom de ce gamin de ruisseau: À Rebours.
Un village de pêcheurs, aéré comme une barge, doux comme un temps doux, si tranquille que l'unique gendarme, oisif tout le long de l'année, s'y ennuyait à mourir, et que l'herbe poussait dans l'allée des pompiers.

Un village où l'on imagine mal la guerre, où les chevaux marchaient autant à gauche qu'à droite dans les ruelles zigzagantes.

Un village où des mots savoureux comme « beausir », « calmir », « barachois », « nordir », étaient de mode; où l'on disait: « un poisson navigue », « espérez-moi », « la douceur » pour le sucre, où les hommes vêtus comme les cultivateurs se tenaient unis par les trous de misère et l'espérance; où l'on se méfiait des beaux parleurs, des promesses qui passent comme des courants d'air.

Là, les hommes se fiaient à eux-mêmes, n'achetaient presque rien et se fabriquaient tout, jusqu'aux clous de bois. Ils aiguisaient leurs hameçons sur les pierres de la grève et se lavaient les mains dans le sable.

Le soleil du Ruisseau à Rebours sortait de la mer le matin et se couchait le soir dans les nids d'albatros.

Les maisons couleur d'espace, quelques-unes ramassées sur les buttes ou appuyées aux roches, d'autres debout au milieu des vallées, face et corps au vent, semblaient ne jamais se perdre de vue, comme des sœurs. Elles étaient séparées par des morceaux de jardins, des clôtures chargées de filets humides, des vigneaux (lits de broche où sèche la morue), par des carcasses de barges, la proue en l'air, le flanc pourri, sombrées dans la vieillesse.

C'est au bord de ce village, dans la maison voisine du phare, qu'est venue au monde Thalia l'amoureuse, la fille de Nérée, plus belle que le matin, forte, droite, têtue, hâlée par le nordais, taillée dans la lumière fraîche comme la fleur et plus gracieuse qu'elle, qui dès l'âge de quinze ans, d'un seul coup de cheveux, d'un glissement de l'œil, faisait tourner les têtes et se mordre le cœur, les garçons et les hommes.

Thalia l'amoureuse, fleur inhumaine...

Voici ce qu'on dit d'elle au Ruisseau à Rebours, quand les pêcheurs au large, bien ancrés entre les deux abîmes, chacun derrière sa boîte, les lignes descendues, se décident à parler. Quand le soir sur les grèves, les anciens se promènent; pour oublier l'époque où ils manquaient de pain, ils pensent à Thalia. Quand les femmes se bercent, se taisent et se rappellent, en taillant des manigots pour leurs hommes...

Elle avait passé son enfance, son adolescence et sa jeunesse dans la barge de son père Nérée, qui porte le nom de sa mère: *Fabie*.

La barge de Nérée pouvait accommoder un équipage de huit hommes. Huit pêcheurs avec Nérée étaient à l'aise sur la *Fabie*.

Ronde, bien bâtie, tête baissée, dos aplati, flanc bien offert aux souffles, combien de fois les pêcheurs l'avaient vue s'éloigner par là-bas vers Anticoste, rencontrer le mystère!

Elle savait tirer des bordées, danser, plonger, nager et surtout, comme une poitrine, savait bercer Thalia, sa dompteuse.

Nérée était un vieux pêcheur qui aimait les chansons, les histoires, les rimes, un des seuls qui, l'hiver, prenait un livre pour lire, comprenait la musique, les sermons du curé, écoutait la débâcle, les rapides, les pluies, comme des voix d'ancêtres qui lui dictaient la vie. Il était sage et fou en même temps. Pour sa fille il rêvait... mais tout à l'heure vous verrez. C'était un ouvrier qui lançait des vagues de soleil au ciel, pour s'amuser; comme la mer souffle des paquets de chimères sur les quais.

Dans les longues patrouilles de silence sur la houle, il avait trop rêvé. Il croyait que les princes habitaient dans les îles, s'informaient aux pétrels où étaient les beautés.

C'était un faiseur de barges aussi, qui savait jouer du compas, du marteau, de la scie, du pied de roi, de la hache et de l'équerre. Sur son établi il composait des coques, rabotait le cèdre vert et parmi les copeaux surgissait une quille, une proue, un mât. Des barres au crayon rouge, des coins bien arrondis, des bons coups de varlope, du lissage où il glissait la paume de sa main, du frottage au sablé, des fioritures parfois qu'il gossait au canif quand l'ouvrage lui plaisait, voilà qui était Nérée, le faiseur de barges.

— Hop là, montons! criait-il à Thalia lorsqu'elle était gamine.

Et Thalia grimpait sur le dos de son père, traversait le quai, envoyait des sourires, saluait les hommes qui lui tiraient les tresses et lui pinçaient les jambes, entrait sur la Fabie, aidait l'équipage à démêler les crocs, à trancher le hareng, à hisser les voiles. Les hommes en étaient fous. Ils l'aimaient tellement que c'était la chicane lorsque venaient les repas; toutes les mains noires lui offraient le pain blanc.

Léonidas, le jeune en gilet, à la barre, le meilleur pêcheur de la côte, aux yeux couleur de tabac, au cou bien attaché sur de fortes épaules, l'assoyait près de lui, lui prêtait son ciré, l'appelait capitaine. Et Thalia muette, les narines ouvertes et l'œil dans l'infini, pointait vers Anticoste où, au dire de son père, habitaient des pêcheurs riches, avec des barges blanches, des filets de lin et des câbles de soie, où les gerbes d'eau lançaient des perles de mer.

Léonidas savait, mais espérait quand même, et sentait ses chagrins s'écraser, se vider comme des éponges, quand Thalia la belle jetait les yeux sur lui.

« Marche, vogue ma barge, nous arrivons, nous arrivons.

Tout à l'heure dans les vagues tu te reposeras.

La pêche sera forte et si gros les poissons

qu'il faudra les suspendre au faîte du grand mât. »

Ainsi chantait Nérée, le faiseur de barges et de rimes, tandis que la *Fabie* voguait vers Anticoste.

Ils approchèrent de la fameuse île un jour. En riant, Nérée passa les jumelles à Thalia et lui dit:

— Regarde.

Elle vit des barges blanches et des pêcheurs habiles, coiffés de mouchoirs rouges, dans des câbles de soie.

Léonidas aussi regarda vers l'île, puis il baissa les yeux, vaincu. Thalia souriait, les narines battantes.

— Hop là, montons!

Mais Thalia, pour la première fois de sa vie, au lieu de grimper sur le dos de son père, n'avait pas bougé et avait rougi. Lui, s'était retourné. Thalia était une jeune fille que le printemps ouvrait.

Elle allait seule maintenant, les cheveux en chignon, les coudes sur le corps, sans courir comme avant.

Sur le quai, les hommes à son passage mettaient le doigt à leur casquette en reculant.

Quand il n'y avait pas de pêche, les soirs d'étoiles, la *Fabie* ancrée seule dans la baie, s'agitait, clapotait, appelait. Thalia furtivement, par le sentier du pic, répondait à l'appel, se glissait vers la grève, sautait dans une chaloupe et venait.

Sur le dos de la nuit, dans d'imaginaires voyages, maintes fois la *Fabie* emporta sa maîtresse.

En mer cette année-là, Léonidas le jeune était distrait. Il manquait ses poissons, lançait mal sa pesée, soupirait aux nuages, mêlait les hameçons. Les hommes de l'équipage se moquaient de lui.

À un retour de pêche, un midi, Nérée vit le jeune homme couché sur le ponton, la face dans son coude, qui pleurait.

Le même soir, rendu à terre, Nérée avait dit à Thalia:

— Tu ne viendras plus en mer.

— Je mourrai! répondit-elle. Maintenant il est trop tard!

Mais le bonhomme fit à sa tête et partit sans Thalia.

C'était un lundi, quatre heures du soir. Cent barges et plus s'apprêtaient à s'éloigner. La mer était houlouse, trépidante, l'air rempli d'iode et de sel.

Quand Nérée sauta sur la *Fabie*, tout l'équipage lui tourna le dos.

Alphée, son vieux voisin, lui demanda:

— Et Thalia?

— Elle ne viendra plus, répondit Nérée.

— Pourquoi?

— C'est une femme maintenant, fit le père en poussant sur l'homme avec ses yeux en colère.

Alphée ne répliqua point. Il s'en fut dans la direction de Léonidas, où étaient les hommes et dit à voix haute:

— S'il n'y avait pas d'enfants dans la barge, Thalia serait avec nous.

Léonidas avait bougé l'ancre avec son pied, mais il s'était retenu.

— Je ne suis plus un enfant, prononça-t-il calmement, et je suis prêt à le montrer à qui veut bien l'apprendre.

Alphée haussa les épaules et marmotta:

— J'espère qu'il ne nous arrivera pas malheur. Elle protégeait la barge.

Le départ se fit.

De sa fenêtre, Thalia les vit s'éloigner: cent barges, toutes voiles ouvertes, une à la suite de l'autre comme des mouettes, là-bas vers Anticoste, où les pêcheurs sont riches, les goélettes blanches et les câbles en soie.

Le soir fut mauvais. La nuit fut pire encore. Une tempête s'éleva. Plusieurs barges retournèrent dès la première barre du jour.

La *Fabie* rentra le surlendemain avec une maigre pêche et une voile déchirée.

En route, Alphée avait dit à Nérée:

— Thalia nous portait chance. Pourquoi ne pas l'amener?

— Elle est trop belle pour des morutiers comme vous autres, elle n'épousera pas Léonidas. Je la garde pour un pêcheur d'Anticoste. Je la cacherai.

Voilà quelle était la folie de Nérée. Dans les livres, il avait lu des histoires de fées qui dormaient cent ans en attendant le prince. Il disait à Léonidas:

— Voyons, réfléchis. Tu es un homme de semaine et c'est un homme de dimanche qu'il faut à Thalia, tu le sais. Quand elle passe dans les mouillures du jardin, les fleurs se courbent!

Il rêvait et rimait pendant que sa fille, Thalia l'amoureuse, se languissait, pendant que l'équipage s'ennuyait au large. Décidément elle avait jeté un sort sur la *Fabie*, la pêche restait petite.

— Bâtis-lui un hamac dans les voiles, si tu ne veux pas que nous la regardions, ta fille! avait crié Alphée un soir de colère, alors que la pêche ne venait point. Il nous la faut ici dans la *Fabie*, entends-tu, Nérée?

Un hamac dans les voiles!

Léonidas avait levé les yeux et tout de suite entre les deux mâts, il avait vu en esprit se balancer dans les haubans un gros hamac en toile grise, avec des glands verts qui pendaient à la tête.

Nérée s'était mis à rire en traitant ses hommes de fous! Mais le hamac dans les voiles lui hanta le cerveau.

Il fut posé.

Nérée, le faiseur de barges, grimpa un matin dans les cordages et suspendit le hamac en toile grise.

Plusieurs curieux vinrent examiner le rêve. Le bonhomme disait aux gens:

— C'est pour l'observation, la vigie. On a vu des animaux étranges au large. Thalia sera l'étoile. Thalia nous guidera.

Et Thalia l'amoureuse, la poitrine oppressée par la joie, entra sur la *Fabie*, regarda sa prison qui se balançait dans le ciel et y grimpa comme vers la liberté.

L'équipage s'habitua à ne la voir qu'aux repas.

Les hommes reprirent leur gaieté, Nérée ses rimes et Léonidas qui était surveillé, pêchait du côté de l'ombre, pour observer à fleur d'eau le hamac avec sa tête de sirène que la vague essayait d'engloutir.

Le soir, à la dernière barre du jour, quand l'équipage tendait le filet pour prendre le hareng et se laissait dériver, Léonidas sifflait à la lune et, vers minuit, il tirait les filets. Les poissons d'argent étaient pris par les nageoires dans les mailles d'argent. Léonidas avait les mains pleines d'argent liquide. En regardant le firmament, il criait pour que tous le comprennent:

— Je suis plus riche que ceux d'Anticoste.

Et Nérée répliquait:

— C'est de l'eau phosphorescente, eux c'est de l'or solide!

Et rien ne venait des voiles. On eût dit que le hamac était vide, que Thalia s'était envolée par une trouée de nuages, avec les goélands à fale jaune.

Un matin que Nérée dormait, Léonidas grimpa dans les cordages. Il voulait savoir s'il était aimé.

Alphée cria:

— Descends!

Thalia, la tête hors du hamac, murmura:

— Monte!

Nérée se réveilla en sursaut, regarda en l'air et aperçut Léonidas qui approchait du hamac.

Il prit une gaffe et, en criant de toutes ses forces, coupa les cordages.

Comme un grand oiseau gris, le hamac tomba lentement, tournoya, et des gerbes d'eau pleines de perles se mirent à hurler.

Aujourd'hui Nérée ne vogue plus depuis longtemps.

La *Fabie* en décomposition gît sur la grève parmi le varech brun, les raisins noirs, les étoiles roses, les crabes roux, les crapauds et les vomissures de la mer. Des cailloux verts roulent près de son flanc et parlent comme des voix.

Tous les jeunes de la côte savent la légende de Thalia l'amoureuse et jamais, depuis ce temps, ils n'amènent les filles en mer. Mais plus d'un garçon pêche du côté de l'ombre, pour voir en esprit un hamac à la surface, entre les voiles.

Personne ne parle d'Anticoste. On évite de regarder de ce côté, où sont les goélettes blanches avec des câbles de soie...

La folie de Nérée a passé en même temps que Thalia, la fleur inhumaine, roulée avec Léonidas dans le hamac de toile!

LE FOU DE L'ÎLE

L'inquiétant*

(Hier, au baissant, Salisse a trouvé sur la plage un étranger vomi par la dernière marée du jour précédent; il a consenti à l'héberger dans sa chambre de pêcheur, mais non sans une certaine inquiétude dont il est allé faire part, ce matin, au forgeron Bérêt.)

Il est quatre heures de l'après-midi quand Salisse atteint sa maison. Sa maison couchée dans le foin de mer jusqu'aux épaules, avec ses trois bouleaux qui montent et se penchent au-dessus. Avant d'entrer chez lui, il se retourne vers la cabane qui est au bas dans le doux. L'air est calme.

— Tu vas me chasser cet homme, sinon je prends le fusil et je m'en charge.

La femme de Salisse est en colère. Elle souffle fort.

— Il est venu te faire des grossièretés?

— Non, je l'ai vu se rouler dans les roseaux, reprend la femme, il m'effraie, c'est un fou, il doit partir, tu m'entends?

— Bon, bon.

Salisse pense que sa femme est du même avis que Bérêt et voilà ce qui l'attriste.

— Va lui dire que demain il doit déguerpir.

Elle déchire un quignon de pain.

— Va.

Salisse sort avec le pain. Le voilà dans les parfums. Il est content d'avoir une raison d'aller chez l'homme. Habilement il lui parlera et lui fera dire ce qu'il veut savoir en le précédant de questions discrètes, comme quand on veut amener un ruisselet dans le sable, on le précède d'une baguette. Les visites sont rares dans les battures, à part un chasseur des villes parfois l'automne dans le temps de la bécassine, et lui, ce n'est pas la marée qui l'apporte. Il contourne ses coffres d'anguilles, prend un poisson et frappe à la cabane. L'homme est debout, mains aux poches, qui regarde par le carreau les crevasses de nuages roses au couchant. Salisse dépose la nourriture et voilà qu'il n'ose pas le déranger. L'homme, immobile, d'une voix qui est belle dit:

— Encore quelques jours et je serai guéri, pêcheur.

Salisse hésite:

— Vous êtes malade?

L'autre ne répond pas. Salisse part. Il croyait que ce serait facile et ce ne l'est pas. Lui, Salisse, ancien chef de groupe sur un soixante-dix pieds, qui engageait et remerciait les hommes à sa fantaisie, que jamais une situation, une parole, un argument n'a attendri, comprend mal son hésitation devant celui-là, le plus faible, le plus pauvre, le plus dépouillé de tous les inconnus, un causeur d'inquiétudes. Voyons. Il sent le besoin de réfléchir. Il réfléchira. Hop, la barge...

Debout dans sa chaloupe, Salisse godille et la barge s'éloigne avec le courant, comme un poisson.

Salisse a deux pêches. Une de ce côté, une deuxième de l'autre côté à l'endroit où finit le pont de glace. Cette deuxième lui rapporte le plus. Il la préfère parce qu'elle est éloignée. Et le temps qu'il met à s'y rendre, il n'est pas avec sa coléreuse de femme qui a toujours la grimace et le reproche à lui jeter dans le nez. Pour atteindre cette dite pêche, il profite du montant, et sept heures plus tard, il revient sur le dos du baissant. N'ayant pas de moteur, il compose avec les glissades de la mer. C'est le moment où parfois l'envie de chanter le prend. Mais aujourd'hui, en ramant, il pense à la décision qu'il prendra. Et l'autre obéira. Voilà. Et si l'homme lui tenait tête! Car des idées... Salisse n'en a pas beaucoup, si l'homme lui tenait tête avec des idées justes, neuves et fortes... Salisse goûterait, pour faire changement sous le palais et sous le crâne.

Salisse rame. La proue respire comme une poitrine. Il y a de la sardine dans la pêche depuis deux jours. Dans le couchant, très loin, c'est la ville de fer, avec le pont très haut dans le brouillard. C'est là que regardait l'homme. Deux pigeons de mer l'escortent. Il a dépassé le chenal et connaît la route comme le fond de son chapeau. L'eau lèche les flancs de sa barque et s'en va en tournant d'ivresse.

Dans sa pêche il y a du bar. Il le voit à travers les rets. Il amarre l'embarcation à l'un des pieux qui tient le coffre. Une forte odeur de poisson sort de là. La marée est fine haute. Il a cinq heures devant lui. Sa femme lui a donné des commissions à faire au magasin qui est tout près sur la butte. Il y va pour tuer le temps. Il pense toujours à l'homme qui est dans les battures.

Par-dessus son épaule, il regarde la mer, sa maîtresse, aux plis comme ceux d'une robe, qui lui cache des choses, qui ne lui a pas tout dit et qui vient de lui faire cadeau. Il persiste à croire que cet homme lui apportera quelque chose qui vaille la peine, quelque chose de nouveau dans sa vie tranquille, quelque chose de très vieux et de très neuf, de très laid et de très beau, même de révolte, peut-être un peu de sang... Et Salisse se frappe le cœur, un gros cœur tout plat et tout paisible qu'il a.

Le soir est descendu. Salisse a fait ses commissions d'épicerie et de tabac. Il a chargé son poisson. Le baissant commence. La mer revient sur ses pas. Fanal allumé sur le devant du bateau, Salisse rame et aligne le phare qui est sur l'île de biais avec chez lui. Beaucoup d'étoiles ce soir, des vertes, des bleu pâle, une rouge là-bas. La lune dans son dernier quartier. Les grandes mers dans quelques jours.

« Et chez nous? » pense Salisse. Le voilà anxieux. Il n'aurait pas dû s'absenter et laisser les fonds avec un fou dans sa cabane. Plus vite il rame. Et voilà que dans un éclair d'imagination, il voit sa femme mettre en joue et tirer... C'est qu'en cet endroit, les vagues sont nombreuses et entretiennent souvent des propos de cauchemar qu'il ne faut pas entendre. Comme un essaim de méchantes petites filles, elles tirent la langue à Salisse, et ce soir plus que d'habitude elles empêchent sa barque d'avancer. Soudain un coup de feu. Salisse croit avoir vu la lueur d'un coup de feu. Il se hausse, mais immédiatement les vagues se haussent aussi et font un rideau qui l'empêche de voir, un rideau qui se brise dans un cruel éclat de rire. Rame Salisse et quand il rame les vagues se font hacher et ne rient plus. Voilà que tout tourne. Il raidit les jambes. Le poignet de cuir à son poignet gauche va éclater. Il sort du chenal et laisse derrière les méchantes filles de vagues aux manches mouvantes. Il plie les jambes et s'éponge et sourit. L'eau est lisse. Tout est d'une grande sérénité. Le phare luit. Il a été nerveux mais ça ne lui arrive jamais. La lune, sa maison, les trois bouleaux comme trois fusées dans le soir mauve, sa cabane, tout le décor est là. La barge touche les roseaux qui s'écrasent et se relèvent après qu'elle est passée. L'ancre est jetée. Bottes ruisselantes d'eau, Salisse marche entre les cailloux. Le souper fume chez lui. La porte est ouverte. Il entre.

— Catherine?

Catherine, hébétée, est assise près du poêle, le fusil sur le genou. Elle est blême. D'une voix que Salisse n'a jamais entendue, elle dit:

— C'est fait.

— Quoi? Qu'est-ce qui est fait? interroge Salisse.

Du menton elle désigne la batture. Le fusil bascule par terre, la femme bondit dans sa chambre comme une folle et geint en longs cris. Salisse chancelle, prend le fanal et se précipite dehors vers la cabane et que voit-il? Ses câbles et ses chaînes à pêche et ses rets de réserve, sont sortis, déroulés, étendus dans la direction de la mer.

— Ah, voilà. J'ai ce qu'il me faut, voleur, méchant, il voulait me voler, voyou. Si elle l'a manqué, moi je ne le manquerai pas!

Salisse serre les poings et crache comme un chien qui a grande envie de se battre. Il prend une chaîne dans sa main, la plus grosse, la plus longue et la suit. Il la suit le long de la berge où les roseaux sont couleur de rouille, il la suit derrière les gros cailloux, il la suit dans le limon où sont les écailles d'huîtres et les pierres blanches que l'on voit à marée basse et au bout de la chaîne il aperçoit une forme par terre. C'est l'homme. Comme une loque, comme un déchet, comme une guenille, câbles et filets roulés autour des reins et des poignets. Salisse se penche, fanal en avant. Deux grands trous sont sous les talons de l'homme. Il ne comprend pas. L'homme souffre. Il le débarrasse de ses liens, l'enlève et l'emporte. Il le trouve léger et maigre et se rend compte qu'il n'est pas blessé. Sur le grabat de la cabane, il le dépose et le ranime et lui met la main sur la gorge pour l'étouffer et lui faire de la chaleur.

— Je te prête ma cabane, aussitôt que j'ai le dos tourné, tu me voles, tu jettes mon gagne-pain à la mer, tu es pourri, je te chasse, demain tu t'en iras.

Il dit ces mots en le tenant par le cou et en lui collant une bouteille d'alcool sur les lèvres. L'errant ouvre les yeux et voit d'un coup d'œil la situation. Il sourit et demande:

— Alors elle n'est pas partie?

— Qui?

— L'île.

— L'île?

Salisse ne comprend rien. Le fou, content, pousse un long soupir et dit:

— C'est moi. J'étais seul, j'étais seul et tenez, je suis faible, j'ai des petits bras, mais du courage, j'en ai.

— Qu'as-tu fait?

— Vous ne savez pas? reprend le fou tout en peine. Vous n'avez pas vu l'eau envahir les battures? L'île partait à la dérive et avec les câbles et les chaînes, je l'ai retenue... on m'a tiré dessus, mais hein... je l'ai retenue quand même...

Salisse a le cœur qui lui fait un bond dans la poitrine. Il veut rire comme Satan et battre cet homme qui est fou, qui n'a jamais vu une marée, qui est là tout maigre et tout gelé avec des yeux d'enfant et des mots imbéciles. Mais parce que c'est la nuit, et qu'il n'y a pas eu de mort et que sa femme sera heureuse de ne pas avoir fait le malheur, et parce que Salisse s'ennuie parfois de toujours faire la même ingrate besogne, il dit à cet homme qui lui apporte le nouveau tant attendu dans sa vie:

— Justement, j'étais venu te remercier au nom des gens de l'île. Dors et demain je t'expliquerai la marée...

Salisse ramène sur lui une couverture. Sur la pointe des pieds il ferme la porte et sort. Il a baissé la flamme du fanal. L'autre dort, écrasé par la lutte qui a duré sept heures. Une chanson très douce monte dans le feuillage des bouleaux, une chanson qui s'invente toute seule, c'est Salisse qui la chante, en l'honneur de la vieille île qui s'en allait à la dérive, voir ailleurs, fatiguée d'être heureuse elle aussi. La femme Catherine entend chanter dehors son sot de mari. Elle se renverse sur une chaise, s'agite en rires, sa face dans la face de la lune.

C'est le soleil qui a réveillé l'homme en vidant sa lumière sur lui à pleins flots. Le soleil et le vent. Un vent froid mais pas en colère qui furetait à la porte de la cabane et la faisait grincer. L'homme s'est réveillé tout d'un coup en criant, en poussant la couverture en l'air avec ses pieds et en mettant ses mains devant lui comme devant des voleurs. Puis le silence. Un silence que l'homme n'a jamais connu de sa vie errante. Sans lourdeur, ni poudre, ni hypocrisie dedans. Un silence d'autre monde. Un silence comme celui qui est entre deux pages de musique. L'homme s'est approché du carreau et à travers ses doigts à cause des rayons éblouissants, il a habitué ses yeux au silence, à la mer qu'il ne connaît pas, aux roseaux de rouille, au ciel sans rien dedans que des nuages et de rares oiseaux en voyage.

Puis, il a touché les murs de sa cabane avec sa main. Le plat de sa main. Il a mis son nez sur le bois gris de la cabane et cela sentait le bois et non la tapisserie et la colle. Sur une vieille chaise à fond de paille il s'est assis et la chaise a craqué doucement.

Dans un coin, il y avait des chaînes, des rets, des bouchons, des filets, des puises[1] trouées, des paquets d'hameçons et des rames blanches, debout. Il a touché les chaînes avec ses doigts. Il les a soupesées. Elles faisaient du bruit en retombant, un bruit pesant, un bruit qui vaut la peine parce que c'est d'une chaîne et une chaîne c'est lourd. Il a pris les filets, à pleines mains, à pleins bras, les a collés sur ses habits pour que ses habits sentent le poisson. Il a piqué ses doigts dans les hameçons, un petit peu pour les faire saigner et il a goûté son sang et il était heureux de voir qu'il en avait encore et que son sang goûtait le sang.

Puis est revenu au carreau et devant ce silence qu'il n'avait jamais vu, devant cette batture aérée des vents de sel, il a laissé s'échapper la tristesse qu'il portait dans son crâne. Cela lui fit énormément de bien. Ses tempes cognent. Il vit, c'est merveilleux. Il se fera petit et ne dira rien. Et si le pêcheur ne voulait pas le garder, il s'enterrera là, sous la glaise, avec ses mains, il se couchera tranquillement avec sa sœur la glaise et tout sera dit.

Voici son sac à terre sur le plancher. Un sac de militaire dont il dénoue les cordons pour sortir ce qu'il y a dedans: un pantalon, des livres, un couteau de marin, une chemise, deux cordes de violon, un paquet de lettres d'amour, un chandail, des ustensiles d'argent, une photo de femme, de la dernière femme. Il prend le couteau et sans haine poignarde la femme qui est sur la photo, puis la jette. Il poignarde et tord les lettres d'amour, donne des coups de pied aux livres et lance par la porte sa dernière poignée d'argent. Plus d'amour, plus de science, plus d'argent.

Il sort. Le soleil inonde. Il chancelle. Il enlève ses souliers et marche pieds nus. Le limon est doux et chaud sous ses pieds. Pourquoi ne lui a-t-on jamais dit que le limon est bon sous le pied? Il se lave les mains et les pieds dans la vase. Il regarde alentour si on l'entendrait car il a goût de crier. Personne. Des cailloux et des villages dans le fin haut des côtes de tuf. Face à la mer, il crie: Ah, ah, ah, et la mer vient avec ses milliers de lèvres qui rient. Il se roule dans les roseaux. Il se lave en se souillant. Mort le vieil

---

1. Épuisettes.

homme, l'homme pourri qui en savait trop. Après épuisement, quand il est bien lavé, une obsession reste comme une flamme: la chose qu'il a perdue et qu'il va retrouver ici sur cette île.

ROBERT ÉLIE (1915-1973)

Robert Élie, ami de Saint-Denys Garneau et de Jean Le Moyne, appartient au groupe des collaborateurs de *La Relève*. Son premier roman, *La Fin des songes* (1950), fut salué par la critique comme un événement littéraire. « Il annonce, écrivait Maurice Blain, une décisive conquête de la création vers la maturité, le signe certain de son affranchissement vers la possession d'un art original. *La Fin des songes*: ce titre pourrait marquer avec quelque insolence un nouveau chapitre de notre littérature. » L'œuvre de Robert Élie comprend un deuxième roman, *Il suffit d'un jour* (1957), trois pièces de théâtre, l'introduction aux *Poésies complètes* de Saint-Denys Garneau, une plaquette sur *Borduas* (1943), et de nombreux articles où se révèle une pensée subtile, exigeante, vouée à la découverte des sources spirituelles de la liberté.

BORDUAS

L'art libre

On affirme souvent que l'artiste moderne ne peut se trouver d'ancêtres dans toute l'histoire et l'on veut ainsi laisser entendre qu'il fait fausse route. Pourtant, Borduas a pu rappeler que le savant Léonard de Vinci conseillait à l'un de ses disciples une expérience que les surréalistes devaient reprendre. « Va, lui disait-il, près d'un vieux mur de pierre. Regarde-le longtemps: petit à petit tu y verras se dessiner des êtres et des choses. Tu découvriras ainsi un sujet de tableau bien à toi. »

On peut même se demander si le cubisme et le surréalisme ne sont pas de nouvelles manifestations de l'esprit classique et de l'esprit baroque, ces deux pôles de l'art.

Le classicisme: l'art des constructions rigides, des formes immuables, expression idéalisée de la vie; le baroque: l'art du mouvement, des compositions qui ne répondent à aucune règle fixe et où la vie s'exprime brutalement, transportée dans un espace qui a les limites de l'esprit humain, mais sans subir de transformation radicale. Ces deux tendances se retrouvent souvent chez le même peintre comme le démontrent les dessins baroques de Poussin.

Le lyrisme devait conduire Borduas à une forme d'art aussi immédiate que possible. Mais il y a chez lui un penseur passionné qui pouvait se plaire à de puissantes architectures. Dans la *Femme à la Mandoline*, nous retrouvons le constructeur, mais un constructeur rempli de fougue. Il écrase la pâte comme s'il devait arracher cette figure à un bloc de granit; il définit des formes larges et pleines, mais il soumet ainsi le modèle à sa volonté, à son amour intransigeant. Dans ce tableau même, le lyrisme finit par dominer car cette volonté n'obéit qu'à l'inspiration...

Dans les dernières toiles, où le modèle a fait place à la vision intérieure, le constructeur ne manifeste plus sa présence que par la vigueur du coup de pinceau qui met en lumière des formes précieuses.

En un sens, l'artiste surréaliste continue l'œuvre des grands baroques. Que pouvait poursuivre Delacroix, cet esprit passionné et curieux, sinon quelque rêve intérieur, à l'exemple de Hamlet, son héros préféré. Pour l'artiste surréaliste aussi, le destin de l'art est intimement lié à celui de l'homme.

Entre eux, il y eut les romantiques, Nerval et ses chimères, Rimbaud et ses illuminations, Lautréamont qui a voulu pénétrer dans cette zone qui s'étend entre la vie et la mort.

Au début de cette aventure décisive, on trouve Baudelaire, l'ami de Delacroix, le témoin fidèle et prophétique. Il a su découvrir dans le passé les premiers chantres de la vie cachée et avec quelle assurance n'a-t-il pas décelé dans les œuvres de ses contemporains les éléments du vaste poème auquel tous les créateurs ont collaboré depuis plus d'un siècle.

Baudelaire a parlé du surréel, même s'il n'en connaissait pas le mot, et nous aurions pu mettre au début de cet essai cette phrase des *Curiosités esthétiques:* « Cette peinture a la foi — elle a la foi de sa beauté, — c'est de la peinture absolue, convaincue... »

L'histoire de l'art nous réserve bien des surprises et le peintre d'aujourd'hui pourrait se trouver des ancêtres en pleine Renaissance italienne. Ce simple rappel suffit à faire justice d'un préjugé soigneusement entretenu par les peintres académiques. Ces restaurateurs, ces illustrateurs pour historien sentimental, vont répétant que l'artiste qui ne se soumet pas aux règles inventées par les auteurs des traités de peinture, adopte une attitude dans le seul but de se faire remarquer. Pourtant, les grands créateurs ne se sont jamais préoccupés de refaire le passé, mais, tournés vers l'avenir, ils ont accompli une œuvre unique.

Les révolutions se multiplient depuis cinquante ans parce que l'homme recherche son équilibre entre ciel et terre. Il a brisé ses amarres, ou, plutôt, la vie s'est chargée une fois de plus de dissiper les préceptes d'une morale et d'une esthétique sans amour. Il ne s'agit plus de redescendre et de vivre comme si la réalité se réduisait à ce que nos yeux peuvent saisir.

Le révolutionnaire est lui-même secoué par mille révolutions et chaque fois qu'il revient à l'œuvre de sa vie, il lui faut tout réinventer et parcourir de nouveau le chemin de la création qui traverse toutes les couches de son être. Chaque tableau représente pour l'artiste une nouvelle aventure sur une voie aux détours imprévisibles. Mais ce n'est pas d'aujourd'hui que les créateurs, dans tous les domaines de l'activité humaine, partent à la conquête de la liberté.

LA FIN DES SONGES
Le journal de Marcel

(Début de la deuxième partie du roman.)

Lundi, le 5 janvier — Je viens de m'éveiller, mais je suis encore tout engourdi. Une lumière très vive m'atteint, mais je ne puis lever mes paupières et, ce que je vois, c'est une lueur rouge, très chaude, très agréable. C'est la fin d'un long sommeil, mais léger semble-t-il, encore habité par les plus beaux souvenirs de l'adolescence, traversé par les impressions du jour.

J'ai dormi comme le marcheur qui s'étend au pied d'un arbre. Le bruissement du feuillage s'adoucit progressivement, mais il ne cesse pas tout à fait, et les rayons du soleil qui le traversent éclairent pour un instant la face du dormeur et rejoignent son âme en dépit de sa torpeur.

Une phrase s'est mise à se former dans ma tête, la réflexion amusante d'un paysan qu'un ami m'a rapportée il y a plusieurs années : « Vous savez, quand on n'est plus rien que deux! » Quelques mots, puis je vois se dessiner comme au ralenti le geste résigné du vieux.

« Quand on n'est plus rien que deux! » Je suis étendu dans un fauteuil mou de cette pièce que nous appelons le salon et qui n'est séparée de notre chambre que par deux colonnes de plâtre dont le chapiteau est orné de vagues animaux à figure humaine. J'avais repassé, avant de m'endormir, mes vieux rêves rabougris, mais ils me paraissent maintenant plus ennuyeux que jamais. Je regarde dans l'ombre le lit où dort ma femme depuis une heure et c'est alors que les mots du paysan se remettent à tourner dans ma mémoire, puis ils s'ordonnent pour former la toute petite phrase et, tout aussi lentement, s'accomplit le geste qui l'explique.

C'est cela! Je ne suis plus seul et je ne puis plus connaître un moment de vraie solitude. Quand le silence se fait, je m'ennuie ou je m'endors. Je n'ai même plus de rêves bien à moi et il me semble que mon passé se mêle à celui de ma femme, que mes souvenirs d'enfance rejoignent aussi les siens, se confondent avec eux, et, pourtant, je la connais depuis à peine dix ans. Ses parents, avec qui je n'ai rien de commun, deviennent les miens et c'est du poids d'une double hérédité que je me charge.

Quand on n'est plus rien que deux que peut-on faire de mieux que dormir? Comment s'y reconnaître dans cet entremêlement de souvenirs, cette confusion de personnalité? Je prends nettement conscience pour la première fois de ce qui m'arrive. Se retrouver dans ses enfants, à chacun son chacun, comme les débris d'une maison? Ce serait encore beaucoup, si au moins nous avions le temps de réfléchir et de nous rechercher. J'en sais quelque chose puisque nous avons deux enfants que j'aime bien, mais qui me prennent mes seuls moments de loisir.

J'entends ma femme respirer. Ce léger bruit suffit à rompre le silence; il me rassure et je sais bien que je n'aurais qu'à fermer les paupières pour m'endormir comme un enfant. Je les ferme et tout s'éloigne. Cet engourdissement m'est aussi agréable que les premiers moments de l'ivresse, mais

729

voici que ma femme se retourne; le rythme de sa respiration change et je m'éveille encore.

Ai-je vraiment le désir de me ressaisir? Ce journal que je commence en cherchant à fixer mes impressions de tout à l'heure en sera-t-il le moyen, ou bien, encore une fois, vais-je l'abandonner? Essayer de me retrouver, de trouver un sens à ma vie? Il faudrait tout d'abord en faire le triste inventaire, bien voir ceux qui m'entourent pour savoir ce que je suis devenu. Mon travail, ma famille, ou, plutôt, mes familles, mes amis (en ai-je encore?), pourquoi chercher à m'expliquer tout cela? Ne vaut-il pas mieux me résigner à la monotonie de ma vie, ne jamais résister à la tentation du sommeil, me perdre dans le brouillard et ne pas chercher à reconnaître les ombres qui m'entourent?

Il pourrait arriver que je me retrouve. Quelle rencontre agréable! Ah! c'est bien celui-là qui me dégoûte le plus. Je ne l'ai vu qu'une seule fois en pleine lumière, il n'y a pas un mois de cela. Je me faisais la barbe et je chantais comme un imbécile, joyeux parce que j'avais bien dormi et que la journée s'annonçait si semblable aux autres que je n'aurais même pas à la vivre. Un dernier coup de rasoir et la joue apparaît toute nue à mon regard attentif, perçant comme il ne l'est qu'à ce moment. Dans cette demi-seconde, je me suis vu comme un autre, le profil découpé sous une lumière cruelle que l'on réserve d'ordinaire à ses ennemis. J'ai eu beau me détourner, m'agiter, l'image m'obsédait toujours et, malgré moi, j'ai dit: « Le profil de Louis XVI », et je ne riais pas. Des joues pleines, une peau jaunâtre et ce nez qui menace de s'enfoncer dans la bouche, ces petits yeux qu'un large bourrelet entoure, cette grosse oreille au lobe pendant, ces cheveux couleur de lin... Je ne me reconnaissais pas mais je ne pouvais douter que ce fût moi. Ce profil m'a fait imaginer le reste: le corps lourd et bedonnant, les cuisses molles et les jambes sans muscle. Je me suis vu marcher en sautillant, et rire et rougir devant le patron, gronder devant ma femme...

Vendredi, le 23 janvier — Cette petite crise de dédoublement, dont je me suis souvenu en commençant ce journal, a failli me détruire. Je ne pouvais échapper à cette image de moi-même, vraiment irréfutable, absolument insupportable. Caricature, sans doute, mais où il a suffi d'accentuer les traits essentiels pour toucher juste, sans se permettre la plus légère déformation. J'ai tremblé, je l'avoue. J'ai demandé du secours à ma femme, pour qui je suis devenu du jour au lendemain un ange de bonté, à tous ceux qui pouvaient me croire leur ami et qui ont paru étonnés de mes efforts de rapprochement. J'ai couru de l'un à l'autre dans une grande agitation et l'on aurait dit que je m'empressais de m'identifier avec ce ridicule personnage qui m'était apparu dans le miroir. Ma femme est vite revenue de sa surprise et elle n'a pas tardé à abuser de mon abandon, jouant à la victime qui veut se faire plaindre par son bourreau repentant. L'accueil réservé de mes amis et même certains sourires ont fini par me convaincre de l'inutilité de mes démarches. Un seul moment de lucidité a fait le vide autour de moi en moins de deux mois et je sais aujourd'hui que j'ai retrouvé la solitude que je regrettais bêtement, et la plus cruelle des solitudes puisque mon attention n'est plus retenue que par cette image de moi-même que je ne puis détruire.

Qu'est-ce qui m'a sauvé de la folie? Je ne sais pas. Mais s'il y a eu des moments intolérables, je puis dire maintenant que je n'ai pas connu une seule fois le désespoir et que j'ai réussi à tromper ma solitude. J'ai eu des moments de révolte et c'est ma femme, il va sans dire, qui eut à subir toutes mes colères. Ce n'était pas très brave et je ne suis pas brave. Je le dis sans honte parce que je suis convaincu qu'il faut être inconscient pour affronter la mort et tout ce qu'elle signifie sans broncher. En tout cas, ces colères me rassuraient et le bonhomme que je voyais toujours me paraissait ensuite moins vain. Sa voix pouvait devenir plus ferme et il trouvait alors des mots, injustes peut-être, mais qui portaient avec force. Il savait même se faire craindre d'un seul regard et, peu à peu, il sentit que sa colère le grandissait dans son entourage et ceux qui l'approchaient comme avant, comme au temps de sa torpeur, n'osaient pas provoquer deux fois sa lucidité.

Autre réaction ridicule, mais qui équilibrait la première. Entre le personnage qui faisait appel à la pitié des autres et celui qui leur criait son mépris, il devait y en avoir un troisième. Je ne vois encore qu'une ombre, mais elle bouge, elle semble demander à prendre forme et s'avancer vers la lumière. J'ai eu le sentiment très vif que je ne pouvais être ce que je suis encore probablement aux yeux des autres, qu'il suffirait de secouer ma torpeur, de revenir de quelques années en arrière pour perdre cette graisse molle qui me tient à l'âme, oui, mais comme une tumeur bénigne. Je sais que je puis donner de moi-même une tout autre image et il m'est d'autant plus facile de reprendre le fil de mes plus secrètes pensées, de mes plus profonds désirs, qu'il me semble n'avoir pas vécu depuis que je les ai abandonnés.

Ces dernières années, toutefois, ne font pas un vide dans ma vie. Je reviens à ma première image: j'étais comme celui qui s'endort en plein jour, le nez au ciel, et qui ne perd pas tout à fait conscience parce que la lumière baigne son corps et que les bruits de la nature se répercutent dans ce coquillage. Je retrouve des impressions vives, qui sont autant de points de repère. Ainsi, la famille de ma femme a toujours éveillé ma curiosité. Nous ne la visitons que rarement et les heures que nous y passons sont de tout repos. Pourtant, il se joue là des drames et certains regards de Louise m'ont entraîné plus loin que je n'aurais eu le courage d'aller moi-même et il s'est établi entre nous une sorte de complicité à peine conscience, à peine consentie de part et d'autre. Entre deux colères, j'ai souvent pensé à ces secrets appels comme, d'ailleurs, à des conversations assez animées avec Louis Morel, qui a de grandes intuitions, même si sa pensée reste un peu confuse. Le fait que j'aie pu intéresser ces deux êtres me rassure.

La crise n'a pas duré plus de trois semaines. Elle m'a profondément marqué, mais je crois que l'expérience me sera salutaire. Et maintenant, je sais pourquoi je n'ai pas sombré dans la folie. Malgré tout, n'est-ce pas ma paresse qui m'a sauvé? Je fus si longtemps au repos, à vivre de vieux rêves sans jamais me poser une seule question grave, que j'avais des réserves de force insoupçonnées. Somme toute, c'est affaire de résistance physique: on ne devient fou que si l'on est trop las pour se détourner du vide qui nous environne tous.

Samedi, 24 janvier — Cette ombre m'intéresse. J'y soupçonne tout un univers, comme chaque âme doit en contenir un, et c'est mon âme, si ce mot a vraiment un sens. Il faut que j'y pénètre, car le salut est de ce côté, et la promesse d'une joie, d'une assurance que je n'ai jamais connues. Il ne faut pas se hâter de crainte de tout brouiller, mais il faut bien marquer les points, et ce sera le rôle de ce journal. Je promets de le tenir avec exactitude, non pas d'écrire tous les jours, mais bien chaque fois qu'à la faveur d'un hasard j'aurai fait une petite découverte.

Mon espoir est parfois si grand que je suis tenté d'écrire ce journal comme un roman, d'imaginer tout ce qu'il me faudra vivre pour me sauver. Il faut, à tout prix, que je résiste à cette tentation, car je ne ferais ainsi que gaspiller ma dernière chance. Je dois toujours m'appuyer sur le réel, ne procéder que par expérience, n'espérer de lumière que par des contacts avec d'autres êtres, surtout ceux qui m'entourent, en somme vivre attentivement chaque moment de l'aventure et me refuser au rêve qui ne ferait qu'épaissir l'ombre.

Je reprendrai mon travail lundi. Je saurai bien expliquer mon absence de près de deux mois et je ferai tout avec application, j'essaierai de bien voir ceux qui m'entourent, de partager leur vie, quelque médiocre soit-elle, parce que c'est à ce niveau que je suis et que brûler les étapes ne serait que rêver, comme avant, mais avec plus de risque.

Ici, déjà, j'arrive à me dominer et à m'accorder aux mille événements qui forment la journée d'une famille. Ma femme ne semble pas croire tout à fait à ma sérénité et je suppose que mon attitude n'est pas encore naturelle, mais je crois qu'il ne sera pas difficile de la convaincre. Il suffira de lui laisser le temps de s'habituer.

Pauvre Jeanne, tu ne peux savoir ce qui m'arrive et tu es loin de penser que j'ai déjà rompu ou que je m'apprête à rompre avec toi, si complètement que tu ne me gêneras pas plus qu'une étrangère, et tu seras enfin rassurée et heureuse parce qu'aucun de tes gestes, aucune de tes paroles ne me toucheront plus. Nous serons seuls ensemble, parfaitement réconciliés, et je t'observerai à une telle distance que mon équilibre ne sera plus menacé.

Presque tous les soirs, comme maintenant, je te regarderai dormir de ma table de travail. La lampe n'éclaire que ma main sur la page rayée de mon cahier d'écolier. Le cercle de lumière se brise sur les légers rideaux de la fenêtre qui est devant moi. Quand je me retourne, je distingue à peine notre lit, mais il suffit de l'intention de te voir pour que ton corps endormi s'éclaire.

Tu es grasse, toi aussi, mais cela te convient mieux qu'à moi. Excuse-moi si je pense que ton âme a l'exacte consistance de ta chair molle. Tu es bien au chaud au fond de ce lit, au fond de toi-même, et, l'habitude aidant, tu ne t'apercevras même pas du refroidissement de nos relations. Ce n'est pas qu'elles aient été jamais passionnées et la volupté est un mot qui n'a pas beaucoup de sens pour nous, mais il y eut des moments de réel abandon, des moments de faiblesse qui nous apportaient un peu de chaleur.

Il faut renoncer à ces médiocres joies conjugales car, déjà, je te regarde comme une étrangère et ton corps ne peut plus me servir de prétexte. Même

732

à nos moments de grande illusion, tu restais passive et je cherchais vainement à ressentir certaines émotions de mon adolescence, qui étaient déjà illusoires. C'est tout de même idiot que nous nous soyons choisis pour l'éternité! Quel abîme de lâcheté un tel malentendu ne révèle-t-il pas! Nous appartenions à des familles à l'aise, nous avions toujours eu nos aises et, quoi que nous disions, nous étions prêts à tout leur sacrifier. Quelles étaient charmantes nos fréquentations et ces longues séances dans le salon de tes parents où nous commettions avec délicatesse de graves péchés! Nous commencions et nous terminions nos soirées toujours de la même façon. Je t'amenais au piano et tu jouais du Chopin, mollement bien entendu, mais j'étais assez imbécile pour prendre tant de langueur pour du sentiment, tandis que ce n'était que l'effet de l'étonnante flexibilité de tes doigts. Après quelques ballades, nous allions nous embrasser sur le sofa, satisfaits de nous-mêmes et légèrement émus. Nous nous avancions en pays défendu, mais jamais très loin, et nous savions ménager nos forces par des intermèdes. Après tant de répétitions particulières, je me trouvais déjà sur la voie du mariage et, dès que je gagnai suffisamment d'argent, je dus céder à la secrète pression de tes parents.

Nous avons donc suivi la voie commune et nous n'étions vraiment pas faits pour la violence. Le mariage devait nous priver des seules voluptés que nous pouvions éprouver et qui sont le secret des longues fréquentations. Jeune fille, tu paraissais frêle en dépit de ta rondeur, et tu n'as vraiment pas changé. Vieillir, c'est pour toi t'épanouir, mais non pas mûrir, et cette peau blanche et fine semble indéfiniment extensible, si bien que tu n'as pas une seule ride, tandis que moi, autour des yeux déjà... mais laissons cela.

Tes grands yeux absents de myope sont toujours aussi mauvais conducteurs et ne peuvent rien nous apprendre sur ton âme, car tu en as une, et ce sont tes mains surtout qui nous la révèlent! Elles ont toujours la même souplesse bien que nous n'ayons pas de piano et que tu ne puisses jouer que chez tes parents ou chez nos amis. Leur grâce s'est même affinée et je me demande pourquoi je ne m'en suis pas aperçu plus tôt tandis que d'autres détails sont toujours présents à ma mémoire. Je revois maintenant ta main glisser sur le front de Claude et relever ses cheveux, ou consoler Jacqueline, et cette même main n'aurait-elle pas su m'apaiser, il y a deux mois, si je ne t'avais pas inspiré de la répulsion? Le miroir n'avait donc pas menti... Mais vais-je recommencer cette histoire et ne pourrai-je jamais regarder froidement autour de moi, élargir le cercle, me dégager et m'affirmer? Suis-je pour toujours esclave de mille impressions contradictoires et prisonnier des autres? Ah! non, chaque être a peut-être son secret, mais qu'il le garde et s'éloigne. Regarde bien tes mains, Jeanne: elles mentent. Ni tes yeux, ni ton corps n'ont jamais parlé comme elles. Ce qu'elles disent, elles l'ont appris de Chopin et comment ton professeur de piano eut-il jamais l'idée de leur confier pareille musique! Peut-être, d'ailleurs, doivent-elles leur charme à une lointaine parente qui, malheureusement, ne t'a rien laissé d'autre si ce n'est ta chevelure noire, dense et souple. On saisit bien le rapport entre ta chevelure et tes mains, mais c'est d'une beauté empruntée, et, quand elles s'unissent devant le miroir, je ne vois rien dans ton regard qui leur corresponde. Non, j'avais tort d'y découvrir un reflet de ton âme. Elle est muette, dispersée dans tout ton corps, fruit de trop de mésalliances pour qu'elle ait une forme précise. Tu es l'éternelle endormie et je ne t'éveillerai pas, du moins pas maintenant.

Il faudra que je me surveille, car ce journal pourrait m'entraîner dans des voies sans issues. En relisant les lignes que je viens d'écrire, je m'aperçois du danger qu'il y a à regarder trop loin. D'ailleurs, je n'avais aucunement l'intention de faire le portrait ou, plutôt, le procès de ma femme. Je voulais parler des miroirs. Je les évite encore, j'en ai peur. Non, il n'est pas temps de m'expliquer là-dessus. Pourtant, je ne dois pas me présenter au journal avec cette barbe de deux mois. Il ne faut pas que je sois *différent*, il ne faut rien changer à mes relations. Je vais m'acheter un rasoir électrique et je ferai comme les aveugles, ou bien, je me servirai d'un tout petit miroir pour ne voir que... Ce serait peut-être trop. J'apprendrai à me raser sans miroir.

GERMAINE GUÈVREMONT (1893-1968)

Germaine Guèvremont a été le dernier des grands romanciers de la vie rurale. Son premier livre, *En pleine terre* (1942), ne contenait que des morceaux épars, contes et paysanneries, que réunissaient plus ou moins les liens de parenté de certains personnages, membres de la famille Beauchemin, et un même lieu géographique, le chenal du Moine à Sainte-Anne de Sorel. Avec *Le Survenant* (1945), un étranger, dont on ignorera toujours les origines, s'introduit chez les Beauchemin; bien accueilli par Didace, le chef de la famille, qui voit en lui le fils fort et industrieux qu'il aurait souhaité avoir à la place de son Amable faible et paresseux, il décide de s'y arrêter pour un temps. Ce personnage devient le centre d'attraction de la famille et de la paroisse; lorsqu'il part définitivement, sans crier gare, il laisse l'une et l'autre bouleversées, amputées. Dans *Marie-Didace* (1947), l'on continue de vivre de son souvenir, mais privé de la présence physique du personnage qui donnait au *Survenant* son unité, le monde romanesque de Germaine Guèvremont s'effiloche; lui restent, qui assurent sa survie, comme la charmante Marie-Didace à la famille Beauchemin, la vérité et la simplicité des sentiments, la grâce du style et la saveur de la langue québécoise. Avec beaucoup de succès, de 1954 à 1960, Germaine Guèvremont a tiré de son œuvre trois téléfeuilletons (Radio-Canada): *Le Survenant, Marie-Didace* et *Le Chenal du Moine.*

LE SURVENANT

L'arrivée du Survenant*

Un soir d'automne, au Chenal du Moine, comme les Beauchemin s'apprê-taient à souper, des coups à la porte les firent redresser. C'était un étranger de bonne taille, jeune d'âge, paqueton au dos, qui demandait à manger.

— Approche de la table. Approche sans gêne, Survenant, lui cria le père Didace.

D'un simple signe de la tête, sans même un mot de gratitude, l'étranger accepta. Il dit seulement:

— Je vas toujours commencer par nettoyer le cochon.

Après avoir jeté son baluchon dans l'encoignure, il enleva sa chemise de laine à carreaux rouge vif et vert à laquelle manquaient un bouton près de l'encolure et un autre non loin de la ceinture. Puis il fit jouer la pompe avec tant de force qu'ayant geint par trois ou quatre fois elle se mit à lancer l'eau hors de l'évier de fonte, sur le rond de tapis, et même sur le plancher où des nœuds saillaient çà et là. Insouciant l'homme éclata de rire; mais nul autre ne songeait même à sourire. Encore moins Alphonsine qui, mécontente du dégât, lui reprocha:

— Vous savez pas le tour!

Alors par coups brefs, saccadés, elle manœuvra si bien le bras de la pompe que le petit baquet déborda bientôt. De ses mains extraordinairement vivantes l'étranger s'y baigna le visage, s'inonda le cou, aspergea sa chevelure, tandis que les regards s'acharnaient à suivre le moindre de ses mouvements. On eût dit qu'il apportait une vertu nouvelle à un geste pourtant familier à tous.

Dès qu'il eut pris place à table, comme il attendait, Didace, étonné, le poussa:

— Quoi c'est que t'attends, Survenant? Sers-toi. On est toujours pas pour te servir.

L'homme se coupa une large portion de rôti chaud, tira à lui quatre patates brunes qu'il arrosa généreusement de sauce grasse et, des yeux, chercha le pain. Amable, hâtivement, s'en taillait une tranche de deux bons doigts d'épaisseur, sans s'inquiéter de ne pas déchirer la mie. Chacun de la tablée que la faim travaillait l'imita. Le vieux les observait à la dérobée, l'un après l'autre. Personne, cependant, ne semblait voir l'ombre de mépris qui, petit à petit, comme une brume d'automne, envahissait les traits de son visage austère. Quand vint son tour, lui, Didace, fils de Didace, qui avait le respect du pain, de sa main gauche prit doucement près de lui la miche rebondie, l'appuya contre sa poitrine à demi nue encore moite des sueurs d'une longue journée de labour, et, de la main droite, ayant raclé son couteau sur le bord de l'assiette jusqu'à ce que la lame brillât de propreté, tendrement il se découpa un quignon de la grosseur du poing.

Tête basse, les coudes haut levés et la parole rare, sans plus se soucier du voisin, les trois hommes du Chenal, Didace, son fils, Amable-Didace, et Beau-Blanc, le journalier, mangeaient de bel appétit. À pleine bouche ils arrachaient jusqu'à la dernière parcelle de viande autour des os qu'ils déposaient sur la table. Parfois l'un s'interrompait pour lancer un reste à Z'Yeux-ronds, le chien à l'œil larmoyant, mendiant d'un convive à l'autre. Ou bien un autre piquait une fourchetée de mie de pain qu'il allait saucer dans un verre de sirop d'érable, au milieu de la table. Ou encore un troisième, du revers de la main, étanchait sur son menton la graisse qui coulait, tels deux rigolets.

Seule Alphonsine pignochait dans son assiette. Souvent il lui fallait se lever pour verser un thé noir, épais comme de la mélasse. À l'encontre des hommes qui buvaient par lampées dans des tasses de faïence grossière d'un blanc crayeux, cru, et parfois aussi dans des bols qu'ils voulaient servis à la rasade, qu'elle qu'en fût la grandeur, la jeune femme aimait boire à petites gorgées, dans une tasse de fantaisie qu'elle n'emplissait jamais jusqu'au bord.

Après qu'il en eut avalé suffisamment, l'étranger consentit à dire:

— C'est un bon thé, mais c'est pas encore un vrai thé de chanquier. Parlez-moi d'un thé assez fort qu'il porte la hache, sans misère!

Ce soir-là, ni le jour suivant qu'il passa au travail en compagnie des autres, l'étranger ne projeta de partir. À la fin de la relevée, Didace finit par lui demander:

— Resteras-tu longtemps avec nous autres?

— Quoi! je resterai le temps qu'il faut!

— D'abord, dis-nous qu'est ton nom? D'où que tu sors?

— Mon nom? Vous m'en avez donné un: vous m'avez appelé Venant.

— On t'a pas appelé Venant, corrigea Didace. On a dit: le Survenant.

— Je vous questionne pas, reprit l'étranger. Faites comme moi. J'aime la place. Si vous voulez me donner à coucher, à manger et un tant soit peu de tabac par-dessus le marché, je resterai. Je vous demande rien de plus. Pas même une taule. Je vous servirai d'engagé et appelez-moi comme vous voudrez.

— Ouais... réfléchit tout haut Didace, avant d'acquiescer, à cette saison icitte, il est grandement tard pour prendre un engagé. La terre commence à être déguenillée.

Son regard de chasseur qui portait loin, bien au delà de la vision ordinaire, pénétra au plus profond du cœur de l'étranger comme pour en arracher le secret. Sous l'assaut, Venant ne broncha pas d'un cil, ce qui plut infiniment à Didace. Pour tout signe de consentement, la main du vieux s'appesantit sur l'épaule du jeune homme:

— T'es gros et grand. T'es presquement pris comme une île et t'as pas l'air trop, trop ravagnard...

Le jour de l'An*

Entre Noël et le jour de l'an, le temps se raffermit; il tourna au froid sec et promettait de se maintenir ainsi jusqu'après les fêtes. Le chemin durci crissait sous les lisses des traîneaux. Chaque nuit les clous éclataient dans les murs et, crispés, les liards pétaient autour de la maison. Le père Didace en augura du bon. Il dit au Survenant:

— Si le frette continue, le marché des fêtes nous sera profitable!

De grand matin, le vendredi suivant, veille du premier janvier, les deux hommes se mirent en route pour Sorel. Le pont de glace était formé sur le fleuve. Les habitants des îles du nord ne tarderaient pas à se rendre au marché, avec les coffres de viande. On se disputerait les bonnes places.

Sans respect pour sa charge, Gaillarde, les oreilles dressées, partit bon train. Didace dut la retenir:

— Modère donc, la blonde! Modère, la Gaillarde. Tu t'en vas pas aux noces, à matin. Prends ton pas de tous les jours. On a du temps en masse.

Docile au commandement, la jument assagit son trot. Souvent le Survenant demandait à conduire mais le maître cédait rarement les guides. Didace les enfila en collier et ne dit plus un mot. Déjà le frimas hérissait sa moustache et blanchissait les naseaux de la bête.

Dans le matin bleu, de rares étoiles brillaient encore par brefs sursauts. À droite l'espace blanc s'allongeait, moelleux et monotone, coupé seulement par la silhouette sévère des phares et des brise-glace; mais à gauche, des colonnes de fumée révélaient la présence des maisons effacées dans la neige comme des perdrix parmi la savane. De loin en loin un berlot rouge rayait l'horizon. L'espace d'un instant, on entrevoyait sur l'arrière un goret éventré, l'œil chaviré, levant au ciel ses quatre pattes gelées dur. Puis absorbé par la route, le traîneau se joignait au faible cortège matinal, sur le chemin du roi.

Avant même l'angélus du midi, ils eurent vendu leurs provisions. Didace chargea le Survenant d'en livrer une partie au Petit Fort. Peu à peu le marché se vidait. Les derniers clients s'affairaient autour des voitures et des éventaires. Les habitants avaient vite fait de distinguer parmi eux l'engeance des marchandeurs pour qui ils haussaient les prix avant de leur accorder un rabais. Afin de se montrer gais à pareille époque, plusieurs cherchaient quelque joyeuseté à dire et, à défaut, donnaient à propos de rien de grandes claques dans le dos de leurs connaissances qui sursautaient plus que de raison. L'un d'eux pausa près de la voiture des Beauchemin et dit à haute voix, surveillant l'effet de ses paroles, à la ronde:

— Ma femme a pas de compliments à vous faire sur le bœuf que vous m'avez vendu, la semaine passé: elle dit qu'elle a assez de moi.

Le rire vola, d'une voiture à l'autre, tandis que les hommes, pour activer le sang, trépignaient le sol dur et se frappaient les mains à travers leurs mitaines de peau de cochon. Une femme les entendant rire, s'approcha pour mettre son grain dans la conversation:

— Ah! vous autres, vous êtes bien heureux, les cultivateurs! Ça se voit: vous faites rien que rire...

Didace protesta:

— Eh oui! Puis qui c'est qui vous dit qu'on est des cultivateurs? Je peux ben être rien qu'un habitant.

— Voyons, monsieur Beauchemin, c'est la même chose.

— Quoi! Y a pourtant une grosse différence entre les deux: un habitant c'est un homme qui doit sur sa terre; tandis qu'un cultivateur, lui, il doit rien.

— J'ai jamais lu ça nulle part.

— Ni moi non plus. Mais je le sais, quand même c'est pas écrit dans les almanachs.

Incrédule, la cliente chercha vainement à démêler, dans le regard de Didace, la vérité d'avec la vantardise.

Le Survenant ne revenait pas. Didace l'attendit une bonne secousse. Puis il perdit patience. Tout à la fois désireux et craintif de se laisser entraîner par lui à l'auberge, il se hâta de retourner au Chenal du Moine, pour ne pas déplaire à Marie-Amanda.

— Que l'yâble l'emporte! Il s'en viendra par occasion. Et s'il en trouve pas, il marchera. Il connaît le chemin!

*
* *

Le matin du premier de l'an, Venant n'était pas de retour. On avait trop à faire pour s'inquiéter de son absence. Seule Alphonsine en passa la remarque. Les visites commenceraient d'un moment à l'autre. De fait, avant huit heures, des jeunes gens clenchèrent à la porte pour saluer la maisonnée:

Bonjour le maître et la maîtresse
Et tous les gens de la maison.
Nous acquittons, cela nous presse,
Notre devoir de la saison.

— Bonne et heureuse!
— Toi pareillement!

Des cris, des rires, des hélas, des embrassades, des poignées de main, des vœux, des plaisanteries, pour se terminer par une tournée de petits verres, de beignets et de bonbons clairs, il y en eut jusqu'à l'heure de la grand-messe. Lorsque Marie-Amanda vit son père prêt à partir pour Sainte-Anne, elle lui recommanda:

— Mon père, tâchez de pas engendrer de chicane à Pierre-Côme Provençal. Vous m'entendez?

Didace la rassura. Plusieurs années auparavant, un matin du jour de l'an, Pierre-Côme Provençal, la main ouverte, s'était avancé vers Didace Beauchemin, sur le perron de l'église, après la messe: « Bonne année, Didace! » Mais Didace, dédaignant la main de son voisin, lui demanda à brûle-pourpoint: « M'as-tu déjà traité de tricheux, toi? As-tu dit que j'ai visité tes varveux, l'automne passé? » — « J'm'en rappelle pas, mais j'ai dû le dire. » — « D'abord que c'est de même, tu vas me faire réparation d'honneur! » Les paletots de fourrure lancés sur la neige, le temps de le dire, les deux hommes, d'égale force, se battirent à bras raccourcis, à la vue de toute la paroisse réjouie du spectacle gratuit, jusqu'à ce que Didace, le cœur net, jugeât son honneur vengé et serrât la main de Provençal:

— Bonne année, mon Côme!
— Toi pareillement, Didace!

Mathilde Beauchemin avait la bataille en horreur. En apprenant la chose, elle dit:

— J'ai jamais vu deux hommes si ben s'accorder pour se battre et si peu pour s'entendre.

Après quinze ans, au jour de l'an, elle faisait encore à son mari la recommandation que Marie-Amanda, à son exemple, trouva naturel de répéter.

738

Les visites et les tournées de petits verres s'échangèrent jusqu'au soir, à intervalles de plus en plus espacés et par rasades de moins en moins fortes. Sur la fin de la journée, Bernadette Salvail arriva, laconique et mystérieuse à dessein.

— Tu nous caches quelque chose, devina Phonsine.

Après d'inutiles protestations, elle finit par avouer que ses parents donneraient un grand fricot le lendemain soir; ils attendaient pour l'occasion de la parenté de Pierreville, d'un peu partout, même du nord.

— Tout le monde du Chenal est invité, les demoiselles Mondor avec. Et le Survenant, ben entendu, ajouta-t-elle.

Là-dessus Phonsine s'empressa d'observer:

— Tu parles en pure perte quant à lui: il est disparu du Chenal, peut-être ben pour tout de bon.

— Avance donc pas des chimères semblables, lui reprocha le père Didace.

Les fréquentes tournées le rendaient susceptible; de plus il commençait à regretter de ne pas avoir attendu Venant, la veille. La bru voulut s'asseoir dans le fauteuil voltaire, mais il la fit se lever:

— Assis-toi pas là. Tu sais à qui c'est que la chaise appartient? Gardes-y sa place au moins. Personne boit dans ta tasse.

Sur l'heure du midi, le lendemain, la première voiture à revenir au Chenal après la grand-messe ramena le Survenant. Une bosse au front et le côté droit de la figure passablement tuméfié, il ne dit pas un mot. Phonsine gardait seule la maison. En l'apercevant, elle le gronda:

— Oui, sûrement, te v'là ben équipé pour à soir? Tu sais que Bernadette Salvail donne sa grand-veillée?

Toutefois elle l'entoura de soins, cherchant à le tenter à prendre un peu de nourriture ou à lui appliquer un morceau de viande crue sur l'œil. Il refusa tout.

— Ah! neveurmagne!

Alors elle se hâta de le faire coucher avant l'arrivée des autres.

— Tâche de te renipper pour à soir, Survenant!

*
* *

Dès le seuil de la porte, la chaleur de la salle basse de plafond, après le frimas du dehors, accueillait les groupes d'invités chez Jacob Salvail. Puis un arôme de fines herbes, d'épices, de nourriture grasse, avec de bruyantes exclamations, les saluaient:

— Décapotez-vous! Décapotez-vous! Les créatures, passez dans la grand-chambre ôter vos pelisses.

À tout moment des femmes, emmitouflées jusqu'aux yeux et dont il était impossible de deviner l'âge, pénétraient dans la chambre des étrangers. Elles n'en finissaient plus de se débarrasser de leurs grands bas, de leurs nuages de laine, de leurs crémones, de leurs chapes. Alors on reconnaissait des figures de jeunes filles, d'autres ayant passé fleur depuis longtemps et jusqu'à des vieillardes, les cheveux bien lissés et mises proprement dans leur spencer du dimanche, dépaysées au milieu de tant de monde.

Les jeunesses s'examinaient du coin de l'œil. Plusieurs étrennaient soit une matinée soit une jupe, quelques-unes une robe complète en alpaca ou en mérinos de couleur. Une cousine de Bernadette, de la côte nord, fit envie avec son corps de robe de Gros de Naples que sa mère avait reçu en présent de la seigneuresse de Berthier et qu'elle avait retaillé selon un modèle du Delineator. Toutes tenaient à paraître à leur avantage: les moins douées faisaient bouffer leur corsage et onduler leur jupe; d'autres s'efforçaient d'aplatir de trop évidentes rondeurs; d'autres enfin, d'un gauche retroussis, laissaient poindre un bas de jupon dentelé.

Du revers de la main les hommes essuyaient leur moustache avant de donner aux femmes qu'ils n'avaient pas embrassées, la veille, de gros becs sonores qui avaient goût de tabac. Les plus malins trichaient là-dessus. Ils les embrassaient par deux fois. Les femmes protestaient à grands cris, mais après coup seulement.

Les demoiselles Mondor cherchèrent en vain à esquiver les politesses du père Didace.

— Bonne année, Ombéline. Puis un mari à la fin de vos jours!

— Quoi, un mari? Vous voulez dire le paradis, monsieur Beauchemin?

— Mais, pauvre demoiselle! Vous savez ben que l'un va pas sans l'autre!

Bernadette ne tenait pas en place. Apercevant son père qui embrassait l'autre demoiselle Mondor, elle cria à sa mère:

— Venez vite, sa mère!

Madame Salvail, facilement démontée, accourut, les bras inertes comme deux branches mortes, le long de son corps maigre:

— Mon doux! quoi c'est qu'il y a encore?

— Regardez votre beau Jacob, votre vieux qui voltige de fleur en fleur!

— Le mien? Ah! j'suis pas en peine de lui: Il va s'essouffler avant de cueillir la grosse gerbe.

On ne s'entendait pas parler tellement il y avait d'éclats de rire.

*
* *

— Pensez-vous de pouvoir réchapper votre vie au moins, père Didace?

— Inquiète-toi pas, Marie. J'vas commencer par me rassasier. Après je mangerai.

Les propos et les rires s'entrechoquaient.

— Donnez-y donc le morceau des dames, depuis tant de temps qu'il louche dessus.

— Où c'est qu'est le pain? Où c'est qu'est le beurre? demanda Pierre-Côme Provençal qui voyait l'un et l'autre hors de la portée de sa main.

Un peu figés au début du repas, ils avaient repris leur naturel et se régalaient sans gêne. Maintenant ils étaient quinze attablés. La nourriture abondait comme à des noces. Entre la dinde, bourrée de fard aux fines herbes à en craquer, à une extrémité de la table et, à l'autre, la tête de porc rôti avec des pommes de terre brunes alentour, il y avait de tous les mets d'hiver, surtout de la viande de volaille et de porc apprêtée de toutes les façons, avec, çà et là, des soucoupes pleines de cornichons, de betteraves, de marmelade de tomates vertes et, en plus, des verres remplis de sirop d'érable et de mélasse où l'on pouvait tremper son pain à volonté.

Cependant madame Salvail, en priant les gens âgés de s'asseoir à table, crut poli d'ajouter:

— Y a pas ben, ben de quoi, mais c'est de grand cœur.

Bernadette, de son côté, expliqua à la jeunesse:

— On va laisser le grand monde se régaler. Après, les jeunes mangeront en paix. Et je vous recommande le dessert: il y a des œufs à la neige, de la crème brûlée, de la tarte à Lafayette, de la tarte à la ferlouche, de la tarte aux noix longues. C'est Angélina qui a préparé la pâte: de la pâte feuilletée, avec tous des beaux feuillets minces...

Angélina, confuse, lui fit signe de se taire. La saucière en main, elle offrait à chaque convive à table le gratin de la viande: « Une cuillerée de grévé? » Elle passa près du Survenant. Celui-ci lui dit à mi-voix:

— Tâchez de me garder de quoi manger.

— Espérez! lui répondit-elle, modestement, sans lever la vue.

Les filles du Chenal boudaient ostensiblement le Survenant de s'être dérobé, la veille, à la visite du jour de l'an ainsi qu'aux compliments d'usage et aux doux baisers. De belle humeur, il ne semblait pas s'apercevoir de leurs petits manèges. Avec plusieurs jeunes il prit place à la deuxième tablée. Angélina refusa d'en être:

— J'aime mieux servir. Je prendrai une bouchée tantôt.

Chaque fois qu'elle passait près du Survenant, il lui réclamait son assiette. Il n'avait pas mangé depuis la veille et les verres de petit-blanc lui faisaient vite effet.

— Espérez! lui répondait à tout coup l'infirme, comme incapable de trouver autre chose.

Il s'impatienta et voulut se lever, mais on le fit rasseoir:

— Pas de passe-droit. Tu mangeras à ton tour. T'es pas à l'agonie? Et sois pas en peine du manger: il y en a tout un chaland.

— Je vous avertis que je mange comme un gargantua.

— Gar-gan-tua!

À leurs oreilles étonnées le mot prit le son d'une plaisanterie. Ils pouffèrent de rire. Mais Odilon Provençal s'en trouva presque mortifié:

— Parle donc le langage d'un homme, Survenant. Un gargantua! T'es pas avec tes sauvages par icitte: t'es parmi le monde!

Ils rirent encore, le Survenant plus haut qu'eux tous. Amable pensa: « Il dit des choses qui ont ni son, ni ton, et il est trop simple d'esprit pour s'apercevoir qu'on rit de lui. »

Angélina approchait. Venant l'aperçut.

— Aïe, la Noire! Veux-tu me servir pour l'amour de la vie? Je me meurs de faim.

Ce premier tutoiement la remua toute. La voix un peu tremblante, elle dit:

— Si vous voulez ôter votre étoile de sur la table, je vous apporte une assiette enfaîtée.

— Mon étoile?

— Oui, votre grande main en étoile...

Il vit sa main dont les doigts écartés étoilaient en effet la nappe. Il éclata de rire. Mais quand il se retourna pour regarder l'infirme, celle-ci avait disparu parmi les femmes autour du poêle.

— Angélina, Angélina, viens icitte que je te parle!

Un peu gris et soudain mélancolique, une voix questionna en lui: Pourquoi me suit-elle ainsi des yeux? Pourquoi attache-t-elle du prix au moindre de mes gestes?

Mais il avait faim et soif. Surtout soif. Puisqu'il ne pouvait boire, il mangerait. Il s'absorba à manger en silence. Une chose à la fois.

— Venant, rêves-tu? Tu rêves?

Il sursauta: Quoi? quoi?

— On te demande si t'as eu vent à Sorel du gros accident?

— Quel accident?

— Apparence que trente-quelques personnes ont péri dans une explosion à la station des chars du Pacifique, à Montréal.

— Ah! oui. L'Acayenne m'en a soufflé mot, mais à parler franchement, je saurais rien vous en dire, pour la bonne raison que j'ai pas porté attention.

Une voix demanda:

— Qui ça, l'Acayenne?

Le Survenant mit du temps à répondre:

— Une personne de ma connaissance.

Odilon reprit à mi-voix:

— Elle est sûrement pas du pays. Ça doit être encore quelque sauvagesse. Avec un faux-côté, elle itou.

Instinctivement Marie-Amanda regarda vers Angélina. Mais l'infirme, comme intentionnée ailleurs, ne semblait rien entendre.

Le visage du Survenant se rembrunit. Il baissa la voix et dit:

— Je t'avertis, Provençal, laisse-la tranquille. Tu m'entends? À partir d'aujourd'hui, laisse-la en paix ou t'auras à faire à moi. Tu m'comprends?

Aussitôt Odilon se défila:

— Quoi, je parlais de ton canot...

Et s'adressant au reste de la tablée, il ajouta en riant jaune:

— Apparence qu'il y en a un qui a la peau courte, à soir!

Au moment de se lever de table, Venant vit le commerçant de Sainte-Anne s'approcher d'Odilon. Il l'entendit lui murmurer:

— Je cré presquement que l'Acayenne, c'est une créature de la Petite-Rue, à Sorel.

À leur sourire complice, il devina l'intention méchante. Autant les trois autres fils de Pierre-Côme Provençal lui étaient sympathiques, autant Odilon lui déplaisait. Les poings lui démangeaient de s'abattre sur ce gros garçon suffisant comme son père. À la prochaine attaque, il ne s'en priverait point. Et si l'occasion tardait trop, il saurait bien la provoquer.

*
* *

Les hommes âgés s'étaient réfugiés à un bout de la salle où la fumée de leur pipe les isolait comme dans une alcôve. L'un, qui n'était pas de la place, demanda en montrant le Survenant:

— Il doit être pas mal fort?

Sans laisser à Didace le temps de parler, quelqu'un du Chenal répondit:

— En tout cas, il agit pas comme tel: il cherche pas à se battre.

Didace protesta: « C'est en quoi! »

— Comment ça?

— S'il est si pacifique, c'est qu'il en a les moyens.

Le Survenant avançait une chaise pour prendre place parmi eux. À leur air, il comprit qu'il était question de lui. La chaleur et la bonne chère leur enlevaient tout penchant à la discussion. Ils se remirent à causer nonchalamment. Dans une trame molle, les propos se croisaient sans se nuire, comme les fils lâches sur un métier, chaque sujet revenant à son tour: l'hiver dur, les chemins cahoteux, la glace, les prochaines élections, l'entretien des phares qui changerait de mains si le parti des Bleus arrivait au pouvoir...

Ils devinrent silencieux, comme de crainte de formuler le moindre espoir en ce sens. Soudain l'un résuma tout haut le convoitement intérieur de la plupart d'entre eux:

— Tout ce que je demande, c'est un petit faneau à avoir soin: le petit faneau de l'Île des Barques, par exemple. Ben logé. Ben chauffé. De l'huile en masse. Trente belles piastres par mois à moi. Rien qu'à me nourrir, et à me vêtir, me v'là riche!

— Puis un trois-demiard pour te réjouir le paroissien de temps à autre?

— Eh! non, un rêve!

— Puis la visite de ta vieille par-ci, par-là, pour réchauffer ta paillasse?

L'homme jeta un regard furtif du côté des femmes, afin de s'assurer que la sienne était loin, avant de répondre crânement: « Ouais, mais pas trop souvent! »

— Moi, dit le père Didace, quand je serai vieux, je voudrai avoir une cabane solide sur ses quatre poteaux, au bord de l'eau, proche du lac, avec un p'tit bac, et quelques canards dressés, dans le port...

— Je te reconnais ben là, mon serpent, conclut Pierre-Côme. Pour être loin du garde-chasse et aller te tuer un bouillon avant le temps, hein?

— Quand c'est qu'un homme est vieux, d'après vous? demanda le Survenant, amusé.

L'un répondit:

— Ah! quand il est bon rien qu'à renchausser la maison.

Un autre dit:

— Ou ben à réveiller les autres avant le jour.

Didace Beauchemin parlait plus fort que les autres:

— Mon vieux père, lui, à cinquante-cinq ans, allait encore aux champs comme un jeune homme.

— Comme de raison, un habitant qui vit tout le temps à la grand'air, sur l'eau, la couenne lui durcit plus vite qu'à un autre. Il peut être vieux de visage, sans être vieux d'âge et sans être vieux de corps.

La conversation languit. Parfois l'un s'interrompait au milieu d'une phrase pour exhaler un profond soupir, plus de l'estomac que du cœur, et les mains lâchement croisées sur sa panse gonflée, il remarquait à la ronde, mais uniquement à l'intention de Jacob Salvail: « J'ai ben mangé ». D'un signe du menton les autres participaient à l'hommage que l'hôte acceptait en silence comme son dû.

Les femmes, à la relève, donnaient un coup de main, soit pour servir, soit pour essuyer la vaisselle. Elles tenaient à honneur d'aider et l'une et l'autre s'arrachaient un torchon. Inquiète, madame Salvail allait s'enquérir çà et là si rien n'avait cloché. Au moment où on la rassurait en lui prouvant combien le repas était réussi, Eugène, le benjamin de la famille, s'avança, armé d'une fourchette, jusqu'au milieu de la table pour y piquer un beignet et fit ainsi chavirer le plateau. Sur le point de tomber, afin de se protéger, il mit l'autre main dans le compotier d'où les confitures éclaboussèrent quelques invités.

Bernadette, furieuse, cria comme une perdue:

— Son père! regardez votre beau Eugène, et le dégât qu'il vient de commettre. Il mériterait de manger une bonne volée. À votre place, je le battrais comme du blé.

Jacob Salvail n'enfla pas même la voix. Pour toute réprimande il remarqua tranquillement: « Si tu voulais des confitures, Tit-gars, t'avais qu'à le dire. Pas besoin de sauter dedans à pieds joints. »

Durant le court répit entre le repas et les amusements de la veillée, les jeunes filles montèrent dans la chambre de Bernadette. Tout en refrisant leurs cheveux, elles se consultèrent: Jouerait-on d'abord à la chaise honteuse? À cache, cache, la belle bergère? À mesurer du ruban, aux devinettes, ou à l'assiette? tel que le souhaitait vivement la maîtresse d'école qui excellait à recueillir des gages et à inventer des pénitences.

Catherine Provençal savait plusieurs chansons. Elle proposa:

— Si l'on chantait plutôt. On aura assez chaud à danser tantôt, sans commencer par des jeux, il me semble.

— À votre aise, consentit Bernadette qui avait déjà arrêté son plan. C'est vrai que ça prendra pas goût de tinette pour qu'on danse. Quoi c'est que t'en penses, Marie?

Marie Provençal tressauta. Le dos tourné aux autres, dans la ruelle, entre le lit et le mur, elle venait de tirer de son bas de cachemire un morceau de papier de soie rouge, et, de son doigt mouillé, s'en fardait légèrement les joues.

Rose-de-Lima Bibeau se mit à chanter:

Mademoiselle,
Fardez-vous belle

— Descendons, dit Bernadette.

Sur les marches de l'escalier étroit, les garçons se contaient des histoires grivoises. À l'approche des filles, ils rougirent et se dispersèrent telle une nuée d'étourneaux.

— Une chanson, une chanson, pour nous divertir, ordonna Bernadette.

De son coin le Survenant entonna:

Pour un si gros habitant
Jacob pay' pas la trait' souvent

Sans prendre le temps de souffler, sur le même ton, Odilon Provençal qui, ainsi que ses trois frères, ne buvait jamais une goutte de liqueur alcoolique, répondit:

Tu mérites pas même un verre
De piquett' ou de gross' bière.

Les rires calmés, Bernadette annonça à la ronde:

— Le Survenant va nous chanter une chanson.

— Ah! non. J'ai pas ça dans le gosier, à soir.

— Mais, Survenant, vous pouvez pas me refuser. Ça serait me faire un trop grand affront.

Désarmées par son indifférence envers elles, plusieurs filles du Chenal entourèrent Venant:

— On vous connaît, Survenant: c'est rien qu'une défaite...

— Chantez! On veut vous entendre à tout prix.

— Quoi c'est que vous voulez que je vous chante?

— La chanson de votre cœur, Grand-dieu-des-routes!

— De mon cœur? Savez-vous si...

— Dis-en rien, interrompit Phonsine: c'est un chétif métier de parler en mal des absents.

— Phonsine! lui reprocha le Survenant, vas-tu te mêler d'être pointeuse, la petite mère?

Mais pendant que les autres riaient fort, il dit à Bernadette de façon à être entendu d'elle seule: « Paye-moi un coup, ma belle, et je chanterai.

— Après », lui répondit-elle, saisie. — Non, de suite pour m'éclaircir la voix. Autrement je chante pas. »

Un peu interdite mais séduite par l'idée d'être seule avec le Survenant pendant quelques instants, Bernadette se faufila jusqu'à la grand-chambre. Peu après il la suivit et poussa la porte. En silence elle tira la cruche de caribou cachée à côté du chiffonnier et lui tendit un verre. Il l'emplit jusqu'au bord puis, comme avec des gestes tendres, le porta à ses lèvres. Il but une gorgée et, sans attendre que son verre fût vide, le remplit de nouveau. Par deux fois il recommença, comme par crainte d'en manquer. Bernadette le regarda faire, étonnée. Sûrement elle avait souvent vu des hommes, au Chenal du Moine, boire de l'eau-de-vie. Ils l'avalaient d'une seule lampée. Plusieurs frissonnaient, grimaçaient même après, la trouvant méchante et ne l'absorbant que pour se réchauffer ou se donner l'illusion de la force ou de la gaieté.

Le Survenant buvait autrement. Lentement. Attentif à ne pas laisser une goutte s'égarer. Bernadette? Il se souciait bien d'elle. Bernadette n'existait pas. Il buvait lentement et amoureusement. Il buvait avidement et il buvait pieusement. Tantôt triste, tantôt comme exalté. Son verre et lui ne faisaient plus qu'un. Tout dans la chambre, dans la maison, dans le monde qui n'était pas son verre s'abolissait. On eût dit que les traits de l'homme se voilaient. Une brume se levait entre Bernadette et lui. Ils étaient à la fois ensemble et séparés. « Quel safre! » pensa-t-elle, indignée de le voir emplir son verre une quatrième fois. Mais en même temps elle éprouvait de la gêne et de la honte et aussi l'ombre d'un regret inavoué: le sentiment pénible d'être témoin d'une extase à laquelle elle ne participait point.

— T'en viens-tu, la belle?

Bernadette fit signe que non, la gorge serrée, incapable de parler. D'ailleurs elle n'avait rien à lui dire. Quand il eut quitté la chambre, elle voulut se ressaisir: « J'aurais bien de la grâce de m'occuper de lui. Qu'il boive donc son chien-de-soul s'il le veut! Ça peut pas rien me faire ». Elle pensa à apporter de l'eau pour réduire le caribou, mais son père ne le lui pardonnerait pas. De ses yeux embrumés, une grosse larme roula sur le col de la cruche. Dans la cuisine le Survenant chantait:

> *Là-haut, là-bas, sur ces montagnes,*
> *J'aperçois des moutons blancs,*
> *Beau rosier, belle rose,*
> *J'aperçois des moutons blancs,*
> *Belle rose du printemps.*

Sa voix n'était pas belle; elle n'avait rien d'une voix exercée et pourtant elle parlait au cœur. Dès qu'elle s'élevait il fallait l'écouter sans autre occupation: les mains se déjoignaient. Chacun alors se laissait emporter par elle sur le chemin de son choix, un chemin où chacun retrouvait, l'attendant, chaud d'ardeur, l'objet de son rêve: des terres grasses, fécondes, ou un petit faneau à avoir soin, ou un visage bien-aimé, ou une mer de canards sauvages...

> *Si vous voulez, belle bergère,*
> *Quitter champs et moutons blancs,*
> *Beau rosier, belle rose,*
> *Quitter champs et moutons blancs,*
> *Belle rose du printemps.*

Se pouvait-il qu'il y eût de par le vaste monde une bergère assez cruelle pour refuser l'amour d'un berger si vaillant? Ce n'était pas sûrement une fille des plaines. Les cœurs s'en serraient et s'en offensaient à la fois. Adossée au chambranle de la porte, une femme, du coin du torchon de vaisselle, écrasa sans honte une larme sur sa joue.

> *La belle m'a dit oui sans peine*
> *Au bout de très peu d'instants,*
> *Beau rosier, belle rose...*

Mais un beau danseur s'élança avant la fin du dernier couplet. Il préférait à une bergère de chanson, c'était visible, quelque grasse fille hanchue qu'il pouvait cambrer sous son bras agile:

— En avant, l'accordéon, puis la musique à bouche! vite une gigue, puis un rigaudon!

Way down de Gatineau
Where de big balsam grow...

Les chaises s'écartèrent. Le plancher cria sous le martellement des durs talons des hommes. Un tournoiement de jupes fit rougeoyer le milieu de la place. Déjà un « calleur » de danses annonçait les figures en scandant les syllabes: Sa-lu-ez vot' com-pa-gnée!... Ba-lan-cez vos da-mes!

Le bruyant cotillon s'ébranla.

Vire à gauche! Peu habitués à la danse qu'ils n'aimaient point, les garçons du Chenal s'essoufflaient vite et suaient à grosses gouttes. D'un geste brusque ils arrachaient le mouchoir accroché sous leur menton et, à grands coups, s'en essuyaient le visage. Ils en tiraient une sorte de fierté:

— Aïe! Regarde-moi donc: j'suis mouillé quasiment d'un travers à l'autre!

— Ben tu m'as pas vu! J'suffis pas à m'abattre l'eau!

Et tourne à droite! Vitement ils emboîtaient le pas, de peur de perdre la mesure et de se rendre risibles, par leur gaucherie, aux yeux des filles. De nouveau ils leur enserraient la taille comme dans un étau. Du rire franc plein les yeux, elles renversaient la tête et tournaient sans gêne comme sans effronterie.

Ensuite les danseurs se placèrent en rond autour de la salle et les mains des filles se joignirent aux mains des garçons pour la chaîne des dames. Dans une brève étreinte, les mains, l'une après l'autre, disaient ce que souvent les lèvres n'osaient pas formuler. En leur langage naïf, les mains, plus éloquentes que les voix, parlaient d'accord, d'amitié éternelle ou bien d'indifférence.

Le musicien prenait plaisir à prolonger le cotillon. Il étirait l'accordéon en des sons alanguis. Mais au moment où les couples, formés selon leur sentiment, s'élançaient pour la valse finale, il repliait son instrument à une allure endiablée et obligeait les danseurs à retourner à la chaîne.

Le cotillon durait encore lorsqu'un enfant tout effarouché cria dans la porte:

— Venez vite voir deux hommes se battre à ras la grange. Y a une mare de sang à côté comme quand on fait boucherie!

— Mon doux Jésus!

Avant même de savoir ce qui en était, Madame Salvail, obsédée par l'idée qu'elle souffrait de pauvreté de sang, s'affala sur une chaise, prête à perdre connaissance.

— Je me sens faible. Je pense presquement que j'vas faire la toile.

Les autres femmes, renseignées sur la nature de son mal, aux trois quarts imaginaire, n'en firent pas de cas. Déjà échelonnées autour de la fenêtre, elles s'efforçaient de voir au dehors, mais elles réussirent à peine à racler dans le givre de la vitre un rond de la grandeur de la main. Les hommes, eux, afin d'accourir plus vite sur les lieux, se coiffèrent du premier casque à la vue. Ainsi des têtes grotesques, ou perdues dans des coiffures trop larges, ou débordant de coiffures étroites, se montraient un peu partout, sans provoquer même l'ombre d'un sourire.

Soudain Eugène Salvail bondit dans la porte, comme un poulain qui a déserté le pré: « C'est... c'est... Odilon Provençal qui se bat avec le Survenant! »

Alphonsine, toute démontée, poussa du coude Marie-Amanda:

— Quoi c'est que Pierre-Côme Provençal va penser?

Mais on n'entendait que la voix de crécelle de Laure Provençal qui grinçait d'indignation:

— Aussi, pourquoi garder ce survenant de malheur? Pour voir si on avait besoin de ça au Chenal du Moine! Mais il jouit de son reste. Attendez que mon vieux l'attrape par le chignon du cou: il va lui montrer qui c'est le maire de la place.

La colère la fit blêmir. Tout en parlant elle arracha une chape — prête à enjamber les bancs de neige, prête à se battre à poings nus, prête à verser la dernière goutte de sang de son cœur pour épargner une égratignure à son enfant: un homme. — Ses filles tentèrent vainement de la retenir. Dans le sentier conduisant à la grange, elle trébucha. À ses cris auxquels il ne pouvait se méprendre, Pierre-Côme lui ordonna de rentrer à la maison.

Aussitôt elle obéit. Cependant elle trouva le tour de crier au père Didace:

— Garder un étranger de même, c'est pas chanceux: celui-là peut rien que vous porter malheur. Que je le rejoigne jamais dans quelque coin parce que je l'étripe du coup! J'aime mieux vous le dire.

Didace ne l'entendit même pas. Une grosse joie bouillonnait en lui avec son sang redevenu riche et ardent. Sa face terreuse sillonnée par l'âge, ses forces en déclin, son vieux cœur labouré d'inquiétude? Un mauvais rêve. Il retrouvait sa jeune force intacte: Didace, fils de Didace, vient de prendre possession de la terre. Il a trente ans. Un premier fils lui est né. Le règne des Beauchemin n'aura jamais de fin.

C'était lui qui se battait à la place du Survenant. Ses muscles durcissaient sous l'effort. L'écume à la bouche et la tête au guet, les jambes écartées et les bras en ciseaux, il affrontait l'adversaire. V'lan dans le coffre! Ses poings, deux masses de fer, cognaient dur, fouillaient les flancs de l'autre. Les coups qu'il aurait portés, le Survenant les portait. Vise en plein dans les côtes. Tu l'as!

Au clair de lune, le gros corps d'Odilon, pantelant comme un épouvantail, oscilla. Au murmure des voix proches, le père Didace s'éveilla:

— Un maudit bon homme, le Survenant!

— Quoi! on n'a qu'à lui regarder l'épaisseur des mains. Il est encore une jeunesse. Ça se voit.

— Paraît que Didace l'encourage à se battre.

— Quiens! c'est son poulain...

Didace se sentit fier et un reste de joie colla à lui. Au contraire des femmes, les hommes ne prirent pas la bataille au tragique. Nul ne songea à la faire cesser. À un combat loyal qu'y a-t-il à redire? À leur sens, elle ajouta même à la soirée un véritable agrément. À l'occasion, ils sauraient bien tirer encore des moments de plaisir à s'en entretenir. Sauf Pierre-Côme Provençal, vexé dans son orgueil de voir un de la paroisse, à plus forte raison son fils, recevoir une rincée aux mains d'un étranger qu'il tenait pour un larron, par le fait même qu'il ignorait tout de lui.

Donc le Survenant grandit en estime et en importance aux yeux de plusieurs, surtout parmi les anciens, premiers batailleurs en leur temps. Cependant ceux qui, tel Amable, ne l'aimaient pas d'avance le haïrent davantage de le savoir non seulement adroit à l'ouvrage et agréable aux filles, mais encore habile à se battre et aussi fort qu'un bœuf.

La route le reprendra*

— Dis-nous, le Survenant, comme elle est la blonde au père Didace! Tu la connais, toi? Conte-nous ça!

Les mots tombèrent sur le cœur d'Alphonsine, comme des grêlons sur un toit. L'instant auparavant elle s'était tant réjouie de voir tous leurs voisins de nouveau réunis dans la maison. Septembre et les premières grandes pluies redonneraient donc aux veillées d'automne leur rythme familier de l'année précédente?

— Si on dirait pas une soirée des jours gras, s'était-elle exclamée joyeusement, en accueillant les derniers arrivants. Dommage que mon beau-père soit allé coucher à la chasse, lui qui aime tant la compagnie!

Ce qu'elle avait pris pour pur adon ou visites amicales se révélait de la curiosité méchante. On était donc au courant des amours de Didace Beauchemin? Elle voyait les hommes se carrer dans leur chaise, comme à l'attente de quelque grasse plaisanterie, et les femmes, sauf Angélina, affectant un complet détachement de la chose, s'occuper à pincer sur leurs jupes quelque grain de poussière imaginaire ou à examiner avec une attention trop soutenue la trame du tapis de table. Alphonsine guetta les regards de Venant afin d'obtenir qu'il se tût; mais avant d'y avoir réussi, Amable, d'une voix forte et impérieuse qu'on ne lui connaissait pas, ordonna:

— Parle, Survenant. Ce que t'as à dire, dis-le!

Venant, d'ordinaire si hardi de paroles, soit qu'il se trouvât gêné d'avoir à porter semblable message, soit qu'il ne sût trop comment s'exprimer, mit du temps à répondre:

— C'est pas aisé à dire.

Il secoua la cendre de sa pipe et reprit:

— Si vous voulez parler de l'Acayenne, de son vrai nom Blanche Varieur, d'abord elle est veuve. Puis c'est une personne blonde, quasiment rousse. Pas ben, ben belle de visage, et pourtant elle fait l'effet d'une image. La peau blanche comme du lait et les joues rouges à en saigner.

— A fait pas pitié, éclata un des hommes en louchant sur sa pipe qu'il bourrait à morte charge à même le tabac du voisin.

749

— C'est pas tant la beauté, comme je vous disais tantôt, que cette douceur qu'elle vous a dans le regard et qui est pas disable. Des yeux changeants comme l'eau de rivière, tantôt gris, tantôt verts, tantôt bleus. On chercherait longtemps avant d'en trouver la couleur.

— Et de sa personne, elle est-ti d'une bonne taille? demanda la femme de Jacob Salvail. Sûrement elle est pas chenille à poil et maigre en arbalète comme moi pour tant faire tourner la tête aux hommes. À vous entendre, Survenant, apparence que les hommes mangeraient dans le creux de sa main!

Les yeux de Venant s'allumèrent de plaisir.

— Pour parler franchement, à comparer à vous, madame Salvail, elle déborde.

— Grasse à fendre avec l'ongle?

— Ah! fit un autre, visiblement désappointé, je pensais qu'il s'agissait d'une belle grosse créature qui passe pas dans la porte, les yeux vifs comme des feux follets.

— Mais elle doit avoir de l'âge? questionna Angélina, frémissante de regret, elle, si chétive, si noiraude, à l'évocation par le Survenant de tant de blondeur et de richesse de chair.

— Elle doit, mais c'est comme si elle était une jeunesse. Quand elle rit, c'est ben simple, le meilleur des hommes renierait père et mère.

— Je vois ben qu'elle t'a fait les yeux doux, remarqua tristement l'infirme.

— Quoi! pas plus à moi qu'à un autre. Vous êtes tous là à me demander mon idée: je vous la donne de francheté. En tout cas, conclut-il, c'est en plein la femme pour réchauffer la paillasse d'un vieux.

— T'as pas honte? lui reprocha Angélina.

La grande Laure Provençal s'aiguisa la voix pour dire:

— Fiez-vous pas à cette rougette-là. Elle va vous plumer tout vivant. Fiez-vous y pas. T'entends, Amable?

— Vous aimez pas ça une rougette, la mère? questionna le Survenant.

Et pour le malin plaisir d'activer la langue des femmes, tout en passant la main dans sa chevelure cuivrée, il ajouta:

— Pourtant quand la cheminée flambe, c'est signe que le poêle tire ben.

— Mais d'où qu'elle sort pour qu'on l'appelle l'Acayenne?

— Ah! elle vient de par en bas de Québec, de quelque part dans le golfe.

— Ça empêche pas qu'elle donne à chambrer à des navigateurs et qu'on parle de contre, comme d'une méchante.

— Qu'elle reste donc dans son pays!

Venant s'indigna:

— Des maldisances, tout ça, rien que des maldisances! Comme de raison une étrangère, c'est une méchante: elle est pas du pays.

Soudainement il sentit le besoin de détacher sa chaise du rond familier. Pendant un an il avait pu partager leur vie, mais il n'était pas des leurs; il ne le serait jamais. Même sa voix changea, plus grave, comme plus distante, quand il commença:

— Vous autres...

750

Dans un remuement de pieds, les chaises se détassèrent. De soi par la force des choses, l'anneau se déjoignait.

— Vous autres, vous savez pas ce que c'est d'aimer à voir du pays, de se lever avec le jour, un beau matin, pour filer fin seul, le pas léger, le cœur allège, tout son avoir sur le dos. Non! vous aimez mieux piétonner toujours à la même place, pliés en deux sur vos terres de petite grandeur, plates et cordées comme des mouchoirs de poche. Sainte bénite, vous aurez donc jamais rien vu, de votre vivant! Si un oiseau un peu dépareillé vient à passer, vous restez en extase devant, des années de temps. Vous parlez encore du bucéphale, oui, le plongeux à grosse tête, là, que le père Didace a tué il y a autour de deux ans. Quoi c'est que ça serait si vous voyiez s'avancer devers vous, par troupeaux de milliers, les oies sauvages, blanches et frivolantes comme une neige de bourrasque? Quand elles voyagent sur neuf milles de longueur formant une belle anse sur le bleu du firmament, et qu'une d'elles, de dix, douze livres, épaisse de flanc, s'en détache et tombe comme une roche? Ça c'est un vrai coup de fusil! Si vous saviez ce que c'est de voir du pays...

Les mots titubaient sur ses lèvres. Il était ivre, ivre de distances, ivre de départ. Une fois de plus, l'inlassable pèlerin voyait rutiler dans la coupe d'or le vin illusoire de la route, des grands espaces, des horizons, des lointains inconnus.

Comme son regard, tout le temps qu'il parlait, tendait uniquement vers la porte, chacun, à son exemple, porta la vue dessus: une porte grise, massive et basse, qui donnait sur les champs, si basse que les plus grands devaient baisser la tête pour ne pas heurter le haut de l'embrasure. Son seuil, ils l'avaient passé tant de fois et tant d'autres l'avaient passé avant eux, qu'il s'était creusé, au centre, de tous leurs pas pesants. Et la clenche centenaire, recourbée et pointue, n'en pouvait plus à force de cliqueter sous toutes sortes de mains, une humble porte de tous les jours, se parant de vertus à la parole d'un passant.

— Tout ce qu'on avait à voir, Survenant, on l'a vu, reprit dignement Pierre-Côme Provençal, mortifié dans sa personne, dans sa famille, dans sa paroisse.

Dégrisé, Venant regarda un à un, comme s'il les voyait pour la première fois, Pierre-Côme Provençal, ses quatre garçons, sa femme et ses filles, la famille Salvail, Alphonsine et Amable, puis les autres, même Angélina. Ceux du Chenal ne comprennent donc point qu'il porte à la maison un véritable respect, un respect qui va jusqu'à la crainte? Qu'il s'est affranchi de la maison parce qu'il est incapable de supporter aucun joug, aucune contrainte? De jour en jour, pour chacun d'eux, il devient davantage le Venant à Beauchemin: au cirque Amable n'a pas même protesté quand on l'a appelé ainsi. Le père Didace ne jure que par lui. L'amitié bougonneuse d'Alphonsine ne le lâche point d'un pas. Z'Yeux-ronds le suit mieux que le maître. Pour tout le monde il fait partie de la maison. Mais un jour, la route le reprendra...

Pendant un bout de temps personne ne parla. On avait trop présente à l'esprit la vigueur des poings du Survenant pour oser l'affronter en un moment semblable. Mais lui lisait leurs pensées comme dans un livre ouvert. Il croyait les entendre se dire:

— Chante, beau merle, chante toujours tes chansons.

— Tu seras content seulement quand t'auras bu ton chien-de-soul et qu'ils te ramasseront dans le fosset.

— Assommé par quelque trimpe et le visage plein de vase.

— On fera une complainte sur toi, le fou à Venant.

— Tu crèveras, comme un chien, fend-le-vent.

— Sans avoir le prêtre, sans un bout de prière...

— Grand-dieu-des-routes!

Le Survenant, la tête haute, les domina de sa forte stature et dit:

— Je plains le gars qui lèverait tant soit peu le petit doigt pour m'attaquer. Il irait revoler assez loin qu'il verrait jamais le soleil se coucher. Personne ne peut dire qui mourra de sa belle mort ou non. Mais quand je serai arrivé sur la fin de mon règne, vous me trouverez pas au fond des fossets, dans la vase. Cherchez plutôt en travers de la route, au grand soleil: je serai là, les yeux au ciel, fier comme un roi de repartir voir un dernier pays.

— Pour une fois, Survenant, t'auras pris la bonne route, lui répondit Jacob Salvail.

Heureux de se détendre, ils rirent de bon cœur. Mais ils s'arrêtèrent net quand Venant commença à fredonner, tout en clignant de l'œil vers Angélina. Plus cirée qu'une morte, accablée d'une peine indicible, elle l'écouta chanter la chanson de son cœur:

> *Là-haut, là-bas, sur ces montagnes,*
> *J'aperçois des moutons blancs*
> *Beau rosier, belle rose,*
> *J'aperçois des moutons blancs,*
> *Belle rose du printemps.*
>
> *Si vous voulez, belle bergère,*
> *Quitter champs et moutons blancs,*
> *Beau rosier, belle rose,*
> *Quitter champs et moutons blancs,*
> *Belle rose du printemps.*

Ce couplet fini, il n'alla pas outre. La figure enfouie dans le creux de son bras, il mima de grands sanglots. Quand il releva la tête, une larme scintillante au coin de l'œil, il éclata de rire, de sorte qu'on ne sut pas s'il avait vraiment ri ou pleuré.

Angélina, la première, parla de partir. Alphonsine ne chercha pas à la retenir. Elle avait hâte de se retrouver seule avec Amable. Un profond secret les unissait davantage depuis quelque temps: Alphonsine attendait un enfant. Amable avait voulu aussitôt annoncer la nouvelle à son père, mais la jeune femme s'était défendue:

— Non, non, je t'en prie. Gardons ça pour nous deux. Les autres le sauront assez vite.

Devant la grande gêne d'Alphonsine, sorte de fausse honte inexplicable, il avait résolu de se taire aussi longtemps qu'elle le désirerait.

Alphonsine s'empressa de dire à Angélina:

— Attends, je vas rehausser la lumière.

— Non, allume pas, supplia l'infirme. Il fait assez clair et j'ai ma chape à la main.

Plutôt que de marcher à la grande clarté sous les yeux du Survenant, Angélina aurait volontiers desséché là. Pas de lumière. Qu'il ne voie pas comme sa peau est terne, son corps chétif et ses cheveux morts. Une distance de vingt pas séparait sa chaise de la porte. Elle la franchit doucement, hissée sur la pointe des pieds, surveillant sa jambe caduque afin de faire le moins de bruit possible. Quand elle parvint au seuil de la porte, Venant lui demanda:

— T'as pas peur, au moins, belle bergère?

— Peur? Personne tentera sur moi, répondit-elle tristement en s'engouffrant dans la nuit.

Dès qu'elle fut dehors, le Survenant courut la rejoindre. L'assemblée s'égrena vite. Les uns et les autres suivirent de près Angélina. Après le départ du dernier, Alphonsine laissa échapper un soupir de soulagement. Amable ne bougeait pas; le regard froncé, il semblait de pierre. Elle vola à lui, la parole secourable:

— Reprends courage, mon vieux. Ça sera sûrement rien qu'une passée...

Le poing d'Amable, comme des coups de masse, s'abattit plusieurs fois sur la table:

— Si c'était la vérité! Malheur à elle... la Maudite!

MARIE-DIDACE

La mort de Didace*

Tantôt sautant à cloche-pied, tantôt allongée sur l'herbe à surveiller le vol des oiseaux, Marie-Didace guettait depuis le matin le retour de son grand-père. La première elle vit approcher du Chenal le canot que montaient les deux chasseurs, et, à la traîne, un deuxième canot, le canot du père Didace, qui paraissait allège.

Elle courût le dire à l'Acayenne occupée à coucher les plants de tomates, dans le potager. Du fournil, Phonsine entendit.

— Quoi c'est que ça peut vouloir dire? Y serait-il arrivé quelque accident?

Les bras éloignés du corps, la tête dans les épaules et les traits si tirés que Phonsine fit le saut en le voyant, Didace, soutenu par deux étrangers, s'appuya au chambranle de la porte, avant d'entrer dans la maison.

— Vite! Arrachez-moi mon butin! J'étouffe!

L'Acayenne, satisfaite d'avoir raison, commença à le narguer:

— Hein, t'as pris du mal? Je te l'avais-ti prédit, hier?

Mais elle le trouva si changé qu'elle se tut. Didace ferma les yeux.

Le père Beauchemin avait eu une attaque d'angine, au milieu de la nuit. Les chasseurs l'avaient couché sur la paille, au fond de son canot, à l'abri du vent, sous le prélart de chasse. Mais ils avaient dû attendre la clarté pour sortir de l'affût et retrouver leur chemin parmi les chenaux. Au jour, les appelants levés et le canot attaché à leur embarcation, l'orage avait éclaté. Vent devant, le canot à la touée, ils avaient lentement remonté le courant. Le soleil brillait haut quand ils arrivèrent à la maison.

— Voulez-vous qu'on vous envoie le docteur? proposèrent les chasseurs qui retournaient à Sorel.

— Oui, oui, allez chercher le docteur Casaubon, s'empressa de répondre Phonsine.

— C'est ce maudit bras gauche qui veut plus ramer, expliqua Didace.

— T'auras pris de la fraîche, dit l'Acayenne. Moi-même, je t'ai une douleur qui me tient dans l'épaule.

Phonsine pensa: « C'est à croire qu'elle ne cherchera pas à attirer l'attention sur elle. » À genoux aux pieds du père Didace, la jeune femme lui dit:

— Grouillez pas. J'vas vous enlever vos bottes.

Elle essaya de les tirer, sans en venir à bout. Elle tirait mollement comme en rêve. Où avait-elle accompli le même geste auparavant? Peu à peu, par petites touches, des images se dessinaient, précises, dans sa mémoire: agenouillée auprès du Survenant, un soir qu'il avait bu, Phonsine lui enlevait ses bottes. Au milieu de phrases incohérentes, — il danse le soleil, le matin de Pâques il danse! — il lui révélait les amours du père Didace avec l'Acayenne. La tête de l'homme ivre retombait sur la table. Deux flaques d'eau grise maculaient le plancher frais lavé. Phonsine avait eu le pressentiment de tout ce qui lui serait dérobé de sécurité, de paix. Parmi les avoines ardentes et soleilleuses, elle ne serait plus que l'humble grain noir qu'une main dédaigneuse rejette loin du crible.

Le Survenant n'avait pas porté bonheur aux Beauchemin. Vrai, sa puissance magnétique n'avait plus guère de reflet sur eux; mais le sillon de malheur qu'il avait creusé inconsciemment autour de leur maison, six ans plus tard le temps ne l'avait pas encore comblé. Cette femme, l'Acayenne, elle n'était pas des leurs, elle les frustrait d'une part du vieux bien et sans cesse elle les menaçait de la présence du fils de son Varieur; cette femme, qui prenait toujours la part de Marie-Didace et qui se faisait aimer de l'enfant au détriment de Phonsine, c'était le Survenant qui l'avait présentée au père Didace. Sans elle, sans son œuvre sournoise, Amable n'aurait jamais quitté le Chenal du Moine, et il ne serait pas mort. Chaque nuit, Phonsine ne retrouverait pas la sombre hantise de voir sa petite tomber dans le puits.

Si c'était à recommencer! Qu'il en vienne donc un Survenant frapper à la porte des Beauchemin! Phonsine le recevrait de la plus belle façon! Ses forces, elle les exerçait toujours en rêve, elle les épuisait en rêve. Dans la réalité...

Deux larmes roulèrent sur les joues amaigries de Phonsine. Elle tirait, tirait...

— Tire, tire fort!

La gorge serrée, elle murmura: « J'ai peur de vous faire mal. »

À la fêlure dans la voix de la bru, Didace ouvrit les yeux. Il ne vit que sa tête penchée, sa chevelure châtain clair que des fils blancs striaient.

— Tu grisonnes? dit-il doucement étonné.

La tendresse inaccoutumée du père Didace acheva de bouleverser Phonsine.

— Quiens! elle fait encore sa lippe, dit l'Acayenne en prenant sa place. À croupetons sur le plancher, elle empoigna d'une main le cou-de-pied du père Didace, de l'autre elle saisit le talon et, en un rien de temps, lui enleva ses bottes.

Elle voulut lui envelopper les genoux dans une chape de laine, mais il rejeta la couverture en disant:

— Faites-le dire... à...

— À Pierre-Côme?

Il fit signe que oui.

— Puis... à... Marie-Amanda...

Marie-Didace, heureuse de se rendre utile, courut chez les Provençal.

*
* *

Le curé Lebrun prit place, dans la voiture légère, à côté de Pierre-Côme Provençal. Aussitôt la petite jument rousse détala, un nuage de poussière à la suite, sur le chemin du Chenal du Moine.

Au passage du cortège, des hommes aux récoltes, çà et là dans les champs, s'immobilisèrent, dressés comme des cierges sur quelque immense autel. Pénétrés à la fois du regret de voir l'un des leurs sur le point de mourir et pénétrés de la secrète satisfaction de ne pas être encore, eux, le choix de la mort... Dans la paroisse, on savait déjà que Didace, fils de Didace, recevait une dernière fois la visite du prêtre.

La gorge nouée de chagrin, le curé Lebrun se taisait. Lui et Didace avaient souvent fait le coup de fusil ensemble. Un passé de plus de trente ans remontait mélancoliquement à sa mémoire: les merveilleuses chasses d'autrefois, les vents violents franc nord, les voyages de misère à la baie de Lavallière, les passes à la queue des îlets. Et les affûts de branches de saule si durs à planter... Et les mares qu'il fallait faucher à la grand-faux... Et les retours périlleux sur les bordages en novembre, quand les hommes revenaient tout faits de glace au Chenal du Moine.

Il tressauta. La voiture venait de s'arrêter devant la maison des Beauchemin.

Ému et gêné à la fois, le prêtre dit à Didace:

— Je viens vous faire visite en passant.

Didace comprit pourquoi son curé était là. Il voulut lui donner un coup de main. Tout était bien ainsi. L'un aidant l'autre, ils haleraient ensemble pour une dernière passée:

— Décapotez-vous, décapotez-vous, monsieur le curé, on va jaser une petite escousse.

Didace parlait difficilement. Chaque fois qu'il respirait, on eût dit qu'une charrue lui labourait la poitrine.

— Quoi c'est qui ne va pas? demanda l'abbé Lebrun, en enlevant son cache-poussière d'alpaca.

Angélina, l'Acayenne et Phonsine entouraient le malade, dans son fauteuil, près de la fenêtre.

— Il est nâvré tout bonnement, répondit l'Acayenne.

L'œil bas sous ses gros sourcils, Didace trouva le tour de sourire. Faisant bâiller la chemise grossière, il frappa sa poitrine velue où saillaient, éparses ou par grappes, des taches de vieillesse:

— La coque est bonne. La coque est encore bonne, monsieur le curé. C'est le deux-temps qui marche p'us.

— Le docteur doit pourtant être à la veille de ressoudre? questionna Alphonsine, plus pour rassurer son beau-père que par besoin de savoir.

Le curé fit signe aux femmes de se retirer. Il alla fermer la fenêtre.

— Le temps de vous confesser, expliqua-t-il à Didace.

Puis il revint s'asseoir et demanda au malade:

— Avez-vous quelque chose qui vous reproche?

— Ah! fit le vieux simplement, je sais pas trop comment j'm'en vas accoster de l'autre bord. J'ai souvent dégraissé mon fusil avant le temps et ça me forçait pas de chasser avec des appelants en tout temps. Seulement... quand la chasse était bonne... et que j'avais des canards de trop... j'en ai ben porté aux Sœurs pour régaler les orphelins...

À peine s'était-il reposé qu'il s'empressa de poursuivre:

— À part de ça, quand j'étais jeune, je buvais comme un trou...

L'abbé Lebrun eut beau lui demander de baisser la voix, Didace n'en continua pas moins à se confesser tout haut:

— Je buvais comme un trou...

Didace Beauchemin n'avait rien à cacher. Sa fin ressemblerait à sa vie: il partirait, face aux quatre vents, par le chemin du roi:

— ... je manquais rarement un coup. Et quand j'étais chaud, je cherchais rien qu'à me battre. Je me battais, un vrai yâble! Et j'étais un bon homme un peu rare. J'ai donné des rondes, c'est vrai, mais j'en ai mangé des rôdeuses. Je sacrais comme un démon. À tout bout de champ. Pour rien. J'allais voir les femmes des autres. J'm'en cachais pas. Mais je me confessais tous les premiers vendredis. Aujourd'hui, je prends rarement un coup. Je sacre presquement p'us et je couraille jamais. Seulement, je vas pas souvent à confesse.

Didace se tut. Le prêtre lui demanda:

— Est-ce tout?

Après avoir réfléchi, Didace répondit:

— J'haïrais pas... prendre la tempérance pour la vie.

— Je veux dire: tout ce que vous avez sur la conscience?

— Quant au reste, monsieur le curé, j'ai toujours fait pour bien faire, au meilleur de ma connaissance...

Le curé se recueillit avant de représenter Dieu, la vérité éternelle, auprès de l'homme simple qui se mourait, son ami. Il chercha au plus profond de sa foi et de son amitié les mots avisés afin de toucher ce cœur franc, mais pas facile d'accès. Les paroles coulèrent paisibles et fortes, de la bouche du prêtre, comme l'eau, patiente et sereine, d'une belle rivière, tantôt sinueuse, tantôt droite, sans tumulte, sans remous, assurée de se confondre bientôt à la mer. Didace ne sentait plus son mal. D'abord ramassé sur lui-même, il écouta. Peu à peu, un baume purificateur se répandit en lui, l'allégeant du poids de ses fautes. Puis il devint semblable à un tout petit enfant dont la main repose dans la main d'un plus grand que lui et qui se laisse conduire en toute tranquillité, sans s'inquiéter de la route. Soudain, il se redressa. Le front haut, il semblait humer l'erre de vent, en contemplation devant une volée d'oiseaux voyageant vers le nord. Didace Beauchemin voyait le bon Dieu, Dieu le Père, des saintes images dans le livre de prières et, à sa droite, la Sainte Vierge, drapée dans un pan de ciel clair, avec des étoiles d'or piquées en auréole. Un peu à l'écart, c'était Mathilde qui lui souriait? Sûrement! Non plus une Mathilde couleur de terré et toujours soucieuse de dérober aux regards ses vieilles mains, mais une belle jeune femme entre Amable et Éphrem, le fils noyé dans une jonchaie, un midi de juillet, réunis comme sur la petite Sainte-Famille de faïence qui ornait le chiffonnier.

Soudain, Dieu prit la figure d'un divin garde-chasse à qui Didace aurait joué quelques vilains tours dans ce bas monde, mais qui fermait les yeux sur les fredaines des humbles gens. Un divin garde-chasse qui lui permettrait bien de tirer un ou deux coups de fusil et de donner quelque rafale aux oiseaux dans les mares célestes.

Comment Didace avait-il pu craindre un Dieu si grand de bonté, et se tenir éloigné de lui aussi longtemps?

Après l'absolution, Didace n'était plus le même homme. Un ange, de son aile miraculeuse, l'avait transfiguré. Doucement, il supplia:

— Partez pas, monsieur le curé. Restez. Le soleil est haut. Beau-Blanc ira vous reconduire.

Il suffoquait.

— J'sus avide d'air, depuis à matin.

Le curé ouvrit la fenêtre; Didace se calma. Il aurait voulu causer de nouveau de l'au-delà et de la vie éternelle, mais trop de souvenirs de leur temps de chasseurs l'assaillaient de toutes parts et le rattachaient à la terre. Malgré un halètement pénible, il se hâtait de tout dire:

— Vous souvenez-vous, monsieur le curé, de la fois de votre fusil français, quand vous étiez jeune prêtre? Votre père vous avait fait cadeau d'un saint-Étienne, un douze, un fameux de beau fusil. Et vous pensiez qu'il suffisait d'un bon fusil pour faire un bon chasseur. Comme vous étiez tout nouveau dans la paroisse, on vous avait conduit au banc de sable, une belle après-midi d'automne. Tout d'un coup on voit venir à nous une grosse bande d'alouettes. Le ciel en était noir. L'un de nous autres vous crie: « Exercez-vous! monsieur le curé, c'est le temps. » Je vous vois encore tirer dans le tas. V'lan! V'lan! Mais pas un oiseau tombe. Pas un. On n'osait pas rire, comme de raison, vous étiez notre curé et on vous connaissait à peine. Mais on se tordait par en dedans. Quand vous vous êtes déviré devers notre bord, en nous voyant près d'éclater, vous avez dit d'un grand sérieux: « Il tire ce fusil-là! » Pas un mot. Personne bronchait. Les yeux pointus, on attendait que vous vinssiez parler. Vous nous avez demandé: « Avez-vous vu comment je m'suis exercé à passer les plombs entre chaque alouette sans en frapper une seule? » Là on a ri à notre goût. Et on vous a adopté du coup. On avait compris que vous seriez peut-être ben jamais un fameux chasseur, mais qu'on aurait de la misère à vous accoter sur les histoires de chasse.

Le curé Lebrun s'efforça de sourire. Le prêtre se sentait réjoui de remettre une si belle ouaille au bon Pasteur mais l'homme pleurait son ami. Après s'être mouché bruyamment, il se leva pour de bon. Les femmes l'aidèrent à endosser son cache-poussière, puis s'agenouillèrent pour la bénédiction. À voix basse il leur dit:

— Je reviendrai lui porter la communion.

Le malade, accablé, ne parut pas entendre. Après quelques instants de silence, les yeux égarés, il demanda, d'une voix saisie:

— J'vas recevoir le bon Dieu?

Le prêtre fit signe que oui.

— Retardez pas, monsieur le curé. En tout cas, si je vous revois pas, vous pourrez vous servir de mon affût... à... la baie...

Cependant Didace n'acheva pas. Tout le temps que son curé s'apprêta à partir, pas une fois il ne leva la vue sur lui. D'un air bourru, il semblait examiner soigneusement l'Île du Moine, les vastes champs communaux qui rougeoyaient de salicaires jusqu'au fleuve, l'immense pâturage où les bêtes broutaient l'herbe riche. Aucune main familière, pas même celle d'un Survenant, ne les rentrerait à l'étable, la Saint-Michel sonnée. Sous le poil jaune et rude de ses sourcils embroussaillés perla une grosse larme qui, après être restée suspendue un moment à la courte frange des cils, se mit à rouler sur le vieux visage ravagé de douleur.

Après le départ du prêtre, Didace ne voulut point se coucher avant d'avoir vu son fusil accroché à la poutre du plafond. Ensuite, il se laissa encanter dans le lit, parmi les oreillers. Les femmes lui passèrent une chemise propre. Au-dessus du linge blanc, la grosse face brûlée de soleil et de vent parut encore plus brune. Puis il demanda à rester seul. Mais à tout instant, elles entrebâillaient la porte pour s'enquérir de ce qu'il pouvait avoir besoin.

À la cachette, Marie-Didace alla le retrouver sur la pointe des pieds.

— Beau pe-père! dit-elle en lui passant les mains sur la figure. T'es beau, pe-père, mais t'as le visage cordé!

Puis elle s'en fut à la grange et en revint avec un petit canard éclos, la veille, d'une deuxième couvée, la première ayant manqué.

— Regarde, pe-père, il mange des petites mouches. Il réchappe déjà sa vie.

Didace le prit dans ses mains arrondies en forme de nid; mais le caneton ayant laissé sa carte sur le drap net, il le remit à l'enfant.

— Tu vas te faire gronder. Va jouer, la petite. Laisse la porte ouverte.

Un instant après, on entendit le père Didace qui parlait tout haut:

— C'est toi, un ami de cinquante ans, qui me trahis? C'est toi?

Angélina s'approcha. Par la fente de la porte, elle le vit qui fixait son fusil.

— Il fait des reproches à son fusil, expliqua-t-elle la voix basse.

— Vous voyez? dit l'Acayenne en se tournant vers les femmes. Il l'avoue qu'il a pris du mal à la chasse. Son fusil a pu repousser, on sait jamais.

— S'il bourrasse, c'est bon signe, dit Phonsine, pour s'encourager.

— En tout cas, je voudrais pas pour ben de quoi qu'il passe le dimanche sur les planches dit Laure Provençal, parce qu'un mort sur les planches, le dimanche, c'est de la mortalité dans l'année.

Phonsine entra dans la chambre:

— Avez-vous besoin de quelque chose, père Didace? Voulez-vous que je redresse vos oreillers? Vous devez être mal, la tête basse, de même?

Dans sa hâte de devancer la bru, l'Acayenne s'accrocha au coin du chiffonnier. L'angle du meuble entra dans les chairs de sa hanche. On entendit l'étoffe qui craquait, puis un faible cri de douleur, puis:

— Ce chiffonnier-là, une bonne fois, je le mettrai de bisc-en-coin. Et avant longtemps, je me le promets.

— Pour faire vos changements, attendez, madame Varieur, dit Phonsine, étonnée elle-même de son audace subite.

Le père Didace, des yeux, lui signala de se taire et de fermer la porte. Quand ils furent seuls, il la fit se pencher près de lui.

— Tâchez de vous arrimer pour pas trop vous chicaner. Faut pas trop lui en vouloir. Elle a mangé de la grosse misère, ça l'a endurcie. Puis elle aime ben à mener. Mais patiente! T'auras ton tour.

Peu de temps après la mort d'Amable, Didace avait fait un testament en faveur de Marie-Didace.

— T'auras ton tour!

Il s'arrêta, crispé de douleur, la main sur la poitrine. À pas feutrés, Phonsine s'éloigna du lit. Aussitôt il la rappela:

— Fais-toi aimer de ta petite.

Elle attendit qu'il en dît davantage, mais en vain.

L'après-midi traîna, malgré les allées et venues des voisins. Les heures, lourdes de chaleur et d'anxiété, n'avaient pas de fin. Quand l'horloge jetait ses coups précipités, dans la cuisine, on tressautait. Le silence et l'oisiveté rendaient ce jour d'angoisse semblable à un dimanche. Le vent était tombé. De nouveau, les mouches collaient à tout. Dans l'herbage la cigale chantait.

Un yacht amena Marie-Amanda sur le coup de six heures. Les yeux cernés et mouvant péniblement son corps massif alourdi d'un huitième enfant, elle se dirigea, son chapeau encore à la main, à la chambre du père Didace.

À la vue de sa fille, un faible sourire anima le regard du malade.

— Je t'attendais, dit-il. Approche que je te parle!

Puis, après un effort, il reprit:

— J'm'en vas. J'en ai pas pour longtemps.

Marie-Amanda voulut l'encourager:

— Pourtant vous avez pas l'air d'être au bout de votre fusée?

De la main il l'arrêta. Les autres pouvaient le tricher. Pas Marie-Amanda.

— Approche encore: je veux te parler, te demander pardon...

— Pardon?

— Oui, pardon des offenses que j'ai pu te faire, à toi, puis à tous les autres. Même sans le vouloir, des fois on peut faire mal au cœur.

Sa voix était de plus en plus rauque:

— Je veux te remercier également de toutes tes bontés pour moi, pour la famille. T'as toujours été bonne, comme ta mère. Je l'ai pas toujours reconnu comme j'aurais dû.

Il s'arrêta pour tousser. Marie-Amanda, fort émue, se retenait de pleurer. L'enfant en son sein remua. « La vie... la mort... si proches, si loin! » pensa-t-elle.

Un sifflement entre les lèvres, Didace reprit:

— Les commencements ont été durs. Ben durs. Le premier Beauchemin est arrivé au Chenal en petit capot. Aujourd'hui, regarde! La maison pièce sur pièce, les champs... Mon père me l'a toujours dit: sans les créatures qui les encourageaient à rester, les hommes seraient repartis, tous, les uns après les autres. Ma mère, ma mère à moi, ça c'était vaillant! Levée avec le jour à travailler jusqu'aux étoiles. Ça mangeait, mais ça travaillait. Dans l'eau glacée jusqu'à la ceinture, au printemps, pour arracher un morceau de butin à la rivière!

Didace ferma les yeux, les traits étirés. Un peu plus tard, il dit, en montrant de la tête Phonsine et l'Acayenne, dans la cuisine:

— Tâche que le bien dure et que la concorde règne entre les deux.

L'Acayenne passa la tête par l'entrebâillement de la porte:

— Comment c'est que tu trouves notre malade, Marie-Amanda? Il est pas pire, hein, pour un homme qui a eu le prêtre dans la journée?

Marie-Amanda, la figure en larmes, sortit de la chambre avec sa belle-mère. Elle fit signe à celle-ci de se taire:

— C'est inutile, son sacrifice est fait.

À la porte de devant, le dos tourné aux autres, elle resta debout, à tâcher de se composer un visage plus serein. Au delà de l'Ile de Grâce, le soleil se couchait. Sur la commune, une caravane, cheval blanc en tête, se formait, impatiente de remonter vers la berge du nord. Au-dessus des salicaires, le dos des moutons ondulait, par vagues courtes et drues.

En retournant auprès de son père, Marie-Amanda s'arrêta, stupéfaite, au seuil de la chambre. Sur la courtepointe, un rayon d'ambre et d'or dansait. À la lueur du couchant, la tête de l'ancêtre flamboyait. Les traits affinés, le regard levé vers le ciel en feu, Didace semblait ébloui. Un volier de canards noirs traversa le rectangle lumineux. Aucun muscle ne vibra sur le visage du mourant. Marie-Amanda comprit que son père ne voyait plus clair.

— Venez, venez vite, dit-elle aux autres, en allant chercher Marie-Didace. Mais l'enfant, qui tremblait, se dégagea pour donner la main à l'Acayenne.

D'une voix ferme que démentait sa figure tourmentée, la fille aînée des Beauchemin commença:

— Mon père, on est tous avec vous, Marie-Didace... la femme d'Amable...

Le reste se perdit dans les cris de Phonsine:

— Non! non! non!

Angélina l'entraîna dans la cuisine:

— Laisse-le partir en paix. Il entend tout, lui souffla-t-elle à l'oreille.

Laure Provençal alluma un cierge:
— Prière pour les agonisants!...
Didace, fils de Didace, avait cessé de vivre.

LA LANGUE PAYSANNE DU CANADA

S'il est vrai qu'à la source d'un pays on trouve toujours la langue paysanne, la nôtre, qui a plus de quatre cents ans d'existence, est un fait, une vérité accomplie.

Parce qu'elle est liée à son passé la langue de l'habitant reste conforme à son mode de vie. Ainsi l'Acadien, ou l'Acayen, ou le Cayen, frère jumeau du *Cajan* américain, dira souvent: « Je dis à moi... » comme pour se convaincre qu'il est vraiment son maître. Le pêcheur gaspésien, dans sa conversation, évoque sans cesse l'eau. Il toue. Il hale. Tout plancher est un pont. Pour vous désigner son terrain de pêche il vous racontera qu'il a ancré à deux monts, après avoir calé l'Île Bonaventure, à la juste *creuseur* de l'eau. Ou encore s'il veut vous prédire de la pluie il a un proverbe tout appareillé à la bouche:

> Rouge matinée
> De l'l'eau plein l's écuvées.

L'habitant des vieilles paroisses, sage sécuritaire, fidèle à l'habitat, à la cuisine, aux coutumes d'autrefois, devait naturellement garder la langue simple, étoffée, qu'il trouve à sa convenance. Par là il devient inconsciemment la digue qui protège le français, au Canada, contre la force révolutionnaire. Il en est de même du paysan de France. Georges Duhamel ne nous racontait-il pas, lors de son voyage à Montréal, que lorsqu'il s'agit d'enlever le mot *andain* du dictionnaire de l'Académie, il demanda à ses collègues de n'en rien faire avant qu'il n'eût consulté son jardinier, un vieux paysan. Et le jardinier, en connaissant bien la signification, le mot *andain* reste dans le dictionnaire.

*
* *

Que reproche-t-on à la langue paysanne du Canada? On lui reproche d'être lente, lourde et vulgaire.

La lenteur de l'habitant a toujours été en butte aux sarcasmes du citadin. De fait l'habitant n'est pas *vite*, tel qu'il le dit lui-même et tel que le disaient Bossuet et La Fontaine. Il n'est vite ni dans ses gestes ni dans sa façon de s'exprimer. Mais cette retenue, ce mutisme diffèrent-ils tellement de ce que chez le littérateur on nomme « de Conrart le silence prudent », ou chez le financier, l'intelligence des affaires?

L'habitant possède le plus précieux de tous les biens: le temps. Sa vie est accordée au rythme de la terre. Il a le temps de regarder passer l'eau entre les joncs bleus et d'examiner le firmament. Il a le temps de prendre l'erre de vent et s'il aperçoit quelques malards et un couple de sarcelles qui *baraudent* dans le ciel, au printemps quand tous les germes batifolent dans le terreau, obéissant à la loi secrète qui fait de l'homme un éternel chasseur il a le temps de *dégraisser* le fusil et d'aller en maraude se *tuer un bouillon*. Il a le temps de vivre. Pourquoi se hâterait-il? Et comme il a aussi le gaspillage en horreur pourquoi se plierait-il à nos détours de soi-disant civilisés? Le citadin qui lui demanderait: « Savez-vous quelle heure il est? » il risquerait fort d'entendre l'habitant lui répondre par un « *Ouais* » et de le voir continuer son chemin, une moquerie au coin de l'œil.

*
* *

On parle beaucoup dans les salons de la transformation du langage, de l'évolution de la syntaxe sous prétexte que la langue française est une langue vivante et l'on cite comme une découverte la souveraineté du peuple en matière de langage, une vérité qui remonte tout de même à Platon. Voltaire la déplorait hautement: « Il est triste, dit-il, qu'en fait de langues comme en d'autres usages plus importants, ce soit la populace qui dirige les premiers d'une nation ». Songe-t-on qu'il suffit d'un comique et de quelques bavards pour répandre un mot comme une tache d'huile. Une langue vivante, la langue française? Soit. Mais le parler populaire c'est de la vitalité errante empruntant au sport, à l'actualité des mots nés de père inconnu et destinés à mourir prématurément. Comment une langue à la merci de chacun ne serait-elle pas vouée à se démoder et à devenir artificielle? Qui se souvient des mots en vogue il y a dix ans? On aura depuis longtemps mis à l'index les voyages *sur le pouce* et cessé d'*accorder ses faveurs*, de *bâcler* une affaire, voire de prendre femme par un *O.K.*, qu'on utilisera encore les mots en usage il y a cent ans à la campagne. La langue paysanne, c'est de la santé primitive, rougeaude. Elle rend un son de durée, elle a un sens d'éternité. Et on peut y appliquer le plus beau des canadianismes: *fiable*. La langue paysanne est fiable.

À qui veut se donner la peine d'aller l'écouter sur place, non pas avec le souci didactique et un crayon à la main, mais en artiste et d'une oreille alerte, est réservée la meilleure des récompenses. Des mots qui ont leurs lettres de noblesse comme, parmi tant d'autres, *ravagnard, interboliser*, tombent naturellement de la bouche de l'habitant. Quel spectacle désolant que celui de gens de souche paysanne, qui se piquent d'être de fins lettrés, se plissant le nez de dédain devant les expressions de l'habitant et se pâmant d'admiration lorsqu'ils les retrouvent sous la plume d'écrivains célèbres comme Saint-Amant, Stendhal ou Gide. Pour n'en citer que quelques-unes: *gouffe* ou *goffe* dans le sens d'épais, de grossier, que le poète Saint-Amant, joyeux vivant plus assidu à la Société des Goinfres qu'aux séances de l'Académie emploie dans ses *Caprices*. Se laisser *blouser* c'est-à-dire éblouir que l'on retrouve dans *la Symphonie pastorale* de Gide. Ou encore *venette*, (avoir une venette, une peur,) qui est dans *La Chartreuse de Parme*.

D'autres répudient comme étant des anglicismes certains mots qui en réalité sont des mots français anglicisés et qui nous reviennent sous une forme nouvelle mais avec le même sens, tel *couque*, tiré de *coq*, cuisinier.

*
* *

Comme les autres langues le parler paysan a ses particularités. Quand il dit un *sacrifix* l'habitant fond sacrifice et crucifix en un mot. De fanal et falot il tire *fanau* pour désigner un phare ou, si vous le préférez, une *light*. Ailleurs il simplifie pilote. Il le corse en un mot plus fort: *pilot*. Et si le pilot a ses diplômes il devient *pilot branché*. Il transforme praline en *plorine*, bernache en *barnèche*, cane de roche en *candroche*, appelants en *plants*, etc.

D'où peut provenir cette émancipation, ces raccourcis dans un langage d'ordinaire si immuable? Il serait plaisant d'imaginer François Hertel — l'original et non son décalque littéraire — à l'habillement fastueux, ou Pierre Radisson et les coureurs de bois revenant de randonnées lointaines, chargés de pelleteries et d'expressions pittoresques qui ravissent les damoiselles d'antan. Autour du moulin banal où l'on moud de la bonne farine, on les répète pour les répandre de bouche en bouche. Les linguistes ne me pardonneraient pas cette fantaisie. Ils auraient raison: une langue ne doit pas être abandonnée aux visionnaires et aux spéculateurs.

Une semblable émancipation s'explique plus facilement par la logique paysanne rarement en défaut. Une dame pincée demandait un jour à un habitant, dans le dessein de l'embarrasser, s'il pouvait lui servir de l'eau potable. Celui-ci qui n'avait jamais ouvert un dictionnaire acquiesça sans se laisser démonter et s'en fut au puits tirer de l'eau. La dame, après avoir étanché sa soif, insista pour savoir ce qu'il entendait par de l'eau potable. « Quoi, répondit l'habitant, c'est de l'eau qu'on met dans un pot sur la table ».

*
* *

À côté du langage populaire heurté, nerveux, pressé comme les citadins eux-mêmes, la syntaxe paysanne lente, prudente peut paraître lourde, je dirais mieux pesante. À celui qui vient de recevoir une lettre, l'homme de la ville demandera: « *Quo'c 'qu'i't'veut?* » L'habitant attendra, mais si la curiosité l'emporte sur sa patience, il questionnera: « *Quoi c'est qu'il te mande?* » (Non pas demande, mais te *mande*). Comme le bon vin qui garde son bouquet, la syntaxe paysanne colle au palais; comme la terre forte qui fait germer les blondes avoines elle adhère à la semelle. « *J'aurais aimé ça, mon jeune, qu'on vinssit se baucher sur l'ouvrage, nous deux, il y a une trentaine d'années* ». Qui s'exprime ainsi? Est-ce Sieur Pierre Salvaye de Trémont, capitaine du régiment de Carignan, s'adressant à Trempe la Crouste, simple soldat, qui abat un arbre dont on fera un mât pour les vaisseaulx du Roy? Non, c'est un vieux Salvail, du Chenal du Moine, parlant à son fils qui remonte à la cordelle un charroi de bois. Les Salvail ne sont plus des Salvaye de Trémont.

Par économie sans doute ils ont abandonné la particule — quand tant d'autres la recherchent et se l'accordent même gratuitement — mais ils ont conservé la noblesse, la noblesse et le langage. Ils n'ont point dérogé.

*
* *

Rançon du progrès, de même que dans les villes les pavés en bois ont recouvert le sol puis fait place à l'asphalte, la langue populaire évolue à une allure folle. Mais dans la vieille paroisse où le sol est intact, la langue, vivace, refleurit à jamais parce qu'en l'année 1763 — hiatus entre la France et le Canada — l'habitant est resté sur sa terre. C'était son bien, son sang, sa vie même qu'il préservait. Il ne faisait pas de littérature pour que cent cinquante ans plus tard des couventines puissent déclamer après Maria Chapdelaine: « Nous sommes restés... » Seulement, il est resté. Il a gardé sa langue. Et il la garde, canadienne et française. C'est là son élégance.

YVES THÉRIAULT (1915-1983)

Yves Thériault, conteur né, est le plus prolifique des écrivains québécois. Il a écrit des centaines de textes pour la radio et la télévision, des livres pour la jeunesse, des contes, des pièces de théâtre et une bonne trentaine de romans, dont la seule énumération déborderait les cadres d'une notice. On peut penser que *La Fille laide* (1950), *Aaron* (1954), *Agaguk* (1958) et *Moi, Pierre Huneau* (1976) sont plus particulièrement réussis. Traduit en plusieurs langues, *Agaguk* a connu un succès international — il a même fait l'objet d'une adaptation cinématographique — et demeure au Québec, selon André Brochu, « un de nos romans les plus lus, les plus aimés, les plus hautement considérés par la critique ». Thériault a de l'imagination; il se plaît à transcender, par l'exploration des forces intérieures, instinctives, les limites du temps et de l'espace; ses personnages sont des violents qui masquent d'une quête d'absolu leur soif de tendresse et de bonheur. Les meilleures pages de Thériault ne sont pas léchées, elles sont emportées. Tout en se défendant de voir dans le romancier de *La Fille laide* « le douanier Rousseau de notre littérature », Roger Duhamel écrivait en 1950: « Beaucoup de Canadiens français ont une culture humaniste plus poussée et plus approfondie que celle de Thériault; il en est peu toutefois qui possèdent au même degré la puissance créatrice, qui disposent d'un tempérament aussi robuste, qui soient de véritables " natures ". »

LA FILLE LAIDE
Le feu et le volcan*

(Veuve jolie, Bernadette Loubron engage une fille laide, Édith, et un homme, Fabien, pour s'occuper de sa ferme. Mais c'est à la laide que l'homme sourit depuis son arrivée...)

Sur le sol gras de la ferme riche, et dans la grande maison aux murs de pierre, au toit de chaume large et bas, la vie coula des jours.

Des jours de labeur, car Fabien dut peiner durement dans les champs et dans l'étable, partout dans cette ferme où la main habile n'avait pas, de longtemps, travaillé.

— C'est à refaire, avait-il dit à Bernadette, comme du mauvais tricot dont on reprend les mailles. Les champs ont besoin d'engrais, et les puits sont malsains. Il faudrait un toit neuf à l'étable, et la grange porte mal sur ses étais pourris. Et puis bientôt les semences!

— Fais et refais, répondit la Bernadette. L'argent est là dans le coffre. Ce dont tu auras besoin, je te le donnerai.

Fabien s'était mis au travail et il ne rentrait que nuit tombée, mangeait plein sa panse du repas d'Édith, et il allait se coucher. Avec un sourire à la fille, un bon mot, une pensée qu'on lui lisait sur le visage. Mais c'était tout, et c'était encore le bonheur de la servante.

Elle le regardait monter, fourbu, lourd, le grand escalier de chêne qui avait été taillé dans le coin de la cuisine, et quand il était en haut, qu'on entendait ses sons, elle se hâtait de laver les plats, de tout ranger, pour entrer ensuite dans sa chambre.

Sous l'effort et le geste du muscle, sous la force de Fabien la ferme prit son ampleur, et les champs germèrent les tiges au beau vert.

Les animaux aux pâturages eurent le flanc rebondi de la bonne chair, et les vaches, elles, le ventre de la multiplication, qui pendait là, à toucher le sol, plein du veau qui serait gras et dodu, comme veau doit être en pâturages riches.

Les bâtisses reprirent leur allure d'antan, et Fabien appliqua sur chaque mur de la chaux brillante, pour que le soleil frappe dessus, et chante le bon ordre de la ferme Loubron, menée par la Bernadette et par Fabien son homme, qui est un fier engagé, c'est dit, et par la servante Édith, qui fait bien sa part de frotter les bois usés et nettoyer les parquets battus.

Oui, mais cela était dans les champs, et dans les bâtisses, sur les murs et le long des haies bien taillées et des parterres propres et fleuris.

En dedans, dans les âmes et les cœurs, il y avait l'autre chose. Comme le feu et le volcan. La grande flamme qui hante et veut sortir...

Dès le premier soir, la Bernadette, sans homme depuis l'an que son Pascal est mort, depuis l'an d'avant que son Pascal était malade et cloué sur le lit, la Bernadette donc a voulu de ce beau Fabien, grand et en pleine force, avec des yeux pour ces choses-là.

Au hameau, en parlant de lui, on avait cligné de l'œil, et Bernadette avait eu la manière qui est celle des femmes disant craindre un mauvais gars. Au fond, c'était à cause que le Fabien avait cette réputation, qu'elle l'avait surtout engagé.

Mais dès le premier soir aussi le Fabien, timide, probable, a couché seul dans le grand lit blanc.

Fabien a souri à la fille Édith aux seins maigres.

Il n'a pas souri à la Bernadette opulente et chaude.

« Je t'aurai, toi, a songé Bernadette. Je t'aurai quand il le faudra, et ce jour où tu vas frapper à ma porte, où tu entreras, tu ne sortiras plus jamais. »

Car dans le cœur de la femme, il fallait que d'autres pensées que celles du désir de l'homme, et du désir des caresses de l'homme, et du désir des vouloirs inassouvis depuis si longtemps, soient là.

Au début, ça n'était que l'homme.

Fabien qui est grand, qui a les cheveux frisés, et la bouche rieuse. Fabien et sa bonne voix, et son sourire chaud, et ses belles dents blanches.

Ce n'était que l'homme et ses muscles et sa peau brune et propre.

Mais les jours se passèrent, et ce fut pour la Bernadette autre chose aussi. Ce fut la ferme enrichie, et les champs maintenant rajeunis par les labours, beaux comme jamais vus en la ferme Loubron.

C'était toute la ferme, et les bâtiments réparés, les toits alignés, les chemins raclés et le troupeau sain.

C'était l'argent dans le coffre, qui entrait au lieu de sortir, qui s'amassait là grâce à ce Fabien.

Alors dans le cœur de la Bernadette, l'amour, l'amour de chair et l'amour de l'or fut un grand sursaut, et elle se prit à songer à cette fille Édith, laide et maigre dans la cuisine sombre, à qui Fabien, chaque soir de chaque jour, parlait et souriait, sans lui parler à elle pour dire autre chose que:

— Aujourd'hui, j'ai mené trois veaux au chef-lieu, alors voici quatre billets pour les veaux, quatre billets de plus dans le coffre.

En souriant, mais le sourire signifiait la fierté.

Et Bernadette avait du bonheur des billets, et du malheur parce qu'elle aurait voulu recevoir les billets, soit, mais autre chose bien plus encore.

« C'est parce qu'il couche là-haut, se dit-elle. Il devrait coucher plus loin, je ne le sentirais pas si près, ce serait moindre. »

Mais en songeant à renvoyer Fabien au-dessus de l'étable, elle songea aussi que la fenêtre de la chambre d'Édith était en face de l'étable, et au ras de terre.

« Il entrera là. Il couchera avec la fille maigre. Ce sera pauvre plaisir, soit, mais s'il aimait justement ce plaisir-là? »

Et elle résolut de le garder en haut, non loin d'elle. Pour mieux surveiller. Un loup qui tient la proie sous ses yeux.

Et pour l'Édith, Bernadette conçut peu à peu une haine profonde.

— Tu est laide! lui cria-t-elle un jour, parce que la fille avait renversé la marmite de soupe en glissant sur le parquet humide.

C'était la première fois que la Bernadette avait montré sa haine nouvelle. Avant, elle avait eu des yeux, ou des visages, des moues de ses lèvres larges, ou des mots brusques que la fille Édith n'avait pas compris.

Mais ce matin-là, la phrase avait explosé, comme une ruée de torrent au printemps, dans un ravin abrupt, et elle avait éclaté dans la cuisine, en se butant contre les murs, contre les meubles de la pièce, contre la pierre rugueuse de l'âtre, contre Édith, qui avait reculé sous le choc, qui s'était adossée à l'âtre, le buste penché en avant, les deux mains à plat sur le pan.

— Qu'est-ce que vous avez dit, murmura la fille, qu'est-ce que vous avez dit?

— J'ai dit que tu es laide! Laide et sans habileté des mains!

Édith avait les yeux grands comme ça, et le rouge sur toute la face. Et elle haletait comme une chienne apeurée...

« Je halète comme une chienne, songeait-elle, je suis une chienne. Une chienne laide, un mauvais animal de fossé boueux... Je suis laide... Voilà le mot, et il a été dit. Je le savais et on ne me l'a jamais dit... »

Puis elle cria, sa voix comme une plainte dans la pièce basse:

— On ne me l'avait jamais dit! Je le savais sans ça! Il fallait que vous, vous au lieu des autres, me le disiez... Il fallait que ce soit ainsi, en cette maison où je suis heureuse...

Et elle se jeta sur la marmite de fonte, et elle la prit entre ses bras, et la porta au-dessus de sa tête comme une pierre à lapider.

— Je tuerai! hurla-t-elle, et ce fut au tour de Bernadette de reculer. Je tuerai, à cause de cette laideur et de ma bouche sans sourire...! Je vous tuerai, vous, et tous les autres... Tout le monde, chaque homme de cette terre, et chaque femme, parce que vous avez des yeux. Des yeux pour me voir!

Elle était terrible ainsi, décharnée, ayant trouvé dans ses bras sans chair la force de soulever le pot de fonte.

Et elle avançait sur Bernadette qui se mit à gémir, affalée dans le coin, par terre, les mains croisées sur la poitrine, attendant le coup.

Mais soudain les bras ne voulurent plus tenir la marmite et ils se replièrent, et l'Édith laissa glisser l'arme vers le sol, et elle se laissa glisser, elle aussi, à côté, et elle se mit à pleurer, avec de la rage dans les pleurs, et un malheur immense, et un son qui était celui des vents d'automne et de la feuillée mutilée, et de la louve à qui on vient de tuer le petit.

Une plainte qui montait de la chair, et avait des sons venus des origines mêmes.

Et Bernadette se releva, commença un geste pour aider à Édith, la mener vers une chaise, mais elle retint le geste, et se détourna, marcha lentement vers la porte, sortit de la maison, pour aller dans les champs, retrouver du soleil et de l'air pur.

Elle laissa la fille, immobile sur le parquet.

AARON

Les deux puissances*

(Jethro, juif orthodoxe et pauvre, a élevé son petit-fils dans le plus strict respect de la tradition, mais, à quinze ans, Aaron fait la rencontre de Viedna, juive libérale et riche; deux cultures s'affrontent.)

Hier encore, songeait Jethro, hier encore un petit vagissant que je tenais dans mes bras. Quand l'ai-je porté au mohel? L'an dernier? L'année précédente?

Et les temps d'ensuite, la croissance de l'enfant. Un corps droit, des épaules saines, les cheveux crépus et brillants, les yeux immenses, et cette bouche charnue, sensible.

« Jethro, qui a fait le soleil? Jethro, raconte la loi de Judah! Jethro, qu'est-ce que je suis? »

Il se tenait souvent debout dans la cuisine, près de la table. Il se regardait les jambes, le corps, les mains. Combien de fois l'avait-il posée cette question: « Jethro, qu'est-ce que je suis? »

Marbre de sculpteur que Jethro ciselait patiemment. À même une sorte de bas-relief où se revoyaient les images glorieuses et, se détachant du motif, nouveau meneur: Aaron fier et beau!

Tant de souvenirs et chercher sans trouver l'instant noir. Où était la seule douleur venue d'Aaron?

L'explication lente, mesurée: « Tu es le fils des grandes Tribus. Tu as quitté tes pays pour habiter celui-ci, mais le signe de ta Maison demeure et c'est toi qui la perpétueras sur terre. Voici ce que tu es. Un homme, et plus qu'un homme, tu es Aaron sur qui Yaweh mit un jour toutes ses complaisances... »

Les Fêtes de chaque année, la joie suave de se tenir devant l'Arche, le petit à ses côtés, sombre et beau, les yeux fixés sur ce rite millénaire.

Soucoth, Purim, Yom-Kippour, Shuavos, la gaieté du Rosch Haschanna! Et le Bar-Mitzvah qui l'avait fait un homme...

C'était tout chaud encore au cœur de Jethro; quelques jours, des semaines: un passé immédiat, un moment de grande joie. Mais d'Aaron que le rite avait fait homme ce matin-là, que restait-il?

Jethro passa de longs jours à observer son petit-fils, à essayer de deviner pourquoi il avait soudain trouvé dans la montagne cette fillette, pourquoi il avait oublié tous les enseignements. Et d'instinct, Jethro savait qu'il ne devait pas le demander. Qu'Aaron, pressé de questions, se refuserait peut-être cette fois à toute réponse et que les fardeaux deviendraient plus lourds encore à porter.

Et ce désir de travailler?

Quel mauvais vent soufflait donc?

Jethro songea à des concessions. Il hocha sa tête émaciée, il fit des murmures approbateurs. Ils étaient à souper tous les deux. Aaron à sa façon habituelle depuis quelque temps, assis de coin avec le bout de la table, les bras étendus, mangeant, le menton collé à l'assiette, en grandes lampées goulues.

— Si tu veux travailler, fit Jethro... Écoute!

Aaron leva les yeux. Jethro revenait à la charge.

— Si c'est de gagner des sous qui t'intéresse... Le soir, ici, je pourrais demander un peu plus de travail à la fabrique, te montrer comment... Plutôt que de ne rien faire... Bientôt tu connaîtrais le métier. Tu prendrais ta place complètement à mes côtés?

Aaron ne disait rien.

— J'ai songé à ça, poursuivit Jethro. Et ainsi la tradition ne se perdra point. Et je t'enseignerai ton métier comme je t'ai enseigné ta religion, comme...

Il allait dire: « comme je t'ai enseigné à vivre », mais il se souvint de la fille dans la montagne, alors il reprit:

— Comme je t'ai enseigné le reste...

— Et si le métier ne me plaît pas? trancha Aaron.

La surprise immobilisa Jethro. Il avait parlé et tout le temps qu'Aaron l'avait écouté, Jethro avait cru qu'il devenait docile comme autrefois. Mais voici qu'une rage le secouait. Il tremblait de tous ses membres.

— As-tu le choix? Me plaisait-il à moi? Sommes-nous sur la terre pour jouir, pour y faire ce qui nous plaît? Tu viens après moi. Tu seras ce que je suis. Que le métier te plaise ou non!

Aaron se renfrogna. Depuis quelque temps il ne trouvait plus de mots pour discuter avec le vieillard. Comme si l'abîme des générations était désormais infranchissable.

Jethro repoussa sa chaise, se mit à gesticuler. Un torrent d'imprécations lui cascadait de la bouche. Les longues phrases hébraïques, imitées de la voix du Père, et de ses accents:

— Tu vas travailler parmi les schmiels? demanda-t-il à la fin. Tu vas te vendre à eux? Vendre ta sueur, tes efforts? Tu seras leur marchandise dont ils profiteront?

Aaron eut un rire bref.

— *Danke*, dit-il, *danke*, je ne serai pas leur marchandise, et je ne resterai pas ici chaque jour un peu plus pauvre...

Jethro se laissa tomber sur la chaise. Il haletait.

— L'argent, dit-il, tu songes à ça? Moi je songe au pain, à la viande... Vivre, seulement vivre. Je ne le compte pas en argent... La monnaie du pays...

Il frémit sur sa chaise.

— Mais qu'est-ce que tu es, maintenant? À qui appartiens-tu?

Aaron restait immobile, les yeux fixés ailleurs, ne cherchant pas à répondre.

Dans la cuisine puante de toutes les odeurs accumulées depuis cinquante ans que le taudis tenait bon, il n'y avait aucun son, sauf la respiration sifflante, hoqueteuse de Jethro.

— Est-ce que je t'ai enseigné le mal? demanda-t-il à son petit-fils. Je ne te reconnais plus.

Il frappa la table du plat de la main.

— C'est la fille! cria-t-il. Elle t'enseigne le mal? Elle détruit ce que j'ai édifié... Qui est-elle?

— Elle... ou d'autres, fit Aaron.

Il soupira, montra la porte.

— Il fallait qu'un jour je passe le seuil. Je ne pouvais être mis en cage. Et il y en a d'autres qui vivent en ce pays. D'autres de mon sang, de ma race... Je lisais, dans les journaux, que tous ne pensent pas comme moi, comme vous...

Il traça lentement le signe de l'Étoile de David sur la table humide et Jethro gémit.

— Sacrilège, dit-il.

— Où est la charpente de la Maison de David, demanda Aaron. Et le toit où je m'abriterais? Et la maison d'Aaron? Puisque je perpétue la Maison, dis-moi si elle me protégera du froid en hiver cette maison, si j'y trouverai un lit pour dormir, et si dans les armoires je trouverai du pain et du fromage doux, et du lait pour me désaltérer?

Le visage du vieillard devenait livide.

— Tu vas tout renier, Aaron?

— Je ne renierai rien. Mais puisqu'il ne faut pas croire à l'argent et que la Maison d'Aaron n'a ni toit ni feu...

Il se leva, marcha vers la porte. Froidement, il répéta les mots de Viedna:

— Pauvre et opprimé, c'est un bien dur destin. Riche et opprimé... Tu vois, la richesse achète les compensations...

Il se redressa, parut très grand contre la porte, très fier.

— Je serai riche, dit-il.

*
* *

À mesure que vinrent les temps froids avec les promesses tenues de neige, de vents hurlants, d'heures glaciales, les rencontres d'Aaron et de Viedna s'espacèrent.

Ils avaient connu pendant un temps une folle idylle, irraisonnée, chaude de toute leur passion neuve. Réunis par la nature c'était elle qui maintenant les séparait, car à ce temps de l'année on ne pouvait vivre longtemps au dehors. Et où aller, grands dieux! se demandait Aaron, quand on n'a pas un sou en poche...

Un jour de décembre, Viedna apprit au garçon qu'elle partait.

— Nous allons à New York, mon père et moi. Il a une transaction de diamants industriels à compléter là-bas. Nous y serons un mois.

Aaron pensa que ce mois serait interminable et qu'il souffrirait de l'absence de Viedna. Elle lui fixa un jour de rencontre à cinq semaines de là et il fut tout étonné de se retrouver au rendez-vous à la date indiquée sans avoir ressenti autant de cet ennui profond qu'il avait prévu.

Mais dans les sentiers enneigés, sur les pentes à peine battues par les skieurs et dans les chemins encore fréquentés par de rares fervents de l'équitation, Viedna n'y était pas.

Au bout du troisième jour, Aaron attendit quelques instants près du bosquet. C'était à la courbe, celle qui passe devant la grande croix lumineuse et va rejoindre, par dix méandres imprévus, l'autre chemin en contrebas. Quand il fut las d'attendre en vain, il mit les mains aux poches, haussa doucement les épaules et s'en fut.

Ce n'était pas de l'indifférence. S'il en avait été ainsi, la défection de Viedna n'eût pas provoqué cette rage sourde, presque froide, qui avait eu le temps de se greffer à lui depuis ces jours qu'il se rendait pour rien au lieu de rendez-vous.

Le mois d'absence lui avait paru court, mais c'était par contraste avec le désespoir qu'il avait prévu et qui ne l'avait pas atteint. Confusément, avait-il senti le besoin de cet hiatus? Il n'aurait su le dire. Son amie partie, il avait consacré ses heures libres à réfléchir.

Chaque mot de Viedna, chaque phrase, chaque déclaration de principe; il réincarnait la voix prenante de la fille, sa passion intense, il entendait les mots... Mais surtout cette formule qui serait magique, maintenant il le savait: « Pauvre et opprimé, tu seras misérable. Riche et opprimé... »

Il l'avait répétée textuellement à Jethro.

Il l'avait répétée parce que constamment la phrase résonnait en lui, sorte de poussée de force, rythme imposé qu'il entendait suivre.

Viedna avait raison.

Bien sûr elle exagérait en disant que le seul dieu-argent devait être adoré. Mais c'était dans sa nature d'exagérer. Aaron pouvait répartir les hommages en n'ôtant rien aux deux puissances.

L'une, éternelle, avait été gravée en lui par Jethro, incrustée dans son âme et dans sa chair (même qu'aucune des étreintes de Viedna ne parviendrait jamais à effacer complètement ce remords qui lui était venu durant l'absence).

L'autre puissance: la richesse. Celle-là sans âme, sans exigence de respect, un moyen seulement (d'ailleurs, Viedna ne l'avait-elle pas elle-même ainsi nommée?). Un outil avec lequel façonner une vie. Contre toute intolérance opposer soit une puissance d'argent, soit une compensation puisée dans les plaisirs, dans la possession de choses rares, dans le luxe de l'existence.

Le chemin était droit pour Aaron, clairement indiqué. Il était même étonné que jamais il ne lui soit apparu quand il le cherchait pour le but à atteindre.

Isolé en lui-même par toutes ces réflexions, il n'avait pas eu conscience du temps qui passait. La date du retour de Viedna était venue soudain, le surprenant alors qu'il s'imaginait devoir attendre encore. C'est qu'il avait moins pensé à la fille elle-même qu'à ce qu'elle lui disait lors de leurs rencontres.

Mais pendant ces jours d'attente vaine dans la montagne, il avait eu le temps de la désirer de nouveau. C'était maintenant l'orgueil qui souffrait chez lui. Tranquillement, le mâle qui dort chez tout adolescent s'était dressé, prenant tellement de place qu'il semblait à Aaron impossible de le contenir.

Et c'était le mâle maître de tout, distributeur des faveurs, ordonnateur des destinées, qui avait été meurtri par le retard désinvolte et inexpliqué de Viedna.

Toutefois cette première réaction se résorba vite en une bouderie d'enfant. En colère contre la fille, Aaron voulut la punir en interrompant sa vigie. Puis il se souvint qu'elle ignorait son adresse tout comme il ignorait la sienne. Au bout de cinq jours, pris d'une panique soudaine à l'idée de ne plus la revoir, il partit de nouveau à sa recherche dans la montagne.

Quand il revint à la maison, il tremblait de froid. Il avait passé trois heures inutiles dans les chemins désertés à cause des vents qui soufflaient sur la ville. Il avait arpenté, fouillé, espérant toujours entendre la voix de Viedna lui criant bonjour de loin. Il se sentait maintenant plein d'une rage énorme contre lui-même, contre la vie.

Ce fut le même soir que Jethro lui parla de nouveau de Viedna.

Le vieux n'avait pas abordé le sujet depuis des mois. Il vivait — rythme des journées, des heures d'aube au crépuscule des purifications; observance rigide du code des Lévites, des dictats transmis qui jamais ne doivent être transgressés — il échangeait avec Aaron les mots usuels de tous les jours. Mais rien d'autrefois, et la communion des deux êtres ne s'effectuait plus.

Il y avait en Jethro comme une étrange colère froide, persistante, issue de l'incertitude, sorte de monstre dressé devant le vieux. Une menace. Où poser le pied, quel mot choisir? À l'enfant qui se révoltait, que dire?

Voyait-il encore Viedna?

Les fréquentes absences d'Aaron le laissaient supposer. De ne pas réellement le savoir rassurait un peu Jethro. Il eût demandé: « Vois-tu la fille? » que la réponse serait venue, bien nette. Il ne doutait pas de la franchise d'Aaron. Mais de savoir comportait des obligations.

À toute science son ignorance. On ne mesure sa faiblesse qu'à éprouver sa force. Jethro avait peur. C'était une peur lâche, il le savait, mais trop d'années maintenant avaient sapé en lui les dernières résistances. Il avait voulu de grandes joies de ce petit-fils; il l'avait façonné hors de toute atteinte, sorte de mémento aux siècles écoulés. Et en quelques jours (comptés en heures, ces jours, et en fractions d'heure. Chaque geste une étape: une promenade à la montagne, la rencontre de Viedna. À quel instant le mauvais, le fiel, le poison dans l'âme?) en quelques jours la statue détruite, ou plutôt transformée, devenue une idole des temps modernes. Baal? Mais pourquoi Baal? Entre toutes les idoles la plus odieuse à Jethro.

Il ne pouvait oublier la phrase d'Aaron.

« Riche et opprimé, c'est infiniment mieux que pauvre et persécuté. L'argent achète les compensations. »

Jethro craignait maintenant. Que dire à l'enfant? Contre un tel poison, l'antidote de la foi? La foi... le pain, la vie, le bonheur. On mesure le bonheur à la taille du Père éternel. Le Père est la récompense. Perclus d'âge, Jethro entrevoyait la récompense. Mais, lui, il avait été moulé hors de toute atteinte, plus qu'Aaron. Il originait des pays où tous, Juifs ou Gentils, souffraient de la faim, du froid, des privations. Le sort de l'un ne s'enviait pas dans la maison de l'autre.

Ici, voilà que les valeurs ne se pesaient plus de la même façon et que personne ne se trouvait hors d'atteinte. La tentation était là: Westmount et ses châteaux, Outremont et les rues larges et ombragées, d'autres banlieues encore. Le Juif, disait-on, y détient la plus forte proportion du luxe. Le Juif réformé s'entend, ou conservateur. Jethro y avait mené Aaron autrefois. L'enfant avait dix ans.

— Voici ceux qui se sont égarés, car il y en a. Ils ont des richesses, mais le Père les punira. Yaweh crache sa colère sur les infidèles, et ceux-là ont oublié la Parole.

Jethro avait vu passer de ces Juifs roulant de luxueuses automobiles. Il pouvait deviner leurs amusements, leurs joies humaines, la jouissance de l'argent. Tout se résumait à ça. Il devinait aussi qu'ils étaient persécutés. D'une autre façon peut-être, mais qui les atteignait par d'autres moyens. Le signe de l'Errant peut-il jamais être effacé?

Il n'avait pas songé qu'un jour Aaron eût pu les envier.

Pour Jethro qui avait connu les huttes de terre aux toits de chaume de son pays de naissance, le logis sordide dans le cul-de-sac était luxueux. Lui qui avait vécu en Russie, sous les Tsars, et ensuite, sous les bolsheviks, savait bien que ce logis aux murs crépis, pourvu d'électricité, d'eau courante, de parquets de bois et de commodités dont il ne soupçonnait même pas l'existence quarante ans auparavant, représentait plus qu'il n'avait jamais eu encore.

Il s'était imaginé qu'Aaron voyait du même œil ce lieu de vie qu'il lui offrait. Mais l'adolescent avait goûté à des fruits étranges; fruits qui pendent à des arbres malsains, poussant en terre impie. L'amour charnel hors du mariage, l'argent!

« Un jour, je serai riche! »

Chez d'autres Juifs, peut-être on se serait réjoui d'une telle ambition. Chez Jethro, seulement la crainte, et d'avoir tant confié de science à l'enfant, de savoir aujourd'hui mesurer l'ignorance où il l'avait laissé...

L'ancêtre ne croyait pas à la force des instincts, et jamais il n'aurait admis que le sentiment d'Aaron — nommé l'évasion, nommé la peur de l'intolérance et quoi encore — pût posséder une hérédité millénaire qui fait du Juif un puissant mais malheureux, et des Juifs souvent les premières victimes de cette puissance.

Des mois durant, Jethro resta silencieux, préférant le doute à une certitude qui l'eût engagé dans des discussions où il n'était pas sûr d'avoir le dernier mot.

Mais vint février, et ce soir ultime où Aaron rentra sans avoir trouvé Viedna au rendez-vous, et Jethro se résolut à parler.

— As-tu revu cette... fille? demanda-t-il.

Il aurait voulu d'autres mots, une façon plus subtile de poser sa question. Plutôt, une sorte de hoquet de colère l'emporta, et la phrase jaillit, nue, cinglante. Et Jethro, qui pourtant regrettait sa façon de parler, fut le premier surpris d'entendre Aaron lui répondre avec défi:

— Oui! Oui, je l'ai revue.

Le vieux hocha la tête. Silencieux, les mains tremblantes, il paraissait à bout de forces sur sa chaise. Il s'y était laissé tomber sitôt la vaisselle du repas lavée et replacée dans l'armoire aux portes mal pendues.

— La reverras-tu?

Tout tenait à ça! L'influence, mais la durée de cette influence, la force des attirances, la reprise. Aaron était-il esclave de cette femelle? Puisque tout tenait à ça: le mâle, la femelle, et le mâle qui a soif d'argent pour mieux retenir la femelle.

— Non, dit Aaron. Non, je ne le crois pas.

— Alors... quoi? Tu ne la reverras plus?

Le vieillard souriait presque béatement. Mais une crainte soudaine l'envahit.

— Il y en a une autre? Tu en as connu une autre?

— Non.

Jethro se leva et tourna une fois autour de la cuisine, sans but précis. Il sentait son vieux cœur se débattre. Quelles questions poser? As-tu connu la fille? Est-ce que tu es encore ce que tu étais il y a six mois? Recommenceras-tu? Soit, tu n'en connais pas d'autres, mais tu en connaîtras peut-être. Et alors?

L'orbe du désir: une joie de science nouvelle, l'assouvissement, le repos, et l'éternel recommencement. Borné par des heures d'intimité, borné par les mois de liaison, borné par les ères de la vie. Jethro n'était pas sans l'ignorer. Depuis cinq mois il creusait sa mémoire, cherchant entre toutes choses les pensées qu'il avait eues à seize ans.

À ce moment, il cheminait dans un ghetto russe. Les filles, ses congénères, passaient à ses côtés. Quelles étaient les pensées de l'adolescent d'alors?

Il se souvenait de n'avoir pas connu la femme avant son mariage. Il se souvenait aussi que le désir n'avait pas été absent de lui. Un jour, au tournant d'une rue étroite, bordée en hauteur de maisons sordides, une fille était venue. Sa jupe balayait le pavé et elle portait une cruche sur la tête, à la manière antique. Son corsage était lourd. On y devinait la moiteur des seins déjà mûrs. Elle n'avait que seize ans, comme Jethro. Elle avait de grands yeux fiers, sombres et profonds, le nez admirablement busqué. Sur son dos, la masse des cheveux noirs, des cheveux luisants comme s'ils eussent été trempés dans l'huile pour que le soleil les irisât.

Longtemps ce soir-là Jethro s'était tourné et retourné dans son lit, parce que la fille, en passant, lui avait souri. Le corsage s'était entr'ouvert un moment et, après le sourire, il avait soudain aperçu la chair ferme et grasse des seins.

Elle se nommait Sarah, et Jethro attendit douze ans avant que de l'épouser. Mais l'orbe de ses désirs avait été le même, il le supposait, que celui des désirs assouvis d'un plus audacieux.

Ceux d'Aaron par exemple...

Mais comment demander à l'enfant si le calme revenu demeurerait?

Comment savoir s'il prendrait de nouveau le chemin de la femme?

Jethro se sentit impuissant. Contre l'intolérance et les craintes d'Aaron dans ses nuits de cauchemars, Jethro connaissait les mots de douceur, ceux qui ramènent la paix de l'âme. Mais contre l'émancipation soudaine de son petit-fils il ne savait plus quels mots choisir.

Il préféra se taire. Songeusement, il se remit au travail. Longtemps ce soir-là, il cousit pendant que l'enfant — mais aussi un homme, au corps long et sinueux, à la tête déjà altière; homme dans son corps, dans sa forme, dans sa force — pendant que l'enfant lisait.

Vers dix heures, Jethro leva la tête.

— Si tu veux, Aaron...

Aaron sursauta, regarda son grand-père. Mais ses yeux ne disaient rien. Sans rebuter tout à fait, ils n'encourageaient pas.

— Si tu veux, continua le vieux en hésitant, je vais commencer à te montrer ton métier... ce soir.

Le temps passait, et Jethro perdait de plus en plus l'autorité qu'il avait déjà eue, cette parole catégorique, tranchante, cette domination qu'il avait su imposer au petit. Non sans la ménager par des douceurs soudaines et souvent inattendues. Maintenant, il semblait craindre de parler, craindre le faux-pas qui projette dans l'abîme, qui fait trébucher et périr; périr à tout jamais. Jethro connaissait la portée des gestes, lui plus que tout autre, issu des pogroms, chassé de deux pays, Errant selon la volonté même du Père. Lorsque le geste restait entre les murs de la maison, qui craindre et pourquoi craindre? Mais Aaron, sans être un Gentil, n'appartenait déjà plus à la seule enceinte. Il avait franchi des portes, il avait goûté aux vies interdites. Et par une sorte d'atavisme qu'il eût mille fois préféré annihiler en lui, Jethro avait peur. Non pas d'Aaron, mais de l'acte même d'Aaron, de sa révolte. Il se souvenait de la révolte de Sarah à l'agonie, de l'autre — matée celle-là — de David.

Car périr n'a que deux sens.

Il y a la mort du corps, toute vie sucée des veines, extirpée; les mouvements, la pensée, l'être lui-même retourné à l'humus d'où il est venu. Et l'autre mort: celle-là issue de la Puissance. Celle-là vient du Père lui-même, lorsqu'il ne reconnaît plus son image et prive l'homme des récompenses promises.

Et telle était la foi du vieillard qu'il eût préféré voir Aaron mort devant lui, mais mort sous l'œil bienveillant du Père, plutôt que de le voir ainsi rebelle, déjà engagé sur d'autres voies et par son indifférence même devenu presque un ennemi dans la Maison.

La peur donc de ce vieillard, peur veule, fruit de l'ignorance où il était des moyens à prendre pour ramener Aaron à la foi; peur atroce qui le faisait balbutier, hésiter, chercher ses mots pour finalement dire les mêmes toujours, et s'adresser à son petit-fils sur un ton peureux en se garant presque à chaque mot, contre une violence pourtant improbable de l'enfant.

— Tu pourrais t'installer ici, à côté de moi. Je te montrerais... Le travail que je fais dans le moment est facile. Ce serait un bon commencement...

Devant le silence d'Aaron qui le regardait toujours, il poursuivit:

— Tu finiras l'école en juin. Ensuite, tout l'été tu t'appliqueras à apprendre avec moi. À l'automne, tu chercheras ton propre travail. Nous pourrions mettre deux tables, l'une face à l'autre. La chambre serait rapetissée, mais tu serais bien pour y travailler...

Têtu, Aaron, s'obstinait à ne rien dire et, comme à l'accoutumée, Jethro se hâtait d'aller au bout de sa pensée.

— Ou encore, hasarda le vieillard, qui ne voyait cependant en son offre qu'un dernier recours, ou encore je trouverai un tailleur fin chez qui tu seras un apprenti. Ça te permettra d'aller... plus haut... d'être plus... prospère... Un jour, continua-t-il avec du désespoir dans la voix, tu seras peut-être... riche, si tu es un bon tailleur.

Le mot *riche* lui avait glissé entre les dents, comme s'il eût voulu le mordre, le retenir là, le détruire. Mais puisque c'était là la seule attirance...

— C'est long. Tu feras... quoi, deux ans? Ensuite, tu pourras travailler avec le tailleur...

Les paroles de Jethro se perdaient dans ce silence lourd. Il transpirait abondamment. L'envie lui venait de hurler à Aaron: « Mais parle, réponds! Dis quelque chose! » L'enfant restait immobile. Maintenant, il avait les yeux perdus. Revoyait-il les pays dont avait déjà parlé Viedna? Ou revoyait-il seulement Viedna? Seulement elle, mais en fonction de l'absence, en fonction de l'ennui?

— Je n'irai pas chez un tailleur, dit-il soudain.

Jethro joignit ses mains et les éleva lentement devant lui.

— Dis-le, fit-il. Dis-le, j'ai cru mal comprendre...

— Je n'irai pas chez un tailleur, et je n'apprendrai pas ton métier ici. Je ne suivrai pas la lignée... Parle un mois durant, dis tout, je me fermerai les oreilles. Métier de pauvre...

Le vieillard tentait d'interrompre Aaron, mais rien ne voulait s'exprimer par cette gorge contractée, subitement paralysée.

Puis l'étonnement douloureux, (mais la réponse formelle détruisant tous les doutes et ne laissant plus que la certitude incroyable. Aaron, traître à la lignée. Aaron se libérant de chaînes qu'il devait pourtant subir) la stupéfaction de Jethro se muèrent en ce profond désespoir qu'il avait prévu, ce jour où le petit-fils montrant déjà des signes de rébellion, il avait pu croire à toutes les défections possibles dans l'avenir.

Au matin du Bar-Mitzvah, tant de joie n'avait donc été qu'une semence de douleur? Qu'un portail par où l'on pouvait mieux entraîner l'homme vers sa géhenne? Ils sont lourds les fardeaux, quand on a trop longtemps craint leur poids, plus lourds encore que les efforts imprévus. Jethro pouvait toucher au fond de son désespoir, puisque rien maintenant ne faisait croire qu'Aaron ne se rendrait pas jusqu'au bout des ambitions déjà exprimées.

Être riche, quand on est Juif russe orthodoxe, cela ne signifie-t-il pas, bien précisément, l'abandon des préceptes? Car voici un pays — une Amérique de chrome et d'aluminium — voici un pays courant vers ses destinées, insouciant des rites, des religions, des croyances... Que viennent faire les purifications du crépuscule dans les grands restaurants affairés?

Jethro cherchait comme ça les exemples concrets. Il voyait Aaron découvrir la richesse, il le voyait s'agripper à cette grande machine humaine, en extirper ses succès, ses vœux, ses ambitions. L'image montrait toujours Aaron au centre de la bataille, et dans le décor il n'y avait pas de place pour le Temple, et l'humilité des gens de la Maison avait vécu.

Contre le fléau de l'homme, contre Baal, l'idole maudite; contre tout ce qui a été adoré par les infidèles et que Yaweh a détruit — *Seigneur, je sens monter la clameur des impies! Détruisez-les, Seigneur!* — contre l'homme, mais l'homme lui-même animal qui a peut-être le seul tort de raisonner... Jethro implorait pour Aaron la Foi. « Donnez-lui la Foi, Seigneur! » Et le retour au désespoir: contre l'homme, contre l'ambition de l'homme, la soif de l'or, cette soif jamais étanchée, que faire?

— Tu seras puni! geignit-il. Aaron, tu seras puni...

Mais le désespoir lui avait enlevé toute colère. Ne restait plus en lui que la douceur infinie comme sa peine elle-même, la douceur des impuissants, des condamnés. Une douceur d'une tristesse incroyable, presque lâche dans ses accents. Alors qu'il avait naguère maudit, maintenant Jethro implorait.

— Reste ici, avec moi, Aaron. C'est ta place...

— Partout où nous allons, nous les Juifs, fit le garçon, nous sommes punis. Toi qui es pauvre, encore plus que les autres qui sont riches. Manger des mets fins, se vêtir luxueusement, voyager, vivre?

Il répéta en le criant presque le mot clé de toutes ses ambitions:

— Vivre? Peux-tu vivre?

Il se leva, jeta la revue sur le lit et vint s'appuyer au bout de la table.

— Tu parles d'école? Je n'y vais plus depuis deux semaines. Je cherchais du travail. Mais quelque chose qui me mènerait vers... vers mon but. Je l'ai trouvé. Je commence demain matin.

Jethro ne demanda pas où était ce travail. Il ne chercha plus à savoir. Plutôt, il se réfugia dans sa douleur, s'en fit — comme autrefois les sages de la tribu quand les hommes se laissaient aller au péché — une tente étroite et close, un abri qui le sépara d'Aaron, l'éloigna de toute parole, de toute explication qu'il n'aurait pu admettre.

Peut-être pour la première fois depuis qu'il avait été seul avec son petit-fils, Jethro sentit que la partie était irrémédiablement perdue.

Vaguement, il perçut les éclaircissements que lui donnait Aaron.

— C'est du travail chez un courtier en valeurs. Pour l'instant, c'est obscur, et ça ne signifie pas grand'chose. Mais je puis atteindre là tous les sommets...

Jethro n'avait rien compris à ce que disait Aaron.

Il n'avait rien voulu comprendre.

AGAGUK

(Sous l'influence d'Iriook, qu'il a épousée et emmenée loin de leur village tribal, Agaguk s'humanise peu à peu: la femme force l'homme à lui reconnaître des droits et lui apprend le respect de la vie.)

La vie*

(Agaguk revient de son village, où il est retourné afin de vendre des peaux à un trafiquant, Brown; celui-ci l'a volé et Agaguk l'a tué.)

Iriook n'attendait pas Agaguk si tôt. Quand elle le vit arriver portant encore ses pelleteries, et rien en échange, elle resta sans parler un moment.

— Tu reviens les mains vides? dit-elle à la fin.

— Oui.

— Que s'est-il passé?

Il haussa les épaules et rangea son fusil près de l'embrasure de la hutte.

— Que s'est-il passé, insista Iriook.

— Rien.

Ce soir-là, l'homme resta longtemps dehors, à surveiller l'horizon. Il s'était maintes fois retourné en fuyant le village, inquiet de se croire poursuivi. La toundra était restée déserte. Mais ce soir encore, il guettait.

Le soleil de minuit faisait une bande d'or à l'horizon. Contre cette lueur les silhouettes tranchaient bien. Agaguk surveilla, mais rien ne vint. Il était maintenant sûr que rien ne viendrait. La tribu ne chercherait aucune autre vengeance. La victime était un Blanc, le coupable un des leurs. Même si Agaguk avait en somme renié la tribu pour aller vivre au loin la solidarité durerait.

Mais il lui restait quand même un doute. Comment être catégorique en ses croyances lorsque même en cohabitant avec ses gens il est difficile de prévoir leurs réactions? Il fallait tenir compte des revirements possibles.

Rien n'était tel qu'autrefois chez les Inuits. La pureté d'intention, l'attachement aveugle aux traditions n'étaient plus aussi puissants. Le mal du Blanc proliférait, cette évolution de l'individu s'opposant de plus en plus aux conditions. Chez Agaguk, la fuite vers la solitude, la libération. Chez les autres, quelle forme prendrait cette émancipation nouvelle? Agaguk pouvait-il compter que l'on s'en tiendrait aux stricts dictats de la tradition alors que lui-même s'en était si peu soucié quand il s'était agi de partir avec Iriook?

Ayallik, privé de l'eau-de-vie dispensée par le Blanc, concevrait-il vengeance? C'était un danger. Ayallik, Tugugak, ou d'autres...

Mais rien n'apparut à l'horizon, personne ne vint.

Quand de longues heures furent passées, que tout risque immédiat de poursuite eut disparu, Agaguk rentra dans la hutte et alla s'étendre contre Iriook. D'une main ferme il tira le pantalon de la femme, le lui arracha des jambes et le rejeta au loin. Iriook s'éveilla à demi, gémit bellement et ouvrit grandes les cuisses fortes et grasses. Quand leur souffle fut redevenu normal et que la longue plainte de la femme se fut perdue dans le silence de la toundra, Agaguk s'affaissa, pleinement repu.

Au matin, quand il s'éveilla, Iriook n'était plus à ses côtés. Il la trouva au bord de la rivière, qui vomissait péniblement.

— Qu'est-ce que tu as? demanda-t-il angoissé.

Mais confusément il savait déjà la réponse à la question qu'il venait de poser.

— Cela dure depuis déjà quelques lunes, dit Iriook. Elle compta sur ses doigts.

— Il naîtra au temps de la neige, dit-elle.

Toute cette journée-là, Agaguk vaqua à ses labeurs sans mot dire. Il tendit des pièges le long de la rivière, pêcha quelques poissons. Avec son couteau il tailla les branches droites des arbustes et construisit une sorte de digue formant presque une petite baie. Ici, les rats musqués viendraient se prendre. Un geste, et Agaguk bloquerait toute issue. C'était une méthode ancienne, apprise des Montagnais, hommes qu'il considérait à peine plus que des bêtes, mais qui savaient chasser la fourrure.

Une fois prisonniers derrière cette digue, il serait facile d'assommer les rats musqués à coups de bâton sur leur truffe sensible. Et ce serait autant de pelleteries pour le grand trafic.

Mais en accomplissant cette besogne, l'esprit d'Agaguk était ailleurs. La nouvelle, venue d'Iriook, lui mettait en l'âme une immense lumière, une joie qu'il ne savait pas exprimer. Comme une merveilleuse attente et une sorte de tendresse, un besoin de bercer et d'aimer qu'il ressentait mais dont il ne devinait pas le sens.

Le soir, en mangeant, il sourit à Iriook. Elle l'avait rarement vu sourire.

— Ce sera un garçon, dit-il.

Il ne la regardait pas en parlant. Penché, il mordait à belles dents dans un poisson pêché quelques instants auparavant et frétillant encore. Il en arrachait la chair crue, crachait les arêtes.

— Ce sera un garçon, répéta-t-il.

Il ne posait pas une question. Il affirmait. Il était sûr que le destin le voudrait ainsi.

Iriook mangeait peu. Depuis le matin, elle se sentait malade, aveuglée par les étourdissements. Au creux de la poitrine, une masse pesante, immobile.

— Je te le souhaite, dit-elle.

Agaguk hocha la tête et continua à dévorer le poisson. Il fallait que ce soit un garçon. Une fille serait un fardeau, une bouche inutile à nourrir sur cette toundra où chaque heure de vie est un combat contre la nature.

Les yeux perdus, Iriook répéta en souriant:

— Ce sera un garçon, dit-elle. Je le veux... pour toi.

Agaguk la regarda cette fois, lui vit les yeux.

— Les Bons Esprits ne sont pas nos ennemis, dit-il.

Il parlait moins fort. Il murmurait les mots. Il avançait la main pour toucher Iriook. Quand ils eurent fini de souper, par extraordinaire Agaguk prit les plats et alla lui-même les rincer à la rivière.

— Laisse, disait Iriook, je dois continuer à vivre.

Mais il ne répondait pas.

— Laisse... Laisse... protestait Iriook.

Il continuait les besognes de femme.

— Il faut que je travaille, fit Iriook impatientée.

Agaguk vivait dans un rêve.

— Demain, dit-il, demain...

Peu de mots, aucune déclaration grave. Seulement ce regard qu'il avait, les yeux apercevant une merveille, s'en grisant sans vouloir se lasser. Plus tard, ils s'allèrent coucher sur la mousse mais Agaguk ne toucha point à la femme. Il était étendu sur le dos près d'elle, les yeux grands.

— Rien n'est empêché, murmura Iriook au bout d'un temps. Rien. C'est ma mère qui le disait autrefois.

Agaguk se tourna vers elle, l'air étonné.

Elle sourit dans le noir, indulgente et patiente.

— Aux derniers jours, quand l'enfant va naître, alors il vaut mieux attendre... Mais ce soir, surtout ce soir, rien n'est empêché...

Alors, sauvagement, en un grand élan de tout son corps, il fut sur elle.

— Mais jamais comme auparavant, disait-il, la bouche collée à l'oreille de la femme, jamais comme auparavant.

Il accédait à une vie neuve, à des façons qui ne ressemblaient à rien d'autrefois. Il avait conçu la vie en cette femme. Il acquérait soudain une force, la plus grande de toutes, une puissance qui lui semblait quasi magique.

Leur coït fut brutal, presque dément. Iriook criait sa joie et l'on eût pu entendre de loin la plainte d'Agaguk voyager sur la toundra. Ce qu'ils découvraient dépassait le monde fermé de leur entendement, la tribu, le sol infertile, les accoutumances. Ils n'étaient plus unis seulement par la chair, mais aussi par l'âme, et le cœur, et les pensées. Et surtout par une sorte de puissance grondante au ventre qui les jetait l'un sur l'autre, animaux magnifiques. C'était la délivrance des années d'autrefois et l'entrée dans des pays merveilleux et doux.

Toute la journée du lendemain, Agaguk rêva de ce garçon qu'il allait bientôt posséder.

Quand il tendait un piège et l'enfouissait sous la mousse, il songeait au jour où il enseignerait cet art à l'enfant. Non pas, du coup, toutes ces sciences complexes! D'abord, le savoir de la vie. Enseigner à l'enfant comment marcher, comment puiser de l'eau. Lui montrer à nager dans la rivière, à reconnaître le temps froid du temps chaud, le vent mauvais des bons vents généreux et tièdes.

L'enfant serait près de lui, là, à toucher de la main. Iriook lui coudrait une parka des peaux les plus fines, selon sa taille à lui, toute petite et belle. Et Agaguk mènerait l'enfant à la chasse, vers la mousse où trouver l'entrée des terriers de blaireaux, vers les berges de la rivière, vers la terre humide où relever les pistes d'animaux venus se désaltérer au cours d'eau.

Chaque piste, chaque trace une image évoquant la bête et ses habitudes.

Ainsi le loup, regarde sa piste... Tu vois? Un pied devant l'autre. L'avance nerveuse, la précaution éternelle, tout flair aux aguets...

Le renard, lui, plus confiant en ses muscles si rapides à la détente, boit à deux pattes écartées, tiens, comme ceci...

Cette piste en étoile, c'est le vison...

Cette patte à trois orteils, c'est le loup-cervier, le *wolverine*...

Ici la belette, là un rat musqué... Tu vois comment? Il faut apprendre à reconnaître, à savoir... Il faut bien juger des choses...

Chaque piste une image, ne l'oublie jamais...

Cette bête ici, tiens, ce loup... Il n'a pas posé les pattes par terre comme un autre loup l'aurait fait... Pourquoi? Il avait peur. Quelque chose bougeait de l'autre côté de la rivière. Il était en constant éveil, mais il a bu quand même. Car autant il avait peur, autant il avait soif...

Pour lui, point de choix. Une rivière à l'eau calme, c'est la survie. Il survivra donc.

Un rat musqué dont la piste vient jusqu'ici puis retourne, soudain plus compacte, plus rapprochée, et disparaît sous les herbes là-bas, tu sais ce que cela veut dire? Il a délogé un vison et en est poursuivi, alors il fuit... Viens, viens avec moi jusqu'à ces herbes. Ici la piste du vison, regarde! Elle se confond avec celle du rat musqué. Bon, avance et regarde, là! Du sang, du poil. Un rat musqué est mort, dévoré par le vison. Pour eux aussi, l'un comme l'autre, la rançon de la survie. Pour que le vison vive, le rat musqué est sacrifié. Pour celui-là mort, dix qui naissent. Les portées des rats musqués sont fréquentes et nombreuses. Alors qu'à la femelle du vison ne naissent que deux petits, trois au plus... Il est donc juste que plus de rats musqués meurent par la faute des visons que de visons par la faute des rats musqués... Les Esprits l'ont ainsi voulu.

Mais il n'y avait pas que les bêtes. Il y avait aussi les armes.

Ceci est un fusil... Examine comment il est fait. Voici le canon par où surgit la balle d'acier. Ici l'âme de ce canon. Et la crosse. Voici comment il faut charger l'arme. Comment il faut l'épauler, tirer. Vois là-bas ce caribou qui fuit... Je presse ici, la balle jaillit, va frapper l'animal. Je n'ai pas visé l'animal même, mais un peu devant. Lorsque la balle atteindra l'endroit où il est au moment où je presse la détente, peux-tu comprendre que l'animal ne sera plus là? Alors je vise un peu devant, comme ça... Bien peu, mais cela suffit, et le caribou tombe, petit...

Il lui dirait tout cela à ce petit qu'il aurait. Chaque jour il lui enseignerait les mystères de leur propre survie accordée à celle des animaux de la toundra.

Comment tendre un piège, comment tuer l'animal. Comment l'épargner aussi à l'occasion parce qu'à certains moments on ne sait quoi en faire et que le temps vient toujours où il est précieux...

L'appareillage des pelleteries, la conservation de la viande en la fumant ou en la séchant, savoir aussi quelles bêtes donnent une graisse abondante d'où tirer l'huile précieuse.

Et pour que ces besognes soient normalement accomplies au moment voulu, toutes les autres sciences, tout aussi essentielles: comment reconnaître sur la brise l'odeur de l'animal, comment savoir les gestes de la bête dont on suit la trace, comment deviner le chemin d'habitude du vison qui va boire... Prévoir les actes de chacun et, possiblement, les déjouer.

Bêtes à fourrure de troc, bêtes à fourrure utile dont on fera des parkas et des revêtements multiples; bêtes à cuir plus ou moins souple, bêtes à poils ras dont les peaux écorchées servent de lit ou de siège... Bêtes à la viande nourricière, bêtes à graisse desquelles tirer de l'huile pour les temps froids...

Le caribou fournit la nourriture et aussi le vêtement...

Le renard fournit autant le vêtement que les peaux de troc... C'est le surplus qu'on échange. De même pour le loup... Mais chez le loup, il y a aussi la prime...

Quant au vison, au rat musqué, à la belette, au blaireau, au pécan et au loup-cervier, ce sont des bêtes à pelleteries, respectables et précieuses...

Leur viande, une fois débarrassée de son poil, nourrit les chiens. Et ainsi chacun a son content...

Chaque jour, rêvait Agaguk, chaque jour quelque chose de plus à enseigner à l'enfant, pour que sa science soit complète. Mais plus encore. Plus encore que tout cela. Aucun enfant des tribus ne recevrait — Agaguk le jurait sur les Bons et les Mauvais Esprits — autant d'enseignement qu'il lui en dispenserait.

L'on en parlerait dans tous les igloos et jusqu'au Sommet de la Terre. Ce petit serait celui d'Agaguk. Et donc, le plus beau et le plus choyé du monde.

Le fils*

Ce fut d'abord un mal lourd venu des tréfonds de l'être quasi imperceptible à l'origine. Iriook s'était raidie dans l'attente, mais la douleur était morte aussitôt, alors elle respira profondément. Ses doigts crispés sur la peau de caribou s'étaient à peine détendus que de nouveau le mal la reprenait aux entrailles avec plus d'acuité. Alors elle gémissait faiblement, incapable d'étouffer en elle ces longues plaintes qui appelaient Agaguk.

Puis tout se taisait et le silence s'établissait dans l'igloo.

Du dehors ne venait que le sourd rugissement du vent, étouffé par les parois épaisses de l'habitation de glace.

Et ainsi, pendant longtemps pour Iriook, s'établirent les alternances de paix et d'enfer. Agaguk assistait impuissant à cette lutte. Gêné dans sa force brutale, humilié tout à coup par l'inutilité de ses muscles, il regardait avec un effroi grandissant ce travail de la nature où l'homme n'a plus sa place. Les yeux écarquillés, il regardait bouger la vie sous la peau tendue du ventre d'Iriook. Appuyé contre la paroi de l'igloo, il sentait une sorte d'effroi le gagner au moment où une autre plainte naissait et s'enflait pour mourir ensuite dans un cri si animal que jamais de sa vie il n'en avait entendu de pareil, ni sur la toundra, ni ailleurs. Puis l'apaisement venait une fois encore, toujours de moins en moins long, le temps à peine de reprendre haleine. Une fois encore, il dit d'une voix rauque:

— Je veux t'enlever ton mal!

Il ne voulait pas qu'elle souffrît davantage. Il voulait tout à coup extirper la douleur, la lui arracher du corps comme une mauvaise racine qu'on brûle ensuite. Ce qu'il voulait désormais, c'était la délivrance d'Iriook. Étrangement, l'enfant à venir n'importait plus.

— Tu ne peux pas me l'enlever, gémit la femme. Tu ne peux pas. Tu ne peux rien faire, Agaguk.

Alors, lentement, du fond de son subconscient Agaguk sentit sourdre la rage. Non pas en un brusque jaillissement de sang à la tête, mais en une colère lente, implacable, qui monta de ses entrailles pour l'habiter tout entier. Une force nouvelle existait en lui, une puissance extraordinaire qui déciderait des événements à suivre.

Les mains appuyées contre la paroi de glace, les muscles des jambes bandés, tendus, les genoux à peine ployés, il haletait, sa rage accordée au rythme des plaintes d'Iriook, à la fureur des cris de la femme.

Car maintenant elle criait presque sans arrêt. Ce n'était plus un gémissement, non plus qu'une plainte, mais un long cri continu, venu de très loin en elle. Un son grave, horrible, qui montait en un crescendo hallucinatoire.

Parfois elle ouvrait grandes les cuisses, genoux relevés, et tout son corps semblait s'arc-bouter. Alors elle poussait désespérément pour rejeter hors d'elle-même cette masse vivante qui tenait maintenant trop de place dans ses entrailles.

À cet instant-là le vagin s'ouvrait comme une gueule, sorte d'orifice sombre: monstruosité taillée dans le bas-ventre.

Les cris de la femme remplissaient l'abri et se répercutaient en échos terrifiants le long des parois et jusqu'au dôme de glace. Toujours appuyé, Agaguk était devenu une bête plutôt qu'un homme. Un grognement rauque sortait constamment de sa gorge. Ses yeux étaient injectés de sang. Il hochait la tête de gauche à droite en un mouvement constant, tel un animal prêt à bondir.

Soudain, Iriook projeta de nouveau les cuisses, les jambes. Elle se tordait et le spasme labourait son ventre. La douleur la possédait tout entière quand, brusquement, la tête de l'enfant apparut.

Vision effroyable pour Agaguk. Une peau sans poil, nue et luisante, sorte de boule qui aurait bloqué le vagin. Iriook poussa un autre cri, plus strident encore, et la tête se fraya un passage désormais plus facile.

Alors Agaguk bondit.

Il avait jusqu'alors réussi à maîtriser sa rage. Mais c'était fini. Il lui fallait combattre le mal immense chez la femme. Il lui fallait le détruire, le chasser à jamais. C'était un démon, un Mauvais Esprit, une bête à vaincre.

Il se rua sur Iriook, la jeta par terre sur la glace humide. Il la roua de coups de pied et de coups de poing, cherchant ainsi à tuer la douleur, à l'obliger à fuir le ventre de la femme. Et tout ce temps, Agaguk hurlait comme un déchaîné et ses cris se mêlaient à ceux d'Iriook qu'il mordait au bras, qu'il frappait en pleine figure. Le sang giclait des lèvres tuméfiées.

Puis, brusquement, la femme eut une convulsion de tout son corps, elle poussa un dernier hurlement qui se perdit en un long sanglot étouffé. Sa voix implorante se répercuta dans l'igloo.

— Il est sorti! criait-elle. Tu ne vois donc pas! Il n'est plus dans mon ventre! Il est sorti!

Aussi calme qu'un instant auparavant il avait été comme une bête fauve, Agaguk se redressa, aperçut l'enfant blotti entre les cuisses d'Iriook. Il fallait maintenant se souvenir de tout ce qu'elle lui avait dit pendant les mois d'attente.

Il se pencha, prit le corps inerte de l'enfant. D'un coup de dent rapide il trancha le cordon.

Le sang gicla, alors il prit la babiche qu'il gardait depuis longtemps au fond de sa poche justement en prévision de cet instant, et ligatura vitement le tube visqueux et souple, tout au ras du ventre de l'enfant.

— Il faut qu'il respire, fit Iriook, la voix lointaine, somnolente.

Agaguk la regarda.

Son visage était méconnaissable. Le sang coulait des blessures qu'il lui avait infligées. La lèvre était tranchée comme par un coup de lame, une des pommettes était tuméfiée...

— Il faut qu'il respire... Dépêche-toi! implorait-elle faiblement.

Agaguk empoigna l'enfant par les pieds, le souleva à bout de bras. De son doigt gras et malhabile, il vida l'intérieur de la bouche des muqueuses qui s'y étaient accumulées. Puis il frappa le nouveau-né violemment, au bas du dos.

Le petit se tordit dans la poigne d'Agaguk, il se recroquevilla en un grand effort, puis son pleur retentit, perçant, le cri d'un enfant sain, bien né, dont il fallait être fier.

— C'est un garçon, dit Agaguk, d'une voix que l'émotion altérait étrangement.

Avec un sourire d'une infinie tendresse, il coucha le petit enfant au creux de son bras. Iriook, les yeux fermés, souriait aussi.

— Je le savais, dit-elle, que c'était un garçon... Depuis longtemps, je le savais...

Agaguk vint s'accroupir près de la femme toujours étendue par terre. Il posa le petit sur une peau, puis il souleva la femme et la déposa sur le banc de glace, contre les peaux tièdes.

Ensuite il s'étendit à son tour sur la couche, en mettant le petit au chaud entre leurs deux corps.

— Dors, dit-il à Iriook. Dors.

L'enfant s'était tu. Il respirait bellement.

— Dors, répéta Agaguk.

Et lui aussi dormit, pressé contre la femme et l'enfant, maintenant tout son bien et toute sa fortune.

Le bonheur*

Au cri d'Iriook, une plainte sauvage, angoissée, Agaguk avait bondi.

Se souvenant de la naissance de Tayaout, il arracha prestement les vêtements couvrant la femme. Elle était étendue, nue, sur une peau de caribou, le visage contracté, le ventre ballonné, une masse monstrueuse au-dessus d'elle.

Éveillé par le cri, Tayaout pleurait de frayeur.

Agaguk, accroupi aux pieds de la femme, observait impassiblement l'ouverture béante où se voyait déjà la tête de l'enfant à naître.

— Ce ne sera pas long, fit-il d'une voix calme.

Ce furent ses seules paroles.

Une autre douleur déchirait Iriook, et déjà l'enfant émergeait. La tête glissait hors du ventre, aisément, comme si quelque main intérieure pressait un sac pour en exprimer le contenu. Iriook ne criait plus. Une plainte seulement montait d'elle, cent fois moins horrible qu'en cette première nuit où Tayaout était né.

Les mains tendues, Agaguk attendait de saisir.

Quand, soudain, en un dernier effort, l'être neuf glissa et tomba dans les mains d'Agaguk, celui-ci d'une geste sûr trancha le cordon à l'aide d'un couteau d'ivoire. Là-haut... bien loin d'Agaguk, semblait-il, Iriook geignait. Si loin, que l'homme n'entendait plus rien. Un grand bourdonnement naissait en lui, il restait accroupi, tenant l'enfant. Il n'avait eu de regard que pour le sexe.

Une fille!

C'était tout de suite ou jamais. Il fallait profiter de la demi-conscience d'Iriook, et de la seconde d'immobilité de la petite.

Agaguk rampa comme un animal, tenant d'une main le petit corps gluant. Sans bruit il se dirigea vers le tunnel. Il savait quoi faire. À peine dehors, d'un geste décisif il étranglerait la fille, lui cassant le cou du même effet. Puis il jetterait le corps dans la neige. Les loups et les chiens auraient vite fait de se repaître et, au matin, il ne resterait rien.

Il rampait, le mouvement de son corps seul bruit perceptible, un frottement. Mais si ténu qu'il fallait une ouïe de grande finesse pour l'entendre.

Tayaout s'était rendormi.

Agaguk allait atteindre le tunnel quand soudain la voix d'Iriook s'éleva, calme, implacable.

— Agaguk!

Il s'immobilisa. L'enfant contre lui ne bougeait toujours pas. Il tourna la tête. La femme était assise. Carabine à la main, elle le tenait en joue.

— Maintenant, dit-elle, fais-la respirer.

Il hésita un moment. Puis il se redressa, silencieux, mais tendu comme une corde de harpon. D'un doigt nerveux il vida la bouche de la fille des muqueuses qui s'y accumulaient. Il la pendit par les pieds à sa main calleuse, de l'autre main il la frappa au dos.

L'enfant fit comme autrefois Tayaout. Elle se recroquevilla soudain. Un long pleur jaillit qui résonna contre les parois glacées de l'igloo.

— Donne-la, dit Iriook.

Elle tendit la main et le bras et Agaguk vint y poser l'enfant.

Iriook examina longuement le corps rondouillet. Elle tâta les membres potelés, toucha au duvet noir sur la tête. Lentement, d'un geste presque câlin, un geste de caresse quasi sensuelle, sa main glissa sur le ventre de la petite, vint frôler la vulve bombée. Songeusement, Iriook contempla le sexe de la petite, puis son torse, et la tête encore. Puis elle sourit. Ce serait une belle fille. Contente, elle posa l'enfant sur la peau de caribou à côté du fusil.

Agaguk n'avait pas bougé. S'il ressentait quelque rage, il n'en laissait rien voir.

Iriook, son regard impassible, mi-assise, appuyée contre la paroi, montra du doigt l'enfant, du doigt aussi le fusil.

— Ce n'est pas ainsi que cela doit se faire, dit-elle.

Agaguk ne bougeait toujours pas.

— Écoute-moi, dit Iriook. Il faut que ce soit toi qui décides. Je ne veux pas te forcer.

Agaguk se carra les talons. Ainsi, il faudrait en venir à pareille chose? Gagner par la logique? Les habitudes transmises, les craintes millénaires ne s'expriment pas facilement. Il cherchait des mots. Iriook le devança.

— Tu allais tuer ma fille?

Il ne répondit pas tout de suite.

— Parle! insista Iriook.

— Oui.

— Sans me le dire?

Il haussa les épaules.

— Sans me le dire? répéta Iriook.

— Oui.

Elle avait un cerne autour des yeux. Son ventre encore bien gros semblait lui faire mal. Parfois, des contractions de douleur la secouaient.

— Je ne peux la garder, dit Agaguk.

C'était son premier argument, le seul qu'il eût à offrir. Il ne fallait pas. C'était contre toute logique. Plus tard, peut-être, quand Tayaout serait grand...

— Tayaout chassera un jour, dit-il. À ce moment-là, nous garderons une fille, deux peut-être...

Iriook secouait la tête.

— Non, dit-elle, je ne t'entends pas.

— C'est tout ce que j'ai à dire, fit Agaguk, sourdement.

Iriook eut un geste las. Elle montra le banc de glace.

— Assieds-toi, dit-elle, écoute ce que je vais te dire. Écoute bien.

Il était évident qu'elle souffrait encore. Les sommets de douleur ravageaient son visage. Ses yeux alors se voilaient, un rictus naissait à la bouche, la bave apparaissait à la commissure des lèvres. Et pourtant une force nouvelle émanait de la femme, qui retenait Agaguk, qui le clouait là. Il obéit, s'assit devant elle.

— C'est notre vie que nous jouons, dit-elle avec difficulté.

Elle parlait d'une voix sourde, que la douleur altérait soudain.

— Le comprends-tu, Agaguk?

Elle insistait. Il ne disait rien.

— Si la fille périt, que restera-t-il? Si tu m'enlèves ma fille, qu'est-ce que je ferai?

Il la défiait du regard.

— Tu n'es pas une Esquimaude, dit-il, se rabattant sur les dernières défenses. Tu parles trop haut, je pourrais te faire taire.

— Je partirai. J'emmènerai avec moi Tayaout! Je prendrai des peaux, mon fusil, des balles. Un matin, tu t'éveilleras et je ne serai plus là.

— Où seras-tu?

— Je ne sais pas. Je serai partie.

— Je te suivrai. Je te tuerai et je reprendrai Tayaout.

— Non, tu ne sauras pas en quelle direction nous sommes allés.

— Je te retrouverai. Tu ne peux m'enlever Tayaout!

— Et tu veux m'enlever ma fille?

Elle se renvoya en arrière soudain. Son ventre eut une contraction, et elle gémit comme une bête apeurée...

Agaguk la regardait, inquiet. Il savait que si elle se mettait à pleurer, il ne pourrait refuser la vie à la petite... Mais Iriook se redressa, les yeux secs, et son regard fixa celui d'Agaguk sans fléchir.

— C'est fini, dit-elle. Une douleur seulement.

Elle résistait au mal, un combat décrit par ses gestes, la panique dans son regard et, plus encore, par les gouttes de sueur sur son front.

— Que feras-tu, Agaguk? demanda-t-elle au bout d'un temps.

L'Inuk se leva. Lentement, les bras ballants, le regard fixe. Il n'osait faire un geste. Il ne se sentait pas prêt à le faire. Il se tenait là, le cou renfrogné dans la parka.

— Parle, fit Iriook, dis-le. Que feras-tu?

La petite vagissait; Agaguk coula son regard vers elle.

— Il faudrait qu'elle soit lavée, dit Iriook.

Il sursauta. Il lui semblait sortir d'un rêve. Que se passait-il? Qui allait mener en cet igloo? Une femme? La femelle venant d'accoucher?

Il cria soudain:

— C'est moi le maître! La petite va mourir. Et tu ne partiras pas. Et si jamais tu tentes de m'enlever Tayaout, je te tuerai comme une chienne.

L'atavisme millénaire reprenait le dessus. Il se forçait à croire que la femme devant lui pouvait pleurer, pouvait implorer et qu'il n'avait pas à lui obéir. Il n'avait même pas à se soucier d'elle.

Il bondit soudain, une détente des muscles qui le porta vers la fille vagissant sur la peau de caribou. Avant qu'Iriook ait pu esquisser un geste, il s'était emparé de l'enfant et courait vers le tunnel.

Mais de nouveau la voix d'Iriook l'arrêta. Cette fois c'était un hurlement sauvage, un cri originel, comme jamais encore Agaguk n'en avait entendu.

La femme était debout. Elle n'avait pas de fusil, elle tendait des mains vides. Et son corps au ventre encore ballonnant était grotesque à voir.

— Non, Agaguk, ne va pas la tuer! Écoute-moi!...

Elle implorait.

— Une vie pour celle de Brown! cria-t-elle de nouveau. Agaguk, écoute-moi. Voilà ce que tu peux faire. La vie de la fille contre la vie de Brown. Et tu auras la paix jusqu'à la mort! Je te le promets!

Elle pleurait, de grands sanglots qui hachaient les mots, qui secouaient son corps.

— Agaguk, par pitié, laisse-moi ma fille. Ne la tue pas.

L'homme ne bougeait plus.

Encore une fois il était sidéré par la femme et ses larmes qu'il haïssait tant, contre lesquelles il devenait tellement impuissant.

— Laisse-moi ma fille.

Cloué au sol, Agaguk était incapable de faire le moindre geste. Quelque chose l'immobilisait: une puissance si entière que rien en lui ne voulait s'y opposer.

Iriook ramenait maintenant contre elle ses bras qu'elle avait tendus, implorant qu'y fût déposée l'enfant. Sur son visage, la haine se substituait à toute imploration et à toute douleur. Mais une haine comme jamais Agaguk n'en avait conçu. Dans le regard, dans le pli des lèvres, dans tout le visage; ardente et indescriptible.

En l'homme brusquement surgit un besoin nouveau: détruire cette haine, car tout à coup l'avenir lui apparaissait, un jour suivant l'autre, vécu en silence. Ne plus jamais connaître les anciennes tendresses... Seulement le ressentiment, seulement cette haine avec lesquels il devrait apprendre à vivre...

Et de cela il se savait incapable. Mais pourquoi ne comprend-elle donc pas?

— Il faut que tu comprennes, dit-il.

Mais en prononçant les mots il en saisit l'inutilité. S'il tuait sa fille, c'était du même coup Iriook qu'il tuait. Ou du moins il tuait tout ce qui chez sa femme lui avait été de la joie, du plaisir. Autant l'image des années à venir lui apparaissait soudainement intolérable, autant le souvenir des autrefois revivait en lui.

Tel sourire d'Iriook, tel geste tendre, telle plainte sensuelle lancée dans la nuit. Ce qu'elle avait été, chaque pas qu'elle avait fait à côté de lui, le sentiment de paix et de sécurité qu'il avait en la sentant tout près... Tout cela, leur vie entière maintenant revenait, bousculait la laide image de l'avenir et n'arrivait pas à s'accorder à ce nouveau regard d'Iriook, ce regard implacable, insensible.

— Va tuer la fille, dit-elle d'une voix froide. Vas-y. Fais à ta guise. Tu as raison, c'est toi le maître.

Elle se retourna, se laissa tomber sur le banc de glace, cria:

— Mais vas-y. Puisque tu le veux, vas-y! Je ne t'en empêche pas. Je partirai. Je n'ai besoin ni de toi, ni de Tayaout, ni de la fille!

C'est vrai qu'elle pouvait partir. Une nuit, en tapinois. Et même s'il la rejoignait le lendemain, ne devrait-il pas la tuer? Mais alors?... Morte ou vivante... mais, vivante, elle serait ainsi, comme il la voyait?...

Agaguk s'avança lentement vers la femme. D'un geste hésitant il lui tendit l'enfant.

— Tiens, dit-il.

Ils restèrent longtemps ainsi, l'un devant l'autre, incapables de parler, de bouger, Iriook pressait la fille contre elle, la cachait entre ses seins. Et lentement, aussi graduellement qu'elle était venue, la haine disparut de son visage. Ce fut un regard d'une muette tendresse qu'elle leva vers Agaguk. Elle comprenait, Esquimaude et femme, par quel combat l'homme venait de passer, quelle victoire elle avait remportée. Et l'homme lui apparut si grand qu'elle en gémit doucement. Plus rien de ce visage mutilé ne lui faisait peur, ne la repoussait.

Et que donner à Agaguk, en retour?

Ce qu'elle connaissait de bonheur neuf, de joie soudaine et grandiose, elle n'aurait pu le dire. Aux instants sombres de sa grossesse, alors que dans l'étroite enceinte de l'igloo, elle n'arrivait que difficilement à vivre devant la face mutilée de son homme, elle n'aurait pas cru possible que cette hideur pût un jour lui paraître belle. Et c'était pourtant le miracle qui se produisit.

Agaguk devant elle, presque beau?

Si doux en tout cas, et bon, et généreux... Elle avança une main hésitante, effleura le visage mutilé.

— Merci, dit-elle. Merci.

Elle chancela sur ses jambes. Le ventre encore lourd était une masse laide, ramassée sur le sexe.

— Recouche-toi, dit Agaguk. Tiens, recouche-toi.

Il l'aida à s'étendre, la fille à ses côtés. En lui montait une tiédeur, une plaisance toute chaude qu'il n'avait jamais encore éprouvée. Il était heureux. Il ne voulait plus combattre. Il ne voulait plus obéir aux traditions. La fille vivrait, parce qu'Iriook le voulait ainsi. Il touchait à sa femme, ses mains comme une caresse. Et elle touchait à la fille.

— Elle sera belle, dit-il. Aussi belle que Tayaout.

À qui appartenait le monde...?

— Elle sera belle, répéta-t-il. Belle et forte.

Soudain Iriook poussa un grand cri.

— Tu as mal? demanda Agaguk.

Elle faisait oui de la tête, désespérément.

— Dans ton ventre?

— Oui.

— Mais qu'est-ce que c'est? s'exclama-t-il.

Il voyait le corps d'Iriook se contracter sous la douleur, se tordre.

— Iriook, dis-moi pourquoi? Qu'est-ce qui se passe?

Au lieu de répondre, elle cria de nouveau, hurla comme une bête, un son vibrant, terrible, qui se fondit lentement en une longue plainte douce.

— Agaguk, gémit-elle à l'accalmie, regarde!

Elle ouvrait grand les cuisses.

Stupéfait, Agaguk vit qu'une autre tête émergeait du vagin, qu'un autre enfant s'apprêtait à naître à la suite de la fille.

Comme tantôt, il tendit les mains.

Cette fois, c'était un garçon.

GUY FRÉGAULT (1918-1977)

Pour Guy Frégault, historien, bien avant la conquête anglaise, il existait une nation canadienne, différente de la française et pas loin d'être son ennemie. En 1760, cette nation ne fut pas seulement vaincue, mais défaite, au sens où ses structures administratives, politiques, économiques et sociales, voire religieuses, furent presque anéanties. C'est de cette brisure radicale qu'il faut partir pour comprendre la situation de la nation canadienne-française et bâtir la nouvelle société québécoise. Nous trouvons l'essentiel de ces vues dans *La Civilisation de la Nouvelle-France, 1713-1744* (1944) et dans *La Guerre de la Conquête, 1754-1760* (1955). Sont tout aussi remarquables, par leur science et leur écriture, les autres œuvres: *Iberville, le Conquérant* (1944), *François Bigot, administrateur français* (1948), *Le Grand Marquis: Pierre Rigaud de Vaudreuil et la Louisiane* (1952), *Le XVIIIe Siècle canadien* (1968).

LA CIVILISATION DE LA NOUVELLE-FRANCE, 1713-1744

Les Canadiens

Nous venons d'analyser des influences. Nous avons suivi les répercussions des réalités économiques, du régime politique, du milieu social, de l'ambiance religieuse et culturelle sur l'esprit des Canadiens durant la paix de trente ans; auparavant, nous avions constaté que cette période de paix en est surtout une de travail acharné et de relèvement, ce qui lui donne une intensité et une signification particulières. De ces diverses constatations se dégage une perspective d'une très grande portée. Obéissant ou résistant aux influences que nous avons signalées, un groupe humain a réalisé en lui-même la synthèse de ses tendances essentielles. Il s'est formé. Son histoire lui a forgé une personnalité distincte. Dès lors, d'une façon générale, les Canadiens ont pris conscience de leur individualité ethnique. On conçoit aisément pourquoi. Voici des hommes qui se sont conquis une patrie; quand il s'est agi de la défendre, puis de la reconstruire, ils ont dû compter pratiquement sur leurs seules ressources. Maintenant, leur pays est leur œuvre. Il leur appartient. C'est à lui qu'ils appartiennent. Telle est la raison profonde de leur sentiment national.

Que l'existence de ce sentiment s'inscrive réellement dans les faits, ils sont les premiers à s'en rendre compte. En 1747, Rigaud de Vaudreuil, major des Trois-Rivières et fils de l'ancien gouverneur, établit une nuance entre le service du roi et celui de la patrie[1]; or Rigaud est un Canadien. Près de trente ans auparavant, les négociants du pays présentaient au gouverneur et à l'intendant un mémoire qui contient un véritable manifeste de canadianisme intégral: « Remarquez s'il vous plait Nosseigneurs que les domiciliés [i.e. les Canadiens] ont en cette colonie trisayeuls, bisayeuls, ayeuls, leurs pères, ou sont venus s'y establir qu'ils y ont leur famille dont la plus grande part sont nombreuses, qu'ils ont contribué les premiers à l'establir, qu'ils y ont ouvert ou cultivé les terres, Baty des Eglises, arboré des Croix, maintenû la Religion, fait construire de belles maisons, contribué a fortifier les Villes, Soutenû la guerre tant contre les nations Sauvages que contre les autres ennemis de l'Estat même avec Succès, qu'ils ont obéy à tous les ordres qui leur ont esté donnés et supportez toutes les fatigues de la guerre, les hivers nonobstant la rigueur du saijour aussi bien que l'Eté et qu'ils n'ont épargné ny leurs biens, ny leur vie pour seconder les intentions du Roy, d'établir ce pays qui est un fleuron de sa couronne, puisque sa grandeur se mesure par l'étendue des Etats et le nombre de ses fidèles serviteurs et sujets. »[2] Au fond, que veulent-ils dire? Que ce pays est à eux parce qu'ils l'ont construit de leurs mains, enrichi de leur travail et, à l'occasion, défendu au péril de leur vie. Ce sont des titres de propriété qui en valent bien d'autres. Deux facteurs avaient puissamment contribué à la formation d'une telle mentalité: d'abord le fait que, contrairement à ceux des colonies anglaises, les habitants de la Nouvelle-France n'étaient pas un peuple en fuite mais des hommes qui avaient choisi, de leur plein gré, de venir s'établir au Canada; en second lieu, le fait — nous l'avons relevé ailleurs — que la défense du territoire et des intérêts canadiens reposait sur chacun de ces hommes et non pas surtout sur une armée métropolitaine.

Les Canadiens du XVIIIe siècle avaient une conscience nationale. Ils n'étaient pas les seuls à s'en apercevoir. En 1736, l'intendant Hocquart, qui les jugeait « naturellement indociles », cherchait, en bon serviteur du roi, le moyen le plus pratique de les contraindre à l'obéissance; ce qu'il trouva de plus pratique pour parvenir à instaurer « une exacte subordination » fut de proposer que l'on choisisse « comme officiers dans les Costes les habitans les plus sages, et les plus capables de commander »,[3] sans doute parce que le peuple leur obéirait plus volontiers qu'à des fonctionnaires métropolitains. La rivalité qui s'éleva au sein du clergé de la Nouvelle-France entre les prêtres canadiens et les ecclésiastiques français constitue un autre exemple de cet

---

1. Rigaud de Vaudreuil à Maurepas, 4 octobre 1747, AC, C 11A, 89:106.

2. « À Monseigneur le Gouverneur Général et à Monseigneur l'Intendant », [1719], AC, C 11A, 40:222-223.

3. « Canada, Détail de toute la Colonie », 2.

état d'esprit. En 1715, Mgr de Saint-Vallier se plaint auprès du Conseil de Marine que les prêtres du pays « ne donnent aucun agrément aux ecclesiastiques qui viennent de France » et qu'ils aient même « trouvé le moyen d'en degouter plusieurs » au point de leur inspirer le désir de retourner chez eux.[4] Un an avant sa mort, le même prélat invoque « l'experience presque journaliere de l'inquietude de l'esprit des Canadiens qui se porte a examiner ce qui ne les regarde pas ».[5] Son successeur héritera des mêmes préventions. Un jour, il dénonce « l'humeur independante et volage » des prêtres nés en Nouvelle-France.[6] Mgr Dosquet ira plus loin; pour neutraliser l'influence des curés canadiens — influence qu'il estime préjudiciable au service du roi — il proposera de « mettre un curé français entre deux paroisses gouvernées par des prêtres canadiens ».[7] Ainsi, à cette époque, Canadiens et Français ne s'entendaient pas toujours parce qu'ils étaient déjà devenus trop différents les uns des autres. Plus tard, les démêlés de Vaudreuil et de Montcalm ne seront pas de simples conflits de personnes, mais de personnalités; je veux dire d'esprits assez divers pour se mal comprendre et se mal juger tout en poursuivant passionnément un but identique. Ce sera l'époque où Bougainville se croira autorisé à écrire: « Il semble que nous soyons d'une nation différente, ennemie même ».[8] Ennemie, non, mais différente, certes, la Nouvelle-France l'était de l'ancienne.

En entrant dans l'histoire, le peuple canadien possédait des traits bien caractéristiques, un visage à nul autre pareil. Tout d'abord, son aspect physique attirait l'attention. Charlevoix déclarait, enthousiaste: « Nous n'avons point dans le Royaume de province où le sang soit communément si beau, la taille plus avantageuse et le corps mieux proportionné ». Ruette d'Auteuil décrivait ainsi ses compatriotes: « Les Français qui habitent le Canada sont de corps bien faits, agiles, vigoureux, jouissant d'une parfaite santé, capables de soutenir toutes sortes de fatigues et belliqueux, ce qui a fait que les armateurs français ont toujours donné pendant cette dernière guerre [la guerre de la Succession d'Espagne] le quart de plus de paye aux Français-Canadiens qu'aux Français d'Europe ».[9] Le Beau, en 1729, s'étonnait de rencontrer ici tant « de bons Vieillards forts, droits et point caducs ». Il ajoute: « Je m'imaginais quelquefois en me promenant dans leurs Habitations, être au commencement des premiers Siècles, parmi nos anciens patriarches qui ne s'amusoient qu'à l'Agriculture ».[10] La santé d'une nation constitue sa plus grande richesse; la force d'une collectivité tient à la vigueur des individus, à leur agressivité, à leur puissance de travail et de résistance. À lire les descriptions que l'on

4. Saint-Vallier au Conseil de Marine, 14 août 1715, AC, C 11A, 35:381.
5. Saint-Vallier à Maurepas, 10 octobre 1726, AC, C, 11A, 49:351.
6. Mornay à Maurepas, 15 octobre 1729, APQ, Manuscrits relatifs à l'histoire de la Nouvelle-France, série 3, t. XI, no 2327.
7. Cf. Auguste Gosselin, *L'Église du Canada depuis Mgr de Laval jusqu'à la conquête*, II, 81.
8. Cité par L. Groulx, *La naissance d'une race*, 239-240.
9. Mémoire de Ruette d'Auteuil au duc d'Orléans, 12 décembre 1715, RAPQ, 1922-1923, 59.
10. *Aventures du Sieur C. Le Beau*, 63.

donne au XVIIIe siècle du type physique des Canadiens, l'on conçoit aisément qu'ils aient accompli une œuvre hors de toute proportion avec leur incontestable faiblesse numérique.

Cette œuvre en est une de rayonnement et d'enracinement. C'est l'Amérique française déjà esquissée par Jean Talon au siècle précédent, réalisée au début du siècle par un soldat de génie, Pierre Le Moyne d'Iberville, gravement compromise par le traité d'Utrecht, puis restaurée par les La Vérendrye, qui tenteront une percée sur la route de l'Ouest, vers le Pacifique; construction fortement articulée, bien que d'une architecture audacieuse, et appuyée sur les plus solides réalités géographiques en même temps que sur une splendide volonté de puissance. Cette merveille d'audace, de réalisme et de vitalité a pour contrepoids la création d'un pays à taille d'homme sur les rives du Saint-Laurent. Constructeurs d'empire, les Canadiens du XVIIIe siècle sont aussi les artisans d'une patrie. Grâce à leurs travaux quotidiens et à leurs efforts tenaces, voilà que la vallée laurentienne s'est couverte de manoirs et de fermes, que des routes relient les centres vitaux de la colonie et que, lancés à Québec, les vaisseaux du pays filent sur les grandes voies maritimes. Peu à peu, l'économie canadienne se transforme. D'abord fondée presque uniquement sur la traite des fourrures, elle traverse des crises d'où elle sort organisée, plus complexe, enracinée au sol nourricier de la patrie mais aussi appuyée sur une industrie naissante, prédestinée à un grand avenir. C'est ainsi que les hommes de la Nouvelle-France ont posé les assises d'un pays nouveau.

Où ont-ils puisé leurs énergies? En eux-mêmes d'abord; mais encore plus dans un art de vivre où s'affirment de grandes forces spirituelles. Ici, il faut prendre garde de ne pas minimiser le rôle joué par le facteur religieux dans la formation de la Nouvelle-France. Nous avons vu combien, au XVIIIe siècle, les institutions ecclésiastiques s'enracinèrent puissamment au pays, comment elles devinrent partie intégrante de son histoire. Parlant des Canadiens, « tous sont attachés à la religion », écrit Hocquart.[11] « Les peuples du Canada sont religieux », répétera-t-il dix ans plus tard avec Beauharnais.[12] En passant au fort Saint-Frédéric, en 1749, Pierre Kalm a remarqué que « les soldats se réunissaient pour la prière, matin et soir ». Après avoir traversé la Nouvelle-France, il conclut: « Les colons français consacrent beaucoup plus de temps à la prière et au culte extérieur que les anglais et les hollandais des colonies britanniques ».[13] Ailleurs, il rapporte encore: « Il est admis par tous ceux qui ont voyagé en France que le Français du Canada est plus fervent catholique que son cousin d'Europe ».[14] Il serait excessif de prétendre que le Canada du XVIIIe siècle demeure la colonie mystique des croisés de Montréal. Cette atmosphère s'est modifiée. Ville-Marie compte moins de saints et plus de marchands. Au milieu du XVIIe siècle, c'était l'avant-poste du pays

---

11. « Canada, Détail de toute la Colonie », 1.
12. Beauharnais et Hocquart à Maurepas, 7 octobre 1746, AC, C 11A, 85:55.
13. L. W. Marchand, éd., *Voyages de Pierre Kalm dans l'Amérique septentrionale*, 34.
14. *Ibid.*, 237.

des missions; cent ans plus tard, c'est la métropole de l'empire des fourrures.[15] Du reste, les colons de la Nouvelle-France ont des défauts. « *Nemo sine vitio nascitur*, chacun a les siens », écrit sententieusement Le Beau.[16] Ils aiment un peu trop l'eau-de-vie,[17] ils sont portés à travailler les jours de fête[18] — c'est que les jours fériés sont trop nombreux,[19] on le reconnaît à la fin du régime[20] — et ils se font parfois tirer l'oreille pour payer leur dîme.[21] Cependant ils ont conservé, dans l'ensemble, des mœurs excellentes; le pouvoir civil collabore étroitement avec l'autorité religieuse pour qu'il en soit ainsi.[22] Surtout, et cela est essentiel, ils ont conservé une conception catholique de la vie: telle est la note caractéristique de leur mentalité ou, si l'on veut, de leur culture. Un éminent sociologue franco-américain, M. Burton LeDoux, a très heureusement défini cette ambiance spirituelle: « C'est la culture de cette France qui ne fut pas touchée par les idées britanniques de la Réforme. Ce n'est pas précisément la culture du XVIIe siècle français, ainsi que l'affirment la plupart des historiens; c'est plutôt l'essence de cet esprit médiéval qui a fleuri en France après les guerres de religion; c'est une prolongation et un exemple vivant de cette force dynamique engendrée au sein de la société chrétienne au temps de la Réforme; sa vie même et ses formes essentielles viennent de la culture qui prédominait dans la région maintenant connue sous le nom de France (et plus largement, dans toute la chrétienté) durant les grands siècles catholiques du XIe au XIVe, maintenant reconnus comme une

---

15. « *The missionary enterprise had nearly vanished, but the fur-trading had grown to a great organized business, reaching three-quarters of the way across the continent, threatening the English expansion eastwards, and bringing to Montreal a great deal of such prosperity as it possessed* », E. R. Adair, « The Evolution of Montreal under the French Régime », *The Canadian Historical Association Report*, Toronto, 1942, 40.
16. *Aventures du Sieur C. Le Beau*, 67.
17. « Ils... sont sujets à l'ivrognerie, font un grand usage de l'eau-de-vie », Hocquart, « Canada, Détail de toute la Colonie », 1. À ce sujet, voyez le préambule de « l'Arrêt du Conseil d'État de Sa Majesté au sujet des cabarets dans les côtes de la Nouvelle-France », 22 mai 1724, dans P.-G. Roy, *Inventaire des insinuations du Conseil Souverain de la Nouvelle-France*, Beauceville, 1921, 173. Au XVIIIe siècle, la petite ville de Montréal ne compte pas moins de dix-neuf cabarets, dont dix réservés à l'usage des Français et neuf pour les sauvages, *Édits et ordonnances*, III, 429-430. C'est sûrement excessif. Le même phénomène apparaît dans les campagnes. « Le Sr Evesque de Quebec a rendu compte que la multiplicité des Cabarets dans les Costes de Canada y cause beaucoup de desordres, que les jeunes y vont boire avec excez avant l'office divin et causent ensuitte du scandale a la porte des Eglises, que pour subvenir a la depense de leur debauche ils volent leurs pères et enfin que le gain que les Cabaretiers font incite d'autres a faire le meme metier et il est a craindre que l'avidité d'un pareil profit ne porte plusieurs habitans a abandonner la culture des terres... », Mémoire du Roy à Vaudreuil et Bégon, 22 mai 1724, AC, B 47:112-113. Le même point de vue est exprimé dans la lettre de Maurepas à Saint-Vallier, 30 mai 1724, *ibid.*, 117. Cf. aussi Bougainville, « Mémoire sur l'état de la Nouvelle-France », RAPQ, 1923-1924, 57.
18. *Édits et ordonnances*, III, 426.
19. Pontbriand à Maurepas, 10 novembre 1746, AC, C 11A, 86:141-142; Maurepas à Pontbriand, 13 mars 1747, AC, B 87:22.
20. G. de Catalogne, « Mémoire sur les plans des seigneuries », dans W. B. Munro, éd., *Documents Relating to the Seigniorial Tenure in Canada*, 145.
21. « Grand nombre d'habitans veulent tromper le curé », Pontbriand à Maurepas, 22 août 1742, AC, C 11A, 78:113.
22. Maurepas à Vaudreuil, 30 mai 1724, AC, B 47:1161.

des plus grandes époques de la culture humaine. »[23] Il est aisé de conclure: que les forces morales de la jeune nation canadienne aient trouvé leur plein épanouissement dans la contemplation des valeurs très hautes du christianisme le plus pur, c'était là une condition de santé et d'unité spirituelles qui ne pouvait qu'ajouter à sa cohérence intérieure, surtout en présence de la mosaïque de sectes étroites et intolérantes des colonies voisines.

Il s'agit bien d'un art de vivre; il se manifeste non seulement dans la tournure d'esprit des Canadiens mais aussi dans leur existence de tous les jours. Afin de juguler une nature hostile et de résister à la pression des ennemis de l'extérieur, ils ont dû pratiquer la vertu de force et l'insérer dans l'organisation sociale de leur pays. En 1739, l'auteur d'un mémoire sur les colonies françaises et britanniques entrevoyait le jour où la Nouvelle-France « pourroit devenir et deviendroit la terreur de toute l'Amérique et nous mettroit en Etat d'y entreprendre et d'y exécuter tout ce qu'une ambition prudente pourroit nous inspirer ».[24] Les Canadiens n'en demandaient pas tant. Ils n'aspiraient pas à dominer, il leur suffisait de vivre en sécurité grâce au fonctionnement harmonieux de leurs institutions. C'est pourquoi nous voilà devant une société équilibrée, solidement hiérarchisée, de type féodal, où chacun est à sa place pour donner son maximum d'énergie; mais en même temps d'une société souple, au sein de laquelle chacun peut faire sa trouée, où l'initiative personnelle sait rendre sa pleine mesure et où les plus aptes peuvent parvenir au poste qui leur convient. C'est peut-être dans cette organisation sociale de la Nouvelle-France qu'il faut voir le secret de sa durée.

Ce peuple très énergique, qui se défendait avec violence et qui exigeait beaucoup de lui-même, qui voyait grand comme ses paysages familiers aux lignes dures et dépouillées et qui prenait des attitudes vigoureuses comme la nature qui l'entourait — ce peuple de Spartiates conservait en même temps son vieux fonds de raffinement français, il était lui-même l'artisan d'une civilisation où sa force s'épanouissait en délicatesse. Nous avons vu qu'il faisait la place belle à la vie de l'esprit. Il savait vivre. En 1720, Charlevoix est frappé de voir à Québec un « petit monde choisi où il ne manque rien de ce qui peut former une société agréable », où il existe « des cercles aussi brillants qu'il y en ait ailleurs ». Les entretiens auxquels il participe ne manquent ni d'intérêt ni d'originalité; « on politique sur le passé, on conjecture sur l'avenir, les sciences et les beaux arts ont leur tour, et la conversation ne tombe point ». La Nouvelle-France n'est pas une colonie d'Ostrogoths. Au siècle précédent, les grandes tragédies de Corneille et de Racine y étaient représentées peu après avoir été jouées en France et on ne manque pas de lectures, ainsi que le démontrent les inventaires de l'époque, où l'on trouve d'honnêtes bibliothèques.[25] Trente ans après Charlevoix, le professeur suédois

---

23. B. LeDoux, « Psychologie historique du Canada français », *Relations*, n° 15, mars 1942, 63.
24. « Mémoire sur les Colonies Françoises et Angloises de L'Amérique Septentrionale », 1739, AC, C 11A, 72:187.
25. Cf. J.-E. Roy, *Histoire de la seigneurie de Lauzon*, II, 71; A. Fauteux, « Les bibliothèques canadiennes et leur histoire », *Revue canadienne*, LII, 1916, 97-114.

Pierre Kalm est heureux de causer avec des hommes cultivés; il note: « Les gens de distinction en général ont bien plus de goût pour l'histoire naturelle et les lettres que dans les colonies anglaises, où l'unique préoccupation de chacun semble être de faire une fortune rapide, tandis que les sciences sont tenues dans un mépris universel ».[26] Non sans un certain agacement, le même voyageur observe que les Canadiennes « sont très portées à rire des fautes de langage des étrangers... Il s'ensuit de là que les belles dames du Canada ne peuvent entendre aucun barbarisme ni expression inusitée sans rire ».[27] C'est compréhensible. « Nulle part ailleurs, assure Charlevoix, on ne parle plus purement notre langue. On ne remarque même ici aucun accent. » Plus tard, Franquet rapporte, presque dans les mêmes termes, que les Canadiens « parlent un français épuré, n'ont pas le moindre accent ».[28] En 1756, Montcalm écrit: « J'ai observé que les paysans canadiens parlent très bien le français ».[29] L'année suivante, Bougainville ajoute: « Ils parlent avec aisance,... leur accent est aussi bon qu'à Paris ».[30]

Enfin, les témoignages abondent sur l'urbanité des Canadiens. Ils sont déjà le peuple de gentilshommes que décrira plus tard un gouverneur anglais. « Les habitants sont affables et de bonne société », estime Jean-Baptiste Bonnafoux de Caminel.[31] « La politesse des habitants, ici, écrit encore Pierre Kalm, est bien plus raffinée que celle des Hollandais et des Anglais des colonies appartenant à la Grande-Bretagne. »[32] — « La Québécoise est une vraie dame française par l'éducation et les manières. »[33] — « La différence entre les manières et les coutumes des Français à Montréal et au Canada, et celles des Anglais dans les colonies américaines, est la même qui existe entre les deux nations en Europe. »[34] — « Ici, tout le monde est *Monsieur* ou *Madame*, le paysan aussi bien que le gentilhomme, la paysanne comme la plus grande dame. »[35] Voilà qui est assez explicite. En veut-on davantage? On n'a qu'à relire la correspondance de Mme Bégon et l'on verra qu'il existait une société très polie dans le Montréal des années 1750.[36] M. Claude de Bonnault, qui a finement analysé cet important document, résume ainsi ses impressions: « Comme si l'on n'était point sûr du lendemain, parce que le risque, pour ces hommes, était pain quotidien, on se pressait de jouir de tout. On voulait vivre de toutes ses forces, on lisait, on écrivait tant qu'on pouvait, on dansait, on jouait aux cartes avec frénésie et l'on aimait. On a beaucoup aimé au Canada en ce temps-là. Un singulier souci de charité avait humanisé

26. L. W. Marchand, éd., *Voyages de Pierre Kalm dans l'Amérique septentrionale*, 6.
27. *Ibid.*, 215.
28. Franquet, *Voyages et mémoire sur le Canada*, 85.
29. *Journal du Marquis de Montcalm*, 64.
30. Bougainville, « Mémoire sur l'état de la Nouvelle-France », 1757, RAPQ, 1923-1924, 61.
31. J. C [aminel] B [onnafoux], *Voyage au Canada de 1751 à 1761*, Québec, 1887, 35.
32. L. W. Marchand, éd., *Voyages de Pierre Kalm dans l'Amérique septentrionale*, 102.
33. *Ibid.*, 214.
34. *Ibid.*, 42.
35. *Ibid.*, 194.
36. « La correspondance de Mme Bégon » est publiée dans le RAPQ, 1934-1935.

les mœurs. [D'une façon générale[37]] on ne torturait point les accusés, on ne persécutait personne pour ses opinions, on assassinait peu, on ne se tuait en duel que par accident... Rien, en somme, ne troublait l'harmonie de la société, parce que rien n'empêchait qui que ce fût de parvenir où il voulait. »[38]

À cette époque, on est au lendemain de la guerre de la Succession d'Autriche et à la veille de la guerre de Sept Ans. Bientôt le sort de la Nouvelle-France sera en jeu. Le pays se couvrira de ruines. Le peuple sera affreusement battu. Mais la civilisation qu'il représente est appelée à survivre parce qu'elle est le produit d'une lente et sûre élaboration historique, parce que, dans les trente ans de paix qui lui ont été accordés entre 1713 et 1744, le Canada s'est réalisé. Il est devenu une entité morale, un être complet, une nation nouvelle, appuyée sur un passé dont la puissance irréductible le projette vers l'avenir.

LA GUERRE DE LA CONQUÊTE, 1754-1760

La défaite de 1760*

En sortant de l'époque troublée que nous venons d'étudier, ce serait une erreur de croire qu'un chapitre se clôt et qu'il suffit de tourner la page pour que la suite reprenne. Il en va autrement. Au terme de la guerre de la Conquête, c'est un livre qui se ferme. L'histoire ne continue pas, elle recommence. Une évolution s'arrête. Sans doute repart-elle, mais pour épouser une telle courbe qu'elle constituera proprement une autre évolution. Ce retournement des choses n'est pas difficile à constater. Il s'accompagne de déclarations si explicites que l'on admire combien, tout en les retenant, on en a peu tenu compte. Ainsi, quinze ans après la capitulation de Montréal, le chef spirituel des Canadiens, Mgr Briand, écrit à un de ses administrés: « ... On dit de moi, comme on dit de vous, que je suis anglais... Je suis Anglais, en effet; vous devez l'être; ils [les Canadiens] le doivent être eux aussi, puisqu'ils en ont fait le serment, et que toutes les lois naturelles, divines et humaines le leur commandent. Mais ni moi, ni vous, ni eux ne doivent [sic] être de la religion anglaise. Voilà, les pauvres gens, ce qu'ils n'entendent pas; ils sont sous la domination anglaise, pour le civil »... Trente ans après le traité de Paris, un chef politique de la province de Québec, Chartier de Lotbinière, trouve cet argument pour détendre le statut constitutionnel de la langue française: elle doit, raisonne-t-il, être « agréable » à George III, « puisqu'elle lui

---

37. Dans des cas exceptionnels, à la vérité, on eut pourtant recours à la torture. Le 15 octobre 1730, Beauharnais et Hocquart écrivent à Maurepas: « Nous faisons passer sur le vaisseau du Roy deux malfaiteurs qui ont esté condamnés aux galères après avoir esté appliquez à la question ordinaire et extraordinaire » AC, C 11A, 52:68-69. Quatre ans plus tard, une esclave noire appartenant à Mme de Francheville sera aussi « appliquée à la question ordinaire et extraordinaire pour avoir révélation de ses complices »; la prévenue a été trouvée coupable d'avoir mis le feu à la maison de sa maîtresse et d'avoir ainsi été cause du grand incendie de Montréal, en 1734. Cf. Beauharnais et Hocquart à Maurepas, 9 octobre 1734, AC, C IIA, 61:112-113.
38. « La correspondance de Mme Bégon », RAPQ, 1934-1935, 3.

rappelle la gloire de son empire et qu'elle lui prouve d'une manière forte et puissante que les peuples de ce vaste continent sont attachés à leur prince, qu'ils lui sont fidèles, et qu'ils sont anglais par le cœur avant même d'en savoir prononcer un seul mot ». Ainsi s'expriment, parmi beaucoup d'autres, deux porte-parole des Canadiens: l'un assimile ses compatriotes à des Anglais catholiques; l'autre, à des Anglais francophones.

Singulier réalisme, mêlé à une singulière illusion. Ces deux esprits représentatifs ont compris qu'il s'est produit quelque chose d'infiniment grave chez les Canadiens. Ceux-ci ne sont plus les mêmes depuis qu'ils sont passés sous une « domination » ou, autrement dit, sous un « empire » anglais. Ils ont été transformés par la transfiguration du pays dans lequel ils survivent. Ce changement, toutefois, les atteint plus encore que leurs chefs ne croient. Deux ou trois coups de sonde en révéleraient la profondeur. Peuple que le commerce avait formé, qui avait vécu du négoce plus que de l'agriculture, qui avait trouvé à la terre si peu de « charme » — le mot est de Talon — qu'il fallut, vers 1750, élaborer une législation rigoureuse pour enrayer l'exode rural, voilà maintenant les Canadiens qui se replient sur le sol et qui, lorsqu'ils rentreront dans les villes, y reviendront comme des immigrants. Après avoir vécu sous un gouvernement de type militaire, avoir fourni des capitaines et des combattants à toute la Nouvelle-France et même à la métropole et s'être fait une réputation de « belliqueux », on verra ce groupe humain, et à plus d'une reprise, unanime sur un seul point, lui toujours si divisé: le refus de porter les armes. Capable, durant un siècle et demi, de donner naissance à de nombreuses équipes d'organisateurs, à la fois explorateurs, diplomates, brasseurs de grandes affaires et soldats, aptes à mettre sur pied l'administration, l'exploitation et la défense de territoires immenses autant que variés, la société canadienne montrera tout à coup un embarras extrêmement pénible à pourvoir même à son organisation intérieure. En vérité, les Canadiens ont changé.

Serait-il vrai que « les lois naturelles, divines et humaines » ont fait d'eux des Anglais ou qu'ils le sont devenus « par le cœur »? Là apparaît l'illusion. En fait, un monde anglais s'est refermé sur les Canadiens, sans pourtant qu'ils se fondent en lui, car il s'est créé contre eux et il se développe sans eux. Leurs générations se succèdent désormais dans un empire, dans un continent et dans un État britanniques. Britanniques, les institutions politiques et les réalités économiques au milieu desquelles leur existence s'écoule. Fatalement étrangères, les armatures sociales qui se forgent autour d'eux et au-dessus d'eux. Et leur propre armature sociale ayant été tronquée en même temps que secouée sur ses bases, ils ne forment plus qu'un résidu humain, dépouillé de la direction et des moyens sans lesquels ils ne sont pas à même de concevoir et de mettre en œuvre la politique et l'économie qu'il leur faut. Les consolations qu'ils cherchent ne leur donnent pas ce qu'ils n'ont plus. Leur condition ne résulte pas d'un choix qu'ils auraient fait: ils n'ont guère eu de choix; elle est la conséquence directe de la conquête qui a disloqué leur société, supprimé leurs cadres et affaibli leur dynamisme interne, si bien qu'elle s'achève en eux.

Nous avons mis du temps à comprendre le véritable caractère du conflit qui entraîna, voici bientôt deux siècles, l'écroulement du Canada. Ce retard tient à deux causes principales. En premier lieu, nous nous sommes fait une image à la fois merveilleuse, édifiante et sommaire du régime français. C'était l'époque où la société canadienne avait un développement complet et, surtout, normal; nous nous sommes plu, la nostalgie, la vanité et la littérature aidant, à y voir un milieu historique créé par des hommes extraordinaires et dans des circonstances exceptionnelles. À nous entendre, cette société aurait été fondée à rendre grâces au Ciel de ce qu'elle n'était pas comme le reste des sociétés humaines, où l'esprit s'incarne dans la matière et où la qualité ne va pas toute seule, sans la quantité; nous nous la représentions volontiers toute spiritualiste et qualitative. Dans cette perspective, comment attacher de l'importance à l'effondrement, survenu dans les années 1760, des fondements matériels de la civilisation canadienne? Des fondements matériels, elle s'en passerait! En avait-elle jamais eus? Le « miracle canadien » continuerait, comme toujours, à s'opérer régulièrement.

En second lieu, nous avons été lents à mesurer les répercussions de la défaite parce que, sans nous interdire de nous raconter les épisodes de la guerre qui l'amena, nous ne fûmes pas curieux d'en dégager les causes, de la replacer dans les cadres du conflit mondial où elle se déroula et, moins encore, de connaître les mobiles de ceux à qui le sort des armes donna la victoire. On eût dit qu'il nous suffisait de savoir qu'ils étaient méchants. Les historiens, il convient de l'avouer, ne nous aidaient guère. Canadiens ou français, ils dépouillaient les sources françaises; américains ou anglais, ils consultaient les collections britanniques; et les érudits chicanaient. Sans doute Parkman avait-il, admirable pionnier, réuni une documentation moins unilatérale que les autres; mais il s'en était servi, avec un talent inégalé, pour mettre de la couleur locale et brosser des tableaux tout en contrastes. Les historiens écrivaient donc du point de vue français ou du point de vue anglais. Pour nous, nous faisions comme s'il était possible de pénétrer le sens de la conquête sans nous enquérir des objectifs de ceux qui l'effectuèrent. Nous ne nous demandions pas s'ils avaient su ce qu'ils faisaient. Comme s'ils s'étaient battus pour rien, pour le plaisir. Ils avaient cependant vu plus clair dans notre avenir que nous dans leur pensée. Franklin a saisi mieux qu'aucun de nos docteurs les conséquences de l'effritement du Canada. Que dire aussi de cet Américain britannique qui donne les vaincus de 1760 pour un groupe humain « brisé en tant que peuple »? Ce n'est pas un prophète; ce n'est qu'un homme assez intelligent pour noter correctement un fait d'observation.

Que l'on ne parle pas de pessimisme. Ce serait un signe trop manifeste d'inattention. Le sismographe qui enregistre un tremblement de terre est précis ou inexact; il ne viendrait à l'idée de personne de le dire optimiste ou pessimiste selon la violence de la secousse qu'il mesure. L'utilité d'une entreprise historique ne se juge ni aux émotions qu'elle donne ni aux soulagements qu'elle procure, mais à la valeur des éclaircissements qu'elle fournit. Puisque les enjolivements affadissent jusqu'aux fables, on devrait convenir qu'ils sont hors de saison dans les travaux scientifiques. Ceux qui abordent une œuvre d'histoire en vue d'y trouver des frissons de fierté montreraient autant de bon sens que de bon goût en allant chercher ailleurs les sensations qu'ils préfèrent. Au terme de cette étude, notre conclusion ne peut, en toute honnêteté, qu'être la suivante. Si, comme le dit un excellent méthodologiste anglais, l'histoire est une hypothèse permettant d'expliquer les situations actuelles par celles qui les ont précédées, un examen attentif de la façon systématique et décisive dont le peuple canadien fut « brisé » doit nous mettre à même de voir sous son vrai jour la crise, d'ailleurs évidente, de la société canadienne-française et de constater qu'il ne s'agit pas d'une crise de conjoncture, mais bien de structure, — de structure démolie et jamais convenablement relevée.

Il ne m'échappe pas que cette conclusion est troublante. J'avoue même que, si elle n'inquiétait pas, cela signifierait qu'elle n'est pas comprise. Ne serait-ce point, cependant, raisonner de façon fort singulière que de la juger mauvaise parce que dure et dangereuse parce que démontrée? Ah! si l'histoire n'était que jeu, que déploiement d'érudition sans rapport avec le présent! Mais alors, il faudrait, sous un autre nom, trouver une discipline qui remplît le même office; il faudrait créer une science qui pût mesurer les pressions du passé sur le présent et en déterminer la nature; il faudrait inventer l'histoire. Et la pratiquer froidement. Marc Bloch rapporte le mot qui échappa, en juin 1940, à un officier français désemparé par la défaite: « Faut-il croire que l'histoire nous ait trompés? » L'homme pouvait parler ainsi parce que la tradition historique du groupe dans lequel il se trouvait pris ne l'avait pas préparé à l'éventualité de la catastrophe et que — considération plus pénible encore — elle ne l'avait pas mis à même, lui et la société à laquelle il appartenait, de travailler avec efficacité à conjurer le désastre. Ce qui l'avait trompé, ce n'était pas l'histoire, c'était la tradition qui passait pour de l'histoire.

C'est justement une des fonctions de l'histoire — la principale, à mon sens, — que de corriger systématiquement la tradition selon laquelle un groupe humain ordonne sa vie. À elle d'expliquer le présent en montrant comment il s'est fait. Si elle refuse cette tâche, la société laissera dériver son attention sur les faux problèmes parce que ce sont les plus faciles ou, ce qui revient au même, elle cédera à la tentation absurde de regarder les problèmes les plus graves comme de vieilles questions depuis longtemps réglées. L'histoire, dit Lucien Febvre, « est un moyen d'organiser le passé pour l'empêcher de trop peser sur les épaules des hommes ». Les hommes ont besoin d'histoire parce que, sans elle, le passé risquerait de les écraser. Mais il va de soi que, s'ils ont un rigoureux besoin d'histoire, ils ont besoin d'une histoire rigoureusement vraie. Il faut d'abord ouvrir les yeux sur le réel, si inquiétant soit-il, pour se mettre en état d'en écarter les périls.

ROGER LEMELIN (1919)

Roger Lemelin est devenu avec *Au pied de la Pente douce*, en 1944, le premier grand romancier de la ville au Québec. Mais si ce roman a marqué, comme on l'a souvent dit, « un tournant dans l'histoire de nos lettres » (Jean-Charles Falardeau), ce n'est pas uniquement parce qu'il abordait des thèmes inédits; c'est aussi que s'y révélait une écriture extrêmement vivante, allant son chemin avec une liberté toute nouvelle, faisant bon marché des entraves de la pensée traditionnelle. Quatre ans plus tard, *Les Plouffe* consacraient le talent de Lemelin et devenaient aussitôt un des « classiques », une des œuvres capitales de la littérature québécoise. Lemelin ne devait faire paraître que deux autres livres: les nouvelles savoureuses de *Fantaisies sur les péchés capitaux* (1949) et un troisième roman, *Pierre le Magnifique* (1952), moins bien accueilli par la critique, mais qu'on apprécie aujourd'hui pour son baroquisme flamboyant. On ne saurait oublier que la télévision a mis *Les Plouffe* à l'affiche et que ce fut, pendant plusieurs années (1953-1959), un succès pancanadien (en français et en anglais).

AU PIED DE LA PENTE DOUCE
La veillée paroissiale*

Gaston appuyait sa tête comme un globe-mappemonde dans sa main droite. Son front était collé sur la vitre, entre les rideaux. Il vit Germaine et Féda partir pour la séance paroissiale. Denis sortit ensuite, impatienté par la mèche récalcitrante qu'il ne réussissait jamais à ranger avec les autres. Le malade soupira et contempla tristement les piles d'histoires illustrées qu'il avait sorties du tiroir, croyant que Denis les lui lirait.

— Va avec eux autres, Gaston, supplia sa mère, anxieuse d'arriver à temps au bingo.

— Moé aime pas ça, maman. Comprends pas, eux parlent trop vite.

Il pensait surtout aux regards curieux des filles qui le suivraient jusqu'à son siège. Il monta l'escalier et se rendit à sa cachette, sous la statue creuse du Sacré-Cœur. Il flatta ses billets et ses pièces d'argent d'une main lente, distraite, comme une fourrure qu'on caresse en évoquant l'hiver.

« Un char, ça paraît pas, assis ».

Il pensa au sourire de Germaine, et revit des blondes avec leurs cavaliers qui montaient au monument, le soir. Ils devaient se parler par grognements tendres. Ils marchaient droit et n'étaient pas essoufflés. C'est quand il s'agit du bonheur qu'on s'honore de ne pas être comme les autres. Denis ne l'avait pas encore compris.

L'infirme regarda le Christ de plâtre et s'imagina être écouté. La Foi monta en lui comme un jet de flamme. Allait-il démentir l'impossible? Gaston se jeta à genoux, prit son chapelet et le marmotta en produisant un chuchotement exagéré comme il avait vu faire aux petites vieilles, à l'église. Sa voix rauque perçait dans l'exaltation.

— Fais pas le « kikeux », bon Dieu, moé veux être ben fait, avaler le vent doucement. Veux être droit, moé.

Puis il s'arrêta, désespéré, et fixa un dessin qu'il avait crayonné du frère André. Il lui avait taillé une figure dure, à gros traits, rude comme une roche cassée. Chose étrange, il lui ressemblait. Sa mère disait qu'elle l'aurait envoyé aux Beaux-Arts, s'il l'avait voulu, son Gaston. Mais Flora n'était pas difficile et proclamait ses enfants des êtres rares.

Gaston coula un regard anxieux à la fenêtre pour s'assurer que ses poules ne sortaient pas du poulailler. Il fouilla dans le tiroir de Denis et prit son veston de l'an passé. Le bossu enfila le veston et monta sur une chaise devant le miroir pour s'assurer si cela lui irait bien d'être grand. Il trouva que le veston était trop long, et qu'il faisait des concavités au côté droit, sous l'épaule affaissée. C'était à cause de la bosse. Cette constatation le fit grimacer. Le bout des doigts dépassait à peine la manche, et il comprit que cela avait l'air distingué. Gaston eut une tentative pour se raidir, mais il ne réussit qu'à faire battre son cœur plus vite. Considérant ses cheveux droits comme un chaume, il se demandait si, un jour, il pourrait friser comme Denis. Ses yeux étaient grands et beaux, cependant il imagina que c'était laid, des grands yeux et des longs cils, pour lui qui était petit. Le malade pâlit tout à coup. Ses pieds, ses mains devinrent froids. Et puis sa tête. Ensuite, une chaleur moite l'envahit. Ses ongles bleuirent. Sa gorge s'étrangla dans un cri rauque.

— Papa, papa, chaud, frette, chaud, frette.

Il n'avait pas eu le temps d'enlever le veston. Son père accourut, jetant sa pipe au loin.

— Mon Dieu, qu'as-tu, qu'as-tu encore? Quelle vie!

Gaston battait l'air comme un épouvantail, car l'oiseau de la mort rôdait.

— Moé va mourir papa, moé va mourir... a peur moé.

— Arrive Flora, vite!

Gaston suffoquait. Jos mordait les poils de sa moustache et défaillait. Flora accourut en mettant son chapeau et gronda le malade. On aurait dit que pour elle, la syncope était un caprice d'enfant. Elle se moqua, quoique ces changements subits de température chez son fils commençassent de l'inquiéter:

— Fais pas ton thermomètre, capricieux.

Elle lui pinça la joue et le fit coucher. Jos suggéra le docteur.

— Une piastre dans la rue? J'ai mon livre à maladies, ici. Aussi, tu vois bien que c'est ses nerfs. J'ai eu la même chose à la naissance de Denis.

— Regarde, ses mains sont bleues!

— Ses veines sont sales, le sang circule mal. Il faut le purger.

Soudain, elle se fâcha:

— Trouves-en des moyens pour m'empêcher d'aller au bingo, détestable, jaloux. Veux-tu me faire mourir à la tâche? Et puis, si ç'avait été grave, c'est moi qu'il aurait appelée la première.

Gaston se remettait. Gêné, il enlevait le veston trop grand. Jos pensa qu'il avait voulu se réchauffer. Le malade se tourna vers le mur en sanglotant.

— Tanné, moé, tanné!

— Tu te fais des idées, mon p'tit enfant. Dors, veux-tu? Maman va te gagner une belle piastre au bingo. Chanceux. Il va avoir un magasin et il pleure!

Gaston eut des idées vagues sur l'état de bébé dans lequel sa maladie et ses parents le gardaient emmailloté.

*

* *

Denis raidit ses muscles pour s'assurer que son complet le moulait bien. Il aperçut Jean et les deux Langevin qui discutaient, là-bas, et imagina qu'ils parlaient de la manière qu'il était vêtu. Boucher se dit qu'ils étaient bons à ne s'occuper que de petites choses. Impatient quant à ses ambitions, Boucher coiffait l'auréole de sa réussite future et s'en attifait comme d'une supériorité. Ce n'était pas qu'il tirât gloire d'être sténographe et de fréquenter l'école privée! Un succès scolaire? La gloriole en était dépensée depuis longtemps. Son avidité de vivre glorieusement était telle qu'il glanait dans son avenir les pousses probables, les transplantait dans son présent encore inculte, jouissait un jour de leur verdeur prometteuse, puis, le lendemain, se désespérait de les voir sécher si vite. Son imagination renversait l'impossible, lui remportait des victoires sur le monde, l'installait dans son destin comme un dieu. Ses succès véritables, qui étaient ceux de l'adolescent ordinaire, le désabusaient. Il se lamentait sur les médiocres et les rendait responsables de ce que les flots de lumière qu'il savait dans sa poitrine se manifestaient par d'infimes lueurs.

Les autres hommes étaient donc petits, puisqu'ils ne pouvaient savoir ce dont il vivait. C'est Denis qui, à St-Joseph, tenait le comptoir de la vérité, et il en donnait parfois pour un peu d'admiration. Il estimait que les femmes sont d'un autre monde, et il se méfiait de leurs armes. Lui qui se réclamait de l'intelligence, détestait les seules intellectuelles qu'il connaissait; elles s'empiffraient de Delly et de Bourget et discutaient le Divorce comme on discute de théologie après le sermon de la messe de neuf heures. Denis trouvait fades ces discussions à vide. Il tranchait:

— Moi, je connais des livres sublimes!

Et il s'en allait, raide. Cela le retenait dans une sorte de mutisme qui couvrait d'une manière hautaine les choses qu'il se sentait incapable de dire. Les autres, la plupart des Mulotes, ne lisaient que des romans-feuilletons. Leurs lectures n'étaient que recherches d'expédients pour s'accrocher un « cavalier », « et ce n'était pas long, pour le mariage ». Lui, il ne voulait pas se faire embobiner. Elles lui étaient devenues des ennemies, des menaces pour son but indéfini. Convaincu que le mariage serait la geôle de sa haute destinée, il considérait un visage de femme comme une épitaphe promenée au hasard des fréquentations. Et Denis prônait la liberté, rejoignait les chefs-d'œuvre, s'y incorporait, et ignorait la savoureuse spontanéité de ses propres ressources. Il éprouva de la révolte à voir Jean si occupé de sa toilette, ce soir. Un désir sauvage le traversa de lui défaire les cheveux, de le barbouiller, de faire des nœuds dans sa cravate. Il fut cruel:

— Que tu es poudré! Et cette cravate! Pourquoi n'irions-nous pas nous promener? C'est fou de s'enfermer, un si beau soir.

Colin se raidit là contre, et vint près de dire à Denis que ce goût subit pour la balade lui venait de son manque d'argent. Il préféra parler de la poudre de toilette, quoique ça le fît rougir:

— Je me suis rasé. J'ai la barbe si dure déjà. Tu l'amollis, toi avant?

Il fouillait le fond de ses poches, l'air obsédé comme si on eût voulu l'empêcher d'être beau, une fois. Il se sentait pourtant de l'audace de s'être habillé ainsi, un soir de semaine, lui, le vendeur de vers. Sa cravate jaune à petits pois n'était-elle pas jolie? Lise l'apprécierait tout de suite. Si elle allait observer son visage poudré! Il accusa Denis de cette inquiétude, ce Denis qui l'écrasait avec l'autorité que lui donnaient ses rêves. Les Langevin protestèrent qu'ils voulaient revoir Lise. Denis fit l'étonné et taquina la chaîne de montre qui pendait à la poche du veston de Jean:

— Ah! je comprends, maintenant, ce symbole d'esclavage!

Il fut méprisant:

— Pritontin en herbe, va! Oh! tu sais pour ton père?

— Laisse mon père. C'est pas ça. Faut être chic, on se met dans les sièges réservés. Pour dix cents de plus...

Jean avait frappé juste et il le savait, à voir pâlir Denis. Puis, de sentir que Lise était le mobile de cette mesquinerie, il la détesta. Il garda cependant, intact, le bonheur que lui avait donné son premier sourire. Cela, Boucher ne pourrait ni le deviner ni l'atteindre. Depuis qu'il aimait, c'est sa pudeur, son manège certainement ridicule qui l'humiliaient.

Denis, mécontent de ce qu'il lui manquait dix cents, résolut de se payer un siège réservé. Il se tut, tout à son inquiétude. Jean fut soulagé. La vie était belle, soudain. Ce fut avec entrain qu'il renvoya la balle des Mulots qui jouaient dans la rue. Denis s'approcha de la chaussée et jeta un œil glacial sur les jeunes filles qui passaient. Elles lui souriaient ou le traitaient de fanfaron. Il se surprit à être flatté de ces hommages et se défendit de subir d'autre charme que celui de leur corps. Il mit cette faiblesse sur le compte de sa chair neuve d'homme. Homme, il l'était sûrement, car aujourd'hui, il ne rougissait plus en imaginant une femme nue. Tandis que l'an passé... Jean caressa sa monnaie, soucieux tout à coup. Était-ce le mépris qui faisait taire Denis? Il s'approcha:

— Tu viens? Je paierai la différence. Ne te fâche pas surtout. J'ai fait une bonne semaine.

— Donne, je t'en remettrai quinze.

Denis rêva d'une multitude de bocaux vides. Il lança un regard furieux sur Colin.

— As-tu fini de flatter tes cents?

— Regarde! la v'là! lancèrent les Langevin.

Denis ne se retourna pas et Jean parut plutôt intéressé à la fille de Méo Nolin. Zéphirin passa au volant de son auto, la plus récente de la paroisse. Homme de parade, il roulait lentement. Les jeunes gens purent envisager Lise à loisir, mais elle ne parut pas les apercevoir. Jean l'excusa. Elle aurait préféré le voir seul, c'était sûr. Il se cuirassa contre les sarcasmes probables de Boucher. Celui-ci la proposa pour une combine, croyant que le commerce tuerait l'amour. Mais Denis parlait distraitement, car les yeux de Lise lui rappelaient de tendres mélancolies sous des cieux calmes, dans le silence.

— Elle pourrait te faire obtenir la pratique des vers, pour son père. Il est gros pêcheur. Ça ferait ça de moins pour Chaton.

Jean fut estomaqué. Il s'attendait plutôt que Denis se moquât du peu de façon de Lise. Mais cette association! Puis il fut étonné que la vente des vers ne l'eût pas rendu honteux avant ce jour. Il n'avait jamais pensé qu'une femme pût lui donner du dégoût pour son commerce. Le chant nouveau qui l'emportait dans sa fougue le séparait déjà du passé. Embarqué sur un bateau étrange, il quittait une rive aimée, qui était le Jean Colin d'hier, le Jean Colin qui rêvait aux exercices des muscles, au monopole des vers, aux victoires sur les Mulots, enflammées par les hourras de Boucher. Ce bonheur naissant, ce premier amour le rendirent inquiet. Maintenant, c'était insensé, parler de grandes choses, de rêves sublimes à Lise, et lui dire entre deux mots tendres qu'il avait partie liée avec de petites bêtes toutes luisantes, grasses, curieuses, coquettes avec les poissons. Lui expliquer dans le détail qu'elles se sauvent entre vos doigts, s'enfuient dans vos manches et vous sortent par le collet. Oh! ses vers, à lui, ne pouvaient certes pas se comparer à ceux que Lise devait faire, assise à sa fenêtre, alors que la lune l'auréolait de ses franges pâles. Son amour pour Lise? Quel amour? Depuis quand? C'était donc un fait accompli, c'était donc établi en lui? Il regarda Denis, et comprit que la rage de l'autre, ses moqueries, avaient installé la jeune fille dans son cœur mieux que n'importe quel sourire. Ah! pouvoir se débarrasser de ce Boucher qui était sur sa vie comme un couvercle, qui le clouait au sol quand il paraissait vouloir s'élever. Denis cria:

— M. Pritontin! À pied? Ça n'a pas l'air marguillier de tout. Regardez M. Lévesque. C'est quelqu'un, lui!

Anselme Pritontin joua l'indifférence. Il se baissa à temps pour n'être pas attrapé par la balle que les Mulots lui avaient lancée. Il sourit finement, car sa joie était au-dessus de toutes les autos du monde. Il rêvait à la surprise de tous ces ingrats, demain, à la grand-messe, et la semaine prochaine, quand il aurait acheté la grosse Buick de l'abbé Trinchu. Il arriverait avant Zéphirin et stationnerait devant la porte centrale. Il en promènerait des abbés. Les jeunes gens emboîtèrent le pas aux commères, car les Langevin, qui ne s'étaient jamais placés dans les sièges réservés, avaient hâte de narguer les Gonzagues, cette élite de jeunes Soyeux. Ils se voyaient, sur la scène, félicitant Lise après son numéro. Elle dirait à tous l'aventure de l'après-midi. Au même moment, Lise se préoccupait de ses boucles, de ses dentelles, et de l'impression qu'elle ferait sur M. le curé.

Les gens marchaient d'un pas allègre vers la salle paroissiale. Les Mulotes, expressives et passionnées, gesticulaient et évoquaient leurs chances du dernier bingo. Elles étaient les premières rendues à la salle. Dignes, les Soyeuses, à petits pas, prenaient le trottoir opposé. On les attendait toujours pour commencer la séance, parce qu'elles occupaient les premières rangées. Depuis quelque temps, ces dames hésitaient, faisaient des manières, car le gouvernement défendait ce jeu. Les Mulotes, au contraire, étaient enchantées et rêvaient d'une razzia massive de la police. Elles se voyaient, bruyantes, à

l'hôtel de ville, piquant les reins des gendarmes avec leurs épingles à chapeaux. Et l'abbé Bongrain, qui serait là! Quel pique-nique et quelle émeute
de langues! Quoique le jeu fût interdit dans tous les lieux de la ville, la salle
paroissiale de St-Joseph avait des séances de bingo. Et les Mulots encourageaient M. le curé à braver la loi. On l'attendait, la police. Mais la police
évitait ce coin comme la male-mort.

Les fiancés, surtout, fréquentaient le bingo, préoccupés de leur ameublement. Beaucoup s'étaient amassé là des couvertures de lit, des fers à repasser, des oreillers. La majorité des hommes qui se rendaient au bingo fumaient
leur pipe et discutaient la dette de l'église. Pour la plupart, c'était une occasion
de regarder les femmes des autres d'une façon qui ne faisait pas « placoter ».
Ils n'étaient pas légion, ces nostalgiques de la jupe, mais on les voyait attendre
que la soirée fût commencée, en arrière de la salle, pour choisir le groupe
de femmes qui offraient le plus de désennui. Il y avait Bidonnet, le bedeau,
qui possédait une pomme d'Adam si énorme qu'on se demandait ce qu'il
allait moucher quand il sortait son mouchoir. Ce bedeau aux yeux humides,
de nature franche et toujours prête à s'épancher, allait cueillir une anecdote
dans chaque giron avec un zèle dont il faisait son sacerdoce. Les Mulots
âgés, qui n'aimaient ni les veillées paroissiales ni les bingos, allaient discuter
politique et jouer aux cartes chez Bédarovitch.

Ce soir-là, beaucoup de jeunes filles des autres paroisses venaient à la
salle, car en plus du bingo, il y avait une grande attraction. « La Troupe du
Théâtre de l'Air » donnait *La Buveuse de Larmes*. Celles qui se croyaient du
cœur accouraient, avides d'assouvir ce dévouement à brailler que les tempéraments arides trouvent ridicule. Denis disait ne pas s'intéresser aux jeunes
filles, mais il se mettait en évidence sur le bord du trottoir pour qu'elles
l'aperçussent dans tous ses avantages, lui qui en avait un suprême: celui de
ne pas s'occuper d'elles. Quelques-unes faisaient glisser vers lui des clins
d'œil, tandis qu'il prenait un air avantageux, se retournait vers ses amis et
leur disait: « As-tu vu? »

Ils montèrent. L'église leur apparut, avec la salle de spectacle au-dessus.
Le tout avait l'air d'un entrepôt sur lequel on aurait construit un clocher. La
paroisse étant pauvre, on n'avait encore pu parachever ce temple qui ne comptait de solide que les fondations. À la porte, un groupe de gamins attendaient
une occasion providentielle d'entrer sans payer. Tout à l'heure, pendant la
représentation, ils feraient pleuvoir les coups de pied dans les portes minces.
Celles-ci devaient être faites d'un bois spécial, car depuis dix ans qu'elles
enduraient la volée, elles résonnaient encore d'une manière vigoureuse. Ces
effronteries avaient donné aux paroissiens de St-Joseph une réputation de
gens mal élevés. Les Soyeux, révoltés, accusaient les Mulots. On dut recourir
à la mesure suprême: préposer un gendarme à la porte. Mais c'était un gendarme symbolique et qui aimait l'art. Il se passionnait pour le jeu des artistes,
sympathisait avec les criminels de la pièce et oubliait son devoir. C'était alors
Pritontin qui accourait en trottant. L'hiver, les gamins lui lançaient des boules
de neige.

Nos amis entrèrent. Les plafonds étaient sales et des fils d'araignées
pendaient aux encoignures.

— Tranquilles, vous autres! leur conseilla Pritontin.

Il les connaissait, car depuis leur enfance, ces gars étaient son souci dans la salle. Ils le regardèrent, hautains:

— Un placier!

Le vendeur de chandeliers ouvrit des yeux démesurés.

— Regardez nos cartes!

— Qu'y a-t-il en dessous de ça? murmura Anselme, soupçonneux. Gonzague! Va me placer ça.

Un Gonzague arriva et eut un geste de répugnance. Ils étaient là, une dizaine comme lui. On les appelait « les créatures du curé » ou « les Gonzagues », et l'on trouvait naturel qu'ils eussent pour leur pasteur de l'attachement, de la piété, une sorte de culte. La plupart étaient des jeunes gens graves, sérieux, et qui n'allaient plus au séminaire. D'eux on ne disait pas: « ils ont fini au séminaire ». Ils étaient: « ceux qui ne vont plus au séminaire ». Denis prétendait qu'ils étaient de consistance trop molle pour résister au fluide de notre système d'éducation. M. le curé, qui payait certains acomptes de leurs frais de scolarité, leur avait fait remarquer et comprendre qu'ils dépensaient inutilement son argent, qu'ils n'avaient point l'étoffe pour faire des abbés comme M. Bongrain, ni des ministres comme le curé Labelle. D'ailleurs, cette fièvre pour le séminaire s'était vite éteinte, chez les jeunes Soyeux. Les rumeurs qui couraient sur la sainteté probable d'un jeune séminariste de St-Joseph, décédé dans des circonstances particulières, avaient été pour beaucoup dans cette course à la soutane. Ces Gonzagues n'aimaient pas Boucher et les autres, qui étaient la réplique vivante, chacun dans son état, de ce qu'ils avaient abdiqué pour rater leur vie. Chez nos amis, la débrouillardise était reine, tandis qu'on sentait chez les Gonzagues le stigmate de l'école, l'esprit de soumission évasé sur leurs faces comme un fruit gâté. Les autres étaient des figures comme devait les aimer Napoléon, qui ne plient pas à l'apparition d'une claque, qui ont l'air de bondir vers la liberté, vers les choses nouvelles, qui croient que les beaux faits de la vie ne sont plus affaire des ancêtres. Colin avait accepté l'ignorance, les Langevin établi leurs limites, et Boucher renié ce qu'il apprenait. Ils ne voulaient pas être des Gonzagues. Ils auraient toutefois bien aimé avoir leur baccalauréat, surtout Boucher, mais ils ne s'en doutaient pas, et leurs études se poursuivaient hors des balises de l'esclavage et loin des instruments de l'émasculation. Quand Jean signifia qu'ils voulaient se placer une rangée derrière celle des invités d'honneur, là où se trouvait Lise, le placier les toisa, indigné. Il se contint:

— Mettez-vous là, ce sera la même chose.

— File! C'est ici qu'on se place, établit Denis.

Ils firent du fracas en s'asseyant, et les Soyeux, scandalisés, chuchotèrent. Flora était fière, et Barloute entrevit des possibilités de distinction. Les Gonzagues, qui avaient déjà un œil sur Lise, et se l'étaient adjugée la croyant dans leur camp, se rassemblèrent en arrière et se mirent à discuter, inquiets, comme s'ils avaient découvert un complot. Lise, en entendant ce bruit, se retourna, pareille aux petites filles curieuses du quartier. Elle était bien élevée, mais comme les belles manières étaient choses qui lui avaient été enseignées théoriquement, elle se retourna à la mode de St-Sauveur avant d'avoir pu penser aux manuels d'étiquette.

Alors, elle aperçut Denis. Il ne s'était pas assis tout de suite et examinait la foule avec arrogance. Cela parut de la distinction à Lise. On lui avait parlé d'une fausse conception de la grandeur et elle avait appris à baser ses réflexes sur une dose de dédain. Dès lors, elle se tortura l'esprit, chercha des prétextes pour se retourner sans se retourner. Il y avait cet indiscret ruban sur l'épaule qui lui chatouillait l'oreille, aussi. Elle ne parvenait pas à le fixer.

— Nerveuse? s'inquiéta sa mère, aux petits soins, et qui jouissait de la jalousie certaine d'Eugénie Clichoteux, l'ancienne reine des jeunes Soyeuses, car Lise...

Denis, qui devenait nerveux quand il sentait une foule derrière lui, parla fort:

— Votre intimité avec elle, pas fameuse, mes gars.

— Chut! Pas si fort! supplia Jean. Elle ne va pas se trahir. Tu as vu si elle fatigue!

— Lavés, on est moins remarquables, expliqua Robert, garçon de bon sens.

Lise les avait reconnus. C'est Denis qui l'intriguait avec son air hautain. Les autres, maintenant qu'ils étaient propres et bien peignés, n'avaient plus l'originalité qui l'avait frappée. Pour une âme romantique comme la sienne, des héros qui avaient le souci de s'améliorer dès qu'ils se sentaient observés perdaient forcément de leur valeur. Ce que Jean croyait être son suprême avantage, ce bel habit brun, son duvet rasé et sa cravate jaune à petits pois noirs, tout cela étranglait l'originalité de son visage bariolé d'huile. Lise trouva cela médiocre, un vagabond endimanché. Jean envia Denis d'avoir été regardé par Lise; puis il pensa que c'était un manège pour le voir du coin de l'œil, chose que les femmes préfèrent. Sur la scène, la toile ridée craquelait l'image de la future église, paraissant la faire tomber en ruines avant qu'elle fût bâtie. À plusieurs endroits, il y avait des trous, et le nez des acteurs émergeait, couronné par les lambeaux de fil qui dentelaient les ouvertures.

M. le député arriva, suivi de Gus Perreault. L'assistance se leva et applaudit. M. le curé, souriant, les plaça à ses côtés. Le digne prêtre se retourna vers le public et mordit sa lèvre enflée de satisfaction. La salle, pleine à craquer, prenait à ses yeux l'aspect d'une bourse bourrée de monnaie, prête à crever. Quelques Soyeuses arrivèrent encore.

Il était huit heures et demie. Jean-Paul Labrie, chargé de la scène, frappa trois gros coups avec le maillet à calfeutrer de son père, le menuisier. Jacques, l'aîné du bedeau, était un privilégié: on l'avait chargé du rouleau. Le bruit s'éteignit avec les bougies. *La Buveuse de Larmes* apparut. Au premier acte, il y eut deux morts et un blessé. M. Pritontin, qui aimait l'art dramatique, déplora que la cartouche blanche n'eût pas éclaté, étant trop humide. Ceux qui se croyaient l'esprit critique, scrutaient l'impeccabilité des moustaches. Denis désira avoir la crinière rousse de la Messaline pour y mettre le feu. Comme il lui faisait plaisir de paraître un garçon violent, parce que cela était un semblant de puissance, il dit fort:

— Je lui tordrais le cou!

Madame Langevin, une grosse commère, sympathique aux « bons » des pièces, le crut et renchérit:

— Pis moé, à c'te heure! J'y crèverais les yeux.

Vers la fin du premier acte, les mots effroyables, les hurlements de vengeance, les attendrissements sublimes, au cri de « sinistre adultère », avaient fait leur lit dans l'âme de ces gens, comme un fleuve dans une plaine d'argile. On voyait des mouchoirs passer comme des signaux de détresse, de gros soupirs sortaient des gorges serrées, les pleurs venaient aux yeux, les cœurs durcis par la vie ordinaire prenaient leurs humides revanches.

— C'est-y pas de valeur! pleurnicha Barloute, mêlant des remords à son attendrissement. Et elle remerciait Dieu de lui avoir épargné les suicides. Flora se rassura:

— Une chance qu'on sait que c'est pas vrai.

— Ne pleurez pas toutes ensemble, vous allez la noyer, cette « buveuse de larmes »! ironisa Denis.

— L'effronté! Ça connaît pas ce qui est beau! s'indigna madame Langevin.

M. le député, qui avait un gros ventre, frappait dessus avec son programme, tandis qu'il jetait un œil aimable sur Lise:

— Elle serait très facile à placer au parlement, M. Lévesque.

— Je ne doute pas qu'avec votre influence! Mais je préfère la garder chez moi.

— Pas si fort! J'aime bien qu'on dise que j'en ai, mais imaginez si tout le monde demande que j'en use: l'affluence sera trop grande pour mon influence.

Avec Zéphirin, il rit très fort de ce calembour. Pinasse Charcot, commandant de la garde paroissiale et ennemi de Zéphirin qui en était le commandant honoraire, guettait son manège d'un œil méchant. Il était conservateur et avait hâte d'être aux élections pour taper la cuisse de son député. Le tavernier Grondin, libéral timide, s'informa auprès de son député s'il obtiendrait sa licence pour la nouvelle année. Il fut rassuré.

— J'ai tué mes deux derniers amants! hurla la Messaline sur la scène.

L'acte se termina sur cette terrible sentence. Une vague d'indignation monta vers la toile qui tombait. M. le curé fit la moue. Il trouvait que la pièce n'illustrait pas la miséricorde. L'auteur de l'adaptation, une sorte de vieux freluquet qui, après s'être cru acteur, s'était lancé dans la manufacture des pièces à explosion, vint humblement avouer toutes les nuits de veille sacrifiées sur son travail. Comme il avait été à Hollywood, une dizaine d'années auparavant, après une crise de griserie dramatique au théâtre populaire de St-Sauveur où il avait fait brailler quatre cent cinquante bonnes femmes, il était à augurer qu'il se rendrait à Paris la semaine suivante pour recevoir ses lauriers de l'Académie française. Denis dressa l'oreille. La littérature mettait son instinct en éveil. Il trouva l'improvisateur médiocre et frissonna à la pensée de sa gloire future.

Lise roulait un papier de musique dans sa main nerveuse. Pour elle, c'était la grande première. Elle avait chanté au couvent, mais il n'y avait pas de député pour la dévorer des yeux, ni de garçons comme Boucher pour l'écouter. Elle sentait un déséquilibre très vague et prononcé tout à la fois, entre ce qu'elle avait conçu d'un spectacle et cette soirée originale. Le commandant Pinasse, gai luron, était le maître des cérémonies. Quand Lise le vit monter sur la scène, elle devint moite.

— Il me fait plaisir de vous présenter la fille de not'marguillier et commandant honoraire. Elle va turluter: « Les Figues... » Il se pencha vers Lise, « Quoi » ?

— Les Filles de Cadix!

— « Les Figues de Cadice », mesdames, messieurs. Pis je vous dis que c'est pas la Bolduc.

La voix tonnante de cet homme faisait rager Zéphirin qui souffrait de laryngite chronique. Ça lui faisait tort vis-à-vis Pinasse dans le commandement de la garde. Zéphirin, à l'annonce de son rival, fit la grimace. Qu'il était vulgaire, ce Pinasse! Il vit une vengeance dans cette faute de langage. Eugénie Clichoteux, au milieu d'un groupe de jeunes Soyeuses, jacassait. À la bourde de Pinasse, elles eurent des rires discrets.

Lise, très pâle, malgré le sang qui lui brûlait le visage, faillit trébucher en montant les marches de la scène. Sa mère, qui voulait s'exhiber, la rattrapa et fixa un pli de sa robe. Puis tout devint silencieux. Jean écoutait son cœur jouer de l'accompagnement et, ma foi, il le jouait bien aussi vite que les doigts de l'organiste de la grand-messe, invité pour l'occasion. Les deux Langevin, curieux, eussent voulu porter en triomphe cette fille qui les avait cachés. Il leur semblait que sa voix n'était faite que pour conter des mensonges aux gendarmes.

Elle s'éleva, cette voix, cristalline comme une source qui apparaît au soleil. Elle se fit coquette, légère, enjouée, triste, et puis tout à coup, violente, habile à se dégager du piano comme une eau qui se joue des pierres mousseuses en les contournant. Elle s'enfuyait en trilles, se fondait ensuite en une jolie plainte musicale. Comme le vol d'une hirondelle, la voix de Lise se fit capricieuse, haletante et douce, puis plana dans un soupir qui semblait l'écho d'un enchantement angélique. Denis avait le visage figé de surprise. Il s'était avancé, tenait la chaise vide de Lise. La beauté s'était levée pour lui comme un drapeau au milieu de cette foire du ridicule. Jean s'en aperçut et fut fier que Denis s'intéressât à ce point. Mais quand il le vit applaudir frénétiquement, il eut peur, il fut inquiet et se crut déjà dépossédé. C'était comme les pommes qu'ils volaient dès qu'elles commençaient de mûrir.

C'étaient les bagatelles qui jetaient Denis dans les plus grandes mélancolies. Dès cet instant, il cessa de s'amuser.

— Woopee! Penses-tu? Se faire cacher par une fille de même! explosa Robert.

Jean cherchait sa salive. Que dirait Denis? Il ne parlerait plus, c'était sûr. Il faisait des plans pour la lui voler.

Barloute Colin trouva que c'était beau, le classique, car Jean était dans les sièges réservés. Flora fit l'habituée:

— On sent que c'est élevé. L'opéra! Jos m'emmenait souvent quand j'étais fille.

— Je la trouve un peu fraîche, douta Germaine qui chantait les chansons d'amour de la radio, aux veillées de famille, et qui tapissait les murs de sa chambre avec des photos de chanteurs populaires. Si elle peut ne pas revenir, on va commencer le bingo. Oh! mouman, vous ne savez pas? C'est la blonde de Jean.

Elle raconta la petite aventure de l'après-midi.

— Je l'ai toujours dit que Jean marierait pas une toute-nue, mais une fille de la haute! se rengorgea Féda Colin.

— Denis ne devait pas y être! coupa Flora Boucher, d'une voix assurée.

Son esprit orgueilleux de jeune mère prêtait à son fils tous les avantages auprès des femmes, à condition qu'il ne s'en servît pas. Et cela suffisait à faire battre son cœur de fierté, comme si c'eût été une conquête qu'elle aurait réussie en vivant un rêve d'homme.

— Les poules de vot'garçon, elles vont bien? vint s'enquérir Bidonnet, la figure épanouie.

— Y pondent en grand. Vous savez que c'est Gus Perreault qui a gagné le dernier tirage?

— C'est toujours les ceusses qui en ont pas besoin, se plaignit madame Langevin.

Vu qu'il était question de placer ses fils aux édifices du Parlement, elle fut convaincue que Flora avait triché pour flatter Perreault. Ça préparait le terrain pour Denis, un gars de bureau.

— On dit que vous rouvrez le restaurant de Gaston bientôt? s'inquiéta Barloute.

— Lundi soir, on achète le bois pour la séparation. C'est si passant chez nous. Je connais tout le monde. On aura de la crème glacée, des liqueurs, des cigarettes. Pour le désennuyer, vous comprenez. Il m'a encore fait une crise de nerfs, tantôt; si je pouvais gagner!

— Le bingo commence, mesdames, messieurs! Préparez vos cartes. Ne jetez pas vos « beans » par terre, s'il vous plaît!

— Allons en arrière, décida Denis, qui n'aimait pas les jeux de hasard.

— On ferait mieux de rester. Ça va déranger, insista Jean, incertain.

— T'es ben poli, tout à coup, sourit Robert. Aie pas peur, ton siège est réservé.

Ils se rendirent près de la sortie et jasèrent du projet de Tit-Blanc. Jean comprit pourquoi il avait été chercher les pétards. Il trouva son père hardi, mais jugea qu'il avait le caractère jeune. Jean avait l'attention ailleurs. Il s'inquiéta:

— Regarde les Gonzagues qui sont allés s'asseoir à nos places!

— On va les débarquer? suggéra Jacques, désireux de passer pour batailleur aux yeux de Lise.

— Non! regardons-les faire! J'ai une petite idée que tu vas avoir plus de succès qu'eux autres, dit Denis.

Colin scruta son ami pour voir s'il ne badinait pas. Denis avait un sourire ironique, mais c'était des Gonzagues qu'il riait. Jean se sentit un homme et comprit qu'il pourrait avoir toutes les femmes du monde, s'il le voulait. En effet, les Gonzagues, pour se faire remarquer d'une fille si instruite et qui chantait si bien, semblaient avoir de mignons propos et des gestes fort comiques. Ils se passaient les cigarettes, comme des fions, échangeaient en minaudant leurs cartes de bingo, faisaient des manières et paraissaient avoir des gloussements qui se terminaient en petits éclats de rire. Comme ils étaient presque tous commis dans des magasins de confection, ils pinçaient l'étoffe de leurs habits avec zèle. Le plus pâle et le plus grand des Gonzagues se pencha sur l'épaule de madame Lévesque pour lui demander le résultat de son dernier euchre.

— Regarde le grand escogriffe, il veut l'avoir! s'indigna Jean.

Il rêva d'une raclée épouvantable où il ne resterait plus de peau au Gonzague.

— Bingo, mesdames, messieurs. Toutes les cartes sont vendues!

Les commères, l'index et le pouce levés, attendaient anxieusement qu'on nommât leurs numéros. Leurs yeux, comme des boulets, semblaient menacer les chiffres qui n'étaient pas sur leurs cartes. La mère de Boucher, celle des Langevin, Féda et Germaine, quelques autres femmes et le bedeau, guettaient, ainsi que des bêtes à l'affût, la première formation d'une rangée de cinq chiffres. Des têtes inquiètes se tournaient vers la porte pour s'assurer que les détectives n'étaient pas là. Les cardiaques et les plus passionnées avaient le poing sur la poitrine. On n'entendait que des souffles précipités et le crépitement des fèves avec lesquelles on indiquait ses numéros.

— Trente-six, thirty-six, lança la voix appliquée du « nommeur ».

C'était un cirque anglais qui avait mis le bingo en vogue à la foire de l'exposition. Les commères accusaient le « nommeur » de leur guigne et le faisaient changer chaque semaine. Le jeu, la passion du jeu, avait le don de rendre ces gens à leur nature primitive. Vers la fin de la partie, les exclamations commençaient de fuser, rabougries pour les unes, animées comme des mots d'esprit pour les autres.

— Brassez la poche, vous! lança la femme de Chaton, la meilleure conteuse d'histoires grasses de la paroisse. C'est toujours les mêmes numéros.

— Y en a seulement 75, répliqua vertement le « nommeur ».

— Ma carte marche pas, se découragea madame Langevin.

— Mes numéros sont tout « écartillés », se dépita Germaine.

— J'm'en sus grayé d'une bonne, il y a trois semaines, renchérit Barloute.

Flora se taisait. Le bedeau se découragea:

— J'ai pas un numéro de sorti, c'est dégoûtant!

— Silence! qu'on entende les numéros! coupa une voix.

— Que je suis venue mal! Mon Dieu, j'ai une chance! éclata soudain Flora. Soixante-et-douze! Saint Antoine, saint Gaston, faites sortir le mien!

— Vous avez une chance, mame Chose? crépita Bidonnet. Est-y chanceuse, un peu? Ça gagne toujours. Elle regarde dans mon jeu aussi.

— Soixante-et-douze, seventy-two! cria le « nommeur » d'un ton égal.

— Bingo! Bingo! s'exclama madame Boucher, d'une voix triomphale, claironnante.

Ce fut un charivari. Flora criait qu'elle prenait une lampe torchère.

— Démanchez pas vos cartes! On va vérifier, entendit-on au-dessus des exclamations dépitées de celles qui voyaient leurs chances tomber à rien.

— Encore elle! jalousa la mère des Langevin.

Les demoiselles Latruche, qui n'aimaient pas Flora vu la concurrence qu'elle leur faisait dans la vente des billets à domicile, vinrent écornifler sa carte pour s'assurer que c'était bien vrai. Flora était toute en sourires. Elle se sentait si bonne, si charitable, en ce moment. Barloute, qui était myope, examina soudain sa carte avec surprise. Ses yeux s'arrondirent; sa bouche en fit autant:

— Arrêtez! J'ai bingo, moi aussi! Avant elle, même! Je l'avais pas vu.

Germaine et Féda se mirent à huiler:

— Bingo! Bingo! '

— Il est un peu tard, madame, fit le vérificateur.

— Comment, un peu tard! C'est-y parce qu'on a pas d'instruction que vous allez rire de nous autres? C'est à moé, ce prix-là!

— Y est pu temps. T'avais rien qu'à crier, la Colin. Le prix est à moi, je le garde.

Flora, agressive, serrait sa lampe torchère contre elle et pensait à Gaston à qui elle avait promis une piastre.

— C'est la première fois que je gagne, pis je me fais voler? Jamais!

— Prenez-vous une cravate, madame?

— Une affaire de trente sous, fit Germaine, qui avait le sens des valeurs.

Les vieilles filles Latruche encouragèrent Féda du regard. Féda se rappela l'insulte de Tit-Blanc et se moucha, la larme à l'œil.

— Tu vas me payer ça, la Boucher!

— Tu peux me dire madame, à moi. Oui, madame. On s'est pas mariés pressés, nous autres, Barloute.

— T'en as eu pressé, par exemple! rugit Germaine.

Féda sentait ses doigts se recroqueviller:

— Les policemen viennent pas me jaser des heures de temps, moé, la Boucher.

— Silence! Deuxième tour, coupa Pinasse Charcot, qui prenait sa voix de commandant.

Et le silence se fit, absolu. Flora fit surveiller sa carte par madame Langevin et s'empressa d'aller chez Bédarovitch lui vendre sa lampe, avant qu'il fermât. C'était invariable: il offrait un dollar pour les beaux prix et les revendait ensuite au comité paroissial à $1.25, qui les payait d'ordinaire $1.50. Plusieurs commères assidues aux bingos, et qui gardaient leurs prix comme des trophées, avaient leurs salons pareils à des entrepôts de lampes sur pied. On ne les allumait jamais, mais on les montrait aux parents de Montréal, en visite. C'était une épidémie de lampes vouées à l'obscurité, une grève sur le tas contre la lumière.

Le deuxième acte allait commencer et les Gonzagues s'attardaient aux places de nos amis! Ceux-ci s'avancèrent, Boucher en tête. Il donna un coup de pied sur la première chaise de la rangée et cela fit beaucoup de bruit. Lise se retourna et aperçut Denis. Elle se referma sur cette petite joie et fut distraite. Les Gonzagues jouèrent l'étonnement, puis déguerpirent, affairés. Jean comprit qu'il était plus qu'un vendeur de vers. Il eut des gestes larges, comme pour tout bousculer. Il frissonnait d'une grandeur nouvelle:

— Tu fumes, Denis?

— La fumée, ce n'est pas pour moi.

Le rideau se leva. C'était le châtiment pour *La Buveuse de Larmes*. Boucher sentit une lassitude l'envahir. Était-ce lui qui se moquait tout à l'heure? Avec quels yeux voyait-il donc le monde? Il désira se trouver ailleurs, dans un éden où il ne connaîtrait personne, où il n'aurait qu'à se plaindre lui-même, ou plutôt à plaindre son passé. Nonchalant, il contempla le cou très blanc de Lise, entre ses cheveux noirs ondulés et bouclés, qui laissaient apercevoir sa peau par chatoiements, par éclairs. Il se fit ensuite des concessions. Il supposa Lise étrangère à son sexe, femme seulement par le corps. Elle et lui fuiraient ce sale faubourg, s'élèveraient jusqu'à des nues superbes où il ne serait plus question de s'élever. Et puis, il eut l'immense désir de faire en sorte qu'elle aimât Colin et que celui-ci lui en fût complètement redevable.

Il est certains égoïstes qui éprouvent comme premier besoin d'appropriation la tentation de tout donner. Les hommes s'excusent d'être méchants parce que le début de leur méchanceté est souvent un attendrissement, un émoi qui les secoue et les éloigne un moment des mesquineries de la vie. Boucher éprouva cette générosité de donner ce qu'il croyait de meilleur que lui-même. Il ne pensa qu'à Colin. La nature soumise et candide de celui-ci, sa bonté naturelle, une certaine faiblesse de sa volonté avaient fait que Denis l'adoptait pour son seul ami. Mais il ne savait pas que Jean était pour lui une sorte de soliveau intellectuel qui solidifiait son édifice d'orgueil. Les Langevin, eux, étaient les spectateurs. Ils lui étaient indifférents. Il ne voulait pas leur admiration maintenant, il ne voulait pas les étonner maintenant. Denis les savait presque nuls, bons tout au plus à l'écouter, et c'était pour cela qu'il les frôlait d'un peu d'amitié, se les réservait jusqu'à la réussite suprême. Il se leva brusquement:

— Tu t'en viens? Assez de bêtises!

Jean était affolé:

— T'es fou! Je reste jusqu'à la fin. On n'a pas donné vingt-cinq cents pour rien!

Denis le méprisa:

— Je comprends!

Jean se sentit inférieur à l'amour qui naissait en lui.

— Tu as déchiré des cœurs, atroce Messaline, tu as éteint des vies, meurs! lança le vengeur en poignardant la criminelle.

L'assistance applaudit d'enthousiasme. C'était du délire. Denis renversa sa chaise avec fracas, montra le poing aux gens:

— Imbéciles! vous êtes tous des imbéciles! cria-t-il.

— L'effronté! Silence! Assieds-toi.

— Denis, écoute-moi, cria sa mère.

Les Gonzagues tournèrent en rond, à pas feutrés, se concertèrent. Ils se turent et se firent très attentifs à la pièce en voyant Denis venir vers eux, menaçant.

Au pas de course, presque, il parcourut l'allée qui conduisait à la porte de sortie. Le silence de dehors, dans lequel il espérait trouver un refuge, l'appelait, lui mettait dans les yeux la flamme fiévreuse des fuyards héroïques.

Boucher courait maintenant avec une joie sauvage, sans se retourner sur les rangées de faces qu'il sentait sombrer chaque côté de sa tête, dans le médiocre. Il faillit renverser l'abbé Trinchu, et deux marguilliers qui lui faisaient la cour. Les portes se fermèrent avec fracas, et Boucher essoufflé, se trouva seul avec la ville endormie. Il huma l'air longuement, les poings serrés. Les bicoques, piquées de lumière, semblaient s'étendre jusqu'à l'infini, jusqu'aux montagnes. Des cris de klaxons plaintifs geignaient dans le lointain, venaient seuls troubler la retraite de l'ouvrier qui n'a pas d'automobile.

— Que je suis heureux! s'écria Denis en passant la main dans ses cheveux.

Il s'assit, un sourire béat aux lèvres. Sa jeunesse! Comme elle était forte! Cette médiocrité qu'il venait de biffer par sa fuite, ces bicoques étendues à ses pieds, moins laides à cause de l'obscurité, c'étaient des mauvais souvenirs, c'était la vie quotidienne avec ses petitesses. Et soudain sa jeunesse rétive donnait un coup de bélier. Il pourfendait la bêtise, se plongeait dans le silence, y devenait aérien, le maître de sa destinée supérieure. Ah! quelle réserve de bonds il comprimait dans son corps accroupi, quels cris il y avait sous son sourire, quels exploits trahissait la flamme ardente de ses yeux, quelle rêverie aussi. N'était-ce pas l'instant de s'en aller par les champs humides, prendre les arbres pour des fantômes et avoir peur, comme dans son enfance? Une ombre flottait à son bras. Lise? Oui, il l'emmenait, il l'embrassait comme un fou. Il l'embrassait seulement, se moquait d'elle. Quoi donc? Quelle était cette folie?

Il se leva, comme pour se secouer. C'était donc une femme qui était au fond de son exaltation magnifique? Non, non, il n'allait pas se débattre contre ça, lui aussi!

Nerveux, il marcha dans les rues désertes, en se répétant que cette vision n'était qu'un hasard échappé à son imagination en effervescence. Mais les lèvres pourpres de la jeune fille défiaient toute bravade, elles s'infiltraient dans ses pensées vierges, bouleversaient tout orgueil, toute rancune, les transformaient en une soif étrange.

Angoissé, il erra sur les trottoirs, regarda l'école où il avait fini le premier en huitième année. Sa répulsion à continuer d'étudier, alors qu'il croyait n'avoir plus rien à apprendre, lui revint à la mémoire. Le reste, ce devait être le superflu, ce dont une caste d'habiles paresseux faisait son partage. La vue de l'école lui donna une sensation de lourdeur, comme tout le reste, comme tout ce qui n'était pas l'image de Lise. Denis fit l'inventaire de ses connaissances et ne se trouva que de l'espoir et des promesses. Il entra chez lui et ouvrit l'appareil radiophonique. Il s'évertua à aimer la symphonie. Lentement, le cours de ses pensées se reporta vers Lise. Il se voua à toutes sortes de décisions, de retraits, de combinaisons pour se tromper, quand la voix sèche de son père trancha:

— Ferme-ça, je me lève à six heures, demain matin, moi!

— A-t-y gagné, maman? fit Gaston, qui n'avait pas dormi.

Il était au milieu de l'escalier et maintenait son caleçon de son poing droit. Les ceintures s'ajustaient mal sur ses hanches tordues. Denis ôta sa chemise devant le miroir et eut un soupir heureux. Il dégonfla son torse; dans trois ans, il serait un bel athlète.

814

LES PLOUFFE

Une soirée au Château Frontenac*

Les Anglais ayant enlevé le Canada à la France en 1760, et les Québécois s'étant obstinés à rester français dans leurs mœurs, dans leur langue et dans leur architecture, les conquérants semblent avoir cru bon, pour défier cette résistance, de dresser sur un site stratégique un édifice qui marquât leur victoire: Le Château Frontenac. Cet immense et luxueux hôtel du Pacifique Canadien, dont les plus importants actionnaires, dit-on, sont Anglo-Saxons, coiffe le Cap Diamant de ses lourdes tourelles de briques, se mire dans le St-Laurent et regarde froidement les bateaux qui arrivent ou qui s'en vont. Planté au sommet d'une montagne, face à l'Est, au-dessus des épaules d'une ville qui s'écoule en pente derrière lui, il offre au lever du soleil un masque de rigidité qui travestit le visage turbulent du Québec entassé dans son immense arrière-cour. Cette pacifique forteresse est perchée si haut qu'elle dépasse de cent coudées les plus audacieux clochers et jette de l'ombre sur les séminaires, l'Archevêché, les monastères et les couvents, qui sont pourtant, Dieu le sait, installés sur les plus beaux sites de Québec.

Un hôtel comme le Château Frontenac est tout désigné pour recevoir les rois et leur suite, les princes, les premiers ministres et les cardinaux. Mais comme ces importants personnages ne viennent pas tous les jours, il faut bien miser sur une clientèle plus stable: les touristes américains. On les attire avec le pittoresque que présente le pays conquis: caractère français, fortifications, rues étroites et tortueuses, sanctuaires miraculeux, orchestre du dix-huitième siècle et cuisine appropriée. Ces clients du Sud enjambent à flot les frontières et, bigarrés, tapageurs, établissent leurs quartiers généraux au Château Frontenac, puis relèvent leurs manches. Ils se hâtent d'inventorier le pittoresque et l'historique de la ville qu'ils ont vite fait d'évaluer en pieds, en secondes et en dollars. Revigorés par cette pilule de savoir condensé, et la conscience calmée par un rapide tour d'autobus du haut duquel ils ont jeté quelques nickels, ils rentrent vite dans leur chambre et font face au bon *rye* canadien, se gargarisant déjà des formidables blagues qu'ils feront partager aux femmes qui les accompagnent. L'Américain moyen, le plus souvent puritain chez lui, vient à Québec pour la raison qui le fait aussi courir à Mexico: faire la noce. L'attrait historique de ces villes justifie son voyage, flatte sa curiosité et enveloppe sa conscience méticuleuse dans les voiles vaporeux d'un noble dicton: voyager pour s'instruire. Et alors, paradoxe touchant: la toute catholique ville de Québec, que des esprits malins comparent à Port-Royal, devient le rendez-vous de touristes en mal de bacchanales qu'ils n'osent organiser chez eux.

Les autorités du Château Frontenac font tout pour plaire à cette précieuse clientèle. Les Américains, n'aimant peut-être pas les noirs, on refuse à ces derniers l'accès de l'hôtel. On ne s'y dépense pas non plus en courbettes pour les Québécois pendant l'été, car si on accepte leur argent pendant la saison morte, on n'aime pas que ces indigènes coudoient les spectateurs de juin et juillet qui ont payé pour les voir. C'est bien assez qu'ils envahissent par troupeaux, le dimanche soir, la terrasse Dufferin qui ceinture le Château, afin de contempler, au moins une fois par semaine, du haut du Cap, leur cher grand fleuve.

C'est dans cet hôtel que pénétra ce soir-là Ovide Plouffe, raide comme un os dans son habit bien repassé, et tenant à son bras Rita Toulouse éblouie.

Les deux jeunes gens, habitués de marcher sur du linoléum, de l'asphalte ou du bois, semblaient à chaque pas s'empêtrer dans le tapis moelleux de l'immense hall, sillonné en tous sens par les silhouettes galonnées des chasseurs et des porteurs. Des grappes de voyageurs en chemises à carreaux pendaient aux guichets et faisaient retentir leurs joviales exclamations d'Américains en pique-nique. La plupart étaient de haute taille, et Ovide, d'un œil inquiet, mesurait le nombre de pouces qui lui manquaient pour les rattraper. Il serra plus fort le bras de Rita Toulouse, car un chasseur (pour Ovide, le garçon occupait un poste important) les suivait d'un œil soupçonneux. Rita accueillit l'étreinte d'Ovide avec complaisance, l'incorporant au vaste sentiment de propriété qui la pénétrait. Le Château lui ouvrait ses portes, l'auréolait du feu de ses lustres, l'accueillait dans l'atmosphère de luxe que méritait sa beauté blonde et qui lui avait jusqu'alors été refusée. Dans ce hall fastueux, elle cueillerait des mille mains de la richesse, pensait-elle, le diplôme de grande distinction auquel lui donnaient droit sa coiffure, sa robe, ses souliers et le loquet serti de verroteries qu'elle portait à son cou bruni par le soleil de l'été. La tête haute, souriant à son succès, les yeux pétillants de bonheur, elle marchait, la croupe ondulante, se frayant comme en triomphe un chemin à travers tous ces regards d'hommes qu'elle croyait fixés sur elle.

Le couple émergea de la cohue chamarrée et s'engagea dans un long couloir qui véhiculait l'écho d'une musique de danse. Elle soupira:

— Les hommes sont bien tous les mêmes. Ils ont des regards qui vous déshabillent. C'est gênant.

Ovide rougit. Il n'avait jamais imaginé Rita déshabillée. Il n'avait pas remarqué non plus ses regards complaisants à tous, occupé qu'il avait été à tromper l'œil inquisiteur du chasseur, à se donner l'air américain.

— Ces étrangers, vous savez. Quand ils voient une jolie femme, leurs yeux brillent.

Il s'embourbait dans les compliments comme dans le tapis. Il se sentait en marge de l'Ovide ordinaire, et porté à chercher des phrases qu'il pût marier avec l'atmosphère qui les enveloppait. Rita minaudait:

— Pourtant je ne suis qu'une petite Québécoise.

Ovide dut recourir, pour se donner de la façon, au souvenir de ses anciennes colères nationalistes et religieuses. En ce moment, sans le connaître, il voyait dans l'Américain le type de géant à tête d'oiseau dont les Européens décadents et dépités ont créé la légende pour déprécier les succès des bâtisseurs du Nouveau-Monde.

— Justement. Ils viennent ici, croyant rencontrer des spécimens étranges, et ils voient des femmes comme vous, des hommes comme moi. Ça les charme, ça les étonne. Moi je ne les aime pas. Ils sont effrontés, ils croient que l'argent achète tout. Pas intellectuels pour un sou. Des enfants trop grands pour leur âge. Oui ils sont trop grands, anormaux même.

— Dites pas ça Monsieur Plouffe. Ils sont beaux hommes.

Elle souriait d'un air cachotier comme si elle avait déjà pris rendez-vous secret avec l'un d'eux. Ovide baissa la tête avec tristesse et froissa le billet de dix dollars qu'il serrait dans sa main.

— J'aurais dû faire de la gymnastique, et moins de musique, je serais plus grand.

Rita le scruta, puis un éclair attendri voila ses yeux. Elle prit son bras à deux mains, se serra contre lui.

— Voyons Monsieur Ovide. Si vous saviez comme les hommes grands ne m'excitent pas. Souvent ils ne sont pas bons à grand'chose. J'en suis revenue. Un jour je vous raconterai. Et puis ce qui me plaît en vous, c'est votre élégance, votre intelligence, votre beau front.

Ovide était déjà tout réconforté. Pourtant il se savait maigre, décharné. Mais dès l'âge de vingt ans, quand il avait compris que son torse ne se garnirait jamais de muscles, il avait cessé de vérifier sa croissance dans le miroir. C'est pourquoi il s'était mis à accorder une importance fanatique à la musique d'opéra, aux choses de l'esprit.

— Regardez! s'exclama Rita Toulouse.

Deux officiers de l'armée canadienne, tout pimpants de l'importance soudaine que la guerre leur donnait, arrivaient de la salle de danse, le torse bombé, le képi crânement posé sur la tête. Ils traînaient à leur bras des jeunes filles ravies qui comptaient leurs galons. Ces jeunes gens semblaient plus conscients de l'élégance de leur uniforme que du péril de mort auquel cet habit les désignait. Quand ils furent passés, Rita Toulouse chuchota:

— Dire que bientôt vous aussi serez en uniforme. J'ai hâte de vous voir. Vous serez chic.

— Oui? dit-il sans conviction.

Ils étaient arrivés au guichet des billets qui leur permettaient l'entrée à la salle de danse. Pendant qu'Ovide payait avec les dix dollars de Cécile, Rita Toulouse, les yeux éblouis comme un enfant qui va rentrer pour la première fois au cirque, regardait avidement les couples évoluer. Ovide la rejoignit. Il s'arrêta à ses côtés et jeta sur la salle un œil curieux qui devint vite méfiant. Il fronça les sourcils. Mais Rita Toulouse, excitée, l'entraînait car le maître d'hôtel venait à leur rencontre, souriant, et les évaluait d'un coup d'œil averti. La jeune fille semblait trop ravie, et ce petit homme sec, Ovide, était trop attentif à ses moindres mouvements. C'étaient des Québécois, bien sûr, des commis de magasin, probablement, qui se payaient une grande soirée au Château. Les pourboires ne seraient pas riches. Ce diagnostic valut au couple une table que personne ne voulait prendre à cause de la proximité d'une colonne.

Ovide s'assit et croisa ses mains sous la table après s'être demandé s'il n'était pas préférable de les mettre dessus. Il osa ensuite un rapide coup d'œil autour de lui.

Son regard devint vite sévère. Depuis son entrée à la suite du maître d'hôtel, il avait été trop absorbé par le souci d'afficher une démarche d'habitué, il avait trop appréhendé les premiers pas de danse au bras de Rita Toulouse, il avait trop fait culbuter les dollars qui lui restaient entre les phalanges des doigts, et il n'avait pas eu le temps de se laisser pénétrer par l'atmosphère qui l'entourait. Devant lui Rita Toulouse, fébrile, comme si elle avait eu peur de manquer quelque chose, vérifiait furtivement sa beauté dans son compact entrouvert. Sur les tables abandonnées par les couples, des verres presque vides scintillaient, dans lesquels restaient des pailles tordues. À l'avant, sur une estrade basse, un orchestre en livrée, conduit d'une main nonchalante par un chef à la lippe lasse, faisait entendre une plainte syncopée qui entraînait les couples dociles et langoureux au gré de ses remous tantôt lents, tantôt précipités. Un chanteur s'empara du microphone, l'enlaça comme une femme et se mit à susurrer vers le disque d'acier chromé, avec des râles d'agonisant qui voudrait jouir, une mélodie qui, ainsi hoquetée, eût jeté du froid dans le dos d'un homme sain du dix-huitième siècle. Mais les couples fredonnaient avec le chanteur et dansaient maintenant joue contre joue.

— Monsieur veut commander quelque chose?

Le garçon, un crayon en main, légèrement courbé, attendait leurs ordres. Ovide lui trouva un sourire ironique et le ton sec. Il s'énervait. Quelle boisson commander? Il ne connaissait pas le nom des cocktails. Il consultait Rita du regard.

— Un scotch?

Elle secouait la tête et proposait, suppliante, les yeux pétillants:

— Non Monsieur Ovide. Un Singapore Sling. Vous n'avez jamais goûté? C'est merveilleux.

Ovide hésita, puis sembla reconnaître ce nom.

— Va pour deux.. Singapore...

— Sling! ajoutait Rita avec une joie enfantine. Vous verrez comme ça rend sentimental. On se sent tout chose, et puis on est porté à se dire des tas de tendresses.

La jeune fille agitait ses mains, était tout sourire et tout œillade, affichait un contentement coquet qui frisait l'exagération, car elle sentait, posés sur elle, les regards gourmands de deux vieux messieurs assis à une table voisine, venus là colorer leur ennui aux reflets argentés du gin et au spectacle d'une jeunesse qui danse. Rita faisait les frais de leur curiosité troublée, Rita qui s'était imaginé la salle de danse du Château comme un hall paradisiaque, où même les vieillards à bedons avaient des figures de jeunes dieux. Ovide, inconsciemment, faisait la moue et la regardait sans comprendre, en murmurant « des tas de tendresses. »

— Quoi, vous n'êtes pas content, Monsieur Plouffe? demandait Rita, glissant un furtif air d'inquiétude entre deux sourires.

Ovide baissa la tête. Non, Rita lui parlait d'un tas de tendresses, et il n'était pas heureux. Tout son être protestait contre l'atmosphère de cette salle de danse qu'il tentait en vain de s'assimiler. Son âme d'amateur d'opéra montait la garde contre la musique de danse et, malgré son désir de plaire à Rita Toulouse, il ne pouvait franchir la barricade. Son année de privations, de prières et d'apostolat ne l'avait pas changé. Il était toujours le même Ovide qui, dans le salon paternel, pleurait en chantant les *Sanglots de Paillasse* et crachait son mépris sur le jazz américain. Il avait gardé sa pudeur d'adolescent et détournait les yeux du spectacle des décolletés qui trahissaient la naissance de la poitrine. Et il ne comprenait déjà plus Rita de rester à l'aise dans cette atmosphère qui l'indignait. C'était une étrangère inaccessible. Pourquoi la voulait-il donc? Elle répétait:

— Vous n'êtes pas heureux? Des tracas? Oubliez-les, voyons. Nous sommes dans un rêve.

Il haussait les épaules avec lassitude et sa voix se perdait dans le bruit qui montait du plancher. Puis il eut un bâillement qui faillit lui décrocher la mâchoire. Ses paupières étaient lourdes. Il était dix heures. Il s'endormait. Au monastère, à cette minute, il aurait ronflé.

— Franchement cette salle de danse ne m'emballe pas. Les décolletés sont trop osés, les gens ont l'air idiot.

Elle l'examina avec étonnement, comme si elle reconnaissait quelqu'un qu'elle eût déjà rencontré. Le menton entre les mains, le front contracté, elle tentait de résoudre un difficile problème. Son visage s'illumina soudain.

— Voilà les Singapore! Ah! j'ai hâte.

Le garçon déposait les verres et tendait la note. Deux dollars. Ovide paya, laissant un pourboire. Il bâilla encore une fois. Les dix dollars de Cécile disparaissaient rapidement, plus vite que son humiliation pour le prix de vente d'une complicité ignominieuse. Rita sirotait déjà avec gourmandise, les yeux perdus dans la même interrogation. Puis elle leva la tête avec vivacité.

— Je l'ai! Je l'ai! Je sais pourquoi ça vous choque. Vous êtes trop habitué au monastère. Vous avez encore ça dans le sang. Ça fait pas assez longtemps. Ça va revenir, par exemple.

Ovide était réveillé. Il pâlit et raidit son torse. Il se pointait la poitrine de son index recourbé.

— Moi! Scrupuleux! Ça en prend plus que ça pour me scandaliser.

Une danse finissait. Les couples regagnaient leurs tables, heurtaient les coudes d'Ovide en passant. Il se rangeait poliment, se faisait tout petit. Il continua à protester:

— J'en ai vu d'autres, vous pensez. Je suis complètement dégagé du monastère. Garçon, deux autres Singapore. Vous allez voir. Regardez-moi enfiler ce verre et vous me direz si j'ai une gorge scrupuleuse.

Il avait empoigné son verre, en retirait la paille et le buvait avec la même hâte fébrile qu'il avait mise, l'an passé, la veille de son entrée au monastère, à avaler toute une série de verres de bière. Rita riait avec un ravissement enfantin et applaudissait.

— Épatant! Buvez pas trop vite. Faut que l'effet se produise tranquillement.

Ovide repoussa son verre vide avec désinvolture et toussa.

— L'effet? La belle affaire. Vous me connaissez mal, ça m'en prend plusieurs.

Rita, la bouche cherchant la paille déjà tachée de rouge, hochait la tête et clignait des yeux.

— Pas moi. Vous allez voir tantôt, à la fin de ce verre. C'est comme si je devenais toute molle et que mon cœur s'ouvrait.

Ovide ne réagit pas tout de suite à cet aveu. Il était trop occupé à se raidir, à se défendre contre le doux engourdissement qui partait de ses entrailles, envahissait sa poitrine, montait aux épaules. Il fronça soudain les sourcils et la fixa d'un œil soupçonneux.

— Comment? Ça vous est déjà arrivé? Vous avez bu? Vous avez...

Il était angoissé. Il n'osait continuer ses questions de peur de découvrir chez Rita Toulouse tout un passé qui l'eût mis en face d'une femme pour qui on ne sort pas du monastère, pour qui il est ridicule de souffrir tant et tant. C'est vrai elle l'avait humilié. Il le lui pardonnait. Elle avait été la fiancée de Stan Labrie, passe encore, puisqu'elle avait rompu. Dans l'esprit chimérique d'Ovide, ces fréquentations entre Rita Toulouse et Stan Labrie avaient eu un cachet cérémonieux, officiel, à cause du mot fiançailles et de la condition physique de Stan Labrie. Les enlacements, les baisers en étaient exclus, comme ils l'auraient été si lui, Ovide, avait été le fiancé. Mais par exemple, qu'elle connaisse le Singapore, qu'elle se soit déjà sentie toute molle, qu'elle ait ouvert son cœur! La jalousie, de pair avec les vapeurs du Singapore Sling, envahissait Ovide. Cette jalousie éclosait à son heure, comme plus tard viendrait le moment du désir de la possession. Il était mûr pour cette torture maintenant qu'il avait franchi les premières barrières qui le séparaient de la jeune fille. Il tendait toute sa tête avec angoisse, ne voyait plus la salle de danse. À cette question, devant ce regard de feu qui la fouillait toute, elle cessa de boire et devint toute triste.

— Oui Monsieur Plouffe. Mais si vous saviez ce que ça me rappelle, vous ne me parleriez pas ainsi. Ah! quand j'y pense, j'en pleurerais.

En effet, à ces mots, ses yeux se mouillèrent. Ovide poussa un soupir de soulagement. Il se sentait puissant, joyeux, consolateur. Les larmes des autres le rassuraient sur leur bonté. Les méchants ne pleurent pas. Pendant ce temps l'alcool accomplissait ses bouleversements. Il mettait des larmes aux yeux d'une jeune fille joyeuse et faisait d'un soupirant hésitant et pétri de scrupules un amoureux triomphant.

— Voyons Rita, qu'avez-vous? dit-il tendrement.

Elle essuyait une larme.

— Vous me rappelez un grand désastre de ma vie.

Ovide lui caressait maintenant la main et attendait avec magnanimité qu'elle lui racontât ce drame. En effet elle lui avait dit ce matin qu'elle avait souffert, qu'elle avait changé. Ah! la vie était belle.

— Racontez-moi tout, chère pauvre petite fille. Il faut se confesser de temps en temps dans la vie. Ça allège le cœur. Tiens, voici nos Singapore.

Le garçon revenait avec deux autres verres. Rita repoussa le premier qu'elle n'avait pas terminé et s'empara du verre plein avec la nervosité du fumeur qui jette une cigarette à moitié fumée pour en prendre une nouvelle. Attiré par l'approche de la confidence, Ovide choqua les verres et attendit, l'air recueilli. Rita ne parlait pas. Il rouvrit les yeux, insista.

— Buvons donc d'abord à notre avenir, à votre avenir, devrais-je dire, chère.

Les lèvres d'Ovide, à ce mot, devinrent écarlates, comme si un baiser y eût fleuri. Rita replaça une boucle rebelle, puis se mit à boire avec avidité. Elle vida presque son verre d'un trait. Ovide avait les yeux rivés sur elle et avalait aussi le sien sans s'en rendre compte. Enfin, elle se mit à parler.

— Cette affaire-là a commencé avec le fameux Denis Boucher. Stan et moi, on était fiancés depuis une semaine. On l'avait dit à personne. Puis un soir, Stan se décide, va trouver maman et lui annonce nos fiançailles puis notre mariage prochain. Ah! c'est épouvantable! Je revois la scène.

Rita mettait ses mains devant ses yeux. Ovide approchait sa chaise.

— Continuez, ayez du courage.

— Maman est devenue pâle, nous a regardés tous les deux, longtemps. Puis elle s'est mise à parler vite, en fermant les yeux: « J'ai jamais pu me résoudre à vous parler d'un obstacle que je crois très grave, Monsieur, ni à toi, Rita. Mais puisque vous voulez vous marier, il faut régler cette question d'abord. Monsieur Labrie, avant de vous accorder la main de ma fille, j'exige que vous me montriez un certificat de médecin attestant que... »

La jeune fille, les yeux terrifiés, interrompit sa confidence et vida son verre sans le secours de la paille. Ovide avait l'air d'un enfant à qui on raconte une histoire policière.

— Ça s'est jamais vu, même dans un roman. Maman disait qu'un certain Denis Boucher avait averti votre frère Guillaume, qui était allé le raconter chez nous, que Stan était une sorte d'impuissant, incapable de se marier. Imaginez la scène. Moi je tremblais de colère, de honte. Je voulais tout casser dans la maison. Stan m'avait donné une belle bague, notre ménage était acheté. On avait fait des projets. J'étais surprise, car Stan m'avait souvent parlé de la grosse vie qu'il avait faite avant de me connaître. Maman pleurait. Alors je me retourne vers Stan: « Allons chercher le docteur tout de suite. » Il me repousse prudemment et il dit avec un petit rire tranquille: « Madame, on dit pas des choses comme ça à un homme qui a eu un *flat* pendant cinq ans dans la rue St-Olivier. » Ah! Monsieur Plouffe, des choses comme ça, on peut pas les raconter. Maman s'est fâchée à cause du *flat*, puis a dit à Stan qu'il avait trente-cinq ans, qu'elle l'avait su par d'autres. Lui se défendait au lieu d'aller chercher le docteur. Moi je pensais à rien, je voulais m'en aller avec lui, nous marier, ne plus revoir mes parents. Stan était bon pour moi, il m'achetait des cadeaux, me disputait jamais. Et puis c'était un bon lanceur. Ah! que j'ai été malheureuse, Monsieur Ovide!

Ovide, médusé, appelait machinalement, d'une main vague, le garçon qui n'était pas là. Il avait soif, sa tête bouillait. Il relâcha sa cravate. Les larmes, aidées par la griserie de l'alcool, perlaient sur les joues de Rita.

— C'est à ce moment que Stan, au lieu d'aller chez le médecin, s'est rendu chez Denis Boucher pour lui faire signer une déclaration. Il n'a pas voulu, l'animal. Stan a pensé le poursuivre, mais il a eu peur de la publicité. Alors il est revenu chez nous et m'a ordonné de faire le choix entre lui et ma mère. J'ai fait claquer la porte et j'ai suivi Stan qui sifflait un air triste. Il avait l'air embarrassé, ne savait pas où m'emmener. J'étais tout essoufflée, je pleurais: « Faut coucher ensemble tout de suite. Tu vas leur montrer que c'est pas vrai. » J'avais raison, hein, Monsieur Plouffe? On avait le droit, dans un cas comme ça, parce que c'était pas pour le *fun*. Vous connaissez la religion, vous. (Ovide, les yeux baissés, hochait la tête consciencieusement). Alors il a dit: « Allons prendre un coup. » C'est là qu'on a bu du Singapore dans un restaurant chinois.

Maintenant Rita pleurait à chaudes larmes, attirant sur elle les regards étonnés des vieux messieurs et des couples assis aux tables voisines. Ovide s'en rendit compte d'un regard furtif.

— Voyons, Rita, consolez-vous, je vous en supplie. On nous examine.

Mais la jeune fille ne pouvait plus s'arrêter.

— Eh bien! Monsieur Plouffe, vous saurez que c'était vrai tout ce que Denis Boucher avait dit. Après trois verres, Stan m'a tout avoué. C'est effrayant ce qui s'est passé en moi. C'est comme si Stan s'était mis une robe, des bas de nylon, tout d'un coup, et m'avait dit: « Je t'ai joué un tour, je suis une femme, au fond. » Je me suis sauvée du restaurant, toute seule. J'ai jamais revu Stan et j'ai pleuré pendant deux mois.

La tête de Rita s'abattit, comme assommée, et son menton heurta sa poitrine haletante. Ovide, éberlué, oubliait de jouir de son triomphe.

— Pauvre petite. On sort de tout, vous l'avez dit vous-même. Consolez-vous, puisque je suis là, que je serai toujours là.

Rita sanglotait sourdement, pendant que la salle de danse s'agitait à nouveau. Les couples envahissaient le parquet, invités par l'orchestre qui commençait à jouer *East of the sun and West of the moon.* Soudain Ovide se sentit pénétré par le rythme langoureux. Étonné d'abord de cette étrange sensation, il offrit avec enthousiasme son bras à la jeune fille et l'entraîna sur le parquet. Sa rancœur hérissée contre le jazz et l'atmosphère des salles de danse fondait, se noyait dans la glu d'une complaisance qui l'attachait à une ambiance hier abhorrée. Les couples étaient assez nombreux pour permettre à Ovide de se dandiner au lieu de danser. La tête haute, il croyait jeter un regard de noble domination au-dessus de la foule, essayant d'amoindrir le plaisir défendu de l'étreinte dans laquelle Rita l'enlaçait. Le Singapore triomphait. Oubliant ses malheurs, la jeune fille attendrie appuya soudain sa tête blonde sur l'épaule d'Ovide et, de ses mains hésitantes, mesura l'envergure de son dos en faisant glisser sa main de la nuque à la taille.

— On sent que vous êtes un homme, Ovide chéri.

Le regard d'Ovide devenait de plus en plus noble et son dos frémissait sous la caresse. Il déclarait avec une assurance de connaisseur:

— C'est vrai qu'il y a dans la danse, dans le jazz, une sorte de griserie mystérieuse.

— Ah! Ovide! Ovide, j'ai tellement souffert. Ne vous enrôlez pas, restez près de moi.

— Moi aussi j'ai souffert, pour vous. Au monastère, je ne pensais qu'à vous. À toi, à toi. Je t'aime.

Elle le serrait encore plus fort. Ovide semblait maintenant vouloir pleurer lui aussi. Toutes ses défaites passées assaillaient son cœur attendri.

— Ah! serre-moi fort! murmura-t-il, tragique, l'amour m'a tellement manqué.

— Ça y est, dit Rita, d'une voix brisée de langueur. Je me sens toute molle. Et j'ai chaud. Si on sortait d'ici, si on allait s'asseoir sur les Plaines, devant le fleuve.

— Ah! oui! s'exclama-t-il avec un accent théâtral. Il y a trop de monde ici. En avant! la solitude nous attend.

Ils se dégagèrent de la cohue des danseurs et se dirigèrent vers la sortie. Leurs pensées emportées par le tumulte de leurs sens, ils sortirent du Château sans observer le décor qui les entourait et sans apercevoir les gens qu'ils poussaient pour se frayer un chemin. Leur but, la solitude, les fascinait. Ils y marchaient en droite ligne, sans se soucier d'autre chose, car leurs corps frémissants traînaient leur esprit à la remorque. Le couple courait vers la retraite, parce que le plaisir dont il avait soif les y attendait déjà. À pas rapides, sans dire un mot, ils prenaient la direction de la Citadelle, quand Ovide, le visage illuminé par une découverte subite, s'immobilisa.

— Il y a mieux que les Plaines. J'ai une idée formidable.

Elle esquissa une moue langoureuse.

— Oh! Pas une chambre d'hôtel! Non. On sait d'avance ce qui va se passer. Je vous en supplie, Ovide, protégez-moi, vous êtes le plus fort.

Le plus fort avait la bouche bée. L'idée de l'hôtel l'estomaquait. Elle ne lui serait jamais venue. Aussi il se débarrassa vite de son étonnement et sourit:

— Non! Pensez-vous? Vous rappelez-vous l'escalier, l'an passé? En haut, à gauche, il y a le monastère des Franciscains. Il est ceinturé d'un mur de ciment. Puis il y a un peu de verdure et ensuite, c'est le Cap. On s'assoit sur la verdure, le dos au mur et on a la ville à ses pieds. Ça vous prouverait que les monastères ne m'impressionnent plus.

— Et on reprendrait nos baisers manqués de l'escalier.

— Ah! ça... fit-il d'un air mystérieux.

Ils eurent vite fait de s'engouffrer dans un taxi. Rita se blottissait contre lui, la bouche appuyée sur son cou. Ovide ne bougeait pas et, malgré le bouleversement de ses sens, s'adonnait à des calculs méticuleux et sans réponse, sur les possibilités de cueillir une parcelle de plaisir charnel. Il n'était pas question pour lui d'accepter ou de refuser (le Singapore l'avait débarrassé de ce genre d'inquiétude), mais bien de savoir par où commencer, tant le corps de Rita, ainsi étendu contre lui, offrait de surface aux attouchements défendus. Et Ovide, pour ne pas avoir l'air d'un imbécile qui ne saisit pas la fortune que la chance lui tend, fredonnait, sur un rythme légèrement grégorien, la mélodie *East of the sun and West of the moon* que sa mémoire lui laissait enfin retrouver en entier.

Ils étaient rendus à destination et Ovide n'avait encore rien décidé. « Tantôt », se disait-il en manière d'excuse. Rita, comme si elle eût été soudain très faible, s'accrochait à lui et ne parlait que par bribes, d'une voix presque éteinte.

— On arrive?

— C'est là, répondait Ovide, fébrile. Vous reconnaissez l'escalier, le troisième palier manqué? Que j'étais bête! Voyez le monastère à droite, et le mur de ciment qui le ceinture. Prenons le sentier qui y mène.

Il la dirigea dans le ruban de terre battue que d'autres amoureux se chargeaient d'entretenir. Les hautes herbes qui se rejoignaient au-dessus du petit chemin s'écartaient avec un doux bruissement devant eux. Ils découvrirent enfin un carré de gazon et s'y allongèrent après qu'Ovide, pour la forme, eût soigneusement étendu son mouchoir. Leurs têtes touchaient le mur du monastère et leurs pieds suivaient la pente du Cap. À leur gauche, le long escalier, dans le soir, avait l'air d'un accordéon démantelé. La ville, en bas, sommeillait sous sa croûte de toits. Sauf les clochers illuminés qui émergeaient de la masse anonyme des maisons, la ville basse paraissait écrasée. Ovide se leva sur le coude, prit une longue respiration, frappa le mur du monastère d'un poing satisfait et jeta un coup d'œil victorieux sur l'escalier.

— Est-ce croyable? Nous sommes des êtres libres.

— Oui libres, Ovide.

Elle s'approchait, l'effleurait de ses genoux, jouait avec sa cravate. Devant l'imminence du moment à la fois attendu et redouté des baisers, des étreintes, Ovide se sentait pris d'un intense besoin de parler, de disserter brillamment sur l'amour, la vie, le destin, la mort.

— Dire que pendant qu'on se parle doucement tous les deux, des hommes se tuent en Europe, des moines prient dans ce monastère, des femmes souffrent dans les maisons pauvres, à nos pieds.

Elle se moula franchement contre lui. Elle disait dans une plainte:

— Ne parlez plus Ovide. Fermons les yeux. On est ici, c'est ce qui compte. Ah! je vous l'avais dit que je me sentirais toute molle. Tiens, une idée! Fermez les yeux, une minute.

Il les ferma et tenta de deviner à quoi Rita Toulouse employait ses mains. Elle devait aussi jouer des épaules, car son loquet tintait. Soudain elle lui saisit la tête et l'embrassa en chuchotant avec fièvre:

— Serrez-moi fort! Fort! Fort!

S'il rouvrit les yeux, ce fut pour les refermer aussitôt, car devant l'éblouissante indécence du spectacle qu'il rencontrait, son regard habitué aux tons sobres des visions pudiques replongea d'abord avec effroi dans les profondeurs du scrupule. Mais il avait suffi de cet éclair au démon de la chair, cet impitoyable pêcheur, pour prendre à son hameçon, comme une truite naïve, la vertu d'Ovide. Son esprit s'engourdit. La vue brouillée, il appuya brusquement sa joue brûlante contre la poitrine de Rita, à laquelle la robe dégrafée avait rendu une liberté triomphante. Il serra fiévreusement Rita contre lui, l'embrassa longuement mais ce fut tout ce qu'il osa, son plaisir étant extrême.

L'alcool change un homme. Mais son effet est éphémère comme celui de la volupté. Surtout quand on est, comme Ovide, novice dans l'art de boire et d'aimer, on déguste trop vite un premier verre et un premier baiser.

Il frissonna, puis resta figé dans l'étreinte. Il leva lentement la tête vers le firmament.

— Ovide, Ovide, embrassez-moi encore, insistait Rita dans une sorte de murmure aguichant, comme si le sort du monde eût dépendu d'un autre baiser.

Éperonné par l'amour-propre, il fit appel à son ardeur de tantôt et chercha passionnément la bouche de Rita. Comme il avait les lèvres froides! Son feu de commande s'éteignit et il déclara, l'air soucieux:

— Vous ne trouvez pas qu'il commence à faire cru?

— Vite, réchauffez-moi encore, murmurait-elle en levant sur lui des yeux suppliants.

La fraîcheur de ce soir de septembre s'emparait maintenant du corps d'Ovide, prenant la place abandonnée par une ardeur satisfaite et chassant les dernières vapeurs du Singapore Sling. Lentement il redevenait l'Ovide d'avant le Singapore, l'Ovide sévère et puritain. Comme un plongeur qui remonte à la surface, sa personnalité recouvrait ses contours à mesure qu'elle gravissait la distance qui la séparait de son atmosphère. Ses oreilles bourdonnaient, ses yeux brouillés distinguaient un ciel plus clair, et tout son être abandonnait graduellement le lest qui l'avait entraîné vers le gouffre de l'ivresse et du plaisir. Son regard qui fuyait avec embarras les yeux de Rita tomba soudain sur les épaules nues de la jeune fille. Il pâlit et recula avec effroi.

— Ovide! lança-t-elle dans un cri de frustration.

Il claquait des dents, ses yeux semblaient fixés dans un moule de terreur. Le spectacle qui l'aurait sans doute encore ébloui, si la nuit ne l'avait si bien voilé de ses ombres, le faisait maintenant frissonner comme une douche d'eau glacée, le faisait d'un seul coup redevenir l'Ovide ordinaire. Et c'est tout ce qu'Ovide, le novice, qui, à peine une semaine auparavant, priait la nuit, à genoux sur un plancher de bois pour chasser les semblants de mauvaises pensées qui le traquaient dans son insomnie, put faire de la poitrine nue, palpitante, d'une femme affolée qui s'offrait à lui.

— Ovide, embrassez-moi encore! S'il vous plaît, Ovide! mendiait-elle jusqu'aux larmes.

— Couvrez-vous, vite, c'est affreux!

Sa bouche tremblante laissait échapper un souffle qui emportait des phrases hachées et sans suite. Ses yeux étaient fermés et ses mains décharnées repoussaient la vision démoniaque. Rita Toulouse se replia sur elle-même et se mit à pleurer comme une fillette déçue. Le silence disposait calmement de ses petits sanglots sans importance devant la ville endormie. Ovide tourna soudain un visage de bête traquée vers le monastère.

La cloche y sonnait minuit. Puis une lamentation psalmodiée déborda les murs et se répandit comme une brume dans l'air. Les moines commençaient la plainte nostalgique des matines.

Ovide se mit à grelotter de tous ses membres. Ses yeux embués créaient des spectres aux dents pourries qui ricanaient dans les failles du mur, se préparaient à le saisir pour l'entraîner en enfer et le plonger dans la mare d'huile bouillante des luxurieux. Il ne pouvait s'enfuir, ses jambes se dérobaient sous lui, comme en rêve, quand il était poursuivi. Langoureuse et suppliante, Rita Toulouse revenait à la charge:

— Voyons, Ovide, soyez chic. Un bec, encore, juste un!

Il se sentit soudain envahi par l'intransigeance d'un Savonarole, comme si un châtiment contre le péché qu'il venait de commettre eût pu transformer les spectres grimaçants du mur en des anges souriants de miséricorde.

— Habillez-vous, petit démon! glapit-il.

Hébétée, elle se leva machinalement et agrafa sa robe. Elle éclata soudain en sanglots, puis s'engagea en courant dans le petit sentier et dégringola l'escalier. Ovide resta comme médusé. Le martèlement des talons hauts sur les marches de bois alla en décroissant, mais il ne le suivit pas jusqu'à la fin. La complainte des moines le reprenait. L'aimant du chant grégorien l'arrachait déjà au malaise de cette brusque rupture et le précipitait dans les régions éthérées du mysticisme, de la prière et du remords. Il se prit la tête à deux mains:

— Mon Dieu, pardonnez-moi!

Dans le champ de sa conscience, défilaient tous les supplices et mépris qu'au monastère on promettait aux luxurieux. Il était damné. Son âme commençait à pourrir. Ça lui donnait mal au cœur. Ah! s'il pouvait se confesser! Jamais il ne pourrait passer la nuit dans cet état. Comme un homme ivre, les yeux rivés sur les clochers lointains, il parvint à se diriger vers l'escalier. Puis soudain, comme libéré de l'emprise du monastère, il se mit à descendre les marches en courant, dans l'espoir d'échapper aux milliers de démons qui le poursuivaient. Il avait introduit le mal dans l'âme de Rita. Et Cécile qui lui avait acheté à dix dollars sa complicité en vue d'un adultère! Quel châtiment Dieu ne réserverait-il pas à Ovide? Le Pape lui-même se compromettrait en lui donnant l'absolution! Inconsciemment il se dirigea vers l'église de sa paroisse en marmottant des invocations incohérentes. Haletant, il s'arrêta devant le presbytère et poussa presque un cri de joie. La lumière brillait dans le bureau du curé. Il ne réfléchit pas et pressa le bouton.

— Ovide Plouffe?

Le vieux M. Folbèche, le visage figé dans le masque que devait lui avoir dessiné une lecture passionnante, le dirigeait vers son bureau avec l'impatience d'un savant importuné au cours de ses recherches. Ovide haletait.

— Je veux me confesser, Monsieur le curé.

Le vieux prêtre l'écoutait d'une oreille distraite et s'asseyait derrière son bureau de chêne verni. Il regarda longuement la page d'un livre ouvert, qu'il ferma lentement. Il contempla le titre avec nostalgie: *L'Appel de la Race*. Un petit appareil de radio chuchotait les dernières nouvelles de la guerre. La Pologne était conquise, mais rien ne bougeait sur la ligne Maginot. Aucun développement ne s'annonçait à propos de la conscription prochaine au Canada. Le curé fit taire l'appareil. Ovide, assis à l'extrême bord de sa chaise, le dos courbé, les mains fébrilement croisées, le suivait d'un œil angoissé. Le prêtre recula sa chaise, appuya son menton sur sa main, pendant que de l'autre il faisait tourner sur son axe, un globe géographique.

— Frère Ovide Plouffe, dit-il enfin, vous vous faites attendre. Et encore vous venez me voir à des heures où les moines dorment ou prient. Je vous avais pourtant demandé l'autre jour, quand vous avez déserté le monastère et nos idées patriotiques, de venir me voir immédiatement.

— Je ne viens pas pour ça, Monsieur le curé. Voulez-vous me confesser?

Il s'était élancé et s'agenouillait devant le bureau du prêtre, ses yeux hagards levés sur le crucifix, et ses deux mains croisées appuyées sur les journaux qui jonchaient le bureau.

— En effet il y a de quoi vous confesser, bougonna M. Folbèche. Un homme comme vous, le plus intelligent de la famille, sort du monastère au moment où c'était le temps plus que jamais d'y rester. Et pourquoi? Pourquoi?

Le curé s'enflammait:

— Pour ne pas avoir l'air de vous enfermer au monastère pour éviter l'enrôlement. C'est le comble! Stupide orgueilleux. Mais notre cause à nous, notre orgueil à nous les Canadiens français catholiques et opprimés, c'est justement de trouver tous les moyens possibles de nous soustraire à la domination anglaise. En 1917, j'ai été fier, moi, d'être prêtre et d'éviter ainsi la conscription. Autant de religieux, autant de victimes arrachées aux canons anglais. J'étais tranquille sur le sort de plusieurs. Guillaume se réfugiera aux États-Unis, Napoléon est trop âgé. D'autres ont le cœur malade, ou les pieds plats. Mais il m'en reste encore à protéger. Quand je pense que vous abandonnez votre abri pour nous tomber sur les bras. C'est inouï. Stupide orgueilleux, va. J'espère que vous allez retourner au monastère au plus vite. Et l'autre traître, le Denis Boucher qui déserte la cause nationale, qui fréquente les officiers de l'armée et la Gendarmerie Royale. C'est à croire que tous les gens intelligents sont des apostats du nationalisme et de la religion!

Le curé haletait. Les mains croisées d'Ovide tremblaient sur le *Time* et *L'Action Chrétienne* qui s'entremêlaient avec des froissements ridicules. Ovide balbutiait:

— Je viens de commettre un péché atroce. Avec une femme. Le péché de la chair. Demandez à Dieu de me pardonner.

Le vieux prêtre, étourdi par sa colère politique, exultait:

— C'est ainsi, je le savais. La trahison nationale mène aux pires débauches. Si la cause des Canadiens français vous avait été plus chère, vous seriez resté au monastère où vous auriez été protégé contre des péchés de cette sorte.

Il se promenait de long en large, les mains derrière le dos.

— Et puis, vous confesser, vous confesser! Vous viendrez demain matin. Ce soir je n'ai pas le cœur à l'absolution.

Ovide, les yeux hagards, se dirigea à reculons vers la porte. Sur le seuil il parvint à dire enfin:

— Je ne suis pas sorti du monastère à cause de la guerre. C'est pour elle, la femme. Je l'aimais. Je suis désespéré... damné. Je suis complice d'un adultère, aussi.

Sa voix s'étrangla dans un sanglot. Il sortit précipitamment et s'engagea dans la rue presque en courant. Le vieux curé, abasourdi par cet aveu, sembla en comprendre tout le sens au moment où claquait la porte derrière lui. Le prêtre se précipita sur la galerie et rappela le fuyard d'une voix angoissée:

— Ovide! Ovide! mon fils. Revenez, que je vous confesse, que je vous pardonne.

Ses dernières paroles moururent sur ses lèvres. Ovide était déjà loin, et il n'avait pas entendu l'appel du prêtre tant il était en proie à l'idée fixe de la damnation.

*
* *

Ivre de détresse, Ovide se dirigeait en titubant vers la maison paternelle.

— Que vais-je devenir? Mon Dieu, marmottait-il, qui me pardonnera?

Il arriva à une intersection de rues où un groupe d'adolescents racontaient leurs effronteries avec des gloussements de fanfarons. En le voyant venir, ils se turent et firent entendre des petits rires moqueurs. Quand il les eut dépassés, ils se mirent à crier:

— Va te coucher, faux prêtre. As-tu laissé ta soutane sus ta blonde?

Une sueur froide glaça son front et il se raidit pour ne pas s'élancer dans une course aveugle vers la campagne environnante, jusqu'au bout de la peur. Mais sa mère, qui l'avait aperçu, du haut de la galerie, poussait une exclamation de soulagement.

— Enfin! T'arrives, Vide. Qu'est-ce que tu fais? Je commençais à être inquiète.

Cette voix le tirait d'un cauchemar. Il toussa, passa la main dans ses cheveux et s'engagea dans l'escalier.

— J'ai flâné. Il fait si beau.

Les mots sortaient mal de sa bouche tant il concentrait tous ses efforts à ajuster un masque d'impassibilité sur son visage d'angoisse. Joséphine, d'un pas lourd, satisfait, le précéda dans la cuisine.

Personne, excepté Théophile, n'était couché. Napoléon, Cécile, Guillaume, Joséphine étaient encore debout à cette heure tardive, comme des captifs, la nuit, qui attendent une liberté qui ne viendra pas. Ovide les examina d'un œil vitreux. Les Plouffe! Des prisonniers à vie de la cuisine. Napoléon massait le dos et les bras nus de Guillaume en grognant:

— Tu rentres trop tard pour un champion. J'suis ton entraîneur. Faut que tu m'écoutes. Ça fait deux heures que j't'attends. Aux États, t'auras besoin de te coucher.

Guillaume ne l'écoutait pas et glissait un regard malicieux vers Ovide. Cécile se berçait dans la chaise de son père en un tangage ennuyeux et digne. En apercevant Ovide, elle s'était immobilisée et consultait sa mère d'un regard de soldat qui avertit son allié que va sonner le signal de la bataille. Joséphine se mordit les lèvres et ne réussit à parler qu'en voyant Ovide lui tourner le dos.

— Ah! j'y pense, Vide. On discutait de ça, Cécile et moi. Question de discuter, bien entendu. Vas-tu retourner à la manufacture, vu que tu sors du monastère pour de bon? Ça va être ennuyant pour toi, te promener tout le temps.

La voix de Cécile se greffa, implacable, sur celle de sa mère:

— Dans la vie, faut travailler à la sueur de son front, gagner de l'argent.

Les deux assaillantes se turent et attendirent une riposte qui ne vint pas. Les regards mornes et désaxés d'Ovide se perdaient dans les dessins du tapis de la table.

— On sait bien, dit Joséphine. C'est pas de valeur, un homme comme toi. Je pense que tu peux te passer de la manufacture. Cécile dit que tu pourrais être bedeau, moi je prétends que tu peux travailler dans un bureau et gagner des gros salaires.

— Peuh! interrompit Cécile. Pas comme sur les autobus. Je pourrais travailler Onésime qui a de l'influence avec les *boss*. Peut-être pourrait-il te faire rentrer. Tu ferais quelques années sur un tramway, bien entendu, pour commencer. L'expérience, tu comprends.

Ovide se dégageait de l'hypnotisme que les dessins du tapis exerçaient sur lui et ses yeux étaient battus par l'horreur des spectacles que sa mère et sa sœur évoquaient. Retourner à la manufacture, se faire écraser par les quolibets des imbéciles sur le « faux prêtre »? Admettre la défaite de sa vie devant des brutes? Jamais! Être bedeau! Sonner des cloches, manipuler des ciboires, des calices, des ostensoirs, décorer l'église de bannières de deuil ou de fête, allumer et éteindre des cierges, retomber dans un monde qu'il avait trahi et y faire figure d'espion? Dérisoire jusqu'au désastre. Travailler dans un bureau! Miroitement magique. Rien qu'un miroitement. Que savait-il faire? Réciter des prières latines, tailler du cuir, prendre des attitudes hautaines, citer des extraits d'opéra et des noms de chanteurs. Les tramways! Comme Onésime. Quelle farce! La sarabande d'images cessa soudain de défiler, arrêtée par un éclair de raisonnement. Ah! il comprenait. C'était Cécile qui, toute la soirée, avait poussé sa mère à lui suggérer de retourner au travail. Il marcha vers elle, méprisant.

— T'as peur de ne pas ravoir ton dix piastres! Sans-cœur, va!

— Les affaires sont les affaires, marmottait Cécile, troublée, en voyant son frère marcher vers sa chambre.

Avant de disparaître, il dit d'une voix tragique:

— Demain matin je me trouverai une position. Une vraie.

Il rentra dans sa chambre et crut entendre Joséphine qui reprochait à Cécile de l'avoir incitée au langage qu'elle avait tenu à Ovide. Puis la voix de Napoléon qui disait:

— Lâchez-le tranquille. On a la tête fatiguée quand on sort du couvent. C'est comme un hôpital. Qu'il se repose. Si vous avez besoin d'argent, j'en gagnerai.

Ovide étouffa un sanglot et deux larmes rafraîchirent ses yeux secs. Il se regarda dans le miroir en ôtant sa cravate. Puis il aperçut le Christ pendu au mur et, dehors, la nuit noire. La mélodie *East of the sun and West of the moon* jouait dans sa gorge. Il la chassa. Les chants grégoriens envahirent sa tête, bourdonnèrent à ses oreilles. L'angoisse des deux dernières heures l'enveloppa à nouveau, plus terrible, et le coucha, tout claquant des dents, sur son lit.

GABRIELLE ROY (1909-1983)

Le Québec doit l'un de ses meilleurs romans à une Manitobaine, Gabrielle Roy, née à Saint-Boniface. *Bonheur d'occasion* parut en 1945, soit un an à peine après *Au pied de la Pente douce* de Roger Lemelin et la même année que *Le Survenant* de Germaine Guèvremont. L'heure était faste pour le roman québécois, comme elle l'avait été en 1937-1938 (*Menaud, maître-draveur, Les Engagés du Grand-Portage, Trente Arpents*) et comme elle le serait de nouveau en 1965-1966

(Prochain Épisode, L'Incubation, Une saison dans la vie d'Emmanuel, Le Couteau sur la table, L'Avalée des avalés). Bonheur d'occasion (prix Femina, 1947) allait être traduit et vendu comme aucun roman québécois ne l'a été jusqu'ici, si l'on excepte, peut-être, *Maria Chapdelaine,* dont la québécitude peut être mise en doute; quoi qu'il en soit, la ville succédait à la campagne dans le roman, et pour le bon, et Montréal occuperait, là aussi, sa place de métropole. Gabrielle Roy ne reviendrait, toutefois, à la vie montréalaise que pour raconter, en la structurant avec application, l'histoire d'un petit caissier de banque: *Alexandre Chenevert* (1954). En 1950, elle avait revécu son expérience d'institutrice manitobaine dans *La Petite Poule d'eau;* en 1955, elle ressuscitait la *Rue Deschambault* de son enfance et de sa jeunesse, qu'elle ranimera également dans *La Route d'Altamont* (1966). En plus d'être partagée entre sa province natale et son pays d'adoption, le Québec, Gabrielle Roy connaît la division intérieure de l'écrivain francophone qui emprunte à la France une partie de sa culture. *La Montagne secrète,* en 1961, apporte une réponse à ce problème: on crée mieux dans son propre pays; et ce pays, pour Gabrielle Roy, c'est l'espace immense du Canada entier où se retrouvent gens de toutes races, c'est *La Rivière sans repos* (1970): trois nouvelles et un roman esquimaux, *Cet été qui chantait* (1972): images et portraits de la vie rurale en Charlevoix, et *Un jardin du bout du monde* (1965): quatre nouvelles de ce vieil Ouest toujours fascinant. Et par-delà ce pays, secret de la réputation de Gabrielle Roy, c'est l'homme universel, sensible, que nous rencontrons, à la suite de l'institutrice qui livre ses souvenirs dans *Ces enfants de ma vie* (1977).

BONHEUR D'OCCASION

Florentine, serveuse de restaurant*

À cette heure, Florentine s'était prise à guetter la venue du jeune homme qui, la veille, entre tant de propos railleurs, lui avait laissé entendre qu'il la trouvait jolie.

La fièvre du bazar montait en elle, une sorte d'énervement mêlé au sentiment confus qu'un jour, dans ce magasin grouillant, une halte se produirait et que sa vie y trouverait son but. Il ne lui arrivait pas de croire que son destin, elle pût le rencontrer ailleurs qu'ici, dans l'odeur violente du caramel, entre ces grandes glaces pendues au mur où se voyaient d'étroites bandes de papier gommé, annonçant le menu du jour, et au son bref, crépitant, du tiroir-caisse, qui était comme l'expression même de son attente exaspérée. Ici se résumait pour elle le caractère hâtif, agité et pauvre de toute sa vie passée dans Saint-Henri.

Par delà les cinq ou six dîneurs qu'elle avait à servir, son regard fuyait vers les comptoirs du magasin — le restaurant occupant le fond du *Quinze-Cents* — et dans le miroitement de la verroterie, des panneaux nickelés, de la ferblanterie, son sourire vide, taciturne et morose s'accrochait sans but à quelque objet chatoyant qu'elle ne voyait pas.

Sa tâche de serveuse laissait ainsi à sa pensée, non point de longs moments pour revenir au souvenir excitant et trouble de la veille, mais de petits fragments de temps où elle retrouvait au fond d'elle-même le visage de ce garçon inconnu. Cependant les bruits de vaisselle, les commandes ne la tiraient pas toujours de la rêverie qui, par instants, faisait passer sur son visage un bref frémissement.

Et soudain elle fut déroutée, vaguement humiliée. Le jeune inconnu, pendant qu'elle surveillait la foule entrant au magasin par les portes à battants vitrés, avait pris place à la longue table de simili-marbre et, d'un geste impatient, l'appelait. Elle s'avança vers lui, les lèvres entrouvertes, en une moue plutôt qu'en un sourire. Comme il lui déplaisait déjà qu'il pût la surprendre ainsi à un moment où elle essayait dans son souvenir de ressaisir ses traits et le timbre de sa voix!

— Comment t'appelles-tu? fit-il brusquement.

Plus que la question, la manière de la poser, familière, gouailleuse, presque insolente, irrita la jeune fille.

— C'te question! fit-elle avec mépris, mais non d'une façon définitive, comme si elle eût tenté de lui imposer silence. Au contraire, sa voix invitait à une réplique.

— Voyons, reprit le jeune homme en souriant. Moi, c'est Jean... Jean Lévesque. Et toi, je sais toujours bien pour commencer que c'est Florentine... Florentine par-ci, Florentine par-là... Oh, Florentine est de mauvaise humeur aujourd'hui; pas moyen de la faire sourire!... Oui, je sais ton petit nom, je le trouve même à mon goût...

Il changea imperceptiblement de ton, durcit un peu son regard.

— Mais tu es mademoiselle qui? Tu me le diras pas à moi? insista-t-il avec une feinte de sérieux.

Il avançait le visage et levait sur elle des yeux dont elle discerna en un éclair toute l'effronterie. La mâchoire dure, volontaire, l'insupportable raillerie des yeux sombres, voilà ce qu'elle remarquait le plus aujourd'hui dans ce visage et qui l'indignait contre elle-même. Comment avait-elle pu, depuis plusieurs jours, accorder tant d'attention à ce garçon-là? Elle se redressa d'un coup sec qui fit tinter à son cou un petit collier d'ambre.

— Et pis après, dit-elle, vous me demanderez où c'est que je reste et qu'est-ce que je fais ce soir. Je vous connais, vous autres!

— Vous autres! Qui ça, vous autres? se moqua-t-il en faisant le geste de regarder par-dessus son épaule si quelqu'un se trouvait derrière lui.

— Oh, vous autres! fit-elle à demi excédée.

Et cependant cette note familière, quelque peu vulgaire qui mettait le jeune homme sur son plan à elle, lui déplaisait moins que son langage, sa tenue habituelle dont elle sentait vaguement qu'ils établissaient entre eux une distance. Un sourire irrité et provoquant revint sur ses lèvres.

— O.K.! dit-elle, qu'est-ce qui vous faut à c'te heure?

Il eut de nouveau ce regard d'une brutale familiarité.

— J'étais pas encore rendu à te demander ce que tu fais à soir, reprit-il. J'étais vraiment pas si pressé que ça. Normalement, j'aurais mis encore trois jours au moins avant d'en arriver là... Mais puisque tu me tends la perche...

Il se renversait légèrement sur la chaise tournante, oscillait un peu d'un côté et de l'autre. Et l'examinant, ses yeux se rétrécirent.

— Eh bien! Florentine, qu'est-ce que tu fais à soir?

Il vit aussitôt qu'elle se troublait. Sa lèvre inférieure trembla, et d'un petit coup de dents elle la mordit. Puis s'affairant, elle tira une serviette de papier d'une boîte nickelée, la déplia et l'étala à la place du jeune homme.

Elle avait un visage mince, délicat, presque enfantin. L'effort qu'elle faisait pour se maîtriser gonflait et nouait les petites veines bleues de ses tempes et en se pinçant les ailes presque diaphanes du nez tiraient vers elles la peau des joues, mate, lisse et fine comme de la soie. Sa bouche était mal assurée, et parfois esquissait un tremblement, mais Jean, en regardant les yeux, fut soudain frappé de leur expression. Sous le trait surélevé des sourcils épilés que prolongeait un coup de crayon, les paupières en s'abaissant ne livraient qu'un mince rayon de regard mordoré, prudent, attentif et extraordinairement avide. Puis les cils battaient et la prunelle jaillissait entière, pleine d'un chatoiement brusque. Sur les épaules tombait une masse de cheveux brun clair.

Sans aucun projet déterminé, le jeune homme l'observait avec intensité. Elle l'étonnait plus qu'elle ne l'attirait. Et même cette phrase qu'il venait de prononcer: « Qu'est-ce que tu fais ce soir?... il ne l'avait pas prévue, elle s'était formée en lui à son insu, il en avait fait l'essai comme on sonde une profondeur inconnue du jet d'un caillou. Cependant la réaction inattendue l'incitait à une nouvelle tentative. « Est-ce que j'aurais honte de sortir avec elle? » songea-t-il. Et puis l'idée qu'une considération telle, au point où il en était, se souciant peu au fond de la jeune fille, pût intervenir, le vexait et le poussait justement à une plus grande audace. Les coudes au comptoir, les yeux rivés à ceux de Florentine, il attendait maintenant d'elle, comme dans un jeu cruel, avec patience, un premier mouvement sur lequel il réglerait le sien.

Elle se raidit sous ce brutal examen, et il la vit mieux; il la vit reflétée à mi-corps dans la glace du mur, et il fut frappé de sa maigreur. Autour de sa taille, elle avait pourtant tiré jusqu'au bout le ceinturon de son uniforme vert, mais on devinait que ses vêtements adhéraient à peine à son corps fluet. Et le jeune homme eut soudain une vision de ce que pouvait être sa vie, dans l'inquiet tourbillon de Saint-Henri, cette vie des jeunes filles fardées, pimpantes, qui lisent des romans-feuilletons de quinze cents et se brûlent à de pauvres petits feux d'amour factice.

Sa voix devint incisive, presque coupante.

— Tu es d'ici, de Saint-Henri? demanda-t-il.

Elle balança les épaules, lui fit un sourire ironique et vexé du bout des lèvres en guise de réponse.

— Moi aussi, ajouta-t-il, avec une condescendance moqueuse. Alors on peut être amis? Non?

Il remarqua le tressaillement de ses mains, frêles comme celles d'un enfant; il vit les clavicules se découper dans l'échancrure du corsage.

Au bout d'un moment, elle se laissa aller devant lui à se reposer sur une hanche, cachant son énervement sous une expression boudeuse, mais il ne la voyait plus telle qu'elle était là, de l'autre côté du comptoir. Il la voyait parée, prête à sortir le soir, avec beaucoup de fard pour couvrir la pâleur de ses joues, des bijoux cliquetant sur toute sa maigre personne, un petit chapeau ridicule, peut-être même une voilette derrière laquelle ses yeux avivés de khôl brilleraient: une jeune fille drôlement attifée, volage et toute tourmentée déjà par le désir de lui plaire. Et ce fut en lui comme une poussée de vent destructeur.

— Tu viendras aux vues avec moi ce soir?

Il sentit qu'elle hésitait. Sans doute son invitation, s'il prenait la peine de lui donner une tournure plus aimable, trouverait-elle la jeune fille consentante. Mais justement, il la voulait ainsi, puisqu'il la lui présentait dure et directe, comme s'il ne désirait pas qu'elle acceptât.

— Alors, c'est entendu, fit-il. Apporte-moi donc maintenant votre fameux spécial.

Puis il tira un bouquin de la poche de son pardessus qu'il avait jeté sur une chaise près de lui, l'ouvrit et s'absorba immédiatement.

Une rougeur s'était répandue sur les joues de Florentine. Voilà ce qu'elle haïssait tant chez ce jeune homme: le pouvoir qu'il avait, après lui avoir fait perdre pied, de l'éloigner de sa pensée, de l'abandonner comme un objet qui à ses yeux ne présentait plus d'intérêt. Pourtant c'était lui qui, depuis quelques jours, la poursuivait de ses avances. Elle n'avait pas fait le premier pas. C'était bien lui qui l'avait tirée de ce sommeil lourd où elle avait été blottie, hors de la vie, avec ses griefs et son ressentiment, toute seule avec des espoirs diffus qu'elle ne voyait pas trop et dont elle ne souffrait pas trop. C'était lui qui avait donné une expression à ces espoirs qui étaient maintenant aigus, torturants, comme de l'envie.

Elle le considéra un instant en silence et son cœur se serra. Il lui plaisait déjà beaucoup, ce garçon. Il lui paraissait élégant. Si différent des jeunes gens qu'elle servait au magasin, des petits commis ennuyeux ou des ouvriers à manches et à col graisseux, et même beaucoup mieux que les jeunes gens rencontrés dans les cafés du quartier quand, le soir, avec Pauline et Marguerite, elle allait danser un tour ou deux à la musique d'un juke-box et grignoter des tablettes de chocolat ou bien rêvasser tout simplement, réfugiée des heures durant dans une cabine, à épier les garçons qui entraient, ou encore à rire d'eux. Oui, il était bien différent de tous ceux-là qu'elle entrevoyait au hasard de sa vie frémissante et vide. Elle aimait la façon dont ses cheveux noirs, abondants, se dressaient tout droits et hérissés. Elle avait par instants le goût de saisir ces cheveux forts et sauvages à pleines mains.

La première fois qu'il était venu au *Quinze-Cents*, elle l'avait tout de suite remarqué et s'était arrangée pour le servir. Maintenant, elle aurait voulu le fuir et, en même temps, le braver, lui prouver qu'elle demeurait indifférente. « Il me demandera pour sortir avec lui un bon jour, celui-là », s'était-elle dit avec une étrange sensation de pouvoir au creux de la poitrine. Puis, tout de suite inquiète: « Qu'est-ce que je dirai, moi? »

Ses compagnes de travail, Louise, Pauline, Marguerite, toutes, sauf Éveline, la « gérante », acceptaient par-ci par-là une invitation faite en blague en se taquinant à l'heure du lunch. Pauline disait que ces aventures n'étaient pas dangereuses à condition que le garçon vînt vous prendre à la maison pour n'aller qu'au cinéma. On avait alors tout le loisir d'étudier son ami et de décider si oui ou non on continuerait à le voir. Louise s'était même fiancée à un jeune soldat qu'elle avait d'abord connu au restaurant. Depuis qu'on était en guerre et que les jeunes gens nouvellement enrôlés éprouvaient le goût de se lier avant de partir pour les camps d'entraînement, on voyait des amitiés se nouer rapidement et dans des conditions bien nouvelles. Quelques-unes aboutissaient au mariage.

Florentine n'osa suivre sa pensée jusqu'au bout. Même en lisant, le jeune homme avait aux coins des lèvres cette expression railleuse qui la déroutait.

« Je m'en vas lui montrer, pensa-t-elle en pinçant les lèvres, que je me moque pas mal de lui en tout cas. » Mais la curiosité de voir ce qu'il lisait l'emporta sur son mouvement de dépit. Elle se pencha audacieusement sur le livre ouvert. C'était un traité de trigonométrie. La forme des losanges, des triangles, le noir des équations la firent sourire au-dedans d'elle-même d'une totale incompréhension.

— C'est pas surprenant, dit-elle, que vous parlez comme un gros livre à lire des affaires comme ça...

Et, s'éloignant vers le téléphone de commande, elle lança d'une voix flûtée et moqueuse: « Un spécial à trente cennes! »

Son timbre aigu porta jusqu'au fond du restaurant et Jean Lévesque sentit qu'une stupide rougeur colorait son front. Il la suivit d'un œil qui flambait un peu, sombre et rancunier, puis, tirant son livre ouvert devant lui, il se pencha, les deux coudes sur la table et le visage entre ses fortes mains brunes.

De nouveaux consommateurs affluaient vers le comptoir. C'était l'habituelle ruée d'entre midi et une heure: quelques travailleurs du quartier habillés de gros coutil, des commis des magasins de la rue Notre-Dame, à col blanc et à petits feutres mous qu'ils jetaient sur la table, deux nonnes du service social à mantes grises, un chauffeur de taxi, et plusieurs ménagères qui, entre deux tournées d'emplettes, venaient se restaurer d'un café brûlant ou d'une assiette de frites. Les cinq jeunes serveuses allaient et venaient rapidement, se heurtant dans leur course. Parfois on entendait le tintement d'une cuiller tombant sur le plancher de terrazo. Vivement, une serveuse la ramassait en grondant, la jetait dans l'évier et repartait tête basse, gardant pour aller plus vite une attitude un peu penchée. Elles étaient toutes affreusement bousculées. Leurs pas agités, leurs brusques allées et venues, le frôlement de leurs blouses raides d'empois, le déclic du grille-pain quand les toasts sautaient, le ronron des cafetières sur leur plaque électrique, les crépitements du poste de commande formaient un bruit continu, comme une vibration chaude d'été qui eût distillé des essences de vanille et des odeurs sucrées. Et l'on entendait encore le grondement étouffé des *mixers* de lait malté dans de hauts récipients nickelés, semblable aux murmures interminables de mouches prises dans de la colle, puis le tintement d'une pièce de monnaie sur le comptoir et, à intervalles, la sonnerie du tiroir-caisse, tel un point final, un petit glas infiniment rapide, inlassable et grêle. Bien que le froid marquât les lourds battants vitrés du magasin d'arabesques de givre, ici, au fond du bazar, il faisait une chaleur torride.

Marguerite, une grosse et grande fille dont les joues sans fard, naturellement roses, gardaient même dans cette étuve comme la morsure perpétuelle d'un vent froid, s'affairait devant les glacières. Elle levait un couvercle, plongeait la cuiller creuse dans l'épaisseur de la crème glacée et en jetait le contenu dans un grand verre bas sur patte. Elle ajoutait un peu de crème fouettée en la faisant couler d'un cornet de carton ainsi que d'un tube de pâte dentifrice. Dans un tiroir d'aluminium, elle puisait une cuillerée de guimauve blanche et la faisait ruisseler sur la crème, elle arrosait le tout de caramel ou de sirop et plaçait enfin au sommet une demi-cerise confite, rouge et appétissante. En un tour de main, le *sundae special*, à quinze cents, hautement apprécié par la clientèle, passait sur la table, comme une fontaine de fraîcheur, un jour d'été brûlant. Marguerite recueillait une pièce, allait au tiroir-caisse et retournait aux glacières recommencer un autre *sundae special*. Le procédé ne variait guère, mais Marguerite mettait autant de soin et autant de joie naïve à construire le beau et savant édifice d'un dixième que d'un premier *sundae*. Paysanne venue habiter tard chez des parents de la ville, elle n'était point encore désillusionnée de tout le clinquant du quartier. Pas plus d'ailleurs qu'elle n'était gavée des surprises ni des odeurs sucrées du restaurant. Cette animation, ces flirts continuellement ébauchés autour d'elle, cette atmosphère de poursuites, de reculs, de demi-consentements, d'aguichantes tentatives, tout cela, sans la troubler beaucoup, l'amusait, la réjouissait. « Le type de Florentine », ainsi qu'elle désignait Jean Lévesque, l'avait surtout impressionnée. Et lorsque Florentine, portant une assiette pleine, passa près d'elle, elle ne put se retenir de lui faire, avec un rire gras et bienveillant, sa remarque habituelle:

— Ton type te fait de l'œil, hein!

Et léchant sa lèvre humide qui gardait comme un goût de guimauve, elle ajouta:

— Moi, je le trouve smatte et ben avenant. Ça sera pas long, hein, Florentine, qu'il va se lâcher.

Florentine souriait dédaigneusement. Ainsi, sans doute, apparaissait la vie à cette grande nigaude de Marguerite: une perpétuelle ronde de *sundaes* au bout de laquelle, chacune d'elles, sans effort, sans avoir à lever le petit doigt, se trouverait fiancée, mariée, en robe de noces, et avec un petit bouquet à la main. Se dirigeant vers Jean Lévesque, elle songeait pourtant, non sans plaisir, que le jeune homme devait lui marquer vraiment beaucoup d'intérêt puisque cette grosse Marguerite même s'en était aperçue et la taquinait à ce sujet. « Mais quel drôle d'intérêt », pensa-t-elle avec un sursaut de dépit qui l'enlaidit.

Elle posa l'assiette devant Jean Lévesque et attendit qu'il lui parlât. Mais, absorbé par sa lecture, il murmura simplement un « merci » sans lever les yeux; puis, distraitement, tout en lisant, il prit la fourchette et se mit à manger tandis qu'elle, s'attardant tout de même, indécise, trouvait déjà ce silence plus lourd à supporter que les mots ambigus du jeune homme. Du moins, quand il lui parlait, avait-elle le plaisir de la riposte. Lentement, elle retourna au bout du passage surveiller la cuisson des hot dogs. Et, tout à coup, lasse, saisie d'elle ne savait quelle pensée triste qui se levait parfois dans sa vie et l'accablait, elle s'appuya un instant, des reins, au bord nickelé de l'évier.

Dieu, qu'elle était fatiguée de cette vie! Servir des hommes mal élevés qui l'offensaient de leurs avances; ou encore d'autres, comme Jean Lévesque, dont l'hommage n'était peut-être qu'ironie. Servir, toujours servir! Et ne pas manquer de sourire. Avoir toujours le sourire quand ses pieds brûlaient comme s'ils eussent été posés sur des lits de braise! Sourire quand la rage lui montait à la gorge en une boule lourde et dure! Sourire aussi quand ses membres endoloris pliaient de fatigue!

Une espèce d'hébétude parut dans son regard. Sur ses traits enfantins fortement maquillés, se superposa à cet instant l'image de la vieille femme qu'elle deviendrait. Aux commissures des lèvres, le pli se devina dans lequel coulerait le modelé, la grâce des joues. Mais il n'y avait pas que la redoutable échéance qui surprenait le visage de Florentine; la faiblesse héréditaire, la misère profonde qu'elle perpétuait et qui faisait aussi partie de l'échéance, semblaient sourdre au fond de ses prunelles éteintes et se répandre comme un voile sur la figure nue, sans masque.

Tout cela se passa en moins d'une minute. Brusquement, Florentine se remit sur pieds, droite, nerveuse, et le sourire revint de lui-même sur ses lèvres rougies. De toutes les pensées confuses qui avaient traversé son esprit, elle ne gardait qu'une impression nette, âpre comme son sourire figé: c'est qu'il fallait jouer maintenant, immédiatement, tout ce qu'elle était encore, tout son charme physique dans un terrible enjeu pour le bonheur. Se penchant pour ramasser des couverts salis, elle aperçut le profil de Jean Lévesque et elle reçut au cœur comme un éblouissement et une blessure, le sentiment que ce garçon, qu'elle le voulût ou non, ne pouvait plus lui être indifférent. Jamais elle ne s'était sentie si près de le haïr. Elle ne savait rien de lui, sauf son nom qu'il venait de lui apprendre et sauf par Louise, quelque peu renseignée à son sujet, qu'il était employé à une fonderie comme machiniste-électricien. De la même source, elle tenait aussi que Jean ne sortait jamais avec les jeunes filles, ce qui l'avait intriguée et lui plaisait encore.

Elle jeta un regard oblique sur la longue table basse. De biais, elle voyait plusieurs visages ramassés sur des assiettes, les bouches ouvertes, des mâchoires mastiquant, des lèvres grasses — un spectacle qui toujours l'irritait profondément — et puis, tout au bout, les épaules du jeune homme, carrées, fortes, bien dessinées par le complet marron. Une de ses mains supportait son visage bruni. La peau des joues était tendue sur les dents serrées. De fines rayures partaient du menton et tiraient en éventail jusqu'aux tempes. Si jeune qu'il parût être, de légères rides creusaient déjà son front haut et têtu. Et l'œil, qu'il effleurât une personne, un objet, ou qu'il restât fixé sur le livre ouvert, brillait d'un éclat dur.

Mince, presque sans bruit, elle s'approchait et, sous ses paupières mi-closes, elle le détaillait. Le vêtement d'étoffe anglaise ne rappelait pas les magasins du faubourg. Il lui apparut que ce seul vêtement indiquait un caractère, un genre d'existence comme privilégiés. Non que le jeune homme fût vêtu avec recherche; au contraire, il affectait une certaine nonchalance: sa cravate était à peine nouée, ses mains quelque peu tachées de cambouis, et sa chevelure, qu'il ne ménageait en aucun temps, allant toujours nu-tête à la pluie ou au soleil et par les plus grands froids, se montrait indocile et touffue. Mais justement, ce manque de soin dans les petits détails donnait plus d'importance aux choses coûteuses qu'il portait: la montre-bracelet dont le cadran miroitait à chacun de ses gestes, le foulard de riche soie enroulé négligemment autour de son cou, les gants de fine peau sortant un peu de la poche de son complet. Il sembla à Florentine que, si elle se penchait vers ce jeune homme, elle respirerait l'odeur même de la grande ville grisante, bien vêtue, bien nourrie, satisfaite et allant à des divertissements qui se paient cher. Et soudain, elle évoqua la rue Sainte-Catherine, les vitrines des grands magasins, la foule élégante du samedi soir, les étalages des fleuristes, les restaurants avec leurs portes à tambours et leurs tables dressées presque sur le trottoir derrière les baies miroitantes, l'entrée lumineuse des théâtres, leurs allées qui s'enfoncent au-delà de la tour vitrée de la caissière, entre les reflets de hauts miroirs, de rampes lustrées, de plantes, comme en une ascension si naturelle vers l'écran où passent les plus belles images du monde: tout ce qu'elle désirait, admirait, enviait, flotta devant ses yeux. Ah! ce garçon ne devait pas s'embêter le samedi soir! Pour elle, ce n'était pas gai. Parfois, peu souvent, elle était sortie avec un jeune homme, mais il ne l'avait emmenée qu'à un petit cinéma du quartier, ou à quelque pauvre salle galeuse de banlieue, et encore, pour un si mince divertissement, il avait cherché à se faire payer de baisers; et ainsi, à se défendre constamment contre lui, elle n'avait même pas goûté le plaisir d'être au cinéma. Quelquefois, elle était allée dans l'ouest de la ville, avec des jeunes filles, et alors, prise dans ce petit troupeau jacassant et entièrement féminin, elle avait ressenti plus de dépit et de honte même que de délassement. Chaque couple qui passait avait retenu son regard, augmenté son ressentiment. La ville était pour le couple, non pour quatre ou cinq jeunes filles se tenant stupidement par la taille, et qui remontaient la rue Sainte-Catherine en s'arrê-tant à chaque vitrine pour admirer des choses que jamais elles ne posséde-raient.

Mais que cette ville l'appelait maintenant à travers Jean Lévesque! À travers cet inconnu, que les lumières lui paraissaient brillantes, la foule gaie, et le printemps même, plus très loin, à la veille de faire reverdir les pauvres arbres de Saint-Henri! Il lui semblait que, si elle n'avait pas été retenue par l'extrême contrainte que lui inspirait le jeune homme, elle aurait dit: « Allons ensemble; on est fait pour être ensemble. » En même temps elle éprouva de nouveau cet absurde désir de porter la main vers les cheveux emmêlés et sombres du jeune homme. Jamais elle n'avait rencontré dans sa vie un être qui portât sur lui de tels signes de succès. Il pouvait bien, ce garçon, n'être qu'un mécanicien en ce moment, mais déjà elle ne doutait pas plus de sa réussite dans l'avenir, dans un avenir très rapproché même, que de la justesse de l'instinct qui lui conseillait de s'en faire un allié.

Elle revint de très loin et lui demanda sur ce ton un peu distant qu'elle prenait pour parler aux clients:

— Allez-vous prendre un dessert?

Jean se souleva à demi sur les coudes, carra ses fortes épaules et planta dans les yeux de la jeune fille un regard d'impatience et de gaminerie.

— Non, mais toi, tu m'as pas encore dit si je serais le lucky guy ce soir. Tu y penses depuis dix minutes; qu'est-ce que tu as décidé? Oui ou non, viens-tu aux vues avec moi?

Dans les prunelles vertes de Florentine, il vit déferler une colère impuissante. Cependant elle abaissait déjà les paupières. Et elle dit d'une voix tout à la fois fâchée, lamentable et qui voulait encore être conciliante:

— Pourquoi ce que j'irais aux vues avec vous, moi? Je vous connais pas, moi! Je sais-t-y qui vous êtes, moi!

Il se prit à rire sourdement, du fond de la gorge, comprenant qu'elle voulait surtout l'amener à faire quelque confidence sur lui-même.

— Ça, fit-il, tu l'apprendras petit à petit, si le cœur t'en dit.

Moins effrayée par l'équivoque de la phrase que par le détachement du jeune homme, elle songea, humiliée: « Il veut me faire parler. Peut-être que c'est rien que pour rire de moi. » Et elle-même lança un rire grêle et forcé.

Cependant il ne faisait plus attention à elle. Il paraissait prêter l'oreille aux bruits de la rue. Au bout d'un instant, Florentine commença à entendre un sourd roulement de tambour. Devant les lourds battants vitrés du magasin, un attroupement se formait. Quelques vendeuses qui étaient libres se pressaient à l'avant de leur comptoir. Bien que le Canada eût déclaré la guerre à l'Allemagne depuis déjà plus de six mois, les défilés militaires restaient une nouveauté dans le quartier de Saint-Henri et attiraient la foule sur leur passage.

Le détachement déboucha à la hauteur du *Quinze-Cents*. Florentine se pencha pour le voir passer avec un intérêt presque enfantin, avide et étonné. Les soldats défilaient, des gars costauds, bien plantés dans le solide manteau kaki, les bras également raidis dans un poudroiement de neige. Elle se retourna alors tout d'une pièce vers le jeune homme, la figure enjouée comme pour le prendre à témoin de sa surexcitation puérile, mais l'expression qu'elle vit sur ses traits était si hostile, si dédaigneuse qu'elle haussa les épaules et s'éloigna, attentive à ne plus rien manquer du spectacle de la rue. C'étaient maintenant les nouvelles recrues qui avançaient dans son champ de vision, toutes étaient encore en civil: quelques hommes vêtus d'un complet léger, d'autres portant un mauvais paletot d'automne, troué, rapiécé, dans lequel le vent aigre s'engouffrait. Elle connaissait de visage quelques-uns de ces jeunes gens qui marchaient derrière les soldats. Ils avaient été, comme son père, longtemps secourus par l'assistance publique. Et soudain, prise par ce qu'elle trouvait d'excitant, d'incompréhensible, de spectaculaire dans cette évocation de la guerre, elle eut la très vague intuition d'une horrible misère qui reconnaissait là sa suprême ressource. Elle revit comme en un rêve trouble les années de chômage où elle seule, de sa famille, avait pu apporter quelque argent à la maison. Et avant, quand elle était enfant, le travail de sa mère. L'image de Rose-Anna passa devant ses yeux, très précise, la plongeant dans la détresse quotidienne. Et, un instant, par les yeux de sa mère, elle vit passer ces hommes qui marchaient déjà au pas militaire dans leurs vêtements flottants de gueux. Mais son esprit n'entretenait pas longtemps ces considérations qui la conduisaient à des associations d'idées fatigantes et confuses. Le spectacle tel qu'il était lui paraissait surtout distrayant, bien propre à briser la monotonie des longues heures au magasin. Les yeux agrandis, les joues un peu colorées sous son fard, elle se retourna à nouveau vers Jean Lévesque. Et vive, presque insouciante, elle commenta la scène par deux mots brefs, sans pitié:

— C'est fou, hein!

Mais loin de sourire, comme elle avait cru l'y disposer, il la regarda d'un tel air d'animosité qu'elle pensa, presque avec joie, avec une revanche secrète: « Lui aussi, c'est un sapré fou! » Et de l'avoir ainsi jugé dans son esprit lui procura une minute de véritable satisfaction.

Il passait et repassait la main sur son visage comme pour effacer des pensées importunes ou peut-être simplement par fatigue, par habitude, et enfin, fixant la jeune fille, il lui redemanda:

— Ton nom? Dis-moi ton nom.

— C'est Florentine Lacasse, reprit-elle sèchement, déjà dégrisée de sa petite victoire et fâchée de ne pouvoir se dérober à une emprise si brutale.

— Florentine Lacasse, murmura-t-il amusé et cherchant une pièce de monnaie dans la poche de son pantalon... Eh bien! en attendant, Florentine Lacasse, que tu trouves un soldat à ton goût, tu peux toujours me rencontrer ce soir devant le Cartier. Huit heures, ça ferait-y ton affaire? ajouta-t-il d'un ton presque enjoué.

Elle ne bougeait pas, saisie de désappointement, mais alléchée quand même. Elle réfléchissait. Ce n'était pas l'invitation qu'elle souhaitait. Cependant, on montrait justement *Bitter Sweet* au Cartier. Marguerite, la veille, lui avait raconté l'histoire qui était belle et troublante. Elle songeait aussi à son petit chapeau neuf, au parfum qu'elle venait de s'acheter, et, ses pensées suivant une pente de plus en plus consolante, au couple élégant qu'ils formeraient, elle et Jean, presque de la même taille. Les gens seraient sûrement intrigués de les voir ensemble. Elle alla jusqu'à imaginer les racontars que l'on ferait sur son compte. Et cela l'amusa. Est-ce qu'elle allait se préoccuper de ce que diraient des gens stupides! Non, tout de même. Et elle se voyait avec le jeune homme après le spectacle dans un restaurant chic du quartier, seule avec lui dans un abri cloisonné, subtilement éclairé, où leur viendrait le flot du phono automatique. Là, elle serait sûre de son pouvoir et de son charme. C'est là qu'elle réduirait cet insolent jeune homme à manger dans sa main. Des invitations, elles saurait l'amener à lui en proposer d'autres. Un sourire venait de naître sur ses traits, imprudent et rêveur, lorsque Jean, se levant, laissa tomber une pièce de cinquante cents sur la table.

— Garde le reste pour toi, fit-il froidement. Et qu'il te serve à manger quelque chose de nourrissant... Tu es bien trop maigre.

Une riposte mauvaise lui vint aux lèvres. Elle se sentit cruellement blessée, de sa secrète soumission à lui plus que de toute autre chose, et voulut lui rendre la pièce d'un mouvement de colère, mais Jean enfilait déjà son pardessus.

— Tu me détestes, hein, murmura-t-il. Tu détestes ça ici, tu détestes tout, continua-t-il, comme si, penché sur elle, il ne voyait plus que le morne champ de ce cœur où n'étaient écloses encore que des pensées de refus et d'amertume.

Puis il s'en fut d'un pas rapide, avec quelque chose de déterminé, de fort et de nerveux dans le soulèvement des épaules. Il n'avait pas à fendre la foule du mouvement impatient de ses coudes. Elle s'écartait à son approche. Florentine eut alors comme un pressentiment qu'elle ne le reverrait jamais si elle n'allait pas à son rendez-vous. Le regardant s'éloigner, elle éprouva l'intuition qu'il la connaissait, cet étranger, comme d'instinct, mieux qu'elle ne se connaissait elle-même. Il avait jeté en elle une lumière fulgurante où elle avait discerné un instant mille choses de sa vie qui, jusque-là, étaient demeurées obscures.

Et maintenant qu'il était parti, il lui semblait qu'elle retombait dans l'ignorance de ses propres pensées. Un trouble profond la gagna. « Je n'irai pas, je n'irai pas, on va bien voir si j'irai », se dit-elle en enfonçant ses ongles dans la paume de ses mains. Mais, en même temps, elle vit Éveline qui la surveillait et réprimait une méchante envie de rire. Et Marguerite, la bousculant pour passer, un *sundae* à la main, lui souffla à l'oreille:

— Je serais pas fâchée qu'y me fasse de l'œil, moi, ce gars-là. Je le trouve-t-y de mon goût un peu!

Et dans le cœur de Florentine la rage s'adoucissait déjà, mêlée à l'agréable sensation d'être enviée. Jamais dans sa vie elle n'avait apprécié la possession de pauvres objets, d'amitiés passagères ou même de souvenirs épars qu'à travers d'autres yeux que les siens.

Les sucres*

(Dans une songerie de bonheur, Azarius et Rose-Anna Lacasse, résidents de Saint-Henri de Montréal, s'en vont aux sucres à Saint-Denis-sur-Richelieu, pays de leur enfance; ils emmènent leurs enfants, sauf l'aînée, Florentine, qui a préféré demeurer à la maison, afin d'y inviter secrètement son amoureux, Jean Lévesque.)

Aux yeux des enfants, la campagne n'était qu'espaces enneigés, qu'espaces d'un blanc gris avec, de-ci de-là, des morceaux de terre pelée et de grands arbres bruns qui se levaient dans la solitude; mais Rose-Anna et Azarius, qui se consultaient souvent du regard, souriaient d'un air entendu et souvent partaient à rêver ensemble.

— C'est ici, tu te souviens, disait l'un.

— Oui, ç'a pas changé, disait l'autre.

Des riens qui les plongeaient dans des réflexions béates et faciles.

À la portière, Rose-Anna aspirait l'air pur avec délice. Dès qu'ils eurent quitté le pont Victoria, elle avait baissé la vitre et avait aspiré longuement.

— De la bonne air! avait-elle dit, les narines largement dilatées.

Ils filaient maintenant à vive allure sur la route nationale. Bien qu'elle eût passé la nuit à coudre, Rose-Anna ne montrait pas trop de fatigue. Les yeux étaient un peu lourds, mais les plis de la bouche, soulagés se détendaient.

Un à un, elle reconnaissait les villages de la vallée du Richelieu et quelque chose comme son ancienne joie de jeune fille lui soufflait des remarques que seul Azarius comprenait.

Puis, soudain, elle se tut. Avec un grand élan muet de tout son cœur, elle venait de saluer la rivière qui bouillonne au pied du fort de Chambly. Par la suite, elle se prit à guetter chaque courbe du chemin, chaque détour qui les rapprochaient du Richelieu. Non que les collines, les cours d'eau en eux-mêmes fussent propres à éveiller en elle un grand attrait. Elle ne les remarquait et ne s'en souvenait qu'autant qu'ils étaient liés à sa vie. Ainsi, elle restait à peu près indifférente au Saint-Laurent; mais du Richelieu elle connaissait tout, elle l'avait vu passer toute son enfance: et, le connaissant si bien, elle n'hésitait pas à déclarer à ses enfants: « C'est la plus belle rivière du pays. » De même que pour décrire un paysage, elle disait: « C'est pas aussi beau que le terrain en planche de chez nous, au bord de la rivière. »

Dès que le Richelieu avait paru à leur gauche, elle s'était tenue plus droite. Les mains à la vitre, elle se penchait un peu au dehors. Elle jetait tout haut les noms des villages où ils passaient, cahotés à toute vitesse dans le camion à bestiaux: Saint-Hilaire, Saint-Mathias, Saint-Charles.

Les berges se faisaient de plus en plus basses, de plus en plus espacées. La rivière coulait avec une telle tranquillité, une telle plénitude de force et de vie calme qu'on devinait à peine la grande épaisseur de ses eaux sombres sous une mince croûte de glace.

Par instants, Azarius se retournait vers le fond du camion où les enfants étaient assis sur des couvertures, et il criait haut par-dessus le grondement de leur course:

— Regardez ben, les petits Lacasse! Vot' mère et moi, on est venus icitte dans le temps en petite barque.

Alors le petit Daniel, qu'ils avaient installé entre eux sur la banquette afin qu'il n'eût pas trop froid, ouvrait des yeux ronds encore avivés de fièvre. « Où c'est qu'elle est la rivière? » Il était trop petit pour voir au dehors par les vitres de la voiture. Et pour lui le Richelieu pouvait être la bande de ciel bleu qui se déroulait à ses yeux dans le pare-brise, avec parfois des tiges, des branches noires jetées là-dessus comme des arabesques.

— C'est quoi des petites barques? demanda-t-il une fois, fort sérieusement et en faisant pour réfléchir des efforts qui le mirent presque en sueur.

De temps en temps, il tentait de se soulever sur la banquette pour mieux découvrir le paysage et situer toutes ces choses dont parlaient ses parents. Mais le Richelieu devait, dans son imagination, rester toujours un peu d'azur au-dessus de sa tête, du bleu comme il n'en avait jamais vu, avec des bandes de nuages très blancs, très doux, qui étaient peut-être des barques.

Distraite un instant dans sa joie, Rose-Anna le couvrit jusqu'au cou, car, tassé près d'elle, il semblait frissonner.

Puis son village apparut au bout d'une allée d'arbres.

— Saint-Denis! lança Azarius.

Et Rose-Anna se souleva, les yeux soudain mouillés. Aidée du souvenir, elle devançait le tournant de la route, là-bas, au bout du village, elle devançait un coteau. Enfin, le paysage lui livra la maison paternelle. Le toit à pignons se précisa entre les érables. Puis se dessina nettement la galerie à balustrade avec ce qui restait de concombres grimpants, ratatinés par l'hiver. Rose-Anna, projetée vers Azarius, murmura avec un tressaillement de douleur physique aussi bien que d'émoi:

— Eh ben, nous v'là!... Quand même ç'a pas gros changé!

Sa joie avait duré jusque-là et dura encore un peu, car, dans l'embrasure de la porte brusquement ouverte, apparurent ses frères, sa belle-sœur; et des exclamations chaudes lui arrivèrent dans un grand bourdonnement: « Ben, regarde donc ça, qui est-ce qui nous arrive! Parle-moi d'une affaire! De la visite de Montréal! »

Mais, alors qu'elle descendait du camion, vacillante, étourdie par une soudaine bouffée d'air frais, et cherchant à défriper son vieux manteau, une gouaillerie lourde de son frère Ernest porta une première atteinte à sa joie.

— Ben, nom d'une pipe, te v'là Rose-Anna!... dit le paysan en la détaillant d'un brusque coup d'œil. Vieille pipe à son père, t'as envie d'en élever une quinzaine comme sa mère, je crois ben.

Rose-Anna chancela sous cet étrange accueil. Elle s'était corsetée tant qu'elle avait pu et elle avait espéré que sa grossesse passerait inaperçue, non par fausse honte, mais parce qu'elle était toujours venue chez les siens dans cet état et puis, parce qu'au fond, cette fois, elle aurait voulu que cette journée en fût une de détente, de jeunesse retrouvée, d'illusion peut-être. Pourtant elle chercha à sourire et à tourner la chose en plaisanterie légère.

— Ben, c'est de famille, Ernest. Qu'est-ce que tu veux!

Mais elle avait compris soudain combien sa joie était une chose frêle et vite menacée.

Un coup plus rude lui vint de sa belle-sœur, Réséda. En l'aidant à dévêtir les enfants, la jeune madame Laplante s'écria:

— Mais ils sont ben pâles tes enfants, Rose-Anna! Leur donnes-tu de quoi manger au moins?

Cette fois, Rose-Anna se sentit prise de colère. Réséda parlait par dépit, bien sûr, elle qui habillait si mal ses enfants. C'est qu'ils avaient vraiment l'air fagotés, avec leurs gros bas de laine du pays, et leurs petits pantalons tout de travers et longs sur leurs jarrets. Rose-Anna appela la petite Gisèle pour refaire la grosse boucle dans ses cheveux et remonter sa robe au-dessus des genoux ainsi que le voulait la mode. Mais, alors qu'elle mettait une main hâtive à la toilette de ses enfants, ses yeux tombèrent sur le groupe que formaient Daniel et l'aîné de Réséda, le gros Gilbert, joufflu et rosé. Un cri lui échappa. Le petit paysan avait empoigné son cousin de la ville et, comme un jeune chien robuste, cherchait à le faire rouler par terre avec lui. L'enfant maladif se débattait sans courage. Il espérait visiblement qu'on le laissât tranquille et tout seul.

Alors Rose-Anna se redressa un peu:

— Il est plus vieux que le mien aussi.

— Ben non, protesta la jeune femme. Ils sont nés la même année, tu sais ben.

— Non, maintint Rose-Anna. Ils ont six mois de différence.

Et vinrent de longues explications pour déterminer la date exacte des naissances.

— C'est plutôt Albert qui se trouve de l'âge du tien, insistait Rose-Anna.

— Pas d'affaires, voyons donc, trancha Réséda. Tu sais bien qu'ils sont de l'été tous les deux.

Elle se promenait en parlant dans la pièce; et elle s'efforçait de tranquilliser son nourrisson qui réclamait son repas et de ses mains déjà fortes cherchait à dégrafer le corsage rond et soulevé de sa mère. Et elle précisait:

— Ah, tu peux pas me faire changer d'idée! Je sais ben trop qu'ils sont du même mois.

Les deux femmes se regardèrent un court moment, presque hostiles; dans les yeux de la paysanne éclatait un orgueil insolent. Rose-Anna abaissa les siens. Sa colère tombait. Elle fit le tour de ses enfants, d'un regard craintif, effaré; et elle se demanda si elle les avait vraiment vus jusque-là tels qu'ils étaient, avec leur petit visage maigre et leurs membres fluets.

L'avant-dernier de Réséda s'était traîné vers elle sur de grosses pattes courtes, à demi arquées, potelées aux genoux; et, tout à coup, au-dessus du bébé, elle avait aperçu une rangée de petites jambes grêles. De ses enfants, assis contre le mur docilement, elle ne voyait plus que les jambes, des jambes pendantes, longues et presque décharnées.

Et maintenant une dernière blessure lui venait de sa mère. Après l'énervement du dîner en deux tablées et où elle avait secondé sa belle-sœur autant qu'elle l'avait pu, Rose-Anna se retrouvait enfin seule avec la vieille madame Laplante. Elle avait attendu ce moment où, Réséda s'occupant de son nourrisson et les hommes se groupant pour parler d'affaires autour du poêle, elle serait assurée d'un moment d'intimité avec sa mère. Mais voici que les premiers mots de la vieille femme étaient tout empreints de fatalisme:

— Pauv' Rose-Anna, j'ai ben pensé que t'avais eu de la misère, toi aussi. Je le savais ben, va. Ça pouvait pas être plus drôle pour toi que pour les autres. Tu vois à c'te heure que la vie, ma fille, on arrange pas ça comme on veut. Dans le temps, tu pensais avoir ton mot à dire... toi...

C'était dit d'une petite voix pointue, sans émotion comme sans rancœur. La vieille madame Laplante, du fond de sa chaise geignante, semblait s'être muée en une négation obstinée de tout espoir. Ce n'était pas qu'elle eût omis la charité au cours de sa vie. Au contraire, elle se plaisait à croire qu'elle s'acheminait vers son Créateur, les mains pleines de bonnes actions et richement pourvue d'indulgences. C'est tout juste si elle ne se représentait pas franchissant le ciel à la manière d'une voyageuse prudente qui, toute sa vie, eût pris des précautions pour s'assurer un séjour confortable là-haut. Elle avait, selon son expression, « enduré son purgatoire sur terre ».

Elle était de ces personnes qui prêtent une oreille attentive aux récits des malheurs. Aux autres, elle accordait un sourire méfiant. Rien ne la surprenait tant qu'un visage épanoui. Elle ne croyait pas au bonheur; elle n'y avait jamais cru.

Au fond de la cuisine, les hommes parlaient entre eux, s'animant vite. Rose-Anna avait rapproché sa chaise tout près de celle de la vieille femme. Gauchement, mal à l'aise, elle tournait et retournait ses mains sur ses genoux. Elle se sentait presque honteuse, tout à coup, honteuse d'être venue vers sa mère, non pas comme une femme mariée avec ses responsabilités, ses charges et la force que cela suppose, mais comme une enfant qui a besoin d'aide et de lumière. Et les conseils détachés, empreints d'un ton sermonneur, froids comme le visage blanc et anguleux de la vieille femme, se frayaient un chemin à ses oreilles, mais dans son cœur n'éveillaient que le sentiment d'une immense solitude.

Qu'était-elle venue chercher exactement? Elle ne le savait plus; car, à mesure qu'elle causait à voix basse avec la vieille, elle oubliait l'image qu'elle s'en était faite à la longue et à distance. Elle la découvrait telle qu'elle était, telle qu'elle avait toujours été, et se demandait comment elle avait pu se leurrer. Car de la vieille femme, il n'y avait à espérer aucun aveu de tendresse.

Mme Laplante avait élevé quinze enfants. Elle s'était levée la nuit pour les soigner; elle leur avait enseigné leurs prières; elle leur avait fait répéter leur catéchisme; elle les avait vêtus en filant, tissant et cousant de ses fortes mains; elle les avait appelés à une bonne table, mais jamais elle ne s'était penchée sur aucun d'eux avec une flamme claire et joyeuse au fond de ses durs yeux gris fer. Jamais elle ne les avait pris sur ses genoux sauf lorsqu'ils étaient au maillot. Jamais elle ne les avait embrassés, sauf, du bout des lèvres, après une longue absence; ou encore, au jour de l'An, et cela avec une sorte de gravité froide et en prononçant des souhaits usés et banals.

Elle avait eu quinze petites têtes rondes et lisses contre son sein; elle avait eu quinze petits corps accrochés à ses jupes; elle avait eu un mari bon, affectueux, attentif, mais toute sa vie elle avait parlé de supporter ses croix, ses épreuves, ses fardeaux. Elle avait parlé toute sa vie de résignation chrétienne et de douleurs à endurer.

Sur son lit de mort, le père Laplante avait murmuré, d'une voix déjà engluée du dernier sommeil:

« Enfin, tu vas être délivrée d'une de tes croix, ma pauv' femme! »

— Comment est-ce qu'il se débrouille, ton Azarius?

Rose-Anna sursauta. Elle revint de loin, le regard trouble. Puis elle se pencha de nouveau vers sa mère. Elle comprenait que la vieille, à sa manière distante et sèche, s'informait des siens. Elle avait toujours dit: « Ton Azarius, ta famille, ta Florentine, tes enfants, ta vie. » Pour Azarius, un citadin, elle avait eu encore moins d'amitié que pour ses autres beaux-fils, tous de la campagne. Au mariage de Rose-Anna, elle avait déclaré: « Tu crois p't-être ben te sauver de la misère à c'te heure que tu vas aller faire ta dame dans les villes, mais marque ben ce que je te dis: la misère nous trouve. T'auras tes peines, toi aussi. Enfin, c'est toi qui as choisi. Espérons que tu t'en repentiras pas. »

Le seul souhait de bonheur qu'elle eût jamais formulé, se rappelait Rose-Anna.

— Azarius, dit-elle, sortant de sa rêverie, ah ben! il travaille de ce temps-ci. Il est ben encouragé. Pis Eugène s'est enrôlé comme je vous l'ai dit d'abord; il paraît pas mal dans son uniforme. Ça le vieillit un peu. On se débrouille. Florentine a ses payes régulières...

La vieille clignait des yeux. Elle disait à tout instant:

— Eh ben! tant mieux, tant mieux si ça marche comme tu dis!

Mais ses doigts secs, jaunis, frottaient le bras de la chaise, usé à cet endroit par ce geste habituel des mains, et semblaient souligner un doute constant.

Et cependant Rose-Anna continuait à défendre son mari avec la même voix âpre qu'elle avait eue autrefois quand sa mère cherchait à le lui présenter sous un mauvais jour.

— Il se tire d'affaire, disait-elle. Quand une chose va pas, eh ben, il en essaye une autre. Il reste pas longtemps à rien faire. Ça, c'est rien qu'en attendant qu'il a pris le truck. Il compte se remettre à travailler de son métier. La guerre va donner de la construction.

Elle se surprenait à employer le langage d'Azarius et, pour parler de son métier, elle y mettait presque autant de passion que lui-même. Mais à d'autres instants, sa voix sonnait faux, lointaine; elle s'écoutait parler, se demandant si c'était bien elle qui s'exprimait ainsi. Par la fenêtre donnant sur l'étendue de la ferme, elle apercevait les enfants qui, sous la conduite de l'oncle Octave, se dirigeaient vers la cabane à sucre. Le petit Daniel trébuchait dans la neige, loin derrière les autres qui gambadaient. Alors, elle s'arrêtait de causer; son regard s'échappait complètement, inquiet, jusqu'au moment où elle voyait Yvonne revenir en arrière et aider son petit frère. Puis elle se prenait à écouter Azarius dont la voix lui arrivait comme à travers un rêve. Elle l'entendit qui disait à son jeune beau-frère:

— Cout' donc, si tu penses en avoir gros du sirop, t'aurais qu'à me le passer; je m'en vas te le vendre, moi, rien que pour une petite commission. Su ma run, rien de plus facile.

Il se rengorgeait et se donnait des airs d'importance, étalé sur une chaise de cuisine, les pieds sur la porte ouverte du fourneau. Dans son complet encore passable, auquel Rose-Anna avait donné un coup de fer la veille, il tranchait de tout son prestige de citadin sur ses beaux-frères en bras de chemise, qui avaient dénoué leur cravate et relâché leurs bretelles. Rose-Anna remarqua qu'ils paraissaient considérer favorablement le projet d'Azarius, et elle fut inquiète. Aussitôt qu'un événement heureux les favorisait, Azarius prenait de l'audace, se montrait de nouveau prêt à se risquer dans quelque entreprise, à laquelle bien souvent il n'entendait presque rien. Ainsi, une part d'elle-même redoutait toute chance qui leur échoyait. Elle aurait voulu mettre Azarius en garde, ses frères également. L'attitude de Philippe la surprenait aussi de plus en plus, l'offensait. Voici qu'il se roulait des cigarettes sous les yeux désapprobateurs de sa grand-mère, se mêlait aux hommes et, à tout instant, employait des mots grossiers. Mais au lieu de le reprendre, Rose-Anna ramena un regard gêné vers sa mère et continua à raconter leur vie d'une voix égale et monotone:

— Yvonne est la première de sa classe; les sœurs sont bien contentes d'elle. Et Philippe est à la veille de se trouver de l'ouvrage. Il paraît qu'ils vont en prendre des tout jeunes comme lui dans les usines de munitions... Ça fait que tous ensemble, on va finir par se tirer d'affaire, pas mal.

Ses yeux se levaient par instants; et elle se haussait un peu sur sa chaise pour suivre la marche des enfants; elle les vit pénétrer dans l'érablière, une petite masse de couleurs se dénouant et se mettant à la file entre les arbres. Et elle regretta si vivement de n'être pas partie avec eux que ses yeux s'embuèrent de larmes. Elle n'avait point osé, lorsque sa mère, la morigénant comme si elle était restée une enfant, avait déclaré: « Dans ton état, t'es pas pour te mettre à courir les bois. »

« Courir les bois!... se répétait Rose-Anna, toute navrée. Mais ce n'était pas ainsi pourtant que lui était apparue cette promenade. Sans doute aussi, avait-elle cessé quelque temps de se voir elle-même telle qu'elle était aux yeux des autres et, éblouie par son désir, entraînée par l'illusion, elle avait rêvé l'impossible. Et elle craignait tant maintenant d'en arriver à trouver son rêve ridicule qu'elle se défendait d'y penser, le reniait et se disait: « Je savais bien aussi que j'irais pas... dans l'érablière. »

Lorsque la vieille madame Laplante envoya chercher à la cave un gros morceau de lard salé, des œufs frais, de la crème et des conserves, et qu'elle fit envelopper toutes ces choses, Rose-Anna fut émue de la générosité de sa mère. Sachant comme la pauvre vieille s'irritait des remerciements, elle n'osa pas en formuler. Et cela acheva de l'attrister. Elle regardait sa mère qui s'était levée péniblement pour ajouter encore un gros pain de ménage dans la boîte de victuailles et qui, de ses mains fureteuses, déplaçait les objets, les remettait en place et grondait. « A nous donne toujours gros chaque fois qu'on vient », songeait Rose-Anna. « Peut-être qu'a croit pas un mot de ce que j'y dis. Pauv' vieille, a veut nous aider à sa manière. Et ça la fâche de pas pouvoir faire plus. A toujours eu bon cœur pour donner. Ben sûr, qu'a nous laisserait pas pâtir de la faim, si a savait qu'on a pas tout ce qu'il faut. Toute notre vie, quand on a eu besoin d'elle, a nous a donné la nourriture, les vêtements et les bons conseils, c'est vrai. » Sa bouche se plissa. Et elle pensa: « Mais est-ce rien que ça qu'une mère doit donner à ses enfants? »

Et, tout à coup, Rose-Anna s'affaissa à demi sur sa chaise, le front soucieux et le regard au loin. Elle se demandait: « Est-ce que j'aurai, moi, quelque chose de plus à donner à Florentine quand elle sera une femme mariée et qu'elle aura peut-être ben besoin de moi de la façon que j'ai moi-même aujourd'hui besoin de quelqu'un pour me parler? » Elle croyait comprendre soudain l'austérité de sa mère. N'était-ce pas avant tout la gêne terrible de ne pas savoir défendre les êtres qui l'avait ainsi fait se raidir toute sa vie?

Et parce qu'elle n'avait plus la certitude de pouvoir aider sa fille ni plus tard ni maintenant, parce qu'elle était traversée de la crainte que Florentine ne chercherait pas cette aide, et parce qu'elle comprenait subitement qu'il est très difficile de secourir ses enfants dans les malheurs secrets qui les atteignent, Rose-Anna hocha la tête et se laissa aller au silence. Sans effort, comme si l'habitude fût déjà ancienne, elle esquissait, sur le bras de sa chaise, le même geste futile que sa vieille mère.

LA PETITE POULE D'EAU

L'arrivée de la maîtresse d'école*

(Isolée dans son île de la Petite Poule d'eau, la famille Tousignant a obtenu du gouvernement manitobain une institutrice pour ses six enfants d'âge scolaire; la voici qui arrive.)

Elle porta la main à ses yeux pour les abriter du soleil. Au loin, un petit groupe venait de mettre pied dans l'Île-aux-Maringouins et une barque renversée s'avançait au-dessus des roseaux. À l'ordinaire, les Tousignant étaient bien organisés pour la traversée des deux rivières. Une barque était affectée au passage de chacune et y demeurait en permanence. Mais la barque de la Grande Poule d'Eau devait subir des réparations, et c'est ainsi qu'il n'y en avait qu'une de disponible aujourd'hui et qu'il fallait faire des portages.

La barque approchait. Sous le petit bateau, Luzina distinguait les jambes et le torse d'Hippolyte et, derrière lui, deux autres porteurs qui devaient être Pierre et Philippe-Auguste-Émile. D'autres enfants suivaient et, parmi eux, Luzina repéra celle qui devait être mademoiselle Côté.

Aussitôt son cœur donna un coup fort et brusque. La peur s'emparait de Luzina. D'un coup d'œil elle embrassa les enfants qui l'entouraient. Que connaissait-elle de cette demoiselle Côté? C'était peut-être une de ces vieilles filles butées sur la discipline, qui ne savent l'expliquer qu'à coups de règles sur les jointures si sensibles des doigts. Vers l'âge de neuf ans, Luzina avait eu une telle maîtresse; elle s'était hâtée de l'oublier, sa nature préférant de beaucoup les souvenirs attendrissants. Mais voici que ressuscitait, alliée pour Luzina aux tables de multiplication, la méchante maîtresse avec son long bâton effilé qui, en principe, devait servir à indiquer les beaux pays sur la carte du monde, non pas à frapper les doigts et les genoux tremblants.

Le groupe des arrivants était entré dans le plus touffu de l'île. Luzina n'en voyait presque rien. Quand il en ressortit, il se trouva près d'elle, et ses yeux s'emplirent d'une vision fine, délicate, telle que jamais on avait espéré en savourer dans l'île de la Petite Poule d'Eau. La demoiselle n'était ni vieille, ni sévère. Elle était toute pimpante. Un petit chapeau de paille, un vrai chapeau de ville qu'elle portait très incliné sur l'œil droit, piquait sa plume rouge partout entre les roseaux qui menaçaient de la lui arracher. Elle devait retenir son chapeau d'une main, protéger son joli costume des éclaboussures, faire attention de ne pas poser le pied dans les flaques d'eau. Ses mains qui s'affairaient ainsi étaient gantées. Au creux de son coude, elle serrait un beau sac de cuir. Ses souliers étaient à talons hauts, ce qui expliquait qu'Hippolyte à plusieurs reprises, avait dû poser la barque et attendre la maîtresse, obligée à cause de ses beaux souliers de contourner les grands trous, de chercher des mottes assez solides et de faire presque le double du chemin. On aurait dit qu'elle venait prendre un poste à deux pas de la gare, en plein village, sous le nez d'au moins douze familles qui guettaient son arrivée. Jamais Luzina n'oublierait cette belle vision.

La maîtresse approchait, assise maintenant au fond de la barque. Elle tirait sa jupe sur ses genoux, ayant quelque peine à abriter contre les gouttes d'eau que soulevaient les rames, son sac de cuir, son costume, sa valise et son petit chapeau. « Fais attention Hippolyte », avait envie de crier Luzina. Elle avait passé son gros poupon du bras droit au bras gauche; elle l'écrasait sur sa forte poitrine et s'apprêtait à tendre sa main libre vers la maîtresse. Elle riait. L'émotion avait cet effet sur Luzina. Plus elle était saisie, et plus elle riait. Plus elle riait du reste, et moins elle pouvait se ressaisir. Cette élégance, cette finesse, cet air gracieux de la vie du Sud qui entrait aujourd'hui dans l'île, voilà ce qui, pinçant le cœur de Luzina, la portait à une sorte de gloussement frais et continu. Juste au bord de la rivière, les pieds dans la vase, embarrassée de son gros bébé, elle secoua à grands coups la petite main gantée de mademoiselle Côté, et tout ce qu'elle arrivait à dire à travers ses accès de rire, c'étaient des questions ingénues: « Mademoiselle Côté, hein? C'est mademoiselle Côté? Vous voilà donc arrivée, mademoiselle Côté, hein? » comme s'il pouvait subsister quelque doute sur l'identité de la maîtresse.

La petite demoiselle était loin d'avoir envie de rire, elle. Depuis deux semaines seulement, elle détenait son brevet tout neuf d'enseignement. En robe blanche, les cheveux bouclés pour l'occasion, elle avait reçu le parchemin enroulé sous un large ruban rouge des mains d'un représentant officiel du Department of Education, qui l'avait félicitée de ses bonnes notes. Si forte que fût mademoiselle Côté, elle n'avait jamais cru que le Manitoba pût être si grand, si peu habité. Elle n'avait pour ainsi dire jamais quitté son gros village du Sud, dans la vallée de la rivière Rouge, que pour fréquenter l'École normale de Winnipeg. Au reste, elle y avait brillé en géographie aussi bien qu'en toutes autres choses apprises dans les manuels. De rouler aujourd'hui de relais en relais, de Ford démantibulée en Ford encore plus branlante l'avait exténuée. Depuis bien des heures, la pauvre enfant n'avait plus la moindre idée du lieu où elle se trouvait. Arrivée à Portage-des-Prés, elle avait découvert, un peu à l'écart des cinq maisons du hameau, une petite bâtisse en planches qui, à la rigueur, eût pu passer pour une école, et le cœur déjà lourd, elle s'était apprêtée à demander la clé au marchand Bessette. Celui-ci avait bien ri. Ici, c'était le village, lui avait-il signifié. Ici, ils avaient une maîtresse depuis belle lurette. Mademoiselle Côté avait compris que son poste serait beaucoup moins considérable que celui de la colonie. Elle avait continué à rouler, cette fois en compagnie d'un petit homme peut-être muet puisqu'il ne s'exprimait que par des espèces de grognements. Et maintenant elle découvrait ce à quoi elle avait tendu de tout son cœur à travers tant d'années d'application, de prix d'excellence et de magnifiques illusions: c'était donc cela, sa première école, l'échelon initial de la carrière la plus méritoire, la plus exaltante à ses yeux! Mais au fond où était l'école? Elle hésitait entre les quatre cabanes grises, en bois non équarri, dont la plus importante, dans le Sud, n'aurait pu servir que de grange ou de petite porcherie. Tout autour, régnaient le silence, l'eau, le piaillement aigu des petites poules à ventre argenté, aux ailes tachetées de gris. Le cœur de mademoiselle Côté gémissait de même, perdu dans le désert, et il cherchait déjà lui aussi son refuge. Son regard se porta sur les enfants. La moitié des petits Tousignant avaient les yeux bleu clair, rieurs et tendres de Luzina; l'autre moitié, les prunelles brunes, lentes et sommeillantes d'Hippolyte. Mais tous ces yeux fixés sur la maîtresse montraient en ce moment la même expression d'angoisse amoureuse. Même les plus petits qui n'iraient pas encore à l'école hésitaient entre la crainte et la confiance. Tous se tenaient près de la belle demoiselle, comme des faons qu'un seul geste peut faire fuir, mais qu'une petite caresse pourrait apprivoiser.

Mademoiselle Côté se pencha brusquement vers la petite troupe indécise; abandonnant son sac, sa valise, son chapeau, elle ouvrit les bras aux enfants de Luzina. Joséphine y vint la première, cette sauvage enfant que la vue de tout étranger contraignait à se glisser entre les roseaux, puis Norbert, Edmond qui tremblait tout en approchant, et ainsi, peu à peu, toute la petite marmaille, sauf Pierre qui, rougissant, extrêmement gêné tout à coup, sentait l'inconvenance des embrassades.

La demoiselle se redressa. On vit alors qu'elle était tout à son devoir, cette demoiselle Côté, et que sa jeunesse ne serait pas un obstacle à la fermeté, bien au contraire. Elle avait reconnu laquelle des cabanes était l'école. Elle dit d'un petit ton déterminé:

— Je vais me rendre tout de suite à l'école, préparer mes leçons.

— Vous devez être fatiguée. Vous pourriez presquement prendre une journée de congé avant, suggéra Luzina à contre-cœur, mais commandée par un esprit de justice.

— Commencer par une journée de congé! Non, non, à l'œuvre, dit mademoiselle Côté.

Tout droit vers l'école, elle partit la première, et c'était elle, déjà, qui entraînait tout le monde.

ALEXANDRE CHENEVERT

Le retour à la ville*

(Deux jours avant la fin de ses vacances, Alexandre Chenevert, petit caissier de banque, revient du lac Vert à Montréal, sa ville.)

Les fermes devinrent plus nombreuses et les villages un peu plus rapprochés. L'autobus prenait du monde aux auberges et sur la route. L'air se vicia d'odeurs. Des voyageurs demandèrent qu'on ouvrît plus grand, et certains se plaignirent des courants d'air. En rase campagne, un panneau-réclame proposa de fumer des cigarettes *Player's Mild, les plus douces au Canada*.

Alexandre avait commencé de causer avec son voisin, un fonctionnaire, depuis très longtemps employé à l'Hôtel de ville de Montréal; de l'avis de son médecin, il lui aurait fallu trois mois de vacances. Mais comment faire? Une seule de ses filles était mariée. Il disait que la vie des hommes semblait être de sortir de leur campagne afin de faire assez d'argent dans la ville pour pouvoir venir refaire leur santé à la campagne. Il s'appelait Lavigne. Sa femme était « une petite Lajoie ». Et il eut plutôt raison, ce dénommé Lavigne, ayant fourni tant d'explications sur lui-même, de se trouver vexé par le comportement de son voisin. En effet, après avoir paru assez bienveillant, s'être laissé arracher quelques confidences, Alexandre, sans raison apparente, se taisait. Il ne répondait plus aux questions: « Et vous, c'est à la banque que vous êtes? Quelle banque donc? » Son visage fermé semblait souhaiter le silence.

Chertsey... Rawdon... Sainte-Julienne... L'autobus descendait le versant des Laurentides. Un Christ surgit au bord du chemin national. Il était relié par des fils électriques à un poteau de l'Hydro-Québec. Au dos, il portait tout un appareil à demeure: câbles tressés, filins, une boîte à fusibles sans doute. Alexandre se demanda s'il n'y avait pas aussi un compteur enregistrant le nombre de kilowatts que le Christ pouvait consommer, la nuit, lorsqu'il devait être allumé; si le Christ s'allumait automatiquement ou, ce qui paraissait plus probable, si quelqu'un du voisinage venait à heure fixe pousser quelque levier de l'appareil. Il était déjà loin que le Christ électrifié le tracassait encore. Ensuite, il plaignit les saints qui, en leurs niches, devant les églises de campagne et tout au long du trajet, se présentèrent auréolés de bougies électriques. Les cartons-réclames se multipliaient, à la louange du *Seven-Up*. Une petite grange en plein champ lançait de tous côtés: « Ça ravigote... » Une série de bicoques défila: huttes bâties avec des moyens de fortune, chalets en simili-brique, en simili-pierre... dans un pays riche de beaux bois; leurs jardinets étaient remplis de poules, de nains et d'amphores en bois ou en grès. À l'entrée d'un beau village cossu, Alexandre distingua une inscription bien placée sur l'épaulement de la route: Il est défendu de mendier à Saint-Esprit... Pelletier, se disant épicier-boucher licencié, souhaitait la bienvenue... Madame Aludude servait des *light lunch: hot dogs, hamburgers*, patates frites... Jos Latendresse était Entrepreneur de Pompes Funèbres... et il n'y avait pas de meilleur talon que l'inusable *Cat's Paw*...

On traversa la rivière des Mille-Îles. Sous le pont, des remous d'eau scintillèrent. Après, il y eut encore un peu de campagne. Mais les champs étaient plus petits, et ils étaient contenus par des clôtures en barbelé. Parfois, seul dans les chaumes, s'élevait encore quelque grand bouleau tout transpercé de lumière.

À gauche de la route parut la puissante rivière des Prairies; à droite, l'enceinte du pénitencier. Dans les tours de guet, des gardiens, l'arme à l'épaule, surveillaient des prisonniers au travail. Est-il rien de plus triste que d'avoir à se dire, revenant de vacances, que les pénitenciers sont peut-être indispensables? De loin, on voyait comme un nuage de fumée stagnante, cette couleur plus grise, pensive, du ciel au-dessus des grandes villes et qui les annonce à des milles de distance. De hautes cheminées d'usine venaient à la rencontre du regard, des clochers noircis, des panneaux-réclames qui dès lors prenaient appui sur les toits. Ils proposaient deux cents chambres avec eau courante... soixante chambres avec bain... des matelas *beauty-rest*... Six cents autres chambres... *fire-proof*... Vulcanisation... des parties usagées... le garage Pie IX Enrg... Quelques arbres chargés de poussière luttaient pour leur existence; des champs vagues se défendaient piteusement, abîmés par des annonces d'agences immobilières: Beaux terrains à vendre. Le public était prié de ne pas y jeter d'ordures; à ces endroits, précisément, s'élevaient des monceaux de boîtes de conserve rouillées.

Les maisons en vinrent à se suivre à peu près régulièrement. Puis elles se soudèrent: une longue façade ininterrompue de briques et de fenêtres; un bloc solide qui, au coin des rues, aboutissait à un petit centre commercial. Là, il y avait le *drug store*, le comptoir de quelque *Dry Cleaning*, un établissement pour les soins de beauté; souvent, une succursale de banque. Et cela recommençait, exactement pareil, au prochain coin de rue. Quelquefois la petite zone de commerce comprenait un cinéma aux affiches de nature amoureuse. Certains coins de rue possédaient leur salon mortuaire; des fougères bien vertes les signalaient à l'œil. À côté des distributeurs d'essence, assez souvent, se rangeait quelque petit magasin de ravitaillement; des boîtes de *corn flakes* y étaient disposées à peu près comme chez le voisin les bidons de lubrifiants.

L'autobus n'avançait plus qu'avec peine, obligé sans cesse de ralentir. Le chauffeur cornait.

Alexandre pencha la tête au-dehors. C'était une journée ensoleillée et le soleil trouvant ici beaucoup de nickel, d'aluminium, de surfaces brillantes, en tirait un éclat aveuglant et riche.

À travers les autos, contre les énormes pneus doubles d'un camion, il vit une silhouette de gamin monté sur deux minces roues et qui pédalait. La vulnérabilité de l'enfant avec ses mains nues, son dos fragile, son visage exposé, le rendit exécrable à Alexandre. Le gamin se faufila à travers les voitures jusqu'à l'autobus, se laissa remorquer, et il sifflait, le petit malheureux! Le lourd véhicule le frôla. Alexandre se recula d'instinct. Mais déjà, le petit livreur s'était écarté, adroit comme un singe. Il fila seul, un très court moment, au devant de toute la circulation qui semblait le poursuivre. L'autobus de Saint-Donat s'engagea en un virage difficile. Alexandre entrevit une mêlée de roues, de signaux que faisaient de la main des automobilistes pour indiquer leur direction. Le conducteur tournait le volant à grands tours. Enfin, l'autobus pénétra sous la haute voûte de la gare.

Des haut-parleurs annonçaient de prochains départs. Des gens couraient sur les quais. Il est vrai que c'était encore le temps des vacances, qu'il est long de vider une ville, d'y ramener sa population. Il restait quelques belles semaines d'été à distribuer. Alexandre mit pied sur le ciment, en pleine odeur infecte de tous ces moteurs ronronnants.

Il avançait avec beaucoup de peine pour dégager sa valise des paquets, des parapluies. Il allait, disait à chaque personne: Excusez-moi... Il était en pleine déroute, au milieu d'étrangers. Les portes tournantes voltigèrent; la grande aiguille de l'horloge avança d'une minute, avec un déclic; déjà, les visages paraissaient s'être renouvelés autour de lui. Il eut la curieuse sensation qu'il ne pourrait pas être plus à l'étranger à Moscou, à Paris. Ce qui lui arrivait était pire que la solitude: comme un atroce malentendu. Il posa sa valise, passa une main sur son front. « Voyons, pensa Alexandre: j'ai vécu toute ma vie à Montréal; je suis né ici; j'y mourrai probablement. » Il éprouva la terrible ingratitude de la ville à son endroit.

Il sortit, rue Dorchester.

Des autos filaient en rangs serrés. Alexandre aperçut une trouée, s'y élança. Une automobile courait vers lui. Des freins grincèrent en un long cri de rage. Une voix rude l'interpella: « Dis donc, toi, t'es pas capable de regarder où tu vas? »

Alexandre remonta sur le trottoir. Son cœur s'agitait comme une bête irritée. « Vous devriez faire attention », lui reprocha un des piétons. Il avait tremblé pour la chétive vie d'Alexandre Chenevert, et sa crainte lui laissait un besoin de sévérité.

Alexandre se remettait un peu. Il attendait avec les autres qu'une lumière rouge s'éteignît, qu'une lueur verte daignât s'allumer et lui signifier de s'ébranler avec le courant humain qui, à intervalles, franchissait la chaussée.

Encore inquiet pour Alexandre, l'homme qui lui avait déjà parlé et qui le croyait de la campagne, l'avertit dès qu'ils touchèrent ensemble le trottoir.

— Ne traversez jamais sur une lumière rouge. À Montréal, c'est pas permis.

Alexandre accepta le conseil. Avec un serrement de cœur, il eut besoin de se réclamer d'un endroit à lui.

— Au lac Vert, dit-il, on ne connaît pas les règlements du trafic.

Il continua à pied jusqu'à la rue Sainte-Catherine. Des ouvriers réparaient une partie de la chaussée. Au passage de chaque tram, ils s'écartaient, puis ils revenaient un instant à leur travail. Ils avaient tout juste le temps de reprendre leur pic, de l'enfoncer deux ou trois fois dans l'asphalte, et un autre tram réclamait la voie. Réparer la moindre chose dans une ville parut à Alexandre exiger des efforts presque absurdes. Le poids de sa valise lui étirait le bras; son regard, malgré lui, courait aux manchettes de journaux. Il avait très bien vécu sans elles pendant quelques semaines. Pourquoi cette soudaine et fébrile curiosité pour les désastres?

... Une tornade, quelque part dans le Texas, avait fait deux millions de dollars de dégâts... Une autre conférence de paix avait échoué... La grève des cheminots n'aboutissait pas...

Il dépassa une sorte de casse-croûte; attablés au fond de la bicoque, des chauffeurs de taxi mangeaient des sandwiches en écoutant les informations. *L'émeute a éclaté à Tel-Aviv à onze heures... Douze morts... Des bombes étaient dissimulées...* Les mâchoires fonctionnaient au rythme des nouvelles énoncées. Ces hommes mâchant des paroles débitées par un speaker invisible, celui-ci enfermé dans un studio capitonné pour parler de Juifs en Palestine, cette invraisemblable relation des humains plongea Alexandre dans l'effarement. Il leva les yeux, au hasard, au-dessus des toits, cherchant l'horizon. Et il lut dans le ciel:

BUVEZ PEPSI-COLA.

Il ramena le regard dans la rue. Une camionnette filait, couverte à l'arrière d'une affiche saisissante:

Lisez l'AVENIR DU PAYS. Il dit la Vérité.

Devant un temple baptiste, on annonçait un sermon selon saint Mathieu... et on disait: Venez à l'église... La prière est toute-puissante...

Au coin des rues Sainte-Catherine et Peel, une jeune fille glissa presque de force un dépliant entre les mains d'Alexandre. C'était signé: Les Témoins de Jéhovah.

À ce carrefour, il se trouva un kiosque de journaux; quotidiens de presque toutes les capitales du monde. Il y en a même en yiddish... petits caractères bizarres qui inquiètent. Cachent-ils quelque chose que l'on devrait savoir?... Des titres sautaient devant les yeux:

Dix témoins de Jéhovah ont été arrêtés... La nationalisation de l'industrie se poursuit en Angleterre... Seule la libre entreprise ramènera la prospérité... *Do You Want Truth?*

Alexandre attendait son tramway. Des 83, des 3, des 3A. Ils se profilaient en une file serrée, lourds véhicules d'un jaune maussade, contrariant la circulation.

Alexandre avait levé la main, l'avait agitée à l'approche de son tram. Puis il avait fait comme les autres. Il était parti en zigzag à travers des autos qui cornaient et essayaient de dépasser les trams. Enfin, Dieu merci, les portes s'ouvrirent pour Alexandre. Poussé par la foule, il glissa la tête, puis le corps à l'intérieur. Mais il restait à faire entrer sa valise qui empêchait les portes de se fermer. Il réussit à la tirer vers lui. Son chapeau avait glissé sur le côté de sa tête. Il ne pouvait le redresser; il ne pouvait plus faire aucun mouvement. Alors, dans tout ce qu'il venait d'accomplir, il entrevit qu'il n'y avait pourtant rien que d'assez habituel pour lui: tous les jours de sa vie avant le lac Vert, il en avait fait presque autant. L'étonnement envahit son visage pâli de fatigue. Toutes les habitudes de sa vie étaient donc mauvaises, anormales. Il vacilla devant une si extraordinaire révélation. Sans doute se trompait-il; sans doute verrait-il les choses autrement dans quelques jours, quand il se serait refait à sa vie.

Il fut livré aux annonces qui d'un bout à l'autre du tram, au-dessus des banquettes, prodiguaient des conseils, des menaces, des avertissements. Le jello *yum-yum* était incomparable... *et le seul isme pour les Canadiens*, exprimait une distillerie, *était le Patriotisme...*

À coups de semelle, le conducteur pressait la pédale. Clank! Clank! Clank! Le bruit frêle et métallique irritait les nerfs. De brusques secousses projetaient Alexandre sur le pied d'un voisin et vers une ménagère chargée de paquets qui lui lançait des regards vindicatifs. « Embarquez des deux bords... Avancez en arrière... *Step inside if you please...* » répétait la voix exaspérée du receveur. Il était plus poli, d'instinct, quand il parlait anglais. Un religieux assis devant Alexandre tenait le regard obstinément baissé. L'idée de son salut à accomplir traversa l'attention émiettée d'Alexandre. Toutes les autres fatigues étaient vaines, sans conséquence. Pourtant le salut lui parut invraisemblable, une solution individuelle, toute solitaire au bout d'une promiscuité torturante.

Il se balançait à une courroie. Il entrouvrit des paupières brûlantes. Jamais encore Alexandre n'avait cru les autres hommes aussi sensibles que lui. Mais, aux visages las qui l'entouraient, il jugea les autres tout aussi malheureux. Deux plis d'amertume creusèrent sa bouche.

Il allait refermer les yeux, se dérober, mais il aperçut une affiche qu'il aurait bien pu se reprocher toute sa vie de n'avoir pas remarquée. Elle représentait un groupe d'enfants au visage tragique. C'était presque un groupe de squelettes. La légende disait:

ALLEZ-VOUS LAISSER LES ENFANTS GRECS MOURIR DE FAIM?

Et Alexandre, comme si l'appel lui eût été adressé personnellement, fit un signe de négation. Il sortit à l'instant son calepin. Il trouva son crayon. Il écrivit l'adresse qui était donnée au bas de l'affiche et la référence suivante, pour aider sa propre mémoire au cas où elle faiblirait: N. B. À ne pas oublier les enfants affamés.

Car, comment dormir encore, s'il négligeait cet appel?

Mais, deux rues plus loin, il eut le temps d'apercevoir une pancarte collée à un chantier de construction. Dessinés à grands traits, un vieillard, une femme au visage éploré, des enfants maigres imploraient Alexandre. L'image était accompagnée de gros caractères: *Jewish Federarion of Charities*. Alors Alexandre détourna la tête; il abaissa la vue. Comment aurait-il pu suffire à donner, ne serait-ce que vingt-cinq cents, à chacune des organisations qui, tout à coup, s'étaient mises à lui tendre la main? La ligue contre le cancer, les enfants infirmes... l'Armée du Salut, des colonies de vacances, les Petits Déshérités, tous, ayant trouvé ce jour-là un cœur ouvert, sans défense, en profitaient.

Donne, entendait, lisait Alexandre: du sang à la Croix Rouge... ton obole au *Catholic Welfare*... tout au moins de vieux vêtements... *Give generously*...

Il avait fini par trouver une place assise. Par-delà les vitres du tram, souvent, au coin des rues, il voyait des banques neuves, dans le goût du jour, c'est-à-dire avec des façades entièrement en verre, et qui avaient pour effet de faire paraître très vieilles, tout à fait démodées, des banques comme celle d'Alexandre. Il se sentit, comme sa Banque d'Économie, dépassé par son époque.

Auprès de lui se tenaient deux hommes qui devaient être les seuls dans ce tram bondé à montrer une mine paisible et heureuse; leur conversation avait trait aux vacances toutes proches. Alexandre entendit des mots bizarres et aimables: rivière pleine de truites... lac isolé... camp de bois rond... coucher de soleil...

Il serra les lèvres. Rien ne pouvait l'atteindre plus durement peut-être que l'espoir de ces deux hommes. Il fut bien près de les mettre en garde: Attention... surtout ne partez pas... jamais, jamais de vacances.

Juste au-dessus de ses yeux, l'insolente image d'une jeune fille aux seins épanouis vantait l'élasticité du soutien-gorge Elastex.

Il descendit du tram. Les escaliers en tire-bouchon s'enroulaient aux façades comme des échelles de secours. Alexandre se reconnaissait arrivé. 8838... 8840... 8842... Presque devant sa porte était arrêtée une voiture de livraison, remplie de gâteaux, tartes et brioches. Peinte en rose, elle portait le nom: La Pâtisserie de Ma Tante. Le vieux cheval qui la tirait faisait de grands efforts contre son harnais, il tâchait d'appuyer sur le sol le fond de sa musette afin de pouvoir manger les dernières poignées d'avoine si difficiles à atteindre.

Le malheur lui parut tellement être partout à la fois qu'Alexandre se hâta vers le vieux cheval et l'aida du moins à manger.

Il regarda l'œil oblique, morne de la pauvre bête, trop abrutie pour être reconnaissante. Il reprit sa valise de noces; il se faufila vite dans son escalier pour éviter cette fouine de Fred Trottier qui allait venir lui poser des questions. Il arriva tout en haut. Il ne cria pas comme il l'avait joyeusement prémédité: « Eugénie, t'es là! » Mais il mit la clé dans la serrure et, quand elle joua avec un bruit sec, si familier, il lui sembla que c'était dans son cœur que la pointe d'acier avait fait un demi-tour.

Eugénie ne sut rien exprimer d'abord. Seulement:

— Ah! c'est toi!

Il paraissait souffrir comme avant. Il ne semblait pas non plus qu'il eût véritablement pris du poids. Le regardant avec compassion, avec quelque irritation aussi, elle observa:

— Ça n'a pas l'air que ça t'a fait tant de bien, tes vacances. Pauvre vieux, quelle idée aussi de partir tout seul dans les bois!

Il ne lui donna jamais la lettre qu'il avait dans la poche de son veston, la belle lettre un peu fripée qui commençait en ces termes: « Ma bonne Eugénie, tu vas me trouver un homme changé... »

RUE DESCHAMBAULT

La prairie en feu*

(Seconde partie de la nouvelle intitulée « Le puits de Dunrea ».)

Frêle et douce, comment Agnès avait-elle pu garder si longtemps pour elle seule la vision qu'elle évoqua enfin! En ce temps-là, lui avait raconté papa, le feu de Prairies couvait toujours quelque part en Saskatchewan. Cette province si dépourvue d'eau de pluie, si venteuse, était vraiment la terre du feu. Tant elle était sèche, le soleil tout seul, jouant sur des pailles ou sur un tesson de bouteille, pouvait mettre la prairie en flammes! Et si un courant d'air un peu vif s'élevait alors, aussitôt le feu partait à courir comme le vent lui-même. Et le vent en cette partie du monde était déjà un fou furieux qui couchait les moissons par terre, déracinait les arbres et parfois arrachait leur toit aux bâtiments. Tout démoniaque qu'il fût, il laissait tout de même l'herbe rase au sol, quelque chose de vivant. Mais, derrière le feu, il ne restait jamais que des carcasses de petits daims, de lièvres poursuivis par les flammes, rejoints par elles et qui mouraient parfois en pleine course... et longtemps ces carcasses empuantissaient l'air car, là où le feu avait passé même les oiseaux de proie se gardaient de venir manger les yeux des bêtes mortes. Ce spectacle était assez fréquent en bien des régions de la Saskatchewan, et le cœur avait peine à supporter une ruine si complète.

Les Petits-Ruthènes avaient toujours fait grande attention au feu; si, de temps en temps, ils devaient brûler des souches ou des mauvaises herbes, ils attendaient une journée bien calme; et, le feu ayant accompli son ouvrage, ils l'éteignaient en dispersant les braises, puis en jetant dessus de la terre fraîche. Du reste, dans leur oasis toujours humide, au murmure de la rivière Perdue, comment auraient-ils pu vraiment craindre le feu?

Or cet été-là fut sec et brûlant. Même dans la rivière Perdue l'eau baissa de plusieurs pieds. Et un feu s'alluma, par la seule faute du soleil probablement, à vingt milles au nord de Dunrea. Le vent le poussa d'abord dans une autre direction. Mon père campait dix-huit milles plus loin, dans un territoire qu'il parcourait avec des arpenteurs. Dans la nuit il s'éveilla. Le vent avait changé. Il était plus violent et chargé d'une âcre fumée qui faisait mal aux yeux et à la gorge. Peu après arriva un messager à cheval. Il dit que le feu avançait vers Dunrea. Mon père sauta dans son break; il négligea de suivre le chemin assez plein de détours en cette partie du pays; autant qu'il le pouvait, il coupa court à travers les ronces, les petits marais asséchés; Dolly lui obéissait bien, quoiqu'elle fût blessée par la pointe aiguë des buissons. Derrière lui, comme il traversait ces savanes lugubres, mon père voyait le feu le suivre de loin et il en entendait le grondement. Il pria pour la rivière Perdue. Il espérait une autre saute du vent, qui porterait le feu ailleurs, n'importe où, sauf sur Dunrea. Ce genre de prière, convint-il, n'était peut-être pas une bonne prière. Pourquoi, en effet, prier pour ses Ruthènes plutôt que pour les pauvres fermes isolées sur la route de la rivière Perdue? Le malheur qui frappe ceux qu'on aime est-il plus grand, se demandait mon père, que celui qui frappe des inconnus?

Arrivant à Dunrea, il commanda aux hommes de prendre leurs chevaux, leurs charrues et de se hâter de labourer une large ceinture autour du village. Il mit d'autres hommes à creuser des tranchées. Le ciel était devenu tout rouge... et cela aidait les travaux puisqu'on y voyait comme en plein jour. Mais quel jour étrange! Quelle abominable clarté silhouettait les bêtes affolées, les hommes courant, le geste, l'attitude de chaque ombre agitée, mais sans révéler les visages, en sorte que les vivants paraissaient noirs sur l'horizon. Puis le feu prenant encore plus de force, il se divisa et vint de deux côtés à la fois sur la colonie. Papa commanda aux femmes de partir en emmenant les enfants, les vieillards. « Le moins de choses possible, leur cria-t-il. Vite... laissez vos meubles... laissez tout... »

Mais combien il fut étonné par ces femmes qu'il avait crues si dociles! D'abord elles ne voulurent pas quitter les tranchées qu'elles creusaient, côte à côte avec les hommes. Papa courait de l'une à l'autre, en prenait même quelques-unes aux épaules et les bousculait un peu.

Oh, les femmes têtues! Dans leurs maisons, elles se mirent alors à ramasser cent objets inutiles: des matelas, des édredons, des marmites.

— Est-ce le temps de penser à cela! leur criait papa en colère.

Mais elles retournaient encore dans leur maison, l'une pour prendre sa cafetière, l'autre une tasse fine.

Les chariots, les petites voitures à deux roues, les bogheys furent remplis d'effets domestiques: là-dessus on juchait des enfants arrachés à leur sommeil, qui pleuraient, et des poules qui s'envolaient, et de jeunes cochons. Des femmes attachaient leur vache à l'arrière d'un chariot. Jamais, tant qu'il serait resté quelque chose à emporter, ces insoumises n'auraient consenti à partir. Papa courut fouetter les chevaux à l'avant de la caravane. Épouvantés, ils s'élancèrent dans la trouée au sud, entre les colonnes de feu qui peu à peu se rejoignaient.

Alors papa eut l'idée de mettre le feu aux récoltes au nord du village. Ainsi le feu irait à la rencontre du feu et peut-être s'épuiserait-il. Cette tactique avait déjà réussi en d'autres occasions. Il appela Jan Sibulesky, un des Petits-Ruthènes en qui il avait toujours eu la plus grande confiance, un homme de jugement, prompt à saisir le bon sens et le choix raisonnable.

— Vite, dit mon père à Jan Sibulesky, prenez avec vous trois ou quatre hommes et courez allumer le feu à tous les coins des champs de blé.

C'est à ce moment que les Petits-Ruthènes firent mine de ne plus comprendre papa. Jan comme les autres! Oh, les hommes têtus, cupides et fous! Dans leur pays, ils n'avaient rien possédé, ou si peu: un maigre hectare au versant aride des Carpathes pour nourrir toute une famille; et ils s'en étaient arrachés sans peine. Mais, à présent qu'ils possédaient de tout: du foin, des betteraves à sucre, du blé magnifique, des granges pleines, de tout vraiment, ils ne voulaient absolument rien perdre.

— Mais si vous voulez tout garder, vous allez tout perdre, leur dit papa.

Et mon père devint comme furieux. Il gesticulait, hurlait des injures, en pensant peut-être que ces mots-là les Petits-Ruthènes les entendraient. Mais les insensés s'acharnaient à travers l'épaisse fumée à pousser encore leur charrue autour de la colonie. D'autres transportaient de l'eau de la rivière aux maisons; ils en arrosaient les murs; d'autres encore en tiraient du puits communal, au centre du village, qui était profond et presque glacé. Pensaient-ils que cette eau, si froide qu'elle faisait à l'extérieur du seau une buée, mieux que l'eau de la rivière rafraîchirait l'atmosphère? Alors papa tenta d'aller tout seul mettre le feu aux récoltes, mais les Petits-Ruthènes l'en empêchèrent; ainsi papa vit qu'ils avaient très bien compris ses ordres, qu'il était seul désormais parmi ces gens comme eux-mêmes l'étaient vis-à-vis de lui. Cette solitude dans le danger le désespéra. La chaleur augmentait. Parfois, des flammèches filaient au-dessus du village. Un grondement puissant emplissait l'air. Et tout était dans un désordre épouvantable; il n'y avait plus de maître, plus d'obéissance. Chacun s'épuisait en des efforts solitaires; quelques-uns attendaient le feu, une hache à la main. Puis le feu sauta d'un seul bond par-dessus une des tranchées; il vint s'abattre sur un toit de chaume; en un instant, cette maison fut tout illuminée à l'intérieur. Tout était perdu.

— Partez, partez, cria papa aux hommes. Vous n'avez plus que le temps de vous sauver vous-mêmes.

J'ai souvent imaginé papa tel qu'il devait paraître ce soir-là, très grand avec ses bras levés contre le ciel qui le découpait lui aussi en noir. Quelle terrible silhouette!

Mais les Petits-Ruthènes cherchaient maintenant à sauver la maison qui brûlait. Alors papa s'avança vers eux d'un air menaçant. Il leva la main, leur montra le ciel embrasé et, dans leur langue, il leur demanda:

— Ne savez-vous pas ce que cela signifie?

Tous également ahuris, ils levèrent la tête vers cette couleur de cauchemar au-dessus d'eux. Papa dit qu'ils eurent l'air d'oiseaux stupides tournant ensemble le cou vers un signe incompréhensible. Et, dans leur langue, papa leur dit ce que le signe démontrait:

— La colère de Dieu! Entendez-vous: c'est la colère de Dieu!

Alors il se passa quelque chose d'infiniment cruel: tous les hommes comprenant enfin se disposaient à partir, tous, sauf ce Jan Sibulesky que mon père avait aimé et souvent offert en exemple à cause de son jugement jamais pris en faute. Jan tout à coup s'élança vers la chapelle; il en sortit tenant une icône de la Vierge. Son icône devant lui comme un bouclier, il marcha vers la maison en feu. Papa vit tout de suite ce que Jan allait faire. Les flammes éclairaient son visage, la bouche, le front durcis par une intention inébranlable, la barbe blonde, les yeux bleus; en pleine lumière, le grand Jan marchait, parfaitement visible; aussi visible était l'icône qu'il portait, l'icône d'une Madone aux traits naïfs et tendres. Si bien éclairés, les yeux de l'image luisaient comme s'ils eussent été vivants.

— Arrête! Imbécile! cria mon père à Jan.

Mais personne ne lui obéissait depuis longtemps. Son grand tort, évidemment, avait été de parler de la colère de Dieu. Toute sa vie, mon père crut que là avait été son crime: interpréter Dieu, en quelque sorte le juger. Jan continuait à avancer vers les flammes, chantant un hymne, et tenant à la hauteur de son visage dur l'image pieuse.

— Tu vas mourir, lui dit papa. Arrêtez-le; arrêtez ce pauvre fou, a-t-il demandé aux autres.

Mais ils étaient tous groupés comme des spectateurs en une haie vivante, et sans doute en ce moment étaient-ils très curieux de Dieu, de Jan; si avides de curiosité qu'ils n'avaient plus d'autres pensées. Les paroles du cantique résonnèrent encore un moment à travers le crépitement des flammes; puis tout à coup elles se changèrent en un épouvantable cri. Papa n'a jamais cessé d'entendre, succédant aux notes de la prière, ce rugissement d'horreur. Une poutre embrasée s'était écroulée sur Jan Sibulesky. Les hommes curieux de miracles se décidèrent enfin à partir, et en débandade. Ils enfourchaient leurs chevaux, les excitant d'un cri aigu; ils grimpaient sur le siège des carrioles; ils s'élançaient hors du village en se bousculant les uns les autres. Papa leur demanda, comme ils passaient devant lui, de crier chacun leur nom, car on ne distinguait plus les visages dans la fumée, et papa voulait s'assurer qu'aucun des Petits-Ruthènes ne serait laissé en arrière. « Gagnez le Sud », hurlait-il à chaque attelage qui passait devant lui. De ce côté, il y avait encore, entre les murs du feu, une brèche que de minute en minute on voyait se rétrécir.

Enfin, papa sauta dans son break et il tâcha de suivre au son du galop des chevaux la caravane enfoncée dans la fumée. Mais le véhicule était trop lourd pour rouler vite sur les cailloux, les mottes du terrain. Papa, d'un bond, enfourcha Dolly, puis il prit son canif et commença de trancher les courroies qui retenaient le break à la jument dont il retardait l'allure. Le cuir des courroies fut difficile à entamer; enfin, l'une céda, puis l'autre. Dolly prit de la vitesse. Mais déjà le feu commençait à ramper çà et là sur la seule route encore ouverte. Papa vit que Dolly seule pourrait la franchir assez vite pour ne pas être brûlée, mais que, chargée d'un homme, sûrement elle ne pourrait pas. En avant, un des Petits-Ruthènes lui cria de loin de se hâter. Papa lui répondit de ne pas s'inquiéter, qu'il venait. Ce fut la dernière parole humaine qu'il entendit cette nuit. Debout à côté de Dolly, il lui commanda: « Pars... pars... Moi, dit-il, j'ai le puits de Dunrea; là, si je peux y revenir, je serai sauf... Et je suis trop fatigué, vraiment trop, pour courir des milles encore... Le puits va me reposer... »

Mais personne cette nuit ne devait lui obéir, même pas sa douce, son obéissante Dolly pour qui papa, quand il quittait Winnipeg en route pour ses colonies, apportait des friandises, du sucre.

Alors il leva son fouet et il en donna un coup à Dolly, à l'endroit le plus sensible, dans les yeux. Elle partit, hennissant de douleur, de reproche. Et courant, se baissant pour échapper aux flammes, papa revint au centre de Dunrea. Ses cheveux, sa barbe, ses sourcils étaient roussis. Il respirait le moins possible en tenant un mouchoir humide contre sa bouche. Il atteignit le bord du puits. Se saisissant de la corde avec laquelle on montait des seaux d'eau, papa se laissa glisser à l'intérieur profond et frais. Il descendit au ras de l'eau. Presque immédiatement le grondement des flammes l'environna. Tout autour du puits l'herbe brûlait; la corde aussi commença de brûler; papa la vit se défaire, fibre après fibre, en petites spirales de cendres. Vite, il arracha des briques, presque descellées, à l'intérieur du puits; il se creusa une sorte d'enfoncement où il réussit à prendre appui. Alors il coupa la corde aussi haut qu'il put. À ce moment même, il vit une ombre au-dessus du puits, parfaitement découpée. Il fut appelé par un long hennissement. « Oh!... Dolly! cria mon père, va-t'en, va-t'en! » Il détacha une brique qu'il lança à la tête de Dolly. Papa dit qu'elle se pencha pour voir d'où venaient la voix furieuse, le projectile. Puis elle se cabra, elle se leva à une grande hauteur, tête et crinière dressées. Papa commença de sentir une odeur de chair brûlée.

Et il raconta comment l'intérieur du puits devint brûlant, l'air à ce point irrespirable qu'il dut descendre plus bas encore. Il s'aidait de la corde qu'il avait attachée à une saillie du revêtement. Il se mit dans l'eau jusqu'aux genoux, puis jusqu'à la taille. La moitié de son corps gelait, devenu inerte, cependant que sur sa tête pleuvaient des étincelles de feu... et il pensa que tout était vraiment fini. Papa dit qu'il s'était cru mort parce que soudain tout lui fut indifférent. C'est ce qui l'angoissa le plus quand il y repensa plus tard: que tout, au fond du puits, fut devenu si morne, si éteint, si extraordinairement silencieux. Il n'avait pas pensé à nous; il n'éprouvait que le repos, un repos si grand qu'on ne pouvait y résister. Voilà ses propres paroles: « Ni regrets, ni espoir, ni désirs: un état de repos complet. » Au fond du puits, c'est à peine s'il arrivait à se souvenir de la vie, d'avoir vécu. Et comment avoir le goût de revenir d'une si profonde indifférence! Papa se croyant mort s'étonnait tout juste que la mort fût si sombre, glaciale, vide... et si reposante... que dans la mort il n'y eût plus d'affections possibles. Au-dedans de lui c'était le désert, comme au-dessus de sa tête c'était aussi le désert à Dunrea.

Et papa dit qu'alors, dans cette absence de vie, il avait aperçu Agnès venue l'attendre comme elle faisait toujours au tramway qui ramenait notre père de Winnipeg. Il dit qu'il l'avait vue à l'arrêt du tram, au bout de notre petite rue Deschambault, et qu'auprès d'elle se tenait notre vieux chien colley qui toujours accompagnait Agnès. C'est cette vision qui à la longue avait été chercher papa si loin, dans son repos; le regret de voir l'enfant et son chien attendre inutilement jour après jour, pendant des semaines, des mois, voilà ce qui fit revivre son âme morte. Il avait retrouvé la langue d'autrefois, des mots lointains: « Va-t'en, toi et le chien, va-t'en à la maison », avait-il tenté de dire à Agnès. Et ce mot: maison, que ses lèvres prononçaient, n'avait cependant éveillé qu'un étonnement extrême au fond de son cerveau. « La maison! la maison de qui? Pourquoi des maisons?... » Et il avait de nouveau tâché de chasser l'enfant têtue qui restait au coin de la rue, malgré un vent froid, et qui frissonnait. « Il est inutile que tu m'attendes; déjà je suis mort. Ne comprends-tu pas: être mort, c'est ne plus avoir de soucis, enfin! » Mais Agnès répondait à papa au fond du puits: « Tu vas revenir; je le sais... peut-être dans ce tram-ci qui arrive... »

Et papa avait sursauté en s'entendant lui-même parler; au son de sa voix, il avait compris qu'il n'était pas mort. À cause de l'enfant au bout de la rue, il avait fait un effort démesuré pour s'attacher avec la corde aux parois du puits. Il s'était évanoui.

Les Petits-Ruthènes, le lendemain matin, le trouvèrent dans le puits.

Quand papa ouvrit les yeux sur la désolation qu'était la rivière Perdue, il crut à l'enfer. Curieusement, ce n'était pas au brasier de la veille, aux cris, aux ordres non suivis qu'il devait rattacher l'enfer, mais à ceci: un silence épais, comme inviolable, une terre sombre, noire partout, une horrible mort.

Se dressant sur la terre cuite où on l'avait étendu, papa essaya d'encourager ses Petits-Ruthènes; puisqu'ils n'avaient pas perdu la vie, ils n'avaient pas perdu l'essentiel. Mais ni lui-même ni les Petits-Ruthènes ne tenaient encore beaucoup à l'essentiel. Ils dirent que c'était quand même la vie qu'ils avaient perdue, dix années au moins de leurs vies... Et papa songea à s'informer des femmes: « Étaient-elles toutes en sécurité? » « Oui, répondirent les Petits-Ruthènes: elles étaient toutes en sécurité, mais pleurant sur leurs douces maisons, leurs bahuts, leurs coffres pleins de beau linge... »

Papa revint parmi nous... et cependant y revint-il jamais!

Maman, tout effrayée à sa vue, lui demanda:

— Il t'est arrivé quelque chose, Edouard? Qu'est-ce qui a pu t'arriver encore?

Mais papa ne lui dit que le superficiel de son aventure, comment il avait perdu une colonie. Pendant longtemps, c'est tout ce qu'il avoua jamais. À Agnès seulement qui était venue s'asseoir près de lui et le regardait avec tendresse — elle n'avait pas peur, jamais elle n'eut peur de ses sourcils mi-brûlés — à Agnès un soir il raconta comment il s'était mêlé une fois d'interpréter Dieu aux hommes; peut-être était-ce un jour où il regrettait de n'être pas resté au fond du puits... Lazare, sorti du tombeau, n'a jamais été gai, à ce que l'on sache.

Seulement, il y eut ceci de très curieux: papa devenu comme étranger à la joie, si loin d'elle qu'il ne pouvait presque plus la reconnaître sur un visage, papa néanmoins était sensible à la souffrance.

Oh! voilà bien qui fut troublant: papa, si nous riions, si encore nous pouvions être heureux, en était tout étonné! Mais qu'un malheur, une peine s'abattît sur l'un de nous, alors on voyait papa revivre... revenir à nous... souffrir davantage!...

MON HÉRITAGE DU MANITOBA

Une question insidieuse souvent posée ces dernières années, à la radio ou à la télévision, confond généralement les gens: Qu'est-ce qu'être Canadien? Pas mieux que la plupart sans doute je ne saurais répondre — rien n'étant d'ailleurs moins utile que ces pièges. Pourtant je me sens Canadienne jusqu'à la moelle. Le fait que je suis née au Manitoba, d'une famille originaire du Québec dont la source remonte aux tout premiers temps de la colonisation française en Amérique, y est-il pour quelque chose? C'est possible. J'incline parfois à croire que le Manitoba, par sa situation géographique au cœur du pays, par sa riche composition ethnique, par les subtiles influences que ne peuvent manquer d'exercer les uns sur les autres ses constituants, pourrait jouer un rôle important dans la recherche et l'expression d'une authentique personnalité, disons le mot: d'une âme canadienne.

Mes grands-parents maternels, originaires d'un petit pays perdu dans les contreforts des Laurentides, au nord de Montréal, un beau jour quittèrent tout ce qui avait été jusque-là leur vie pour répondre, comme tant d'autres à l'époque, à l'appel de l'Ouest, s'en allant prendre *homestead* au Manitoba. Ils n'étaient plus jeunes, ils avaient même déjà atteint le milieu de leur âge; c'était donc pour eux une résolution sans retour, un immense branle-bas.

Ils voyagèrent par chemin de fer, puis, à partir de Saint-Norbert, qui était alors, à ce que je crois me rappeler avoir entendu raconter, une sorte de caravansérail pour les colons canadiens-français en partance pour le Sud, ils s'engagèrent un matin de printemps, dans leur chariot plein jusqu'au faîte, à travers la plaine encore sauvage, sur une piste faiblement marquée, vers les ondulations de la Montagne Pembina dont le relief quelque peu accidenté allait, selon les calculs de mon optimiste grand-père, consoler sa femme de la perte des collines natales — mais ça allait être bien le contraire: la vue de ces simulacres de collines devait aiguiser à jamais chez elle le regret des âpres coteaux de sa jeunesse. Ainsi allait naître et se perpétuer dans notre famille un amour partagé entre la plaine et la montagne, un déchirement, comme je l'ai raconté dans la *Route d'Altamont*, mais aussi, car c'est dans le conflit d'âme qu'il y a peine et richesse pour l'artiste, et au reste dans toute vie, une inépuisable source de rêves, d'aveux, de départs et de « voyagements » comme peu de gens en connurent autant que nous, famille s'il en fut jamais, de chercheurs d'horizon.

Au temps de notre épopée familiale, de cette saga précieusement conservée dans notre mémoire, ma mère était une petite fille d'une vitalité superbe, douée de la plus vive imagination. N'importe quel voyage l'eût ravie, et elle n'en avait encore jamais accompli, hors le court trajet, de temps à autre, avec son père, de Saint-Alphonse à Joliette où ils allaient au grand marché de la place. Comment décrire l'effet, sur cette âme fraîche et enthousiaste, de la plaine s'ouvrant sans fin et sans réserve, à la mesure du ciel lui-même sans limites, qui ne lui était jamais apparu jusqu'alors que découpé par la crête des collines, en brefs morceaux aussi décousus que les pièces d'un casse-tête. Or voici qu'il s'étendait d'un seul tenant, d'un horizon plein d'attrait à un autre encore plus attirant. Elle ne revint jamais de l'émotion de ce voyage et en fit le récit toute sa vie. Si bien que mon enfance à son tour en fut envoûtée, ma mère reprenant pour moi la vieille histoire, tout en me berçant sur ses genoux, dans la grande berceuse de la cuisine, et j'imaginais le tangage du chariot et je croyais voir, de même que du pont d'un navire, en pleine mer, monter et s'abaisser légèrement la ligne d'horizon.

Plus tard, quand je lus *La Steppe* de Tchékhov, je me retrouvai pour ainsi dire dans l'exacte atmosphère du récit de ma mère. Tout y était: le ravissement à la vue du vaste pays plat, invitant comme un livre ouvert, mais non pas pour cela immédiatement déchiffrable, l'étrangeté émouvante, dans ce déroulement monotone, du moindre signe de la présence humaine — chez Tchékhov ce moulin à vent visible de si loin et si longtemps; dans la narration de ma mère un toit de maison surgissant enfin dans le lointain d'un paysage inhabité — et jusqu'au sentiment que cet horizon sans cesse appelant, sans cesse se dérobant, c'est peut-être le symbole, l'image dans nos vies de l'idéal, ou encore de l'avenir nous apparaissant, quand nous sommes jeunes, généreux de promesses qui se renouvelleront et ne tariront jamais.

Parvenus au terme de leur voyage, que ma grand-mère, demeurée hostile à l'aventure, dénomma les « pays barbares, » encore qu'elle y trouvât dès l'arrivée bon nombre de ses compatriotes déjà installés, elle et mon grand-père s'attelèrent à la tâche sans doute un peu la même sur la terre de tous les colons: refaire ce qui a été quitté.

Bientôt, avec leurs maisons au long toit incliné, leurs coffres et leurs bahuts sculptés, leurs bacs-lits, leur pétrin et leur rouet; avec leur beau parler d'alors, pur et imagé; avec leur foi janséniste, comme on dirait aujourd'hui, oubliant peut-être trop combien la sévérité en était tempérée par la tendresse pudique de leurs cœurs; avec la dure croix de bois noir au mur de leur chambre, mais aussi la gaieté de leurs violons, avec des souvenirs, des traditions, du vieux et du neuf, ils eurent vite fait d'ériger en terre manitobaine, au son du vent et des herbes hautes, une autre paroisse toute semblable à d'innombrables villages du Québec.

Mon grand-père, l'animateur de cette aventure réalisée, je ne l'ai connu qu'à travers des récits qui ont d'ailleurs peut-être déformé plus que révélé son vrai visage, chacun, sans doute, le peignant à sa propre image. Mais je le retrouve souvent, bien vivant en moi, dans ces singuliers mouvements de l'âme qui nous paraissent d'une liberté totale quand nous rêvons et errons par la pensée, et où nous sommes peut-être au contraire le plus étroitement rattachés à ceux qui nous ont précédés. C'est peut-être donc à travers lui encore, à cause de lui ou pour lui que m'émeuvent si profondément les grands horizons en fuite et particulièrement le côté du ciel où le soleil se couche, le côté ouest, pour moi celui des grands appels. En revanche, la fière silhouette de ma grand-mère domine mes premiers souvenirs d'aussi haut que les silos de l'Ouest, ces tours riches de blé, d'arôme et de la magie que leur a conférée à jamais mon enfance.

De nos jours, préoccupés de l'épanouissement féminin, ma grand-mère serait probablement directrice de quelque société à capitaux ou à la tête d'une quelconque enquête royale sur le statut de la femme au Canada. En son temps, ses talents trouvèrent à s'exercer, du matin au soir, à la fabrication de savon, d'étoffes, de chaussures. Elle inventa aussi: des remèdes à partir d'herbes, des colorants pour ses teintures, de magnifiques dessins pour ses tapis. D'elle il reste encore, je pense, quelques pièces de lin tout aussi inusables que sa robuste volonté, que sa fermeté de décision. En pays « barbare », elle parvint à régner, ne se pliant guère à lui, mais parfois réussissant à le plier, lui, quelque peu, à sa forte nature, frayant le moins possible avec tous ces « étrangers » établis autour de chez elle, ces Anglais, ces Écossais, en revanche francisant libéralement sur son passage ce qu'ils avaient pu se permettre de nommer avant elle.

Ainsi en fut-il du village voisin de Somerset où elle devait se rendre pour les achats importants.

Par quelque belle journée d'automne, grand-mère, du haut du buggy, rênes en main, ayant grande allure sous son bonnet noir et dans ses amples jupes étalées sur la largeur du siège, lançait d'une voix ferme à ceux de sa famille:

— Eh bien, adieu! Je vais aux emplettes à Saint-Mauricette.

Qu'eût-elle pensé, elle qui fit des saints à volonté, peut-être pour rapprocher le ciel de cette terre d'exil, qu'eût-elle pensé de notre époque qui en a détrôné à la douzaine? Ou encore de cet œcuménisme qui prétend rassembler ce qu'elle jugeait bon de tenir à distance?

À bien y réfléchir, j'imagine qu'en fin de compte elle se réjouirait, peut-être pas de voir diminuer le cercle des saints, mais sans doute de voir grandir celui des croyants.

La fille aînée de cette altière aïeule, ma mère, vécut, elle, pour concilier, pourrait-on dire, dans sa propre vie les penchants opposés de ses parents dont elle hérita à dose égale, tour à tour un peu effarouchée, puis attirée à l'infini par l'inconnu. Plus elle vécut et plus la confiance en son cœur l'emporta sur la circonspection. C'est en elle que se conjuguèrent le mieux les deux grands attachements d'âme de notre famille: pour le Québec où elle était née et dont elle avait les riches souvenirs qu'une ardente imagination enfantine peut avoir retenus; pour le Manitoba où elle avait grandi, aimé, souffert. Les vies les plus réussies sont peut-être celles-là qui semblent avoir pour but de faire converger enfin ces voies toutes proches, familières, qui pourraient courir côte à côte à l'infini sans jamais se joindre. Il me paraît maintenant que sa vie s'est passée à vouloir unir. D'abord ses pauvres enfants de caractères si différents. Ensuite les voisins. Puis finalement tous. Elle vécut d'amour pour ce qui fut, est, sera.

Vers la fin de ses jours terrestres, malade et vieillie, tout animée encore cependant des grands désirs de sa vie pour les sites et les beautés de ce monde, elle tint à un voyage d'adieu au Québec, pour renouer, disait-elle, avec de lointains cousins, revoir celui-ci ou celle-là, mais en vérité je me demande si le but réel de son voyage, la commandant d'ailleurs peut-être à son insu, ce n'était pas de grimper au sommet des collines pour tendre l'oreille au vent dans un pin immense et chercher à entendre s'il y chantait comme au temps de son enfance.

Il est vrai que je l'ai vue aussi, au petit cimetière de « Saint-Mauricette », le visage triste et grave, se pencher pour arracher tout à coup avec indignation des mauvaises herbes sur la tombe de grand-mère qui n'avait pu en tolérer nulle part dans ses plates-bandes ni dans sa vie.

Là où l'on retourne écouter le vent comme en son enfance c'est la patrie. Ce l'est aussi assurément là où l'on a une sépulture à soigner. Maintenant c'est mon tour, ayant choisi de vivre au Québec un peu à cause de l'amour que m'en a communiqué ma mère, de revenir au Manitoba pour soigner sa sépulture. Et aussi pour écouter le vent de mon enfance.

Mais bien avant le temps, pour ma mère, des sépultures, avant même le mariage et les enfants, au temps où pour elle l'amour, comme le bel horizon prometteur du Manitoba, lui proposait sans doute les plus séduisants mirages, un homme, parti lui aussi du Québec, émigré aux États-Unis, s'y étant forgé à travers les emplois les plus divers une expérience vaste comme la vie, un *self-made man* dirait-on aujourd'hui, maintenant à la veille de rentrer au pays à la frontière du Manitoba, d'étape en étape, cheminait déjà à son insu depuis longtemps vers elle par les mystérieuses voies de la destinée humaine.

Ils se rencontrèrent sans doute à l'occasion d'une de ces veillées de compatriotes toute bruissante de chants, de souvenirs et de conversations roulant sur le Québec. Peut-être, dès cette première soirée, mon père qui était doué d'une belle voix émouvante, charma-t-il la jeune fille en interprétant l'une ou l'autre de ces naïves ballades que je l'ai moi-même beaucoup plus tard entendu chanter: *Il était un petit navire...* et *Un Canadien errant...* douces chansons tristes qu'il rendait avec un accent de sincérité troublante, comme si elles étaient un aveu à peine voilé de son propre déracinement.

Ils se plurent, cette jeune fille brune aux yeux pétillants, vivants, la gaieté même, et cet homme blond dont les yeux bleus étaient chargés d'une indéfinissable expression de mélancolie, comme si la dure lutte pour s'élever, s'instruire tout seul, s'arracher au sort de tant des siens à l'époque, l'avait rendu à jamais trop sensible au malheur.

Ils s'épousèrent, comme on le faisait alors pour la vie, pour le meilleur et pour le pire, acceptant d'avance les enfants que Dieu trouverait bon de leur « envoyer ». Et non seulement les acceptèrent-ils, mais encore ils s'épuisèrent à leur faire la vie meilleure qu'elle n'avait été pour eux, plus riche, plus éclairée. De surcroît, comme si cet effort ne suffisait pas, ils entendaient transmettre intact à leurs enfants l'héritage de foi et de langue ancestrale qui allaient alors de pair.

Gageure insensée! Une vie matérielle si difficile déjà à assurer, plus d'enfants qu'il n'aurait été raisonnable d'en avoir, et maintenant cet acharnement chez tant des nôtres à l'époque, en dépit de tout bon sens, au sein de presque tout un continent parlant anglais, de conserver les mots par lesquels passent d'une génération à l'autre la continuité, l'âme d'un peuple. Et le surprenant c'est qu'ils relevèrent ce défi peut-être mieux qu'il n'est aujourd'hui relevé par leurs descendants qui, pourtant, en un sens, sont infiniment mieux pourvus.

Mon père était devenu fonctionnaire de l'État, affecté à l'établissement des immigrants sur les terres vierges de la Saskatchewan, puis de l'Alberta, tâche dont il s'acquitta admirablement, plein d'une sollicitude toute paternelle envers ces dépaysés dont il ressentait sans doute l'effarement à travers le goût quelque peu amer que lui avait laissé le souvenir de si dures épreuves et de si terribles sacrifices pour parvenir là où il s'était hissé. Onze enfants étaient nés à mes parents. Trois moururent jeunes. Les aînés étaient déjà dispersés quand je vins au monde, moi la petite dernière, telle on m'appela longtemps. C'était à Saint-Boniface, dans cette courte rue Deschambault dont je me suis efforcée de traduire la douce rusticité dans mon livre qui a précisément pour titre *Rue Deschambault*. Y suis-je parvenue? Est-il seulement possible de mettre dans un livre le pouvoir enchanteur de l'enfance qui est de faire tenir le monde dans la plus petite parcelle de bonheur? Les images les plus sincères de mes pages les plus vraies me viennent toutes, j'imagine, de ce temps-là.

Nous vivions là, le dos à la ville — une bien silencieuse petite ville pourtant, sérieuse, tout à ses devoirs, où le plus grand bruit était celui des cloches d'églises et de couvents — le visage au large. Ce « large », ce n'était que des terrains non encore lotis se joignant les uns aux autres, qui allaient se perdre dans la broussaille et qui dessinaient pour moi une préfiguration de la vaste plaine ouverte. De place en place, chichement la coupaient de petits groupes d'arbres en rond, des petits chênes souvent, que je trouvais attirants au possible, peut-être parce que du plus loin que je puisse me souvenir ils ont toujours évoqué pour moi la rencontre fortuite de voyageurs engagés dans la traversée de la plaine et qui, un moment, se sont arrêtés pour échanger leurs nouvelles. Qu'ils fussent jour après jour au même endroit, que leur cercle jamais ne se modifiât ne nuisait pas à ma fantaisie: c'était là des gens en train de se raconter le monde, tout ce qu'ils avaient vu et retenu.

En vérité, rue Deschambault, nous vivions pour un tiers comme en France, pour un tiers comme au Québec, et sans doute pour une bonne part dans nos féeries personnelles qui changeaient de saison en saison, provoquées parfois par l'arrivée de quelque nouveau voisin dans notre petit monde, ou nées tout simplement de la contemplation des espaces infinis qui commençaient tout juste au bout de la rue Deschambault.

Saint-Boniface, alors, respirait, priait, espérait, chantait, souffrait, on pourrait dire, en français, gagnant cependant son pain en anglais, dans les bureaux, les magasins et les usines de Winnipeg. Difficulté d'être irrémédiable des Canadiens français du Manitoba et d'ailleurs!

Pourtant, c'est peut-être à cette époque de mon enfance au Manitoba que la vie française y fut à son plus pur, tout enfiévrée par des discours, des manifestations, des visites d'encouragement du Québec, une ferveur que n'arrivaient pas à abattre les obstacles. La fuite vers le Québec de nos jeunes gens instruits, ne trouvant pas sur place à vivre en français, n'était pas encore considérable, cette horrible saignée qui allait si cruellement nous appauvrir. Au contraire, presque constamment, du Québec nous arrivait du renfort, par petits groupes: un nouveau notaire, un autre instituteur, un imprimeur, un médecin. Il nous en venait aussi de France. Quand, en 1928, j'allai prendre charge de ma première classe dans le petit village de Cardinal, il se trouva qu'une bonne moitié de mes élèves étaient bretons et auvergnats. Ce fut pour moi comme si j'avais passé cette année-là dans le Massif central ou dans quelque coin du Morbihan. J'eus la plus belle occasion de ma vie de me familiariser avec de savoureuses expressions régionales. Que c'est heureux, allant enseigner dans un village, d'en recevoir plus encore qu'on ne lui donne. Il en était de même à Notre-Dame-de-Lourdes, à Saint-Claude, autres villages manitobains à prédominance française.

De haute naissance ou d'humble origine, ces immigrants de nationalité ou de langue françaises, Wallons, Italiens, quelques Flamands, en se mêlant à nous imprégnèrent notre vie et notre culture française de vitalité et d'une originalité tout à fait distinctives.

Aussi inattendu que cela puisse paraître aujourd'hui, je dois au Manitoba d'être née et d'avoir grandi dans un milieu de langue française d'une exceptionnelle ferveur. Sans doute était-ce la ferveur d'un frêle groupe fraternellement resserré pour faire front commun dans sa fragilité numérique et son idéal menacé.

Peut-être, comme la flamme de la mèche donnant au maximum, cet enthousiasme ne pouvait-il indéfiniment se maintenir. Mais sa clarté brilla... assez, en tout cas, pour enflammer certaines vies.

Aussitôt la rivière Rouge franchie, en mettant pied à Winnipeg nous entrions dans un autre monde. Aujourd'hui encore le pont Provencher qui relie Saint-Boniface à Winnipeg évoque pour moi le passage du particulier au général. Je sais bien que maintenant le contraste est loin d'être aussi saisissant, mais à cette époque nous passions presque sans transition de notre vie quelque peu repliée sur elle-même au flot multiple, bizarre, torrentiel, nostalgique que formait l'humanité manitobaine faite de presque tous les peuples de la terre. Voilà donc le second cadeau merveilleux que j'ai reçu du Manitoba: y avoir entrevu, toute jeune encore, la disparité de l'espèce humaine... et que pourtant nous sommes tous en fin de compte des êtres ressemblants. Sans que j'eusse à voyager, je pouvais voir défiler sous mes yeux les gens d'ailleurs. Il n'était que d'aller flâner dans la gare du Canadien Pacifique ou à ses abords pour apercevoir en un rien de temps des femmes en fichu blanc, le regard si loin perdu en arrière que c'était sûrement à l'autre bout du monde; puis des familles entières portant baluchons, le regard également opaque d'ennui, assises en rond sur leurs caisses, à attendre on ne savait quoi; des patriarches à longue barbe enveloppés dans de curieuses pelisses, qui suivaient leurs familles étirées en files étroites sur les larges trottoirs comme dans un défilé de montagne. Toutes ces choses je les ai dites et redites et ne peux faire autrement que de recommencer chaque fois qu'il est question du Manitoba, car pour moi ce spectacle des dépaysés qu'il m'a offert toute jeune est devenu inséparable de mon sentiment de la vie.

Ma mère, au début, fut à la fois effrayée et fascinée par ce grand flot bariolé d'humanité qui roulait pour ainsi dire à notre porte, en comparaison duquel notre vie nous paraissait maintenant solide, assurée, ayant du moins des racines, se plaisait-elle à le souligner. La fascination l'emporta sur le malaise. Bientôt elle emmena ses plus jeunes enfants, par un petit bateau qui faisait alors des espèces de croisières sur la rivière Rouge, en visite chez les Ukrainiens de St. Andrews, et, du pont, nous regardions avec un peu de honte peut-être, au fond des champs se redresser péniblement les glaneuses aux reins cassés qui portaient la main en visière pour distinguer, dans l'éblouissant soleil, ces curieux, ces fainéants qui n'avaient rien d'autre à faire que de se promener. Elle nous emmenait aussi chez les Islandais de Gimli; ou encore nous traversions tout bonnement l'étroite rivière Seine, pour aller, à deux pas de chez nous, entendre la messe en Belgique, comme nous disions.

Les Mille et Une Nuits de mon enfance, ce furent ces voyages dans les petites Wallonies, les petites Ukraines, les petites Auvergnes, les petites Écosses, les petites Bretagnes du Manitoba, et aussi les répliques presque exactes du Québec éparpillées dans la plaine. J'y acquérais sans doute déjà ce sentiment de dépaysement, cette sensation de dérive de nos habitudes qui, par la légère angoisse qu'elle engendre, n'a pas son pareil pour nous obliger à tâcher de tout voir, de tout saisir, de tout retenir au moins un instant.

De son côté, mon père, rentrant de longs séjours parmi les colons, apportait de fraîches nouvelles de « ses » Douhkobors insoumis, de « ses » tranquilles Ruthènes, de « ses » pieux Mennonites. Ses colonies s'étendaient maintenant jusqu'aux environs de Medicine Hat, plus surprenantes les unes que les autres, si bien qu'on aurait pu croire les récits qu'il en faisait tirés de certaines pages de Gogol. C'est peut-être pourquoi, en lisant plus tard les *Âmes mortes*, je n'ai pas été frappée d'étonnement comme tant de lecteurs. Les aventures de Tchitchikov, il me semblait en avoir entendu raconter de semblables. Le cocasse, le singulier, l'invraisemblable m'étaient déjà aussi familiers que l'ordinaire, le banal, le vraisemblable. J'ai même dû apprendre à atténuer des aspects de la réalité dans lesquels je puisais la source de certains de mes récits pour ne pas donner à croire que j'inventais sans vergogne.

J'en arrive à cerner l'essentiel, au fond, de ce que m'a apporté le Manitoba. Les récits de mon père, les voyages auxquels nous conviait ma mère, cette toile de fond du Manitoba où prenaient place les représentants de presque tous les peuples, tout cela en fin de compte me rendait l'« étranger » si proche qu'il cessait d'être étranger. Encore aujourd'hui, si j'entends dire par exemple à propos d'une personne habitant seulement quelques milles plus loin peut-être: « C'est un étranger... » je ne suis pas libre de ne pas tressaillir intérieurement comme sous le coup d'une sorte d'injure faite à l'être humain.

Il n'y avait plus d'étrangers dans la vie; ou alors c'est que nous l'étions tous.

Pourtant de tout ce que m'a donné le Manitoba rien sans doute ne persiste avec autant de force en moi que ses paysages. J'ai passablement voyagé. J'ai quelquefois été heureuse ailleurs, parvenue pour un instant à m'y sentir chez moi, par exemple dans les douces Alpilles ou encore, plus bizarrement, dans certain petit village de la forêt d'Epping, en Essex, où j'allai un jour, conduite par le plus grand hasard; il y a un coin de l'île de Rhodes, à Lindos, où je me suis dit parfois que j'aimerais vivre, parmi les bougainvillées, les femmes en grand noir se détachant sur les murs les plus blancs du monde et leurs petits jardins intérieurs faits de simples galets assemblés avec tant de grâce qu'ils composent les plus jolies mosaïques. Finalement c'est le Saint-Laurent, lien avec notre plus lointain passé canadien, mais chemin vivant et mouvant et toujours en route vers l'avenir, qui m'a ancrée. J'habite, à la ville et à la campagne, assez près du fleuve pour pouvoir en tout temps l'apercevoir de mes fenêtres, et je ne m'en lasse jamais, surtout à la campagne, dans Charlevoix, où il atteint d'une rive à l'autre vingt-deux milles de distance et va et vient dans des mouvements de marée amples et assurés comme les battements du cœur même de la création. La « mer » baisse, comme on dit par ici, et mon propre cœur subit une sorte de baisse; elle monte, et avec elle mon être attristé retrouve encore une sorte d'élan.

Mais tout cela ce sont mes amours d'adulte, réfléchis et recherchés. Mes amours d'enfance, c'est le ciel silencieux de la plaine s'ajustant à la douce terre rase aussi parfaitement que le couvercle sur le plat entier, ciel qui pourrait enfermer, mais qui, au contraire, par la hauteur du dôme, invite à s'élancer, à se délivrer; c'est la silhouette particulière, en deux pans, de nos silos à blé, leur ombre bleue découpée sur un ciel brouillé de chaleur, seule, par les jours d'été, à signaler au loin les villages de l'immensité plate; ce sont les mirages de ces journées torrides où la sécheresse de la route et des champs fait apparaître à l'horizon de miroitantes pièces d'eau qui tremblent à ras de terre. Ce sont les petits groupes d'arbres, les « bluffs » assemblés comme pour causer dans le désert du monde, et puis c'est la variété humaine à l'infini.

Quand j'étais jeune, au Manitoba, une de nos promenades préférées était pour Bird's Hill. Qu'y trouvions-nous donc de si attirant? Là, en plaine uniforme, s'élevait, sans cause apparente, une singulière longue crête sablonneuse, le rivage, on aurait dit, de quelque vieux, vieux lac depuis longtemps asséché, devenu terre, herbe et culture maraîchère, sauf en quelques endroits broussailleux où persistait un peu de vie sauvage avec la plainte d'oiseaux criards. Sans doute était-ce une ancienne ligne d'eau laissée en arrière par la mer Agassiz des temps immémoriaux, alors que le Manitoba, presque entièrement sous l'eau, n'était encore qu'un songe. Nous restions là, saisis de respect et d'étonnement. Peut-être avions-nous vaguement conscience que cette étrange crête de sable, sous nos yeux mêmes unissait les temps, ceux que l'on dit révolus, ceux à venir, les nouveaux, les anciens, ceux qui persistent, ceux qui bouleversent, ceux que l'on croit morts, ceux que l'on appelle « aujourd'hui », et que tous ces temps en vérité n'étaient qu'une seconde du grand tour de l'horloge.

Bird's Hill c'est peut-être mon plus admirable souvenir du Manitoba; au bord de l'eau disparue, ces fossiles parmi les plus anciens; ces rêves aussi de jeunesse, cette confiance inaltérable en l'horizon lointain.

Vous savez combien il se joue de nous cet horizon du Manitoba? Que de fois, enfant, je me suis mise en route pour l'atteindre! On croit toujours que l'on est à la veille d'y arriver, et c'est pour s'apercevoir qu'il s'est déplacé légèrement, qu'il a de nouveau pris un peu de distance. C'est un grand panneau indicateur, au fond, de la vie, qu'une main invisible, dirait-on, s'amuse à sans cesse reporter plus loin. Avec l'âge, enfin, nous vient peu à peu du découragement et l'idée qu'il y a là une ruse suprême pour nous tirer en avant et que jamais nous n'atteindrons l'horizon parfait dans sa courbe. Mais il nous vient aussi parfois le sentiment que d'autres après nous tenteront la même folle entreprise et que ce bel horizon si loin encore c'est le cercle enfin uni des hommes.

ALPHONSE PICHÉ (1917)

Les *Ballades de la petite extrace* (1946) sont d'un « pauvre » qui rythme avec grâce et simplicité des vers naïfs; elles constituent le meilleur recueil d'Alphonse Piché. Les suivants: *Remous* (1947), *Voie d'eau* (1950), n'ont pas la même unité; le poète tente de renouveler son écriture, mais il n'y réussit que par à-coups, en de délicates musiques anciennes. La publication de l'ensemble de ses *Poèmes* (1946-1968), en 1976, aux Éditions de l'Hexagone, a donné un regain d'actualité à cette œuvre qui s'était construite un peu à l'écart des modes littéraires.

BALLADES DE LA PETITE EXTRACE

Les vieilles

À l'heure où s'éveillent les fleurs
Et les oiseaux sous les feuillages
Quand de partout vrille le chœur
Des basses-cours du voisinage;
En leur chambre pleine d'images
Dont le soleil se moque un peu,
Les vieilles font leurs commérages
Leurs commérages au Bon Dieu.

Respirant bon le foin d'odeur
Dans le bahut des tricotages
Et des saintetés en couleurs
Des antiques pèlerinages,
Sous les vieux châles de lainage
Les vieilles ont leurs livres pieux
Où puisent avec avantage
Leurs commérages au Bon Dieu.

Puis elles glissent en douceur
Mignonnes mères d'un autre âge
Comme les souris dans la fleur
Elles se glissent sans tapage
Par la chapelle aux beaux vitrages;
Et c'est péché délicieux

D'y suivre le doux babillage
Des commérages au Bon Dieu.

Envoi

Tel le hibou en son plumage,
Par les matins dormons heureux...
Nous sommes dans les commérages
Que font les vieilles au Bon Dieu.

REMOUS

Espoir

Amour, brise le vase où gisent les encens,
Sur le dernier tison laisse errer ton haleine;
Verse une onde nouvelle aux arides fontaines
Où le cygne à nouveau recevra notre peine:
Voici nos poings liés, nos muscles impuissants.

Longtemps nous avons fui par les chemins amers
Recueillant le nid vide à la branche séchée;
Vois nos genoux mûris, nos âmes écorchées,
Toute porte était close et toute herbe fauchée,
Nos flancs ont épousé la roche et le désert.

Amour, donne à nos nuits les aurores du sang,
Apporte à nos éveils la paix antérieure;
Immole le regret à la flamme majeure
Où nous avons jeté l'ennui de nos demeures,
Voici nos fronts offerts: la vigne de nos sens.

Nos gorges ont poussé le hurlement des loups
Affamés d'horizons et de sentes nouvelles;
Vois notre nudité implacable et rebelle,
Toute lèvre était morte à la voix infidèle;
Nous avons habité les antres des hiboux.

Amour, hisse la voile au mystère des vents,
Exalte notre barque aux neuves envergures;
Chaque roc de ces bords porte en nous sa blessure,
Les arcades d'hier ne sont plus que masures,
Nous avons rejeté la terre des vivants.

VOIE D'EAU

Remous

Fuis cette onde placide
Où s'ébat trop de ciel;
Je saurai de mon ventre fluide
T'arracher au soleil.

Je saurai,
Tes jambes à mes jambes sœurs
Et ton cœur enserré de mes bras,
Épuiser le glauque paysage
Du dernier souvenir.

Ta nuit seule en ma nuit,
Ton âme flétrie à mon agonie;
Ta musique ardente morte à mon long silence:
Je glisserai sur toi mes lentes caresses d'algues...
Et dans les conques nouvelles de ta bouche et tes yeux
J'éterniserai
La douceur ultime de mon baiser
Et le sel de mes larmes.

GANGUE

Mémoire

Rouilles d'oubli
Et chère usure
Du quai de nos anciens départs

Macérés de temps
Les angles grêles
Les courbes lourdes
Des temples de nos primes amours

Quelque lasse étrave
Renversée
Esseulée de roches du rivage

Noyés de ciel et d'eau
Doux arbres verts

Splendeur d'aurore
Ton souvenir de chair
À nouveau

Village

Beau village lent et grave
Sur le coteau
Des sables de ton enfance
Le chemin long
La liturgie ancestrale des maisons
Les psaumes du passé sous chaque toit
Dans chaque façade le temps suspendu
Village doux
Les grands arbres immortels
Leurs racines généreuses
Dans la nuit de la terre

Le vert oubli du cimetière
Près de l'église
Mémoire inclinée
Où s'écoute dans la paix étale
Marcher doucement sur son cœur
Les morts

JEAN SIMARD (1916)

Humoriste, Jean Simard a d'abord heurté la société tranquille de son temps avec *Félix* (1947), recueil de proses acidulées, et *Hôtel de la Reine* (1949), récit satirique. Puis il a incarné en Fabrice, personnage principal de *Mon fils pourtant heureux* (1956), les heurs et malheurs d'un certain type de Québécois: celui que l'autoritaire et religieuse tradition enferme dans d'intérieures chambres de bois dont il lui faut s'évader pour naître à lui-même. Dans ces trois œuvres, comme dans *Les Sentiers de la nuit* (1959), *13 récits* (1964) et *La Séparation* (1970), le romancier se fait volontiers essayiste, voire moraliste. Aussi devait-il venir à l'essai: *Répertoire* (1961) et *Nouveau Répertoire* (1965) consignent ses réflexions sur les sujets les plus divers. Écrire, pour lui, dans le roman ou dans l'essai, c'est, dit-il, « une forme de réflexion continue et nécessaire sur la condition humaine ».

HÔTEL DE LA REINE
Saint-Agnan

*Mais maintenant je savais que derrière
chaque montagne il y avait une vallée, que
toutes les gorges avaient une issue, toutes
les cavernes des murs; le monde était rond
et monotone: quatre saisons, sept couleurs,
un seul ciel, de l'eau, des plantes, un sol
plat ou convulsé, partout le même ennui...*

SIMONE DE BEAUVOIR

Saint-Agnan est un tout petit village bâti sur une pointe de rochers enjuponnés de varech, d'algues et de coquillages. Entouré d'eau sur trois côtés. Battu par le vent. Assailli par les vagues. Et par les marées tour à tour paré et dévêtu, conquis et abandonné. Enseveli aussi, durant des jours et des nuits, dans un épais brouillard. Alors gémissent au large, à intervalle régulier, les sirènes des navires: appels monotones, aveugles, qui se mêlent aux cris plaintifs des goélands. Et c'est bien au monde la mélopée la plus désolée qui soit...

Félix aime bien ce village pour y avoir séjourné, tout enfant, durant les mois d'été; y être revenu fréquemment, par la suite, avec un égal plaisir: attiré par je ne sais quelle qualité du ciel et de l'eau, un climat, un parfum, un profil de montagnes lui convenant particulièrement, tout un jeu de correspondances obscures qui lui donnent, à Saint-Agnan, l'étrange sensation d'un sol natal. Cet attachement n'est d'ailleurs justifié par aucune particularité visible ou explicable, ce village ressemblant à cent autres villages du même aspect, disséminés le long du fleuve: pourquoi, aussi bien, aime-t-on une femme plutôt qu'une autre?

Saint-Agnan, si l'on veut, c'est un troupeau de masures se pressant autour d'une église au toit de tôle, fief de monsieur le Curé.

Il y a aussi un hôtel, l'Hôtel de la Reine, où Félix est descendu; et où viennent s'abreuver les naturels du pays, car c'est également — bien que de manière clandestine — le bistrot de l'endroit.

Un magasin général, celui des Lafortune: Au Palais du Bon Marché, où l'on vend de tout, depuis les agrès de pêche jusqu'aux fouets de réglisse...

Une forge où Bâsille Léveillé — dit « les narfs », — géant noir et poilu, le torse nu sous son tablier de cuir fauve, fait gicler des pluies d'étincelles du fer incandescent, en roulant des yeux terribles et proférant d'horribles jurons avec une voix du Tonnerre de Dieu, pour effrayer les enfants attirés chaque jour devant sa porte par la voluptueuse fascination de la peur, la curiosité angoissée que suscite cette caverne d'ombre, de bruit, de flamme et de fumée où se déchaîne un démon dompteur de chevaux. Aussi la maîtresse d'école n'éprouve-t-elle aucune difficulté, au catéchisme, à évoquer pour eux l'enfer et le diable!

Enfin, il y a le quai, avec son phare rouge mobile, ses goélettes amarrées et le ferry-boat qui vient sommeiller là toutes les nuits, au sud ou au norois, selon l'angle du vent et la direction du courant.

Les maisons du village sont uniformément alignées en bordure du chemin, nos campagnards caressant tous l'espoir de l'expropriation éventuelle qui leur apporterait l'aisance, si l'on venait un jour à élargir la route. Il ne faudrait pas, ces habitations, se les imaginer de style normand, en grosses pierres chaulées, avec de belles toitures inclinées et percées de lucarnes, comme autrefois nos ancêtres les savaient construire. Hélas! nos compatriotes ont perdu le secret de se loger ainsi: les vieilles demeures disparaissent une à une, victimes de l'incendie, du vandalisme ou de l'incurie. Elles sont remplacées par ces bicoques en planches que l'on voit, comme une lèpre, envahir nos campagnes: affreuses boîtes carrées recouvertes de briques simulées et de bardeaux artificiels, au toit hérissé d'une fausse corniche supportant une hampe. Cabanes sans nom entourées de remises, alourdies de dépendances, compliquées d'appentis, emprisonnées de balcons, de galeries, de vérandas et d'escaliers extérieurs qui ont proliféré à l'envi sur leurs flancs décorés, au surplus, d'affiches criardes et de panneaux-réclames vulgaires exaltant les mérites du tabac à pipe, des liqueurs gazeuses et du sirop contre la toux.

Le long de la grève, non moins laides sous leur badigeon de couleurs crues, s'alignent les habitations de plaisance des touristes, en faux style victorien, gamines ou cossues, minaudières ou prétentieuses, habitées deux mois par année; le reste du temps, vides, fermées, inutiles, barricadées...

Enfin, cramponnées aux rochers comme des coquillages sur un galet, authentiques, harmonieuses, les cabanes des pêcheurs: jamais repeintes, mais patinées d'argent par le soleil et les embruns salins; avec les filets qui sèchent auprès, les oiseaux qui volent autour, guettés par des chats faméliques.

Les Saint-Agnanais forniquent, mentent, trompent, volent et se saoulent la gueule comme partout ailleurs — mais ni plus ni moins qu'ailleurs. Félix trouve parmi eux de braves gens et des crapules, des imbéciles et des intelligents, en proportion normale: c'est-à-dire le nombre des imbéciles et des crapules s'avérant légèrement supérieur à celui des autres, qui ne doivent de subsister qu'à la bonne organisation de notre force constabulaire et à la couardise naturelle des fripouilles. Félix n'ignore pas que c'est une idée à laquelle il faut s'habituer, si l'on veut vivre commodément parmi les hommes. Or, c'est un préjugé généralement accepté d'accorder aux campagnards plus de vertu qu'aux citadins; cela vient peut-être de la manie que nous avons de les regarder toujours à travers les yeux extasiés de nos romanciers les plus sentimentaux: le noble paysan aux mancherons de sa charrue; le fier pêcheur aux filets remplis d'étoiles... Ils existent, bien sûr; existent également les corvées volontaires qui reconstruisent en trois jours la ferme incendiée d'un voisin; mais, songe Félix, c'est parfois un autre voisin, haineusement, qui avait mis le feu!... Il y a l'amitié, la bonté, la fraternité. Mais il y a aussi les querelles familiales qui survivent aux générations; le cultivateur rapace qui filoute les « *genses de la ville* »; l'habitant têtu qui plaide sa terre pour une chicane de clôtures; l'hôtelier retors qui détrousse les voyageurs, — égorgeant de ses mains la poule aux œufs d'or du tourisme dans la Province; le pêcheur qui est aussi braconnier et, à l'occasion, contrebandier; le garagiste malhonnête; l'épicier tripoteur; le Curé tyrannique; le maître de poste indiscret. Et partout, la méfiance avaricieuse de ces gens: rouille, vert-de-gris qui couvre tout, qui ronge et qui détruit tout; et par lequel s'explique, en partie, le goût tellement enraciné de nos compatriotes pour les charlatans, les guérisseurs, les diseuses de bonne aventure, les pastiches, les contrefaçons, les maisons de fausse brique, de fausse pierre, de faux bardeaux; et, dans nos églises, les colonnes en faux marbre, les saints en plâtre peint, avec des auréoles de Néon!... À Saint-Agnan, c'est le « *ramancheux* » qui guérit les malades; le médecin, on l'invite en même temps que le prêtre pour constater les décès et voir claquer les vieillards. On rend visite au dentiste une seule fois dans sa vie, pour qu'il vous enlève, du même coup, toutes les dents. Le forgeron enseigne comment il faut prendre soin des animaux malades; le vétérinaire, on préfère l'inviter le soir, à la maison, pour jouer aux cartes. L'entrepreneur dessine le plan des maisons. Les grands-mères fabriquent des remèdes. On consulte bien le gérant de la banque au sujet des impôts, des testaments et des successions; mais l'on se garde soigneusement de lui confier son argent, préférant le notaire et l'avocat, qui font du douze pour cent!... On avoue ses péchés, par correspondance, au Courrier de Colette; à monsieur le Curé, on parle clôtures, bornages, limitations. On engage comme plombier le pêcheur de hareng, sous prétexte qu'il connaît les moteurs. Et les mères de famille échangent des recettes de cuisine avec la maîtresse d'école...

*
* *

D'aucuns reprochent à Félix d'avoir l'œil mauvais; pour un peu, ils diraient « le mauvais œil »...

— Tu es responsable, prêche-t-on, de la lumière que tu projettes sur les choses. Pense à cette ampoule électrique que les docteurs se mettent sur le front pour examiner leurs patients: imagine cette lumière alimentée par des fils partant du cœur, chacun possédant ainsi une vision qui lui est propre. Ainsi l'âme dissémine-t-elle sur les choses sa clarté, les colorant en quelque sorte à son image. Celui dont l'âme est imprégnée de charité a une vision bénigne de l'univers; son œil est bon et cela le rend heureux. Mais toi, Félix, tu ne vois que du mal, de la bêtise et de la laideur autour de toi: tu n'as rien trouvé de bon sur ta route, et tu es malheureux...

— Malheureux, moi? Même pas. Mettons que je ne suis pas heureux, voilà tout — ce qui est commun à la plupart des hommes. On me reproche de regarder le monde à travers des lunettes noires; en quoi des lunettes roses seraient-elles supérieures?... Lunettes pour lunettes, optimiste morose, pessimiste gai, où est la différence?... Mes lunettes ont tout simplement des verres neutres: je les porte par coquetterie! J'ai la vue bonne — heur ou malheur, — et suis né doué d'un regard acéré au service d'un esprit sans indulgence: c'est la définition même du moraliste! Je jouis du privilège douteux de voir distinctement l'envers du décor, le vrai visage sous le fard, la ficelle des pantins, le mécanisme toujours le même des passions, le lendemain des amours et, en général, la misère et l'ironie de notre condition. On me fait grief de voir le laid, la bête, le mal: il faudrait être aveugle-né pour ne pas l'apercevoir... Je vais dans la vie, semblable au collectionneur de papillons,

— lépidoptères chagrins, phalènes maussades, — épinglant mes plus belles découvertes, amassant des spécimens toujours plus réussis de l'absurdité des choses et de la bêtise des gens. Et je crois fermement que la terre, sans les humains, deviendrait peut-être habitable!

*
* *

La mer, devant Saint-Agnan, monte chaque jour deux fois, ponctuellement, petite vague par petite vague, couvrant peu à peu la grève, lustrant doucement le sable, — de ce *tweed*, faisant du satin, — éclaboussant la mosaïque des cailloux ronds, le carrelage des galets multicolores; puis redescend de même, dénudant une plage toute mouillée qui fume au soleil... Comme si, de Saint-Agnan, une chienne fidèle venait en rampant lécher les pieds, pour ensuite se retirer et, inlassablement, revenir.

Le village vit sa vie quotidienne, « *ennuyeuse et facile* », partagée entre l'entêtement des vieux de se cramponner à des principes périmés, à des superstitions surannées, à des préjugés archaïques; et l'adoption par les jeunes des manifestations les plus vulgaires du modernisme: la danse des nègres de Harlem, le costume des Italiens de Chicago, l'argot de toutes les pègres. Il y a maintenant au magasin Lafortune, Au Palais du Bon Marché, un *juke-box* et des *slot-machines*... La radio déverse, sur la tête des buveurs de liqueur gazeuse, la crème de ses programmes stupides: romans-fleuves bêtasses, chansons de grands veaux larmoyants ou d'eunuques à voix flûtée. Toute cette belle jeunesse n'a qu'une ambition, qui est de quitter vivement ces lieux pour « aller en ville », où les juke-box sont plus gros, les slot-machines plus nombreuses; et où l'on peut gagner « de la grosse argent » comme « driver de truck » ou « helper dans une facterie »...

Enfin, plusieurs de ceux à qui leurs parents ont payé le collège classique ou le couvent désirent entrer dans les ordres: la plupart, comme dit Stendhal,

> parce qu'ils aiment mieux gagner leur pain en récitant quelques mots latins qu'en piochant la terre...

... quelques-uns, même, par vocation véritable!... Bref! ils rêvent tous d'une vie facile — ou qu'ils imaginent telle — et aucun d'entre eux n'ignore par qui commence la Charité bien ordonnée.

MON FILS POURTANT HEUREUX

Le bonheur*

(Fabrice, le héros du roman, évoque la maison de campagne de ses parents.)

Perchée sur un promontoire chenu, dominant le fleuve, la vaste demeure où mes parents installaient traditionnellement leurs pénates d'été vous avait une fière allure de maison hantée, avec ses murs épais blanchis à la chaux, son grenier rempli de vieilleries, ses corridors à recoins, son grand salon aux meubles désuets, reliques de temps révolus et de familles défuntes. Il y avait un piano arthritique, archi-faux, que boxaient les enfants; une horloge grand-père; des fauteuils défraîchis; une ramure d'orignal, servant de porte-chapeaux; un hibou empaillé, morose, méditatif, sur le manteau de la cheminée.

Notre maison était la proie des éléments: battue par le vent, rôtie par le soleil, cravachée par la pluie, qui durait souvent plusieurs jours d'affilée, accompagnée d'épais brouillards. Les objets connus désormais abolis, notre vie s'organisait toute en fonction de cet univers grisâtre, singulier, irréel, comme séparé du reste du monde par un rideau de moiteur vaporeuse. La maison ressemblait alors à un grand navire qui a rompu ses amarres et dérive au large, moteurs éteints. Nous n'aurions pas été étonnés de l'entendre répondre à son tour aux sirènes des phares, des vrais bateaux, qu'on entendait gémir au loin mêlées aux cris des goélands, au déroulement des vagues. Nous montions tôt, le soir, nous réfugier dans nos cabines, frisssonnant au contact des draps toujours humides. C'était l'extinction des feux. Et la maison, son équipage et tous ses passagers endormis, poursuivait nuitamment sa navigation immobile.

Il arrivait parfois que la mauvaise humeur des éléments se déchaînât en tempête d'une violence extrême, ébranlant la maison sur ses assises, terrorisant ses habitants réunis en troupeau craintif à l'angle le moins exposé de la salle commune. Situé comme il l'était, hérissé en outre de paratonnerres hors d'usage, l'édifice semblait attirer et concentrer sur lui tous les « courroux du ciel », la foudre lui composant dans le noir un tragique panache de flamme. Le tonnerre vous étourdissait, semblait déchirer de grands pans de ciel, au moment même où vous aveuglait l'éclair. Des boules de feu flottaient dans la chambre. Les cheveux des femmes se dressaient, parcourus d'étincelles. On allait chercher les cierges, l'eau bénite, les chapelets: tout le monde est croyant, quand il tonne! Après qu'on avait bien tremblé, toute cette véhémence semblait s'épuiser d'elle-même. Les coups de grosse caisse s'espaçaient. On entendait s'éloigner les derniers grondements de l'orage, portant vers d'autres lieux sa fureur aveugle et sa pyrotechnie. L'angoisse rentrait dans son trou, le cœur retrouvait peu à peu son battement normal — des bâillements s'ébauchaient...

Après ces nuits d'irréalité, on retrouvait au matin la verdure, la clarté et les joies solaires, comme une nouvelle naissance. Aucune trace ne subsistait de l'ouragan ni du brouillard, hormis quelques flaques çà et là, des brindilles cassées, des gouttelettes aux feuilles des arbres, un grand paquet de nuages blancs fuyant vers l'est. La maison était de nouveau solidement amarrée à son rocher. Les vaches du fermier paissaient leur pâturage habituel. Le fleuve lui-même n'était plus ce lieu inquiétant où voguent les habitations et se déchaînent les cyclones; mais une belle nappe verte parcourue de moutons écumeux, où se roulent les enfants.

Ma mère m'expliquait les marées: le flux, quand les abîmes de la mer se gonflent d'air; le reflux, quand les flots sont attirés par la lune vers le centre de leur masse...

Notre demeure n'était séparée de la ferme voisine que par une prairie où poussaient alternativement des pommes de terre et du blé, car le fermier était partisan de la rotation des cultures. Un sentier la traversait, que je franchissais d'un bond dès le lever du soleil, mais jamais assez tôt pour ne pas trouver la ferme éveillée et préludant déjà aux travaux de la journée.

Aux premières lueurs de l'aube, je sortais de ma chambre comme un voleur, gagnais à pas de loup le balcon de l'étage, dégringolais l'échelle qui le reliait à la galerie du rez-de-chaussée. J'atteignais le sol, flairant le vent, interrogeant les nuages, la rosée: car mes amis campagnards m'avaient appris à déchiffrer les signes grâce auxquels la nature permet, à qui les guette, de deviner ses intentions. J'arrivais à la ferme au moment de la traite. Je vois encore le pis lourd des vaches; les gros doigts du fermier sollicitant en cadence la flaccidité des tétines; le giclement du lait dans les seaux à demi pleins... Ensuite, sur une voiture chargée de bidons clapoteux, nous partions distribuer par le village le précieux liquide. Je conduisais le cheval, m'acquittant de cette fonction comme d'un sacerdoce. Devant chaque maison endormie, le laitier descendait emplir les récipients posés à son intention près de la porte des cuisines. Il arrivait qu'un filet de fumée bleue s'échappant d'une cheminée m'annonçât qu'ici mon compagnon s'attarderait un moment en conversations chuchotées, auprès d'une ménagère levée matin. L'attente, cependant, ne me paraissait jamais pénible: il y avait tant de choses à regarder, à écouter, à humer! Tout ce qui bouge dans les halliers, tout ce qui chante dans les branches, les fleurs qui s'ouvrent dans les jardins. Et puis, les cerises, les pommes vertes qu'on escamote par-dessus les haies, les petites prunes sauvages, à peau violacée, comme givrée...

— Où vas-tu, Fabrice? s'enquérait chaque jour madame Navarin.

— Je vais jouer! répliquais-je d'un ton péremptoire.

Les enfants, quands ils disent: « Je vais jouer », il faut voir de quel air sérieux, déterminé! C'est qu'à proprement parler, ils ne « jouent » pas: ils travaillent, ils inventent, ils agissent; et leur activité, que nous nommons improprement « le jeu », préfigure en réalité les occupations de l'adulte, son accession à l'Être. À la ville, avec les jouets, on est obligé, bien sûr, de se monter un peu la tête, de forcer l'imagination. Le pont du « *mécano* », les soldats de plomb, le train électrique ne sont quand même pas un vrai pont, de vrais soldats, ni un train véritable. Tous ces objets n'ont, en somme, de réalité que celle qu'on veut leur prêter, par un prodige d'affabulation.

Tandis qu'à la campagne, tout est vrai!

Les tombereaux sont vrais. Et authentiques les charrues, les fourches, le râteau mécanique auquel on a attelé, à votre intention, la jument la plus douce. Claire et bien réelle, l'eau que l'on boit à la régalade, d'une cruche de grès mise au frais dans le fossé, sous un ponceau. Et voilà que, maniant ces objets véridiques, on peut se sentir pour une fois utile à quelque chose; et, non sans fierté, nourrir les poules, dénicher les œufs dans les râteliers; cueillir les petits fruits amers des confitures; fouler le foin coupé, le trèfle odorant, dans les grandes charrettes grinçantes qui vous ramènent ensuite vers les bâtiments, couché au faîte du « voyage », avec le ciel par-dessus, et, dans un coup de collier de l'attelage, passant soudain du soleil brûlant de la route à l'ombre fraîche de la grange, s'engouffrent dans la « batterie » sonore qu'elles obscurcissent de leur masse capiteuse.

Et puis, il y avait les bêtes...

Moi, que le monde enfantin rebutait, je me découvrais parfaitement d'accord avec le monde animal. J'aimais les bêtes, et elles me le rendaient, car elles devinent aussitôt qui les comprend. Les chiens de garde remuaient la queue à mon approche, les chats s'amadouaient, et mes caresses faisaient fondre jusqu'à la timidité des vaches! Certains jours où le travail de la ferme n'était pas trop pressant — où le foin coupé séchait tout seul sur le pré, où le grain croissait et mûrissait au soleil — on en profitait pour mettre au vert les chevaux, dans une petite prairie en contre-bas des étables et qu'à cette fin on ne fauchait jamais. Le trèfle y fleurissait sous les trembles bruissants, les épinettes sombres et gommeuses. On détachait le licou de chaque bête et, hop! une claque sur la fesse la projetait avec un hennissement de plaisir, crinière au vent, queue dressée, dans un galop erratique et joyeux, vers cette promesse de liberté, d'herbe fraîche et de douce flânerie. Il m'arrivait de passer, avec les chevaux ainsi libérés — et redevenus nobles comme des chevaux sauvages — le plus clair de ma journée: suivant, le long des haies, leur promenade gourmande; gobant, pour ma part, des framboises mûres, toutes tiédies au soleil, et dont les granules craquent sous la dent. Parfois, l'une des bêtes s'approchait et je cueillais pour elle, les choisissant avec soin, de belles feuilles de pissenlit dont je la savais friande. Elle les mâchouillait en agitant les oreilles, en secouant sa longue crinière, avec un bruit des naseaux qui ressemblait à un ronronnement — de doux naseaux veloutés que je baisais tendrement, en caressant la vaste encolure frissonnante. Outre la rumeur du vent dans les feuilles, le murmure des oiseaux, le crépitement extasié des cigales, je ne percevais que le train chaleureux des chevaux s'ébrouant avec satisfaction; tondant la prairie dans l'étau rythmique de leurs longues dents jaunes; heurtant un caillou du sabot; chassant les mouches d'une saccade, d'un frémissement d'échine, d'un fouettement cinglant de la queue. Et il me semblait alors, bien que je fusse incapable de le formuler, que s'établissait obscurément entre ces bêtes heureuses et moi-même, qui l'étais aussi, une sorte d'analogie miraculeuse, de complicité: un accord merveilleux entre elles et moi, et l'herbe tendre, et les fruits mûrs, la chaleur, les grillons, la brise; et alors, dans un sentiment d'éternité, je touchais le bonheur — ce *bonheur* que le dictionnaire, dans son laconisme magistral, qualifie simplement d'« état heureux »...

J'empruntais, le soir, pour revenir à la maison, ce même sentier à travers champs que j'avais suivi le matin, et où j'ai souligné qu'alternait chaque année le cycle du blé avec celui des pommes de terre. L'année du blé, quand il avait atteint, vers le milieu de l'été, ma taille approximative et souvent davantage, m'y engager au crépuscule devenait une aventure assez terrifiante. Que cachaient ces herbes hautes, ondulantes? Quelle bête y était tapie? Y rôdait-il quelqu'un — ou quelque chose?... Si le matin, au grand jour, la hâte me mettait des ailes aux talons, la peur, à la tombée de la nuit, me soulevait littéralement de terre! J'esquissais un signe de croix, puis, frôlant les épis bruissants, c'était une course insensée qui, un instant interminable, me jetait pantelant à l'autre extrémité de la prairie, hors d'haleine, le cœur bondissant, les jambes coupées, le sentiment bouleversant d'avoir échappé à quelque grand péril...

Il venait parfois d'autres enfants à la ferme. Ils arrivaient à l'improviste, passaient quelques heures à gêner tout le monde, puis disparaissaient.

Moi, au contraire, je m'estimais là dans mon duché — et le faisais sentir! Mon statut, visiblement, n'avait rien de commun avec celui de ces visiteurs d'occasion — des intrus, en somme — que l'on accueillait poliment, voilà tout. Non sans superbe, j'agissais à leur égard en qualité de *cicerone*, privilège que justifiaient amplement mon assiduité et les services rendus. Je faisais donc, en quelque sorte, les honneurs du lieu, affectant avec toutes choses une familiarité à laquelle je pensais pouvoir seul oser prétendre. D'un air détaché, je jetais aux poules une poignée de grains, décochais un coup de pied au chien, caressais le poitrail de la jument, actionnais le levier d'une machine, buvais à la pompe en m'essuyant la bouche du revers de la main, comme je l'avais vu faire au fermier. Je connaissais l'heure où l'on soigne les animaux, où l'on fait boucherie, où la moissonneuse-lieuse commence son travail spectaculaire. Sentencieux, condescendant, j'expliquais toutes ces choses cabalistiques aux autres enfants; et, n'ignorant point les termes du métier, j'en émaillais ostensiblement mes propos.

J'imagine assez, aujourd'hui, quels sourires, quels clignements d'yeux devaient naître derrière mon dos et souligner ma ridicule, mon insupportable pédanterie!

C'est qu'au fond, ces enfants m'intimidaient...

Entre une mère effarée et un père morose, j'avais grandi entouré de tabous, d'entraves, de soins craintifs, de parapets et de défenseurs de toute sorte: domestiques, répétiteurs et, durant l'été, les braves cultivateurs qui s'improvisaient mes bonnes d'enfants rustiques, aplanissant devant moi tous les obstacles. Une charrette à foin, un tombereau, un boghei — quelles forteresses contre le réel! On m'avait condamné à toutes les tutelles, et voici que je m'y complaisais: ce patronage incessant des adultes, j'en venais à le trouver délectable. Désormais, je cherchais d'instinct des équivalents aux véhicules rassurants du haut desquels — tel ce piédestal que se font, avec l'argent, les « grandes personnes » qui désirent demeurer les pieds secs au-dessus des vagues où barbote le commun — hors d'atteinte, je pouvais me donner l'illusion d'échapper aux contingences.

Mais entre l'emmuré que j'étais, et le monde extérieur, la brèche se creusait chaque jour plus profonde. Je devenais le petit garçon d'exception, le petit-garçon-qui-ne-joue-pas-avec-les-autres... Incapable de communiquer normalement avec mes pairs, je souhaitais les éblouir et me réservais, pour ce faire, le choix des armes — qui se retournaient invariablement contre moi.

JEAN-JULES RICHARD (1911-1975)

Jean-Jules Richard a publié une dizaine de romans et un recueil de nouvelles, *Ville Rouge* (1949). Ce recueil, et surtout son premier roman, *Neuf jours de haine* (1948) — où, selon Victor Barbeau, le « feu des mots, des images rivalise avec celui des mitrailleuses » —, lui ont valu sa réputation d'écrivain. *Le Feu dans l'amiante* (1956), qui traitait d'un conflit syndical encore tout récent (la grève d'Asbestos), connut, lui aussi, un certain succès, et le *Journal d'un hobo* (1965), tiré de la vie de bohème de son auteur, profita du projet populiste de la revue *Parti pris*. Ses derniers romans, *Faites-leur boire le fleuve* (1970), *Carré Saint-Louis* (1971), *Louis Riel, Exovide* (1972), *Pièges* (1972), *Le Voyage en rond* (1972), *Centre-ville* (1973) et *Comment réussir à 50 ans: roman d'humour* (1973), sont le fruit d'une imagination débordante, amie du bizarre, qui n'a pas encore trouvé ses interprètes.

NEUF JOURS DE HAINE

L'évasion de Noiraud*

(Le 6 juin 1944, les Alliés débarquent en Normandie; le 16, Noiraud est fait prisonnier.)

Des heures abrutissantes rampent. Quelqu'un ronfle. La fatigue les hébétait. Noiraud ne peut dormir. Il essaie d'analyser cette sensation de la fin de la guerre. On leur a dit que la guerre était finie pour eux.

Et ça vient de commencer. Il y participe seulement depuis dix jours. C'est trop peu. Il a encore envie de se battre. Un besoin de continuer la lutte le harcèle. Surtout après cette humiliation de la capture. Surtout après cet affront de la prise. Il ne se pardonnera jamais d'avoir fait face à l'ennemi les mains hautes. Ça lui fait couler des éclats d'acier dans les veines. L'insulte d'avoir été fouillé. Puis cette nouvelle dénomination: prisonnier. Ça ne s'endure pas. Pas par un homme comme lui. Un homme fort. Un batailleur.

Une multitude de pas dévalent l'escalier. Des cliquetis d'armes se répercutent. Une demi-douzaine de silhouettes étranges se présentent dans l'ouverture. Les soldats allemands, après avoir crié, vont aux captifs. Les boches frappent les formes étendues à coups de bottes, à coups de crosses. Tout le monde doit se lever. Les dormeurs interdits comprennent lentement. De nouveaux coups les persuadent.

On aligne les détenus. La file, les mains hautes comme des pinces d'écrevisses, suit l'impulsion des gardiens. La procession du bouillon de minuit. On traverse le retranchement. La force numérique et provisionnelle paraît partout. Tout cela. Et penser que le caporal voulait prendre cette redoute avec deux sections. Ils passent à travers une barrière double fortement gardée. On les engage dans la nuit sur une petite route.

Des rangées de chars d'assaut, de tanks s'alignent le long de la route. En avant un groupe d'édifices formant carré tranche sur un ciel vivifié à intervalles par des lueurs de détonations ou d'explosions.

Noiraud enrage d'avoir encore une fois les mains hautes. De faire le geste de plonger où il n'y a pas d'eau. Ça ne se supporte pas. Les gardiens sont parsemés le long de la ligne comprenant une quarantaine d'hommes. Ses ancêtres ukrainiens lui crient dans la cervelle. Ses ancêtres le renient en rappelant leurs exploits contre l'ennemi d'alors. Et son impétuosité ordinaire le torture. On arrive presque aux édifices. Son désir de se battre lui fait se mordre les lèvres, lui coule des larmes par le nez, lui pétrit la faculté de penser.

Des sifflements cisaillent l'obscurité. Un sifflet d'usine? L'heure du travail ou du repos? Ça vient de leur côté. Ce sont des projectiles. Déjà un obus a éclaté dans l'intérieur de l'abbaye. Son écho menace encore quand un autre assomme le mur extérieur. Puis un autre à quelques degrés de plus de leur côté. L'escorte semble hésiter. Dans la contrainte du doute. Un autre obus atterrit plus près. Les éclats se vautrent tout autour. Un autre obus plus près. Les éclats flagellent l'air. Les Allemands disparaissent dans le fossé en criant vers la file. Quelqu'un de la ligne s'est penché, aussitôt une volée de balles est venue. Faut-il entendre qu'il faut rester là, debout, les mains hautes: gauchement comme des homards?

Noiraud, lui, voit la chance. Il parle à celui qui le précède. C'est ça. Mourir tout de suite ou s'évader. Le choix se fera tout seul. Sûrement les gardiens tireront de leur côté. Mais les balles, c'est si petit. L'espace autour est si large.

— Au prochain sifflement, on court. Entendu.

Voilà. Les Allemands deviendront crispés entre la fraction de seconde de l'atterrissage de l'obus et celle de la commotion. L'instinct du feu sauvera Noiraud. Il aimerait ramener tous les gars avec lui, mais c'est un de ces moments où il ne faut penser qu'à soi. L'épreuve de l'égoïsme. La graduation de l'ego.

À chaque millième de seconde, le sifflement approche. Noiraud a le cœur et les jarrets tendus. Sa main droite presse le bras de l'autre. Qui est-ce? Tout juste quelqu'un. Il ne lui voit pas les traits. Il ne le connaît pas.

Attente.

Explosion.

Détente. Bond. En avant. De côté. Course. Course désespérée. Galop infini. À travers la moitié de la route. À travers champs. En enfourchant des pyramides. Par-dessus des trous d'obus. Par-dessus la clôture d'un potager. Par-dessus le monde. Par-dessus la guerre. Par-dessus tout.

L'obus a semé ses parcelles. Les balles ont couru de leur côté. L'alarme a été donnée à grands cris. La ligne des prisonniers est mise au pas double. La course vers les édifices.

Deux des gardiens sont restés en arrière. Noiraud et son compagnon sont aplatis dans un carré de navets. Les gardiens approchent. Trop près? Faudra-t-il encore courir? C'est dangereux cette fois-ci.

À moins, à moins qu'un obus de nouveau effarouche l'escorte. Un obus! Un obus! On n'a jamais tant désiré forcer la pensée des artilleurs. On n'a jamais tant cru à la télépathie. Alors c'est comme compris. La chance les favorise de nouveau. Ils vivent leur vie deux fois plus lentement. Un projectile s'en vient. Il arrive. Les chiens de chasse se penchent. Partons. C'est de nouveau la course. Ils vivent leur vie deux fois plus vite. Le copain suit d'assez loin. De cinq pas. L'obus se brise entre eux deux. Mais plus près de l'autre. Noiraud ressent la commotion. Ça l'étourdit même un peu. Même assez puisqu'il s'arrête au lieu de courir.

Comme la poussière se rabat, il voit l'autre étendu. Tous ses vêtements ouverts par le choc. Les pans de la vareuse de chaque côté de lui. La chemise relevée. Les pantalons sur les genoux. Préparé pour la vivisection. Il a déjà vu des cadavres allemands comme cela déshabillés. Maintenant il sait que cela est dû à la commotion. Le temps lui manque. La vie est courte.

Les deux gardiens relevés viennent de son côté. Un peu trop à gauche. Alors il se roule, rampe, écrase les navets. Les feuilles de navets lui lèchent la figure comme des langues de chiens. Il s'étend dans un sillon un peu plus profond. Dans la profondeur de la solitude.

Maintenant, il est bien seul. Seul de son espèce. Seul avec les navets. Seul avec sa respiration haletante qu'il cherche à étouffer sur les poils de son poignet. Il se frotte la face et les mains avec de la terre pour atténuer la lueur de la peau dans l'obscurité. La terre ne colle pas. Il se crache dans les mains. Il recommence. La boue épaisse le masque. Il peut maintenant regarder plus longuement à travers les fibres de la nuit. Le mascara le maquille.

Les deux boches, à sa recherche, semblent aller d'un point à l'autre aux bornes du champ. Là, ils parlent à quelqu'un. Des complices. Cela signifie qu'une ceinture de défense entoure l'extérieur des bâtiments. Et qu'il se trouve en plein centre du cercle. Il glisse autour de l'axe de l'odieux. Comment passera-t-il à travers le cercle? Il lui faut passer. Il le faut.

Puis les deux boches regagnent la route pour rejoindre les autres membres de l'escorte sortant du couvent. Plusieurs voix répondent aux leurs autour du secteur. Toutes les sentinelles doivent être prévenues de l'évasion de deux prisonniers. Deux cochons d'Inde dans une cage de laboratoire. Il reste un cochon d'Inde et il mord les barreaux.

Alors il lui faudra aller plus à droite, du côté des murs. Mais quelqu'un doit se trouver de ce côté-là aussi. L'éveil semble avoir été donné à la tournée de la défense. Il comparaît devant le vide. Il nie son recélage du néant. Mais après un instant de repos, il pensera. À quoi? À l'espoir. À quoi se fier? Surtout aux événements, au hasard.

Et l'autre. S'il ne l'avait pas entraîné, il vivrait encore. C'est presque un meurtre. Noiraud sait maintenant que la mort a la plus grande partie des atouts dans la guerre. Mais il ne croyait pas qu'un crime puisse aussi s'y perpétrer. Son courage s'en émousse presque. Son corps fait sentir tous les muscles, les nerfs, les os. Son âme fait sentir toute sa peau.

Deux heures. Pendant deux heures il s'est traîné sur les coudes et les genoux. Sur la poitrine et sur les cuisses. En se roulant d'un côté à l'autre, du ventre au dos, du cœur aux pieds, des cheveux aux ongles.

Les feuilles moites et froides des navets lui ont léché la peau. Le visage et les mains. Le fait d'être seul le crispe. Il est si habitué à l'entraide et à la coopération.

Partout des sentinelles. Il s'est même approché assez d'un terrier pour distinguer un profil. Puis le profil s'est montré de face. La pleine lune. Comme si la sentinelle avait senti une présence. Noiraud a probablement produit un léger bruit à travers les feuilles, à travers la nuit. L'autre n'a pas cru longtemps aux effets de la brise. Il a levé son fusil dans la direction du bruit. Noiraud a attendu longtemps. L'autre aussi.

Puis les gardes se remplacent. Remuements. Celui du guet s'affaisse dans le terrier. Un autre sort du fond. Un autre plus petit.

Noiraud profite du changement. Il avance hors du potager vers une clôture. Mais il faut traverser un espace presque sans végétation. Le Sahara. La mer Morte. Alors il rebrousse chemin.

Trente pieds plus à droite, il semble y avoir des buissons. Et de l'autre côté de la clôture, à quelques pieds de la clôture, le blé pousse. Le plus beau champ de blé jamais vu. Couleur de miel. Blanchâtre dans la nuit. Les blés de l'Ukraine? Des prairies canadiennes?

Des minutes languignolentes lui dénient la vie. Sa fermeté de réussite le fatigue. La rosée fait de ses vêtements un pansement humide. Le battement des artères lui presse les tempes. Il entend couler son sang plus lentement. Mais que voit-il? La nouvelle sentinelle semble manquer d'attention. Son casque voile presque toute la face. Elle a le menton sur la poitrine. Serait-ce le sommeil?

Il épie, il lance une motte de terre vers le terrier. Deux mottes de terre. La deuxième plus grosse que la première. La sentinelle n'a pas fait un mouvement. La sentinelle doit dormir debout. Comme un cheval. Il faut profiter encore une fois de l'occasion. Tenter le hasard.

Noiraud se glisse sur l'herbe en direction des buissons. Vite. Il semble que l'aube arrive. Il rampe sans bruit comme un naturel. Il rampe lentement d'abord en regardant la sentinelle. Pas un mouvement de ce côté-là. Puis il rampe plus vite. Maintenant à quelques pas des buissons, il marche courbé en deux. Il saute par-dessus des pyramides d'oxygène. Un autre bond. Un autre et il sera hors de vue. Il se glisse à travers les buissons. Il jette un dernier regard vers le garde. Ses cheveux souples s'embarrassent. Le garde est éveillé. C'est sûr. Il a entendu du bruit. Il sort de son trou. Il vient même de ce côté, regarde, donne quelques coups de pieds dans les buissons. Il retourne.

L'alerte est passée.
La nuit goûte le vin rouge.
C'est défendu de fumer.
Pas de jeu de cartes.

Noiraud doit encore attendre. Mais l'aube arrive. La clarté, il la maudit. Le blé de l'autre côté de la clôture l'attend, l'invite, le prie de venir. Le terrain de l'autre côté descend en pente. Une cinquantaine de verges et ça peut être la sécurité complète. Glissé vers la clôture, il passe la tête entre deux des trois fils barbelés. Le terrain baisse d'un pied. La profondeur du delirium tremens. Un sentier court tout le long du champ. Mais plus à droite, un autre terrier. Deux hommes dedans. Deux hommes surveillant de chacun son côté, tout en parlant, souvent en s'envisageant. Partout et ailleurs, dans les autres postes, un des boches dort. Pourquoi sont-ils ici tous deux éveillés? Un instant Noiraud se croit définitivement perdu. Il devra employer la force pour passer à travers celle-là. Et l'aurore va survenir. Il se glisse plus à droite à l'orée opposée des buissons.

Là, un vague terrain donnant sur les constructions. Un pâturage. Quelques bêtes à cornes y sont étendues. Sommeil normal ou sommeil de charognes? De ce côté c'est la mort. On le verrait courir après la mort. La mort après tout, il ne l'a que retardée. La fatigue crispe ses muscles, frise sa pensée. Sa barbe lui pique les mains. La boue agrippée à sa barbe l'agace.

Et maintenant il n'y a plus qu'à attendre le moment. Quel moment? Où se produira le déclic? La dernière chance devant le favoriser? Car la chance viendra, il en est sûr. Il ne désespère pas. Il n'est que fatigué. Las d'être fatigué. Las de la rareté de l'oxygène.

Les deux boches parlent doucement. Si ce n'était pas de la clôture, il leur sauterait dessus. Pour les empêcher de parler doucement. Peut-être aurait-il le temps de les maîtriser avant d'être atteint. Attendre pendant quelques précieuses minutes. Attendre en se mordant les poils de l'avant-bras. Attendre, mais pas trop longtemps. Il fera jour et il aura trahi le hasard.

*
* *

Du côté des bâtiments, des voix s'élèvent. Comme des ordres lancés. C'est à une centaine de verges. Des soldats allemands sortent d'une porte latérale non visible de l'endroit où il se trouve. L'ouverture doit être pratiquée comme au fond d'un couloir formé par deux saillants des murs. Les soldats transportent des mitrailleuses. Ils viennent les installer derrière un tertre en ligne avec la façade du couvent. Une, deux, quatre, cinq mitrailleuses sont en position à intervalles d'une vingtaine de pieds.

Trois hommes manient chacune. Un gradé en arrière de tout le groupe semble s'assurer de l'exécution des ordres. Aussitôt Noiraud espère. Les gardes du terrier seront distraits par les événements de là-bas. Il leur sautera dessus. Il les maîtrisera en un instant avec ses grosses mains, son instinct débridé, avec l'élan gigantesque de ses muscles. Avant cela, l'action doit commencer vers la droite. En avant. Allez-y, commencez! Quoi que vous fassiez. Il lui faut partir. L'aube! L'aube sent le vinaigre. L'aurore! Avant longtemps, on pourra distinguer son corps du terrier à travers les branches.

Les cinq groupes de mitrailleurs semblent totalement préparés. Les tireurs sont couchés en ligne symétrique derrière l'arme. À droite des tireurs, d'autres soldats assistent en soutenant la bande de cartouches. Derrière les deux, un autre agenouillé prépare pieusement des ceintures de balles. C'est net. C'est parfaitement organisé. Chacun est à sa place comme au champ de tir. C'est même comme une séance d'entraînement. Cela semble invraisemblable toutefois. Entraîner des troupes fraîches si près du front. À une heure pareille. Quelques minutes avant que l'oxygène devienne incolore devant l'aurore.

Noiraud se glisse vers la clôture. Les deux boches ont noté la manœuvre là-bas. Ils regardent tous les deux du côté des bâtiments. Si quelque chose peut seulement se produire. Si ça peut commencer, il agira. Qu'est-ce qu'on attend? Qu'est-ce qu'on attend?

Puis des claquements secs de mitrailleuses à un rythme éperdu. La cadence est précipitée. Il connaît bien cette cadence. Ce rythme l'a souvent fait vibrer, trembler d'amertume. Il raidit ses muscles pour l'élan. C'est le moment. Le mécanisme de ses membres se prépare au déclic.

Les sentinelles de la tranchée sont absorbées par le spectacle. Il jette son dernier coup d'œil vers les mitrailleuses.

Puis tout son corps s'immobilise comme coagulé. Le noir de ses yeux se condense et luit à travers la saleté de la figure. Ses doigts se crispent. Les ongles lui rentrent dans les mains. La sensation est suffocante. Il ne lui faut faire aucun mouvement brusque. Son instinct le protège. Mais il est tenté de tout défaire à portée de sa main. Il se tourne sur l'axe de son ventre pour mieux voir. Ses coudes le glissent obliquement. Du poignet, il repousse quelques branches. On tire depuis une minute. Et là-bas en avant des balles, des hommes, des hommes courent.

Des hommes courent, cent verges en avant des mitrailleuses.

Ils courent comme pris de panique, comme hors de leur monde. Comme sur un monde où la terre est en caoutchouc.

Ils courent çà et là. De gauche à droite. En avant. À reculons. Ils courent, puis ils vacillent. Ils chancellent. Ils tombent.

Et du couloir dans le mur, d'autres hommes émergent. Cinq à la fois. La distance et l'aurore n'empêchent pas de discerner les détails.

Noiraud ne voit pas leurs traits, mais il distingue les silhouettes. Elles portent des uniformes britanniques. Elles sont revêtues de kaki comme lui. Serait-ce des compagnons? Serait-ce le groupe de prisonniers avec qui il a été pris hier soir?

Les prisonniers? les boches attendaient une décision à leur sujet. La conversation saisie par un des gars du retranchement. Quelqu'un aux quartiers généraux ennemis a pris une décision. La décision:

— Tuez-les. Ce sont les ordres.

Les mitrailleuses deviennent silencieuses. Il n'y a plus rien dans leur champ de tir. Rien que des formes allongées. Mais d'entre les deux saillants du mur, d'autres êtres sont apparus. D'abord les hommes ont semblé hésiter. Ils ont jeté un coup d'œil autour d'eux.

À gauche, ils ne voient pas les mitrailleurs abrités derrière le tertre.

À droite, c'est le pâturage borné par un verger. Mais le verger s'estompe dans la distance.

En face, c'est le pâturage et, à une centaine de verges, la clôture et le champ de blé. Leur hésitation dure quelques secondes. Ils sont sortis de l'ombre des deux murs comme si on les pressait de sortir.

Ils ont commencé la marche lentement. S'enhardissant, ils ont couru à toutes jambes. Leurs jambes forment des angles obtus. Ils ont avancé d'une vingtaine d'enjambées. Les mitrailleuses ont ouvert le feu. La terreur semble maîtriser les victimes. Ils ont l'air égaré. Ils ont l'air fou. L'un d'eux s'est comme arrêté puis a recommencé à courir. Il a fait un pas et demi en avant avant de rouler sur la terre, la tête en avant.

Un des autres s'est levé en titubant comme un pochard.

Le troisième a poussé un cri strident. Un cri d'éléphant.

Le quatrième s'est accroché les pieds puis a buté en résistant comme un cheval qui monte une côte à pic.

Le dernier a continué à courir comme s'il n'avait pas été atteint malgré les balles venant vers lui comme de la grêle. Il a couru trente secondes de trop. Puis il a trébuché. On a pu voir. Il a été atteint dans les jambes. Ses jambes ont plié comme s'il avait eu des genoux en dessous des genoux.

L'angoisse, la rage détraquent Noiraud. Ses poumons grossissent. Le cœur lui déteint en noir. Ses yeux s'embuent de rouge. Ses jambes paraissent s'engourdir. Ses pieds, allonger. Il respire de la terre au lieu de l'air. Le sable érafle sa respiration. Son sang se cristallise. Sa pensée chavire. De longues secondes s'étirent.

De nouvelles silhouettes apparaissent à l'angle des murs. Les mitrailleurs remplacent la ceinture de balles. Les tireurs surveillent, replacent quelques parties du mécanisme et s'apprêtent à presser la détente.

Les cinq soldats alliés, comme les précédents, courent.

L'un d'eux rampe. On peut voir son dos, le derrière de sa tête nue, son volume fessier, ses talons. Les balles s'abaissent vers lui et tout à coup il s'immobilise à quatre pattes.

Les cinq, tombés. Avec des allures tragiques et ridicules. Un dernier geste d'une main qui s'abat. Un geste d'adieu? C'est de nouveau le silence. L'endroit redevient calme, désert, vide, insignifiant comme un pâturage.

Ça fait six fois que ça recommence. Le silence. Les mitrailleuses qui déchargent leurs balles. Les hommes hébétés qui apparaissent, courent et tombent.

Ça fait six fois que Noiraud renaît, remeurt, s'enrage et s'anéantit.

Ça fait six fois de suite qu'on lui arrache les artères et les veines et qu'on les lui attache autour de la gorge. Son regard est fixe comme une bille. Sa bouche reste ouverte, retenue par une spatule. Son corps aussi est immobile. Sa cervelle aussi est inactive.

Trente de ses compatriotes ont été assassinés. Il ne peut rien. Sa position a des grilles de prison. D'autres vivants sont visibles près des bâtiments. Ils doivent se douter du sort qui les attend. Ils hésitent plus que les autres. Ils forment un groupe plus compact. Ils doivent apercevoir les morts jonchant le terrain. Quelques-uns doivent lutter avec la vie. D'autres, être soumis ou plutôt passifs. Ils comprennent. Cette liberté offerte, cette porte laissée en-trouverte à dessein. Cette ruse. Une ruse. Les boches ont maintenant l'excuse de leur évasion pour les immoler.

Un des soldats, un des soumis, a avancé le premier. Il ne se presse pas. Il ne court pas. Il marche. Il est sorti de l'ombrage du mur et Noiraud le reconnaît. Il le reconnaîtrait partout. Il l'a vu mille fois dans l'armée. Il l'a vu partout. Dans toutes les circonstances. De près. De mi-distance. De loin et de très loin. C'est un type de sa section. Noiraud l'a même connu très heureux en Angleterre avec sa femme. Noiraud avait été invité à leurs noces. Il a souvent été reçu chez lui. Il a connu leur enfant. Il a même joué avec ce petit gars-là. Puis avec leur petite fille. C'est tout à fait le type à se balader ainsi lentement devant la mort. Il arrivait toujours une minute en retard à la parade. Il ne se pressait jamais, même dans les cas d'urgence.

Sans doute, on les a poussés du couloir. Le groupe commence à circuler. Ils sont sept. Huit avec celui qui a commencé d'avancer. Il y a le caporal, l'autre caporal, et tous les gars. Noiraud les reconnaît les uns après les autres. Il croit même distinguer l'insigne régimentaire sur leurs épaules. Le rectangle divisionnaire en dessous. Ils ont avancé dix pas, en trottinant. Ils voient sûrement ceux qui les ont quittés quelques minutes auparavant. Personne dans les édifices ne leur avait promis qu'ils allaient mourir.

L'oxygène leur entre suavement dans les narines. Le matin est doux et chaud. Une vache, dérangée dans sa rumination, s'est levée. Elle va vers eux. Le ciel commence à se réveiller. Il ne fait pas une température pour mourir.

Ils avancent parmi les cadavres et un peu plus loin en avant, il y a plusieurs autres cadavres. Une trentaine, mais ça paraît comme des milliers. L'herbe est brunie de sang. Les visages, les mains sont rayés de rouge de toutes les teintes. Du rose clair au brun foncé. Les uniformes sont des taches sombres sans couleur définie.

Puis les postures de cadavres. Des bras repliés sous des têtes, allongés vers les hanches, étendus vers tous les angles.

Des mains arrachent du gazon, retiennent un lambeau de peau déchiquetée, ouvertes comme pour recevoir quelque chose, fermées comme pour frapper à coups de poing.

Des doigts se tendent, s'arrondissent, pointent vers les meurtriers.

Des jambes sont écartées pour inviter l'amour, repliées pour mieux reposer, fendues, raides comme pour la détente, pour se défendre.

Des corps recoquillés, d'autres allongés sur le dos. D'autres sur la poitrine. D'autres sur le côté droit. D'autres à moitié sur le côté gauche.

Des bouches dégouttent le sang. Des bouches bâillent. Des lèvres veulent parler, crier, accuser. Des yeux sont hagards. D'autres vengeurs. D'autres vagues.

Mais la vue du massacre donne cette envie de mourir. Celui qui marchait avance toujours en regardant à ses pieds. En détournant un cadavre. La vache recule à son approche. Lui, le dos un peu voûté, se penche davantage. Il est toujours en avant du groupe d'une dizaine de pas. Les mitrailleurs se regardent. Celui-là va-t-il leur échapper? Non, c'est impossible. Une balle, une rasade de plomb le rejoindra bien. L'ordre est donné. Le rythme se précise. Les balles volent. La vache tombe de la même façon que les hommes, après un moment de stupeur. Les hommes descendent de la hauteur de leur dimension.

Noiraud sursaute. La haine lui met le feu aux veines. La haine lui met de la rage intense dans les réflexes. Il a vu les deux gardes de la tranchée. Ils conversent avec animosité. L'un d'eux la bouche ouverte prête à rire. L'autre sourit. Noiraud s'ancre les poings dans la terre pour l'élan.

Sept des gars sont tombés. Son caporal s'est affaissé comme une guenille, comme si ses jointures étaient de cartilage. La tête d'un de sa section a penché en avant, rebondi en arrière, puis s'est inclinée sur le côté gauche.

Un autre, sous le choc, est devenu raide comme s'il s'était refroidi tout de suite. Les bras serrés le long du corps, il s'est étendu comme une échelle.

Un autre, qu'il aime pour son talent d'organisateur de bagarres aux coins des rues, a continué de courir. Il est mort en se battant. En résistant. En gagnant.

Un autre qu'il apprécie moins à cause de son gueulage continuel s'est laissé descendre comme une goutte de cire.

Le cinquième a marché sur les mains et les genoux comme un orangoutan au moins trois verges.

L'avant-dernier a donné involontairement le signe de la victoire.

Son ami, en avant, a été atteint le dernier. Puis il s'est laissé glisser lentement, très lentement sur le sol. Il est mort en prenant son temps, une minute en retard.

Noiraud a vu cela en sautant par-dessus la clôture. Son instinct l'a maîtrisé. S'il avait donné le temps aux deux gardes de se détendre, il était lui-même perdu. Il le savait. Il a sauté puis s'est tiré vers le terrier. Les jambes écartées comme en enfourchant des pyramides.

Son talon ferré s'est amorti sur le casque de la première sentinelle. Comme les deux gardes se tenaient rapprochés l'un de l'autre, le premier en perdant conscience s'est affaissé sur le second. Noiraud s'est lancé sur eux dans le terrier même. Il les a écrasés de son poids et de sa pression. En même temps, il a émietté de son poing la mâchoire du second. Celui-ci cherchait à dégager son fusil.

Puis Noiraud, de deux gestes, leur a enlevé leur casque d'acier. Avec le fusil obtenu, il leur a flanqué à chacun deux coups de crosse sur le crâne. Le premier a montré sa cervelle, blanche d'abord, puis rougissante. Le second crâne a rendu un son indéfini et sourd. Le son de la sagesse.

Du terrier de gauche, une voix s'est élevée. Enquête sur le bruit? Noiraud se serait-il mis de nouveau en danger? Une mitraillette est à portée de sa main. Il saisit l'arme retenue par la courroie aux vêtements de l'un des morts. Il repousse ses victimes dans le fond de la tranchée. Il s'assoit sur le dos de l'une d'elles. Aux aguets, tapi dans le trou trop étroit pour trois, il attend. Des pas approchent. La voix aussi. Le soldat doit être maintenant vis-à-vis de lui.

— Tuer. Ou l'être.

Noiraud rebondit. La mitraillette en éveil. L'arrivant porte son fusil en bandoulière. En reconnaissant un ennemi, il veut dégager. Il n'a pas le temps. Avant même d'avoir porté la main à la courroie, sa main redescend. Son corps aussi. Son souvenir aussi.

Du côté des mitrailleurs, on s'étonne. On peut savoir que deux prisonniers se sont évadés la nuit précédente. Peut-être ne le sait-on pas. Complications d'administration. La nouvelle peut ne pas avoir circulé dans toute la garnison.

Là-bas, tout de même, on doit s'étonner du tir. Noiraud se traîne jusqu'à la clôture pour se rendre compte. Le gradé semble détailler quelqu'un pour venir enquêter. Le temps est en or, plus précieux que de l'or. Il faut agir vite, vite. Sans penser. Il faut se soumettre à ses réflexes. Ses réflexes lui dictent de s'enfuir. Mais sa haine est encore toute effervescente. Sa haine se doit une dernière satisfaction même si ça deviendra la DERNIÈRE.

Appuyant la schmeizer sur le tertre, sous les fils barbelés de la clôture, il vise. Il vise avec toute l'application possible à cause de la légèreté de l'arme. Et parce qu'il veut faire le plus de dommage possible. La mire se centralise au beau milieu du groupe de bourreaux.

Lentement, aussi lentement que son ami assassiné le dernier l'aurait démontré, il presse la gâchette. Son doigt fort s'y colle jusqu'à ce que le magasin soit vide. Il voit là-bas des jambes se retirer, des sursauts de douleur. Il entend des cris drôles. Des cris de confusion. Des appels. Des ordres. Puis trois des hommes manœuvrant autour d'une mitrailleuse la tournent de son côté.

Un rictus plisse sa bouche.

D'une volte-face, il se lance à travers le blé. Il enjambe des pyramides de blé. Il court debout, penché, les jarrets repliés, les talons aux fesses. Son cœur en avant de lui. Des balles frôlent les épis que lui-même déplace. Les balles rendent des turlututus en venant, en passant, en continuant. Il s'étend. Il attend une seconde.

Puis il repart aussi vite que possible. À la suite de son cœur. Le terrain commence à faire sentir la pente. La pente est plus prononcée. Maintenant, il peut se redresser. Les balles volent au-dessus de sa tête.

Se retournant, il aperçoit l'horizon proche, borné par des rangs de blé. C'est si beau du blé! Il ne l'a jamais réalisé. Même quand Prairie vantait les prairies de l'Amérique et qu'il lui voulait comparer celles de l'Ukraine.

Une sensation d'infinie sécurité féconde son cerveau. La pression de ses tempes diminue. Dans ses veines le sang redevient rouge et blanc. Il a rejoint son cœur et marche à côté. Ses membres lentement lubrifient les muscles. Et d'un pas alerte, aisé, soudain si facile, avec de tels pieds, il marche vers les lignes des alliés. En effet il est beaucoup plus raisonnable de marcher sur les pieds. Au lieu du ventre.

*

* *

Ceux des premières tranchées voient venir cet homme grand, large, dont les yeux miroitent de la clarté rouge du soleil levant. C'est le soleil lui-même qui marche! Il dédaigne de s'expliquer trop longuement. Même des armes braquées dans sa direction l'amusent. Il est dans l'arrondissement de sa brigade, mais dans les lignes d'un autre régiment. Son aventure excite. Provoque l'admiration.

Vite, il faut le conduire au général. Le général doit avoir un compte rendu exact de la disposition des défenses et des forces de l'ennemi. Mais dans l'armée il faut suivre la chaîne conventionnelle de communications.

Alors on le conduit en jeep vers son régiment. Noiraud préfère détailler son rapport devant le major de sa compagnie.

Son apparition surprend. Le lieutenant les a rapportés manquant à l'appel. Le commis a rayé leur nom de sa liste. On escomptait le pire. En effet c'est le pire. Mais les renseignements apportés gagneront peut-être la guerre.

Frisé vient le serrer dans ses bras. Noiraud sent le jeu de ses hanches.

Prairie n'admet pas que les blés de Normandie surpassent ceux de l'Ouest canadien.

Le major jubile. Il rajuste son nez aquilin comme si c'était un monocle.

Le commis prend des notes. Il efface le crayonnage oblitérant le nom de Noiraud. Noiraud redevient officiellement vivant.

Le sergent-major donne à Noiraud deux onces de rhum. Deux onces de vie. Deux dimensions d'atmosphère.

Le caporal Martedale saute d'une tranchée à l'autre pour venir se faire raconter. Ses lèvres charnues questionnent. Le feu des réponses s'attarde dans ses yeux avant de rejoindre sa résonance crânienne.

Noiraud a énuméré dix fois les détails de la nuit, avec des variations savoureuses dans les détails. L'histoire fait le tour de la compagnie en quelques minutes. Le tour du bataillon dans un quart d'heure. Le tour de la brigade en une heure.

Noiraud est le héros du jour. Sade, des signaux, lui promet la médaille militaire. Il promet de faire son portrait la portant. Frisé l'escorte, à Buckingham, devant le roi, pour la cérémonie de l'investiture.

Noiraud a vu tout le monde, a parlé à tout le monde. Prairie vient lui dire que son lieutenant le demande. De fait, il aurait dû rapporter sa présence à son peloton d'abord. Le lieutenant n'offre pas de récompense. Il lui ordonne de passer chez le quartier-maître, après leur entrevue, pour un nouvel ensemble de combat.

Puis on a perdu deux brens. Elles ne seront remplacées que le lendemain. On donnera un fusil à Noiraud. Un fusil?

À l'arrivée des renforts dans le courant de l'avant-midi, il se trouvera avec une section de recrues. Et même s'il n'y a pas de caporal parmi les renforts, le lieutenant en nommera un, sans aucune expérience, et Noiraud devra prendre ses ordres.

Cela importe peu à Noiraud. Il entend maintenant faire la guerre à son propre compte. Du moins aussi longtemps que Lernel sera son lieutenant. Mais ce fait le désole. Il aime à jouer avec l'équipe. Avec la sensation d'être appuyé et d'appuyer. Il perdra la moitié de son courage dans l'isolement. C'est triste et dur, l'isolement. La nuit le lui a prouvé.

Quelques obus sifflent. Noiraud perd le réflexe de descendre dans le terrier où du fond le lieutenant lui parle, de sa voix de grenouille. Son geste est prévenu. Il doit rester sur le rebord. Il ne doit pas partir non plus. Il lui faut répondre à d'autres questions. Les questions le pressent et se contredisent. Ça le contrarie, mais il répond d'emblée. Puis il comprend. Le lieutenant doute de la véracité de son récit. Il entend que s'il est revenu, il doit avoir tout lâché pour sauver sa peau.

Des plis presque imperceptibles de déceptions se crayonnent sur les joues de Noiraud. Il fait la lippe. Ses gros doigts l'embarrassent. Alors cette affreuse nuit, c'était une faute. C'est pour lui un crime d'avoir gardé sa vie. D'avoir lutté, d'avoir tué pour revenir. D'avoir tué pour venger les copains. D'avoir tué pour rapporter les renseignements désirés. Lorsque ainsi la fatalité nous met en face de la mort, il faut mourir?

— En tout cas, vous n'auriez pas dû laisser votre section. Allez maintenant chez le quartier-maître.

ANDRÉ GIROUX (1916-1977)

André Giroux, qui fut l'animateur de la revue *Regards*, à Québec, au début des années quarante, a écrit deux romans de fine analyse psychologique: *Au delà des visages* (1948) et *Le gouffre a toujours soif* (1953). Le premier de ces romans obtint un vif succès, non seulement à cause de la nouveauté (au Québec) de sa technique, qui juxtapose des récits différents d'un même événement, mais aussi à cause de la violence de cet événement — un jeune homme de bonne famille assassine une prostituée — et des implications spirituelles qu'en tire le romancier. Dans son deuxième roman, comme dans le recueil de nouvelles qu'il publiera en 1959, *Malgré tout, la joie*, André Giroux revient à des formes plus traditionnelles, dans lesquelles il fait jouer un sens émouvant de la misère humaine.

AU DELÀ DES VISAGES

(Un paisible fonctionnaire, Jacques Langlet, a tué sa compagne d'une nuit. Pourquoi? Nul ne le sait, mais tous en parlent dans la petite ville...)

La femme de peine

Ben moi, j'peux pas croire ça! Pis, j'le croirai pas tant qu'on me l'aura pas prouvé comme deux et deux font quatre. Ça fait ben des années que j'lave chez eux, et moi, ce garçon-là j'le connais mieux que tous les autres.

Un vrai monsieur, que j'vous dis. Un jeune homme ben poli, ben affable. Y'm'traitait comme si j'aurais été une vraie dame. Y barlandait pas, sur la rue, pour lever son chapeau quand y m'rencontrait. C'était pas comme d'autres que j'pourrais nommer, qui portent ben haut parce que leurs pères ont fait de l'argent en payant pas leurs ouvriers. J'le sais, moi, mon défunt est mort de misère. J'pourrais vous en nommer queques-uns de ces richards pas justes pantoute, et qui croiraient s'rabaisser si y nous regarderaient.

La meilleure de toutes, j'vas vous la raconter. L'année dernière, à l'entour du jour de l'an, la veille ou l'avant-veille, j'pense, monsieur Langlet est

892

venu de contre moi avec un beau bill de deux piasses ben neuves, dans une enveloppe toute blanche et pas fripée pantoute. Y me l'a donnée et pis y'a voulu m'serrer la main pour m'en souhaiter une bonne et heureuse. Pis moi, j'voulais pas, parce que ma main était toute mouillée d'eau sale et que j'avais pas de linge pour me l'essuyer et pis que j'voulais pas m'essuyer sur ma robe devant lui. Ben vous l'croirez peut-être pas, y'a insisté, pis y'a pris ma main mouillée, pis y me l'a serrée en me souhaitant la santé pis la joie. J'm'en rappelle comme si ça serait d'hier. Un drôle de souhait, vous penserez peut-être, mais moi, j'vous dis que ça m'a fait ben plaisir et pis que j'ai ressenti un petit chatouillement au cœur. J'suis pas accoutumée, moi, à m'faire traiter comme une riche.

Un gars qui fait ça à une pauvresse comme moi, j'vous dis que c'est pas du bois d'assassin d'sang frète. Y'a queque chose, là-dedans, que la police ou ben un bon avocat devrait ben éclaircir. Pour moi, y'a dû s'défendre. J'peux pas m'sortir c't'idée de la tête. Ou ben y'é venu fou raide!

En tout cas, l'premier qui vient m'parler de contre lui, j'vas te le r'virer assez vite qu'y'aura pas l'temps de s'en apercevoir. Et pis, comme j'peux rien faire pour lui, j'vas prier la sainte Vierge ben fort pour qu'a l'aide. A va être obligée de l'aider, j'vas te l'achaller assez! A peut pas lâcher un p'tit gars comme lui! Non, a peut pas.

Des fois, j'me disais que j'aurais ben voulu avoir un garçon comme lui... Moi, mes gars, c'est pareil comme si j'existais pas pour eux autres. Des piasses au jour de l'an, y m'en ont jamais données. Ni au jour de l'an ni les autres jours. Mais lui, n'importe ce qu'y'a fait, j'dirai toujours que monsieur Jacques, c'était un vrai monsieur. Y'avait d'la bonté plein le cœur. Personne m'sortira ça de l'idée. Pauvre petit! Jésus, Marie, Joseph, aidez-le! J'voudrais ben y parler au juge, moi!

Ouais! J'pense qu'au lieu de m'lamenter, j'suis encore mieux d'arrêter tout d'suite à soir à la chapelle des P'tits Pères du Sacré-Cœur... Mon Dieu que j'ai donc d'la peine!

À l'heure du bridge

Une activité inaccoutumée animait le salon de madame Huard en cette fin d'après-midi. À peine allumées, les cigarettes étaient écrasées dans les cendriers. La maîtresse de maison elle-même, les yeux mi-clos, le visage attentif et le nez plissé, tirait des bouffées d'une du Maurier qu'elle tenait gauchement. Une toux violente la secouait parfois, qu'elle ignorait dans le feu de la conversation. Les maniaques du bridge, pressées d'ordinaire de battre les cartes, ne manifestaient en ce moment aucun désir d'interrompre l'unanime bavardage.

En demi-cercle autour du divan, elles devisaient avec animation. Des « oh! » des « ah! » des « c'est affreux! » perçaient parfois la cacophonie. L'entrée de madame Picard, femme d'un professeur à la faculté de médecine, ralentit le débit du commérage et accrut la tension nerveuse. On la dévorait des yeux, attendant avec impatience qu'elle se décidât enfin à parler.

Consciente de son importance, la grosse dame tapotait ses cheveux légèrement teintés de bleu, dévisageait ses compagnes, les unes après les autres, poussait de petits soupirs, haussait les épaules et hochait doucement la tête d'un air abasourdi pour bien démontrer à quel point l'événement la stupéfiait.

Dévorée de curiosité et n'en pouvant plus de ce silence intolérable qui menaçait de s'éterniser, madame Brosseau lui demanda enfin:

— Et puis, madame Picard, avez-vous appris quelque chose? Avez-vous vu notre pauvre amie? Comment va-t-elle? Vous a-t-elle parlé? Vite, racontez-nous votre visite!

Madame Picard parut sortir d'un songe. Elle demanda d'abord une tasse de thé, pour faire durer le supplice de leur attente, but lentement, à petites gorgées, tira de son corsage un mouchoir de fine toile et adressa un petit geste bon enfant à madame Huard qui s'apercevait enfin que, dans son énervement et dans la crainte de perdre une tranche du reportage, elle avait oublié d'apporter une serviette.

— Pour être franche, commença lentement madame Picard, je ne sais pas grand-chose de neuf, et je crains fort de vous décevoir. Vous comprenez, comme vous toutes je brûlais d'en apprendre plus long, mais je n'osais pas attaquer le problème de front, ni questionner trop directement cette pauvre madame Langlet. Je préférais lui témoigner ma grande sympathie, confiante qu'elle finirait par s'ouvrir à moi. Rien à faire. Elle est comme folle et ne cesse de répéter: « Non! Non! Ce n'est pas vrai! Ce n'est pas vrai! Mon fils n'est pas un assassin! J'ai fait un cauchemar! Ce n'est pas possible! N'est-ce pas, madame Picard, que ce n'est pas vrai et que mon Jacques va revenir tout à l'heure? Non! non! ce n'est pas vrai! » Une scène pénible que je n'oublierai pas de sitôt et d'autant plus fatigante pour moi que mon cœur n'est pas très fort. Je prends de la digitaline deux fois par jour, je pense vous l'avoir dit, n'est-ce pas?

— Oui! oui! Continuez!

— Alors, je me suis penchée vers elle, je l'ai prise par les épaules et j'ai essayé de la consoler. Et pour lui changer les idées, j'ai tenté de la faire parler. Je lui ai glissé bien doucement: « Voyons donc, madame Langlet, prenez sur vous, contrôlez-vous! Ne vous mettez pas dans un pareil état. Pensez aux autres. Il vous faut vivre pour eux. Racontez-moi tout. Vous serez soulagée de vous confier à quelqu'un. Vous pouvez parler, moi c'est la tombe. Saviez-vous qu'il voyait habituellement cette fille-là? Aviez-vous remarqué quelque chose d'étrange dans sa façon d'agir, ces derniers temps? Avait-il déjà découché? » Mais j'en fus quitte pour ma peine: elle me repoussait avec obstination et sanglotait de plus belle.

Je ne savais plus quelle contenance prendre. Vous pouvez être certaines, chères amies, que seule la charité chrétienne m'a fait rester là une heure. Autrement, je serais partie tout de suite. Surtout qu'il n'y avait pas un mot à lui sortir de la gorge! Quelle atmosphère, grand Dieu! Et quel désordre dans la maison! Et puis, au fond, ces sales histoires de mœurs m'ont toujours profondément dégoûtée, et je ne m'explique pas l'intérêt malsain que tout cela excite dans le peuple. Il y a beaucoup de morbidité, vous savez, chez les gens que nous croyons simples.

— Désordre dans la maison, désordre dans les âmes! siffla madame Dumas. La propreté et la vertu marchent de pair. Et ce n'est pas moi qui le dis. Lisez *Brigitte*!

— Votre mari croit-il, madame Brosseau, que le meurtrier, puisqu'il faut bien l'appeler ainsi, puisse échapper à la potence?

Le corsage de l'interpellée se tendit jusqu'à craquer sous la poussée d'un buste qui s'épanouissait.

— Le juge n'a pas voulu prévenir le verdict. D'ailleurs, il a raison d'être circonspect, car il peut fort bien être appelé à présider le procès. Ce serait une situation délicate pour nous vis-à-vis des Langlet, mais ce n'est pas moi qui décide, vous le savez! D'autre part, j'ai moi-même quelques notions de jurisprudence. Vous comprenez, ajouta-t-elle avec un sourire qui se voulait modeste, que fille d'un avocat éminent et femme de juge, j'aie le Droit dans la peau, comme on dit vulgairement. Aussi, je pense qu'il lui sera difficile, pour ne pas dire impossible, à ce pauvre jeune homme, d'échapper à son triste sort. Le crime passionnel, comme c'est apparemment le cas ici, ne trouve aucune grâce devant le tribunal et le Code prévoit la peine de mort. Notez en passant que la justice anglaise est beaucoup plus sévère que la justice française dans les cas de crimes passionnels.

— Et il est juste qu'il en soit ainsi, martela madame Dumas, dont c'était le grand regret inavoué de n'avoir jamais eu à défendre sa vertu.

— Votre mari partage-t-il votre opinion, madame?

Cette question posée d'une voix mielleuse créa un malaise, car tout le monde connaissait le passé et le présent pas tellement propres du mari en question. Mais elle, comme beaucoup d'épouses, ne savait rien.

— Je voudrais bien qu'il ne pense pas comme moi! Et puis, si vous le voulez, je vais vous en parler, moi, de Jacques Langlet!

— Mais c'est vrai, madame Dumas, vous l'avez bien connu, vous, n'est-ce pas? Il a fréquenté chez vous assez longtemps avant de laisser tomber votre fille!

Madame Dumas est une femme dévote. Elle ne broncha pas sous l'affront. Et avec un petit sourire qui allait lui permettre, ce soir, d'inscrire sur son carnet: une victoire sur moi-même: — Je n'aime pas parler des amours d'autrui. Mais je dois vous faire remarquer que Jacques n'a pas laissé tomber ma fille comme vous le signalez faussement, madame Picard. C'est Louise qui l'a prié de ne plus revenir. Et je me souviens fort bien de ce jour-là. Elle avait le cœur brisé, la pauvre enfant, non pas de s'en séparer, comme vous pourriez le croire, mais de le chagriner. « Des fréquentations de six mois, avais-je rappelé à Louise, il faut que ça se termine d'une façon ou d'une autre. Surtout quand le jeune homme occupe une bonne situation. » Grâce à Dieu, ma fille a admis mon intransigeance. D'ailleurs, une mère a toujours de l'intuition. Ce que nous l'avons échappé belle, n'est-ce pas! Non! mais vous voyez notre famille mêlée à cette affaire et ma fille appelée en qualité de témoin au procès? Son nom traîné dans les journaux! Et les questions indiscrètes des avocats! La réputation de Louise ternie à tout jamais! Et quand je pense que ce sale individu devait se livrer à ce petit jeu-là au temps même où il s'asseyait à notre table! Vous ne me croirez peut-être pas, mais je soupçonnais quelque chose. Oh! il paraissait bien élevé, mais précisément il était trop poli pour que ce fût une politesse de l'âme. Sa politesse était tout artificielle. L'œil le moins perspicace pouvait redouter quelque chose de louche sous ses manières bizarres. Puis, il avait parfois une façon de vous regarder d'un petit air, comment dirais-je?...

— ... Hautain?

— Oui, c'est cela, hautain, ou plus exactement, méprisant. Un air de supériorité et de détachement auquel je n'ai jamais pu m'habituer. Quelque chose d'assez indéfinissable, en somme, mais qui ne me revenait pas du tout. J'en ai parlé à Philippe, plusieurs fois; mais vous savez, Philippe, il ne voit jamais rien. J'oubliais! Si vous aviez vu comment il s'habillait! Croyez-le ou non, mais je ne vous mens pas: il s'est présenté plusieurs fois à la maison avec des guêtres noires aux pieds!

— Noires?

— Oui, madame, noires. Vous ne me direz tout de même pas que des laïcs peuvent porter des guêtres noires? Ce désir de trancher sur les autres trahit un état assez inquiétant, je crois.

— Un état?...

— Ne me faites pas parler, madame Brosseau, je ne veux pas manquer à la charité. Je me comprends. D'ailleurs, les faits sont là pour prouver que mes craintes étaient justifiées.

— N'oubliez pas, chères amies, que madame Dumas est la seule à bien connaître Jacques Langlet. Nous, nous ne le voyions jamais. Jamais il ne venait nous saluer au salon, les rares fois où sa mère nous a reçues. Vous avez dû le remarquer, n'est-ce pas? Moi, je me demande... Enfin, je pense la même chose que notre amie. Tant d'hommes, aujourd'hui, ne s'intéressent plus aux femmes!

— Mais, à propos, madame Dumas, aviez-vous surpris quelque chose d'étrange dans ses agissements avec votre fille? Se comportait-il avec elle comme un amoureux normal? Ou bien, votre fille était-elle un paravent pour ses petites manigances? L'avez-vous déjà surpris à embrasser Louise, à se permettre de trop grandes familiarités avec elle, ou quelque chose du genre?...

— Croyez-vous que ma jeune fille se serait laissé faire?

— Non, bien sûr! Je n'ai pas dit qu'elle se serait laissé faire, mais lui, il aurait fort bien pu se montrer un peu trop entreprenant. Les hommes de nos jours sont assez hypocrites pour jouer les deux jeux en même temps. Si vous saviez comme ils sont vicieux à côté de ceux de notre temps; ils ont des manières vulgaires, je dirais même bestiales, qui n'existaient pas autrefois.

La femme du juge se redressa. — Vous dites *notre temps* comme si nous étions toutes nées l'année de la Confédération! Quant aux hommes, eh bien! moi, je ne crains pas de proclamer que tous ceux qui m'ont fréquentée, une douzaine au moins sérieusement, ont toujours voulu me caresser les épaules, le cou... enfin, j'ai dû rabattre un tas de mains par trop exploratrices. Je n'ai jamais toléré une trop grande intimité. Ma mère m'avait bien avertie que ce n'était pas le bon moyen de s'attacher un homme. « Garde tes atouts jusqu'au bout! » m'avait-elle recommandé. Cette pauvre maman, comme elle voyait clair! Je n'ai pas regretté de l'avoir écoutée. Mais au fond, chères amies, avouez donc que c'est tout de même une sorte d'hommage que les hommes rendent à notre charme en n'étant pas toujours tellement sages! Hein? Allons, avouez!

Oh! miracle! Tous les corsages se souvenaient d'avoir été des places fortes, plus ou moins invulnérables, à l'assaut desquelles s'étaient portés de nombreux francs-tireurs pas toujours repoussés avec succès!

— Allons, mesdames, au jeu!

Le Père Brillart

Chère madame,

Un cœur broyé comme le vôtre n'attend plus rien des consolations terrestres. Aussi, n'est-ce pas une compassion humaine que j'offre à votre désarroi. Ne rejetez pas cette lettre: lisez-la jusqu'à la fin. Le Christ y a peut-être caché quelque inspiration capable d'adoucir votre peine, quelque raison surnaturelle qui donnera un sens mystérieux à votre douleur.

Au bas de ces lignes, vous lirez mon nom. Il n'évoquera à vos yeux aucun visage, il n'en laissera que mieux transparaître les traits de Celui qui m'inspire de vous apporter sa consolation.

J'arrive de là-bas. J'ai vu Jacques, et je l'ai vu délivré. Oh! les murs et les hommes ne lui permettent pas de jouir de cette liberté de mouvements qui paraît à notre pauvre nature le privilège ultime de l'indépendance. Mais Jacques ne souffre pas de cette privation. Bien mieux, il semble posséder quelque chose qu'il aurait longtemps recherché et que l'inconscience des hommes aurait jusqu'ici écarté de sa route. Nous frémissons souvent à la pensée que des pierres ou des gardes pourraient immobiliser nos démarches, borner notre horizon et nous obliger à n'être en face que de nous-mêmes. Votre fils, lui, a trouvé; il voit, il n'a plus peur de lui-même.

Vous imaginez peut-être assez mal comment votre Jacques en est arrivé à cette lucidité et à ce détachement! Vous dirais-je que sa transfiguration ne m'a pas étonné? Sur les chemins que j'ai parcourus, je n'ai jamais rencontré d'âme semblable à la sienne qui fût dotée de pareille délicatesse. Transfiguration? C'est bien ce phénomène que mes yeux ont contemplé, comme si les dons de Jacques, jusque-là traîtreusement travestis par l'inquiétude et l'instabilité, étaient parvenus à affleurer à son visage maintenant illuminé de certitude et de sérénité.

Vous pensez que je veux vous bercer d'illusions? Non! Jacques aimait trop la vérité pour que je tente de tromper, même pieusement, celle qu'il chérissait plus que tout au monde. Ce que je vous dis n'est pas pour tromper votre douleur, ni pour essayer de répandre un baume sur vos déchirures, car je sais, votre souffrance ne se dégagera jamais d'une certaine angoisse, vos supplices resteront toujours aussi sensibles qu'au jour que j'ose appeler mystérieusement providentiel. Mais, à la fine pointe de votre âme, vous pourrez comprendre ce que ma maladresse va essayer de vous expliquer.

En notre monde bassement matérialiste, Jacques a été une essence de lumière. Parmi les égoïsmes, il voulait diffuser sa générosité et sa noblesse.

Mais le vase de plomb de notre infecte société, — vraie prison parfois — n'a pas toléré qu'il rayonnât. Voilà le drame, que certaines grandes âmes soient forcées de mépriser ou de haïr ceux qu'elles devraient surélever dans l'estime et l'amour. Et c'est encore une autre ironie tragique que la haine et le mépris de ceux que voudrait combler notre charité si leur cruauté ne nous rendait impuissants à leur faire du bien.

Aux yeux myopes de la société, vous êtes la mère d'un paria. Au regard de Dieu, je vous atteste que votre fils est maintenant en communion intense avec le Christ. Vous penserez que j'exagère! Hélas! je mesure, au contraire, mon incapacité à sonder l'abîme de lumière où baigne l'âme de Jacques. Ici, les jugements du monde ne peuvent plus nous satisfaire. Les indifférents s'esclafferaient si je leur disais que, ce qui s'est réellement joué l'autre soir, c'est le drame de la pureté. Mais vous, madame, vous comprendrez que si l'intrigue de cette tragédie a été charnelle, l'esprit qui en a inspiré le dénouement est tout spirituel.

J'ai toujours admiré en Jacques un sens aigu et scrupuleux de la justice et de la pureté, pas de cette mesquine justice qui se contente d'équilibrer l'avoir et le devoir, pas de cette fausse pureté qui n'est que de la niaiserie, de l'ignorance ou de la vaine pudeur. À vingt-trois ans, il avait déjà frémi sous le choc des tentations qui s'attaquent aux hommes. Qu'il y ait succombé, ce n'est pas à nous de nous en scandaliser, laissons ce courage-là aux pharisiens. Ce que je sais, — pourquoi ne vous le dirais-je pas, puisque ce ne fut pas un secret entre Jacques et moi — c'est qu'il n'accepta jamais le péché, qu'il ne s'y installa jamais, qu'il ne lui donna jamais de nom séduisant, qu'il ne le couvrit jamais d'un masque souriant. Jacques a toujours refusé le mal. Il a toujours eu l'esprit de conversion. Et cela, madame, c'est de la plus pure humilité chrétienne. Et l'humilité nourrit toutes les vertus. Étrange vertu, diront les imbéciles et les faibles, que celle qui conduit à la luxure et au meurtre. Qu'ils triomphent! Jacques a péché par la chair, il a tué! Ce qui s'est passé, ce soir-là, pendant les heures où il s'enferma avec l'autre, nous pouvons l'imaginer aussi bien qu'eux. Mais si nous en frémissons, c'est sans colère, sans dégoût, en tout cas pas avec ce dégoût qui se donne des bons points. Victime de l'éternelle soif du bien et du mal, Jacques a voulu savoir. Mais tandis que les autres ne retenaient que la saveur du fruit défendu, lui, a violemment vomi cette nourriture empoisonnée. Il a su le mal, mais il n'a pas renié le bien. Plus encore, j'affirme qu'à cette minute précise où l'illusion fuyait honteusement devant l'horrible réalité, Jacques découvrit, dans une illumination soudaine, ce qu'est la pureté. Il la connut dans sa plus grande splendeur, alors qu'il l'obscurcissait dans sa chair. Et dans un déchirement affreux, il ressentit l'atroce désespoir de l'absence. L'espace d'un éclair, il entrevit un Visage qui se détournait de lui. La divine présence l'abandonnait. Il trembla dans le froid et l'obscurité du vide. Celui qui était plus lui-même que lui, n'habitait plus avec lui. Tout ce qu'il avait pu donner à un autre, le seul partage qu'il eût réussi avec une créature, c'était donc cette dérisoire imitation de la charité divine? Ce furent à la fois cette connaissance et ce désespoir qui assaillirent l'âme de votre fils en cette minute crucifiante de sa vie. Il vit rouge, et il tua pour ôter de son regard, pour supprimer, pour anéantir à tout jamais l'instrument de cette connaissance et de ce désespoir. Le drame est là!

La loi naturelle et la loi divine condamnent un tel geste. Rien ne peut l'excuser. Mais la miséricorde de Dieu suscite souvent dans la faute même l'occasion de la rédemption. Il ne nous appartient pas de discuter les voies de la Providence, pas plus qu'il ne nous est possible de déterminer l'exacte culpabilité du pécheur. Rappelons-nous seulement avec quelle inlassable bienveillance le Christ accorde ses pardons aux pécheresses, pour ne réserver ses rigueurs qu'aux hypocrites. Il a exorcisé des pauvres corps le démon impur, mais si souvent il a abandonné les pharisiens à leur orgueil! Que celui qui peut comprendre comprenne! L'amour charnel est peut-être quelquefois une indigne caricature de la charité que Dieu éprouve pour Lui-même, mais sous de gros traits ridicules on peut encore deviner la perfection de l'original. Et c'est parce qu'il se déchiffre alors sous notre barbouillage, que le Christ s'attendrit.

Maintenant, Jacques sait tout cela. Il le sait d'une expérience à la fois douloureuse et béatifiante. Cette persuasion intime qu'il possède d'avoir trouvé définitivement sa raison de vivre, sa raison de mourir, lui fera accepter les outrages et les injures dont l'accablera la société. Mais n'est-ce pas avec un visage tuméfié, ravagé par les larmes, qu'il aura plus de chances de ressembler à l'Homme des Douleurs?

Je n'abandonnerai pas Jacques. Tous les jours je dirai la messe pour lui. Je prie le Christ et la Sainte Vierge pour vous, madame.

À vous en N.-S.,

MAURICE BRILLART, o.p.

PAUL-ÉMILE BORDUAS (1905-1960)

Peintre et professeur de dessin, Paul-Émile Borduas est devenu essayiste pour mieux défendre la cause de la liberté contre la tradition autoritaire et étouffante de l'Église et de l'État. En 1948, ils sont seize artistes à signer son manifeste, *Refus global*; l'essai scandalise, car il met en accusation un passé collectif jusque-là vénéré. Borduas perd son poste d'enseignant; il plaide sa cause et critique le système d'enseignement québécois dans *Projections libérantes* (1949). Nous reproduisons ici la première partie du *Refus global* (d'après le texte non corrigé de la première édition), dans lequel on voit aujourd'hui le premier texte majeur de la modernité idéologique au Québec.

REFUS GLOBAL

Rejetons de modestes familles canadiennes françaises, ouvrières ou petites bourgeoises, de l'arrivée du pays à nos jours restées françaises

899

et catholiques par résistance au vainqueur, par attachement arbitraire au passé, par plaisir et orgueil sentimental et autres nécessités.

Colonie précipitée dès 1760 dans les murs lisses de la peur, refuge habituel des vaincus; là, une première fois abandonnée. L'élite reprend la mer ou se vend au plus fort. Elle ne manquera plus de le faire chaque fois qu'une occasion sera belle.

Un petit peuple serré de près aux soutanes restées les seules dépositaires de la foi, du savoir, de la vérité et de la richesse nationale. Tenu à l'écart de l'évolution universelle de la pensée pleine de risques et de dangers, éduqué sans mauvaise volonté, mais sans contrôle, dans le faux jugement des grands faits de l'histoire quand l'ignorance complète est impraticable.

Petit peuple issu d'une colonie janséniste, isolé, vaincu, sans défense contre l'invasion de toutes les congrégations de France et de Navarre, en mal de perpétuer en ces lieux bénis de la peur (c'est-le-commencement-de-la-sagesse!) le prestige et les bénéfices du catholicisme malmené en Europe. Héritières de l'autorité papale, mécanique, sans réplique, grands maîtres des méthodes obscurantistes nos maisons d'enseignement ont dès lors les moyens d'organiser en monopole le règne de la mémoire exploiteuse, de la raison immobile, de l'intention néfaste.

Petit peuple qui malgré tout se multiplie dans la générosité de la chair sinon dans celle de l'esprit, au nord de l'immense Amérique au corps sémillant de la jeunesse au cœur d'or, mais à la morale simiesque, envoûtée par le prestige annihilant du souvenir des chefs-d'œuvre d'Europe, dédaigneuse des authentiques créations de ses classes opprimées.

Notre destin sembla durement fixé.

Des révolutions, des guerres extérieures brisent cependant l'étanchéité du charme, l'efficacité du blocus spirituel.

Des perles incontrôlables suintent hors les murs.

Les luttes politiques deviennent âprement partisanes. Le clergé contre tout espoir commet des imprudences.

Des révoltes suivent, quelques exécutions capitales succèdent. Passionnément les premières ruptures s'opèrent entre le clergé et quelques fidèles.

Lentement la brèche s'élargit, se rétrécit, s'élargit encore.

Les voyages à l'étranger se multiplient. Paris exerce toute l'attraction. Trop étendu dans le temps et dans l'espace, trop mobile pour nos âmes timorées, il n'est souvent que l'occasion d'une vacance employée à parfaire une éducation sexuelle retardataire et à acquérir, du fait d'un séjour en France, l'autorité facile en vue de l'exploitation améliorée de la foule au retour. À bien peu d'exceptions près, nos médecins, par exemple, (qu'ils aient ou non voyagé) adoptent une conduite scandaleuse (il-faut-bien-n'est-ce-pas-payer ces-longues-années-d'études!).

Des œuvres révolutionnaires, quand par hasard elles tombent sous la main, paraissent les fruits amers d'un groupe d'excentriques. L'activité académique a un autre prestige à notre manque de jugement.

Ces voyages sont aussi dans le nombre l'exceptionnelle occasion d'un réveil. L'inviable s'infiltre partout. Les lectures défendues se répandent. Elles apportent un peu de baume et d'espoir.

Des consciences s'éclairent au contact vivifiant des poètes maudits: ces hommes qui, sans être des monstres, osent exprimer haut et net ce que les plus malheureux d'entre nous étouffent tout bas dans la honte de soi et la terreur d'être engloutis vivants. Un peu de lumière se fait à l'exemple de ces hommes qui acceptent les premiers les inquiétudes présentes, si douloureuses, si filles perdues. Les réponses qu'ils apportent ont une autre valeur de trouble, de précision, de fraîcheur que les sempiternelles rengaines proposées au pays du Québec et dans tous les séminaires du globe.

Les frontières de nos rêves ne sont plus les mêmes.

Des vertiges nous prennent à la tombée des oripeaux d'horizons naguère surchargés. La honte du servage sans espoir fait place à la fierté d'une liberté possible à conquérir de haute lutte.

Au diable le goupillon et la tuque! Mille fois ils extorquèrent ce qu'ils donnèrent jadis.

Par delà le christianisme nous touchons la brû-(lante) fraternité humaine dont il est devenu la porte fermée.

Le règne de la peur multiforme est terminé.

Dans le fol espoir d'en effacer le souvenir je les énumère:

peur des préjugés — peur de l'opinion publique — des persécutions — de la réprobation générale

peur d'être seul sans Dieu et la société qui isolent très infailliblement

peur de soi — de son frère — de la pauvreté

peur de l'ordre établi — de la ridicule justice

peur des relations neuves

peur du surrationnel

peur des nécessités

peur des écluses grandes ouvertes sur la foi en l'homme — en la société future

peur de toutes les formes susceptibles de déclencher un amour transformant

peur bleue — peur rouge — peur blanche: maillons de notre chaîne.

Du règne de la peur soustrayante nous passons à celui de l'angoisse.

Il aurait fallu être d'airain pour rester indifférents à la douleur des partis pris de gaieté feinte, des réflexes psychologiques des plus cruelles extravagances: maillot de cellophane du poignant désespoir présent (comment ne pas crier à la lecture de la nouvelle de cette horrible collection d'abat-jour faits de tatouages prélevés sur de malheureux captifs à la demande d'une femme élégante; ne pas gémir à l'énoncé interminable des supplices des camps de concentration; ne pas avoir froid aux os à la description des cachots espagnols, des représailles injustifiables, des vengeances à froid). Comment ne pas frémir devant la cruelle lucidité de la science.

À ce règne de l'angoisse toute puissante succède celui de la nausée.

Nous avons été écœurés devant l'apparente inaptitude de l'homme à corriger les maux. Devant l'inutilité de nos efforts, devant la vanité de nos espoirs passés.

Depuis des siècles les généreux objets de l'activité poétique sont voués à l'échec fatal sur le plan social, rejetés violemment des cadres de la société avec tentative ensuite d'utilisation dans le gauchissement irrévocable de l'intégration, de la fausse assimilation.

Depuis des siècles les splendides révolutions aux seins regorgeant de sève sont écrasées à mort après un court moment d'espoir délirant, dans le glissement à peine interrompu de l'irrémédiable descente:

les révolutions françaises

la révolution russe

la révolution espagnole

avortée dans une mêlée internationale, malgré les vœux impuissants de tant d'âmes simples du monde.

Là encore, la fatalité fut plus forte que la générosité.

Ne pas avoir la nausée devant les récompenses accordées aux grossières cruautés, aux menteurs, aux faussaires, aux fabricants d'objets mort-nés, aux affineurs, aux intéressés à plat, aux calculateurs, aux faux guides de l'humanité, aux empoisonneurs des sources vives.

Ne pas avoir la nausée devant notre propre lâcheté, notre impuissance, notre fragilité, notre incompréhension.

Devant les désastres de nos amours... En face de la constante préférence accordée aux chères illusions contre les mystères objectifs.

Où est le secret de cette efficacité de malheur imposée à l'homme et par l'homme seul, sinon dans notre acharnement à défendre la civilisation qui préside aux destinées des nations dominantes.

Les États-Unis, la Russie, l'Angleterre, la France, l'Allemagne, l'Italie et l'Espagne: héritières à la dent pointue d'un seul décalogue, d'un même évangile.

La religion du Christ a dominé l'univers. Voyez ce qu'on en a fait: des fois sœurs sont passées à des exploitations sœurettes.

Supprimez les forces précises de la concurrence des matières premières, du prestige, de l'autorité et elles seront parfaitement d'accord. Donnez la suprématie à qui vous voudrez, le complet contrôle de la terre à qui il vous plaira, et vous aurez les mêmes résultats fonciers, sinon avec les mêmes arrangements des détails.

Toutes sont au terme de la civilisation chrétienne.

La prochaine guerre mondiale en verra l'effondrement dans la suppression des possibilités de concurrence internationale.

Son état cadavérique frappera les yeux encore fermés.

La décomposition commencée au XIVe siècle donnera la nausée aux moins sensibles.

Son exécrable exploitation, maintenue tant de siècles dans l'efficacité au prix des qualités les plus précieuses de la vie, se révèlera enfin à la multitude de ses victimes: dociles esclaves d'autant plus acharnés à la défendre qu'ils étaient plus misérables.

L'écartèlement aura une fin.

La décadence chrétienne aura entraîné dans sa chute tous les peuples, toutes les classes qu'elle aura touchées, dans l'ordre de la première à la dernière, de haut en bas.

Elle atteindra dans la honte l'équivalence renversée des sommets du XIIIe.

Au XIIIe siècle, les limites permises à l'évolution de la formation morale des relations englobantes du début atteintes, l'intuition cède la première place à la raison. Graduellement l'acte de foi fait place à l'acte calculé. L'exploitation commence au sein de la religion par l'utilisation intéressée des sentiments existants, immobilisés; par l'étude rationnelle des textes glorieux au profit du maintien de la suprématie obtenue spontanément.

L'exploitation rationnelle s'étend lentement à toutes les activités sociales: un rendement maximum est exigé.

La foi se réfugie au cœur de la foule, devient l'ultime espoir d'une revanche, l'ultime compensation. Mais là aussi, les espoirs s'émoussent.

En haut lieu, les mathématiques succèdent aux spéculations métaphysiques devenues vaines.

L'esprit d'observation succède à celui de transfiguration.

La méthode introduit les progrès imminents dans le limité. La décadence se fait aimable et nécessaire: elle favorise la naissance de nos souples machines au déplacement vertigineux, elle permet de passer la camisole de force à nos rivières tumultueuses en attendant la désintégration à volonté de la planète. Nos instruments scientifiques nous donnent d'extraordinaires moyens d'investigation, de contrôle des trop petits, trop rapides, trop vibrants, trop lents ou trop grands pour nous. Notre raison permet l'envahissement du monde, mais d'un monde où nous avons perdu notre unité.

L'écartèlement entre les puissances psychiques et les puissances raisonnantes est près du paroxysme.

Les progrès matériels, réservés aux classes possédantes, méthodiquement freinés, ont permis l'évolution politique avec l'aide des pouvoirs religieux (sans eux ensuite) mais sans renouveler les fondements de notre sensibilité, de notre subconscient, sans permettre la pleine évolution émotive de la foule qui seule aurait pu nous sortir de la profonde ornière chrétienne.

La société née dans la foi périra par l'arme de la raison: L'INTENTION.

La régression fatale de la puissance morale collective, en puissance strictement individuelle et sentimentale, a tissé la doublure de l'écran déjà prestigieux du savoir abstrait sous laquelle la société se dissimule pour dévorer à l'aise les fruits de ses forfaits.

Les deux dernières guerres furent nécessaires à la réalisation de cet état absurde. L'épouvante de la troisième sera décisive. L'heure H du sacrifice total nous frôle.

Déjà les rats européens tentent un pont de fuite éperdue sur l'Atlantique. Les événements déferleront sur les voraces, les repus, les luxueux, les calmes, les aveugles, les sourds.

Ils seront culbutés sans merci.

Un nouvel espoir collectif naîtra.

Déjà il exige l'ardeur des lucidités exceptionnelles, l'union anonyme dans la foi retrouvée en l'avenir, en la collectivité future.

Le magique butin magiquement conquis à l'inconnu attend à pied d'œuvre. Il fut rassemblé par tous les vrais poètes. Son pouvoir transformant se mesure à la violence exercée contre lui, à sa résistance ensuite aux tentatives d'utilisation (après plus de deux siècles, Sade reste introuvable en librairie; Isidore Ducasse, depuis plus d'un siècle qu'il est mort, de révolutions, de carnages, malgré l'habitude du cloaque actuel reste trop viril pour les molles consciences contemporaines).

Tous les objets du trésor se révèlent inviolables par notre société. Ils demeurent l'incorruptible réserve sensible de demain. Ils furent ordonnés spontanément hors et contre la civilisation. Ils attendent pour devenir actifs (sur le plan social) le dégagement des nécessités actuelles.

D'ici là notre devoir est simple.

Rompre définitivement avec toutes les habitudes de la société, se désolidariser de son esprit utilitaire. Refus d'être sciemment au-dessous de nos possibilités psychiques et physiques. Refus de fermer les yeux sur les vices, les duperies perpétrées sous le couvert du savoir, du service rendu, de la reconnaissance due. Refus d'un cantonnement dans la seule bourgade plastique, place fortifiée mais trop facile d'évitement. Refus de se taire — faites de nous ce qu'il vous plaira mais vous devez nous entendre — refus de la gloire, des honneurs (le premier consenti): stigmates de la nuisance, de l'inconscience, de la servilité. Refus de servir, d'être utilisables pour de telles fins. Refus de toute INTENTION, arme néfaste de la RAISON. À bas toutes deux, au second rang!

PLACE À LA MAGIE! PLACE AUX MYSTÈRES OBJECTIFS!
PLACE À L'AMOUR!
PLACE AUX NÉCESSITÉS!

Au refus global nous opposons la responsabilité entière.

L'action intéressée reste attachée à son auteur, elle est mort-née.

Les actes passionnels nous fuient en raison de leur propre dynamisme.

Nous prenons allègrement l'entière responsabilité de demain. L'effort rationnel, une fois retourné en arrière, il lui revient de dégager le présent des limbes du passé.

Nos passions façonnent spontanément, imprévisiblement, nécessairement le futur.

Le passé dut être accepté avec la naissance, il ne saurait être sacré. Nous sommes toujours quittes envers lui.

Il est naïf et malsain de considérer les hommes et les choses de l'histoire dans l'angle amplificateur de la renommée qui leur prête des qualités inaccessibles à l'homme présent. Certes, ces qualités sont hors d'atteinte aux habiles singeries académiques, mais elles le sont automatiquement chaque fois qu'un homme obéit aux nécessités profondes de son être; chaque fois qu'un homme consent à être un homme neuf dans un temps nouveau. Définition de tout homme, de tout temps.

Fini l'assassinat massif du présent et du futur à coup redoublé du passé.

Il suffit de dégager d'hier les nécessités d'aujourd'hui. Au meilleur, demain ne sera que la conséquence imprévisible du présent.

Nous n'avons pas à nous en soucier avant qu'il ne soit.

GRATIEN GÉLINAS (1909)

Gratien Gélinas a d'abord séduit le public de la scène et de la radio avec Fridolin, personnage vivant et sympathique d'une dizaine de revues; puis il a écrit *Tit-Coq* (1948), qui fut accueilli avec enthousiasme et qui marque l'avènement de la dramaturgie québécoise moderne. *Bousille et les justes*, en 1959, connut un succès presque égal à celui de *Tit-Coq*; mais *Hier, les enfants dansaient* (1966), qui traitait d'un sujet politique (le séparatisme québécois), souffrait peut-être d'une connivence trop étroite avec l'actualité et n'a pas reçu de la critique un accueil aussi chaleureux que les deux pièces précédentes.

TIT-COQ

Le rêve de Tit-Coq*

(Tit-Coq, soldat durant la Deuxième Guerre mondiale, est envoyé en Europe avec sa compagnie; il est amoureux de Marie-Ange dont il a fait la connaissance six mois auparavant. La scène qui suit se passe sur le pont d'un transport de troupes.)

*(*TIT-COQ *est accoudé au bastingage, face au public. On entend la musique d'un harmonica venant de la coulisse. Le* PADRE *traverse la scène: il se promenait sur le pont et il a aperçu* TIT-COQ.*)*

LE PADRE

Bonjour, Tit-Coq. *(Il vient s'appuyer près de lui.)*

TIT-COQ

(Sortant de sa rêverie.) Allô, Padre.

LE PADRE

Alors, ça y est: on s'en va.

TIT-COQ

On s'en va.

LE PADRE

Je t'empêche peut-être de t'ennuyer de ta Marie-Ange?

TIT-COQ

Oui... mais c'est égal: j'aurai le temps de me reprendre à mon goût.

LE PADRE

Ce doit être nouveau pour toi, l'ennui?

906

TIT-COQ

Tellement nouveau que j'aime presque ça. Ce qui est triste, je m'en rends compte, c'est pas de s'ennuyer...

LE PADRE

C'est de n'avoir personne de qui s'ennuyer?

TIT-COQ

Justement... et personne qui s'ennuie de toi. Si je ne l'avais pas rencontrée, elle, je partirais aujourd'hui de la même façon, probablement sur le même bateau. Je prendrais le large, ni triste ni gai, comme un animal, sans savoir ce que j'aurais pu perdre.

LE PADRE

Tu ferais peut-être de la musique avec le gars là-bas?

TIT-COQ

Peut-être, oui. Tandis que là, je pars avec une fille dans le cœur... Une fille qui me trouve beau, figurez-vous!

LE PADRE

Non!

TIT-COQ

À ben y penser, c'est une maudite preuve d'amour qu'elle me donne là, elle?

LE PADRE

(Sourit.) Une preuve écrasante.

TIT-COQ

Oui, je pars avec une fille qui m'aime, dans le cœur... et un album de famille dans mon sac.

LE PADRE

Un album de famille! C'est elle qui te l'a donné?

TIT-COQ

Oui, monsieur. Si jamais le bateau coule, sauvez ça d'abord, ou vous n'êtes pas un ami!

LE PADRE

Y aurait-il moyen de l'admirer, cette merveille-là?

TIT-COQ

Tout de suite, si vous voulez! *(Il sort l'album de sa vareuse.)* Et vous allez voir la plus belle famille au monde! Je le dis, même si c'est la mienne. *(Lui montrant la première page.)* Tenez: ça, ça va être mon beau-père et ma belle-mère.

LE PADRE

Ils ont l'air de bien braves gens.

TIT-COQ

Yes, sir! Braves d'un travers à l'autre.

LE PADRE

(Désignant un portrait.) C'est elle, Marie-Ange?

TIT-COQ

Non, c'est ma belle-sœur Claudia, avec mon neveu Jacquot. *(Il tourne la page.)* Marie-Ange, la v'là!

LE PADRE

Une bien belle fille, en effet.

TIT-COQ

Oui... Il est déjà pas mal fatigué de se faire embrasser ce portrait-là. Et le petit garçon ici, avec l'insigne de première communion, le cierge à la main et la bouche ouverte, c'est Jean-Paul! *(Il tourne la page.)* Tenez: mon oncle Alcide et ma tante Maria, le parrain et la marraine de Marie-Ange. Ils habitent, en ville, dans le bout d'Hochelaga. Je l'aime ben, lui. Si jamais vous voulez entendre une bonne histoire croustillante, vous avez en plein l'homme! *(Sautant plusieurs feuillets.)* J'en passe, et des meilleurs, pour arriver au plus beau portrait de tout l'album.

LE PADRE

Mais il n'y a rien sur cette page-là!

TIT-COQ

Rien pour vous! Mais moi, avec un peu d'imagination, je distingue très bien madame Arthur Saint-Jean... avec le petit Saint-Jean sur ses genoux. À moins que ce soit la petite... Peux pas voir au juste... Et le gars à côté, l'air fendant comme un colonel à la tête de sa colonne, c'est votre humble serviteur.

LE PADRE

Tu as raison, c'est une page admirable.

TIT-COQ

Certain! *(Il replace l'album dans sa vareuse.)*

Tu n'as pas été tenté de l'épouser, ta Marie-Ange, avant de partir?

TIT-COQ

Tenté? Tous les jours de la semaine! Mais non. Épouser une fille, pour qu'elle ait un petit de moi pendant que je serais parti au diable vert? Jamais en cent ans! Si mon père était loin de ma mère quand je suis venu au monde, à la Miséricorde ou ailleurs, ça le regardait. Mais moi, quand mon petit arrivera, je serai là, à côté de ma femme. Oui, monsieur! Aussi proche du lit qu'il y aura moyen.

LE PADRE

Je te comprends.

TIT-COQ

Je serai là comme une teigne! Cet enfant-là, il saura, lui, aussitôt l'œil ouvert, qui est-ce qui est son père. Je veux pouvoir lui pincer les joues et lui mordre les cuisses dès qu'il les aura nettes; pas le trouver à moitié élevé à l'âge de deux, trois ans. J'ai manqué la première partie de ma vie, tant pis, on n'en parle plus. Mais la deuxième, j'y goûterai d'un bout à l'autre, par exemple!... Et lui, il aura une vraie belle petite gueule, comme sa mère.

LE PADRE

Et un cœur à la bonne place, comme son père?

TIT-COQ

Avec la différence que lui, il sera un enfant propre, en dehors et en dedans. Pas une trouvaille de ruelle comme moi!

LE PADRE

Alors, c'est pour être près de ton enfant dès sa naissance que tu pars...?

TIT-COQ

... vierge et martyr, oui.

LE PADRE

C'est une raison qui en vaut bien d'autres.

TIT-COQ

Probable.

LE PADRE

La Providence a été bonne pour toi, sais-tu?

TIT-COQ

Oui. Elle a été loin de se forcer au commencement, mais, depuis quelque mois, elle a assez ben fait les choses. Et je ne lui en demande pas plus *(Intensément.)* Savez-vous ce qu'il me faudrait, à moi, pour réussir ma vie cent pour cent?

LE PADRE

Dis-moi ça.

TIT-COQ

Vous allez peut-être rire de moi: si on comprend de travers, ç'a l'air un peu enfant de chœur.

LE PADRE

Il n'y aura pas de quoi rire, j'en suis sûr.

TIT-COQ

Moi, je ne m'imagine pas sénateur dans le parlement, plus tard, ou ben millionnaire dans un bateau. Non! Moi, quand je rêve, je me vois en tramway, un dimanche soir, vers sept heures et quart, avec mon petit dans les bras et, accrochée après moi, ma femme, ben propre, son sac de couches à la main. Et on s'en va veiller chez mon oncle Alcide. Mon oncle par alliance, mais mon oncle quand même! Le bâtard tout seul dans la vie, ni vu ni connu. Dans le tram, il y aurait un homme comme les autres, ben ordinaire avec son chapeau gris, son foulard blanc, sa femme et son petit. Juste comme tout le monde. Pas plus, mais pas moins! Pour un autre, ce serait peut-être un ben petit avenir, mais moi, avec ça, je serais sur le pignon du monde!

LE PADRE

Je comprends. Et je te félicite.

TIT-COQ

S'agit pas de me féliciter: un homme n'a pas de mérite à vouloir la seule sorte de vie qui pourra jamais le contenter.

LE PADRE

La seule?

TIT-COQ

Ouais. Je pourrais jamais être heureux sans ça! *(Entier.)* Parce que cette idée-là, comprenez-vous, je l'ai dans le derrière de la tête. *(Se pointant le chignon.)* Quelque part par là. Et c'est tracé aussi clair et net là-dedans qu'un chemin de fer!

LE PADRE

(Après un temps.) Sais-tu à quoi tu me fais penser, mon Tit-Coq? À une branche de pommier qu'une tempête aurait cassée. Si on la laisse sur le sol où elle est tombée, elle pourrira. Mais, à condition de s'y prendre à temps,

on peut la greffer sur un autre pommier et lui faire porter des fruits, comme si rien n'était arrivé.

TIT-COQ

Ç'a du bon sens, cette histoire-là. En tout cas, on va la replanter, la branche... et elle va retiger, parce qu'elle est pleine de sève. Et je vous promets de maudites bonnes pommes! *(Inquiet.)* Seulement, il y a une chose qui me chiffonne depuis quelque temps.

LE PADRE

Qu'est-ce que c'est?

TIT-COQ

L'histoire des publications de bans à l'église. Pendant trois, quatre dimanches, le curé crie à tous les vents, du haut de la chaire: « Il y a promesse de mariage entre un tel, fils majeur d'un tel et d'une telle, de telle paroisse, d'une part... » Qu'est-ce qu'il va dire pour moi? Ça va être gênant en diable!

LE PADRE

Il ne dira rien du tout.

TIT-COQ

Comment ça?

LE PADRE

Les bans ne seront pas publiés, si tu obtiens une dispense à cet effet.

TIT-COQ

(Soulagé.) Oui, hein? C'est si simple que ça? Maudit que la religion catholique est ben faite!

Le rêve brisé*

(Juste avant son retour d'Europe où il a passé deux ans, Tit-Coq apprend que Marie-Ange s'est mariée; en arrivant à Montréal, il force Marie-Ange à le revoir. Nous citons la première partie de cette rencontre.)

(TIT-COQ paraît, l'œil méchant, et fonce jusqu'à l'avant-scène, où MARIE-ANGE est assise à droite.
Un temps. Il voudrait parler, mais une émotion grandissante, contre laquelle il lutte de toutes ses forces, lui paralyse la gorge. Ils sont maintenant figés dans un silence de plomb.)

MARIE-ANGE

(Au bout de quelques secondes interminables, presque tout bas.) Parle... je t'en supplie!

(Essayant de se ressaisir.) Ce que j'avais à te dire, c'était clair et net... mais depuis que j'ai mis les pieds ici-dedans... *(Comme il ne trouve pas ses mots, il a un geste indiquant qu'il est perdu. Puis, à travers son trouble:)* Oui... Malgré moi, je pense à ce que ç'aurait pu être beau, cette minute-ci... et à ce que c'est laid... assez laid déjà sans que je parle.

(Un temps. Puis d'une voix d'abord mal assurée qui, à mesure qu'il reprendra la maîtrise de lui-même, se durcira jusqu'à la colère froide.) Mais, s'il y a une justice sur la terre, il faut au moins que tu saches que t'es une saloperie! *(Il s'est tourné vers elle.)* Une saloperie... pour t'être payé ma pauvre gueule de gogo pendant deux ans en me jurant que tu m'aimais. C'était aussi facile, aussi lâche de me faire gober ça que d'assommer un enfant. Avant toi, pas une âme au monde s'était aperçue que j'étais en vie; alors j'ai tombé dans le piège, le cœur par-dessus la tête, tellement j'étais heureux! T'es une saloperie! Et je regrette de t'avoir fait l'honneur dans le temps de te respecter comme une sainte vierge, au lieu de te prendre comme la première venue!

(Sortant l'album de sa vareuse.) Je te rapporte ça. Au cas où tu l'aurais oublié avec le reste, c'est l'album de famille que tu m'as donné quand je suis parti... Il y a une semaine encore, j'aurais aimé mieux perdre un œil que de m'en séparer. Seulement je me rends compte aujourd'hui que c'est rien qu'un paquet de cartons communs, sales et usés. *(Il le lance sur le divan.)* Tu le jetteras à la poubelle toi-même!

Maintenant, je n'ai plus rien de toi. À part ton maudit souvenir... Mais j'arriverai bien à m'en décrasser le cœur, à force de me rentrer dans la tête que des femmes aussi fidèles que toi, il en traîne à tous les coins de rue! *(Il se dirige vers la porte.)*

MARIE-ANGE

(Sans un geste, elle a tout écouté, la tête basse.) Non!... Va-t'en pas comme ça. Attends... attends une seconde.

TIT-COQ

(S'arrête, tourné vers le fond.)

MARIE-ANGE

(Après un temps, presque tout bas.) Je te demande pardon.

TIT-COQ

(Abasourdi.) Quoi?

MARIE-ANGE

Je te demande pardon.

(Il est resté un moment décontenancé.) C'est aisé de demander pardon, quand le mal est fait... et bien fait.

MARIE-ANGE

Ça ne changera rien, je le sais.

TIT-COQ

Ce qu'il m'est impossible de te pardonner, c'est de m'avoir menti tout ce temps-là, de m'avoir menti la tête collée sur mon épaule.

MARIE-ANGE

Je ne t'ai jamais menti.

TIT-COQ

(Que la rage a repris.) Si tu m'avais aimé, tu m'aurais attendu!

MARIE-ANGE

(De tout son être.) Je ne t'ai jamais menti.

TIT-COQ

Si c'est la peur que je t'embête qui te fait t'humilier devant moi, tu peux te redresser. Ton petit bonheur en or, c'est pas moi qui te le casserai: je vais disparaître des environs comme une roche dans l'eau. Si tu as eu des torts, la vie se chargera bien de te punir pour moi.

MARIE-ANGE

Je suis déjà punie tant qu'il faut, sois tranquille!

TIT-COQ

Punie?

MARIE-ANGE

Je ne suis pas plus heureuse que toi, si ça peut te consoler.

TIT-COQ

Quoi? *(Un temps, où il essaie de comprendre.)* Pas heureuse? Comme ça, tu es malheureuse avec lui? À quoi ça rime, ça?... Il t'aime pas, lui? Il t'aime pas?

MARIE-ANGE

Il m'aime.

TIT-COQ

Il t'aime? Alors pourquoi es-tu malheureuse?

MARIE-ANGE

(Qui craint d'avoir déjà trop parlé.) C'est tout ce que j'ai à te dire.

TIT-COQ

Quand une femme est malheureuse après six mois de mariage, pas besoin de se casser la tête pour en trouver la raison: s'il t'aime, lui, c'est toi qui ne l'aimes pas. *(Pressant.)* Il n'y a pas d'autre façon d'en sortir: c'est toi qui ne l'aimes pas!

MARIE-ANGE

(Se cache la figure dans les mains.)

TIT-COQ

Tu ne l'aimes pas! Ah! ça me venge de lui. Il t'a déçue, hein? Ça me venge de lui. Ben oui! ça ne pouvait pas se faire autrement; c'était impossible qu'il te rende heureuse, lui! *(Se tournant vers elle.)* Alors, si tu ne l'aimes pas — si tu ne pouvais pas l'aimer — ce serait peut-être... que tu en aimes un autre?

MARIE-ANGE

Je t'en prie, va-t'en!

TIT-COQ

Ce serait peut-être que tu en aimes toujours un autre? Un autre à qui tu n'aurais jamais menti. Il me faut la vérité, la vérité jusqu'au bout. Il me la faut!

MARIE-ANGE

(Éclate en sanglots.)

TIT-COQ

Si c'est vrai, dis-le... dis-le, je t'en supplie!

MARIE-ANGE

(Malgré elle.) Oui, je t'aime... Je t'aime! *(Un temps: elle pleure. Lui reste sidéré par cet aveu.)* Je suis en train de devenir folle, tellement je pense à toi... Je suis en train de devenir folle.

TIT-COQ

Marie-Ange, Marie-Ange!... Pourquoi tu ne m'as pas attendu?

MARIE-ANGE

Je ne sais pas pourquoi... Je ne sais pas...

TIT-COQ

Pourquoi?

MARIE-ANGE

Je voulais t'attendre, t'attendre tant qu'il faudrait, malgré le vide que j'avais dans la tête, à force d'être privée de te voir, d'entendre ta voix, de t'embrasser...

TIT-COQ

Moi non plus, je ne pouvais pas te voir, ni t'embrasser.

MARIE-ANGE

Toi, tu avais seulement à te battre contre toi-même. Tandis que moi, au lieu de m'aider à me tenir debout, tout le monde ici me poussait, m'étourdissait d'objections, me prouvait que j'avais tort de t'attendre, que j'étais trop jeune pour savoir si je t'aimais...

TIT-COQ

Les salauds!

MARIE-ANGE

Ils m'ont rendue malade à me répéter que tu m'oublierais là-bas, que tu ne me reviendrais peut-être jamais.

TIT-COQ

(Rageur.) Ça me le disait aussi qu'ils se mettraient tous ensemble pour essayer de nous diviser. Ça me le disait.

MARIE-ANGE

Ils me l'ont répété tellement, sur tous les tons et de tous les côtés, qu'à la fin ils sont venus à bout de me faire douter de toi comme j'aurais douté du Ciel.

TIT-COQ

Alors, c'est un mauvais rêve qu'on a fait. Un rêve insupportable qui vient de finir. On a rêvé qu'on s'était perdus pour la vie, mais on vient de se réveiller en criant, pour s'apercevoir que c'était pas vrai, tout ça... c'était pas vrai!

MARIE-ANGE

(Les mains glacées.) Qu'est-ce que tu veux dire?

TIT-COQ

(Tendu.) Que si tu m'aimes encore, c'est tout ce qui compte. Et que tu es encore à moi, à moi et rien qu'à moi!

MARIE-ANGE

Non, ne dis pas ça!

TIT-COQ

Moi aussi, je t'aime. Je t'aime encore comme un fou! Je t'aime et je te reprends, comprends-tu? Je te reprends!

MARIE-ANGE

Non, non! Il est trop tard... trop tard, tu le sais bien.

TIT-COQ

Il n'est pas trop tard, pas encore.

MARIE-ANGE

Je t'ai trompé bêtement, je ne suis plus digne de toi!

TIT-COQ

Tu viens de le prouver: c'est pas de ta faute. *(Autant pour lui-même que pour elle.)* C'est pas de ta faute, entends-tu? Je te crois, je te crois! Et je te crois quand tu me dis que tu ne l'as jamais aimé, l'autre.

MARIE-ANGE

Mais lui... il m'aime, lui!

TIT-COQ

Bien sûr! qu'il t'aime. C'est facile de t'aimer. Mais tout dépend de ce qu'on entend par là. Il y a bien des qualités d'amour.

MARIE-ANGE

Je t'assure qu'il m'aime.

TIT-COQ

Il a tourné autour de toi une éternité avant que tu acceptes de le voir, hein?

MARIE-ANGE

Oui.

TIT-COQ

Et il savait pourquoi tu le repoussais, dans ce temps-là. Il savait autant que tout le monde qu'on s'aimait tous les deux par-dessus la tête, hein?

MARIE-ANGE

(Qui ne peut nier.) Oui, il le savait.

TIT-COQ

Bien sûr! qu'il le savait. Mais un bon jour il a décidé de te glisser un jonc dans le doigt et de t'appeler sa femme, sans s'inquiéter de savoir si tu étais bien à lui? Sans te demander cent fois si tu ne m'aimais pas encore? Sans t'assommer de questions, comme je l'aurais fait, moi, à sa place?

(La tête perdue.) Oui...

TIT-COQ

Oui! Parce qu'il n'était pas honnête, lui. Parce qu'il avait la frousse, en te parlant trop, de te réveiller avant d'avoir eu le temps de te prendre. Il se contentait de ton corps, en se sacrant bien du reste. Et tu dis qu'il t'aime? Il te désire, c'est tout! C'est pas étonnant qu'il t'ait déçue. Non, tu ne peux pas vivre toute ta vie avec un homme qui t'a fait l'affront de te prendre à moitié seulement. Tandis que moi, je t'aime et je te rendrai heureuse, tu le sais, heureuse autant qu'une femme peut être heureuse!

MARIE-ANGE

Rends-toi compte de ce que tu demandes.

TIT-COQ

Lui, il a besoin de toi comme n'importe quel autre homme a besoin d'une femme, parce qu'il a toute une famille pour l'aimer, si tu le lâches. Mais moi, je n'ai personne au monde, à part toi.

MARIE-ANGE

(Faiblissant.) Je t'en supplie, ne dis pas ça.

TIT-COQ

Sans toi, je suis perdu. Si tu ne me tends pas la main, je coule comme un noyé.

MARIE-ANGE

Tu le sais que je t'aime et que je ferais n'importe quoi pour toi. Mais tout ça, c'est arrivé si vite: donne-moi le temps de réfléchir...

TIT-COQ

Le temps? Non! Le temps, le temps, il y a deux ans qu'il travaille contre nous autres. Le temps, c'est lui notre ennemi. C'est lui le traître dans notre affaire. Faut pas lui donner une autre chance de...

BOUSILLE ET LES JUSTES
La main forcée*

(À moins que Bousille, le cousin niais, ne se parjure, Aimé Crenon, frère d'Henri et d'Aurore, femme de Phil Vezeau, risque d'être condamné pour homicide; ce serait un déshonneur pour la famille de Saint-Tite. La scène se passe dans une chambre d'hôtel montréalaise, peu avant que Bousille ait à rendre témoignage devant la Cour.)

BOUSILLE

(qui est resté, timide, près de la porte.)

Tu sais, Phil, je regrette pour l'auto: je ne sais pas si c'est la pluie qui m'a embrouillé la vue...

PHIL

Je te fais des reproches?

BOUSILLE

Non, mais je me tracasse en diable.

PHIL

N'importe qui peut se tromper.

HENRI

(intervient.)

L'erreur, c'est de s'entêter à ne pas l'admettre. Tu es d'accord?

BOUSILLE

Évidemment.

HENRI

(sous son nez.)

Note bien ça: on peut tout pardonner à un homme, quand il est prêt à reconnaître qu'il est dans le tort.

BOUSILLE

Pourtant, il me semble que j'avais bien regardé avant de tirer à gauche!

PHIL

Oublie ça: je te donne un petit sursis.

HENRI

Enlève ton imperméable, tu vas avoir chaud.

BOUSILLE

(mal à l'aise.)

Non, merci: j'aimerais bien entendre un petit bout de messe, moi aussi, avec Aurore et...

HENRI

Je te dis d'enlever ça.

BOUSILLE

C'est la fête des saints Anges gardiens, aujourd'hui. Alors, vu les circonstances...

HENRI

(ne peut réprimer une seconde d'impatience.)

Vas-tu m'écouter, bon Dieu!

PHIL

(qui blague pour rassurer Bousille.)

C'est pas notre fête, mais on aimerait te garder, nous autres aussi. *(Il l'aide à enlever son imperméable.)*

HENRI

Assieds-toi, qu'on se parle deux minutes. *(Il le fait asseoir.)*

PHIL

(prenant le missel que Bousille a à la main.)

Je peux te débarrasser de ta bibliothèque?

BOUSILLE

C'est un cadeau du Père Anselme.

PHIL

Ouais! Plongé là-dedans, tu ne dois pas voir passer la quête, toi.

BOUSILLE

Il m'est sûrement bien utile.

PHIL

(qui ne cherche qu'à retarder l'attaque d'Henri.)

Et puis, quoi de neuf à Saint-Tite?

BOUSILLE

Ah! je vous dis que le chien était content de me voir.

PHIL

Ouais! C'est pas une nouvelle fraîche.

BOUSILLE

(le cœur réchauffé.)

Il était content, ce chien-là! Il sautait haut comme ça.

PHIL

J'en faisais la remarque à Aurore l'autre soir: il existe une étonnante affinité de caractère entre vos deux personnalités.

BOUSILLE

C'est un si bon chien.

PHIL

Pas d'erreur, il a une belle délicatesse de sentiments. Mais je trouve qu'il couraille un peu fort pour ses capacités.

BOUSILLE

Moi aussi, je suis inquiet. Avec ses rhumatismes...

PHIL

C'est justement à cet âge-là qu'un chien trop entreprenant se donne un tour de rein.

BOUSILLE

Il devrait se reposer, c'est sûr.

PHIL

Tâche donc de lui faire comprendre la chose en douceur.

HENRI
(qui grinçait des dents, éclate.)

D'accord! mais, pour l'instant, on a mieux à faire que de parler du retour d'âge de Fido!

PHIL
(grogne avant de s'effacer.)

Quand même on prendrait les intérêts d'un ami commun deux minutes!

HENRI
(le temps de tourner la page moralement, puis.)

Une cigarette?

BOUSILLE

Non, merci: ça me fait lever le cœur, à jeun.

HENRI
(l'observant du coin de l'œil.)

Une damnée affaire que ce procès-là, hein, Bousille?

BOUSILLE

Je te crois. J'y ai pensé toute la nuit, les yeux grands comme la pleine lune.

HENRI

Oui, une damnée affaire!

BOUSILLE

Mais, d'après ce que l'avocat déclarait hier soir, Aimé aurait des chances de s'en tirer pas trop échaudé, malgré tout.

HENRI

Bah! Il voulait tout simplement nous mettre un peu de rose dans les idées noires. Je suis sûr que tu as été assez intelligent pour le comprendre.

BOUSILLE

Non, en toute franchise.

HENRI

Moi, je te le dis tout net, au risque de t'énerver: de la façon dont le moteur s'embraye, Aimé peut faire un voyage de cinq ans au pénitencier!

BOUSILLE

Tu penses?

HENRI

N'importe quoi peut arriver. Un juge sur le banc, mon vieux, c'est aussi capricieux qu'un arbitre sur la patinoire. Suffit que celui-là ne lui aime pas la fiole.

BOUSILLE

Évidemment.

HENRI

Ce serait un coup terrible pour la famille. Je me demande si la mère s'en remettrait.

PHIL

Avec la pression qu'elle a dans la bouilloire, moi, je ne réponds de rien!

BOUSILLE

Ce serait dommage, au possible.

HENRI

Une femme qui t'aime gros. Laisse-moi te l'apprendre, si tu te le demandes encore.

BOUSILLE

Ah! je le sais: moi aussi j'ai de l'affection pour elle.

HENRI

Tu n'as pas grand mérite, après toutes les bontés qu'elle a eues pour toi.

BOUSILLE

C'est clair.

HENRI

Va jamais lui faire de la peine!

BOUSILLE

Je serais bien mal venu.

HENRI

Disons le mot: tu serais un ingrat.

BOUSILLE

Elle me bougonne des fois, mais...

HENRI

Ta propre mère en aurait fait autant.

BOUSILLE

Peut-être. Je l'ai à peine connue: quand elle a été enterrée, j'avais quatre ans.

HENRI

C'est pourquoi, tu es, comme qui dirait, notre petit frère adoptif.

BOUSILLE

Ah! je m'ennuierais encore davantage loin de vous autres, pour sûr.

HENRI

Prends Aimé par exemple: il ne pouvait pas faire un pas sans toi, ce gars-là.

BOUSILLE

(sans arrière-pensée.)

Certains soirs, surtout.

PHIL

Jusqu'aux enfants à la maison: te rends-tu compte de l'attachement qu'ils ont pour toi, ces chers petits cœurs-là? Quand on sort, le soir, et qu'on leur dit que c'est encore toi qui vas les garder, c'est bien simple, ils sautent de joie.

BOUSILLE

(touché.)

Sérieusement?

PHIL

Ils t'aiment! Ah! je te l'avoue: moi, leur père, il y a des fois que je suis jaloux de toi.

BOUSILLE

Ça me fait grand plaisir que tu me le dises. Moi aussi, je les trouve de mon goût, mais il me semblait que... *(Il hésite.)*

PHIL

Quoi?

BOUSILLE

Qu'ils riaient souvent de moi, dans mon dos.

PHIL

Qu'est-ce que tu vas chercher là, toi? Que tu es donc « complexé »! C'est triste — pas vrai, Henri? — de voir un gars équilibré comme lui, belle éducation, un an à se cultiver chez les frères après la petite école, se tourmenter à ce point-là!

HENRI

Oui, quand toute la famille fait l'impossible pour lui montrer de l'estime.

BOUSILLE

Ah! ce n'est pas votre faute.

PHIL

Non, certain.

BOUSILLE

Je dois être méfiant de nature: depuis que je suis haut comme ça, j'ai toujours la frousse de recevoir un coup de fourche dans les reins.

HENRI

Reviens-en: ton père est mort depuis longtemps. Et le bedeau lui a enlevé sa fourche des mains avant de refermer la tombe.

BOUSILLE

(à Henri.)

C'est drôle, tu me fais penser à lui, des fois.

HENRI

Moi, je te rappelle ton père?

BOUSILLE

C'est-à-dire que...

PHIL

Ne viens pas m'apprendre que ce bon diable-là te fait peur?

BOUSILLE

Ah!... pas toujours.

PHIL

Il a l'air d'un taureau à première vue, mais gratte un peu: tu verras que la viande est bien tendre sous le poil.

HENRI

(s'assoit près de Bousille.)

Je vais te dire en deux mots, moi, comment je suis. Tu m'as déjà vu trôner sur mon bulldozer, quand je fais du terrassement?

BOUSILLE

(convaincu.)

Tu es impressionnant. Tu n'es pas assis sur le bull: c'est toi, le bull, on dirait.

HENRI

Tu n'as jamais dit plus vrai. Aussi longtemps que je travaille dans le mou, je prends la vie par le bon bout, en écoutant les petits oiseaux chanter. Mais si une souche ou une masse de cailloux me résiste, là, tout d'un coup, je vois rouge, je me baisse les cornes et je fonce! Et puis tout casse devant moi.

PHIL

(renchérit.)

Un vrai ouragan!

BOUSILLE

Je te crois: j'en ai déjà eu la chair de poule. Tu te rappelles, cet été, la balançoire sous le beau peuplier, près de la maison? Noëlla aimait s'asseoir là au frais, en tricotant ou en reprisant tes salopettes...

HENRI

(à Phil.)

Il a toute une mémoire, lui; un vrai kodak!

BOUSILLE

Toujours est-il qu'un beau matin — je me demande quelle mouche t'avait piqué pendant la nuit — tu sors de la maison à moitié habillé, les bretelles pendantes, tu sautes sur ton bull et, le temps de crier: fais pas le fou! tu écrabouilles la balançoire en mille miettes et tu envoies l'arbre voler dans le champ.

HENRI

(les yeux dans les yeux.)

Faut pas qu'on me résiste, vois-tu. Il y en a qui sont comme ci, moi je suis comme ça. Faut pas qu'on me barre la route, toute la question est là. Tu comprends?

BOUSILLE

C'est clair.

HENRI

Mais quand on est de mon avis, je peux être doux, moi, comme les caleçons de soie d'une belle fille. C'est doux ça, hein, mon Bousille?

BOUSILLE

(candide.)

Passablement, oui.

PHIL

Eh! Eh! Il ne fume peut-être pas, mais il s'y connaît en tabac!

BOUSILLE

(explique.)

Presque chaque jour, Aurore me fait étendre les siens sur la corde à linge.

HENRI

Mais je te le répète: quand on est de mon avis, ah! là, je suis bonasse et serviable comme personne. Tu en veux des preuves? Rappelle-toi ta sortie de l'hôpital, après ton accident d'auto avec Aimé: quarante jours d'hospitalisation et de traitements. Il montait à combien, le compte?

BOUSILLE

(écrasé.)

Quatre cent quatre-vingt-douze dollars et soixante-cinq cents, avec les rayons X.

HENRI

Une petite fortune, quoi! Le connais-tu, le gars dangereux qui s'est saigné à blanc pour le payer à ta place, ce compte-là?

BOUSILLE

Je me suis souvent demandé, aussi, pourquoi la Révérende Sœur Économe avait eu l'audace de te l'envoyer. D'autant plus que je l'ai déjà entendu dire au docteur « qu'un certain individu avait des responsabilités graves dans cette affaire. » En admettant qu'elle ait eu raison, il me semble que c'est lui qui aurait pu m'aider temporairement, pas toi.

HENRI

Pauvre gogo! Tu n'as pas encore soupçonné que cet individu-là pouvait être Aimé, moi et chacun de nous autres?

BOUSILLE

(en toute simplicité.)

Non.

HENRI

Des responsabilités? Bien sûr qu'on en avait, graves au possible! Tu fais partie de la famille, d'accord?

BOUSILLE

C'est toi qui as la bonté de le prétendre.

HENRI

Quand ton frère, par sa faute ou non, s'est fourré dans la crotte jusqu'aux babines, tu n'as pas le choix: c'est ton devoir, en conscience, de te boucher le nez et de le tirer de là avant qu'il en mange trop, trop. Pas vrai?

BOUSILLE

En tout cas, je te remercie, je ne peux pas le dire assez.

HENRI

Je sais que tu n'es pas un sans-cœur. Tu me revaudras bien ça un jour ou l'autre. Peut-être plus tôt que tu ne penses.

BOUSILLE

Je me demande comment: je n'arrive jamais à m'entortiller une vieille *cenne* dans le coin du mouchoir.

926

HENRI

Je te parle d'argent? Fiche-moi donc la paix, avec tes préoccupations matérielles! On dirait que c'est tout ce que tu as dans la tête.

PHIL

Mon vieux Bousille, dans le monde pourri d'aujourd'hui, c'est pas à tous les coins de rue que tu rencontreras un saint Vincent de Paul comme lui.

BOUSILLE

Non, certain.

HENRI

(désignant Phil.)

Il est fort pour parler des mérites des autres, mais il ne dit pas un mot des sacrifices qu'il a faits pour toi, lui.

PHIL

Bah! Tu vas me gêner.

HENRI

(à Bousille.)

Repasse tes souvenirs de voyage: tu sors de l'hôpital convaincu que tu fais partie de l'amicale des chômeurs. Mais non: tu te retrouves comme par enchantement devant ta machine, à la fabrique de gants, grâce à ce magicien-là qui avait dit un bon mot pour toi à la contremaîtresse.

PHIL

(confesse.)

Ç'a été difficile: elle ne voulait rien comprendre, ce soir-là.

HENRI

Quinze jours plus tard, vlan! tu te fais flanquer à la porte.

BOUSILLE

C'est mon énervante de rotule qui a guéri de travers. À force de pédaler à longueur de journée devant ma machine, le genou m'enflait gros comme un melon. Je pâtissais tellement que la sueur me coulait dans le dos.

HENRI

N'empêche que tu te retrouves le derrière sur la paille. Un infirme, pas même capable de gagner sa vie!

BOUSILLE

J'avais le cœur en compote, ce vendredi soir-là.

HENRI

Phil fait le bon Samaritain encore une fois: « Viens-t'en à la maison! »
qu'il te dit. Tu t'amènes avec tes guenilles: Aurore t'installe une belle couchette dans le grenier du garage. C'est pas de la chance, ça, pour un *quêteux*?

BOUSILLE

Je l'apprécie, tu peux en être sûr.

PHIL

Pas d'erreur, tu es heureux là-dedans, toi, comme un mulot dans une
poche de noix!

BOUSILLE

Certain. C'est seulement un tout petit peu suffocant l'été... mais l'hiver,
en vérité, je ne gèle pas trop. D'autant plus que le chien me réchauffe le pied
du lit.

PHIL

Que veux-tu? Le paradis terrestre, personne ne l'a encore trouvé!

HENRI

Sans compter que la manne tombe pour toi chaque samedi soir. Qu'est-ce
que tu lui donnes, Phil?

PHIL

(emphatique.)

Un beau billet de cinq dollars! *(Il sort un billet de banque de sa poche.)*
À propos, j'ai oublié de te payer tes honoraires, cette semaine.

BOUSILLE

Je pouvais attendre.

PHIL

(lui mettant le billet dans la main.)

Je te le dis, moi: il y a une Providence pour toi.

BOUSILLE

C'est bien évident. Seulement, comme la question de mon travail est sur
le tapis...

PHIL

Tu n'as pas à te plaindre, j'espère? Quelques petits services au garage,
histoire de te chasser les mauvaises pensées.

BOUSILLE

Les mauvaises pensées, tu sais, j'en viendrais bien à bout tout seul.
D'autant plus qu'à vrai dire, je n'en ai pas pour la peine.

PHIL

Que je t'envie donc!

BOUSILLE

Tu m'as fait la confiance de me laisser tout seul répondre aux clients,
le dimanche comme la semaine, pour la gazoline et l'huile...

PHIL

Je dois admettre que, plus souvent qu'autrement, tu verses l'huile dans
le bon trou.

BOUSILLE

Mais si, par moments, je te donne l'impression de tirer de l'arrière quelque peu, je t'assure que ce n'est pas par mauvaise volonté.

PHIL

Où est-ce que tu pourrais bien prendre ça, toi?

BOUSILLE

Non: la vraie raison, c'est que mes douleurs me reprennent, quand je
marche trop sur ma jambe. Hier par exemple, j'ai circulé pas mal, tu sais.
Eh bien, le genou m'a élancé toute la nuit.

PHIL

Aujourd'hui, ça va mieux?

BOUSILLE

Il est resté sensible comme tout. Avec ça qu'il brumasse en ce moment.
Faites une petite prière pour que j'évite de me le cogner!

PHIL

Il faut dire que tu n'as jamais été bien dur au mal, toi.

BOUSILLE

Je l'avoue humblement: dans le temps où les chrétiens étaient jetés aux
lions, j'aurais été un martyr joliment ridicule.

PHIL

Moi aussi, j'aurais été bien décourageant à voir pour le suivant!

HENRI

(s'approchant.)

Sais-tu, Phil, il me vient une idée subitement: il y aurait peut-être encore moyen d'améliorer son sort, à ce braillard-là.

PHIL

Je gage que tu as eu un éclair de bon génie, toi.

HENRI

Qu'est-ce que tu dirais, mon Bousille, de la place de portier au Collège?

BOUSILLE

(frappé.)

Quoi?

HENRI

Une belle chambre propre à toi tout seul, proche de la chapelle pour les dévotions. Assis comme un ministre devant un téléphone et un micro. Ton seul travail: appeler les élèves au parloir les jours de congé!

BOUSILLE

(ébloui.)

Je serais aux petits oiseaux.

HENRI

Mille dollars par année. C'est pas de la petite bière!

BOUSILLE

Je pourrais te rembourser.

PHIL

Bien mieux que ça. Mille dollars! Y penses-tu? Avec un revenu de quatre chiffres comme celui-là, tu pourrais te payer le luxe d'un scooter, mon petit garçon. Un scooter! Te rends-tu compte? De la couleur que tu voudrais!

HENRI

Finis, le traînage de savates et tes sacrées douleurs dans le genou qui te plissent le front et qui nous crèvent le cœur!

BOUSILLE

Moi, il est évident que c'est la marche qui me tue.

HENRI

Le bonhomme Lafrance perd la vue au point qu'il se cogne la pipe de plâtre sur tous les murs.

930

BOUSILLE

(honnête.)

Mais je ne voudrais pas le faire dégommer pour tout l'or du monde.

HENRI

Eh non! Son sort est réglé de toute façon: c'est une question de jours pour qu'il prenne le chemin du dépotoir. Je m'étonne d'avoir à te l'apprendre; la nouvelle court déjà le village. Inutile de te dire que les candidats se bousculent: une chance comme celle-là, qui se présente une fois dans la vie d'un homme!

BOUSILLE

Tu pourrais m'obtenir la position, tu penses?

HENRI

Dans des conditions ordinaires et avec mes influences politiques, je te le garantis la main sur la conscience! Mais supposons une minute qu'Aimé est condamné: me vois-tu arriver devant le Frère Directeur, la tête basse? Moi, Henri Grenon, le frère d'un homme qui aurait été reconnu coupable d'avoir tué son semblable d'un coup de poing? Jamais je ne réussirais à décrocher le gros lot pour toi! *(Sous le nez de Bousille.)* Non. Aussi bien voir les choses en face: pour que je m'occupe de tes affaires avec succès, il faut qu'Aimé soit acquitté, ni plus ni moins.

PHIL

Arrêté par erreur, relâché avec des fleurs!

HENRI

L'accusé? Tout simplement un beau gars de Saint-Tite qui a eu le courage de cogner quand un petit prétentieux de Montréal a voulu lui débaucher sa blonde. Là, c'est une autre histoire, crois-moi sur parole: tout le monde chante le coq dans le village! Et moi, je t'apporte ton contrat en bonne et due forme, avec la clef du Collège sur un plateau.

BOUSILLE

Ce serait bien mon rêve!

HENRI

(avec intention.)

Ça dépend seulement de toi, mon petit vieux.

BOUSILLE

Comment ça?

HENRI

(change de ton, approche une chaise et s'assoit près de Bousille.)

As-tu pensé à ce que je t'ai dit, hier soir?

BOUSILLE

Hier soir?

HENRI

Avant que tu partes pour Saint-Tite.

BOUSILLE

(commençant à comprendre.)

Ah! oui...

HENRI

Vois-tu, dans ce que tu as raconté à l'avocat, il y a un petit point qui manque un peu de précision. Une bagatelle, remarque bien, mais qui pourrait être prise par le jury dans un sens comme dans l'autre et faire toute la différence du monde pour le verdict. Alors, si tu veux, on va tâcher de jeter un peu de lumière sur le sujet.

BOUSILLE

Moi, je ne demande pas mieux que tout soit clair et net.

HENRI

Il s'agit de ta version de la bataille entre Aimé et Bruno. Le commencement a du bon sens, mais la fin est embrouillée en diable: un deuxième coup de poing — donné, pas donné — avec une phrase abracadabrante de la part d'Aimé. *(Il exagère à dessein.)* Tu aurais l'impression de l'avoir entendu marmotter une menace bien vague au sujet d'une lettre...

BOUSILLE

(l'arrête.)

Excuse-moi, une seconde: il ne s'agit pas d'une impression, je suis sûr, malheureusement.

HENRI

Voyons donc!

BOUSILLE

Il l'a dit clairement, je regrette.

HENRI

Ouais! Seulement, tu aurais avantage à m'écouter, au lieu de me radoter ce que tu as vu en rêve. Comprends-tu? *(Il met lourdement la main sur le genou de Bousille.)*

BOUSILLE

(gémit et soustrait son genou.)

Attention!

HENRI

Tiens! Il est sensible à ce point-là?

BOUSILLE

Je ne peux pas le dire assez.

HENRI

(après un temps.)

Ça va mieux?

BOUSILLE

Oui, la douleur s'éloigne lentement.

HENRI

Prends-y garde, hein? Mieux vaut prévenir que guérir.

BOUSILLE

C'est sûr.

HENRI

Prends-y bien garde. D'autant plus que moi, je te le répète, quand on me résiste, je perds le nord. N'importe quoi peut arriver. C'est mon défaut mignon: tu saisis?

BOUSILLE

Je comprends, ce n'est pas ta faute.

HENRI

Tu n'aimerais pas recevoir une tuile dessus?

BOUSILLE

Non, si possible.

HENRI

Tâchons donc de tomber d'accord. Par exemple, pour en revenir à ton histoire, je te l'ai dit tout net: je ne marche pas, moi.

BOUSILLE

Pour t'aider à comprendre, je vais te répéter ce qui s'est passé exactement, même si ça me chavire d'en parler.

HENRI

Tu perdrais ton temps: mon idée est faite.

BOUSILLE

Mais... tu ne peux pas savoir, toi: tu étais dans les airs, en route pour
ta lune de miel.

HENRI

Je t'assure, moi, qu'après le premier coup de poing, Bruno est resté sur
le carreau, la cloche a sonné: le match était fini!

BOUSILLE

C'est curieux, ça: tu prétendais, il y a cinq minutes, que j'avais une
mémoire de kodak. Et maintenant, tout ce que je me rappelle, c'est de travers.

PHIL

(intervient.)

Fie-toi à lui, pas à ton imagination. Tu ne le regretteras pas, je te le dis!

BOUSILLE

Oui, mais...

HENRI

Vois-tu, le malheur avec toi, c'est que tu as la tête enflée, en plus du
genou.

BOUSILLE

Ça se pourrait bien.

HENRI

Tu es le seul témoin, tu n'as aucune preuve de ce que tu avances, tu
pourrais inventer la plus belle histoire de loup-garou, que tout le monde serait
forcé de te croire sur parole.

BOUSILLE

C'est-à-dire que...

HENRI

D'après toi, vous êtes seulement deux sur la terre à être infaillibles: le
Pape à Rome, Bousille à Montréal. V'là la vérité! pas de discussion! point
final!

Ce que tu dis là, c'est un peu insultant pour le Saint-Père, tu sais.

HENRI

Oui, mais admets que — dans ton cas à toi — quand tu fais une déclaration, on peut avoir un doute dans la tête.

BOUSILLE

Un gros doute.

HENRI

Eh bien, l'avocat lui-même nous l'apprenait juste à ta place hier soir: « Le doute est favorable à l'accusé. » Autrement dit, s'il y a le moindre doute, il faut donner un coup de main à Aimé: c'est la loi qui le dit en toutes lettres!

BOUSILLE

Si un doute existe, comme tu le prétends, cesse de t'inquiéter: le juge le verra tout de suite et déclarera Aimé non coupable.

HENRI

(avalant sa rage.)

Je veux que tu tranches la question toi-même à la place du juge, comprends-tu? Je n'ai pas confiance en lui, je te le répète.

BOUSILLE

(estomaqué.)

Mais... tu sais bien que je n'ai pas la compétence voulue pour faire son travail.

HENRI

*(frappe de nouveau sur le genou de Bousille,
que la douleur plie en deux.)*

Vas-tu finir de regimber? Espèce de bouché des deux bouts! *(Il se lève et va à la commode remplir son verre.)*

PHIL

(qui marche de moins en moins avec Henri.)

Écoute, Bousille: j'admets qu'Henri est une de nos belles natures de brute. Mais de ton côté avoue que tu as la *comprenure* difficile. C'est pourtant simple ce qu'il te demande.

BOUSILLE

(la tête basse.)

Je ne suis pas intelligent, je le sais. Prenez-en donc votre parti. Moi, je m'en rends compte depuis que j'ai l'âge de raison. À l'école, immanquablement, j'étais le dernier à comprendre au fond de la classe. Heureusement que la maîtresse était patiente. Elle savait que je m'appliquais au possible et que mon père allait me flanquer une autre râclée si je redoublais mon année une fois de plus. Alors, au lieu de se fâcher et de me bousculer comme vous le faites, elle me gardait après quatre heures. On faisait une petite prière au Saint-Esprit. Et puis, ensemble, on donnait un coup de collier pour que je comprenne. Et des fois on y arrivait!

PHIL

(apitoyé plus qu'il ne veut le laisser paraître.)

Écoute, mon Bousille: il n'est pas question de te taper dessus, mais...

HENRI

(déjà face à Bousille, l'œil dur.)

Tu veux une leçon particulière? Entendu, mon petit bêta: sors ton ardoise, je vais te dicter ton devoir de la journée. Prends-le mot à mot, si tu ne veux pas revoir le fantôme de ton père! *(L'empoignant par le revers de son veston.)* Quand l'avocat te demande s'il s'est passé quelque chose après la chute de Bruno, tu réponds non. *(Il continue, malgré l'ahurissement de Bousille.)* Il ne s'agit pas d'inventer un roman policier pour que tu t'embrouilles: tout ce que tu as à dire là-dessus, c'est non. N, o, n, non! C'est clair?

BOUSILLE

Mais je ne peux pas répondre non, quand...

HENRI

(le gifle.)

Veux-tu que je te l'écrive sur le front?

PHIL

Une minute, Henri! *(Il intervient entre les deux et tâche de le calmer.)* Laisse-moi lui parler un peu. J'ai l'habitude avec lui.

HENRI

(qui dégage, en consultant sa montre.)

Coupe ça court: il est dix heures moins vingt. D'autant plus que je commence à en avoir plein le dos, moi!

PHIL

(à Bousille.)

Tu l'entends? Je trouve que tu as un peu trop confiance en ton étoile, mon petit intrépide. Je te le dis, moi: le temps se gâte à vue d'œil. Si le tonnerre t'éclatait au-dessus de la tête, tu risquerais de te faire abîmer joliment. Tu ne penses pas?

BOUSILLE

Non. Il paraît que c'est l'éclair qui est dangereux.

PHIL

(démonté.)

Évidemment! Quand le tapage arrive, il est déjà trop tard: le dommage est fait. Tu as compris ça une fois pour toutes, toi. C'est ce qui fait ta force dans les moments difficiles. De toute façon, tu sais que tu as la vue trop courte pour voir venir le danger: à quoi bon t'inquiéter et te faire du mauvais sang?

BOUSILLE

C'est justement ce que le Père Anselme me répète si souvent: « Pourquoi te tracasser et te faire du souci? Tu es dans la main de Dieu. » D'ailleurs Notre-Seigneur l'a dit: « Pas un seul cheveu de votre tête ne tombe sans la permission de mon Père qui est dans les Cieux. »

PHIL

Ouais! Tu prends rarement le crachoir dans les salons, mais quand on te questionne dans ta spécialité, sais-tu que tu te débrouilles comme le petit Jésus au Temple!

HENRI

(qui rongeait son frein, vient vers eux.)

Eh ben! pour l'Histoire Sainte, ça suffit!

PHIL

Patiente un brin! Tu vois bien que je n'ai pas encore fini ma petite conférence au sommet.

HENRI

Je t'accorde trente secondes, pas un tic-tac de plus.

PHIL

Le moment viendra toujours assez vite de donner le signal du carnage. Pas vrai, Bousille?

(Bousille acquiesce, sans trop comprendre.)

Pour commencer, je vais te demander un petit renseignement confidentiel: es-tu assez franc pour admettre que tu as déjà conté une menterie, toi?

BOUSILLE

(après un court moment d'introspection.)

Ça pourrait m'arriver, comme à n'importe qui.

PHIL

Mais oui, tu fais partie de notre union, toi aussi. Eh bien! tout ce qu'Henri te demande, mon crapoussin, c'est de jouer un bon tour au juge et de lui en placer une, comme tu sais si bien le faire. Une petite blague d'une seconde en trois lettres: il ne s'en fait pas de plus courtes!

BOUSILLE

(murmure, stupéfait.)

Quoi?

PHIL

Personne pour te démentir: tu es le seul témoin. La situation est idéale, je te le dis!

BOUSILLE

Je regrette... mais je pense avoir encore moins compris que jamais.

PHIL

Comment ça? J'aurais passé un petit détail insignifiant par hasard?

BOUSILLE

Ma petite menterie, comme tu l'appelles, je suis sûr que tu as oublié sur quel livre je mettrai la main avant de la conter.

PHIL

(prenant le missel de Bousille.)

Sur un semblable à celui-là, pauvre toi! *(Il l'ouvre au hasard et lit.)* « En ce temps-là, Jésus dit à ses disciples: en vérité, en vérité je vous le dis... » *(Le refermant.)* Tu vois: il y a tout ce qu'il faut là-dedans. Ne viens pas me faire avaler qu'il te donne la tremblote à ce point-là, ton missel: tu l'as sous le bras chaque matin, en allant à la messe de six heures.

BOUSILLE

Et tu veux que je fasse ce qu'Henri me demande, après avoir juré là-dessus de dire toute la vérité et rien que la vérité?

PHIL

Tout simplement! Tu vois qu'il n'y avait pas de quoi te cabrer si long-temps.

HENRI

(jovial.)

Pensais-tu que le greffier allait te faire déclencher une bombe atomique?

PHIL

Il me semblait, aussi, que je réussirais à lui exposer le problème dans toute sa brillante simplicité!

HENRI

Mon cher concitoyen, donne-moi ton appui enthousiaste, comme dirait le député, et l'affaire passe au nez du juge comme le rapide de midi devant la station!

PHIL

Aimé tombe dans les bras de sa mère, qui ouvre les écluses et lui arrose la cravate! Tout le monde danse de joie dans la maison! Les enfants chantent: « Nouvelle agréable! » Le chien jappe! Les petits poissons rouges sont fous! Et toi, dans ton coin, tu regardes le tableau avec la satisfaction du devoir accompli, en te disant: « Moi, je le connais, le bienfaiteur anonyme qui a fait le bonheur de toute cette belle famille nombreuse. »

HENRI

Quant à moi, inutile de me chercher dans le groupe, je suis déjà au Collège, en train de régler ton affaire. Il faut qu'avant la fin du mois, les Frères t'attendent sur le perron, le sourire fendu jusqu'aux oreilles.

PHIL

Rangeons-nous! V'là que tu t'amènes sur ton scooter, en pétaradant comme un faraud de la ville! Tiens... *(Sortant sa liasse de billets de banque.)* J'ai tellement hâte de te voir parader sur ce bijou-là que je te fais cadeau, séance tenante, de cinquante dollars, comme premier acompte.

HENRI

(exhibe son propre rouleau.)

Moi, je relance: cent dollars!

PHIL

Entends-tu ça? Cent cinquante tomates! Oscar Perron te fera crédit pour le reste: tu peux l'avoir devant la maison dès demain soir!

HENRI

(touche Bousille à l'épaule, lui mettant presque les billets sous le nez.)

Qu'est-ce que tu en dis, mon gars?

BOUSILLE

(lève la tête et regarde les deux hommes à tour de rôle, consterné.)

Vous ne pouvez pas me demander de faire une chose pareille.

HENRI

Quoi?

BOUSILLE

Vous savez bien que ce serait un faux serment...

HENRI

Écoute, toi...

BOUSILLE

(le sang glacé.)

Le bon Dieu me laisserait retomber dans mon vice, sûr et certain...

HENRI

(pris d'une rage sourde.)

Je t'avertis charitablement: le temps de niaiser est fini.

BOUSILLE

(tout entier à son obsession.)

J'ai eu un pauvre oncle qui a attrapé un châtiment terrible, vous le savez, pour une faute semblable.

PHIL

(qui se rend compte que l'affaire ira plus loin qu'il ne le pensait.)

Moi, je te conseille de laisser faire, Henri.

BOUSILLE

(le souffle court, a sorti de sa poche sa petite fiole de pilules.)

Si vous l'aviez vu apparaître tel que je le verrai toujours: il courait, courait comme un possédé! Le sang coulait partout.

PHIL

(à Henri.)

Tu n'en viendras jamais à bout, je te l'assure!

HENRI

(gronde.)

C'est ce qu'on va voir.

BOUSILLE

Il criait: « Le bon Dieu m'a puni! Le bon Dieu m'a puni... »

HENRI

(gueule.)

Assez!

(Bousille, qui se préparait à avaler une pilule, s'arrête, abasourdi. En silence, Henri s'avance vers lui et donne une claque sur la fiole, dont le contenu s'éparpille dans la pièce. Puis, d'un coup violent sur l'épaule, il envoie Bousille choir sur le porte-bagages. Bousille n'a eu et n'aura jusqu'à la fin de la scène aucun geste défensif.)

PHIL

(la colique au ventre.)

Non, Henri, non! Je te le dis: ça ne vaut pas le coup!

HENRI

(à Phil, lui indiquant le missel.)

Ta gueule, toi! et donne-moi ça.

PHIL

(le lui remet, incapable de résister.)

J'ai toujours cédé devant toi. Je suis trop lâche, tu le sais. Mais là je te le répète: s'il te reste le moindrement de cœur...

HENRI

(l'écarte d'un coup.)

J'ai dit: ta gueule! *(Froid comme l'acier devant Bousille.)* Tu vas jurer de témoigner comme je te l'ai indiqué.

BOUSILLE

(le regarde, épouvanté.)

Tu ne comprends pas.

HENRI

(lui tendant le missel.)

Tu vas jurer là-dessus.

941

BOUSILLE

Non...

HENRI

Entends-tu? *(Il le gifle.)*

BOUSILLE

Tu ferais mon malheur.

HENRI

Jure!

BOUSILLE

Tu ferais mon malheur, je ne peux pas le dire.

HENRI

Bon Dieu! *(De tout son poids, il a appuyé son genou sur la jambe étendue de Bousille, dont la phrase inachevée se termine en un gémissement: il défaille, la tête appuyée sur l'estomac d'Henri.)*

HENRI
(à Phil.)

Passe-moi ce verre-là. *(Il indique son verre encore à demi rempli d'alcool.)*

PHIL
(jaune de peur, apporte le verre.)

Fais attention, Henri: tu sais qu'il a le cœur faible.

HENRI

Fous-moi la paix! *(À Bousille, qui revient de sa défaillance et geint faiblement.)* Reprends tes sens! Tes simagrées, je les connais.

BOUSILLE
(murmure, encore à demi inconscient.)

Tu ne comprends pas...

HENRI
(lui approchant le verre des lèvres.)

Bois.

BOUSILLE

... Je ne peux pas le dire assez.

Vas-y, gobe! *(Il lui verse dans la bouche une gorgée d'alcool, que Bou-sille rejette à moitié, dès qu'il en reconnaît le goût. Reprenant le missel.)* Jure! *(Comme Bousille refuse de la tête.)* Veux-tu que je répète la dose?

BOUSILLE

Non!

PHIL

(terrifié lui aussi.)

Cède, Bousille: c'est mieux pour toi.

BOUSILLE

(complètement perdu.)

Je ne sais plus...

HENRI

Je sais, moi. *(Plaçant la main de Bousille au-dessus du missel.)* Tu jures de faire ce que je t'ai dit? *(Non satisfait du vague signe d'acquiescement de Bousille.)* Dis oui, ma tête de pioche!

PHIL

Dis oui, Bousille, vite!

HENRI

(le genou sur celui de Bousille.)

... ou je te le casse en deux!

PHIL

Il va le faire, Bousille!

BOUSILLE

(dans un souffle.)

Oui.

PHIL

(crie.)

Lâche-le, Henri! Lâche-le, il a juré!

HENRI

(laisse retomber la main de Bousille et déplace son genou.)

Tu sais ce que tu viens de faire? Tu te rends compte que tu n'as plus le choix maintenant? *(Il a consulté sa montre.)* Lève-toi: c'est le temps de partir.

PHIL

(aidant Bousille à se relever.)

Viens-t'en, Bousille.

BOUSILLE

(murmure, hébété.)

Le bon Dieu m'est témoin que je ne voulais pas.

PHIL

(l'aidant à remettre son imperméable.)

T'avais pas le choix, Bousille, je te le dis, moi.

HENRI

Tu viens de te conduire comme un homme, si tu veux le savoir, pour la première fois de ta vie. *(Le poussant vers la porte.)* Avance!

BOUSILLE

Le bon Dieu m'est témoin...

HENRI

(qui a déjà ouvert la porte et attend.)

Grouille-toi!

PHIL

Viens, mon Bousille. *(Il l'entraîne vers la sortie.)*

TABLE DES RÉFÉRENCES

« Le vaisseau d'or »; *ibid.*, p. 44.

« Le jardin d'antan »; *ibid.*, p. 55-56.

« Rêve d'artiste »; *ibid.*, p. 65.

« Chapelle de la morte »; *ibid.*, p. 77.

« Soir d'hiver »; *ibid.*, p. 82-83.

« Le salon »; *ibid.*, p. 89.

« Chopin »; *ibid.*, p. 92.

« Automne »; *ibid.*, p. 101.

« Le corbillard »; *ibid.*, p. 121.

« Confession nocturne »; *ibid.*, p. 126.

« Le cloître noir »; *ibid.*, p. 138.

« Chapelle ruinée »; *ibid.*, p. 145.

« Paysage fauve »; *ibid.*, p. 158.

« Musiques funèbres »; *ibid.*, p. 171.

« Sérénade triste »; *ibid.*, p. 190.

« Ténèbres »; *ibid.*, p. 197.

« La romance du vin »; *ibid.*, p. 198.

« Charles Baudelaire »; *ibid.*, p. 213.

« Moines en défilade »; *ibid.*, p. 216.

« Je veux m'éluder »; *ibid.*, p. 253.

« Prélude triste »; *ibid.*, p. 254.

« Fragments »; *ibid.*, p. 228-229.

CAMILLE ROY (1870-1943)

« La nationalisation de la littérature canadienne »; conférence faite à l'Université Laval, le 5 décembre 1904, à l'occasion de la séance publique annuelle de la Société du Parler français au Canada; *Littérature canadienne*, Québec, Librairie Garneau, 1907, p. 345-376.

CHARLES GILL (1871-1918)

« Prologue »; *Le Cap Éternité*, suivi de *Étoiles filantes*, Montréal, Éditions Le Devoir, 1919, vers 1-208, p. 3-10.

« Chant 1er: Le Goéland »; *ibid.*, vers 1-112, p. 11-16.

ALBERT LABERGE (1871-1960)

« Le pain sur et amer* »; *La Scouine* (1918), Montréal, L'Actuelle, 1972, chap. I, p. 1-5.

« La veillée au mort »; *Visages de la vie et de la mort*, Montréal, 1936, p. 229-257.

« La fin du voyage », extraits; Montréal, 1942, p. 15-18 et 33-53.

« Vers le gouffre éternel »; *Quand chantait la cigale*, Montréal, 1936, p. 67-68.

OLIVAR ASSELIN (1874-1937)

« Pourquoi je m'enrôle »; discours prononcé au Monument-National, Montréal, 21 janvier 1916; *Trois textes sur la liberté*, Montréal, HMH, 1970, p. 175-195.

ALBERT LOZEAU (1878-1924)

« Le matin » (*L'Âme solitaire*, 1907); *Poésies complètes*, Montréal, Le Devoir, 1925-1926, p. 75.

« Mars »; *ibid.*, p. 97.

« Lumière » (*Le Miroir des jours*, 1912); *ibid.*, p. 54.

« Charme dangereux »; *ibid.*, p. 72.

« Musique »; *ibid.*, p. 138.

« L'âme cachée »; *ibid.*, p. 206.

« Solitude »; *ibid.*, p. 236.

« Par la fenêtre » (*Les Images du pays*, 1916); *ibid.*, p. 109.

« Le vent »; *ibid.*, p. 135.

« Les arbres dorment »; *ibid.*, p. 139.

« Les jours qui fuient »; *ibid.*, p. 149.

LIONEL GROULX (1878-1967)

« L'heure du choix* »; *L'Appel de la race* (1922), Montréal, Fides, 1956, chap. VI, p. 192-199.

« Notre destin français »; *Directives*, Montréal, Éditions du Zodiaque, 1937, p. 189-204.

« L'habitant* »; *Histoire du Canada français depuis la découverte* (1950-1952), Montréal, Fides, 1960, vol. I, chap. IX, p. 287-292.

« Position du Québec devant l'A.B.N.A. »; *ibid.*, vol. II, chap. III, p. 290-295.

MARIE LE FRANC (1879-1960)

« Le train des « colonistes »* »; *La Rivière solitaire* (1934), Montréal, Fides, 1957, chap. II, p. 17-24 et chap. III, p. 25-28.

RODOLPHE GIRARD (1879-1956)

« La vengeance d'un bedeau »; *Marie Calumet*, Montréal, s. éd., 1904, chap. XX, p. 358-393.

LOUIS HÉMON (1880-1913)

« La tentation* »; *Maria Chapdelaine* (1916), Montréal, Fides, 1970, chap. XIII, p. 161-169.

« Les trois voix* »; *ibid.*, dans chap. XV et XVI, p. 203-213.

ARMAND LAVERGNE (1880-1935)

« La grande assemblée de Saint-Hyacinthe* »; *Trente Ans de vie nationale*, Montréal, Éditions du Zodiaque, 1934, dans chap. XV, p. 184-192.

ÉDOUARD MONTPETIT (1881-1955)

« Le village* »; *Souvenirs*, tome III: « Aller et retour. Présences », Montréal, Therrien, 1955, p. 208-213.

« Présence de l'eau* »; *ibid.*, p. 227-231.

« Une ' amitié canadienne '* »; *ibid.*, p. 232-235.

MAURICE CONSTANTIN-WEYER (1881-1964)

« Les ténèbres blanches* »; *Un homme se penche sur son passé*, Paris, Rieder, 1928, p. 83-91.

DAMASE POTVIN (1882-1964)

« Le vision d'Alexis Picoté* »; *La Rivière-à-Mars*, Montréal, Éditions du Totem, 1934, chap. I, p. 7-19.

MARCEL DUGAS (1883-1947)

« C'était un p'tit garçon... »; *Psyché au cinéma*, Montréal, Paradis-Vincent, 1916, p. 31-37.

« Rébus »; *Flacons à la mer*, Paris, Les Gémeaux, 1923, p. 41-45.

« Ma tristesse est en vous »; *ibid.*, p. 49-51.

« L'aurore sur le lac »; *ibid.*, p. 67-69.

« Tentation »; *ibid.*, p. 86-88.

« Épître I »; *ibid.*, p. 101-104.

« Impressions d'hôpital »; *ibid.*, p. 120-123.

MARIUS BARBEAU (1883-1969)

« Païens et chrétiens »; *Le Rêve de Kamalmouk*, Montréal, Fides, 1948, p. 105-115.

JULES FOURNIER (1884-1918)

« Réplique à M. ab der Halden » (1907); *Mon encrier*, vol. II, Montréal, Mme Jules Fournier, 1922, p. 20-34.

« Le gouverneur » (1910); *ibid.*, vol. I, p. 88-94.

FRÈRE MARIE-VICTORIN (1885-1944)

« Le village qui meurt »; *Croquis laurentiens* (1920), Montréal, Frères des écoles chrétiennes, 1946, p. 45-53.

« La montagne de Belœil »; *ibid.*, p. 57-71.

« L'arbre » (1944); *Pour l'amour du Québec*, Sherbrooke, Éditions Paulines, 1971, p. 172-175.

« Voyez les lis des champs » (1944); *ibid.*, p. 176-177.

RENÉ CHOPIN (1885-1953)

« Paysages polaires »; *Le Cœur en exil*, Paris, Georges Crès et Cie, 1913, p. 63-67.

« Au fil du vent »; *ibid.*, p. 69-71.

« Automne »; *ibid.*, p. 145-147.

« Offrande propitiatoire »; *Dominantes*, Montréal, Albert Lévesque, 1933, p. 29-30.

« Renoncement »; *ibid.*, p. 39-42.

GUY DELAHAYE (1888-1969)

« Quelqu'un avait eu un rêve trop grand...»; *Les Phases*, Montréal, Déom, 1910, p. 21-22.

« À la vie »; *ibid.*, p. 27-28.

« Observation N »; *Mignonne, allons voir si la rose... est sans épines*, Montréal, Déom, 1912, p. 33-34.

« Observation N' »; *ibid.*, p. 35-36.

« Les jumeaux »; *ibid.*, p. 37-38.

« Les eusomphaliens »; *ibid.*, p. 39-40.

« Ils n'en mouraient pas tous, mais... »; *ibid.*, p. 41-42.

« Le 606 »; *ibid.*, p. 43-44.

BLANCHE LAMONTAGNE-BEAUREGARD (1889-1958)

« La belle Octavie »; *Au fond des bois*, Montréal, s. éd., s. d., p. 99-104.

« La vieille horloge »; *ibid.*, p. 145-151.

« La vieille tante »; *Par nos champs et nos rives*, Montréal, Le Devoir, 1917, p. 155-156.

« Le vieux et la vieille »; *ibid.*, p. 156-160.

« Dans la chambre fermée... »; *Dans la brousse*, Montréal, Granger Frères, 1935, p. 80-82.

PAUL MORIN (1889-1963)

« ΑΙΣΘΗΤΗΣ » (*Le Paon d'émail*, 1911); *Œuvres poétiques*, Montréal, Fides, 1961, p. 80.

« Le départ »; *ibid.*, p. 109.

« Heure »; *ibid.*, p. 123.

« Stances » (*Poèmes de cendre et d'or*, 1922); *ibid.*, p. 177.

« La récompense »; *ibid.*, p. 180.

« Le petit square »; *ibid.*, p. 209-210.

« La revanche du Paon »; *ibid.*, p. 187-196.

« Mississipi »; *ibid.*, p. 211.

« Pays de l'érable... » *(Géronte et son miroir, 1960); ibid.*, p. 13-14.

ROBERT DE ROQUEBRUNE (1889-1978)

« Henriette de Thavenet »; *Les Habits rouges*, Paris, Éditions du Monde nouveau, 1923, chap. XIII, p. 271-277.

« À l'ami des pauvres* »; *Testament de mon enfance*, Montréal, Palatine, et Paris, Plon, 1951, dans chap. intitulé « Dans la maison du bonheur », p. 156-173.

JEAN-CHARLES HARVEY (1891-1967)

« Un journal libre* »; *Les Demi-civilisés* (1934), Montréal, L'Actuelle, 1970, chap. XII, p. 76-82.

« La maison de grand-père* »; *ibid.*, chap. XXXI, p. 173-180.

« Le défilé des Makinas »; *Des bois, des champs, des bêtes*, Montréal, Les Éditions de l'Homme, 1965, p. 117-130.

« La mort de l'orignal »; *Art et Combat*, Montréal, L'Action canadienne-française, 1937, p. 28-34.

JEAN NARRACHE (1893-1970)

« Les deux orphelines »; *Quand j'parl' tout seul*, Montréal, Albert Lévesque, 1932, p. 46-49.

« En regardant la lune »; *ibid.*, p. 71-73.

« En rôdant dans l'parc Lafontaine »; *ibid.*, p. 111-117.

« Soir d'hiver dans la rue Ste-Catherine »; *J'parl' pour parler*, Montréal, L'Action canadienne-française, 1939, p. 19-23.

« La montre-bracelet »; *ibid.*, p. 105-106.

« Prière devant la ' Sun Life ' »; *Bonjour, les gars!*, Montréal, Éditions Fernand Pilon, 1948, p. 88-91.

CLAUDE-HENRI GRIGNON (1894-1976)

« La mort de l'avare* »; *Un homme et son péché* (1933), Sainte-Adèle, Éditions du Grenier, 1965, chap. XII-XIII, p. 183-198.

« Notre culture sera paysanne, ou ne sera pas »; *L'Action nationale*, Montréal, vol. XVII, n° 6, juin 1941, p. 538-543.

« Un massacreur officiel de la langue française » (Lettre à M. Victor Barbeau); *Les Pamphlets de Valdombre*, Sainte-Adèle, troisème année, avril 1939, rubrique « Au pays de Québec », p. 189-208.

ALBERT PELLETIER (1895-1971)

« Littérature nationale et nationalisme littéraire »; *Carquois*, Montréal, Librairie d'Action canadienne-française, 1931, p. 7-33.

UBALD PAQUIN (1895-1962)

« Un homme qui réussit* »; *Jules Faubert, le roi du papier*, Montréal, Bisaillon, 1923, dans chap. IV, p. 26-32.

« La grève* »; *ibid.*, chap. XII et XIII, p. 98-114.

JEAU-AUBERT LORANGER (1896-1942)

« Je regarde dehors par la fenêtre » (*Les Atmosphères*, 1920); *Les Atmosphères*, suivi de *Poëmes*, Montréal, HMH, 1970, p. 51.

« Ébauche d'un départ définitif » (*Poëmes*, 1922); *ibid.*, p. 77-79.

« Ode »; *ibid.*, p. 89-92.

(Poème sans titre); *ibid.*, p. 115-116.

(Poème sans titre); *ibid.*, p. 127.

(Poème sans titre); *ibid.*, p. 131-136.

(Poème sans titre); *ibid.*, p. 141-143.

« L'invitation au retour »; *ibid.*, p. 149-150.

« Une poignée de mains » (1938); *Écrits du Canada français*, n⁰ 35, Montréal, 1972, p. 19-21.

LÉO-PAUL DESROSIERS (1896-1967)

« Le pays ou l'aventure?* »; *Nord-Sud*, Montréal, Le Devoir, 1931, p. 120-127.

« Nicolas Montour et Louison Turenne* »; *Les Engagés du Grand-Portage* (1938), Montréal, Fides, 1962, p. 171-185.

« La prière* »; *L'Ampoule d'or*, Paris, Gallimard, 1951, p. 121-127.

VICTOR BARBEAU (1896)

« La danse autour de l'érable »; *Cahiers de l'Académie canadienne-française*, Montréal, 1958, p. 7-43.

MEDJÉ VÉZINA (1896-1981)

« Ne quitte pas mon désir »; *Chaque heure a son visage*, Montréal, Éditions du Totem, 1934, p. 33-34.

« Pocharde »; *ibid.*, p. 37-40.

« Tendresses décloses »; *ibid.*, p. 55-56.

HARRY BERNARD (1898-1979)

« L'échec de James Robertson* »; *La Ferme des pins*, Montréal, Librairie d'Action canadienne-française, 1930, p. 12-19.

« Le passé obscur* »; *Les jours sont longs*, Montréal, Cercle du livre de France, 1951, p. 7-13.

SIMONE ROUTIER (1900-1987)

« Rondel »; *Les Tentations*, Paris, La Caravelle, 1934, p. 52-53.

« Neige et nostalgie »; *ibid.*, p. 90-91.

« Lassitude »; *ibid.*, p. 128-129.

« Je m'en vais là où jamais... »; *ibid.*, p. 130-131.

« Cigarette »; *ibid.*, p. 147-148.

« Aridité »; *Le Long Voyage*, Saint-Quentin, La Lyre et la Croix, 1947, p. 101-102.

« La ronde fantasque »; *ibid.*, p. 107-108.

« Brouillard d'automne »; *ibid.*, p. 113.

« Migration »; *ibid.*, p. 122-123.

« Le divin anéantissement »; *ibid.*, p. 151-153.

JOVETTE-ALICE BERNIER (1900-1981)

« Je suis le matelot »; *Tout n'est pas dit*, Montréal, Édouard Garand, 1929, p. 77-78.

« Partir sans un adieu »; *ibid.*, p. 87.

« J'aurais dû taire tant d'aveux »; *ibid.*, p. 111-112.

« Le petit lac bleu »; *On vend le bonheur*, Montréal, Librairie d'Action canadienne-française, 1931, p. 8-11.

« Parce qu'elle ment »; *ibid.*, p. 138-141.

« Prière »; *Les Masques déchirés*, Montréal, Albert Lévesque, 1932, p. 13.

« Mon âme était pareille »; *ibid.*, p. 31.

« J'abdique tout »; *ibid.*, p. 45.

« Tout mon tort »; *ibid.*, p. 63.

« Mon deuil en rouge »; *Mon deuil en rouge*, Montréal, Serge Brousseau, 1945, p. 11-13.

« Chanson de la maladroite »; *ibid.*, p. 29.

« Le petit navire »; *ibid.*, p. 67-70.

« Lettre à un monsieur »; *ibid.*, p. 85.

« Puce, c'était moi* »; *Non, monsieur...*, Montréal, Cercle du livre de France, 1969, p. 7-12.

ROSAIRE DION-LÉVESQUE (1900-1974)

« Chanson de l'universel » (Traduction de Whitman); *Walt Whitman*, Montréal, Les Elzévirs, 1933, p. 28-33.

« Hors de cet mer mouvante »; *ibid.*, p. 192-193.

« Adieu »; *ibid.*, p. 207-213.

« Edgar Allen Poe »; *Les Oasis*, Rome, Desclée, 1930, p. 78-79.

« Si je chante souvent »; *ibid.*, p. 104-105.

« Père »; *Quête*, Québec, Garneau, 1963, p. 9.

« Mon pays »; *ibid.*, p. 44.

« Ma rivière »; *ibid.*, p. 46.

ALFRED DESROCHERS (1901-1978)

« La mise au pacage »; *À l'ombre de l'Orford* (1929), Montréal, Fides, 1948, p. 22.

« Je suis un fils déchu... »; *ibid.*, p. 35-37.

« City-Hotel »; *ibid.*, p. 38.

« La sortie »; *ibid.*, p. 50.

« Hymne au Vent du Nord »; *ibid.*, p. 55-62.

« Ma patrie »; *ibid.*, p. 101-111.

« Une interview avec Alfred DesRochers »; *Paragraphes*, Montréal, Librairie d'Action canadienne-française, 1931, p. 61-71.

HENRY DEYGLUN (1904-1971)

(Troisième acte); *L'Ombre du mort vivant*, Montréal, s. éd., 1945, p. 23-30.

ROBERT CHOQUETTE (1905-1991)

« Souvenirs du lac Supérieur » (*À travers les vents*, 1925); *Œuvres poétiques*, vol. I, Montréal, Fides, 1956, p. 37-38.

(Extrait, *Metropolitan Museum*, 1931); *ibid.*, p. 171-177.

« Grand'route » (*Poésies nouvelles*, 1932); *ibid.*, p. 226-230.

« La chasse-galerie » (*Vers inédits*); *ibid.*, p. 281-284.

« Prologue » (*Suite marine*, 1953) *Œuvres poétiques*, vol. II, Montréal, Fides, 1956, p. 9-12.

« Les nouveaux riches* »; *Élise Velder* (1941), Montréal, Fides, 1958, p. 236-241.

REX DESMARCHAIS (1908-1974)

« Un jeune intellectuel des années trente* »; *L'Initiatrice*, Montréal, Albert Lévesque, 1932, p. 53-60.

« Un futur dictateur* »; *La Chesnaie*, Montréal, Les Éditions de l'Arbre, 1942, p. 43-50.

VOLUME IV

GUSTAVE LAMARCHE (1895-1987)

« La ballade du paria »; *Odes et Poèmes*, dans *Œuvres poétiques*, tome II, Québec, Presses de l'Université Laval, 1972, p. 67-69.

« L'autre bord des eaux »; *ibid.*, p. 169.

« Les saules »; *ibid.*, p. 178.

« Coucher de soleil »; *ibid.*, p. 180.

« Soyez libre entre les lilas »; *ibid.*, p. 181.

« J'ai hâte de mourir... »; *ibid.*, p. 183.

« Pourvu que l'épervière... »; *ibid.*

ALAIN GRANDBOIS (1900-1975)

« Le combat du Long-Sault* »; *Né à Québec...* (Louis Jolliet), récit, Paris, Albert Messein, 1933, p. 62-72.

« Julius »; *Avant le chaos*, suivi de quatre nouvelles inédites, Montréal, Éditions HMH, 1964, p. 227-241.

« Paris »; *Visages du monde* (images et souvenirs de l'entre-deux-guerres), Montréal, Éditions Hurtubise HMH, 1971, p. 27-35.

« Un peu en Chine et la dysenterie amibienne »; *ibid.*, p. 278-282.

« Ô tourments... »; *Les Îles de la nuit*, dans *Poèmes*, Montréal, Éditions de l'Hexagone, 1963, p. 11-14.

« Avec ta robe... »; *ibid.*, p. 48-49.

« Que la nuit soit parfaite... »; *ibid.*, p. 64-66.

« Ce feu qui brûle... »; *ibid.*, p. 67-70.

« Ah toutes ces rues... »; *ibid.*, p. 73-81.

« Fermons l'armoire... »; *ibid.*, p. 93-96.

« Poème »; *Rivages de l'homme*, dans *ibid.*, p. 147-150.

« Rivages de l'homme »; *ibid.*, p. 157-159.

« Amour »; *L'Étoile pourpre*, dans *ibid.*, p. 217-221.

« Le sortilège »; *ibid.*, p. 222-223.

« Noces »; *ibid.*, p. 235-239.

« Cris »; *ibid.*, p. 240-246.

FRANÇOIS HERTEL (1905-1985)

« Du rêve au réel »; *Anatole Laplante, curieux homme*, Montréal, Éditions de l'Arbre, 1944, p. 115-124.

« Mélancolie fluviale »; *Mes naufrages*, Paris, Éditions de l'Ermite, 1951, premier poème.

« Aux rives de la Seine »; *ibid.*, deuxième poème.

FÉLIX-ANTOINE SAVARD (1896-1982)

« La mort de Joson* »; *Menaud, maître-draveur*, Québec, Librairie Garneau, 1937, p. 69-95.

« Les oies sauvages »; *L'Abatis*, Montréal, Fides, 1943, p. 33-37.

« Le huard »; *Le Barachois*, Montréal, Fides, 1959, p. 17-20.

« Un patrimoine à exploiter* »; *ibid.*, p. 180-193.

HECTOR DE SAINT-DENYS-GARNEAU (1912-1943)

« Le jeu »; *Regards et Jeux dans l'espace*, dans *Œuvres*, texte établi, annoté et présenté par Jacques Brault et Benoît Lacroix, Montréal, Presses de l'Université de Montréal, 1971, p. 10-11.

« Nous ne sommes pas »; *ibid.*, p. 11-12.

« Spectacle de la danse »; *ibid.*, p. 12-13.

« Rivière de mes yeux »; *ibid.*, p. 13.

« Pins à contre-jour »; *ibid.*, p. 18.

« Paysage en deux couleurs sur fond de ciel »; *ibid.*, p. 19-20.

« Autrefois »; *ibid.*, p. 26-27.

« Tu croyais tout tranquille »; *ibid.*, p. 28-29.

« Cage d'oiseau »; *ibid.*, p. 33-34.

« Accompagnement »; *ibid.*, p. 34.

[« Te voilà verbe »]; [*Poèmes retrouvés*], *ibid.*, p. 158-159.

[« C'est eux qui m'ont tué »]; *ibid.*, p. 163-164.

[« On dirait que sa voix »]; *ibid.*, p. 164.

[« Il y a certainement »]; *ibid.*, p. 172.

[« Après les plus vieux vertiges »]; *ibid.*, p. 181-183.

[« Et je prierai ta grâce »]; *ibid.*, p. 188.

[« Un bon coup de guillotine »]; *ibid.*, p. 202-203.

« Monologue fantaisiste sur le mot »; dans *ibid.*, p. 289-291.

« Notes sur le nationalisme »; *Journal, ibid.*, p. 550-554.

« Le mauvais pauvre va parmi vous avec son regard en dessous »; *ibid.*, p. 570-575.

« Dimanche, 26 juin 1938 »; *ibid.*, p. 585-587.

« Propos sur l'habitation du paysage »; *ibid.*, p. 674-676.

« Propos sur la littérature canadienne-française* »; [*Correspondance*], dans *ibid.*, p. 863-866.

« Lettre à André Laurendeau* »; *ibid.*, p. 906-910.

« Exégèse de mes poèmes »; *ibid.*, p. 988-990.

RINGUET (1895-1960)

« Le printemps d'Euchariste* »; *Trente Arpents*, Montréal, Fides, 1957, p. 52-62.

« L'été d'Euchariste* »; *ibid.*, p. 87-96.

« Au club de golf* »; *Le Poids du jour*, Montréal, les Éditions Variétés, 1949, p. 170-175.

« L'Europe à l'assaut du Nouveau Monde »; *Un monde était leur empire*, Montréal, les Éditions Variétés, 1943, p. 225-227.

« Les débuts de l'auto »; *Confidences*, Montréal, Fides, 1965, p. 45-50.

ADRIENNE CHOQUETTE (1915-1973)

« L'angoisse de la servante* »; *Laure Clouet*, Québec, Institut littéraire du Québec, 1961, p. 101-116.

RINA LASNIER (1915)

« Chanson »; *Images et Proses*, Saint-Jean, les Éditions du Richelieu, 1941, p. 32.

« Prière »; *ibid.*, p. 44.

« Beauté »; *ibid.*, p. 95.

« Lorsque je mourrai »; *ibid.*, p. 102.

« Saint François et la Vierge aux oyseaux »; *Madones canadiennes*, Montréal, Éditions Beauchemin, 1944, p. 23-26.

« Ballade »; *ibid.*, p. 91-92.

« Notre-Dame de la Protection »; *ibid.*, p. 153-154.

« Sommeil de Rachel »; *Le Chant de la Montée*, Montréal, Beauchemin, 1947, p. 29-31.

« Le baiser »; *ibid.*, p. 53-55.

« L'arbre »; *Escales*, Trois-Rivières, le Bien public, 1950, p. 17-18.

« Avant-neige »; *ibid.*, p. 24.

« Le palmier »; *ibid.*, p. 30.

« Tendresse de l'herbe »; *ibid.*, p. 33-34.

« La pluie »; *ibid.*, p. 59.

« Regards »; *ibid.*, p. 93.

« La montagne »; *ibid.*, p. 109.

« Présence de l'absence »; *Présence de l'absence*, Montréal, Éditions de l'Hexagone, 1956, p. 9-10.

« Angoisse »; *ibid.*, p. 20-21.

« Le Roi de jade »; *ibid.*, p. 63-66.

« La malemer »; *Mémoire sans jours*, Montréal, les Éditions de l'Atelier, 1960, p. 11-20.

« Les rogations »; *ibid.*, p. 36.

« L'enfant poète »; *ibid.*, p. 44.

« Tes yeux de jour »; *ibid.*, p. 65.

« Tes yeux fermés... »; *ibid.*, p. 67.

« Les martinets »; *ibid.*, p. 86-89.

« Le Christ rouge »; *ibid.*, p. 109-110.

« Le vase étrusque »; *Les Gisants*, suivi des *Quatrains quotidiens*, Montréal, les Éditions de l'Atelier, 1963, p. 11-17.

« Les gisants »; *ibid.*, p. 47-52.

« L'arbre blanc »; *L'Arbre blanc*, Montréal, Éditions de l'Hexagone, 1966, p. 10.

« L'amour »; *ibid.*, p. 51-53.

« La salle des rêves »; *La Salle des rêves*, Montréal, HMH, 1971, p. 36-40.

« Paix de l'épouse »; *ibid.*, p. 105.

« L'école ouverte »; *Miroirs*, Montréal, les Éditions de l'Atelier, 1960, p. 37-41.

« L'heure de la poésie »; *L'Action nationale*, vol. LI, n° 7, mars 1962, p. 617-619.

Pierre Baillargeon (1916-1967)

« L'art de lire »; *Commerce*, Montréal, les Éditions Variétés, 1947, p. 173-181.

Robert Charbonneau (1911-1967)

« Edward Wilding* »; *Ils posséderont la terre*, Montréal, Éditions de l'Arbre, 1941, p. 75-93.

« Discours prononcé au congrès de la Société des éditeurs canadiens »; *La France et nous* (réponses à Jean Cassou, René Garneau, Louis Aragon, Stanislas Fumet, André Billy, Jérôme et Jean Tharaud, François Mauriac et autres), Montréal, Éditions de l'Arbre, 1947, p. 43-47.

Berthelot Brunet (1901-1948)

« Un prophète? »; *Chacun sa vie* (critiques), Montréal, 5375, avenue N.-D. de Grâce, 1942, p. 35-46.

« La confession »; *Les Hypocrites: La Folle Expérience de Philippe*, Montréal, Éditions de l'Arbre, 1945, p. 222-228.

Clément Marchand (1912)

« La boucherie »; *Courriers des villages*, Trois-Rivières, Éditions du Bien public, 1940, p. 17-24.

« Pantoum »; *Les Soirs rouges*, Trois-Rivières, Éditions du Bien public, 1947, p. 134-135.

Anne Hébert (1916)

« Sous la pluie »; *Les Songes en équilibre*, Montréal, Éditions de l'Arbre, 1942, p. 23-25.

« Éveil au seuil d'une fontaine »; *Le Tombeau des rois*, dans *Poèmes*, Paris, Éditions du Seuil, 1960, p. 13-14.

« Sous la pluie »; *ibid.*, p. 15-16.

« La fille maigre »; *ibid.*, p. 33-34.

« La chambre fermée »; *ibid.*, p. 39-41.

« La chambre de bois »; *ibid.*, p. 42-43.

« L'envers du monde »; *ibid.*, p. 52-53.

« Le tombeau des rois »; *ibid.*, p. 59-61.

« Poésie, solitude rompue »; *Mystère de la parole*, dans *ibid.*, p. 67-71.

« Mystère de la parole »; *ibid.*, p. 73-75.

« Alchimie du jour »; *ibid.*, p. 80-83.

« Saison aveugle »; *ibid.*, p. 89.

« Ève »; *ibid.*, p. 100-102.

« Des dieux captifs »; *ibid.*, p. 103-105.

« Le torrent »; *Le Torrent*, Montréal, Éditions Beauchemin, 1950, p. 9-37.

« Au pays de Catherine* »; *Les Chambres de bois*, Paris, Éditions du Seuil, 1958, p. 27-31.

« Le premier mariage de Mme Rolland* »; *Kamouraska*, Paris, Éditions du Seuil, 1970, p. 69-73.

FÉLIX LECLERC (1914-1988)

« Le hamac dans les voiles »; *Andante*, Montréal, Fides, 1944, p. 21-31.

« L'inquiétant* »; *Le Fou de l'île*, Montréal, Fides, 1971, p. 30-38.

ROBERT ÉLIE (1915-1973)

« L'art libre »; *Borduas*, Montréal, Éditions de l'Arbre, 1943, p. 15-18.

« Le journal de Marcel »; *La Fin des songes*, Montréal, Éditions Beauchemin, 1950, p. 143-156.

GERMAINE GUÈVREMONT (1893-1968)

« L'arrivée du Survenant* »; *Le Survenant*, Montréal, Éditions Beauchemin, 1945, p. 9-13.

« Le jour de l'An* »; *ibid.*, p. 99-127.

« La route le reprendra* »; *ibid.*, p. 216-226.

« La mort de Didace* »; *Marie-Didace*, Montréal, Éditions Beauchemin, 1947, p. 225-243.

« La langue paysanne du Canada »; *Liaison*, vol. III, mai 1949, p. 274-278.

YVES THÉRIAULT (1915-1983)

« Le feu et le volcan* »; *La Fille laide*, Montréal, Éditions Beauchemin, 1950, p. 42-48.

« Les deux puissances* »; *Aaron*, Québec, Institut littéraire du Québec, 1954, p. 101-121.

« La vie »; *Agaguk*, Paris, Bernard Grasset et Québec, Institut littéraire du Québec, 1958, p. 43-49.

« Le fils »; *ibid.*, p. 83-86.

« Le bonheur »; *ibid.*, p. 307-315.

GUY FRÉGAULT (1918-1977)

« Les Canadiens »; *La Civilisation de la Nouvelle-France, 1713-1744*, Montréal, Société des Éditions Pascal, 1944, p. 267-280.

« La défaite de 1760* »; *La Guerre de la conquête, 1754-1760*, Montréal, Fides, 1955, p. 455-459.

ROGER LEMELIN (1919)

« La veillée paroissiale* »; *Au pied de la Pente douce*, Montréal, Éditions de l'Arbre, 1944, p. 50-74.

« Une soirée au Château Frontenac* »; *Les Plouffe*, Québec, Bélisle, 1948, p. 350-378.

GABRIELLE ROY (1909-1983)

« Florentine, serveuse de restaurant* »; *Bonheur d'occasion*, Montréal, Stanké, coll. « Québec 10/10 » n⁰ 6, 1977, p. 11-26.

« Les sucres* »; *ibid.*, p. 192-202.

« L'arrivée de la maîtresse d'école* »; *La Petite Poule d'eau*, Montréal, Stanké, coll. « Québec 10/10 » n⁰ 21, 1980, p. 70-75.

« Le retour à la ville* »; *Alexandre Chenevert*, Montréal, Beauchemin, 1954, Stanké, coll. « Québec 10/10 » n⁰ 11, 1979, p. 263-276.

« La prairie en feu* »; *Rue Deschambault*, Montréal, Éditions Beauchemin, 1971, p. 151-161.

« Mon héritage du Manitoba »; *Fragiles lumières de la terre*, Montréal, Quinze, coll. « Prose entière », 1978, p. 143-158.

ALPHONSE PICHÉ (1917)

« Les vieilles »; *Ballades de la petite extrace*, dans *Poèmes, 1946-1968*, Montréal, Éditions de l'Hexagone, 1976, p. 26-27.

« Espoir »; *Remous*, dans *ibid.*, p. 95.

« Remous »; *Voie d'eau*, dans *ibid.*, p. 147.

« Mémoire »; *Gangue*, dans *ibid.*, p. 178.

« Village »; *ibid.*, p. 192.

JEAN SIMARD (1916)

« Saint-Agnan »; *Hôtel de la Reine*, Montréal, les Éditions Variétés, 1949, p. 29-41.

« Le bonheur* »; *Mon fils pourtant heureux*, Montréal, Cercle du livre de France, 1956, p. 83-93.

JEAN-JULES RICHARD (1911-1975)

« L'évasion de Noiraud* »; *Neuf Jours de haine*, Montréal, Éditions de l'Arbre, 1948, p. 49-67.

ANDRÉ GIROUX (1916-1977)

« La femme de peine »; *Au delà des visages*, Montréal, les Éditions Variétés, 1948, p. 55-59.

« À l'heure du bridge »; *ibid.*, p. 71-85.

« Le Père Brillart »; *ibid.*, p. 159-168.

PAUL-ÉMILE BORDUAS (1905-1960)

Refus global, Saint-Hilaire Est, Mithra-Mythe, 1948, p. 1-11.

GRATIEN GÉLINAS (1909)

« Le rêve de Tit-Coq* »; *Tit-Coq*, Montréal, Éditions Beauchemin, 1950, p. 87-96.

« Le rêve brisé* »; *ibid.*, p. 164-174.

« La main forcée* »; *Bousille et les Justes*, Québec, Institut littéraire du Québec, 1960, p. 142-181.

TABLE

3 — VAISSEAU D'OR ET CROIX DU CHEMIN
par Gilles Marcotte et François Hébert

Cet ouvrage composé en Times corps 10
a été achevé d'imprimer
le vingt-quatre février mil neuf cent quatre-vingt-quatorze
sur les presses de l'Imprimerie Gagné
à Louiseville
pour le compte des
Éditions de l'Hexagone.

Imprimé au Québec (Canada)